utb 4965

Eine Arbeitsgemeinschaft der Verlage

W. Bertelsmann Verlag · Bielefeld
Böhlau Verlag · Wien · Köln · Weimar
Verlag Barbara Budrich · Opladen · Toronto
facultas · Wien
Wilhelm Fink · Paderborn
A. Francke Verlag · Tübingen
Haupt Verlag · Bern
Verlag Julius Klinkhardt · Bad Heilbrunn
Mohr Siebeck · Tübingen
Ernst Reinhardt Verlag · München
Ferdinand Schöningh · Paderborn
Eugen Ulmer Verlag · Stuttgart
UVK Verlagsgesellschaft · Konstanz, mit UVK/Lucius · München
Vandenhoeck & Ruprecht · Göttingen
Waxmann · Münster · New York

Patricia Arnold, Lars Kilian,
Anne Thillosen,Gerhard Zimmer

Handbuch E-Learning

Lehren und Lernen mit digitalen Medien

5. Auflage

W. Bertelsmann Verlag · Bielefeld

Gesamtherstellung:
W. Bertelsmann Verlag, Bielefeld
wbv.de

Einbandgestaltung:
Atelier Reichert, Stuttgart

Umschlagfoto:
shutterstock/elenabsl

Bestellnummer: utb 4965

ISBN (Print): 978-3-8252-4965-6
Online-Angebote oder elektronische Ausgaben sind erhältlich unter www.utb-shop.de

Printed in Germany

Bibliografische Information der Deutschen Nationalbibliothek
Die Deutsche Nationalbibliothek verzeichnet diese Publikation in der Deutschen Nationalbibliografie;
detaillierte bibliografische Daten sind im Internet über http://dnb.d-nb.de abrufbar.

Inhalt

Das detaillierte Inhaltsverzeichnis und die Stichworte über den Absätzen in den Kapiteln bieten Ihnen bereits eine gute Orientierung innerhalb des Handbuchs. In der elektronischen Ausgabe des Handbuchs können Sie gezielt nach weiteren für Sie interessanten Stichworten suchen.

Vorwort

Die Nutzung von Computer, Tablet, Smartphone und Internet gehört heute zum Alltag der jüngeren und auch der älteren Personen. Die Verwendung digitaler Medien hat in allen Bildungsbereichen in Bildungsinstitutionen, Unternehmen und privaten Bildungsprozessen Eingang gefunden, wofür entsprechende multimediale und internetbasierte Ressourcen und Formen des E-Teaching und des E-Learning entwickelt und bereitgestellt werden. Über formale und nonformale Bildungsprozesse hinaus sind digitale Medien auch aus informellen Bildungsprozessen, z. B. dem Lernen im Prozess der Arbeit, nicht mehr wegzudenken. Mit den digitalen Medien kann orts- und zeitunabhängig, z. B. mit mobilen Endgeräten, selbst organisiert und kooperativ gelehrt und gelernt werden. Dennoch besteht noch immer ein erheblicher didaktischer, organisatorischer und technischer Gestaltungsbedarf für erfolgreiche und effiziente Lehr- und Lernprozesse mit E-Learning. Denn oberstes Ziel jeder Nutzungsform von E-Learning, die es durch seine Gestaltung zu erreichen gilt, ist die Unterstützung aktueller, ganzheitlicher und qualitativ hochwertiger Bildungsprozesse. Schon in den 1990er-Jahren war die Entwicklung multimedialer Lernsoftware auf Datenträgern (Computer Based Training, CBT auf CD-ROM) und dann von E-Learning-Angeboten über das Internet (Web Based Training, WBT) mit viel Euphorie vorangetrieben worden, und bereits wenige Jahre später zu Beginn des 21. Jahrhunderts trat eine ebenso deutliche Ernüchterung ein. Zunächst dominierten die rasanten informations- und kommunikationstechnischen Innovationen die Entwicklungen von Multimedia und E-Learning, und heute sind es die Entwicklungen von Web 2.0, Open Educational Resources (OER) und Massive Open Online Courses (MOOCs) und die damit eröffneten vielfältigen neuen Nutzungsformen auch in Lehr- und Lernprozessen. Und mit der aktuellen Entwicklung der künstlichen Intelligenz, der Entwicklung intelligenter Software wie Learning Analytics und Educational Data Mining sollen die individuellen Lernprozesse mit den digitalen Medien algorithmisch ausgewertet und durch die erzeugten Hinweise effizient unterstützt und gesteuert werden. Nach reichhaltigen früheren und aktuellen Erfahrungen zeigt sich, dass die erprobte und evaluierte Entwicklung geeigneter Konzeptionen die entscheidenden Erfolgsfaktoren für die Lernplattformen, die Didaktik, die Qualität und die Organisation von E-Learning-Angeboten sind. Die digitalen Innovationen bieten die Voraussetzungen, um die für erfolgreiches virtuelles Lehren und Lernen erforderliche pädagogische Infrastruktur schaffen zu können, auf deren Grundlage neue Bildungsressourcen, aufgabenorientierte didaktische Konzeptionen und Kulturen des Lehrens und selbst organisierten kooperativen Lernens entwickelt werden können.

Das hier nun aufgrund der raschen weiteren Entwicklungen der digitalen Medien für Bildungsprozesse mit den Ergänzungen und Aktualisierungen in fünfter Auflage vorgelegte Handbuch thematisiert für Praxis und Wissenschaft im Lehren und Lernen mit digitalen Medien alle Voraussetzungen, Bedingungen und Faktoren für die Planung, Produktion, Durchführung, Qualitätssicherung und Implementation erfolgreicher E-Learning-Angebote. Die Konzeption und die Inhalte dieses Handbuches sind entstanden aus unseren langjährigen Forschungen, Entwicklungen, Evaluationen und Erfahrungen, die wir in Universitäten, Hochschulen und weiteren Institutionen in wissenschaftlichen Forschungs- und praktischen Entwicklungsprojekten gewonnen haben: in den letzten Jahren an der Ruhr-Universität Bochum, der Technischen Universität Kaiserslautern, der Hochschule München, der Virtuellen Hochschule Bayern sowie bei dem am Leibniz-Institut für Wissensmedien in Tübingen betriebenen E-Learning-Informationsportal e-teaching.org. Zuvor hatten wir von 1998 bis 2003 an der Helmut-Schmidt-Universität/Universität der Bundeswehr Hamburg im Bundesleitprojekt „Virtuelle Fachhochschule für Technik, Informatik und Wirtschaft“ die Arbeitspakete „Didaktik und Methodik telematischen Lehrens und Lernens“ sowie zum Aufbau einer „Online-Weiterbildungs-Agentur“ bearbeitet. Das Bundesleitprojekt wurde von zwölf Fachhochschulen und zwei Universitäten sowie von Partnern aus der Wirtschaft im norddeutschen Raum unter der Gesamtleitung der Fachhochschule Lübeck durchgeführt. Es wurde unter der Projektträgerschaft des Bundesinstituts für Berufsbildung (BIBB) aus Mitteln des Bundesministeriums für Bildung und Forschung (BMBF) und aus Eigenleistungen der beteiligten Projektpartner gefördert. Dafür sind wir dem BMBF, dem BIBB, der Helmut-Schmidt-Universität sehr dankbar. Denn ohne diese Förderungen und die dadurch ermöglichten wissenschaftlichen Arbeiten und praktischen Erfahrungen hätte unser erstes Handbuch für Hochschulen und Bildungszentren zum E-Learning nicht entstehen können, das 2004 mit anderen Akzentsetzungen erschien und bereits 2007 vergriffen war. Die weitere innovative Entwicklung und Verbreitung der digitalen Medien haben uns anschließend veranlasst, 2011 die zweite, 2013 die dritte, 2015 die vierte und hiermit jetzt die fünfte aktualisierte und erweiterte Auflage unseres Handbuchs vorzulegen. Unser Dank gilt auch allen gegenwärtigen und früheren Projektpartnern, für die wir unsere wissenschaftlichen Dienstleistungen erbracht und die uns dabei aktiv unterstützt haben; ohne sie hätten wir unsere Forschungen, Entwicklungen, Evaluationen und Erfahrungen nicht machen können, die eine Grundlage dieses Handbuches sind.

Alle unsere in zwei Jahrzehnten und aktuell gewonnenen vielfältigen Erkenntnisse und Erfahrungen sind mit Blick auf zukünftig mögliche und wünschenswerte Entwicklungen in diese fünfte Fassung unseres Handbuches zum Lehren und Lernen mit digitalen Medien in kritisch reflektierter Form eingeflossen. Wobei die einzelnen Kapitel unseres Handbuches von uns zwar individuell entsprechend unseren jeweiligen Schwerpunkten und Interessen recherchiert und verfasst wurden, aber von den

Entwürfen der Kapitel bis zu ihrer Endfassung auch in intensiver gemeinsamer Diskussion mit Bearbeitungsvorschlägen kritisch reflektiert und dem gemeinsamen Ergebnis entsprechend ergänzt wurden. In alphabetischer Reihenfolge der Autorinnen und Autoren wurden von Patricia Arnold die Kapitel 7 „Lernerfolg und Kompetenzerwerb prüfen" und Kapitel 8 „Qualitätsmanagement" verfasst, wozu Gerhard Zimmer die Abschnitte 7.1 „Grundbestimmungen kompetenzorientierten Prüfens", 7.9 „Automatische Lernprozessanalyse" und 8.5.1 „Kriterien für eine lernerorientierte Qualitätsentwicklung" hinzugefügt hat. Lars Kilian hat die Kapitel 3 „Virtueller Bildungsraum" und Kapitel 10 „Standardisierung" geschrieben, wozu Patricia Arnold 3.5.1 mit „Virtuelle Lernumgebungen in der Cloud" ergänzt hat und Gerhard Zimmer in 3.5.2 den Absatz „Integration eines adapitiven Lernsystems" hinzugefügt hat. Anne Thillosen hat die Kapitel 4 „Didaktische Konzeption" und Kapitel 5 „Bildungsressourcen" verfasst, wozu Gerhard Zimmer den Abschnitt 4.4.1 „Der Deutsche Qualifikationsrahmen zur Kompetenzentwicklung" hinzugefügt und in 4.3.3 einen kurzen Absatz zum Jugendschutzgesetz eingefügt hat und Patricia Arnold „Massive Open Online Courses" in 4.3.3 ergänzt und 4.3.4 „Inklusives Design und Diversität" aktualisiert hat. Gerhard Zimmer hat die Kapitel 1 „Einleitung", Kapitel 2 „Bildung mit E-Learning", Kapitel 6 „Kompetenzen für Lehren und Lernen", Kapitel 9 „Evaluation", Kapitel 11 „Rechtsgrundlagen" und Kapitel 12 „Implementierung" geschrieben und mit Hinweisen der Mitautoren aktualisiert sowie die herausgeberische Endbearbeitung des Handbuches übernommen. Für die Kapitel 1 „Ziele und Struktur des Handbuchs", Kapitel 2 „Bildung mit E-Learning" und Kapitel 9 „Evaluation" konnte er in einigen Teilen auf von Patricia Arnold und in Kapitel 6 „Kompetenzen für Lehren und Lernen" in der Frage der Online-Betreuung auf von Anne Thillosen beschriebene Aspekte in unserem ersten Handbuch zurückgreifen und diese weiter ausarbeiten.

München, Kaiserslautern, Tübingen, Berlin, im Dezember 2017

Patricia Arnold, Lars Kilian, Anne Thillosen, Gerhard Zimmer

1 Ziele und Struktur des Handbuchs

Digitalisierung und Bildung

Die Entwicklung der Digitalisierung in den beiden vergangenen Jahrzehnten eröffnet einen zuvor kaum vorstellbaren weltweiten Zugang zu Informationen, Wissen, Erfahrungen und Perspektiven. Sie bietet schnelle Wege zur Kommunikation und Kooperation und damit neue Chancen für die Entwicklung von Arbeit und Wirtschaft, Gesellschaft und Demokratie sowie für alle Formen, Inhalte und Wege von Bildung – zugleich entstehen neue Herausforderungen. Die Digitalisierung kann dazu beitragen, ganzheitliches, kritisch reflektierendes, kreatives, situiertes und produktives Lehren und Lernen in selbst organisierten, kooperativen und kollaborativen Bildungsprozessen zu unterstützen. Erfahrungen von Autonomie und Selbstwirksamkeit in den individuellen und kommunikativen Lernprozessen fördern lebenslanges Lernen und die demokratische Entwicklung der Gemeinschaft. Digitale Medien können Lehrende und Fachexperten sowie die Kommunikation und Kooperation der Lernenden in Bildungsprozessen keineswegs ersetzen. Denn Bildung bleibt immer ein individueller Prozess in gesellschaftlichen Kontexten. Das hat zur Konsequenz, dass alle Beteiligten ihre Medienkompetenzen ganzheitlich und kritisch reflektiert erwerben müssen.

Integration von E-Learning in Bildungsprozesse wissenschaftlich unterstützen

Seit zwei Jahrzehnten wird über die Integration von E-Learning in die unterschiedlichen Bildungsprozesse in Schulen, Berufsbildung, Hochschulen, Weiterbildung und Unternehmen meist sehr positiv diskutiert, zahlreiche Entwicklungsprojekte wurden und werden gefördert, aber die Integration kommt, wie immer wieder öffentlich diskutiert wird, nur langsam voran. Unser Handbuch will daher dazu beitragen, eine den jeweiligen Bildungsprozessen angemessene effiziente Implementierung der digitalen Medien in allen Dimensionen zu unterstützen. Was unterscheidet dieses Handbuch von den inzwischen zahlreichen weiteren Publikationen zum E-Learning und E-Teaching? Dieses Handbuch ist aus den vielfältigen Erfahrungen in der konkreten Gestaltungspraxis virtueller Bildungsangebote in Entwicklungsprojekten und in der Durchführung in Bildungseinrichtungen entstanden. Es basiert auf der Evaluation der eigenen Praxis sowie der wissenschaftlichen Reflexion virtueller Bildungsangebote und zahlreicher Forschungsergebnisse. Mit diesem Handbuch möchten wir die praktische Realisierung einzelner virtueller Bildungsangebote bis hin zum kompletten Aufbau virtueller Bildungsgänge wissenschaftlich fundiert unterstützen.

Damit werden virtuelle Bildungsangebote von Bildungszentren ebenso wie Studienangebote von Hochschulen oder in der beruflichen und betrieblichen Aus- und Weiterbildung in Unternehmen, in der Erwachsenenbildung und der fachlichen und allgemeinen schulischen Bildung in den Blick genommen. Das Handbuch ist daher gleichermaßen für alle geschrieben, die E-Learning, sei es in Hochschulen, Bildungszentren, Unternehmen oder Schulen, aus der Perspektive einer allgemeinen, beruflichen oder wissenschaftlichen Bildung erfolgreich einführen und betreiben wollen.

Adressaten des Handbuchs

Adressaten des Handbuchs sind alle, die sich in Universitäten, Fachhochschulen, Akademien, Fachschulen und Schulen, in der wissenschaftlichen oder beruflichen Aus- und Weiterbildung sowie in Unternehmen in der betrieblichen Bildung mit der inhaltlichen Planung, der didaktischen Konzeption, der Medienproduktion sowie der Organisation, Lernbegleitung, Betreuung und Qualitätssicherung von Bildungsangeboten befassen. Alle Beteiligten werden angesprochen: Hochschullehrerinnen und Hochschullehrer, Dozentinnen und Dozenten, Lehrerinnen und Lehrer, Ausbilderinnen und Ausbilder, Teletutorinnen und Teletutoren sowie alle, die sich mit der Entwicklung, Produktion, Implementierung, Durchführung, Qualitätssicherung und Evaluation virtueller Bildungsangebote in praktischer und wissenschaftlicher Perspektive befassen.[1] Ebenso werden auch alle Lernenden, Auszubildenden und Studierenden angesprochen, die in E-Learning-Arrangements ganz oder in Teilen lernen, ihre Kompetenzen erwerben und studieren oder dies zukünftig tun werden, damit sie die virtuellen Bildungsangebote effizient und produktiv nutzen und Verbesserungen ihrer Gestaltung und Nutzung vorschlagen können. Auch alle Angebotsplaner und Entscheidungsträger, die virtuelle Bildungsangebote entwickeln, organisieren und durchführen möchten, sind Zielgruppe unseres Handbuchs.

Entstehungshintergrund

Das erste Handbuch zum E-Learning in Hochschulen und Bildungszentren, das wir 2004 publiziert haben und das schon lange vergriffen ist, entstand zum großen Teil aus den wissenschaftlichen Ergebnissen und den Erfahrungen einer gemeinsamen fünfjährigen Tätigkeit im Bundesleitprojekt „Virtuelle Fachhochschule für Technik, Informatik und Wirtschaft (VFH)“ des Bundesministeriums für Bildung und Forschung in den Jahren 1998 bis 2003 (Arnold/Kilian/Klockmann/Thillosen 2003; Nisius/Laudahn 2000). Mit unserer Tätigkeit in der VFH haben wir in allen Projektphasen aktiv beim Aufbau und der Gestaltung virtueller Studiengänge mitgewirkt und den Fortbestand des Studienangebots auch über die Projektlaufzeit hinaus vorbereitet. Am Ende der Projektlaufzeit 2003 hatte der Fachhochschulverbund

1 Erwägungen zur besseren Lesbarkeit haben auch unsere Entscheidung zur Verwendung männlicher und weiblicher Bezeichnungen geprägt. Inhaltlich halten wir es für sinnvoll, die Beteiligung beider Geschlechter an Bildungseinrichtungen durch explizite Nennung männlicher wie weiblicher Berufsbezeichnungen etc. sichtbar zu machen (siehe Gender Mainstreaming in Kap. 4.3.4). Um den Lesefluss dennoch zu gewährleisten, haben wir aber häufig geschlechtsneutrale Formen, wie z. B. Lehrende oder Studierende, verwendet und nur gelegentlich beide Geschlechter explizit genannt. Im Literaturverzeichnis werden die Vornamen ausgeschrieben, um auch hier die Beteiligung beider Geschlechter an der Entwicklung von E-Learning hervorzuheben.

VFH, aus der anschließend u.a. die oncampus GmbH (https://www.oncampus.de/ [01.09.2017]) hervorging, die erste Akkreditierung in Deutschland für einen Online-Masterstudiengang erhalten (SCHMITZ/SIEGEL/BAUDACH 2011). Wir haben im Kerngeschäft der Begleitforschung kontinuierlich den Einsatz von E-Learning im Rahmen wissenschaftlicher Bildungsangebote beobachtet, ausgewertet und in unsere Forschungspraxis einfließen lassen. Anschließend haben wir – und tun dies dies auch weiterhin – in verschiedenen weiteren E-Learning-Projekten in anderen Bildungseinrichtungen und in übergreifenden Kompetenzzentren für E-Teaching vielfältige Erfahrungen, insbesondere auch mit der Einführung und Nutzung der neuen Instrumente und Methoden des Web 2.0 in Bildungsprozessen, gesammelt und reflektiert, die auch in dieses neu bearbeitete, erweiterte und aktualisierte Handbuch zum Lehren und Lernen mit E-Learning in allen Bildungsbereichen eingeflossen sind. Mit den Blicken über die Tellerränder der einzelnen Projekte und Zentren hinaus beziehen wir den Stand der Forschung und die Ergebnisse vielfältiger Praxis kompakt und praxisorientiert in die Darstellungen mit ein.

Kritisch reflektierende Perspektive

Weiterhin haben wir den Wechsel von der E-Learning-Euphorie Mitte der 1990er-Jahre zur schon bald folgenden Ernüchterung Mitte der 2000er-Jahre und das gegenwärtig erneute Wachstum des E-Learning miterlebt und kritisch in unsere Arbeiten einbringen können (vgl. u.a. HORIZON 2015; HORIZON 2017; MMB/PSEPHOS 2001; MMB 2011; MMB 2014; UHL 2003). Wenn wir daher im Folgenden die Potenziale von E-Learning für eine umwälzende Veränderung der Lehr- und Lernkultur beschreiben, dann erfolgt dies nicht getragen von einer unkritischen Anfangseuphorie, sondern aus einer reflektiert abwägenden Beurteilung der Vorteile und der Möglichkeiten zur Vermeidung von Nachteilen. Nur qualitativ hochwertige virtuelle Bildungsangebote können zu einer nachhaltigen Verbesserung der Lehr- und Lernkultur führen.

Fünf zentrale Ziele

Damit dieses *neue Handbuch* ein Fundament für Vorhaben sein kann, virtuelle Bildungsangebote mit den modernen digitalen Medien integriert in reale Bildungsräume zu organisieren, sind uns fünf Ziele besonders wichtig:

- Das Thema Virtuelle Bildungsangebote wird sowohl aus dem *Blickwinkel der verschiedenen Akteure* als auch in der *Perspektive der Koordination und des Zusammenwirkens der Akteure* umfassend behandelt.
- Das Handbuch ist daher durchgängig *anwendungsorientiert* auf der Grundlage wissenschaftlicher Erkenntnisse geschrieben.
- Es nimmt dafür konsequent aus einer *pädagogischen Perspektive* alle zentralen Handlungsfelder und die Entwicklung der Bildungsressourcen in den Blick.
- Nur durch eine evidenzbasierte *Evaluation* kann dann herausgefunden werden, welche Prozesse des Lehrens und Lernens mit welchen digitalen Medien am effektivsten sind.

- Es geht darum, die Wege zur *Implementierung und Qualitätssicherung* der virtuellen Bildungsangebote für einen *erfolgreichen Erwerb von Handlungskompetenzen* in gelingenden Bildungsprozessen aufzuzeigen.

Verschiedene Akteursperspektiven

An Entscheidungen in virtuellen Bildungsgängen und an der Gestaltung virtueller Bildungsangebote sind immer verschiedene Personengruppen beteiligt. Damit die verschiedenen Akteure gewinnbringend mit dem Handbuch arbeiten können, wird das Thema in allen relevanten Aspekten behandelt, und über Querverweise werden Zusammenhänge zwischen den einzelnen Tätigkeitsfeldern der beteiligten Akteure aufgezeigt. Wir gehen davon aus, dass je nach eigenem Tätigkeitszuschnitt ein oder mehrere Kapitel unmittelbar für die eigene Praxis relevant sind, die übrigen Kapitel aber ebenso lesenswert sind, um einen Überblick und ein Grundverständnis für die Akteursperspektiven der jeweiligen Kooperationspartner zu erhalten. Für die Mitarbeitenden in Kompetenzzentren sind alle Kapitel gleichermaßen von Bedeutung, weil sie den Gesamtprozess virtueller Bildungsangebote von der Planung, Produktion, Implementation und Qualitätssicherung bis zur Evaluation und Verbesserung der Angebote im Blick haben müssen.

Anwendungsorientierung

Um mit diesem Handbuch die Entwicklung und Nutzung virtueller Bildungsangebote zu unterstützen und zu verbessern, ist uns eine durchgängige wissenschaftlich fundierte Anwendungsorientierung sehr wichtig. Wir stellen dafür in allen Kapiteln die wissenschaftlichen Grundlagen und die Forschungsergebnisse zum jeweiligen Themenaspekt zusammen, um sie für die Handlungspraxis der für diesen Bereich Verantwortlichen verfügbar zu machen. Dies geschieht auf der Grundlage der kritischen Reflexion der in unseren verschiedenen Projekten und Kompetenzzentren getroffenen Entscheidungen und gesammelten Erfahrungen.

Didaktische Perspektive

Erst passende und durchdachte didaktische Konzepte machen virtuelle Lernangebote zu qualifizierten Bildungsangeboten. Wird die didaktische Planung gegenüber technologischen oder finanziellen Überlegungen vernachlässigt, bleiben virtuelle Bildungsangebote häufig erfolglos. Auch Nachhaltigkeit, oft unter finanziellen Aspekten diskutiert, lässt sich durch ausgereifte didaktische Konzepte erreichen. Didaktische Überlegungen haben daher einen zentralen Stellenwert für alle Handlungsschritte beim Aufbau virtueller Bildungsangebote. Dementsprechend haben wir die didaktische Perspektive zu einer zentralen Perspektive im Handbuch erhoben: Wenn auf andere Aspekte eingegangen wird, z. B. auf die Frage der technischen Gestaltung des virtuellen Bildungsraumes, des Qualitätsmanagements oder der Standardisierung, so erfolgt dies immer aus didaktischer Perspektive.

Struktur des Handbuchs

Aus dem Ziel, die Entwicklung und Nutzung virtueller Bildungsangebote umfassend, anwendungsorientiert und konsequent aus pädagogischer Perspektive zu betrachten, ergibt sich die *Struktur des Handbuchs*:

In den folgenden Kapiteln werden jeweils die zentralen Handlungsfelder der Entwicklung und Implementierung virtueller Bildungsangebote in formalen und informellen Lehr- und Lernprozessen behandelt:

- Grundlagen der Gestaltung und konstituierende Faktoren erfolgreicher Lehr- und Lernprozesse mit virtuellen Bildungsangeboten und Entwicklung der virtuellen Lehr- und Lernkultur in der Perspektive der Bildung ganzheitlicher Handlungskompetenzen (Kap. 2);
- Auswahl, Gestaltung, Implementierung und Nutzung von Lernplattformen in virtuellen Bildungsräumen und Integration der virtuellen Bildungsräume in realen Bildungsräumen zu hybriden Bildungsräumen unter Einbindung von Web-2.0-Instrumenten und mobilen Endgeräten (Kap. 3);
- Didaktische Konzeption der den jeweiligen Zielen und Ansprüchen gerecht werdenden unterschiedlichen Formen virtueller Bildungsangebote auf der Grundlage lerntheoretischer Ansätze und aufgabenorientierter Lehr-/Lernarrangements zur Förderung des Erwerbs ganzheitlicher Handlungskompetenzen durch die Lernenden (Kap. 4);
- Mediale Formen der Präsentation von Bildungsinhalten und Nutzung medialer Bildungsressourcen in virtuellen und hybriden Bildungsräumen vom Web Based Training bis zum Lehren und Lernen mit Web-2.0-Instrumenten und der barrierefreien Gestaltung von E-Learning-Angeboten (Kap. 5);
- Entwicklung und Gestaltung der medienvermittelten Lehr- und Lernprozesse, der medialen Kommunikation und Kooperation mit den sozialen Medien sowie der Aufgaben und Kompetenzen der Lehrenden, Teletutoren und Lernenden zur Förderung des selbst gesteuerten und kooperativen Lernens (Kap. 6);
- Möglichkeiten und Gestaltungen der handlungs- und kompetenzorientierten Prüfung von Lernerfolgen im E-Learning mit Klausuren, Tests, E-Portfolios und innovative Prüfungsformen im Web 2.0 sowie in Massive Open Online Courses (MOOCs) und durch automatische Lernprozessanalysen (Kap. 7);
- Überblick über die Bedeutung, die Handlungsfelder und die verschiedenen Qualitätsmanagementsysteme zur Einrichtung eines eigenen Qualitätsmanagements und die Vereinbarung von Qualitätskriterien für die Entwicklung und Sicherung erfolgreicher virtueller Bildungsangebote für die jeweiligen Zielgruppen (Kap. 8);
- Überblick über Ziele, Phasen, Typen, Konzepte und Methoden sowie Gütekriterien und Fallstricke einer Evaluation der Lehr- und Lernprozesse mit den digitalen Bildungsmedien zur Verbesserung der virtuellen Bildungsangebote, der digitalen Medien und der begleitenden Unterstützung (Kap. 9);
- Überblick über Gegenstandsbereiche, Bedeutung, Funktionen und Probleme der Standardisierung digitaler Medien und virtueller Bildungsangebote, um

diese mit Metadaten leicht auffindbar, integrierbar und die Bestandteile der Bildungsangebote wiederverwertbar in weiteren Angeboten gestalten zu können (Kap. 10);

- Hinweise auf wichtige rechtliche Bestimmungen, die bei der Auswahl, Produktion und Gestaltung virtueller Bildungsangebote zu beachten sind, wie die Anbieterkennzeichnungspflicht, die Datenschutzrechte, die Urheber- und Nutzungsrechte in Bildung und Wissenschaft und das Fernunterrichtschutzgesetz (Kap. 11);
- Hinweise auf Strategien, Stufen und Faktoren der Produktion, Organisation und Implementierung virtueller Bildungsangebote zur Erzielung und Sicherung ihrer Nachhaltigkeit in Hochschulen, Bildungszentren, Unternehmen, Berufsausbildung, Erwachsenenbildung und Schulbildung (Kap. 12).

Den Rahmen bilden die Kapitel 2 und 12 zum Einsatz von E-Learning: Wie kann überhaupt *Bildung mit E-Learning* ermöglicht werden? Und: Unter welchen Voraussetzungen und mit welchen Gestaltungsoptionen lassen sich virtuelle Bildungsangebote *nachhaltig* entwickeln? Die Grundüberlegungen zu *Bildung mit E-Learning* bestimmen die konstitutiven Faktoren erfolgreicher, in die Lern- und Arbeitsfelder integrierter Bildungsprozesse und begründen die zentralen Handlungsfelder für die Bildungsangebote. Die resümierenden Ausführungen zur *Implementierung* greifen diese Gedanken auf und verankern sie mit Empfehlungen zu den einzelnen Handlungsfeldern in einem strategischen Nachhaltigkeitskonzept.

Jedes Kapitel behandelt das jeweilige Handlungsfeld in ähnlicher Weise: Im Sinne einer Akteursperspektive werden Tätigkeitsprofile für das Feld identifiziert und ein Überblick über die Ergebnisse aktueller Forschung und Praxis gegeben. Aus Forschungsergebnissen und vielfältigen Praxisbeispielen wird in der Regel ein positiver Entwurf in Form von Hinweisen, Handlungsschritten oder Leitlinien entwickelt. Schlussfolgerungen und Empfehlungen fassen die zentralen Aussagen am Ende eines jeden Kapitels noch einmal zusammen.

Herausforderung Begriffsvielfalt

Beim Schreiben dieser um die aktuellen Entwicklungen erweiterten Fassung des Handbuches standen wir immer noch vor einem grundsätzlichen Problem: Im Themenbereich E-Learning existiert eine große Begriffsvielfalt, und durch die konsumierende und produzierende Nutzung der Instrumente des Web 2.0 und von mobilen Endgeräten zum individuellen Lernen am jeweiligen Aufenthaltsort sowie durch die Entwicklung von Massive Open Online Courses (MOOCs) sind noch viele weitere Begriffe hinzugekommen. Für viele Teilbereiche hat sich noch kein einheitlicher Sprachgebrauch etabliert. Bereits die oben verwendeten Begriffe E-Learning, virtuelle Bildungsangebote und virtuelle Bildungsräume sind kaum präzise zu definieren. Alternativ könnte auch von telematischen Lehr- und Lernformen gesprochen werden. Denn um Lehr- und Lernformen zu benennen, die *Tele*kommunikationstechnik und Infor*matik* nutzen, z. B. über Computer mit Internetanschluss, ist das Adjektiv telematisch präziser als virtuell. In früheren Publikationen haben wir deswegen auch das

Adjektiv telematisch dem Adjektiv virtuell vorgezogen (ARNOLD 2001; ZIMMER 1997), jedoch hat es sich nicht durchgesetzt. Inzwischen hat das Adjektiv virtuell, z. B. in Publikationen zum virtuellen Lernen (SCHULMEISTER 2001), die ursprüngliche Konnotation des Nichtrealen verloren. Wir verwenden daher virtuell in den herausgebildeten gängigen Zusammensetzungen, wie z. B. virtuelle Bildungsangebote, die sehr reale Neuerungen darstellen. Dementsprechend klären wir in jedem Kapitel die Begrifflichkeiten und verwenden dann den Begriff, der entweder fachlich am präzisesten ist oder am häufigsten benutzt wird. Denn gerade in einem Handbuch, das allen einen leichten Zugang zum Thema verschaffen soll, wollen wir keine begrifflichen Hürden aufbauen. Wir folgen deshalb meist dem herausgebildeten Sprachgebrauch.

Abgrenzungen: Was das Handbuch nicht bieten kann

Mit der Hervorhebung der didaktischen Perspektive sind auch Abgrenzungen verbunden: Das Handbuch liefert keine technischen Detailinformationen, z. B. zu Lernplattformen, Autorenwerkzeugen oder Produktionsprozessen. Ebenso wenig können für alle möglichen unterschiedlichen Bildungsangebote ausführliche Schritt-für-Schritt-Anleitungen für die Planung, Produktion und Durchführung gegeben werden. Auch detaillierte Informationen für eine betriebswirtschaftliche Kostenrechnung zu virtuellen Bildungsangeboten sind aufgrund der Vielfalt der möglichen Varianten nicht möglich. In den einzelnen Handlungsfeldern (und damit in den einzelnen Kapiteln des Handbuchs) werden vielmehr die Bedeutung technischer Details sowie die Voraussetzungen, Anforderungen und Handlungsschritte aus didaktischer Perspektive aufgezeigt. Für Kostenkalkulationen werden zentrale Faktoren aufgezeigt, ohne aber präzise Zahlen anzugeben, da diese ohnehin je nach Rahmenbedingungen stark variieren. Für Details zu diesen Aspekten verweisen wir auf weiterführende Literatur, die wir in die einzelnen Kapitel integriert haben. Die Quellen, die wir im Literaturverzeichnis benennen, ermöglichen den Leserinnen und Lesern eine eigene, weiterführende Recherche. Die in den Kapiteln verwendeten Abkürzungen und Fachbegriffe haben wir am Schluss in einem eigenen Verzeichnis zum schnellen Auffinden zusammengestellt.

2 Bildung mit E-Learning

Bildung mit E-Learning zum Erfolg führen – für alle!

Wie sind erfolgreiche Lehr- und Lernprozesse zum Erwerb fachlicher, ganzheitlicher, verallgemeinerter und expansiver Handlungskompetenzen mit E-Learning zu erreichen? Wie kann E-Learning genutzt werden, um neue Zugänge zu Bildung zu ermöglichen und Inklusion und eine offene Bildung für alle zu unterstützen? Wie ist dafür E-Learning zu gestalten, damit die beabsichtigten individuellen, kooperativen und partizipativen Bildungsprozesse effektiv und effizient zur humanen Bildung des Subjekts unterstützt werden? Dies sind die zentralen Ausgangsfragen und Ziele für die Unterstützung von Kompetenzentwicklung und Bildung mit E-Learning. Denn mit den digitalen Bildungsmedien, den virtuellen Bildungsräumen und der Entwicklung vom *Lese-* zum *Lese-und-Schreib-Internet* werden die traditionellen pädagogischen Verhältnisse zwischen Lehrenden und Lernenden, die herausgebildeten Kulturen des Lehrens und Lernens sowie die bisher vor allem durch die Lehrenden bestimmten Lehr- und Lernprozesse grundlegend verändert zu gemeinsam und selbst organisierten Prozessen. Eine weitere Demokratisierung von Bildung für alle Menschen ist daher möglich. Subjektivität und Offenheit der Bildung jedes Menschen in der Gesellschaft zur souveränen Teilhabe an der Aneignung und Gestaltung der Welt sind das Leitprinzip des Lehrens und Lernens (Zimmer 2013).

Aufbau des Kapitels

Um diese Veränderungen begreifen, gestalten und nutzen zu können, ist es notwendig, zunächst die herausgebildeten neuen Begrifflichkeiten zu klären (Kap. 2.1). Ausgehend von den Erfolgen und Defiziten bisheriger virtueller Bildungsangebote (Kap. 2.2) und der generellen Klärung der konstituierenden Faktoren von Bildungsprozessen (Kap. 2.3) können die konstituierenden Faktoren für erfolgreiche virtuelle Lehr- und Lernprozesse (Kap. 2.4) bestimmt werden. Dies ist die Voraussetzung dafür zu klären, in welcher Perspektive die erforderliche Entwicklung der virtuellen Lehr- und Lernkultur zu gestalten ist (Kap. 2.5.1), wie die Potenziale virtueller Bildungsangebote zu nutzen sind (Kap. 2.5.2) und wie die Herausbildung einer neuen Lernkultur zu fördern ist (Kap. 2.5.3). Im Fazit (Kap. 2.6) werden die daraus sich ergebenden neuen Perspektiven für das Lehren und Lernen kurz angesprochen.

2.1 Bestimmung zentraler Begriffe

Begriffsproblem

Der Begriff *E-Learning* (*Electronic Learning*, elektronisches Lernen) hat sich in den vergangenen zwei Jahrzehnten gegenüber anderen Begriffen für das Lernen mithilfe und Nutzung von Computern, wie z. B. *multimediales Lernen*, in Wissenschaft und Praxis durchgesetzt. *E-Learning* setzt *E-Teaching* der Lehrenden voraus. In der Entwicklung des E-Learning und E-Teaching hatten sich zunächst zwei Formen herausgebildet, das am Einzelplatz orientierte Computer Based Training (CBT) und dann das an Kommunikation orientierte Web Based Training (WBT), die heute oft auch integriert in *Learning Management Systemen* (LMS) angeboten und ergänzt um Zugänge zum *Internet* und zu den *Social Media* genutzt werden. Insofern wird auch von einer *Digitalisierung der Bildungsprozesse* und von einer *digitalen Bildung* gesprochen. Aber die Verwendungen der populären Begriffe *E-Learning, E-Teaching* oder *digitale Bildung* können auch zu folgenreichen Missverständnissen führen, insbesondere wenn diese in ihrer Bedeutung technologischen Begriffe in einen direkten Zusammenhang mit den Begriffen *Lernen* und *Bildung* gebracht werden. Denn mit dem Begriff *E-Learning, elektronisches Lernen*, wird kein subjektiv begründeter Modus der subjektiven Prozesse von Lernen bzw. Kompetenzentwicklung und Bildung benannt, wie z. B. mit den Begriffen defensives Lernen oder expansives Lernen (Holzkamp 1993, 187 ff.). Den Modus *elektronisches Lernen*, also elektronisch *begründetes* und vollzogenes Lernen, gibt es nur in elektronischen Systemen, z. B. in Robotern, die mit Systemen *künstlicher Intelligenz* ausgestattet sind. Auch mit dem Begriff *E-Teaching, elektronisches Lehren*, wird kein subjektiver Prozess des Lehrens benannt, sondern die digital präsentierten und elektronisch vermittelten Inhalte, Formen und Prozesse des Lehrens. Es darf im E-Learning und E-Teaching nicht übersehen werden, dass Lernen und Lehren immer subjektive Eigenleistungen der Lernenden und Lehrenden in sozialen kommunikativen, kooperativen und partizpativen Prozessen und entsprechend geformten pädagogischen Verhältnissen sind.

E-Learning

Mit dem Begriff *E-Learning* wird ein vielgestaltiges gegenständliches und organisatorisches Arrangement von elektronischen bzw. digitalen Medien zum Lernen, virtuellen Lernräumen und *Blended Learning* bezeichnet. Dieses Arrangement von elektronischen Mitteln, Räumen und Verknüpfungen kann individuell oder gemeinsam zum Lernen bzw. zur Kompetenzentwicklung und Bildung von Lernenden in selbst bestimmten Zeiten genutzt werden – sei es zum defensiv oder expansiv begründeten Lernen. Die elektronisch arrangierten digitalen Lernmedien präsentieren den Lernenden die Lerninhalte multimedial und ermöglichen ihnen deren interaktive Bearbeitung, sei es in vorgegebenen Instruktionsstrukturen oder in Netzstrukturen für selbst gesteuertes individuelles, kooperatives oder partizipatives Lernen. Die Lernenden können dabei Autonomie und Selbstwirksamkeit erfahren, die ihre Motivation stärken, auch zum lebenslangen Lernen. Die virtuellen Lernräume, in denen die digitalen Lernmedien angeboten und bearbeitet werden, sind gleichwohl reale Lernräume im Internet, in die nur online eingetreten und mit anderen Lernenden und den Lehrenden asynchron oder synchron kommuniziert und kooperativ oder partizipativ gelernt werden kann.

Blended Learning

Der Begriff *Blended Learning* steht dafür, dass Lernen mit digitalen Medien in virtuellen Lernräumen ergänzt oder verbunden wird mit Lernen in Präsenzveranstaltungen. Wobei die Präsenz heute auch virtuell hergestellt werden kann, z. B. in Online-Vorlesungen, -Seminaren oder -Tutorien. E-Learning ist also ein sehr umfassender Begriff, der ein auf der Basis der elektronischen Informations- und Kommunikationstechnik entwickeltes neues multimediales Lehr- und Lernarrangement bezeichnet, in dem Lernen, Kompetenzentwicklung und Bildung von Individuen einzeln oder in Gruppen stattfinden kann und – so der Anspruch – besser als in den traditionellen Lehr- und Lernarrangements. Der Begriff signalisiert auch, dass die digitalen Bildungsmedien letztlich die das Lernen begleitenden Lehrenden, Fachexperten und Kollegen sowie das direkte Lernen in den entsprechenden Feldern der Wissenschaft und Praxis nie vollständig ersetzen können.

E-Teaching

Statt des Begriffs *E-Learning* wird auch der Begriff *E-Teaching* – seltener auch der Begriff *Computer Assisted Teaching, computerunterstütztes Lehren* – verwendet. Der Begriff *E-Teaching (Electronic Teaching, elektronisches Lehren)* ist zweifellos treffender. Denn in den digitalen Medien und virtuellen Lernräumen sind bei formalen Bildungsprozessen alle geplanten pädagogischen Lehrhandlungen und Kommunikationen der Lehrenden mit den Lernenden zur Erzeugung und Unterstützung der entsprechenden Lernprozesse bei den Lernenden vorab bis in alle Details konzipiert und multimedial und interaktiv elektronisch objektiviert. Der vorgestellte typische Lernende ist dabei die Zielperson, der bestimmte Kenntnisse, Fähigkeiten, Fertigkeiten und Interessen *elektronisch* vermittelt werden sollen, in dem der tatsächlich Lernende die programmierten Lehr- und Lernhandlungen mehr oder weniger selbst gesteuert nachvollzieht. Der Lernende nimmt also an einer elektronischen Lehrveranstaltung teil. Die darin fehlende unmittelbare pädagogische Kommunikation zwischen Lehrenden und Lernenden wird – falls dies für notwendig erachtet wird – in virtuelle Lernräume mit asynchroner oder synchroner Kommunikation – in kommunikatives E-Teaching – oder in begleitende Präsenzveranstaltungen verlegt. Der Begriff *E-Teaching* unterscheidet sich somit deutlich vom Begriff *E-Learning*, der bereits begrifflich den Lernenden als Zielperson der elektronisch basierten Lehr- und Lernarrangements im Blick hat. Wir verwenden daher im Folgenden den Begriff *E-Learning* für das Arrangement digitaler Lernmedien und virtueller Lernräume.

Lernen

Anlass für Lernen kann sowohl die Erfahrung sein, bestimmte Problematiken oder Aufgaben mit den bisher erworbenen Kompetenzen nicht erfolgreich bearbeiten zu können, als auch die Intention, bereits erworbene Kompetenzen zu erweitern, zu vertiefen und auf weitere Handlungsfelder auszudehnen oder für die Steigerung der persönlichen Handlungsfähigkeit völlig neue Kompetenzen auf höherem Niveau für andere oder neue, komplexere oder anspruchsvollere Handlungsfelder oder Handlungsziele zu erwerben. Beim Lernen geht es somit immer um die begründete Überwindung einer für das lernende Subjekt partiellen oder gar fundamentalen Kompetenzdiskrepanz in den gesellschaftlichen Lebenszusammenhängen, um eine erweiterte Teilhabe an gesellschaftlicher Praxis und Mitwirkung an ihrer demokratischen Gestaltung zu erreichen (vgl. Holzkamp 1983, 457 ff., 1993, 211 ff.; Markard 2009, 180 ff.; Baldauf-Bergmann 2009, 2015; Zimmer 2010a; Held 2015b). Lernen ist daher immer eine gegenstands- und selbstbezogene Handlung in sozialen Kontexten. Damit das Subjekt den dafür notwendigen Lernprozess beginnen kann, müssen zuvor und gegebenenfalls auch im weiteren Verlauf des Lernprozesses aus den Problematiken und Aufgaben die für den Kompetenzerwerb erforderlichen Lernaufgaben eigenständig oder in kooperativen und partizipativen Prozessen ausgegliedert und bearbeitet werden. Dazu muss das lernende Subjekt seine Lernziele selbst oder in gemeinsamer Abstimmung bestimmen und sich methodischen Zugang zu den Inhalten und Bedeutungsstrukturen des Lerngegenstandes durch die entsprechenden autodidaktischen Lernhandlungen verschaffen. Die autodidaktischen Lernhandlungen können vom Lesen, Durchdenken und Lösen vorgegebener Lernaufgaben bis zum Erarbeiten, Präsentieren und Diskutieren der individuell oder in Kooperation mit anderen Lernenden oder in Partizipation mit Experten erarbeiteten Ergebnisse komplexer Lernprojekte reichen. Von entscheidender Bedeutung für die Lernmotivation und damit auch für den Lernerfolg ist dabei, ob das individuelle Lernen nur vollzogen wird, weil es von anderen gefordert und sanktioniert ist, also *defensiv* begründet ist, oder ob es vom lernenden Subjekt engagiert vollzogen wird, weil es ein eigenständiges und auch weiter gehendes Interesse an der Überwindung seiner Lerndiskrepanz hat, also *expansiv* begründet ist. Voraussetzung dafür ist die individuelle Entwicklung eines reflektierten subjektiven Standpunktes und einer subjektiven Perspektive für die Bildung der eigenen Person und ihrer Positionierung und Mitwirkung in der Gesellschaft. Es macht einen großen Unterschied für die individuelle wie die gesellschaftliche Entwicklung, ob sich die Lernenden aus Interesse reflektiert, kritisch, kreativ und urteilsfähig mit Lerninhalten *expansiv*, also vorgegebene Grenzen überschreitend, auseinandersetzen und komplexere, gesellschaftlich relevante Lernaufgaben auch innovativ in selbst organisierten kooperativen Projekten bearbeiten oder ob sie curricular vorgegebene Lerninhalte unter fremdbestimmtem Zwang, Zeitdruck und Sammeln von Leistungspunkten in den abgesteckten Grenzen *defensiv* für die erwartete und zu bewertende korrekte Wiedergabe auf Testfragen bzw. in Prüfungsaufgaben auswendig lernen. Dabei ist in *expansiven* Lernprozessen auch die oft vorhandene Lücke zwischen Theorie und Praxis in gemeinsamer Kommunikation und partizipativer Zusammenarbeit mit Lehrenden und Fachexperten sowie durch den Erwerb eigener Erfahrungen in Praxisfeldern zu schließen – was durch E-Learning sehr gut unterstützt werden kann. Durch den Vollzug der Lernhandlungen kann auch nebenbei etwas gelernt werden, das nicht geplant war und dessen sich auch die Lernenden nicht immer bewusst werden. Auch durch die medialen Präsentationen und Kommunikationen über das Internet kann durch die Wahrnehmung und Reflexion der Handlungen anderer passiv gelernt werden. Dies kann entsprechend den subjektiven Interessen auch selbstbestimmte expansive Lernhandlungen veranlassen.

Lehren

Die von den Individuen durch Lernen erworbenen und subjektiv ausgeprägten Kompetenzen gehen in den Kompetenzbestand einer Arbeitsgemeinschaft, einer Organisation, einer sozialen Schicht, einer Gesellschaft und letztlich der Weltgesellschaft ein. Die Träger der Kompetenzen bleiben dabei immer die Individuen. Der größte Teil ihrer Kompetenzen kann von ihnen in Gestalt von Wissen, Erfahrungen, Methoden, Hinweisen und Beispielen expliziert und multimedial dargestellt werden. Diese Explikationen stehen dann allen Interessierten zur Verfügung, durch deren Bearbeitung sie ebenfalls ihre Kompetenzen subjektiv entwickeln können. Die dabei immer auch entstehenden und für die Handlungsfähigkeit notwendigen impliziten Kompetenzen können dagegen nur im Prozess des Lernens sowie im jeweiligen Handlungsvollzug selbst durch das Machen eigener Erfahrungen individuell herausgebildet werden. Die explizierten und multimedial präsentierten Inhalte, Methoden und Instrumente für den Kompetenzerwerb können didaktisch und methodisch sowohl in interaktiven multimedialen Lernprogrammen für selbst gesteuertes Lernen als auch durch Lehrende für ihre unterrichtliche Vermittlung aufbereitet werden. Die unterrichtliche Vermittlung hat den Vorteil, dass eine unmittelbare Kommunikation besteht zwischen Lehrenden und Lernenden für die immer im Prozess der lehrenden Darlegungen und subjektiven Aneignungen unvorhersehbar entstehenden Nachfragen und Erklärungen sowie für Verweise auf Kontexte, Historie und Perspektiven. Kompetenzdiskrepanzen können aber auch durch informelles Lernen im Aufgaben bearbeitenden Handlungsprozess mit jederzeit abrufbaren Informationen (Dohmen 2001) und Kommunikationen mit anderen Beteiligten oder Experten überwunden werden. Im formellen Lernen wie bei der Ermöglichung informellen Lernens – ob in Lernmedien objektiviert oder durch Lehrende persönlich vermittelt – handelt es sich immer um didaktisch begründete und mehr oder weniger methodisch strukturierte oder beratende und moderierende pädagogische Handlungen, die es den Lernenden ermöglichen sollen, ihre Lernhandlungen zur Überwindung ihrer Kompetenzdiskrepanz effizient und erfolgreich vollziehen zu können. Die Überwindung ihrer Kompetenzdiskrepanz ist immer ein subjektiver, defensiv oder expansiv selbst bestimmter Lernprozess, der bei offenen Lernaufgaben, wie z. B. bei Lernprojekten, auch zu neuen Lösungen und Erkenntnissen führen kann, die auch den Lehrenden bislang nicht bekannt waren. Im pädagogischen Verhältnis zwischen Lehrenden und Lernenden wird daher dann am besten gelernt, wenn nicht nur die vermittelten Kompetenzen nachvollziehend erworben werden, sondern die Lernenden auch eigenständig und kooperativ ihre Kompetenzen entwickeln und an Ergebnissen präsentieren, wovon wiederum die Lehrenden und auch andere Interessierte lernen können. Ganz entscheidend für erfolgreiche Lernprozesse ist die Beteiligung der Lernenden an der

Bestimmung ihrer Lernziele sowie der Konzipierung, Durchführung, Bewertung und Verbesserung der Lehr- und Lernprozesse und der Vereinbarung ihrer nächsten Lernschritte im partizipativen Dialog mit Lehrenden und Fachexperten sowie im kooperativen Dialog mit den anderen Lernenden, was über einen virtuellen Bildungsraum (Kap. 3) gut realisiert werden kann.

Orientierung

Die Handlungen des Lernens und Lehrens sind ohne ihre Orientierung nicht möglich. Dabei kann die Orientierung der Handlungen bewusst und zielgerichtet oder auch unbewusst erfolgen. „Das Orientieren muss als ein Prozess der Auseinandersetzung mit der Welt verstanden werden, [...] Orientierungsprozesse sind Voraussetzungen für das Handeln" (Held 2015a, 107). Die subjektiven Orientierungen der Lehr- und Lernhandlungen entstehen in den persönlichen, sozialen, kulturellen und gesellschaftlichen Zusammenhängen, ihrer subjektiven Wahrnehmung und in den Blick genommenen Perspektiven der eigenen Lebensweisen und Lebensziele, und damit auch des eigenen Lehrens und Lernens. Die Herausbildung der subjektiven Orientierung ist eine „explorative Handlung" und „innere Ausrichtung und Haltung" und beruht auf „innere[n] Wissensschemata" (ebd., 111 ff.). Dabei „spielen auch weitere Dimensionen eine Rolle. Zu unterscheiden sind eine zeitliche, soziale und räumliche Dimension. Jemand kann sich in der *zeitlichen Dimension*, z. B. an der Vergangenheit, der Gegenwart oder der Zukunft orientieren. Man kann sich auch an anderen Menschen oder Gruppen orientieren: *soziale Dimension* oder an einem bestimmten *kulturellen Lebensraum*. Wichtig [...] [sind] u. a. *individuelle und kollektive Orientierungen, globale und lokale Orientierungen, nationale und internationale Orientierungen, Toleranz und demokratische Orientierung, aber auch ausgrenzende Orientierungen wie z. B. Rassismus*. Solche Orientierungen realisieren sich in verschiedenen Handlungsformen. Gemeint sind damit zum einen kulturelle Aktivitäten und Stile, zum anderen Formen des Engagements in und außerhalb von Institutionen bzw. Organisationen" (ebd., 114, Hervorh. im Original). Die subjektiven Orientierungen bestimmen auch bewusst oder unbewusst die Handlungen der Lehrenden und Lernenden und unterliegen beabsichtigt oder unbeabsichtigt der Konzeptualisierung der Lerninhalte und ihrer didaktisch-methodischen Präsentation in den digitalen Bildungsmedien wie auch ihrer Nutzung durch die Lernenden. Die Frage der Orientierung ist daher von allen Beteiligten unbedingt zu beachten.

Bildung

Der Begriff *Bildung*, mit dem sowohl der Prozess der subjektiven Entwicklung, in dem der Mensch in eigenständigen und sozialen sowie in pädagogischen Prozessen und Verhältnissen sein humanes Selbst-, Welt- und Naturverhältnis kritisch-rational denk- und urteilsfähig herausbildet und seine persönliche Gestaltungs- und Handlungsfähigkeit gewinnt, als auch deren Ergebnis, die gebildete und verantwortlich handlungsfähige Person selbst, benannt wird, hat in seiner langen Geschichte immer wieder einen Bedeutungswandel erfahren. Wir verstehen im Folgenden unter Bildung die individuelle und gemeinsame Entfaltung der subjektiven Potenziale bzw. Handlungsfähigkeiten eines Menschen sowohl „aus Erfahrungen im Umgang mit der Natur, mit außermenschlichen, außersozialen Dingen, Prozessen und Ereignissen“ (Nida-Rümelin 2013, 125) als auch in erkannten, gelebten und angestrebten gesellschaftlichen Zusammenhängen zur individuellen und gesellschaftlichen Lebensgewinnung in kooperativen und partizipativen demokratischen Prozessen. Dies schließt die Entwicklung der Erkenntnis-, Kritik-, Urteils- und Entscheidungsfähigkeit bezogen sowohl auf die natürlichen und gesellschaftlichen Prozesse und Verhältnisse als auch auf die eigene Persönlichkeitsentwicklung ebenso ein wie die Entwicklung der subjektiven Fähigkeiten für die Erkenntnis der natürlichen und gesellschaftlichen Zusammenhänge und die Reflexion der eigenen wie auch der Erfahrungen anderer. Die Kritik- und Urteilsfähigkeit ist Voraussetzung für die Entwicklung allgemeiner und fachlicher Handlungsfähigkeiten zur aktiven Gestaltung der individuellen Tätigkeiten sowie für die aktive demokratische Teilhabe an der Entwicklung und Gestaltung aller Lebensbereiche. Bildung ist nicht die Formung restriktiver Handlungsfähigkeiten von Subjekten, um deren Verwendbarkeit in fremdbestimmten Verhältnissen herzustellen, sondern die Ermöglichung und der aktive eigenständige Vollzug der Entwicklung verallgemeinerter Handlungsfähigkeiten der Subjekte zum selbstbestimmten kooperativen Handeln in der Gesellschaft. Bildung kann nicht nur aus Büchern und anderen Medien erworben werden und findet nicht nur in pädagogischen Verhältnissen statt, sondern immer im Prozess des subjektiven Denkens und Handelns im Lebensverlauf, sie ist letztlich immer *Selbstbildung* des Subjekts. *Bildung* wird also von uns nicht als ein Prozess und Ergebnis der pädagogischen Vermittlung und des subjektiven Erwerbs von *Wissen* im Sinne einer lexikalischen Vielwisserei verstanden, das entsprechend fremdbestimmten Anforderungen aus dem Gedächtnis oder von Datenspeichern oder anderen Experten jeweils abgerufen und in den gesetzten Anwendungsfällen entsprechend den vorgegebenen Zielen kompetent eingesetzt werden kann. *Bildung* wird also auch nicht verstanden als Erwerb und Besitz von *Kompetenzen* im Sinne der Herstellung der *Employability*, der *Beschäftigungsfähigkeit*.

Kompetenz

Bildung ist vielmehr die aktive Herausbildung ganzheitlich integrierter *Sach-, Sozial- und Selbstkompetenzen* sowie von *Zeit- und Raumkompetenzen* als subjektives Potenzial des Denkens, Urteilens und Handelns einer Person zur Gewinnung verallgemeinerter Handlungsfähigkeit, die Mündigkeit im Denken, Urteilen und Handeln notwendig einschließt. „Mündigkeit“ wird von Heinrich Roth bereits 1971 bezogen auf die Praxisanforderungen und umstrittenen Bildungsreformen sachlich und begrifflich trennscharf als „Kompetenz“ interpretiert, „und zwar in einem dreifachen Sinne:

a. als Selbstkompetenz […], d. h. als Fähigkeit, für sich selbstverantwortlich handeln zu können,
b. als Sachkompetenz, d. h. als Fähigkeit, für Sachbereiche urteils- und handlungsfähig und damit zuständig sein zu können, und

c. als Sozialkompetenz, d. h. als Fähigkeit, für sozial, gesellschaftlich und politisch relevante Sach- und Sozialbereiche urteils- und handlungsfähig und also ebenfalls zuständig sein zu können“ (ROTH 1971, 180).

Hinzuzufügen sind:

d. die Zeitkompetenz, d. h. die Fähigkeit, alle geistigen und körperlichen Handlungen in ihrem zeitlichen Ablauf planen und vollziehen zu können, und
e. die Raumkompetenz, d. h. die Fähigkeit, den verfügbaren Raum für alle zu vollziehenden Handlungen so auszuwählen und zu gestalten, dass die Handlungen effektiv und effizient und ohne negative Folgen vollzogen werden können; dies gilt insbesondere für den virtuellen Bildungsraum.

Das in der Bildungswissenschaft entwickelte Verständnis von Kompetenzen spiegelt sich auch im aktuell entwickelten und vereinbarten Deutschen Qualifikationsrahmen (DQR) unterteilt in *Fachkompetenz (Wissen* und *Fertigkeiten)* und *personale Kompetenz (Sozialkompetenz* und *Selbstständigkeit)* (siehe ausführlich Kap. 4.4.1).

Kompetenzen sind „der allgemeine Begriff, mit dem wir das besondere Handeln einer Person in seiner realen Gestalt wahrnehmen“ (LANGEMEYER 2015, 153). Sie werden durch allgemeine und spezielle Lernprozesse vom Subjekt aktiv in pädagogischen Verhältnissen, zeitlichen und räumlichen sozialen und gesellschaftlichen Kontexten, den „Kommunikationskulturen“ (BAUER 2006), bzw. im „Medienmodell der modernen Bildungsgesellschaft“ (BAUER 2009; vgl. auch MOSER 2000; FISCHBACH 2005) herausgebildet. In diesen Zusammenhängen „entwickeln Menschen auch subjektive Gründe und verfügen über gemeinsame Maßstäbe, inwieweit diese vorhandenen Handlungs- und Entwicklungsmöglichkeiten für sie Bedeutung haben, warum sie auf sie Anziehungs- oder Abstoßungskräfte ausüben, weshalb sie sich etwas aneignen oder erschließen wollen und warum sie eventuell über diesen Stand sogar hinauszugehen versuchen. Mit jeder Veränderung an objektiven Handlungsmöglichkeiten und Ausgangspositionen der Menschen verändern sich auch ihre Gründe und Maßstäbe. In jedem Fall müssen Menschen dabei über *Kriterien* für ‚gute‘ und ‚schlechte‘ Ergebnisse, ‚produktive‘ und ‚unproduktive‘ Arbeitsweisen, ‚richtige‘ und ‚falsche‘ Lösungen verfügen, wenn sie ihr eigenes oder das Handeln anderer bewerten und unter den gewonnenen Einsichten verbessern und weiterentwickeln“ (LANGEMEYER 2015, 154, Hervorh. im Original).

Kompetenzentwicklung ist damit immer ein Prozess der Bildung der Persönlichkeit in Verhältnissen und Kontexten. Da Kompetenzen als ein ganzheitlich integriertes Potenzial eines mündigen Subjekts zu verstehen sind, kann der Kompetenzbegriff auch nicht, wie dies oft geschieht, allein auf die fremdbestimmte Selbstfunktionalisierung des Subjekts für die heutigen Arbeitsanforderungen reduziert werden. Der Kompetenzbegriff kann daher auch als ein modernes Synonym für den traditionellen Begriff der Bildung des Subjekts verstanden werden. Denn gerade die subjektive Entwicklung ganzheitlicher Kompetenzen oder eben ganzheitlicher Bildung entspricht den heutigen und zukünftigen Anforderungen in Arbeit, Wirtschaft, Gesellschaft und Kultur und den daraus erwachsenden Anforderungen an ein lebenslanges Lernen und Lehren in kommunikativen und partizipativen pädagogischen Verhältnissen. Eine allein nach ökonomischen Kriterien funktional-methodische *neue Steuerung* der Lernprozesse im E-Learning entsprechend detailliert vorgegebenen Zielen, Inhalten, Strukturen, Handlungen und Lernzeiten verhindert dies.

Beschäftigungsfähigkeit

Der Europäische Rat hat in seiner Lissabon-Agenda im Jahr 2000 beschlossen, die Europäische Gemeinschaft zum wettbewerbsfähigsten und dynamischsten wissensbasierten Wirtschaftsraum in der Welt zu entwickeln. Dies soll durch eine enge Verknüpfung von Wirtschaft und Bildung in lebenslangen Lernprozessen erreicht werden. Dementsprechend soll das oberste Ziel aller Bildungsangebote der auf den Arbeitsmarkt bezogene Erwerb aller erforderlichen Kompetenzen für die Beschäftigungsfähigkeit (Employability) sein, die in nationalen Qualifikationsrahmen (z. B. dem Deutschen Qualifikationsrahmen, DQR) auf der Grundlage des European Qualification Framework (EQF; des Europäischen Qualifikationsrahmens, EQR) europaweit vergleichbar auf acht Niveaus standardisiert ist. Auch alle akademischen Studiengänge sollen durch deren Modularisierung und Akkreditierung die Studierenden für den Arbeitsmarkt auf den kompetenzorientierten Niveaus sechs (Bachelor), sieben (Master) und acht (Promotion) effizient qualifizieren (auch als Bologna-Prozess bezeichnet). Als entscheidend für die Beschäftigungsfähigkeit wird der Outcome angesehen, also die nachgewiesene *Handlungskompetenz*, standardisiert und gemessen nach den Deskriptoren im EQR bzw. DQR. Damit soll

- die Mobilität in Europa erhöht,
- die Gleichwertigkeit allgemeiner, beruflicher und akademischer Bildung sichtbar gemacht,
- die Durchlässigkeit und Chancengleichheit im Bildungssystem ermöglicht und
- die Transparenz und Vergleichbarkeit der Qualifikationen und zwischen den verschiedenen Bildungssystemen in Europa hergestellt werden (ausführlich siehe z. B. Büchter/Dehnbostel/Hanf 2012).

Beschäftigungsfähigkeit ist „die Befähigung und Bereitschaft des Einzelnen, Kenntnisse und Fertigkeiten sowie persönliche, soziale und methodische Fähigkeiten zu nutzen und sich durchdacht sowie individuell und sozial verantwortlich zu verhalten" (AK DQR 2011, 4). Sie wird im DQR im Unterschied zum EQR als umfassende Handlungskompetenz verstanden, der ein weiter Bildungsbegriff entsprechend dem deutschen Bildungsverständnis zugrunde liegt (ebd.). Im Unterschied zum EQR, der die Beschäftigungsfähigkeit in den Kategorien *Kenntnisse*, *Fertigkeiten* und *Kompetenzen* beschreibt, erfasst daher der DQR diese in den Kategorien *Fachkompetenz*, unterteilt in *Wissen* und *Fertigkeiten*, und *personale Kompetenz*, unterteilt in *Sozialkompetenz* und *Selbstständigkeit* (ebd.; Kap. 4.4.1).

Durch die Einführung des Qualifikationsrahmens wird eine Umwälzung der Steuerung der Bildungsprozesse von der bildungstheoretisch begründeten *Kontextsteuerung*, der Steuerung von *Input*, *Prozess* und *Output*, zur *Outcome-Steuerung* in Gang gesetzt (Sloane 2012, 165). Dies führt allerdings, wie u. a. in der Umsetzung der Bologna-Reformen der Studiengänge zu beobachten ist und auch häufig kritisiert wird, im Gegenteil dazu, dass zum effizienten Erwerb des jeweils vorgegebenen *Outcome* der dazu erforderliche Input, Prozess und Output, also die Kontextsteuerung, nach Zielen, Aufgaben, Inhalten, Methoden, Ergebnissen, Prüfungen, Zeitaufwand, Mitteln und Orten sehr detailliert und akkreditiert den Lehrenden und Lernenden vorgegeben werden. Dies kann allerdings in Widerspruch geraten zu dem ganzheitlichen Kompetenzbegriff, der insbesondere dem DQR als Leitbild zugrunde gelegt wurde, damit den lernenden Subjekten auf den jeweiligen Qualifikationsniveaus eine umfassende, reflektierte, motivierte und gesellschaftlich eingebundene und engagierte Bildung auf allen Niveaus angeboten und ermöglicht wird (zur Realisierung in digitalen Bildungsangeboten siehe Kap. 4.2.2).

Lehr- und Lernkultur, Didaktik

Die Bildung der Subjekte, das Lehren und Lernen, findet immer in formellen oder informellen pädagogischen Prozessen und Verhältnissen statt. Sie sind bestimmt durch die jeweiligen didaktisch, also inhaltlich und methodisch begründeten Anordnungen der aufeinander bezogenen Handlungen der Lehrenden und Lernenden. Diese didaktischen Handlungsanordnungen sind immer mehrfach bestimmt: zunächst durch die subjektiven Kompetenzdiskrepanzen zwischen den Lehrenden und den Lernenden, sodann durch die ökonomisch, sozial und kulturell bestimmten hegemonialen gesellschaftlichen Verhältnisse und die darin angestrebte Kompetenzentwicklung der Lernenden zur gegenwärtigen und zukünftigen individuellen und gesellschaftlichen Lebensgewinnung sowie durch die verfügbaren Mittel und die institutionelle Organisation der Lehr- und Lernhandlungen. Lehren und Lernen sind ein gesellschaftlicher Prozess, in dem die digitalen Medien eine wichtige Funktion zur Wissensvermittlung, zur Bildung und zum Kompetenzerwerb sowie zur Kommunikation, Kooperation und Kolaboration haben (Bauer 2017, 15–48). Die gelebten didaktischen Handlungsanordnungen der Lehrenden und Lernenden bilden eine Kultur des Lehrens und Lernens, die heute insbesondere durch die zunehmende Nutzung von Computern, digitalen Bildungsmedien, Internet, Web-2.0-Anwendungen und virtuellen sozialen Netzwerken grundlegend verändert wird. Wie diese durch die informations- und kommunikationstechnischen Entwicklungen angestoßene und vorangetriebene Entwicklung des E-Teaching und E-Learning, also der computer- und internetbasierten Lehr- und Lernkultur, weiter verlaufen wird und zu welchen neuen Handlungsanordnungen im Lehren und Lernen sie führen wird, ist in Ansätzen erkennbar. Die weitere Entwicklung der neuen Lehr- und Lernkultur bedarf aber noch der bewussten kreativen Gestaltung, damit die Lernenden in ganzheitlichen Bildungsprozessen durch expansives Lernen in kooperativen Kontexten verallgemeinerte Handlungskompetenzen entwickeln können. Dafür ist die Entwicklung und Gestaltung einer die Ziele, Inhalte, Formen, Anforderungen und Bedingungen der Lehr- und Lernprozesse vollständig umfassenden differenziellen Didaktik notwendig. Dabei ist zu unterscheiden, ob nur mit Medien gelernt wird oder ob das Lernen mit Medien personal unterstützt wird oder ob die personale Lehre mit

Medien unterstützt wird oder unabhängig von den Medien personal gelehrt wird und wie die digitalen Medien gestaltet sind (Ortner 2017, 49–80).

Inklusion

Mit dem Einzug von Informations- und Kommunikationstechnologien in den Bildungsbereich, dem E-Teaching und E-Learning, sind von Beginn an auch Hoffnungen auf neue und erweiterte Bildungszugänge verbunden worden – für Zielgruppen, deren Zugang zu formalen Bildungsinstitutionen bislang aus unterschiedlichsten Gründen erschwert war. Zum Beispiel können Menschen mit Behinderungen durch E-Learning und Assistenztechnologien an Bildungsprozessen partizipieren, die ihnen ehemals verschlossen blieben. Voraussetzung dafür ist, dass das E-Learning-Angebot entsprechend gestaltet ist (siehe Kap. 4.3.4 und Kap. 5.3). E-Teaching und E-Learning können somit *Inklusion* im Bildungsbereich unterstützen, verstanden als gleichberechtigte Teilhabe aller Menschen an Bildungsprozessen (Deutsche UNESCO-Kommission 2014).

Offene Bildung

Internetbasierte Studiengänge erleichtern darüber hinaus nicht traditionellen Studierendengruppen den Zugang zur Hochschulbildung (Arnold/Kumar 2014a, 2014b) und fördern damit eine *Öffnung der Hochschulen*, verstanden als Reduzierung von Zugangsbarrieren zur akademischen Bildung. So können z. B. Studieninteressierte in abgelegenen Regionen, die mit unterschiedlichsten Fürsorgeaufgaben oder Mobilitätseinschränkungen belastet sind, an akademischer Bildung teilhaben. Insbesondere berufsbegleitende Studienformate können durch E-Learning in vielfacher Weise sinnvoll unterstützt werden, und damit kann auch eine produktive Verbindung verschiedener Lernorte hergestellt werden.

Mit Open Educational Resources (OER) (UNESCO 2002, 2012) und Massive Open Online Courses (MOOCs) (vgl. Schulmeister 2013a) werden weiterhin Zugangsbarrieren zu Bildungsmaterialien und Kursen für alle reduziert und die Öffnung von Hochschulen, aber auch *offene Bildung* in allen Bildungsbereichen unter aktiver Beteiligung aller Interessierten unterstützt. Hochschulen und auch Bildungseinrichtungen müssen Orte neuer Ideen und deren kritischer Reflexion in der Entwicklung unserer Gesellschaft sein. Dies ist im Sinne einer erhöhten Durchlässigkeit von Bildungsinstitutionen sowie einer größeren Zugänglichkeit von Bildungsressourcen in offenen Bildungsräumen (siehe Kap. 3.5.1) für alle Menschen im Sinne des Menschenrechts auf Bildung. Die Teilnehmenden können kommunikativ vernetzt lernen und auch eigene Projekte zum selbstorganisierten, kooperativen und kolaborativen Lernen einrichten und in digitalen Medien allen präsentieren, z. B. in einer allen zugänglichen Bildungscloud (Meinel 2017). Bildungsmaterialien, die mit offenen Lizenzen versehen sind, die den kostenlosen Zugang und die kostenlose Nutzung der Materialien, ihre Bearbeitung oder Weitergabe ohne oder mit nur wenigen Beschränkungen erlauben, tragen zu einer größeren Teilhabe aller Menschen an Bildung bei und damit zu einer wachsenden Bildungsgerechtigkeit (Deutsche UNESCO-Kommission 2014). MOOCs ermöglichen gegenwärtig weltweit die meist kostenlose Teilnahme an internetbasierten Kursen amerikanischer Elite-Universitäten und zunehmend auch europäischer Hochschulen, unabhängig von einer Hochschulzugangsberechtigung oder anderer formaler Voraussetzungen (zu MOOCs siehe Kap. 4.3.3 und zu OER Kap. 5.5).

2.2 Anforderungen an virtuelle Bildungsangebote

Defizite bisheriger Bemühungen

Vor einigen Jahren wurde festgestellt (Carstensen 2009, 252 ff.), dass die entwickelten digitalen Bildungsmedien, trotz vieler Förderprojekte z. B. in Hochschulen, überwiegend nur zur Ergänzung der traditionellen Lehrveranstaltungen verwendet wurden. Eine Reorganisation z. B. der Hochschullehre erfolgte nur sehr selten (Bloh 2010, 7). E-Learning war zwar bereits ein ergänzender Bestandteil in Bildungsprozessen geworden, aber bestimmte noch nicht durchgängig den Alltag im Lehren und Lernen. Wie sich der gegenwärtige Hype um MOOCs (Massive Open Online Courses) langfristig z. B. auf die Hochschullehre auswirken wird, bleibt abzuwarten – eine revolutionäre Veränderung der Lehre ist eher unwahrscheinlich, vielleicht können damit im globalen Hochschulwettbewerb verstärkt Studierende aus anderen Ländern eingeworben und auf ein Studium in Deutschland vorbereitet werden, was auch für andere Bildungsangebote möglich ist. Bislang wurde weder der Aufwand für die erforderliche Professionalisierung der Lehre und des Studiums hinreichend beachtet, noch wurden die Arbeitsbedingungen der Lehrenden entsprechend angepasst und ihr Engagement hinreichend anerkannt. Denn E-Learning-Angebote und virtuelle Bildungsräume müssen von den Lehrenden gepflegt, aktualisiert und erweitert werden. Ebenso bedarf es speziell dafür eingerichteter Support-Strukturen, die mediendidaktische und technische Beratung für Lehrende anbieten können.

Auch fehlt oft eine ausführliche Dokumentation zur Unterstützung der Übertragung auf weitere Lehrangebote, weil dies zusätzliche Arbeit macht (Haug/Wedekind 2009, 30). Meist ist auch noch nicht begriffen worden, dass E-Learning einen grundlegenden kulturellen Umbruch im Lehren und Lernen zur Folge hat, der auf eine wachsende Eigenständigkeit der Lernenden hinausläuft. Dieser kulturelle Umbruch deutet sich bereits an in der breiten Nutzung von multimedialen Informationen, elektronischer Kommunikation und sozialen Gemeinschaften im Internet durch die Lernenden. Die durch Web-2.0-Anwendungen verfügbaren Dienste könnten sehr gut für die Gestaltung individueller und kooperativer Bildungsprozesse zur Entwicklung verallgemeinerter Handlungskompetenzen genutzt werden, und zwar unabhängig von der Bereitstellung virtueller Bildungsräume durch die Bildungseinrichtungen. Für diese offenen Anwendungen im Web 2.0 müssen allerdings auch entsprechende Lehr- und Lernkonzepte entwickelt werden. Beispielsweise durch eine Aufgaben- bzw. Projekt- und Produktorientierung von Lehren und Lernen im Web 2.0, die an praktischen und theoretischen Problemstellungen in der Gesellschaft ansetzt, könnten ganz neue Chancen für eine Verbindung von Praxis und Theorie im Lehren und Lernen eröffnet werden.

Konsequenzen

Bereits früher hatte Kerres (2001c, 17) festgestellt, dass „der Wirkungsgrad dieser Aktivitäten im Hinblick auf qualitative Veränderungen im Lehrbetrieb [...] überraschend gering [blieb]. Ansätze zur nachhaltigen *Veränderung* von Lehre sind bislang nur punktuell sichtbar. Oft enden Bemühungen zu didaktischer Reform mit dem Ende von Projektförderungen." Auch ein Jahrzehnt später stellt Bloh (2010, 9) fest: „E-Learning in der Hochschullehre ist somit keine revolutionäre Innovation, sondern erweist sich als inkrementale Innovation, die in eher kleinen Entwicklungsschritten erfolgt." Die Erwartungen waren offensichtlich zu sehr an der technischen Machbarkeit orientiert, während die Fragen einer sinnvollen didaktischen Gestaltung und Einbettung virtueller Lernangebote in Bildungsprozesse noch weitgehend unbeachtet blieben. Bereits Schulmeister (2001, 363) forderte daher eine Korrektur falscher Einschätzungen. Auch Seufert/Euler (2003, 2) sahen die Zukunft des E-Learning „an einem Scheideweg: entweder etabliert sich eLearning zunehmend als integraler Bestandteil der Lehre [...], oder eLearning bleibt dort ein Fremdkörper und der bildungstechnologische Friedhof wird neben dem Schulfernsehen, der programmierten Instruktion und dem Sprachlabor um eLearning erweitert". Kerres (2007) sah die Ursache dafür in den noch weithin fehlenden Medienkompetenzen der Lehrenden. Dabei blieb meist auch unbeachtet, dass die Entwicklung, der Betrieb und die laufende Aktualisierung medialer Bildungsangebote einen nicht unerheblichen zusätzlichen Zeitaufwand erfordern, der das Engagement der Lehrenden in Grenzen hält, wenn sie nicht durch Kompetenzzentren und Tutoren unterstützt werden.

Funktion von E-Learning in Bildungsprozessen

Diesen geäußerten negativen Erwartungen lässt sich entgegenhalten, dass in der Vergangenheit keineswegs alle bildungstechnologischen Innovationen gescheitert sind. Wo sie als Medium im pädagogischen Verhältnis zwischen Lehrenden und Lernenden dienten, sind sie keineswegs misslungen, sondern trugen zur Verbesserung der Qualität, der Wirksamkeit und Effizienz des Lehrens und zu einem motivierten und erfolgreichen Lernen bei. Die Funktion digitaler Bildungsmedien als im pädagogischen Verhältnis zwischen Lehrenden und Lernenden vermittelndes Medium ist für ihre Nutzung und Akzeptanz entscheidend. Dies gilt insbesondere – aufgrund ihrer Interaktivität – für die computer- und internetgestützten Multimedien (Issing/Klimsa 2002; Klimsa/Issing 2011). Das persönliche Gespräch sowie die immer erneute Vereinbarung der Ziele, Inhalte und Methoden zwischen Lehrenden und Lernenden sind in Bildungsprozessen unverzichtbar. Die herausragende Bedeutung des Handelns der Lehrenden für gelingende (formale) Bildungsprozesse wurde jüngst auch in der breit angelegten Metastudie von Hattie (2013) belegt. E-Learning-Angebote sind daher so zu gestalten, dass sie kommunikative Lehr- und Lernprozesse nicht ersetzen, sondern diese in ihrer Qualität, Offenheit und Ergebnisorientierung unterstützen und weiterentwickeln.

Aufbau von Kompetenzzentren

Die Unterstützung der Lehrenden und Lernenden in Fragen der Medienkompetenz, der Mediendidaktik, der Organisation sowie der Qualitätssicherung hat sich z. B. an Hochschulen (KLEIMANN/SCHMID 2007, 193) als eine Voraussetzung für die Entwicklung, Etablierung und Nutzung von E-Learning erwiesen. Einige Hochschulen haben daher eigene oder kooperative E-Learning-Kompetenzzentren aufgebaut, die den Lehrenden neben unmittelbaren technischen und personellen Unterstützungen auch Schulungen, Beratungen, Erfahrungsaustausch und in manchen Zentren auch akademische Qualifizierungen (z. B. Masterstudiengänge) anbieten (KLEIMANN 2009, 83). Ein ungelöstes Problem ist die den Lehrenden fehlende Zeit für den Mehraufwand, den die Objektivierung der Lerninhalte in digitalen Medien und die Beantwortung der online – anders als in Präsenzveranstaltungen – viel häufiger gestellten Nachfragen der Lernenden erfordern. In Fachhochschulen sind zudem aufgrund der deutlich höheren Lehrverpflichtungen, geringeren Personalausstattung, engeren finanziellen Ressourcen und wenigen zeitlichen Freiräumen für Innovationen meist die Ausgangs- und Rahmenbedingungen ungünstiger. Außerdem sind die Mitarbeitenden der Kompetenzzentren, im „third space" (WHITCHURCH 2008) zwischen Wissenschaft und Verwaltung, oft unter herausfordernden Bedingungen beschäftigt (SALDEN 2013; für E-Learning-Kompetenzzentren ARNOLD/PREY/WORTMANN 2015). Der Aufbau von Kompetenzzentren ist ein wichtiger Schritt, um die Entwicklung und Nutzung von E-Learning weiter auszubauen. Sie sind die Promotoren, die den arbeitsteiligen Prozess der Konzeptualisierung, Programmierung und Unterstützung, an dem unterschiedliche Personengruppen in unterschiedlichen Positionen und Funktionen beteiligt sind, organisieren und voranbringen (ARNOLD/PREY/WORTMANN 2016; KLEIMANN/WANNEMACHER 2006; THILLOSEN/HANSEN 2009).

Akzeptanz und Nutzung von Massive Open Online Courses (MOOCs)

Das weltweite Wachstum durchgeführter MOOCs und ihrer Nutzerzahlen zeigt, dass diese Form des virtuellen Studienangebots (vgl. Kap. 4.3.3) durchaus große Resonanz zu finden scheint: Im Jahr 2014 gab es ca. 1.000 US-amerikanische MOOCs (BATES 2014, 49), ca. 800 europäische (OPEN EDUCATION EUROPE 2014), mehr als 5 Millionen Einschreibungen in MOOCs weltweit und durchschnittlich 33.000 Teilnehmende pro MOOC weltweit (MOOC INFOGRAPHICS 2014). In Deutschland befindet sich das Angebot noch im Aufbau. Umfassende und systematische Evaluationsstudien liegen bisher noch nicht vor. Aber der zusammenfassende Blick auf die einzelnen Untersuchungen lässt wichtige Einschränkungen erkennen: Die Absolventenquoten bei MOOCs sind in der Regel niedrig (ca. 10 %), und ca. 50 % schreiben sich aus Neugier am innovativen Kursformat ein, denn in der Regel verfügen die Teilnehmenden bereits über einen Hochschulabschluss (ca. 70 %) und nutzen MOOCs zur persönlichen und beruflichen Weiterbildung (vgl. MOOC INFOGRAPHICS 2014). Eine Anrechnung der in MOOCs erbrachten Leistungen und ggf. erworbenen Zertifikate erfolgt bislang, selbst an den anbietenden Hochschulen, nur in Ausnahmefällen.

Trotz der beeindruckend großen Zahl derer, die sich zu MOOCs anmelden, kann bisher nicht von einer breiten Akzeptanz neuer virtueller Studienangebote und der Öffnung der Hochschulen im großen Maßstab gesprochen werden, sondern allenfalls von einem großen Interesse an diesem neuartigen Kursformat, der selektiven Nutzung der Kurse für eigene Vertiefungs- oder Weiterbildungsinteressen und von bislang geringer Strukturwirkung auf den Hochschulbetrieb insgesamt. Die Abbruchquoten sind auch hoch, weil meist keine persönliche Betreuung der Lernenden stattfindet. Die menschliche Kommunikation und Betreuung ist eben auch beim Lernen mit digitalen Medien für den Erfolg einer ganzheitlichen Bildung von entscheidender Bedeutung. Inzwischen werden auch MOOCs angeboten, in die Kommunikation und Betreuung integriert ist (siehe Kap. 4.3.3). Bates (2014, 51, in Dt. übersetzt) zieht in dieser Situation ein sehr treffendes Fazit: „MOOCs sollten für das genommen werden, was sie sind: eine ziemlich einzigartige – und wertvolle – Möglichkeit des informellen Lernens."

Die Ergebnisse der jüngeren deutschen MOOC-Initiativen wie z. B. *iversity* bleiben abzuwarten, ob sie unterstützt mit Fördermitteln grundlegende Veränderungen im Hochschulbetrieb bewirken werden. Solange die prinzipiellen Probleme der Prüfungen und Zertifizierung in MOOCs (vgl. auch Kap. 7.8) und vor allem der Anrechenbarkeit auf formale Studienleistungen nicht gelöst sind, werden MOOCs wohl noch eine Randerscheinung an Hochschulen bleiben (Daniel 2014, ii).

In betrieblichen Weiterbildungsangeboten haben dagegen, zum Teil in Zusammenarbeit mit Hochschulen, MOOCs zu einer (Wieder-)Entdeckung virtuellen Lehrens und Lernens geführt; sie werden gerade in Großunternehmen auch als Form des Wissensmanagements gesehen, oft mit zusätzlichen Betreuungsleistungen versehen, und Absolventenquoten von 70 % sind unter derart veränderten Rahmenbedingungen nicht selten (Strube 2014).

Erkenntnisse aus der Nutzung virtueller Bildungsangebote

Die Resultate dieser kurzen Betrachtungen sowie der Blick in zwei frühere empirische Untersuchungen (Uhl 2003; Haug/Wedekind 2009) umfangreicher Hochschulprojekte zur Entwicklung und Einführung virtueller Studienangebote im grundständigen Studium zeigen beispielhaft, dass für die Implementierung von E-Learning im Lehren und Lernen noch einige Probleme zu bewältigen und Entwicklungen zu leisten sind:

- Die Studierenden ziehen offensichtlich das Präsenzstudium dem Online-Studium vor, und die Lehrenden bleiben lieber bei der Präsenzlehre, die sie mit vielfältigen begleitenden digitalen Medien unterstützen, obwohl beide keineswegs computer- und internetfeindlich sind, sondern Computer und Internet zur Informationsverarbeitung, Informationssuche und Kommunikation vielfältig und intensiv nutzen.
- Trotz der mentoriellen Betreuung reicht den Studierenden diese Kommunikation für ein erfolgreiches Studium offensichtlich nicht aus. Die unmittelbare Kommunikation mit den Lehrenden über die Studieninhalte in Präsenzveran-

staltungen – und damit auch unmittelbar mit anderen Studierenden – ist dazu anscheinend unverzichtbar notwendig.

- Die für erforderlich gehaltene unmittelbare Kommunikation mit den Lehrenden und den anderen Studierenden schließt nicht aus, dass die Studierenden auch die Möglichkeiten der Online-Kommunikation ausgiebig nutzen. Insgesamt hat mit Computer und Internet eine erhebliche Intensivierung und Ausweitung der Kommunikation stattgefunden, die positive Effekte hat, aber auch viel Zeit kostet.
- Es ist nicht so, dass die Studierenden die virtuellen Studienangebote nicht nutzen. Allerdings verwenden sie diese in anderer Weise, als sich dies die Entwickler der Angebote vorgestellt haben. Sie ziehen Gewinn aus den Online-Studienangeboten, indem sie diese als interaktive und multimediale Studienmaterialien neben Büchern, Zeitschriften, Arbeitsblättern etc. verwenden.
- Es entsteht die Gefahr für die Studierenden, worauf SCHULMEISTER (2009, 321) hinweist, dass sie „die Gedankenschnipsel der Geistesverwandten in Weblogs" lesen, sich aber „kaum noch Zeit für die umfangreichen Originale und die anspruchsvollen Monografien" nehmen. „Was auf diese Weise entsteht, das sind nicht wissenschaftliche Schulen wie ehedem, auch nicht echte Diskurszirkel, sondern Zitationskartelle" (ebd.). Das führt zu einer Verflachung der Studieninhalte und einem Defizit in der Bildung kritisch reflektierender Handlungsfähigkeiten.
- Ohne die Einrichtung von Kompetenzzentren mit der erforderlichen personellen und finanziellen Ausstattung und ohne eine Unterstützung der Lehrenden durch Teletutoren ist der hohe Aufwand virtueller Studienangebote für die Lehrenden nur schwer oder gar nicht zu schaffen. Dafür sind neue Personal- und Finanzstrukturen in Hochschulen für eine erfolgreiche Etablierung virtueller Studienangebote notwendig.
- Hinzugekommen ist in den letzten Jahren eine Zunahme der digitalen Vernetzung, die zu einer Flut von oft auch anonymen Informations- und Kommunikationshäppchen und damit auch zu einer Belastung ohne großen Nutzen geführt hat und noch weiter zunehmend führt. Diese Informations- und Kommunikationsflut kann auch dazu führen, dass eine kritisch reflektierende Bildung, die auch die Gründe, Bedingungen und Zusammenhänge im Blick hat, zerstört wird. Es ist daher notwendig, in den gemeinsamen Lehr- und Lernprozessen zu einer souveränen Nutzung der sozialen Netzwerke und einer entsprechenden Kommunikationskultur in der Bildung und der Gesellschaft auszubilden.
- Auch das Lesen von E-Books kann zu einer Abwendung von der gegenständlichen Welt und einer geringeren Konzentration des Lesens führen, wie aktuell diskutiert wird. KÜCHEMANN (2017) berichtet von einer internationalen Tagung, dass viele „Studien [...] das Lesen auf Bildschirmen grundsätzlich als oberflächlicher, flüchtiger, ablenkungsanfälliger aus[weisen]. Wenn das Gelesene nicht mit einem festen Ort – auf einer Seite, innerhalb eines Buchs – verknüpft werden kann, weil das Gerät immer nur eine Seite anzeigt oder der Text zum Lesen

gescrollt werden muss, hat es die Erinnerung schwer." Es wird daher wichtig, da die Bildschirme alltäglich genutzt werden, das Lesen und Verstehen der auf dem Bildschirm präsentierten digitalen Medien zu lernen.

Diese Ergebnisse insgesamt betrachtet führen zu drei aufeinander aufbauenden zentralen Fragen, die im Folgenden beantwortet werden sollen. (1) Was sind die konstituierenden Faktoren von Bildungsprozessen? (2) Was sind die konstituierenden Faktoren für ein erfolgreiches virtuelles Lehren und Lernen? (3) Wie ist die virtuelle Lehr- und Lernkultur zu entwickeln, damit eine mögliche Verflachung des E-Learning verhindert und der Erwerb fundierter Handlungskompetenzen gefördert wird?

2.3 Konstituierende Faktoren von Bildungsprozessen

Entscheidend für die Planung, Gestaltung und Durchführung erfolgreicher Bildungsprozesse mit digitalen Medien ist zunächst die allgemeine Klärung der konstituierenden Faktoren für erfolgreiche Bildungsprozesse sowie der möglichen Behinderungen. Eine Grundlage dafür bietet die subjektwissenschaftliche Lerntheorie, wie sie von Holzkamp (1993) entwickelt wurde.

Defizitäre lerntheoretische Basis

Online-Studienangebote und multimediale und interaktive Lernprogramme sind in der Vergangenheit überwiegend nach Modellen des Instruktionsdesigns erstellt worden, denen die Vorstellung von der Herstellung von Lernen durch Lehrmaschinen zugrunde liegt. „Die Masse der Lernangebote im Netz [...] werden einfach additiv zur herkömmlichen Lehre eingeführt und richten sich in der Regel nach altbekannten Lernkonzepten, häufig behaviouristischer Provenienz. [...] Noch ist die Präsenzausbildung der virtuellen Ausbildung in der Regel überlegen" (Schulmeister 2001, 363). Das bedeutet, dass die multimedial und interaktiv präsentierten Lerninhalte, die in allen Einzelheiten – Aktionen und erwarteten Reaktionen – in den Instruktionsstrukturen des Mediums fixiert sind, von den Studierenden von einem vorgegebenen Ausgangspunkt zu einem ebenso vorgegebenen Endpunkt eines Lernprozesses linear oder in wählbaren Verzweigungen fortschreitend durchzuarbeiten sind. Was sie dabei nach jedem definierten Lernschritt behalten haben, können sie mit den ebenfalls im Medium vorgegebenen Tests (meist Fragen mit vorgegebenen Auswahlantworten) oder programmierten Übungsaufgaben jeweils selbstständig prüfen. Der Unterschied zur gescheiterten Programmierten Unterweisung in den 1960er-Jahren liegt in der komfortabler eingebauten Interaktivität, die dem Lernenden einen begrenzten Spielraum in den Wegen des Erlernens der vorgegebenen Inhalte lässt.

Missverhältnis von Lerngrund und Lernziel

Diese Vorgehensweisen medialen Lehrens werden heute meist zurückgewiesen, weil sie offensichtlich nicht den Ansprüchen der Lernenden an ihre subjektiven Lern- bzw. Bildungsprozesse entsprechen. Die damals den meisten Online-Lernangeboten zugrunde liegende Vorstellung des Verhältnisses von Lehren und Lernen hat Holzkamp (1993, 385 ff., 391, 408) ausführlich analysiert und als „Lehrlernkurzschluss" bezeichnet und zurückgewiesen. Weil die Lerngründe der lernenden Subjekte nicht der Ausgangspunkt ihrer Lernaktivitäten sind, sondern die Lernziele unabhängig von den subjektiven Lerngründen planmäßig bis in alle Einzelheiten vorgegeben werden, wird Lehren und Lernen gleichgesetzt. Wenn der erhoffte Lernerfolg nicht eintritt, so wird die Ursache entweder in der mangelnden Begabung der Lernenden oder in der mangelnden Motivierungs- und Vermittlungsfähigkeit der Lehrenden gesucht – bei virtuellen Bildungsangeboten werden die Ursachen analog darin gesehen, dass sie entweder nicht gut genug für unterschiedliche Begabungen programmiert sind oder nicht hinreichend motivieren bzw. erfolgreiche Behaltensleistungen nach jedem Lernschritt, ausgedrückt durch Setzen eines Häkchens im richtigen Kästchen, nicht hinreichend durch lobende Icons verstärken.

Begrenzte Chancen zum Diskurs

Systematisch ignoriert wird dabei, dass die Lernenden zu einem erfolgreichen Lernen die unmittelbar angeregte themenbezogene Kommunikation bzw. kritisch reflektierende Diskussion mit den Lehrenden und auch mit den anderen Lernenden brauchen und suchen. Es geht ihnen um die Lebendigkeit unmittelbarer Kommunikation über die Ziele, Inhalte, Abläufe und Kontexte ihres Lernens, das Kommunizieren unterschiedlicher Wahrnehmungen, Einschätzungen, Erfahrungen, Vorstellungen, Bedeutungszuschreibungen und Empfehlungen in den konkreten Situationen, in denen sich die Lehrenden und Lernenden hier und heute in der Gesellschaft bewegen. Die Online-Studienangebote boten früher selten ein Forum für synchrone Diskurse, durch die kritisch-reflektierende Bildung und Kompetenzentwicklung wesentlich angeregt und ermöglicht werden, wie dies in Präsenzveranstaltungen der Fall ist.

Diese unmittelbare Lebendigkeit der Diskurse in Präsenzveranstaltungen kann prinzipiell durch kein multimediales und interaktives Bildungsangebot ersetzt werden – auch nicht durch Intelligente Tutorielle Systeme (ITS), wie bisher entwickelte und größtenteils misslungene Versuche gezeigt haben. Auch die Ausweitung und Intensivierung der Kommunikation in Online-Bildungsgängen können die gefragte Lebendigkeit des Lehrens und Lernens, z. B. durch eine mentorielle Betreuung mit erheblich höherem Kommunikationsaufwand, nur sehr begrenzt wiederherstellen. Asynchronität und Aufwand der (obwohl meist recht formlosen) Schriftlichkeit gegenüber der Mündlichkeit der Kommunikation sind hier die entscheidenden Hemmnisse.

Lernen mit Web 2.0, Chancen und Gefahren

Mit dem Surfen im Internet und den Instrumenten des Web 2.0 können heute eine reichhaltige, aber auch unübersichtliche Vielfalt weiterer Informationen und Sichtweisen zu den Lernaufgaben gefunden werden, was die Chancen für die Erarbeitung einer eigenen Bearbeitung und Lösung deutlich erhöht. Allerdings erfordert dies genaue Vorstellungen über das Ziel der Aufgabenbearbeitung, Kompetenzen zur Auswahl, Analyse und Bewertung der gefundenen Informationen, zur kritischen Reflexion der Aufgabenbearbeitung und des erreichten Ergebnisses sowie der Kontexte, Voraussetzungen und Folgen. Die Nutzung dieser Chancen kann allerdings gründlich misslingen (Carr 2010; Spitzer 2010, 2012): Die außerordentlich große Vielfalt der Informationen sowie der verfügbaren Instrumente und Methoden im Internet und deren gleichzeitige parallele Nutzung kann durch das Hüpfen von Inhalt zu Inhalt zu Oberflächlichkeit, Mangel an Konzentration und Unterscheidung zwischen Wichtigem und Unwichtigem und damit zum Verlust an analytischer Tiefe des Denkens und zum Verfehlen der ursprünglichen Fragestellung führen. Das Denken wird zu einem flüchtigen und oberflächlichen Prozess, und das Kurz- und Langzeitgedächtnis lernt das schnelle Vergessen. Dies wäre das genaue Gegenteil erfolgreichen Lernens. Auch wenn der Computer heute aus den Informationen, die in den Hypermedia-Strukturen der heutigen Webseiten stehen, das Spektrum der für die jeweilige Fragestellung möglicherweise bedeutsamen Informationen schon relativ gut herausfiltern kann, ist die Informationsflut immer noch so groß, dass die zutreffenden Informationen nur mit großem Aufwand gefunden und erfasst werden können. Das noch in Entwicklung befindliche semantische Web könnte hier durch eine auf Bedeutungsstrukturen basierende Informationspräsentation Abhilfe schaffen und damit auch zur Entdeckung neuer Zusammenhänge führen, die zuvor nicht erkennbar waren (Pellegrini/Blumauer 2006).

Was konstituiert erfolgreiches Lernen?

Was ist also der konstitutive Kern erfolgreichen Lernens? In der Lebendigkeit der Kommunikation der Lernenden zeigt sich, dass das Lernen als das Eindringen in einen gesellschaftlich relevanten Gegenstandsbereich offensichtlich erst durch den Diskurs mit den anderen, also vor allem mit den Lehrenden und den anderen Lernenden oder auch mit anderen Fachexperten oder Partnern, konstituiert wird. Der Lerngegenstand, die Ziele, Inhalte und Methoden sind das gemeinsame Dritte, auf das sich das Lehren begründet darstellend und das Lernen reflektiert fragend jeweils beziehen. Aufgrund der Kompetenzdifferenzen zwischen den Beteiligten ist die Konstituierung des Lerngegenstandes ein Prozess subjektiv begründeter und reflektierter Auseinandersetzung. In dieser Auseinandersetzung wird der Lerngegenstand zu einem immer besser differenzierten und in seinen Kontexten bestimmten Gegenstand.

Dies geschieht in Praxisgemeinschaften oder in sich auf Praxis beziehenden Gemeinschaften (Arnold 2003b; Lave/Wenger 1991). Darin zeigt beispielsweise der Lehrende oder ein Lernender, wie er an einen Gegenstand reflektiert und begründet herangeht oder herangehen würde, gibt eine Einführung in die theoretischen und methodischen Grundlagen und praktischen Herangehensweisen, zeigt die Bedeutung in unterschiedlichen Praxisfeldern auf – und all dies im Diskurs in der Lerngemeinschaft. Die Lernenden erfahren die Grundlagen und Aufgaben einer Fachdisziplin im Kontext der Wissenschaften und der gesellschaftlichen Praxis durch reflektierte Erfahrungen und kritische Auseinandersetzungen mit dem Denken und

Handeln eines Lehrenden als Experten seiner Disziplin und ihrem eigenen Handeln im Wissenschafts- und Praxisbezug. Sie erwerben dadurch zugleich reflexive und soziale Kompetenzen zur eigenen erfolgreichen Teilhabe in den jeweiligen Wissenschafts- und Praxisfeldern. Durch die unmittelbaren Diskurse in Lerngemeinschaften erfahren sie zugleich eine wichtige, oft auch prägende Förderung der Entwicklung ihrer Persönlichkeit.

Bildung ist subjektives Ergebnis des Lernens

Durch reflexiv lernendes Handeln in Bildungsprozessen gleichen die Lernenden zunehmend ihre Kompetenzdifferenzen zu den Lehrenden und Fachexperten aus. Dies geschieht nicht in der Weise, dass sie zu einem Klon des Lehrenden werden, sondern dass sie ein eigenständiges Kompetenzprofil durch ihre begründeten Lernhandlungen herausbilden. Im Diskurs mit den Lehrenden, Lernenden, Experten und Nichtexperten werden die ausgetauschten Informationen erst zu Wissen im Subjekt umgearbeitet, indem die Lernenden den Informationen individuelle Bedeutungen zuschreiben. Wissen ist immer eine subjektive Leistung und nur im Subjekt existent als ein wesentliches Fundament seiner Kompetenzen. Daher kann das Wissen, das sich beispielsweise ein Lehrender im Laufe seiner Ausbildung und Tätigkeit erworben hat, niemals direkt, in Inhalt und Form gleich, auf einen Lernenden übertragen werden. Vielmehr muss er sein Wissen in Informationen und Handlungen transformieren, die für die Lernenden Anlass sein können, sich aus vorhandenen oder gewonnenen eigenen Begründungen heraus damit aktiv zu befassen, wenn es für sie daraus etwas zu lernen gibt. Erst dadurch wird ein Lerngegenstand als ein gemeinsamer konstituiert, und in der begründeten Auseinandersetzung damit erwirbt der Lernende – auch in mehr oder weniger intensiver Kommunikation und Kooperation mit anderen Lernenden – seine Lernfähigkeit und seine Kompetenzen. Lernen muss immer noch jeder selbst, und dies muss durch die medialen und personellen Arrangements ermöglicht und gefördert werden (Lerche 2009, 173–176).

Lernerfolg ist keine Frage des Behaltens der dargebotenen Informationen, sondern entscheidend ist, welche Kompetenzen durch selbst erarbeitetes Wissen herausgebildet werden konnten, und dies zeigt sich erst im weiteren Verlauf des Lernens oder in der späteren Arbeit, nicht in punktuellen Tests. Denn Wissen und Kompetenzen von Experten und Novizen unterscheiden sich nicht nur quantitativ, sondern aufgrund der mit dem Lernen zugleich stattfindenden Prozesse der „Wissenskompilierung“ auch qualitativ (Kerres 2001a, 163). Bildung als erworbenes Kompetenzprofil einer Person ist immer ein komplexes kompiliertes Ergebnis der Leistungen des Lehrens und der Leistungen des Lernens. Sie kann daher weder einfach gemessen noch verkauft oder gekauft werden wie ein gewöhnliches Produkt. Bildung als Qualität einer Person ist auf keinem Markt handelbar.

Bildung ist kein handelbares Produkt

Wenn interaktive Lernprogramme und virtuelle Bildungsangebote häufig als „Bildungsprodukte“ bezeichnet werden (wie z. B. von Bertelsmann Stiftung/Heinz Nixdorf Stiftung 2000, 14, 18, 27, 54 usw.), so wird Lehren und Lernen einfach identisch gesetzt und das Subjekt zum Objekt der lehrenden Modellierung gemacht. Genauso wenig macht es Sinn, in quantifizierender Redeweise wie bei industriellen Prozessen von „Lerneffektivität“ und „Nutzen-/Kosteneffizienz“ zu sprechen (ebd., 55) und diese am Behalten, bewertet in Noten oder Punkten, messen zu wollen. Wissen wiedergeben zu können ist kein brauchbarer Indikator für erworbene Kompetenz. Zwar lassen sich die Kosten von Bildungsprozessen berechnen, aber nicht ihre Wirksamkeit und ihr Nutzen, weil diese bzw. dieser sich erst im weiteren Lernen bzw. in der späteren Arbeit der Ausgebildeten, in ihrer Teilhabe an der gesellschaftlichen Lebensgestaltung und in ihrem lebenslangen Lernen offenbaren. „Wir müssen umdenken und begreifen, dass die Kosten von Bildung in Wahrheit Investitionen in unser aller Zukunft sind, an der wir ein existenzielles gesellschaftliches Interesse haben“ (Kluge 2003, 240; Zimmer/Psaralidis 2000).

Bildungsinhalte benötigen einen Kontext

In Hochschulen ist die Integration von Forschung und Lehre für die Aktualität der Studieninhalte und damit zur Erhaltung ihrer gesellschaftlichen Relevanz wichtig. Dies hat zur Konsequenz, dass die Studiengegenstände, die Ziele, Inhalte und Herangehensweisen nie abschließend bestimmt und festgelegt werden können. Daher kann keine Lehrveranstaltung der anderen gleichen, was die Voraussetzung für ihre Vereinheitlichung und mediale Objektivierung wäre. Mit den akkreditierten Studienmodulen in Bachelor- und Masterstudiengängen geschieht genau das Gegenteil. In der Bestandszeit von Studieninhalten gibt es bedeutsame Unterschiede. So kann es einerseits geschehen, dass eine junge Theorie schon bald durch eine noch jüngere Theorie ersetzt wird. Andererseits gibt es theoretische und wissenschaftliche Grundlagen von langer Dauer, wie z. B. die physikalischen Gesetze der technischen Mechanik. Diese könnten dazu verleiten anzunehmen, dass zumindest diese Grundlagen gut für virtuelle Studienmodule geeignet seien. Dabei wird jedoch übersehen, dass diese Grundlagen ihren Stellenwert im Studium erst aus ihrer Bedeutsamkeit für den im Diskurs immer wieder neu zu bestimmenden Studieninhalt erhalten. Das bedeutet, dass die jeweiligen Grundlagen nur bezogen auf den jeweiligen Studieninhalt vereinheitlicht werden können, also jeweils auch mit diesem aktualisiert werden müssen. Daher bietet auch die Standardisierung von kleinsten, noch sinnvollen Lerninhalten nicht immer eine angemessene Lösung. Dagegen sind das selbst organisierte Lernen, also das eigenständige Mitbestimmen und Mitbearbeiten eines Lerngegenstandes, und die Präsentation und gemeinsame Diskussion des Lernergebnisses zu fördern.

Modularisierung darf nicht zu stupidem Auswendiglernen führen

Auch die aktuelle, vor allem unter ökonomischen Prämissen geführte Diskussion um die Modularisierung des Studiums scheint in einer durchgehenden Vereinheitlichung aller Lerninhalte den besten Weg zu einem kürzeren und effektiveren Lernen zu sehen. Der Erwerb der Inhalte soll jeweils direkt am Ende eines Moduls geprüft und mit Punkten belohnt werden. Nicht bedacht wird dabei, dass eine solche Form von Modulen leicht zum Auswendiglernen von Antworten auf in immer gleicher

Weise gestellte Fragen führt und so gerade die geforderte Kompetenzentwicklung für komplexe und sich verändernde berufliche Anforderungen behindert. Lebendigkeit und Aktualität des Lernens werden so gerade verhindert. Denn Kompetenzen und Expertenwissen entstehen erst in der reflektierenden und kompilierenden Auseinandersetzung mit allen Lerninhalten in Lern- oder Praxisgemeinschaften. Wenn Module dagegen als offene Lernabschnitte mit problembezogenen selbstständig zu erbringenden Leistungen verstanden werden, dann machen sie das Lernen nicht zu einem Prozess stupiden Nachvollziehens und Auswendiglernens, sondern geben ihm Lebendigkeit und können in der Tat zu einem engagierten und praxisorientierten Lernen beitragen. Gerade Online-Lernmodule verleiten zu einer Vereinheitlichung der Inhalte, statt die neuen Möglichkeiten von Computer und Internet für ein lebendiges Lehren und Lernen zu nutzen, wie in den folgenden Kapiteln gezeigt wird.

Verbesserung der traditionellen Fernlehre durch Virtualisierung

Auch an der Fernuniversität Hagen, die quasi als Hochschule für Berufstätige (ca. 80 % der Studierenden) eine Sonderstellung einnimmt, sind die gleichen konstituierenden Faktoren für Bildungsprozesse wirksam: Zum einen sind Berufstätige, darunter ein erheblicher Teil an Gasthörern und Zweithörern von anderen Universitäten, in berufliche Kommunikationen eingebunden, die auch für ihr Fernstudium bedeutsam sind. Zum anderen sollen „die Potenziale des Internets primär für die Intensivierung der Kommunikationsbeziehungen zwischen den Lernenden und der Hochschule genutzt werden“ (Uhl 2003, 65). Diese Intensivierung dient dazu, das bestehende Defizit in der unmittelbaren Kommunikation mit den Lehrenden, das bislang hilfsweise durch Mentoren in reduzierten Präsenzveranstaltungen in dezentralen Studienzentren etwas ausgeglichen wird, nunmehr zumindest über asynchrone Online-Kommunikation stärker in Gang zu setzen. Auch hier zeigt sich, welche Bedeutung dem Dialog bzw. dem Diskurs zwischen Lehrenden und Lernenden für den Studienerfolg zukommt.

Eine ähnliche Entwicklung zeigt sich beispielsweise in der beruflichen Weiterbildung. Hier werden seit einigen Jahren Ansätze des *Blended Learning*, also der Kombination von Präsenzveranstaltung und virtuellem Angebot, favorisiert, weil die reine mediengestützte Weiterbildung letztlich doch defizitär blieb. Mit *Blended Learning* findet eine Funktionsverschiebung der interaktiven Medien vom Ersatz der Lehrenden zu einem vermittelnden Medium der Lehrenden statt, das damit Teil des pädagogischen Diskurses zwischen Lehrenden und Lernenden wird (Kuhlmann/Sauter 2008). Diese Funktionsverschiebung macht den unmittelbaren subjektiven Diskurs über die Lerngegenstände wieder zur führenden Form in Bildungsprozessen.

Die Zukunft gehört dem Lernen im virtuellen Bildungsraum

Aus der dargestellten Diskussion der konstituierenden Faktoren von Bildungsprozessen könnte nun der Schluss gezogen werden, dass virtuelle Bildungsangebote prinzipiell keinen Erfolg haben können und es daher angebracht ist, zu Präsenzveranstaltungen zurückzukehren. Das wäre jedoch ein unangemessener Kurzschluss, der die zweifelsohne vorhandenen Vorteile der interaktiven Medien und des Internets für Bildungsprozesse missachtet. Von entscheidender Bedeutung für eine erfolgreiche Implementierung ist, wie die Entwicklung der Nutzung von E-Learning zeigt, dass nicht allein die medialen Produktinnovationen in den Blick genommen werden, sondern auch die Prozessinnovationen (Arnold, P. 2009). Es ist also in der Perspektive der Förderung einer ganzheitlichen Kompetenzentwicklung der Lernenden die Frage zu stellen, welche Stärken der Neuen Medien wie in Bildungsprozessen genutzt werden können und wie die Vorteile des Lehrens und Lernens in Präsenzveranstaltungen in und mit Online-Bildungsangeboten erhalten und weiter ausgebaut werden können.

2.4 Konstituierende Faktoren virtuellen Lehrens und Lernens

Ein pädagogisches Verhältnis kann nur zwischen Menschen bestehen

Nach der Methode der logischen Rekonstruktion (PAQ 1980, 19–62) der Gründe der bislang oft nicht erfüllten Erwartungen von Online-Bildungsangeboten (siehe z. B. Uhl 2003; Haug/Wedekind 2009) und der konstituierenden Faktoren erfolgreicher Bildungsprozesse lassen sich die grundlegenden Voraussetzungen wie die konstituierenden Faktoren für ein erfolgreiches Lehren und Lernen mit digitalen Medien herleiten. Die früher und oft noch immer geltende – bewusst hergestellte oder unbewusst befolgte – generelle Funktionsbestimmung der digitalen Medien im virtuellen Lehren und Lernen als Ersatz personaler Lehre ist danach vollständig aufzugeben. Ein pädagogisches Verhältnis zwischen Lehren und Lernen, das erst durch den Diskurs über die gesellschaftlichen Bedeutungen von Lehr- und Lerngegenständen und die subjektive Zuschreibung von Bedeutungen konstituiert wird, kann prinzipiell nur zwischen Personen bestehen. Ein pädagogisches Verhältnis zwischen Lehrenden und Lernenden oder zwischen gemeinsam Lernenden ist, bezogen auf das gemeinsame Dritte, nämlich die Lehr- und Lerngegenstände, immer kommunikativ vermittelt durch die Benutzung vielfältiger Symbolsysteme (z. B. Sprache, Schrift, Formel, Grafik, Zeichnung, Bild, Film), deren Träger sehr unterschiedliche Medien (z. B. Buch, Zeitschrift, Arbeitsblätter, Lernsoftware) sein können.

Zwischen Mensch und Maschine (Computer und Internet) kann prinzipiell kein reflektierter Diskurs über gesellschaftliche und subjektive Bedeutungszuschreibungen geführt werden. Alles, was ein Computer bzw. die darauf laufenden Bildungsmedien einem Lernenden bieten können, ist immer von anderen (z. B. Lehrenden, Experten, Lernenden) bereits Vorgedachtes, präsentiert im Design einer interaktiven Lernsoftware – auch ITS arbeiten nur nach einer begrenzten Zahl vorgegebener Regeln. Daher kann ein interaktives oder gar intelligentes digitales Bildungsmedium niemals den Diskurs mit einer lehrenden Person oder anderen Experten oder Mitlernenden ersetzen.

Computer als exzellentes Medium im pädagogischen Verhältnis

Wohl aber können Computer und Internet als ein neues und exzellentes Medium im pädagogischen Verhältnis zwischen Lehrenden und Lernenden genutzt werden (Zimmer 2000a). Die Lehrhandlungen sowie die geforderten und erwarteten Lernhandlungen bezogen auf einen Gegenstand sind in den interaktiven Präsentationen der digitalen Bildungsmedien objektiviert. Sie haben damit eine objektivierte Qualität und stehen den Lernenden zeitunabhängig zur Verfügung. Die Funktionsbestimmung bleibt dabei aber immer die eines interaktiven Mediums im pädagogischen Verhältnis, mit dem von den Lernenden selbst gesteuert nur rekonstruiert werden kann, was darin medial vorgegeben ist. Alle durch die lernende Bearbeitung angeregten und über die medialen Präsentationen hinausgehenden Fragen können nur in Kommunikation mit den Lehrenden oder anderen Lernenden geklärt werden. Das Lernen mit interaktiven Medien erfordert aufgrund der Objektivierung der Lehr- und Lernhandlungen sowie ihrer universellen technischen Funktionalitäten der Informationsverarbeitung und Telekommunikation neue didaktische und methodische Arrangements für das Lehren und Lernen in virtuellen Bildungsräumen. Die Entwicklung einer geeigneten Didaktik und Methodik für das virtuelle Lehren und Lernen steht, obwohl bereits verschiedene Konzepte und vielfältige Erfahrungen vorliegen, noch immer ziemlich am Anfang. Klar geworden ist inzwischen: Die bisher entwickelten didaktischen und methodischen Konzepte von Bildungsangeboten in virtuellen Bildungsräumen sind noch unzureichend, weil allzu lange an falschen Vorstellungen über das Lernen als Resultat des Lehrens und über die Substitution personaler Lehre durch den Computer festgehalten wurde. Die erfahrenen Nutzungsdefizite und herausgebildeten neuen Praxen der kommunikativen und partizipativen Nutzung von Computer und Internet durch die Lernenden wurden noch nicht hinreichend kritisch reflektiert aufgegriffen, um neue erfolgreiche Modelle virtuellen Lehrens und Lernens zu entwickeln und zu erproben.

Neue Beteiligungschancen für die Lernenden

Die im Unterschied zu allen traditionellen Medien neue Funktionalität der über das Internet vernetzten Computer, nämlich die universelle Informationsverarbeitung und Kommunikation, macht eine grundlegende Veränderung und Weiterentwicklung der in Präsenzveranstaltungen bewährten didaktischen und methodischen Strukturen notwendig. Wenn Ausgangspunkt und Kern eines Lernprozesses die diskursive Bestimmung, Differenzierung und Kontextualisierung des Gegenstandes im Hinblick auf den Erwerb von Kompetenzen für eine spätere Berufstätigkeit und Teilhabe an der gesellschaftlichen Lebensgestaltung in den verschiedenen Praxisfeldern sind, dann eröffnen Computer und Internet den Lernenden vor allem breite Möglichkeiten kooperativ selbst organisierter und selbstbestimmter Beteiligung an diesen Diskursen. Den Lernenden eröffnet sich die Chance, viel weiter gehender als in den regelmäßigen, aber terminlich eng begrenzten Präsenzveranstaltungen an der Bestimmung ihres Lerngegenstandes mitwirken und die übliche unbefragte Dominanz der Lehrenden durch das Einbringen eigener Vorstellungen und erarbeiteter Erkenntnisse hinterfragen oder relativieren zu können (vgl. Kap. 5.4). Dies fördert die Entwicklung der eigenen fachlichen, methodischen, sozialen, zeitlichen und räumlichen Kompetenzen.

Diskursive Ausgliederung von Lernaufgaben

Für die didaktische Konzeption eines Online-Bildungsangebotes bedeutet dies, die von Lehrenden und Lernenden gemeinsam vorzunehmende diskursive Ausgliederung von Lernaufgaben aus den jeweiligen wissenschaftlichen und/oder praktischen Aufgabenfeldern in das Zentrum der lehrenden und lernenden Bemühungen zu stellen. Diese Ausgliederung kann beispielsweise durch computerbasierte Simulationen vorbereitet werden, die den Lernenden die Erfahrung von Kompetenzdiskrepanzen ermöglicht. Diese Erfahrung bildet dann den Ausgangspunkt für den Diskurs über die in der Simulation präsentierten und in kritischer Reflexion gemeinsam anzustrebenden Ziel- und Handlungsorientierungen. Computer und Internet als ortsunabhängige und zeitflexible multisymbolische Präsentations- und Kommunikationsmedien bieten dazu gute Chancen für eine breitere aktive Beteiligung der Lernenden, die sich eben nicht nur in Rezeption erschöpft. Vielmehr fordert sie gerade dazu auf, an der Ausgliederung und Definition konkreter Lernaufgaben im eigenen Interesse engagiert mitzuwirken, beispielsweise in kooperativ selbst organisierten Lerngruppen. Durch eine flexible Aufteilung zwischen Präsenz- und Online-Phasen können die methodischen Vor- und Nachteile beider Phasen zur Erhöhung der Qualität und Effizienz des Lehrens und Lernens ausgeglichen werden, beispielsweise indem die Präsenzphasen vor allem zur inhaltlichen Diskussion und die Online-Phasen zur inhaltlichen Vorbereitung in kleinen Lerngruppen genutzt werden. Zwischenergebnisse der Lerngruppen können im Internet wiederum den anderen Lernenden wie den Lehrenden zur kritischen Stellungnahme präsentiert werden, um den eigenen Lernprozess reflektiert zum optimalen Erfolg zu führen.

Computer und Internet ermöglichen vielfältige Kooperationen und Kommunikationen sowie Informationsbeschaffungen und Präsentationen der Lernenden in ihrem Lernprozess bezogen auf die jeweils gemeinsam bestimmten Lernaufgaben. Sie können sich dadurch mit Unterstützung der Lehrenden selbst organisiert in die aktuellen Probleme und Aufgaben in Wissenschaft und Praxis hineinarbeiten und somit im Bildungsprozess die beruflich relevanten Kompetenzen erwerben. Dementsprechend sind auch neue, aufgabenorientierte Prüfungsformen zu entwickeln (Zimmer/Dippl 2003).

Aufgabenorientierte Didaktik

Diese Skizze eines die Lernbedürfnisse aufgreifenden und die neuen Funktionalitäten von Computer und Internet nutzenden virtuellen Lehrens und Lernens zeigt, dass dafür am besten die Konzeption einer aufgabenorientierten Didaktik geeignet und angemessen ist. Denn anders als das Lernen in Präsenzlehrveranstaltungen wird das Lernen in virtuellen Lernräumen erst dann Wirklichkeit, wenn die reflektierte Ausgliederung und Definition der Lernaufgaben zum gemeinsamen Verhandlungsgegenstand im pädagogischen Verhältnis gemacht und die Produkte der Bearbeitung der vereinbarten Lernaufgaben selbst wiederum zum Gegenstand einer gemeinsamen kritischen Reflexion werden. Lernaufgaben führen zugleich zu einer größeren Differenzierung des Lernens nach Fachschwerpunkten bzw. nach zu erwerbenden Kompetenzprofilen. Dies wiederum impliziert die Organisation von kooperativ selbst organisierten Lerngruppen, die gemeinsam an ausgewählten bzw. vereinbarten Lernaufgaben arbeiten, unterstützt durch Lehrende oder andere Experten. Durch die Arbeitsteiligkeit in Lehre, Wissenschaft und Praxis wird den Lernenden nicht nur eine aufgabenbezogene Differenzierung ihres Lernens ermöglicht, sondern auch das Hineinwachsen in wissenschaftlich fundierte und erfahrungsgeleitete Herangehensweisen an aktuelle Problemstellungen in Wissenschaft und Praxis. Alle Differenzierungen beruhen auf gemeinsamen allgemeinen oder fachspezifischen Grundlagen, die bezogen auf die ausgegliederten Lernaufgaben notwendigerweise zu erarbeiten sind, wozu die Inhalte und Methoden gut über interaktive Medien im Kontext der jeweiligen Lernaufgaben zur Verfügung gestellt werden können.

Generelle Anforderungen an digitale Bildungsmedien

Für die Aufgabenorientierung im virtuellen Lehren und Lernen ist daher nicht die Entwicklung abgeschlossener Hightech-Multimediaeinheiten entscheidend, sondern die entwickelten interaktiven Bildungsmedien müssen für die Bearbeitung der vereinbarten Lernaufgaben vor allem in Bezug auf die Ziele, Inhalte, Methoden und erwarteten Ergebnisse angemessen und ergonomisch benutzerfreundlich gestaltet sein. Gerade weil die interaktiven Medien sich auf immer wieder neu verhandelte und vereinbarte und sich daher immer mehr oder weniger unterscheidende Lernaufgaben inhaltlich beziehen müssen, sind ihre Brauchbarkeit und dauerhafte Nutzung in virtuellen Lernarrangements vor allem von ihrer jederzeitigen leichten Erweiterbarkeit und Aktualisierbarkeit abhängig. Ist dies nicht der Fall, können sie von den Lernenden nicht zur flexiblen Nutzung herangezogen werden.

Medienkompetenzen der Lehrenden und der Lernenden

Dies erfordert als weiteren konstitutiven Faktor des virtuellen Lehrens und Lernens von allen Beteiligten – von den Lehrenden wie von den Lernenden – Medienkompetenzen, und zwar nicht nur für die rezeptive Nutzung der interaktiven Medien, sondern auch für deren produktive Nutzung, zumindest für einfache multisymbolische Präsentationen von Informationen. Sicher werden komplexe und umfangreiche interaktive Medien auch zukünftig in einem arbeitsteiligen Prozess, organisiert von Kompetenzzentren, von den Lehrenden in Zusammenarbeit mit Konzeptentwicklern und Programmierern erstellt werden. Aber diese Zusammenarbeit erfordert von den Lehrenden zumindest ein grundlegendes Verständnis des Erstellungsprozesses, weil sie sonst nicht in der Lage sind, die Lerninhalte in der für die virtuelle Präsentation erforderlichen Weise vorzubereiten.

Neue Professionalisierung der Lehrenden

Bei der mediendidaktischen Professionalisierung der Lehrenden geht es aber nicht nur um den Erwerb von Medienkompetenzen, sondern auch um die Veränderung ihrer primären Lehrhandlungen. Von den Lehrenden werden gefordert: die Moderation des Diskurses (in Präsenz und online) zur Ausgliederung von Lernaufgaben, die Aufbereitung der Lerninhalte für die Erstellung der interaktiven Medien, die Anleitung der Teletutoren zur fachlich und methodisch beratenden Unterstützung der Lernenden im Verlauf der Bearbeitung ihrer Lernaufgaben sowie die Moderation des Diskurses über die von den Lernenden erbrachten Ergebnisse im Kontext des Fachgebiets und der relevanten Praxisfelder.

Sicherlich sind diese notwendigen Veränderungen im Lehren am schwierigsten zu erreichen, weil sie im Grunde einen gravierenden Bruch mit den jahrhundertealten Traditionen vorbildlicher Lehre bedeuten. Gleichwohl, das zeigt auch die Untersuchung von Uhl (2003, 43 ff.), ist die – bislang noch immer oft fehlende – mediendidaktische Professionalisierung der Lehrenden für die Konzeptualisierung, Organisation und Durchführung eines virtuellen Bildungsangebots der entscheidende konstituierende Faktor, ohne den ein virtuelles Lernen nicht erfolgreich etabliert werden kann. Dies zeigt auch das Verhalten vieler Lernender, die großen Wert auf den Diskurs mit den Lehrenden legen, für den ihnen die digitalen Bildungsmedien keinen Ersatz liefern können und das Internet einen begrenzten medienvermittelten Nutzen bietet. Die Etablierung virtuellen Lernens wird daher nur erfolgreich sein, wenn der Diskurs zwischen Lehrenden und Lernenden in integrierten Präsenzveranstaltungen und virtuellen Bildungsräumen in neuen Formen herausgebildet wird.

Neuordnung der Zeit- und Raumstrukturen im virtuellen Lehren und Lernen

Eine aufgabenorientierte Didaktik, die Integration von Kommunikation und Kooperation, die Professionalisierung der Lehrenden und die aktiv Lernaufgaben ergreifenden Lernenden sind die zentralen konstituierenden Faktoren des virtuellen Lehrens und Lernens. Ihr erfolgreiches Zusammenwirken erfordert die Entwicklung einer neuen *Kultur virtuellen Lehrens und Lernens.* Dafür konstituierend ist vor allem auch die Herausbildung einer neuen Zeit- und Raumstruktur, in der die Handlungen der Lehrenden und Lernenden zueinander angeordnet werden müssen. Dabei geht es nicht allein um einen Wechsel zwischen Präsenz- und Online-Phasen, sondern vielmehr darum, wie die neuen Formen der Kommunikation und Kooperation sowie die aufeinanderfolgenden und parallel laufenden aufgabenorientierten Diskursphasen und die damit verbundenen Handlungen der Lehrenden und Lernenden zeitlich und örtlich strukturiert werden. Hierüber gibt es erste Erfahrungen, z. B. über wachsende Kommunikationsbelastungen, aber bislang noch keine allgemeine Lösung, wie die erforderlichen neuen Zeit- und Raumstrukturen für alle Beteiligten so gestaltet werden können, dass sie keine Überlastung, sondern einen deutlichen qualitativen Zugewinn bringen. Denn die klassischen Präsenzlehrveranstaltungen haben durch ihre definierten Zeitgrenzen und räumliche Konzentration für die gemeinsame Arbeit und die je individuell zu definierenden Zeiten und verfügbaren Räume für Vor- und Nacharbeiten ein hocheffizientes Zeitmanagement entwickelt. Eine neue, virtuelle Lehr- und Lernkultur lässt sich nicht herausbilden und zum Erfolg führen ohne die Entwicklung eines neuen Zeit- und Raummanagements, das an der effizienten Erbringung von Ergebnissen in individueller Arbeit wie in kommunikativer und kooperativer Zusammenarbeit orientiert ist.

2.5 Entwicklung der virtuellen Lehr- und Lernkultur

2.5.1 Perspektiven der Entwicklung

Entwicklung der virtuellen Lehr- und Lernkultur noch offen

Die Entwicklung und Nutzung kybernetischer Lehrmaschinen mit dem Ziel der Rationalisierung der Lehr- und Lernprozesse begann bereits in den 1950er-Jahren mit Computer Aided Instruction von IBM und wurde in den 1960er-Jahren, angestoßen und begründet u. a. durch Helmar Frank (1962), zu einem theoretisch intensiv diskutierten Thema mit ersten Versuchen in der Praxis (vgl. Rauner/Trotier 1971). Über viele Jahre wurden Tagungen zur Entwicklung und Implementation technologiegestützter Bildungsprozesse veranstaltet. Schon damals war die Aufspaltung der curricularen Lehrinhalte in kleine Lernbausteine für ein selbstständiges und entdeckendes Lernen dafür das didaktische Konzept. Denn jeder könne, so die pädagogische und psychologische Vorstellung, durch Motivierung und zur Verfügung gestellte Inhalte selbstständig am besten und effektivsten lernen. Wenn Bildung erfolgreich durch virtuelles Lehren und Lernen gefördert und ermöglicht werden soll, reicht es aber nicht aus, nur digitale Bildungsmedien zur Verfügung zu stellen. Vielmehr muss umfassend die Entwicklung einer neuen Lehr- und Lernkultur gefördert werden, die die konstituierenden Faktoren virtuellen Lehrens und Lernens aufgreift und die technologischen Potenziale von Computer und Internet zur Unterstützung von Bildungsprozessen zur Entfaltung bringt. Dabei ist zu beachten, dass mit der Art und Weise der Nutzung von Computer und Internet zwei entgegengesetzte Richtungen in der Entwicklung der Lehr- und Lernkultur eingeschlagen werden können.

Transportperspektive des Lehrens ...

Bereits vor zwei Jahrzehnten haben Brown/Duguid (1996) zwei gegensätzliche Entwicklungsrichtungen skizziert: Internettechnologien können in Lernprozessen entweder unter einer *Transportperspektive* oder einer *Gemeinschaftsperspektive* eingesetzt werden. Bei knappen Ressourcen können virtuelle Lernangebote als willkommene Möglichkeit zur Rationalisierung des Lehrbetriebs durch die Aufhebung der Subjektivität der pädagogischen Handlungen und ihrer Objektivierung in digitalen Medien aufgegriffen werden. Dabei wird eine *Transportperspektive* eingenommen, bei der Lernende Wissensempfänger und Lehrende Wissenslieferanten darstellen. Das Internet fungiert dabei als eine geeignete Technologie, um die Durchflussgeschwindigkeit und Verbreitung von *Wissen* zu erhöhen, unabhängig von den zur Verfügung stehenden Lehrkapazitäten und nachfragenden Lernenden. Dabei kann auf die individuellen Belange der Lernenden, z. B. auf ihre Nachfragen, wie dies im traditionellen expositorischen Lehren möglich war, nicht mehr eingegangen werden. Initiative und

Kreativität der Lernenden werden ganz verhindert. Training ist so möglich, erfolgreiche Bildungsprozesse für den Erwerb ganzheitlicher Handlungskompetenzen nicht.

... oder Gemeinschaftsperspektive des Lernens?

Soll gelingendes Lernen im Sinne eines Zuwachses an Handlungskompetenzen und gesellschaftlicher Teilhabe durch die Internetnutzung gefördert werden, muss dagegen eine *Gemeinschaftsperspektive* die Virtualisierung der Lehr- und Lernkultur bestimmen: Virtuelle Lehr- und Lernformen müssen so gestaltet werden, dass den Lernenden ein Zugang und eine wachsende Teilhabe an Wissen schaffenden Gemeinschaften ermöglicht wird. Konkret knüpft diese Forderung an das zuvor skizzierte Prinzip an, im Lernen den Diskurs zwischen Lehrenden und Lernenden über den Lerngegenstand in den Mittelpunkt zu stellen. Lernenden sollte auch der direkte Kontakt zu Fachexperten und somit ein Hineinwachsen in die Praxis ermöglicht werden. Die durch die Nutzung von Web 2.0 herausgebildete anarchische Form der Kommunikation vieler Lernender im Internet ist dazu in einen planmäßigen Kommunikations- und Kooperationsprozess zur Produktion von Ergebnissen für die Lerngemeinschaften zu verwandeln. Die Qualität des Technologieeinsatzes in Bildungseinrichtungen zur Unterstützung des Lehrens und Lernens ist also daran zu messen, ob und inwieweit er einen solchen Diskurs sowie die Entstehung entsprechender produktorientierter sozialer Gemeinschaften fördert: *Lerngemeinschaften*, die in Verbindung zu Lehrenden und anderen Fachexperten stehen und in einem diskursiven Prozess ihre Lernaufgaben definieren, ausarbeiten sowie die Praxis und das Ergebnis ihrer Bearbeitung der Aufgaben gemeinsam bewerten und reflektieren und daraus Konsequenzen für das weitere Vorgehen ziehen. Dafür ist es sinnvoll, in der jeweiligen Bildungseinrichtung eine Bildungscloud (Kap. 3.5.1) einzurichten (Meinel 2017, 21).

Lernende als Konsumenten ...

Fischer (2002) skizziert unter einem leicht anderen Blickwinkel zwei ähnliche Entwicklungsoptionen der Veränderung der Lehr- und Lernkultur durch virtuelle Studienangebote: Mit dem plakativen Bild „Beyond ‚Couch Potatoes': From Consumers to Designers and Active Contributors" zeigt er auf, dass der Interneteinsatz an Hochschulen einerseits eine *Konsumentenhaltung* fördern kann, indem eine Vielfalt an Informationen und unterschiedlichen Studienangeboten relativ leicht zugänglich ist. Diese Angebote und Informationen können unaufwendig konsumiert werden, sind aber ohne aktiven Erschließungsaufwand, eigene Informationsbewertung und aktive Aneignung des Studiengegenstands für Bildungsprozesse relativ wertlos.

... oder als Designer und aktive Mitarbeiter?

Andererseits kann der Interneteinsatz aber auch dazu beitragen, dass Studierende zu *aktiven Designern* von Lehr- und Lernprozessen werden. Mithilfe der Internettechnologie können Lernende eigene Anfragen, Diskussionsbeiträge sowie Arbeits- und Rechercheergebnisse leicht anderen Lernenden und auch Externen zugänglich machen und ihre Beiträge im Rahmen des Studiums zur Diskussion stellen. Darüber hinaus können vollständig selbst organisierte virtuelle Lernkontexte geschaffen werden, die zwar von den Beteiligten nicht notwendig als Lernkontexte bezeichnet werden, in denen aber durchaus erfolgreiches Lernen stattfinden kann. Solche internetbasierten Lerngemeinschaften sind z. B. PerlMonks, ein Zusammenschluss von Perl-Programmierern (Wiley/Edwards 2002), oder die FESA-Community (anonymisierter Name des Fernstudienanbieters in der Fallstudie), ein selbst organisierter Zusammenschluss von Fernstudierenden (Arnold 2003b).

Expansives Lernen ...

Expansives Lernen setzt in Anlehnung an Holzkamp (1993, 187 ff.) bei der Erfahrung eines Kompetenzdefizits an, das Lernende als bedeutsam erleben und durch expansive Lernschritte überwinden wollen. Ihr Lernen erfolgt mit der Intention, einen bedeutsamen Kompetenzzuwachs zur Erweiterung ihrer allgemeinen wie auch ihrer spezifischen Handlungsfähigkeiten zu erreichen. Durch die Individualisierung des Lernens, eine größere Auswahl an Lernressourcen, vielfältige Kontakte sowie die Entstehung sozialer Gemeinschaften kann nicht nur die Reflexion der Bedeutung der Lerngegenstände, sondern auch die Produktion eigener Ergebnisse angeregt werden. Lernende können durch eine größere kooperative Differenzierung ihre Lerntätigkeiten leichter an ihren subjektiven Begründungen ihres Lernens orientieren und damit ihre Kompetenzentwicklung expansiv zu verallgemeinerten Handlungskompetenzen erweitern.

... oder defensives Lernen?

Defensives Lernen entsteht, wenn Lernende keine für sie bedeutsamen Lerngründe finden und ausschließlich aus Angst vor Sanktionen die Expositionen und Anforderungen der Lehrenden mit möglichst geringem Einsatz aufzunehmen und zu erfüllen suchen. Der Verlust des subjektiven pädagogischen Diskurses durch die mediale Objektivierung der expositorischen Lehrhandlungen und erwarteten Lernhandlungen der verallgemeinert vorgestellten Lernenden in digitalen Medien bringt die Gefahr einer weiteren Vertiefung defensiv begründeten und eng begrenzten Lernens mit sich. Die Kompetenzentwicklung der Lernenden findet dadurch quasi in fremdbestimmten Kompetenzkanälen statt und wird durch die in den Medien inhaltlich und methodisch errichteten Kanalwände formiert.

Vision der Veränderung der Lehr- und Lernkultur

Die Entwicklung der neuen, virtuellen Lehr- und Lernkultur – verstanden als sich gesellschaftlich-historisch herausbildende „Muster institutionalisierter Anordnungen pädagogischer Handlungen" (Zimmer 2001, 121) – erfordert somit

- die Orientierung der Bildungsangebote an einer Gemeinschaftsperspektive,
- die Aktivierung der Lernenden als produktiv Mitarbeitende im Bildungsprozess,
- die Professionalisierung der Lehrenden zu Koordinatoren kooperativer und selbstständiger Bildungsprozesse,
- die Förderung des Erwerbs verallgemeinerter Handlungskompetenzen sowie

- die Beseitigung von institutionellen Behinderungen und Offenheit für die Entwicklung, Erprobung und Implementierung neuer pädagogischer Konzepte für das Lehren und Lernen mit digitalen Medien.

2.5.2 Potenziale virtueller Bildungsangebote

(1) Orts- und Zeitflexibilität im Lernen und Lehren ...
Durch virtuelle Lehr- und Lernformen wird die bisherige „prinzipielle Unmittelbarkeit und Gleichzeitigkeit des Lehrens und Lernens“ aufgehoben (ZIMMER 2000b, 103). Lehrende und Lernende gewinnen in zeitlicher und örtlicher Hinsicht bei der Gestaltung ihrer Lehr- und Lernhandlungen neue Freiheitsgrade. Allerdings muss die *Orts- und Zeitflexibilität* bzw. Orts- und Zeitdistanz durch eine Objektivierung der Lehrhandlungen und erwarteten Lernhandlungen sowie durch eine Intensivierung der technisch vermittelten Kommunikation zwischen Lehrenden und Lernenden überbrückt werden. Ein berufsbegleitendes Fernlernen wird dadurch leichter möglich. Lehrende können wesentlich eher als zuvor auch andere Fachexperten in ihre Lehre, z. B. als virtuelle Gastexperten, einbeziehen. Und die Lernenden können auch unabhängig von den Lehrenden kommunizieren, beispielsweise durch Videokonferenzen (GAISER 2002).

... benötigt aber auch feste Lernzeiten und einen virtuellen Bildungsraum
Zeitliche und örtliche Flexibilität verweist aber auch auf neue Gestaltungsnotwendigkeiten. Ohne feste Lernzeiten werden Lernhandlungen oft extrem fragmentarisiert oder finden ohne Zielvorgaben erst gar nicht statt. Zudem braucht es einen virtuellen Bildungsraum und weiter gehend auch eine vom Lernenden selbst einzurichtende persönliche Lernumgebung, die erfolgreiches Lernen mit interaktiven Medien sowie die Kommunikation und Kooperation mit den Lehrenden und Lernenden ermöglicht (ZIMMER 2011b). Insbesondere Videokonferenzen sind gut geeignet für eine zeitgleiche Kommunikation von örtlich getrennten Lehrenden und Lernenden (GAISER 2002).

(2) Offenheit und Vielfalt von Lernressourcen ...
Offenheit und Vielfalt der Lernressourcen stellen eine weitere entscheidende Veränderung bei virtuellen Bildungsangeboten dar. Selbstverständlich war auch vor der Nutzung von Computer und Internet in Bildungsprozessen jede Auseinandersetzung mit einem Lerngegenstand prinzipiell unabgeschlossen und die Lernmaterialien durch Fachbücher ergänzbar, aber das Internet hat diese Offenheit auf eine qualitativ neue Stufe gehoben: Durch das Internet ist die Recherche und das Auffinden von Materialien ungleich einfacher und beschleunigter, Kontakte können direkt und weltweit aufgenommen werden. Zu den von Lehrenden konzipierten Lernmaterialien kommen Arbeitsergebnisse von Lernenden hinzu, die aufgrund der leichten Veröffentlichungsmöglichkeiten im Internet als *Open Content* ebenfalls zur Verfügung stehen.

... benötigt aber auch Orientierungshilfen

In dieser Offenheit und Vielfalt der Lernressourcen benötigen Lernende wie Lehrende Orientierung, Recherchetechniken und insbesondere Bewertungskompetenzen, um aus der Informationsflut für ihre Zwecke und mit angemessenem zeitlichen Aufwand geeignete Ressourcen zu erschließen – und nicht in der Masse unverbundener Materialien unterzugehen. Eine Gestaltungsoption ist dabei die Standardisierung und Katalogisierung von Lehrmaterialien, sodass die jeweilige individuelle Suche danach erleichtert wird. Dieser Lösungsweg beinhaltet aber auch die Gefahr, dass die virtuellen Lerneinheiten immer mehr in ihrem pädagogischen Design angeglichen werden. Nur wenn sie über eine schematisch zu erfassende innere Struktur verfügen, sind sie über automatisierte Suchvorgänge auffindbar.

(3) Differenzierung und Diversität von Lern- und Lehrhandlungen ...

Ein weiteres Potenzial virtueller Lehr- und Lernarrangements besteht in ihrer prinzipiellen Differenzierung und Diversität – es sei denn, die zu verwendenden Medien und zu lernenden Inhalte und zu lösenden Prüfungsaufgaben werden strikt vorgegeben. Die Lernhandlungen können individualisiert werden, das heißt, die Lernenden können ihren Präferenzen entsprechend Schwerpunkte bei der Auseinandersetzung mit dem Lerngegenstand realisieren, durch die Auswahl von Lernaufgaben, die Steuerung ihrer eigenen Lernpfade, die Bestimmung der Reihenfolge ihrer Bearbeitungsschritte und die Festlegung ihrer eigenen Lernzeiten. Diese *Individualisierung der Lernhandlungen* erfordert eine *Diversifizierung der Lehrhandlungen* aufseiten der Lehrenden: Bestanden ihre Lehrhandlungen traditionell zu einem großen Teil in der expositorischen Präsentation von Fachwissen und der Diskussion in Seminaren, beraten und betreuen sie in virtuellen Bildungsangeboten die Lernenden, geben ihnen Orientierungen für die Erschließung zusätzlicher Quellen, moderieren Fachdiskussionen im virtuellen Raum und kooperieren mit Multimedia-Entwicklern und Programmierern bei der Erstellung virtueller Lerneinheiten.

... schafft aber auch neue Unsicherheiten

Die Individualisierung und Ausdifferenzierung unter Auflösung tradierter Formen des Lehrens und Lernens in Hochschulen und Bildungszentren schafft auf beiden Seiten aber auch Verunsicherung: Lernende müssen lernen, mit den erweiterten Wahlmöglichkeiten und Freiheitsgraden umzugehen. Lehrende müssen entsprechende neue und zusätzliche Kompetenzen erwerben und sich mit ihrer veränderten Rolle und den neuartigen Arbeitsformen auseinandersetzen und diese neu gestalten, um die Autonomie und Selbstorganisation der Lernenden in virtuellen Lehr- und Lernarrangements optimal unterstützen zu können.

(4) Autonomie und Selbstorganisation des Lernens ...

Die mit den digitalen Medien gegebene Orts- und Zeitflexibilität, Offenheit und Vielfalt der Lernressourcen sowie Differenzierung und Diversität der Lehr- und Lernhandlungen ermöglichen und erfordern die Entwicklung der *Fähigkeiten zum autonomen und selbst organisierten Lernen*. Dies entspricht den Anforderungen des Arbeitens und Lebens in der Wissensgesellschaft. Die Lernenden müssen ihre Kräfte aktivieren und ihre individuellen Interessen und Begabungen selbstständig entfalten können. Computer und Internet ermöglichen es ihnen, die für ihr Lernen erforderlichen Informationen jederzeit aus den Medien bzw. dem Internet zu ziehen und die Informationen autonom und selbst organisiert kritisch zu reflektieren und in eigenes Wissen umzuarbeiten. Indem sie die traditionellen Lehrfunktionen, nämlich die Definition der Lernziele, die Auswahl der Lerninhalte, die Wahl der Lernmethoden, die Kontrolle und Bewertung ihrer Lernergebnisse, autonom selbst übernehmen, machen sie sich zu *Subjekten ihrer eigenen Lernprozesse*, zu autodidaktisch Lernenden. In der Entwicklung ihrer autodidaktischen Kompetenzen müssen sie wiederum unterstützt werden. Lehrende werden nicht überflüssig. Im Gegenteil, die Lehrenden sind als fachkompetente, beratende, moderierende, informierende und mitarbeitende Partner im Lernprozess unverzichtbar, denn Lernen ist die Überwindung einer Kompetenzdiskrepanz zwischen Personen bezogen auf ein gemeinsames Drittes.

... können aber auch behindert werden

Ob die Lernenden autonom und selbst organisiert lernen können, hängt aber entscheidend von der didaktischen und methodischen Struktur der Medien ab (Grotlüschen 2003). Wenn diese entsprechend dem Modell expositorischen Lehrens und rezeptiven Lernens strukturiert sind, wird autonomes und selbst organisiertes Lernen gerade unmöglich gemacht. Auch ist der Diskurs mit Lehrenden, Experten und anderen Lernenden im autonomen und selbst organisierten Lernprozess unverzichtbar und muss über die Kommunikation, Partizipation und Kooperation in virtuellen Lernräumen wie in Präsenzveranstaltungen sichergestellt werden.

(5) Neue soziale Kontexte und Kooperationsformen ...

Virtuelle Bildungsangebote ermöglichen *kooperatives Lernen und Arbeiten*, trotz zeitlicher und örtlicher Flexibilisierung. Durch die neuen Kommunikations- und Kooperationsmöglichkeiten über das Internet, insbesondere das Web 2.0, entstehen ganz neue soziale Kontexte, in denen z. B. in international zusammengesetzten Gemeinschaften Lernende und Berufstätige sich gemeinsam über Erfahrungen, Wissen, Interessen und Ergebnisse austauschen können. Aufgrund der freien Verfügbarkeit entsprechender Kommunikations- und Kooperationssoftware werden selbst organisierte Gemeinschaften möglich (Arnold 2003b; Wiley/Edwards 2002). In diesen virtuellen Gemeinschaften wirken veränderte Kooperationsökonomien: Eine passive Teilnahme ist beispielsweise ohne großen Aufwand und ohne andere Mitglieder zu beeinträchtigen möglich, ein aktiver Beitrag hat bei gleichbleibendem Aufwand potenziell eine sehr große Reichweite, abhängig von der Größe der Gemeinschaft (Kollock 1999).

... können aber auch die Kommunikation erschweren

Gleichzeitig können die potenziell größere Heterogenität der Teilnehmenden in solchen Gemeinschaften sowie die in Bezug auf Gestik, Mimik etc. reduzierte Kommunikation sowie das Übergewicht der Asynchronizität auch dazu führen, dass wichtige Kontextinformationen verloren gehen und dadurch Lernprozesse beeinträchtigt werden (ARNOLD/SMITH 2003). In textbasierten Diskussionsforen kann es beispielsweise schnell unübersichtlich werden. Sequenzialität ebenso wie Spontaneität von Dialogen laufen so Gefahr, verloren zu gehen. Zur Aufgabe von Lehrenden bei der Moderation diskursiver Aushandlungsprozesse in solchen Gemeinschaften gehört daher auch, Mittel und Wege zu finden, die es ermöglichen, dass auch in der Internetkommunikation die relevanten Kontexte der Beteiligten sichtbar bleiben. Außerdem lassen vorhandene virtuelle Kommunikations- und Kooperationsräume nicht automatisch kooperative Lernkontexte entstehen. Kommunikation und Kooperation müssen vielmehr sinnvoll in ein Gesamtkonzept integriert sein und auf vielfältige Weise unterstützt werden, damit nicht, wie so oft, virtuelle Foren mit äußerst spärlicher Beteiligung entstehen.

(6) Präsentieren und Diskutieren von Lernergebnissen ...

Beim autonomen und selbst organisierten Lernen in virtuellen Bildungsräumen entscheiden die Lernenden selbst, ob, wann, wozu und wie sie die *Ergebnisse ihres Lernprozesses* – in formalen Rahmungen – zusammenfassen, formulieren und dokumentieren bzw. präsentieren wollen. Dafür stehen ihnen mit Textverarbeitung, Datenbank, Bild- und Grafikbearbeitung, Tabellenkalkulation und anderen Arbeitsprogrammen am Computer vielfältige Instrumente zur Verfügung. Sie können damit ihre erarbeiteten Ergebnisse differenziert und anschaulich und für andere leicht nachvollziehbar präsentieren und zur Diskussion stellen. Mit der Erarbeitung der Präsentation und Diskussion der Lernergebnisse können wiederum Lerneffekte ausgelöst werden, die dadurch entstehen, dass der Lernende mit eigenen Worten einen Sachverhalt beschreibt, eine Problematik erneut formuliert, eine selbst erarbeitete Lösung begründet oder eine kritische Stellungnahme abgibt. Dadurch können auch kreative Ideen, Problematisierungen bisher erarbeiteter Ergebnisse oder neue Interessen und Lernziele ausgelöst werden. Denn mit der Erstellung der Präsentation der Lernergebnisse sind die Lernenden gezwungen, sich über ihre eigenen gegenstandsbezogenen Bedeutungszuschreibungen sowie über die der Zielpersonen ihrer Präsentation klar zu werden, damit die präsentierten Ergebnisse allgemein verständlich und diskutierbar werden. Die Ergebnisse können so von anderen empfangen und auch kommentiert, ergänzt und bearbeitet werden. Die autonom und selbst organisiert durch ihr forschendes Lernen erarbeiteten Ergebnisse werden so zu einem Gegenstand lernender Kommunikation und Kooperation für alle beteiligten Lernenden und auch Lehrenden.

... können aber durch Instruktion verhindert werden

Die *Präsentation und Diskussion* von eigenständig erarbeiteten Lernergebnissen fördern zweifellos die heute in der Wissensgesellschaft notwendige Kompetenz zur inhaltlich fundierten und allgemein verständlichen Kommunikation über notwendige Problemlösungen, erforderliche Entwicklungen, neue Ergebnisse und deren Bedeutung für die Gesellschaft. Dies erfordert in Lehr- und Lernprozessen einen erheblichen Zeitaufwand. Da zugleich mit der Einführung und Nutzung digitaler Medien eine zeitliche Verkürzung von Lernprozessen erhofft wird, entsteht die Gefahr, dass damit gerade die mögliche Autonomie und Selbstorganisation im Lernen erheblich erschwert oder durch implementierte Instruktionsstrukturen unterbunden wird. Während in traditionellen Lehr- und Lernprozessen die Lernenden das Erlernte noch mündlich oder schriftlich in Referaten, Klausuren, Aufsätzen oder Niederschriften referieren, die gewöhnlich von den Lehrenden veranlasst und schließlich kontrolliert und zensiert werden, wird in instruktionalen Lernmedien das Erlernte durch die richtige Auswahl aus vorgegebenen Antworten oder die Eingabe des richtigen Begriffs oder der richtigen Zahl geprüft, was richtig auswendig gelernte Fakten und Formeln voraussetzt. Ganzheitliche Handlungskompetenzen können so nicht erworben und geprüft werden.

2.5.3 Förderung der virtuellen Lernkultur

Sechs Ansatzpunkte

An welchen Punkten muss angesetzt werden, um die Entstehung einer neuen Kultur virtuellen Lehrens und Lernens zu fördern, die die beschriebenen Potenziale virtueller Bildungsangebote aufgreift und gelingende Bildungsprozesse ermöglicht? Den Erfolg ihrer Bildungsprozesse stellen die Lernenden letztlich immer selbst her. *Die Lernenden müssen daher im Mittelpunkt aller Überlegungen zur Förderung einer neuen virtuellen Lernkultur stehen.* Sechs Ansatzpunkte sind dafür bei der Entwicklung virtueller Bildungsangebote zu berücksichtigen:

(1) Aufgabenorientierte didaktische Konzepte: Aushandlung von Lernaufgaben

Didaktische Konzepte müssen den Erwerb ganzheitlicher Handlungskompetenzen für die Berufstätigkeit (Hahne 2003) sowie die Teilhabe an der gesellschaftlichen Lebensgestaltung in den verschiedenen Praxisfeldern als auch die wissenschaftliche Weiterentwicklung des aktuellen Wissensbestands im Lernbereich in ihr Zentrum stellen. Primäres methodisches Mittel ist dabei, dass Lehrende und Lernende in diskursiven Prozessen gemeinsam allgemeine wie spezielle Aufgabenstellungen aus den entsprechenden gesellschaftlichen Aufgabenbereichen ausgliedern, die dafür notwendigen Grundlagen bestimmen und diese lehrend vermitteln und lernend aneignen. Dieser *Aushandlungsprozess* dient dem tieferen Eindringen in den Lerngegenstand, seiner Ausdifferenzierung und Kontextualisierung. Gleichzeitig ermöglicht ein solches Vorgehen den Lernenden, subjektiv bedeutsame Defizite ihrer Handlungsfähigkeiten wahrzunehmen und auszugleichen, subjektiv bedeutsame Teilelemente auszuwählen und durch kommunikative Bezüge (in Lerngruppen, im Dialog mit Lehrenden, im Kontakt mit Fachexperten etc.) auch partizipative und kooperative Lernprozesse zu erfahren und auf diese Weise in die Prozesse und Methoden adäquater Handlungsweisen schrittweise hineinzuwachsen.

Aushandlung von Lernaufgaben bedeutet nicht, dass der Kompetenzvorsprung der Lehrenden unbeachtet bleibt. Im Gegenteil, Lehrende bringen ihren Kompetenzvorsprung auch in virtuelle Bildungsangebote ein, indem sie Aufgabenvorschläge erarbeiten und Prozesshilfen bei der Bearbeitung geben. *Aushandlung* erfordert vielmehr, dass auch die Interessen, Lerngründe und Arbeitsergebnisse der Lernenden als wichtige Lernressourcen einzubeziehen sind. Eine Rückkopplung der Arbeitsergebnisse der Lernenden an die Gesamtgruppe gehört also unverzichtbar zu aufgabenorientierten didaktischen Konzepten. Gerade durch die Erstellung eigener Arbeitsergebnisse erwerben sie ihre Kompetenzen ganzheitlich und befähigen sich zugleich, sie auch eigenständig erfolgreich einzusetzen. Mit aufgabenorientierten didaktischen Konzepten wird auch zur Kontextualisierung von Lerngegenstand, Lernsituation und Praxisfeld beigetragen. Weitere Vorkehrungen, um den notwendigen Kontext für Lernen herzustellen, können z. B. Erfahrungsgeschichten und Fallstudien sein, aber auch Reflexionshilfen zur jeweiligen Lernsituation und -strategie (ARNOLD/SMITH 2003).

(2) Förderung autodidaktischer Kompetenzen

Zeitlich und örtlich flexibilisiertes Lernen mit vielfältigen Lernressourcen und einem hohen Grad an Individualisierung sowie in neu entstehenden virtuellen sozialen Kontexten stellt hohe Anforderungen an die *autodidaktischen Kompetenzen.* Die Lernenden müssen ihre Lernziele bestimmen und Diskrepanzerfahrungen machen, ihre Lernzeiten planen, ihre Lernumgebung organisieren und gestalten, die Lernressourcen erschließen und für ihre Lernziele auswählen, eigene Lernschritte bestimmen, planen, durchführen, kontrollieren, bewerten und daraus Schlussfolgerungen für ihren weiteren Lernprozess ziehen, sich gegebenenfalls auch Hilfen organisieren und in dieser Vielfalt an erforderlichen Handlungsschritten Prioritäten setzen. Virtuelle Bildungsangebote sollten daher Vorkehrungen und Hilfen beinhalten, mit denen die Lernenden die notwendigen autodidaktischen Kompetenzen selbstständig erwerben können, und Raum für Erfahrungsaustausch und Reflexion der eigenen Lernhandlungen bereitstellen. Für die Lehrenden bedeutet dies, ihre eigenen Kompetenzen dahin gehend zu erweitern, dass sie die Lernenden beim selbst gesteuerten Lernen und bei dem dazu notwendigen Kompetenzerwerb unterstützen können.

(3) Förderung der Selbstreflexion

Selbst organisiertes Lernen im virtuellen Bildungsraum erfordert die *Selbstreflexion* der eigenen Lernprozesse. E-Portfolios sind dafür ein sehr brauchbares Instrument. In den E-Portfolios werden alle wichtigen Lernergebnisse gesammelt, die Lernprozesse in ihren Voraussetzungen, Bemühungen, Fortschritten und Leistungen protokolliert und die angestrebten weiteren Lernziele und die zu ihrer Erreichung zu vollziehenden Lernschritte notiert. Diese Sammlungen und Aufzeichnungen sind die Grundlage für Kommentare und Empfehlungen der Lehrenden und anderen Lernenden sowie für die Selbstreflexion. Wichtig ist, dass die E-Portfolios in die didaktischen Konzepte integriert sind (ARNOLD/KUMAR 2014b). Den jeweiligen Lehr- und Lernformen entsprechend können sie unterschiedlich gestaltet sein und auch als alternative Form für realitätsnahe kompetenzorientierte Prüfungen verwendet werden.

(4) Förderung von Medienkompetenzen

Lehrende wie Lernende brauchen für erfolgreiches Lehren und Lernen Medienkompetenzen. Grundlegend ist die Mediennutzungskompetenz zur Erschließung und Nutzung der Lernressourcen. Darüber hinaus brauchen beide aber auch Mediengestaltungskompetenz: Lernende, die ihre Arbeitsergebnisse in der Gruppe präsentieren, müssen dies im virtuellen Raum tun können. Lehrende, die virtuelle Lernmodule aktuell ergänzen wollen, müssen mediale Gestaltungskompetenzen haben. Voraussetzung dafür ist, dass die dafür verwendete Software benutzerfreundlich ist. Denn es geht in virtuellen Bildungsangeboten nicht um den Einsatz aller technologischen Möglichkeiten, sondern um eine dem didaktischen Konzept und den Gründen, Zielen, Inhalten und Methoden der Lernenden angepasste funktionsorientierte Gestaltung, die vor allem auch eine leichte Aktualisierung und Erweiterung der Bildungsmedien berücksichtigt. Auch wenn ein Großteil der Erstellung virtueller Bildungsangebote auf medialer Ebene in einem arbeitsteiligen Prozess durch andere Experten (z. B. Lernprogrammautoren, Multimedia-Entwickler) geleistet wird, brauchen Lehrende dennoch auf der Basis allgemeiner Medienkunde und Medienkritik ein Grundverständnis der Produktionsprozesse, der medientechnischen Zusammenhänge und insbesondere der interaktiven Programmgestaltung, um die Lerninhalte auswählen und inhaltlich aufbereiten und den medialen Herstellungsprozess kooperativ unterstützen zu können.

(5) Professionalisierung des medienbasierten Lehrens und Lernens

Für die aufgabenorientierte didaktische Gestaltung der virtuellen Bildungsprozesse, für die Förderung der autodidaktischen Kompetenzen der Lernenden sowie für die Förderung der Medienkompetenzen muss die *Professionalisierung* aufseiten der Lernenden wie auch der Lehrenden entwickelt werden. *Lernende* müssen Medienkompetenzen, autodidaktische Kompetenzen, Kompetenzen zur Ausgliederung und Bestimmung von Aufgaben und Kompetenzen zur Kommunikation im Internet wie zu kooperativem und partizipativem Lernen und Arbeiten in virtuellen Räumen als Teil ihrer Berufskompetenz in der Wissensgesellschaft begreifen und entsprechend aktive, reflektierende und gestaltende Rollen einnehmen können.

Lehrende müssen das Arbeiten mit virtuellen Bildungsangeboten ebenfalls als Chance der Professionalisierung und Erweiterung ihrer Kompetenzen bzw. Verschiebung ihrer Tätigkeitsschwerpunkte begreifen. Tätigkeiten wie Lernberatung und -begleitung, Moderation von Diskussionen und Kooperationen im virtuellen Raum, diskursive Aushandlung von komplexen Lernaufgaben und die Kooperation mit Mitarbeitenden aus E-Learning-Supporteinrichtungen oder Kompetenzzentren fordern ein anderes Kompetenzprofil von Lehrenden als bislang und eine entsprechende Professionalisierung ihrer Kompetenzen.

(6) Lernförderliche Zeitstrukturen entwickeln

Eine wesentliche Herausforderung bei der Gestaltung einer virtuellen Lehr- und Lernkultur, die erfolgreiches Lernen fördert, besteht darin, *geeignete Zeitstrukturen* zu entwickeln und anzuwenden. Im virtuellen Raum wird dem ökonomischen Umgang mit Zeit angesichts des Einsatzes einer schnellen Technologie oft nicht die nötige Aufmerksamkeit geschenkt. Erfolgreiches Lernen braucht immer eine Eigenzeit. Ein ausreichendes Zeitbudget zur Bearbeitung der Lernaufgaben und für die Aushandlungsprozesse muss daher eingeplant werden. Ebenso müssen Lehrende berücksichtigen, dass viele Lehrhandlungen aufgrund der Neuheit zunächst mehr Zeit benötigen. Lehrende ebenso wie Lernende müssen beachten, dass die überwiegende Schriftlichkeit und Asynchronität der Kommunikation und Kooperation eine Segmentierung und wechselnde Abfolge paralleler Handlungsfolgen zur Folge hat und dadurch zusätzliche Zeitbedarfe entstehen lässt.

2.6 Fazit

Neue Perspektiven für Lehren und Lernen

Die Klärung, Reflexion und Bestimmung der zentralen Begriffe, wie z. B. E-Teaching, E-Learning, Blended Learning, pädagogisches Verhältnis, Lehr- und Lernkultur, Bildung, ist die Voraussetzung, um die Entwicklung und Nutzung bereits implementierter Online-Bildungsangebote beschreiben, analysieren und reflektieren zu können. Sie sind die Instrumente, um die bisherigen Erfolge und Defizite erkennen und daraus Konsequenzen und Perspektiven für Verbesserungen sowie weitere und neue Entwicklungen ziehen zu können. Dies zum Anlass nehmend, sind zunächst die generellen konstituierenden Faktoren von Bildungsprozessen beschrieben worden, um auf dieser Grundlage die konstituierenden Faktoren virtuellen Lehrens und Lernens bestimmen und beschreiben zu können. Die konkrete Ausgestaltung der Potenziale und Perspektiven dieser Faktoren ermöglicht die pädagogische Entwicklung einer erfolgreichen virtuellen Lehr- und Lernkultur, die beispielsweise eine Vielfalt an Lernressourcen eröffnet, ein expansives und kooperativ selbst organisiertes Lernen fördert, den Lernenden neue Beteiligungschancen für ein produktives Lernen in Partizipation mit den Lehrenden ermöglicht. Damit wird auch die Unterstützung der Inklusion sowie einer offenen Bildung ermöglicht. Es ist in vielen Aspekten deutlich geworden, dass mit der durch die digitalen Bildungsmedien, das Internet und die Kommunikation in virtuellen Bildungsräumen veranlassten grundlegenden Umwälzung der pädagogischen Verhältnisse und der Lehr- und Lernkultur eine große Herausforderung an die erfolgreiche medientechnische und mediendidaktische Gestaltung der Lehr- und Lernprozesse entstanden ist. Dazu liefern die folgenden Kapitel wichtige Grundlagen und Anregungen.

3 Virtueller Bildungsraum

Der virtuelle Bildungsraum, in dem im E-Learning die individuellen und kooperativen Bildungsprozesse stattfinden, ist die Nahtstelle zwischen Informations- und Kommunikationstechnik, didaktischer Konzeption, Lernmaterialien und den Lehr- und Lernhandlungen. Verschiedene Typen von Software-Systemen sind dafür entwickelt worden: Learning Management Systeme (LMS), Content Management Systeme (CMS) und die Verknüpfung beider Systeme in Learning Content Management Systemen (LCMS) (siehe ausführlich Kap. 3.5.1). Im Folgenden werden diese drei Systeme zunächst unter dem Begriff Lernplattformen zusammengefasst. Diese Lernplattformen werden von vielen Bildungsanbietern genutzt, um netzbasierte Lehr- und Lernprozesse zu ermöglichen. Lernplattformen sind die technische Infrastruktur, in denen intendierte und vorwiegend formale, aber auch informelle Lernprozesse organisiert, geplant, durchgeführt und ggf. auch geprüft und evaluiert (z. B. mit Veranstaltungsevaluationen) werden können. Sie bieten einen geschützten virtuellen Raum für Lehr-Lern-Prozesses.

Zugleich zeichnet sich durch die wachsende Verfügbarkeit vielfältiger, gut aufbereiteter, digitalisierter Inhalte sowie (frei) verfügbarer Informationen, die als Bildungsressourcen genutzt werden können, und durch die Entwicklung von Wissensgemeinschaften im Internet eine Integration der verfügbaren Internetangebote in die Lernplattform ab. Lehr- und Lernressourcen können aus dem Internet in die Lernplattform übernommen werden, um Lernprozesse zu fördern. Es entsteht ein virtueller Bildungsraum, der neben der Lernplattform weitere Informations- und Kommunikationsmöglichkeiten bietet, die zum Lernen und zur Kompetenzentwicklung genutzt werden können.

Die technischen Entwicklungen, wie die ständige Verfügbarkeit einer Netzanbindung und die steigende Leistungsfähigkeit der mobilen Geräte, in den letzten Jahren führen zur zunehmenden Auflösung der Grenzen zwischen realen und virtuellen Räumen. Diese Entwicklungen verändern auch die Art und Weise des Lehrens und Lernens. Durch die gegenseitigen Grenzüberschreitungen von virtuellen und realen Bildungsräumen entwickeln sich hybride Bildungsräume (siehe Abb. 3.1).

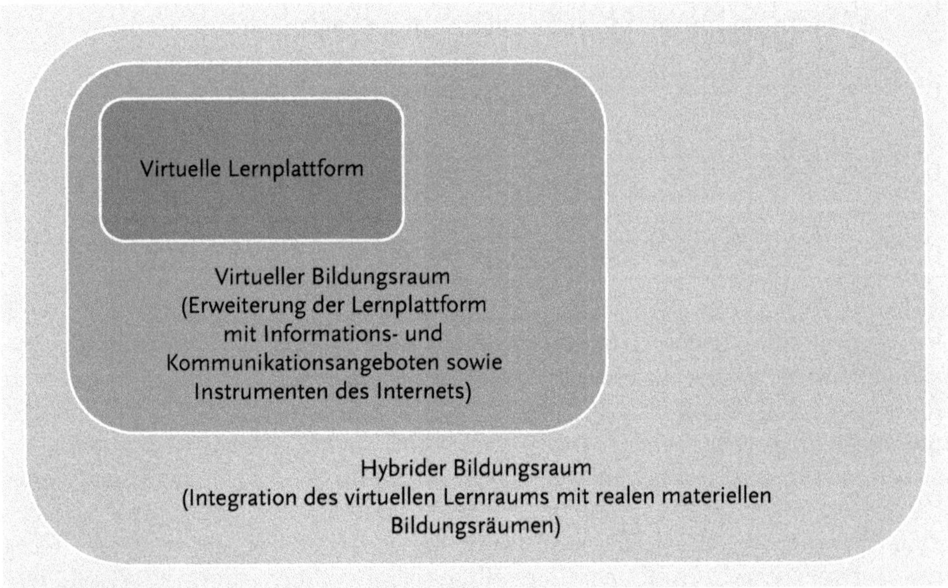

Abb. 3.1: Integration von Lernplattform und virtuellem Bildungsraum zum hybriden Bildungsraum

Im Folgenden werden die drei benannten Räume – die *Lernplattform*, der *virtuelle Bildungsraum* sowie der *hybride Bildungsraum* – aus pädagogischer Sicht betrachtet. Dabei wird zunächst auf die Integration *realer* und *virtueller* Bildungsräume zu *hybriden* Bildungsräumen (Kap. 3.1) und die Etablierung des mobilen und ubiquitären Lernens als Auslöser für diesen Integrationsprozess eingegangen (Kap. 3.2). Diese Entwicklung hat Konsequenzen für die Gestaltung der Bildungsräume und das Lehren und Lernen. Für vollständige und erfolgreiche Lehr- und Lernprozesse sind die entsprechenden Funktionsbereiche des virtuellen Bildungsraums einschließlich der genutzten Lernplattform von entscheidender Bedeutung (Kap. 3.3). Insbesondere für aktive, selbst organisierte individuelle, kooperative und partizipative Bildungsprozesse müssen die Möglichkeiten der Nutzung der Instrumente des Web 2.0 in den virtuellen Bildungsraum einbezogen werden (Kap. 3.4). Darauf aufbauend werden Hinweise zur Gestaltung der pädagogischen Infrastruktur für die Lehr- und Lernprozesse mit digitalen Medien gegeben (Kap. 3.5). Der Auswahl einer geeigneten Lernplattform ist besondere Aufmerksamkeit zu schenken, damit diese den Anforderungen an ihre Implementierung und Nutzung sowie des virtuellen Bildungsangebots in allen Dimensionen und Aspekten entspricht (Kap. 3.6). Anschließend werden die Formen, Anforderungen und notwendigen Unterstützungen der Nutzung eines virtuellen Bildungsraums sowie der Lernplattform durch die Lehrenden und Lernenden beschrieben (Kap. 3.7). Abschließend werden aus den detailliert dargestellten und zu beachtenden Aspekten virtueller Bildungsräume Schlussfolgerungen gezogen und Handlungsempfehlungen gegeben (Kap. 3.8).

3.1 Integration realer und virtueller Bildungsräume zu hybriden Bildungsräumen

Die Frage nach dem Ort des Lehrens und Lernens, dem Bildungsraum, ist bei der Planung und Durchführung von *Präsenzlehre* in der Regel schon durch die vorhandenen Ausstattungen beantwortet. Die Bildungseinrichtungen bilden das Umfeld, in dem sich Lehrende und Lernende treffen, und stellen die Räume für die Gestaltung der unterschiedlichen Anforderungen und Situationen des Lehrens und Lernens zur Verfügung:

- Unterrichts-, Kurs- und Seminarräume,
- Sprechzimmer für verschiedene Arbeitsformen und Diskussionen bis hin zur Einzel- und Lernberatung,
- Bibliotheken, Einzel- und Gruppenarbeitsräume oder Lesesäle zum Selbstlernen,
- Cafeterien zur informellen Kommunikation,
- Verwaltungsräume für organisatorische Zwecke (für Sekretariat, Lehrende, wissenschaftliche Mitarbeiter, Verwaltung usw.).

E-Teaching und *E-Learning* finden dagegen zunächst einmal vor dem Bildschirm eines Computers statt, sei es in einem PC-Raum einer Bildungseinrichtung, am Arbeitsplatz, zu Hause oder ortsungebunden durch die zunehmende Verbreitung leistungsfähiger mobiler Datennetze. Obwohl es zutrifft, dass „Lernen immer real ist, unabhängig davon, ob es mit physischen oder elektronischen Materialien, in realen oder virtuellen Umgebungen stattfindet" (Schulmeister 1999, 1), zieht die Virtualisierung des Bildungsraumes eine Fülle von Konsequenzen nach sich. Sie betreffen nicht nur die Organisation der Rahmenbedingungen des Lehrens und Lernens, sondern auch die Didaktik, wie die Aufbereitung, Bereitstellung und den Zugriff auf Lernmaterialien, die Gestaltung der Lernszenarien, die Kommunikation der Beteiligten oder auch die Prüfung erworbener Kompetenzen bzw. erreichter Lernziele.

Bedeutung virtueller Bildungsräume

Während es zu Beginn der Entwicklung von E-Learning-Angeboten, z. B. bei individuell am heimischen PC zu nutzenden Lernprogrammen (Computer Based Training, CBT), kaum ein Bewusstsein für die Bedeutung virtueller Bildungsräume gab, wuchs mit dem Angebot an internetbasierten, Kommunikation und Gruppenarbeit integrierenden Kursen (Web Based Training, WBT) die Nachfrage nach geeigneten technischen Lösungen, die auch dem weniger technisch versierten Lehrenden bei der Vorbereitung und Durchführung der Veranstaltung unterstützen und dem Lernenden einen geschützten Raum für das Lernen bieten. In der Folge wurden eine Vielzahl unterschiedlicher technischer Systeme für E-Learning entwickelt, welche die Planer von E-Learning-Angeboten vor nicht unerhebliche Entscheidungsfragen bzgl. der Auswahl der geeigneten technischen Infrastruktur stellen. Denn die Anschaffung kann nicht nur mit erheblichen Kosten verbunden sein, sondern die technische Infrastruktur muss auch möglichst passgenau und anpassbar an die Bedarfe der Nutzer, der Lehrenden und Lernenden, sein. Die Einführung einer Lernplattform beeinflusst nicht zuletzt auch die zukünftige strategische Ausrichtung des Bildungsanbieters bzgl. des Aufbaus seiner Bildungsangebote. So stellt Schulmeister fest: „Die Auswahl des Portals und die Entscheidung für eine Lernplattform dürfte zum Problem jeder Hochschule werden. Diese Entscheidung sollte nach einer auf breiter Basis geführten Diskussion gefällt werden" (Schulmeister 2000, 8; vgl. auch Arnold/Prey/Wortmann 2006). Jedoch kann davon ausgegangen werden, dass dieser Prozess bei den meisten Bildungsanbietern abgeschlossen ist und die genutzten Lernplattformen an die aktuellen Bedarfe der Bildungsanbieter angepasst werden.

Zwar ist es prinzipiell möglich, dass die Teilnehmenden an einem virtuellen Kurs auch ohne eine Lernplattform mithilfe der im Internet vorhandenen Dienste (wie E-Mail, Chat, Diskussionsforen, Wikis, zunehmend auch soziale Netzwerke und cloudbasierte Dienste wie Webspeicher und Kollaborationswerkzeuge usw.) miteinander kommunizieren und kooperieren. Die Entwicklung und Etablierung des Web 2.0 (siehe Kap. 3.4) fördert diese Option, und Beispiele zeigen, dass Lehr-/Lernszenarien auch ohne den Einsatz entsprechender Lernplattformen möglich sind (z. B. Johannes Gutenberg Universität Mainz 2012). Jedoch erleichtert ein gemeinsamer (virtueller) Lernort, der Zugriff auf alle notwendigen Bereiche eines Kurses bietet (wie z. B. Informationen zu den Lehrenden, den Teilnehmenden, dem Kursplan und -verlauf, aktuellen Terminen, Prüfungen, Lernmaterialien und unterschiedlichen Kommunikationsfunktionen), die Gestaltung und Organisation der Lerprozesse erheblich. Nicht zuletzt liegt ein entscheidender Vorteil von Lernplattformen darin, dass die Lernumgebungen geschützt vor äußeren Zugriffen sind. Dies ist für die Gestaltung und Durchführung von Lernprozessen nicht unerheblich, da in solchen Kontexten die Möglichkeit vorbehalten bleiben muss, dass Lernende ihre Lernhandlungen ausprobieren und dabei auch Irrwege gehen können und dürfen. Dies gilt nicht nur für Seminar- und Unterrichtsräume, sondern gleichfalls für virtuelle Bildungsräume. Diese Sicherheit kann in frei zugänglichen virtuellen Bildungsräumen, wie sie z. B. auf Social-Media-Plattformen angeboten werden, nicht gewährleistet werden. Gerade vor dem Hintergrund der Diskussionen in jüngerer Zeit gewinnt der Datenschutz an Bedeutung und ist insbesondere in E-Learning-Bereichen wie Learning Analytics (Kap. 7.9) und Educational Data Mining (Kap. 5.2.1) zum Schutz aufgezeichneter privater Daten über die individuellen Lernprozesse sehr wichtig (Chatti u. a. 2012, 24; Schön, M./Ebner 2013, 7).

Allerdings zeichnen sich Lernplattformen auch dadurch aus, dass sie nur einen begrenzten Umfang an Informationen im Vergleich zu den Angeboten des Internets bieten, da in ihnen nur die Informationen in Form von Lernmaterialien, Übungsaufgaben etc. zu finden sind, die Lehrende oder zunehmend auch Lernende sowie weitere an der Kursgestaltung beteiligte Personen ablegen. Auch die Kommunikations- und Kooperationsmöglichkeiten sind begrenzt: einerseits auf die Auswahl entsprechender Instrumente (z. B. Chat, Foren, Kollaborationsinstrumente usw.) und andererseits auf die Gruppe der Kommunikationspartner, die sich üblicherweise neben den Mitlernenden auch aus Lehrenden und Tutoren zusammensetzt. Neben den

Vorteilen, die eine derartige Begrenzung bietet (z. B. alle kennen die Chatfunktion und können diese bedienen; alle wissen, wo die Lernmaterialien liegen und haben Zugriff darauf; Lehrende haben idealerweise die Lernmaterialien didaktisch für die Lernenden aufbereitet u. v. m.), gibt es jedoch auch Nachteile. Denn nicht jede/r Lernende kann ggf. etwas mit dem Angebot anfangen, manch eine/r sucht lieber Unterstützung in Communitys außerhalb der Lernplattform oder nach Informationen, die über die auf der Lernplattform bereitgestellten Materialien hinausgehen. Dies führte zu einer neuen Sicht auf die technischen Infrastrukturen des E-Learnings, und es fand eine Einbeziehung von Internetressourcen in die Lernplattformen statt. Diese neue Sicht zeigte, dass die begrenzende Perspektive auf die Lernplattform und deren Gestaltung Lehr- und Lernprozesse behindern kann, und sie führte zu einer Erweiterung zum virtuellen Bildungsraum. Dieser enthält z. B. ein Learning Management System, berücksichtigt aber auch die Einbindung von Internetressourcen in die Gestaltung der Lehr-Lern-Szenarien. Die Diskussionen um die Gestaltung sogenannter Persönlicher Lernumgebungen (engl. Personal Learning Environment, PLE; siehe Kap. 3.5.2) verdeutlichen diese Entwicklung. Auch der inzwischen abgeklungene Hype bzgl. der Entwicklungen von Massive Open Online Courses (MOOCs) zeigt, dass eine Erweiterung von reinen Lernplattformen zu virtuellen Bildungsräumen stattfindet: Bildungsanbieter organisieren E-Learning auf ihren Plattformen und binden zusätzlich fremd erstellte MOOCs in das Kursgeschehen ein. Zugleich bieten diese MOOCs den Lernenden die Möglichkeit, sich mit anderen Lernenden außerhalb der Lernplattform, jedoch innerhalb des MOOCs auszutauschen.

Die Erweiterung der Perspektive von der Lernplattform auf den virtuellen Bildungsraum birgt viele Potenziale, aber auch einige Unsicherheiten für Lehrende und Lernende, da der Verlauf von E-Learning-Angeboten nicht mehr komplett geplant werden kann. Denn neue Informationsquellen und Kommunikationskanäle dringen in den Lernprozess, und Unsicherheiten bzgl. der Qualität und Nutzbarkeit der Ressourcen aus dem Web kommen hinzu. Zugleich können jedoch Lerngegenstände multiperspektivischer bearbeitet werden, und Lernende können ihren Intentionen und ihrem Vorwissen entsprechend geeignetere Quellen in ihre Lernprozesse einbeziehen. Damit die Lernenden und Lehrenden diesen neuen Anforderungen und Chancen gerecht werden können, müssen sie ihre Medienkompetenzen in der erforderlichen Breite und Tiefe entwickeln (siehe ausführlich Kap. 6).

Was einen guten virtuellen Bildungsraum kennzeichnet, kann nicht von vornherein bestimmt werden und unterliegt lehr- und lernkulturellen sowie technischen Entwicklungen. Diese sind unter anderem abhängig sowohl von Nutzungsgewohnheiten der Lehrenden und der Lernenden, den technischen Innovationen oder auch von den Vermarktungsformen der Angebote im Internet. Die optimale Lösung wird es nicht geben. Auch die Räume in Bildungseinrichtungen sind unterschiedlich ausgestattet, z. B. der Hörsaal für Germanisten an einer Universität, der PC-Raum für EDV-Kurse an einer Volkshochschule oder der Chemieraum einer allgemeinbildenden Schule. Durch die Verbindung von Lernplattform und Internet und die damit einhergehende Entstehung eines virtuellen Bildungsraums bieten sich jedoch neue weitreichende Möglichkeiten der Gestaltung und Durchführung von Lehr-Lern-Szenarien, die weniger durch die technischen Rahmenbedingungen als durch weiterzuentwickelnde medientechnische und -didaktische Kompetenzen, fehlende Kreativität oder auch Zeitmangel bzgl. ihrer pädagogischen Inszenierung begrenzt sein können.

Abgrenzung zwischen realem und virtuellem Bildungsraum

Bildungsraum ist ein Begriff, der neben den räumlichen Gegebenheiten (z. B. Seminarraum mit Lernmaterialien, Museum mit Exponaten, Labor mit Experimentiermöglichkeiten) auch die subjektiven Verfasstheiten und Ansprüche der Lernenden und Lehrenden mit in den Blick nimmt. Der virtuelle Bildungsraum hingegen stellt eine technische Infrastruktur dar, die Instrumente und Bereiche bereithält, mit denen Bildungsprozesse, initiiert durch Lehr- und Lernhandlungen, technisch und organisatorisch unterstützt werden (siehe unten Abb. 3.2). In dieser technischen Infrastruktur befindet sich auch die Lernplattform. Die Lernplattform wird je nach ihren Eigenschaften als Learning Management System (LMS), Content Management System (CMS) bzw. in Verknüpfung beider als Learning Content Management System (LCMS) bezeichnet. LMS sind in Aufbau und Funktionen eher auf die Unterstützung von netzbasierten Lehr- und Lernprozessen ausgerichtet und haben in der Regel Kommunikations- und Kooperationswerkzeuge für die Unterstützung der Lehr-Lern-Prozesse, Kurserstellungs- und Verwaltungswerkzeuge für die Lehrenden, Instrumente zur Organisation und Bearbeitung eines Kurses für die Lernenden oder auch Instrumente zur Gruppenbildung sowie zur Leistungsüberprüfung. CMS hingegen unterstützen die netzbasierte Dokumentenerstellung, -ablage und -recherche. Die meisten der heute am Markt befindlichen Lernplattformen sind LCMS, die beide Funktionsbereiche umfassen (ausführlich Kap. 3.5.1).

Internetnutzung

Nach den Ergebnissen der Onlinestudie der Fernsehanstalten ARD und ZDF (Koch/Frees 2016) verfügen 100 % der Deutschen über 14 Jahre und 95,2 % der Berufstätigen über Internetzugänge (ebd., 378), wobei 63,1 % täglich online sind (ebd., 420 f.). Die Internetnutzung ist also in Deutschland sehr verbreitet, und ein weiterer Ausbau wird mit den aktuellen Digitalisierungsstrategien politisch vorangetrieben. Mobile Endgeräte gewinnen bei der Internetnutzung an Bedeutung. Eine BITKOM-Studie zur Netzgesellschaft zeigt bereits 2011: Jeder zweite Internetnutzer nutzt das Netz als Informationsquelle, für die sogenannten Digital Natives stellt das Internet die wichtigste Informationsquelle dar und läuft Zeitungen und Zeitschriften den Rang ab, wobei die Internetseiten der klassischen Informationsträger wie Fernsehsender und Zeitungen besonders beliebt sind. Nutzer unter 30 Jahren greifen aber auch verstärkt auf soziale Medien zur Information zurück (BITKOM 2011b, 6–7).

Internet als gesellschaftlicher Bildungsraum?

Das Internet stellt ein intensiv genutztes Informations- und Kommunikationsmedium dar. Neben dem Informieren, bspw. über Suchmaschinen oder auf den Internetseiten einer Zeitung, findet Kommunikation bspw. in Diskussionsforen, Blogs, Chats u. a. statt. Kommunikation birgt die Möglichkeit der kritisch reflexiven Auseinandersetzung mit Informationen durch den Austausch mit anderen in der Netzgemeinschaft, die dazu führt, dass Informationen kontextualisiert und mit bereits Bekanntem (Vorwissen) verknüpft werden. Die Kontextualisierung von Informationen stellt damit einen Lernprozess dar, der die Wissensgenese ermöglicht (Auer 2003). Die Auseinandersetzungen mit einem Thema sowie die vielfältigen themenbezogenen Kommunikationen unterstützen weiterhin den Transfer des Wissens in andere Anwendungsbezüge, was letztlich zur weiteren Entwicklung von Kompetenzen führt (Kap. 6). *Kompetenzen* sind die „erlernbaren kognitiven Fähigkeiten und Fertigkeiten, um bestimmte Probleme zu lösen, sowie die damit verbundenen motivationalen, volitionalen und sozialen Bereitschaften und Fähigkeiten, um die Problemlösungen in variablen Situationen erfolgreich und verantwortungsvoll nutzen zu können" (Weinert 2001, 27).

Damit das Internet ein Bildungsraum werden kann, benötigen die Nutzer entsprechende Kompetenzen. Im Zusammenhang mit den digitalen Medien wird häufig von Medienkompetenz (Baacke 1996, 1998) gesprochen, die für einen adäquaten Umgang mit den Medien erforderlich ist. Jedoch reicht Medienkompetenz, die Medienkunde, -kritik, -gestaltung und -nutzung umfasst (ebd.), allein nicht aus, um die Teilhabe und vor allem einen Gewinn für die Nutzer digitaler Medien zu ermöglichen. Neben einer interkulturellen Kompetenz (Auernheimer 2008) bedarf es auch einer Informationskompetenz (Schiefner-Rohs 2012, 103 ff.), um überhaupt eigene Lernbedarfe zu definieren, gezielt nach entsprechenden Inhalten zu suchen sowie die gefundenen Informationen bewerten und verarbeiten zu können. Denn es wird „häufig übersehen, dass eine methodisch versierte Herangehensweise und die Nutzung professioneller Fachinformation zu den Grundvoraussetzungen erfolgreichen Lernens und Forschens gehören" (DGI 2008, 321).

Sichtbarmachen des Lernerfolgs

Diese Kompetenzen ermöglichen, dass sich die Nutzer selbst organisiert Informationen aneignen und neue Wissensinhalte aufbauen können. Damit einher geht eine weitere Besonderheit des Bildungsraums Internet, dass es nämlich bislang kaum eine Möglichkeit gibt, die im Internet informell und nonformal erworbenen Wissensbestände und Kompetenzen so zu dokumentieren, dass sie, ähnlich einem Schul- oder Universitätsabschluss, mit einem Zeugnis oder einer qualifizierten Bescheinigung belegt werden können. Dazu gibt es zwar erste Ansätze, z. B. E-Portfolio-Systeme wie Mahara (http://www.mahara.de), eProfilpass (https://www.eprofilpass.de) oder auch Badges (vgl. Kap. 7.8), jedoch haben sich diese, vor allem in Deutschland, bislang nicht durchgesetzt. Darüber hinaus scheinen eine Vielzahl dieser Ansätze das Lernen im Internet noch nicht ausreichend erfassen zu können. Doch gerade im E-Learning werden Lernprozesse und -ergebnisse häufig nebenbei dokumentiert und könnten gut nachvollzogen werden, wenn die Nutzer bspw. in Diskussionsforen Probleme lösen oder einer eigenen Webseite Ergebnisse ihrer Arbeit einstellen etc. (Kap. 7.6; Kap. 7.7). Solchen Ansätzen wird für die Zukunft bei der Gestaltung und Zertifizierung von Lernprozessen mit digitalen Medien eine hohe Relevanz zugesprochen (Baumgartner/Bauer 2013, 92 f.). Hier ist nicht nur Entwicklungsarbeit zur Gestaltung entsprechender Werkzeuge nötig, es muss auch ein Umdenken bzgl. der Verteilung und Anerkennung von Bildung erfolgen. „Dieses Umdenken hat in der Praxis noch nicht stattgefunden, und so werden Lernaktivitäten regelmäßig mit Prüfungen ‚abgeschlossen', statt die Lernaktivitäten als solche zu kreditieren. Genau dies ist die Chance einer Lehr-/Lernplattform: Auf ihr wird der Lernprozess selbst sichtbar, und genau dieser Lernprozess kann damit auch als Leistung dokumentiert und honoriert werden" (Kerres u. a. 2009, 112).

Entwicklung eines hybriden Bildungsraums

Die Steigerung der Internetzugänge in der Bevölkerung und der leichtere Zugang durch die wachsende Zahl an leistungsfähigen und nutzerfreundlichen mobilen Endgeräten auf der einen Seite sowie die vielfältigen im Internet vorzufinden Informations- und Kommunikationsmöglichkeiten auf der anderen Seite führen dazu, dass das Internet als virtueller Bildungsraum verschiedene Bildungsräume miteinander verbindet. Dafür können z. B. QR-Codes (QR steht für engl. Quick Response, schnelle Antwort) in Lehrbüchern abgedruckt werden. Bei QR-Codes handelt es sich um eine Möglichkeit, Informationen für eine maschinelle Auslese zu hinterlegen (siehe ausführlich http://qrcode.wilkohartz.de/ [20.04.2015]). Interessierte Lernende können diese einscannen und bekommen weitere Informationen aus dem virtuellen Bildungsraum bzw. der Lernplattform bereitgestellt.

Für die Zukunft des Lernens prognostizieren Erpenbeck/Sauter (2013), dass das Lernen im Prozess der Arbeit via Cloud Computing stattfinden wird, wobei semantische Netze (Semantic Web) zum Austausch über die Bedeutungen von Informationen genutzt werden. Das Lernen wird zukünftig darüber hinaus deutlich stärker kompetenzorientiert erfolgen, wobei die Emotionen und Motivationen der Lernenden die Kompetenzkerne darstellen, durch die sie Kompetenzen bilden (ebd., 2 f.). Mobile Endgeräte werden dieses Zukunftsszenario Realität werden lassen. Mit ihnen ist eine Realisierung von Lernen im Prozess der Arbeit problemlos möglich (de Witt 2013). Zugriffe auf den virtuellen Bildungsraum, der Austausch über Informationen und deren Bedeutungsbewertung sind stets nur einen Klick weit entfernt. Die Verfügbarkeit von Informationen, wenn diese gebraucht werden, und deren Anwendung bzw. Verwertung in Echtzeit können als Zeichen für ein motiviertes und kompetenzentwickelndes Lernen gesehen werden. Die Verbindung von realen und virtuellen Bildungsräumen zu einem hybriden Bildungsraum ist eine Entwicklung, die viele Lernende vollzogen haben, Bildungseinrichtungen jedoch oft vor organisatorische und pädagogische Herausforderungen stellt.

Die Integration mobiler Geräte zur Gestaltung hybrider Bildungsräume

In der Vergangenheit fand eine Integration von E-Learning in formale Bildungsangebote dadurch statt, dass eine technische Infrastruktur in Form von PC-Arbeitsräumen, mobilen Notebookstationen, Laptopklassen oder ähnlichen Formen bereitgestellt wurde, sodass den Lernenden der Zugang zu Lehrangeboten möglich war. Diese Organisation von E-Learning war mit hohen Kosten durch Anschaffung von Hard- und Software verbunden. Hinzu kamen Aufwendungen für Wartungen, die Bildungseinrichtungen z. T. vor erhebliche Herausforderungen stellten. Diese werden mit den aktuellen Entwicklungen für Bildungseinrichtungen geringer, weil immer mehr Lernende eigene Endgeräte besitzen, mit denen sie auf digitale Lernressourcen zugreifen können. Das Akronym BYOD (Bring Your Own Device) bezeichnet die Integration der nutzereigenen Endgeräte in die Lehr-Lern-Szenarien (Horizon 2015, 36 f.). Die Anwendungsmöglichkeiten sind reichhaltig, aber nicht nur positiv zu beurteilen.[2] Der Mehrwert der Nutzung mobiler Endgeräte liegt nicht darin, auf Online-Informationen zurückzugreifen. Sie bieten darüber hinaus Möglichkeiten des kollaborativen Arbeitens der Lernenden oder die Nutzung von Lernapplikationen (Apps) auf den Geräten (Ebner 2013). Zugleich kann nicht davon ausgegangen werden, dass jeder Nutzer über die entsprechenden Endgeräte verfügt, sodass bei der Planung mobiler Lerneinheiten zuvor deren Verfügbarkeit sichergestellt werden muss.

Eine Evaluation der Nutzung mobiler Endgeräte im Unterricht zeigt, dass deren Einbindung zu einer größeren Vielfalt der Anwendung verschiedener Sozialformen führt. Ebenfalls konnte der Einsatz vielfältiger Aufgabenstellungen verbucht werden (Gutknecht-Gmeiner/Neugschwentner 2012, 17). Weiterhin können sie zur kurzfristigen Evaluation bzw. Rückmeldung der Lehre durch Personal Response Systeme (PRS) bzw. „Clicker" (Tschernack/Zender/Lucke 2012, 39) dazu beitragen, Lehrprozesse besser an den Lernbedarfen zu orientieren und damit das Lernen zu fördern.

Schiefner-Rohs/Heinen/Kerres (2013) zeigen, dass der Einsatz von persönlichen Geräten im Unterricht in großen Teilen keinen didaktischen und inhaltlichen Unterschied zu bisherigen Konzepten (z. B. Laptopklassen) mit sich bringt. Demgegenüber stellten sie fest, dass sich Schüler den Einsatz eigener Geräte für das Lernen wünschen, da sie mit diesen im Umgang vertrauter sind. Das heißt, Lernende müssen sich nicht erst in ein fremdes System einarbeiten und können sich dadurch stärker dem Lernprozess widmen. Zugleich erleichtert der Einsatz persönlicher Geräte die organisatorischen und strukturellen Prozesse (z. B. Wegfall des Supports für defekte Hardware) in der Bildungseinrichtung, was für das Lehrpersonal zugleich mehr Freiräume für die Gestaltung der didaktischen Konzepte bietet (ebd., 10 f.). Unterschiede zu bisherigen 1:1-Konzepten, wie z. B. ein Laptop pro Lerner in Laptopklassen, sehen die Autoren hingegen in der Übernahme von Verantwortung der Lernenden für die Hardware. Gleichzeitig erfordert die Umsetzung des BYOD-Konzepts mehr Flexibilität der Lehrenden, da keine einheitlichen Lernapps genutzt werden

2 Das Konzept BYOD wird z. B. in der Wirtschaft kritisch diskutiert, da hier nicht nur Unsicherheiten bzgl. der Potenziale, sondern auch Gefahren gesehen werden, wenn Mitarbeitende mit eigenen Geräten auf Firmendaten zugreifen können oder mit den eigenen Geräten in der Firma arbeiten. Ähnliches kann auch für Bildungseinrichtungen gelten. Zudem ist die Frage zu klären, wer bei Rechtsverstößen sich um die Haftungsfrage kümmert (siehe Kap. 11).

dürften sowie unterschiedliche Informationen für den Lernprozess herangezogen werden, wobei sich hierin zugleich kreatives Potenzial für die Gestaltung des Unterrichts verbirgt (ebd., 11 f.). Natürlich birgt das Konzept nicht nur Vorteile, sondern es stellen sich auch Herausforderungen ein. Insbesondere datenschutzrechtliche Fragen und Aspekte der IT-Sicherheit sind vonseiten der Bildungsanbieter zu lösen, wie sie bereits bzgl. des Einsatzes persönlicher Geräte in Unternehmen diskutiert werden (DISTERER/KLEINER 2014).

Dass mit der Nutzung persönlicher Endgeräte im E-Learning die Vermischung realer und virtueller Bildungsräume zunimmt, zeigt sich in der Weiterentwicklung des BYOD-Konzepts. So ist derzeit eine Erweiterung der Perspektive der Nutzung der jeweiligen Geräte der Lernenden hin zu ihrer Lernumgebung zu beobachten. Das dahinterstehende Konzept Bring Your Own Environment (BYOE, Bring deine eigene Umgebung mit) (RITTER/BITTNER/KAO 2014) verdeutlicht dies. Auf ihrer „mobilen Lernumgebung", die sich Lernende mit ihren Geräten aufbauen, haben sie die für ihr Lernen präferierten Lerninstrumente, Lerninhalte und Apps, oder sie gelangen zu den für sie relevanten sozialen (Lern-)Gemeinschaften. Lernende nutzen nicht mehr nur die für sie durch Lehrende zur Verfügung gestellten und im Bildungsraum vorfindbaren Ressourcen (z. B. Bücher, Tafel, Mitlernende), sondern erweitern ihre Lernumgebung in die Bereiche, die für sie lernförderlich sind und ihren Lernbedarfen entsprechen.

Erweiterte Anforderungen an den Bildungsraum durch Lernen mit digitalen Medien

Die Integration des virtuellen Bildungsraums mit den realen Bildungsräumen zieht einige Veränderungen nach sich, auf die Bildungsanbieter zunehmend reagieren (BACHMANN u. a. 2014; OGUROL u. a. 2014). So gibt es nicht mehr den Klassensaal, den Seminarraum, den Hörsaal oder die Bibliothek als einzigen Bildungsraum, sondern der virtuelle Bildungsraum dehnt sich auf alle physischen Räume aus. Zugleich lässt sich das klassische Lernen zunehmend schwerer vom E-Learning trennen, da die Verfügbarkeit des virtuellen Bildungsraums in den realen Bildungsräumen stets eine Durchdringung beider Räume nach sich zieht. Dieser Entwicklung versuchen einige Bildungsanbieter mit entsprechenden Regelungen, wie z. B. Handyverbot in der Schule oder im Unterricht, entgegenzuwirken. Jedoch stellt sich die Frage, wie lange solche Regularien noch Bestand haben werden, welche pädagogischen Vorteile solche Verbote mit sich bringen oder ob die Nachteile nicht sogar überwiegen und es nicht angebracht wäre, durch entsprechende didaktische Gestaltungen von Lerngegenständen, Prüfungsszenarien etc. die zur Verfügung stehenden Bildungsräume zu verbinden und dadurch Mehrwert für die Lernenden zu schaffen.

Von den Bildungseinrichtungen müssen die Bildungsräume der Zukunft auf vielfältige Weise neu gedacht und angepasst werden. Im Rahmen eines Projekts haben BACHMANN u. a. (2014, 17 ff.) Gestaltungshinweise für zukünftige Bildungsräume ausgearbeitet. Sie betonen die wachsende Bedeutung physischer Räume, die Lernen als ganzheitlichen Prozess berücksichtigen. Das heißt, es geht nicht nur um die Aneignung von Wissen und der Erwerb von Kompetenzen, sondern auch um die Enkulturation der Lernenden. Dies hat zur Folge, dass Infrastrukturen für Gruppenarbeiten und informelle Begegnungen geschaffen werden – sowohl physisch als auch virtuell. Bildungsräume sollen von den Lernenden und Lehrenden nach ihren Bedarfen gestaltet werden können. Weiterhin sollen neue Lernende in die Nutzung der virtuellen und realen Bildungsräume eingeführt werden (Kap 3.7).

Bildungsräume müssen zunehmend auf Lernwanderer eingerichtet sein. Da Lernende überall lernen können, bedarf es auch mobil nutzbaren Lehr- und Lernmaterials auf entsprechenden Plattformen. Online Self Services und eine flexible Organisation des Lernens (z. B. Informationen zu Sprechzeiten, Lernplänen, Druckservices u. v. m.) sollten eingerichtet werden. Bildungsräume müssen flächendeckend mit Steckdosen, WLAN-Zugängen und Schließfächern mit Stromversorgung (für Gepäck und mobile Geräte der Lernwanderer) ausgestattet sein. Bewegliches Mobiliar zur Lernraumgestaltung, große Tische sowie Nähe zu den für das Lernen notwendigen Dienstleistungen (Bibliothek, Drucker, Scanner etc., aber auch leicht erreichbare Verpflegung) zeichnen derartige Bildungsräume aus (ebd.).[3]

3.2 Mobiles und ubiquitäres Lernen

Durch die Digitalisierung entwickelt sich durch die Verbreitung leistungsfähiger mobiler digitaler Endgeräte zunehmend eine Entgrenzung der Bildungsräume in einen hybriden Bildungsraum. Lernen und Lernunterstützung werden durchgängig verfügbar bzw. allgegenwärtig (ubiquitär). Looi u. a. (2009) erkannten mit Blick auf die Entwicklungen persönlicher, mobiler, drahtlos vernetzter Technologien, dass eine neue Evolutionsstufe des E-Learning betreten wird. Sie ist charakterisiert durch nahtlose Lernräume, kontinuierliches Lernen in verschiedenen Szenarien und Kontexten, wie der Verschmelzung privater und öffentlicher Lernräume und auch Lerngegenstände. Diese Entwicklungen werden unterstützt durch Theorien sozialen und situierten Lernens, die die Art, den Prozess sowie die Ergebnisse des Lernens beeinflussen. Die Grenzen zwischen formalem und informellem Lernen lösen sich auf (ebd., 155 ff.). Der Horizon-Report prognostizierte den verstärkten Einsatz dieser Technologien für den tertiären Bildungsbereich seit mehreren Jahren. Im Bericht von 2017 wurde der Einsatz mobiler Endgeräte wie Smartphones, Smartwatches und Tablets zur Unterstützung des mobilen Lernens als wichtige lehr-/lerntechnologische Entwicklung für den Hochschulbereich im kommenden Jahr identifiziert (Adams-Becker u. a. 2017).

3 Eine anschauliche Übersicht zu den Anforderungen an Bildungsräume steht als PDF-Datei unter folgender Adresse zur Verfügung: http://itsi.ltn.unibas.ch/wp-content/uploads/2014/04/ITSI_Poster_online.pdf [17.05.2015] (siehe auch Škerlak/Kaufmann/Bachmann 2014)

Leichterer Zugang zu Lehr- und Lerninhalten

In der Vergangenheit stellte die Entwicklung und Aufbereitung von Lerninhalten im E-Learning eine zeitaufwendige und kostspielige Herausforderung für Bildungsanbieter dar. Durch die Entwicklung neuer Standards (z. B. HTML 5 ist universell für alle Endgeräte nutzbar) oder Gestaltungsparadigmen (z. B. responsives Webdesign, welches den grafischen Aufbau von Internetinhalten an den jeweiligen Endgeräten optimal ausrichtet) entfällt zunehmend die Notwendigkeit, Lerninhalte jeweils an die verschiedenen Endgeräte anzupassen. Weitere Trends, wie z. B. das Angebot frei verfügbarer Lernressourcen im Internet (Kap. 5.5), ermöglichen es darüber hinaus, auf fremd erstellte Lernmaterialien zurückzugreifen und für die Gestaltung eigener Bildungsangebote zu nutzen. Durch die technische Entwicklung können zahlreiche Internetseiten mittlerweile problemlos über Smartphone und Tablet-PC abgerufen werden. Darüber hinaus finden sich in den verschiedenen App-Stores für die mobilen Geräte zahllose Lern-Apps für verschiedenste Themenfelder. So belegten im April 2015 im Apple-Store Apps der Kategorie Bildung den zweiten Platz bei der Anzahl der Apps (ca. 158.800 Apps entsprechen einem Anteil von ca. 10 % an allen Apps, Unger 2014; wobei im 1. Quartal 2015 ca. 10.000 neue Apps in der Kategorie Bildung hinzukamen). Neben den für Lernen ausgewiesenen Apps kommen weitere hinzu, die bspw. vorzugsweise zur Kommunikation, Kooperation oder Kollaboration entwickelt wurden und dem Lernen nicht originär zugeordnet, aber dafür genutzt werden können, z. B. Apps für soziale Netzwerke, zur mobilen Gestaltung von Weblogs, als Lerntagebuch oder E-Portfolio, zur Zusammenarbeit bei Wikis.

Ein limitierender Faktor scheint die eventuell fehlende Kreativität der Lernenden oder eine unzureichende didaktische Einbindung solcher Programme in die Lehre zu sein. Für Bildungseinrichtungen und Lehrende bedeutet dies, dass weniger Aufwand in die Entwicklung der Lerninhalte investiert, aber stärker überlegt werden muss, wie ein Lehr-/Lernszenario arrangiert sein sollte, damit es den Lernbedarfen und Lernwegen der Lernwanderer (Bachmann u. a. 2014, 42 ff.) entgegenkommt. Dies heißt nicht, dass mobile E-Learning-Angebote nun zwingend in die Lehre aufgenommen werden müssen. Lernende jedoch werden diese Kanäle für die Bewältigung von Lernanforderungen mitnutzen, was einige Änderungen mit sich bringt. So können z. B. Lehrkonzepte, die auf standardisierte Aufgabenstellungen und eindeutige Lösungsansätze zurückgreifen, ein Scheinlernen nach sich ziehen, da die Lösungen im Netz bereitliegen und von den Lernenden nur noch kopiert werden müssen. Komplexe, offene und individualisierte Aufgabenstellungen hingegen lassen sich nicht mehr einfach kopieren, jedoch auch nicht mehr standardisiert abprüfen. Sie können aber zur Kompetenzentwicklung der Lernenden beitragen. Zentral sind demnach Fragen der Integration und Orchestrierung (Specht/Ebner/Löcker 2013), wenn es um die Planung und den Einsatz von Mobile Learning geht. Lernende hingegen stehen u. a. vor den Hausforderungen, geeignete Informationen aus dem Überangebot herauszufiltern, sich bei der Vielzahl der Möglichkeiten auf einheitliche Kooperations- und Kommunikationskanäle mit anderen Lernenden zu verständigen und mit diesen adäquat zusammenzuarbeiten sowie die Lernergebnisse in der gewünschten Form zu präsentieren.

Vorteile

Waren die ersten Ansätze und Diskussionen zum Mobile Learning noch technikzentriert und beschäftigten sich mit Fragen zu den Funktionen der Geräte und deren Nutzung, folgten alsbald Bezüge zur Bedeutung und den Vorteilen des mobilen Lernens bzgl. der Flexibilität und Mobilität der Lernenden bei der Nutzung. Die technischen Aspekte sind mittlerweile bearbeitet, und die Mobilität der Lernenden ist eine Selbstverständlichkeit geworden. Heute werden die Vorteile vor allen darin gesehen, dass eine Kontextualisierung, eine Personalisierung, eine multimodale Interaktion, Bewusstheit sowie Reflexion des Lernprozesses möglich sind (SPECHT/KALZ/BÖRNER 2013). Damit ist mobiles Lernen „nicht einfach eine neue Form des E-Learning, die auf mobilen Geräten mit kleinen Displays stattfindet und für die klassische E-Learning-Inhalte direkt auf mobile Endgeräte übertragen werden können oder formelle Lernprozesse über mobile Endgeräte stattfinden. Vielmehr unterscheiden sich E-Learning und Mobile Learning zum einen durch die technologischen Eigenschaften der eingesetzten Endgeräte, zum anderen wird das bisherige internetbasierte Lernen durch ein Qualitätsmerkmal des Mobile Learning besonders erweitert: Kontextualisierung. Dieses Qualitätsmerkmal ist entscheidend für die neuen didaktischen Lernszenarien, die Lernen und Arbeiten verbinden" (DE WITT 2013, 16).

Welche Vorteile und didaktischen Potenziale bietet eine mobile oder ubiquitäre Lernunterstützung durch mobile Technologien? Zum einen können mit mobilen Technologien zahlreiche Brückenfunktionen realisiert werden zwischen formalen und informellen Lernszenarien, zwischen individuellen und sozial integrierten Unterstützungen der Lernprozesse, zwischen verschiedenen Orten und Zeiten, zwischen materiellem Umfeld und digitalen Informationen, zwischen verschiedenen Endgeräten und zwischen verschiedenen Lernaufgaben und Lernhandlungen (SPECHT/EBNER/LÖCKER 2013). Speziell können Lerngegenstände und -aufgaben in authentischer Umgebung situiert werden (z. B. Pflanzenbestimmungen auf einer Exkursion, kulturgeschichtliche Zusatzinformationen am individuellen Standort bei einer Stadtbesichtigung, z. B. im „Geschichtsunterricht außerhalb des Klassenzimmers", RACHBAUER 2015). Aber auch innerhalb eines klassischen Kursraums können mit mobilen Endgeräten und geeigneten Aufgabenstellungen die Interaktivität und die Personalisierung in der Lehre erhöht werden, z. B. durch Zusatzrecherchen zu Fachbegriffen oder reflexiven Blogeinträgen (WEGENER u. a. 2011a). Lernende können so aktiv einbezogen und insbesondere in ihrer Reflexion unterstützt werden oder personalisierte und situierte Zusatzinformationen multimodaler Art erhalten (für verschiedene Klassifikationen der Einsatzmöglichkeiten sowie einzelne Beispiele siehe DE WITT/SIEBER 2013; SPECHT/EBNER/LÖCKER 2013; für weitere Beispiele siehe die Hinweise zu Augmented Reality in Kap. 4.3.2 und Kap. 5.1.2 und zu Geocaching in Kap. 5.1.3; WEGENER u. a. 2011b). DE WITT (2013, 18) fasst die Vorteile des Mobile Learning dahin gehend zusammen, dass es situatives und kontextualisiertes Lernen ermöglicht, was für das Lernen bedeutender ist als die permanente Netzanbindung. Mobile Learning löst damit konkret ein, was E-Learning allgemein versprach. Mit mobilem Lernen können bedarfsorientiertes Lernen aus aktuellem Anlass, eine Selbststeuerung des Lernprozesses bzgl. der Methoden- und Medienwahl, aber auch der genutzten Hilfsmittel und die Einbeziehung von Dritten zur Bewältigung von Lerngegenständen realisiert werden. Aktuelle Trends zeigen, dass die Anwendungspalette reichhaltig ist. SPECHT/KALZ/BÖRNER (2013, 59 ff.) benennen unter anderem

- mobile Endgeräte als persönliche Lernportale, auch als Erweiterung eingesetzter Lernplattformen im E-Learning,
- ortsbasierte und kontextsensitive Lerntechnologien, z. B. zur Sammlung und Wiederverwendung von Lerninhalten,
- mobile Augmented Reality zur Förderung der Vorstellungskraft, Illustration von Lerninhalten oder auch zur Steigerung psychomotorischer Fertigkeiten,
- Tangible Interfaces (anfassbare Benutzerschnittstellen an realen Objekten, die Interaktion mit Computern ermöglichen) und Smart Objects, die die Verknüpfung von Realwelt und virtuellem Raum unterstützen,
- cloudbasiertes unterbrechungsfreies Lernen zur Verknüpfung von bislang unverbundenen Arbeits- und Lernkontexten,
- mobile Lernspiele (und -anwendungen),
- situierte Ambient Displays, die die Lernumgebung mit kontextualisierten Informationen anreichern.

Herausforderungen

Herausforderungen beim mobilen bzw. ubiquitären Lernen bestehen einerseits darin, dass pädagogische Einsatzszenarien derzeit überwiegend experimentellen Charakter haben und erst entwickelt und getestet werden. Hinzu kommt, dass Dozentinnen und Dozenten über eine Affinität zu den Technologien verfügen sollten (WEGENER u. a. 2011b). Auch wenn die Verbreitung mit mobilen Geräten in der Bevölkerung fortschreitet, bleibt weiterhin zu klären, wie die Lernenden mit den entsprechenden Endgeräten auszustatten sind (Leihgeräte, Teil einer Kursausstattung, Nutzung der privaten Endgeräte der Lernenden etc.) bzw. wie intelligente Technologien in die physische Umgebung integriert werden können (Sensoren, Displays etc.). Noch sind in diesem Bereich einige Hürden mit Blick auf angemessene didaktische Gestaltungen, Softwareentwicklungen und Finanzierungsmodelle zu überwinden, und es bedarf einer Medienkompetenz und Kreativität der Lehrenden, Mobile Learning in den Lehr- und Lernprozess zu integrieren. Denn ohne ein Wissen um die technischen Entwicklungen, ihre Nutzungs- und Gestaltungsmöglichkeiten sowie Eignung und den Transfer in Lehr-/Lernszenarien ist es kaum möglich, die Potenziale auszuschöpfen. Damit würden jedoch die Möglichkeiten beschnitten, anregende und kompetenzfördernde Lehre anzubieten.

Eine weitere Herausforderung liegt darin, einer Verkürzung des Lernens durch die Nutzung mobiler Geräte vorzubeugen. Wenn Lernende den Eindruck gewinnen, dank der mobilen Geräte das Weltwissen in der Hand zu haben und in Echtzeit zur

Problemlösung darauf zugreifen zu können, besteht die Gefahr, dass Lernen im Sinne eines Bildungs- und Kompetenzentwicklungsprozesses auf der Strecke bleibt. Lernen ist und bleibt ein anstrengender Prozess, in welchem z. B. neues Wissen aufgebaut oder eingespurte Erfahrungen revidiert werden, was zu krisenhaften Erlebnissen bei den Lernenden führen kann (Haug 1981; Heyse 2010, 71). Lehrenden kommt die Aufgabe zu, diesen Prozess zu begleiten und den damit verbundenen Mehrwert sichtbar zu machen. Dies kann durchaus mithilfe des Mobile Learning erfolgen, denn es bietet die Möglichkeit, „zur Reflexion impliziter Handlungsmuster und Lernerträge" (Rohs 2013, 83–85) anzuregen. Im E-Learning und Mobile Learning stecken viele Potenziale, aber sie haben auch Nachteile, „wie die Beschleunigung und Verdichtung der Kommunikation, das Verschwinden von Gewissheiten, die Oberflächlichkeit virtueller sozialer Beziehungen, aber auch die zunehmende Unkontrollierbarkeit der eigenen personenbezogenen Daten. Daher ist es im Sinne eines Bildungsgedankens wichtig, sich mit den Veränderungen in Alltag, Beruf und Freizeit auseinanderzusetzen, dabei eben nicht in einer abwehrenden Haltung zu verharren, sondern gleichzeitig die digitalen Medien für den eigenen Lebensweg zu nutzen [...] Bildung muss m. E. die Zielvorstellung auch für mobiles Lernen sein" (de Witt 2013, 22 f.).

3.3 Funktionsbereiche im virtuellen Bildungsraum

In den vorangegangenen Abschnitten wurde bereits auf virtuelle Bildungsräume eingegangen, wobei ein Hauptaugenmerk auf den aktuellen Entwicklungen im E-Learning, insbesondere dem Mobile Learning, lag. Auch wenn mit den frei verfügbaren Instrumenten (Internetanwendungen, Lern-Apps, digitalen Endgeräten der Nutzer etc.) bereits Lernen im virtuellen Bildungsraum möglich ist, sollen im Folgenden die Funktionen von LMS (Learning Management Systemen) bzw. LCMS (Learning Content Management Systemen) als Lernplattformen für E-Learning dargestellt werden, da sie für die Gestaltung formaler E-Learning-Angebote eine zentrale Rolle spielen und Möglichkeiten bieten, die für Organisation, Gestaltung, Durchführung und Evaluation der Lehr-/Lernprozesse von anderen Instrumenten kaum oder gar nicht eingelöst werden. Exemplarisch sei darauf hingewiesen, dass in einer Lernplattform z. B. eine hoher Datenschutz gewährleistet ist, Lernende und Lehrende einen gemeinsamen virtuellen Treffpunkt zum Arbeiten haben, gemeinsame Instrumente zum Lernen bereitgestellt werden können, eine Administration möglich ist und anderes mehr.

Durch die technischen Entwicklungen lösen sich die einst strikten Grenzen zwischen Lernplattformen und virtuellem Bildungsraum auf. Lernplattformen behalten jedoch ihre Grundfunktionalitäten, die allerdings erweitert werden um Verbindungen zum virtuellen Bildungsraum (z. B. Informationen aus dem Internet, soziale Netzwerke und Communitys außerhalb der Lernplattform, externe Lernangebote wie MOOCs oder OER usw.). Für die Nutzung zahlreicher Plattformen werden inzwischen Apps angeboten, die auch einen mobilen Zugriff auf die Lernplattform ermöglichen. Damit wird Mobile Learning auch im klassischen E-Learning möglich. Weiterhin bestehen zunehmend Möglichkeiten, aus dem virtuellen Bildungsraum bekannte Instrumente zur Gestaltung des Lernprozesses und der Förderung der Kooperation und Kommunikation (z. B. Wikis, Blogs, E-Portfolio-System etc.) in Lernplattformen zu integrieren und dort in einem geschützten und lerngegenstandbezogenen Kontext einzusetzen. Insofern bieten viele Lernplattformen eine grundständige Flexibilität zur Anpassung an die Lehr- und Lernpräferenzen. Viele Lernende befürworten es, mit bereits aus dem Internet bekannten Werkzeugen zu arbeiten, da diese vertraut sind und einen souveränen Umgang erlauben. Eine Zwangsumstellung und Beschränkung auf die auf einer Lernplattform enthaltenen Grundfunktionalitäten und Instrumente kann auch zur Abwertung oder gar Verweigerung seitens der Lernenden führen. Die einzusetzende Lernplattform sollte daher eher als ein Lernportal gestaltet werden, als ein „Tor ins Internet, das Studierenden Wege zu Lernmaterialien und -werkzeugen weist", das den Zugriff auf verfügbare Materialien zulässt, „soziale Gruppenprozesse" unterstützt und „Lernprozesse und Lernergebnisse der Beteiligten" dokumentiert (Kerres u. a. 2009, 103 f.). Lernportale ermöglichen somit eine Entgrenzung des Lernens (Arnold 2004) über die geschlossenen Lernplattformen hinaus. Durch die Erweiterungen der Funktionalitäten und das Aufweichen der Grenzen ist auch eine scharfe Trennung zwischen Lernplattformen und virtuellem Bildungsraum kaum mehr möglich.

Pädagogische Infrastruktur im virtuellen Bildungsraum

Zur Entfaltung der Bildungspotenziale des E-Learning (Kap. 2) bedarf es nicht nur eines technischen Rahmens, sondern einer pädagogischen Infrastruktur (Zimmer 2000b, 2000c). In der Literatur finden sich hierfür verschiedene Modelle mit unterschiedlichen Funktionsbereichen. Dabei lassen sich bei den einzelnen Modellen Überschneidungen und Gemeinsamkeiten feststellen. Zimmer (2003, 12 ff.) nennt sechs Funktionsbereiche bzw. Aktivitätsklassen eines virtuellen Bildungsraums, die sich um einen zentralen Arbeitsbereich gruppieren, in dem die Lernmodule bearbeitet werden, und die sich aus den Aktivitäten aller Beteiligten ergeben: (1) Angebot und Auskunft, (2) Planung und Verwaltung, (3) Mediathek und (Arbeits-)Ergebnisse, (4) Schnittstellen zu Anwendungssoftware, (5) Kommunikation und Kooperation sowie (6) Prüfung und Evaluation. Diese Funktionsbereiche werden üblicherweise von Lernplattformen abgedeckt (siehe Abb. 3.2).

Baumgartner/Häfele/Maier-Häfele (2002, 26 f.) schlagen fünf Funktionsbereiche virtueller Bildungsräume vor: (1) Präsentation von Inhalten, (2) Kommunikationswerkzeuge, (3) Werkzeuge zur Aufgaben- und Übungserstellung, (4) Hilfen für die Bewertung und Evaluation und (5) Administration. Der von Schulmeister (2005b, 56 f.) im Rahmen einer Untersuchung von Lernplattformen für Hamburger Hochschulen vorgestellte Katalog mit den wichtigsten Merkmalen umfasst zehn Funktionsbereiche: (1) Administration, (2) Kursmanagement, (3) Didaktik, (4) Kommunikation, (5) Medien, (6) Design, (7) Evaluation, (8) Technologie und Technik,

(9) Support und (10) wirtschaftliche Gesichtspunkte. Diese Beschreibungen der Funktionsbereiche weisen unterschiedliche Detailierungsgrade und Gewichtungen einzelner Aspekte auf. Bei genauerem Betrachten sind diese jedoch auch alle in den von ZIMMER (2003) vorgeschlagenen Funktionsbereichen enthalten.

Neue Funktionen im virtuellen Bildungsraum

In den vergangenen Jahren fand eine Fortentwicklung der Internettechnologien statt, die auch neue Anforderungen an die Lernplattformen stellen. KERRES u.a. (2009, 105 ff.) reformulieren „die fünf zentralen Funktionen einer ‚Lehrplattform' im Licht dieser Entwicklungen":

1. „Rollen und Rechte in einer sozialen Inszenierung zuweisen",
2. „Aktivitäten von Akteuren organisieren",
3. „Lernmaterialien verknüpfen",
4. „Meta-Informationen für das Lernen bereitstellen" und
5. „Lernprozesse und -ergebnisse dokumentieren".

Diese fünf Funktionsbereiche signalisieren die bereits kapiteleinleitend erwähnte Öffnung des bisher eher geschlossenen Systems Lernplattform zum virtuellen Bildungsraum. Öffnung meint, dass einerseits Instrumente und Inhalte aus dem Internet in die Lernplattform aufgenommen werden können, andererseits aber auch, dass Lernergebnisse nicht mehr nur durch Prüfungen attestiert werden (Kap. 7.5), sondern auch Artefakte, die im Prozess des Arbeitens mit dem Lerngegenstand entstehen, als Ergebnisse anerkannt werden (Kap. 7.6, Kap. 7.7). Die Öffnung ist Folge der Anpassung an die technischen Entwicklungen des Web 2.0 (Kap. 5.4) und die damit einhergehenden veränderten Verwendungsmöglichkeiten und -gewohnheiten der Nutzer. Weiterhin wird die Bedeutung der sozialen Komponente im Lehr-Lern-Prozess betont.

Diese Funktionen werden in der folgenden Abb. 3.2 verdeutlicht. Dazu wurden exemplarische Anwendungsbezüge von den Lernplattformen in den virtuellen Bildungsraum ausgewählt. Lehrende und vor allem Lernende können über die Grenzen der geschützten Lernplattform und ihrer Funktionalitäten hinausgehen und einen virtuellen Bildungsraum erschließen, um dort Informationen, Lernmaterialien, Werkzeuge und Kooperationspartner zu finden. Diese reichen dabei wieder in die Lernplattform hinein und wirken auf die Lernprozesse und -ergebnisse.

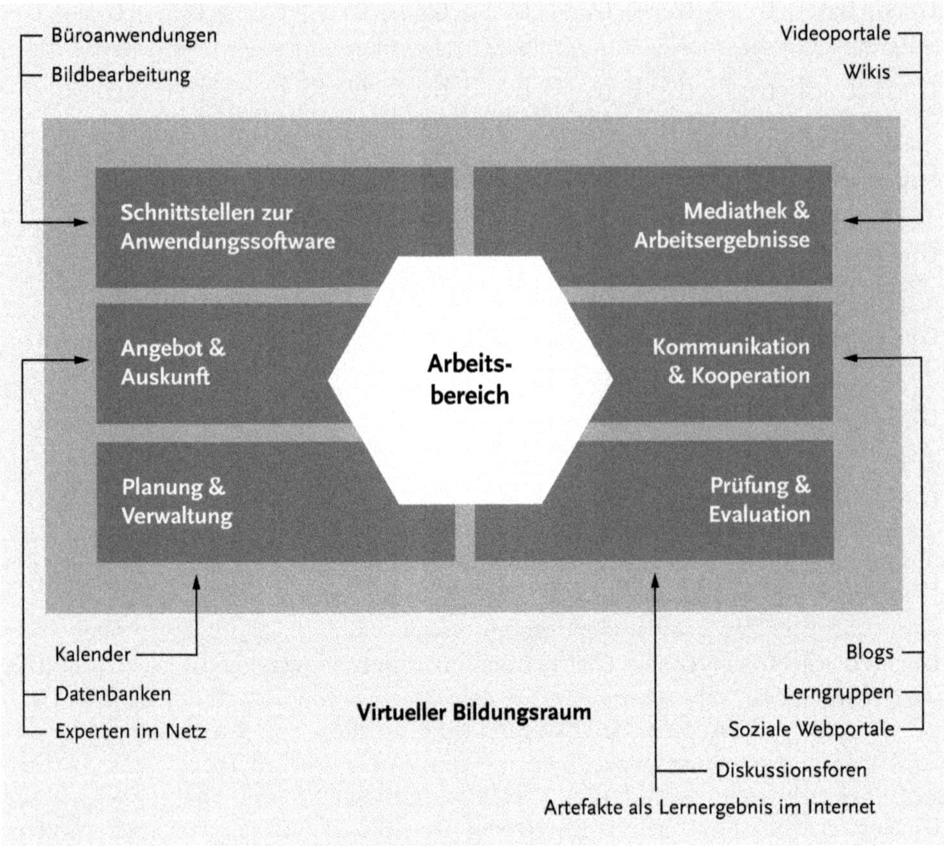

Abb. 3.2: Integration von virtuellem Bildungsraum und Lernplattform (in Anlehnung an ZIMMER 2003 und KERRES u. a. 2009)

Design des virtuellen Bildungsraums

Das Design des virtuellen Bildungsraums, das sog. Graphic User Interface (GUI), muss dazu beitragen, dass die Nutzer sich leicht innerhalb des Systems zurechtfinden. Da nicht alle im virtuellen Bildungsraum verfügbaren Ressourcen entsprechend angepasst werden können, gilt dieser Aspekt insbesondere für die Gestaltung der Lernplattform, die vom Bildungsanbieter bereitgestellt wird. Die Lernplattform soll einen übersichtlichen und aufgeräumten Eindruck machen, Symbole und Bezeichnungen müssen eindeutig und verständlich sein. Hierzu trägt auch die Barrierefreiheit (Kap. 5.3) und Mehrsprachigkeit der Funktionsbeschreibungen bei. Darüber hinaus sollte die Lernplattform an das Corporate Design des Bildungsträgers (SCHULMEISTER 2005a, 57) und idealerweise die Nutzungsgewohnheiten der Lernenden und Lehrenden anpassbar sein. Auch wenn weitere genutzte Informations- und Kommunikationswerkzeuge des virtuellen Bildungsraums nur bedingt angepasst werden können, lassen sich die Lernplattformen als zentrale Anlaufstelle für E-Learning-Angebote entsprechend gestalten, sodass eine Orientierung der Lernenden und Lehrenden unterstützt wird.

Sechs Funktionsbereiche im virtuellen Bildungsraum

Bei der folgenden inhaltlichen Erläuterung der Funktionsbereiche eines Lernraums wird auf das erweiterte Modell von Zimmer (2003, 12 f.) und Kerres u. a. (2009) zurückgegriffen (Abb. 3.2). Dabei sei darauf hingewiesen, dass in einem solchen Modell die Funktionsbereiche *systematisch* beschrieben werden; die *konkrete* Umsetzung in den unterschiedlichen Systemen kann eine andere Aufteilung enthalten. Wichtig ist jedoch, dass die hier aufgelisteten Funktionen vorhanden sind. Anzumerken ist auch, dass viele Bereiche und die darin enthaltenen Funktionalitäten vor allem auf einer Lernplattform gestaltet werden können und sich die folgenden Ausführungen daher vor allem auf dieses technische System beziehen.

(1) Angebot und Auskunft

In diesem Bereich finden die Lernenden zum einen allgemeine Beschreibungen zu den Lernangeboten, z. B. zu Zeitplänen, Zugangsvoraussetzungen, Lernzielen bzw. zu erwerbende Kompetenzen, Prüfungsformen, Zertifikaten und Kosten. Diese können durch Bewertungen durch Lehrende und Tutoren, aber auch durch Mitlernende sowie frühere Lernende, die die Lernangebote bereits absolviert haben, ergänzt werden. Solche Bewertungssysteme können die Lernenden unterstützen, gezielter nach eigenen Bedarfen, Vorwissen oder verfügbarer Lernzeit die entsprechenden Lerninhalte auszuwählen. Manche Bildungsanbieter binden zur Unterstützung der Lernenden bei der Auswahl geeigneter Lernangebote digitale Beratungssysteme ein, z. B. in Form von Online-Studienwahl-Assistenten oder online self assessments (Hardt/Marx 2015; für einen Überblick entsprechender Systeme siehe Iost/Iost 2014; Röder 2017; Kap. 7.2). Aktuelle Ankündigungen zum Lernangebot bzw. den belegten Kursen, etwa über Sprechzeiten, Gruppenarbeitszeiten, Terminverschiebungen etc., die von den Lehrenden eingestellt und aktualisiert oder auch von den Gruppenmitgliedern in Eigenverantwortung koordiniert werden können, werden hier hinterlegt. Eine Anbindung an die Kursverwaltungssysteme eines Bildungsträgers ist empfehlenswert, um die Daten über eine zentrale Datenbank zu pflegen und konsistent zu halten. Es empfiehlt sich, Hinweise und Auskünfte auf erwartbare Fragen der Lernenden in diesem Bereich zu geben. Da jedoch nicht alle Fragen vorhersehbar sind, müssen auch Möglichkeiten für persönliche Auskünfte (z. B. per E-Mail, Chat) implementiert sein. Ein Online-Hilfesystem sollte integriert sein, Listen mit regelmäßig gestellten Fragen (FAQs, Frequently Asked Questions) sind hier einzustellen und regelmäßig zu aktualisieren. Dabei ist es denkbar, dass nicht nur die Lehrenden oder Administratoren diese Listen pflegen, sondern sich die Lernenden gegenseitig bei Fragen und Problemen unterstützen und Lösungsansätze online zur Verfügung stellen, z. B. durch Links auf Diskussionsforen außerhalb der Lernplattform im Netz, in denen das Problem und dessen Lösung besprochen wurden.

Da dieser Bereich zentral für die Orientierung, Planung und Organisation des Lernens ist, ist es hilfreich, wenn die Lernenden die Möglichkeit haben, diese Seite individuell zu gestalten, damit sie die für sie notwendigen Informationen auf einen Blick erfassen können. Die Integration von Push-Medien (Werle 2008, 204) kann helfen, neue Informationen schnell und direkt auf den Bildschirm gesendet zu bekommen.

(2) Planung und Verwaltung

Dieser Bereich dient der Planung individueller und der Abstimmung gemeinsamer Lernaktivitäten. Dazu müssen den Lernenden entsprechende Hinweise und Instrumente zur Verfügung gestellt werden, z. B. die Möglichkeit, über verschiedene Kalenderfunktionen eigene Termine wie auch Gruppentermine einsehen und verwalten sowie passwortgeschützte Informationen zu eigenen Lernaktivitäten und Lernerfolgen sowie anstehenden Aufgaben abrufen zu können.

Schnittstellen zu elektronischen Organisations- und Informationssystemen (z. B. eigener Online-Kalender, ToDo-Verwaltung), die die Lernenden ggf. auch im Alltag nutzen, sollten durch standardisierte Formate (z. B. iCal, XML) gegeben sein. Zur Abstimmung und Information ist die Anbindung an Kommunikationsinstrumente notwendig. Hilfreich ist es, wenn biografische Hinweise zur eigenen Person von Lernenden, Lehrenden und Tutoren sowie ggf. auch externen Fachexperten eingestellt werden können. Diese können als eigene Seite in der Lernplattform angelegt werden. Wahlweise wäre auch eine Verlinkung auf externe Seiten in sozialen Netzwerken oder auf die eigene Homepage möglich. Somit können die Beteiligten in einem Bildungsangebot jeweils eine zentrale Seite zur eigenen Person pflegen und müssen nicht verschiedene Profilseiten auf die Gültigkeit der Daten prüfen.

Darüber hinaus findet in diesem Bereich die Kursverwaltung, wie z. B. die Online-Registrierung, statt. Auch die Zuordnung von einzelnen Nutzern zu bestimmten Gruppen, Aufgaben oder Inhalten erfolgt hier. Lehrende können Informationen über die Kursbelegungen abrufen oder die Erstellung neuer Inhalte weitermelden, damit diese in das System eingepflegt werden, sofern sie selbst hierfür keine Berechtigungen haben. Idealerweise unterstützt das System die Möglichkeit, schnell und unkompliziert Lerninhalte durch die Lehrenden oder Tutoren selbst einzustellen, ohne Umwege über eine administrative Stelle nehmen zu müssen. Günstig ist die Anbindung der Lernplattform an die Verwaltung, um Nutzerdaten und Kursangebote zu portieren, die Teilnehmerverwaltung, die Gebührenerhebung, die Lehrplanung, die Erfassung von Prüfungsleistungen oder das Erstellen von Zertifikaten durchzuführen. Auch hier zeigen sich die Vorteile von Lernplattformen, da diese zum einen eine höhere Datensicherheit mitbringen und zum anderen die Möglichkeit bieten, über entsprechende Schnittstellen mit den technischen Systemen der Verwaltung eines Bildungsanbieters (z. B. dem Campus Management System der Hochschule) gekoppelt zu werden. Interessenten, die sich einen Einblick in ein Bildungsangebot verschaffen wollen, kann ein Gastzugang mit beschränkten Rechten und/oder zeitlicher Begrenzung eingerichtet werden.

(3) Mediathek und Ergebnisse

Hier finden die Lernenden die für sie bereitgestellten Lernmaterialien sowie verschiedene Werkzeuge, auf die sie zur Unterstützung und Gestaltung ihres Lernprozesses zugreifen können. Dazu zählen z. B. die Möglichkeiten, Lesezeichen zu setzen, um wichtige Inhalte schnell wiederzufinden, oder das Erstellen und Hinzufügen von Annotationen zu den Lernmaterialien. Die Einbindung von Tags (Schlagworten) oder Social Bookmarks (Lesezeichen, die im Internet abgelegt, verwaltet, bewertet und von anderen eingesehen werden können) kann Orientierung schaffen, wenn Lerner sich gegenseitig Hinweise zu weiteren Ressourcen geben. Ein Glossar kann integriert sein, eine Volltextsuchfunktion sowie eine thematische Suche (z. B. Aufgaben, Personen) hingegen sind unverzichtbar. Die Kurse sind mit Inhaltsverzeichnissen und Navigationssystemen zu versehen. Bei umfangreicheren Lernmodulen sollten die einzelnen Kapitel über die Navigation direkt ansteuerbar sein. Einzelne Lerneinheiten sollten so abgelegt werden, dass Lehrende Lernmaterialien leicht auffinden, aktualisieren, ergänzen und erweitern können. Gleichzeitig muss das Verwaltungssystem auch Schutz vor unbefugten Zugriffen und Veränderungen bieten.

Um eigene Arbeitsergebnisse zu präsentieren und mit Kommilitonen und Lehrenden bzw. Tutoren zu diskutieren und ggf. weiterzubearbeiten, ist es selbstverständlich, dass Lernende eigene Dokumente selber einstellen wie auch Dokumente auf ihren eigenen PC herunterladen können. Dafür müssen nicht nur den Lehrenden, sondern auch den Lernenden entsprechende Autorenwerkzeuge zur Verfügung stehen. Weiterhin sollte die Möglichkeit bestehen, Inhalte anderen zugänglich zu machen oder in einer Cloud abzulegen, um sie an anderen Orten selbst weiterzubearbeiten oder aber auch anderen zur weiteren Bearbeitung zur Verfügung zu stellen. Neben der Arbeit an Dokumenten auf dem eigenen PC empfiehlt es sich, Online-Kooperationsinstrumente für die Zusammenarbeit zur Verfügung zu stellen. Eine Vorschaufunktion für das Einstellen eigener Dokumente im virtuellen Bildungsraum (Wie sehen meine Ergebnisse auf dem Bildschirm aus?) sowie eine Versionskontrolle – gerade für gemeinsam erstellte Dokumente – inklusive einer Rechtevergabe für die selbst erstellten Inhalte zur Weiterverarbeitung durch andere Lerner ergänzen den Funktionsumfang. Um sich mit anderen Lernenden auszutauschen, Hilfe zu erfragen und Gruppenarbeiten zu initiieren, muss dieser Bereich stark mit dem Bereich der Kommunikation und Kooperation verbunden sein. Bei Lernplattformen sind Schnittstellen ins Internet selbstverständlich, damit auf weitere Informationsquellen zugegriffen werden kann. Dies erfordert eine gewisse Sensibilität und Kenntnis der Urheber- und Nutzungsrechte, über die aufgeklärt werden muss (Kap. 11.2).

Hilfreich ist es, wenn Lernende die Arbeit an dem Punkt wieder aufnehmen können, an dem sie bei der letzten Sitzung aufgehört haben. Damit verbunden ist eine Verlaufsübersicht (History) über bereits bearbeitete Einheiten und eine Fortschrittsanzeige, die den Lernfortschritt und den notwendigen Zeitaufwand für die weitere Bearbeitung anzeigen. Ergänzt werden kann dies durch eine Übersichtsfunktion, mithilfe derer die Lernenden bspw. ihre Anwesenheit, zu erledigende Aufgaben oder Prüfungsergebnisse einsehen können. Benutzeraktionen können durch automatische Protokollierung (User-Tracking) verfolgt und von den Tutoren oder auch von den Lernern selbst ausgewertet werden, um das Lernverhalten und ggf. Lernbarrieren zu analysieren. Hilfreich ist auch die automatische Analyse der Lernprozesse (Learning Analytics), um daraus Hinweise für die Optimierung der eigenen Lernhandlungen zu gewinnen (Kap. 7.9). Dabei ist unbedingt auf die Wahrung des Datenschutzes und der Datensicherheit sowie der Transparenz für die Lerndenden bezüglich der erhobenen und verwendeten Daten zu achten.

(4) Schnittstellen zur Anwendungssoftware

Dieser Bereich bietet Schnittstellen zu den von den Lernenden favorisiert genutzten oder zwingend zum Lernen benötigten Anwendungen. Nicht alle Anwendungen können serverseitig von einem Bildungsanbieter auf einer Lernplattform installiert und zur Verfügung gestellt werden, wie aus technischen Gründen, aus Kostengründen oder aufgrund individueller Nutzungsgewohnheiten oder Bedarfe der Lernenden. Für diese Anwendungen gibt es idealerweise Schnittstellen, um Arbeitsergebnisse vom heimischen PC in den virtuellen Bildungsraum zu übertragen, zu verteilen und zu diskutieren. Die Lernplattform sollte ebenfalls Schnittstellen zu Programmen aufweisen, die alltäglich von Lernenden genutzt werden, wie z. B. Organisationsprogramme, Texteditoren, Präsentationswerkzeuge etc., sodass sie mit ihren gewohnten Anwendungen effektiv und effizient arbeiten können, ohne sich in neue Werkzeuge mit neuen Funktionen oder fremden Bedienkonzepten einarbeiten zu müssen. Nutzer greifen lieber auf die Anwendungen und Werkzeuge zurück, die ihnen vertraut sind. Mehrere Anwendungen oder Systeme mit gleichen Funktionen parallel zu bedienen wirkt störend oder behindert gar den Lernprozess.

Für Lehrende sollten Schnittstellen zu Autorentools implementiert sein, damit sie Lerninhalte, Arbeitsaufgaben, Übungsblätter usw. erstellen und auf der Lernplattform bereitstellen können. Je nach Aufgabengebiet der Lehrenden sind weitere Schnittstellen notwendig, z. B. zur Teilnehmerverwaltung und Zertifizierung von Lernergebnissen.

Über die Schnittstellen können die Lernenden und Lehrenden (abhängig von den rechtlichen Regelungen, siehe Kap. 11.2) Lernmaterialien auf ihren lokalen Rechner oder auf serverbasierte Anwendungen im Netz laden, dort bearbeiten und wieder auf die Lernplattform bereitstellen, z. B. um die eigenen Ergebnisse in eine Gruppenaufgabe einzufügen.

(5) Kommunikation und Kooperation

Da die Kommunikation und Kooperation für Lernprozesse eine entscheidende Rolle spielt (Kap. 2, Kap. 6) und die Lernenden in einem E-Learning-Angebot in der Regel zeit- und ortsverteilt arbeiten, muss die Lernplattform entsprechende Möglichkeiten für viele Kommunikations- und Kooperationsformen unterstützen. Dazu zählen synchrone Kommunikationsmedien wie Text-, Sprach- oder Video-Chat kombiniert mit einer Awarenessanzeige (Wer ist online?). Integrierte Videokonferenzlösungen (Kawalek 1997) vervollkommnen das Angebot synchroner Kommunikationsmedien. Durch das zeitverteilte Arbeiten bedarf es aber auch asynchroner Kommunikationsmedien wie E-Mail, Mailinglisten und Diskussionsforen (inklusive der Funktion Was ist neu?), um mit anderen Lernenden, Lehrenden oder Tutoren auch außerhalb ihrer Anwesenheit kommunizieren zu können. Die Offenheit für weitere Kommunikations- und Kooperationsmedien, die die Lernenden im Alltag einsetzen, sollte gegeben sein. Fehlen entsprechende Schnittstellen, ist die Kreativität der Tutoren gefragt. Mögliche Lösungen wären Webseiten auf der Lernplattform, die auf entsprechende Medien im virtuellen Bildungsraum verlinken. In solchen Fällen ist auf datenschutzrechtliche Aspekte (z. B. Identifizierbarkeit der Lernenden im Netz) hinzuweisen. Auf der eigenen Homepage können Lehrende und Lernende ihre Kennungen zu weiteren genutzten Kommunikationskanälen, wie bspw. Videochats, Kurznachrichtendienste oder soziale Netzwerke, auflisten, um alle Kommunikationsmöglichkeiten zu unterstützen. Solche Homepages sollten sich jedoch in einem geschützten Bereich, z. B. auf der Lernplattform, befinden, damit diese nicht von Dritten ausgelesen und missbraucht werden können. Hinzuweisen ist auch darauf, welche Informationen über externe Kommunikationskanäle fließen sollten oder können und welche besser nur in den geschützten Bereich gehören.

Auch wenn es grundsätzlich möglich ist, muss nicht jeder Lernende und Lehrende zu jeder Zeit erreichbar sein. Für eine funktionierende Kommunikation und Kooperation sollten daher schon zu Beginn verbindliche Regeln vereinbart und eingeführt werden. Die verschiedenen Kommunikationsmöglichkeiten sind Angebote, aber keine verpflichtende Aufforderung zum Austausch.

Durch die Ausprägung der sozialen Komponente in Online-Gemeinschaften gewinnen auch die Rollenfunktionen aller Beteiligten eine stärkere Bedeutung (Kerres u. a. 2009). An die Rollen sind Erwartungen bzgl. des Verhaltens und Handelns geknüpft. Diese sind im Internet zugleich mit Rechten verbunden (der Administrator darf bspw. am System arbeiten, der Gast darf nur eingeschränkt in einen Kurs schauen, ohne etwas zu verändern). Je mehr Rollen eine Lernplattform anbietet, desto mehr Rollen können auch im Lehr- und Lernprozess vergeben werden. „Insofern ist die Zuweisung von Rollen zu Personen in einem LMS eine ganz zentrale und vielleicht nicht immer hinreichend reflektierte Funktion" (ebd., 115). Neben den üblichen Rollen der Lehrenden und Lernenden kann es, um nur einige zu nennen, u. a. auch die von Tutoren (Organisation im Lernprozess, inhaltliche Betreuung), Administratoren (Technik) oder Verwaltung (Koordination formaler Abläufe) geben, die für verschiedene Aufgabenfelder tätig sind. Auch für Gruppenarbeiten auf der Lernplattform sind solche Rollen von Bedeutung. Neben den Gruppenmitgliedern, die gemeinsam eine Aufgabe bearbeiten, können weitere Rollen wie z. B. die eines Zuschauers (mit Rechten wie z. B. Betrachten, Feedback geben, aber nicht bearbeiten) oder Gruppenleiters (mit Rechten wie z. B. Abstimmungen vorbereiten, Aufgaben verteilen, Lernprozesse abschließen) vergeben werden. Weiterhin sind Rollen von Experten, Beratern, Prüfern u. a. m. denkbar. Je mehr Rollen verfügbar sind, desto differenzierter können die Lehr-Lern-Szenarien gestaltet werden. Die Rollenfunktion spielt auch für den Bereich der Erstellung und Präsentation von Lernergebnissen, z. B. in einem E-Portfolio-System, eine tragende Funktion. Hier sollten die Lernenden selbst entscheiden können, wer wann welche Inhalte sehen, kommentieren oder gar verändern kann. Befinden sich Lernergebnisse in einem Entwurfsstatus, sollten vielleicht nur die Erstellenden selbst sowie Personen der Arbeitsgruppe Einblick haben. Eine finale Version eines Lernergebnisses hingegen kann den Prüfern vorgelegt oder auch als Bestandteil einer digitalen Bewerbungsmappe Personalverantwortlichen in Unternehmen außerhalb des virtuellen Bildungsraums freigeschaltet werden.

Software zum gemeinsamen Bearbeiten von Inhalten (Content Sharing), wie z. B. ein Whiteboard, sind für kooperative Lernprozesse wichtig. Außerdem gewinnen die Web-2.0-Anwendungen zunehmend an Bedeutung (Gaiser 2002, 2008). Wikis, Social Bookmarks, Social E-Books etc. ermöglichen es den Lernenden, gemeinsam innerhalb der Lernplattform an Lerngegenständen zu arbeiten und sich auszutauschen. Eine Anbindung an die anderen Funktionsbereiche ist notwendig, um auf die für die Kommunikation und Kooperation relevanten Funktionen zugreifen zu können. So dient z. B. die Kalenderfunktion zur Abstimmung von synchronen, virtuellen Gruppentreffen (Bereich Angebot und Auskunft), in denen dann an einem Lernprodukt gearbeitet wird (Bereich Mediathek und Ergebnisse), wozu eventuell bestimmte Anwendungen genutzt werden (Bereich Schnittstellen und Anwendungssoftware), um diese dann als Lernergebnis bewerten zu lassen (Bereich Prüfung und Evaluation).

Für die Lehrenden stehen dieselben Funktionen zur Verfügung. Zusätzlich haben sie die Möglichkeit, Mandate zur Nutzung einzelner Kommunikationsmittel zu vergeben. Synchrone Kommunikationsmittel sollten eine Protokoll- und Archivierungsfunktion beinhalten, damit es für die Nutzer möglich ist, Chats nachzulesen, um beispielsweise einen Lösungsweg nachvollziehen zu können. Protokolle bzw. Diskussionsmitschnitte stellen eine Dokumentation der Lernprozesse sowie eine zusätzliche Arbeitsressource dar.

Da in virtuellen Bildungsräumen die Kommunikation und Kooperation dadurch erschwert wird, dass soziale und nonverbale Hinweisreize (Mimik, Gestik usw.) sowie gemeinsames Hintergrundwissen teilweise reduziert sind oder fehlen, können spezielle Werkzeuge eingesetzt werden, um diese Defizite auszugleichen. Solche sind z. B. Lernnetze (grafische Repräsentationen des gemeinsamen Wissenshintergrundes), Lernprotokolle (schrittweise Anleitungen für gemeinsame Arbeitsprozesse) und Tools zur Gruppenwahrnehmung (Arnold 2001, 38).

(6) Prüfung und Evaluation

Dieser Bereich innerhalb eines virtuellen Bildungsraums bietet den Lernenden die Möglichkeit, ihre Lernleistungen und Lernerfolge zu überprüfen und anderen eine Rückmeldung über ihre Lernerfahrungen, z. B. eine Bewertung der Lernunterstützung, zu geben. Da hier lernersensible Daten ausgetauscht werden, ist es wichtig, dass dieser Bereich nur von autorisierten Nutzern mit Passwort betreten werden kann und die jeweiligen Daten nur von autorisierten Personen im virtuellen Bildungsraum einsehbar sind. Auch hier haben Lernplattformen ihre Vorteile, da sie entsprechenden Schutz gewähren.

Lernplattformen sollten es den Lehrenden ermöglichen, ohne großen Aufwand Tests zu erstellen (z. B. Multiple-Choice-Tests, Drag-and-Drop-Aufgaben), die den Lernenden zur Selbstüberprüfung dienen, aber auch in die Gesamtbewertung eines Lernmoduls eingehen können. Jedoch sind gerade in einem virtuellen Lernangebot automatisch auswertbare Aufgaben keineswegs ausreichend. Entscheidend für die Kompetenzentwicklung sind vielmehr umfassende und komplexe Lernaufgaben für Einzelne und Lerngruppen, die von den Lehrenden oder anderen Experten mit kompetenzorientierten Tests und Prüfungen oder von den Tutoren, aber auch von der Gemeinschaft der Lernenden selbst bewertet werden (Wildt 2011, 13 ff.; Kap. 7). Aber auch digitale Lernverlaufsprotokolle oder E-Portfolios eignen sich hierfür (Kilian 2015, S. 54 f.; Bergestermann u. a. 2013, S. 26).

Außerdem müssen Instrumente für die Evaluation der Lernmaterialien und -module, der Betreuung, der Lernplattform usw. zur Verfügung gestellt werden. Es trägt zur Transparenz und zur Qualitätsverbesserung bei, wenn die Ergebnisse allen Beteiligten mitgeteilt werden (Kap. 8; Kap. 9). Wenn Lernende die eigene Lernleistung sowie die Zusammenarbeit mit Kommilitonen und Lehrenden sowie Tutoren bewerten, erhalten alle Beteiligten wertvolle Hinweise für die weitere Gestaltung des Lernangebots und der Lernprozesse, was zur Verbesserung der Lehr- und Lernkultur beiträgt (Kap. 6).

Darüber hinaus zählen nicht nur die Endergebnisse von Testaten oder Klausuren zu den Prüfungsleistungen, sondern auch die Artefakte, die im Laufe des Lernprozesses entstanden sind (Lerntagebücher, Weblogs, Diskussionen, gestaltete Arbeitsergebnisse usw.), denn es zeugen gerade diese Artefakte von der Wissens- und Kompetenzentwicklung der Lernenden, die weit über das eigentliche Lernziel hinausgehen können und neben dem Erwerb fachlich-methodischer auch die Entwicklung sozialer und personaler Kompetenzen (Erpenbeck/Heyse 1999, 93 ff.) belegen.

Die aktuellen Entwicklungen im Netz erfordern, dass eine Systemoffenheit der Lernplattform gewährleistet ist, die sich sogar dahin gehend entwickeln kann, dass eine Vielzahl der Funktionsbereiche aus der Lernplattform ausgelagert oder die internen Funktionsbereiche durch Externe erweitert werden. Nicht nur das technische System, auch die Planung, Durchführung und Evaluation des Lehr-Lern-Prozesses sind von diesem Wechsel betroffen und sollten berücksichtigt und integriert werden (Kap. 9).

3.4 Web 2.0 im virtuellen Bildungsraum

Was ist Web 2.0?

Geprägt wurde der Begriff von dem Verleger O'Reilly (2005) durch seinen Artikel „What is Web 2.0? Design Patterns and Business Models for the Next Generation of Software". Der Begriff Web 2.0 steht für eine neue Version von Software-Anwendungen im Internet. Insgesamt findet O'Reilly sieben Kennzeichen, die das neue Web 2.0 ausmachen:

- Das Netz ist eine Plattform, auf der (inter-)agiert wird; Programme werden im Netz ausgeführt, Daten im Netz abgelegt;
- die kollektive Intelligenz der Nutzer durch ihre Teilhabe im Netz – als Konsumenten, aber vor allem als Produzenten, die ihr Wissen anderen zur Verfügung stellen;
- statt Rechenkraft wird zukünftig vor allem die Qualität des angebotenen Inhalts entscheidend sein;
- Software und Dienste werden im Netz bereits im Beta-Stadium, also vor Veröffentlichung, zur Verfügung gestellt, die Nutzer können diese testen und Fehler aufdecken, und in manchen Fällen werden sie auch zur Mitarbeit eingeladen;
- statt großer Software- und/oder Servicepakete werden kleine Komponenten im Netz entwickelt, sind schnell anpassbar und adaptierbar;
- geräteunabhängige Software und
- vielfältige Nutzererfahrungen mit Software und Internetdiensten, die dezentral im Netz und mit verschiedenen Endgeräten funktionieren, während die Nutzer darauf zugreifen, die eingegebenen Daten werden miteinander vernetzt und durch die Nutzereingabe mit weiteren Informationen angereichert und zur Verfügung gestellt (Behrendt/Zeppenfeld 2008, 5 ff.).

Vom Ich zum Wir

Den Kern der neuen Web-2.0-Anwendungen zeichnen zwei Eigenschaften aus: (1) Das Netz wandelt sich vom Ich zum Wir, und (2) können die Nutzer auch Inhalte produzieren und distribuieren. Eine treibende Kraft ist die Entwicklung von Social Software, die sich durch „Vernetzung von Menschen und die Organisation von Daten und Wissen" (e-teaching.org 2015m) auszeichnet. Sie kann als eine treibende Kraft der neuen Web-2.0-Anwendungen gesehen werden, was nicht nur die Erfolgsgeschichte von Wikipedia belegt. Internetnutzer laden Videos ins Netz, die von anderen z. B. bewertet und verlinkt werden. Sie kommunizieren in ihrer Online-Gemeinschaft, treffen sich in virtuellen Räumen und teilen Informationen. Statt des einzelnen Konsumenten von Informationen im Internet entwickeln sich soziale Netzwerke, die über beliebige Themen und Interessen kommunizieren. Der Internetnutzer wird vom Konsumenten auch zum Produzenten, kurz gesagt zum Prosumenten.

Pädagogische Implikationen

In der Gestaltung der pädagogischen Infrastruktur im Internet findet ebenfalls ein Rollenwechsel statt. Nicht nur können Lernende immer wieder Neues von anderen Nutzern lernen, vielmehr können die aktiv und produktiv Lernenden auch zu Lehrenden werden. Die Einbindung von Web-2.0-Anwendungen lässt die Lernenden zu Gestaltern von Inhalten werden. Natürlich bedeutet das nicht, dass diese Inhalte didaktisch professionell aufbereitet sein müssen. Die Kompetenzen über die didaktische Aufbereitung von Lerngegenständen oder die Gestaltung einer pädagogischen Infrastruktur für gelungenes Lernen müssen vor allem und auch weiterhin Pädagogen besitzen. Jedoch werden Lernende durch die Eigenproduktion von Inhalten aus der passiven Konsumentenrolle geholt, was große Vorteile für einen handlungs- und kompetenzorientierten Lehr- und Lernprozess hat (Kilian 2017). Darüber hinaus gewinnen die generierten Inhalte durch die kollektive Zusammenarbeit in der Regel eine hohe Qualität (Giles 2005), die von einer Einzelperson in dieser Form selten erbracht werden kann.

Diesem durch die Web-2.0-Entwicklungen ausgelösten Paradigmenwechsel in den pädagogischen Verhältnissen muss im E-Learning Rechnung getragen werden. Es bedarf bei der Gestaltung moderner E-Learning-Szenarien der Berücksichtigung der geänderten Nutzergewohnheiten beim Umgang mit Online-Bildungsressourcen. Insbesondere die Lernplattform als technische Infrastruktur muss für diese neuen Anforderungen gerüstet sein. Dies bedeutet jedoch nicht, dass nun auch alle Lernenden diese neuen Formen des Interagierens bevorzugen. Lerngewohnheiten können nur langsam um die neuen Möglichkeiten ergänzt werden, die gewohnten und bewährten Muster von Lernhandlungen und Lernbiografien müssen berücksichtigt werden. Jedoch bieten sich bei den neuen Formen digitaler Kommunikation und Kooperation Möglichkeiten, den lange geforderten Lernkulturwandel (Arnold/Schüssler 1998) zu verwirklichen. Dieser drückt sich u. a. darin aus, dass Lernende die Verantwortung für ihren Lernprozess übernehmen, der Lehrende sich hingegen eher als Begleiter oder Ermöglicher von Lernen sieht, der den Lernenden bei Fragen und mit Anregungen und Hilfen zur Seite steht.

Neue Input-, Prozess- und Outcome-Qualitäten durch Web 2.0

Interessant ist, dass durch die aktive Einbeziehung der Lernenden in die Lehr- und Lernprozesse sowohl die Qualität der Prozesse selbst als auch der Inhalte (Input) und der Ergebnisse (Learning Outcome) gesteigert werden kann. Dabei liegt es auf der Hand, dass die Lernenden einen Kurs durch ihre aktive Mitarbeit – allein oder in Gruppen – in der Prozessqualität steigern. Und bei den Inhalten kann festgestellt werden, dass Lernende als ernst genommene Partner im Lehr-Lern-Prozess mit hohem Engagement versuchen, die Qualität eines Bildungsangebots zu stützen, wie Praxiserfahrungen (Kilian 2010) und Forschungsergebnisse (Giesecke/Stahl/Früh 2010) zeigen. Dies kann durch komplexe Anforderungen wie die Gestaltung von Podcasts oder Wikis unterstützt werden oder auch durch niederschwellige Einbindung und Verwendung leicht zu bedienender Werkzeuge (z. B. Social Bookmarks, Social Tags oder Blogs), die es den Einzelnen ermöglichen, ihre Ergebnisse mit anderen zu teilen und zu besprechen. Hervorzuheben ist weiterhin die Möglichkeit, die Qualität des Outcomes zu steigern. So können Bewertungssysteme, wie sie im Internet häufig Anwendung finden, auf Kurse übertragen werden. Bereits jetzt bieten Lernplattformen Bewertungssysteme für Diskussionsbeiträge oder Lernmaterialien an, die von Nutzern für Nutzer generiert werden. Auch die Prüfungsformen wandeln sich in einem solchen Szenario. Wechselseitige Beurteilungen stellen bspw.

eine Möglichkeit dar, Ergebnisse ressourcenschonend und lerner- sowie kompetenzorientiert zu bewerten (Kap. 7). Andere Formen wie elektronische Lerntagebücher, die Aufzeichnung und Analyse von Lernprozessen in der Lernplattform (User-Tracking, Learning Analytics) oder E-Portfolios finden bereits in der Praxis Anwendung und gehen meist über die Anerkennung und Bewertung der angeeigneten Inhalte eines Kurses hinaus (zu allen Aspekten der Nutzung von Web-2.0-Anwendungen im E-Learning siehe Kap. 5.4; Kap. 6; Kap. 7).

3.5 Infrastruktur für E-Learning

Die Fülle didaktischer, organisatorischer und technischer Anforderungen macht die Entwicklung und den Aufbau komplexer Systeme und einer umfassenden Infrastruktur für das Lehren und Lernen im E-Learning notwendig.

Gestaltung einer Lernumgebung

Solange nur einzelne Lehrende virtuelle Lernangebote bei einem Bildungsanbieter planen und selbst durchführen, ist es relativ leicht möglich, eine Kursumgebung für die Zwecke der eigenen Veranstaltung zu entwickeln (Reinmann-Rothmeier 2003). Eine Kursumgebung kann auf der Basis allgemein verfügbarer Internettechnologien und mit Standardwerkzeugen (Internetseiten, E-Mail und Clouddienste, Blogs etc.) zusammengestellt werden; auch lassen sich Groupware-Plattformen integrieren, oder als virtueller Bildungsraum nutzen (Arnold 2001; Arnold/Putz 2000). Mittlerweile ist das Angebot an Inhalten sowie Werkzeugen im Internet so groß, dass es sich empfiehlt, diese Ressourcen auf ihre inhaltliche und didaktische Eignung für das Bildungsangebot zu prüfen und – unter Beachtung der Urheber- und Nutzungsrechte (Kap. 11.2) – ggf. auf diese zurückzugreifen. Dies gilt insbesondere für verfügbare Open Educational Resources (OER; Kap. 5.5; Kap. 2.1; Kap. 2.5.2) auf der Inhaltsseite und für Freeware (freie Software) auf der Instrumentenseite.

Sobald jedoch von einer Bildungseinrichtung viele virtuelle Veranstaltungen angeboten werden, ist es sinnvoll, über die Gestaltung und Nutzung der erforderlichen virtuellen Bildungsräume resp. der Lernplattform gemeinsame Abstimmungen zu treffen. Der Einsatz einer einheitlichen Lernumgebung erscheint allein schon deshalb notwendig, da durch die Nutzung einer gemeinsamen Lernplattform die Lernenden entlastet werden und sich nicht jedes Mal in einer neuen Kursumgebung zurechtfinden müssen. Für die Lehrenden, Kursentwickler und Tutoren kann dies zunächst mehr Arbeit, Abstimmung oder auch Einschränkung der eigenen Präferenzen bedeuten. Allerdings stellen Lernplattformen und ihre Einbindung in den virtuellen Bildungsraum den Rahmen für E-Learning zur Verfügung, der nach Auswahl und Implementation nicht stets aufs Neue definiert werden muss, wodurch auch aufseiten der Lehrenden, Kursentwickler und Tutoren mit einer Entlastung zu rechnen ist.

3.5.1 Lernplattformen

Wie eingangs dargestellt, wird der Begriff Lernplattform hier für die informations- und kommunikationstechnische Basis bzw. für die Software verwendet, die entwickelt wurde, um Lehr- und Lernprozesse im E-Learning zu unterstützen und auch Lernmaterialien und Nutzerdaten zu verwalten. Hier gibt es eine Vielzahl von Entwicklungen (BAUMGARTNER u.a. 2004; SCHULMEISTER 2005a) sowohl von kommerziellen Anbietern als auch auf der Basis von Open Source Software. Die in den Katalogen aufgeführten Kriterien (ebd.) sind eine hilfreiche Grundlage für die Entscheidung, welche Funktionalitäten eine Lernplattform besitzen soll.

Content Management Systeme

Content Management Systeme (CMS) waren „ursprünglich für die Organisation und das Management von Inhalten konzipiert" (BAUMGARTNER/HÄFELE/MAIER-HÄFELE 2002, 34). Inzwischen haben sie sich „zu komplexen Redaktionssystemen entwickelt, die sowohl die Abläufe eines kooperativen webbasierten Arbeitsprozesses koordinieren als auch bei der Online-Erstellung der Inhalte [...] helfen" (ebd.). CMS können zum Erstellen, Verwalten, Recherchieren und Wiederverwenden von digitalen Inhalten genutzt werden und vereinfachen dem Anwender den Umgang mit diesen. Sie sind durch drei Merkmale gekennzeichnet (ebd., 34 f.):

1. die Trennung von Layout und Inhalt (das Layout von Online-Inhalten wird automatisch vom CMS erstellt),
2. das Komponenten-Management (Inhalte werden mit Metadaten in einer Datenbank abgelegt und bei Bedarf wieder abgerufen und zu neuen Inhalten zusammengesetzt, siehe Kap. 10),
3. das Workflow-Management (Steuerung der Arbeitsabläufe).

Learning Management Systeme

Während CMS stark auf die Organisation von Inhalten ausgerichtet sind, wurden Learning Management Systeme (LMS) vor allem entwickelt, um Lehr- und Lernprozesse mit digitalen Medien zu unterstützen. In den LMS „wird selbst erstellter oder zugekaufter Content in einer Datenbank verwaltet und den Lernenden zur Verfügung gestellt. Dabei wird der individuelle Lernprozess [...] vom System mitverfolgt (Tracking) und protokolliert. Die Lernenden können miteinander über synchrone (z. B. Chat) oder asynchrone (z. B. Diskussionsforum, File-Sharing) Kommunikationstools kommunizieren und kollaborieren" (ebd., 30). Darüber hinaus unterstützen LMS auch die Verwaltung der Kurse und der Lernenden oder bieten Hilfsmittel zur Erstellung von Online-Materialien für die Dozenten und Tutoren an.

Learning Content Management Systeme

Jedoch zeigte sich in der Praxis, dass ein LMS allein virtuelles Lehren und Lernen nicht ausreichend unterstützt, da LMS nur bedingt für die Erstellung, Verwaltung und Bearbeitung von Lernmaterial geeignet waren. Dies ist insofern ein wichtiger Faktor, als die Produktion multimedialer Lernmaterialien ein sehr zeit- und kostenaufwendiger Prozess sein kann. Nicht nur selbst erstellte Inhalte, sondern auch extern produzierte und zugekaufte Lernmaterialien müssen von einem System gut verwaltet werden können und (wieder-)verwendbar sein. Darüber hinaus wird es zunehmend interessanter, auf externe Ressourcen im Netz zuzugreifen, diese mit in das System zu integrieren und zu verwalten. Diesen Anspruch erfüllen wiederum CMS. Aus diesem Grund wurden die Vorteile der LMS mit denen der CMS in Learning Content Management Systemen (LCMS) zusammengeführt.

Autorenwerkzeuge

Zur eigenen multimedialen Erstellung von Lerninhalten werden zusätzlich Autorenwerkzeuge angeboten, die entweder bereits in Lernplattformen enthalten sind oder als zusätzliche Software genutzt werden können. Die Funktion solcher Software ermöglicht es den Lehrenden, ohne Programmierkenntnisse eigene Inhalte für die digitale Distribution aufzubereiten. Mit diesen Instrumenten ist es Lehrenden bspw. möglich, weiterführende Aufgaben oder zusätzliche Erläuterungen zu einer digitalen Lernsequenz zusammenzustellen. Die mittlerweile große Fülle an Instrumenten und Editoren, die auch als Open Source Software im Netz verfügbar ist, erlaubt es, auch mit geringem technischen Vorwissen Lerninhalte und Lernressourcen zu erstellen.

Mit der Entwicklung des Web 2.0 muss darüber hinaus der Lehrende nicht mehr alleiniger Inhaltsproduzent sein. Vielmehr können die Lernenden in den Prozess der Inhaltsproduktion integriert werden. Vielfältige Erfahrungen auf diesem Gebiet liegen bereits vor (Hofhues/Bianco 2009; Kilian 2010).

Virtuelle Lernwelten

Einige Lernplattformen greifen die Raummetapher als begehbare dreidimensionale Lernwelt auf, in der Seminarräume und darin befindliche Gegenstände wie Tafel, Tische u. a. Arbeitsgeräte räumlich abgebildet werden (Schulmeister 2005a, 104). Lehrende, Experten, Tutoren, Lernende und Zuschauende können sich als zwei- oder dreidimensionale Abbildungen oder Spielfiguren (Avatare) durch diese Räume bewegen und in Echtzeit kommunizieren. Solche Systeme haben ihren Ursprung in den virtuellen Spielwelten der textbasierten MUDs (Multi User Dungeons, Labyrinth- bzw. Rollenspiele für mehrere Benutzer) und der MOOs (Multi User Dungeons Object-Oriented). Letztere beziehen grafische Repräsentationen wie 3D-Objekte und Virtual Reality Objects mit ein.

Inwieweit eine solche virtuelle Umsetzung realer Räume auch in Lernkontexten über eine erste spielerische Annäherung hinaus sinnvoll ist, wird kontrovers diskutiert. Pätzold (2007, 15) untersuchte das Potenzial von 3D-Lernumgebungen und kam zu dem Schluss: „Zum einen handelt es sich zweifellos um technisch ambitionierte Erweiterungen der bisherigen Möglichkeiten computervermittelter Kommunikation und Gemeinschaftsbildung, die auch ein medienpädagogisches Potenzial haben. Gleichzeitig ist das Potenzial in Bezug auf den Einsatz solcher Umgebungen als Lernwelten aber bisher auf recht spezielle Nischenanwendungen beschränkt." In den letzten Jahren gab es einige Bildungsanbieter, die solche Ansätze durchaus erfolgreich testeten. Beispielhaft sei hier die Volkshochschule Goslar erwähnt, die viele Jahre Kurse in Second Life anbot und 2008 damit sogar den europäischen E-Learning-Preis „eureleA“ gewann (KREISVOLKSHOCHSCHULE GOSLAR 2008). Jedoch nutzen auch andere Lernplattformen die Raummetapher, wenn sie einzelne Bereiche oder Abteilungen mit Raumnamen belegen (Gruppenraum, Bibliothek, Café u. a.; ARNOLD 2001, 36). Virtuelle Lernwelten scheinen demnach „eine naheliegende Reaktion auf den zunächst noch ungewohnten, ungegliederten und unstetigen virtuellen Lernraum [zu sein und] sind die Versuche, Vorstellungen von realen Lernräumen in den virtuellen Raum zu übertragen“ (PETERS 1999, 19).

Virtuelle Klassenzimmer

Als virtuelle Klassenzimmer werden häufig Konferenzsysteme bezeichnet, die für synchrone Online-Seminare genutzt werden und z. B. einen Audiochat oder eine Video-Übertragung mit einem Whiteboardsystem verbinden. So können bspw. Power-Point-Präsentationen und -Vorträge synchron an ortsverteilte Teilnehmer übertragen oder am Whiteboard gemeinsam über geteilte Anwendungen Aufgaben bearbeitet werden. Ebenso können über Konferenzsysteme virtuelle Sprechstunden angeboten oder Gruppenarbeiten synchron für Lernende ermöglicht werden. Im Hochschulbereich stellt das deutsche Forschungsnetzwerk mit Adobe Connect Meetings eine entsprechende technische Infrastrukur zur Verfügung. Solche Systeme können in Lernplattformen integriert sein; sie werden aber auch als Einzellösungen angeboten. Die Durchführung von Seminaren in virtuellen Klassenräumen unterscheidet sich von Präsenzveranstaltungen und muss gut geplant werden (Kap. 6; ARNOLD 2013b; GAISER 2002; KAWALEK 1997).

Virtuelle Lernumgebungen in der Cloud

Mit der größeren Verfügbarkeit von Breitband-Internetanschlüssen und wachsender Rechnerkapazität sowie unter dem Einfluss von Web-2.0-Technologien gewinnt das Cloud Computing auch im E-Learning und E-Teaching an Bedeutung. Cloud Computing bedeutet zunächst, dass leistungsfähige Rechner Serviceleistungen wie Datenspeicherkapazität oder Anwendersoftware, z. B. Textverarbeitung, Tabellenkalkulation oder Präsentationssoftware, über das Internet zur Verfügung stellen. Das heißt, Dateien brauchen dann nicht mehr lokal auf Arbeitsrechnern gespeichert oder entsprechende Anwendersoftware installiert werden. Stattdessen können Nutzende mit fast beliebigen Endgeräten auf Daten und Softwareprogramme zugreifen, eine entsprechende Internetanbindung vorausgesetzt. Weiterhin bieten viele der Cloud-Anbieter auch eine automatische Synchronisierung von Dateien zwischen Cloud-Speicherung und verschiedenen lokalen Endgeräten der Nutzenden an.

Für Lehrende und Lernende hat die Nutzung von Cloud-Systemen eine Reihe von Vorteilen (ERPENBECK/SAUTER 2013; KEMSIES/STRASSER 2014; BORA/AHMED 2013; MASUND/HUANG 2012):

1. Es entfällt die Anschaffung, Wartung und Administration von Hard- und Software auf eigenen Servern. Damit ist in der Regel eine größere Aktualität und

Leistungsfähigkeit von Hard- und Software gewährleistet und die Lehr-/Lernumgebungen sind bei wachsender Nutzerzahl leichter skalierbar.

2. Ebenso entfällt die Installation und regelmäßige Aktualisierung von Software auf den Endgeräten der Lehrenden und Lernenden. Es gibt eine Vielzahl plattformspezifischer wie auch plattformunabhägiger Cloud-Systeme (bezogen auf die Betriebssysteme der Endgeräte der Nutzenden). Dadurch gewinnen Lehrende wie Lernende in der Regel an Flexibilität, da sie mit einer Vielzahl von Endgeräten Zugriff auf die Lernumgebung haben, wodurch die unterschiedlichsten Lernweisen und Lernorte flexibel unterstützt werden. Mobiles und ubiquitäres Lehren und Lernen wird so in besonderem Maße gefördert.
3. Für Lehren und Lernen können mobile Endgeräte der eigenen Wahl genutzt werden. Eigene Arbeits- und Lernweisen müssen daher nicht an neue Software-Funktionen angepasst werden, sondern können unmittelbar weiterhin genutzt werden.
4. Cloud-Systeme sind in der Regel sehr benutzerfreundlich gestaltet und benötigen keine oder nur eine sehr geringe Einarbeitungszeit.

Auf der anderen Seite entstehen aber auch eine Reihe von Nachteilen bzw. Gestaltungsherausforderungen, die es bei der Nutzung von Cloud-Systemen zu beachten gilt:

1. Werden öffentliche Cloud-Anbieter im Sinne der Web-2.0-Technologien genutzt, entstehen für größere Datenspeichervolumen oder andere Premiumdienste oft zusätzliche Kosten, die im gesamten Bildungsangebot und dem didaktischen Konzept berücksichtigt werden müssen.
2. Zudem liegen die Daten, multimedialen Lernressourcen und Texte, erstellt von den Lehrenden, Fachexperten und Lernenden, auf fremden Servern außerhalb der eigenen Bildungsinstitution und häufig auch außerhalb der eigenen Ländergrenzen. Urheberrechtlich geschützte Texte, die geschlossenen Lerngruppen in virtuellen Lernräumen legal in Auszügen zur Verfügung gestellt werden können (siehe Kap. 11.2), können in öffentlich genutzten Cloud-Systemen nicht ohne Weiteres genutzt werden. Auch der Schutz personenbezogener Daten ist nicht im gleichen Maße gegeben bzw. zu regulieren, wie in einem Learning Management System, das auf eigenen Servern installiert ist (Kap. 3.7).

Mit der Verbreitung von Cloud-Systemen variieren auch die Nutzungsszenarien von virtuellen Bildungsräumen: Zum Teil werden Cloud-Systeme als Alternative zu herkömmlichen, von der Bildungsinstitution bereitgestellten virtuellen Bildungsräumen genutzt (Kemsies/Strasser 2014), zum Teil werden Learning Management Systeme selbst in der Cloud bereitgestellt, oder ein klassisches Learning Management System wird mit Schnittstellen zu Datenspeichern in der Cloud versehen (Rachbauer 2014b). Häufig nutzen Lernende wie Lehrende Cloud-Anwendungen auch bereits innerhalb einer eigenen Lern- und Arbeitsumgebung im Sinne einer Persönlichen Lernumgebung (Kap. 3.5.2), z. B. für den Austausch großer Dateien oder das Zusammenarbeiten an Texten oder Präsentationen ortsverteilt in Echtzeit (Kemsies/Strasser 2014). Bildungsinstitutionen reagieren auf diese Entwicklung u. a., in dem sie ihren Angehörigen eigene, interne Cloud-Systeme (z. B. WebDAV, Web-based Distributed Authoring and Versioning) zur Verfügung stellen. Mit Letzteren entfallen die genannten Nachteile, weil alle Daten wieder im Hoheitsbereich der eigenen Einrichtung liegen; oftmals sind diese Anwendungen aber nicht so benutzerfreundlich, leistungsfähig und plattformunabhängig wie die frei verfügbaren Web-2.0-Cloud-Anwendungen oder die Clouds kommerzieller Anbieter, die auf Cloud-Systeme spezialisiert sind. Wieder andere Nutzungsszenarien sind communityorientierte Massive Open Online Courses (cMOOCs) (Kap. 4.3.3; Kap. 5.5), die das gesamte Kursgeschehen für alle zugänglich in die Cloud verlagern (Pscheida u. a. 2014).

Ähnliche Funktionen der angebotenen Komplettlösungen

Jede der am Markt angebotenen Komplettlösungen für Lernplattformen weist spezifische Funktionalitäten zur Unterstützung der erläuterten Aktivitätsklassen der Lernenden auf. Jedoch verfügen fast alle Lernplattformen inzwischen über folgende Komponenten (Arnold 2001, 38, in Anlehnung an Britain/Liber 1999):

- Ankündigungen/Aktuelles
- Kursbeschreibung
- E-Mail-Bereich
- Diskussionsgruppen
- Teilnehmerverzeichnis
- Metadaten
- Terminverwaltung
- Aufgabenbereich
- Werkzeuge für synchrone Zusammenarbeit
- Multimediale Ressourcen
- Studentischer Arbeitsbereich
- Suchmöglichkeiten
- Lesezeichen setzen
- Navigationsmodell
- Annotationen
- Lernkontrollen

Lernplattformen als Bildungsräume

Die virtuelle Welt außerhalb der Lernplattform ist für Lernende und Lehrende nur einen Mausklick entfernt. Sie ist durch das Internet selbst als *Darstellungsraum* (der Inhalte präsentiert), *Ereignisraum* (in dem Interaktionen stattfinden und Zugänge zu Daten und Informationen geboten werden) und *Bedeutungsraum* (in dem die Informationen durch Kommunikation Bedeutung erhalten) gegeben, bietet Chancen und Potenziale für das E-Learning und ist damit auch Teil des *Bildungsraums* (Schulmeister 2007, 19). Die virtuelle Welt des Internets sollte daher durch Verweise, Aufgaben, Recherchen, Einbindung externer (Experten-)Meinungen usw. unbedingt in die Gestaltung der Lehr- und Lernszenarien einbezogen werden.

Zugleich ist bei der Gestaltung von Szenarien zu bedenken, dass Lehrende und Lernende jeweils auch an einem eigenen realen Lernort sitzen; anders als in Präsenzseminaren wird dieser Lernort nicht geteilt; und es hat sich als sinnvoll erwiesen, in synchronen Kommunikationssituationen die je konkreten Gegebenheiten zumindest in der Einstiegsphase kurz zu thematisieren (Kap. 6.6; Kap. 6.7).

Was machen die – in ihren Funktionalitäten teilweise unterschiedlichen – Lernplattformen zu Bildungsräumen, d. h. zu virtuellen, das Lernen unterstützenden Räumen? Aus pädagogischer Perspektive reicht dabei ein Vergleich der jeweils angebotenen Funktionen oder Instrumente nicht aus. Deshalb sollten solche Kriterien herangezogen werden, die den mit dem Potenzial virtuellen Lernens verbundenen möglichen Wandel der Lernkultur unterstützen (ARNOLD 2001, 39 f.; ARNOLD/SCHÜSSLER 1998, 4 ff.; GRIESEHOP/BAUER 2017), also Interaktivität, Abbau der traditionellen Dominanz der Lehrenden, erleichterter Zugriff auf das weltweit verfügbare Wissen, Kommunikation mit anderen Lernenden sowie Fachexperten (Kap. 2; Kap. 6). Daraus lassen sich in Anlehnung an den Evaluationsansatz von BRITAIN/LIBER (1999) folgende Beurteilungsfragen für Lernplattformen als Bildungsräume ableiten:

- Unterstützen sie die *Aushandlung von Lernressourcen*, z. B. durch Einflussnahme der Lernenden auf Lerninhalte, die Möglichkeit, eigene Arbeitsergebnisse für alle sichtbar einzustellen, auf Informationen zu verweisen?
- Unterstützen sie die *Koordinationsprozesse* bei der Zusammenarbeit von Lernenden, z. B. durch Werkzeuge zur Gruppenwahrnehmung, Gruppenarbeitsräume, gemeinsame Terminkalenderverwaltung?
- Welche Möglichkeiten bieten sie Lehrenden und Lernenden, Lernprozesse und Lernfortschritte mitzuverfolgen (*Monitoring*), z. B. durch individuelle Abfrage des Lernstands, Möglichkeiten der Rückmeldung, tutorielle Betreuung?
- Gibt es Möglichkeiten der *individuellen Anpassung* der Lernplattform, z. B. durch die Wahl individueller Lernwege oder Repräsentation der Lernmaterialien, die Möglichkeit, Annotationen zu machen, Bookmarks zu setzen, die Oberfläche individuell anzupassen?
- Welche Hilfen werden für *selbst organisiertes Lernen* von Einzelnen oder kooperatives Lernen von Lerngruppen bereitgestellt, z. B. durch Werkzeuge zur Zeitplanung, durch das Einrichten von Webseiten, Diskussionsforen, Mailinglisten?
- Ermöglicht die Lernplattform *Adaptivität*, d. h. Änderungen am Konzept und an den Lernressourcen, z. B. durch Kommentar- und Bewertungsfunktionen?

Nicht alle Merkmale sind auch in allen Lernzusammenhängen gleich wichtig. Ein solcher Fragenkatalog kann aus didaktischer Perspektive zur Bestimmung von Kriterien für die eigene Arbeit beitragen. So benötigt eine einfache Informationsveranstaltung oder das Abprüfen deklarierter Wissensbestände nicht zwangsläufig die Möglichkeiten der Kooperation der Lernenden, ein gruppendynamischer Prozess mit hohen Anteilen reflexiven Lernens hingegen benötigt diese zwingend. In Abhängigkeit von den zu erreichenden Zielen und den eingesetzten Methoden kann bereits im Vorfeld entschieden werden, welche Funktionen eine Lernplattform für eine erfolgreiche Unterstützung des Lernprozesses mitbringen sollte.

3.5.2 Persönliche Lernumgebung

Der virtuelle Bildungsraum 2.0

Eine Persönliche Lernumgebung (Personal Learning Environment, PLE) ist „konzeptionell nichts anderes als die persönliche Wissens- und Lernumgebung [...] Technisch läuft eine PLE auf (Web-)Applikationen hinaus, die für eine individuelle und dezentrale Zusammenstellung vieler verschiedener (Web-2.0-)Werkzeuge (versus einer fremdorganisierten Umgebung wie klassische Learning Management Systeme) offen ist und dem Lernenden im Idealfall lebenslang und unabhängig von bestimmten Bildungsinstitutionen zur Verfügung steht" (REINMANN 2008a, 55). Es wurde schon angesprochen, dass aufgrund der neuen Internettechnologien und der dadurch veränderten Internetnutzung auch Lernplattformen einer größeren Offenheit und Adaptierbarkeit für die jeweiligen Nutzer bedürfen. Lernen findet nicht mehr nur in geschlossenen LCMS statt, sondern vorzugsweise auch im Internet, ohne dass eine Bildungsinstitution dahintersteht – und es ist denkbar, dass mehrere virtuelle Bildungsangebote von Lernenden parallel genutzt werden. Dabei finden die individuellen Lernprozesse kontinuierlich und durch vielfältige Interaktionen statt (ATTWELL 2007). PLE zeichnen sich durch eine hohe Individualisierung aus. Sie sind dafür im Gegensatz zu vielen Lernplattformen weniger vorgefertigt, sondern können vom Lerner an seine Bedürfnisse angepasst werden. Das betrifft sowohl die Instrumente als auch die Einbindung von Informationsquellen und (Lern-)Gemeinschaften.

Merkmale von Persönlichen Lernumgebungen

Die Besonderheit Persönlicher Lernumgebungen liegt darin, dass kein besonderes Softwaregerüst installiert und gewartet werden muss. Vielmehr legen sich die Lernenden ihre notwendigen Instrumente zum Informieren und Recherchieren, zur Kommunikation und Kooperation, die Lerninhalte und Lernergebnisse in einer eigenen Umgebung zurecht und passen diese immer wieder ihren neuen Bedürfnissen an. Die Lernenden haben u. a. die Möglichkeit, Informationen beliebig zu verknüpfen, Kontakte mit Kommunikationen zu verbinden, Informationen automatisch auf den Startbildschirm zu bekommen. Somit bleiben die relevanten oder als bedeutsam erachteten Informationen auf einen Blick sichtbar und können nach Bedarf durch Zusatzanwendungen erweitert werden. PLE besitzen folgende Merkmale: (1) Interaktion mit Lernobjekten durch alleinige oder gemeinsame Erstellung, Bearbeitung und Kommentierung, (2) Kommunikation und Kollaboration unter Rückgriff auf Werkzeuge des PLE-Anbieters oder von Fremdanbietern (je nach individuellen Präferenzen), (3) Adaptierbarkeit der PLE an die Lernendenpräferenzen bzgl. der inhaltlichen Darstellung als auch der Funktionen (KALIVA 2009).

SCHAFFERT/KALTZ (2009, 6) beschreiben PLE als „Lernanwendungen, bei denen Lerner verteilte Online-Informationen, -Ressourcen oder -Kontakte einerseits selbst in ihre PLE integrieren können und andererseits auch ihre im Rahmen der PLE vollzogenen Aktivitäten und deren Produkte in anderen Online-Umgebungen auf der Basis von Standards zur Verfügung stellen können". Der Erweiterung der Sichtweise um Standards, die es erlauben sollen, Lernaktivitäten in andere Umgebungen zu implementieren, muss vor dem Hintergrund der Anerkennung, Verwendung und dem Ausbau (in-)formell erworbener Kenntnisse und Kompetenzen besondere Beachtung geschenkt werden. Zwar bietet die Verschriftlichung von Wissensbeständen im Internet die Möglichkeit, eine kompetenzorientierte Prüfung von Lernprozessen und -ergebnissen durchzuführen, es fehlen dafür jedoch noch weitestgehend entsprechende Schnittstellen zwischen Artefakten, welche die Kompetenzen abbilden, den PLE und der Lernendenverwaltung in einer virtuellen Lernumgebung, die mit den entsprechenden Verwaltungssystemen eines Bildungsträgers verknüpft sind (Kap. 10.1.2). In diesem Bereich ist noch Forschungs- und Entwicklungsarbeit zu leisten. Einem E-Portfolio-System als Teil einer PLE wird hier hohes Potenzial zugesprochen (Baumgartner/Bauer 2013, 93 f.; Mayerberger 2013, 60 ff.; Brahm/Seufert 2007). Zugleich soll darauf hingewiesen werden, dass sich das Konzept der PLE nicht (mehr) nur auf den virtuellen Bildungsraum, Softwareanwendungen, Dateiaustausch etc. bezieht. Vielmehr integrieren sie auch den realen materiellen Raum mit seinen Ressourcen und seiner Ausstattung (z. B. Lernraum in der Bibliothek, Arbeitszimmer zu Hause oder gar der Platz während einer Bahnfahrt etc.). Somit sind auch PLE als hybride Lern- und Arbeitsbereiche möglich (Unger 2014).

Acht Funktionsbereiche Persönlicher Lernumgebungen

Folgende Funktionsbereiche soll eine Persönliche Lernumgebung erfüllen (Attwell u. a. 2008, 82 f., dt. übersetzt):

1. *Informationssuche und -strukturierung:* Informationen sind eine Basis für das Lernen. Lernende müssen in der PLE ihre Suchergebnisse sammeln und strukturieren können. Somit können Gemeinsamkeiten, aber auch Unterschiede der Informationen erkannt und der Lernprozess unterstützt werden.
2. *Bearbeitung:* Nach der Informationssuche müssen die Daten interpretiert werden. Für die weitere Arbeit sollen diese Daten bearbeitbar und damit dem eigenen Wissens- und Problemhorizont angepasst werden können, damit diese individuell für den Lernprozess genutzt werden können.
3. *Analyse:* Die PLE soll eine entsprechende Struktur bieten, um dem Lernenden den Vergleich neuer Informationen mit bereits vorhandenen Ressourcen zu ermöglichen.
4. *Reflexion:* Darüber hinaus soll die PLE Möglichkeiten der Reflexion des Gelernten bieten. Dafür eignen sich beispielsweise Blogs oder Diskussionsgruppen.
5. *Präsentation:* Die PLE bietet Möglichkeiten, Arbeitsergebnisse, Problemlösungen usw. anderen zu präsentieren.
6. *Transfer:* Der Transfer zielt auf die Übertragung der neuen Erkenntnisse auf neue/ähnliche Problemfelder. Er kann als Metareflexion dazu dienen, das Gelernte im Sinne der Kompetenzentwicklung (wovon Attwell u. a. in diesem Zusammenhang nicht sprechen) in neue Anwendungsfelder zu übertragen.
7. *Teilen:* Das Teilen von gewonnenen Informationen und Wissen ist ein zentraler Aspekt der PLE und dient der Verbreitung neuen Wissens und der Partizipation an Erkenntnissen anderer.
8. *Netzwerken mit anderen:* Networking ist nach Attwell u. a. die für das Lernen in persönlichen Lernumgebungen zentrale Herausforderung. Ohne die Einbindung in und den Ausbau sowie die Pflege von Netzwerken ist eine effektive, kritisch reflektierte und vernetzte Wissens- und Kompetenzentwicklung schwer möglich.

Viele arbeiten bereits – so kann festgestellt werden – (bewusst oder unbewusst) in und mit PLE. Es gibt zwar wenig PLE-Anbieter, jedoch entwickeln gerade routinierte Nutzer digitaler Medien ihre eigenen PLE. Diese sind in einigen Fällen auch plattformübergreifend aufgebaut. So werden Linklisten verwaltet, welche die favorisierten Webseiten enthalten, Messaging-Systeme sind auf dem PC installiert, um zu chatten, Newsgroups werden besucht, oder über einen Mailverteiler werden Informationen in der Gemeinschaft ausgetauscht. Unterwegs können über das Smartphone Feeds gelesen oder Kurznachrichten verschickt werden. Für die Bearbeitung einer Lernaufgabe wird über Online-Officeprogramme gemeinsam gearbeitet, bei der Recherche gefundene interessante Informationen fließen in Blogeinträge, oder es wird ein Beitrag in Wikipedia editiert. Wichtige Inhalte werden in die Cloud ausgelagert und mit anderen geteilt. Gruppenarbeitsräume werden mobil gebucht und Gruppentreffen über die digitale Terminverwaltung vereinbart. Diese kurze Beschreibung soll verdeutlichen, wie eine PLE aussehen könnte. Eine PLE ist weniger die Bereitstellung einer neuen Software-Komplettlösung zum Lernen als vielmehr die Aggregation verschiedener Informations-, Kommunikations-, Reflexions- und Evaluationsmodule in einem offenen System.

Herausforderungen beim Wechsel vom LMS zum PLE

Bei einem Wechsel von einem Lernplattformsystem zu einer PLE zeichnen sich Herausforderungen ab, die auch zu Veränderungen im E-Learning führen. Mit der Realisierung von PLE-Konzepten werden die Lernenden von Konsumenten zu Produzenten und damit zu Prosumenten, die eigenverantwortlich und selbst organisiert ihre Lernprozesse gestalten. Beim Einsatz einer PLE kommt den Nutzern die Aufgabe zu, verschiedene und für ihre Lerninteressen geeignete Werkzeuge auszuwählen und einzusetzen. Die Kompetenz zu einer guten Selbstorganisation muss mitgebracht bzw. aufgebaut werden. Für das inhaltliche Arbeiten ist es notwendig, dass die Beteiligten Kompetenzen zum Suchen und Finden, aber auch zur Verwendung und Bewertung der gefundenen Inhalte besitzen. Bezüglich der sozialen Einbindung stellen die Online-Gemeinschaft und die Kooperation zentrale Lernmöglichkeiten dar. Weiterhin ist der Zugang zu den persönlichen Daten anderer und für andere Beteiligte notwendig. Der Schutz persönlicher Daten und die Wahrung der Rechte wird dabei durch die Lerner selbst kontrolliert. Auf der technischen Seite ist es notwendig, dass Interoperabilität zwischen der Lernplattform (und Lernobjekten) und eingesetzten Werkzeugen der PLE gegeben sein muss (Gaiser 2008, 8 f., in Anlehnung an Schaffert/Hilzensauer 2008). Insgesamt bleibt festzustellen, dass der Wandel von formalen und vorgefertigten Lernangeboten in einer Lernplattform hin zu nonformalem oder informellem Lernen in einer PLE eine Vielzahl von Anforderungen an die Nutzer sowie das technische System stellt. Andererseits ist der mit einer PLE potenzielle Gewinn nicht zu unterschätzen, da die Lerner die Möglichkeit bekommen, sich selbst organisiert, bedarfsgerecht und nach eigenen Präferenzen das angestrebte Wissen anzueignen bzw. zu erarbeiten.

Integration eines adaptiven Lernsystems

Die Integration eines adaptiven Lernsystems zur Analyse und Bewertung der Handlungen der Lernenden und der daraus automatisch erzeugten Empfehlungen für ihre weiteren Lernhandlungen ist eine aktuelle informationstechnische Entwicklung zur Vervollständigung der PLE. Mit der Anwendung einer automatischen Lernprozessanalyse (Learning Analytics, siehe Kap. 7.9) können die Lernhandlungen und der Lernstand in der Bearbeitung der jeweiligen Lerneinheit automatisch aufgezeichnet und ausgewertet werden. Grundlage dafür sind aussagekräftige lerntheoretisch und pädagogisch fundierte Modelle von Lernprozessen mit digitalen Medien, die als wirksam eingeschätzt werden. So wird z. B. aufgezeichnet, ob der Lernende bereits alle Inhalte der Lerneinheit bearbeitet hat, wie er seine Kompetenzen in dem jeweiligen Themengebiet einschätzt, mit welchem Ergebnis er Aufgaben bearbeitet hat oder welchen Inhalt er bereits in welcher Zeit bearbeitete. Dem Lernenden werden die ausgewerteten Ergebnisse und die daraus automatisch abgeleiteten Empfehlungen für seine weiteren Lernhandlungen präsentiert. Er kann so erkennen und reflektieren, ob er mit dem aufgezeigten Ergebnis sein Lernziel bereits erreicht hat oder welche identifizierten individuellen Lernschwächen er dafür noch auf welchen der vom Lernsystem empfohlenen Wegen inhaltlich bearbeiten muss. Dafür kann zum einen das Lernsystem Lernpfade empfehlen, die sich automatisch an das aufgezeichnete und ausgewertete bisherige Vorgehen des Lernenden anpassen und somit einen individuellen Weg durch die Lerneinheit empfehlen. Das Lehrpersonal kann zum anderen sowohl den Gesamtfortschritt der Lernenden im angebotenen Kurs als auch eventuelle Verständnisprobleme oder Defizite in einzelnen Themenbereichen erkennen und diese z. B. durch Lernberatungsangebote oder Zusatzaufgaben beheben.

Das Ziel der Integration von PLE und adaptivem Lernsystem ist, dem Lernenden einen effizienten Lernprozess zu ermöglichen, sich also auf die wesentlichen Lerninhalte und Lernhandlungen zu konzentrieren, statt viel Zeit für die Suche nach den Inhalten aufzuwenden. Dafür wird dem Lernenden auch ein Überblick über die Struktur und die Themen der Lerneinheit geboten mit Verortung seines bisherigen Lernfortschritts.

Mögliche Probleme beim Einsatz von Persönlichen Lernumgebungen

Eine Persönliche Lernumgebung hat nicht nur Vorteile. Ihre hohe Individualisierbarkeit macht es – im Gegensatz zu einer Lernplattform – fast unmöglich, diese durch Dritte zu administrieren. Wenn technische Probleme auftreten, sind die Lerner auf sich gestellt, um eine Lösung zu finden. Das kann z. B. die fehlerhafte Einrichtung eines Netzzugangs sein, der plötzliche Verlust aller Bookmarks, versehentliches Löschen von Daten in einer Cloud oder ein vergessenes Passwort für eine Online-Anwendung. Diese wenigen Beispiele verdeutlichen weitere Vorteile einer zentral gepflegten Lernplattform, da sich Ansprechpartner (Tutoren, Lehrende oder Administratoren) um die Lösung eines aufgetretenen Problems bemühen und die technische Infrastruktur pflegen können. Bei institutionalisierten Lernangeboten stellt sich zudem die Frage, ob und inwieweit Lerner auf die Einrichtung einer PLE verwiesen werden können. Zugleich kann davon ausgegangen werden, dass die Nutzer von E-Learning-Angeboten ihre eigenen persönlichen Lernumgebungen nutzen. Sie greifen auf cloudbasierte Datenspeicher oder auch zunehmend auf cloudbasierte Anwendungen (Software as a Service, SaaS) zurück, recherchieren im Netz, tauschen sich über die Lerngegenstände in Foren aus usf. Aspekte des Datenschutzes (bspw. beim Bearbeiten eines Online-Dokuments oder dem Austausch in einem öffentlichen Chat) gewinnen an Relevanz, da Lernprozesse z. T. in öffentlich zugängliche virtuelle Räume verlegt werden. Auch das Bereitstellen von Bildungsressourcen, z. B. eine urheberrechtlich geschützte Datei mit beschränkten Verwendungslizenzen, ist in solchen offenen Lernumgebungen nicht oder nur begrenzt möglich. Es sind daher Regelungen zu entwickeln, die die Lernaktivitäten und den Umgang mit Lernergebnissen in anderen Umgebungen klären (Schaffert/Kaltz 2009).

Mit Blick auf die Individualisierbarkeit der PLE und damit auch der Nutzung unterschiedlicher Informations- und Kommunikationsressourcen ist es nur sehr schwer möglich, die Integration der Lernergebnisse aus verschiedenen Quellen zu gewährleisten. Hier sind administrative Empfehlungen und Absprachen innerhalb der Lerngruppe zu treffen, welche Instrumente und Formate genutzt werden, um einen Austausch der Daten innerhalb der Lerngemeinschaft zu ermöglichen. Die Entwicklung des PLE-Konzepts bedeutet nicht, dass die herkömmlichen Lernplattformen ihre Berechtigung verlieren. Wie oben beschrieben, müssen sie aber für eine Modularisierung von Instrumenten und die Individualisierung der Lernprozesse offen sein. Umgekehrt werden Lernplattformen und der virtuelle Bildungsraum in die PLE eines Lerners als eine Lernressource neben anderen integriert. Das Konzept der PLE bindet also auch die bereits zur Verfügung gestellten und genutzten Instrumente ein, erweitert diese jedoch um die Komponenten, die für einen erfolgreichen Lernprozess des Einzelnen notwendig sind.

3.6 Auswahl einer Lernplattform

3.6.1 Alle Beteiligten in die Auswahl einbeziehen

Die beste Lernplattform ist nicht die mit den meisten Funktionen oder Instrumenten. Im Gegenteil, zu viele Funktionen, die weder benötigt noch genutzt werden, können die Akzeptanz verringern. Eine Lernplattform sollte möglichst passgenau für die Anforderungen der geplanten Lernszenarien ausgewählt werden, aber zugleich die Möglichkeit bieten, an zukünftig komplexere oder anders gelagerte Anforderungen anpassbar zu sein. Auswahl, Implementierung und Nutzung einer Lernplattform haben weitreichende Konsequenzen für den Lehr- und Lernbetrieb (z. B.: Werden Lernangebote zukünftig komplett digital angeboten oder soll die Lernplattform nur additiv in die Lehre integriert werden?) und müssen daher strategisch geplant und transparent gestaltet werden. Ein entscheidender Faktor für die zukünftige

Akzeptanz bei der Implementierung und Nutzung einer Lernplattform liegt in der Erhebung und Berücksichtigung der „Kundenanforderungen", also der Lernenden und Lehrenden, Tutorinnen und Tutoren, Administratoren, Kursentwickler, Verwalter, die mit ihren jeweils spezifischen Bedarfen in die Entscheidungsprozesse einbezogen werden sollten (Kiedrowski 2001a). Die Erfahrungen des Lehrpersonals mit ihren Besonderheiten zur Gestaltung guter Lehre, die sich aus den jeweiligen Fachdomänen (z. B. Formeditoren, virtuelle Labore, Sprachübertragung u. v. m.) ergeben, sind für den Auswahlprozess sehr wichtig. Hier gilt es, die Nutzerinteressen zu erfassen und abzuwägen, welche Funktionen bereitgestellt und betreut werden und welchen (pädagogischen) Mehrwert sie bieten. Durch die Erweiterung der Lernangebote in den Bereich des virtuellen Bildungsraums können bestimmte Funktionen oder Anwendungen auch aus dem Internet in die Lernplattform integriert oder aus der Plattform auf diese verwiesen werden, was einerseits die Möglichkeiten der Gestaltung von E-Learning-Angeboten vermehrt und andererseits die technische Administration z. T. vereinfacht.

Für den Auswahlprozess ist es hilfreich, einen Kriterienkatalog zu entwickeln, in dem alle Kriterien gesammelt, geordnet und gewichtet werden. Dabei kann es für die Beteiligten schwierig sein, konkrete Kriterien für eine Lernplattform aus ihrer Sicht zu formulieren, „weil sich diese Erwartungen noch in der Entwicklung befinden und daher auch noch nicht immer hinreichend artikuliert werden können" (Zimmer 2003, 12). Um diesen Prozess anzuregen und zu unterstützen, kann auf bereits vorliegende Kriterienkataloge zur Auswahl von Lernplattformen zurückgegriffen werden (Schulmeister 2005a; Baumgartner/Häfele/Maier-Häfele 2002). Nützlich ist die Unterscheidung in Muss-, Soll- und Kann-Kriterien. Insbesondere die Definition von K.-o.-Kriterien ist eine Hilfe bei der Beurteilung der Eignung einer Lernplattform für die Bedürfnisse des jeweiligen Projekts. Die Kriterien und deren Gewichtung sollten von allen Beteiligten bzw. einer Auswahl der jeweiligen Akteursgruppen gemeinsam erarbeitet und diskutiert werden, um die für den späteren Einsatz notwendige Akzeptanz zu schaffen. Es ist darauf zu achten, dass auch nicht direkt in die Lehre involvierte Akteure eingebunden werden, da Lernplattformen mittlerweile in ein umfassenderes System der IT-Landschaft der Bildungsanbieter eingebunden werden. Verwiesen sei an dieser Stelle auf Campus Management Systeme, die wiederum die Einschreibung von Studierenden, die Erfassung von Prüfungsleistungen oder die Organisation des Lehrbetriebs unterstützen. Damit ergeben sich weiterführende Anforderungen an die Schnittstellen entsprechender Lernplattformen.

Anhand des erstellten Kriterienkataloges kann die Recherche nach geeigneten Systemen beginnen (siehe auch Hagenhoff/Schuhmann/Schellhase 2001). Grundsätzlich besteht zunächst eine Wahlmöglichkeit zwischen kommerziellen Anbietern und Open-Source-Produkten. Eine Eigenentwicklung einer Lernplattform kann kaum noch in Betracht kommen, wenn diese bzgl. der Funktionen an die bereits am Markt verfügbaren Angebote heranreichen soll, und dürfte häufig die Lizenzgebühren kommerzieller Anbieter erheblich übersteigen.

Favorisierte Lernplattformen sollten in einer Produktpräsentation geprüft und/oder als Testversion erprobt werden, damit sich das Auswahlgremium ein Bild über deren Aufbau und die Funktionsweise machen kann. Allerdings ist ein Testbetrieb arbeits- und zeitintensiv, zumal dies unter Umständen bedeutet, dass sich die Plattformnutzer mehrmals auf ein neues System einstellen müssen. Statt eines Testbetriebs können alternativ Erfahrungen anderer Bildungseinrichtungen und Nutzer mit bestimmten Lernplattformen erfragt werden. Dies bietet außerdem den Vorteil, dass die Erfahrungen verschiedener Nutzergruppen – etwa technische Administratoren, Rechenzentren, Lehrende und Lernende – einbezogen werden können. Renommierte Anbieter von Lernplattformen verweisen oft in ihren Produktpräsentationen auf entsprechende Referenzlisten.

Nach der Auswahl der Lernplattform erfolgen die technische Implementierung und die Einführung der Anwender in die Nutzung. Gerade die Einführung ist von Bedeutung, wenn die Lernplattform und darüber hinaus der virtuelle Bildungsraum auch lebendig genutzt werden sollen (Kap. 3.1; Kap. 3.7). Es kann davon ausgegangen werden, dass die meisten Bildungsanbieter bereits eine (oder mehrere) Lernplattformen betreiben. Jedoch können durch Produktaktualisierungen die Lernplattformen neue Funktionen erhalten, wie z. B. die Einbindung und Nutzung von Videodiensten, Möglichkeiten der mobilen Nutzung oder die Implementierung neuer Standards. Über die neuen Funktionen sind die Akteure entsprechend zu informieren und im Umgang damit zu unterrichten. Dies betrifft alle Nutzer, von Lernenden und Lehrenden über die Verwaltung, technische Administration usf., sowie das gesamte Nutzungsszenario, also nicht nur die technischen Aspekte, sondern u. a. auch organisatorische Fragen (z. B.: Wo werden Dateien abgelegt? Wie wird der Kalender verwaltet? Gibt es Ferienzeiten?) und datenschutzrechtliche Fragen (z. B.: Welche Nutzerdaten werden erhoben und sind von wem einsehbar?). Es ist nicht davon auszugehen, dass zur Einführung der Lernplattform bereits alle Nutzungsformen für alle Akteure beschrieben werden können. Diese entwickeln sich im Laufe der Arbeit mit dem System. Jedoch sollten diese Entwicklungen und die daraus entstandenen Regularien für alle, insbesondere für neu hinzukommende Lehrende, Lernende usw., hinterlegt und abrufbar sein. In diesem Zusammenhang sollte das Zusammenspiel aller Nutzergruppen in Pilotphasen getestet werden, wie etwa die Zusammenarbeit zwischen den Lehrenden und der Verwaltung oder den Lehrenden und der technischen Administration (Hettrich/Korolova 2003, 79).

3.6.2 Technische und wirtschaftliche Rahmenbedingungen

Konkrete Auswahlentscheidungen müssen über die bisher diskutierten pädagogischen Kriterien hinaus weitere Aspekte in Betracht ziehen. Schulmeister (2000) verweist auf Design, Technologie, Support sowie wirtschaftliche Gesichtspunkte; Arnold (2001, 41) nennt Wirtschaftlichkeit, Performance (Reaktionszeiten, Stabilität etc.), Skalierbarkeit (Erweiterbarkeit), Integration in die bestehenden Technologien und Komfortabilität des Kursmanagements.

Die verwendete Technologie

Bei den derzeit angebotenen und etablierten Lernplattformen kann davon ausgegangen werden, dass diese bzgl. der verwendeten Technologie keine komplexen Anforderungen für die Anwender mitbringen und üblicherweise keine nennenswerten Softwareinstallationen auf der Seite der Lernenden benötigen. Zugleich passen sich die Systeme zunehmend den neuen Lerngewohnheiten an, indem sie z. B. auch den mobilen Zugriff unterstützen (Responsive Webdesign).

Andererseits sollte darauf geachtet werden, dass sich das System in die IT-Infrastruktur des Bildungsanbieters einpasst. Welche Systeme verwendet die Verwaltung und lassen sich diese mit der Lernplattform verknüpfen, um die Verwaltung der Lernenden zu optimieren? Besitzt der Anbieter eigene Server und Administratoren, die eine Wartung der Lernplattform erlauben, oder sollte auf Fremdanbieter von Lernplattformen zurückgegriffen werden? Bietet die Lernplattform ein breites Spektrum an zusätzlich nachrüstbaren Instrumenten und kann die Plattform an die eigenen Bedarfe angepasst werden? Auch der Vergleich von kommerziellen Angeboten und Open-Source-Lösungen lohnt sich. Während bei kommerziellen Anbietern oft der technische Support im Angebot enthalten ist, muss dieser häufig bei Open-Source-Lösungen von der Einrichtung selbst getragen werden. Demgegenüber stehen oft mehr Freiheiten bei der Anpassung der Lernplattform an die eigenen Bedürfnisse, Kontrolle über die Funktionalitäten der Lernplattform sowie eine große Entwicklergemeinschaft, die die Lernplattformen stets weiter optimiert und anpasst.

Diese exemplarischen Fragen skizzieren die Spannweite der technischen Dimensionen. Es kann davon ausgegangen werden, dass mittlerweile viele Bildungsanbieter eine entsprechende IT-Infrastruktur für E-Learning-Angebote besitzen. Hier lohnt es sich, Erfahrungen anderer Anbieter zu erfragen oder sich Beratungen bei entsprechenden Dienstleistern einzuholen, die sich als Support-Einrichtungen für E-Learning am Markt etabliert haben.

Wirtschaftliche Gesichtspunkte

Kosten bei der Auswahl einer Lernplattform ergeben sich nicht nur durch die Anschaffung der Hard- und Software, sondern auch durch die Lizenzbedingungen, die bei der Auswahl berücksichtigt werden müssen. Auch hier wird den Open-Source-Lösungen ein Vorteil zugesprochen, da diese kostenfrei genutzt werden können. Allerdings entstehen dem Bildungsanbieter Kosten für die Administration solcher Lösungen. Häufig nicht berücksichtigte Kosten fallen außerdem bei der Anpassung vorhandener Systeme an, der Bereitstellung notwendiger Hard- und Software und der Weiterentwicklung eines Systems.

Darüber hinaus haben sich auch Kooperationsanbieter am Markt etabliert, die Lernplattformen für das E-Learning als Serviceeinrichtung betreiben. So gibt es für Universitäten in verschiedenen Bundesländern spezielle Ansprechpartner, z. B. der Virtuelle Campus Rheinland-Pfalz (http://www.vcrp.de) oder das Bildungsportal Sachsen (https://bildungsportal.sachsen.de) oder für Schulen das Angebot von Lehrer-Online (https://www.lo-net2.de). Einige dieser Anbieter bieten den Service für entsprechende Einrichtungen auch kostenfrei an.

Die diskutierten und vor dem Hintergrund der Schnittstellenoffenheit und Kompatibilität verschiedener Systeme angesprochenen Standards von E-Learning-Materialien und -Modulen (Kap. 10) sollten bei der Auswahl einer Lernplattform berücksichtigt werden. Auch die Verwaltung, Nutzung und Wiederverwertung von Lernmaterialien sowie die Einbindung verschiedener Module in die Lernplattform sollte unterstützt werden.

3.6.3 Auf Benutzerfreundlichkeit achten

Benutzerfreundlichkeit (Usability) ist ein Begriff, der aus der Softwareergonomie stammt und auf die Gebrauchsfähigkeit eines Produktes verweist. Es gibt mehrere ISO-Normen zur Benutzerfreundlichkeit: z. B. ISO 14915 (Softwareergonomie für multimediale Nutzerinterfaces), ISO 13407 (für benutzerorientierte Gestaltung interaktiver Systeme), ISO 4291 (Mensch-System-Interaktion). Häufig sind die Anforderungskataloge umfangreich und nicht einfach in eigene Projekte zu übertragen. Stapelkamp (2007) und Schweibenz/Thissen (2003) geben einen umfassenden Einblick in den Bereich der nutzerfreundlichen Gestaltung von Online-Systemen.

Für den Bereich des E-Learning sollen nachfolgend die vier Dimensionen von Benutzerfreundlichkeit vorgestellt werden (Reglin 2001):

- *Operability* meint die Bedienbarkeit eines technischen Systems. Reglin (2001, 58) plädiert hier für die „Unaufdringlichkeit" bei der Interfacegestaltung. So sollen „Lernsysteme ergonomisch zweckmäßig und intuitiv nutzbar" gestaltet werden, damit „das Lernprogramm nicht ‚erster Lerngegenstand' wird und die Aufmerksamkeit der Lernenden sich ganz den zu erarbeitenden Inhalten widmen kann".
- *Accessibility* meint den Zugriff und die Verfügbarkeit von Inhalten. „Wir fragen danach, wie Lerneinheiten gegeneinander abgegrenzt und miteinander verknüpft – oder verknüpfbar – sind, ob und wie sie sich zu einem konsistenten System fügen und durch welche Verfahren ein solches Lernsystem sicherstellt, dass sicher und zielgenau auf benötigte Inhalte zugegriffen werden kann" (ebd.).
- *Viability* verweist auf die Art der Darbietung der zu vermittelnden Inhalte (Didaktik); Lernen wird demnach u. a. erreicht durch die Unterstützung des individuellen Lernprozesses, Lebensweltbezug, Zielorientierung, Motivation. Lernplattformen sind dazu so zu gestalten, „dass eine Anpassung an veränderte Anwendungssituationen jederzeit möglich ist. Sie messen sich, kurzum, an ihrer Tauglichkeit als Instrumente der Aneignung nützlichen Wissens" (ebd.).
- *Social connectivity* heißt, die Lernprozesse sollen in einem sozialen Raum eingebettet sein, denn „Lernangebote – jeder Art – (stehen) zur sozialen Umwelt der Lernenden in Beziehung, und auch das Gelingen dieser Beziehung ist wesentliches Moment ihrer (guten) Nutzbarkeit" (ebd., 59).

Benutzerfreundlichkeit bei Lernplattformen ist für drei Gruppen wichtig:

1. „die Dienstleister, die den technischen Support und das einführende Training leisten,
2. für die Lehrenden, die die Systeme in der Lehre nutzen wollen,
3. und für die Studierenden, die damit lernen sollen" (Schulmeister 2005a, 13).

In einer Befragung gaben *Entwickler* an, dass eine Lernplattform Standards entsprechen sollte, die den Transfer von Lernobjekten, die Einfügung von Metainformationen über Lernobjekte, die Einbindung digitaler Bibliotheken unterstützen bzw. ermöglichen, die Stabilität des Systems gewährleisten und Agententechnologien enthalten, die die Erstellung von Lehrinhalten unterstützen. *Lehrende* wünschen sich von einer Lernplattform, dass diese flexibel genutzt werden kann, um unterschiedliche Lernszenarien zu realisieren, Multimediaelemente eingebunden sowie Lernmodule flexibel zusammengestellt und portiert werden können, der Computer als Mind Tool zur Unterstützung der Herausbildung kognitiver Strukturen nutzbar ist und die Lernplattform leicht handhabbar und offen ist. *Lernende* gaben an, dass sie sich von einer Lernplattform die Unterstützung der Entwicklung von Lernkompetenz, die lernergerechte Verwaltung, Betreuung, Organisation, eine Individualisierung ihrer Lernprozesse, eine Unterstützung bei der Orientierung, der Navigation und des Informationszugriffes, Transparenz des Online-Kurses und einen flexiblen Zugriff auf relevante Inhalte sowie die Unterstützung von Kommunikation und Kooperation wünschen (Tergan/Zentel 2003, 224ff.). Die mannigfaltigen Anforderungen an eine Lernplattform im E-Learning machen deutlich, dass es nur schwer möglich ist, ein optimales, alle zufriedenstellendes System zu erstellen.

3.6.4 Einsatz mehrerer Lernplattformen

E-Learning gehört für viele Bildungsanbieter mittlerweile zum Angebot, und die dafür notwendige technische Infrastruktur ist bereits vorhanden. Oft wird nicht mehr nur eine, sondern mehrere Lernplattformen werden parallel betrieben.

Gründe für den Einsatz mehrerer Lernplattformen

Dies kann unterschiedliche Gründe haben: So ist es möglich, dass ein Lernplattformanbieter seine Produktentwicklung eingestellt oder auch den Support, die Geschäftsbedingungen oder Angebotspreise geändert hat. Die Lernplattform dient dann eventuell noch dazu, laufende Kurse abzuschließen sowie die Arbeitsergebnisse für die Lerner der letzten Jahrgänge zu erhalten, damit diese z. B. für Nachbereitungen genutzt werden können. Denkbar ist auch, dass sich die Anforderungen der Bildungsanbieter und/oder Lerner geändert haben und neue Funktionen notwendig sind, die in der bisherigen Lernplattform nicht enthalten sind.

Ein weiterer Grund für den Einsatz mehrerer Lernplattformen kann darin bestehen, dass die Nutzer (Lehrende und Lernende, aber auch Administratoren) nach einer Einarbeitungsphase in E-Learning konkretere Vorstellungen von den notwendigen Funktionen einer Lernplattform und ihrer Integration in den virtuellen Bildungsraum haben, die von dem vorhandenen System nicht entsprechend realisiert werden können. Dies könnte eine einfachere Verwaltung der Datenbanken oder die Anbindung an Verwaltungssysteme beim Bildungsanbieter aus technischer Perspektive sein, aber auch eine bessere Unterstützung bei der Einbindung von Lehrmaterial oder ein funktionaleres Angebot bei den Kooperations- und Kommunikationsinstrumenten für die Lernenden bis hin zur Individualisierbarkeit und Schnittstellenoffenheit.

Sind diese Gründe, die zu einer Implementierung anderer Systeme führen, für eine zentrale Verwaltungseinheit von Belang, z. B. für ein E-Learning-Kompetenzzentrum, so können innerhalb von Bildungseinrichtungen auch mehrere Lernplattformen aufgrund individueller Vorlieben und Bedarfe von Lehrenden nebeneinander existieren. Durch die zunehmend einfachere Administration der technischen Infrastruktur mit geringen technischen Kenntnissen ist es dem Lehrenden so bspw. möglich, schneller auf Lehr- und Lernbedarfe zu reagieren, zusätzliche Applikation zu installieren, Arbeitsbereiche neu zu vergeben oder die Aufteilung von Lerngruppen kurzfristig zu organisieren, ohne dabei ggf. den Umweg über eine IT-Abteilung nehmen zu müssen.

Herausforderungen beim Einsatz mehrerer Lernplattformen

Das Anbieten unterschiedlicher Lernplattformen stellt jedoch Lehrende und Lernende vor einige Herausforderungen. So müssen sich diese in mehrere technische Systeme mit ihrer je spezifischen Nutzungslogik einarbeiten. Die Lehrenden müssen die Funktionen kennenlernen, die für die Gestaltung des Lehrprozesses und die Anregung des Lernprozesses dienlich sind. Dies könnten die Editoren zum Erstellen von Aufgaben, Kommunikations- und Kooperationswerkzeuge, Kalender oder Instrumente für die Nutzerverwaltung, Gruppenbildung u. v. m. sein.

Die Lernenden müssen sich mit den einzelnen Systemen auseinandersetzen. Das beginnt beim Login für die Nutzung über die grundlegende Orientierung im System bzgl. Navigation, Informationssuche oder Nutzung der auf der Lernplattform bereitgestellten Instrumente zur Aufgabenbearbeitung bis hin zu Möglichkeiten des Beitritts zu Lerngruppen, geschützten Arbeitsbereichen oder dem Einsehen des eigenen Lernfortschrittes.

Die hier aufgezeigten Aspekte stellen nur einen kleinen Ausschnitt dar, welche Besonderheiten für Lehrende und Lernende bei der Nutzung mehrerer Lernplattformen zu berücksichtigen sind. Diese variieren u. a. je nach Funktionalitäten, der eingesetzten und einsetzbaren Instrumente sowie der Individualisierbarkeit und Anpassbarkeit an die eigenen Bedürfnisse.

Weiterhin muss bedacht werden, dass die Anbindung an entsprechende Verwaltungssysteme des Bildungsanbieters durch den Einsatz unterschiedlicher Plattformen erschwert wird. Gerade bei größeren Bildungsanbietern werden oft Verwaltungssysteme installiert, die es ermöglichen, bspw. Lernleistungen aus dem System über entsprechende Schnittstellen zu übertragen und anzuerkennen. Durch den

Einsatz verschiedener Lernplattformen ist eine Kompatibilität zu den Verwaltungssystemen nicht mehr gewährleistet, was zu einem Mehraufwand für die Lehrenden führen kann. Darüber hinaus sind auch rechtliche Aspekte zu bedenken. Während bei zentral verwalteten Systemen viele Rechtsfragen durch die Verwaltung geklärt sind (z. B. der Einsatz von rechtlich geschützten Dokumenten), sollten Lehrende, die eine Individuallösung anvisieren, neben den technischen und pädagogischen Kenntnissen auch Kenntnisse über die rechtlichen Fragen im E-Learning haben (Kap. 11).

Nutzung der technischen Infrastruktur für E-Learning im Studentischen Lebenskreis

In den letzten Jahren zeichnete sich darüber hinaus ein Trend vor allem an Universitäten ab, der unter dem Stichwort Studentischer Lebenskreis (Student Lifecycle) auch den verstärkten Einsatz von Informationstechnik für die Einwerbung und Verwaltung der Studierenden, die Verbesserung des Studiums und der Studierbarkeit bis hin zur Betreuung von Alumni gefasst werden kann. Hierbei werden unter Einsatz einer technischen Infrastruktur Vorinformationen über die Studiermöglichkeiten bspw. in Form von Online-Studienwahl-Assistenten an einer Universität gegeben, über die sich potenzielle Studienbewerber informieren können. Vor- und Brückenkurse können einen Einstieg in das Studium erleichtern und die Wahl des geeigneten Studiengangs unterstützen. Bewerbungen und Einschreibungen für Studienplätze erfolgen online, die bedarfsgerechte Auswahl von Lernangeboten, die Protokollierung von Prüfungsleistungen oder das Herstellen von Lerngruppen sowie der Kontakt zu Dozenten und/oder Tutoren werden mittels der technischen Infrastruktur unterstützt. Dies kann gerade für die ersten Semester hilfreich sein, um sich im Studienalltag zurechtzufinden, sofern den Einsteigern auch entsprechende Unterstützungen zur Nutzung der Lernplattform angeboten werden. Entsprechende Apps der Hochschulen für mobile Endgeräte, die Auskunft über Dienstleistungen, Veranstaltungsübersichten, Sprechzeiten, wichtige Medien usw. geben, wirken unterstützend. Darüber hinaus können mittels geeigneter Informationstechnik und unter Einsatz von E-Learning die Qualität von (Massen-)Lehrveranstaltungen, die Zufriedenheit der Studierenden erhöht und ggf. Kosten für den Bildungsträger gesenkt werden. Im Laufe des Studiums kann die Selbstorganisation der Studierenden gestärkt und die Studienzeit sowie die Lehrorganisation dem Lernen angepasst werden. Die Mobilität der Lerner wird unterstützt, neue Lernendengruppen (z. B. berufsbegleitend Studierende) können angesprochen oder die Abbrecherquoten verringert werden. Nach Abschluss des Studiums hält das System über die technische Infrastruktur Weiterbildungsangebote oder Instrumente zur Unterstützung der Netzwerkarbeit für die Alumni bereit. Auch die hochschulübergreifende Nutzung von Studienmaterialien ist insbesondere für Studiengänge mit geringeren Studierendenzahlen ein Grund, ein solches System aufzubauen (Schulmeister 2007).

Es wird deutlich, welche Vorteile die technische Infrastruktur des E-Learning für die Gestaltung des Studentischen Lebenskreises bieten kann. Jedoch ist hierfür ein homogenes Angebot hilfreich, in das der virtuelle Bildungsraum eingebettet ist. Einzellösungen bergen u. a. die Gefahr, dass Lernende desorientiert zwischen verschiedenen virtuellen Bildungsräumen pendeln oder Fehler aufgrund nicht funktionierender Schnittstellen zwischen Bildungsraum und weiteren technischen Systemen entstehen, die nicht nur aufseiten der Lernenden für Missmut und Demotivation sorgen dürften. Daher empfiehlt es sich gerade in größeren E-Learning-Projekten, die Einzellösungen in ein Komplettsystem zu integrieren oder im Umkehrschluss ein System bereitzustellen, das individuell konfigurierbar ist und den jeweiligen Bedürfnissen gerecht wird.

3.7 Nutzung der Lernplattform

Neue Erfahrungen für Lernende und Lehrende

Eine technisch erfolgreich implementierte Lernplattform und deren Integration in den virtuellen Bildungsraum wird nicht schon deswegen (sinnvoll) genutzt, weil die Funktionen zur Verfügung stehen. Für die Akzeptanz ist es wichtig, dass Lernende und Lehrende verstehen, wie durch diese Funktionen Lern- und Lehrprozesse gestaltet und gefördert werden können und sie auf geeignete Unterstützungs- und Beratungsstrukturen, z. B. in E-Learning-Kompetenzzentren, zurückgreifen können. Einführungen zu Beginn der Nutzung des virtuellen Bildungsraums, vor allem der eingesetzten Lernplattform, sollten deshalb nicht nur die Funktionen erläutern, sondern auch darauf eingehen, wie diese Funktionen effektiv genutzt werden können. Dies betrifft sowohl Hinweise darauf, wie das System an einer Bildungseinrichtung oder in einem Projekt genutzt wird, als auch darauf, wie es kursspezifisch eingesetzt werden kann und welche Möglichkeiten es gibt, ggf. je nach Lerninhalt oder bevorzugter Arbeitsmethode auch individuelle Einstellungen vorzunehmen. Problematischer kann es werden, wenn Lernplattformen durch Einbindung externer Ressourcen durch die Lernenden erweitert und individualisiert werden, da hier nicht unbedingt technische und organisatorische Unterstützung angeboten werden kann. Lernende binden meist nur die Ressourcen zusätzlich ein, mit denen sie zu arbeiten gewohnt sind und die ihren Handlungsweisen entsprechen.

Erst durch die Beiträge der Lernenden wird eine Lernplattform lebendig und motiviert dazu, die verschiedenen Bereiche zu besuchen und sich an der Kommunikation zu beteiligen. Auch wenn die Nutzung des Internets und insbesondere der Austausch in sozialen Medien mittlerweile zum Alltag gehört, sollte nicht unterschätzt werden, dass es Lernenden fremdartig sein kann, sich insbesondere auf der Lernplattform in formalen Bildungsangeboten durch Beiträge in schriftlicher (z. B. in einem Diskussionsforum), auditiver (z. B. durch einen Podcast) oder visueller (z. B. durch ein Video) Form am Lernprozess aktiv zu beteiligen.

Frustrierende Erfahrungen zu Beginn lassen sich meist nur schwer ausgleichen, ebenso wie einmal etablierte Arbeitsroutinen im Umgang mit einer Lernplattform oft nur mühsam geändert werden können, auch wenn sie umständlicher oder zeitaufwendiger sind als andere Arbeitsweisen. Aus diesem Grund wird in den folgenden Abschnitten die Nutzung der Lernplattform aus den Perspektiven der unterschiedlichen Akteure betrachtet. Dies ist natürlich – je nach technisch eingesetzter Infrastruktur und Projekt – zu modifizieren. Dabei geht es an dieser Stelle *nicht* vorrangig darum, inwiefern sich z. B. die Betreuung, die Kommunikation usw. in virtuellen Lernszenarien ändert und was dabei zu beachten ist – dies wird in Kap. 6 ausführlich behandelt –, sondern um die Bedeutung der *Funktionen der Lernplattform und deren Nutzung* in virtuellen Lernszenarien.

3.7.1 Die Perspektive der Lernenden

Themen und Formen der Einführung in die Lernplattform

Lernplattformen stellen üblicherweise den Ausgangspunkt für die Gestaltung und Durchführung von E-Learning-Angeboten dar und sind damit erste Anlaufstelle für die Nutzenden. Mit dem ersten Besuch einer Lernplattform treten die Lernenden in eine neue (Lern-)Welt ein. Für diejenigen Lernenden, die noch keine Erfahrungen mit E-Learning haben, stellt die Arbeit auf einer Lernplattform eine Herausforderung dar. Bisher gewohnte Arbeitsprozesse wie z. B. das Auffinden von Informationen, der Umgang mit Arbeitsmaterialien, die Kommunikation und Zusammenarbeit in virtuellen Lerngruppen verlaufen anders. Auf alle diese Bereiche muss in einführenden Veranstaltungen – vergleichbar einer Einführungsveranstaltung für Studienanfänger an einer Präsenzhochschule – eingegangen werden. Idealerweise beschränken sich die grundlegenden Arbeiten der Lernenden auf Aktionen innerhalb der Lernplattform, da diese eine klare Rahmung für die Arbeitsbereiche bietet, an der sich Lernende orientieren können. Die Einführungen in die Arbeit mit einer Lernplattform können z. B. während einer Präsenzveranstaltung stattfinden, die natürlich auch weitere Themen (z. B. die Vergabe von Arbeitsaufträgen, die Besprechung der Lerngegenstände etc.) beinhalten darf, in die sich Praxisübungen integrieren lassen. Möglich ist auch eine Einführung als Online-Kurs, ggf. mit Möglichkeiten zum Üben und Ausprobieren. Begleitende schriftliche Unterlagen mit Abbildungen bzw. Screenshots können hilfreich sein.

Erklärt werden müssen alle Abteilungen der Lernplattform (Kap. 3.3) und die vorhandenen Funktionen und Instrumente sowie deren Nutzung im Lernprozess. Technische Aspekte der Instrumente wie die Unterstützung von Dateiformaten, Down- und Upload-Prozeduren, die Arbeit im eigenen Speicherbereich usw. müssen erläutert werden. Sofern vorhanden, sollte auf die Hilfefunktion des Systems oder die Unterstützung durch die Tutoren im Lernprozess hingewiesen werden. Dies ist notwendig, um Probleme bei der zukünftigen Erstellung, Sicherung oder Präsentation der Arbeitsergebnisse zu vermeiden. Die Lernenden müssen sich mit den Funktionsweisen des Systems auseinandersetzen und dabei im Laufe der Nutzung eigene, effiziente Arbeitsstrategien entwickeln. Aber auch weitere, aus dem virtuellen Bildungsraum in die Lernplattform aufgenommene Elemente (z. B. Einbindung von OER, externe Editoren usw.) müssen bzgl. der Nutzung vorgestellt werden.

Auch eine Einweisung in die Nutzung der Kommunikations- und Kooperationsinstrumente ist notwendig, z. B. in das Versenden von E-Mails über einen Verteiler oder notwendige technische Zusatzsoftware für die Nutzung geteilter Anwendungen wie z. B. einem Whiteboard. Für alle Funktionen gilt, dass das Lernen damit zunächst ungewohnt sein kann und erst eingeübt werden muss; so müssen z. B. virtuelle Gruppenarbeiten wegen des damit verbundenen Koordinationsaufwandes langfristiger angelegt werden, die Gruppenarbeiten in Präsenzgruppen und die gruppeninterne Kommunikation müssen auf die jeweiligen gemeinsamen Arbeitsphasen abgestimmt werden (siehe dazu ausführlich Kap. 6).

Alle Hilfefunktionen erläutern

Wie bereits beschrieben, sollen bei der Einführung in die Lernplattform alle Hilfefunktionen vorgestellt werden, d. h. sowohl Hilfestellungen des Systems als auch Frequently Asked Questions (FAQ), Online-Hilfen, Newsgroups usw., damit die Lernenden auch zu einem späteren Zeitpunkt die Möglichkeit haben, spezielle Fragen zu klären und sich weiter in die Lernplattform einzuarbeiten. Nicht zu unterschätzen ist hierbei die gegenseitige Hilfe durch die Lerngruppe, zu der von Anfang an angeregt werden sollte. Dazu können die FAQ für die Lerner editierbar sein, Linklisten mit Hinweisen zur Lösung von z. B. technischen Problemen im Internet gepflegt und erweitert werden oder über Kommunikationsformen wie einem Videochat Direkthilfe von Lernern für Lerner etabliert werden. In der Praxis haben sich solche Szenarien bewährt und erhöhen bei den Hilfe anbietenden Lernern die Verbundenheit mit dem Kurs und der Lernplattform. Hier wird auch die Möglichkeit der von Kerres u. a. (2009) formulierten Anforderungen an moderne Lernplattformen bezüglich eines differenzierten Rollenmodells deutlich: Lernende, die in speziellen Gebieten besonders kompetent sind (z. B. technische Unterstützung, sehr gute Sprachkenntnisse), können z. B. die Rolle eines Neben-Administrators für ihre Wissensdomäne erhalten, die auch mit neuen Rechten auf der Lernplattform (z. B. Administration der technischen FAQ oder der Diskussionsforen) verbunden ist.

Information über Ansprechpartner

Bei der Einführung in die Lernplattform müssen die Lerner darüber informiert werden, an welche Ansprechpartner sie sich bei inhaltlichen, organisatorischen und technischen Fragen wenden können. Hierfür sollte es auf der Lernplattform einen Bereich geben, in dem sich Lehrende, Tutoren, Verwalter und Administratoren, in den jeweiligen Kursen auch die Lernenden untereinander, vorstellen und ihren Zuständigkeitsbereich kurz beschreiben. Es ist auch denkbar, auf bereits existierende Seiten im Internet (Blogs, Homepages, Seiten in Online-Gemeinschaften etc.) zu verweisen, was die Pflege und regelmäßige Aktualisierung der persönlichen Daten für die Nutzer vereinfacht. Zu beachten sind dabei unbedingt alle datenschutzrechtlichen Bestimmungen (siehe Kap. 11.1), damit es zu keinem Datenmissbrauch kommt, weder in der Bildungseinrichtung noch darüber hinaus. Es sollte daher vereinbart werden, was die Kurzvorstellung der Lernenden in der geschützten Lernplattform und/oder im virtuellen Bildungsraum enthalten sollte und was nicht. Auch sollten die Lernenden darüber informiert werden, wer Zugriff auf ihre Kurzvorstellungen hat und welchen Zugriff sie auf die anderer Personen haben.

Klärung von Rechten

Wichtig für die Lernenden ist die Information über die Rechte der einzelnen Personen in einer Lernplattform wie Schreib- und Leserechte. Wer kann die Chatprotokolle lesen? Wer kann Test- und Prüfungsergebnisse einsehen? Wer hat Zugriff auf meine Arbeitsergebnisse? Zu den Rechten zählen jedoch auch die Rechte, die die Nutzer der Lernplattform selbst besitzen, wie die Möglichkeiten, andere Lernende anzuschreiben, für Gruppenarbeiten einzuladen, in deren Kalendern Termine zu hinterlegen oder eigene Lernergebnisse anderen freizuschalten. In diesen Bereich fallen ebenfalls Informationen über die Urheber-, Verwertungs- und Nutzungsrechte von Lern- und Arbeitsmaterialien sowie von Software usw., damit die Lernenden keinen Rechtsbruch begehen. Vor allem die Verwertungs- und Nutzungsrechte müssen auch im Internet beachtet werden. Gerade für Inhalte aus dem Internet ist es sowohl für Lehrende wie auch für Lernende oft nicht einfach zu entscheiden, welchen rechtlichen Beschränkungen diese Inhalte unterliegen. Mittlerweile gibt es auch erste Portale und Internetseiten, die versuchen, mit der Auflistung entsprechender Rechtsvorschriften, teilweise mit Suchfunktion oder kategorisiert nach Inhaltstyp oder Benutzergruppe, Klarheit zu schaffen (z. B. die Internetseite zu freien Lizenzen Creative Commons, http://de.creativecommons.org/; siehe Kap. 11.2).

Ausbilden von Arbeitsstrategien

Vor allem wenn Lernende mehrere Kurse besuchen, kann eine Lernplattform und ihre Einbindung in den virtuellen Bildungsraum schnell unübersichtlich werden. Die Suche nach Informationen und Neuigkeiten und die Kommunikation in verschiedenen Kursräumen können dazu führen, dass sie sich weniger auf die eigentlichen Lerninhalte als auf den Umgang mit der technischen Infrastruktur konzentrieren. Es ist daher hilfreich, wenn Lernende von Beginn an dabei unterstützt werden, eigene Strategien im Umgang mit der Lernplattform zu entwickeln, beispielsweise immer zuerst in den kursübergeordneten Kalender sehen, dann überprüfen, ob es neue Mitteilungen in einem Kurs gibt (Ankündigungen der Lehrenden, neue Diskussionsbeiträge in Foren und Gruppenarbeitsräumen), regelmäßig ihren aktuellen Arbeits- bzw. Lernstand abfragen, um den weiteren Lernverlauf und die notwendigen Lernzeiten zu planen. Hilfreich ist es für Lernende, wenn die Lernplattform hierzu entsprechende Anwendungen bereitstellt, auf Neuigkeiten hinweist, die Verwaltung von Aufgabenlisten unterstützt, aber auch die bereits geleisteten Lernergebnisse des Lerners, eventuell sogar mit einem (anonymen) Vergleich zur Lerngruppe, ermöglicht – wodurch die eigene Lernaktivität und der Lernfortschritt vergleichbar werden. Hier kann, falls die Lernplattform nicht die entsprechenden Instrumente zur Verfügung stellt, auf Alternativen im Netz verwiesen werden, wo eine Vielzahl an Instrumenten zum Selbst- und Zeitmanagement zur Verfügung stehen. Hilfreich ist es auch, wenn zentrale Informationen zu einem Modul immer in derselben Abteilung eines Kursraums zu finden sind. Sollte die Lernplattform kursspezifisch anders genutzt werden, sollte explizit darauf hingewiesen werden.

3.7.2 Die Perspektive der Lehrenden

Mit der Lernplattform vertraut machen

Die Aufgabe der Lehrenden bzw. der Tutoren ist es, den Lernprozess der Lernenden mit den zur Verfügung gestellten und anderen abrufbaren digitalen Medien zu unterstützen. Dafür müssen sie die Besonderheiten des virtuellen Lernens kennen, z. B. Lernszenarien, Kommunikationsformen, Gruppenarbeiten (Kap. 6). Dies wiederum erfordert, dass die Lehrenden vor allem mit der Lernplattform und deren Funktionen gut vertraut sein müssen, und zwar aus der Doppelperspektive der Lernenden und Lehrenden, da für sie durchaus unterschiedliche Darstellungen und Funktionsumfänge möglich sind. So beinhalten die meisten Lernplattformen erweiterte Rechte für Lehrende, z. B. die Möglichkeit, Ankündigungen und neue Inhalte einzustellen, Tests zu generieren, Evaluationen durchzuführen. Darüber hinaus müssen Lehrende wissen, an wen sie Lernende bei speziellen Fragen, z. B. einer Prüfungsordnung oder der Anerkennung von Vorleistungen, verweisen können.

Abstimmungen zur Nutzung der Lernplattform treffen

In größeren Projekten und kompletten virtuellen Bildungsangeboten, in denen die Lernenden mehrere Kurse belegen, ist es sinnvoll, wenn die Lehrenden sich bei der Nutzung der Lernplattform abstimmen, d. h. bestimmte Bereiche und Funktionen einheitlich verwenden, damit die Lernenden gewünschte Informationen wie Terminkalender, Arbeitsaufträge etc. in allen Kursen an derselben Stelle finden. Die Erfahrungen zeigen, dass sich dies nicht von selbst ergibt und keineswegs selbstverständlich ist. Neu hinzukommende Lehrende sollten über die Arbeitsweisen informiert und in diese eingearbeitet werden und ihre Nutzung an etablierten Routinen orientieren.

Die Lernplattform beleben

Wenn die Kursteilnehmer feststellen, dass sich auf der Lernplattform dauerhaft nichts tut, d. h. keine neuen Ankündigungen vorhanden sind, keine neuen Beiträge in Forendiskussionen erstellt werden, sinkt auch die Motivation, sich selber zu beteiligen. Die Lernplattform als zentraler Kern und Pforte des E-Learning muss lebendig sein! Dies erfordert eine Arbeitskultur des Sich-sichtbar-Machens. Es ist die Aufgabe von Tutoren bzw. Lehrenden, den Lernenden die Notwendigkeit bewusst zu machen und zugleich durch Ankündigungen und Mitteilungen, aber auch durch Anregungen zur Diskussion die Entwicklung einer solchen Lebendigkeit auf der Plattform zu fördern. Persönliche Nachrichten, wie z. B. Neujahrsgrüße, lockern die Atmosphäre auf, sollten aber die inhaltlichen Informationen nicht überdecken.

Ein Universalrezept für die Belebung gibt es nicht. Sie ist abhängig von vielen Faktoren wie z. B. Gruppengröße, Lerngegenstand, Lehrmethoden. Mit der Zeit werden die Lehrenden ein Gespür dafür bekommen, was in welchem Kurs notwendig ist (Kap. 6).

Tätigkeiten vor Beginn eines Kurses

Vor Beginn eines Lernmoduls können folgende Tätigkeiten sinnvoll sein:

- Vertraut machen mit der Lernplattform und ihren Bereichen sowie Funktionen;
- Informieren über Nutzungsroutinen;
- Planen, wie der konkrete Kurs eingebunden sein muss;
- Abgleichen mit allgemeinen Nutzungsregeln und der Frage, ob es im Kurs Besonderheiten gibt, die ein Abweichen davon sinnvoll machen;
- Einstellen von Informationen in die Lernplattform, z. B.
  - Informationen zur Durchführung des Kurses, zu Lernszenarien, Lernformen, Terminplänen, Lernmaterialien, Prüfungen;
  - Informationen zur eigenen Person (Erreichbarkeit, E-Mail-Adresse, Telefon, Sprechzeiten, Angabe zu Antwortgeschwindigkeiten, Foto, eventuell auch einige persönliche Informationen);
  - Einstellen von Verweisen auf andere Quellen (Links, ggf. auch in das Internet), Literaturlisten usw.;
  - Begrüßen der Teilnehmer im Ankündigungsbereich;
  - Erste Aufgaben für die Lernenden, z. B. sich auf einer Homepage allen Kursteilnehmern vorzustellen, eine Mitteilung zur Begrüßung in einem Diskussionsforum zu machen.

Tätigkeiten während eines Kurses

Während des Kursverlaufs können folgende Tätigkeiten sinnvoll sein:

- Ankündigungen regelmäßig einstellen (dabei ist die Häufigkeit von unterschiedlichen Faktoren abhängig – z. B. wie viele Module die Lerner belegt haben – und muss im Einzelfall geprüft werden);
- Rückmeldung auf der Lernplattform geben, z. B. über die Bearbeitung von Aufgaben, den Stand der Gruppe;
- Anregung der Nutzung der Werkzeuge und Kommunikationsinstrumente in der Lernplattform;
- Anregung von Gruppenarbeitsprozessen: Nutzung der Gruppenräume und Kommunikationsinstrumente etc. (Vorschläge, Hilfestellungen);
- Anregung von Kommunikation;
- Strukturieren von Diskussionsforen;
- Erstellen und Einstellen von Tests;
- Fortsetzen des Einstellens von Lernmaterialien, Links, Literaturverweisen usw. und darauf jeweils mit einer Ankündigung hinweisen.

Tätigkeiten nach der Bearbeitung eines Kurses

In die Reflexion des Verlaufs eines Kurses nach seiner Durchführung sollten die Lehrenden die Nutzung der Lernplattform und, wenn möglich, des genutzten virtuellen Bildungsraums einbeziehen, damit diese Erfahrungen zur Optimierung genutzt werden können, z. B. durch Erweiterungen, technische Veränderungen, aber auch durch andere Arbeitsroutinen. Die jeweilige Projektleitung sollte dafür die Rahmenbedingungen schaffen, damit die Vorschläge gesammelt, mit Kolleginnen und Kollegen diskutiert und an die technische Administration weitergegeben werden können.

3.7.3 Technisch-organisatorische Anforderungen

Kommunikation zwischen den Bereichen

Auch wenn die technische Administration und Verwaltung nicht unmittelbar in die Lehr- und Lernprozesse involviert sind, können sie durch die Bereitstellung kursrelevanter Auskünfte, technischer Hilfestellungen usw. erheblich zu reibungslosen Prozessen beitragen. Schnittstellen zur Lernplattform müssen das Einstellen solcher Informationen und die Kommunikation zwischen Mitarbeitern dieser Bereiche und den Lernenden und Lehrenden ermöglichen. Kommunikationsroutinen (und Kommunikationsregeln) sollten von Beginn an etabliert werden (Kap. 6.2). Eine Vorstellung der jeweiligen Ansprechpartner für Lernende und Lehrende auf der Lernplattform ist wünschenswert; Informations- und Unterstützungsangebote sollten dargelegt und regelmäßig aktualisiert, Listen mit häufigen Fragen gepflegt werden. Alle relevanten Informationen (z. B. Änderungen, Termine) müssen an die Nutzer in den anderen Bereichen kommuniziert werden. Umgekehrt sollten die Nutzer wissen, welche Informationen die Verwaltung und technische Administration von ihnen benötigen.

Verwaltungsaufgaben

In der Verwaltung werden das Angebot, die Belegung der Veranstaltungen sowie die dafür zur Verfügung stehenden Lehr- und Betreuungskapazitäten geplant. Dazu müssen Instrumente zur Ressourcenplanung und Verwaltung der Lernenden zur Verfügung stehen. Eine Schnittstelle zur verwendeten Lernplattform ist dafür optimal.

Für die Lernenden stellt die Verwaltung zum einen Auskünfte wie Curricula und Prüfungsordnungen über die Bildungsangebote zur Verfügung. Zum anderen sind organisatorische Abläufe, wie z. B. Veranstaltungsorganisation, Einschreibung, Kursbelegungen, wichtige Informationen. Lernende wenden sich in diesen Zusammenhängen mit ihren Anliegen und Fragen an die Verwaltung, umgekehrt kann die Verwaltung Lernende an Anmeldungen erinnern oder Kurseinschreibungen bestätigen.

Um diese Anforderungen zu erfüllen, ist es notwendig, dass die Verwaltung von den Lehrenden oder automatisch über das Verwaltungssystem die entsprechenden Auskünfte erhält, z. B. über neu erstellte Angebote, die in das Profil des Bildungsanbieters eingepflegt werden. Auch kann die Verwaltung unter Rücksprache mit den Lehrenden kursrelevante Informationen wie bspw. Termine für Prüfungsanmeldungen direkt in die Lernplattform einstellen.

Die Einbindung der Lernplattform in Verwaltungssysteme

Bislang scheint die Einbindung einer Lernplattform in ein entsprechendes Verwaltungssystem problematisch. Die eingesetzten Verwaltungssysteme bieten oft keine oder nur wenige Schnittstellen zu anderen Systemen an, sodass die Daten meist an mehreren Orten (Lernplattform, PC der Lehrenden, ggf. sogar im Internet, sowie auf den Servern des Bildungsanbieters) verteilt liegen und oft manuell übertragen werden müssen. Veltmann (2003, 2) stellt dazu fest: „Ein Hauptproblem stellt die mehrfache Erfassung und Pflege von Daten dar, die jeweils in den oft isolierten Systemen der einzelnen Institutionen innerhalb der Universität gehalten werden. Redundanz bei den Arbeitsabläufen und Inkonsistenz innerhalb der Daten sind die Folge. Explizite, manuelle Datenabgleiche zwischen den Institutionen und überflüssige Neuerfassung von Daten sind an der Tagesordnung." Diese Feststellung hat bis zum jetzigen Zeitpunkt nicht an Bedeutung verloren.

Strukturell problematisch scheint dabei u. a., dass Verwaltungssysteme speziell für die Anforderungen der Verwaltung einer Einrichtung, Lernplattformen hingegen für die Unterstützung des Lernprozesses konzipiert und eingesetzt werden. Damit zielen beide Systeme auf unterschiedliche Arbeitsbereiche eines Bildungsanbieters. Um die gesammelten Daten konsistent zusammenzuführen, ist ein Abgleich der beiden Systeme notwendig. Dies ist nicht nur eine technische Herausforderung, zumal es eine Vielzahl von Verwaltungssystemen, aber auch von virtuellen Lernplattformen gibt. Somit muss die Integration der Daten bei fast jedem Bildungsanbieter individuell konfiguriert werden.

Nicht nur die technischen Schnittstellen bereiten bei der Datenzusammenführung verschiedener Systeme Probleme, sondern auch die Unterschiedlichkeit der Arbeitskulturen. Nach einer Studie von Doberkat u. a. (2002) gibt es zu klärende organisatorische Voraussetzungen bei der Integration einer Lernplattform in ein Verwaltungssystem, die darauf abzielen, „Arbeitsabläufe und -techniken mit denen aus einem eher bürokratisch geprägten Umfeld zusammenzubringen" (ebd., 55). Interessanterweise sehen die Autoren hierbei vor allem die Beziehung prägenden zwischenmenschlichen Probleme zwischen Lehr- und Verwaltungsbetrieb und stellen fest: „Der Erfolg der Integration eines neuen Systems, wie einer E-Learning-Plattform, in bestehende Verwaltungsabläufe ist vor allem vom guten Willen aller Beteiligten abhängig" (ebd.). Bezüglich der Datenintegration verdeutlichte die Studie, dass Verwaltungssysteme „historisch gewachsene, monolithische und isoliert betriebene Systeme mit einer komplexen Funktionalität" sind (ebd., 56). Statt diese Komplexität weiter zu steigern, wird verstärkt daran gearbeitet, diese in einzelne Module aufzulösen. Durch diesen Prozess sollte auch der Zugriff und Datenaustausch virtueller Lernplattformen und Verwaltungssysteme über eine externe Datenbank ermöglicht werden. Dabei muss genau geprüft werden, welcher Nutzer welche Daten einsehen und verwenden bzw. bearbeiten darf (ebd., 56 f.). Auf die Schnittstellen und Datensicherheit der Systeme ist daher besonders zu achten.

Eine Fragmentierung der Daten führt nicht nur zu erhöhtem Verwaltungsaufwand aufseiten der Lehrenden, sondern beschränkt auch die Möglichkeiten, Lernleistungen, die über eine einfache Notengebung hinausgehen und komplexeren Prüfungsformen folgen, über solche Systeme zu erfassen. Hier ist noch Entwicklungsarbeit zu leisten. Angebote wie z. B. HISinOne (http://www.his.de/produkte/hisinone.html) beschreiten dieses Neuland. So versucht dieses System, eine technische Plattform für Bewerber-, Zulassungs- und Prüfungsmanagement, Studierenden-Management, Unterstützung von Lehre und Forschung, Alumni-Management, Evaluation, Unterstützung für die strategische Steuerung der Hochschule und Ressourcen-Management zu sein.

Die Aufgaben der technischen Administration

Aufgabe der technischen Administration ist die Bereitstellung und Pflege der technischen Infrastruktur einer Lernplattform, wie Datenbanken, die IT-Sicherheit oder die Sicherung und Archivierung von Daten. In Absprache mit dem Lehrpersonal können durch die technische Administration Zugriffsrechte auf die einzelnen Bereiche der Lernplattform vergeben werden.

Von zentraler Bedeutung für den Lernbetrieb ist die schnelle Beseitigung technischer Fehler, z. B. bei Systemausfällen, Anwendungsfehlern oder Sicherheitslücken. Diese beinhaltet auch das Informieren der Nutzer über technische Probleme sowie eine Nachricht, wenn diese behoben sind und das System wieder einwandfrei arbeitet. Eine weitere wichtige Aufgabe der technischen Administration ist die Optimierung der eingesetzten Lernplattform für den Lernbetrieb, wenn hier Eingriffsmöglichkeiten bestehen. Dazu zählen u. a. die Erweiterung der verfügbaren Funktionen um weitere Instrumente oder Zusatzsoftware. Wichtig ist dabei die Kommunikation und Abstimmung mit allen Beteiligten. Auf jeden Fall müssen jegliche Veränderungen auf der Lernplattform den Nutzern mitgeteilt werden. Außerdem sollte die Projektleitung die Rahmenbedingungen schaffen, um Hinweise und Anregungen zur Optimierung des Systems von den Nutzergruppen zu sammeln, gemeinsam zu diskutieren und abzustimmen.

Für den Einsatz von PLE (Personal Learning Environment, Persönliche Lernumgebung) relativieren sich diese Anforderungen bzw. werden auch auf Akteure übertragen, die den Nutzern nicht bekannt sind. Zwar sind Fragen der IT-Sicherheit, Sicherung und Archivierung immer noch wesentlich, jedoch zeigt sich hier, dass dies nicht mehr die IT-Abteilung beim Bildungsträger gewährleisten kann. Teilweise müssen die Nutzer selbst das Funktionieren von Grundanforderungen verantworten (z. B. Systemsicherheit), in Teilen wird die Verantwortung aber auch an Dritte weitergegeben, wenn bspw. externe Dienste in die PLE eingebunden werden. Vorteil einer solchen Implementation in die persönliche Lernumgebung ist die bereits beschriebene Hilfe durch die Online-Gemeinschaft. Diese kann durchaus die eigene Lerngemeinschaft eines Kurses sein, kann sich aber auch auf die Nutzer des Internets insgesamt erstrecken. Die Lernenden benötigen in diesem Fall jedoch die Fähigkeit, eventuell auftretende Probleme zu analysieren, zu beschreiben und Hilfe zur Selbsthilfe zu finden.

3.7.4 Datensicherheit und Datenschutz

Durch die Verbindung der Lehr- und Lernprozesse über die digitalen Medien auf der Lernplattform der Bildungseinrichtung und im Internet fallen im Vergleich zu den traditionellen Präsenzveranstaltungen umfangreiche Mengen von Daten an. Die Sicherung und der Schutz der mit den digitalen Medien permanent erzeugten institutionellen und persönlichen Daten wird daher zu einer großen und zentralen Herausforderung. Basierend auf dem im Artikel 2 des Grundgesetzes formulierten allgemeinen Persönlichkeitsrecht gibt es ein Grundrecht auf informationelle Selbstbestimmung. Daraus folgt, dass die Lehrenden und Lernenden und alle anderen Beteiligten darüber informiert und aufgeklärt werden müssen, welche Daten von wem in der Bildungseinrichtung durch die Nutzung der digitalen Medien zu welchem Zweck gespeichert und von wem, wann, wie und wofür verwendet und ausgewertet werden. Da alle Beteiligten ein Widerspruchsrecht haben, müssen sie auch um Zustimmung zur Speicherung und Auswertung ihrer persönlichen Daten für die Aufgaben der Bildungseinrichtung gebeten werden.

Der Schutz aller persönlichen Daten (ausführlich Kap. 11.1) muss nicht zur Folge haben, dass die gesammelten und gespeicherten Daten nicht im Sinne eines Frühwarnsystems z. B. auf mögliche Lernprobleme, -bedürfnisse und -vorschläge von der Bildungseinrichtung ausgewertet und analysiert werden dürfen, um rechtzeitig im Interesse der Lernenden und Lehrenden und der Qualitätssicherung und -entwicklung aller Voraussetzungen, Bedingungen und Prozesse eingreifen zu können (vgl. Kap. 7.9 Learning Analytics). Aber alle Daten, die ausgewertet und analysiert werden, dürfen auf keinen Fall persönlich zugeordnet werden können – es sei denn, es gibt eine uneingeschränkte Zustimmung zur Auswertung der persönlichen Daten.

Außerdem ist darüber aufzuklären, dass jede unverschlüsselte Kommunikation im Internet oder Intranet über eine IP-Adresse (Internet Protocol-Adresse), eine vom DNS-Server (Domain Name System Server) vergebene Ziffernfolge erfolgt, über die jeder Computer auf Servern gespeichert wird, mit dem eine Internet-Verbindung hergestellt wurde. Dadurch können z. B. Hacker unerlaubt auf die Verbindungsdaten zugreifen, diese auslesen und auch missbrauchen. Dies kann auch über unvorsichtig geöffnete Anhänge von Spam-Mails erfolgen, die nicht immer alle von den installierten Firewalls abgewiesen werden. Diese Unsicherheit der Internetverbindungen hat in der letzten Zeit zunehmend die Kommunikation beeinflusst und zur Forderung und verbreiteten Einführung einer Verschlüsselung der digitalen Kommunikation und der Internetseiten über HTTPS-Verbindungen sowie auch zu Veränderungen des sozialen bzw. kommunikativen Verhaltens geführt. Wie die möglichen Gefahren umgangen oder eingeschränkt werden können, ist zu thematisieren und es sind entsprechende Leitlinien für die Praktizierung der digitalen Kommunikation im E-Learning aufzustellen. Für die E-Learning-Anbieter empfiehlt sich daher – auch aufgrund der großen Zahl der Teilnehmenden – die Benennung eines Datenschutzbeauftragten, der auch (vertraulicher) Ansprechpartner für alle Nutzer ist.

3.8 Fazit

Lernplattformen als technische und pädagogische Infrastruktur

Lernplattformen bilden nicht nur die technische, sondern auch die pädagogische Infrastruktur des virtuellen Lehrens und Lernens. Für die orts- und zeitunabhängige Gestaltung der Lernaktivitäten stehen Lernenden und Lehrenden eine Vielzahl von Funktionen und Räumen in diesen Systemen zur Verfügung, die den Lernprozess unterstützen und die Lernplattform zu einer Ergänzung bzw. Erweiterung traditioneller Bildungsräume werden lassen. Durch diese Entwicklungen lässt sich mittlerweile das E-Learning vom traditionellen Lernen nicht mehr trennen (Bachmann u. a. 2014, 21). Dies bringt Implikationen für die Gestaltung realer Bildungsräume mit sich, aber auch für die Art und Weise des Lernens. Es kann unabhängig von speziellen Bildungsräumen stattfinden, Lernende werden zu Lernwanderern (ebd.).

Neue Kompetenzen für effizienten Umgang notwendig

Dennoch scheint es trotz der vorhandenen Hilfen und Werkzeuge oft schwierig zu sein, in einer Lernplattform zu arbeiten, sich zu orientieren, zu kommunizieren, zu kooperieren und Lerninhalte zu bearbeiten. Denn Lehrende und Lernende müssen mit der Nutzung der Lernplattform und darüber hinaus der Einbindung des virtuellen Bildungsraums neue Kompetenzen erwerben, damit die Arbeitsaufwände nicht auf die Bedienung der technischen Infrastruktur, sondern auf den Lernprozess konzentriert werden. Durch die Fortentwicklung der Technologien kann dabei nicht davon ausgegangen werden, dass die Lehrenden bereits umfangreiche Erfahrungen im Umgang mit digitalen Medien haben. Eher verfügen die Lernenden über die erforderlichen Medienkompetenzen (Kap. 6.3). Dennoch bleibt die Verantwortung bei den Lehrenden, mittels pädagogisch begründeter Handlungen den Lernprozess anzuregen und zu unterstützen.

Tutoren und Lehrende haben die Aufgabe, die Lernenden in ihren Lernprozessen zu unterstützen und beim Kompetenzerwerb zu begleiten (Kap. 6.1). Jedoch müssen sie oft selber erst noch eigene Erfahrungen mit virtuellen Bildungsräumen sammeln, die sich zudem fortwährend verändern. Dazu ist auch eine intensive Auseinandersetzung mit den damit verbundenen neuen Informations- und Kommunikationsformen, z. B. eine Teilnahme an virtuellen Gemeinschaften oder das Ausloten des didaktischen Potenzials der neu entstehenden Anwendungen im Internet, notwendig. Schließlich sind, um die Leistungspotenziale virtueller Bildungsräume ausschöpfen zu können und damit die Lernmöglichkeiten zu erweitern, vor allem Kompetenzen im Bereich der Didaktik des E-Learning (Kap. 4), der Aufgaben und Kompetenzen der Lehrenden (Kap. 6.5) und der tutoriellen Betreuung (Kap. 6.6) unabdingbar notwendig.

Kreativität und Engagement sind erforderlich

Die technischen Entwicklungen, die die Gestaltung von E-Learning-Angeboten unterstützen, verlaufen außerordentlich dynamisch. Gerade Trends wie PLE oder das mobile Lernen verdeutlichen dies. Trotzdem wird und kann es die optimale Lernplattform nicht geben. Dies liegt nicht nur an der Vielzahl der technischen Möglichkeiten, sondern vor allem daran, dass verschiedene Lernszenarien, verschiedene Anforderungen der Lernenden und auch unterschiedliche Intentionen von Bildungsanbietern jeweils individuelle Unterstützungsformen erfordern. Die Erweiterungen der Lernplattformen in den virtuellen Bildungsraum bieten jedoch umfassende Erweiterungsoptionen, die für die Realisierung der jeweiligen Lehr-Lern-Szenarien genutzt werden können. Allerdings ist darauf zu achten, dass insbesondere für Lernende, die mehrere Angebote bei einem Anbieter besuchen, die Grundfunktionalitäten erhalten bleiben und von Lernangebot zu Lernangebot auch vergleichbar sind. Für größere Projekte ist deshalb die sorgfältige Auswahl eines geeigneten Systems von hoher Bedeutung. Allerdings sind oft auch Kompromisse notwendig und sinnvoll, damit z. B. in einer Bildungseinrichtung nicht (zu viele) unterschiedliche Lernplattformen genutzt werden. In der Praxis müssen die auftretenden Mängel durch (aufeinander abgestimmte) Maßnahmen, das Engagement und die Kreativität der Tutoren und Lehrenden ausgeglichen werden. Schließlich ist es wichtig, dass Lehrende und Lernende in die Verbesserung der vorhandenen Systeme einbezogen werden. Hilfreich sind dafür Qualitätsmanagement und Evaluationen (Kap. 8; Kap. 9). Aber auch informelle Austauschformen können dazu beitragen. Denn die Nutzer – Lernende, Tutoren und Lehrende – können den Entwicklern die notwendigen Hinweise für die optimale lehr- und lernförderliche Gestaltung virtueller Lernräume geben.

4 Didaktische Konzeption

Bedeutung der Didaktik für E-Learning

Nicht nur das Lernen, auch das Lehren wird durch die digitalen Bildungsmedien erheblich verändert. Dies betrifft die Kurskonzepte, Lehr- und Lernformen sowie Lehr- und Lernszenarien, z. B. in Bezug auf die Struktur und Aufbereitung der Lernmaterialien, den zeitlichen und organisatorischen Ablauf, die Bedeutung der Aufgabenstellung, die Kommunikation und Betreuung der Lernenden. In Kapitel 2 wurde dargestellt, dass damit das Potenzial verbunden ist, dem Zusammenspiel von Lehren und Lernen neue Impulse zu geben und zu einer Veränderung des pädagogischen Verhältnisses von Lehrenden und Lernenden beizutragen. Bereits zu Beginn des Einsatzes digitaler Lernformen wurde darauf hingewiesen, dass sich eine solche neue Lehr- und Lernkultur kaum von selbst entwickelt, sondern einer entsprechenden didaktischen Gestaltung bedarf (KERRES/JECHLE 2002; ZIMMER 2002a). Daran hat sich auch nach über fünfzehn Jahren E-Learning nichts geändert – denn ein unreflektierter Einsatz von E-Learning-Elementen kann Lernprozesse auch erheblich behindern.

Im Folgenden werden daher lerntheoretische Grundlagen und didaktische Überlegungen vorgestellt, die es erleichtern sollen, effiziente komplett virtuelle oder mit Präsenzveranstaltungen kombinierte virtuelle Bildungsangebote zu konzipieren und bereits mit der Planung den notwendigen Wandel der Lehr- und Lernkultur zu unterstützen (Kap. 2.5).

Notwendige Begriffsklärungen

Da die Veranstaltungsformen und die Begrifflichkeiten im Bereich des E-Learning immer noch sehr heterogen sind, ist es in vielen Fällen notwendig, vor Beginn der Veranstaltungsplanung einheitliche Sprachregelungen zu vereinbaren. Dies ist umso wichtiger, als viele Beteiligte den eigenen Sprachgebrauch bzw. das eigene Verständnis als selbstverständlich betrachten und auch bei den anderen voraussetzen, was dazu führen kann, dass Missverständnisse entstehen (und möglicherweise zu spät entdeckt werden), die sich auch auf die konkreten Ausführungen bei der Konzeptentwicklung von E-Learning-Modulen sowie von multimedialen Inhalten auswirken und dann bei der Durchführung der Kurse nicht mehr geändert werden können. Dies kann z. B. den Umfang der zu erstellenden Lernmaterialien betreffen, aber auch mögliche Formen der Kommunikation und Betreuung oder andere Modulelemente.

Im Folgenden werden *virtuelle Lernmodule* als Lehr- und Lernveranstaltungen im Kontext von Hochschule bzw. anderen Bildungseinrichtungen verstanden, die umfangreichere computer- und internetvermittelte Anteile enthalten und nicht ausschließlich in Präsenz durchgeführt werden. Dabei geht es nicht um die Aufbereitung von Lernhäppchen, sondern um inhaltlich (und zeitlich) umfassendere Kurse, etwa im Umfang einer Semesterveranstaltung (z. B. einer Vorlesung oder eines Seminars), die wiederum kleinere Lerneinheiten enthält, die etwa einer Vorlesungs- oder Seminarstunde entsprechen und ihrerseits aus unterschiedlichen, kleineren Lernelementen (Learning Objects) bestehen können.

Eine aus didaktischer Perspektive sinnvolle Konzeption virtueller Lernmodule muss über die Aufbereitung von Inhalten (z. B. die Entwicklung von Lernmaterialien) hinausgehen, auf die sich die Aufmerksamkeit von Entwicklern häufig konzentriert. Erst durch die Einbettung in ein Gesamtkonzept, das die Planung des zeitlichen und organisatorischen Ablaufs sowie der Kommunikation und Betreuung mit der Konzeption der Lernmaterialien verbindet, können Lehr- und Lernprozesse im virtuellen Bildungsraum effektiv und effizient gestaltet werden.

Aufwendige Planung virtueller Lernmodule

Virtuelle Lernmodule müssen sorgfältig vorbereitet werden. Die Konzeptentwicklung und die technische und organisatorische Realisierung virtueller Module erfordern mehr und andere Arbeitsschritte als die Vorbereitung von Präsenzveranstaltungen (Kerres 2013, 213–259). Der Grund ist nicht nur die aufwendige technische Erstellung multimedialer Lerninhalte. Auch im Zeitalter von Web 2.0 sind spontane Reaktionen und Änderungen in virtuellen Bildungsveranstaltungen schwerer zu realisieren als in Präsenzveranstaltungen, in denen Lehrende direkt auf die Lernenden reagieren und wenn nötig sogar ihr Gesamtkonzept noch einmal verändern können. Dies ist in Kursen mit hohen virtuellen Anteilen nicht so leicht möglich, zum einen wegen des damit verbundenen Erstellungsaufwandes, zum andern aber auch, weil es schwierig sein kann, die Lernenden über nachträgliche Veränderungen von Lerninhalten oder Verbesserungen adäquat zu informieren: Für die Lernenden, die die entsprechenden Inhalte noch nicht gelesen haben, ist die Information überflüssig; für diejenigen, die den Stoff bereits bearbeitet haben (und an den jeweiligen Stellen entweder eine völlig veränderte Seite wiederfinden oder auch nur kleine Änderungen suchen müssen), verwirrend.

Notwendigkeit der Zusammenarbeit

Außerdem sind an der Planung, Entwicklung und Durchführung von virtuellen Lernmodulen zumeist mehr Personen beteiligt als in herkömmlichen Lernsituationen. An der Entwicklung können bspw. Fachexperten, didaktische und technische Berater, Drehbuchautoren, Designer und Programmierer beteiligt sein, in größeren Projekten häufig auch Projektmanager. Oft werden multimediale Lernmaterialien von anderen Personen eingesetzt und betreut als von denjenigen, die sie entwickelt haben. Alle Beteiligten müssen ihre Tätigkeiten aufeinander abstimmen. Dabei wird häufig nicht berücksichtigt, dass die „Konstellation der Akteure [...] grundlegend anders [ist], wenn ich ein Medium für meinen eigenen Unterricht entwickle, wenn ich ein Medium entwickle, das für Einzelne zum autodidaktischen Lernen bereitgestellt wird oder aber wenn es um ein Lernangebot für die Bildungsarbeit einer Organisation geht" (KERRES 2013, 265). Auch wenn – im Gegensatz zu den oft großen und komplexen Projekten in der Anfangszeit des E-Learning – inzwischen häufig unkomplizierte, kleinere Lösungen umgesetzt werden, die nur kurzfristige Beratungen erfordern, bleibt die arbeitsteilige Gestaltung von E-Learning ein wichtiger Aspekt. Die Unterstützung und Koordination der Zusammenarbeit aller Beteiligten, z. B. durch E-Learning-Kompetenzzentren, ist deshalb weiterhin von nicht zu unterschätzender Bedeutung (THILLOSEN/HANSEN 2009, 146; ARNOLD/PREY/WORTMANN 2016).

Gliederung des Kapitels

Die Gliederung des Kapitels orientiert sich an den Faktoren, die für die didaktische Gestaltung virtueller Lernmodule wichtig sind. Zunächst wird auf die Rahmenbedingungen eingegangen, unter denen ein Modul entwickelt wird (Kap. 4.1). Anschließend erfolgen eine systematische Darstellung und kritische Reflexion der lerntheoretischen Grundlagen für die didaktische Gestaltung (Kap. 4.2) sowie der Organisationsformen virtueller Bildungsangebote und neuer Lernszenarien (Kap. 4.3), die in einem handlungs- bzw. aufgabenorientierten Gesamtkonzept zur Entwicklung von E-Learning-Modulen zusammengeführt werden (Kap. 4.4). Abschließend werden Empfehlungen zur Entwicklung von virtuellen Kursen und Lernmodulen gegeben (Kap. 4.5). Zentral für die Umsetzung der hier vorgestellten didaktischen Grundlagen ist schließlich die Entwicklung der Medien- sowie der Lehr- und Lernkompetenzen der beteiligten Personen, die in Kapitel 6 dargestellt wird.

4.1 Rahmenbedingungen der Entwicklung von E-Learning-Modulen

Vor der Darstellung der didaktischen Konzeptualisierung von virtuellen Bildungsangeboten werden an dieser Stelle zunächst die dafür notwendigen Rahmenbedingungen umrissen. Denn Aspekte wie der Umfang eines E-Learning-Projekts und dessen finanzielle und technische Ausstattung haben auch auf die didaktische Konzeption erheblichen Einfluss. Dabei müssen keineswegs immer komplette virtuelle Module entworfen werden. Gerade im Kontext der Einbindung von E-Learning in die Präsenzlehre bieten auch kleinere digitale Lerneinheiten für bestimmte Inhalte (etwa zur Veranschaulichung) oder in bestimmten Situationen (z. B. zur Motivation oder zur Selbstüberprüfung des Lernfortschritts) Lernenden eine sinnvolle Unterstützung. Für Lehrende bzw. Entwickler kann die Erstellung solcher weniger aufwendigen Lerneinheiten – die etwa durch die Nutzung von Web-2.0-Werkzeugen inzwischen recht unkompliziert ist – motivierend sein und den Einstieg in komplexere Entwicklungen anregen.

Die meisten E-Learning-Entwicklungen, zumindest im Bereich der Hochschullehre, waren zunächst entweder Initiativen einzelner Lehrstühle oder Fachbereiche, oder sie entstanden durch zeitlich begrenzt geförderte Projekte von sehr unterschiedlicher Größe (Arnold/Kilian/Klockmann/Thillosen 2003; Kap. 2.2; Kap. 2.3). Inzwischen haben verschiedene Hochschulen damit begonnen, Konzepte zur Integration von E-Learning in ihre Gesamtstrategie zu entwickeln und die entsprechenden Infrastrukturen dafür zu schaffen (Kap. 12.3; Stratmann/Kerres 2008; Arnold 2010; Wannemacher 2016). Damit entstehen klarere Rahmenbedingungen für die E-Learning-Akteure, auch wenn sich diese von Institution zu Institution stark voneinander unterscheiden können.

Analyse der Rahmenbedingungen und Planung der Ressourcen

Ob also das Konzept für ein virtuelles Modul (wie oft in kleinen, weniger komplexen Projekten) von denselben Personen entwickelt wird, die den Kurs dann auch durchführen, oder ob die Planung durch Projektmitarbeiter innerhalb einer großen Arbeitsgruppe erfolgt und inwieweit dabei Möglichkeiten bestehen, Rahmenbedingungen zu beeinflussen oder mitzugestalten, ist im Einzelfall ebenso unterschiedlich wie die konkreten Tätigkeiten.

Reinmann-Rothmeier (2003, 89 ff.) nennt für Hochschullehrende, die E-Learning-Projekte planen bzw. vorbereiten, folgende in der Kontext- und Ressourcenanalyse zu beachtende Faktoren:

- *finanzielle Rahmenbedingungen:* Kalkulation vorhandener und einzuwerbender Mittel, Kostenschätzung, Erstellung eines Finanzplans;
- *verfügbarer Zeitrahmen:* Projektbeginn und -ende; eventuelle Vorgaben durch feste, z. B. hochschulspezifische Zeitpunkte wie Semesterverlauf oder durch den Projektförderer, Erstellung eines Meilensteinplanes mit Pufferzonen;
- *personelle Kapazitäten:* studentische und wissenschaftliche Mitarbeiter am jeweiligen Lehrstuhl; Kooperationen innerhalb der Fakultät oder darüber hinaus mit anderen Hochschulen oder sonstigen Partnern;
- *technische Bedingungen:* Infrastruktur am Lehrstuhl und an der Hochschule, vorhandene Hard- und Software, Unterstützung durch technisch versierte Mitarbeiter und durch das Rechenzentrum.

Schnittstellen zwischen Modulentwicklung und anderen Aufgabenbereichen

In größeren Projekten wird eine Analyse dieser Faktoren meist nicht zu den Aufgaben der Personen gehören, die das Konzept der Module entwickeln. Jedoch beeinflussen auch weitere Aspekte die Kernaufgabe der Planung von Bildungsarrangements und -materialien. Es ist deshalb wichtig, dass Entwickler durch das Projektmanagement darüber informiert werden, welche Elemente zur Modulplanung bereits feststehen, welche noch festzulegen oder aber frei zu handhaben sind.

Feststehende Rahmenbedingungen können z. B. die Struktur der Organisation und des Bildungsangebots sein (Zusammenhang der Kurse, Abschlüsse etc.) oder die Zielgruppe, die Bildungsorganisation (Curricula, Prüfungsordnungen etc.) oder die zeitliche Planung (Ferien, Präsenztermine etc.) betreffen. Weitere Faktoren sind der verwendete virtuelle Lernraum, die technischen Rahmenbedingungen und andere mehr.

Wenn es noch nicht feststehende technische oder organisatorische Faktoren gibt, die direkten Einfluss auf die Konzeption der Module haben, kann es sinnvoll sein, die Entwickler in die Planungs- und Entscheidungsprozesse einzubeziehen, bspw. in die Entwicklung der Gestaltungsrichtlinien oder in die Auswahl der zu nutzenden Techniken.

Werden Module von mehreren Bildungseinrichtungen eingesetzt, sollten Inhalte, Aufbereitung und zu erwartende Zielgruppen mit den dortigen fachverantwortlichen Dozenten (z. B. in einem Fachausschuss) zumindest grob abgestimmt werden.

Wenn die Entwickler von Konzepten und Lernmaterialien die virtuellen Kurse nicht auch selber durchführen, ist außerdem die Rückkopplung mit den Lehrenden und Betreuern wichtig, um Rückmeldungen über den Verlauf und eventuell notwendige Veränderungen zu erhalten.

Alle Abstimmungsprozesse erfordern Kooperationsfähigkeit und entsprechenden zeitlichen Aufwand, der bei der Planung und während der alltäglichen Arbeit oft vernachlässigbar erscheint. Jedoch sind die Abstimmungsprozesse ein wesentlicher Erfolgsfaktor bei der Entwicklung der virtuellen Module.

Modulentwicklung in Projektgruppen

Durch den arbeitsteiligen Prozess der Konzeption und Umsetzung eines E-Learning-Moduls verändern sich traditionelle Arbeitsprozesse: Im Gegensatz zur Vorbereitung von Präsenzlehrveranstaltungen, für deren Durchführung meist ein einzelner Dozent allein verantwortlich ist, ist ohne ein Team „ein Vorhaben wie Blended Learning, das multiple Kompetenzen erfordert, kaum zu schultern" (Reinmann-Rothmeier 2003, 93). In größeren Projekten gibt es meist nicht nur einen Auftragnehmer und einen Auftraggeber; benötigt werden auch unterschiedliche Kompetenzen, die in der Regel auf verschiedene Personen in interdisziplinär besetzten Projektgruppen verteilt sind. Kerres (2013, 263 ff.) nennt u. a. folgende zu berücksichtigenden Bereiche: Projektmanagement, didaktisches Design, IT- bzw. Software-Entwicklung, Interaktions- und Mediendesign sowie Sachexpertise. Für solche umfangreicheren Projekte können auch größere Teams von Instructional Designern sinnvoll sein, die sowohl für die Konzeption als auch für die technische Umsetzung multimedialer Lernmaterialien zuständig sein können. Doch in den meisten Hochschulen bestehen die Teams oft immer noch vor allem aus studentischen und wissenschaftlichen Mitarbeitenden oder binden Mitarbeitende von E-Learning-Kompetenzzentren ein. Damit nicht das Gefühl entsteht, überfordert oder ausgenutzt zu werden, ist es für die Beteiligten wichtig, die jeweiligen Verantwortlichkeiten festzulegen und die zeitlichen Ressourcen zu planen. Dabei sind auch die Schnittstellen zu berücksichtigen, die sowohl organisationsintern als auch extern (z. B. zu Produktionsfirmen) notwendig sind.

Die Zusammenarbeit in Teams verläuft nicht immer reibungslos. Eine erfolgreiche Zusammenarbeit kann durch verschiedene Maßnahmen unterstützt werden: etwa durch eine kompetenzorientierte Auswahl der Projektmitarbeiter und entsprechende Aufgabenzuweisung sowie die Gewährleistung eines gemeinsamen und individuellen Nutzens der Projektergebnisse (REINMANN-ROTHMEIER 2003, 96 ff.). Für die Projektleitung werden u. a. empfohlen: transparenter, zielorientierter Führungsstil, persönliche Vereinbarungen und Rückmeldungen, Aufstellen und Beachten von Gruppenregeln, Verminderung von Reibungsverlusten, konstruktiver Umgang mit Konflikten durch frühzeitige Wahrnehmung und schnelle Entwicklung von Lösungsstrategien. Zudem sollte ein abgestimmter Projektplan erstellt werden, der Verantwortlichkeiten, Meilensteine und Zeitpläne festlegt (ebd.).

4.2 Grundlagen der Konzeption von E-Learning-Modulen

Gestaltungsmöglichkeiten als Orientierungsgrundlage

Was gehört zur Konzeption von E-Learning-Modulen? Welches Verständnis von Lehren und Lernen bildet die Grundlage dafür? Welche Bedeutung hat die Auswahl der Medien und die Gestaltung von Lernmaterialien im Gesamtkontext? Und welche Tätigkeiten sind zur Entwicklung eines Konzepts erforderlich? Die folgende Übersicht gibt eine Orientierung in den vielfältigen Gestaltungsmöglichkeiten von E-Learning, indem sie die Beziehung zwischen der Rolle der Medien im Lernprozess, den damit verbundenen Anforderungen an die Lernenden, den Aufgaben der Mediengestalter und der Rolle der Betreuer der Lernprozesse darstellt. Sie zeigt zudem, wie weitreichend das Aufgabenfeld der Personen ist, die das Kurskonzept entwickeln, bzw. wie unterschiedlich die Anforderungen an sie verstanden werden können.

Tab. 4.1: Drei Varianten des E-Learning (in Anlehnung an REINMANN-ROTHMEIER 2003, 35)

Rolle der Medien für den Lernprozess	Verständnis von E-Learning und Anforderungen an die Lernenden	Aufgaben der Entwickler	Rolle der Betreuer
Distribution von Informationen	• selbst gesteuerte Informationsrezeption und -verarbeitung • Medienkompetenz • ausreichendes Vorwissen • hohes Anforderungsniveau	• lernerfreundliche Informationsgestaltung	• keine Betreuer notwendig
Interaktion zwischen Nutzer und System	• angeleitete Informationserarbeitung • selbst organisiertes Üben • Motivation • eher niedriges Anforderungsniveau	• lernerfreundliche Informationsgestaltung • Gestaltung von Lernaufgaben und Übungen, Feedback und Antworten	• Betreuer als Lernberater oder Teletutoren

(Fortsetzung Tab. 4.1)

Rolle der Medien für den Lernprozess	Verständnis von E-Learning und Anforderungen an die Lernenden	Aufgaben der Entwickler	Rolle der Betreuer
Kollaboration zwischen Lernenden	• eigenständige Wissenskonstruktion • soziales Problemlösen • Selbststeuerungsfähigkeit • Medienerfahrung • sehr hohes Anforderungsniveau	• lernerfreundliche Informationsgestaltung • Gestaltung von Lernaufgaben und Übungen, Feedback und Antworten • Gestaltung von Gruppenaufgaben, Einbeziehen sozialer Kontexte	• Betreuer als Initiatoren und Begleiter von Gruppenprozessen

Ein idealtypisches virtuelles Lernmodul sollte immer umfassende, bestenfalls auch kooperativ zu bearbeitende Lernaufgaben (Kap. 4.2.2) und Interaktionen mit den digitalen Medien enthalten. Weitere konstitutive Elemente sind das Einbeziehen sozialer Kontexte und die Betreuung der Lernenden, auch in individuellen Lernsituationen.

Notwendige Kenntnisse und Kompetenzen

Die Planung solcher Bildungsarrangements erfordert andere Kenntnisse und Kompetenzen als die Planung klassischer Präsenzlehrveranstaltungen. Grundlegend dafür sind:

- Kenntnisse über den Ablauf und die Kompetenzen zur Gestaltung von Lernprozessen,
- Kompetenzen zur Organisation und (zeitlichen) Strukturierung virtueller Kurse,
- Kompetenzen zur Gestaltung und Strukturierung digitaler Lernmaterialien sowie
- technische Grundlagenkenntnisse.

Diese Themenbereiche werden im Folgenden zunächst getrennt voneinander dargestellt. Bei der Konzeption von Modulen müssen die Bereiche jedoch wechselseitig aufeinander bezogen werden, damit Lernprozesse durch die Auswahl bestimmter Lernszenarien und Formen der Materialaufbereitung gezielt unterstützt werden können. Ein Modell dazu wird in Kap. 4.4.2 vorgestellt.

4.2.1 Lerntheoretische Grundlagen

Als Lerntheorien werden hier bestimmte, zu einem System zusammengefasste Auffassungen darüber verstanden, was Lernen und Wissen ist und wie der Prozess der Aneignung des Wissens verläuft. Kenntnisse über Lerntheorien und deren kritische Diskussion (Faulstich 2014) sind für die Entwicklung von virtuellen Lehr- und Lernarrangements von großer Bedeutung, weil sich Annahmen über Wissen und Lernen – bewusst oder unbewusst – immer auf die Gestaltung der Lernsituationen und der Lernsoftware auswirken (Hense/Mandl 2009; Kopp/Mandl 2009; Rey 2009). Im Zusammenhang mit virtuellen Lehr- und Lernarrangements werden als zugrunde liegende Lerntheorien häufig Behaviorismus, Kognitivismus und Konstruktivismus sowie seit 2005 auch Konnektivismus genannt. Diese werden im Folgenden kurz vorgestellt und um die subjektwissenschaftliche Lerntheorie ergänzt. Dabei wird jeweils auch gezeigt, welche Bedeutung die Lerntheorien für die Konzeption von E-Learning-Modulen haben.

Behaviorismus

Die behavioristische Lerntheorie versteht Wissen als objektive, extern von den Lernenden existierende Fakten. Denk- und Verstehensprozesse werden nicht betrachtet, sondern als Blackbox bezeichnet. Die Steuerung des Lernens geschieht durch Hinweisreize und Verstärkung von erwünschtem Verhalten. Lernen wird also als Reiz-Reaktions-Schema gedeutet. Die Erzeugung bedingter Reflexe auf vorangegangene Reize, wie sie Pawlow (1849–1936; vgl. z. B. Pawlow 1927, 1928) bei seinen bekannten Experimenten mit Versuchstieren hervorrief, wird als klassisches Konditionieren bezeichnet. Nach Skinner (1904–1990) können jedoch auch Reaktionen auf zu erwartende nachfolgende Ereignisse eintreten (operantes Konditionieren oder instrumentelles Lernen), dabei wirken Belohnungen stärker als Sanktionen.

In seinem 1958 vorgestellten behavioristischen Konzept der Programmierten Unterweisung betrachtet Skinner Unterricht als streng aufeinander aufbauende Abfolge von kleinen Frage-Antwort-Sequenzen mit sich steigerndem Schwierigkeitsgrad, auf die sofort eine Rückmeldung gegeben wird. Dieses Prinzip wurde auf die ersten computerbasierten Lernprogramme übertragen. Die auf der Grundlage der Programmierten Instruktion entwickelten unterschiedlichen Varianten (vorwiegend) linearer Lernprogramme werden als tutorielle Systeme, Tutorials oder Drill-and-Practice-Programme bezeichnet. Als problematisch erwies sich mit der Zeit die Inflexibilität dieser Programme durch die strenge Steuerung, die keine individuellen Lernwege erlaubt. Geeignet sind sie vor allem zum Erreichen einfacher Lernziele, zum Erwerb von Faktenwissen oder memorierbarem Wissen, nicht jedoch zum Erwerb von Problemlösefähigkeit. Dennoch findet man diesen lerntheoretischen Hintergrund immer noch häufig, „vor allem bei handelsüblicher Lernsoftware, beispielsweise in Form von ‚Drill-and-Practice'-Programmen zum Mathematik- oder Vokabellernen" (Glaser/Weigand/Schwan 2009, 193).

Inzwischen wird jedoch auch betont, dass der Vorwurf, behavioristische Konzeptionen hätten eine passive Vorstellung von Lernen, Skinners Intention der Aktivierung der Lernenden gerade nicht entspricht. Kerres/de Witt (2002, 3 ff.) vermuten, dass dies auch daran liegen könnte, „dass die seinerzeit entwickelten Lehrmaschinen technisch sehr eingeschränkte Möglichkeiten für ‚Aktivitäten' der Lernenden vorsahen", und weisen darauf hin, dass Skinner die in solchen Programmen oft verwendeten Multiple-Choice-Fragen aus theoretischer Perspektive mit der Begründung ablehnte, dass damit den Lernenden immer auch eine falsche Antwortalternative angeboten werde, die sich ihnen möglicherweise einprägt. Sie stellen daher die

Frage, „ob die Anwendung der entsprechenden Prinzipien in den frühen Lehrmaschinen tatsächlich gelungen ist und ob nicht gerade neuere Anwendungen aus dem Bereich Computersimulation/-spiele und VR [Virtuelle Realität] interessante Anknüpfungspunkte für eine erneute und vorurteilslose Beschäftigung mit Konzepten des Behaviourismus bieten" (ebd.).

Kognitivismus

Aus kognitivistischer Perspektive wird Lernen als (individueller) Informationsverarbeitungsprozess von extern und objektiv vorhandenen Fakten verstanden. Aufnahme und Verarbeitung von Wissen geschieht durch den Aufbau mentaler Modelle bzw. Schemata. Wesentliches Unterscheidungsmerkmal zum Behaviorismus ist die zentrale Rolle, die dabei die selbstständigen Denk- und Verstehensprozesse des Individuums in Auseinandersetzung mit der Umwelt spielen und die als so bedeutend erachtet werden, dass mit der zunehmenden Orientierung am Kognitivismus seit den 1960er-Jahren von einer kognitiven Wende gesprochen wird. Piaget (1896–1980) als führender Vertreter kognitiver Entwicklungstheorien beschreibt Lernen als zwei unterschiedliche Austauschprozesse des Individuums mit der Umwelt: die Akkomodation als Anpassung bestehender persönlicher Schemata an die Umwelt und die Assimilation als Anwendung persönlicher Schemata zur Veränderung der Umwelt (Piaget 1974; Batinic/Appel 2008).

Mit dem Verständnis von Lernen als Informationsverarbeitung entsteht eine enge Verbindung des Kognitivismus zum Forschungsfeld der Künstlichen Intelligenz. Damit verbunden ist der Versuch, Intelligente Tutorielle Systeme (ITS) bzw. adaptive Lernumgebungen (Horizon 2015, 44f.) zu entwickeln. Trotz einiger gelungener Prototypen werden diese jedoch vor allem aus pädagogischer und lernpsychologischer Perspektive immer noch eher kritisch beurteilt, nicht zuletzt, weil „der mit der Entwicklung verbundene Aufwand in keiner Relation zum erwarteten Nutzen steht" (Klauer/Leutner 2007, 307; siehe auch Niegemann u.a. 2008, 12; Schulmeister 2004, 140ff.; Kerres/de Witt 2002; Kap. 5.2.1).

Jedoch wird mit dem Kognitivismus auch entdeckendes, von Neugier geleitetes und selbst gesteuertes Lernen, Explorieren, eigenes Finden und Ordnen von Informationen mit dem Ziel der Findung von Problemlösungen stärker betont. Angewendet auf computerunterstütztes Lernen sind damit reichere Lernumgebungen und das Angebot offener Lernwege sowie das Angebot von Simulationen, virtuellen Laboren, Hypermedia und Mikrowelten verbunden, ebenso die Notwendigkeit von Metawissen der Lernenden über die eigenen Lernziele und -wege (Blumstengel 1998).

Konstruktivismus

Der Begriff Konstruktivismus ist vieldeutig und vielschichtig (Terhart 1999). Der radikale Konstruktivismus ist eine Erkenntnis- bzw. Wissenschaftstheorie, der zufolge alles, was der Mensch wahrnimmt, subjektive Konstruktion und Interpretation ist (Glasersfeld 1987). Wie auf viele andere Disziplinen hatte der Konstruktivismus im letzten Jahrzehnt auch auf die Pädagogik – oft in seiner gemäßigten Form – starken Einfluss. Zentral ist dabei die Annahme, dass Wissen nicht objektiv vorhanden ist, sondern durch interne subjektive Konstruktion entsteht. Lernen wird nicht – wie im Kognitivismus – als Informationsverarbeitung, sondern als Konstruktion eines aktiven, lernenden Individuums in einem konkreten sozialen Kontext verstanden. Betont wird deshalb auch das eigenständige Entdecken von Problemen. Die Bildung von trägem Wissen (das nur zu Prüfungszwecken gelernt wurde) bzw. der mangelnde Praxistransfer sollen damit vermieden werden. Neues Wissen wird dabei mit vorherigem Wissen verknüpft, wodurch neue Strukturen und mentale kognitive Landkarten gebildet werden. Lernwege sind damit nach konstruktivistischer Auffassung individuell, nicht vorhersehbar und nicht vermittelbar; Lehren im allgemein üblichen Verständnis ist dementsprechend nicht möglich, stattdessen wird von Lernbegleitung gesprochen.

Konstruktivistische Prinzipien der Gestaltung von Lernsituationen

Aus konstruktivistischer Perspektive sind die folgenden Prinzipien für die Gestaltung von Lernsituationen wichtig (Blumstengel 1998; Reinmann-Rothmeier/Mandl/Prenzl 1994, 46; Mandl/Gruber/Renkl 2002, 143 ff.):

- *Die Authentizität der Lernumgebung* – im Gegensatz zu der oft üblichen Vereinfachung und Reduktion – wird als wichtiges Mittel betrachtet, Praxistransfer zu ermöglichen und der Bildung von trägem Wissen durch die Einbettung in einen Anwendungskontext entgegenzuwirken.
- *Situierte Anwendungskontexte:* Aus der Annahme, dass die Lernsituation eine zentrale Rolle bei der Wissenskonstruktion spielt und Sachverhalte immer in Verbindung mit physischen und sozialen Kontexten gelernt werden, ergibt sich die Anforderung, Lernen in soziale und anwendungsbezogene Kontexte einzubinden, die zwar nicht die ganze Komplexität des Gegenstands präsentieren müssen, es jedoch ermöglichen sollen, ihn in einen größeren Zusammenhang einzuordnen.
- *Multiple Anwendungskontexte und Perspektiven* sollen der kritischen Auseinandersetzung mit dem Stoff dienen und den Transfer auf andere Gebiete unterstützen.
- *Komplexe Ausgangsprobleme,* die sowohl an die Erfahrungen der Lernenden anknüpfen als auch genügend Neuigkeitswert haben, sollen als Herausforderung dienen, eine oder mehrere Lösungen zu finden, um eine vorrangig auf Prüfungsergebnisse ausgerichtete Lernmotivation zu ersetzen oder zumindest zu ergänzen.
- *Sozialer Kontext:* Wesentlicher Bestandteil der Lernsituation ist die Beziehung der Lernenden untereinander sowie zu Lehrenden und Fachexperten. Gefördert werden sollen das gemeinsame Erarbeiten von Lösungen und der soziale Austausch.
- *Artikulation und Reflexion* unterstützen zum einen die Auseinandersetzung zwischen eigener und fremder Sichtweise, zum anderen den Prozess der Metakognition. Beide tragen dazu bei, allgemeine Problemlösungsstrategien zu entwickeln.

Gestaltungsformen von Lernsituationen auf konstruktivistischer Basis

Die im Folgenden knapp zusammengefassten, für virtuelles Lernen als relevant betrachteten Gestaltungsformen berücksichtigen diese Prinzipien in unterschiedlicher Weise:

- *Anchored Instruction:* Der Ansatz wurde von der Cognition and Technology Group an der Vanderbilt University entwickelt (Bransford u. a. 1990). Zentrale Vorstellung dabei ist, dass mit einer möglichst authentischen und komplexen Aufgabe oder Ausgangssituation ein Anker bei den Lernenden gesetzt wird, dessen Funktion es ist, die Bildung von trägem Wissen zu vermeiden.
- *Cognitive Apprenticeship:* Dieser Ansatz will das Modell der traditionellen Ausbildung im Handwerk auch auf intellektuelle Aufgabenstellungen übertragen und integriert damit auch die sich sukzessive erweiternde Teilnahme der Lernenden an der Expertengemeinschaft. Der soziale Kontext, das gemeinschaftliche Arbeiten und Anwenden und die Einbindung der Lernenden in Expertengruppen werden damit zum wesentlichen Bestandteil der Lernsituation (Collins/Brown/Newman 1989).
- *Cognitive Flexibility:* Das diesem Ansatz zugrunde liegende Konstrukt zur Beschreibung der Anforderungen an kognitive Strukturen und kognitive Prozesse bei der Verarbeitung von Informationen wurde von Spiro u. a. (1988) entwickelt (siehe Spiro/Jehng 1990; Spiro u. a. 1992). Um kognitive Flexibilität zu fördern und Übervereinfachungen zu vermeiden, sollen die Lernenden multiple Perspektiven einnehmen; Lerninhalte sollen auf vielfältige Weise kognitiv repräsentiert und gespeichert werden (Mandl/Gruber/Renkl 2002; Weidenmann 2002b).

Kritik konstruktivistischer Konzepte

Die Kritik an konstruktivistischen Konzepten als Grundlage bei der Entwicklung virtueller Lernarrangements bezieht sich u. a. auf die hohen Anforderungen an die Lernenden, die durch die Komplexität und durch die ausschließliche Steuerung durch die Lernenden selbst entstehen. Solche Konzepte können zur Konzentration auf weniger wichtige Teilaspekte führen und sind daher nicht für alle Lernsituationen und für alle Lernenden geeignet. Zudem ist mit diesen Konzepten ein sehr hoher Entwicklungsaufwand verbunden, gleichwohl können sie den Anspruch an völlige Authentizität nie vollständig einlösen.

Als wesentliche Anregungen ergeben sich daraus die Schaffung von Angeboten für selbst gestaltete Lernprozesse durch reichhaltige Lernumgebungen sowie die Bereitstellung von Angeboten und Anregungen für aktives und entdeckendes Lernen (Blumstengel 1998; Euler 1999).

Systemisch-konstruktivistische Ansätze

In den vergangenen Jahren wurde der gemäßigt konstruktivistische Ansatz auch im deutschsprachigen Raum über die bis dahin vorherrschenden kognitivistischen und individualistischen Grundannahmen hinaus in verschiedene systemisch-konstruktivistische Richtungen weiterentwickelt. So weist etwa der emotionale Konstruktivismus (Arnold, R. 2005, 2009; Arnold/Arnold-Haecky 2009) darauf hin, dass konstruktive kognitive Lernprozesse immer emotional eingebettet sind, denn die subjektive Konstruktion von Welt beruhe immer auch auf früh erworbenen emotionalen Mustern. Bei der Gestaltung von Lernsituationen muss dies ebenso berücksichtigt werden wie die Selbstreflexion dieser Muster, die zur Entwicklung individueller emotionaler Kompetenz notwendig ist. Soziokulturelle konstruktivistische Ansätze fokussieren den Einfluss von sozialen bzw. kulturellen Systemen auf die Konstruktion von Wirklichkeit (z. B. Schmidt 1994). So geht auch der interaktionistische Konstruktivismus (Reich 1998a, 1998b, 2006) von einer Wechselwirkung zwischen der sozial-kulturellen Lernumgebung und dem subjektiven Handeln der Lernenden aus. Er beschreibt Lernen als einen Dreischritt von Rekonstruieren, Konstruieren und Dekonstruieren von Welt, das am wirkungsvollsten ist, wenn es selbst gesteuert erfolgt. Dazu sind jedoch Methodenkompetenzen und die Beherrschung von Kulturtechniken erforderlich, die erst erlernt werden müssen (z. B. die Auswertung von Informationsquellen, zu denen auch das Internet, Datenbanken usw. gehören). Für Lehrende ergibt sich daraus die Anforderung, reichhaltige Lernumgebungen zur Verfügung zu stellen und gemeinsam mit den Lernenden Lernsituationen zu entwickeln (vgl. Arnold/Gómez Tutor 2007), die die Lernenden zu einer Auseinandersetzung mit ihrer subjektiven Wirklichkeitskonstruktion ermutigen, indem sie Diskrepanzerfahrungen zu der gerade wissenschaftlich und gesellschaftlich konsensfähigen Wirklichkeit ermöglichen und zu deren produktiver Überwindung anregen. Die Integration digitaler Medien in situierte Lernsituationen wird dabei umso wichtiger, je stärker sie sich ausbreiten und gesellschaftlich an Bedeutung gewinnen.

Lernen durch Lehren und Forschen

Als eine weitere konstruktivistische Lehrmethode hat in Deutschland der Ansatz des *Lernens durch Lehren* in den vergangenen Jahren an Bedeutung gewonnen (Lernen durch Lehren 2010; Martin 2001; Renkl 1997). Er wird inzwischen nicht nur in Schulen eingesetzt, sondern auch in der Weiterbildung und in Hochschulen, und dort auch um den Faktor Forschen erweitert (Grzega 2003, 2005; Mieg/Lehmann 2017). Die Übernahme von Lehrfunktionen und Forschungsaufgaben geschieht hier nicht um ihrer selbst willen, sondern zielt primär auf eine Vertiefung und Intensivierung des Lernprozesses. Die Wissenskonstruktion erfolgt handlungsorientiert in situierten, sozial ausgehandelten Problemlösesituationen. Dabei geht es nicht nur darum, dass die Lernenden zu Experten für bestimmte Inhalte werden und diese präsentieren. Ein wesentliches Element ist auch die ständige Interaktion und der Diskurs mit der gesamten Lerngruppe, die als neuronales Netz zur gemeinsamen Wissenskonstruktion verstanden wird. Die Aufgabe der Lehrenden besteht darin, die Voraussetzungen dafür zu schaffen, sowohl durch die Gestaltung effektiver Lernumgebungen als auch durch aktive Präsenz in den durch die Lernenden gestalteten Vermittlungsphasen. Wichtig ist dabei, die Lernenden bei der (nachträglichen) linearen Ordnung des Wissens (Linearität a posteriori) und im Diskurs darüber zu unterstützen. Der Erwerb dieser Kompetenzen ist zugleich Vorbereitung auf eine Wissensgesellschaft, in der die Fülle und Nichtlinearität von Informationsangeboten im Internet sowie die Ansprüche an (nicht digitale und digitale) Selbstrepräsentation und Kommunikation ständig wachsen (MARTIN 2001). Inzwischen haben Studien zudem gezeigt, dass Lernen durch Erklären nicht nur in Präsenzveranstaltungen effektiv ist, sondern bspw. auch, wenn Lernende anderen (ggf. auch fiktiven) Personen Sachverhalte in Videos oder Texten erläutern (FIORELLA/MAYER 2013, 2014; HOOGERHEIDE/LOYENS/VAN GOG 2014).

Konnektivismus

Mit den zuletzt beschriebenen Ausprägungen konstruktivistischer Ansätze wird bereits eine Verbindung zwischen den klassischen Lerntheorien und neuen didaktischen Theorien geschaffen, die zurzeit entwickelt werden und sich stärker an den Anforderungen von E-Learning und einer vernetzten Welt orientieren (DOWNES 2005; KERRES 2006). Einer der erfolgreichsten Ansätze ist dabei der Konnektivismus; allerdings ist umstritten, ob es sich tatsächlich um eine Lerntheorie handelt.

Der Begriff Konnektivismus (engl. Connectivism) wurde von GEORGE SIEMENS (2004) geprägt; der theoretische Hintergrund wird u. a. gemeinsam mit STEPHEN DOWNES kontinuierlich weiterentwickelt (CONNECTIVISM & CONNECTIVE KNOWLEDGE 2010; DOWNES 2012). Ausgangspunkt ist die Feststellung, dass die klassischen Lerntheorien den neuesten Entwicklungen im Bereich des Lernens, insbesondere im Zusammenhang von Web 2.0, nicht mehr entsprächen. Im Gegensatz zu deren Paradigma, dass Erkenntnisse und Erfahrungen, die ausschlaggebend für den Lernerfolg sind, eigenständig durch die Lernenden selber gemacht werden, könne Wissen heute, bedingt durch eine stetig wachsende Informationsflut, nicht länger nur als persönlich verinnerlichtes Gut gelten, sondern müsse veräußerlicht werden, um Ordnung in den herrschenden Informationsüberfluss zu bringen. Die zunehmende Komplexität von Informationen mache es nötig, Netzwerke aus Personen und Informationen zu bilden (GÖRTING/PELKA/SCHMITT 2008, 6). Zentrale Metapher für Lernen wird damit – angelehnt an die Verknüpfungen in Hypertexten – die Vernetzung über Knoten und die Verbindungen zwischen zwei Knoten. Als solche Knoten gelten dabei sowohl die Lernenden selbst und weitere Personen als auch andere Ressourcen, z. B. Internetseiten und Printmedien. Lernen wird danach verstanden als ein Prozess, in dem durch neue Verbindungen zu anderen Knoten ein Netzwerk aufgebaut wird, in dessen Zentrum das *Wissen wo* und nicht mehr das *Wissen was* oder *Wissen wie* stehe. Die Verbindungen werden damit wichtiger als deren Inhalt; Lernen und Wissen beruht danach auf der Kenntnis der Vielfältigkeit von Meinungen. Um kontinuierliches Lernen zu ermöglichen, ist es deshalb notwendig, Verbindungen zu pflegen, zu erhalten und neu aufzubauen. Eine Grundvoraussetzung ist die Fähigkeit, Zusammenhänge zwischen Wissensfeldern, Ideen und Konzepten zu erkennen (DOWNES 2012, 85 ff.; WIKIPEDIA 2016a).

Ein weiterer Ansatzpunkt des Konnektivismus ist das prozessartige, dialogische Lernen, das in Gegensatz zu statischem, textbasiertem Lernen gestellt wird. Durch den Dialog zwischen Lehrendem und Lernendem und zwischen Lernenden untereinander entstehe eine Zwei-Wege-Erfahrung, in deren Verlauf die Lernenden durch den ständigen Dialog und Austausch ihr Wissen an die sich stetig in Bewegung und Weiterentwicklung befindliche Wirklichkeit anpassen, Bedeutung formen und interpretieren (Görting/Pelka/Schmitt 2008, 6). Der Lernprozess besteht auch darin, zu entscheiden, was gelernt wird, und die Bedeutung der eingehenden Informationen im Kontext einer sich verändernden Realität einzuordnen, denn eine Antwort, die heute richtig ist, kann morgen aufgrund möglicher Änderungen in der Informationsgrundlage bereits veraltet sein. Ziel eines jeden konnektivistischen Lernens ist es, Wissen aktuell zu halten (Wikipedia 2016a). Für Siemens (2006) stellt das Internet an sich den Netzwerkgedanken des Konnektivismus am besten dar: „Das Lernen ist das Netzwerk." Der konnektivistischen Theorie zufolge hat sich das Lernen damit vom Verständnis einzelner Elemente hin zur Erfassung eines großen Ganzen bzw. eines Zusammenhangs gewandelt.

Kritik und Konsequenzen konnektivistischer Ansätze

Kritik am Konnektivismus bezieht sich u. a. darauf, dass es sich nicht um eine Lerntheorie, sondern eher um eine pädagogische Sicht auf Bildung handele: Während Lerntheorien sich mit der Frage befassen, wie Menschen lernen, geht es im Konnektivismus mehr um das Was und Warum des Lernens, also den curricularen Aspekt (Verhagen 2006). Ein zentrales Problem ist auch, dass im Konnektivismus die Bedeutung von Fakten und Tatsachen relativiert wird oder im pluralistischen Netzwerk von Meinungen und Verbindungen sogar ganz verschwindet.

Bildungspolitische und didaktisch-methodische Konsequenzen der konnektivistischen Perspektive sind z. B. für alle Interessierten kostenfrei und offen zugängliche Kurse, in denen Lernmaterialien in verschiedenen Formaten online zur Verfügung gestellt sowie von den Lernenden selber eingebracht werden können – z. B. Artikel, Videos, Audioaufzeichnungen – und von ihnen selbst durch die Werkzeuge ihrer Wahl in Beziehung zueinander gesetzt werden, etwa durch Forendiskussionen, Blogeinträge oder den Austausch in sozialen Netzwerken. Konnektivistische Online-Kurse waren die ersten gemeinschaftsorientierten Massive Open Online Courses (sog. cMOOCs; vgl. zu MOOCs Kap. 4.3.3), z. B. der 2008 von George Siemens und Stephen Downes gemeinsam angebotene Kurs „Connectivism and Connective Knowledge" (Downes 2012, 27 ff.).

Subjektwissenschaftliche Lerntheorie

Die subjektwissenschaftliche Lerntheorie (Holzkamp 1993) grenzt sich von allen bisher vorgestellten Lerntheorien ab, indem sie die gesellschaftlichen Lebensbedingungen der Menschen berücksichtigt. Lernen wird weder als Reiz-Reaktions-Mechanismus noch als reine Informationsverarbeitung oder individuelle Wissenskonstruktion verstanden, sondern als eine Form begründeten menschlichen Handelns zur Realisierung der eigenen Lebensinteressen. Lernanlass ist danach eine *Diskrepanzerfahrung*, d. h. die Erfahrung, eine Situation nicht durch die bisher erworbenen Handlungsmöglichkeiten bewältigen zu können. Positiver Grund für *expansives Lernen* ist somit eine Erweiterung der eigenen Handlungsmöglichkeiten. *Defensives Lernen* erfolgt dagegen – wie oft in institutionalisierten Lernzusammenhängen – zur Vermeidung von befürchteten negativen Konsequenzen (Bestimmung zentraler Begriffe Kap. 2.1).

Wesentliche Faktoren der subjektwissenschaftlich begründeten Lerntheorie sind weiterhin die Identifizierung des Lehrlernkurzschlusses (Holzkamp 1993, 391 ff.), d. h. die fälschliche Gleichsetzung von Lehrprozessen mit den intendierten Lernprozessen, sowie die Thematisierung des *pädagogischen Verhältnisses* zwischen Lehrenden und Lernenden, das auch Ziel, Inhalt, Form, Bedeutung und Reflexion der Diskurse über die Lerngegenstände bestimmt (siehe Kap. 2). In Bezug auf die Gestaltung virtueller Lernsituationen wird damit auch deutlich, dass multimediale und interaktive Lernmaterialien in Lernprozessen nie den Diskurs mit einem menschlichen Betreuer ersetzen können. Der Ansatz legt somit eine handlungs- bzw. aufgabenorientierte Konzeption von Lernsituationen nahe (Bedeutung von Lernaufgaben Kap. 4.2.2; Konzeption aufgabenorientierter Module zur Kompetenzentwicklung Kap. 4.4).

Umsetzung in Lehrkonzepte I: Instruktionsdesign

Mit dem Begriff Instructional Design (Instruktionsdesign) wurde in den USA seit den späten 1950er-Jahren ein Grundmodell zur Planung und Gestaltung von Bildungsprozessen bezeichnet, das in Übertragung von Mensch-Maschine- bzw. auch von Organisations- und Managementprozessen auf Bildungsprozesse entwickelt wurde. Es geht in vier Hauptschritten vor: Analyse (des Problems bzw. Lernbedarfs), Planung (der Auswahl und Sequenzierung des Lernstoffs), Entwicklung (der Lernmaterialien) und Evaluation (des Lernerfolgs).

Inzwischen gibt es „Hunderte von Modellen des Instruktions-Designs (ID) bzw. des Designs von Instruktions-Systemen“ (Issing 2002, 157), die in ihrem Detailliertheitsgrad und ihrer Schwerpunktsetzung sehr unterschiedlich sind. Issing (ebd.) unterscheidet drei Wirkungsebenen solcher Modelle: die Entwicklung von Bildungssystemen, die Entwicklung von Unterricht und die Entwicklung von Produkten (Medien). Insbesondere die beiden letzten Modellgruppen sind für das Instruktionsdesign von multimedialen Lernprogrammen interessant.

Die ersten Modelle (ID1) basieren auf behavioristischen Lernvorstellungen, also der Vermittlung von Wissen durch geeignete Instruktionsschritte, und beziehen sich vor allem auf die Planung von Drill-and-Practice-Programmen. Sie wurden jedoch mit dem Aufkommen des Konstruktivismus immer stärker kritisiert.

Die Instruktionsmodelle der zweiten Generation (ID2) beziehen deshalb bspw. konstruktivistische Anforderungen an die Gestaltung von Lernumgebungen (wie Cognitive Apprenticeship oder Anchored Instruction) in die Planung mit ein (Rautenstrauch 2001, 69 f.). So folgt beispielsweise das 4C/ID-Modell (Four Components of Instructional Design; van Merriënboer/Clark/de Croock 2002; van Merriënboer/Kirschner 2007; van Merriënboer/Sweller 2005) konsequent der Diskussion über kognitive Lernprozesse und stellt Lernaufgaben in den Mittelpunkt (Kerres 2013, 225 ff.).

Ein nochmals erweitertes Verständnis des *Didaktischen Designs* findet sich bei Kerres (2013). Er betrachtet die Entwicklung mediengestützter Lernangebot zusätzlich aus der Perspektive der Softwareentwicklung und unterscheidet hier zwischen Phasen- und Vorgehensmodellen (bei denen der Produktionsprozess in verschiedene aufeinanderfolgende Segmente – z. B. Analyse, Konzeption, Produktion, Distribution – untergliedert ist, ebd., 235–241) bzw. agiler Entwicklung, die „versucht, sich Kundenanforderungen und technischen Entwicklungen schneller und leichter anzupassen und die Schwerfälligkeit bisheriger Methoden zu überwinden" (ebd., 241–246). Letztlich kommt er zu dem Schluss, dass alle vorgestellten Methoden ihre spezifischen Vor- und Nachteile haben, und plädiert für ein im *Learning Lab* der Universität Duisburg-Essen herausgearbeitetes Vorgehen. Dessen Titel „Design dein Design" (DdD) weist bereits darauf hin, dass hier nicht ein bestimmtes Vorgehen empfohlen wird; das Ziel ist vielmehr, Entscheidungshilfen dafür zu geben, das Vorgehen den jeweiligen Rahmenbedingungen entsprechend zu gestalten und so einen flexiblen Prozess zu ermöglichen, in dem sequenzielle und iterative Elemente begründet miteinander verbunden werden können (ebd., 246–255).

Umsetzung in Lehrkonzepte II: E-Learning-Patterns

Pattern (Muster) sind ein „systematischer Weg, erprobte Lösungsformen für wiederkehrende Problemstellungen zu dokumentieren und zu klassifizieren [...] Ein didaktisches Muster erfasst die Regelmäßigkeiten erfolgreicher Praktiken [...] mit der Zielsetzung, erprobte Methoden, Szenarien, Aufbereitungstechniken wiederzuverwenden und auf neue Gestaltungsaufgaben zu übertragen" (e-teaching.org 2015c; vgl. auch Kohls 2009; Kohls/Wedekind 2008, 217–227; Niegemann u. a. 2008, 89–92). In Lernkontexten und im Bereich des E-Learning lassen sich solche wiederkehrenden Muster in verschiedenen Bereichen finden: u. a. auf der Ebene der Organisationsformen, bei der Gestaltung der Curricula, der Lehr- und Lernszenarien und Veranstaltungsformen, in der Verwendung von Methoden und Werkzeugen sowie bei der Gestaltung von Materialien und Interaktionsformen.

Der ursprünglich aus der Architekturtheorie stammende Entwurfsmusteransatz (Alexander 1979) wurde bald auch auf andere Bereiche übertragen und erzielte seinen Durchbruch mit dem Standardwerk „Design Patterns" zur objektorientierten Softwareentwicklung (Gamma u. a. 1995). Das erste Wiki wurde von Ward Cunningham mit dem Ziel entworfen, kooperativ Entwurfsmuster zu sammeln (Leuf/Cunningham 2001). Auch die ersten pädagogischen Musterbeschreibungen entstanden in diesem eher technisch geprägten Umfeld (The Pedagogical Patterns Project 2010).

Beschreibungen von Mustern sollten nicht zu allgemein (im Sinne reiner Prinzipien) oder zu speziell (im Sinne von Richtlinien) formuliert werden, sondern eine Schnittstelle zwischen Theorie und Praxis bilden. Die Beschreibungsfelder können nach Einsatzkontext variieren bzw. darauf abgestimmt sein. Folgende Kategorien sollten jedoch immer beschrieben werden:

- *Kontext,* d. h., die Rahmenbedingungen, in denen ein bestimmtes Problem auftritt, welches durch die passende Lösungsform beseitigt werden kann, etwa der Hochschulstudiengang, das Curriculum u. a. m.;
- *Problem und Einflussfaktoren,* die durch den Kontext in Konflikt miteinander geraten und das eigentliche Kernproblem darstellen, z. B. die zu vermittelnde Stoffmenge und die zeitlichen Rahmenbedingungen;
- *Lösung* durch eine Ausbalancierung der verschiedenen Einflussfaktoren. Um Fehlschläge, aber auch zufällige Lösungen zu vermeiden, werden die schrittweise herausgearbeiteten erfolgreichen Lösungen erfasst und als Annäherung an ein Lösungsideal wieder verwendbar gemacht (Good Practice statt Best Practice). Durch das Finden besserer Muster können bestehende obsolet werden.

Der Ansatz weist Parallelen zu Methodenbaukästen und Sammlungen didaktischer Methoden und Werkzeuge auf – z. B. Kleines Handbuch didaktischer Modelle von Flechsig (1996) –, unterscheidet sich von diesen Modellen aber durch sein spezielles Beschreibungsformat ebenso wie durch verschiedene Grundsätze, die bei der Findung, Beschreibung und Veröffentlichung berücksichtigt werden müssen: In der Regel werden Pattern aus der Erfahrung abgeleitet und nicht theoretisch deduziert, „sie werden nicht erfunden, sondern gefunden" (e-teaching.org 2015c). Die dafür verwendete Metapher des Pattern Mining soll zum Ausdruck bringen, dass „bereits vorhandenes implizites Wissen herausgearbeitet werden soll" (ebd.). Die Verschriftlichung und Veröffentlichung erfolgt – zumindest idealtypisch – in einem gemeinschaftlichen Prozess, z. B. bei den jährlichen Treffen der europäischen Konferenz für Pattern Languages of Programs (EuroPLoP).

Pattern vermitteln also Praxiserfahrungen erfahrener Anwender und tragen dadurch dazu bei, Fehler nicht zu wiederholen. Sie dienen als Analysewerkzeug und stellen Lösungen für Probleme ebenso vor wie Kriterien der Anwendbarkeit und Gültigkeit, mögliche Einflussfaktoren, die damit verbundenen Probleme und schließlich die Konsequenzen der Lösung. Zugleich schaffen sie ein gemeinsames Verständnis und Vokabular und erleichtern so auch die Kommunikation in interdisziplinären Arbeitsgruppen, wie sie gerade bei der Gestaltung von E-Learning typisch sind.

Inzwischen existieren verschiedene öffentlich zugängliche didaktische und für E-Learning spezifische Mustersammlungen (e-teaching.org 2015j), z. B. die Sammlung „Didaktische Design Patterns" zur Dokumentation didaktischen Wissens an Hochschulen (Vogel/Wippermann 2004; Didaktische Design Patterns 2010) und das E-Learning Design Patterns Repository (2010). Auch auf dem E-Learning-Informationsportal e-teaching.org sind im Bereich „Lehrszenarien" (https://www.e-teaching.org/lehrszenarien [13.08.2017]) inzwischen viele Beiträge im Pattern-Format verfasst. Eine kleine Sammlung von E-Learning-Pattern stellt auch das E-Learning-Büro der Universität Hamburg zur Verfügung (http://www.uni-hamburg.de/elearning/beispiele/elearning-patterns.html [13.08.2017]). Eine Buchveröffentlichung, die 38 Pattern nur zum Thema E-Portfolio vorstellt (Bauer/Baumgartner 2012), zeigt außerdem, dass Handlungsmuster sehr gut geeignet sind, konstruktive

Lösungsansätze sowohl auf der (konzeptuellen) Makroebene als auch auf der Mesoebene der Lehrorganisation und der (individuellen, reflektierenden und kollaborativen) Mikroebene zu beschreiben.

Gesellschaftliche Einflüsse auf Lerntheorien und Lernkultur

Wie stark lerntheoretische Paradigmen (und die jeweils finanziell geförderten Technologien) auch in Wechselwirkung mit gesellschaftlichen Entwicklungen stehen, zeigen eindrucksvoll die Bezüge, die PASUCHIN (2009) herstellt: Zwar werde in der mediendidaktischen Literatur die Abkehr von Lerntheorien in der Regel mit mangelnden empirischen Belegen für deren Effizienz begründet, oft spielten dabei jedoch auch ganz andere Faktoren eine Rolle. So habe etwa das Interesse an einer Effizienzsteigerung des Bildungssystems infolge des Sputnikschocks Ende der 1950er-Jahre (als die Sowjetunion vor den USA den ersten Satelliten in eine Erdumlaufbahn brachte) zum Aufschwung behavioristisch begründeter Lerntheorien geführt, etwa der programmierten Unterweisung. Die Abkehr von diesem Ansatz sei dann nach den Rezessionen erfolgt, die Anfang der 1970er-Jahre durch die Ölkrise ausgelöst wurden und den technologisch begründeten Optimismus erheblich minderten. In den letzten Jahren sei nach „dem jähen Platzen der ‚Dotcom-Blase' im Jahre 2001" auch die erste E-Learning-Euphorie abgeflaut und zeitgleich „auch der Konstruktivismus in Ungnade" gefallen – etwa bei DOWNES, der 2005 in einem oft zitierten Artikel dafür plädierte, an den Konnektivismus von SIEMENS (2004) anzuknüpfen, dessen Ansatz auf Netzwerk-, Komplexitäts-, Selbstorganisations- sowie insbesondere auf Chaostheorien basiert (PASUCHIN 2009, 159).

Pragmatismus als Leitlinie didaktischen Handelns

„Muss man sich als Lehrender entscheiden, ob man Konstruktivist oder Kognitivist ist? Ist ein ‚Bekenntnis' zu *einer* Seite notwendig?" REINMANN-ROTHMEIER (2003, 38, Hervorh. im Original) verneint diese Frage, und auch andere Autoren schlagen inzwischen unter Rückgriff auf DEWEY (1859–1952) den „Pragmatismus als weiterführende Perspektive der Mediendidaktik" vor. Die zentrale Frage der Mediendidaktik sei, „unter welchen Bedingungen Menschen wie mit Medien erfolgreich lernen können" (KERRES/DE WITT 2002, 13). Der Pragmatismus liege insofern quer zu den bisherigen Konzepten, als damit ein didaktisches Design von Lernprozessen möglich werde, das es erlaube, bei der Planung einer konkreten Lernsituation jeweils zu fragen, „welches Konzept welchen Beitrag liefern kann, um menschliches Handeln und die Handlungsfähigkeit von Menschen zu erweitern" (KERRES 2013, 150; HÄRTA 2002).

Oberste Leitlinie jeder Gestaltung didaktischer Arrangements ist die Förderung der Entwicklung der Handlungskompetenzen, der Subjektivität der Individuen zur demokratischen Teilhabe an der gesellschaftlichen Lebensgewinnung. Denn die Grundlage der Entwicklung des „immer subjektiv – bewusst oder unbewusst – begründeten Denkens und Handelns sind die jedem Menschen objektiv gegebenen und subjektiv erkannten Möglichkeitsbeziehungen seines individuellen Denkens und Handelns zu den gesellschaftlichen Strukturen und Prozessen und ihren Bedeutungen. [...] Seine ihm immer gegebenen Möglichkeitsbeziehungen zur Welt und zu sich selbst sind dabei Notwendigkeit und Herausforderung zu einem bewussten eigenständigen Denken und Handeln" (ZIMMER 2010a, 2). Kooperative und partizipative pädagogische Verhältnisse und aufgabenorientiert konzipierte, mit (digitalen) Bildungsmedien angereicherte Lernszenarien fördern und unterstützen diese subjektive Entwicklung der Lernenden.

4.2.2 Bedeutung von Lernaufgaben

Bei der Gestaltung virtueller Lernsituationen spielen geeignete Studien- oder Lernaufgaben zum Erwerb ganzheitlicher Handlungskompetenzen eine zentrale Rolle (ARNOLD/THILLOSEN 2002). Ihre Funktion ist die Aktivierung der Lernenden auf kognitiver und/oder emotionaler Ebene oder zur Kommunikation und Kooperation sowie die Sicherung des Lernerfolgs durch Übung oder Anwendung in einer Problembearbeitung. Dabei ist wichtig, dass Lernaufgaben keine Testaufgaben sind. Ihre Funktion ist nicht, den Lernprozess oder das Lernergebnis zu bewerten, sondern die erforderlichen Lernaktivitäten anzuregen (KERRES 2013, 448 ff.; REINMANN-ROTHMEIER 2003, 57 f.).

Funktion von Aufgaben in der subjektwissenschaftlichen Lerntheorie

Aus der Perspektive einer auf der subjektwissenschaftlichen Lerntheorie begründeten aufgabenorientierten Didaktik geht die Bedeutung von Aufgaben weit über die genannten Funktionen hinaus: Ihre Relevanz liegt darin, einen Bezug zur späteren beruflichen, sozialen, ökonomischen, wissenschaftlichen, kulturellen Praxis herzustellen und dadurch einen Anlass zu *expansivem Lernen* zu schaffen. Hierfür geeignete Aufgaben werden deshalb idealerweise im Dialog zwischen Lehrenden und Lernenden aus den jeweiligen Handlungskontexten ausgegliedert, z. B. aus beruflichen Aufgaben, aus Aufgaben in einer Praktikumssituation oder auch aus einem Prozess des wissenschaftlichen Forschens (ZIMMER 1998a, 2010a). Bei der Konzeption virtueller Lernmodule nach einem aufgabenorientierten didaktischen Modell sind umfassende Lernaufgaben ein zentraler strukturierender Faktor. Die Entwicklung eines komplexen Handlungsfeldes, aus dem geeignete Lernaufgaben von den Lernenden selbstständig oder in Kommunikation und Kooperation mit anderen Lernenden oder in Partizipation mit Lehrenden oder Fachexperten ausgegliedert werden können, ist der erste Schritt bei der Planung eines Moduls. Die Konzeptentwickler virtueller Lernmodule haben damit – wie auch die Autoren von Fachbüchern – „aufgrund der *Kompetenzdifferenz* zu den Lernenden bei der Ausgliederung von Lernaufgaben oft eine sehr entscheidende Aufgabe" (ZIMMER 2004, 66, Hervorh. im Original; Kap. 4.4.2). Einzubeziehen in diese Überlegungen sind nicht nur die verschiedenen Wege der Aufgabenbearbeitung, sondern auch die Rolle der Betreuer bei der Ausgliederung von speziell auf die Bedürfnisse der jeweiligen Lernenden oder Lerngruppen abgestimmten Aufgaben und die Unterstützung bei der Aufgabenbearbeitung.

Eigenschaften von Aufgaben

Umfassende Studien- bzw. Lernaufgaben in virtuellen Lernsituationen sind also zunächst dadurch charakterisiert,

- welche *Kompetenzen* durch die Bearbeitung erworben werden (Bedeutungswissen, Handlungsinteresse, Fachkompetenz, Methodenkompetenz, Sozialkompetenz, Entscheidungskompetenz, Bewertungskompetenz, Selbstkompetenz; Kap. 4.4.2),
- in welcher *Sozialform* sie bearbeitet werden (in Einzelarbeit oder in Gruppenarbeit mit gleichen oder arbeitsteiligen Aufgaben; Kap. 6) und
- ob sie zur *kooperativen kritischen Diskussion* kreativer Denkansätze und zur Erarbeitung innovativer Lösungen anregen und damit den Lernenden mehr Freiheit in ihrem Lernen ermöglichen (Kap. 6.8).

Unterscheidungsmerkmale von kleineren Aufgaben bzw. von speziellen Teilaufgaben in umfassenden Studien- und Lernaufgaben sind:

- *Einfachheit oder Komplexität:* Automatisch auswertbare Aufgaben (Multiple Choice etc.) bieten Interaktivität und schnelle Rückmeldung. Für den Lerntransfer in die Praxis sind jedoch meist umfangreichere, auf die zu erwerbenden Handlungskompetenzen ausgerichtete Aufgaben notwendig.
- *Position und Funktion* der Aufgaben im Lernzusammenhang, von der Überprüfung des Vorwissens bis zur abschließenden Lernkontrolle, Erprobung und Reflexion des Gelernten.

Zusätzliche Informationen und Hilfestellungen

Insgesamt spielen bei der Konzeption von Aufgaben in E-Learning-Kontexten Prinzipien des Mehrwerts der virtuellen Umgebung eine besondere Rolle. Dazu gehören z. B. die Möglichkeiten der schnellen Rückmeldung, das Bereitstellen von Musterlösungen und der Rückfluss von Aufgabenlösungen von einzelnen Lernenden oder von Lerngruppen in den Lernprozess als Lernressource. Bei der Aufgabenstellung ist zu bedenken, dass von Beginn an genügend zusätzliche Informationen bereitgestellt werden (z. B. zur Zielrichtung der Aufgabe), die in Präsenzlernsituationen schnell mündlich gegeben werden können, ebenso wie (prozess- oder ergebnisorientierte) Hilfestellungen. Reinmann-Rothmeier (2003, 72) weist darauf hin, dass die Öffentlichkeit von Aufgabenlösungen teilweise zu Verunsicherung führt, gerade bei Lernenden, die die Aufgaben weniger professionell gelöst haben. Solche Unsicherheiten können durch geeignete Informationen in der Aufgabenstellung aufgefangen werden. Ob dies bereits bei der Entwicklung des Konzepts oder erst später durch die tutoriellen Betreuer geschieht, hängt von der Struktur des Lernangebotes ab.

Häufig werden automatisch auswertbare Aufgaben als besonderer Vorteil virtueller Lernarrangements und Lernerfolgskontrollen betrachtet. Dies können geschlossene Fragetypen wie Multiple Choice, Zuordnungsaufgaben, Reihenfolgebestimmungen und Objektmarkierungen oder offene Fragen (z. B. Frei- oder Lückentextaufgaben) sein (Kerres 2013, 448 ff.; Euler 1992, 128–148). Solche Aufgaben ermöglichen einen interaktiven Umgang mit dem Lernstoff. Wichtig ist dabei eine schnelle, individuelle und differenzierte Rückmeldung über den erreichten Wissensstand (Kerres 2013, 448 ff.). Diese Aufgabenformen ersetzen jedoch in keinem Fall die diskursive Auseinandersetzung mit komplexen Inhalten, die nur im Dialog mit den tutoriellen Betreuern, Lehrenden, Fachexperten und anderen Lernenden stattfinden kann (Kap. 7).

Ein weiterer wesentlicher Faktor bei der Aufgabenplanung sind die Transparenz der Bewertungsschemata (für Betreuer und Lernende) sowie die möglichen Prüfungsformen, die ggf. mit den jeweiligen Prüfungsämtern abzustimmen sind.

4.3 Organisation virtuellen Lehrens und Lernens

Im Folgenden werden verschiedene Möglichkeiten der Gestaltung und Organisation virtueller Bildungsveranstaltungen vorgestellt. Dabei wird im ersten Abschnitt (4.3.1) thematisiert, dass die Konzeption von Bildungsveranstaltungen immer auch ein Ausdruck der pädagogischen Verhältnisse ist. Im zweiten Abschnitt (4.3.2) werden Grundszenarien virtuellen Lehrens und Lernens zunächst systematisch beschrieben; im Anschluss daran folgt im dritten Abschnitt (4.3.3) eine Konkretisierung anhand von drei typischen Ausprägungen neuer Lernszenarien, bei denen digitale Medien eingesetzt werden: MOOCs (Massive Open Online Courses), Inverted Classroom (umgedrehter Unterricht) und Game Based Learning (spielbasiertes Lernen).

4.3.1 Lernszenarien als Beschreibung pädagogischer Verhältnisse

Ob mediengestützt oder in Präsenz: Im Arrangement von Bildungsveranstaltungen werden (oft implizit) immer auch die pädagogischen Verhältnisse, also die Beziehungen zwischen den beteiligten Personen, und die Verantwortlichkeiten für den Lernprozess zum Ausdruck gebracht: Auch Präsenzveranstaltungen werden z. B. dozentenzentriert oder gruppenorientiert gestaltet. Jedoch können mit dem Einsatz bestimmter Techniken und Medienstrukturen spezielle Einschränkungen oder auch erweiterte Möglichkeiten verbunden sein und damit Voraussetzungen geschaffen werden, die die Grundausrichtung der pädagogischen Verhältnisse eines Lernarrangements noch erheblich verstärken. Dabei scheint es drei Haupttendenzen zu geben:

(1) Dominanz der Lehrenden

Viele E-Learning-Szenarien bergen die Gefahr, dass die Lernenden noch mehr als in traditionellen Lehrveranstaltungen zu bloßen Rezipienten von fest fixierten Lerninhalten werden und damit die Dominanz der Lehrenden weiter ausgebaut wird. Dies ist z. B. der Fall, wenn bei der digitalen Übertragung von Veranstaltungen (sei es an Einzelrechner bzw. Einzelpersonen oder auch in einen oder mehrere andere Hörsäle) die dozentenzentrierte Vermittlung verstärkt wird, weil keine Rückkanäle für Nachfragen der Lernenden zur Verfügung stehen oder aus technischen oder organisatorischen Gründen kaum genutzt werden. Auch die multimediale Aufbereitung von Lerninhalten kann dazu führen, dass diese „in viel höherem Maße als bei gedruckten Materialien begrenzt und fixiert und die Möglichkeiten ihrer Er- und Bearbeitung ein[ge]schränkt“ werden, da „alle bislang in Lernmaterialien vorhandene[n] Poren, deren Vorteil [...] ja gerade darin lag, dass sie erst durch Kommunikation der Lehrenden und Lernenden nach-denkend geschlossen werden konnten“, nun von vornherein geschlossen werden müssen (ZIMMER 1997, 114).

(2) Dominanz des Lernens gegenüber dem Lehren

Dagegen kehrt sich das eben beschriebene Dominanzverhältnis nahezu um durch die grundsätzliche Möglichkeit, dass Lernende sich aus einer „prinzipiell unbegrenzten Vielfalt an [online vorhandenen] Informations- und Lernangeboten der unterschiedlichsten Bildungseinrichtungen“ (ebd., 116) ihre Stundenpläne dem eigenen Bedarf entsprechend selbst organisiert zusammenstellen können. Gegenwärtig erweitern MOOCs (vgl. ausführlich Kap. 4.3.3) solche Lernmöglichkeiten in frei wählbaren, offenen Kursen mit unterschiedlicher Lernunterstützung in einem bislang nicht bekannten Umfang (WERDES 2012). Mit diesen Lernmöglichkeiten ist nicht nur ein hoher Anspruch an die Verantwortung und die (auto-)didaktischen Kompetenzen des einzelnen Lernenden verbunden, zugleich stellt sich mit dieser „sich abzeichnenden Umkehrung des Organisationsprinzips von Lehren und Lernen“ die Frage, was unter dieser Voraussetzung „den *Anreiz* für das Lernen der Individuen und den *Zusammenhang* ihres Lernens schafft“ (ZIMMER 1997, 116, Hervorh. im Original). Neue, nicht dominante Formen der Unterstützung müssten dafür jedoch erst gefunden werden. Mit dieser Organisationsform des Lernens deutet sich ein Umbruch in der traditionellen Lern-, aber auch der Lehrkultur an. Allerdings ist die Realisierung in der Praxis aufgrund der immer noch problematischen Anerkennung von Lernleistungen durch die verschiedenen Bildungseinrichtungen sowie des vorhandenen Angebots bzw. der Auswahlmöglichkeit von E-Learning-Modulen heute immer noch schwierig. Inzwischen wird mit den (Open oder Online) Badges (Lernabzeichen) ein Ansatz erprobt, der es Lernenden ermöglicht, Lernleistungen zu dokumentieren, die informell erworben wurden, aber aufgrund prüfungsrechtlicher Regelungen oft nicht anerkannt werden können. Solche digitalen Lernabzeichen können von jeder Institution auf der Basis vorher definierter Anforderungen verliehen werden (vgl. ausführlich Kap. 7.8).

(3) Dominanz des Kommunikativen gegenüber dem Individuellen

Inzwischen stehen zahlreiche Werkzeuge für die Zusammenarbeit von Lernenden an verteilten Orten zur Verfügung: „*Telematische Lernformen* sind von ihrer grundlegenden Bestimmung her *Formen gemeinsamen Lernens*“ (ebd., 121, Hervorh. im Original). Möglich ist dies in synchronen Szenarien (Videokonferenzen, virtuellen Klassenzimmern, der Zusammenarbeit auf geteilten Whiteboards, in Dokumenten usw.) ebenso wie in asynchronen Arrangements (z. B. auf Lernplattformen mit Diskussionsforen, Wikis, Weblogs oder auch in sozialen Netzwerken). Die Größe von Kursen kann sehr unterschiedlich sein, von Kleingruppen bis hin zu Kursen mit Tausenden von Teilnehmern weltweit. Beim kollaborativen und kooperativen Lernen stehen die gemeinsamen Aktivitäten der Lernenden zur Erarbeitung von Lerninhalten im Mittelpunkt, während die Rolle der Lehrenden sich vom Dozierenden hin zum Moderator oder Lernbegleiter wandelt.

Lernaufgaben als Orientierung für die Gestaltung von Lernszenarien

Diese drei Grundformen der pädagogischen Verhältnisse werden in konkreten E-Learning-Szenarien realisiert. Dabei werden weder mit dem Einsatz bestimmter Medien noch mit anderen Elementen – z. B. der Gruppengröße oder der Abfolge von Lernsequenzen – automatisch bestimmte pädagogische Verhältnisse geschaffen, und oft sind auch die Übergänge fließend. Jedoch kann die bewusste Gestaltung von Lernszenarien erheblich dazu beitragen, die traditionelle Dominanz der Lehrenden zu vermindern und selbst organisiertes und kooperatives Lernen zu unterstützen. Zentrale Bedeutung kommt dabei den Lernaufgaben zu (Kap. 4.4.2). Sie tragen nicht nur zur Motivation und Aktivierung der Lernenden bei, sondern geben dem Lehren und Lernen unter den heterogenen Bedingungen von E-Learning Orientierung, indem sie es in einen großen Zusammenhang einbinden und auf diskursiver Verständigung beruhen. Für Lehrende bedeutet dies, dass ihre Aufgabe immer mehr darin besteht, mit den Lernenden gemeinsam Aufgaben zu definieren und deren Bearbeitung zu begleiten.

In den folgenden Abschnitten werden verschiedene Faktoren und Beschreibungsmodelle vorgestellt, die in die Planung von E-Learning-Szenarien einbezogen und bei der Entscheidung für den Einsatz konkreter Gestaltungselemente helfen sollen.

4.3.2 Präsenzlehrveranstaltungen versus virtuelle Lernarrangements

Das Lernszenario wird in traditionellen Präsenzlehrveranstaltungen meist nicht explizit thematisiert, denn Veranstaltungsformen wie Seminare, Vorlesungen, Workshops oder Unterricht greifen in der Regel auf etablierte Lehr- und Lernformen zurück, die jeweiligen Tätigkeiten von Lehrenden und Lernenden, ihr Verhältnis zueinander usw. haben sich eingespielt. Die gleichzeitige Anwesenheit von Lehrenden und Lernenden bei regelmäßigen (meist wöchentlichen) Lehrveranstaltungen zur selben Zeit am selben Ort ermöglicht es außerdem, noch nicht feststehende Einzelheiten oder neue Lernformen rasch zu vereinbaren.

Im Gegensatz dazu sind die Organisations- und Ablaufpläne von virtuellen Bildungsveranstaltungen und Blended-Learning-Szenarien weder bereits etabliert, noch ergeben sie sich von selbst. Da jedoch Arrangements, die auf konkrete Module abgestimmt sind, das Lernen erheblich unterstützen und zur Lernmotivation beitragen können, ist es wichtig, deren Planung in die Konzeption einer Veranstaltung einzubeziehen. Je höher der Anteil der virtuellen Phasen einer Veranstaltung ist, umso größer ist die Bandbreite an Gestaltungsmöglichkeiten. Zugleich besteht jedoch auch die Notwendigkeit, eine Vielzahl von Entscheidungen zu treffen, über die die Lernenden und die späteren Lehrenden – falls sie nicht zu den Konzeptentwicklern der Module gehören – informiert werden müssen. Sie betreffen vor allem folgende Punkte:

- den *Gesamtablauf* des Moduls und (eventuell) die Reihenfolge der Lerneinheiten;
- die *Taktung* von Lerneinheiten/Lernmaterialien: Soll eine Veranstaltung feste Anfangs- und Endtermine haben? Sind die Lernmaterialien zu bestimmten Zeiten zur Verfügung zu stellen? (Kap. 6.6.1)
- die *Planung* von Präsenz- und E-Learning-Phasen im zeitlichen Ablauf und in ihrem Zusammenwirken: Präsenzphasen beispielsweise für Einführung, Vertiefung, Ergänzung oder Wiederholung;
- die *Sozialform(en)* des Lernens: Sind Gruppenarbeiten geplant? Über welchen Zeitraum sollen sie sich erstrecken? Wie groß sollen die Arbeitsgruppen sein? (Kap. 6.6; Kap. 6.8)
- die Art der *Betreuung*: Gestaltungsspielräume der Betreuenden, Vorschläge zur Betreuung von Lernaufgaben, Antwortfrequenzen etc. (Kap. 6.7);
- die Gestaltung der *Prüfungen*: begleitende Bewertung, Prüfung zum Abschluss in Präsenz, online oder per Videokonferenz, Entwicklung und Einsatz adäquater Kontrollmechanismen, Bewertung von Gruppenleistungen; die Prüfungsformen müssen auf die Rechtsvorschriften der jeweiligen Organisationen abgestimmt sein bzw. mit den Prüfungsämtern abgesprochen werden (Kap. 7).

Räumlich verteiltes Lernen, synchrone und asynchrone Lernszenarien

Charakteristisch für Online-Bildungsangebote und Blended-Learning-Szenarien ist, dass zumindest über gewisse Zeiten eine räumliche Distanz zwischen Lehrenden und Lernenden und den Lernenden untereinander besteht (im englischsprachigen Raum wird dafür der Begriff distributed teaching verwendet). Wenn Lehr- und Lernhandlungen außerdem zeitlich versetzt sind, wird von *asynchronem Lernen* gesprochen; bei gleichzeitigen Aktivitäten von Lehrenden und Lernenden an unterschiedlichen Orten ist das Szenario *ortsverteilt und synchron* (z. B. bei Audio- und Videokonferenzen). Asynchrone Lernszenarien ermöglichen den Lernenden die größte Flexibilität, z. B. bei der Wahl ihrer Lernzeit und ihres Lerntempos. Wird in solchen Szenarien (über asynchrone Medien) kommuniziert, kann es problematisch sein, dass es keine unmittelbare Rückmeldung auf die Lernhandlungen gibt. Bei länger dauernden Kursen entstehen daraus oft auch Motivationsprobleme.

Synchrone virtuelle Lernformen sind inzwischen weniger stark von den technischen Gegebenheiten abhängig als in den Anfangszeiten des E-Learning. Sie bieten den Vorteil direkter Rückmeldungen, die Möglichkeit als Lerngemeinschaft unmittelbar miteinander zu diskutieren oder vom Lehrenden beraten zu werden sowie unmittelbar in Kleingruppen zu kooperieren (Arnold 2013a). Allerdings werden die Vorteile immer noch selten ganz ausgeschöpft. Zudem wird die zeitliche Flexibilität dabei ebenso eingeschränkt wie die Möglichkeit, eigene Lernwege zu wählen (Arnold 2003a, 26). Eine Kompromisslösung kann hier sein, die synchrone virtuelle Lernform aufzunehmen und die Aufnahme nachträglich, ggf. auch den Nichtanwesenden, zur Verfügung zu stellen. Technisch unterstützen fast alle eingesetzten Web-Videokonferenzsysteme diese Möglichkeiten; allerdings sind rechtliche Aspekte zu beachten (Datenschutz, Recht am eigenen Bild etc. siehe Kap. 11.1 und Kap. 11.2).

Drei Grundszenarien virtuellen Lehrens und Lernens

In der Regel werden E-Learning-Szenarien nach dem Grad der Virtualisierung beschrieben. Dabei wird meist zwischen drei verschiedenen Stufen unterschieden (BACHMANN u. a. 2002, 94 ff.; SCHULMEISTER 2005a, 163–187), von der Anreicherung der Präsenzlehre durch digitale Medien über teilvirtuelle Blended-Learning-Szenarien bis zu komplett virtuellen Veranstaltungen. Dabei sind die Übergänge fließend. In allen Szenarien können dieselben Medien zum Einsatz kommen. Große Unterschiede bestehen jedoch in der Zielsetzung, im Betreuungsaufwand und in der didaktischen Gestaltung der Lernmaterialien sowie dem damit verbundenen Erstellungsaufwand (Kap. 5). In Hochschulen werden Präsenzveranstaltungen in der Regel nicht vollständig virtualisiert, sondern durch einen virtuellen Lernraum und/oder digitale Bildungsmedien und Kommunikationsformen ergänzt; jedoch gewinnen komplett virtuelle Szenarien in Fernstudienangeboten und Veranstaltungen anderer Bildungsanbieter zunehmend an Bedeutung. Ein treibender Faktor dabei ist vor allem das weltweit wachsende Angebot an MOOCs (Anforderungen an Bildungsangebote siehe Kap. 2.2).

(1) Anreicherung von Präsenzveranstaltungen

Digitale Medien können auf zwei unterschiedliche Weisen genutzt werden, um Präsenzveranstaltungen anzureichern: einmal direkt während der Veranstaltung, zum anderen begleitend, z. B. in einem virtuellen Lernraum (E-TEACHING.ORG 2015p). In einer Präsenzlehrveranstaltung können vortragsbegleitend digitale Folien, Bilder, Grafiken, aber auch Videos, Animationen und Simulationen, z. B. virtuelle Labore, zur Visualisierung eingesetzt werden und so dazu beitragen, die Konzentration der Lernenden – die bei längerem Zuhören häufig nachlässt – zu unterstützen. Für Inhalte, die sukzessive entwickelt werden (z. B. mathematische Gleichungen) eignet sich die Nutzung eines digitalen Whiteboards.

Schließlich kann der Einsatz von Abstimmungssystemen (sog. Personal Response Systeme, PRS, oder Clicker) dazu beitragen, die Teilnehmenden während der Veranstaltung einzubeziehen und zu aktivieren bzw. die Veranstaltung an die Teilnehmenden anzupassen (TSCHERNACK/ZENDER/LUCKE 2012, 39; HOECHSTETTER 2014). Auch das individuelle oder gemeinsame Lösen von digital gestellten Aufgaben (z. B. mit einer Applikation auf mobilen Geräten) wird zunehmend in Präsenzveranstaltungen integriert (DECKER/MEIER 2014).

Begleitend zu einer Präsenzlehrveranstaltung wird inzwischen meist ein virtueller Lernraum zur Verfügung gestellt, der auf unterschiedliche Weise genutzt werden kann: vor dem Beginn der Veranstaltung, um den Wissensstand der Teilnehmenden zu erfragen oder vorbereitende Materialien zur Verfügung zu stellen, während der Veranstaltung, um Lernmaterialien, Skripte, allgemeine Linksammlungen etc., aber auch auditive oder audiovisuelle Aufzeichnungen anzubieten. Auch begleitende Kommunikationsmöglichkeiten wie Forendiskussionen, Chats, ein Blog mit Kommentarfunktion usw. können zur Verfügung gestellt werden. Teilweise werden auch soziale Netzwerke als digitale Lernräume genutzt, in vielen Fällen selbst organisiert von den Lernenden. Dies kann auch in formalen Bildungskontexten sinnvoll sein; allerdings kann es schwierig sein, Nachteile für Teilnehmende zu vermeiden, die nicht Mitglied in solchen Netzwerken sind. Zudem können Probleme dadurch entstehen, dass in sozialen Netzwerken oft nicht die datenschutzrechtlichen Bestimmungen eingehalten werden können, die in formalen Bildungskontexten zu beachten sind. Über diese grundsätzliche Problematik sind die Nutzenden zumindest aufzuklären.

Die beiden bisher beschriebenen Möglichkeiten erweitern entweder einen formalen Lernort (wie einen Seminarraum oder Hörsaal), oder sie schaffen zusätzliche Möglichkeiten des zeit- und ortsunabhängigen Lernens, etwa am heimischen Computer oder auf dem Weg zur Arbeit, also in einem sog. „irrelevanten Kontext" (Göth/Froberg/Schwabe 2007, 13). Mobile Geräte und mobile Applikationen (Apps) ermöglichen es jedoch, Lernen darüber hinaus in neuen physischen und sozialen Kontexten zu situieren und explorative Lernmöglichkeiten dort zu eröffnen, „wo der Umgebungskontext zum Lernkontext passt, d. h. beispielsweise im Wald [...], im Museum [...] und im Zoo" (ebd.; vgl. auch Frohberg 2008).

Augmented Reality (erweiterte Realität)

In diesem Zusammenhang wächst auch die Bedeutung von Augmented Reality: Durch Zusatzinformationen in Text-, Bild- oder auch 3D-Formaten können reale Orte und Szenarien (historische Stätten, aber auch medizinische Umgebungen u. v. m.) um lernrelevante Zusatzinformationen ergänzt werden, teilweise auch von den Lernenden selbst. Für manche Anwendungen ist weiteres Zubehör notwendig, z. B. Spezialbrillen. Auf diese Weise können situierte und experimentelle Lernsettings entstehen; dabei „macht AR aus mobilen Geräten ein zunehmend allgegenwärtiges Instrument, nicht für soziale Interaktionen, sondern für das Lernen, das die Grenzen zwischen formellem und informellem Lernen aufweicht" (Johnson u. a. 2011, 19 ff.; siehe auch Kap. 3.2).

Der Vorteil der Augmented Reality in digitalen Bildungsmedien liegt in der Visualisierung und Erklärung der Wirkungszusammenhänge in komplexen Prozessen. In Interaktion mit den virtuell dargestellten authentischen Prozessen und den damit verknüpften Lerninhalten im Bildungsmedium werden neue Formen der Lernprozesse ermöglicht. Die Lernenden können selbst organisiert und kooperativ die Bedingungen, Zusammenhänge und Folgen der komplexen Prozesse erschließen und damit die erforderlichen Kompetenzen für die erforderlichen Handlungen in den realen Prozessen erwerben. Diese virtuell dargestellte erweiterte Realität ist notwendig, wenn der Kompetenzerwerb in der wirklichen Realität in dieser Weise nicht möglich ist (Fehling 2017).

(2) Blended Learning/Hybrides Lernen

Seit etwa 2001 ist immer häufiger von Blended Learning die Rede, im deutschsprachigen Raum wurde zunächst auch von hybridem Lernen gesprochen (Arnold 2003a; Sauter/Sauter 2002; Wilbers 2003). Ziel dieses Lernszenarios ist es, durch die Mischung (engl. blend) unterschiedlicher Elemente bei der Organisation von Bildungsangeboten deren Vorteile zu nutzen und deren Nachteile zu vermeiden, bspw. durch den Einsatz bzw. die Kombination folgender Elemente:

- Präsenzelemente (z. B. Workshops, Seminare, Vorlesungen) und Distanzelemente, die alle E-Learning- und digitalen Kommunikationsformen integrieren können;
- Elemente einer klassischen Phasenbildung für Lehr- und Lernprozesse (z. B. Wechsel zwischen Theorieerwerb und Praxisphase, z. B. Laboruntersuchung);
- Elemente mit unterschiedlichen Sozialformen und Steuerungsinstanzen (z. B. Einzel- und Gruppenlernen oder Berufsschule und betriebliche Praxis);
- Elemente, in denen bestimmten zu erwerbenden Kompetenzen oder Zielen bestimmte Methoden zugeordnet werden (z. B. Rollenspiele zum Erwerb von Sozialkompetenzen).

Kritiker betonen, dass mit dem Begriff Blended Learning nichts gesagt werde, das nicht bereits bekannt sei. Dennoch „lenkt er die Aufmerksamkeit stärker auf die Zusammenstellung derartiger Elemente und erreicht so eine entsprechende Sensibilität bei Wissenschaft und Praxis bei einem alten und sicher nicht überforschten Problem" (Wilbers 2003; vgl. auch Kerres 2001b; 2013, 410 ff.). So sind traditionelle Seminare, bei denen die Inhalte zu Hause (also nicht während der Präsenzveranstaltung) erworben und dann während der Veranstaltung diskutiert werden, eine analoge Form des umgedrehten Unterrichts (Inverted Classroom Model, ICM). Die Möglichkeit, für die Selbstlernphase Videos einzusetzen, führt dazu, dass Lehrende und Lernende dieses Blended-Learning-Szenario als attraktiv empfinden und kreative, didaktisch vielversprechende Umsetzungsformen erproben (vgl. zum ICM ausführlich Kap. 4.3.3).

(3) Virtuelle Veranstaltung

Reine Online-Bildungsveranstaltungen finden komplett in einer virtuellen Lernumgebung statt und können synchrone Anteile – wie Online-Vorlesungen oder Chats – und/oder asynchrone Elemente – z. B. bereitgestellte Lernmaterialien, Möglichkeiten zum Austausch in Forendiskussionen, zur Zusammenarbeit in Wikis u. a. m. – enthalten. Der Grad der Virtualität lässt nicht unbedingt Rückschlüsse auf die didaktische Gestaltung der Veranstaltung zu: „Virtuelle Seminare tragen keine didaktische Konzeption in sich. Virtuelle Seminare können sowohl als instruktionsorientierte Seminare als auch als problemorientierte/handlungsorientierte Seminare gestaltet werden" (Kremer/Sloane 2001, 6). Je mehr virtuelle Anteile eine Lehrveranstaltung hat, desto sorgfältiger muss das Konzept geplant werden, vom Ablauf der Veranstaltung über die Betreuungsformen und Kommunikationselemente bis zur Entwicklung multimedialer Lernmaterialien, die geeignet sein müssen, komplett selbst organisiertes Lernen zu unterstützen (Kap. 6.5 ff.; Merkt 2005).

Eine neue Form von reinen Online-Bildungsveranstaltungen sind offene Online-Kurse; bei sehr großen Teilnehmerzahlen (so waren zu einer 2011 durchgeführten Veranstaltung 160.000 Teilnehmer angemeldet, Fries 2012) wird auch von Massive Open Online Courses (MOOCs) gesprochen. Seit der Durchführung des ersten

Open Online Course 2008 (Connectivism 2008) wächst das Angebot und hat weltweit bildungspolitische Diskussionen ausgelöst. Die Kurskonzepte zeigen, wie unterschiedlich rein virtuelle Veranstaltungen sein können: Die ursprüngliche Idee der kanadischen E-Learning-Experten Stephen Downes (2012) und George Siemens (2006) ist konnektivistisch (vgl. Kap. 4.2.1) und beinhaltet entsprechende Prinzipien. Experten setzen einen thematischen Fokus und geben Impulse, die Teilnehmenden definieren ihre Lernziele jedoch individuell, setzen eigene Schwerpunkte und kommunizieren öffentlich darüber (PLENK 2010; Panke 2011). Inzwischen sind jedoch die meisten Kurse sehr stark dozentenzentriert und an vorgegebenen Inhalten ausgerichtet (vgl. zur bildungspolitischen Diskussion um MOOCs Kap. 2.2; zu MOOCs als neuem didaktischen Szenario Kap. 4.3.3).

Komplexere Beschreibungsformen von E-Learning-Szenarien

Ein weiteres, noch komplexeres Modell führt über die Quantität des Virtualitätsgrades hinaus weitere Kategorien zur Beschreibung von E-Learning-Szenarien ein und nennt dabei insgesamt drei unterschiedliche Kategorien mit sechs Skalen (Schulmeister u. a. 2008):

- *Quantitative Kategorien* sind der Grad der Virtualität (angereicherte Präsenzveranstaltung, Blended Learning und virtuelle Veranstaltung, s. o.) sowie die Gruppengröße (Einzellernen, Kleingruppen und Großgruppen).
- *Technische Kategorien* sind der Grad der Synchronizität einer Veranstaltung (asynchron, asynchron und synchron, synchron) und der Grad der Medialität (gering: z. B. Vorlesung und elektronische Kommunikation – gemischt: z. B. Einsatz von Podcasts oder Selbstlernprogrammen – oder hoch: z. B. Simulationen, interaktive Übungen).
- *Didaktische Kategorien* sind der Anteil von Inhalten versus Kommunikation (Lernen von Inhalten, Inhalte und Diskurs alternierend, Lernen im Diskurs) sowie der Grad der Aktivität (rezeptives Lernen: z. B. Lesen vorgegebener Informationen – Mischformen und aktive Lernformen zur Produktion von Artefakten durch die Lernenden: z. B. durch synchrone oder asynchrone Kommunikation).

Diese unterschiedlichen Kategorien und Skalen können miteinander kombiniert werden und ergeben dann komplexe Schemata, innerhalb derer z. B. der Virtualitäts- und Medialitätsgrad einer Veranstaltung sowie die Aktivitäten der Lernenden und die Gruppengröße gemeinsam beschrieben und miteinander in Beziehung gesetzt werden. Entsprechend könnte anhand dieser Kategorien beschrieben werden, ob es sich z. B. bei der Videoübertragung einer Vorlesung um eine rein virtuelle Veranstaltung oder den Teil eines Blended-Learning-Szenarios handelt, ob eine Gruppe von Lernenden in einem Hörsaal oder einzelne Nutzer vor ihren Rechnern adressiert werden, ob die Veranstaltung ausschließlich synchron verläuft oder außer der Übertragung auch asynchrone Anteile enthält, welche Medien dabei eingesetzt werden und ob sie vor allem auf die Inhaltsvermittlung gerichtet ist oder auch diskursive Elemente enthält. Ebenso könnten auch bisher nur in Bezug auf den Virtualisierungsgrad beschriebene Szenarien exakter charakterisiert werden.

Schließlich soll noch auf ein Modell hingewiesen werden, das im Rahmen einer Studie des Hochschulforums Digitalisierung (HFD) im Jahr 2016 entwickelt wurde (WANNEMACHER u. a. 2016). Dazu wurden in einer umfassenden nationalen und internationalen Recherche zunächst Fallstudien und -beispiele digitalisierter Lernelemente und -formate ausgewertet und dann auf Grundlage ähnlicher Merkmale (Lehr-/Lernziele, Zielgruppe, Lernumgebung und curriculare Einbettung) und Dimensionen (u. a. Grad der Medialität, der Virtualität, der Interaktion und andere) zu acht (teilweise) digitalisierten Lernszenarien aggregiert. Ausschlaggebend dafür war u. a. der Innovationsgrad der Szenarien, d. h. das Ausmaß, in dem sie Hochschulen zur Weiterentwicklung ihres Repertoires an Lehr- und Lernformen anregen.

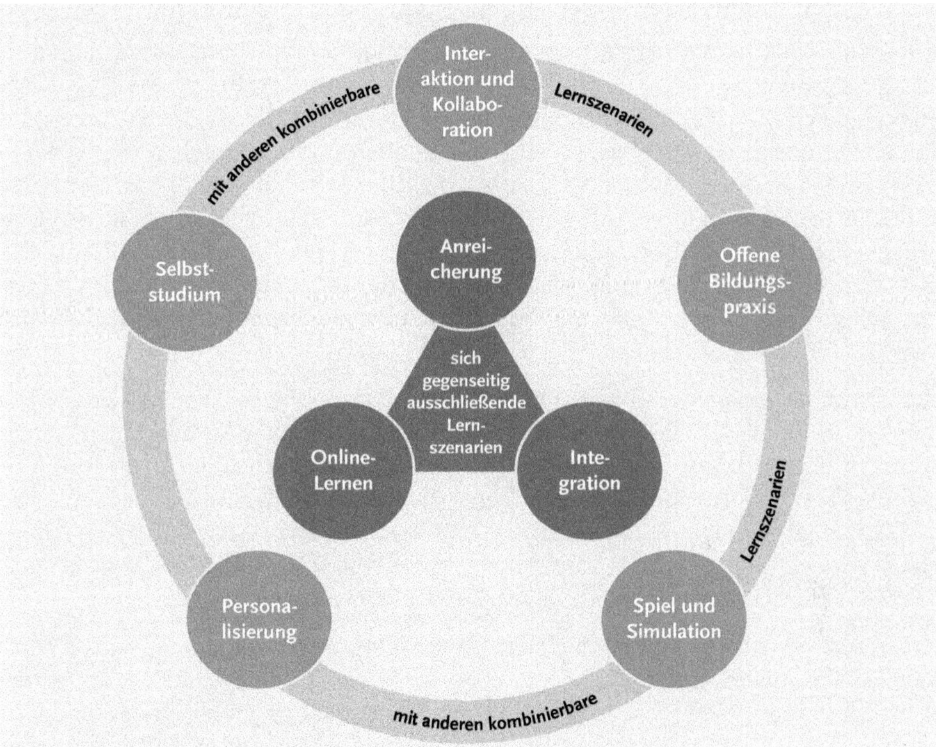

Abb. 4.1: Modell digitalisierter Lernszenarien des Hochschulforums Digitalisierung (WANNEMACHER u. a. 2016)

Die drei sich gegenseitig ausschließenden Kernszenarien im inneren Kreis – Anreicherung, Integration und Online-Lernen – entsprechen den bereits oben erwähnten Grundszenarien virtuellen Lehrens und Lernens. Ergänzt werden sie um die fünf im äußeren Kreis abgebildeten Szenarien Interaktion und Kollaboration, Offene Bildungspraxis, Spiel und Simulation, Personalisierung sowie Selbststudium, die im Prinzip sowohl mit den Kernszenarien im inneren Kreis als auch untereinander fast beliebig kombinierbar sind.

Dass einige Hochschulen in Deutschland (z.B. die RWTH Aachen) dieses Modell bereits zur Außendarstellung der bei ihnen umgesetzten digitalen Lehrszenarien nutzen, ist zugleich ein wichtiger Beitrag zu einer vergleichbareren Darstellung digital unterstützter Lehrformen.

Deutlich wird allerdings bei allen vorgestellten Modellen, dass Lernszenarien weder durch die eingesetzten Medien noch durch andere einzelne Elemente allein hinreichend beschrieben werden können, auch wenn solche Beschreibungsmodelle durchaus hilfreich für eine detaillierte Darstellung von E-Learning-Szenarien sein können (Reinmann 2009).

Auswahl von Lernszenarien

Für Lehrende und Entwickler, die eine E-Learning-Veranstaltung planen, ist jedoch ein Entscheidungs- bzw. Handlungsmodell wichtiger als ein Beschreibungsmodell. Ausgangspunkt eines solchen Modells ist das „Ziel einer Lehrbemühung [...], wobei man zugleich die (sichtbaren) Rahmenbedingungen (z. B. Größe der zu unterrichtenden Gruppe) berücksichtigen muss [...], weil die Logik des Vorgehens eine andere ist, wenn ich etwas beschreibe und bewerte versus wenn ich etwas selbst entwickle und kreiere“ (ebd., 1). Am Anfang der Planung steht dann z. B. die Frage, welche Aufgaben dazu geeignet sind, die Lernenden durch selbst organisierte und kooperative Lernformen (Breuer 2001) beim Kompetenzerwerb zu unterstützen und ihnen im pädagogischen Verhältnis mit den Lehrenden wachsende Möglichkeiten der Selbstbestimmung zu schaffen.

Der Ablauf eines konkreten Lernmoduls basiert auf einer Fülle von Einzelentscheidungen. In Bezug auf die Kombination der oben dargestellten Gestaltungsmöglichkeiten, z. B. der Online- und Offline-Elemente oder unterschiedlicher Prüfungsformen, sollten Faktoren wie die Lerninhalte bzw. Lernaufgaben, die Zielgruppe etc. berücksichtigt werden (Euler 2001; Euler/Wilbers 2002; Kremer/Sloane 2001). Für die Entwickler ist außerdem wichtig zu planen, ob bzw. welche dieser Festlegungen sie ggf. den Betreuern der virtuellen Kurse überlassen.

Neben didaktischen Erwägungen sind in die Planung des Lernszenarios auch technische Gegebenheiten einzubeziehen, z. B. die funktionellen Möglichkeiten des eingesetzten Lernraums. Darüber hinaus ist es sinnvoll, auch pragmatische Faktoren zu berücksichtigen bzw. mit der jeweiligen Bildungseinrichtung oder Hochschule oder mit den Fachbereichen abzustimmen. So ist es bspw. – anders als bei der Planung von Einzelkursen – Studierenden, die in einem Semester mehrere Studienmodule belegen, auf Dauer kaum zuzumuten, an mehreren Abenden in der Woche an synchronen Online-Veranstaltungen teilzunehmen.

4.3.3 Neue (teil-)virtuelle Lernszenarien: MOOCs, Inverted Classroom (Flipped Classroom), Game Based Learning

In den vorhergehenden Abschnitten wurden virtuelle Lernszenarien anhand systematischer Kriterien beschrieben, z. B. in Bezug auf die darin umgesetzten unterschiedlichen pädagogischen Verhältnisse zwischen Lernenden und Lehrenden oder in Bezug auf die mögliche Kombination von qualitativen, technischen und didaktischen Faktoren. Diese Darstellung wird im Folgenden konkretisiert durch drei derzeit aktuelle, typische Ausprägungen neuer Lernszenarien, in denen digitale Medien eingesetzt werden: MOOCs (Massive Open Online Courses), Inverted Classroom (umgedrehter Unterricht), auch Flipped Classroom genannt, und Game Based Learning (spielbasiertes Lernen).

(1) Massive Open Online Courses

Für das Lernszenario Massive Open Online Courses (MOOCs) haben sich mittlerweile vielfältige Ausprägungen herausgebildet (vgl. Bischof/Stuckrad 2013; Schulmeister 2013a; Bates 2014, 50 ff.). Bei allen Unterschieden im Detail sind vier Charakteristika kennzeichnend für alle MOOCs, wobei einzelne dieser Charakteristika nicht neu sind; die Neuartigkeit liegt vielmehr in der Kombination der vier Charakteristika und der Vernetzung aller Teilnehmenden im Internet (Göcks/Bechmann 2013, 8; Bates 2014, 51):

- *Große Teilnehmerzahlen (Massive)*: Die Teilnehmerzahlen von MOOCs reichen von mehreren Hundert zu Hunderttausenden Personen. Dabei ist nicht (nur) die tatsächliche Anzahl, sondern die (fast) beliebige Skalierbarkeit dieser Szenarien das Interessante.
- *Offene Teilnahmeregelungen (Open)*: Es gibt in der Regel keine Eingangsvoraussetzungen und auch meistens noch keine Kursgebühren. Die benutzten Bildungsressourcen sind in vielen Fällen auch nach dem Kurs offen zugänglich, ggf. auch weiter bearbeitbar; jedoch stellen nicht alle MOOC-Anbieter ihre Materialien als freie Bildungsressourcen (OER, Open Educational Resources) zur Verfügung (vgl. Kap. 5.5).
- *Virtuelles Format (Online)*: In der Regel finden MOOCs komplett über das Internet ohne Präsenztreffen statt. Sie bieten neben der Präsentation der Inhalte auch Übungsaufgaben und häufig einen (meist gebührenpflichtigen) Abschlusstest mit Zertifikat an. Das Zertifikat wird aber in der Regel nur anerkannt, wenn der Abschlusstest unter Aufsicht stattgefunden hat. Mittlerweile werden teilweise auch hybride Formen als Blended MOOCs mit Präsenzbegleitseminaren angeboten.
- *Kursformat (Course)*: Allen MOOCs gemeinsam ist das Kursformat. Es werden nicht nur die Bildungsressourcen bereitgestellt, sondern die Veranstaltung erfolgt in einem zeitlich gebundenen Ablauf mit mehr oder weniger ausgearbeiteter und festgelegter Struktur. Es kommen dabei unterschiedliche didaktische Grundausrichtungen zum Tragen. Nach einer inzwischen allgemein anerkannten Definition sind zwei Grundtypen zu unterscheiden: cMOOCs und xMOOCs (Daniel 2012; Bischof/Stuckrad 2013, 20 f.; Haug/Wedekind 2013, 168 ff.).

cMOOCs versus xMOOCs – die Unterschiede könnten größer nicht sein

cMOOCs bezeichnen gemeinschaftsorientierte, konnektivistische MOOCs (das c steht für community bzw. connectivism), die in der Regel von einzelnen Expertinnen und Experten unabhängig von Bildungsinstitutionen angeboten bzw. durchgeführt werden, mit einer geringen Vorstrukturierung auskommen, stark auf Beiträge und Vernetzung der Teilnehmenden setzen sowie vielfach freie Bildungsressourcen (OER) und unterschiedlichste frei verfügbarer Web-2.0-Werkzeuge nutzen und diese häufig in einer Kurswebsite integrieren. Das Kursgeschehen entwickelt sich während der Laufzeit in Abhängigkeit von der Beteiligung der Teilnehmenden; diesen obliegt es, ihre Lernwege ggf. gemeinsam mit anderen festzulegen (Arnold 2013b; Bates 2014, 50; Haug/Wedekind 2013). Eine formale Lernerfolgskontrolle existiert in der Regel nicht, teilweise wird der Erwerb von Lernabzeichen (Badges) von den Veranstaltern unterstützt (zu Open oder Online Badges vgl. auch Kap. 7.8). Eine besondere Herausforderung für Durchführende wie für Teilnehmende liegt in der Fülle und Vielfalt der Inhalte sowie der Kommunikationsorte und -formen (Bates 2014; Arnold/Kumar/Thillosen/Ebner 2014), und auch die relativ schwache Strukturierung kann überfordern: cMOOCs sind „Chaos mit vielen verschiedenen Ebenen von Freiheit" (Didderen/Verjans 2012, 14, eigene Übersetzung; vgl. auch Daniel 2014, ii).

xMOOCs hingegen sind stark vorstrukturierte, instruktionsorientierte Kurse von Lehrenden an Universitäten oder Universitätsverbünden; das x steht für das Wort Extension, mit dem in Veranstaltungsverzeichnissen (weiterbildende) Kurse amerikanischer Universitäten gekennzeichnet werden, die für alle Interessierten zugänglich sind. xMOOCs bestimmen die aktuelle Diskussion um MOOCs. Bei allen Unterschieden im Detail vereint die Lernszenarien von xMOOCs, dass sie in der Regel Lerninhalte in kurzen, speziell für den Kurs produzierten Videosequenzen darstellen, den Lernenden automatisiert auswertbare Selbsttests zu den Lerneinheiten sowie einen – in der Regel unmoderierten – Diskussionsraum bieten, auf einer speziell für xMOOCs ausgerichteten Plattform laufen und im Hintergrund umfangreiche Daten der Lernenden im Umgang mit dem xMOOC erhoben werden (Learning Analytics, vgl. Kap. 7.9). In der Regel ist der Erwerb von Online Badges oder Zertifikaten auf der Grundlage automatisch bewerteter Online-Prüfungen möglich; einige Hochschulen bieten auch anrechenbare Abschlussprüfungen unter personaler Kontrolle an. In diesem Szenario besteht die Gefahr, dass eine reine Transportperspektive des Lehrens bzw. die Dominanz der Lehrenden überwiegt (vgl. Kap. 2.5.1 und 4.3.1) und – bei mangelnden Ressourcen und didaktischem Gesamtkonzept – auch Kurse entstehen, indem traditionelle Vorlesungen mitgeschnitten und ins Online-Medium komplett übertragen werden und damit hinter die Möglichkeiten der Einbindung von E-Learning in die Lehre weit zurückfallen (zur Kritik an den didaktischen Konzepten vieler xMOOCs vgl. Schulmeister 2013b).

Herausforderungen und ungelöste Fragen bei MOOCs als Lernszenario

Eine große Herausforderung bei allen MOOC-Szenarien ist die Betreuung und Unterstützung für Lernende, ein wichtiger Erfolgsfaktor beim E-Learning (siehe Kap. 6.1). Entsprechende Angebote können ggf. auch die bisher geringe Quote derer erhöhen, die einen MOOC komplett und erfolgreich absolvieren (zu aktuellen Zahlen vgl. Kap. 2.2). In Bezug auf die Betreuung der Lernenden wird derzeit einerseits mit der Einbindung von Mentoren und Tele-Tutoren experimentiert (Spoun/Keller/Grünberg-Bochard 2013; Dillenbourg 2014; Engle 2014), andererseits mit technischen Lösungen wie teachingbots (Bayne 2014). Bezahlte Zusatzkräfte stehen allerdings der weiteren Herausforderung entgegen, tragfähige Geschäftsmodelle für MOOCs zu entwickeln (vgl. dazu auch Kap. 12) sowie MOOCs auch als Unterstützung der OER-Bewegung (Open Educational Resources) zu implementieren (zum komplexen Zusammenhang von MOOCs und OER siehe Kap. 5.5). Ebenfalls offen ist die Frage nach geeigneten Assessment-Formen in MOOCs und deren Zertifizierung bzw. deren Anerkennung in formalen Bildungsinstitutionen oder Unternehmen (siehe Kap. 7.8). In Bezug auf die massenhaft anfallenden personenbezogenen Daten und deren Auswertung in Learning-Analytics-Anwendungen (siehe Kap. 7.9) ist außerdem der Datenschutz unbedingt zu beachten (siehe Kap. 11.1).

(2) Inverted Classroom (Flipped Classroom): der umgedrehte Unterricht

Die synonymen Begriffe Inverted Classroom und Flipped Classroom bezeichnen ein zunehmend verbreitetes Lernszenario (Horizon 2015, 38 f.), in dem die üblichen Aktivitäten innerhalb und außerhalb des Hörsaals oder Klassenzimmers umgedreht werden (engl. inverted oder flipped). Häufig verwendet wird auch die Abkürzung ICM (Inverted Classroom Model, der deutsche Begriff Umgedrehter Unterricht ist eher selten). Prinzip dieses Blended-Learning-Szenarios sind konzeptionell aufeinander bezogene Online- und Präsenzphasen: In der virtuellen Phase eignen sich die Lernenden – meist zu Hause – die von den Lehrenden digital zur Verfügung gestellten Inhalte selbst gesteuert und selbstständig im eigenen Tempo an, z. B. mit eigens von den Lehrenden für das jeweilige Fachgebiet erstellten Videoclips (Schmidt 2016). Die Präsenzzeiten sollen beim ICM nicht reduziert, sondern dazu genutzt werden, die erworbenen Kenntnisse anschließend durch (kollaborative) Übungen gemeinsam und interaktiv mit den Lehrenden und Tutoren zu vertiefen. Auf diese Weise sollen sowohl die Nachteile traditioneller Frontalveranstaltungen vermieden werden (z. B. das Absinken der Aufmerksamkeit oder heterogenes Vorwissen) als auch die Nachteile des individuellen Übens zu Hause (ohne die Möglichkeit der Nachfrage bei Verständnisproblemen). In beiden Phasen des ICM liegt, dem hochschuldidaktischen Paradigma des Wechsels von der Lehre zum Lernen (shift from teaching to learning; vgl. z. B. Welbers/Gaus 2005) entsprechend, der Fokus auf den Lernprozessen. Dies erfordert bei der Konzeption und Umsetzung die Berücksichtigung verschiedener Faktoren:

Aufbereitung der Lernmaterialien für die Online-Phase

Da sich die Lernenden bei ICM-Veranstaltungen zunächst die Inhalte individuell aneignen, muss bei der Entwicklung der Lernmaterialien beachtet werden, dass selbst gesteuertes Lernen hohe Anforderungen stellt (vgl. Kap. 6.6.2) und geeignete Hilfestellungen erfordert, etwa eine klare Strukturierung oder Anreizsysteme, wie z. B. Übungen, zur Selbstkontrolle. Eine motivierende Gestaltung der Lernmaterialien ist zudem wichtig, um einer mangelnden Vorbereitung der anschließenden Präsenzphase entgegenzuwirken. Dies hat sich inzwischen als ein wesentliches Problem des ICM erwiesen, da es nicht nur die jeweiligen unvorbereiteten Lernenden betrifft, sondern auch die Durchführung der Präsenzveranstaltung erheblich erschweren kann. Insofern ist es auch wichtig, die Präsenzphasen so zu gestalten, dass Lernenden die Bedeutung der Vorbereitung unmittelbar einsichtig wird (vgl. unten). Eine Möglichkeit ist bspw. das Konzept des „Just in Time Teaching" (JiTT), bei dem die Studierenden im Vorfeld der Präsenzveranstaltungen Einsendeaufgaben lösen müssen. Diese digitalen Lernstandserhebungen ermöglichen es, die Vorlesungsinhalte gezielt auf den Wissensstand der Studierenden abzustimmen (Junker u. a. 2016).

Meist werden in ICM-Veranstaltungen mehrere Darstellungsformen und Werkzeuge kombiniert. In der Regel werden – entweder frei im Netz oder auf geschlossenen Lernplattformen – Videos zur Verfügung gestellt; die pragmatischste Vorgehensweise bei der Erstellung ist die sukzessive Aufzeichnung von Vorlesungen (vgl. van Treeck/Himpsl-Gutermann/Robes 2013, 11). Es können aber auch andere Materialien wie Audio-Podcasts, schriftliche Unterlagen usw. verwendet werden. Zu berücksichtigen ist dabei, dass die Inhalte ggf. für die Darstellung auf den zunehmend verwendeten unterschiedlichen mobilen Endgeräten (Smartphones oder Tablets) angepasst werden müssen (vgl. Kap. 3.2). Die bisherige Erfahrung hat gezeigt, dass Videos nicht unbedingt perfekt sein müssen. Wichtig ist jedoch, dass nicht aufgrund der fehlenden direkten Rückfragemöglichkeit die Dozentenzentrierung verstärkt wird und dass die Aufbereitung der Lernmaterialien der Zielgruppe entspricht. Einmal erstellte digitale Lernmaterialien sind durchaus wiederverwendbar und können mit geringerem Aufwand für ähnliche Kurse angepasst werden, z. B. durch spezifische Aufgabenstellungen (Hinweise für die Videoproduktion für ICM-Veranstaltungen finden sich z. B. in Handke/Sperl 2012; zur Gestaltung von Lernvideos siehe Kap. 5.1.2). Die Lernmaterialien müssen den gesamten Stoff der jeweiligen Veranstaltung behandeln, jedoch nicht unbedingt selbst entwickelt werden. Verwendet werden können beispielsweise freie Bildungsressourcen (Open Educational Resources, OER; vgl. Kap. 5.5) oder im Rahmen von MOOCs entwickelte Materialien; auch ist es möglich, die Lernenden in der Selbstlernphase aktiv nach geeigneten Materialien recherchieren zu lassen. So bietet z. B. die von Lehrenden gegründete Zentrale für Unterrichtsmedien im Internet e. V. mit dem ZUM-Wiki (http://www.zum-wiki.de [13.08.2017]) eine offene Plattform zur Einstellung von Lerninhalten und Übungen, z. B. für Mathematik und Physik, die zum Lehren und Lernen von Lehrern und Schülern genutzt werden können (vgl. ZUM-Wiki 2014; Kirst 2015).

Gestaltung der Präsenzphase

Bei der Planung von ICM-Veranstaltungen liegt der Fokus häufig auf der Produktion von Videos. Dabei wird teilweise vernachlässigt, dass auch die wertvolle Präsenzzeit (Johnson u. a. 2014, 48) anders als üblich gestaltet werden muss, damit ihr Potenzial wirklich genutzt werden kann. So sollte nicht nur genügend Zeit zur Besprechung von Verständnisfragen und zum nochmaligen Durchgehen zentraler Inhalte eingeplant werden. Von großer Bedeutung ist auch, für die Bearbeitung von Problemen und weiter gehender Aufgaben lernerzentrierte, aktivierende (Großgruppen-)Methoden und verschiedene Sozialformen einzusetzen, z. B. eine Murmelgruppe (die kurzzeitige Bildung einer Kleingruppe zum Austausch über ein Thema, engl. Buzz-Group), die Pro-Kontra-Diskussion im Plenum oder die Ich-Du-Wir-Methode (zunächst Arbeit allein, dann Austausch mit den Sitznachbarn und schließlich im Plenum; engl. „Think-Pair-Share"; Spannagel 2012, 78 f.; Spannagel 2013; Beege 2014). Dies fördert das Lernen durch Lehren.

Orientierung bei der Planung von ICM-Veranstaltungen bieten die Grundfragen von Sams (2012), der als einer der Erfinder des Konzepts gilt: Wozu benötigen die Lernenden die Unterstützung durch den Lehrenden und die Lerngruppe am meisten? Welche Inhalte eignen sich am besten zur Auslagerung aus der Präsenzlehre und zur selbst gesteuerten, individuellen Aneignung? Wie können diese Inhalte didaktisch sinnvoll technologieunterstützt aufbereitet werden (vgl. ebd., 19)?

(3) Game Based Learning: spielend lernen

Seit Jahren wächst die Popularität von Computer- und Videospielen; dazu tragen nicht zuletzt Entwicklungen wie die Eignung von Smartphones als Spielplattform und der Trend zu Social Games bei (Le/Weber/Ebner 2013). Auch zur Wissensvermittlung, z. B. in der beruflichen Bildung (Blötz 2015), werden bereits seit Ende der 1990er-Jahre (zunächst eher einfache) computer- bzw. internetbasierte Spiele eingesetzt. Seit Anfang des Jahrtausends hat sich dafür zunehmend der aus dem angloamerikanischen Raum stammende Begriff (Digital) Game Based Learning (GBL) durchgesetzt, der u. a. von Gee (2007) und Oblinger (2006) eingeführt wurde. Eine eindeutige Abgrenzung zu weiteren ebenfalls verwendeten Begriffen wie Serious Games oder Educational Games gibt es bisher nicht (Fromme/Biermann/Unger 2010; Fromme/Jörissen/Unger 2008). Gemeinsam ist allen Konzepten, Spiele mit ernsten Absichten, d. h. zum Wissenserwerb bzw. zu Bildungszwecken, einzusetzen. Dies können auch Freizeitspiele sein, die in einem Lernkontext eingesetzt werden, häufiger kommen jedoch Lernspiele zum Einsatz, deren Inhalte, Struktur und Ablauf in pädagogischer Absicht gestaltet sind, die zugleich aber zentrale Merkmale von Spielen enthalten (Seufert/Meier 2003).

Lernförderliche Elemente von Spielen

Spielen an sich ist meist bereits ein komplexer Prozess, bei dem viel gelernt wird: die Spielidee, die Regeln, bestimmte Abläufe, Geschicklichkeit usw. Vor allem aber sind die Spielenden meist sehr engagiert und emotional involviert, denn sie können die Spielewelten nach eigenen Interessen erkunden und ausprobieren und dabei ihre Selbstwirksamkeit, ihre Kompetenz und Kreativität erleben und für ihre weiteren Lernziele und Lernprozesse kritisch reflektieren. Aus didaktischer Perspektive werden mit dem Einsatz von Spielen in Lernsituationen hohe Erwartungen verbunden, z. B. eine erhöhte Motivation, eine größere Lernerzentrierung und eine aktivere Rolle der Lernenden (Schwan 2006). Zudem kann die spielerische, aktive Erprobung von Fähigkeiten und Kenntnissen Lernprozesse und eigenverantwortliches Lernen unterstützen, „das Verständnis für komplexe Zusammenhänge und dynamische

Entwicklungen fördern" (ebd.; GARRIS/AHLERS/DRISKELL 2002) sowie zu aktivem, konstruktivem, selbst gesteuertem, sozialem, emotionalem und situiertem Lernen beitragen (LE/WEBER/EBNER 2013 unter Rückgriff auf SEUFERT/MEIER 2003). Andererseits können Computer-Lernspiele aber auch – als Spezialfall von Computer Based Training (CBT) – auf instruktionistischen Konzepten beruhen und vor allem das Training fördern, echtes Lernen aber vernachlässigen (SCHWAN 2006). Gute Spiele weisen folgende Kennzeichen auf: Sie sollen den Lernenden (1) Handlungsspielräume eröffnen, bei denen sie sich als Produzenten fühlen, ihrem persönlichen Stil entsprechend agieren, sich neue Identitäten schaffen können und Möglichkeiten zur Manipulation der Umgebung haben, die allerdings nicht zu komplex sein dürfen. Sie müssen (2) den Erwerb von Kompetenzen zum Lösen von Problemen unterstützen und (3) das Verständnis fördern. Unterstützend wirken z. B. Vorstrukturierung, die Möglichkeit, Levels individuell anpassen zu können, Instruktionen an geeigneter Stelle und positive Rückmeldungen (ebd.; GEE 2005). Lernfördernd wirkt sich zudem aus, wenn Spiele zur Neugier anregen, z. B. durch Überraschungseffekte, dabei die Aufmerksamkeit auf die zu lernenden Inhalte sicherstellen, z. B. durch Aufgaben, sowie Wettbewerb und Kooperation in der Lerngruppe ermöglichen. Zu den didaktischen Gestaltungsregeln von Lernspielen gehören u. a. die Ansprache der Fantasie und Neugier, die Vorgabe klarer Regeln, Rückmeldungen, eine angemessene Herausforderung und die Übertragung von Kontrolle an die Spielenden (GARRIS/AHLERS/DRISKELL 2002; SCHWAN 2006, 14). Entdeckendes Lernen mit Computerspielen kann somit neue Potenziale für die Kompetenzentwicklung und allgemeine Bildung eröffnen (WIEMEYER 2016) und auch zur Berufsorientierung beitragen (GIANNOULIS 2017, 315–320).

Typen digitaler (Lern-)Spiele und Simulationen

Digitale Spiele können unterschiedlichen Typen zugeordnet werden. Häufig lassen sie sich jedoch nicht eindeutig klassifizieren, und teilweise sind die Übergänge fließend. Zu unterscheiden sind z. B. Puzzlespiele (wie der Klassiker Tetris) und Simulationen (z. B. Flug-, Auto-, aber auch Wirtschaftssimulationen oder virtuelle Labore) sowie Aktions-, Abenteuer-, Sport-, Geschicklichkeits-, Strategie- und Rollenspiele (zunehmend in 3D-Welten). Dabei erweitern sich die Typen ständig, zurzeit etwa um Massively Multiplayer Online Games (MMOGs) mit offenem Ausgang, um die Verknüpfung von Realität und Online-Spiel (z. B. beim Geocaching) oder um (Sport-)Spiele, die auf Gesten der Nutzenden reagieren. Insbesondere für das Trainieren raschen und angemessenen Handelns bspw. bei medizinischen Operationen oder in den unterschiedlichsten Gefahrensituationen, etwa wie bei einer Störung in einem Kernkraftwerk in der Messwarte zu reagieren ist, sind die entsprechenden Simulationen mit den jeweiligen Simulatoren unter Begleitung kompetenter Ausbilder von großer Bedeutung (KLUGE/BURKOLDER 2016; siehe Kap. 5.1.3).

Deutlich ist: Während sich die Grundkonzepte der beiden Lernszenarien, die in den vorhergehenden Abschnitten beschrieben wurden – MOOCs und Inverted Classroom –, (trotz unterschiedlicher Ausgestaltungsmöglichkeiten) relativ eindeutig beschreiben lassen, können mit dem Begriff Game Based Learning sehr unterschiedliche Konzepte und Ansätze gemeint sein. Bereits die verschiedenen Spieltypen (für kurze Überblicke über die jeweiligen Charakteristika und Einsatzformen siehe Kap. 5.1.3) eröffnen ein kaum noch überschaubares Feld an Gestaltungsmöglichkeiten. Hinzu kommt, dass (Lern-)Spiele auf verschiedene Weise in ein Gesamtszenario integriert werden können: Entweder können Spiele – ggf. auch nur kurze Spielsequenzen – in eine Lernsituation eingebettet werden, oder Lernaufgaben werden in ein Spiel integriert (Kerres/Bormann/Vervenne 2009). Selbst eine ganze Lehrveranstaltung kann als ein Spiel gestaltet werden, in das dann ggf. unterschiedliche Aufgabentypen integriert werden können, z. B. Rechenaufgaben, Multiple-Choice- oder Freitextaufgaben, aber auch komplexe Aufgaben wie das Schreiben kurzer Aufsätze nach bestimmten Spielabschnitten, die von einem Tutor oder Lehrenden geprüft werden, bevor sie den nächsten Abschnitt im Lernspiel freischalten. Wie erfolgreiche Lösungen der Aufgaben auf die Leistungen im Kurs angerechnet werden und etwa im Verhältnis zu einer Modulprüfung stehen, muss jeweils für den konkreten Fall festgelegt werden.

Viele Spiele haben durchaus Potenziale zur Förderung der Entwicklung der Handlungskompetenzen der Lernenden. „Je nach Spieltyp wird in besonderem Maße Konzentration und Geschicklichkeit oder auch logisches Denken gefordert und gefördert. Die Spieler müssen häufig unterschiedliche Denkprozesse einsetzen, um im Spiel Erfolge zu erzielen und auch mit den daraus erwachsenden Misserfolgen und Stresssituationen fertig zu werden. Gleichzeitig sind Computerspiele vielfach in einen sozialen Rahmen eingebettet, da die Spieler mit oder gegen andere Spieler spielen müssen" (Thoma 2017, 286), was die Kooperation und den Wettbewerb der Lernenden anregt und sie auch ihre Autonomie im Handeln erleben lässt. „Sie erfahren, dass sie kompetent sind, die ihnen gestellten Aufgaben zu lösen, und auch anspruchsvolle Schwierigkeiten bewältigen können" (ebd., 288).

Bisherige Durchsetzung

Im Freizeitbereich steigt die Zahl der Computerspielenden seit Jahren kontinuierlich, und längst sind es nicht mehr nur jüngere Männer: Dem Tripwire Magazin (2011) zufolge haben sich im Jahr 2011 weltweit über 61 Millionen Menschen in ihrer Freizeit an Online Social Games beteiligt, in Deutschland waren es 17 Millionen, davon 48 % Frauen. In den USA waren knapp 30 % der Spielenden unter 20 Jahren, 40 % zwischen 20 und 34 Jahren, 30 % über 35 Jahre (siehe auch Collins 2013). Weitere Befragungen aus dem Jahr 2015 ergaben, dass in Deutschland zwischen 42 % (BITKOM 2015) und 50 % (YouGov 2015) der Bevölkerung Computerspiele spielen; nach Meinung von 58 % der Befragten können Computerspiele auch zur Vermittlung von Bildungsinhalten dienen.

Dennoch hat Game Based Learning (GBL) bisher noch keinen Durchbruch erzielt. 2006 wurde es zum ersten Mal im Horizon Report (Johnson/Smith 2006), einer der weltweit renommiertesten E-Learning-Trendstudien, als relevanter Trend genannt, dem eine Durchsetzung innerhalb von zwei bis drei Jahren prognostiziert wurde – doch auch der Horizon Report 2014 (Johnson u. a. 2014) rechnet noch damit, dass sich GBL erst in den nächsten zwei bis drei Jahren durchsetzen wird. Ursachen dafür werden auf unterschiedlichen Ebenen gesehen: Ein zentrales Problem mit Lernspielen liegt darin, dass die Lernergebnisse explizit thematisiert werden müssen, um sie den Lernenden bewusst zu machen. Durch diesen Bruch zwischen Spiel- und Lernmodus wird der Spielfluss unterbrochen und der Spielspaß gehemmt. Auch können Lerninhalte oft nicht komplett in Lernspielen dargestellt und für den Kompetenzerwerb in die Spielhandlungen eingebaut werden. Zudem erreichen viele Lernspiele technisch, ästhetisch und im Design nicht die Qualität von Unterhaltungsspielen, die die Spielenden jedoch gewohnt sind (Kerres/Bormann/Vervenne 2009; Breuer 2010; Le/Weber 2011). Nicht zuletzt stellt sich auch die Frage, inwieweit sich Spiele, die von Spieltheoretikern wie Huizinga (2009) eigentlich als zweckfreie und freiwillige Handlungen charakterisiert werden, für Lernzwecke instrumentalisieren lassen. So bestehen bei vielen Lehrenden, aber auch bei Lernenden, zumindest ab einem gewissen Alter, durchaus auch Vorbehalte gegenüber Lernspielen, die eher als „Brokkoli mit Schokolade" (Spannagel/Spannagel 2014) wahrgenommen würden: als kontraproduktiver Versuch, das notwendige, aber anstrengende Lernen (Brokkoli) durch den Spaß (Schokolade) versüßen zu wollen, jedoch durch die Vermischung beides ungenießbar zu machen. Stattdessen wird es als ehrlicher empfunden, zuerst den Brokkoli anzubieten und danach als Belohnung die Schokolade; dieser Ansatz kann auch als eine Variante des neuen Trends „Gamification" betrachtet werden (ebd.).

Gamification: der Einsatz spielerischer Elemente in spieluntypischen Kontexten

Seit etwa 2010 kommt Gamification – teilweise auch Gamifizierung, selten Spielifikation oder Spielifizierung genannt – nicht mehr nur im Werbe- und Unterhaltungsbereich, sondern zunehmend auch in Lehr-/Lernzusammenhängen zum Einsatz. Gemeint ist damit der Einsatz von spieltypischen Elementen in einem nicht spielebasierten Kontext (Detering u. a. 2011). Solche Elemente sind etwa das Sammeln von Punkten und Badges (Lernabzeichen) oder die Anzeige von Ranglisten und Fortschrittsbalken. Statt durch die aufwendige Produktion eines kompletten Spiels soll der Zweck, Lernende zu motivieren, dadurch erreicht werden, Lernszenarien gezielt um spielerische Elemente zu ergänzen (Le/Weber/Ebner 2013). Gamification-Elemente werden insbesondere bei monoton empfundenen oder sehr komplexen Aufgaben eingesetzt. Ersten Datenanalysen zufolge führen gamifizierte Anwendungen teilweise zu deutlichen Steigerungen u. a. in den Bereichen Motivation und Lernerfolg (Herger 2014).

Spiel- und Quizelemente können auch in der Präsenzlehre eingesetzt werden. Solche Einsatzformen wirken oft sehr motivierend auf Lerngruppen. Zugleich gibt es jedoch auch erste Warnungen vor einer Quizifierung des Lernens, z. B. weil der Zeitdruck eine kritische Reflexion verhindert und die Form einfache Fragen und Antworten statt komplexer Zusammenhänge suggiert (Wampfler 2017).

Jugendschutzgesetz ist zu beachten

Alle öffentlich zugänglichen und erwerbbaren Computer- und Konsolenspiele müssen nach §12 und §14 des Jugendschutzgesetzes mit einer Alterseinstufung gekennzeichnet sein. Dabei werden unterschieden: keine Altersbeschränkung, freigegeben ab 6, 12, 16 oder 18 Jahren. Die Alterseinstufung erfolgt durch die Oberste Landesjugendbehörde beim zuständigen Ministerium des Landes Nordrhein-Westfalen, das diese Aufgabe für alle Bundesländer wahrnimmt. „Die technische und inhaltliche Prüfung der Spiele findet in der Unterhaltungssoftware Selbstkontrolle (USK) statt. Sie ist eine von den Verbänden der Computerspielewirtschaft getragene Institution in der Rechtsform einer GmbH" (Thoma 2017, 289). Thoma weist zudem darauf hin, „dass der gesetzliche Jugendmedienschutz Eltern und Erwachsene dabei unterstützen soll, schädigende Einflüsse von Kindern und Jugendlichen fernzuhalten. Die erzieherische Verpflichtung, sich über den Medienkonsum der Kinder zu informieren und gegebenenfalls auch regulierend einzugreifen, kann nicht alleine dem Jugendmedienschutz überlassen werden" (ebd., 293). Es ist daher ein Dialog sowohl der Eltern als auch der Lehrenden mit den Kindern und Jugendlichen über den Umgang und das Lernen mit den jeweiligen Spielen notwendig.

4.3.4 Inklusive Gestaltung und Diversität

E-Learning-Angebote können in vielfacher Hinsicht einen Beitrag zur Vision Bildung für alle leisten: Lernorte und -zeiten werden flexibler, Lernpfade können personalisiert werden, unterschiedlichste Bildungsressourcen sind leichter zugänglich, und Lernunterstützung kann prinzipiell auch örtlich und zeitlich flexibel erfolgen und sich an die je spezifischen Bedürfnisse einer heterogenen Lernerschaft anpassen. Für Menschen mit Behinderungen können Zugangshürden abgebaut werden, indem assistierende Technologien diesen Lernenden erlauben, auf E-Learning-Angebote zuzugreifen (Reich/Miesenberger 2013; Weber/Voegler 2014). Diese potenziellen Vorteile für ein inklusiveres Bildungssystem werden aber in keinem Fall automatisch durch Virtualisierung von Lernangeboten erzielt; vielmehr braucht es grundsätzlich ein angemessenes und durchdachtes Gesamtkonzept, das ein spezifisches E-Learning-Angebot systematisch auf potenzielle, nicht intendierte Ausschlüsse überprüft und schon von der ersten Konzeption her die Passung mit den jeweiligen Bedürfnissen der Zielgruppe abgleicht. Je früher im Entwicklungsprozess eines E-Learning-Angebots eine solche Prüfung vorgenommen wird, desto effizienter lässt sich ein inklusives Design erreichen (Klein 2002). Um Menschen mit Behinderungen anzusprechen, gilt es, insbesondere neue digitale Hürden zu vermeiden, z. B. durch den einfachen Einsatz von Videos. Generell bezieht sich die Frage nach Eignung für Diversität und Vielfalt, bei allen Detailunterschieden von Diversitäts- bzw. Heterogenitätsdiskursen in der Bildung, in der Regel auf die Faktoren Geschlecht, sozioökonomischer Status, Migrationsgeschichte, herausfordernde Lebenslagen und gesundheitliche Beeinträchtigung/Behinderung (vgl. Wild/Esdar 2014).

Zunehmende Heterogenität an Hochschulen

Mit dem Prozess der Öffnung von Hochschulen werden Studierendengruppen immer heterogener, und diese Vielfalt ist eine der zentralen Herausforderungen, der die Hochschulen sich mit ihren Studienangeboten in der Lehre stellen müssen (REINMANN/EBNER/SCHÖN 2013; WILD/ESDAR 2014). Maßnahmen, die derzeit in der Hochschullehre zum Umgang mit Heterogenität ergriffen werden, in jüngerer Zeit besonders vorangebracht über den Qualitätspakt Lehre, betreffen vor allem die zunehmend disparateren Studieneingangskompetenzen von Studienanfängerinnen und -anfängern und erfolgen mit dem Ziel, Studierende unabhängig von Geschlecht, bisheriger Bildungsbiografie und soziokulturellem Hintergrund einen erfolgreichen Studienabschluss zu ermöglichen (WILD/ESDAR 2014, 3). Vielfältige Maßnahmen werden auch für weibliche Studierende insbesondere in MINT-Fächern (Mathematik, Informatik, Naturwissenschaft, Technik), Studierende mit Migrationsgeschichte oder nicht akademischem Elternhaus ebenso wie für Studierende mit Behinderung oder in besonderen Lebenslagen, z. B. Studierende mit Kind oder chronisch Kranke, ergriffen (ebd., 59 ff.).

Studien vor allem an US-amerikanischen Hochschulen haben gezeigt, dass nicht nur Gender-Aspekte relevante Auswirkungen auf den Lernerfolg und die Abbruchquoten im Fernstudium haben. So zeigte z. B. eine Untersuchung von TREISMAN (1992, zitiert in SCHULMEISTER 2004, 137 f.), dass der deutlich schlechtere Lernerfolg schwarzer und lateinamerikanischer Studierender in Mathematikkursen in Berkley nicht – wie angenommen – auf den sozialen Hintergrund und eine fehlende Motivation und familiäre Unterstützung zurückzuführen war und entsprechend durch Unterstützungsangebote ausgeglichen werden konnte. Als Grund erwies sich vielmehr die (ethnisch-kulturell begründete) Praxis, allein zu lernen – im Gegensatz etwa zu chinesischen Studierenden, die in Gruppen arbeiteten und sich gegenseitig korrigierten; entsprechend führte die Unterstützung von Gruppenarbeiten zu signifikanten Erfolgen (ebd.). Ähnliche Auswirkungen auf den Lernerfolg können motivationale Aspekte – z. B. Angst vor einem Lernstoff – oder Konzepte von Lernstilen haben, die nur für Teile von Lerngruppen zutreffen.

Umgang mit Heterogenität an Hochschulen

Eine Folgerung aus der Diversität Lernender ist, dass sich keine Lehr-/Lernmethode für alle Stoffe und Lernenden gleich gut eignet (SCHULMEISTER 2004, 140). Die von verschiedenen Anbietern adaptiver Lernsysteme (Kap. 5.2.1) vorgeschlagene Lösung, stets unterschiedliche Lernsysteme zur Verfügung zu stellen, betrachtet SCHULMEISTER jedoch aus verschiedenen Gründen als unrealistisch. So sei u. a. die Zahl der Variablen zu hoch, um wirklich erfasst werden zu können, und die Passung von Lernmethoden und Lernstilen entbehre „einer vernünftigen Grundlage“ (ebd., 141). Als Alternative schlägt er „offene Lernsituationen“ vor, d. h. hochinteraktive Lernumgebungen, die den Lernenden hohe Freiheitsgrade einräumen, ohne einen bestimmten methodischen Stil zu erzwingen (ebd., 142). Nutzen lassen sich auch Web-2.0-Technologien. WIESNER (2008) weist bspw. darauf hin, dass bei der Zusammenarbeit in einem Wiki unterschiedliche Stärken von Lernenden sichtbar werden, über das Schreiben von Beiträgen hinaus z. B. auch Korrekturarbeiten und Strukturierungen oder Koordination von Zusammenarbeit in der Gruppe.

Auch in Hinblick auf die Studienangebote an sich kann E-Learning z. B. durch die räumliche und zeitliche Flexibilisierung des Studiums einen sinnvollen Beitrag zum Umgang mit Heterogenität leisten. Ein Beispiel unter vielen möglichen sind berufsbegleitende Studiengänge im Blended-Learning-Format. Mit MOOCs (Kap. 4.3.3) und Open Educational Resources (Kap. 5.5) werden darüber hinaus weitere Zugänge zu Hochschulbildung ermöglicht.

Interessanterweise benennt ein aktuelles Fachgutachten zum Umgang mit Heterogenität an Hochschulen (Wild/Esdar 2014) in seinem abschließenden Kapitel als „Eckpfeiler einer ‚heterogenitätsorientierten Hochschule der Zukunft'" zahlreiche Prinzipien heterogenitätsgerechter guter Lehre, die sehr gut mit E-Learning-Elementen zu unterstützen wären, ohne solche Elemente aber je explizit aufzuführen, u. a. Aktivität beim Lernen, Individualisierung und Förderung von Selbstreflexivität.

Gender Mainstreaming und Diversität

Computernutzungsprofile weisen in Freizeit und Beruf deutliche Unterschiede nach Geschlecht auf. Obwohl die Wachstumsquoten in Bezug auf die Nutzung des Internets bei beiden Geschlechtern im letzten Jahrzehnt fast identisch waren, besteht weiterhin ein Gefälle: Frauen nutzten 2016 mit 75 % das Internet immer noch deutlich seltener als Männer mit 84 %, ihre durchschnittliche tägliche Nutzungsdauer lag erheblich hinter der der Männer, und auch ihre Kenntnis zentraler Begriffe war durchgehend und teilweise deutlich geringer. Ein zentraler Faktor ist außerdem das Alter: So gut wie alle unter 40-Jährigen sind online, danach sinkt die Nutzungsfrequenz kontinuierlich (30–39 Jahre: 94,8 %, 40–49 Jahre: 91 %, 50–59 Jahre: 83 %, 60–69 Jahre 69 %, über 70 Jahre: 36 %) (D2-Digital-Index 2016). In Bezug auf den Digital-Index – der an den Faktoren Zugang, Nutzung, Kompetenz und Offenheit gemessen wird – zeigte sich im Jahr 2016, dass eine höhere Bildung zwar (wie in den vorangehenden Jahren) zu höheren Werten führte, jedoch sind die Abstände zwischen den Bildungsabschlüssen geringer geworden: Waren 2015 für niedrige, mittlere und hohe Bildungsabschlüsse noch die Gesamt-Indexwerte von 44, 56 und 63 ermittelt worden, so lagen sie 2016 bei 48, 54 und 55; sie sind also bei Personen mit mittlerer und hoher Bildung (in den Dimensionen Kompetenz und Offenheit) zurückgegangen. Zudem stieg die Anzahl von Personen, die sich bewusst Zeit nehmen, offline zu sein (ebd.). Eine Befragung von über 27.000 Studierenden aus dem Jahr 2016 ergab keine wesentlichen Unterschiede in der Nutzung digitaler Medien zwischen jüngeren Studierenden (unter 23 Jahren) und älteren Studierenden ab 30 Jahren. Dagegen gibt es gewisse Diskrepanzen zwischen weiblichen und männlichen Studierenden, wobei Letztere insbesondere die interaktiven Tools und Formate etwas häufiger nutzten (Persike/Friedrich 2016). Trotz der insgesamt sukzessiven Angleichung des Nutzungsverhaltens bleibt die Anforderung bestehen, im Bildungsbereich Aspekte des Gender Mainstreaming zu berücksichtigen, also alle Programme und Maßnahmen auf ihre potenzielle Wirkung für beide Geschlechter zu überprüfen und so zu realisieren, dass sie zur gleichen Teilhabe beitragen. In den vergangenen Jahren hat sich außerdem gezeigt, dass Unterschiede in der Nutzung von Computer und Internet nicht nur zwischen den Geschlechtern und in Bezug auf das Alter bestehen, sondern auch hinsichtlich anderer Merkmale wie Nationalität, wirtschaftliche Verhältnisse, kulturelle und soziale Herkunft usw. sowie in Lernkontexten in Bezug auf Motivation, Lernstile, Lernstrategien u. a. m. (Schulmeister 2004, 133). Aus dieser Vielfalt bzw. Diversität (engl.: diversity) ergeben sich neue Anforderungen. So definiert das Bundesministerium für Familie, Senioren, Frauen und Jugend *Diversity Management* als eine „Strategie zur Erhaltung der Vielfalt", die darauf abzielt, die Heterogenität zu bewahren und als Ressource zu betrachten sowie Machtasymmetrien abzubauen (vgl. BMFSFJ o. J.: „Das Verhältnis von Gender Mainstreaming zu Diversity Management").

Gender Mainstreaming im E-Learning

Die Integration der Geschlechterperspektive „in Forschungs-, Planungs-, Entwicklungs-, Einsatz- und Evaluationsprozesse" virtueller Lernarrangements (Jelitto 2004, 1; Schinzel/Ruiz Ben 2002) war in vielen E-Learning-Projekten des Bundesministeriums für Bildung und Forschung (BMBF) Förderkriterium und zielte auf die Sicherstellung von Chancengleichheit und optimale Ressourcennutzung männlicher und weiblicher Besonderheiten. Damit ist verbunden, virtuelle Lernmodule zielgruppenorientiert zu planen und den Zugang zum virtuellen Studium zu erleichtern, so auch die deutlich unter den Zahlen männlicher Studierender liegenden Anfängerzahlen bei Frauen zu erhöhen und deren hohe Ausstiegsquote zu verringern (Schinzel 2001, 11). Neuere Untersuchungen haben nun ergeben, dass in der Regel keine Unterschiede in Bezug auf die individuelle Nutzung, Akzeptanz und Häufigkeit der Anwendung von E-Learning-Angeboten bestehen (Kleimann/Wannemacher 2005), insbesondere wenn an einer Hochschule die Nutzung von E-Learning vorausgesetzt wird, die sog. „Nutzungsnötigung" (Haubner u. a. 2009). Allerdings gibt es weiterhin Differenzen: Ein zentraler Punkt ist dabei die Selbsteinschätzung der eigenen Medienkompetenz. Trotz differierender Angaben in unterschiedlichen Untersuchungen schätzen Frauen ihre eigenen Kompetenzen immer geringer ein als Männer (ebd., 47 f.; Pannerale/Kammerl 2007, 70 f.). Noch im Jahr 2007 hatten mehr Studenten (95 %) als Studentinnen (91,3 %) ungehinderten Zugang zu einem Rechner (Arrenberg/Kowalski 2007, 23) und besaßen mehr Studenten (94 %) als Studentinnen (86 %) einen eigenen Rechner. Auf den wichtigsten Internetzugang, den privaten Anschluss von zu Hause, konnten mehr Studenten (81 %) als Studentinnen (69 %) zugreifen (Pannerale/Kammerl 2007, 33). Außerdem hat sich gezeigt, dass sich Lernstile von Frauen und Männern unterscheiden und z. B. Vorlieben für unterschiedliche Aufgabentypen bestehen. So möchten Studentinnen „häufiger freie Antworten formulieren können, wogegen Studenten eher nur ein Wort bzw. eine Zahl als Antwort eingeben wollen" (Arrenberg/Kowalski 2007, 24). Mehr Studentinnen (40 %) als Studenten (30 %) nutzten Computer und Internet fast ausschließlich für Studium und Beruf (Pannerale/Kammerl 2007, 36).

Die Umsetzung des Gender-Mainstreaming-Konzepts in virtuellen Hochschulen betrifft unterschiedliche, sich teilweise überschneidende Felder, wie die Organisation von Projektmanagement und Hochschule (z. B. durch paritätische Besetzung der Gremien), die Nutzung und Gestaltung der Technik(kultur), die Aufbereitung von Inhalten, den Sprachgebrauch, didaktische Konzepte und Betreuung, die Kommunikation zwischen Studierenden und Lehrenden. Zu Beginn war die Sensibilität für dieses Themenfeld relativ neu, und in vielen Projekten bestand „eine grundlegende ‚Unwissenheit' und ‚Unsicherheit', wie der Gender-Mainstreaming-Aspekt umgesetzt werden kann" (JELITTO 2004, 1). Praktische Tipps und Leitlinien für eine gendergerechte Gestaltung von E-Learning wurden deshalb bereits seit Beginn der großen BMBF-Förderprogramme erstellt (JELITTO 2004; WIESNER u. a. 2004). Konkrete Anforderungen an eine diversitätsgerechte Gestaltung von E-Learning werden dagegen erst allmählich identifiziert. In ersten deutschsprachigen Praxisleitfäden (MATTERN 2009) werden beide Aspekte miteinander verbunden.

Impulse für eine diversitätsgerechte Gestaltung von E-Learning

In die Planung von Lernaufgaben und Lernszenarien sollten unterschiedliche Vorgehensweisen einbezogen werden. Aus genderspezifischer Perspektive sollte dabei Folgendes berücksichtigt werden (zu den folgenden Hinweisen vgl. vor allem ADAMUS u. a. 2009; MATTERN 2009; ZORN u. a. 2004 sowie JELITTO 2004):

- Untersuchungen haben gezeigt, dass Männer eher experimentell, spielerisch und problemlösungsorientiert vorgehen, während Frauen eher planerisch und mit Bezug auf den Gesamtkontext arbeiten und Werkzeuge zielgerichtet einsetzen (tools versus toys).
- Frauen nutzen (in Hypertexten) eher eine freie Navigation, Männer dagegen eher hierarchische Navigationssysteme. Dies ist bei der Auswahl von Software und der Gestaltung von Inhalten und Materialien mitzubedenken.
- Möglich ist auch, dass Kursbetreuer geschlechterspezifisches Nutzungsverhalten thematisieren und zur kritischen (Selbst-)Reflexion und Diskussion anregen. Hilfreich ist dabei, wenn weibliche und männliche Betreuungspersonen zur Verfügung stehen (dies gilt auch für die technische Unterstützung).

Bei der Auswahl geeigneter Lernszenarien sollte auch geprüft werden, ob bestimmte Kommunikationskanäle Menschen mit Behinderungen ausschließen. So sollte beispielsweise in einem Lernszenario mit Videokonferenzsystemen ein zugänglicher Ersatz für Menschen mit Sehbehinderungen bereitgestellt werden (zur barrierefreien Gestaltung von Bildungsmaterialien vgl. Kap. 5.3).

Hinweise zu Rahmenaspekten

Grundsätzlich sollten diversitätsgerechte E-Learning-Angebote motivierend, transparent und übersichtlich gestaltet sein:

- Dies betrifft z. B. Maßnahmen zur guten Anfangsorientierung, eine vertrauensfördernde Transparenz sowie die zeitliche und inhaltliche Struktur der Kurse.

- Supportangebote sind ein wichtiger persönlicher Service und müssen auf die unterschiedlichen Lebensumstände und Bedürfnisse der Nutzenden abgestimmt werden (z. B. berufstätige Eltern).
- Auch im Qualitätsmanagement und bei der Evaluation von virtuellen Lernsituationen sind Gender- und Diversitätsaspekte zu berücksichtigen (Kap. 8.5; Kap. 9.2).

Aufbereitung von Materialien

Eine geschlechter- und diversitätssensible Aufbereitung von Inhalten impliziert u. a.:

- Vermeidung von Geschlechterstereotypen, Wahl von Männern und Frauen als Vorbilder;
- Einbeziehen unterschiedlicher Lebenskontexte in Fallbeispiele (z. B. unterschiedliche Altersstufen, Personen mit Migrationshintergrund) und bewusst gewählte Vielfalt im Alltag, Interessenvielfalt und künftige berufliche Kontexte der Lernenden;
- Verwendung von Männer- und Frauenstimmen bei Audiobeiträgen, ausgewogenes Verhältnis unterschiedlicher Personen auf statischen und bewegten Bildern (z. B. auch Männer als dekorative Elemente und Frauen in Videos, da die Aktivität und Dynamik von Personen in Videos höher eingeschätzt werden als in statischen Bildern);
- Sichtbarmachen des Beitrages von Frauen und Männern in den einzelnen Disziplinen, auch in historischen Betrachtungen;
- Beachtung der barrierefreien Nutzbarkeit der Materialien (Kap. 5.3).

Nicht diskriminierender Sprachgebrauch

Vorschläge zum gender- und diversitätsgerechten Sprachgebrauch sind beispielsweise:

- Die Vermeidung der Nutzung ausschließlich männlicher Formen, da Untersuchungen ergeben haben, dass bei der Nutzung nur männlicher Schreibweisen Frauen weniger assoziiert werden. Möglich ist die Verwendung neutralisierter Formen (z. B. Anwesende oder Teilnehmende statt Teilnehmer) oder die Sichtbarmachung von Frauen durch entsprechende Formulierungen (Jelitto 2004, 30–35).
- Durch das Ausschreiben von Vornamen in Literaturverzeichnissen kann das Geschlecht der Person, die den Text verfasst hat, also des Autors bzw. der Autorin, sichtbar gemacht werden, ggf. können auch Institutionen statt Personen zitiert werden (Koordinationsstelle für Gender Mainstreaming statt der Namen der jeweiligen Verfasserinnen bzw. Verfasser).
- Repräsentation von Personen in den von ihnen bevorzugten Bezeichnungen (z. B. Mensch mit Assistenzbedarf, Muslim und Muslimin, queer: von den gängigen Geschlechterrollen abweichend; vgl. u. a. Mattern 2009, 28). Dabei ist darauf zu achten, dass Bezeichnungen keine negativen Bewertungen zum Ausdruck bringen, z. B. Alter nur als gesellschaftliches Problem oder Behinderung als Außenseiterperspektive.

Wahl der Methoden und Kommunikationsformen

In Bezug auf die Wahl von Lehr- und Lernmethoden und Kommunikationsformen sollte grundsätzlich auf Stärkenorientierung, Eigenverantwortung sowie Abwechslung und Vielfalt geachtet werden:

- Lernende haben unterschiedliche technische und inhaltliche Kenntnisstände und Vorlieben. E-Learning ermöglicht eine stärkere Individualisierung. Hier kann bspw. darauf geachtet werden, dass weibliche Lernende eher Aufgabentypen mit frei zu formulierendem Text bevorzugen, während männliche Lernende Aufgaben bevorzugen, bei denen ein Wort oder ein Ergebniswert eingegeben werden muss. Auch halten männliche Lernende eher Aufgaben für sinnvoll, bei denen ein Wettbewerb mit anderen Lernenden entsteht.
- Eine zielgruppengerechte Auswahl von Kommunikationswerkzeugen und -regeln muss auf die spezifischen Kompetenzen und Ressourcen der Teilnehmenden abgestimmt werden (Kap. 6).
- Unterschiedliche Diskussionsstile sollten berücksichtigt bzw. bewusst gemacht werden. So sind z. B. Beiträge von Männern oft eher sachorientiert und länger, während Frauen eher kommunikationsorientiert sind und die eigene Person zurücknehmen; auch Personen aus anderen Kulturkreisen können spezifische Kommunikationsstile haben. Bei Gruppenarbeit sollte auf gemischt geschlechtliche, ggf. auch internationale oder multiethnische Gruppen geachtet werden. Allerdings kann auch der Wunsch nach homogenen Gruppen vorhanden und die Arbeit in solchen Gruppen lernförderlich sein. Ausprobiert werden könnten z. B. die Einrichtung von Kommunikationsräumen nur für Frauen und nur für Männer oder die Durchführung eines anonymen, geschlechtsneutralen Chats.

4.4 Aufgabenorientierte Module zur Kompetenzentwicklung

Im Folgenden werden die in den vorhergehenden Abschnitten behandelten Aspekte für die Konzeption von E-Learning-Modulen – die Rahmenbedingungen sowie die didaktischen und methodischen Grundlagen – zu einem Gesamtkonzept gefügt. Das folgende Modell soll Entwickler unterstützen, E-Learning-Module so zu konzipieren, dass sie den Erwerb ganzheitlicher Handlungskompetenzen ermöglichen. Vor dem Hintergrund der kontroversen nationalen und internationalen Diskussion um den Kompetenzbegriff, insbesondere im Bereich der Berufsbildung (z. B. Münk/Schelten 2010), soll betont werden, dass Kompetenz hier verstanden wird als eine ganzheitliche Befähigung der Subjekte zur freien und gleichen individuellen und gemeinsamen gesellschaftlichen Lebensgewinnung. Der Kompetenzerwerb ist daher weder rein auf die Wissensebene noch auf Problemlösefähigkeit oder Beschäftigungsfähigkeit (Employability im Sinne der Ziele des Bologna-Prozesses) zu beschränken, vielmehr geht es um den Erwerb ganzheitlich integrierter Kompetenzen, wie sie im Vier-Säulen-Modell des Deutschen Qualifikationsrahmens (DQR) formuliert sind (Kap. 4.4.1).

Grundlage für die didaktische und methodische Modulentwicklung ist das im Anschluss daran vorgestellte Modell einer *aufgabenorientierten Didaktik* (Zimmer 1998a, 2003, 2004, 2006, 2009a, 2009d, S. 78–84, 2010a, 2012a) zur Entwicklung virtueller Lernmodule, das auf dem subjektorientierten lerntheoretischen Ansatz aufbaut (Kap. 4.2.1). Nach einer kurzen Darstellung der theoretischen Grundlagen (Kap. 4.4.2) werden anschließend die konkreten Arbeitsschritte für Konzeptentwickler (Kap. 4.4.3 bis Kap. 4.4.6) in ihrem zeitlichen Ablauf dargestellt.

4.4.1 Der Deutsche Qualifikationsrahmen zur Kompetenzentwicklung

Für die didaktische Gestaltung von Bildungsangeboten mit digitalen Medien für den Erwerb ganzheitlicher Handlungskompetenzen sind die Vorgaben des Deutschen Qualifikationsrahmens (DQR) (AK DQR 2011) nützlich. Der DQR klassifiziert Qualifikationen in vier Säulen auf acht Niveaustufen. Digitale Bildungsangebote sollten daher in Zielen, Inhalten, Methoden und Ergebnissen so konzipiert sein, dass die mit ihnen erwerbbaren Qualifikationen jeweils einem bestimmten Niveau des DQR zugeordnet werden können (vgl. Kilian/Neddermann 2014).

Bereits im April 2005 wurde im Zusammenwirken von Hochschulrektorenkonferenz, Kultusministerkonferenz und Bundesministerium für Bildung und Forschung ein formaler Qualifikationsrahmen für deutsche Hochschulabschlüsse beschlossen. Im Jahr 2006 wurde dann für die Erfassung aller erworbenen Qualifikationen, auch der Hochschulabschlüsse, die Entwicklung des Deutschen Qualifikationsrahmens (DQR) begonnen, der am 22.03.2011 vom Arbeitskreis Deutscher Qualifikationsrahmen (AK DQR) verabschiedet und anschließend zunächst in verschiedenen Berufs- und Tätigkeitsfeldern von verschiedenen mit Experten besetzten Arbeitsgruppen erprobt wurde.

Beschluss

Schließlich wurde der DQR von der Ständigen Konferenz der Kultusminister der Länder in der Bundesrepublik Deutschland, dem Bundesministerium für Bildung und Forschung, der Wirtschaftsministerkonferenz und dem Bundesministerium für Wirtschaft und Technologie gemeinsam beschlossen und zum 1. Mai 2013 in Kraft gesetzt. Dementsprechend sind ab Sommer 2013 erworbene Qualifikationen einem Niveau im DQR zuzuordnen und dieses auf einer Qualifikationsbescheinigung auszuweisen.

Kompetenzbegriff

Im Zentrum des DQR steht ein ganzheitlicher Kompetenzbegriff. Dieser „bezeichnet die Befähigung und Bereitschaft des Einzelnen, Kenntnisse und Fertigkeiten sowie persönliche, soziale und methodische Fähigkeiten zu nutzen und sich durchdacht sowie individuell und sozial verantwortlich zu verhalten. Kompetenz wird in diesem Sinne als umfassende Handlungskompetenz verstanden. Dem DQR liegt entsprechend dem deutschen Bildungsverständnis ein weiter Bildungsbegriff zugrunde, auch wenn sich der DQR wie der EQR ausdrücklich nur auf ausgewählte Merkmale konzentriert. Gleichwohl sind beispielsweise Zuverlässigkeit, Genauigkeit, Ausdauer und Aufmerksamkeit, aber auch interkulturelle und interreligiöse Kompetenz, gelebte Toleranz und demokratische Verhaltensweisen sowie normative, ethische und religiöse Reflexivität konstitutiv für die Entwicklung von Handlungskompetenz" (AK DQR 2011, 4).

Kompetenzstruktur

Im Unterschied zum Europäischen Qualifikationsrahmen (EQR), der die erworbene Beschäftigungsfähigkeit nach Kenntnissen, Fertigkeiten und Kompetenzen auf dem jeweiligen Niveau beschreibt (Wikipedia 2017c), erfasst der DQR die erworbenen Qualifikationen in einer Vier-Säulen-Struktur (Abb. 4.2).

Niveauindikator (8 Niveaus)			
Anforderungsstruktur			
Fachkompetenz		Personale Kompetenz	
Wissen	Fertigkeiten	Sozialkompetenz	Selbstständigkeit
Tiefe und Breite	Insrumentale und systemische Fertigkeiten, Beurteilungsfähigkeit	Team-/Führungsfähigkeit, Mitgestaltung und Kommunikation	Eigenständigkeit/Verantwortung, Reflexivität und Lernkompenz

Abb. 4.2: AK DQR (2011): Deutscher Qualifikationsrahmen für lebenslanges Lernen, S. 5 (verabschiedet vom Arbeitskreis Deutscher Qualifikationsrahmen am 22. März 2011)

Anforderungsstrukturen und Qualifikationsniveaus

Im DQR werden die Anforderungsstrukturen und die für deren Erfüllung erforderlichen Kompetenzen auf acht *Niveaus* allgemein beschrieben (zitiert nach AK DQR 2011, 7–14), beginnend mit „Kompetenzen zur Erfüllung einfacher Anforderungen in einem überschaubar und stabil strukturierten Lern- und Arbeitsbereich" (*Niveau 1*) über „Kompetenzen zur selbstständigen Erfüllung fachlicher Anforderungen in einem noch überschaubaren und zum Teil offen strukturierten Lernbereich oder beruflichen Tätigkeitsfeld" (*Niveau 3*) bis zu „Kompetenzen zur Gewinnung von Forschungserkenntnissen in einem wissenschaftlichen Fach [...]" (*Niveau 8*).

Für die detaillierte Beschreibung der Fach- und personalen Kompetenzen im DQR sollen hier als Beispiel die für die Anforderungsstrukturen auf Niveau 6 beschriebenen Kompetenzen dargestellt werden (zitiert nach AK DQR 2011, 12):

Fachkompetenz

- *Wissen:* „Über breites und integriertes Wissen einschließlich der wissenschaftlichen Grundlagen, der praktischen Anwendung eines wissenschaftlichen Faches sowie eines kritischen Verständnisses der wichtigsten Themen und Methoden [...] oder über breites und integriertes berufliches Wissen einschließlich der aktuellen fachlichen Entwicklungen verfügen.
  Kenntnisse zur Weiterentwicklung eines wissenschaftlichen Faches oder eines beruflichen Tätigkeitsfeldes besitzen.

Über einschlägiges Wissen an Schnittstellen zu anderen Bereichen verfügen."

- *Fertigkeiten:* „Über ein sehr breites Spektrum an Methoden zur Bearbeitung komplexer Probleme in einem wissenschaftlichen Fach, [...] weiteren Lernbereichen oder einem beruflichen Tätigkeitsfeld verfügen.
  Neue Lösungen erarbeiten und unter Berücksichtigung unterschiedlicher Maßstäbe beurteilen, auch bei sich häufig ändernden Anforderungen."

Personale Kompetenz

- *Sozialkompetenz:* „In Expertenteams verantwortlich arbeiten oder Gruppen oder Organisationen (dies umfasst Unternehmen, Verwaltungseinheiten oder gemeinnützige Organisationen) verantwortlich leiten.
  Die fachliche Entwicklung anderer anleiten und vorausschauend mit Problemen im Team umgehen.
  Komplexe fachbezogene Probleme und Lösungen gegenüber Fachleuten argumentativ vertreten und mit ihnen weiterentwickeln."
- *Selbstständigkeit:* „Ziele für Lern- und Arbeitsprozesse definieren, reflektieren und bewerten und Lern- und Arbeitsprozesse eigenständig und nachhaltig gestalten."

Konsequenzen

Die Umsetzung der Anforderungsstrukturen und Kompetenzbestimmungen des DQR kann erhebliche Konsequenzen für die Produktion und Durchführung von Bildungsangeboten (mit digitalen Medien) haben. Dies liegt auch daran, dass die Intentionen, Situationen, Kontexte, Lehr- und Lernverhältnisse, Prozesse und erwarteten Ergebnisse sehr unterschiedlich sein können. Die Reichweite dieser Konsequenzen kann hier nur angedeutet werden; sie betreffen u. a.:

- die Beschreibung der Anforderungen der konkreten Arbeits- und Geschäftsprozesse in den Handlungsfeldern sowie der Handlungskompetenzen, die bei der Bearbeitung der Aufgaben erworben werden sollen, und deren Einordnung auf dem zutreffenden Niveau;
- die auf den DQR bezogene kompetenzorientierte didaktische Gestaltung der Bildungsangebote im jeweiligen Handlungsfeld für die zu bearbeitenden Aufgaben;
- die Abstimmung der Bildungsangebote mit den eventuell beteiligten unterschiedlichen Bildungsorten, z. B. Ausbildungsbetrieb und Fachschule;
- die Anpassung der bestehenden Bildungsangebote, Lernergebnisse, Leistungsbeurteilungen und Prüfungsverfahren an die Niveaus und Kompetenzbeschreibungen im DQR;
- die Entwicklung eines Leistungspunktesystems für Teilqualifikationen, die zusammen mit weiteren erworbenen Teilqualifikationen einem bestimmten Niveau im DQR zugeordnet werden können;
- die Beschreibung und Messung von nonformal und informell erworbenen Kompetenzen in individuell organisierten Lernprozessen und durch gesam-

melte Erfahrungen in verschiedenen Handlungsfeldern, für die es bislang noch keine einvernehmliche Lösung gibt.

Kritik und zu lösende Probleme

Mit der Einführung und Implementierung des DQR sind auch eine Reihe von Kritiken und Problemen öffentlich diskutiert worden, die auch für die inhaltliche und didaktisch-methodische Gestaltung der digitalen Bildungsangebote und die Konzeption ihrer Nutzung von grundlegender Bedeutung sind und zumindest zum erheblichen Teil von den jeweils Zuständigen vermieden bzw. beseitigt werden können. Dies betrifft u. a. folgende Aspekte:

- einen möglichen Verlust von Bildung, von Humanisierung, Demokratisierung und Partizipation durch die Orientierung auf die Beschäftigungsfähigkeit. Dabei wird übersehen, dass dem DQR (wie oben zitiert) das Leitbild einer dem deutschen Bildungsverständnis entsprechenden Bildung zugrunde liegt, das in der didaktischen Konzeption auf der Basis der im DQR beschriebenen Anforderungsstrukturen und ganzheitlichen Handlungskompetenzen auch umgesetzt werden kann;
- die Outcome-Orientierung des DQR, die unberücksichtigt lasse, dass die Qualität der Lernergebnisse bzw. erworbenen Qualifikationen entscheidend durch die Qualität der Lehr- und Lernprozesse und insbesondere durch das Engagement der Lernenden selbst bestimmt ist. Dies könne dazu führen, dass die Lehr- und Lernprozesse auf die Leistungspunkte und zu beantwortenden Prüfungsfragen hin kanalisiert und rationalisiert würden, was der Entwicklung ganzheitlicher Handlungskompetenzen widerspreche;
- eine mögliche normierende Wirkung der im DQR beschriebenen Niveaus der Anforderungsstrukturen und Kompetenzen auf die Bildungsangebote, die zu einer Behinderung von Innovationen in den Lehr- und Lernprozessen und der angestrebten Beschäftigungsfähigkeit führen können. Dabei bleibt allerdings unbeachtet, dass gerade aufgrund der abstrakten Beschreibungen im DQR die Einführung von Innovationen in Lehr- und Lernprozessen ermöglicht wird, wie sie durch die Entwicklungen in Arbeit, Wirtschaft, Gesellschaft und Bildung angeregt werden;
- die Beschränkung auf acht in sich abgeschlossene Niveaustufen, durch die Niveauunterschiede innerhalb einzelner oder auch zwischen mehreren erworbenen Bildungsabschlüssen nicht sichtbar werden oder verschiedene erworbene Teilqualifikationen nicht einem einzigen Niveau zugeordnet werden können, auch aufgrund der abstrakten Niveaubeschreibung. Dies betrifft z. B. Führungskompetenzen von Auszubildenden in Juniorenfirmen;
- die Pluralisierung des lebenslangen Lernens und des weiten Spektrums der individuell durch Lernen und Erfahrungen erworbenen vielfältigen Handlungskompetenzen auf unterschiedlichen Niveaus, die für den Erhalt der individuellen Beschäftigungsfähigkeit von entscheidender Bedeutung sind, aber noch nicht mit entsprechenden Verfahren, Instrumenten und Bewertungen im DQR eingeordnet werden können;

- die Durchlässigkeit im Bildungssystem, die dadurch ermöglicht werden soll, dass verschiedene Bildungsabschlüsse gleichwertig einem Niveau im DQR zugeordnet sind, was aber bei nicht vorhandener Gleichartigkeit der Bildungsabschlüsse kaum oder gar nicht realisiert werden kann.

Damit wird insgesamt sehr deutlich, dass die Umsetzung des DQR im Lehren und Lernen (nicht nur) mit digitalen Medien einerseits eine große Herausforderung darstellt, die sowohl Einfluss auf die (mit den jeweiligen digitalen Medien) zu erwerbenden Kompetenzen nimmt als auch auf deren didaktische Gestaltung und die Organisation der Lehr- und Lernprozesse durch und in Bildungseinrichtungen. Andererseits ist E-Learning aber auch besonders geeignet für die ganzheitliche Entwicklung der erforderlichen und erwünschten Kompetenzen, da es situiertes und forschendes Lernen sowie ein an den individuellen Wissensbedarfen orientiertes Lernen in den jeweiligen Kontexten und Anforderungsstrukturen ermöglicht (siehe Kap. 3).

Aufgabenorientierte Didaktik im Rahmen des DQR

Der Deutsche Qualifikationsrahmen (DQR) ist – wie oben dargestellt – ein Rahmenmodell für die vergleichbare und unterscheidbare Erfassung und Einordnung der von den Lernenden in ihren jeweiligen individuellen Lernprozessen erworbenen Kompetenzen, die auf acht generellen Niveaustufen der Anforderungen mit jeweils vier sehr allgemein beschriebenen Dimensionen erfasst werden. Die konkrete Entwicklung und Gestaltung von Lehr- und Lernprozessen in digitalen wie in herkömmlichen Bildungsangeboten erfordern jedoch eine erheblich differenziertere Bestimmung und Beschreibung aller Aspekte der Anforderungen und der für ihre Erfüllung erforderlichen Dimensionen der Kompetenzen, als dies im DQR der Fall ist. Dies geschieht am besten durch eine differenzierte aufgabenorientierte Didaktik, die Praxis und Theorie konkret integriert und für die inhaltliche und methodische Gestaltung der digitalen wie der herkömmlichen Bildungsangebote – mit Blick auf den DQR – die Grundlage bildet. Die Lernaufgaben sind jeweils so auszuwählen und zu kombinieren, dass mit ihnen insgesamt eine ganzheitliche Kompetenzentwicklung ermöglicht wird und auch erreicht werden kann. Das Modell der aufgabenorientierten Didaktik wird dafür in den folgenden Abschnitten ausführlich dargestellt.

4.4.2 Theoretische Fundierung der aufgabenorientierten Didaktik

Anforderungen von Aufgaben

Ausgangspunkt einer aufgabenorientierten didaktischen Gestaltung von Lernsituationen sind immer „typische bzw. verallgemeinerte Aufgaben in beruflichen, individuellen oder gesellschaftlichen Feldern“ (Zimmer 2003, 10). Die Ausgliederung von Lernaufgaben aus den typischen und verallgemeinerten (Berufs-)Aufgaben, sei es im Hochschulkontext oder in vielen anderen Bildungskontexten, dient sowohl der Einübung von Fähigkeiten und Fertigkeiten, die in späteren wissenschaftlichen oder anderen beruflichen Situationen benötigt werden, als auch der Forschung. Im weiteren

Sinne stehen die Aufgaben damit immer auch im Kontext der Erweiterung persönlicher und gesellschaftlicher Handlungsspielräume. Auf einem hohen Abstraktionsniveau können solchen Aufgaben in unterschiedlicher Ausprägung acht Dimensionen von Anforderungen zugewiesen werden (ebd., mit aktueller Ergänzung):

- Orientierung der Handlungen
- Bildung der Persönlichkeit,
- Zivilisierung des sozialen Zusammenarbeitens und Zusammenlebens,
- Organisation der Arbeiten zur Realisierung der Aufgaben,
- Beherrschung der eingesetzten Techniken und Technologien,
- Bewahrung der bearbeiteten bzw. genutzten Natur,
- Beachtung der Wirtschaftlichkeit der Prozesse,
- Beitrag zur Entwicklung der gesellschaftlichen Lebensbedingungen.

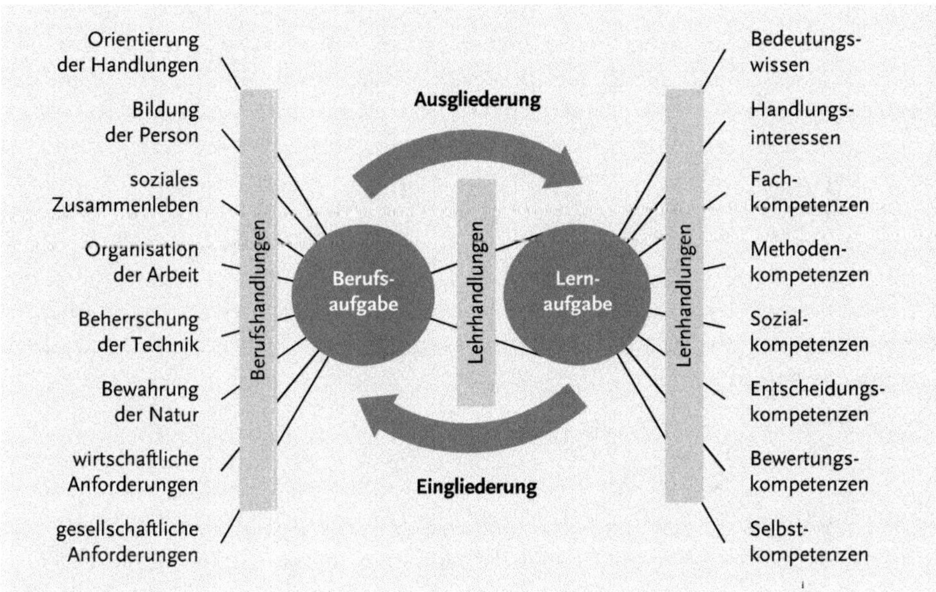

Abb. 4.3: Modell einer aufgabenorientierten Didaktik nach ZIMMER (1998a, 2003, 2004, 2006, 2009a, 2010a, mit aktueller Ergänzung)

Notwendige Kompetenzen

Zur Bearbeitung der Aufgaben sind verschiedene (je nach der spezifischen Aufgabe unterschiedlich ausgeprägte) Kompetenzen notwendig. Hier haben sich im Zuge der kontroversen Diskussion um den Kompetenzbegriff unterschiedliche Zuordnungssystematiken herausgebildet. Der folgenden Darstellung liegt ein differenziertes Modell zugrunde, nach dem den erforderlichen Kompetenzen acht Dimensionen zugewiesen werden können (ebd.):

- Wissen um die Bedeutung der Berufsaufgabe bzw. auch der Lernaufgabe,
- Reflexion und Bestimmung eigener Handlungsinteressen,

- Fachkompetenzen zur sachgerechten Aufgabenbearbeitung,
- Methodenkompetenzen zur wirkungsvollen und leistungsfähigen Aufgabenbearbeitung,
- Sozialkompetenzen zur Kommunikation und Kooperation zwecks erfolgreicher Arbeit,
- Kompetenzen für das Treffen sachgerechter Entscheidungen,
- Kompetenzen zur Bewertung der Planung, Durchführung und Ergebnisse der Aufgabenbearbeitung,
- Kompetenzen zur Bewertung der selbst erbrachten Leistungen und zur Planung und Durchführung weiterer Lernschritte.

Ausgliederung von Lernaufgaben

Nach der Definition der Aufgaben in den jeweiligen Praxisfeldern müssen in einem nächsten Schritt relevante und typische Lernaufgaben ausgegliedert werden, durch deren Bearbeitung die später in beruflichen Situationen im Kontext der gesellschaftlichen Prozesse erforderlichen Kompetenzen erworben werden können. Wenn das jeweilige Arrangement dies ermöglicht, sollten solche Aufgaben im Diskurs zwischen Lernenden und Dozenten bzw. Betreuern ausgehandelt werden (Kap. 6.6.1). Jedoch ist es sinnvoll, dass Dozenten und Konzeptentwickler sich bereits bei der Konzeption virtueller Lernmodule an zu bearbeitenden Lernaufgaben orientieren. Die konkrete Umsetzung dieses Ansatzes ergibt sich zum einen aus den Dimensionen der identifizierten Berufshandlungen, zum anderen aus den Dimensionen der daraus abgeleiteten Lernaufgaben. Sie umfasst die Planung des Szenarios und der Kommunikationsformen sowie der Lernressourcen zur Bearbeitung der Aufgaben: Lerninhalte, Informationen, Übungsaufgaben, Simulationen, Hinweise, Fragen, Anregungen und anderes mehr.

Die folgende Grafik (Abb. 4.4) gibt einen Überblick über die vier aufeinander aufbauenden Planungsphasen (I bis IV). Die unterschiedlichen Arbeitsschritte (A bis I) in den jeweiligen Phasen und der Einfluss, den Entscheidungen für bestimmte Lernformen für die weiteren Arbeitsschritte haben, werden unten ausführlich beschrieben. Bei der Konzeption erscheinen insbesondere die ersten, konzeptionellen Arbeitsschritte sehr (zeit-)aufwendig. Dies mag zutreffen, wenn nur einzelne, kurze Lernsequenzen entwickelt werden. Eine Arbeitserleichterung ergibt sich jedoch sehr schnell, sobald mehrere und längere Lernmodule entwickelt werden. Das Konzept und die Festlegung der didaktischen Struktur dienen dann auch dazu, Lernformen und multimediale Elemente bewusst und begründet einsetzen und aufeinander abstimmen zu können.

Gerade in Projekten, in denen viele Lernmodule entwickelt werden, zeigt sich, dass z. B. mit entsprechenden „Didaktischen Leitlinien [...] eine wertvolle Hilfe zur systematischen Erfassung“ aller Ideen zur Verfügung gestellt wird (Görlitz/Müller 2003, 404 ff.). Sie ermöglichen zugleich auch die in großen, arbeitsteiligen und lang andauernden Projekten und bei Fluktuation der Mitarbeiter notwendige Dokumentation der Planungsschritte und die „einfache Be- und Überarbeitungsmöglichkeit

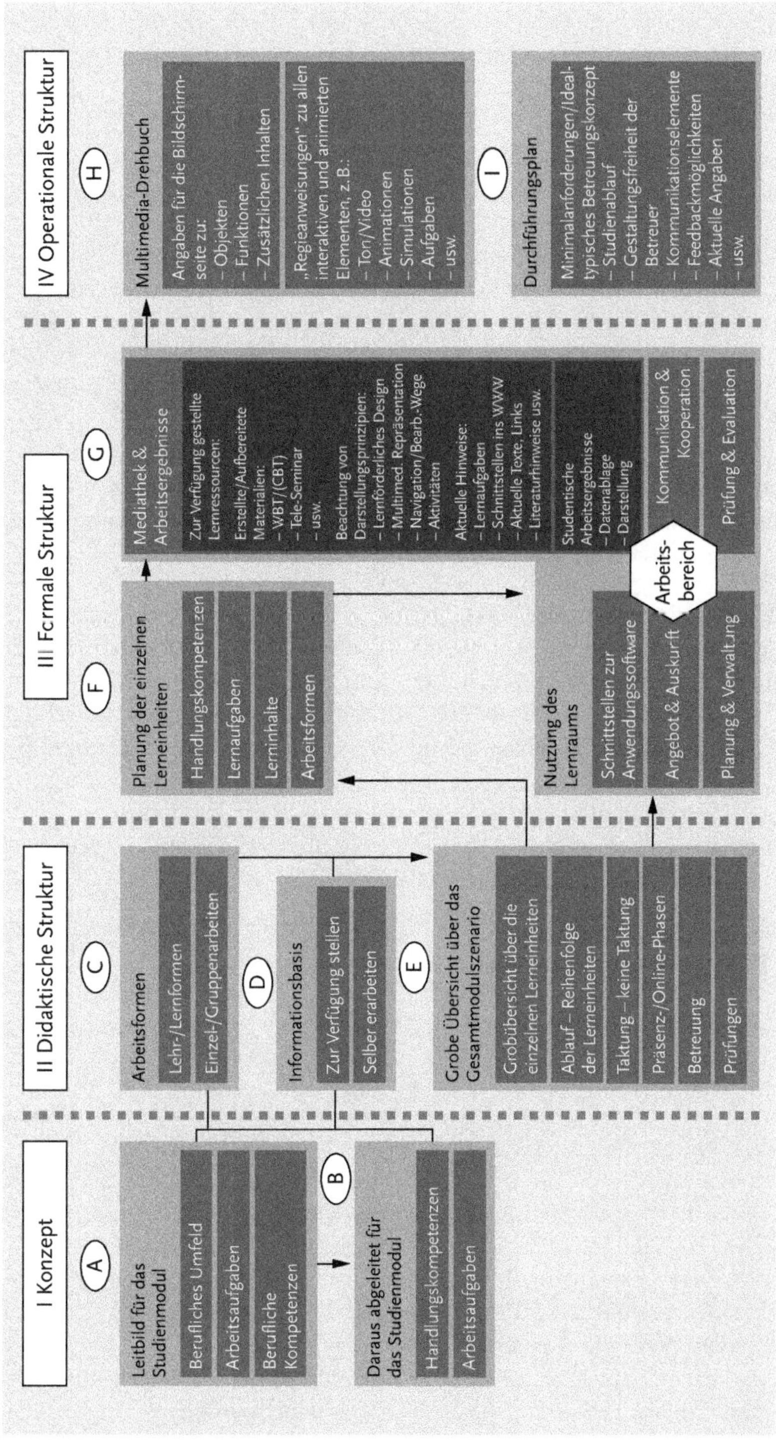

Abb. 4.4: Planungsphasen und Arbeitsschritte zur Konzeption virtueller Lernmodule

auch durch mehrere Personen“ (ebd.). Darüber hinaus hat sich gezeigt, dass die Vorüberlegungen und die auf dieser Basis getroffenen Entscheidungen zugleich wichtige (und nachgefragte) Informationen für die Lernenden sind, ebenso wie für die Betreuenden, die das Modul nicht entwickelt haben.

4.4.3 Konzeptphase: Leitbild eines Lernmoduls

Phase I

Die zentrale Fragestellung zur Konzeption lautet: Welche Aufgaben sollen die Lernenden in einem Lernmodul bearbeiten, um die Kompetenzen zu erwerben, die sie zur ganzheitlichen Bildung ihrer Persönlichkeit und zur erfolgreichen und angemessenen Bewältigung ihrer praktischen und/oder wissenschaftlichen beruflichen und gesellschaftlichen Aufgaben benötigen? Ist ein Lernmodul Bestandteil eines Bildungsgangs, so sollten zuvor ein Leitbild und entsprechende Handlungskompetenzen auch für den gesamten Bildungsgang beschrieben werden. Die Leitbilder und Handlungskompetenzen für ein einzelnes Modul dürfen diesen Festlegungen nicht widersprechen bzw. müssen sich in das gesamte Curriculum für einen ganzheitlichen Bildungsprozess einfügen.

Didaktisch-methodisches Leitbild (A)

Zunächst wird ein didaktisches Leitbild als Richtlinie für das Lernmodul erstellt, das drei Komponenten enthält: Es beschreibt grob mögliche spätere gesellschaftliche und berufliche Umfelder der Lernenden (1) und leitet daraus exemplarische Aufgaben bzw. Berufsaufgaben (2) sowie die zu ihrer Bewältigung notwendigen Kompetenzen (3) ab. Das Leitbild mit seinen drei Komponenten kann sehr knapp formuliert werden. Wichtig ist, dass aus der Definition der Aufgaben bzw. Berufsaufgaben und der Kompetenzen im nächsten Schritt Lernaufgaben bzw. die im Lernmodul zu erwerbenden Handlungskompetenzen abgeleitet werden können.

Eine weitere wichtige Überlegung an dieser Stelle ist, welche Voraussetzungen die Lernenden erfüllen müssen, um am Kurs teilnehmen zu können, wo im Gesamtkontext des Bildungsangebots das Modul lokalisiert ist und ob es für sich alleine steht oder auf andere Module aufbaut.

Handlungskompetenzen und Lernaufgaben (B)

Im nächsten Schritt kann nun entschieden werden, welche Handlungskompetenzen die Lernenden in dem Modul erwerben sollen und welche Lernaufgaben dafür geeignet sind (zu einem späteren Zeitpunkt wird dies auch für die einzelnen Lerneinheiten festgelegt). Um die mit einem Modul zu erwerbenden Kompetenzen (Kap. 4.4.2) zu beschreiben, sind die folgenden Fragen hilfreich:

- Was sollen die Lernenden über die Bedeutung des Moduls in ihrem späteren beruflichen und gesellschaftlichen Kontext wissen? Wo werden sie den Inhalt und die erworbenen Kompetenzen anwenden können?
- Welche Handlungsziele und Handlungsgründe sollen zur Entwicklung der Motivationen, Einstellungen und Interessen erarbeitet werden?

- Welche Fachkompetenzen sollen für eine sachgerechte Aufgabenbearbeitung erworben werden?
- Welche Methodenkompetenzen sollen für effizientes Lernen und Arbeiten erworben werden?
- Welche sozialen, kommunikativen und kooperativen Kompetenzen sollen erworben werden?
- Welche Entscheidungskompetenzen sollen erworben werden, damit in Handlungsprozessen rationale und vernünftige Entscheidungen kompetent getroffen werden können?
- Welche Evaluationskompetenzen sollen die Lernenden erwerben, damit sie ihre fachlichen Lernhandlungen und später ihre Arbeitshandlungen angemessen selbst bewerten können?
- Welche Selbstkompetenzen sollen sie für ihre eigene Kompetenzentwicklung erwerben?

Da aus den Handlungskompetenzen die Lernaufgaben (und dann die dafür günstigsten Lernformen) abgeleitet werden, sollten sie möglichst konkret formuliert werden.

Lernaufgaben als strukturbildendes Element virtueller Lernmodule

Lernaufgaben unterstützen nicht nur die Lernmotivation und den Erfolg beim Selbstlernen erheblich, sondern bilden als zentrales Moment einer aufgabenorientierten Didaktik die Grundlage für die Struktur eines virtuellen Lernmoduls: Im Mittelpunkt der Modulplanung stehen damit also nicht primär die Inhalte in ihrer sachlogischen Reihenfolge, sondern die Aufgaben, die zum Erwerb der erforderlichen Handlungskompetenzen führen.

Zu einer solchen Strukturierung eines Moduls sind vor allem umfassende Lernaufgaben geeignet, also komplexe, umfangreichere Aufgaben, die den Inhalt einer Lerneinheit umfassen oder sogar darüber hinausgehen, Transferleistungen benötigen und eine Herausforderung für die Lernenden darstellen. Die Bearbeitungen und Lösungen solcher Aufgaben sollten im Regelfall von einem Betreuer, Lehrenden oder Fachexperten begleitet und begutachtet werden.

Ausgliederung von Lernaufgaben

Exemplarische und relevante Lernaufgaben werden aus den formulierten zu erwerbenden Handlungskompetenzen und den Berufsaufgaben abgeleitet. Sie betreffen Basiskompetenzen, Methoden- und Organisations- sowie Bewertungskompetenzen und sollten, ebenso wie auch die Bearbeitung von beruflichen Aufgaben, das Zusammenspiel unterschiedlicher Kompetenzen erfordern. Anhand einer solchen Lernaufgabe muss überprüft werden können, ob die Lernenden die definierten Kompetenzen erworben haben. Beispielhafte Fragen zur Konkretisierung der Lernhandlungen und Lernaufgaben sind:

- Welche Informationen sollen die Lernenden sich erarbeiten?
- Welche Fragen sollen sie beantworten?

- Welche Berechnungen sollen sie durchführen?
- Welche Fallbeispiele sollen sie bearbeiten?
- Welche Lösungen sollen sie im Netz präsentieren?

Es geht hier also nicht um automatisch auswertbare Aufgaben, wie Multiple Choice, Drag and Drop, Lückentextaufgaben und andere (vgl. dazu Kap. 7.5). Solche Aufgaben werden von den Lernenden akzeptiert und gewünscht und sollten in jedem Modul eingesetzt werden. Genauere Überlegungen dazu sind jedoch erst bei der Planung der formalen Struktur (siehe unten) der einzelnen Lerneinheiten notwendig. Entwickler sollten sich an dieser Stelle darauf konzentrieren, eine Auswahl zielorientierter, relevanter und explorativer Lern- bzw. Studienaufgaben zu erstellen.

Ergebnis der Konzeptphase: Lernaufgaben für das Gesamtmodul

Das Ergebnis der Konzeptphase ist eine Auswahl von Lernaufgaben, die aus gesellschaftlichen, wissenschaftlichen und/oder beruflichen Aufgaben sowie den zu erwerbenden Handlungskompetenzen abgeleitet wurden. Eine Aufgabe kann sich hauptsächlich auf eine Kompetenz beziehen, meistens jedoch wird sie, wie auch die Berufsaufgaben, unterschiedliche Kompetenzen erfordern, z. B. Beurteilungskompetenzen, Fach- und Methodenkompetenzen, Sozial-, Selbst- und Entscheidungskompetenzen.

4.4.4 Didaktische Struktur: Arbeitsformen und Lernszenarien

Phase II

Nach der Zusammenstellung geeigneter Lernaufgaben können verschiedene Entscheidungen zur didaktischen Struktur eines Lernmoduls getroffen werden:

- Welche Arbeits- und Prüfungsformen sind zum Bearbeiten dieser Aufgaben am besten geeignet?
- Welche Informationen müssen den Lernenden zur Verfügung gestellt werden, damit sie die Aufgaben bearbeiten können?
- Welche Informationen sollen sie selbst erarbeiten und ggf. auch anderen Kursteilnehmenden zu Verfügung stellen?
- Welche Lernaufgaben und Informationen sollen zu Lerneinheiten zusammengefügt werden? (Erst an dieser Stelle entsteht also eine erste grobe Übersicht über die einzelnen Lerneinheiten.)
- Welchen Organisations- und Ablaufplan, d. h. welches Lernszenario (vgl. Kap. 4.3), legt diese Kombination von Lernaufgaben und Arbeitsformen nahe?

Planung und Auswahl von Arbeitsformen (C)

Zur Planung und Auswahl geeigneter Arbeitsformen sind folgende Teilaspekte zu beantworten und zu einem stimmigen Ganzen zusammenzusetzen:

- In welchen Lernformen sollen die Lernenden die Aufgaben bearbeiten und die Handlungskompetenzen erwerben? Sind bspw. umfassende Recherchen sinnvoll, eine Simulation oder die durchgängige Bearbeitung eines Falles? Besonders wichtig ist dabei die Überlegung, wie die Arbeitsergebnisse der Lernenden wieder in den Kurs einfließen und als weitere Lernressource genutzt werden können.

- Welche Lehrform soll für welche Inhaltsbereiche überwiegen? Ist bspw. die Live-Übertragung einer Vorlesung oder eine konservierte Videoaufzeichnung geeignet, sollte der Inhalt eher in Form asynchroner Gruppenarbeit mit höherer Beteiligung der Lernenden vermittelt werden oder eignet sich der im Lernmodul vorgesehene Präsenzanteil am besten? Hier ist auch die Bedeutung von Rückkanälen zu klären, also welche Möglichkeiten Lernende haben, ihre Fragen, Interessenschwerpunkte und Vorerfahrungen einzubringen.
- Sollte ein bestimmter Inhalt in Einzel- oder in Gruppenarbeit erarbeitet werden? Wie werden ggf. Arbeitsgruppen zusammengestellt? Ist eine Zusammenarbeit in einer Gruppe fakultativ oder verpflichtend, wie geht sie in die Bewertung mit ein (zur Planung von Gruppenaufgaben siehe auch Kap. 6.6.3)?

Für die Transparenz der Lern- und Arbeitsbedingungen der Lernenden sowie zur Information der Betreuenden des Moduls sind Überlegungen und Entscheidungen an dieser Stelle gut zu dokumentieren.

Bereitstellung von Inhalten und Informationen (D)

Zur Bearbeitung der Lernaufgaben benötigen die Lernenden Lerninhalte und weitere Informationen. Die Entscheidung, welche und wie viele Inhalte zur Verfügung stehen müssen, ist abhängig von den zu erwerbenden Kompetenzen und den Lernaufgaben. Außerdem muss unterschieden werden zwischen Informationen und Inhalten, die den Lernenden zur Verfügung gestellt werden sollen, und solchen, die sie sich selbst erarbeiten. Virtuelle Lernformen bieten hierfür erheblich umfangreichere Möglichkeiten als z. B. das klassische Referatsmodell eines Seminars in der geistes- und sozialwissenschaftlichen Präsenzlehre, so z. B. in Form von Zusammenfassungen von Rechercheergebnissen, thematischen Ausführungen, Linklisten, Kommentaren in einem Diskussionsforum, selbst entwickelten Suchhinweisen und -strategien oder dem gemeinsamen Aufbau einer Wissensbasis aus relevanten (ggf. auch im Internet verfügbaren) Dokumenten.

Grobe Übersicht über die einzelnen Lerneinheiten: Lernmodulszenario (E)

Die bisherigen Arbeitsschritte ermöglichen nun eine begründete zeitliche und organisatorische Strukturierung des Moduls und die Auswahl der Komponenten des Modulszenarios: Welche Inhalte sollen in den einzelnen Lerneinheiten behandelt werden? Welche Lernaufgaben und Arbeitsformen sind dafür geeignet? Weitere Entscheidungen betreffen den Gesamtablauf des Moduls und (eventuell) die Reihenfolge der Lerneinheiten, die Taktung der Lerneinheiten, das Zusammenspiel von Präsenz- und virtuellen Lernphasen, die Betreuung sowie die Gestaltung der Prüfungen (Kap. 4.3.2; Kap. 7).

4.4.5 Formale Struktur: Feinstrukturierung der Lerneinheiten

Phase III

Nach der bisherigen Grobplanung des gesamten Lernmoduls erfolgt in dieser Phase die detaillierte Planung der einzelnen Lerneinheiten. Im Mittelpunkt steht dabei die Planung der multimedialen Lernressourcen (der Lerninhalte und deren Präsentationsformen), jedoch sollte dabei im Blick behalten werden, welche Handlungskompetenzen in der Lerneinheit erworben werden sollen und auf welche Weise der Lernraum in die Gestaltung einbezogen werden soll.

Detaillierte Planung der einzelnen Lerneinheiten (F)

Zunächst müssen auf der Grundlage der bisherigen Vorüberlegungen nun auch auf der Ebene der einzelnen Lerneinheiten Entscheidungen bezüglich der folgenden Punkte getroffen werden:

- Handlungskompetenzen, die in der Lerneinheit erworben werden sollen,
- konkrete Lernaufgaben, die dazu nötig sind,
- Lernressourcen, die den Lernenden zur Bearbeitung dieser Aufgaben zur Verfügung gestellt werden sollen bzw. die sie ggf. selbst erarbeiten und anderen Lernenden zur Verfügung stellen sollen, sowie
- die dafür geeigneten Lernaufgaben in dieser Lerneinheit.

Nutzung des Lernraums

In die Konzeption der Lerneinheiten sollte auch die geplante Nutzung des Lernraumes mit seinen verschiedenen Abteilungen und Werkzeugen eingehen. Dazu ist es notwendig, dass Entwickler von Lernmodulen die Funktionen des jeweils verwendeten Lernraums (Kap. 3) sowie eventuell bereits entwickelte Nutzungsroutinen gut kennen. Hilfreich ist dabei der Austausch mit den Kursbetreuern (Kap. 6.6).

Grundsätzlich enthält der Lernraum Informationen zu den veränderlichen Elementen des Moduls (etwa zu Terminen, Prüfungsformen, Angaben zu den Lehrenden etc.) und wird während der Durchführung des Moduls zur Kommunikation genutzt, während die gleichbleibenden Angaben (z. B. zu Hilfen und Werkzeugen, Navigation) direkt in die Lernmedien integriert werden sollten. Die Übergänge können jedoch fließend sein, und die Entwickler müssen die Betreuer der Module darauf hinweisen, auf welche Faktoren sie jeweils achten müssen.

Außerdem können sie auch Hinweise dazu geben, wie der Lernraum in speziellen Modulen oder in einzelnen Lerneinheiten genutzt werden soll. Nicht in jedem Modul müssen alle Lernraumwerkzeuge verwendet werden; zur Bearbeitung bestimmter Aufgabenstellungen oder zur Präsentation spezieller Sachverhalte können sich bestimmte Werkzeuge besser eignen als andere. Bei solchen Vorschlägen sollte jedoch möglichst nicht gegen etablierte Nutzungsroutinen verstoßen werden. Wichtig ist auch, darauf hinzuweisen, wie groß der Gestaltungsspielraum der Betreuer ist.

Des Weiteren muss zu diesem Zeitpunkt geplant werden, ob zusätzliche Hilfen und Werkzeuge für den Umgang mit den Inhalten, die Präsentation der von den Lernenden entwickelten Arbeitsergebnisse oder die gemeinsame Arbeit an Dokumenten notwendig sind und wie diese bereitgestellt werden können (Kap. 6.8).

Multimediale Lernmaterialien (G)

Erst nach diesen Vorüberlegungen kann die begründete Entscheidung getroffen werden, auf die sich oft die Überlegungen der Entwickler konzentrieren: welche Elemente eines virtuellen Kurses wie multimedial realisiert werden sollen. Bei der Planung der Gestaltung müssen die in Kap. 5.1 detailliert beschriebenen Regeln zur multimedialen Präsentation am Bildschirm berücksichtigt werden. Auf die folgenden Regeln soll hier schon besonders hingewiesen werden:

- Wichtig ist ein lernförderliches, klares Design, das sich an der technischen Ausstattung der Zielgruppe orientiert.
- Die multimediale Präsentation sollte sich primär an inhaltlichen und nicht an gestalterischen Aspekten orientieren. Die Verwendung der einzelnen medialen Elemente muss hingegen als Ganzes betrachtet werden, jedes Element sollte genau auf seine Funktion und sein Zusammenwirken mit den anderen Elementen überprüft werden. Eine technologiebezogene Motivation der Verwendung einzelner Elemente sollte vermieden werden.
- Ein schlüssiges Navigationskonzept sollte dem Phänomen des Lost in Hyperspace entgegenwirken. Als Minimalanforderungen können eine geführte, lineare Navigation (Guided Tour) sowie die Möglichkeit der freien Navigation, also das direkte Anwählen eines spezifischen Abschnittes, angesehen werden.

In die Planung der multimedialen Lerneinheiten müssen die Aktivitäten der Lernenden und der Betreuer und die dazu notwendigen Hinweise (auch im Lernraum) mit einbezogen werden.

4.4.6 Operationale Struktur: Multimedia-Drehbuch und Durchführungsplan

Phase IV

Die bis zu diesem Zeitpunkt getroffenen Entscheidungen werden in der letzten Phase konkretisiert. Dies geschieht zum einen durch die detaillierte Beschreibung der zu erstellenden Lernmaterialien in einem Multimedia-Drehbuch – falls für das Modul digitale Lernmaterialien erstellt werden sollen –, zum anderen durch den Entwurf eines Durchführungsplans, in dem für die Betreuer (ggf. auch für die Lernenden) der geplante Verlauf des Studienmoduls dokumentiert wird.

Multimedia-Drehbuch/Storyboard (H)

Analog zu einem Film-Drehbuch werden in einem Multimedia-Drehbuch für jede einzelne zu programmierende Bildschirmseite alle Inhalte, Elemente und Regieanweisungen festgehalten. Die verschiedenen Phasen der Drehbuchstellung und die notwendigen Angaben und Regieanweisungen zu den verwendeten Elementen werden in Kap. 5.2.2 genauer beschrieben.

Durchführungsplan (I)
Da den Betreuern virtueller Lernmodule oft zentrale Hinweise zur Durchführung fehlen, die nur die Entwickler geben können, ist es sinnvoll, solche Angaben in einem Durchführungsplan festzuhalten. Dieser sollte wenigstens Angaben zum Szenario bzw. zur zeitlichen Planung des Moduls, zur Taktung sowie zu Prüfungen und Prüfungsformen enthalten.

Darüber hinaus kann außerdem auf folgende Punkte eingegangen werden:
- Zeitpunkte für Aufgabenstellungen,
- Gestaltungsfreiheit der Entwickler beim Einsatz des Moduls, z. B. in der Aufgabengestaltung,
- Einsatz des Lernraums und der Kommunikationselemente,
- Rückmeldemöglichkeiten, verantwortliche Stellen für Nachfragen oder Änderungshinweise,
- Einstellen aktueller Hinweise, Links und Literaturangaben,
- Möglichkeiten bzw. Notwendigkeiten des Einsatzes kooperativer Arbeitsformen.

4.5 Fazit

Die strukturellen und organisatorischen Bedingungen, unter denen Blended-Learning-Veranstaltungen und virtuelle Lernmodule zurzeit geplant und durchgeführt werden, sind ausgesprochen heterogen. Auch die didaktischen Konzepte und die Vorstellungen in Bezug auf eine effektive Gestaltung von Lernarrangements und -materialien unterscheiden sich stark voneinander. Dementsprechend sind auch die Aufgaben und Tätigkeitsfelder bei der Konzeptentwicklung sehr unterschiedlich, ein umfassendes und allgemeines Tätigkeitsprofil zu ermitteln scheint kaum möglich.

Didaktische Gesamtkonzeption notwendig
Es hat sich jedoch gezeigt, dass auf Dauer die Konzentration auf die bloße Entwicklung von Lernmaterialien keinen nachhaltigen Erfolg hat. Stattdessen ist eine schlüssige didaktische Gesamtkonzeption von virtuellen Bildungsangeboten notwendig, die Betreuungskonzepte sowie organisatorische und institutionelle Rahmenbedingungen in die Planung einbezieht. Entwickler benötigen hierzu Unterstützung durch eine transparente Projektorganisation und Informationen über projektinterne und projektexterne Schnittstellen und Rahmenbedingungen. Je nach den Bedürfnissen eines Projekts empfiehlt sich außerdem die Entwicklung von didaktischen Leitlinien und von Leitlinien für das Design.

Didaktische Leitlinien
Zehn Leitlinien können für die didaktische Gestaltung zusammenfassend formuliert werden (Zimmer 2011c, 413–414):
1. Bedeutung der Berufsaufgabe und der daraus ausgegliederten Lernaufgabe darstellen;

2. Diskrepanzerfahrungen zur Anregung des Lernprozesses ermöglichen;
3. den Lernenden ermöglichen, ihre Lernaufgaben eigenständig bestimmen zu können;
4. den Erwerb autodidaktischer Lernkompetenzen unterstützen;
5. exploratives und expansives Lernen ermöglichen;
6. kooperatives und partizipatives Lernen unterstützen;
7. persönliches Kennenlernen der Lernenden und Lehrenden ermöglichen;
8. eigene Lern- und Arbeitsergebnisse präsentieren können;
9. synchrone und asynchrone Kommunikation ermöglichen;
10. ein hinreichendes Zeitbudget für die Lernprozesse einräumen.

Anregungen zur Weiterentwicklung einholen

Zur Weiterentwicklung virtueller Studien- bzw. Lernkonzeptionen sind außerdem die kritische Reflexion der eigenen Tätigkeit, die Verbesserung von Arbeitsroutinen und die Aufdeckung von Theorie-Praxis-Differenzen notwendig. Diese Prozesse werden unterstützt durch Evaluationen der Lernmodule und Rückmeldungen von Lernenden und Lehrenden an die Modulentwickler. Die dazu notwendigen Verbindungen, Kommunikationsroutinen und zeitlichen Freiräume müssen ggf. durch das Projektmanagement geschaffen werden. Auf der anderen Seite ist der Austausch über Projektgrenzen hinaus notwendig; dazu gehört auch, die mediendidaktische Theorieentwicklung sowie die technischen Entwicklungen mitzuverfolgen.

5 Bildungsressourcen

Bedeutung der Bildungsressourcen im E-Learning

Bildungsressourcen für E-Learning und Blended Learning umfassen Lerninhalte, Informationen und Hinweise in unterschiedlichen symbolischen Darstellungsformen und interaktiven algorithmischen Strukturen, z. B. in statischen oder dynamischen Bildern, Audio- oder Video-Elementen und dreidimensionalen Darstellungen. Dabei geht es auch um die Aktivierung der Lernenden durch die Interaktion mit dem Lernmaterial in den vorgegebenen algorithmischen Strukturen – etwa mit Simulationen oder digitalen Spielen – sowie um die Darstellung auf unterschiedlichen Endgeräten vom Computerbildschirm bis Tablet-PC oder Smartphone und um die Kombination verschiedener Darstellungsformen und Medien. Die Möglichkeit, Bildungsinhalte (multi-)medial aufzubereiten und ihre Rezeption und Bearbeitung interaktiv zu gestalten, wurde von Beginn an als eine besondere Chance von E-Learning gesehen. Dabei ist es sowohl für das Verständnis und die Lernhandlungen mit den angebotenen Lernprogammen als auch für die selbstständige und kooperative Produktion von Lernergebnissen und eventuell auch Lernprogrammen durch die Lernenden sehr wichtig, dass über die eingebauten und die für die eigene Produktion zu verwendenten Algorithmen sowie über die erfassten und ausgewerteten bzw. zu erfassenden und auszuwertenden Daten vollständig aufgeklärt wird, weil sonst die erforderliche Qualität der Lernprogramme für die selbstständigen und gemeinsamen Lernprozesse nicht vollständig erreicht werden kann bzw. erreicht wird.

Produktion umfangreicher Bildungsressourcen

Die für E-Learning zunächst dominierenden Lernmedien wie Computer Based Training (CBT) und Web Based Training (WBT), in denen meist sehr umfangreiche Inhalte – etwa der Lernstoff eines Kurses – komplett multimedial und interaktiv in den entsprechenden algorithmischen Strukturen aufbereitet werden, stellen inzwischen nur noch einen Teil der digitalen Bildungsressourcen dar, dem jedoch gerade in formellen Bildungskontexten und in der betrieblichen Weiterbildung weiterhin eine große Bedeutung zukommt (Thillosen 2014). Dabei sind die strukturellen Bedingungen, unter denen CBT und WBT erstellt und eingesetzt werden, ausgesprochen heterogen. Dementsprechend sind auch die Tätigkeitsfelder der beteiligten Personen, z. B. der Konzeptentwickler, Drehbuchautoren, Programmierer und Lernbegleiter, sehr unterschiedlich; die Ermittlung eines umfassenden und allgemeinen Tätigkeitsprofils scheint kaum möglich. Jedoch hat sich bestätigt, dass die Konzentration auf die bloße Entwicklung der digitalen Lernmaterialien keinen nachhaltigen Erfolg hat. Vielmehr ist eine schlüssige didaktische und methodische Gesamtkonzeption virtueller Kurse notwendig, die Betreuungskonzepte und institutionelle Rahmenbedingungen einbezieht. Entwickler benötigen hierzu Unterstützung durch eine transparente Projektorganisation und Informationen über projektinterne und -externe Schnittstellen. Je nach den Zielen, Ansprüchen, Bedingungen und Abläufen eines Projekts empfiehlt sich außerdem die Entwicklung von didaktischen Leitlinien und/oder eines Styleguides. Zur Weiterentwicklung virtueller Lernangebote und -konzepte sind außerdem die kritische Reflexion der eigenen Tätigkeit von Konzeptentwicklern, die Verbesserung von Arbeitsabläufen und die Aufdeckung von Theorie-Praxis-Differenzen notwendig. Diese Prozesse werden unterstützt durch Evaluationen der Lernmodule und Rückmeldungen von Lernenden und Lehrenden an die Modulentwickler (Kap. 9). Die dazu notwendigen Arbeitsroutinen und zeitlichen Freiräume müssen ggf. durch das Projektmanagement geschaffen werden. Dies betrifft auch den Austausch über die Projektgrenzen hinaus, der zunehmend an Bedeutung gewinnt.

Frei verfügbare und von Lernenden erstellte Bildungsressourcen

Hier bietet insbesondere der Austausch von (offenen) Bildungsressourcen, Open Educational Resources (OER, siehe ausführlich Kap. 5.5), ein großes Potenzial. Um dies auszuschöpfen, ist es jedoch zum einen notwendig, die Auffindbarkeit von Bildungsressourcen durch geeignete technische, aber auch didaktische Metabeschreibungen zu fördern und zum anderen Modalitäten zur (gemeinsamen) Weiterentwicklung und zum Umgang mit veränderten Inhalten in Bezug auf die Urheber- und Nutzungsrechte (Kap. 11.2) und die Qualitätssicherung (Kap. 8) zu finden. Zudem bieten Bibliotheken inzwischen zunehmend auch wissenschaftliche Fachliteratur als E-Book, E-Magazin, Hörprogramm und Video an, die per Onleihe befristet heruntergeladen werden können, wenn der Verlag der Bibliothek dazu die Lizenz erteilt bzw. die Bibliothek diese Rechte bei dem Verlag erworben hat. Nach Ablauf der Leihzeit lassen sich die Dateien meist nicht mehr öffnen. Solche Materialien bieten zwar nicht das Potenzial von OER, sind aber eine kostengünstige Möglichkeit zur Nutzung digitaler Lernmaterialien.

Ein weiterer wichtiger neuer Faktor bei der Konzeption von Lehrveranstaltungen sind vor allem die unterschiedlichen Web-2.0-Technologien, die eine Beteiligung der Lernenden an der Entwicklung von Lernressourcen ermöglichen. Aufgrund der Verfügbarkeit der Software zur Medienproduktion und der Verbreitungskanäle (Lernplattform, virtueller Bildungsraum, soziale Medien, Internet) können die Lernenden selbst individuell, kooperativ oder zusammen mit Lehrenden oder Fachexperten Bildungsressourcen für ihre eigenen oder die Lernprozesse anderer produzieren. Zudem wird durch die Möglichkeit, unkompliziert Inhalte – teilweise auch sehr kurze Inhalte, den sog. Microcontent – im Netz zu veröffentlichen, auch der Erwerb unterschiedlicher Kompetenzen unterstützt, von fachlichen Kompetenzen durch eine kritische Auseinandersetzung mit Inhalten über Medienkompetenzen durch die Nutzung der Web-2.0-Werkzeuge bis zu Kommunikations- und Kooperationskompetenzen bei gemeinsamer Konzeptualisierung und auch Produktion von Beiträgen.

Vereinheitlichung und Offenheit von Bildungsinhalten

Da die Produktion digitaler Medien erheblichen personellen und finanziellen Aufwand erfordert, eignen sich für die Digitalisierung von Lehrinhalten insbesondere solche Inhalte, die bereits in der Fachwelt weitgehend vereinheitlicht sind, z. B. in Mathematik, Betriebswirtschaft, Informationstechnik, Naturwissenschaft und Technik. Auch für Grundlagenkurse und Einführungen kann es in vielen Fachgebieten größere inhaltliche Übereinstimmungen geben. In diesen Fällen bietet sich zur Aufwands- und Kostenminimierung eine Kooperation von Bildungseinrichtungen, Medienproduzenten und Verlagen an, auch um einen gemeinsamen Austausch von Lehr- und Lernerfahrungen mit standardisierten digitalen Medien und zu deren Verwendung und Verbesserung zu etablieren. Auch im Hochschulbereich sind durch die Modularisierung der Studiengänge infolge der Bologna-Reform die Standardisierungen von Studieninhalten in vielen Fachgebieten deutlich erweitert worden. Teilweise werden durch die Produktion und den Einsatz standardisierter digitaler Medien in Bildungsprozessen personelle Ressourcen für die gemeinsame Reflexion der medial präsentierten Lehrinhalte und eine offene Diskussion weiterführender Überlegungen frei. Je nach Fachgebiet sind mehr oder weniger Lehrinhalte für durchgehende Standardisierungen geeignet. Zugleich müssen die Lehrenden die Möglichkeit haben, in ihren Themenbereichen und Präsentationen unterschiedliche methodische Vorgehensweisen zu wählen sowie verschiedene Zugänge und inhaltliche Schwerpunkte setzen zu können. Auch den Lernenden müssen den heutigen beruflichen und gesellschaftlichen Anforderungen und ihrem subjektiven Lernverhalten entsprechend individuelle Lernwege zur Bildung ihrer Kompetenzen in und mit den digitalen Medien ermöglicht werden. „Untererforscht ist zudem derzeit, ob und zu welchem Grad automatisierte digitale Bildungsangebote den Lernprozess normieren und individuelle Lernpfade eher behindern als fördern" (Bischof/Stuckrad 2013, 49).

Veränderung der Bildungsressourcen – Veränderung der Lehr- und Lernkultur

Im Zeitalter von Web 2.0 wird also eine immer größere Fülle von Bildungsressourcen im Netz frei zugänglich, die sich erheblich von den klassischen Lernmedien unterscheiden, etwa in der (multi-)medialen Gestaltung und im Umfang. Solche Inhalte enthalten nicht nur interessante und lernrelevante Informationen, sondern haben auch das Potenzial, die Lehr- und Lernkultur im E-Learning mit Wirkungen bis in Präsenzveranstaltungen hinein erheblich zu verändern: Die Möglichkeiten, dass alle Interessierten selbst erstellte Inhalte, den User oder Learner Generated Content, weltweit – also nicht nur innerhalb einer geschlossenen Lehrveranstaltung – zugänglich machen können, verändert die Rollenzuschreibungen von Lernenden und Lehrenden (Kap. 4.3.3).

Jedoch wächst mit diesen neuen Möglichkeiten zugleich auch die Gefahr der Überforderung der Lernenden, die eine zentrale Ursache dafür ist, dass in den Anfangsjahren die Erfolge des Lernens mit digitalen Medien oft „weit hinter dem zurück[geblieben sind], was aufgrund von Analysen der mit diesen Medien verbundenen Potenziale erwartet worden war" (Plötzner/Leuders/Wichert 2009, 7f.). Die Gestaltung der digitalen Lernmedien, die im Folgenden behandelt wird, ist nur die eine Seite – zumal Lehrende bzw. Bildungsanbieter auf die Gestaltung von frei zugänglichen oder von den Lernenden selbst erstellten Materialien oft keinen Einfluss haben. Komplementär sind daher immer auch Maßnahmen zur Unterstützung der Lernenden bei der Entwicklung von Lernstrategien im Umgang mit den unterschiedlichen Medientypen und Medienverbünden notwendig. Sowohl die Gestaltungs- als auch die Unterstützungsmaßnahmen müssen immer im Rahmen des Gesamtkonzepts einer Bildungsveranstaltung geplant werden. Darin ist die didaktische Präsentation des zu lernenden Inhalts ein wichtiger integrativer Bestandteil des gesamten medienbasierten Lernszenarios.

Gliederung des Kapitels
Bei der Gestaltung und dem Einsatz multimedialer und interaktiver Bildungsressourcen müssen also unterschiedliche Aspekte berücksichtigt und in Beziehung zueinander gesetzt werden. Ausgangspunkt sind im Folgenden daher zunächst grundsätzliche Überlegungen zu den verschiedenen Formen medialer Präsentationen – vom linearen Text bis zur interaktiven Simulation – und die Besonderheiten bei deren Gestaltung und Einsatz in Lernsituationen (Kap. 5.1). Auf dieser Grundlage werden die Entwicklung des im E-Learning heute bereits traditionellen Lernmediums WBT (Web Based Training) (Kap. 5.2), ursprünglich hervorgegangen aus dem CBT (Computer Based Training), und die barrierefreie Gestaltung von Bildungsressourcen (Kap. 5.3) dargestellt. Anschließend werden Konzeption und Einsatz verschiedener Web-2.0-Werkzeuge in Lernsituationen (Kap. 5.4) und offen zugängliche freie Bildungsressourcen, die Open Educational Resources (OER) (Kap. 5.5), dargestellt. Im Fazit (Kap. 5.6) wird zusammenfassend hervorgehoben, dass die Entwicklung eines schlüssigen Gesamtkonzepts zur Aktivierung und Unterstützung der Lernenden für die mediendidaktische Gestaltung der digitalen Bildungsressourcen notwendig ist.

5.1 Elemente der medialen Präsentation

Die Inhalte sind wichtiger als das Design
Im „Laufe der vergangenen Jahre ist deutlich geworden, dass die Aufbereitung der *Inhalte* den Mehrwert eines Bildungsangebots ausmacht und weniger [...] das multimediale oder netzbasierte Design. [...] Unbedacht ausgewählte, schlecht strukturierte und lernunfreundlich formulierte Inhalte lassen sich [...] mit High-Tech auf der Hard- und Software-Ebene [...] nicht wieder gutmachen" (Reinmann-Rothmeier

2003, 53). Dennoch können sich Mängel in der Darstellung von Lernmaterialien negativ auf Lernprozesse auswirken, da sie von den eigentlichen Lerninhalten ablenken und so die extrinsische kognitive Belastung (extraneous cognitive load) erhöhen. Auch die Lerninhalte selbst bedeuten für Lernende eine intrinsische kognitive Belastung (intrinsic cognitive load). Unterstützend wirkt dagegen eine lernförderliche kognitive Belastung (germane cognitive load), die durch Lernstrategien zur Auseinandersetzung mit den Inhalten dazu beiträgt, Lerninhalte im Langzeitgedächtnis zu verankern und nicht nur im Arbeitsgedächtnis, das nur über eine begrenzte Kapazität und einen kurzfristigen Behaltensspeicher verfügt (CHANDLER/SWELLER 1992). Für die Gestaltung von Lernmedien spielen also kognitionspsychologische Ansätze wie die Theorie der kognitiven Belastung eine wichtige Rolle und stehen neben didaktisch-methodischen Überlegungen im Mittelpunkt dieses Abschnitts.[4] Dabei werden die wesentlichen Elemente der medialen Codierung in drei Hauptgruppen betrachtet:

- *verbale Codierungen*, also schriftliche Texte, Hypertexte und gesprochene Sprache,
- *visuelle Codierungen*, also sowohl statische als auch bewegte Bilder, sowie
- *interaktive Darstellungsformen* wie Simulationen, Spiele und 3D-Lernwelten.

Die Übergänge zwischen diesen Kategorien sind fließend, denn auch schriftliche Texte sind visuell, Audioelemente müssen nicht sprachlich sein usw.; außerdem werden zunehmend verschiedene Codierungsformen kombiniert. Thematisiert werden deshalb im Folgenden in bestimmten Abschnitten auch die Doppelcodierung von Inhalten (z. B. als Text und Bild; PAIVIO 1986) sowie der Modalitätseffekt, also das Ansprechen unterschiedlicher Sinneskanäle (BADDELEY 2002). Zudem ist inzwischen bekannt, dass „die gleichen Eigenschaften, die in bestimmten Medien und Medienverbünden lernförderlich wirken können, auch neue Anforderungen an die Lernenden stellen“ (PLÖTZNER/LEUDERS/WICHERT 2009, 7). Aus diesem Grund endet dieser Abschnitt mit grundsätzlichen Überlegungen zur multimedialen Gestaltung von Lerninhalten (MAYER 2009) sowie zum Umgang mit Medienkombinationen und -verbünden.

5.1.1 Verbale Präsentationsformen

Lineare Texte

Längere lineare Texte unterschiedlicher Gattungen – Aufsätze, Lehr- und Studienbriefe usw. – sind die klassische Form der Wissenspräsentation in Lernsituationen. Sie sind eine wichtige Ressource für sehr unterschiedliche Lernziele, z. B. den Erwerb deklarativen und prozeduralen Wissens, sie können multicodal gestaltet sein,

4 Jedoch beeinflussen auch Kriterien der Software-Ergonomie und des Screendesigns die Entscheidungen bezüglich der Elemente der medialen Präsentation (Multimodalität/Multicodierung) sowie der Struktur der Präsentation (Navigation/Bearbeitungswege) (ARNOLD 2001, 87; HARTWIG/TRIEBE/HERCZEG 2002a, 2002b; HARTWIG 2007; HERCZEG 2009). Auf diese Fachgebiete kann hier nicht ausführlich eingegangen werden; sie werden deshalb nur in ihren Überlappungsbereichen mit Gestaltungskriterien aus didaktisch-methodischer Perspektive betrachtet.

also Bilder und andere Elemente enthalten, und in ganz unterschiedlichen Lernkontexten zum Einsatz kommen, vom klassischen Selbstlernen bis zu verschiedenen kooperativen Lernformen (Friedrich 2009, 19). Auch in virtuellen Bildungsveranstaltungen haben Texte weiterhin hohe Bedeutung, teilweise auch als Gegengewicht zu der befürchteten Verflachung von Lerninhalten durch die typische Darstellung von Bildschirmtexten in kleinen, leicht zu lesenden Informationseinheiten.

Um das Lernen mit Texten zu unterstützen, sollte – in Anlehnung an die Cognitive Load Theory (Sweller 2005) – kognitive Belastung durch lernerunfreundliche Textgestaltung vermieden werden. Eine lernerfreundliche Gestaltung von Texten kann auf unterschiedlichen Ebenen ansetzen (Ballstaedt 1997; Friedrich 2009, 27 f.). Unterstützt werden sollten:

- *basale Leseprozesse* durch angemessene typografische Gestaltung (Schrifttyp, Schriftgröße, Zeilenlänge, Zeilenabstand usw.),
- *lokale Kohärenzbildung*, z. B. durch unkomplizierte Satzbildung, Herstellen eindeutiger Bezüge und Konzeptaufnahmen,
- *globale Kohärenzbildung* durch Ordnungsschemata, die Lernende zur Organisation des Wissens nutzen können, z. B. klare Gliederung des Textes nach Sachstrukturen oder Begriffshierarchien, verbale Zusammenfassungen oder Visualisierungen,
- *elaborative Prozesse*, z. B. durch kognitive Vorstrukturierung wie Advance Organizers, Konkretisierung durch Beispiele, anregende stilistische Gestaltung durch Verknüpfung von Bekanntem mit Neuem oder durch die Aktivierung kognitiver Konflikte, etwa das Aufzeigen und Klären von Widersprüchen.

Jedoch sind nicht alle Texte lernerfreundlich aufbereitet, zudem unterscheiden sich die Rezeptionsbedingungen bei Personen mit guten Vorkenntnissen von denen mit schlechten Vorkenntnissen. Deshalb ist es wichtig, die lernförderliche kognitive Belastung, die zur konstruktiven Verarbeitung, zum Verstehen und Behalten von Texten führt, durch „strategieanregende Aneignungsaufgaben" zu unterstützen, die je nach Zielgruppe unterschiedlich komplex sein können, von „Oberflächenhandlungen" wie Notizen machen usw. bis zur Aktivierung von Vorwissen und Verarbeitung durch Gruppendiskussionen oder Schreibaufgaben (Friedrich 2009, 28 ff.). Damit solche Strategien überhaupt aktiviert werden, sollten sie durch Trainingsmaßnahmen begleitet werden.

Ändert sich das Lernen mit Texten durch die Distribution am Bildschirm? Dies betrifft z. B. Fernstudienbriefe im PDF-Format, die über das Internet versendet werden, zunehmend jedoch auch elektronische Bücher, laut Horizon Report (Johnson u. a. 2011, 9 ff.) ein Zukunftstrend für die nächsten Jahre (in Deutschland stiegt die Zahl der Personen, die Bücher auf elektronischen Geräten wie E-Readern, Tablet-PCs und Smartphones liest, von 1,8 Millionen im Jahr 2012 auf 6,36 Millionen im Jahr 2016; Statista 2017). Hier führt die Verbesserung elektronischer Lesegeräte (E-Reader, Tablets oder auch Smartphones) im Vergleich zum Lesen am Computerbildschirm zu großen qualitativen Verbesserungen. Weitere Vorteile sind u. a. individuelle Einstellungen, Suchfunktionen, Möglichkeiten der Annotation und des Exports zur (externen) Archivierung oder weiteren Bearbeitung, für die inzwischen zahlreiche mobile Applikationen (Apps) nützliche Unterstützungsfunktionen bieten. Grundsätzlich verlaufen die zentralen Lese- und Verstehensprozesse am Bildschirm nicht anders als bei gedruckten Texten (SHAPIRO/NIEDERHAUSER 2004). Die Lesegeschwindigkeit am Bildschirm ist in den vergangenen Jahren gestiegen. War sie in den 1990er-Jahren im Vergleich zu Büchern noch um 20 bis 30 % reduziert (BALLSTAEDT 1997), ergaben neuere Untersuchungen nur noch einen Unterschied von ca. 6 % (Tablet) bis 10 % (E-Reader) (NIELSEN 2010). In Bezug auf die Zufriedenheit mit unterschiedlichen Distributionsmedien differieren die Ergebnisse unterschiedlicher Studien: NIELSEN (2010) zufolge liegen Buch, E-Reader und Tablets ungefähr gleichauf, weit vor dem Lesen am Computerbildschirm. Dagegen ergab eine deutsche Studie, dass Probanden das Lesen von Papierseiten im Vergleich zu anderen Distributionsformen subjektiv am angenehmsten empfanden. Dieser Eindruck steht jedoch im Gegensatz zu einem anderen Ergebnis derselben Studie: Danach zeigten sich beim Lesen auf einem Tablet neuronal messbare Vorteile bei der Informationsverarbeitung gegenüber Papierseiten (JOHANNES GUTENBERG UNIVERSITÄT MAINZ 2011). Komplexer werden die Lese- und Informationsverarbeitungsprozesse, wenn Hypertexte bzw. Hypermedien eingesetzt und Lernressourcen vernetzt werden.

Hypertexte

In Hypertexten werden Informationen durch Texte mit Querverweisen (Knoten) und elektronischen Verknüpfungen (Links) zwischen diesen Knoten präsentiert; Hypermediasysteme enthalten auch andere Modalitäten und Codierungen wie (bewegte) Bilder oder Ton. Solche Systeme sind schnell änderbar und aktualisierbar (ARNOLD 2001, 90 f.; TERGAN 2002). Unterschieden wird zwischen linearen, hierarchischen und vernetzten Strukturen (DESTEFANO/LEFEVRE 2007); der Zugriff erfolgt auf unterschiedliche Weisen, häufig indem Nutzer stöbern (Browsing), aber auch gezielt suchen oder vorgeschlagenen Pfaden folgen (TERGAN 2002, 102 ff.).

In Lernkontexten wurden mit Hypermedien hohe Erwartungen verbunden, besonders für das selbst gesteuerte Lernen Erwachsener bzw. für fortgeschrittene Lerner, da man annahm, dass die netzwerkartige Informationspräsentation günstig für den Wissenserwerb sei und der selbst gesteuerte Prozess des Wissenserwerbs ebenso gefördert werde wie die kognitive Flexibilität (ebd., 105 ff.). Inzwischen hat sich gezeigt, dass zwei Typen von Lernproblemen mit der Nutzung von Hypertexten verbunden sind:

1. Die *Gefahr der Desorientierung*, also die Schwierigkeit, die Struktur von Informationen zu erfassen und sich eine eigene Vorstellung (Mental Map) davon zu machen. Auch wenn der in diesem Zusammenhang um das Jahr 2000 häufig gebrauchte Begriff Lost in Hyperspace inzwischen kaum noch gebraucht wird, ist das Problem nicht verschwunden.
2. Die *Gefahr der kognitiven Überlastung* (Cognitive Overload), d. h., dass die kognitive Anstrengung der Lernenden, die sich auf die Navigation, das Auffinden von

Informationen usw. konzentriert, nicht mehr für eine tiefere Informationsverarbeitung genutzt werden kann (ebd., 108 ff.; ARNOLD 2001, 90 f.; SCHEITER/GERJETS 2007; UNZ 2000; ZUMBACH/MOHRAZ 2008).

Wichtig bei der Konzeption von hypermedialen Lernsystemen ist also vor allem eine übersichtliche und schlüssige Navigation. Auch das Schreiben von Hypertexten ist für viele immer noch ungewohnt, da die Autoren ihre lineare Denkweise überprüfen und revidieren müssen (REINMANN-ROTHMEIER 2003, 48). Dies kann jedoch produktiv genutzt werden, wie Studien zur (angeleiteten) Produktion von Hypertexten durch Lernende gezeigt haben, die sowohl zur vertieften Auseinandersetzung mit den Inhalten als auch zur Verbesserung der eigenen Lernstrategien mit Medien beitrugen (STAHL 2001, 2009; STAHL/BROMME 2005; SWERTZ 2002).

Audio

Die Bedeutung von Audio-(und Video-)Beiträgen im Bildungskontext hat sich in den vergangenen Jahren stark verändert. Insbesondere durch die unkomplizierten Möglichkeiten, Podcasts zu produzieren, sind sie inzwischen zu zentralen Lernmedien geworden (siehe ausführlicher Kap. 5.4.4), die nicht nur von professionellen Entwicklern, sondern auch von Lernenden erstellt werden können und sehr unterschiedlichen Lernzielen dienen, z. B. dem Erwerb von Hör- und Sprechpraxis in einer Fremdsprache, aber auch unterschiedlichen anderen medialen und inhaltlichen Kompetenzen. Häufig werden sie außerdem von Lehrenden genutzt, die nach der Methode des Inverted Classroom (umgedrehter Unterricht als Wechsel von der Lehre zum Lernen) unterrichten (vgl. Kap. 4.3.3). Dabei wird oft dazu ermutigt, Lernmaterialien nicht unbedingt perfekt, dafür aber genau auf die jeweilige Zielgruppe abgestimmt und termingerecht herzustellen (HANDKE/SPERL 2012).

Zukünftig wird es auch möglich, dass die Lernenden ihre Lerneinheiten statt mit Tastatur, Maus und Tastbildschirm über künstlich intelligente Sprachassistenten steuern können. Die Interaktion mit den digitalen Bildungsmedien im Lernraum wird damit auf ein neues Niveau gehoben.

Aber auch in Kombination mit anderen Darstellungsformen, vor allem mit Texten und Bildern, kann gesprochene Sprache aus vielen Gründen sinnvoll sein. Sprechtext kann eine wahrnehmungslenkende Steuerungsfunktion haben, Aussprachehinweise geben und dazu beitragen, die Textmenge am Bildschirm zu reduzieren. Lernrelevant ist neben der Informationsvermittlung, dass menschliche Stimmen Emotionen ansprechen und damit Aufmerksamkeit, Motivation und Aktivierungsgrad erhöhen sowie zur Authentizität von Lernmedien beitragen können (NIEGEMANN u. a. 2008, 196), menschliche Stimmen sind daher computergenerierten vorzuziehen (MAYER 2009).

Eine bedeutende Rolle in Lernsituationen hat die Text-Bild-Kombination von gesprochenen Texten und (bewegten) Bildern. Das Arbeitsgedächtnis wird durch die duale – verbale und bildliche – Codierung entlastet, und eine Überlastung des visuellen Kanals bzw. Blicksprünge zwischen geschriebenem Text und Bildern werden verhindert; außerdem werden zwei Sinneskanäle angesprochen (Modalitätsprinzip). Auf diese Weise wird die Integration bzw. Zusammenfügung des verbalen und des piktoralen Modells des Lerngegenstands zu einem gemeinsamen mentalen Modell erleichtert. Erst ein solches gemeinsames Modell wird mit dem Vorwissen im Langzeitgedächtnis verknüpft und kann dann vom Langzeitgedächtnis abgerufen werden (Mayer 2014). Wichtig dabei ist eine gute Koordination von Text und Bild, um Interferenzen und Aufmerksamkeitsteilungen zu vermeiden (Arnold 2001, 97; Low/Sweller 2014; Stiller 2011, 7).

Auch für den Einsatz von Audioelementen ist die Nutzerkontrolle bzw. -steuerung wichtig. Da Audiosequenzen flüchtig sind, müssen sie wiederholbar und adaptierbar sein. Das heißt, gesprochene Sequenzen müssen angehalten, ein- und ausgeschaltet werden können. Sie sollten nicht zu lang sein, und die Abspieldauer muss vorher mitgeteilt werden. Zunehmend häufiger wird auch die Möglichkeit nachgefragt, gesprochene Texte schneller abzuspielen. Zu Sprechtexten sollte es ein schriftliches Äquivalent geben, auch aus Gründen der Barrierefreiheit. Um Aufmerksamkeitsteilungen zu vermeiden, sollten sie jedoch nicht beide gleichzeitig erscheinen (Niegemann u. a. 2008, 202).

Auch nonverbale auditive Elemente können den Lernprozess unterstützen. So können Musik und Geräusche dazu beitragen, Lerninhalte zu situieren, indem sie z. B. geschichtliche, kulturelle oder geografische Assoziationen hervorrufen (z. B. Barockmusik, Musik der 1960er-Jahre, lateinamerikanische Musik) oder zum Aufbau von Stimmungen wie Entspannung oder Spannung beitragen (ebd., 198 ff.). Signale oder kurze Tonfolgen (Jingles) können z. B. für Rückmeldungen verwendet werden (Wendt 2003, 192 f.), sollten aber sparsam eingesetzt werden. Auf Hintergrundmusik sollte in Lernzusammenhängen ganz verzichtet werden (Arnold 2001, 97; Niegemann u. a. 2008, 201).

5.1.2 Visuelle Präsentationsformen

Bilder und Diagramme

In Lehr- und Lernkontexten können Bilder als visualisierte Argumente verstanden werden (Weidenmann 2002a). Unterschieden wird dabei häufig zwischen Abbildern (wie Fotos und Zeichnungen) und logischen bzw. analytischen Bildern (Diagramme, Schemata usw.). Bilder werden kognitiv anders verarbeitet als Texte. Während Bilder simultan und holistisch wahrgenommen und schnell verarbeitet werden, erfolgt Schriftwahrnehmung linear und sukzessiv. Bei Bildern ist – anders als bei Texten – der Aufbau eines mentalen Modells relativ leicht. Dies kann dazu führen, dass Lernende meinen, sie könnten Bilder und Diagramme mit einem Blick erfassen, sie jedoch tatsächlich nur oberflächlich verarbeiten, ohne die notwendigen internen Modelle aufzubauen; die Lernleistung bleibt in solchen Fällen gering. Um Bilder dagegen nicht nur wahrzunehmen, sondern auch zu verstehen, müssen die entsprechenden kognitiven Prozesse gezielt aktiviert werden, etwa durch geeignete Darstellungsformen und Aufgabenstellungen (Schnotz 1997, 230 ff., 2002, 68–72).

Weidenmann (2002a) unterscheidet unterschiedliche instruktionale Funktionen von Abbildern in Lehr- und Lernkontexten:

1. die *Zeigefunktion* von Bildern vermittelt eine Vorstellung vom Lernobjekt,
2. eine *Situierungsfunktion* haben Bilder, wenn durch sie Informationen in einen Rahmen oder Kontext eingeordnet werden können,
3. die *Konstruktionsfunktion* von Bildern dient der Einbettung komplexerer Zusammenhänge in ein mentales Modell.

Bei Abbildern und logischen Bildern kommt der Gestaltung große Bedeutung zu, damit die wesentlichen Elemente gut verstanden werden können. So haben Evaluationen gezeigt, dass z. B. sehr realistische Bilder zwar besonders wirkungsvoll situieren, aber auch schnell veralten können. Weitere Gestaltungselemente von Bildern sind ihr Komplexitätsgrad, die Aufmerksamkeitslenkung durch Steuerungscodes wie Pfeile, Hervorhebungen oder Beschriftung u. a. m. (Schnotz 2002; Weidenmann 2002a).

Tab. 5.1: Kognitive Funktionen von Bildern und Grafiken (in Anlehnung an Oestermeier/Eitel 2014, 3)

Kognitive Funktionen	**Beispiele**	**Gegenstandsbereiche**	**Bildtypen**	**Sprachliche Ergänzungen**
Wahrnehmen und Wiedererkennen		sichtbare körperliche Gegenstände	Fotos, Abbilder, Malerei	Namen, Orts- und Zeitangaben, Beschreibungen, Behauptungen
Klassifikation und Veranschaulichung	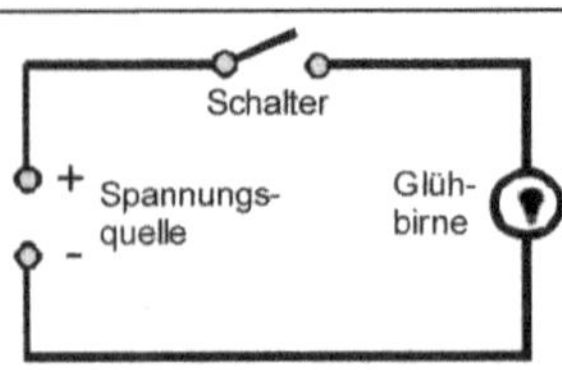	unsichtbare Gegenstände oder Sachverhalte, Klassen von Gegenständen	typisierte Illustrationen, Planskizzen, Modellzeichnungen	Definitionen, Erläuterungen, Erklärungen
Schlussfolgerungen	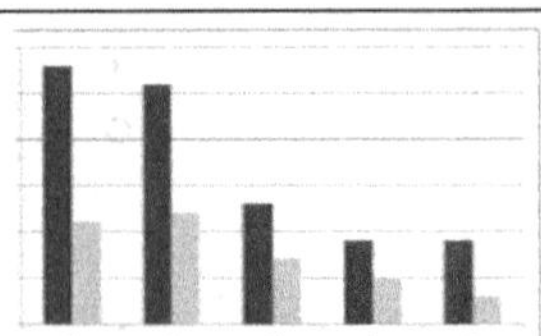	abstrakte mathematische Gegenstände, quantitative Zusammenhänge, Naturgesetze	geometrische Planfiguren, logische Diagramme	Negationen, Definitionen, Beweise, Formeln, Gesetze, Argumente

In Lernzusammenhängen ist in der Regel davon auszugehen, dass zur Nutzung der kognitiven Funktion von Bildern und Grafiken sprachliche Zusatzinformationen benötigt werden und die doppelte Codierung das Lernen unterstützen kann. Bei der Gestaltung von Lernmaterialien sollte deshalb der Verbindung von Bildern und

Texten besondere Aufmerksamkeit gewidmet werden. Das integrierte Modell des Text- und Bildverstehens (SCHNOTZ 2014) geht ebenso wie die kognitive Theorie des multimedialen Lernens (MAYER 2014) davon aus, dass die Verarbeitung visueller bildhafter und verbaler Informationen über unterschiedliche Kanäle erfolgt. Dabei werden zunächst im Arbeitsgedächtnis voneinander getrennte mentale Repräsentationen (Modelle) gebildet, die dann zu einem gemeinsamen Konzept verbunden und mit dem bereits vorhandenen Vorwissen verknüpft und im Langzeitgedächtnis gespeichert werden. Bei der Gestaltung von Lernmaterialien müssen deshalb die Belastung des Arbeitsgedächtnisses und die Bildung von Schemata berücksichtigt werden. Daraus ergeben sich Gestaltungsprinzipien wie die Vermeidung der räumlichen Trennung von Text und Bild (vgl. ULRICH u.a. 2014) sowie von redundanten Informationen in Text und Bild oder die Nutzung gesprochener Sprache zur Erläuterung von Bildern, um eine kognitive Überlastung durch Blickbewegungen zu vermeiden. OESTERMEIER (2008, 26) schlägt u.a. folgende Leitfragen zur Identifikation informativer Bilder und zur Text-Bild-Kombination vor: „Ergibt die Visualisierung einen echten Informationsmehrwert gegenüber einem Text? Welche sprachlichen Anleitungen sind nötig, um weniger offensichtliche Informationen entnehmen zu können? Wie stelle ich sicher, dass die Informationen auch entnommen wurden? [...] Sollte ich den Leser auffordern, die Visualisierung in Hinblick auf bestimmte Fragen zu betrachten?“

Das Lernen anhand von Bildern erfolgt nicht intuitiv, und die Förderung des Bildverstehens ist noch weniger erforscht als die Unterstützung von Textverstehen. Dennoch gibt es auch hierzu bereits einige Vorschläge, z. B. Fragen zu einem Bild zu beantworten, Bilder zu vergleichen, zu produzieren, zu beschriften oder (auch interaktiv am Computer) Texten zuzuordnen (SCHLAG/PLÖTZNER 2009, 127 f.).

3D-Lernobjekte

Eine spezielle Form der visuellen Präsentation sind 3D-Lernobjekte, d.h. Modelle eines jeweiligen Originals oder eines fiktiven Objekts, die dessen *dreidimensionale Eigenschaften* vermitteln. Sie sind geeignet, Sachverhalte anschaulich darzustellen, die durch Texte, aber auch durch zweidimensionale, statische Bilder allein schwer vorstellbar sind. So ermöglicht das Drehen von 3D-Objekten die Ansicht auf ein Modell aus verschiedenen Perspektiven. Potenzielle Lernvorteile zeichnen sich nach bisherigen Studien eher schwach ab, jedoch wecken 3D-Lernobjekte die Aufmerksamkeit und wirken motivierend (BAMFORD 2011; NICK/URHAHNE 2004; WANG/CHANG/LI 2007). Eingesetzt werden können sie z. B. zur Darstellung von sonst nicht sichtbaren Mikro- oder Makrosachverhalten (wie z. B. Atomstrukturen oder Planetenkonstellationen), von zeitlich und/oder räumlich nicht Erreichbarem (z. B. geschichtlichen Situationen) oder von schematischen Wiedergaben (z. B. von Funktionen, dem Aufbau von Objekten usw.) (MÜNSTER 2012).

Die optische Darstellung kann mit Ton und anderen Darstellungsformen kombiniert werden, aber auch mit komplexeren, z. B. taktilen Interaktionsformen, etwa auf einem Touchscreen, oder mit Hilfsmitteln wie einem Datenhandschuh oder einer

Spezialbrille. Zur Ausgabe auf dem Bildschirm oder auf mobilen Geräten vor Ort (auch im Sinne von Augmented Reality, erweiterter Realität, vgl. Kap. 3.2 und Kap. 4.3.2), bspw. an historischen Schauplätzen, kommen Einsatzmöglichkeiten wie die Darstellung mit 3D-fähigen Projektoren in einer Klassenraumsituation (BAMFORD 2011), als Hologramme (z. B. in Museen) oder in begehbaren Spezialumgebungen, die das dreidimensionale Objekt noch realistischer räumlich erfahrbar macht. So können z. B. medizinische Objekte und Präparate „auf Basis des stereoskopischen Sehens in ihrer räumlichen Ausdehnung betrachtet werden, was insbesondere für die Tiefenwahrnehmung bis hin zu Immersionseffekten in virtuellen Lernumgebungen von besonderer Bedeutung ist“ (MOOTZ 2011). Bei solchen sog. stereoskopischen 3D-Darstellungen erhalten beide Augen des Nutzers leicht unterschiedliche Informationen, was zu dem Eindruck wirklicher dreidimensionaler Tiefe führt, im Gegensatz zu dreidimensionalen Präsentationen auf einer zweidimensionalen Fläche – etwa einem Computerbildschirm –, die als monoskopisches 3D, Pseudo-3D oder auch 2,5D bezeichnet werden. Im Hinblick auf Lerneffekte ist allerdings der Unterschied von 2D zu 2,5D größer als von monoskopischem zu stereoskopischem 3D (PAPENMEIER/SCHWAN 2016).

Die Art der dreidimensionalen Darstellung kann zwischen realistischem Abbild und Schema liegen; der Abstraktionsgrad eines 3D-Lernobjekts ist ein wichtiger Faktor bei der Gestaltung. Hier können Chancen zur didaktischen Reduktion – etwa im Vergleich zu Filmen – und zur Lenkung der Aufmerksamkeit liegen, es können aber auch Probleme entstehen: Schon Bilder werden als wirklich hingenommen, viel stärker trifft dies jedoch auf dreidimensionale Präsentationsformen zu, obwohl es sich noch weniger als bei Fotos um realistische Abbildungen der Objekte handelt. In diesem Zusammenhang ist z. B. die aktuelle Debatte darüber interessant, wie ausgearbeitet die Visualisierung von historischen Gebäuden bzw. Szenarien sein sollte: Zwar können sich Lernende oder Laien Sachverhalte anhand von realistischen Darstellungen besser vorstellen, und der Lerneffekt kann nachhaltiger sein; andererseits können auf diese Weise auch falsche Bilder entstehen: „Wenn unscharfes oder vages Wissen in solch perfekter Anmutung erscheint [...] [erscheint dies] häufig als abgeschlossene Aussage [...], [es] ist weniger interpretierbar, lässt weniger Spielräume als textliche Information“ (GUPTA 2012). Es hat sich aber auch gezeigt, dass Rekonstruktionen es ermöglichen – wenn auch aufgrund geschätzter Informationen –, weitere Fragestellungen zu entwickeln und Erkenntnisse zu gewinnen, die nur anhand der harten Fakten nicht hätten generiert werden können.

Dass 3D-Objekte oft als realistische Abbildungen der Wirklichkeit betrachtet werden, liegt auch daran, dass den meisten Nutzenden nicht bekannt ist, wie sie entstehen: Anders als Fotografien müssen 3D-Objekte aufwendig modelliert werden, und dabei muss eine Vielzahl von Entscheidungen getroffen werden, z. B. in Bezug auf die Farbgebung und andere Gestaltungselemente. Für die Erstellung gibt es spezielle Softwareangebote, die komplette Animationspakete umfassen oder die Umsetzung von Einzelaspekten (z. B. Gebäudedarstellungen) unterstützen können. In jedem Fall ist die Entwicklung aufwendig und erfolgt in einem komplexen Arbeitsprozess, der

Abb. 5.1: 3D-Modell eines fiktiven Tempels in unterschiedlichen Abstraktionsgraden (Materialien für einen Versuch im Rahmen des Projekts Lernen mit unsicheren 3D-Rekonstruktionen) (weitere Informationen zum Projekt auf der Homepage des Leibniz-Instituts für Wissensmedien: http://bit.ly/Lernen_3D-Rekonstruktionen [13.08.2017])

ein didaktisches und ein Designkonzept, die Erstellung eines (geometrischen) Modells, dessen Ausgestaltung (mit Farbe, Textur, Beleuchtung, ggf. Animation) sowie eine Ausgabebearbeitung (Rendering/Postproduktion) erfordert (Münster 2012; zu den Besonderheiten der Produktion von 3D-Videos vgl. Mendiburu 2009).

3D-Objekte können als Bilder und Illustrationen dienen, möglich sind aber auch Einsatzformen wie Filme, Animationen bzw. interaktive, z. B. drehbare Lernobjekte, Simulationen oder sogar komplette dreidimensionale Lern- bzw. Spielwelten; zur lernförderlichen Gestaltung dieser Modi siehe die folgenden Abschnitte.

3D-Druck

Als 3D-Druck werden Technologien bezeichnet, die aus dreidimensionalen digitalen Inhalten physische Objekte erstellen, z. B. mittels 3D-Modelliersoftware oder Computer Aided Design (CAD). Dabei baut ein 3D-Drucker das Modell, vergleichbar einem Tintenstrahl-Druckverfahren, schichtweise von unten nach oben auf und fixiert es mit einem Bindemittel. Farben können durch verschiedenfarbige Pulver wiedergegeben werden; als Materialien können nicht nur z. B. Plastik, Kunstharz oder Metall verwendet werden, sondern sogar Nahrungsmittelpulver (Johnson u. a. 2014, 54) oder lebende Zellen (Strassmann 2014). In der Industrie werden solche Verfahren als Rapid Prototyping bezeichnet; der Begriff steht für die unmittelbare Umsetzung von der Konstruktionsidee in ein Bauteil ohne Zwischenstufen oder Werkzeuge (Haas 2010). Inzwischen werden jedoch keineswegs mehr nur Prototypen auf diese Weise erstellt. Abhängig von der Größe des Druckers werden in vielen Branchen die unterschiedlichsten Produkte durch 3D-Druck produziert, „von Spielzeug und Robotern über Möbel und Accessoires bis hin zu Dinosaurierskeletten" (Johnson u. a. 2014, 54).

Mit dem Aufkommen relativ preisgünstiger 3D-Drucker werden solche Verfahren nicht nur für die Forschung, sondern auch für die Lehre immer interessanter. Sie ermöglichen die realitätsnahe Erforschung von Objekten, die an Hochschulen oder Ausbildungsplätzen meist nicht zur Verfügung stehen, z. B. empfindliche archäologische Artefakte (ebd., 55; Schäfer 2014), spezielle Maschinenbauteile (Haas 2010) und anderes. Der Einsatz solcher nicht nur visuell, sondern auch haptisch bzw. taktil begreifbarer Anschauungsobjekte, die ggf. direkt für eine bestimmte Veranstaltung erstellt wurden, hat sich als aktivierend und motivierend erwiesen (ebd.). Doch es kann nicht nur anhand von bereits ausgedruckten Objekten gelernt werden; 3D-Druck ermöglicht Lernenden auch, selbst etwas neu bzw. nachzubauen und auf diese Weise aktiv und projektbasiert zu lernen (JOHNSON u. a. 2014, 54; SCHÄFER 2014). Außerdem wird 3D-Druck in kreativen Forschungs- und Lernfeldern eingesetzt, z. B. im Bereich Design. Unterstützt werden damit auch die interdisziplinäre Zusammenarbeit sowie der kommunikative Austausch mit „einer Community aus Makern und Hackern" außerhalb der Hochschulen (JOHNSON u. a. 2014, 55) (Maker, Hacker, zu dt. Schöpfer, Hersteller, bezeichnet eine derzeit stark wachsende, auf Kooperation basierende Do-it-yourself-Kultur unter Einsatz neuer Technologien, aber ohne kostspielige Speziallösungen, auch in Fabrikationslaboren; ausführlich PETSCHOW u. a. 2014, 21 ff.).

Animationen

Animationen sind Visualisierungen, die durch eine Abfolge mehrerer Einzelbilder den Eindruck von Bewegung erwecken; oft sind sie mit auditiven oder schriftlichen Ergänzungen verbunden. In Lernsituationen werden sie häufig verwendet, um „Struktur, Kausalität und/oder Chronologie" von Prozessabläufen dynamisch darzustellen, sowohl bei realen Abläufen – z. B. Wachstumsprozessen – als auch bei abstrakten Prozessen, z. B. der Entwicklung von Gleichungen (PLÖTZNER/LEUDERS/WICHERT 2009, 10; SCHNOTZ/LOWE 2008). Didaktische Vorteile von Animationen sind u. a. ihre Attraktivität und motivierende Wirkung, die Unterstützung des Erwerbs von prozeduralem Wissen durch die Schritt-für-Schritt-Modellierung von Handlungen sowie die Möglichkeit, dreidimensionale Strukturen und Prozesse darzustellen, die in der Realität nicht beobachtet werden können, weil sie zu schnell oder zu langsam sind. Andererseits können Animationen auch ablenken, Lernende durch die hohe kognitive Belastung überfordern oder durch ihre scheinbare Einfachheit zu der falschen Annahme verleiten, bereits alles verstanden zu haben (NIEGEMANN u. a. 2008, 256). Neueren Ansätzen zufolge unterscheidet sich das Lernen mit Animationen kaum vom Lernen mit Bildern, da es dasselbe kognitive System betrifft (SCHNOTZ/LOWE 2008). Wie beim Lernen mit Bildern muss sich der Einsatz am Vorwissen, der Erfahrung der Zielgruppe mit Animationen sowie an den Lernzielen orientieren. Die kognitive Verarbeitung von Animationen kann dann durch unterschiedliche Maßnahmen unterstützt werden, z. B. indem Teilprozesse und unterschiedliche Detailebenen sichtbar gemacht werden. Zur Aufmerksamkeitslenkung können Steuerungscodes eingesetzt werden, nicht nur statisch wie bei Bildern, z. B. durch Pfeile, sondern auch dynamisch, z. B. durch Pausen (NIEGEMANN u. a. 2008, 250 ff.). Verschiedenen früheren Untersuchungen zufolge kann Lernen mit Animationen negative Auswirkungen haben (BETRANCOURT 2005; SCHNOTZ 1997). Im Gegensatz dazu zeigen aber neuere Studien, dass Animationen statischen Bildern unter bestimmten Bedingungen überlegen sein können, z. B. wenn sie lernzielrelevante Funktionen erfüllen und nicht zu rein dekorativen Zwecken eingesetzt werden. Auch unterstützen sie den Erwerb von statischen (also nicht nur dynamischen) Inhalten und deklarativem Wissen (Höffler/Leutner 2007).

Es ist sinnvoll, Lernende durch Advance Organizers auf Animationen hinzuweisen, deren Länge anzugeben und eine individuelle Steuerbarkeit anzubieten, d. h., die Nutzer sollten die Animationen anhalten, zurück- und vorspulen und die Geschwindigkeit selbst regulieren können. Insbesondere unerfahrene Lernende müssen jedoch zunächst angeleitet werden, um diese Art der Steuerung effektiv einsetzen zu können (Niegemann u. a. 2008, 259).

Auch Videos und Simulationen sind Animationen, unterscheiden sich jedoch von den eben beschriebenen Formen durch die Erstellung (Video: Aufzeichnung) und den Grad der Interaktion (Simulation) und werden deshalb im Folgenden gesondert dargestellt.

Video

Videos bieten die Möglichkeit, unterschiedliche Darstellungsformen miteinander zu kombinieren: bewegte und statische Bilder, Ton, Animationen, Schrift usw. Vorteile sind ihre hohe Anschaulichkeit und die authentische Darstellung auch von Gegenständen, die in der Wirklichkeit nicht unmittelbar zugänglich sind (aufgrund von räumlicher oder zeitlicher Entfernung, Größenverhältnissen, zu hoher oder geringer Geschwindigkeit, Risiko u. a. m.). Die filmische Visualisierung kann die Auseinandersetzung mit dem Gegenstand und die Erinnerungsfähigkeit erleichtern und zur Intensivierung der Aufmerksamkeit beitragen, da sie Emotionen anspricht (e-teaching.org 2017a). Jedoch kann auch hier die vermeintliche Einfachheit der Inhaltsrezeption zu verminderten Lernanstrengungen und damit zu verminderten Lernleistungen führen (Behrens 2001). So erzielten Versuchspersonen in experimentellen Studien beim Lernen mit linearen Texten höhere Lernleistungen als beim Lernen mit nicht interaktiven Videos (Furnham/Gunter 1985; Gunter/Furnham 1986; Gunter/Furnham/Leese 1986; Walma van der Molen/van der Voort 2000). Zurückgeführt wird dies unter anderem auf die mangelnde Möglichkeit der Interaktion: In Texten können Lernende vor- und zurückblättern, Passagen markieren, Notizen machen und erhalten weitere Orientierungshilfen wie Inhaltsverzeichnis, Glossar, Register, Marginalien usw. Es ist deshalb sinnvoll, Lernvideos mit Steuerelementen (Stopp- und Spulfunktionen) zu versehen (Merkt 2015; Schwan/Riempp 2004). Zusätzlich können auch bei Videos mit Büchern vergleichbare Orientierungsmöglichkeiten angeboten werden, z. B. ein Kapitelverzeichnis, Register oder (ggf. wechselnde) Überschriften während verschiedener Abschnitte eines Films (Merkt 2015; Merkt u. a. 2011a, 2011b; Merkt/Schwan 2014). Möglich ist inzwischen auch die Annotation von Videosequenzen mit Tags (Kap. 5.4.5), auch in kollaborativer Zusammenarbeit (Sack/Waitelonis 2008). In digitalen Hypervideos können Details über dynamische Hyperlinks mit zusätzlichen Informationen verknüpft werden. Manche Hypervideosysteme erlauben es den Nutzenden auch, eigene Informationen oder Kommentare einzufügen (e-teaching.org 2016b).

Insbesondere in MOOCs (Massive Open Online Courses), vor allem in xMOOCs (x steht für extension), werden die Lerninhalte fast immer in Form von Videos zur Verfügung gestellt (vgl. Kap. 4.3.3). Dabei wird in der Regel „von typischer Vorlesungslänge abgesehen, stattdessen werden Videobeiträge von fünf bis zehn Minuten Länge produziert" (HRK 2014, 22). Da dafür „in der Regel eigene Technik und entsprechend qualifiziertes Personal benötigt" werden, wird meist mit einem hohen Konzeptions- und Produktionsaufwand gerechnet, dies wird jedoch zugleich als wesentlicher Faktor zur Sicherung der Qualität eingeschätzt (ebd., 22 f.). Bestätigt wird dies auch durch eine Feldstudie auf sechs großen MOOC-Plattformen. In dieser Studie wurden außerdem knapp 20 unterschiedliche verwendete Videoproduktionsstile identifiziert; vorrangig genutzt wurden jedoch lediglich zwei, die beide als lecture style videos charakterisiert werden: der sog. Talking Head (die Filmaufnahme eines Sprechers, der einen Inhalt präsentiert) oder eine Bildschirmpräsentation mit erklärender Stimme aus dem Off (Hansch et al. 2015; ausführliche Hinweise zur Klassifikation, Produktion und Bereitstellung von Lehrvideos bietet auch Handke 2015).

Zunehmende Bedeutung erhalten inzwischen auch über Videoportale bzw. im Internet frei verfügbare Videopodcasts, die auch von Lehrenden und Lernenden relativ unkompliziert selbst produziert werden können (Kap. 5.4.4). Bei ihrem Einsatz in Lernkontexten ist es sinnvoll, sie nicht ausschließlich als motivierendes Element einzusetzen, sondern mit Lernaufgaben zu verbinden, die ohne das Video nicht gelöst werden könnten (Blessing/Kortenkamp 2011).

5.1.3 Interaktive Präsentationsformen

Simulationen und Mikrowelten

Als Simulation wird entweder eine Animation bezeichnet, die ein bestimmtes Niveau an Interaktivität überschreitet – z. B. wenn die Nutzenden bestimmte Parameter und damit den weiteren Verlauf der Animation beeinflussen können (Betrancourt 2005) –, oder ein Computerprogramm, das Phänomene so darstellt, dass Nutzende durch interaktive Veränderung oder Manipulation mit Hilfsmitteln Schlüsse über Wirkungsprinzipien, Funktionen und Gesetzmäßigkeiten ziehen können (Niegemann u. a. 2008, 260). In sog. Mikrowelten soll darüber hinaus nicht nur an einem Modell gearbeitet werden – etwa durch das Verschieben von Werten und Parametern –, vielmehr geht es darum, im konstruktivistischen Sinn eigene Modelle zu entwickeln und Welten zu konstruieren. „Durch die eigenständige Konstruktion der Situation und die damit einhergehende Schaffung der Problemsicht [...] liegt die Festlegung der Lernziele bei den Lernenden"; nach Abschluss dieser Konstruktionsprozesse haben Mikrowelten dieselben Charakteristika wie Simulationen (Vollmer 2014, 49).

Solche Darstellungsformen können Modelle komplexer Lerngegenstände aus der realen Welt sein, die die Lernenden sonst nicht frei erforschen könnten (z. B. das menschliche Gehirn), oder auch nicht sichtbare Phänomene wie magnetische Felder.

Bezüglich ihrer Funktion wird unterschieden zwischen modellanwendenden Simulationen – wie Flugsimulatoren – und modellbildenden Simulationen, die z. B. mögliche Entwicklungen (etwa Zinsentwicklungen) oder komplexe Planungsprozesse (z. B. Bauvorhaben) abbilden. Solche Simulationen beruhen auf mathematischen Modellen, die die Reaktionen des Systems bestimmen. Sie kommen vor allem in naturwissenschaftlichen Fächern zum Einsatz, in denen solche Modelle und kausalen Zusammenhänge eher bestehen als in den Geisteswissenschaften (NIEGEMANN u. a. 2008, 260). Dabei können die Darstellungsweisen sehr unterschiedlich sein. „Einfache Simulationen können beispielsweise in Java-Applets realisiert werden und stellen bestimmte Zustände in Abhängigkeit von Benutzereingaben dar" (ARNOLD 2001, 97). Möglich sind aber beispielsweise auch physikalische Experimente, die durch fotografische Wiedergabe realistisch dargestellt werden können, oder dreidimensionale Modelle. In der Regel wird jedoch davon ausgegangen, dass die Erstellung von Simulationen und insbesondere Mikrowelten einen hohen programmiertechnischen Aufwand erfordert (VOLLMER 2014, 51).

Im Gegensatz zu anderen Formen multimedialen Lernens, bei denen die medialen Elemente oft nur zur Veranschaulichung dienen, liegt der Schwerpunkt von Simulationen auf Exploration, Beobachtung und Erfahrung. Studien haben gezeigt, dass Lernende dabei dazu neigen, durch die Konstruktion ihrer Experimente ihre bisherigen Hypothesen zu bestätigen, und Schwierigkeiten haben, „das zugrunde liegende Modell einer Simulation durch reine Exploration zu verstehen" (NIEGEMANN u. a. 2008, 264). Helfen können hier strukturierte Formen, in denen die Komplexität sukzessive zunimmt, oder kurze Erläuterungen, die die Lernenden dabei unterstützen, ihre Aufmerksamkeit auf die relevanten Prinzipien zu lenken und Feedback (Rückmeldungen) der Programme richtig zu interpretieren (ebd.).

Lernspiele

Zum Wissenserwerb können auch computer- bzw. internetbasierte Spiele eingesetzt werden. Grundlegende Überlegungen zum Themenkomplex Game Based Learning, also dem Einsatz von (digitalen) Spielen zu ernsthaften Zwecken im Bildungskontext, den damit verbundenen Erwartungen und den didaktischen Anforderungen an Serious Games sowie den Ursachen für die Schwierigkeiten bei der Umsetzung, werden in Kap. 4.3.3 vorgestellt. In den folgenden Abschnitten geht es darum, Charakteristika und Einsatzformen der unterschiedlichen Typen von Spielen darzustellen.

Rollen- und Planspiele

Rollenspiele kombinieren Fallbeispiele und rollenbasierte Simulationen. Wie Simulationen basieren sie auf dem Modell realer Prozesse oder Konzepte (E-TEACHING.ORG 2015e), beziehen sich dabei jedoch weniger auf mathematische als auf Rollenmodelle: Die Spielentwicklung ergibt sich aus der Interaktion der Mitspielenden. Klassische Rollenspiele stammen ursprünglich aus den Typenbereichen von Science-Fiction und Fantasy. Dabei geht es darum, gemeinsam eine Geschichte zu durchleben; jeder Mitspieler verkörpert einen eigenen Charakter. Der grundlegende Inhalt steht schon zu Beginn des Spiels fest, jedoch gestaltet sich der eigentliche Ablauf erst durch die Interaktion der einzelnen Teilnehmerinnen und Teilnehmer (ebd.).

Planspiele dienen der realitätsgetreuen Simulation einer Organisation und sind vor allem im Unternehmensbereich bereits etabliert. Ziel ist es, Vorgänge und (Unternehmens-)Prozesse so realitätsnah wie möglich (kollaborativ) zu durchlaufen und so die Abläufe umfassend zu erlernen. Da sowohl die Einarbeitungszeit als auch das Verinnerlichen der Spielregeln viel Zeit benötigen, sollte ein solches Lernkonzept als ein mehrtägiges Projekt gestaltet werden; wichtig ist eine systematische Auswertung der Ergebnisse (Schwägele/Zürn/Trautwein 2012).

Solche handlungsorientierten Rollen- und Planspiele können auch ohne aufwendige Multimediaproduktionen durchgeführt werden (Arnold 2001, 97 ff.) und fanden zunächst vor allem textbasiert in sog. MUDs statt (Multi User Dungeons, multinutzerfähigen Umgebungen für Rollenspiele im Internet). Inzwischen werden Rollenspiele (als Lernabenteuer) auch mit Avataren in kompletten 3D-(Lern-)Welten durchgeführt, z. B. in der Online-3D-Welt Second Life. Als zunehmend interessant für die Lehre werden Massively Multiplayer Online Games (MMOGs) mit offenem Ausgang eingeschätzt. Bei diesem Spieletyp werden viele Spieler zusammengebracht, um an Aufgaben zu arbeiten, die eine kollaborative Lösung, Teamarbeit, Führungsqualitäten und Entdeckergeist erfordern, aber auch Einzel- und Gruppeninhalte enthalten können (Johnson/Adams/Cummins 2012). Die hohe Komplexität von Rollen- und Planspielen kann jedoch dazu führen, dass die Bearbeitung ziellos erfolgt und unbefriedigend bleibt. Wichtig sind deshalb die Vorbereitung der Lernenden und eine Begleitung während des Lernprozesses. Darüber hinaus sollte auch der Modellcharakter von Simulationen im Lehr- und Lernprozess reflektiert werden.

Positionsbezogene und stationäre Spiele

Neu zu den verschiedenen Arten digitaler Spiele kommen zurzeit Spielszenarien hinzu, die Onlinespiele an konkreten Orten situieren und damit reale Umgebung und Onlinespiel verknüpfen. Sie benötigen immer eine Technologie zur Lokalisierung der Spielenden, z. B. satellitengestützte Navigationssysteme. Ein beliebtes positionsbezogenes Spiel (Location Based Game, LBG) ist beispielsweise Geocaching. Dabei sind die Teilnehmenden mit mobilen Geräten mit GPS (Global Positioning System, Satellitennavigationssystem) ausgestattet. Ziel des Spiels ist eine Art Schatzsuche in bestimmten Umgebungen nach konkreten oder ideellen Gegenständen. Solche Spielformen können auch in den Bereich der Bildung übertragen und z. B. für biologische, archäologische, politische Erkundungen eingesetzt werden (Educaching) (Brombach 2010; von Au/Gade 2016).

Eine andere Form von stationären digitalen Spielen sind (Sport-)Spiele, die auf Gesten der Nutzenden reagieren, wie etwa die Videospielkonsole Wii. Über die eingebauten Bewegungssensoren eines speziellen Controllers werden die Position und die Bewegungen der Nutzenden im Raum kontrolliert und in entsprechende Bewegungen von Spielfiguren oder -elementen auf dem Bildschirm umgesetzt. So müssen Nutzende nicht – wie in klassischen Videospielen – Knöpfe des Controllers oder

Analogsticks betätigen, sondern können die Spiele steuern, indem sie den Controller selbst bewegen. Solche Spiele können z. B. zum Training von Bewegungsabläufen eingesetzt werden.

3D-Welten

Virtuelle Welten stellen in der Regel dreidimensionale Gebilde dar, in denen grafische Stellvertreter der Benutzerinnen und Benutzer, sog. Avatare, sich in Echtzeit frei bewegen, eigene Inhalte erstellen und präsentieren sowie untereinander interagieren und in Communitys mit Gleichgesinnten in Kontakt treten können. In virtuellen Welten können (müssen aber nicht) physikalische Gesetze existieren. Die Wahrnehmung der Welt kann sowohl aus einer sogenannten First-Person-View als auch aus einer Third-Person-View erfolgen. Typischerweise führt die First-Person-View zu einer höheren Immersion des Wahrnehmenden. Der Zugang zu solchen Welten kann über das Internet erfolgen und insofern als eine Erweiterung des Internets begriffen werden. Bekannt wurden solche Welten z.B. durch die Plattform Second Life (Zweites Leben, kurz: SL), die seit 2003 online ist und 2013 über 36 Millionen registrierte Nutzer weltweit hatte (Linden Lab 2013); auch verschiedene Bildungseinrichtungen haben dort Niederlassungen eingerichtet. Allerdings ist die Zahl der aktiven Nutzer danach kontinuierlich gesunken und soll Mitte 2017 nur noch bei 800.000 gelegen haben (D'Anastasio 2017). Die als Nachfolgeprojekt angekündigte Plattform Sansar ist seit August 2017 in einer Betaversion für die Öffentlichkeit zugänglich. Sie ist als Virtual Reality (dt. virtuelle Realität, kurz: VR) konzipiert und für spezielle VR-Brillen optimiert (die aber nicht unbedingt genutzt werden müssen); Erfahrungen damit lagen noch nicht vor, als dieser Beitrag geschrieben wurde. Auch im Bildungssektor hat der Hype um Second Life deutlich abgenommen; dennoch bieten immersive 3D-Welten weiterhin interessante und innovative Einsatzmöglichkeiten (Dalgarno u. a. 2013). So schätzten Experten die Bedeutung von „Lernumgebungen in virtuellen 3D-Welten“ für die betriebliche Bildung in Deutschland im Jahr 2016 mit 33 % um 12 % höher ein als im Vorjahr (MMB 2017). Die Kommunikation zwischen den Teilnehmern der virtuellen SD-Welt erfolgt entweder privat oder öffentlich über einen integrierten Instant Messenger oder Voicechat. In solchen virtuellen Welten können die unterschiedlichsten Aspekte der realen Lebenswelt nachgebildet werden, auch professionelle Lebensbereiche wie Arbeit oder Lernsituationen. Hierbei ist jedoch der Modellierungsaufwand zu beachten, der bei der Erstellung der virtuellen 3D-Welt entstehen kann. Durch schnelle Internetverbindungen kann die Interaktion zu jedem beliebigen Zeitpunkt stattfinden und ist nicht an Öffnungszeiten oder räumliche Verfügbarkeit gebunden. Vorteile bieten solche dreidimensionalen Lernumwelten einerseits in Fachbereichen wie Chemie, Physik oder Architektur, in denen Modelle zur Veranschaulichung genutzt und die bestehenden Modellierungswerkzeuge zur Darstellung dreidimensionaler Objekte genutzt werden können. Da durch die Avatare jedoch auch ein hohes Maß an sozialer Präsenz entsteht, können virtuelle Welten andererseits aber auch zur Unterstützung von Gruppenlernprozessen und zur Kommunikation in Lernsituationen genutzt werden (Müller/Leidl 2007). Virtuelle Welten können also im Prinzip (vorbehaltlich des hohen Erstellungsaufwands) in sehr unterschiedlichen Lernszenarien zum Einsatz kommen, z. B. in Rollenspielen, zur kooperativen Gestaltung von Objekten oder Umgebungen, bei Gruppenarbeiten, als virtuelles Klassenzimmer, um z. B. Lernende an weit entfernten Orten zusammenzubringen, aber auch für Simulationen oder verschiedene Assessment-Formen (McDonald u. a. 2014).

In der Tabelle 5.2 sind die typischen Merkmale, Vorteile und Maßnahmen zur lernförderlichen Gestaltung der oben dargestellten verbalen, visuellen und interaktiven Präsentationsformen zusammengefasst.

Tab. 5.2: Übersicht über typische Merkmale, Vorteile und lernförderliche Gestaltung medialer Präsentationsformen

Präsentationsformen		**Typische Merkmale**	**Vorteile, besonders geeignet für/besonders häufig genutzt**	**Mögliche Lernprobleme und → lernförderliche Gestaltung des Lernprozesses**
Verbal	**Lineare Texte**	• unterschiedliche Gattungen als klassische Form der Wissenspräsentation (Monografien, Aufsätze, Studienbriefe usw.) • multicodale Gestaltung, d. h. Integration von Bildern u. a. möglich	• geeignet für unterschiedlichste Lernziele von deklarativem bis zu prozeduralem Wissen und für verschiedene Lernszenarien vom klassischen Selbstlerner bis zu verschiedenen kooperativen Lernformen • E-Books als aktueller Trend, v. a. duch die Verbesserung elektronischer Lesegeräte (E-Reader); Vorteile sind u. a. individuelle Einstellungen, Suchfunktionen, Möglichkeiten der Annotation, (externen) Archivierung usw.	• kognitive Belastung durch lernerunfreundliche Textgestaltung → lernerfreundliche Gestaltung von Texten auf unterschiedlichen Ebenen: Unterstützung basaler Leseprozesse (typografische Gestaltung), lokaler Kohärenzbildung (z. B. durch unkomplizierte Satzbildung), globaler Kohärenzbildung (durch Ordnungsschemata), elaborativer Prozesse (z. B. durch kognitive Vorstrukturierung wie ‚Advance Organizers‘) → Unterstützung von Prozessen zur konstruktiven Verarbeitung, Verstehen und Behalten von Texten, durch „strategieanregende Aneignungsaufgaben“, je nach Zielgruppe von unterschiedlicher Komplexität (Notizen machen, Aktivierung von Vorwissen, Verarbeitung durch Gruppendiskussionen usw.)
	Hypertexte/ Hypermedien	Präsentation von Informationen durch Texte mit Querverweisen (Knoten) und elektronischen Verknüpfungen (Links) zwischen diesen Knoten; lineare, hierarchische oder vernetzte Struktur	• Integration unterschiedlicher Modalitäten und Codierungen wie (bewegte) Bilder oder Ton in Hypermediasystemen • hohe Erwartungen besonders für das selbst gesteuerte Lernen aufgrund der Annahme, dass die netzwerkartige Informationspräsentation den selbst gesteuerten Prozess des Wissenserwerbs und die kognitive Flexibilität fördere • gängige Präsentationsform komplexer Lernmedien wie WBT/CBT	• Gefahr der Desorientierung (Lost in Hyperspace) • Gefahr der kognitiven Überlastung (Cognitive Overload) → **übersichtliche und schlüssige Navigation, der sich Lernende so anvertrauen können, dass sie bei entsprechender Bewegung durch ein WBT das gesamte Material gesehen haben** → individuelle Navigationsmöglichkeiten und Wahl der eigenen Bearbeitungsschritte, Orientierungsangebote wie Inhalts-, Autoren-, Quellen-, Abbildungs-, Animationsverzeichnis usw.

(Fortsetzung Tab. 5.2)

Präsentationsformen		Typische Merkmale	Vorteile, besonders geeignet für/besonders häufig genutzt	Mögliche Lernprobleme und → lernförderliche Gestaltung des Lernprozesses
				→ Einübung des Schreibens von Hypertexten (auch durch Lernende) zur vertieften inhaltlichen Auseinandersetzung und Verbesserung der eigenen Lernstrategien mit Medien
Meist verbal, teilweise auch nonverbal und auditv	**Audio**	gesprochener Text oder nonverbale auditive Elemente wie Musik oder Geräusche	• wahrnehmungslenkende Steuerungsfunktion, Ausssprachehinweise, Reduzierung der Textmenge am Bildschirm • zunehmender Einsatz von Audiopodcasts, als Veranstaltungsaufzeichnung, Experteninterview usw. • Ansprache von Emotionen, Erhöhung von Motivation und Aktivierungsgrad durch menschliche Stimmen • Situierung von Lernsituationen durch Musik und Geräusche	• Flüchtigkeit von Audiosequenzen → Ermöglichung der Nutzersteuerung (anhalten, ausschalten, vorherige Mitteilung der Abspieldauer) → Bereitstellung eines schriftlichen Äquivalents zu gesprochenen Texten; zur Vermeidung von Aufmerksamkeitsteilungen keine gleichzeitige Präsentation → zur Koordination von gesprochenem Text und Bild siehe Bilder und Diagramme → Vermeidung von Hintergrundmusik in Lernsituationen
Visuell	**Bilder und Diagramme**	Abbilder (z. B. Fotos und Zeichnungen) sowie logische bzw. analytische Bilder (Diagramme, Schemata usw.)	• visualisierte Argumente für Lerninhalte, simultane und holistische Wahrnehmung • Zeigefunktion (zur Bildung einer Vorstellung vom Lernobjekt), Situierungsfunktion (zur Einordnung von Informationen in einen Kontext) oder Konstruktionsfunktion (zur Einordnung komplexer Zusammenhänge in ein mentales Modell) • zur Nutzung der kognitiven Funktion von Bildern und Grafiken sind in der Regel sprachliche Zusatzinformationen notwendig; Unterstützung des Lernens durch die doppelte Codierung	• kein intuitives Lernen anhand von Bildern; vermeintlich leichtes Erfassen mit einem Blick kann zu oberflächlicher Verarbeitung ohne Aufbau eines internen Modells führen → Beachtung von Gestaltungsprinzipien, z. B. Komplexitätsgrad, Aufmerksamkeitslenkung durch Steuerungscodes → gute Koordination von Text und Bild zur Vermeidung von Aufmerksamkeitsteilung (keine räumliche Trennung von Text und Bild, keine redundanten Informationen in Text und Bild, Nutzung von gesprochener Sprache zur Bilderläuterung, auch um zwei Sinnesmodalitäten anzusprechen

(*Fortsetzung Tab. 5.2*)

Präsentationsformen		Typische Merkmale	Vorteile, besonders geeignet für/besonders häufig genutzt	Mögliche Lernprobleme und → lernförderliche Gestaltung des Lernprozesses
				→ Unterstützung des Bildverstehens durch Fragen, Bildvergleiche, Anregung zur Produktion, Beschriftung, Zuordnung zu Texten usw.
	Virtuelle 3D-Lernobjekte	Modelle dreidimensionaler Objekte (ggf. auch hypothetisch konstruierter, z. B. antike Bauten, Atome), die deren dreidimensionale Eigenschaften vermitteln	• Darstellung von dreidimensionalen Gegenständen, Strukturen, Prozessen, die in der Realität so nicht beobachtet werden können • didaktische Reduktion und Lenkung der Aufmerksamkeit • motivierende und aufmerksamkeitsweckende Wirkung	• Einsatz am Bildschirm, aber auch Lernumgebungen, die mit Hilfsmitteln wie Spezialbrillen, Datenhandschuhen etc. ausgestattet sind • da 3D-Objekte oft fälschlich als realistische Darstellungen verstanden werden, können falsche Vorstellungen von Sachverhalten entstehen • Unterstützung der kognitiven Verarbeitung notwendig • zur konkreten Gestaltung siehe auch Animationen, Video, Simulationen und Lernspiele
Visuell/ Haptisch	**3D-Druck**	dreidimensionale physische Objekte, die mittels bestimmter Software aus dreidimensionalen digitalen Objekten erstellt werden	• ermöglicht realitätsnahe Erforschung von Objekten, die sonst meist nicht zur Verfügung stehen • ermöglicht aktives und projektbasiertes Lernen, z. B. dadurch, Modelle nachzubauen oder selbst zu entwickeln • unterstützt das Lernen in kreativen Forschungs- und Lernfeldern, z. B. in Bereichen wie Design, Architektur etc. • unterstützt die interdisziplinäre Zusammenarbeit sowie den Austausch über die Grenzen von Bildungseinrichtungen hinaus	• gegenwärtig ist die Erstellung von Produkten durch 3D-Druck immer noch teuer, langsam und erfordert einen hohen Produktionsaufwand

(Fortsetzung Tab. 5.2)

Präsentationsformen		Typische Merkmale	Vorteile, besonders geeignet für/besonders häufig genutzt	Mögliche Lernprobleme und → lernförderliche Gestaltung des Lernprozesses
	Animationen	Visualisierungen, die durch eine Abfolge mehrerer Einzelbilder den Eindruck von Bewegung erwecken; oft verbunden mit auditiven oder schriftlichen Ergänzungen	• dynamische Darstellung von realen und abstrakten Prozessabläufen (z. B. Wachstumsprozesse oder Entwicklung von Gleichungen) • Unterstützung des Erwerbs von prozeduralem Wissen • Darstellung dreidimensionaler Strukturen und Prozesse, die in der Realität nicht beobachtet werden können • Attraktivität und motivierende Wirkung	• Überforderung durch hohe kognitive Belastung • durch scheinbare Einfachheit Verleitung zu der fälschlichen Annahme, bereits alles verstanden zu haben → Unterstützung der kognitiven Verarbeitung z. B. durch Sichtbarmachen von Teilprozessen, unterschiedlichen Detailebenen und den Einsatz von (auch dynamischen) Steuerungscodes zur Aufmerksamkeitslenkung → Möglichkeit der individuellen Steuerbarkeit (anhalten, zurück- und vorspulen, Geschwindigkeit regulieren) → Anleitung unerfahrener Lernender
	Video	hohe Anschaulichkeit und Möglichkeit der Kombination unterschiedlicher Darstellungsformen: bewegte und statische Bilder, Ton, Animationen, Schrift usw.	• authentische Darstellung, auch von Gegenständen, die in der Wirklichkeit nicht unmittelbar zugänglich sind (aufgrund räumlicher oder zeitlicher Entfernung, Größenverhältnissen, Risiko u. a. m.) • Erleichterung der Auseinandersetzung mit dem Gegenstand und Intensivierung der Aufmerksamkeit durch Ansprache von Emotionen • zunehmender Einsatz auch für Veranstaltungsaufzeichnungen	• vermeintliche Einfachheit der Rezeption kann zu verminderten Lernanstrengungen und Lernleistungen führen • Gefahr, dass Lernende zu reinen Rezipienten fest fixierter Inhalte werden, Verstärkung von Dozentenzentrierung → Angebot von Interaktionsmöglichkeiten durch Steuerelemente (Stopp- und Spulfunktionen) → Angebot von Orientierungsmöglichkeiten z. B. Kapitelverzeichnis, (wechselnde) Überschriften usw. während verschiedener Abschnitte eines Films → Möglichkeit der Annotation von Videosequenzen mit Kommentaren/Tags, auch in kollaborativer Zusammenarbeit

(Fortsetzung Tab. 5.2)

Präsentationsformen		Typische Merkmale	Vorteile, besonders geeignet für/besonders häufig genutzt	Mögliche Lernprobleme und → lernförderliche Gestaltung des Lernprozesses
Interaktiv	**Simulationen**	auf mathematischen Modellen beruhende Modelle komplexer Lerngegenstände, deren Wirkungsprinzipien die Nutzenden durch interaktive Veränderungen erforschen können	• Anwendung von Modellen (z. B. Flugsimulatoren) • Bildung von Modellen (z. B. zu komplexen Entwicklungen wie Zinsentwicklungen oder Planungsprozessen wie Bauvorhaben) • Schwerpunkte: Exploration, Beobachtung	• Neigung der Lernenden, durch die Konstruktion ihrer Experimente ihre bisherigen Hypothesen zu bestätigen • Schwierigkeiten, das einer Simulation zugrunde liegende Modell durch reine Exploration zu verstehen → Unterstützung durch strukturierte, sukzessive komplexer werdende Formen und Erläuterungen, die die Aufmerksamkeit auf relevante Prinzipien lenken und helfen, das Feedback der Programme richtig zu interpretieren
	Lernspiele:	in pädagogischer Absicht gestaltete Inhalte, Strukturen und Abläufe, die zentrale Merkmale von Spielen enthalten, u. a.: rahmengebende Spielidee, Spielregeln, intrinsisch motivierende Handlungssituation, hohes Maß an aktiver Beteiligung		
	Rollen- und Planspiele	Kombination von Fallbeispielen und rollenbasierten Simulationen; Handlung ergibt sich aus der Interaktion der Mitspielenden	• realitätsnahe Simulation von Vorgängen und Prozessen, z. B. in einem Unternehmen, • (kollaboratives) umfassendes Erlernen von Abläufen • textbasierte Durchführung ohne aufwendige Multimediaproduktionen möglich, inzwischen häufige Durchführung in 3D-Lernwelten	• hohe Komplexität, kann zu zielloser Bearbeitung führen → Vorbereitung der Lernenden und eine Begleitung während des Lernprozesses → Reflexion des Modellcharakters der Spielsituation im Lehr- und Lernprozess
	Game Based Learning	Gattungen u. a. Aktionsspiele (Geschwindigkeit, Reaktion) und Abenteuerspiele (Abenteuer bestehen, Punkte sammeln)	• Förderung des Verständnisses für komplexe Zusammenhänge und dynamische Entwicklungen • größere Lernerzentrierung und aktivere Rolle der Lernenden	→ Vorstrukturierung, individuelle Anpassung von Levels, Instruktionen an geeigneter Stelle, positives Feedback → Ansprache von Fantasie und Neugier, Vorgabe klarer Regeln, angemessene Herausforderung, Übertragung von Kontrolle an die Spielenden

(Fortsetzung Tab. 5.2)

Präsentationsformen		Typische Merkmale	Vorteile, besonders geeignet für/besonders häufig genutzt	Mögliche Lernprobleme und → lernförderliche Gestaltung des Lernprozesses
	3D-Welten	dreidimensionale Erweiterung der Darstellungen, grafische Stellvertreter der Benutzer (Avatare)	• Veranschaulichung dreidimensionaler Inhalte in bestimmten Fächern (Physik, Chemie etc.) • Unterstützung von Gruppenbildung und sozialer Präsenz durch Avatare	• vgl. Simulationen, Rollenspiele und Game Based Learning

5.1.4 Auswahl und Kombination von Präsentationsformen

Kriterien zur Auswahl der Darstellungsformen

Bei der multimedialen Aufbereitung von Lerninhalten gibt es weder eindeutig überlegene Darstellungsformen noch eine rezeptartige Zuordnung von Inhaltstypen zu optimalen Darstellungsformen. Die Auswahl und Verwendung der unterschiedlichen medialen Elemente müssen als Ganzes betrachtet und die einzelnen Elemente in Bezug auf ihre Funktion und ihr Zusammenwirken mit den anderen Formen überprüft werden. Grundsätzlich gilt, dass es besser ist, multicodierte Lernmaterialien zur Verfügung zu stellen, z. B. Texte mit Bildern statt nur Texte (Multimediaprinzip, MAYER 2009). Allerdings wird die Geltung solcher instruktionalen Prinzipien durch individuelle Unterschiede, etwa Vorwissen, kognitive Strukturen, Lernstrategien usw., eingeschränkt. So profitieren Lernende mit niedrigem Vorwissen stärker von multimedialen Darstellungen, während für erfahrene Lernende reduzierte Darstellungen vorteilhafter sind.

Für die Darstellung multimedialer Bildungsressourcen sind aus lernpsychologischer Perspektive einige Hinweise hilfreich (MAYER 2014, 2009; SCHNOTZ 2014). Hierbei wird davon ausgegangen, dass beim Lernen sowohl ein sprachliches internes Modell als auch ein bildliches internes Modell eines Gegenstandes erzeugt werden. Daraus ergeben sich verschiedene Anforderungen zur Vermeidung kognitiver Belastung und zur Unterstützung von Lernprozessen:

- Zur *Entlastung der extrinsischen Belastung* tragen u. a. folgende Darstellungsprinzipien bei, durch die Aufmerksamkeitsteilungen und Hemmungseffekte vermieden werden können (MAYER 2009): Verzicht auf irrelevante Wörter, Bilder und Töne sowie eine hohe Kohärenz von Texten und Bildern (Kohärenzprinzip); Hinweise zur Organisation wesentlicher Lernelemente (Signalprinzip); Vermeidung von Redundanzen zwischen Texten und Bildern sowie Verzicht auf eine schriftliche Erläuterung, wenn Bilder mit einer auditiven Schilderung präsentiert werden (Redundanzprinzip); räumlich nahe Präsentation zusammengehöriger Texte und Bilder (Prinzip der räumlichen Nähe) sowie simultane und nicht sukzessive Darstellung (Prinzip der zeitlichen Nähe).
- Zur *Unterstützung wesentlicher mentaler Prozesse* dienen u. a. folgende Prinzipien (ebd.): das Angebot segmentierter Lerneinheiten statt einer großen Einheit und die Möglichkeit der Bearbeitung der Segmente in der eigenen Geschwindigkeit (Segmentierungsprinzip); wenn vor der Bearbeitung multimedialer Lernressourcen wesentliche Konzepte, Begriffe und Bezeichnungen bekannt sind, werden bessere Lernergebnisse erzielt (Pre-training Principle); statt Bilder mit einem schriftlichen Text zu begleiten, sollte mit einer auditiven Erklärung eine andere Sinnesmodalität angesprochen werden (Modalitätsprinzip).

Berücksichtigung der Rahmenbedingungen

Zu bedenken ist außerdem, dass auch die Interaktion mit einem Programm (Simulationen etc.) kognitive Ressourcen fordert (und deshalb häufig nicht genutzt wird). Zudem schließt eine Verhaltensaktivität nicht immer zugleich auch eine kognitive

Aktivität ein. Schließlich kommen „zu Multimedialität, Multikodalität und Multimodalität noch eine weitere Rahmenbedingung" hinzu, wenn die Rechner miteinander vernetzt sind und virtuelle Kommunikationsformen, Gruppenarbeiten mit Web-2.0-Techniken eingesetzt werden usw. (FRIEDRICH 2009, 35).

Auch muss bei der Auswahl der zum Einsatz kommenden Bildungsressourcen das geplante Lernszenario berücksichtigt werden. So erläutert REINMANN-ROTHMEIER (2003, 53), dass sie bei der Darstellung multimedialer Lerninhalte für eine Lehrveranstaltung vor allem logische Grafiken zur Unterstützung des Aufbaus mentaler Modelle verwendete, außerdem Übersichtsgrafiken sowie zahlreiche Details und weiterführende Verweise. Komplementär wählte sie für die Face-to-Face-Veranstaltungen desselben Moduls Abbilder zur Verankerung und legte den inhaltlichen Schwerpunkt auf den Gesamtbogen der Veranstaltung (statt auf viele Details).

Unterstützung des Lernens mit Medienverbünden

Der Einsatz von Medien bietet also ein großes Potenzial, um Lernen effektiv zu unterstützen, durch die Kombination von Medien können Sachverhalte vollständiger – z. B. dynamisch – dargestellt werden, als dies mit Einzelmedien möglich wäre. Auf diese Weise können umfassendere mentale Repräsentationen entstehen. Jedoch haben Lernende oft auch Schwierigkeiten, die unterschiedlichen Repräsentationen zu decodieren und die Inhalte der verschiedenen Medien aufeinander zu beziehen. Dem kann einerseits durch die Gestaltung der Medien entgegengewirkt werden (z. B. durch Vermeidung von Redundanzen); wichtig ist andererseits aber auch, die Ausbildung von Lernstrategien im Umgang mit Bildern, Texten und Medienverbünden aufseiten der Lernenden zu unterstützen. Solche Strategien sollten kognitive Prozesse, die den lernförderlichen Umgang mit Einzelmedien berücksichtigen, in ein Gesamtmodell integrieren. Vielversprechend erscheint es hier, bei der Bearbeitung von Lerninhalten die Prozesse der Selektion, Organisation, Transformation und Integration zu unterstützen. Lernende sollten also dazu angeregt werden, zentrale Inhalte auszuwählen, in eine spezielle Ordnung zu bringen, in andere Repräsentationsformen zu überführen oder unterschiedliche Repräsentationsformen in Beziehung zueinander zu setzen (KOMBARTZKY/PLÖTZNER 2009).

5.2 Inhaltsvermittlung durch Web Based Training (WBT)

Traditionelle E-Learning-Inhalte

In jährlich durchgeführten Erhebungen zum Stand und zur prognostizierten Entwicklung von E-Learning in Deutschland wurde die Bedeutung des Web Based Training (WBT) in den vergangenen Jahren konstant als relativ hoch eingeschätzt, jedoch sinkt sie insgesamt kontinuierlich. So prognostizierten im Jahr 2014 80 % der befragten Experten, dass WBT in den nächsten drei Jahren für die betriebliche Weiterbildung eine hohe Bedeutung haben werde (MMB 2014, 5), im Jahr 2016 waren es nur noch 73% (MMB 2017, 4 f.). Offline-Inhalten wie dem Vorläufer des WBT, dem

Computer Based Training (CBT), wird bereits seit 2006 eine abnehmende Bedeutung bescheinigt (MMB 2009); in Bezug auf den tatsächlichen Einsatz in klein- und mittelständischen Unternehmen lag allerdings auch CBT im Jahr 2008 mit ca. 40 % nicht sehr weit hinter WTB mit 54 % (GOERTZ 2013, 14 f.).

Beide können charakterisiert werden als „formelle, an klassischen Lernsituationen orientierte E-Learning-Formen" (ebd., 13). In der Regel handelt es sich um hypermedial strukturierte, umfangreiche Lernmaterialien, in die verschiedene Elemente der oben (Kap. 5.1) beschriebenen Darstellungsformen integriert sind. CBT gibt es bereits seit den 1980er-Jahren, die Distribution erfolgt in der Regel über CD-ROM; somit stellt ein CBT eine inhaltlich abgeschlossene Lösung dar. Der wesentliche Vorteil lag vor allem in den Anfangsjahren des computerbasierten Lernens darin, dass den Lernenden auf diese Weise sehr große Datenmengen zur Verfügung gestellt werden konnten, die online nicht hätten übermittelt werden können. Dies ist jedoch durch Breitbandtechnologien und Cloudspeicher inzwischen möglich. Daher werden WBTs netzbasiert über Internet oder Intranet verbreitet, häufig auch eingebunden in Lernmanagementsysteme. Anders als CBTs können sie leicht zentral aktualisiert werden, außerdem können Verbindungen zu weiterführenden Informationsquellen aus dem Internet sowie Internetdienste zur Kommunikation und weiterführenden Recherche eingebunden werden. Konzeptionell ist CBT eher auf individuelles Selbstlernen ausgerichtet, während beim Einsatz von WBT die Kommunikation und Kollaboration der Lernenden untereinander sowie mit den Lehrenden unkompliziert möglich ist.

Die Planung von WBTs erfolgt idealerweise, indem sie als integratives Element eines gesamten Lernszenarios betrachtet werden. Die Grundlagen dafür wurden ausführlich in Kap. 4.3 beschrieben. Im folgenden Abschnitt werden im Zusammenhang mit der lernförderlichen Gestaltung von WBTs zunächst Strukturelemente, danach die Konzeption und schließlich das notwendige technische Grundwissen betrachtet.

5.2.1 Strukturelemente von WBT

Navigation/Bearbeitungswege

Die Herausforderung bei der Gestaltung von hypermedial aufbereiteten (Lern-)Inhalten ist es, die Gefahren der Desorientierung und der kognitiven Überlastung (der Konzentration der Lernenden auf die Navigation statt auf die Inhalte) zu vermeiden. Dazu werden unterschiedliche Formen der Strukturierung von Inhalten und von Orientierungshilfen gegeben. So forderte der Styleguide der Virtuellen Fachhochschule (HARTWIG/TRIEBE/HERZCEG 2002c):

- Studienmaterialien müssen zumindest eine Art der Navigation bieten, der sich Lernende so anvertrauen können, dass sie bei entsprechender Bewegung durch die Lerneinheiten alles vorhandene Material gesehen haben;
- darüber hinaus müssen individuelle Navigationsmöglichkeiten und die Wahl der eigenen Bearbeitungsschritte bestehen. Zur Orientierung können dabei ver-

schiedene Formen von Übersichten angeboten werden (z. B. Inhaltsverzeichnis, Glossar, Quellenverzeichnis, Autorenverzeichnis, Index, Abbildungsverzeichnis, Tabellen- und Animationsverzeichnis);
- alle Navigationsmöglichkeiten in einem Modul müssen den Lernenden explizit erläutert werden;
- Lernende müssen Lesezeichen setzen und eigene Annotationen machen können;
- der Bearbeitungsstand muss durch automatische Markierung der besuchten Seiten oder durch von den Lernenden selbst zu setzende Markierungen kontrollierbar sein;
- möglich sind darüber hinaus weitere Orientierungshilfen wie z. B. Mindmaps.

Adaptivität und Adaptierbarkeit

Mit dem „Siegeszug des Personal Computers" (LEHMANN 2010, 16) war auch die Hoffnung verbunden, eine individuelle Unterstützung von Lernenden nicht nur durch persönliche Tutoren zu ermöglichen, sondern durch Lehrprogramme, die sich individuell auf die Bedürfnisse der Lernenden einstellen können. Lernsysteme, die sich selbstständig an Nutzereigenschaften (wie Wissensstand, Vorgehensweisen, Informationssuchverhalten) anpassen und entsprechend abgestimmte Hilfestellungen geben können (etwa in Bezug auf Aufgabenschwierigkeiten oder Hilfestellungen beim entdeckenden Lernen), werden als adaptiv bezeichnet. Werden dabei Verfahren der künstlichen Intelligenz angewendet, so handelt es sich um Intelligente Tutorielle Systeme (ITS), die jedoch nur geringe Verbreitung gefunden haben, da sie „nur in wenigen eng begrenzten Wissensbereichen realisiert werden" konnten (LEUTNER 2011, 122 f.).

Zur Beschreibung von Adaptivität wurden verschiedene Modelle entwickelt. LEUTNER (2011) unterscheidet zwischen Mikro- und Makroadaption. Der Anspruch der technisch sehr aufwendigen mikroadaptiven Lernumgebungen ist es, „selbstständig den Unterstützungsbedarf des Lernenden zu ermitteln und sich selbst dementsprechend zu verändern" (LEHMANN 2010, 17). In den erheblich weniger aufwendigen makroadaptiven Systemen erfolgt die Anpassung der Lernumgebung an die Bedürfnisse des Lernenden durch Eingriffe der Lehrenden. In Bezug auf den Zweck der Adaption unterscheidet LEUTNER (2011) zwischen dem *Fördermodell* (das Defizite durch zusätzliche Lerneinheiten abbauen soll), dem *Kompensationsmodell* (das Defizite durch Hilfestellungen abbauen soll) und dem *Präferenzmodell* (das keine Defizite identifiziert, sondern Stärken der Lernenden für den Lernprozess nutzen soll). Das Modell von BURGOS/TATTERSALL/KOPER (2007) nennt andere Aspekte von Adaption: Zunächst beschreibt es ein Adaptivitätskontinuum zwischen den Polen „adaptivity" – also der vollständig vom System geleisteten Adaptivität – und „adaptability", der Adaptierbarkeit durch die Nutzenden. Danach geht es um die Informationsquelle (bzw. Diagnosekomponente), an der sich die Adaption orientiert, z. B. Nutzerbeobachtung oder ein Regelsatz (die zu einer Adaption des Systems führen) bzw. Dozenten- oder Lernerentscheidungen (die eher auf die Adaptierbarkeit eines Systems zielen). Schließlich geht es um die Art der Anpassung, die sich z. B. auf die Gestaltung oder Taktung der Inhalte, auf die Unterstützung von Lernenden oder Gruppen sowie auf die Evaluation des Programms beziehen kann. LEHMANN (2010, 19f.) integriert die in beiden Ansätzen genannten Aspekte zu einem Modell, das die Eigenschaften adaptiver Lernumgebungen in fünf Dimensionen charakterisiert (Tab. 5.3).

Tab. 5.3: Definitionsebenen von Adaptivität in Anlehnung an LEHMANN (2010, 20)

Ebene der Adaptivität oder Adaption	**Pole/Ansatzpunkte/Modelle der Adaptivität oder Adaption**		
I. Pole der Adaptivität (BURGOS/TATTERSALL/KOPER 2007)	Adaptivität		Adaptierbarkeit
II. Granularitätsebene der Adaption (LEUTNER 2002)	Mikroadaptivität		Makroadaptivität
III. Gegenstand der Adaption (BURGOS/TATTERSALL/KOPER 2007)	Inhaltsgestaltung, -taktung	Unterstützung bei Problemlösung, Gruppenarbeit	Evaluation
IV. Informationsquelle der Adaption (BURGOS/TATTERSALL/KOPER 2007)	Beobachtung der Nutzer, Regelsatz		Entscheidung von Dozent oder Nutzer
V. Ziel der Adaption (LEUTNER 2002)	Förder-, Kompensations- und Präferenzmodell		

Komponenten adaptiver Systeme

Ein zentrales Merkmal adaptiver Systeme ist, dass sie immer über zumindest eine Diagnosekomponente – bzw. „Informationsquelle" (Tab. 5.3, Ebene 4) – verfügen, anhand derer das Verhalten der Lernenden analysiert und Rückschlüsse über deren Kompetenzen gezogen werden können. Als Bestandteile solcher Diagnoseinstrumente nannte SCHULMEISTER (2007, 176) mehrere idealtypisch modellierte Komponenten: ein Modell des *Wissensgebietes* („domain model"), ein Modell des *Lernenden* („student model"), ein Modell der *pädagogischen Strategien* („tutor model") sowie eine Komponente für die *Kommunikation* des Programms mit den Lernenden („interface"). Fast dieselben Begriffe verwenden STREULE/LÄGE (2010) zur Beschreibung der Diagnoseinstrumente eines von ihnen entwickelten adaptiven tutoriellen Systems: „Expertenmodul", „Lernermodul" und „Tutormodul". Lernen im Sinne von ITS beruht damit (ebenso wie der Programmierte Unterricht) auf einem Verhaltensbegriff: Das Modell des *Wissensgebietes* ist ein Modell von Konzepten im Sinne von Verhaltenszielen, und das *Lernermodell* ist ein Modell von Verhaltenssequenzen des Lernenden. Die gesamte Anlage eines ITS basiert darauf, dass diese Konzepte als Verhaltensziele operationalisiert werden, damit ein Vergleich von Lernermodell und Wissensmodell möglich ist. Ein ITS ist somit ein „zweckrationales System, das die Relation von Anfangs-, Ziel- und Endstadium optimieren soll" (SCHULMEISTER 2007, 184).

In einer Bestandsaufnahme kommt Lehmann (2010, 24) zu dem ernüchternden Schluss, dass es aktuell zwar bereits eine „Bandbreite adaptiver Systeme" gibt, diese jedoch noch keineswegs zu befriedigenden Ergebnissen führen. Er konstatiert, dass „die Realisierung mikroadaptiver Systeme technisch sehr aufwendig ist und die Implementierung entlang einer pädagogischen Theorie kaum möglich erscheint" (ebd.). Makroadaptive Systeme dagegen seien zwar „technisch weitaus einfacher zu entwickeln", in den zurzeit vorhandenen Systemen seien jedoch weiter Fehlerquellen vorhanden, „die aus der Subjektivität der Untersuchten resultieren", auf deren Grundlage das Lernermodell ermittelt wird. Nicht nur habe sich bisher kein Modell endgültig durchsetzen können, auch seien die „empirischen Belege für die positive Wirkung der Adaptivität [...] noch nicht abschließend erbracht" (ebd.; vgl. auch Klauer/Leutner 2007, 307; Niegemann u.a. 2008, 12). Zwar wird inzwischen teilweise darauf hingewiesen, dass „in den letzten Jahren [...] bei der Entwicklung von adaptiven bzw. intelligenten tutoriellen Systemen deutliche Fortschritte erzielt worden" seien (Meier 2016), jedoch wird dabei i.d.R. jeweils auf konkrete Einzelprojekte, teilweise auch erst Pilotstudien verwiesen, und die Umsetzung ist immer noch sehr aufwendig. Zudem bezieht sich die Adaptivität meist nur auf das Wissensgebiet (häufig sogar nur auf Teilbereiche), aber nicht auf andere Eigenschaften der Lernenden, etwa Lernstile (z.B. Bagheri 2015). Teilweise wurde festgestellt, dass die Studierenden zwar schneller lernten oder ihre Motivation zunahm, die Prüfungsergebnisse sich jedoch im Vergleich mit einer Kontrollgruppe nicht verbesserten (Rosen/Blink 2017; Lehmann 2010, 138–150).

Pädagogische Agenten

Unter Softwareagenten werden „Computerprogramme [verstanden], die im Auftrag oder im Sinne von Benutzern und Systemen Aufgaben erledigen und dabei autonom und mit einem Mindestmaß an Intelligenz agieren" (Bendel 2003, 36). Sie wurden zunächst als Suchwerkzeuge für das Internet konzipiert und sollen auf die Vorlieben eines Benutzers reagieren, Informationen klassifizieren sowie neue Fälle auf der Grundlage dieser Erfahrungen lösen können. Ihre Eigenschaften werden häufig mit menschlichen Qualitäten – etwa „Dienstbarkeit und Intelligenz" (ebd., 261) – verglichen (Murch/Johnson 2000, 17). Oft werden sie vermenschlicht dargestellt, sowohl in Bezug auf ihr Äußeres (z.B. als animierte 3D-Figur bzw. Avatar) als auch in Bezug auf Kommunikation und Verhalten.

Softwareagenten werden in vielfältigen Bereichen vor allem in der Wirtschaft und im Informationsmanagement eingesetzt (Bendel 2003, 59f.). Als pädagogische Agenten werden (oft anthropomorph gestaltete) Softwareagenten bezeichnet, die in multimedialen Lernumgebungen eingesetzt werden und das Lernen von Einzelpersonen oder Lerngruppen unterstützen und erleichtern sollen. Sie können über gesprochene Texte mit den Lernenden kommunizieren und in unterschiedlichen Rollen auftreten, z.B. als Trainer, Ratgeber, Experte, Befragender oder als Lernbegleiter. Bendel (2003, 2004) sieht ihr grundsätzliches Potenzial in unterschiedlichen Aktionsfunktionen, die er den Kategorien Information, Kommunikation, Transaktion und Interaktion zuordnet; im Lernkontext lassen sie sich zur Wissensvermittlung, Unterstützung und Förderung des Lernprozesses und zur Motivation der Lernenden einsetzen (Domagk 2008; Franke 2009, 92 ff.). Erste pädagogische Agenten wurden seit dem Ende der 1990er-Jahre entwickelt; jedoch haben sie sich bisher nicht in weiterem Umfang durchgesetzt, und auch die Forschung über ihre lernförderliche Wirkung befindet sich noch in den Anfängen (Fleischer u. a. 2008, 39). Ob sich die zeit- und kostenaufwendige Erstellung lohnt, hängt einer neueren Untersuchung zufolge von Funktion und Gestaltung des Agenten sowie von Merkmalen der Lernenden ab (Domagk 2008). Danach scheinen Lernende z. B. Figuren des jeweils anderen Geschlechts zu bevorzugen, die ein ähnliches Alter haben wie sie selber (Domagk/Poepperling/Niegemann 2006). Auch Franke (2009, 74) hebt eine vermenschlichte Darstellung pädagogischer Agenten als spezifische Anforderung hervor, die – neben der inhaltlichen Leistungsfähigkeit (u. a. in Bezug auf Mimik und Gestik) – wesentlich zur Glaub- und Vertrauenswürdigkeit und damit zu einer effektiven Kommunikation und zur Lernförderlichkeit beitrage. Eine andere Studie hat dagegen weder die Hypothese bestätigt, dass das Erscheinungsbild eines Agenten den Lernerfolg beeinflusst noch dass der Einsatz eines virtuellen Agenten sich überhaupt positiv auf Lernerfolg und Motivation auswirkt (Fleischer u. a. 2008, 39).

Exkurs: Humanoide Roboter in Lernkontexten

Auch Roboter kommen inzwischen in sehr unterschiedlichen Bereichen zum Einsatz, nicht nur im Sozial- und Gesundheitswesen oder als Alltagshilfen (wie etwa Staubsauger oder Rasenmäher). Gerade in Bildungskontexten, u. a. an Schulen und Hochschulen, werden in zunehmendem Maße menschenähnliche Roboter eingesetzt, die auch soziale Rollen einnehmen und mit Menschen interagieren können. Welche Funktionen sie dabei genau übernehmen können, wird derzeit in unterschiedlichen Projekten erforscht (vgl. z. B. Project H. E. A. R. T. 2017; http://www.project-heart.de/project-h-e-a-r-t/ [13.08.2017]). So können humanoide Roboter bspw. in unterschiedlichen Sprachen kommunizieren, aber auch Gefühle erkennen und zum Ausdruck bringen. In aktuellen Förderprojekten wird u. a. der Einsatz im Bereich des (frühkindlichen Zweit-)Sprachenerwerbs (Kennedy et al. 2016) und als Assistenten für Lehrende erprobt (Project H. E. A. R. T. 2017). Allerdings besteht bezüglich der Wirksamkeit und der Akzeptanz solcher Formen des Robotereinsatzes in Lernkontexten noch erheblicher Forschungsbedarf.

Darüber hinaus können Roboter nicht nur als Tutoren eingesetzt werden: Die Programmierung oder der Bau von Robotern durch Lernende ermöglicht es, selbst etwas neu bzw. nachzubauen und auf diese Weise aktiv und projektbasiert zu lernen (z. B. Ketterl et al. 2016).

Adaptierbarkeit durch Wahlmöglichkeiten

Angesichts der aufwendigen Entwicklung von ITS und der oben beschriebenen, bisher sehr ernüchternden Ergebnisse bleibt die von Kerres bereits 1998 (64 f.) aufgeworfene Frage aktuell, ob die didaktische Strategie von E-Learning tatsächlich auf der Grundlage von Verhaltensmodellen online optimiert werden solle und ob sich der

Aufwand lohne, Programme zu entwickeln, die auf die kognitiven Merkmale des Lernprozesses rekurrieren. Er schlägt stattdessen vor, Intelligenz weniger im Programm bereitzustellen als vielmehr in der Präsentation des Lernangebots. Damit ist z. B. gemeint, dass nicht das System sequenziert und entscheidet, sondern die Nutzenden dem System mitteilen können, welche Form der Darstellung sie wünschen: bspw. weniger kompliziert oder als grafische Übersicht. Statt Adaptivität durch die Diagnosefähigkeit des Systems geht es also um Adaptierbarkeit durch die Gestaltung der Interaktivität, die Präsentation der Informationen, die angebotenen Schwierigkeitsgrade, Darstellungsformen und die Art der Navigation. Auch SCHULMEISTER (2004, 141 f.) hält die Zahl der Variablen und Interaktionen für viel zu hoch, um wirklich erfasst werden zu können; die Passung von Lernmethoden und Lernstilen entbehre damit „einer vernünftigen Grundlage". Als Alternative schlägt auch er „offene Lernsituationen" vor, also hochinteraktive Lernumgebungen, die den Lernenden hohe Freiheitsgrade einräumen, ohne einen bestimmten methodischen Stil zu erzwingen (ebd., 142).

Educational Data Mining, Learning Analytics und Adaptivität

Ein anderer, seit etwa 2010 zunehmend diskutierter und praktizierter Ansatz ist die Sammlung und Analyse von Daten, die Lernende „quasi als ein Nebenprodukt aufgrund der Nutzung von Internet, Computer, Smartphones oder auch Lern-Management-Systemen (LMS)" hinterlassen (EBNER/NEUHOLD/SCHÖN 2013, 2). Im kommerziellen Bereich ist diese Auswertung von Nutzerdaten unter den Begriffen Big Data (MAYER-SCHÖNBERGER/CUKIER 2013) oder Data Mining bekannt und wird schon seit Längerem praktiziert. In der Bildung befassen sich zwei Forschungsbereiche mit dem Thema Learning Analytics (LA) (Kap. 7.9) und Educational Data Mining (EDM). Beide „haben einen sehr datenintensiven Ansatz und verwenden auch häufig ähnliche oder gleiche Methoden" (EBNER/NEUHOLD/SCHÖN 2013, 3), unterscheiden sich jedoch in ihren Zielen: Bei EDM geht es insbesondere um das automatische Erkennen und dadurch ausgelöste maschinelle Folgeprozesse, z. B. die Adaption an ein bestimmtes Lernniveau. Auch bei LA werden aus den Daten nicht nur Nutzerprofile generiert, auch sie werden „auf Basis von ‚Intelligent Data' analysiert. Daraus versucht *LA* eine Vorhersage zu erstellen und die Lernumgebung, den Lern-Content und die Aufgaben für den Benutzer zu adaptieren und anzupassen" (ebd., 6, Hervorh. im Original). Darüber hinaus sollen die gewonnenen Informationen jedoch auch (visuell) aufbereitet an Lehrende und ggf. an Lernende weitergegeben werden, um so deren pädagogische Interventionsmöglichkeiten zu stärken bzw. ihnen Rückmeldungen und ggf. Hinweise zur Verbesserung des eigenen Lernverhaltens zu geben (ebd; vgl. auch JOHNSON/ADAMS/CUMMINS 2012, 27; E-TEACHING.ORG 2016a; E-TEACHING.ORG 2016c).

Die derzeit stark vorangetriebene Entwicklung und Forschung zu Werkzeugen und Methoden von LA und EDM wird von einer kontroversen Diskussion über das Themenfeld begleitet. Großes Potenzial wird etwa im Bereich des informellen Lernens gesehen, aber auch in großen (Online-)Veranstaltungen, wie z. B. MOOCs, bei denen individuelle Rückmeldungen von Lehrenden nicht möglich sind. Andererseits besteht Kritik nicht nur im Zusammenhang mit Fragen des Datenschutzes. Teilweise wird auch befürchtet, dass aus den gewonnenen Daten keine neuen Erkenntnisse über Lernprozesse gewonnen werden, sondern durch die automatische Clusterung eher begründungslose Zusammenhänge generiert werden oder dass durch die Zuordnung der als wahrscheinlich angenommenen Handlungen der Lernenden in der Lehrsituation die Entwicklungschancen der Lernenden begrenzt werden, da die Systeme nur Muster, aber keine außergewöhnlichen Herangehensweisen oder Begabungen erkennen (E-TEACHING.ORG 2015c).

5.2.2 Konzeption von WBT

Die Planung eines Lernmoduls ist ein komplexer Prozess mit mehreren, aufeinander aufbauenden Schritten, der sich nicht nur auf die Konzeption der Bildungsressourcen bezieht, sondern das komplette Lernszenario einschließt (die im Folgenden genannten Arbeitsschritte von A bis I zur Konzeption virtueller Lernmodule sind in Kap. 4.3 detailliert beschrieben; vgl. auch Kap. 4.4.2, Abb. 4.3):

(A) Am Anfang steht die Entwicklung eines didaktischen Leitbilds für das gesamte Lernmodul, das grob mögliche spätere berufliche Umfelder der Lernenden beschreibt und daraus exemplarische Berufsaufgaben und die zu ihrer Bewältigung notwendigen Kompetenzen ableitet.

(B) Daran anschließend kann nun entschieden werden, welche Handlungskompetenzen die Lernenden in diesem Modul erwerben sollen und welche Lernaufgaben dafür geeignet sind (zu einem späteren Zeitpunkt wird dies auch für die einzelnen Lerneinheiten festgelegt). Danach kann die didaktische Struktur des Moduls festgelegt und die Planung des konkreten Lernszenarios erfolgen:

(C) Die Planung und Auswahl der Arbeitsformen und

(D) der Bereitstellung von Inhalten und Informationen

(E) mündet in eine erste grobe Übersicht der einzelnen Lerneinheiten, das Lernmodulszenario.

(F) Die Feinstrukturierung, d. h. die detaillierte Planung, vollzieht dieselben Schritte auf der Ebene der einzelnen Lerneinheiten.

(G) Die Vorüberlegungen beziehen also in die Konzeption der multimedialen Lernmaterialien, die im Folgenden detaillierter beschrieben wird, die Aktivitäten der Lernenden und der Betreuer sowie die Nutzung des Lernraums ein und verbinden sie zu einem Gesamtkonzept.

Erst nach diesen Vorüberlegungen kann eine begründete Entscheidung darüber getroffen werden, welche Elemente eines virtuellen Bildungsangebots multimedial umgesetzt – das heißt als WBT, als Simulation, als Televorlesung usw. – realisiert werden sollen. Bei der Planung der Gestaltung müssen die in Kap. 5.1 beschriebenen Regeln zur multimedialen Präsentation am Bildschirm berücksichtigt werden.

Multimedia-Drehbuch/Storyboard (H)

Analog zu einem Film-Drehbuch werden in einem Multimedia-Drehbuch für jede einzelne zu programmierende Bildschirmseite alle Inhalte, Elemente und Regieanweisungen festgehalten. Die Erstellung eines Drehbuchs erscheint den Entwicklern von Lernmodulen oft als sehr aufwendig oder sogar unnötig, insbesondere wenn das Entwicklungsteam klein ist. Deshalb soll hier darauf hingewiesen werden, dass ein Drehbuch/Storyboard kein Kunstwerk ist. Eine handschriftliche Skizze der Seite oder (schriftliche) Angaben, wie: „An dieser Stelle erscheint Bild X", sind ausreichend (vgl. zur Drehbucherstellung auch ausführlich Westphal 2011).

Auf jeden Fall ist ein Drehbuch unabdingbar, wenn ein Modul extern produziert wird. Es ist schon dann notwendig, wenn mehr als eine Person an dem Modul arbeitet, da gewährleistet werden muss, dass alle an der Planung und Produktion beteiligten Personen (wie Programmierer, Layouter, Grafiker etc. oder auch nur ein anderer als der ursprüngliche Bearbeiter) dieselben Grundlagen haben bzw. Veränderungen daran nachvollziehen und dokumentieren können und in der Lage sind, das Modul eigenständig umzusetzen.

Phasen der Drehbuch-Erstellung

In der Fachliteratur wird häufig zwischen den folgenden Vorstufen zur Erstellung des Drehbuchs unterschieden:

- *Erstellung eines Exposés*: Festlegung von Zielgruppe und Einsatzbereich, kurze Inhaltsangabe, Lernziele des Programms, Grobüberblick über Gestaltung und Umsetzung;
- *Erstellung eines Grobkonzepts*: Festlegung der Rahmenbedingungen, Strukturierung des Inhalts, Entwicklung der groben Programmstruktur, Abschätzung des Programmumfangs, Gestaltung und Benutzerführung der wichtigsten Standardseiten;
- *Erstellung eines Feinkonzepts*: Feinplanung der Programmstruktur, Festlegung der Inhalte pro Bildschirmseite in Stichworten, des Programmumfangs, des Aufbaus, der Benutzerführung und der Gestaltung von Standardseiten, Ideen für mediendidaktische Aufbereitung, z. T. Programmierung von grundlegenden Strukturen und Standardseiten.

Diese Vorstufen entsprechen den hier vorgestellten Überlegungen zur Konzeptphase (A–B) und den Phasen der Entwicklung der didaktischen und formalen Struktur (C–G), wobei der didaktische Ansatz der Aufgabenorientierung jedoch eigene Akzente setzt, die es zu berücksichtigen gilt.

Elemente und Regieanweisungen im Drehbuch

Das Drehbuch konkretisiert die bisherigen Entwicklungsschritte im Detail. Es enthält für jede einzelne Bildschirmseite alle Angaben über

- die Objekte, die auf der jeweiligen Seite erscheinen sollen,
- die Funktionen, die dem Anwender zur Verfügung stehen sollen,
- die bildschirmseitenbezogenen zusätzlichen Inhalte (Hilfetexte, Glossar etc.).

Sofern der Einsatz der folgenden Elemente vorgesehen ist, muss das Drehbuch entsprechende Regieanweisungen enthalten zu

- Ton- und Videoelementen,
- Animationen und Simulationen,
- Fotos bzw. Illustrationen, z. B. für Rollenspiele,
- Aufgaben, z. B. Multiple-Choice-Fragen (Was soll passieren, wenn welche Antwort ausgewählt wird? Welche Hinweise sollen zu Einsendeaufgaben gegeben werden?),
- zusätzlichen Fenstern,
- internen und externen Links.

Durchführungsplan (I)

Da den Betreuern virtueller Lernmodule oft zentrale Hinweise zur Durchführung fehlen, die nur die Entwickler geben können, ist es sinnvoll, solche Angaben für die Teletutoren in einem Durchführungsplan festzuhalten. Dieser sollte wenigstens Angaben zum Szenario bzw. zum zeitlichen Verlauf des Moduls, zur Taktung sowie zu Prüfungen und Prüfungsformen enthalten. Darüber hinaus kann außerdem auf folgende Punkte eingegangen werden:

- Zeitpunkte für Aufgabenstellungen,
- Gestaltungsfreiheit der Entwickler beim Einsatz des Moduls, z. B. in der Aufgabengestaltung,
- Einsatz des Lernraums und der Kommunikationselemente,
- Rückmeldemöglichkeiten, verantwortliche Stellen für Nachfragen oder Änderungshinweise,
- Einstellen aktueller Hinweise, Links und Literaturangaben,
- Möglichkeiten bzw. Notwendigkeiten des Einsatzes kooperativer Arbeitsformen.

5.2.3 Technisches Grundwissen

In vielen Fällen liegen Konzeption und technische Realisierung von E-Learning-Inhalten nicht in einer Hand. Oft wird die Umsetzung bzw. Programmierung nach der Erstellung des Multimedia-Drehbuchs auch an externe Firmen vergeben. Dennoch ist es für die Konzeptentwickler wichtig, zumindest Grundlagenkenntnisse in Bezug auf die wichtigsten Entwicklungswerkzeuge zu haben und zu wissen, mit welchen Werkzeugen die von ihnen konzipierten Inhalte umgesetzt werden. Nur so können sie einschätzen, welche Programme sich für die Umsetzung ihrer Vorstellungen eignen bzw. wie groß der Gestaltungsspielraum eines Programms ist, welche technischen Besonderheiten es hat und welcher Aufwand damit verbunden ist. Dies ist auch wichtig, damit die Kommunikation mit den Programmierern reibungslos verlaufen kann.

Außerdem ist für Konzeptentwickler von Interesse, in welcher Lernumgebung die Inhalte eingesetzt werden. So erlauben beispielsweise nicht alle Lernmanagementsysteme problemlos die Einbettung von Content, der mit bestimmten Werkzeugen erstellt wurde. Außerdem bieten unterschiedliche Lernraumsysteme jeweils leicht unterschiedliche Kommunikations- und Informationsfunktionen. Wenn bereits feststeht, welcher Lernraum verwendet wird, sollten die Entwickler seine Struktur kennen und wissen, wie er normalerweise genutzt wird, etwa ob sich in einem Studiengang schon bestimmte Nutzungsroutinen herausgebildet haben. Dazu ist außer der Kommunikation mit der technischen Betreuung auch der Austausch mit den Teletutoren wichtig.

Autorenwerkzeuge und HTML-Editoren

Zur Erstellung von Lerninhalten können entweder klassische Autorenwerkzeuge oder HTML-Editoren verwendet werden. Solche Editoren ermöglichen auch ohne Programmierkenntnisse die Gestaltung ansprechender Webseiten mit Texten und Grafiken oder Animationen; integrierte WYSIWYG-Editoren (What you see is what you get) machen oft sogar HTML-Kenntnisse überflüssig. Anspruchsvolle interaktive Lernmodule können damit jedoch nicht erstellt werden. Dazu eignen sich eher komplexe Autorensysteme. Außerdem gibt es Werkzeuge, die speziell zur Erstellung von Lerninhalten konzipiert sind, und Templates für die Gestaltung der Informationsdarstellung, unterschiedlicher Testformen und Antwortanalysen und Rückmeldungen enthalten. Die Auswahl der Werkzeuge richtet sich nach dem gewünschten Funktionsumfang und dem verwendeten Lernraumsystem. Viele Lernmanagementsysteme enthalten auch integrierte Werkzeuge zur Produktion von Lerninhalten. Allerdings können Inhalte, die in einem bestimmten Lernmanagementsystem erstellt wurden, teilweise nicht exportiert werden; und selbst wenn die Möglichkeit zum Export besteht, ist nicht sicher, ob in einer anderen Umgebung eine vollständige Nutzung mit allen Funktionen möglich ist. Breitbandtechnologien und Cloudspeicher ermöglichen inzwischen, dass auch sehr große Datenmengen online übertragen werden können. Dennoch werden digitale Lerninhalte auch immer noch auf Datenträgern zur Verfügung gestellt, z. B. CD-ROM oder USB-Stick; ein Nachteil ist allerdings, dass dadurch die Aktualisierung der Inhalte erschwert wird. Um Darstellungsformen wie Audio, Video oder Animationen zu erstellen, die dann in die Module integriert werden können, sind weitere gesonderte Werkzeuge notwendig, etwa Bildbearbeitungsprogramme oder andere Programme zur Entwicklung von Animationen oder interaktiven, multimedialen Anwendungen.

Web-2.0-Technologien

Die Umsetzung von Lerninhalten wird durch Web-2.0-Technologien noch einmal erheblich vereinfacht. Anwendungen wie Wikis (Kap. 5.4.1), Weblogs (Kap. 5.4.2), Podcasts (Kap. 5.4.4) und andere ermöglichen es, auch ohne umfangreiche technische Kenntnisse E-Learning-Inhalte zu entwickeln. Dies ermöglicht sowohl weniger technikaffinen Lehrenden als auch Lernenden einen relativ unkomplizierten Einstieg in die Produktion von E-Learning-Inhalten (Kap. 5.4). Allerdings darf eine technisch unkomplizierte Umsetzung nicht dazu führen, dass die didaktische Planung und lernförderliche Gestaltung vernachlässigt wird.

5.3 Barrierefreie Gestaltung von E-Learning

Zielgruppen und Nutzen von barrierefreien Webseiten

Nach Angaben des Statistischen Bundesamts (2010) lebt etwa jeder zehnte Deutsche mit einer anerkannten Behinderung; in der Europäischen Union sind es „etwa 80 Millionen Menschen, die wegen umwelt- und einstellungsbedingter Barrieren häufig an einer vollen Teilhabe an der Gesellschaft und Wirtschaft gehindert werden" (Europäische Kommission 2010). Für Lernende mit Behinderungen kann die Nutzung von E-Learning-Angeboten „neben dem üblichen didaktischen ‚Mehrwert' unter bestimmten Umständen einen erheblichen Nachteilsausgleich bewirken" (Drolshagen/Klein 2003, 26). Da also für Lernende mit Behinderungen ein besonderes Interesse an der Nutzung digitaler Medien besteht und sie eine wichtige Zielgruppe darstellen (Ommerborn/Schuemer 2001; Reich/Miesenberger 2013; Weber/Voegler 2014), sollte darauf geachtet werden, dass virtuelle Bildungsangebote den Kriterien einer barrierefreien Webgestaltung entsprechen. Zudem profitieren auch viele andere Nutzergruppen von einem barrierefreien Internet. Dazu zählen insbesondere alte Menschen, internetunerfahrene Nutzerinnen und Nutzer sowie Personen mit älterer Computerausstattung (Zentel 2006). Nicht zuletzt lohnen sich für die Wirtschaft „barrierefreie Websites nicht wegen der Behinderten, sondern wegen der positiven Seiteneffekte bei vielen anderen Zielgruppen. Barrierefreie Websites sind einfach gut durchdachte, qualitativ hochwertige Websites" (Bornemann-Jeske 2006, 9), denn sie werden von Suchmaschinen leichter gefunden, und die Internetauftritte sind sauber und pflegeleicht programmiert, was bei eventuellen späteren Änderungen zu Geldeinsparungen führt.

Was ist Barrierefreiheit? Gesetzliche Grundlagen und Richtlinien

Nach Artikel 3 des Grundgesetzes darf niemand wegen einer Behinderung benachteiligt werden. Das Behindertengleichstellungsgesetz (BGG) verpflichtet nach § 11 alle Bundesbehörden, ihre Informationen barrierefrei anzubieten. Barrierefreiheit bedeutet nach § 4 BGG, dass Gebäude und sonstige Anlagen, Verkehrsmittel, Informationssysteme und Gebrauchsgüter sowie gestaltete Lebensbereiche wie informationstechnische Einrichtungen, Webseiten etc. für behinderte Menschen auf die allgemein übliche Weise zugänglich und ohne fremde Hilfe nutzbar sind (BMJ 2002a). Dies gilt auch für den Zugang zu Bildung und Arbeit. Entsprechend müssen auch E-Learning-Angebote barrierefrei gestaltet werden, um für behinderte Menschen nutzbar zu sein (BMJ 2002b). Barrierefreiheit soll auf Landes-, Bundes- und internationaler Ebene durch Richtlinien und Gesetze garantiert werden. Die konkrete Umsetzung dieses Anspruchs regelt die Barrierefreie Informationstechnik-Verordnung 2.0 (BITV 2.0), ausgefertigt 2011, zuletzt geändert 2016. Auch in den einzelnen Bundesländern sind entsprechende Landesgleichstellungsgesetze in Kraft gesetzt worden; dies gilt auch für die Universitätsgesetze der Bundesländer.

Die jeweiligen Gesetze greifen zurück auf die vom World Wide Web Consortium (W3C) im Rahmen der Web Accessibility Initiative (WAI) aufgestellten Web Content Accessibility Guidelines (WCAG 2.0) zur Gestaltung von barrierefreien Webinhalten vom Dezember 2008, die Bestandteil der europäischen Norm EN 301 549 (Abschnitt 9 Web) sind. Die Empfehlungen der WCAG sind in der Europäischen Union für öffentliche Stellen ab September 2019 für neue und ab September 2020 für bestehende Websites sowie ab Juni 2021 für mobile Anwendungen verbindlich (Richtlinie [EU] 2016/2102 des Europäischen Parlaments und des Rates, Art. 12; Mitteilung der Kommission an das Europäische Parlament 2012). In den WCAG steht das Wort „Webseite" nicht nur für „statische HTML-Seiten", sondern auch für „dynamische Webseiten, die im Web neu entstehen, einschließlich ‚Seiten', die komplette virtuelle, interaktive Communitys darstellen können" (WCAG 2.0). Nach den Kriterien des W3C sollen barrierefreie Webinhalte grundsätzlich folgende Kriterien erfüllen (http://www.w3.org/Translations/WCAG20-de/ bzw. autorisierte dt. Übersetzung der WCAG 2.0 vom Oktober 2009: http://www.w3.org/Translations/WCAG20-de/ [31.03.2015]):

- *Verständlichkeit* in Bezug auf die Inhalte, aber auch auf die Bedienung und den Umgang mit der Informationstechnik;
- *Bedienbarkeit* nicht nur mit einer Standardtastatur und -maus, sondern auch mit alternativen Eingabegeräten, z. B. für Menschen mit einer motorischen Behinderung;
- *Robustheit* in Bezug auf Funktionstüchtigkeit mit aktueller, aber auch mit zukünftiger Technik. Da Hilfsmittel und unterstützende Technologien zwar laufend weiterentwickelt werden, jedoch nicht alle Nutzenden mit der jeweils aktuellsten Version ausgestattet sind, muss Informationstechnologie standardkonform gestaltet sein;
- *Wahrnehmbarkeit* aller Inhalte und Gestaltungselemente für alle Nutzenden, d. h., für Personen mit einer Sinnesbehinderung müssen äquivalente Darstellungen der Inhalte von Bild-, Ton-, Videoelementen usw. bereitgestellt werden.

Bei der Erfüllung der WCAG 2.0 sind unterschiedliche Konformitätsstufen möglich: A (niedrigste), AA und AAA (höchste) (weitere Konformitätsbedingungen siehe http://www.w3.org/Translations/WCAG20-de/#conformance). Zur Prüfung der Zugänglichkeit von Webseiten auf Basis der WCAG-2.0-Richtlinien wurde im Projekt „BIK für alle" ein WCAG-Test neu entwickelt, der noch bis Herbst 2017 in der Evaluationsphase ist. Das vom Bundesministerium für Arbeit und Soziales (BMAS) von 2015 bis 2018 geförderte Projekt überarbeitete im Rahmen dieser Entwicklung außerdem den (in Deutschland etablierten und bereits mehrfach aktualisierten) BITV-Test, dessen derzeit letzte Fassung im Juli 2017 veröffentlicht wurde (BIK 17.07.2017). Beide Testverfahren prüfen die Konformität auf Stufe AA der WCAG und enthalten dieselben Prüfschritte; Unterschiede bestehen in der Auswertung der Tests, insbesondere in deren Detailliertheit (BIK WCAG-Test). Grundsätzlich gilt eine Internetseite dann als barrierefrei, wenn sie problemloses Lesen und Navigieren mit den derzeit zur Verfügung stehenden Hilfsmitteln ermöglicht. Es sollen „weder durch Hard- noch durch Software noch durch Gestaltung von Inhalten Barrieren zwischen den angebotenen Informationen und ihren Nutzern und Nutzerinnen errichtet werden" (Drolshagen/Klein 2003, 28). Was sich im Einzelnen als eine Barriere erweist, hängt von der Art der jeweiligen Beeinträchtigung ab, d. h., für gehörlose Menschen werden andere Elemente zu Barrieren als für sehgeschädigte oder motorisch beeinträchtigte Personen.

Barrierefreies E-Learning

Barrierefreie Gestaltung bedeutet also nicht, auf Elemente wie Grafiken oder Videos zu verzichten, sondern Alternativen zur Nutzung eines Informationsangebots zur Verfügung zu stellen bzw. Wahlfreiheit bei der Nutzung der angebotenen Medien zu bieten. Da es nicht immer möglich ist, alle Barrieren für alle möglichen Arten von Behinderungen komplett zu vermeiden, wird häufig auch von barrierearmer Gestaltung gesprochen, die eine Reduzierung möglichst vieler Hürden anstrebt. Nachdem zunächst neben der normalen Version einer Webseite oft parallel eine Nur-Text-Version angeboten wurde, die auf grafische Gestaltungselemente verzichtete, hat sich bereits relativ früh die Herstellung einer Version für alle Nutzer durchgesetzt (Klein 1994). Dies scheint auch für die Nutzung in Lehr-/Lernkontexten insofern günstiger zu sein, als sich damit Kommunikation und Kooperation aller beteiligten Personen auf dieselben Seiten beziehen können. Teilweise lässt es sich aber nicht vermeiden, auch Zusatzmaterialien zu erstellen (Weber/Voegler 2014, 3). Im Kontext von E-Learning bezieht sich barrierefreie Gestaltung auf unterschiedliche Bereiche, von der Erstellung von Lernressourcen wie Text-, Audio- und Videodokumenten, multimedialen Anwendungen wie WBTs usw. über den Einsatz von Kommunikationselementen und Web-2.0-Werkzeugen bei der Durchführung von Veranstaltungen bis zur Entscheidung für grundlegende Technologien, wie z. B. Lernmanagementsysteme. Entsprechend ist die Umsetzung unterschiedlich komplex und liegt teilweise auch in verschiedenen Verantwortungsbereichen (für konkrete Beispiele siehe auch Reich/Miesenberger 2013; Weber/Voegler 2014). In jedem Fall „erfordert Inklusion auch die Entwicklung geeigneter Kompetenzen zur Bewertung und Vermeidung von Barrieren in E-Learning-Angeboten" (ebd., 2).

Eine weitere Hürde können Lernmanagementsysteme (LMS) sein. Einerseits gibt es zwar speziell für einen barrierefreien Zugang optimierte Plattformen, und andere häufig eingesetzte Systeme sind in Bezug auf die Unterstützung von assistierenden Technologien stark weiterentwickelt worden (ebd., 6); andererseits enthalten bestimmte Funktionen von LMS immer noch häufig Barrieren: Diese treten in Erscheinung bei

- „dem Erstellen von Beiträgen mittels eines WYSYWIG-Editors,
- der Bearbeitung von Quiz-Aufgaben (E-Klausuren),
- dem Abruf und dem Einfügen von Kalendereinträgen,
- der Erstellung und Verwendung von Gebärdensprachfilmen,
- der synchronen Kollaboration" (ebd., 6 f.).

Wichtig sind hier wie auch bei vielen anderen Aspekten der Austausch und die Zusammenarbeit der Lehrenden bzw. das Aufgreifen dieser Fragestellung durch E-Learning-Kompetenzzentren. Insbesondere bei der Verwendung von automatisiert auswertbaren Prüfungsformen im E-Assessment (siehe Kap. 7.5) muss darauf geachtet werden, dass für eine barrierefreie Nutzung gerade bei Aufgabentypen wie Multiple-Choice- oder Drag&Drop-Aufgaben etc. häufig Anpassungen nötig sind.

Web 2.0 ermöglicht es Menschen mit Behinderung, sich aktiv an der Entwicklung von Webseiten und Anwendungen zu beteiligen und sie mitzugestalten. So zeigte eine Studie, „dass Menschen mit Behinderung bei [der] Aneignung und Nutzung eine Vorreiterrolle einnehmen. Viele [...] Nutzerinnen und Nutzer bedienen sich der Web-2.0-Anwendungen in einer so nicht vom Anbieter intendierten Art und Weise. Und überwinden dabei durch kreative Nutzungs- und Umnutzungsprozesse sowohl innerhalb als auch außerhalb der Anwendung liegende Hindernisse und Barrieren" (Berger et al. 2010, 7). Hürden können sich im Web 2.0 z. B. durch die veränderte Navigation durch Tag-Clouds ergeben. In solchen Schlagwort-Wolken wird die Bedeutung der einzelnen Begriffe durch unterschiedliche Schriftgrößen angegeben, die von Screenreadern – also von Programmen, die den Bildschirminhalt auslesen und über Sprachausgabe, Schriftvergrößerung oder Brailleschriftzeile blinden oder sehbehinderten Computernutzern zur Verfügung stellen – jedoch oft nicht unterschieden werden. Auch durch den verbreiteten Einsatz von AJAX (Asynchronous Javascript And XML) – eines Konzepts der asynchronen Datenübertragung, das die dynamische Veränderung einzelner Elemente einer Webseite ermöglicht, ohne dass die gesamte Seite neu geladen werden muss – werden Änderungen verursacht, die von vielen Screenreadern nicht erkannt werden. Auf der anderen Seite machen technische Entwicklungen auch neuartige Angebote möglich, etwa einen Gebärdensprach-Übersetzungsservice mittels Gebärdensprachvideos: Gehörlose Nutzende zeichnen ihre Anfrage in Gebärdensprache per Webcam auf, ein Übersetzungsbüro überträgt das Video in Schriftsprache und die schriftliche Antwort wiederum in Gebärdensprache (http://www.sqat.eu [13.08.2017]).

Notwendige Kenntnisse zur Gestaltung barrierefreier multimedialer Bildungsressourcen

Wenn die barrierefreie Gestaltung von Beginn an in die Planung einbezogen wird, entstehen dadurch kaum zusätzliche Kosten (Klein 2002). Notwendig dazu ist jedoch das Wissen aller Beteiligten über die Anforderungen bestimmter Nutzergruppen sowie über die Möglichkeiten der technischen Verwirklichung, z. B. in Bezug auf technische Bedingungen wie Hard- und Software, bestimmte Browsereigenschaften sowie vor allem assistierende Technologien wie bspw. Vergrößerungssoftware und Screenreader (Reich/Miesenberger 2013; Weber/Voegler 2014).

Über die technische Umsetzung hinaus muss bei der Planung und Strukturierung von Lernmodulen darauf geachtet werden, dass der Aufbau eines Gesamtdokuments, der einzelnen Seiten und der Textelemente auch z. B. bei Nutzung der Tastatur anstelle der Maus navigierbar und übersichtlich bleibt. Es ist auch darauf zu achten, dass geeignete Alternativen für bestimmte Darstellungsmodi zur Verfügung gestellt werden, z. B. schriftlicher Text statt Ton, Ton oder schriftlicher Text statt eines Bildes. Insgesamt sollte Wert auf die bewusste Gestaltung der Inhalte (Layout, Farben, Audio- und Video-Elemente etc.) gelegt werden.

Bei der Darstellung wissenschaftlicher Texte sollte auf eine übersichtliche Verweisstruktur und integrierte Inhaltsverzeichnisse, Literaturverzeichnisse oder Glossare geachtet werden, die mit aussagekräftigen Verweisen arbeiten und deren Reihenfolge sich auch bei Tastaturbedienung erschließt. Zusätzlich kann die Darstellung eines Glossarbegriffs in Gebärdensprache gehörlosen Menschen Zugang zu der Erarbeitung von Begriffen ermöglichen (Weber/Voegler 2014, 7). Eine Herausforderung ist es auch, mathematische Formelsprache in den mathematisch-naturwissenschaftlichen Disziplinen zugänglich zu machen. Lösungsansätze sind hier Braille-Mathematikschrift oder das automatisierte Vorlesen von mathematischen Termen durch den Rückgriff auf besondere mathematische Auszeichnungssprachen wie MathML (ebd., 8).

Technisch grundlegend für ein barrierefreies Webdesign ist die klare Trennung von Inhalt und Layout bzw. Gestaltung. „Für Webseiten gelten zwei Standards: HTML für die strukturierte Auszeichnung der Inhalte und CSS [Cascading Style Sheets] für die optische Gestaltung“ (Bornemann-Jeske 2006). Sie bilden die Basis für eine saubere Programmierung von Webseiten. Alternative Befehle im HTML-Code (alt-tags) stellen beim Ansteuern eines Bildes, eines Links usw. mit der Maus einen alternativen Text zur Beschreibung des angesteuerten Elements zur Verfügung, der auch von Screenreadern wiedergegeben werden kann. Solche Alternativen müssen z. B. darauf hinweisen, ob ein Bild darstellende oder konstruierende Funktion hat (Kap. 5.1.2) oder wohin ein Link führt. Die Planung alternativer Darstellungsmodi und aussagekräftiger Hinweise (z. B. durch alt-tags) sollte nicht erst bei der Programmierung, sondern bereits bei der didaktischen Konzeption und beim Schreiben der Drehbücher berücksichtigt werden, zumal dies auch als Bereicherung der Lernmaterialien betrachtet werden kann. HTML 5 erleichtert die Zugänglichkeit insbesondere von Multimedia-Inhalten, die Verwendung der Flash-Technologie erschwert generell den Zugriff und die gezielte Steuerung, z. B. durch Menschen mit Sehbehinderungen. Mit Audiodeskriptionen von Videos oder Untertiteln kann die Zugänglichkeit vor allem von Videos, z. B. Vorlesungsaufzeichnungen, erhöht werden (vgl. dazu im Detail Weber/Voegler 2014, 11).

Da zahlreiche Lernressourcen im PDF-Format vorliegen, ist auch hier auf die Barrierefreiheit der PDF-Datei zu achten, die z. B. durch Screenreader unverfälscht erschlossen werden kann. Hierfür wurde 2011 der Standard PDF-UA entwickelt, der 2012 als ISO-Standard 14289-1 veröffentlicht wurde (UA steht für „Universal Accessibility“, für universelle Zugänglichkeit; http://www.access-for-all.ch/ch/barrierefrei heit/barrierefreie-pdf-dokumente/pdf-ua.html [13.08.2017]).

Zentrale Anforderungen an Barrierefreiheit

Im Folgenden sind die zentralen Anforderungen an die Gestaltung von barrierefreiem E-Learning aus den (leider nicht mehr online verfügbaren) Leitfäden des Aktionsbündnisses für barrierefreie Informationstechnik sowie des Grundlagenwerks „Barrierefreiheit verstehen und umsetzen“ (Hellbusch/Probiesch 2011) zusammengefasst:

- *Textorientierung*: Für jeden auditiven oder visuellen Inhalt sind geeignete äquivalente Inhalte bereitzustellen, die den gleichen Zweck oder die gleiche Funktion wie der originäre Inhalt erfüllen, z. B. ein Alternativtext (max. 150 Zeichen) für Bilder und Abbildungen, Audiobeschreibung der wichtigen Informationen einer Videospur, Synchronisation äquivalenter Alternativen von zeitgesteuerten Multimediapräsentationen, Untertitel bzw. Untertitelung, genaue Beschreibung komplexerer visueller Elemente wie Diagramme, Animationen etc. im Fließtext.
- *Kontraste, Farben und Schriftbild*: Zu vermeiden sind unruhige und verwirrende Hintergrundbilder, Bildschirmflackern oder blinkende Inhalte. Bewegte Inhalte (Animationen, Audios) sollen angehalten oder ausgeschaltet werden können. Ein weitgehender Verzicht auf Farbvoreinstellungen erlaubt eigene Einstellungen, ansonsten sollen deutliche Farbkontraste genutzt und Rotgrünblindheit berücksichtigt werden. Günstig sind gut lesbare Schrifttypen und -größen (serifenlose Schriftarten, Zeilenabstand mindestens 1,5-fach), möglichst wenige Layoutvorgaben, um den Nutzenden bei der Anzeige Spielraum zu lassen, sowie der sparsame Einsatz benutzerdefinierter Animationen.
- *Skalierbarkeit*: Die Schriftgröße muss nach eigenen Bedürfnissen individuell anpassbar sein.
- *Linearisierbarkeit, Geräteunabhängigkeit und Tastaturbedienbarkeit*: Ein Textdokument bzw. eine Präsentation soll in einem Format gespeichert werden, das von möglichst vielen anderen Programmen geöffnet und verarbeitet werden kann. Bei PDF-Dateien muss die Leseweise von Screenreadern berücksichtigt werden. Die Einstellung von sehr großen Dateien ins Netz soll vermieden werden, bzw. diese Dateien sollen geteilt werden. Gegebenenfalls sind Alternativen als HTML-, RTF- oder die PDF-Version eines Textdokuments bereitzustellen. Tabellen sollen möglichst direkt im Textverarbeitungsprogramm/Präsentationsprogramm erstellt werden, um die Umwandlung in barrierefreie Formate zu erleichtern. Eingebettete Steuerelemente wie ein Flash-Video müssen zugänglich und per Tastatur zu bedienen sein.
- *Geräteunabhängigkeit und Dynamik*: Als ein Hauptziel der Barrierefreiheit ist die Geräteunabhängigkeit eng verknüpft mit der Linearisierbarkeit; zudem ist in diesem Zusammenhang auch die Bedienbarkeit des Webangebots mit der Tastatur wichtig. Dabei sind insbesondere dynamische Skripte und andere clientseitige Anwendungen problematisch. Möglich sein sollten auf jeden Fall eine gleichwertige Bedienung des Inhalts durch Tastatur und Maus, die Ansteuerung von neuen Inhalten, bei dynamischen auch mit der Tastatur, die Zugänglichkeit und vollständige Nutzbarkeit einer Seite ohne JavaScript sowie eine barrierefreie Darstellung aller Inhalte, die einfach im Browser dargestellt werden (z. B. Flash, Java-Applets, aber auch PDF).
- *Navigation und Orientierung:* Die Navigation in einer Präsentation bzw. einem Textdokument soll erleichtert werden durch eine Inhaltsfolie bzw. ein Inhaltsverzeichnis mit integrierter Direktnavigation zu den einzelnen Inhalten, angemessene Gruppierung der Informationen zur leichteren Orientierung sowie die

Wahl eines durchgängigen Präsentationsstils, klare Navigationsmöglichkeiten und deutliche Beschriftung von Links.

- *Verständlichkeit*: Der Zugang zu Inhalten soll erleichtert werden durch die Wahl der klarsten und einfachsten möglichen Sprache und das Erkennbarmachen von sprachlichen Besonderheiten wie Wechsel der Sprache oder Abkürzungen, Vermeidung oder Erklärung von Fachbegriffen bzw. Fachsprachen. Grundlage ist dafür auch das Behindertengleichstellungsgesetz (BGG), das seit 2002 gilt und in §11 auch den barrierefreien Zugang zur Informationstechnik regelt. Richtlinien und ein Logo für eine *Leichte Sprache* wurden von der gemeinnützigen Organisation Inclusion Europe entwickelt. Zu deren Prinzipien gehört z. B., dass jeder Satz kurz und nur eine Aussage enthalten soll (Europäische Vereinigung der ILSMH 1998; Inclusion Europe 2009). Auch in der BITV 2.0 sind Richtlinien für eine Leichte Sprache formuliert. Das Bundesministerium für Arbeit und Soziales (BMAS 2014) hat ebenfalls einen Ratgeber für eine Leichte Sprache herausgegeben, der auch Regeln für ein *Leichtes Internet* enthält. Ein Problem ist, „dass die drei Regelwerke in lediglich 17 von den insgesamt 120 formulierten Regeln übereinstimmen, d. h., es besteht keineswegs Einigkeit darüber, was sprachlich unter Leichter Sprache zu verstehen sei" (Eisenberg 2016, 792). Zudem ist zu den Richtlinien kritisch anzumerken, dass die „Verwendung immer gleicher Konstruktionen und Wendungen [...] zwar kognitiv entlastend [ist ...], aber zwangsläufig zu sprachlicher Unselbständigkeit" führt (ebd., 796). Es wird eine Standardsprache herausgebildet. Dies kann zu einer Behinderung der subjektiven Lernprozesse führen, denn eine den jeweiligen Gegenständen und Kontexten sowie den Lernzielen entsprechende sprachliche Präsentation von Lerninhalten ist die zentrale Grundlage für erfolgreiche subjektive, kooperative und innovative Lernprozesse. Entscheidend für die Anwendung der Richtlinien der Leichten Sprache sind daher die Lerngruppe und die Lernziele der angebotenen Lerninhalte in den digitalen Lehr- und Lernprozessen. Die Bedeutung von Begriffen und Aussagen sowie die Formen und Eigenschaften von Sätzen, die für die lernende Zielgruppe eine neue Herausforderung darstellen, müssen im Text verständlich erklärt werden, damit die Lernenden unmittelbar ihren Lernfortschritt, auch in ihrer sprachlichen Entwicklung, erreichen können (Gesamtdarstellung der Konzeption der Leichten Sprache siehe Bredel/Maass 2016).
- *Strukturierte Inhalte*: Für die genaue und ordentliche Strukturierung von Textdokumenten und Präsentationen sind Formatvorlagen für Absätze, Überschriften und Seiten bzw. für das Folienlayout und Foliendesign zu verwenden.

Erstellte Bildungsressourcen sollten in jedem Fall auf Barrierefreiheit geprüft werden. Dafür gibt es Testverfahren, mit denen die Umsetzung der Richtlinien der BITV 2.0 insgesamt überprüft werden kann (http://www.bitvtest.de/bitvtest.html). Die Kompatibilität mit einzelnen assistierenden Technologien lässt sich ebenfalls mit einer Reihe von Werkzeugen oder Browser-Erweiterungen überprüfen (für Beispiele siehe Weber/Voegler 2014, 11 f.). Die Barrierefreiheit von PDF-Dokumenten kann zum Beispiel mithilfe des PDF Accessibility Checkers getestet werden (http://www.access-for-all.ch/ch/barrierefreiheit/barrierefreie-pdf-dokumente/pdf-ua.html).

Insgesamt ist es für ein inklusives E-Teaching und E-Learning zentral, aktuelle Technologien zu verwenden und neueste Ergebnisse aus der Forschung zur Barrierefreiheit zu berücksichtigen (Weber/Voegler 2014, 15).

5.4 Lehren und Lernen mit Web 2.0

Was ist Web 2.0?

Unter Web 2.0 werden verschiedene interaktive und kollaborative Technologien zusammengefasst, die den Wandel des Internets von einem primären Abrufmedium zum Mitmachmedium charakterisieren, das den Nutzenden nicht nur (vermeintlich passives) Lesen und Surfen ermöglicht, sondern auch das unkomplizierte, aktive Einstellen von Inhalten. Die Grundlage dieses Wandels vom „Read Web" zum „Read-Write Web" (Downes 2005) sind allerdings weniger konkrete technische Neuerungen, zumal viele der darunter zusammengefassten Anwendungen bereits vorhanden waren, bevor sich der Begriff Web 2.0 etablierte. Vielmehr beschreibt die Vision Web 2.0 eine veränderte Haltung der Nutzenden, insbesondere eine aktivere Teilhabe und die konsequentere Verwendung der technischen Möglichkeiten (Reinmann 2008b). Allerdings wurde der – zuerst im Rahmen der Marketingmaßnahmen für eine Tagungsreihe verwendete – Begriff bereits früh kritisiert, sowohl wegen seines kommerziellen Hintergrunds als auch wegen seiner inhaltlichen Unklarheit und Jargonhaftigkeit (Berners-Lee 2006), und zunehmend durch den Begriff „Social Media" ersetzt (Google Trends 2010). Dennoch führte die hohe Popularität des Begriffs dazu, dass er in viele andere Bereiche übertragen wurde, so auch Lernen 2.0 oder E-Learning 2.0.

Gibt es E-Learning 2.0?

Zwar ist der Einsatz von Web-2.0-Werkzeugen noch nicht zum Hochschulalltag geworden (Kleimann/Özkilic/Göcks 2008), jedoch werden Werkzeuge wie Wikis, Weblogs oder Podcasts inzwischen immer häufiger auch in formellen Bildungskontexten eingesetzt; so haben einzelne Hochschulen inzwischen auch eigene Social-Media-Strategien entwickelt (Mussmann et al. 2015). Allerdings zeigte sich dabei auch schnell, dass soziale Medien in Lernkontexten leicht den Reiz verlieren können, der sie in informellen Zusammenhängen so erfolgreich macht. Dies liegt u. a. an den nahezu konträren Rahmenbedingungen: Freiwillige und anonyme Teilnahme oder Hierarchiefreiheit sind in formellen Bildungssituationen kaum umzusetzen. Das Konzept des selbst organisierten Lernens, eine zentrale subjektive Voraussetzung für die Nutzung von Web-2.0-Werkzeugen, ist eine Herausforderung, die aufseiten der Lernenden „nicht nur eine ganze Reihe von kognitiven Fähigkeiten und Interesse voraussetzt, sondern auch einen freien Willen, den man sich erst einmal aneignen muss" (Reinmann 2008b, 14 f.) – und der von Bildungsinstitutionen aktiv gefördert werden muss. Welche Voraussetzungen und Kompetenzen sind dazu aufseiten der Lehrenden und der Lernenden notwendig? Welche didaktischen Szenarien sind sinnvoll, welche organisatorischen Rahmenbedingungen müssen geschaffen werden, welche rechtlichen Aspekte sind zu bedenken? Und wo liegen die Grenzen von E-Learning 2.0?

User Generated Content und Microcontent

Ein typisches Merkmal von Web 2.0 ist die aktive Produktion von Inhalten durch die Nutzenden, also deren Rollenwechsel von Konsumenten zu „Produmenten" oder „Prosumenten". Diese bereits 1980 von TOFFLER (1983) geprägten Verbindungen der Begriffe Produzent und Konsument bekommt im Internetzeitalter noch einmal eine neue Bedeutung. Solcher von den Nutzern erstellter und veröffentlichter User Generated Content kann natürlich auch in Lehrveranstaltungen entwickelt werden. Dieser Learner Generated Content unterscheidet sich zunächst bereits deshalb von klassischen (Lern-)Ressourcen, weil sich auch Lernende – und nicht nur Lehrende bzw. Fachleute – an der Produktion beteiligen können oder sogar müssen, denn einige Web-2.0-Anwendungen, z. B. Wikis, könnten „ohne das Strukturprinzip der Mitgestaltung durch die Nutzenden gar nicht erst entstehen" (THILLOSEN 2008, 215). Darüber hinaus handelt es sich – im Gegensatz zu Lehrbüchern, Studienbriefen oder WBTs – oft um sehr kurze Inhalte, sog. Microcontent, teilweise auch in Formaten, die bisher in Bildungskontexten weniger gebräuchlich sind, also nicht nur um kurze Texte, sondern auch um einzelne Bilder oder kurze Audio- oder Videosequenzen. Erleichtert wird die Erstellung solcher kurzen Inhalte auch dadurch, dass beispielsweise auf Tablets neue multimediale Inhalte unkompliziert durch App-Smashing produziert werden können: Dasselbe Gerät bietet die Möglichkeit, (durch die Nutzung unterschiedlicher Apps) verschiedene Inhaltstypen zu erstellen (z. B. Fotos, Tondokumente oder Videos) und zu einem neuen multimedialen Inhalt zu verschmelzen (smash) (WAGNER 2015). Solche Formate sind zwar Bildungsressourcen, jedoch sind sie weniger auf bloße Rezeption angelegt als auf kooperative Bearbeitung, Verbreitung in Netzwerken usw. Insofern kann etwa bei Wikis und Weblogs von „äußerlich nicht dialogische[r] Kommunikation" gesprochen werden (THELEN/GRUBER 2003, 359). Alle diese Aspekte beeinflussen die Gestaltung von Lehr-/Lernprozessen erheblich und tragen damit deutlich zu einer Veränderung der Lernkultur bei.

Zugleich führt Web 2.0 dazu, dass im Internet eine Fülle von Lernressourcen frei zur Verfügung stehen, angesichts derer KERRES (2006) fragt, weshalb im E-Learning 1.0 so viele Ressourcen darauf verwandt wurden, Lerninhalte zu erstellen. Jedoch wird dabei ein zentrales Problem von User Generated Content nicht berücksichtigt: die fehlende Qualitätssicherung. Aufseiten der Lernenden kann außerdem die Vielzahl der Informationen und Beteiligungsmöglichkeiten zu Überforderung führen; sie benötigen daher neue Strategien im Umgang mit der Informationsfülle sowie Recherche- und Bewertungskompetenzen.

Institutionelle und rechtliche Rahmenbedingungen

Ein weiteres Problem stellt die (zumindest im Hochschulkontext bisher unübliche) Integration von Microcontent und von nicht schriftlichen Artefakten in didaktische, curriculare und inhaltsbezogene Kontexte dar. Urheberrechtliche Problemfelder, die bereits in Bezug auf die Einstellung von Inhalten in geschlossene Lernmanagementsysteme auftreten, erweitern sich im Zusammenhang mit den im Internet abgelegten Artefakten von Lernenden. Angesichts der Persistenz von Informationen im Internet können Datenschutzprobleme auftreten. Außerdem müssen organisatorische Rahmenbedingungen geschaffen werden, die z. B. die Aufnahme von neuartigen Prüfungsformen – etwa lernbegleitende, kooperativ erbrachte Leistungen – in die Prüfungsordnungen ermöglichen (Döbeli Honegger 2008; Kerres 2006).

Noch darüber hinausgehende Überlegungen betreffen die Möglichkeit, dass Lernende sich aus der Vielzahl online vorhandener Bildungsressourcen ihrem eigenen Bedarf entsprechende Stundenpläne und Curricula zusammenstellen können (Kap. 4.3.1). Dem stehen allerdings die institutionellen Rahmenbedingungen entgegen. So „kontrollieren wir in formalen Bildungsarrangements nicht nur die zeitlichen Abläufe, sondern auch wer, d. h. welche Personen, Zutritt zum Bildungsangebot haben. Schon das Wort ‚Bildungsangebot' und das dahinterstehende und zu erfüllende Curriculum widerspricht der Idee des informellen, zwanglosen, freiwilligen und en passant Lernens" (Baumgartner 2006, 6). Jedoch: Die konkrete Verfügbarkeit und Zugänglichkeit von Bildungsressourcen für formale und informelle Lernsituationen ist durch Web 2.0 um ein Vielfaches gestiegen und wird durch die wachsende Anzahl von MOOCs und anderer digitaler Ressourcen noch zusätzlich erweitert (vgl. Kap. 2.3) – unabhängig davon, ob ein solcher Anspruch mit den Rahmenbedingungen von formalen Bildungskontexten wie Studium, beruflicher Aus- und Weiterbildung grundsätzlich vereinbar oder auch im Sinne von Qualitätssicherung wünschenswert ist (Gaiser/Thillosen 2009).

Neue Lernkultur durch Web 2.0?

Geht mit dem Einsatz von Web-2.0-Werkzeugen in Lernkontexten ein Lernkulturwandel einher? Bereits in den frühen 1990er-Jahren wurde im Zusammenhang mit dem Einsatz multimedial angereicherter, internetbasierter Lehrszenarien in Kombination z. B. mit konstruktivistischen lerntheoretischen Ansätzen ein Paradigmenwechsel der Lernkultur eingefordert, der von den noch heute verwendeten Begrifflichkeiten geprägt ist. Schon damals war „nicht mehr von Lehrsystemen, sondern von Lernumgebungen die Rede, nicht mehr von Instruktion, sondern von autonomem Lernen, nicht mehr von Lernkontrolle, sondern von Unterstützung und Coaching" (Weidenmann 1993, 10). Dass die angestrebten Veränderungen nicht oder zumindest nicht vollständig eingelöst werden konnten, liegt nur zum Teil an den technischen Möglichkeiten von E-Learning 1.0, sondern auch an den bis heute nicht gelösten Problemen mit den organisatorischen und rechtlichen Rahmenbedingungen.

Werden jedoch Faktoren wie eine Veränderung des Verständnisses von Wissenserwerb oder eine Verschiebung traditioneller pädagogischer Verhältnisse (Kap. 4.3.2) als Kennzeichen für den Wandel der Lernkultur betrachtet, so zeigen viele Lernszenarien, in denen Web-2.0-Werkzeuge zum Einsatz kommen, deutliche Merkmale eines solchen Prozesses. So werden einerseits Lernende zu Autoren von Bildungsressourcen, andererseits nimmt z. B. mit der zunehmenden Wissensvermittlung durch Podcasts die Bedeutung selbst organisierten Lernens zu. Zwar wäre dies theoretisch auch durch traditionelle Lernmedien wie Bücher möglich gewesen, tatsächlich führte jedoch erst die relativ unkomplizierte Produktion von Podcasts zu einer Veränderung. Verschiebungen des traditionellen Umgangs mit Lernressourcen durch Wikis und Weblogs sind z. B. die Veröffentlichung noch unfertiger Produkte oder die Praxis kollektiven Schreibens. Nicht zuletzt eröffnet Web 2.0 neue Öffentlichkeitsräume für die Präsentation von Inhalten und den Austausch – zwischen Lernenden und Experten, Praktikern und Theoretikern – über üblicherweise bisher geschlossene Bildungskontexte hinaus, die sich auch auf die traditionellen Darstellungs- und Beurteilungskriterien und Veröffentlichungswege und damit auf die Rollen der Beteiligten und ihre Beziehungen untereinander auswirken (Gaiser/Thillosen 2009, 191 ff.).

Web-2.0-Werkzeuge haben also ein hohes Potenzial, neue (Formen von) Bildungsressourcen zu schaffen, die Aktivierung und Vernetzung von Lernenden zu fördern und zu einem Wandel der Lernkultur beizutragen – aber sie sind kein Allheilmittel. Zudem ist die Nutzung von Web-2.0-Werkzeugen in formellen Bildungskontexten kein Selbstläufer, und es gibt zahlreiche ungeklärte rechtliche und organisatorische Aspekte. Mit den folgenden Darstellungen von Einsatzmöglichkeiten typischer Web-2.0-Anwendungen in Lernsituationen ist immer zugleich die Frage verbunden, ob und wie sich diese auch auf bereits etablierte Formen von E-Learning und auf die Lernkultur auswirken. Vor allem geht es jedoch darum, in welchen Lernsituationen und zum Erwerb welcher Kompetenzen der Einsatz eines Werkzeugs sinnvoll ist und wie Bedingungen geschaffen werden können, die Lernende zur Nutzung motiviert. Dazu werden im Folgenden Wiki (Kap. 5.4.1), Weblog (Kap. 5.4.2), Microblogging bzw. Twitter (Kap. 5.4.3), Podcast (Kap. 5.4.4), Social Bookmarking und Social Tagging (Kap. 5.4.5.) sowie RSS (Kap. 5.4.6) und ihr möglicher Einsatz in Lernkontexten vorgestellt (die Potenziale des Einsatzes sozialer Netzwerke in Lernkontexten werden in Kap. 6.4 thematisiert).

5.4.1 Wiki

Was ist ein Wiki?

Ein Wiki ist eine Sammlung von Hypertexten, die durch Links miteinander verbunden sind. Die einzelnen Seiten können von den Nutzenden nicht nur gelesen, sondern auch unkompliziert und schnell online verändert werden – der Begriff ist vom hawaiianischen wikiwiki, schnell, abgeleitet. Wikis können im Internet zur Verfügung stehen, lassen sich aber auch im Intranet oder auf lokalen Rechnern einrichten

(Leuf/Cunningham 2001) und sind inzwischen in viele Lernmanagementsysteme integriert. Für den Einsatz im Kontext E-Learning sind Wikis ein relevantes neues Werkzeug, da sie kostengünstig und einfach individuelles Lernen und kooperative Wissenskonstruktion unterstützen können (Cress/Kimmerle 2008).

Das Wiki-Prinzip

Dabei sind es weniger die technischen Aspekte als vielmehr einige grundlegende funktionale Charakteristika, die das „Prinzip Wiki" ausmachen (Moskaliuk 2008a, 18 ff.; Moskaliuk/Kimmerle 2008, 2 f.):

- *Einfaches und schnelles Bearbeiten*: Wikis basieren auf einfachen Content Management Systemen, die es (in der Regel) allen Nutzenden erlauben, ohne tiefere Vorkenntnisse jeden Inhalt eines Wikis zu bearbeiten und neue Seiten anzulegen. Die Bearbeitung erfolgt direkt im Webbrowser, zusätzliche Software, Plug-ins, Applets usw. sind nicht erforderlich. Auf diese Weise verschmelzen die Rollen von Leser, Autor, Redakteur, Reviewer und Herausgeber zu der im Web 2.0 typischen Verbindung von Produzenten und Konsumenten zu einer einzigen Rolle, den Prosumenten (Kap. 5.4; Panke/Thillosen 2008, 3).
- *Nicht lineare Hypertextstruktur*: Typischerweise ist ein Wiki nicht hierarchisch strukturiert, sondern die einzelnen Seiten sind durch Querverweise miteinander verbunden. Inhalte und Hypertextstruktur verändern sich kontinuierlich mit dem Wachsen des Wikis (Moskaliuk/Kimmerle 2008, 2). In Lernkontexten bietet die Struktur eines solchen assoziativen Netzwerks auch den Vorteil, dass neue Inhalte und Seiten in das bestehende Netzwerk integriert werden müssen und es Lernenden auf diese Weise erleichtert wird, neue Querverbindungen und Beziehungen zwischen Inhalten herzustellen. Zudem wird der Serendipity-Effekt verstärkt, d. h., es werden zufällig Informationen gefunden, nach denen eigentlich gar nicht gesucht wurde, die aber dennoch auf weitere relevante Zusammenhänge und Themen aufmerksam machen (ebd., 4). Da Wikis schnell unübersichtlich werden können, sollte eine gute Suchfunktion integriert sein. Auch die Verschlagwortung von Beiträgen mithilfe von Tags kann zur Übersichtlichkeit – und zum Lernerfolg – beitragen (Kap. 5.4.5).
- *History-Funktion und Versionierung*: Jede Änderung an einer Seite eines Wikis führt automatisch dazu, dass eine neue Version dieser Seite angelegt wird; alle vorhergehenden Fassungen werden in einer History gespeichert und versioniert. Auf diese Weise kann der Bearbeitungsprozess eines Textes genau mitverfolgt und auch der ursprüngliche Zustand leicht wiederhergestellt werden. Diese Funktion dient sowohl als Schutz wie auch zur Koordinierung (Thillosen 2008, 217). Darüber hinaus können Veränderungen auf einer angegliederten Seite erläutert und diskutiert werden. Gerade in Lernsituationen kann diese Funktion für die gemeinsame Bearbeitung von Texten konstruktiv eingesetzt werden, da sie jedoch vielen Nutzenden bzw. Lernenden zunächst nicht vertraut ist, muss dies gezielt angeregt werden.
- *Kooperative Arbeit an einem gemeinsamen Produkt*: Obwohl auch eine Einzelperson, z. B. zu Lernzwecken, ein privates Wiki anlegen kann, liegt der besondere

Mehrwert eines Wikis in der Zusammenarbeit. Eine Wiki-Seite spiegelt dabei jeweils den aktuellen Stand der Kooperation in Bezug auf den jeweiligen Inhalt wider, denn Metainformationen über den Autor bzw. die Autoren bestimmter Texte oder Textteile, die Entstehungsgeschichte usw. sind zumindest auf den ersten Blick nicht ersichtlich – im Gegensatz etwa zu Blogs oder Foren, deren Autoren deutlich erkennbar sind und von anderen Nutzern nur kommentiert, nicht aber bearbeitet werden können.
- *Anpassbarkeit/Adaptivität:* Innerhalb eines Wiki-Systems können die Funktionen einfach an neue oder veränderte Anforderungen angepasst werden. Beispielsweise können Administratoren weiter gehende Rechte haben als andere Nutzende, um Inhalte vor Veränderungen zu schützen, oder es können in Lehrveranstaltungen bestimmte Lese- oder Schreibrechte vergeben werden. Durch diese Flexibilität eignen sich Wikis sowohl für große, offene Gruppen als auch für kleine, geschlossene Projekt- und Lerngruppen.

Wikis und Wikipedia – offene und geschlossene Wikis

Bereits 1995 entwickelt (Leuf/Cunningham 2001), wuchs „das Wiki-Web [in den ersten Jahren zunächst] weitgehend unbemerkt von der Öffentlichkeit" (Leitner 2005), erlangte jedoch mit der Gründung der Online-Enzyklopädie Wikipedia im Jahr 2001 schnell weltweite Bekanntheit. Bereits am Ende des Entstehungsjahres existierte die Wikipedia in 18 Sprachen, im Februar 2017 waren es 205 Sprachen. Die englischsprachige Wikipedia ist die größte und enthielt 2017 ca. 5,45 Millionen Artikel, die deutschsprachige gehört mit über zwei Millionen Artikeln zu den fünf größten Wikipedias weltweit (Wikipedia dt. 2017f). Diese große Popularität der Wikipedia ist ein wesentlicher Motivator, Wikis auch in Lernsituationen einzusetzen. Dabei wurde zunächst oft nicht berücksichtigt, dass die Wikipedia aufgrund ihres Bekanntheitsgrads und der damit verbundenen hohen Nutzerzahlen ein Sonderfall ist, da gleich mehrere maßgebliche Erfolgsfaktoren der Online-Enzyklopädie, die lange als zentral für die Wiki-Philosophie und das Funktionieren von Wikis betrachtet wurden (Ebersbach/Glaser/Heigl 2005, 28–32), in formellen Lernsituationen oft nicht realisiert werden können: So etwa die sehr großen Teilnehmerzahlen – die bei Wikipedia auch wesentlich zur schnellen Korrektur von Fehlern und damit zur Qualitätssicherung beitragen –, die Möglichkeit der anonymen und freiwilligen Teilnahme, flache Hierarchien sowie die Ausrichtung auf dynamisch wachsende Nutzerzahlen und die Ausrichtung auf eine zeitlich tendenziell unbegrenzte Dauer der Verfügbarkeit und Bearbeitung. Solche selbst gesteuerten Wikis, also offene Wiki-Projekte mit freiwilliger Beteiligung (wie Wikipedia), unterscheiden sich von fremd gesteuerten, in formellen Lernsituationen, Firmen oder Projekten eingesetzten Wikis durch oft nahezu entgegengesetzte Rahmenbedingungen, z. B. fest umrissene, geschlossene Adressatengruppen und eine häufig homogene Expertise, organisationale Hierarchie, Beteiligung als Pflicht und geschützte Inhalte sowie einen bestimmten zeitlichen Rahmen und vorgegebene Arbeitsabläufe (Moskaliuk 2008a, 22). Natürlich können Wikis auch in formellen Lernszenarien konstruktiv eingesetzt werden; jedoch ist es vor dem Hintergrund der eben beschriebenen Unterschiede zu einer selbst gesteuerten Nutzung von besonderem Interesse, welche kognitiven, motivationalen und sozialen Aspekte zur erfolgreichen Nutzung von Wikis beitragen und wie diese auch in Lernkontexten realisiert werden können.

Die Technik eines Wikis gibt keine bestimmte Nutzungsweise vor; der Vergleich mit einem Schweizer Messer, das viele verschiedene Werkzeuge integriert, sehr unterschiedlich genutzt und den jeweiligen Bedürfnissen entsprechend gezielt eingesetzt werden kann (Döbeli Honegger 2005, Folie 1–3), ist also durchaus treffend. So können Wikis z. B. durchaus flexibel als Lernplattform, als Veranstaltungshomepage oder zur Dokumentenverwaltung genutzt werden. Im Folgenden soll es jedoch um Einsatzmöglichkeiten in Lernkontexten gehen, die für Wikis besonders typisch sind und deren grundlegenden Prinzipien am besten entsprechen.

Nutzung öffentlicher Wikis in Lernkontexten

Zunächst einmal werden öffentliche Wikis inzwischen ganz selbstverständlich als (erste) Informationsquellen verwendet: Die Online-Enzyklopädie Wikipedia etwa ist „längst schon Teil des wissenschaftlichen Alltags geworden [und] wird von Dozierenden ebenso genutzt wie von Studierenden" (Hodel 2007), und über Wikipedia hinaus gibt es inzwischen eine Vielzahl von frei zugänglichen Wikis für verschiedene Fachinhalte. Insofern ist es wenig sinnvoll, Zitate aus Wikipedia in wissenschaftlichen Arbeiten zu verbieten (Haber 2007). Da es für Lernende jedoch gerade zu Beginn der Auseinandersetzung mit einem Thema schwierig ist, die Richtigkeit und Bedeutung von Inhalten einzuschätzen, die in offenen Bildungsressourcen im Internet zur Verfügung stehen, sollte im Lernprozess die Frage der Verlässlichkeit – und auch der Adäquatheit – von Informationsquellen explizit thematisiert und vor allem auch Gelegenheiten geschaffen werden, andere und oft mühsamere Prozesse und Methoden der (wissenschaftlichen) Informationsrecherche zu vermitteln und einzuüben (Kap. 6.6).

Außerdem können sich Lernende prinzipiell an öffentlichen (Fach-)Wikis und an der Wikipedia schreibend beteiligen. So war das Ziel des von 2011 bis 2013 durchgeführten Wikipedia-Hochschulprogramms, „das Verfassen von Wikipedia-Artikeln durch Studierende als gängige Methode in der akademischen Lehre zu etablieren" (Wikipedia dt. 2017b). Doch 2014 wurde aus dem Artikel Wikipedia:Seminararbeit der Satz gestrichen: „Die Wikipedia begrüßt es [...] ausdrücklich, wenn Studierende – entsprechend den Regeln der Wikipedia – neue Artikel schreiben oder bestehende Artikel verbessern und dabei zum Beispiel ihre Rechercheergebnisse aus dem Studium für die Wikipedia verwerten" (Wikipedia dt. 2014). Zwar werden in solchen Fällen über die inhaltliche Auseinandersetzung mit dem Thema hinaus oft auch weitere Kompetenzen erworben, z. B. können die inhaltlichen und formalen Unterschiede zwischen einer Seminararbeit und einem Wikipedia-Artikel das Bewusstsein für verschiedene Textsorten und eine zielgruppenorientierte Darstellung von Inhalten wecken (Thillosen 2008, 237 ff.). Zugleich können eigene Erfahrungen mit den Redaktionsprozessen in öffentlichen Wikis – z. B. mit Änderungen oder Löschungen

– oft auch zu einer neuen Einschätzung der Stärken und Schwächen von Wikis als Informationsquellen beitragen (HODEL/HABER 2007).

Jedoch gab es in der Praxis damit häufig Probleme. Lehrende, die das Schreiben bzw. Einstellen von Arbeiten in die Wikipedia in ihre Veranstaltungen integrieren wollen, sollten sich deshalb der Besonderheiten der Wikipedia bewusst sein, sowohl in Bezug auf das kollektive Arbeiten am Text als auch hinsichtlich rechtlicher Fragen; zudem müssen die Texte ein enzyklopädie- bzw. wikipediataugliches Format haben. Dagegen erwarten offensichtlich einige Lehrende, dass Studierende Seminar- oder Hausarbeiten in Wikipedia einstellen, die jedoch als wissenschaftliche Arbeiten eine ganz andere Qualität und Zielgruppe haben als Wikipedia-Artikel. Dadurch sind teilweise Konflikte entstanden. Daher werden insbesondere für die gemeinsame Arbeit an wissenschaftlichen Projekten das Wikipedia-Schwesterprojekt Wikiversity oder die Nutzung eines parallelen veranstaltungsinternen Wikis (siehe unten) empfohlen. Sollen dort entstehende Texte später in die Wikipedia integriert werden, ist es „wichtig, solche Projekte mit der Wikipedia-Gemeinschaft zu koordinieren" (WIKIPEDIA DT. 2016c).

Beteiligen Lernende sich freiwillig an einem öffentlichen Wiki oder initiieren sogar eigene Wiki-Projekte, ist dies vergleichbar mit dem Engagement in einer Community of Practice (CoP), bei dem die Möglichkeit besteht, sich im Sinne der „legitimen peripheren Partizipation" (LAVE/WENGER 1991) je nach eigenem Kenntnisstand, zeitlichen Ressourcen usw. mehr oder weniger einzubringen. Die (Wiki-)Technik ermöglicht damit Lernenden nicht nur, Lerninformationen selbst organisiert zusammenzustellen und damit bereits traditionelle Strukturen in Lernverhältnissen selbstständig zu verändern (Kap. 4.3.1), sondern sich sogar an der Produktion von (öffentlich verfügbaren) Lernressourcen zu beteiligen.

Wiki-Einsatz in geschlossenen Lehrveranstaltungen

Mit der zunehmenden Integration in Lernmanagementsysteme werden Wikis auch im Rahmen von Lehrveranstaltungen bzw. in geschlossenen Kursen oder kursübergreifend an einer Institution, in einem Studien- oder Ausbildungsgang eingesetzt (vgl. BEISSWENGER/ANSKEIT/STORRER 2012). Dabei haben sich einige Formen des gemeinsamen Sammelns von Informationen und des aktiven Schreibens inzwischen bereits etabliert, so etwa die Erstellung von Kurslexika oder Kursglossaren, die Dokumentation von Veranstaltungen durch Protokolle und Skripte oder die Sammlung von kommentierten Literaturhinweisen oder Linklisten. Aber auch komplexere Inhalte – etwa fachbuchähnliche Materialien – können (ggf. sogar kurs- und schülergenerationenübergreifend) in einem Wiki gemeinsam entwickelt werden. Bei diesen Verwendungsweisen können Verfasserschaften und Verantwortlichkeiten leicht sichtbar gemacht werden, im Unterschied zu der in öffentlichen Wikis häufigen Praxis des anonymen Schreibens und der unkommentierten Veränderung von Texten. Ein solches gemeinsames Schreiben an einem Text oder die Veränderung von Texten anderer ist in Lernsituationen, vor allem im Hochschulkontext, zurzeit immer noch oft ungewohnt. Jedoch bietet sich die Nutzung von Wikis auch für schreibdidaktische Ziele an, etwa um den üblicherweise isolierten Schreibprozess öffentlich zu machen und zu unterstützen (Thelen/Gruber 2003, 2005). Hier kann ein Wiki als Infrastruktur für gemeinsame Schreibprojekte, Problemlösungen oder auch E-Portfolios sowie zum Brainstorming oder als Koordinationsraum für Projektarbeit genutzt werden (Ferris/Wilder 2006; Xu 2007). Zudem kann auch vereinbart werden, dass nicht nur Textbeiträge, sondern auch koordinierende und redaktionelle Arbeiten in die Bewertung von Arbeitsleistungen eingehen (Wiesner 2008). Eine weitere – allerdings weniger typische – Möglichkeit für den Wiki-Einsatz ist die Produktion von Content (vgl. z. B. LOOP 2017; https://loop.oncampus.de/loop/LOOP [13.08.2017]).

Unterstützung der Lernenden bei der Nutzung von Wikis

Die bisherigen Erfahrungen zeigen, dass fremdgesteuerte Wikis in der Regel nicht von selber genutzt werden. Der Einsatz sollte deshalb durch eine geeignete Aufgabenstellung, entsprechende Hinweise und diskursive Begleitung des Arbeitsprozesses unterstützt werden.

Obwohl Wikis einfach zu bedienende Systeme sind, ist es immer noch meist sinnvoll, zu Beginn einer Veranstaltung die technische Funktionsweise zu erklären und dabei auf Themen einzugehen, die für Teilnehmende eine Hürde darstellen können, z. B. die Einbindung von Bildern und Fußnoten oder Fragen zum Layout. Darüber hinaus sollten die konkrete Nutzungsweise in der Veranstaltung – vor allem die Freiheit der Lernenden und die erwarteten Leistungen, Arbeitsanweisungen usw. – ebenso erläutert und diskutiert werden wie grundsätzliche Fragen zum Wiki-Prinzip und seinen Auswirkungen auf das kooperative Lernen und Organisieren der Veranstaltung. Solche technischen und organisatorischen Aspekte können, ebenso wie inhaltliche Fragen, auch in einem Hilfebereich oder in FAQs (Frequently Asked Questions, also die Zusammenstellung der Antworten auf häufig gestellte Fragen) im Wiki dargestellt werden; außerdem können erfahrenere Wiki-Nutzer in einem Kurs andere Teilnehmende bei Fragen oder Problemen unterstützen (Moskaliuk/Kimmerle 2008, 5 f.).

Auf der praktischen Ebene erleichtert die Vorstrukturierung eines Wikis den Lernenden den Zugang. Zugleich sollten sie aber auch ermutigt werden, suboptimale Strukturen zu verbessern. Allgemein wird davon ausgegangen, dass leere Seiten zur Partizipation motivieren (Moskaliuk 2008b, 89). Im Gegensatz zu dieser Annahme haben Experimentalstudien inzwischen aber auch gezeigt, dass leere Seiten Hemmungen hervorrufen können und dass Versuchspersonen am meisten in Wikis schrieben, wenn sie Textbeiträge vorfanden, an denen sie sich orientieren konnten und die zugleich nicht zu stark vom eigenen Wissensstand abwichen. Eine völlige Übereinstimmung mit dem eigenen Wissen führte dazu, dass die Beiträge als fertig eingestuft wurden und keine weitere Bearbeitung erfolgte (Cress/Kimmerle 2008).

Wie sich gezeigt hat, beruht die Motivation zur selbst gesteuerten Beteiligung an öffentlichen Wikis vor allem auf psychosozialen Aspekten wie Freiwilligkeit und Selbstbestimmung, persönlichem Interesse und Relevanz. Diese Faktoren sind damit also nicht nur auf der individuellen Ebene von Bedeutung, sondern tragen maßgeblich zur inhaltlichen Qualität und zur dynamischen Weiterentwicklung der gemeinsamen Wissenskonstruktion bei. Die zentrale Herausforderung beim Einsatz von Wikis in formellen Lernkontexten ist es, die Lernenden trotz der anderen Rahmenbedingungen, z. B. fester Vorgaben über die zu erbringenden Leistungen, zur Mitarbeit zu motivieren. Ein Ansatzpunkt dafür ist die Berücksichtigung einer positiven Kosten-Nutzen-Relation. Denn die Mitarbeit an einem Wiki ist „mit individuellen ‚Kosten' verbunden. Es kostet Zeit und Mühe, Wissen zu verschriftlichen und verständlich und nachvollziehbar aufzubereiten" (Moskaliuk/Kimmerle 2008, 13). Dabei wirken sich zu starke extrinsische Anreize, etwa die Vorgabe einer bestimmten Anzahl von Beiträgen, negativ auf die langfristige Motivation zur Beteiligung aus (ebd., 14). Vielmehr sind Wikis – auch fremdgesteuerte – gut geeignet, die intrinsische Motivation zu stärken, da sie gute Voraussetzungen bieten, an den Grundbedürfnissen anzusetzen, auf denen diese beruht: den Bedürfnissen nach Selbstbestimmung, Kompetenz und sozialer Eingebundenheit (ebd., 10). Damit sich also die Beteiligung an einem Wiki lohnt, können selbstbestimmtes Handeln und Autonomie z. B. dadurch ermöglicht werden, dass jeder Einzelne ein Arbeitsthema wählen kann, das für ihn von besonderem Interesse oder von Praxisrelevanz ist, oder dass die Lernenden an den Nutzungsvereinbarungen, Qualitätssicherungsmaßnahmen und der Konzeption des Wikis beteiligt werden. Lehrende sollten deshalb auf zu restriktive Vorgaben in Bezug auf Bearbeitungsrechte, Art und Häufigkeit der Beteiligung usw. verzichten – oder ggf. sogar die Arbeit im Wiki und andere Formen des Leistungsnachweises zur Wahl stellen (Kimmerle 2008; Merkenich 2007; Moskaliuk/Kimmerle 2008, 9 f.). Als kompetent können sich Teilnehmende erleben, wenn sie z. B. an Bereichen eines Wikis mitarbeiten, in denen sie sich gut auskennen, sowohl inhaltlich als auch durch redaktionelle Arbeiten oder technischen Support. Das Gefühl, einen konstruktiven Beitrag zu einem Gesamtprojekt zu leisten, kann zugleich das Gefühl der Zugehörigkeit zu einer Wiki-Community bzw. zu einer Lerngruppe stärken, ebenso wie die Rückmeldungen der anderen auf die Expertise eines Teilnehmers, die auch deren Bedeutung für die Gruppe sichtbar macht (ebd.). Fühlen sich die einzelnen Mitglieder durch das gemeinsame Lernziel und die gemeinsame Aufgabe verbunden, trägt dies zu einer freiwilligen und dauerhaften Beteiligung bei. Damit ein solcher sozialer Gewinn entstehen kann, müssen Möglichkeiten zum Aufbau von Beziehungen und zur Selbstdarstellung geschaffen werden (Kimmerle 2008), aber auch der Wettbewerb und der Vergleich mit anderen können motivierend wirken (Panke/Thillosen 2008; Wiesner 2008).

Für den erfolgreichen Einsatz von Wikis in Lernzusammenhängen ist es also sinnvoll, den Lernenden im Rahmen der bestehenden Einschränkungen so viel Raum zur Mitbestimmung und zum selbstbestimmten Lernen zu geben wie möglich. Intrinsische Motivation, persönliches Interesse und eine positive Kosten-Nutzen-Relation fördern die konstruktive Beteiligung an einem Wiki (Moskaliuk/Kimmerle 2008, 16).

5.4.2 Weblog

Was ist ein Weblog?

Weblog – kurz: Blog – ist eine häufig aktualisierte Webseite, die aus fortlaufenden, in der Regel relativ kurzen Beiträgen besteht. Dabei steht die neueste Nachricht immer oben, d. h., die Abfolge ist umgekehrt chronologisch. Blogs werden meist von einzelnen Personen, den Bloggern, betrieben, aber auch von (kleinen) Personen- bzw. Interessengruppen. Technisch handelt es sich um einfache Content Management Systeme (CMS), die die Möglichkeit bieten, unkompliziert Informationen im Internet zu veröffentlichen. In die Textnachrichten können Links, Bilder, Videos, Audios usw. eingebunden und die einzelnen Beiträge mit selbst gewählten Schlagworten beschrieben werden (zum Social Tagging vgl. Kap. 5.4.5). Jeder einzelne Beitrag eines Blogs – also nicht nur der Blog als Ganzer – ist mit einer eigenen Internetadresse (URL) aufrufbar, dem Permalink, einem permanent verfügbaren Link. Blogs sind per RSS abonnierbar (Kap. 5.4.6), d. h., Nutzer können sich automatisch über neue Beiträge benachrichtigen lassen; innerhalb eines Blogs erleichtern Such- und Kalenderfunktionen das Auffinden von Beiträgen.

Charakteristische Merkmale

Ein zentrales Merkmal von Blogs, das sie auch zu einem typischen sozialen Medium macht und wesentlich zu ihrer Popularität beiträgt, ist deren Vernetzung. Sie kann durch unterschiedliche Funktionen unterstützt werden, die als charakteristisch für Blogs gelten (auch wenn einige davon inzwischen teilweise deaktiviert oder moderiert werden, also durch den jeweiligen Autor des Blogs freigeschaltet werden, vor allem um Spam zu verhindern):

1. persönliche Kommentare, die unmittelbar unter dem jeweiligen Beitrag angezeigt werden,
2. Verlinkung auf externe Webseiten oder auf einen Beitrag in einem anderen Blog (durch diese automatische Trackback-Funktion verweisen die Blogs gegenseitig aufeinander) sowie
3. die Blogroll, mit welcher der Autor eines Blogs auf andere, von ihm geschätzte Blogs hinweisen kann.

Die Gesamtheit aller Blogs wird Blogosphäre genannt. Angaben über die Zahl existierender Blogs sind schwierig, zumal viele neu eingerichtete Blogs schon nach kurzer Zeit nicht mehr aktiv betrieben werden; „Blogger kommen und gehen“ (Panke/Oestermeier 2006, 2), jedoch wächst die Zahl der Blogs insgesamt kontinuierlich. NM Incite (2012) zufolge stieg die Anzahl der Blogs weltweit von 38,5 Millionen im Oktober 2006 auf 173 Millionen im Oktober 2011. Im Juli 2017 verzeichnete bereits die Blogging-Plattform „Tumblr“ allein über 349 Millionen Accounts (Tumblr 2017). Zugleich haben sich die Verwendungsformen ausdifferenziert: „Neben Online-Tagebüchern gibt es Blogs als Medien der (internen und externen) Organisationskommunikation, als (quasi-)journalistische Publikationen, als Medien der Expertenkommunikation *und* des persönlichen Wissensmanagements“ (Reinmann/Bianco 2008, 6).

Am häufigsten ist die Verwendung von Blogs als persönliches Journal und als Medium zum Austausch für Informationen und Fachwissen (Schmidt/Mayer 2007).

Weblogs unterscheiden sich durch eine „typische Mischung aus Individualität und Kooperation" (Panke/Oestermeier 2006, 1) fundamental von Wikis: Auf der einen Seite ist Vernetzung zentral für Weblogs, auf der anderen Seite kann jeder Beitrag einem einzelnen Autor (oder Kommentator) zugeordnet werden, während Texte in einem Wiki Gemeinschaftswerke sind, die von mehreren Autoren erstellt werden, deren jeweilige Anteile nicht (bzw. nur in der Versionskontrolle) erkennbar sind. Auch die Inhaltspermanenz unterscheidet Blog-Nachrichten von immer wieder veränderten und dynamisch weiterentwickelten Texten in Wikis: Blog-Beiträge sind in der Regel in sich geschlossen und sollten nicht nachträglich verändert werden. Falls dies doch einmal als notwendig erscheint, sollten „Abänderungen nicht heimlich korrigiert werden, sondern merkbar und sofort ersichtlich" (Felkel 2004, 8).

Besonderheiten von Wissens-Blogs

Wissens-Blogs oder W-Blogs bzw. Knowledge Blogs können für ihre Autoren unterschiedliche Funktionen haben: die Speicherung und Annotation von Informationen, die Interpretation und Reflexion von Erlebnissen und Erfahrungen sowie, durch das Vernetzungspotenzial von Blogs, die Kommunikation (Röll 2006). Dabei haben empirische Studien gezeigt, dass das freiwillige Führen eines Wissens-Blogs verschiedene psychologische Grundbedürfnisse erfüllt und dadurch motiviert und befördert wird:

1. Das *Bedürfnis nach Kompetenzerfahrung* wird durch die Darstellung des eigenen Wissens erfüllt. Dabei macht die chronologische Darstellung auch das Anwachsen und die Veränderungen sichtbar, zumal der einzelne Blogger als Person und Urheber deutlich erkennbar ist und nicht „wie in Communitys oder Foren ‚in einer Menge verschwinde[t]'" (Reinmann/Bianco 2008, 9).
2. So können Wissens-Blogs zugleich auch das *Bedürfnis nach sozialer Anerkennung* befriedigen, insbesondere da die verschiedenen Möglichkeiten der Vernetzung, etwa die Aufnahme in eine Blogroll, als Ehre erlebt werden. Für viele Blogger ergeben sich außerdem neue virtuelle und oft auch reale Kontakte. Andererseits führt das Ausbleiben von Rückmeldungen auch häufig dazu, das Bloggen wieder aufzugeben (Schmidt/Wilbers 2006). Kritisiert wird, dass Blogs im Bildungsbereich eine „eher monologische Form des Ausdrucks" seien (Schulmeister/Leikauf/Bliemeister 2010, 19); es gebe nur sehr wenige Kommentare und keinen kritischen Diskurs, sondern eher „Zitationskartelle" (ebd.). Im Gegensatz dazu verstehen die Bloggenden selbst ihre Blogs „‚nur' als ein Teil eines umfassenden Informationsnetzwerks", zu dem immer auch weitere Formen des Austauschs gehörten, z. B. in sozialen Netzwerken, per Twitter, Mail, Telefon oder bei persönlichen Treffen (Panke/Gaiser/Maass 2012, 13).
3. Das *Bedürfnis nach Autonomieerleben* bedeutet nicht die völlige Unabhängigkeit von externen Faktoren, sondern die Möglichkeit, freiwillig zu handeln bzw. „mit den Normen/Vorgaben des sozialen Umfelds" übereinzustimmen (Reinmann/

Bianco 2008, 10), also z. B. über die inhaltliche und formale Gestaltung des eigenen Blogs eigenständig und personenzentriert zu entscheiden.

Einsatz von Blogs in Lehr-/Lernkontexten

Zunehmend werden Blogs inzwischen auch in formellen Lernsituationen eingesetzt und sind teilweise bereits in verschiedene Lernmanagementsysteme integriert. Da sie jedoch – wie Wikis und andere Web-2.0-Werkzeuge – durch diese Einbindung in formale Bildungskontexte gerade den Reiz verlieren können, der sie im informellen Raum so erfolgreich macht (Panke/Gaiser/Draheim 2007; Stocker 2007), muss auch hier besonders auf die Gestaltung des Lernszenarios geachtet werden. In der Übersicht (Abb. 5.2) wird in Bezug auf den Einsatz von Blogs systematisch unterschieden zwischen der Nutzung durch Lehrende und Lernende und zwischen dem lesenden Mitverfolgen und dem Verfassen von (möglicherweise verschiedenen öffentlichen und veranstaltungsinternen) Blogs für unterschiedliche Zielgruppen und Kontexte.

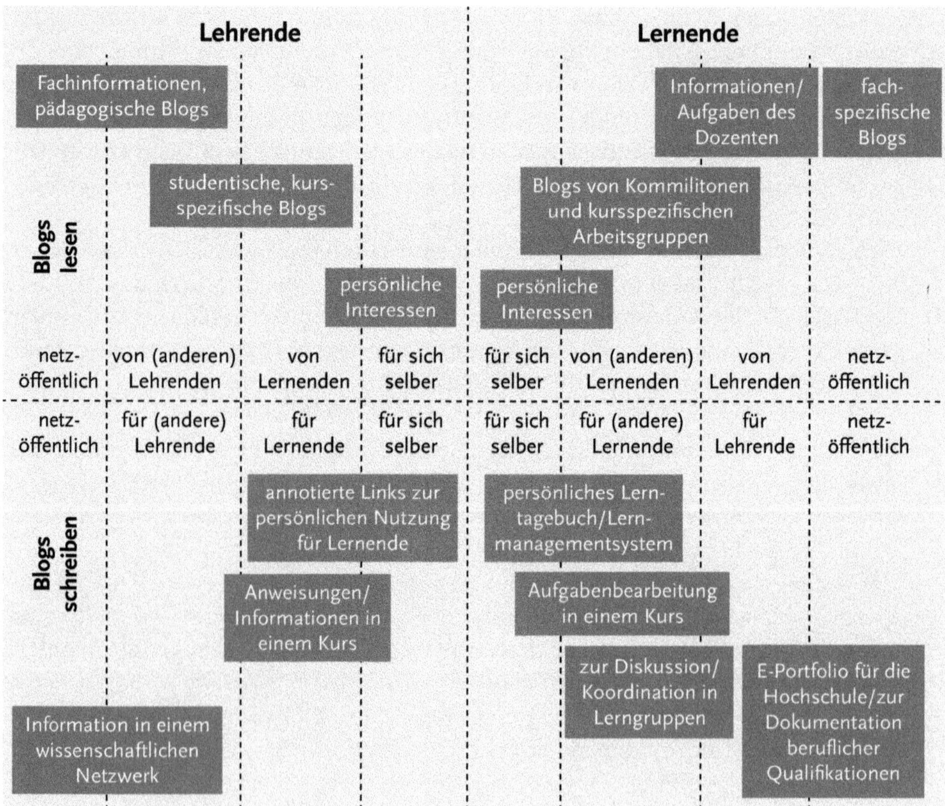

Abb. 5.2: Einsatzmöglichkeiten von Weblogs in Lernkontexten in Anlehnung an Leslie (2003)

Prinzipiell können Weblogsysteme in Lehrveranstaltungen unterschiedliche Funktionen einnehmen und z. B. auch als (chronologisch geordnete) Diskussionsplattform für Fragen oder als Veranstaltungshomepage genutzt werden, um aktuelle Nachrichten und Materialien abzulegen, z. B. Skripte und Folien, oder Arbeitsergebnisse von Lernenden einzustellen, etwa Präsentationen und Zusammenfassungen (PANKE/GAISER/DRAHEIM 2007, 90). Noch verbreiteter sind die Möglichkeiten, Blogs zur Beantwortung von regelmäßigen Arbeitsaufgaben zu nutzen und vor allem als Lerntagebuch, das „primär der eigenen, chronologischen Aufzeichnung" dient (HORNUNG-PRÄHAUSER u. a. 2007, 27) und teilweise auch als spezielle Form des E-Portfolios interpretiert wird (Kap. 7.6).

Insgesamt hat sich jedoch der Einsatz von Blogs im Rahmen formaler Bildungsangebote bisher als problematischer erwiesen als z. B. das rein themenorientierte Schreiben in Wikis. So hat sich gezeigt, dass Lernende oft permanent motiviert werden müssen, „sich über das Medium [Weblog] und nicht über E-Mail auszutauschen" (DRAHEIM/BEUSCHEL 2005, 33). Nicht nur ist das Schreiben in Blogs oft noch ungewohnt, eine mögliche Ursache der Nutzungsprobleme kann auch sein, dass dabei neben Inhaltlichem zugleich auch Persönliches öffentlich sichtbar wird. Denn es hat sich gezeigt, dass Blogs in der Regel nur dann erfolgreich sind, wenn bei den Autoren „ein ausreichendes Gefühl der Autonomie" vorhanden ist, das entweder durch intrinsische Motivation entsteht oder durch eine (ggf. mit der Zeit zunehmende) Übereinstimmung eigener Handlungsinteressen mit externen, z. B. in Lernsituationen vorgegebenen Zielen (REINMANN/BIANCO 2008). Beim Bloggen könnte ein Gefühl des Autonomieverlusts eintreten, „wenn man es an sich nicht richtig findet, die eigene Person [...] öffentlich zu zeigen, wenn man besorgt ist, dass ihre Privatsphäre über ein Blog gestört wird" (ebd., 13, unter Berufung auf XIE/SHARMA 2005).

Dies bedeutet jedoch nicht, dass Blogger ausschließlich intrinsisch motiviert sein müssen. Gerade im Kontext der Wissensarbeit kommt der Anstoß zum Bloggen für viele Autoren zunächst von außen, wird aber dennoch – vor allem bei Erfolgserlebnissen – zunehmend mit dem eigenen Wertesystem verbunden und als selbstbestimmt empfunden. Ein solches – zumindest graduelles – Autonomieerleben ist für die Akzeptanz und den Erfolg von Blogs von entscheidender Bedeutung. Insofern spricht nichts dagegen, beim Einsatz von Blogs in formalen Bildungskontexten auch externe Regulationsmechanismen einzusetzen, z. B. konkrete Aufgabenstellungen oder Angaben dazu, wie oft gebloggt werden sollte. Dabei hat sich als ungünstig erwiesen, wenn Weblogs „als Kontroll- und Monitoring-Instrument missverstanden werden": Insbesondere „hierarchiearme Umgebungen [bilden] einen fruchtbaren Boden für den Einsatz von Weblogs" (PANKE/GAISER/DRAHEIM 2007, 93). Es ist deshalb wichtig, die Lernenden dabei zu unterstützen, sich zunehmend mit den Kursvorgaben zu identifizieren und die externen Vorgaben zu internalisieren (REINMANN/BIANCO 2008, 12).

Die Bedeutung von Autonomie und Selbstbestimmung für die Akzeptanz von Blogs scheint sich auch durch den Erfolg zu bestätigen, den verschiedene Bildungsinstitutionen mit dem Angebot haben, ihren Mitgliedern Blogs (Blogfarmen) einzurichten, die dann je nach individuellem Interesse für sehr unterschiedliche Zwecke genutzt (bzw. auch nicht genutzt) werden können, vom Online-Tagebuch oder Reiseblog über Lehr- bis zu (Kongress-)Organisationsblogs (Gresshöner/Schmidt/Thelen 2008). Gerade die Möglichkeit, Blogs selbst zu verantworten und inhaltlich frei zu gestalten, führt zu einer Aktivierung der Beteiligten – insbesondere der Lernenden – und zu einer gewissen Eigendynamik (Panke/Gaiser/Maass 2012, 15 f.). Für Bildungsinstitutionen bieten Blogfarmen mit einer einheitlichen Infrastruktur Vorteile, wie Standards bei der Inhaltserstellung, ein Corporate Design sowie interne Analyseoptionen. Als wichtig für den Erfolg einer Blogfarm haben sich klare Nutzungsbedingungen, Öffentlichkeitsarbeit und Schulungen zu Einsatzszenarien erwiesen, ebenso eine klare Abgrenzung von anderen Angeboten der Institution, z. B. den Lernmanagementsystemen (ebd.).

5.4.3 Microblogging und Twitter

Microblogging

Microblogging-Dienste ermöglichen ihren Nutzern die Veröffentlichung von kurzen – d. h. meist weniger als 200 Zeichen umfassenden – Textnachrichten und oft auch Fotos in Echtzeit, die wie in einem Blog rückwärts chronologisch dargestellt werden. Die Beiträge können öffentlich sichtbar oder nur einzelnen Empfängern zugänglich gemacht werden und über verschiedene Kanäle – z. B. Handy, Smartphone oder Desktop – erstellt und abgerufen werden.

Twitter

Die in den vergangenen Jahren rasant gestiegene Popularität des Microblogging geht vor allem auf den großen Erfolg des Anbieters Twitter zurück, der 2006 gegründet wurde und im zweiten Quartal 2017 weltweit 328 Millionen monatlich aktiver Nutzer verzeichnete (Twitter 2017). Twitter ist in viele soziale Netzwerke (wie Facebook) integriert und kann in Communitys, Netzwerke und persönliche Homepages eingebunden werden. Inzwischen haben sich die in der Twitter-Community üblichen Begriffe auch in die Umgangssprache eingebürgert: Das Schreiben auf Twitter wird als twittern (engl.: to tweet = zwitschern), die Autoren als Twitterer und die einzelnen Beiträge als Tweets bezeichnet. Eingeschriebene Mitglieder können eigene Nachrichten versenden und die Nachrichten anderer Mitglieder lesen bzw. deren Follower werden, indem sie deren Beiträge abonnieren; die Liste abonnierter Beiträge wird als Timeline (kurz: TL) bezeichnet. Empfangene Nachrichten können kommentiert und an die eigenen Follower retweetet, also (unverändert) weitergeleitet, sowie favorisiert werden, z. B. um Zustimmung oder Unterstützung zum Ausdruck zu bringen. Twitter-Nachrichten können mit einem Hashtag versehen werden: einem Schlagwort (engl.: Tag) mit vorangestelltem Rautenzeichen (#), das als Teil eines Tweets eingefügt und mit einem Leerzeichen beendet wird. Auf diese Weise werden die Nachrichten verschiedener Twitterer einem bestimmten Thema oder Ereignis zugeordnet, etwa einer Konferenz (z. B.: #Learntec). Inzwischen gibt es bei Live-Ereignissen, an denen viele Twitterer teilnehmen, oft auch Twitter-Walls, (Video-)Wände, auf denen alle Beiträge mit dem Hashtag des Ereignisses angezeigt werden. Twitter kombiniert die Eigenschaften von sozialen Netzwerken und Blogs; jedoch sind die Beiträge im Vergleich zu Weblogs, die auf dauerhafte Präsenz im Internet angelegt sind, nicht nur kurz, sondern auch kurzlebig und häufig bereits nach wenigen Tagen nicht mehr über Suchmaschinen auffindbar (NENTWICH u.a. 2009, 3); eigene Tweets können jedoch inzwischen heruntergeladen und archiviert werden.

Twitterähnliche Funktionen werden inzwischen in verschiedenen sozialen Netzwerken und auf Plattformen angeboten, und es gibt weitere – wenn auch weniger erfolgreiche – Anbieter (z. B. http://www.plurk.com; weitere Plattformen wie tumblr – http://www.tumblr.com – und Instagram – https://www.instagram.com/ – bieten neben der Veröffentlichung von Bildern, Videos und Chatlogs auch die Möglichkeit zum Microblogging; und auch Teilfunktionen von google+ bieten Microblogging-Dienste: https://plus.google.com). Einer repräsentativen Studie (TECHNORATI 2011) zufolge waren 60 % der Blogger Privatpersonen, die übrigen bloggten professionell (18 %) oder gehörten zu Firmen und Unternehmen (21 %). Im größten Teil aller Tweets berichten die Nutzer in der Ich-Perspektive über persönliche Alltagsbegebenheiten. Jedoch hat Twitter interessanterweise 2009 seine klassische Ausgangsfrage an die Nutzer von „Was machst du gerade?“ und inzwischen in „Was gibt's Neues?“ (What are you doing?) in „Was passiert gerade?“ (What's happening?) umgeändert, also den Blick von der rein persönlichen Sicht auf das Umfeld gelenkt. Das Desktop-Programm TweetDeck ermöglicht Nutzenden, mehrere Twitter-Timelines in Spalten nebeneinander darzustellen und so Nachrichten besser nachzuverfolgen und zu organisieren (https://tweetdeck.twitter.com/).

Twitter-Einsatz in Lernkontexten

Welche Möglichkeiten bietet der Einsatz einer so erfolgreichen Web-2.0-Applikation wie Microblogging im Bereich des Lehrens und Lernens? Es ist offensichtlich, dass die Kürze der Nachrichten – bei Twitter sind es nur 140 Zeichen – keine vertiefte inhaltliche Auseinandersetzung ermöglicht. Jedoch kann Microblogging sehr gut zur Distribution von Informationen genutzt werden, etwa zu bestimmten Themen oder Veranstaltungen, für Literaturtipps oder Links (wegen der Zeichenbegrenzung werden sie in der Regel umgewandelt in short-URLs oder tiny-URLs; für die Umwandlung langer in kurze URLs gibt es spezielle Internetdienste, z. B. http://tinyurl.com/ oder https://bitly.com/). Solche Hinweise können auch in die Homepages von Lehrveranstaltungen oder Bildungsanbietern integriert werden, und umgekehrt können alle auf einer Webseite erscheinenden Artikel bzw. deren Überschriften und URLs automatisch über einen Feed (Liste von Informationen zu Themen) auf Twitter veröffentlicht werden (NENTWICH u.a. 2009, 20).

Im Rahmen von (geschlossenen) Präsenz- oder Online-Veranstaltungen kann Twitter als Medium für Kommentare und zum Gedankenaustausch genutzt werden, in Lehrveranstaltungen auch (wie ein Abstimmungssystem) zum Beantworten von Fragen der Lehrenden und zum Stellen von Fragen durch die Lernenden – bei beidem werden durch die Anonymität Hürden abgebaut – oder zur Lehrevaluation (BURGER/

Stieger 2010). Insbesondere auf Tagungen beginnt sich das Nebeneinander von Referaten und Twitterkommunikation inzwischen zu einer eigenen Form von Konferenzkommunikation zu entwickeln (Ebner/Reinhard 2009; Reinhard u.a. 2009); zudem kann die Nutzung von Twitter Präsenzveranstaltungen für Personen öffnen, die nicht vor Ort dabei sein können.

Besondere Chancen bietet Microblogging in großen, ortsverteilten Veranstaltungen wie Massive Open Online Courses (Bremer/Thillosen 2013, 24 f.) und nicht zuletzt über die Kommunikation in (geschlossenen) Veranstaltungen und über die Distribution von Informationen hinaus. Denn unabhängig von speziellen formellen Lernkontexten bietet das Medium gute Möglichkeiten zur Erweiterung des eigenen Netzwerkes, z. B. zur Vernetzung über einen bestimmten Kurs und über die eigene Institution hinaus, zur Kontaktvermittlung zwischen Wissenschaftlern und Praktikern. So können z. B. Wissenschaftler nicht nur auf neue Publikationen und Vorträge hinweisen, sondern auch Recherchefragen stellen (Nentwich u.a. 2009, 14) oder neue interessante oder provokative Gedanken und Ideen twittern und dabei auch auf umfassendere Darstellungen in anderen Medien – Texten, Blogs, Wikis usw. – verweisen. Microblogging dient dabei der Vermittlung zwischen Personen, Gedanken und anderen Kommunikationsmedien, in denen dann ggf. die eigentliche inhaltliche Diskussion geführt werden kann (Spannagel 2010). Eingeübt werden müssen – vor allem zu Beginn – die Einschätzung von Qualität und Verlässlichkeit der empfangenen Informationen sowie der Umgang mit der zu jeder Zeit und in unterschiedlichen Kontexten wachsenden Informationsfülle.

5.4.4 Podcast

Was ist ein Podcast?

Der Begriff Podcast setzt sich zusammen aus den Wörtern iPod (der bekannte Medienplayer der Firma Apple) und Broadcast (Rundfunk; als markenneutraler Begriff wird teilweise auch das Wort Netcast verwendet, im Bildungsbereich wird teilweise auch von Educast gesprochen; Wikipedia dt. 2017d). Podcasting bezeichnet zunächst die Möglichkeit, auditives oder audiovisuelles Material über das Internet auszuliefern. Ein Podcast ist also eine im Internet veröffentlichte und jederzeit abrufbare Radio-(oder Fernseh-)Sendung, die häufig in Weblogs oder in spezielle Audioblogs eingebunden wird und sich am Computer, aber auch an mobilen Endgeräten wie Handys oder MP3-Playern abspielen lässt. „Podcasts stehen im Gegensatz zum Webcast oder Streaming, bei denen keine lokal gespeicherte und damit auch offline verfügbare Mediendatei verwendet wird“ (ebd.). Ein einzelner Beitrag wird als Podcast-Episode bezeichnet. Podcasting kann als Teilbereich von Audio- bzw. Video-on-Demand betrachtet werden, steht jedoch im Gegensatz zu diesen meist kostenpflichtigen Diensten in der Regel kostenlos zur Verfügung (ebd.; Schmidt/Ketterl/Morisse 2007; Stöber/Göcks 2009).

In der Regel wird die Abonnierbarkeit von Podcast-Episoden per News-Feed (zu dem am weitesten verbreiteten Feed-Format RSS vgl. Kap. 5.4.6) als konstitutiv für einen

Podcast betrachtet (WIKIPEDIA DT. 2017d), teilweise werden aber auch ohne Feed zum Download angebotene Beiträge als Podcast bezeichnet (ALBY 2007, 73; NIEMANN 2007, 14). Feeds sind zum einen interessant, wenn nicht nur ein einzelner Beitrag zu einem Thema angeboten wird, sondern eine Serie zusammengehörender Episoden, die dann jeweils automatisch aus dem Internet geladen werden. Zum anderen ermöglichen sie die Auflistung der Beiträge in Podcast-Verzeichnissen und -Portalen und tragen damit erheblich zu deren Auffindbarkeit bei (ALBY 2007, 73). Dies ist umso wichtiger, als die Bedeutung von Podcasts und die Anzahl an Podcast-Portalen auch im Bildungsbereich in den letzten Jahren erheblich zugenommen haben.

Podcasting ist mittlerweile ein Massenphänomen geworden, das aufgrund der unkomplizierten Erstellung von reinen Audio-Podcasts (E-TEACHING.ORG 2015f) zunächst gerade im privaten Bereich besonders weit verbreitet war. Inzwischen werden Podcasts jedoch zunehmend auch in weiteren Bereichen eingesetzt, z. B. in der Politik, im Journalismus oder Rundfunk, in der Unternehmenskommunikation oder im Marketing (u. a. auch im Hochschulmarketing, STÖBER/GÖCKS 2009, 130 f.) sowie in informellen und formellen Bildungskontexten. Mit dieser Erweiterung des Einsatzbereiches wächst nun auch der Anspruch an eine sprachlich bzw. grundsätzlich professionelle Gestaltung (HÄNTSCHEL-ERHART 2008, 51 ff.).

Podcast-Formate: Audio-Podcast, Vodcast, Screencast, Enhanced Podcast

Der Begriff Podcast wird häufig mit einem reinen Audioformat in Verbindung gebracht, das wohl auch besonders häufig zur Anwendung kommt. Audio-Podcasts bestehen ausschließlich aus auditiven, in der Regel im MP3-Format zur Verfügung gestellten Inhalten. Video-Podcasts (E-TEACHING.ORG 2015o), oft Vodcasts genannt, enthalten anstelle der Audiodatei eine Videodatei oder geben stattdessen eine Streaming-Quelle an, um ggf. langwieriges Herunterladen zu vermeiden. Audiodateien oder Videodateien können außerdem mit Folienpräsentationen oder Bildschirmaufzeichnungen zu Slidecasts oder Screencasts kombiniert werden, durch die ein gesprochener Text parallel visualisiert wird. Auch Textinformationen können (meist in Form von PDF-Dokumenten) als Podcast bzw. Doccast zur Verfügung gestellt werden. Alle bisher genannten Podcast-Formen können außerdem mit Zusatzinformationen versehen werden; solche angereicherten Podcasts (Enhanced Podcasts) können z. B. Steuerelemente wie Sprungmarken zu bestimmten Sequenzen, Bildern, weiterführenden Links, aber auch Feedbackmöglichkeiten im Netz usw. enthalten (SCHMIDT/KETTERL/MORISSE 2007, 3 f.).

Produktion von Podcasts

Sowohl auf Produzenten- als auch auf Rezipientenseite kann zur Nutzung einfacher Podcasts auf gängige, kostenlos im Internet verfügbare Software zurückgegriffen werden. Diese unkomplizierte und kostengünstige Produktion und Nutzbarkeit ist sicher ein Grund für die schnelle Verbreitung von Podcasts. Sie umfasst im Wesentlichen vier Schritte:

1. Aufnahme der einzelnen Podcast-Episode,
2. standardisierte Beschreibung als RSS-Feed und Ablage auf einem Webserver,
3. Information des Anwenders über neue Episoden und Übertragung der Daten durch eine Podcast-Client-Software sowie
4. Abspeicherung auf dem (mobilen) Endgerät des Nutzers (SCHMIDT/KETTERL/MORISSE 2007, 3; technische Hinweise zur Produktion von Podcasts siehe E-TEACHING.ORG 2015g).

Steht der Begriff Podcast allerdings nicht für ein reines Audio-Format, sondern – wie oben beschrieben – für die Distributionstechnologie, so können die konkreten Darstellungsformate ggf. erheblich komplexer sein. Entsprechend können sich Podcast-Episoden in Bezug auf die notwendige Technik und Aspekte wie Format, Dateigröße, Komprimierung und Kompatibilität mit den Endgeräten der Nutzer sehr stark voneinander unterscheiden. Dabei rangiert die einfache Audioaufnahme „hinsichtlich der Produktionstechnik auf Einsteiger-Niveau" (STÖBER/GÖCKS 2009, 123) und kann entweder mit einem Headset direkt am Rechner oder mit einem klassischen Aufnahmegerät aufgenommen werden. Viele Rekorder speichern inzwischen die aufgezeichneten Dateien bereits in dem üblicherweise verwendeten MP3-Format ab, sodass sie nach der Übertragung auf einen Computer sofort nachbearbeitet werden können. Auch für die Bearbeitung und den Schnitt von Audiodateien am Computer steht inzwischen eine Vielzahl kostenloser oder sehr günstiger Software-Produkte zur Verfügung (ebd.).

Dagegen sind Videoaufzeichnungen von Bildungsveranstaltungen und die Synchronisation mit Präsentationsfolien technisch, zeitlich und personell aufwendiger. Bereits in den 1990er-Jahren wurden erste Systeme zum „Authoring on the Fly" entwickelt, zur schnellen und einfachen Aufzeichnung und Übertragung einer Präsenzveranstaltung in ein Multimediadokument (z. B. BACHER/MÜLLER/OTTMANN 1997). Seitdem entstand eine Vielzahl von Aufzeichnungssystemen, die „einen weitgehend automatisierten Aufzeichnungs- und Auslieferungsprozess auf qualitativ hohem Niveau" gewährleisten (STÖBER/GÖCKS 2009, 126; verschiedene Werkzeuge zur Veranstaltungsaufzeichnung werden vorgestellt unter E-TEACHING.ORG 2015a; E-TEACHING.ORG 2015g; E-TEACHING.ORG 2015q). Sollen solche Werkzeuge in Bildungseinrichtungen eingesetzt werden, so setzt dies jedoch „eine nicht unerhebliche Investition in Technikausstattung" voraus (STÖBER/GÖCKS 2009, 126), die nicht nur die Aufnahmetechnik, sondern auch die Bereitstellung von entsprechenden Servern umfasst. Obwohl die gleichzeitige Aufzeichnung einer Veranstaltung und ihre Übertragung in ein Multimediadokument (relativ) schnell und unkompliziert ist, benötigen Lehrende in der Regel Unterstützung, um die auf technischer und organisatorischer Ebene notwendige Qualität der Podcasts zu gewährleisten: die Qualität der Aufzeichnung und ggf. die Bearbeitung der bereitgestellten Datei sowie die Bereitstellung an sich, die Auffindbarkeit und die Aktualität des Distributionskanals (E-TEACHING.ORG 2015f). Dabei ist darauf zu achten, dass die Podcasts, z. B. Video-Podcasts, Inhalte einfach, verständlich und kurz präsentieren, die bzw. der Lehrende authentisch bleibt und die Lernenden aktiv an der Erstellung des Podcasts beteiligt werden (vgl.

Fähnrich/Thein 2017). Darüber hinaus sind die inhaltliche Qualität sowie die Entwicklung geeigneter didaktischer Szenarien unabdingbar für den effektiven Einsatz von Podcasts in der Lehre.

Podcast- und Video-Einsatz in Bildungsveranstaltungen
Die meisten Web-2.0-Werkzeuge werden in Lehr-/Lernkontexten vor allem dazu genutzt, die Lernenden in die Produktion von Inhalten einzubeziehen. Dies war bei Podcasts lange erheblich komplizierter als etwa das Schreiben in Wikis und Weblogs. Inzwischen erscheint es jedoch vielen Lernenden leichter, Audios und Videos mit einem Smartphone aufzunehmen, als textbasierte Beiträge zu erstellen.

Eine zentrale Nutzungsform: Veranstaltungsaufzeichnungen
Für Lehrende bietet die Aufzeichnung eines Audio- oder Video-Podcasts während einer Präsenzveranstaltung eine unaufwendige Möglichkeit der Produktion von Inhalten – gerade im Vergleich zu der komplexen Produktion eines WBT (Kap. 5.2); daher wird auch von Authoring on the fly oder Rapid E-Learning gesprochen. Gerade an Hochschulen werden nach anfänglicher Skepsis Vorlesungsaufzeichnungen immer häufiger genutzt. Eingesetzt werden sie zur Ergänzung von Präsenzveranstaltungen, im Rahmen von Blended-Learning-Szenarien oder zur Vermittlung von Inhalten in rein virtuellen Lehrveranstaltungen; häufige Einsatzgebiete sind inzwischen auch MOOCs und das Szenario des Inverted Classroom, auch Flipped Classroom genannt (zu beiden siehe Kap. 4.3.3). Zur Aufzeichnung von Veranstaltungen bieten viele Hochschulen, aber auch externe Dienstleister inzwischen technische und organisatorische Unterstützung an, zu denen teilweise auch hochschulinterne Podcast-Portale gehören, die die aufgezeichneten Veranstaltungen öffentlich oder für eine geschlossene Gruppe zur Verfügung stellen. Veranstaltungspodcasts können aber auch auf öffentlichen (wissenschaftlichen) Podcast-Portalen wie iTunesU, in sozialen Netzwerken oder frei im Internet veröffentlicht werden.

Mit der These, dass „eLearning [...] zum Synonym für eLectures" wird, stellt sich zugleich jedoch auch die Frage: „Durchkreuzen wir mit eLectures unsere didaktischen Ziele?" (Witt u. a. 2010, 12). Schon bei synchronen Veranstaltungsübertragungen wird die – ohnehin vorhandene – Dozentenzentrierung von Vorlesungen verstärkt (Kap. 4.3.2). Werden E-Lectures nur noch als aufgezeichnete Konserve (Stöber/Göcks 2009) zur Verfügung gestellt, so vergrößert sich die Gefahr, dass Lernende zu reinen Rezipienten fest fixierter Inhalte werden. Insofern ist es aus didaktischer Perspektive besonders interessant, dass Podcast-Episoden zunehmend auch eingesetzt werden, um traditionelle Veranstaltungskonzepte umzustrukturieren. So wird z. B. die Vermittlung bzw. Aneignung der Lerninhalte mithilfe von Podcasts aus Präsenzveranstaltungen ausgelagert, die dann seltener stattfinden und für Nachfragen und Diskussionen genutzt werden (Morisse 2008; Krüger 2010; e-teaching.org 2015q). Dabei muss auch berücksichtigt werden, für welche Inhalte sich Podcasts eignen. So sind Audio-Podcasts wohl für „naturwissenschaftliche Fächer wie beispielsweise Grundlagen der Mathematik mit mehr oder weniger komplizierten Formeln" (Schmidt/Ketterl/Morisse 2007, 6) weniger geeignet als für Sozialwissenschaften und Fremdsprachen bzw. Fächer, „die ein natürliches Interesse für mediale, musikalische, sprachliche oder ästhetische Inszenierungen mitbringen" (ebd., 5). Auch werden Podcasts als multimediale Präsentationen gerade „in Studiengängen mit hohem Lektürepensum als willkommene Ergänzung oder Abwechslung wahrgenommen" (Stöber/Göcks 2009, 126; zu den Unterschieden beim Einsatz von Audio- und Video-Podcasts siehe e-teaching.org 2015a, teaching.org 2015q).

Geht man davon aus, dass Podcasts auch auf mobilen Endgeräten wie Handys oder MP3-Playern im Zug, auf dem Weg zur Arbeit usw. rezipiert werden, stellt sich zusätzlich die Frage, wie konzentriert dort gelernt werden kann und wie komplex die Darstellung der Inhalte dafür sein darf (ebd.). Allerdings haben Untersuchungen gezeigt, dass nur etwa ein Viertel der Lernenden diese Möglichkeit überhaupt nutzt (Schmidt/Ketterl/Morisse 2007, 5; Wunschel 2007, 5).

Alternative Formen des Podcast-Einsatzes im Bildungsbereich
Natürlich können Bildungs-Podcasts nicht nur während Präsenzveranstaltungen mitgeschnitten, sondern auch unabhängig produziert werden. Dies geschieht insbesondere auch im Kontext von MOOCs oder in Flipped Classroom-Szenarien (umgedrehte Unterrichtsszenarien vom Lehren zum Lernen, vgl. Kap. 4.3.3), ist jedoch erheblich zeitintensiver, denn dann muss auch „ein Konzept entwickelt, die Texte formuliert und gesprochen werden", ggf. sind auch nachträgliche Bearbeitungen, Schneiden und die Einspielung von Musik oder anderen Geräuschen notwendig (Schmidt/Ketterl/Morisse 2007, 4 f.; Handke 2015; Kap. 5.1.1). Podcast-Episoden können auch ein Drehbuch und entsprechende Regieanweisungen erfordern. Allerdings können mit solchen oft kürzeren Podcast-Episoden dann nicht nur Präsenzveranstaltungen ersetzt, sondern auch alternative Szenarien gestaltet werden, z. B. die Zusammenfassung von Inhalten in Form einer Summary (ggf. auch durch die Lernenden), die Aufbereitung von zusätzlichem, weiterführendem Material, Interviews mit externen Experten oder die auditive Distribution von Fragen und Antworten aus einer Sprechstunde. Für bestimmte Lerninhalte eignet sich die audiovisuelle Darstellung besonders gut, z. B. um dreidimensionale, räumliche und zeitliche Zusammenhänge oder Bewegungsabläufe zu visualisieren oder um komplexe Prozesse dauerhaft und wiederholbar zur Verfügung zu stellen, z. B. Laborexperimente, deren Durchführung oft kostenintensiv oder riskant ist (Stöber/Göcks 2009, 128 ff.). Auch die Möglichkeiten des ortsunabhängigen Einsatzes können gezielt für neue Szenarien genutzt werden, z. B. bei (geografischen, biologischen oder archäologischen) Exkursionen oder zur Einübung von Bewegungsabläufen in den Sportwissenschaften (ebd., 129 f.).

Podcast-Produktion durch Lernende
Für Lernende kann es neben der Rezeption von Podcasts, die durch Lehrende oder Bildungsanbieter erstellt wurden, auch interessant sein, in Einzelarbeit oder in Projektgruppen selbst Podcasts zu produzieren. Dabei werden durch die Auseinandersetzung mit dem jeweiligen Inhalt fachliche Kompetenzen erworben, darüber hinaus jedoch dabei auch Kommunikations- und Teamfähigkeit sowie Medienkom-

petenz; außerdem kann die gemeinsame Produktion, ggf. auch Rezeption und Rezension von Podcasts den Aufbau von Communities of Practice und den sozialen Zusammenhalt unterstützen. Die Möglichkeit, die produzierten Inhalte einer breiteren Öffentlichkeit zugänglich zu machen, kann zusätzlich motivierende Effekte haben (Schmidt/Ketterl/Morisse 2007, 5; Stöber/Göcks 2009, 128 f.; Windisch 2007, 26). Doch selbst die Erstellung von kurzen Erklärvideos für fiktive Personen erhöht den Lernerfolg der Studierenden; dabei ist die unkomplizierte Art der Produktion – etwa im Vergleich zu dem erheblich aufwendigeren Schreiben in einem Wiki – ein motivierender Faktor (Fiorella/Mayer 2013, 2014; Hoogerheide/Loyens/van Gog 2014).

Technische Unterstützung und Betreuung beim Lernen mit Podcasts

Inzwischen kann heute in der Regel davon ausgegangen werden, dass die Lernenden über die erforderliche technische Ausstattung und die notwendigen Kompetenzen im Umgang damit verfügen. Dennoch muss den Lernenden die Funktion der Podcasts im Gesamtszenario deutlich kommuniziert werden: Dienen sie zur Vorbereitung auf eine Präsenzveranstaltung? Sind die Inhalte prüfungsrelevant oder ein ergänzendes, weiterführendes Angebot für Lernende (Stöber/Göcks 2009, 127)? Wichtig ist auch eine gute Betreuung und Moderation des Lernprozesses, denn die vermeintlich einfache Rezeption von Podcasts und die Notwendigkeit, sich regelmäßig damit zu beschäftigen, stellt viele Lernende vor Probleme. Aus diesem Grund ist es wichtig, „frühzeitig und regelmäßig den Lernstand abzufragen und Feedback zu geben", da sonst das Problem entstehen kann, dass eine Großzahl von Lernenden „zwar begeistert anfängt, aber bereits nach wenigen Wochen die Lust verliert und zum Schluss aufgibt" (Schmidt/Ketterl/Morisse 2007, 7).

5.4.5 Social Bookmarking und Social Tagging

Was sind Social Bookmarks?

Social Bookmarks – die deutsche Übersetzung soziale Lesezeichen wird sehr selten verwendet – sind Lesezeichen im Internet, die von den Nutzenden nicht auf dem persönlichen Rechner, sondern online bei einem Social-Bookmarking-Dienst abgelegt werden. Solche Dienste können zum Sammeln von Links und Nachrichtenmeldungen, aber auch zum Ablegen und Sammeln von Fotos, Videos, Podcasts usw. konzipiert sein. Der Vorteil liegt nicht nur darin, von jedem Internetzugang aus auf die Lesezeichen zugreifen und sie verwalten zu können, sondern vor allem in der kollektiven, sozialen Sammlung und Bearbeitung in der Gemeinschaft aller Nutzer des jeweiligen Dienstes. Nicht registrierte Besucher können in der Regel nach den Lesezeichen suchen, die bei einem Bookmarking-Dienst abgelegt sind. Angemeldeten Nutzern steht darüber hinaus je nach Anbieter eine Fülle weiterer Funktionen zur Verfügung, die wahlweise in Anspruch genommen werden können, aber nicht müssen. Dazu gehören z. B. das Hinzufügen, Löschen, Bewerten und Verschlagworten (siehe unten: Social Tagging) von Lesezeichen und das Einordnen in Kategorien.

Selbst angelegte Lesezeichen können privat genutzt, einzelnen anderen Personen, Gruppen oder der Allgemeinheit zugänglich gemacht werden; freigegebene Lesezeichen anderer Nutzer können eingesehen und in die eigene Sammlung übernommen werden. Viele Dienste bieten die Möglichkeit, sich dem sozialen Netzwerk mit einem Profil vorzustellen, sowie weitere Gruppen- und Netzwerkfunktionen zwischen einzelnen Nutzern. Nutzer können den unterschiedlichen inhaltlichen und personenbezogenen Linklisten beitreten und sich per RSS (Kap. 5.4.6) über Aktualisierungen informieren lassen. Außerdem können teilweise Lesezeichen importiert und exportiert werden, oder es gibt Toolbars sowie Hilfe- und Suchfunktionen für verschiedene Browser. Viele Bookmarking-Dienste werden international angeboten bzw. genutzt, zumal ein besonderer Vorteil aus der hohen Anzahl der registrierten Nutzer resultiert, also der Größe des Netzwerks; jedoch gibt es auch einige deutschsprachige bzw. sogar national ausgerichtete Anbieter (für einen Überblick über die populärsten Social-Bookmarking-Dienste siehe http://socialmedia-institute.com/liste-der-wichtigsten-social-bookmarking-dienste/; vgl. zu diesem Abschnitt auch E-TEACHING.ORG 2015k; WIKIPEDIA DT. 2016b).

Vorteile von Social Bookmarking

Ein wesentlicher Vorteil von Social-Bookmarking-Diensten liegt darin, dass die Relevanz der Suchergebnisse angezeigt wird. Da ausschließlich Ressourcen durchsucht werden, die von den Mitgliedern eingestellt werden, weil sie von ihnen als nützlich beurteilt wurden, ist die Anzahl der Ergebnisse geringer und selektierter als in Suchmaschinen, die jede beliebige Webseite in die Auswahl einbeziehen und maschinell auslesen. Die Relevanz der Ergebnisse kann darüber hinaus von der Community des jeweiligen Bookmarking-Dienstes anhand der eigenen Bewertungskriterien beurteilt werden. Häufig werden sie auch in Form von Tag-Clouds visualisiert, also „Wortwolken", in denen die Popularität der Ergebnisse innerhalb einer Community durch die Schriftgröße verdeutlicht wird. Oft werden auch die zuletzt gespeicherten und die beliebtesten Links einer Community auf der Startseite angezeigt.

In einigen Bookmarking-Diensten können Nutzer eigene Buchkataloge anlegen und dabei Informationen aus Bibliotheken oder anderen Datenbanken einbinden und sie mit Bewertungen und Schlagworten versehen. Umgekehrt nutzen auch einige Bibliotheken, vor allem an Hochschulen, Austauschmöglichkeiten mit Bookmarking-Diensten, indem sie z. B. ihre digitalen Hochschulschriften automatisch in Bookmarking-Plattformen einpflegen oder die Übertragung von Merklisten in Bookmarking-Dienste sowie die Anzeige und Ergänzung von Schlagworten zulassen (E-TEACHING.ORG 2015k).

Was ist Social Tagging?

Der Begriff Social Tagging bezeichnet die Vergabe von Schlagworten (engl.: Tags) für bestimmte Inhalte im Internet bzw. von Webseiten durch die Nutzer. Mit der steigenden Bedeutung digitaler Ressourcenspeicher entstand auch das Bedürfnis, diese großen, oft unstrukturierten Informationsspeicher leichter durchsuchen zu können, und zwar nicht nur Bookmarking-Dienste, sondern auch Bilder- und Videoportale,

E-Commerce-Plattformen oder im Internet verfügbare wissenschaftliche Artikel, im Grunde also alle im Internet zugänglichen Informationen. Die Integration von Social-Tagging-Systemen in die jeweiligen Plattformen ermöglicht den Nutzern, ihre dort abgelegten Medieninhalte zu verwalten, indem sie diese individuellen Kategorien zuordnen, ohne auf ein genormtes Vokabular oder vorgegebene Strukturen zurückgreifen zu müssen: „Tags ermöglichen eine individuelle Strukturierung und Organisation der eigenen Ressourcen und vereinfachen dadurch das Wiederauffinden von einzelnen, spezifischen Informationen, die zu einem bestimmten Zeitpunkt im Internet abgelegt wurden" (Held/Cress 2008, 37). Diese freie Auszeichnung von Inhalten durch alle Nutzenden steht im Gegensatz zu traditionellen Ordnungssystemen wie Bibliotheken oder auch dem Semantic Web, in denen die Strukturierung und Verschlagwortung der Informationen durch Experten vorgenommen werden, d. h. von den Nutzern nicht beeinflusst werden können, und die Schlagworte üblicherweise in hierarchischen Systemen (Taxonomien bzw. Ontologien) geordnet sind (Gaiser/Hampel/Panke 2008b, 11; Hampel 2007).

Nutzer von Social-Tagging-Systemen können ihre abgespeicherten Schlagworte nicht nur individuell nutzen, sondern auch für die Allgemeinheit zugänglich machen und entweder für alle anderen Nutzer, bestimmte Nutzer- bzw. Themengruppen oder einzelne Personen freigeben. Auf diese Weise entwickeln sich zugleich mit der individuellen Wissensstrukturierung auch soziale (Wissens-)Netzwerke. Die durch die kooperative Auszeichnung in einer solchen (Laien-)Gemeinschaft entstehenden Schlagwortsammlungen werden Folksonomy genannt; dieser auf Thomas Vander Wal zurück geführte Begriff (Smith 2004) verbindet die Worte Folk und Taxonomie. Auch Folksonomies werden grafisch häufig als Tag-Clouds dargestellt.

Social Tagging erzeugt Synergieeffekte auf unterschiedlichen Ebenen: Zunächst verteilt sich der Aufwand der Indexierung häufig auf große Gruppen, und Suchergebnisse werden oft besser, da die Tags direkt von den Personen vergeben werden, die mit den jeweiligen Informationen arbeiten. Zugleich entstehen durch das Teilen der Schlagworte neue Suchmöglichkeiten, da Dokumente mit gleichen Schlagworten entdeckt und andere Nutzer mit ähnlichen Interessen identifiziert werden können oder Zusammenhänge sichtbar werden, die einem einzelnen Nutzer vielleicht nicht aufgefallen wären (Wikipedia dt. 2017a). Auch hier wird der Serendipity-Effekt verstärkt, d. h., es wird gelernt, in dem in den Schlagworten anderer auch relevante Informationen gefunden werden, nach denen eigentlich gar nicht gesucht wurde (Panke 2007). Eine systematische soziale Navigation kann auch im Bereich von Bildung und Lernen genutzt werden, um gezielt Themen- und Personennetzwerke aufzubauen, in denen eigene Interessenschwerpunkte behandelt werden; außerdem können neue Informationen in solchen Communitys schnell per RSS (Kap. 5.4.6) miteinander geteilt werden. Allerdings kann das Fehlen einer zentralen Instanz – eigentlich der besondere Vorteil der individuellen Vergabe von Schlagworten – auch zu Problemen führen, etwa bei uneinheitlicher Rechtschreibung oder Begrifflichkeiten, der Nutzung von Singular und Plural, der Sprachversion oder auch der Verschiebung von Begriffen (Schiefner 2008, 80 f.). Aus diesem Grund werden inzwischen auch halb automatisierte Vorgaben gemacht, d. h. eine bestimmte Anzahl an Schlagworten vorgegeben, die individuell ergänzt werden können, oder es werden automatisierte Vorgaben, z. B. bibliothekarische Formen der Sacherschließung, mit der Möglichkeit der freien Verschlagwortung kombiniert (Hänger 2008).

Social Bookmarking und Social Tagging in Lernzusammenhängen
Social Bookmarking und Social Tagging können, wie alle Web-2.0-Anwendungen, von allen Interessierten, Lernenden und Lehrenden, individuell und selbst gesteuert genutzt werden, um Informationsquellen – Webseiten, Literatur, Lernressourcen usw. – zu sammeln und zu indexieren und um eigene Wissensnetze aufzubauen.

Auch in Bezug auf den Einsatz in formellen Lernkontexten wird das Potenzial hoch eingeschätzt, praktische Erfahrungen damit liegen allerdings noch kaum vor bzw. sind aufseiten der Lernenden in der Regel noch geringer als bei den Lehrenden (Harrer/Lohmann 2008; Schiefner 2008). Inzwischen sind Social-Bookmarking- und Social-Tagging-Systeme bereits in verschiedene Lernmanagementsysteme integriert und stellen damit die technischen Voraussetzungen zur Verfügung, gemeinsam Bildungsressourcen zu sammeln und zu verschlagworten, teilweise auch auf unterschiedlichen Ebenen – etwa in einem einzelnen Kurs, innerhalb einer Bildungsinstitution oder sogar vernetzt über alle Institutionen, die dasselbe Lernmanagementsystem benutzen. Allerdings kann es auch sinnvoll sein, externe Anwendungen, z. B. Bookmarking-Dienste, in Bildungsveranstaltungen einzusetzen, da in geschlossenen Kursen eine „,kritische Masse' an Tags und Beteiligten, ab der das Tagging einen deutlich erkennbaren Mehrwert erzielt" (Harrer/Lohmann 2008, 103), häufig nicht erreicht wird und zudem die Gefahr einer „Verengung der Perspektive, des wissenschaftlichen Ausschnitts [besteht], falls der Blick nur auf das eigene Netzwerk beschränkt bleibt" (Schiefner 2008, 81).

Aus kognitionspsychologischer Perspektive unterstützen Social Bookmarking und Social Tagging auf unterschiedliche Weise den Lernprozess. Zum einen entstehen individuell lernförderliche Effekte durch die kognitive (Lern-)Aufgabe, Quellen und Lerninhalte zu indexieren und zu klassifizieren (ebd., 75 f.), zudem aktiviert die Art der Repräsentation Speicher- und Abrufprozesse im Langzeitgedächtnis. Zum anderen wirkt sich auch die kollektive Sammlung von Ressourcen und Tags auf individuelle Wissensprozesse aus, nicht nur durch den quantitativen Zuwachs an Informationen und den Serendipity-Effekt, sondern auch, weil damit eine Aktivierung bestimmter Wissensbereiche ausgelöst werden kann, die zu einer verbesserten Informationsverarbeitung führen kann (Held/Kimmerle/Cress 2012; Cress/Held/Kimmerle 2013).

Allerdings hat sich auch gezeigt, dass Lernende bisher selbst mit einer individuellen Indexierung von Lernmaterialien nur wenig Erfahrung haben. Um die lernförderlichen Potenziale von Social Tagging im Rahmen von Bildungsveranstaltungen zu unterstützen, ist es deshalb notwendig, nicht nur die technische Handhabung der Systeme zu erklären, sondern auch das Konzept der Verschlagwortung und Systematisierung von Lerninhalten zu erläutern sowie mögliche Vorgehensweisen und Probleme bei einer gemeinsamen Indexierung zu diskutieren (HARRER/LOHMANN 2008, 103 f.).

Abschließend soll noch die Möglichkeit erwähnt werden, bestimmte multimediale Lernressourcen nicht nur als Ganzes zu verschlagworten: So erleichtert z. B. die (kollaborative) Annotation einzelner Sequenzen von Videodateien oder anderer zeitabhängiger Multimediadaten die Auffindbarkeit relevanter Lerninhalte (SACK/WAITELONIS 2008).

5.4.6 Einfache Verbreitung von Inhalten durch RSS

Was ist RSS?

RSS steht in der aktuellen Version 2.0 für Really Simple Syndication (wirklich einfacher Austausch), in vorhergehenden Versionen auch für Rich Site Summary oder RDF Site Summary, und bezeichnet „eine seit dem Anfang des Jahres 2000 kontinuierlich weiterentwickelte Familie von Datei-Formaten für Web-Feeds" (WIKIPEDIA DT. 2017e), mit deren Hilfe Änderungen auf Webseiten in einem standardisierten Format, d. h. in XML, angezeigt werden können. Viele der oben beschriebenen Web-2.0-Werkzeuge bieten Nutzern die Möglichkeit, sich per RSS über aktuelle Neuigkeiten zu informieren. Zuvor konnten Nutzer Änderungen auf Webseiten nur dadurch mitverfolgen, dass sie diese Seiten regelmäßig besuchten. Nun stellen viele Webseitenanbieter – zumindest für Inhalte, die besonders häufig aktualisiert werden – RSS-Channels (RSS-Kanäle) zur Verfügung, die von den Nutzern abonniert werden können und sie dann – vergleichbar mit einem Newsticker – über Änderungen informieren. Dafür stellt der Anbieter einen RSS-Feed (engl.: to feed, im Sinne von einspeisen) zur Verfügung. In dieser XML-Datei wird per Link auf den neuen Beitrag bzw. die aktualisierte Originalseite verwiesen, außerdem wird der Beitrag kurz strukturiert beschrieben, in der Regel anhand der Elemente Titel, Datum, Autor, Kurzbeschreibung, Sprache und (optional) Bild. Da diese Beschreibung kein Layout oder weitere Zusatzinformationen enthält, sind die übertragenen Datenmengen gering, lange Ladezeiten können also vermieden werden. Aufseiten der Nutzer werden die Informationen in einem Feed-Reader (synonym auch RSS-Reader oder RSS-Aggregator) dargestellt, der regelmäßig nach Neuerungen in einem Feed sucht und sich jeweils nur dann meldet, wenn neue Informationen vorhanden sind. Je nach Konfiguration können die Nutzer den Aktualisierungszeitraum selber wählen und einstellen, wie viele und welche Nachrichtenquellen auf einmal abgefragt werden sollen (E-TEACHING.ORG 2015h). Außerdem können Feeds mithilfe eines RSS-Parsers automatisch in Webseiten eingebunden werden. Mittels dieser Content-Syndication (dem automatischen Austausch von Inhalten) lassen sich Texte oder andere Dateien einer Webseite auf einer anderen anzeigen und werden entsprechend kontinuierlich aktualisiert (WIKIPEDIA DT. 2017e).

RSS-Feeds anbieten

Interessant ist RSS also auf der einen Seite für alle Anbieter von Webseiten, auf denen häufig neue Beiträge eingestellt werden und deren besonderer Reiz auch für die

Nutzenden in der Dynamik und Aktualität liegt. So setzte sich RSS zuerst vor allem durch Weblogs durch, aber auch Podcasts oder Linklisten von Social-Bookmarking-Diensten können mithilfe von RSS-Feeds mitverfolgt werden. Anbieter können dabei einen einzigen Feed zur Verfügung stellen oder mehrere Feed-Channels für unterschiedliche Angebote (z. B. Blogs und Podcasts) einrichten. Dabei ist es nicht empfehlenswert, einen RSS-Feed von Hand zu erstellen, da solche XML-Dateien (anders als HTML) erfahrungsgemäß sehr fehleranfällig sind. Stattdessen kann auf ein Content Management System oder auf (Internet-)Dienste zur Bereitstellung von RSS-Feeds zurückgegriffen werden, z. B. http://feedburner.google.com/fb/a/myfeeds (E-TEACHING.ORG 2015i).

RSS-Feeds abonnieren

Auf der Seite der (Einzel-)Nutzer sind RSS-Feeds vor allem hilfreich, um ohne großen Aufwand Änderungen auf persönlich relevanten Internetseiten mitzuverfolgen und dabei ggf. auch den Überblick über eine große Zahl von Quellen zu behalten, auf denen seltener Veränderungen vorgenommen werden (WIKIPEDIA DT. 2017e). Im Unterschied zu E-Mails geht dabei die Initiative vom Empfänger aus, der selbst über das Abonnement (und ggf. die Abbestellung) von Feeds entscheidet. Technisch ist die Nutzung unkompliziert, da Feed-Reader inzwischen in alle modernen Browser integriert sind, sodass Feeds ohne großen Aufwand am eigenen Rechner angezeigt werden können. Darüber hinaus gibt es jedoch auch viele Online-Anbieter, die es ermöglichen, abonnierte Feeds ortsunabhängig von jedem Standort aus aufzurufen. Eine Zusammenstellung von Feed-Readern bietet z. B. http://www.rss-verzeichnis.de/.

RSS zum Lernen und in der Lehre nutzen

Zunächst können alle Interessierten – Lernende und Lehrende – RSS selbst gesteuert als Medium zur Information über aktuelle Neuigkeiten auf (fachlich) relevanten Internetseiten nutzen, z. B. „zur Recherche [...], um sich regelmäßig über ein Thema auf dem Laufenden zu halten" (E-TEACHING.ORG 2015h).

Bildungseinrichtungen können RSS-Channels zur Verfügung stellen, um es Lernenden und Lehrenden zu erleichtern, für sie relevante Quellen auf Neuigkeiten zu überprüfen und so zu verhindern, dass wichtige Informationen übersehen werden (ebd.). Darüber hinaus können auch in geschlossenen Bildungsveranstaltungen Feeds genutzt werden. So können z. B. per RSS ein (vom Lehrenden, aber auch von Kursteilnehmern geführter) Veranstaltungs-Weblog oder kursbegleitende Weblogs der Teilnehmenden mitverfolgt werden. Auch kann der Bezug von Informationen per RSS in bestimmte Aufgabenstellungen einbezogen werden, etwa wenn die Teilnehmer einer Veranstaltung gemeinsam kursrelevante Internetquellen oder Literaturhinweise sammeln und bewerten (Social Bookmarking, Kap. 5.4.5). Trotz der unkomplizierten Technik ist es sinnvoll, bei einer solchen formellen Nutzung im Rahmen einer Lehrveranstaltung die Funktionsweise von RSS zu erläutern; außerdem sollten Formen der gemeinsamen Verwendung diskutiert und abgesprochen werden. Darüber hinaus müssen – vor allem zu Beginn – die Einschätzung von Qualität und Verlässlichkeit von abonnierten Feeds sowie der Umgang mit der zunehmenden Informationsfülle besprochen und gelernt werden.

5.5 Freie Bildungsressourcen

Open Source, Open Access, Open Content und Open Educational Resources

Der Erfolg der Open Source Initiative zur Förderung der Entwicklung von Open Source Software (OSS) führte seit Ende der 1990er-Jahre zur Bildung weiterer Open-Bewegungen, die auch für den Bereich E-Learning relevant sind. Dazu gehören u. a. die Open-Access-Bewegung, die für den „unbeschränkten und kostenlosen Zugang zu wissenschaftlicher Information im Internet" steht (http://www.open-access.net/), und die Open-Content-Bewegung, deren Ziel die Übertragung der Prinzipien von OSS auch auf andere Werkgattungen ist (Oberhuemer/Pfeffer 2008, 17). Open Access verändert die bisherige Publikationspraxis im Wissenschaftsbereich fundamental, da Ergebnisse aus (z. B. mit öffentlichen Mitteln geförderten) Forschungsprojekten etc. schnell und kostenlos weltweit auf internetbasierten Publikationsservern öffentlich verfügbar bereitgestellt werden (zu den Rechtsfragen siehe Kap. 11.2). Der Wettbewerbsrat der Europäischen Union hat beschlossen, dass die Mitgliedstaaten bis 2020 alle öffentlich finanzierten wissenschaftlichen Veröffentlichungen auf Open Access umstellen sollen: Autorinnen und Autoren sollen durch ein unabdingbares Zweitveröffentlichungsrecht ihre naturwissenschaftlichen Publikationen nach sechs Monaten und ihre geisteswissenschaftlichen Publikationen nach zwölf Monaten der Allgemeinheit zugänglich machen können, z. B. auf ihrer eigenen Homepage (sog. Grüner Weg des Open Access). Diesem Beschluss entsprechend hat das Bundesministerium für Bildung und Forschung im September 2016 ihre Open-Access-Strategie gestartet (BMBF 2016). Zur Finanzierung von Open-Access-Publikationen auf dem sog. „Goldenen Weg", also der unmittelbaren freien Zugänglichkeit zu einer Publikation im Internet am originären Publikationsort, oder z. B. in einer Open-Access-Zeitschrift, werden zurzeit – statt des bisher bei wissenschaftlichen Veröffentlichungen üblichen kostenpflichtigen Erwerbs durch die Lesenden, Bibliotheken etc. – verschiedene Modelle diskutiert, z. B. eine Beteiligung der Verfasser bzw. von Hochschulen oder Wissenschaftsorganisationen an den Kosten.

Open Educational Resources (OER)

Frei verfügbare Inhalte, sog. Open Content, die vor allem für Bildungskontexte entwickelt und in Bildungskontexten eingesetzt werden, werden als freie Bildungsressourcen bzw. auch im deutschsprachigen Raum zunehmend mit dem englischen Fachbegriff als Open Educational Resources (OER) bezeichnet. Der Begriff wurde erstmals 2002 von der UNESCO im Zusammenhang mit der Forderung eines verbesserten Zugangs zu Bildung für Entwicklungsländer verwendet. Im Jahr 2012 hat die UNESCO mit einer Deklaration ihre Mitgliedstaaten aufgefordert, sich zur Realisierung des Menschenrechts auf Bildung und zur Schaffung einer „inklusive(n)

Informationsgesellschaft" aktiv an einer von ihr eingerichteten Internetplattform (http://www.oerplatform.org) zu beteiligen. In der Deklaration werden OER wie folgt definiert (DEUTSCHE UNESCO-KOMMISSION 2013, 31):

OER sind „Lehr-, Lern- und Forschungsressourcen in Form jeden Mediums, digital oder anderweitig, die gemeinfrei sind oder unter einer offenen Lizenz veröffentlicht wurden, welche den kostenlosen Zugang sowie die kostenlose Nutzung, Bearbeitung und Weiterverbreitung durch andere ohne oder mit geringfügigen Einschränkungen erlaubt. Das Prinzip der offenen Lizensierung bewegt sich innerhalb des bestehenden Rahmens des Urheberrechts, wie er durch einschlägige internationale Abkommen festgelegt ist, und respektiert die Urheberschaft an einem Werk."

Unterschiedliche Auslegungen gibt es in der Interpretation und praktischen Umsetzung der Frage, wie weitreichend die Begriffe open bzw. freie Zugänglichkeit verstanden werden, z. B. in Bezug auf offene bzw. proprietäre Dateiformate (die das Lesen und Bearbeiten nur mit kostenpflichtigen Programmen erlauben), auf technische Beschränkungen (dies betrifft im Zusammenhang mit E-Learning-Software etwa den Quellcode, Editoren oder Nutzerschnittstellen), kostenmäßige Beschränkungen (dies betrifft die Forderung der Nutzung von OER ausschließlich für nicht kommerzielle Zwecke bis zu unterschiedlich gestaffelten Zahlungsmodellen) und rechtliche Beschränkungen (dies betrifft z. B. Copyright oder Lizenzmodelle) (Kap. 11.2; OBERHUEMER/PFEFFER 2008, 18 f.; ZAUCHNER/BAUMGARTNER 2007, 245). Ein zusätzlicher Aspekt im Bereich der Forschung ist die Zugänglichkeit von Rohdaten.

Trotz unterschiedlicher Definitionen von OER im Detail (GESER 2007; OECD 2007) wird der Begriff in der Regel auf drei unterschiedliche Bereiche bezogen:

1. (E-Learning-)Werkzeuge und Software „für die Entwicklung, die Nutzung, den ReUse und die technische Verbreitung des Lerncontent" (GOERTZ/JOHANNING 2007, 254), also Entwicklungswerkzeuge und Social Software sowie Content Management Systeme und Learning Management Systeme (Kap. 3.1; Kap. 3.5.1);
2. Lernmaterialien in unterschiedlicher Granularität, d. h. vollständige Studiengänge und komplette Kurse ebenso wie einzelne Module oder Lernobjekte (z. B. Textdateien, Hypertexte, Bilder, Audio, Video, Simulationen) und Repositorien u. a. m.;
3. Instrumente zur Unterstützung der Implementierung, etwa Lizenzmodelle, Qualitäts- und Designprinzipien sowie Standards (Kap. 8; Kap. 10; Kap. 11.2).

Aus der Perspektive von Lernenden, Lehrenden und Nutzern bieten OER unterschiedliche Vorteile:

1. Empirisch kann belegt werden, dass OER zunehmend eigeninitiativ von Lernenden gesucht und auch außerhalb von formellen Bildungsveranstaltungen als Selbstlernmaterialien genutzt werden (CARSON 2006; LANGER/THILLOSEN 2013). Durch OER werden offene und flexible Lernmöglichkeiten auch für benachteiligte Gruppen geschaffen.

2. Für Lehrende bieten OER einen umfangreichen Pool an Ressourcen, die „im Unterricht als Lehrmittel Anwendung finden“ (Hofhues/Reinmann/Wagensommer 2008, 33) und ggf. durch die Zusammenarbeit mit anderen Expertinnen und Experten auch leichter als bisher weiterentwickelt und aktualisiert werden können. Dadurch kann nicht nur die Innovation und Qualität der Inhalte, sondern auch die Kosteneffizienz gesteigert werden.
3. Schließlich können sich Bildungsinstitutionen der OER-Bewegung anschließen und so zugleich einen Beitrag zur gesellschaftlichen Verantwortung erbringen und sich mit dem Angebot eigener Materialien einen Reputationsgewinn verschaffen oder ein „neues Marktsegment der betrieblichen und beruflichen Weiterbildung erschließen“ (Goertz/Johanning 2007, 253; Rödel 2013). Letzteres erfordert allerdings auf der Ebene der Institution die Einbindung in ein Geschäftsmodell, Einigung bezüglich der technischen Voraussetzungen, Nutzungsrechte, Qualitätssicherung sowie nicht zuletzt der didaktischen Integration (Zauchner/Baumgartner 2007).

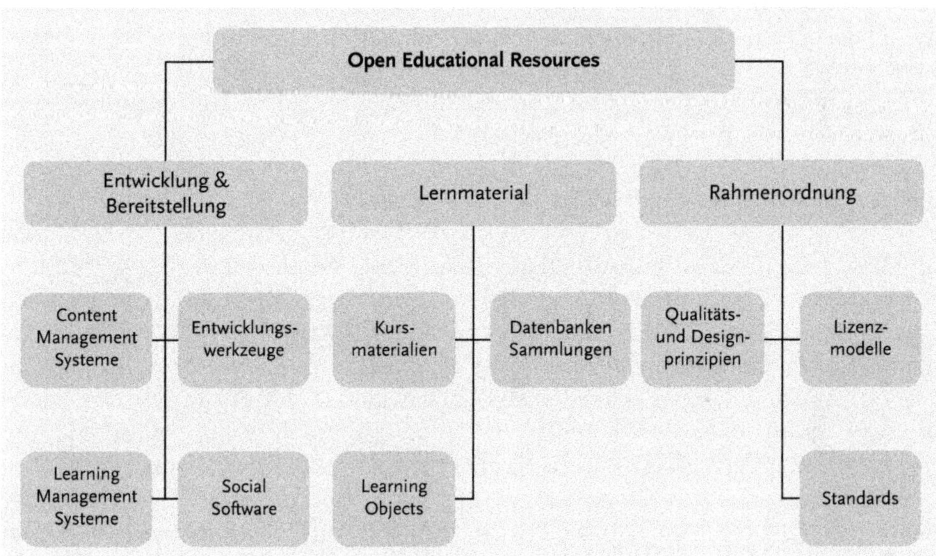

Abb. 5.3: Übersicht über die verschiedenen Elemente von OER (e-teaching.org 2017b in Anlehnung an OECD 2007, 31)

OER-Strategien und Rahmenbedingungen

In der Deklaration aus dem Jahr 2012 empfiehlt die UNESCO zudem, dass die Mitgliedstaaten folgende Maßnahmen ergreifen (Deutsche UNESCO-Kommission 2013, 31f.):

(a) „Die Bekanntheit und Nutzung von OER fördern [...]
(b) Günstige Rahmenbedingungen für den Einsatz von Informations- und Kommunikationstechnologien schaffen [...]

(c) Die Entwicklung von OER-Strategien und Regelungen verstärken [...]
(d) Das Verständnis und die Nutzung offener Lizenzen fördern [...]
(e) Den Kapazitätsaufbau für die nachhaltige Entwicklung hochwertiger Lernmaterialien unterstützen [...]
(f) Strategische Allianzen zugunsten OER fördern [...]
(g) Die Entwicklung und Bearbeitung von OER in einer Vielzahl an Sprachen und kulturellen Kontexten anregen [...]
(h) Forschung zu OER anregen [...]
(i) Das Auffinden, Abrufen und Verbreiten von OER erleichtern [...]
(j) Offene Lizenzen für öffentlich finanzierte Bildungsmaterialien fördern."

Mit diesen Empfehlungen wird deutlich, dass es für eine stärkere Verankerung von OER im Bildungsbereich nicht ausreichend ist, den Fokus auf die Produktion und Nutzung von OER zu legen. Es gilt vielmehr, günstige Rahmenbedingungen für ebendiese Produktion und Nutzung zu schaffen, u.a. mit bildungspolitischen OER-Strategien auf verschiedenen Ebenen sowie institutionellen Leitlinien und Konzepten innerhalb von Organisationen oder innerhalb von OER-Verbünden und -Allianzen. Ebenso wird sichtbar, dass zunächst eine größere Bekanntheit des Konzepts, erleichterte Strukturen zum Suchen und Finden von OER sowie die Unterstützung der Verwendung von offenen Lizenzen gefördert werden sollten (vgl. auch European Commission 2014; zur Entwicklung der OER-Bewegung in Deutschland vgl. unten).

Didaktische Integration von OER

In den verschiedenen Abschnitten dieses Kapitels wurde immer wieder betont, dass der Einsatz von E-Learning-Inhalten auf das konkrete Lernszenario abgestimmt werden muss. Auch in Bezug auf OER wird nun zunehmend gefordert, dass sie einen pädagogischen Wert bzw. ein didaktisches Modell als Ausgangspunkt haben (e-teaching.org 2017b). Dabei wird eine „hohe didaktische Innovationskraft vor allem in Zusammenhang mit einer kollaborativen Entwicklung und Nutzung bzw. Wiederverwendung" gesehen, also der Möglichkeit, „Bildungsressourcen für eigene Lehr- und Lernzwecke zu adaptieren, weiterzuentwickeln und wieder zur Verfügung zu stellen" (Zauchner/Baumgartner 2007, 245). Dies erfordert jedoch auf rechtlicher Seite, dass OER nicht nur zur bloßen Nutzung zur Verfügung stehen, sondern an Lehrkontexte und -methoden angepasst werden können. Offene Lizenzmodelle wie beispielsweise das System der Creative Commons (siehe Kap. 11.2) können hier Rechtsicherheit schaffen. Zudem braucht es Überlegungen bzw. langfristig auch Regelungen, wie mit den veränderten Inhalten in Hinblick auf Qualitätssicherung, aber beispielsweise auch mit der Zuordnung zu einer Person oder Personengruppe umgegangen werden soll.

Eine weitere Herausforderung stellt vielfach auch noch die Auszeichnung von OER mit Standards und Metadaten dar (Goertz/Johanning 2007, 261). Dies betrifft nicht nur technische Standards oder grundsätzliche Qualitätsmerkmale, sondern auch didaktische Merkmale, ohne die für den eigenen Kontext relevante Lernressourcen nur schwer aufgefunden werden können und deren Qualität und Möglichkeiten für eine Verwendung in anderen Kontexten kaum eingeschätzt werden können. So nennen z. B. Zauchner/Baumgartner (2007, 249) als „Basisvoraussetzung" für die didaktische Qualität von Lernressourcen u. a. die „Transparenz der Lehrziele, Lernwirksamkeitskontrollen, Anpassung der Lehrmethoden an die Lernziele, das Nennen von Einstiegsvoraussetzungen von Angeboten" sowie die Implementierung von Unterstützungsmodellen.

OER und MOOCs – ein vielschichtiges Verhältnis

Ebenfalls aus didaktischen Überlegungen heraus wird schon seit mehreren Jahren gefordert, nicht nur OER-Materialien bereitzustellen, sondern solche Materialien auch in „OER-Praktiken" einzubetten, z. B. in frei zugängliche komplette Lehr- und Lernszenarien, und so erst wirkliche Innovation im Bildungsbereich zu schaffen (vgl. OPAL 2011). Insbesondere für selbst organisiert Lernende könnten OER in neuartigen Lernarchitekturen verwendet werden, die auf kollaborativem und informellem Lernen aufbauen (ebd.). Dem entspricht das Konzept von konnektivistischen Massive Open Online Courses (cMOOCs) (siehe Kap. 4.3.3), das als OER-Praktik par excellence bezeichnet werden kann. Solche cMOOCs verwenden in der Regel OER als zentrale Lernressourcen und produzieren mit der Dokumentation des Kursgeschehens, der Diskussionen, der Experteneingaben und von Teilnehmenden geschaffenen Artefakten häufig auch noch während des Kurses neue OER, wenn diese Materialien auf Internetseiten frei zugänglich und mit einer offenen Lizenz versehen sind. Der cMOOC COER13 (www.coer13.de), ein MOOC zum Thema Open Educational Resources, hat beispielsweise den ganzen Kursaufbau unter das Ziel gestellt, eine umfassende freie Bildungsressource in deutscher Sprache zu OER zu produzieren (Arnold u. a. 2015).

Im Gegensatz dazu sind die xMOOCs (x steht für extension, stark vorstrukturiert bzw. instruktionsorientiert), die gegenwärtig die Diskussion bestimmen, in der Regel zwar kostenfreie und für alle zugängliche Lerngelegenheiten (siehe Kap. 4.3.3), sie nutzen jedoch meist keine Materialien mit offenen Lizenzen, sodass die in diesen Kursen eingesetzten Lernressourcen, also die verwendeten Videos, Tests oder Kursdiskussionen, den Teilnehmenden nach dem Kursende meist nicht mehr zugänglich sind und auch nicht von Dritten in anderen Kontexten genutzt oder weiterbearbeitet werden dürfen. Mit dem Kursangebot als solchem tragen xMOOCs daher zwar zur Idee der offenen Bildung bei, sollten aber nicht als OER angesehen werden. Ihr Verdienst für die Open-Bewegung ist vielmehr, dass sie mit der großen medialen Aufmerksamkeit, die sie geweckt haben, auch das Thema Open Education auf die Agenda von Hochschul- und Unternehmungsleitungen gebracht haben. So wurde zumindest die Bekanntheit der Idee von OER gefördert, wenn auch teilweise in verkürzter oder verzerrter Form.

OER suchen und bereitstellen

Mittlerweile gibt es zahlreiche Datenbanken bzw. Repositorien, die OER im Internet bereitstellen, und der Bestand an OER-Materialien wächst beständig. Doch für Nutzende ist es oft nicht einfach, Lernmaterialien zu finden, die ihrem Wissensbedarf,

Kenntnisstand und Lernverhalten entsprechen. Die Beurteilung der Qualität von gefundenen Materialien stellt oft ein zusätzliches Problem dar (LANGER/THILLOSEN 2013, 3). Ein zentrales Verzeichnis aller OER-Materialien wird es nicht geben, zu divers sind die Akteure und Einsatzkontexte. Prinzipiell lassen sich drei verschiedene Suchstrategien für OER-Materialien unterscheiden (ebd.; DEUTSCHE UNESCO-KOMMISSION 2013, 26–28; siehe auch http://www.coer13.de/unit1.html [31.03.2015]):

1. *Suchmaschinen nutzen:* Einige Suchmaschinen, z. B. Elixier (http://www.bildungsserver.de/elixier/) oder OER Commons (http://www.oercommons.org) sind bereits auf OER spezialisiert. Aber viele andere Suchmaschinen, z. B. in Bilddatenbanken, bieten mittlerweile die Möglichkeit, nach offen lizensierten Inhalten zu suchen. In der Regel lohnt es sich, verschiedene Suchgänge mit unterschiedlichen Suchmaschinen zu kombinieren.
2. *OER-Repositorien nutzen:* Mittlerweile existieren zahlreiche Datenbanken und Portale, die OER in sog. Repositorien bereitstellen. Viele Hochschulen und andere Bildungseinrichtungen stellen ihre Lehrveranstaltungen und weitere Materialien in eigenen Portalen oder in Kooperation mit anderen Anbietern der Öffentlichkeit zur Verfügung. Beispiele sind das ZUM-Wiki (http://wiki.zum.de) eher für den schulischen Bereich oder MIT OpenCourseWare (http://ocw.mit.edu) mit Materialien des Massachusetts Institute of Technology (MIT), das 2001 als erste Universität weltweit seine Lehrmaterialien kostenlos und frei online zur Verfügung stellte. Nach diesem Vorbild haben sich inzwischen über 200 Hochschulen weltweit zum OpenCourseWare Consortium (http://www.oeconsortium.org/) zusammengeschlossen.
3. *OER-Webverzeichnisse nutzen:* Weiterhin gibt es Internetseiten, die umfangreiche Linksammlungen zur Verfügung stellen oder auf denen nach Verweisen auf OER gesucht werden kann. Edutags (http://edutags.de) ist z. B. ein Social-Bookmarking-Werkzeug, dass Lehrenden oder anderen Interessierten erlaubt, ihre OER-Funde zu verschlagworten, übersichtlich zu strukturieren und mit anderen zu teilen. Eine Zusammenstellung wichtiger OER-Plattformen sowie für Lehr- und Lernzwecke geeigneter Bild-, Audio- und Videoportale findet sich unter https://www.e-teaching.org/materialien/mediendatenbanken/.

Selbst produzierte OER-Materialien können in die oben genannten Repositorien, in thematische Fachportale oder in spezielle Text-, Bild- oder Videoportale eingestellt und mit einer offenen Lizenz versehen werden, die den Vorstellungen des Urhebers entspricht. Dabei sind die jeweiligen Bedingungen unterschiedlich, z. B. in Bezug auf Registrierung, Kosten, Möglichkeiten der Nutzung bzw. Veränderbarkeit von Inhalten oder Suchkriterien. Um die eigene Produktion potenziell Interessierten bekannt zu machen, können zusätzlich Web-2.0-Werkzeuge bzw. Social Media genutzt werden.

OER-Lehrbücher bzw. Open Textbooks

Als eigene OER-Sorte, die viel Beachtung findet, entstehen derzeit OER-Lehrbücher oder sog. Open Textbooks: Lehrbücher in digitalen Formaten, die mit offenen Lizenzen versehen sind, sodass sie schnell aktualisiert werden können und von der Expertise vieler profitieren und auf diese Weise ggf. Kostenvorteile im öffentlich finanzierten Bildungssystem bieten. Beispiele im deutschsprachigen Raum sind das wissenschaftliche „Lehrbuch für Lernen und Lehren mit digitalen Technologien", das bereits in einer zweiten, aktualisierten Auflage als Gesamtwerk von mehr als 100 Autorinnen und Autoren erschienen ist (Schön, S./Ebner 2013), oder ein dem Berliner Rahmenlehrplan für die Klassen 7 und 8 entsprechendes Biologie-Schulbuch (http://www.schulbuch-o-mat.de/). Im englischsprachigen Raum entsteht z. B. zum Thema E-Teaching das Lehrbuch „Teaching in Digital Age" (Bates 2014), im medizinischen Bereich ist ein wissenschaftliches Lehrbuch der Handchirurgie (The Living Textbook of Hand Surgery, http://www.hand-ww.de/) in Arbeit.

OER – was ist weiter zu tun?

Die OER-Bewegung hat in den vergangenen Jahren große Fortschritte erzielt. Allerdings stellen die Heterogenität und die Auffindbarkeit der Ressourcen immer noch ein Problem dar, ebenso wie fehlende unterstützende Rahmenbedingungen. Nachdem das Thema in Deutschland auf politischer Ebene lange keine große Rolle gespielt hat, wurde die Förderung von OER in Deutschland im Jahr 2013 im Koalitionsvertrag aufgenommen (CDU, CSU & SPD 2013, 22 f.). In den folgenden Jahren wurden zunächst verschiedene Publikationen zur Bestandsaufnahme von OER in Deutschland (Ebner et al. 2015) sowie Empfehlungen zur Implementierung (u. a. BMBF & KMK 2015; BMBF 2016; Deutscher Bildungsserver 2016; Wikimedia Deutschland 2016) gefördert und veröffentlicht. Seit 2016 werden zudem zahlreiche Projekte zur Erforschung sowie zur Nutzung von OER auf der Ebene von Bund (BMBF 2016) und Ländern (KMK 2016; MWK Baden-Württemberg 2017) gefördert.

Da die Bedeutung von OER wächst, wird auch in diesem Bereich der Erwerb von Informationskompetenzen zunehmend wichtiger, z. B. die Entwicklung von Strategien zur Recherche und zur Bewertung gefundener Informationen, die über die klassische Bibliotheksrecherche hinausgehen (siehe Kap. 6.3). Aufseiten der Anbieter erfordert dies eine „bessere Erschließbarkeit der Angebote durch größere Transparenz der Webportale und einen stärkeren Einsatz von Metadaten" sowie eine „klarere Definition der zentralen Merkmale von OER-Angeboten (Finanzierungsmodell, Adressatenkreis, Darstellungsformen, Autoren, Zugänge, Fachinhalte)" (Goertz/Johanning 2007, 262). Zentral ist darüber hinaus auch die (gerade im deutschsprachigen Bildungsraum oft noch mangelnde) Bereitschaft, eigene Lernressourcen zu veröffentlichen und fremde Materialien in der eigenen Lehre einzusetzen oder sogar weiterzuentwickeln, d. h. die Entwicklung einer „offenen Bildungskultur" (Spohrer/Jenert 2008, 40).

5.6 Fazit

Fülle und Heterogenität von digitalen Bildungsressourcen

In den vergangenen Jahren hat sich die Produktion von E-Learning-Inhalten erheblich vereinfacht. Über die komplexe eigene Entwicklung von umfangreichen Lernmaterialien hinaus haben E-Learning-Anbieter, aber auch Lehrende und Lernende die Möglichkeit, auf eine Fülle von im Internet bzw. auch in speziellen Repositorien für Open Educational Resources (OER) frei zugängliche Bildungsressourcen zuzugreifen. Diese Materialien reichen vom einfachen Textdokument oder Audio-Podcast bis zur komplexen Simulation und können sich neben den Formaten auch im Umfang und in zahlreichen anderen Faktoren – z. B. der Adressatengruppe oder den Lernzielen – erheblich voneinander unterscheiden. Autoren, Urheber und Produzenten können fachliche und didaktische Experten sein, aber auch Lernende oder interessierte Laien. Für ein inklusives E-Teaching und E-Learning ist es bei der Produktion von Bildungsressourcen zentral, Barrierefreiheit und Diversität der Ressourcen von der Planungsphase an zu berücksichtigen. Die Nutzungsmöglichkeiten reichen vom selbst organisierten, informellen Lernen bis zum Einsatz in formalen Ausbildungs- oder Studiengängen.

Schlüssiges Gesamtkonzept – Lernende aktivieren und unterstützen

E-Learning-Inhalte können also sehr unterschiedlich aufbereitet sein und sehr unterschiedliche Funktionen in einem Lernszenario haben: vom Erwerb grundlegender inhaltlicher Kompetenzen, z. B. durch umfangreiche Lernmaterialien wie Web Based Trainings, über die Erprobung von Handlungsoptionen in Simulationen und Rollenspielen bis zu eigenständigen Tätigkeiten der Lernenden etwa durch die Produktion von Inhalten, z. B. mit Web-2.0-Werkzeugen. Solche von den Lernenden selbst produzierte Inhalte sollten soweit möglich multimedial gestaltet werden, also mit Texten, Bildern, Grafiken, Animationen, Videos, Frage-Antwort-Tests, Experimenten etc., weil so die Produzierenden wie die Rezipierenden erfolgreicher lernen können.

In jedem Fall aber gilt: Beim Einsatz der unterschiedlichen Formen von E-Learning-Inhalten im Rahmen von Bildungsveranstaltungen ist ein didaktisch schlüssiges Gesamtkonzept und eine durchdachte, möglichst zielgruppenorientierte Produktion bzw. Auswahl und Kombination der eingesetzten medialen Elemente von entscheidender Bedeutung (Kap. 4). Bildungsressourcen sollten die Lernenden weder über- noch unterfordern und ihnen Inhalte nicht nur präsentieren, sondern sie zur aktiven Bearbeitung motivieren und anregen – und dazu genügend Freiraum und Möglichkeiten zur Nutzersteuerung und auch zur eigenen Gestaltung lassen. Aufgabe der Betreuer ist es, individuelle und gemeinsame Lernprozesse und vor allem die Ausbildung geeigneter Lernstrategien im Umgang mit den verschiedenen digitalen Lernmedien zu unterstützen.

6 Kompetenzen für Lehren und Lernen

Lehren und Lernen als kommunikativer Konstruktions- und Produktionsprozess
Das formale Lehren und Lernen im virtuellen Lernraum erfordert nicht nur eine auf Computer und Internet basierte medien- und kommunikationstechnische Infrastruktur sowie die Produktion und Verfügbarmachung mediendidaktisch konzipierter digitaler Bildungsmedien (Kap. 3; Kap. 4; Kap. 5), sondern vor allem auch die Entwicklung der entsprechenden Kompetenzen für das Lehren und Lernen. Denn das Lehren und Lernen mit Bildungsmedien im virtuellen Lernraum (Strittmatter/Niegemann 2000) erfordert einen radikalen Wandel der traditionellen Lehrhandlungen und der durch diese geformten und auf sie bezogenen traditionellen Lernhandlungen (Zimmer 2012b) zur konstruktiven Entwicklung der individuellen Sach-, Sozial- und Selbstkompetenzen. Die digitalen Bildungsmedien objektivieren die Lehrhandlungen im Medium; sie werden dadurch zu den medial standardisierten Akteuren der Wissensvermittlung zwischen Lehrenden und Lernenden und heben damit die traditionelle zeitliche und örtliche Unmittelbarkeit und die persönliche Beziehung der Lehr- und Lernhandlungen auf. Dadurch wird das pädagogische Verhältnis zwischen Lehrenden und Lernenden zu einem medial vermittelten Verhältnis, das Eigenständigkeit und zugleich Folgsamkeit der Lernenden verlangt. Die zeitliche, örtliche und persönliche Trennung der Lehrenden und Lernenden erfordert wiederum die Schaffung von Mediatoren – z. B. in der Position und Funktion von Teletutoren – zur personalen Überbrückung dieser medienbasierten Trennung. Sie haben die Aufgabe der Lernbegleitung, die jederzeit medienvermittelt oder auch persönlich den Lernenden zur Verfügung stehen soll. Diese Lernbegleitung kann auch durch eine gemeinsam vereinbarte wechselseitige Unterstützung der Lernenden selbst erfolgen. Das stärkt ihre kooperativen und selbst gesteuerten Lernprozesse. Zugleich gewinnt das Lehren und Lernen mit den digitalen Medien gegenüber den traditionellen Formen den Vorteil, dass die Lernenden ihre Lernprozesse zunehmend eigenständig oder auch gemeinsam mit anderen Lernenden konstruieren und organisieren können. Sie können die Ergebnisse ihrer Bearbeitung ganzheitlicher Lernaufgaben selbstständig produzieren und den anderen Lernenden, den Lehrenden und eventuell auch anderen Fachexperten präsentieren und zur Diskussion stellen.

Aufbau des Kapitels
Die Lernbegleitung, ob durch Lehrende, Tutoren oder die gemeinsam Lernenden selbst, wird zu einem wichtigen Erfolgsfaktor im medienvermittelten Lehren und Lernen (Kap. 6.1), und die Form der medienvermittelten Kommunikation (Kap. 6.2) gewinnt darin eine zentrale Funktion. Sie erfordert die Entwicklung von Medienkompetenz (Kap. 6.3). Durch die Nutzung von Web-2.0-Anwendungen in virtuellen Lernräumen entstehen neue Möglichkeiten direkter persönlicher asynchroner und synchroner Kommunikation, Kooperation und Partizipation zwischen Lehrenden und Lernenden, der Lernenden untereinander wie auch mit weiteren Experten. Die Möglichkeiten und Grenzen der zeit- und ortsgebundenen persönlichen Kommunikation in den traditionellen pädagogischen Arrangements des Lehrens und Lernens werden in den sozialen Medien weit überschritten (Kap. 6.4). Die damit verbundenen Chancen stellen neue Anforderungen an die Aufgaben und Kompetenzen der Lehrenden (Kap. 6.5) und vor allem an die Teletutoren (Kap. 6.6) wie auch an die anderen Lernenden der jeweiligen Lerngruppe (Kap. 6.7). Lehren und Lernen wird in medienvermittelten pädagogischen Verhältnissen zu einem kooperativen Prozess (Kap. 6.8). Dadurch werden neue Potenziale in der Überwindung von Kompetenzdiskrepanzen, also im Lernen und Lehren, freigesetzt, unterstützt durch die Herausbildung der Medienkompetenzen und die Vermittlung und Betreuung durch Teletutoren und Lehrende (Kap. 6.9).

6.1 Lernbegleitung als Erfolgsfaktor

Mit digitalen Bildungsmedien autodidaktisch lernen

Die Bedeutung der Lernbegleitung bzw. der fachlichen und auf den Lernprozess bezogenen Beratung bzw. Unterstützung der Lernenden in virtuellen Bildungsangeboten wurde lange unterschätzt. Lernen mit digitalen Bildungsmedien galt zunächst als eine individuelle, autodidaktische Form des Kompetenzerwerbs. Das Interesse der Anbieter und der mediendidaktischen Forschung konzentrierte sich auf die multimediale und interaktive Aufbereitung der Materialien und die didaktische Gestaltung der angebotenen Lernwege. Dabei wurde angenommen, dass die Lernenden durch die Gestaltung des Lernmaterials, die Interaktion mit dem Medium, die eingebauten Rückmeldungen und Hilfen hinreichend unterstützt würden. Insbesondere mit der Entwicklung von Intelligenten Tutoriellen Systemen (ITS) zur Lernunterstützung wurden hohe Erwartungen verbunden, die jedoch nicht annähernd erfüllt werden konnten (Hasebrook 1995, 188–193; Schulmeister 2007). „Der Versuch, einen Lehrer zu simulieren, ist nicht nur sehr aufwendig und unvollständig zu realisieren. Es ist auch fragwürdig [...] Potenziale des Computereinsatzes liegen eher in der Möglichkeit, reichhaltige Umgebungen zu schaffen, die Exploration und individuelle Konstruktion im Lernprozess betonen [...], ohne ein – ohnehin nicht vorhandenes – ‚Verständnis' des Lernenden vorzutäuschen" (Blumstengel 1998, Hervorh. im Original). Mit der Entwicklung der neuen Kommunikationswerkzeuge im Web 2.0

und deren Implementierung im virtuellen Lernraum sind inzwischen neue Möglichkeiten persönlicher asynchroner und synchroner Lernunterstützung entstanden (Stöber/Göcks 2009; Zimmer 2011a). Sie erweitern zweifellos die Möglichkeiten und Formen der medienvermittelten Betreuung, können aber die Betreuung in Präsenzveranstaltungen nicht vollständig ersetzen. Dies gilt nicht nur für formale Bildungsangebote. Auch im Bereich informellen E-Learnings greifen die Lernenden auf entsprechende Beratungs- und Betreuungsangebote zurück, bspw. indem sie Verständnisschwierigkeiten und Informationsdefizite zu den Lerngegenständen in Diskussionsforen klären oder sich über soziale Netzwerke mit anderen Lernenden oder Experten darüber austauschen.

Grenzen und Vorteile digitaler Kommunikation

Die Kommunikation zwischen Lehrenden und Lernenden vermittelt über digitale Medien kann je nach Verfügbarkeit und Nutzung der digitalen Kanäle eine erhebliche Reduktion der Kommunikation gegenüber der Face-to-Face-Kommunikation bewirken, aber auch eine deutliche Erweiterung der Kommunikation. Eine rein textuelle mediale Kommunikation kann eine „Ent-Sinnlichung, Ent-Emotionalisierung, Ent-Kontextualisierung und sogar Ent-Menschlichung" (Döring 2003, 149) und „Ent-Räumlichung und Ent-Zeitlichung" (Ziemons 2012, 248) sowie eine Gefährdung der Vertraulichkeit zur Folge haben. „Während bei der Face-to-Face-Kommunikation Eindrücke nonverbaler, auditiver, visueller, olfaktorischer, gustatorischer und taktiler Art die Gesprächsinhalte illustrieren, reduziert sich dies in der grundsätzlich rein schriftbasierten *Facebook-*, *Twitter-* oder E-Mail-Kommunikation auf textuelle Eindrücke, die zudem aufgrund der Asynchronizität schwer zu hinterfragen sind" (ebd., Hervorh. im Original). Allerdings ermöglichen die digitalen Medien auch eine Ergänzung der Textkommunikation durch Einfügungen oder Anhänge anderer medialer Darstellungsformen, wie z. B. von Grafiken, Tabellen, Bildern, Videos. Andererseits erfordern diese Vorteile medialer Darstellungen, ob nur textuell oder mit anderen Darstellungsformen ergänzt, in jedem Fall einen erheblich höheren Zeitaufwand für ihre Erstellung. Es ist daher notwendig, rationale Formen der Erstellung und der Verwendungsweisen der digitalen Medien in der Konzentration auf die wesentlichen Inhalte und die Zeiten der Kommunikation gemeinsam zu vereinbaren und individuell zu entwickeln. Denn ein weiterer Vorteil der digitalen Medien ist ihre raum- und zeitflexible Verwendbarkeit und ihre Präsentation, die gespeichert und jederzeit erneut dargestellt und rezipiert werden kann.

Reintegration persönlicher Lernbegleitung durch Blended Learning

Aufgrund von Praxiserfahrungen und aufgetretener Akzeptanzprobleme, die aufgezeigt haben, dass ein erfolgreiches Lernen mit interaktiven Medien die unmittelbare persönliche Kommunikation zwischen Lehrenden und Lernenden nicht vollständig ersetzen kann, wurden Konzepte des Blended Learning, des Wechsels zwischen Phasen medienbasierter Lernprozesse und des Lehrens und Lernens in Präsenzveranstaltungen oder in synchronen Online-Seminaren, entwickelt (Mündemann 2003). Aber auch im Blended Learning zeigt sich, dass diese Phaseneinteilung keine hinreichende Lösung für die erforderliche Reintegration der persönlichen Kommunikation im Lehren und Lernen darstellt. Vielmehr ist für ein erfolgreiches Lernen auch in medienbasierten Lernphasen eine jederzeit herstellbare asynchrone oder synchrone persönliche Kommunikation mit den Lehrenden oder ihren Tutoren notwendig (ALAMI 2006; BEHRENDT/ULMER/MÜLLER-TAMKE 2004).

Persönliche Lernbegleitung im virtuellen Lernraum

Die Ermöglichung persönlicher Kommunikation im virtuellen Lernraum ist nicht nur für die Lernmotivation und die Akzeptanz des E-Learning-Angebots vorteilhaft, sondern vor allem aus inhaltlichen und methodischen Gründen auch notwendig. Denn aufgrund der immer individuell unterschiedlichen Kenntnisse, Fähigkeiten und Interessen werden in jedem Lernprozess auch immer individuell unterschiedliche Herangehensweisen, Nachfragen und weiter gehende Fragen hervorgebracht, auf die in keinem Medium im Voraus allgemeine Antworten programmiert werden können. Daher müssen im virtuellen Lernraum die Instrumente für eine persönliche Kommunikation gegeben sein, damit inhaltliche Hilfen und methodische Hinweise gegeben und auf spezielle Bedürfnisse von einzelnen Lernenden oder Lerngruppen eingegangen werden kann. Dabei kann die fachliche und die pädagogische Begleitung der Lernenden zwar personell getrennt werden, z. B. in Fachtutoren und Gruppentutoren (KERRES/NÜBEL/GRABE 2005), aber die fachlichen und pädagogischen Kompetenzen der Begleitung können nicht vollständig auf zwei Personen aufgeteilt werden, weil pädagogische Fragen immer auch fachliche Fragen sind wie umgekehrt. Eine von den Lernenden jederzeit ansprechbare fachliche und pädagogische Unterstützung stärkt zugleich die Entwicklung ihrer Kompetenzen zum autodidaktischen Lernen (ARNOLD/KILIAN/THILLOSEN 2002a, 2002b; THILLOSEN/ARNOLD 2001).

Unterschiedliche Formen der Lernbegleitung als Erfolgsbedingung

Die Lernbegleitung durch Tutoren trägt maßgeblich zum Erfolg des Lernens im virtuellen Lernraum bei (GEYKEN/MANDL/REITER 1998). Natürlich können eng umrissene Lernaufgaben mit kurzer Bearbeitungsdauer auch unbetreut von den Lernenden erfolgreich bearbeitet werden. Bei komplexeren und umfangreicheren virtuellen Bildungsangeboten ist jedoch die jederzeitige Ansprechbarkeit einer persönlichen Begleitung von unverzichtbarer Bedeutung. Darüber hinausgehend ist auch der Diskurs mit Lehrenden, anderen Lernenden und Fachexperten zu ermöglichen. Denn erst im reflexiven Diskurs über die Ziele, Inhalte, Kontexte und die Lernprozesse selbst mit den anderen Beteiligten erwerben die Lernenden die sachlichen, sozialen und persönlichen Handlungskompetenzen, die sie zum Transfer und zur Rekonstruktion des erworbenen Wissens und damit zur erfolgreichen Teilhabe in den jeweiligen Tätigkeitsfeldern befähigen.

Vereinbarung der Online-Lernbegleitung

In virtuellen Lernkontexten müssen Vereinbarungen darüber getroffen werden, welche Personen die Lernenden begleiten und welche Tätigkeiten und Verantwortlichkeiten damit verbunden sind. In Hochschulen arbeiten häufig wissenschaftliche Mitarbeiter als Tutoren in den Online-Phasen und Professoren als Lehrende in den Präsenzphasen, was eine gute Abstimmung zwischen beiden notwendig macht. Dabei geht es sowohl um Hilfestellungen und Lernerfolgskontrollen bei der Bearbeitung der Lerninhalte und Lernaufgaben als auch darum, Lernende dabei zu unterstützen, individuelle Lernprobleme zu überwinden und die Lernmotivation aufrechtzuerhalten.

Rollenbezeichnungen und Aufgabendefinitionen für die Online-Lernbegleitung
Bisher gibt es weder einheitliche Aufgabendefinitionen noch einheitliche Bezeichnungen für die Online-Lernbegleitung. Eine Vielzahl von Bezeichnungen und Zuordnungen von Tätigkeiten werden diskutiert und verwendet (Busch/Mayer 2002, 60; Katzlinger 2011; Rautenstrauch 2001): Kursplaner, Kursentwickler, Kursbetreuer, E-Manager, E-Trainer, Tele-Tutor, Online-Tutor, E-Moderator, Tele-Coach, Online-Coach, E-Facilitator, Online-Unterstützer für die Entwicklung und Bereitstellung der Medien, Einrichtung und Administration der Kurse, Vermittlung der Lerninhalte, Planung und Moderation der Lernprozesse, Betreuung der Lernenden und die technische Unterstützung. Auch die Rahmenbedingungen der virtuellen Lernsituationen, Lernszenarien und Aufgaben der Lernbegleitung sowie die entsprechenden Weiterbildungsangebote für Kursbetreuer (Graf 2003, 13; Kiedrowski 2001b, 2) variieren auch heute noch beträchtlich. Es gibt noch keine festen Rollen- und Tätigkeitserwartungen in virtuellen Bildungsangeboten, wie sie mit den Bezeichnungen Lehrer, Dozent, Trainer oder Professor in traditionellen Präsenzveranstaltungen verbunden sind.

Teletutor als einheitliche Bezeichnung
Anbieter von virtuellen Bildungsangeboten sollten daher einheitliche Begriffsbestimmungen und ein deutlich konturiertes Anforderungsprofil für die Lernbegleitung entwickeln, damit diese sich entsprechend auf ihre Aufgaben vorbereiten können (Kiedrowski 2001b; Kiedrowski/Schaumann 2000). Aus didaktischer Perspektive ist es dabei sinnvoll, bereits bei der Konzeption der Kurse und Medien die Rolle der Lernbegleiter bei der Gestaltung der Lernszenarien, der Planung der Lernprozesse, den Aufgabenstellungen usw. einzubeziehen. Wir verwenden im Folgenden den Begriff Teletutor. Diese Bezeichnung der persönlichen Lernbegleitung in Online-Bildungsangeboten ist in der (deutschen) Fachliteratur am gebräuchlichsten (Hohenstein/Wilbers 2001; ISW o.J.; Katzlinger 2011; Kiedrowski 2001b; Rautenstrauch 2001; Thillosen/Hansen 2009). Der Begriff Teletutor baut auf dem klassischen Vorstellungsbild eines zur Bearbeitung der von Professoren vorgegebenen Inhalten aktiv anleitenden und unterrichtenden Begleiters der Studierenden in Hochschulen auf, die als Tutoren bezeichnet werden.

Verschiebung des Aufgabenschwerpunktes von Tutoren zur Lernbegleitung
Die Lernbegleitung von Online-Bildungsangeboten ist jedoch ein neues Aufgabenfeld, das sich erheblich von der Tutorentätigkeit in klassischen Präsenzbildungsan-

geboten unterscheidet. Mit der wachsenden Bedeutung des selbst gesteuerten Lernens im virtuellen Lernraum ist eine Verschiebung des Aufgabenschwerpunktes von Teletutoren verbunden (Hausmann 1999; Mündemann 2002). Einer explorativen Studie des Bundesinstituts für Berufsbildung (BIBB) zufolge ist dieser Wechsel differenziert zu sehen, denn vor allem „kompakte PC-Anwender-Schulungen, die synchron im VK [virtuellen Klassenraum] durchgeführt werden [...], basieren auf der zentralen Rolle des Trainers als Wissensvermittler" (Gussenstätter 2003, 15). Jedoch hat sich auch gezeigt, dass bei „längeren Kursen mit starken Selbstlernanteilen" dieser Rollenwechsel deutlicher erkennbar wird (ebd.). In solchen Kontexten – also auch bei komplexen Bildungsangeboten – liegt die Aufgabe von Teletutoren nicht mehr vorrangig darin, Wissen zu vermitteln, sondern die Lernenden während der Wissenserarbeitung durch Aktivierung, Motivierung, Moderation und Beratung zu unterstützen und zu fördern. Der Teletutor ist nicht mehr der *Weise auf der Bühne*, sondern wird zum *Begleiter an der Seite* der Lernenden (Harke 2001, 2003; Hinze/Blakowski 2002; Ulmer/Bahl 2004).

Lernberatung

Von den selbstständig Lernenden wird oft auch eine professionelle Lernberatung nachgefragt. Sie wird aus Sicht des Teletutors oder des Lehrenden auch als notwendig angesehen, wenn eine subjektive Überforderung des Lernenden bei der Planung, Organisation, Durchführung und Einschätzung der erreichten oder nicht erreichten Lernerfolge sichtbar wird. Gründe für subjektive Überforderungen können Krisen und aktuelle Schwierigkeiten im Lernprozess sein, die durch bisher nicht erkannte eigene Kompetenzdefizite oder neuartige fachliche Herausforderungen ausgelöst werden können. Aber auch Konflikte mit anderen Lernenden, Lehrenden oder Fachexperten oder auch mit weiter gehenden eigenen Interessen können Überforderungen auslösen. Die subjektiven Überforderungen können aber letztlich nur von den Lernenden selbst gelöst werden, in dem sie sich ihrer Problemlage selbstständig oder mit Unterstützung der professionellen Lernberatung bewusst werden und Lösungswege finden. Zur Klärung der Problemlage können im Beratungsgespräch weitere Unterlagen herangezogen werden, wie z. B. Online-Lerntagebücher, E-Portfolios, ungelöste Lernaufgaben, Erfahrungen mit den digitalen Lernmaterialien, mit Blended-Learning-Arrangements, mit der synchronen oder asynchronen Kommunikation im virtuellen Bildungsraum oder mit den extern gestellten Anforderungen an den Kompetenzerwerb. Die Lernberatung muss dabei die Selbstreflexion des Lernenden zur selbstständigen kritischen Aufklärung seiner Problemlage fördern. Eine wichtige Grundlage dafür ist die Akzeptanz, Empathie und Wertschätzung des Lernenden. Ziel der Lernberatung ist nicht die Erklärung der Lerninhalte, sondern die Förderung des reflektierten und effizienten selbstständigen Erlernens der Inhalte und Kompetenzen für die Bearbeitung der fachlichen Aufgaben in den jeweiligen übergreifenden Kontexten, „also die erweiterte Handlungsfähigkeit der Ratsuchenden. [...] Die Zielkompetenz der Beratung liegt beim Ratsuchenden. Er legt vor dem Hintergrund seines Selbstverständigungsanliegens fest, wo die Beratung hinführen soll" (Ludwig 2015, 295). Dementsprechend sind nicht die individuellen Defizite des

Lernenden in das Zentrum der Beratung zu stellen. Vielmehr sind die vom Lernenden selbst erkennbaren und erschließbaren individuellen Leistungspotenziale, Ressourcen und Interessen zur Überwindung aktueller Problemlagen gemeinsam herauszuarbeiten. „Im Vordergrund der Beratung steht [...] die Selbstverständigung über die kommunizierten *Bedeutungs-Begründungs-Zusammenhänge,* die im Anliegen der Ratsuchenden eine Rolle spielen" (ebd., 298, Hervorh. im Original). Der Lernende kann dann auf der Grundlage seiner im Beratungsgespräch gewonnenen Selbsteinschätzung motiviert die nächsten Ziele und Schritte seines aufgabenorientierten Lernprozesses planen, organisieren, beginnen und den Verlauf und die erzielten Ergebnisse reflektiert selbstständig und in Kommunikation mit anderen Lernenden und den Lehrenden und ggf. auch mit Fachkräften beurteilen.

Lernprozessbegleitung

Im Unterschied zur professionellen Lernberatung ist die Lernprozessbegleitung zeitlich unbeschränkt und als aktives Handeln auf den jeweiligen Lernprozess vom Beginn bis zum erfolgreichen Abschluss orientiert. Die bzw. der Lernende ist in schwierigen Situationen ihrer bzw. seiner selbst gesteuerten medialen Lernprozesse zu unterstützen; dabei ist auch der Zugang zu entsprechenden Netzwerken sowohl von vergleichbar Lernenden als auch von inhaltlich nahestehenden Fachexperten zu ermöglichen und die Sozialisation in die Netzwerke und die reflektierte Übernahme von und Einbringung eigener Problemstellungen, Lernergebnisse und Handlungsweisen zu unterstützen. Die Lernprozessbegleitung konzentriert sich auf die Voraussetzungen, Bedingungen, Faktoren, Abläufe und Ergebnisse zur Erreichung und Sicherung erfolgreicher Lernprozesse und regt die kritische Reflexion der subjektiv Lernenden zur Entwicklung und Stärkung ihrer Kompetenzen zum selbstständigen und selbst organisierten Lernen auch in kommunikativen und kooperativen Prozessen an. Die Lernprozessbegleitung gibt somit Hilfen zur Selbsthilfe, gibt aber keine fachlich-inhaltliche Unterstützung. Die Lernprozessbegleitung muss bei Problemen aktiv zuhören und klärende Fragen stellen können, muss die subjektiven, kommunikativen und kooperativen Seiten der Probleme erkennen und den Beteiligten einen Lösungsvorschlag unterbreiten können. Dafür werden psychosoziale, pädagogische und didaktische Kompetenzen ebenso wie Analyse- und Beratungskompetenzen zur Förderung der Selbstlernkompetenz der Lernenden benötigt. Die Herausforderung der Lernprozessbegleitung besteht darin, „sich einerseits auf den Lernenden und seinen individuellen Lernprozess einzulassen. Andererseits [...] aber auch [...] [darin], den Lernprozess zu strukturieren und den Lernenden eine Orientierung für den Qualifizierungsprozess zu geben" (Kräenbring 2013, 132).

Integration von Lernberatung und Lernprozessbegleitung

Lernberatung und Lernprozessbegleitung lassen sich nicht immer klar trennen. Der Teletutor oder der Lehrende kann und sollte daher beide Funktionen, die der Lernberatung und die der Lernprozessbegleitung, wahrnehmen, weil sowohl eine gute fachliche Beratung nicht ohne gewisse Kenntnisse über die Lernprozesse geleistet werden kann als auch eine gute Lernprozessbegleitung nicht ohne ein Überblickswissen über Theorie und Praxis des jeweiligen Fachgebiets gelingen kann. Allerdings besteht bei der Wahrnehmung beider Funktionen durch eine Person, den Teletutor, die Gefahr, „dass in einem solchen Fall verstärkt fachliche Fragestellungen beantwortet werden, während Probleme beim Lernen und die Reflexion des Lernprozesses eher in den Hintergrund rücken" (ebd., nach ROHS 2004, 139 ff.). Daraus folgt, dass Teletutoren für beide Funktionen, also sowohl fachlich als auch lernpsychologisch und medienpädagogisch, qualifiziert sein müssen und diese Problemlage verstehen, erkennen und vermeiden helfen können.

Die Führung eines Online-Lerntagebuchs, wie dies z. B. von Joachim Ludwig, Universität Potsdam, entwickelt wurde (http://www.oltb.de [19.01.2017]), ist dafür eine geeignete Software. Die Lernenden reflektieren darin ihren eigenen Lernprozess und können ihn mit den Lernprozessen der anderen Lernenden vergleichen, wodurch sie ihre selbst organisierten und kooperativen Lernzusammenhänge gestalten können. Die Lehrenden erhalten eine Rückmeldung über die Fortschritte und eventuellen Schwierigkeiten der Lernenden, wodurch sie den Lernenden weitere Anregungen für ihre Lernprozesse geben können oder auch Hinweise für von ihnen vorzunehmende Verbesserungen ihrer Lernangebote erhalten können.

Lehren und Lernen wird zum kooperativen Prozess

Gerade die in den digitalen Bildungsmedien erfolgte „telemediale Objektivierung" von Inhalten und Handlungen (ZIMMER 2001, 131 ff.) macht es notwendig, dass Tutoren und Lehrende nicht nur zum Lernen motivieren, sondern den Lernprozess auch fachlich und didaktisch kompetent begleiten und zur reflektierten Auseinandersetzung und zur Kommunikation, Kooperation und Partizipation der Lernenden untereinander anregen. Da im virtuellen Lernraum alle Präsentationen und Handlungen der Lehrenden, Lernenden, Teletutoren und anderen Experten medienvermittelt sind, werden ihre jeweiligen Kompetenzen des Lehrens und Lernens, der Begleitung und Beratung, der Kommunikation, Kooperation und Partizipation grundlegend umgewälzt. Diesen neuen medialen Kompetenzanforderungen müssen alle Beteiligten durch entsprechende Qualifizierungen gerecht werden, wenn der Erfolg virtueller Bildungsangebote hergestellt, gesichert und verbessert werden soll (E-TEACHING.ORG 2017c). Die Veränderungen in den Lehr- und Lernkompetenzen in den virtuellen Lernräumen verändern das pädagogische Verhältnis zwischen Lehrenden und Lernenden, machen das Lehren und Lernen zu einem kooperativen und partizipativen Prozess mit dem Ziel der Förderung des selbst organisierten Lernens zum Erwerb der angestrebten ganzheitlichen Kompetenzen für die mitbestimmende Teilhabe in der Gesellschaft.

Lehren und Lernen im Dialog

Der persönliche Dialog im kooperativen Prozess des Lehrens und Lernens fördert die „Emanzipation der Lernenden" (BARTHELMESS 2015, 51–69), ihre eigene Leistungsfähigkeit, ihre Interessen und Perspektiven zu erkennen, zu reflektieren und ihre weitere persönliche Entwicklung entsprechend zu ergänzen. Durch den Dialog werden nicht nur die vorgegebenen Inhalte vermittelt und Aufgaben bearbeitet, sondern auch die implizit damit verbundenen Kenntnisse, Erfahrungen und Interessen werden expliziert und im gemeinsamen Dialog kritisch reflektierend diskutiert. Das Lehren und Lernen wird im gemeinsamen Dialog zu einem lebendigen Prozess, der die ganzheitliche Kompetenzentwicklung fördert.

Die digitalen Medien und das Internet verändern die Lernkultur und die Lernbedürfnisse der Lernenden, sie entwickeln ihre Selbstlernkompetenzen für ihre individuelle Lebensgewinnung in sozialen Kontexten einer demokratischen Entwicklung der Gesellschaft. Für die Lehrenden stellt dies eine Herausforderung dar, nämlich die Wissens- und Lernbedürfnisse der Lernenden zu unterstützen, „sich zu selbstbestimmten und eigenverantwortlichen Persönlichkeiten zu entwickeln. Die Veränderungsprozesse innerhalb der Wirtschaft und der Gesellschaft sind derart beschleunigt, dass Lehrende oder eine Bildungsorganisation nicht mehr verlässlich prognostizieren können, welche Wissensinhalte und Kompetenzen künftig für Lernende notwendig sind. [...] Notwendig sind gut ausgebildete Arbeitskräfte, die selbstbestimmt und eigenverantwortlich das Schwierige, das nicht Vorhersehbare ohne Anweisung oder Einweisung durch eine Führungskraft zu lösen vermögen“ (Barthelmess 2015, 69). Die Unterstützung der Lernenden in ihren Lernprozessen ist daher im Dialog mit den Lehrenden und Fachexperten zu organisieren, über den virtuellen Bildungsraum und in Präsenzveranstaltungen.

6.2 Medienvermittelte Kommunikation

Kommunikation als lineare Beziehung: Kommunikator – Medium – Rezipient

Kommunikation ist immer durch Medien als Träger symbolischer Darstellung der Botschaft vermittelt. Kommunikation wird oft nach Shannon/Weaver (1949, 5) in einer vereinfachenden Weise als eine lineare Beziehung von Kommunikator – Medium – Rezipient dargestellt. Der Kommunikator artikuliert aus bewussten oder auch unbewussten Gründen von seinem Standpunkt aus einen Sachverhalt mit von ihm zugewiesenen Bedeutungen, aufgrund seiner Sichtweisen und Intentionen, mit Aufforderungen, Fragen oder Antworten als eine Botschaft in medialen Formen für einen realen oder vorgestellten Rezipienten. Der Rezipient nimmt die medial vermittelte Botschaft wahr, interpretiert sie, zieht aus seiner Sicht und von seinem Standpunkt aus seine Schlüsse und reagiert – oder auch nicht – aus eigenen Gründen, Interessen und Intentionen auf die erhaltene Botschaft. Der Rezipient kann eine einzelne Person sein, eine bestimmte Gruppe von Personen oder eine unspezifizierte Masse von Personen. Der Inhalt der Botschaft wird vom Kommunikator entsprechend den gewählten Modalitäten (bezogen auf unsere Sinnesorgane Sehen, Hören, Riechen, Schmecken, Fühlen) und den entsprechenden Symbolsystemen (Text, Bild, Film, Grafik, Icon, Sprache, Stoff, Gegenstand, Prozess etc.) codiert, in linearen oder vernetzten Anordnungen strukturiert und mit oder ohne mögliche Interaktivität (ihrer Änderung, Ergänzung, Kommentierung) dem Rezipienten medial übermittelt. Die kommunikativen Kompetenzen von Kommunikator und Rezipient müssen sich zwar entsprechen, damit ein Verstehen zustande kommen kann, aber sie müssen nicht gleich sein. Denn die Kompetenz zur Rezeption einer Botschaft befähigt noch nicht zur gleichwertigen Präsentation einer medialen Botschaft. Zudem wird eine Botschaft nie genauso wahrgenommen und interpretiert, wie dies der Kommunikator beabsichtigt und in den kommunizierten medialen Formen ausgedrückt hat. Wahrnehmung und Interpretation einer Botschaft ist immer eine Eigenleistung des Rezipienten. Eine Antwort oder Reaktion auf eine Botschaft wirkt als eine Rückmeldung, aus der wiederum gelernt und mit der nächsten Botschaft reagiert wird – wobei auch ein Kommunikationsabbruch eine Botschaft ist. Da die kommunikativen Kompetenzen von Kommunikator und Rezipient nicht gleich sein müssen, ermöglicht diese Ungleichheit eine asymmetrische Spaltung der Kommunikation und hierarchische Zuweisung von Kommunikationspositionen und -funktionen, wie sie z. B. aus der traditionellen Lehrer-Schüler-Kommunikation bekannt sind. Die historisch in den unterschiedlichen Lebensbereichen jeweils herausgebildeten kommunikativen Verhältnisse sind bestimmt durch die herrschenden Machtstrukturen, Dispositionen und Ideologien in den sozialen und gesellschaftlichen Verhältnissen und die in diesen Verhältnissen herausgebildeten kommunikativen Praxisstrukturen und Kommunikationskulturen. Wobei die Subjekte die ihnen darin zugewiesenen kommunikativen Positionen, Funktionen und Kompetenzen einnehmen oder sich der aktiven Mediennutzung und -gestaltung selbst ermächtigend diese als Kommunikator auch überschreiten können.

Kommunikation bezieht sich immer auf ein Drittes

Eine Kommunikationsbeziehung Kommunikator – Medium – Rezipient kommt also nur zustande, wenn der Kommunikator dem Rezipienten eine Botschaft mitteilt. Kommunikation bezieht sich somit immer auf ein Drittes, auf Objekte im Prozess der gesellschaftlichen und individuellen Lebensgewinnung, wobei Objekt der Kommunikation auch die Kommunikation selbst sein kann. Kommunikation ist somit keine lineare Beziehung zwischen Kommunikator und Rezipient, sondern immer eine auf ein Drittes bezogene und gesellschaftlich hervorgebrachte und geformte Kommunikation von Subjekten, die durch vier Bezüge bzw. Dimensionen bestimmt wird. Der Kommunikator, z. B. ein Lehrer, präsentiert in Bezugnahme auf den angesprochenen Rezipienten, z. B. den Lerner, in multisymbolischen Formen im Medium codiert sein Wissen und medial gespeicherte Informationen über das Objekt sowie seine Wahrnehmung und Interpretation des Objekts, z. B. den Lerngegenstand, als eine Botschaft an den Rezipienten. Der Rezipient wiederum nimmt die Botschaft im Blick auf den Kommunikator wahr, dekonstruiert, reflektiert, rekonstruiert und interpretiert durch Kontextualisierung die ihm über das Medium in multisymbolischen Formen präsentierten Informationen über das Objekt auf der Grundlage seiner Kompetenzen wie auch seiner eigenen Sicht auf die ihm verfügbaren Informationen und seiner eigenen Wahrnehmung des Objekts (Abb. 6.1). Die vom Rezipienten immer – in defensiver Befolgung oder expansiver Überschreitung der mit der Botschaft kommunizierten Intentionen – selbst gesteuerte Dekonstruktion, Reflexion, Rekonstruktion, Kontextualisierung und Interpretation der multisymbo-

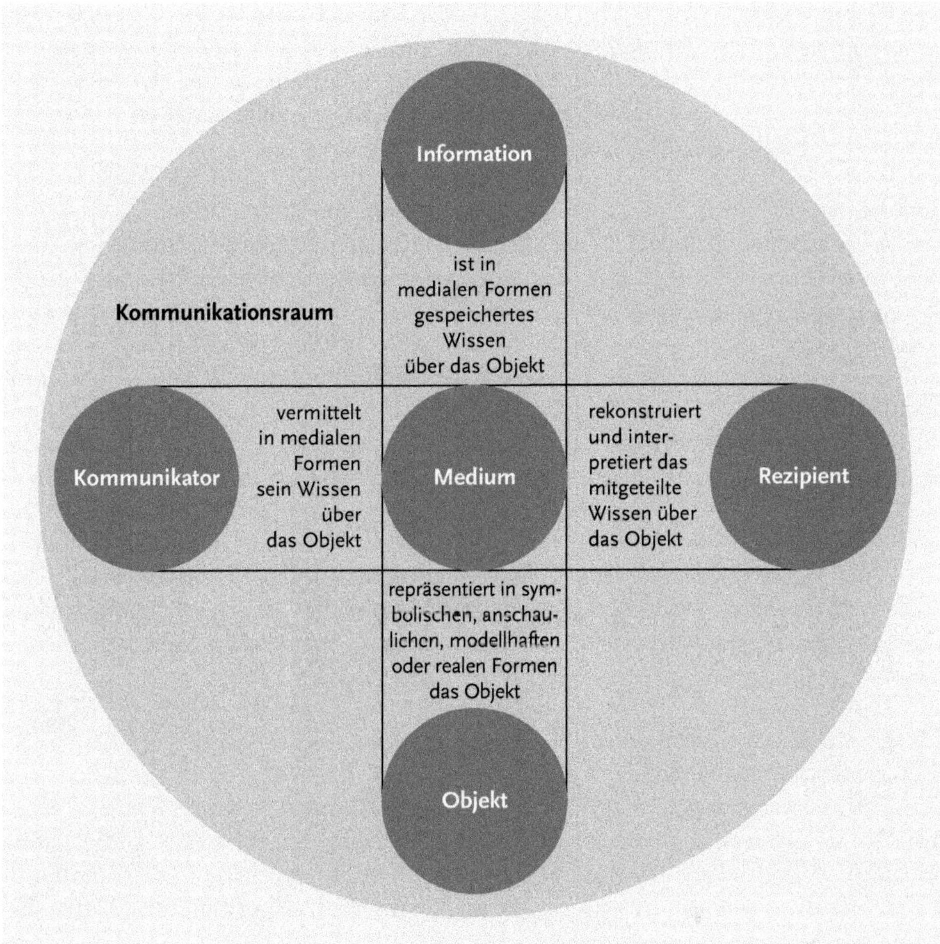

Abb. 6.1: Modell der Kommunikation (in Anlehnung an Zimmer 2000a, 94)

lisch vermittelten Botschaft führt je nach seinem Verständnis und seinen Kompetenzen zur bewussten oder unbewussten subjektiven Konstruktion von Bedeutungen beim Rezipienten. Diese können von ihm je nach Intentionen und Kompetenzen in neues Wissen und neue Handlungen umgesetzt und durch seine Kontextualisierungen und Handlungen subjektiv bestätigt, vertieft, verändert, ergänzt oder verworfen werden. Der Rezipient kann somit aus der Botschaft des Kommunikators etwas für sein weiteres Denken und Handeln lernen. Er kann dabei auch sein eigenes gegenwärtiges oder vergangenes Denken und Handeln für sich zu einer Botschaft machen, aus der er durch Selbstreflexion für die Entwicklung seines weiteren Denkens und Handelns lernt. Umgekehrt nimmt der Kommunikator wiederum die vom Rezipienten kommunizierten Reaktionen, Fragen, Antworten, Hinweise, Ergänzungen, Ablehnungen etc. wahr, interpretiert sie auf der Grundlage seiner Kompetenzen und

Intentionen, reflektiert und lernt daraus – bewusst oder unbewusst – für seine subjektive Konstruktion der Bedeutungen der Inhalte, Formen und Kontexte seiner nächsten Botschaft wie auch für sein weiteres eigenes Denken und Handeln. Auch der Kommunikator lernt somit immer aus seiner Kommunikation, wie der Lehrer immer – bewusst oder unbewusst – auch vom Schüler lernt.

Kommunikation führt zur subjektiven Konstruktion von Bedeutungen

Kommunikation hat mithin immer eine zirkuläre Dynamik. Die rezipientenbezogene intentionale Botschaft in medialer Präsentation führt zur subjektiven Konstruktion von Bedeutungen beim Rezipienten, dessen medial kommunizierte Antwortbotschaft wiederum beim Kommunikator zur subjektiven (Re-)Konstruktion von Bedeutungen führt. Damit wird eine Komplettierungsdynamik in der Kommunikation ausgelöst, die für das wechselseitige Verstehen von Kommunikator und Rezipient von grundlegender Bedeutung ist. Dies impliziert eine wechselseitige Definition der Position und Funktion der Kommunikationspartner und der Kommunikationsbeziehung. Neben der Beherrschung der kommunikativen Ausdruckformen sind Selbstreflexion, Glaubwürdigkeit, Empathie und Wertschätzung zentrale Faktoren erfolgreicher Kommunikation. Diese Komplettierungsdynamik der Kommunikation ist insbesondere zwischen Lehrenden und Lernenden für erfolgreiche Lehr- und Lernprozesse wichtig. Geht sie schief, kann daraus immer noch gelernt werden, wie die nächste Kommunikation erfolgreicher gestaltet werden könnte.

Lösung von Kommunikationskonflikten

Bei Kommunikationskonflikten, insbesondere in medienvermittelten Lehr- und Lernprozessen, ist zur Konfliktlösung eine konstruktive und deeskalierende Kommunikation sinnvoll. Eine konstruktive Konfliktlösung erfordert eine gemeinsame Klärung der wechselseitigen Positionen, Funktionen und Intentionen der Kommunikationspartner sowie der Inhalte, Formen und Interessen ihrer Kommunikationsbeziehung. Die durch die starke kognitive Automatisierung des kommunikativen Handelns oft entstehenden Unklarheiten, Missverständnisse und Fehlinterpretationen sind für eine erfolgreiche Kommunikation immer sofort konstruktiv aufzulösen, damit es nicht zu einer möglicherweise fortlaufenden Konfliktverschärfung kommt. Sollte es zu einer Konfliktverschärfung gekommen sein, kann der Konflikt durch die Klärung der gemeinsamen Ziele und Handlungsorientierungen sowie durch den Aufbau empathischer Beziehungen und gemeinsamer Werte der Kommunikation deeskaliert werden.

Entstehung von Mobbing

Durch die mit den digitalen Medien vermittelte Kommunikation in den sozialen Netzwerken werden die persönlichen Beziehungen und Verhältnisse und die persönliche Kommunikation durch die Aufhebung der Orts- und Zeitbindung und der Präsenz deutlich verändert. Durch die Häufigkeit, Kurzfristigkeit, Formlosigkeit und auch Unverbindlichkeit und mögliche Anonymität der digitalen Kommunikation wird auch die Verantwortungsübernahme für die Formen und Inhalte der Kommunikation geschwächt und die Hemmschwelle für Mobbing sehr niedrig. Es werden persönliche Meinungen, Darstellungen, Bilder und Videos in Inhalten und Formen produziert und im Internet veröffentlicht von Personen, die dies kaum in Präsenzveranstaltungen öffentlich so tun würden. Durch die Anonymität oder den Auftritt unter einem Pseudonym in den sozialen Netzwerken, die nur mit einigem Aufwand über die IP-Adressen aufzudecken sind, hat sich in den vergangenen Jahren auch eine Mobbingkultur entwickelt (vgl. u. a. LISUM 2017, 21–26). So werden z. B. in den sozialen Netzwerken Personen – auch Lehrende und Lernende – diffamiert, an den Pranger gestellt, der Lächerlichkeit preisgegeben, mit falschen Behauptungen, Beschimpfungen, Gerüchten oder gar Gewaltandrohungen oder Aufforderungen zu Straftaten belastet, fremdenfeindlich oder rassistisch angegriffen, mit sexistischen oder peinlichen Videos oder Bildern beleidigt; dies betrifft in Schulen etwas stärker Mädchen als Jungen. Mobbing in sozialen Netzwerken wiegt deutlich schwerer als eine herkömmliche Beleidigung, weil dies in den Netzwerken alle miterleben. Der größte Teil erlebt Mobbing dabei aus der Perspektive des Zuschauers. In Präsenz würden die oft selbst sehr unzufriedenen Mobbingaktivisten, die damit ihren eigenen Frust ablassen oder Rache an den Leistungsstärkeren üben wollen oder auch provozieren und Aufmerksamkeit und damit eine höhere Position erreichen wollen, sehr wahrscheinlich nicht so grob oder auch nie äußern, weil sie mit entsprechenden Gegenreaktionen und auch strafrechtlichen Konsequenzen rechnen müssten. Mit dem ab 1. Oktober 2017 geltenden Netzwerkdurchsetzungsgesetz (NetzDG) (siehe BUNDESTAG 2017a) müssen sie nun aber auch in sozialen Netzwerken mit Konsequenzen rechnen.

Die Folgen für die Opfer des Mobbings können sehr vielfältig sein, z. B. Hilflosigkeit, Angstsymptome, Depressionen, Leistungsabfall, Wut, aggressives Verhalten. Um dies abzuwenden, kann ein Gespräch über das erfahrene Mobbing und die Gründe der mobbenden Person mit einer Vertrauensperson hilfreich sein. Zivilrechtlich können mit gesicherten Beweisen Unterlassung und Schadensersatz beansprucht werden. In als besonders schwer eingeschätzten Fällen kann beispielsweise bei betroffenen Jugendlichen in Zusammenarbeit mit Lehrern, Eltern, Schulpsychologen und Polizei auch Strafanzeige gestellt werden, z. B. zur Schließung der Internetseite mit massivem Cybermobbing. Maßgebend ist der Artikel 5 Absatz 2 des Grundgesetzes (GG), der bestimmt, dass die Rechte der Freiheit der Meinung, Medien, Kunst und Wissenschaft ihre Schranken in den Bestimmungen der allgemeinen Gesetze, dem Schutz der Jugend und der persönlichen Ehre Dritter sowie im Strafrecht finden.

Abbau von Mobbing

Für die sozialen Netzwerke, die von und in Bildungseinrichtungen genutzt werden und nur den Lehrenden und Lernenden zugänglich sind, sollten daher immer Gruppen von wechselnden Redakteuren, demokratisch gewählt von den Lehrenden und Lernenden, nach einer Beschwerde und auf Antrag die Kommunikation auf Mobbing kontrollieren. Dafür sind gemeinsam vereinbarte Leitlinien für die Kommunikation mit den digitalen Medien aufzustellen, die allen bekannt und immer zugänglich sein müssen. Dabei ist auch darauf hinzuweisen, dass auf beleidigende Nachrichten nicht ebenso heftig reagiert werden muss, was der Absender provozieren möchte, oder auch gar nicht reagiert werden muss und die Adresse des Absenders für den Empfang weiterer Nachrichten auch gesperrt werden kann. Zudem sind auch alle Beteiligten über die möglichen Konsequenzen für die sozialen Netzwerke nach dem Netzwerkdurchsetzungsgesetz (NetzDG) zu informieren.

Insbesondere sollte es Pflicht sein, dass nur unter dem eigenen Namen kommuniziert werden darf, damit alle Beteiligten wissen, mit wem sie kommunizieren, wodurch auch Mobbing verhindert, zumindest erschwert wird. Lehrende sollten auch nicht der private Freund ihrer Schüler bzw. Lernenden sein und auch Freundschaftsanfragen, wie es z. B. auf Facebook häufiger geschieht, prinzipiell ablehnen. Dies betrifft natürlich keine Anfragen, die sich auf die Aufgaben des Lehrens und Lernens in den jeweiligen Kursen oder darüber hinaus beziehen, wie z. B. die Bildung einer Lerngruppe zu übergreifenden Themen. Vermeintliche oder tatsächliche Regelverletzungen müssen den Redakteuren zur Prüfung gemeldet werden können. Dabei ist zwischen Mobbing und kontroversen Debatten sicher nicht immer leicht zu unterscheiden. Kontroverse Debatten sollten aber auf keinen Fall unterdrückt werden, sondern müssen inhaltlich ausgetragen werden mit dem Ziel einer möglichen einvernehmlichen Klärung der Gründe, Formen und Verläufe und der Vereinbarung zukünftiger einvernehmlicher Zusammenarbeit und wechselseitiger Achtung der jeweils vertretenen Positionen. Dabei gilt auch für die Lehrenden, nicht auf selbst erfahrenes Mobbing in den sozialen Netzwerken der Bildungseinrichtung oder im Internet – auch wenn dies dazu anregt – wiederum mit Beschämungen, Kränkungen, Demütigungen, Schuldzuweisungen, Beschimpfungen, Zynismus, Lächerlichmachen usw. zu reagieren. Denn indem die Lernenden – oder vielleicht auch andere Lehrerkolleginnen und -kollegen – vorgeführt und dem Spott der anderen übergeben werden, könnte das Mobbing weiter eskalieren. Mobbing kann bei allen Beteiligten zu Versagensängsten, Resignation, Demotivation und Zweifeln an den eigenen Fähigkeiten und zu Positionsverlusten in der Gruppe oder gegenüber allen Mitgliedern der Bildungseinrichtung führen und damit auch die gemeinsame Erbringung der Leistungen der Bildungseinrichtung beeinträchtigen.

Es ist daher für die Entwicklung einer ethisch begründeten kommunikativen Lehr- und Lernkultur innerhalb der Bildungseinrichtung zu sorgen, in der motivierend, fördernd, erklärend, transparent und anerkennend von allen Beteiligten gehandelt wird und mit Fehlern, Schwächen und Defiziten in den Lehr- und Lernprozessen positiv und diese gemeinsam behebend umgegangen wird. Da „Schüler [...] sich gerne mit ihrem Lehrer auf Facebook unterhalten" wollen, um mehr über „den Menschen jenseits des Klassenzimmers" zu erfahren, was „für den Lehrer [...] zur Falle werden" kann, „haben inzwischen einige Landesregierungen ihren Lehrern verboten, über soziale Medien mit Schülern Kontakt zu halten" (Voigt 2014). Notwendig ist aber die Förderung der Entwicklung der Kompetenzen zur medienvermittelten Kommunikation der Lehrenden und Lernenden für die Gestaltung und Erreichung erfolgreicher Lehr- und Lernprozesse. Insofern ist die mediale Kommunikation zwischen Lehrenden und Lernenden, auch z. B. über Facebook, von den Lehrenden den vereinbarten Kommunikationsregeln entsprechend zu gestalten und auf deren Einhaltung zu achten. Dazu kann, da die sozialen Medien meist privat genutzt werden, in Abstimmung mit den Eltern auch eine von den Schülern unterzeichnete Selbstverpflichtung dienen, dass sie sich für eine respektvolle Kommunikation miteinander in den sozialen Medien einsetzen werden.

Da die digitalen sozialen Medien die Kommunikation in der ganzen Gesellschaft unaufhaltsam und grundlegend verändern, muss über den Abbau von Mobbing hinaus bereits in der Schulbildung beginnend eine kritische Medienkompetenz vermittelt werden, die dazu befähigt, die vielfältigsten und unterschiedlichsten Mitteilungen und Kommentierungen reflektiert beurteilen und gegebenenfalls auch sachlich begründet beantworten oder auch einfach abweisen zu können. Das Landesinstitut für Schule und Medien Berlin-Brandenburg hat beispielgebend zehn Gebote der Digitalen Ethik ausgearbeitet (LISUM 2017, 122–128):

1. „Schutz der Privatheit und Anonymität: Erzähle und zeige möglichst wenig von Dir [...]
2. Schutz der Privatheit und Anonymität: Akzeptiere nicht, dass Du beobachtest wirst und Deine Daten gesammelt werden [...]
3. Meinungsbildung und personalisierte Informationen: Glaube nicht alles, was Du online siehst, und informiere Dich aus verschiedenen Quellen [...]
4. Respekt und Selbstschutz: Lasse nicht zu, dass jemand verletzt und gemobbt wird [...]
5. Respekt und Selbstschutz: Respektiere die Würde anderer Menschen und bedenke, dass auch im Web Regeln gelten [...]
6. Respekt und Selbstschutz: Vertraue nicht jedem, mit dem Du online Kontakt hast [...]
7. Respekt und Selbstschutz: Schütze Dich und andere vor drastischen Inhalten [...]
8. Selbstwert und Selbstbestimmung: Messe Deinen Wert nicht an Likes und Posts [...]
9. Selbstwert und Selbstbestimmung: Bewerte Dich und Deinen Körper nicht anhand von Zahlen und Statistiken [...]
10. Selbstwert und Selbstbestimmung: Schalte hin und wieder ab und gönne Dir auch mal eine Auszeit [...]“

6.3 Medienkompetenz

Medienkompetenz ist die Basis kommunikativer Kompetenz

Die für jede Kommunikation erforderliche Medienkompetenz (Baacke 1973, 1996; Schorb 2005) in Bezug auf ein gemeinsames Drittes beschränkt sich nicht mehr nur auf Sprachausdruck und Sprachverstehen des Denkens und Handelns mit Objekten. Mit der Digitalisierung aller historisch herausgebildeten Symbolsysteme (Sprache, Text, Grafik, Bild etc.) zur Präsentation von Botschaften über Objekte und

Prozesse wird es möglich, dass alle Informationen multisymbolisch über Internet und Computer kommuniziert werden können. Die Entwicklung umfassender Medienkompetenz wird damit zur Grundlage und Voraussetzung der Entwicklung der kommunikativen Kompetenz der Subjekte und damit ausschlaggebend für die Entwicklung der zwischenmenschlichen und gesellschaftlichen Kommunikation (Mayrberger 2008; Deutscher Bundestag 2011). Die multisymbolische Präsentation von Botschaften stellt einerseits erheblich höhere Anforderungen an das Schreiben, also den multisymbolischen Ausdruck von Botschaften, wie auch an das Lesen der multisymbolisch dargestellten Botschaften. Damit können aber zugleich Botschaften viel aspektreicher, anschaulicher, kontextreicher und vernetzter dargestellt werden. Die subjektive Wahrnehmung und Interpretation der präsentierten Botschaften wird dadurch erheblich vereinfacht und genauer, wodurch die subjektiven Lernprozesse im Denken und Handeln beim Rezipienten erheblich effizienter werden können. Zugleich können dadurch aber auch beim Rezipienten – bei fehlender analytischer, reflexiver und ethischer Kritik – die subjektive Wahrnehmung und Interpretation sowie die Lernprozesse viel effektiver durch die Intention der übermittelten Bedeutungen inhaltlich bestimmt und geformt werden.

Die umfassende Nutzung der digitalen Medien zur Rezeption und Präsentation von Botschaften erfordert die gemeinsame Entwicklung ganzheitlicher Medienkompetenz, die in drei aufeinander bezogenen Hauptaspekten gefasst und beschrieben werden kann: „Medienkompetenz ist

- *Medienwissen* als Funktionswissen, Strukturwissen, Orientierungswissen.
- *Medienbewertung* als kritische Reflexion, ethisch und kognitiv basierte Qualifizierung.
- *Medienhandeln* als Medienaneignung, -nutzung, -partizipation, -gestaltung.“ (Schorb 2005, 259, Hervorh. im Original).

Im Beschluss der Kultusministerkonferenz vom 8. Dezember 2016 über „Bildung in der digitalen Welt“ werden sehr ausführlich sechs Bereiche der Medienkompetenz bestimmt, die von den Lehrenden erwartet werden und den Lernenden in jedem Fach entsprechend zu vermitteln sind (im Folgenden leicht gekürzt zitiert entsprechend KMK 2016, 15–18):

1. *Suchen, Verarbeiten und Aufbewahren*
   1.1 Suchen und Filtern
   Arbeits- und Suchinteressen klären und festlegen, Suchstrategien nutzen und weiterentwickeln, in verschiedenen digitalen Umgebungen suchen, relevante Quellen identifizieren und zusammenführen
   1.2 Auswerten und Bewerten
   Informationen und Informationsquellen analysieren, interpretieren und kritisch bewerten
   1.3 Speichern und Abrufen
   Informationen sicher speichern, wiederfinden und von verschiedenen Orten abrufen, zusammenfassen, organisieren und strukturiert aufbewahren

2. *Kommunizieren und Kooperieren*
   2.1 Interagieren
   Mithilfe verschiedener digitaler Kommunikationsmöglichkeiten kommunizieren, die Möglichkeiten zielgerichtet und situationsgerecht auswählen
   2.2 Teilen
   Dateien, Informationen und Links teilen, Referenzierungspraxis beherrschen (Quellenangaben)
   2.3 Zusammenarbeiten
   Digitale Werkzeuge für die Kooperation bei der Zusammenführung von Informationen und Ressourcen und bei der gemeinsamen Erarbeitung von Dokumenten nutzen
   2.4 Umgangsregeln kennen und einhalten
   Verhaltensregeln bei digitaler Interaktion und Kooperation kennen und anwenden, Kommunikation der jeweiligen Umgebung anpassen, ethische Prinzipien kennen und kulturelle Vielfalt berücksichtigen
   2.5 An der Gesellschaft aktiv teilhaben
   Öffentliche und private Dienste nutzen, Medienerfahrungen weitergeben und in kommunikative Prozesse einbringen, als selbstbestimmter Bürger aktiv an der Gesellschaft teilhaben

3. *Produzieren und Präsentieren*
   3.1 Entwickeln und Produzieren
   Mehrere technische Bearbeitungswerkzeuge kennen und anwenden, Produktion planen und in verschiedenen Formaten gestalten, präsentieren, veröffentlichen oder teilen
   3.2 Weiterverarbeiten und Integrieren
   Inhalte in verschiedenen Formaten bearbeiten, zusammenführen, präsentieren und veröffentlichen oder teilen, Informationen, Inhalte und vorhandene digitale Produkte weiterverarbeiten und in bestehendes Wissen integrieren
   3.3 Rechtliche Vorgaben beachten
   Bedeutung von Urheberrecht und geistigem Eigentum kennen, Urheber- und Nutzungsrechte (Lizenzen) bei eigenen und fremden Werken berücksichtigen, Persönlichkeitsrechte beachten

4. *Schützen und sicher agieren*
   4.1 Sicher in digitalen Umgebungen agieren
   Risiken und Gefahren in digitalen Umgebungen kennen, reflektieren und berücksichtigen, Strategien zum Schutz entwickeln und anwenden
   4.2 Persönliche Daten und Privatsphäre schützen
   Maßnahmen für Datensicherheit und gegen Datenmissbrauch berücksichtigen, Privatsphäre in digitalen Umgebungen durch geeignete Maßnahmen schützen, Sicherheitseinstellungen ständig aktualisieren, Jugendschutz- und Verbraucherschutzmaßnahmen berücksichtigen

4.3 Gesundheit schützen
Suchtgefahren vermeiden, sich selbst und andere vor möglichen Gefahren schützen, digitale Technologien gesundheitsbewusst sowie für soziales Wohlergehen und Eingliederung nutzen
4.4 Natur und Umwelt schützen
Umweltauswirkungen digitaler Technologie berücksichtigen

5. *Problemlösen und Handeln*
5.1 Technische Probleme lösen
Anforderungen an digitale Umgebungen formulieren, technische Probleme identifizieren, Bedarfe für Lösungen ermitteln und Lösungen finden bzw. Lösungsstrategien entwickeln
5.2 Werkzeuge bedarfsgerecht einsetzen
Eine Vielzahl von digitalen Werkzeugen kennen und kreativ anwenden, Anforderungen an digitale Werkzeuge formulieren, passende Werkzeuge zur Lösung identifizieren, digitale Umgebungen und Werkzeuge zum persönlichen Gebrauch anpassen
5.3 Eigene Defizite ermitteln und nach Lösungen suchen
Eigene Defizite bei der Nutzung digitaler Werkzeuge erkennen und Strategien zur Beseitigung entwickeln und mit anderen teilen
5.4 Digitale Werkzeuge und Medien zum Lernen, Arbeiten und Problemlösen nutzen
Effektive digitale Lernmöglichkeiten finden, bewerten und nutzen, persönliches System von vernetzten digitalen Lernressourcen selbst organisieren können
5.5 Algorithmen erkennen und formulieren
Funktionsweisen und grundlegende Prinzipien der digitalen Welt kennen und verstehen, algorithmische Strukturen in genutzten digitalen Werkzeugen erkennen und formulieren, eine strukturierte, algorithmische Sequenz zur Lösung eines Problems planen, programmieren und verwenden

6. *Analysieren und Reflektieren*
6.1 Medien analysieren und bewerten
Gestaltungsmittel von digitalen Medienangeboten kennen und bewerten, interessengeleitete Setzung, Verbreitung und Dominanz von Themen in digitalen Umgebungen erkennen und beurteilen, Wirkungen von Medien in der digitalen Welt (z. B. mediale Konstrukte, Stars, Idole, Computerspiele, mediale Gewaltdarstellungen) analysieren und konstruktiv damit umgehen
6.2 Medien in der digitalen Welt verstehen und reflektieren
Vielfalt der digitalen Medienlandschaft kennen, Chancen und Risiken des Mediengebrauchs in unterschiedlichen Lebensbereichen erkennen, eigenen Mediengebrauch reflektieren und ggf. modifizieren, Vorteile und Risiken von Geschäftsaktivitäten und Services im Internet analysieren und be-

urteilen, wirtschaftliche Bedeutung digitaler Medien und Technologien kennen und für eigene Geschäftsideen nutzen, Bedeutung digitaler Medien für die politische Meinungsbildung und Entscheidungsfindung kennen und nutzen, Potenziele der Digitalisierung im Sinne sozialer Integration und sozialer Teilhabe erkennen, analysieren und reflektieren.

Nicht jedes Fachgebiet in der schulischen, beruflichen und wissenschaftlichen Bildung wird zur Entwicklung und dem Gebrauch der beschriebenen Medienkompetenzen in der ganzen Breite beitragen können. Aber jedes Fachgebiet hat für seine fachbezogenen Kompetenzen die Bezüge zu den beschriebenen Bereichen der Medienkompetenz herzustellen. „In der Summe aller fachspezifischen Ausprägungen müssen indes dann alle Kompetenzen des Rahmens berücksichtigt worden sein" (ebd., 18). „Alle Lehrkräfte müssen selbst über allgemeine Medienkompetenz verfügen und in ihren fachlichen Zuständigkeiten zugleich ‚Medienexperten' werden" (ebd., 24). Das Aufgabenspektrum aller Lehrkräfte erweitert sich durch die Digitalisierung erheblich. Dafür muss zum einen das Lehrerstudium reformiert und zum anderen den bereits tätigen Lehrern eine entsprechende Weiterbildung angeboten werden. Lehrende haben oft noch nicht in Umfang und Tiefe die digitale Medienkompetenz entwickelt wie die meist viel jüngeren Lernenden. Es bietet sich daher zur Entwicklung ihrer Kompetenzen zur rezeptiven und auch produktiven Nutzung der digitalen Medien an, wenn sie durch die Zusammenarbeit mit den digital versierteren jüngeren Lernenden Einblicke gewinnen, wie diese die digitalen Medien nutzen, anpassen und kreativ einsetzen; und zugleich können sie den Lernenden „wiederum zeigen, wie man digitale Medien zum Lernen nutzen kann" (Johnson u. a. 2014, 27).

Kulturelle Praktiken der Kommunikation

Der Erwerb der erforderlichen Medienkompetenz kann also nicht allein auf die Kenntnis und technische Kompetenz zur sachgerechten interaktiven Handhabung von Hard- und Software und die pragmatische Kompetenz zum multisymbolischen Schreiben und die semantische Kompetenz zum Lesen medialer Botschaften beschränkt werden. Auch ein Bewusstsein über die medienpolitischen und medienökonomischen Interessen von Medienproduzenten sowie die Kompetenz zur Entwicklung von Strategien zur Recherche und zur Auswahl aus der Informationsfülle nach funktionalen, normativen oder emotionalen Kriterien genügt nicht. Vielmehr gehört zur Medienkompetenz die Fähigkeit, die kulturellen Praktiken der medial vermittelten Kommunikation, der literalen, auditiven und bildlichen Darstellung und Strukturierung von Inhalten, Intentionen, Bedeutungen und Zielen in ihren Kontexten reflektieren und beurteilen zu können (vgl. Bauer 2006). Es gehört ebenso die Fähigkeit dazu, die interessen- und machtbestimmten kommunikativen Positionen und Funktionen, Verhältnisse und Beziehungen, Muster und Kulturen zu erkennen (vgl. Fischbach 2005; Moser 2000), sich darin verhalten und diese nutzen und kreativ mitgestalten zu können. Auch in einem virtuellen Bildungsraum ohne vorhergehendes persönliches Kennenlernen ist dies nicht ganz einfach. Denn das persönliche Kennenlernen an einem Ort kann auch durch eine synchrone medienvermittelte schriftliche, auditive und bildliche Kommunikation nicht vollständig ersetzt werden. Medienkompetenz impliziert somit sowohl auf der Seite des Kommunikators wie des Rezipienten eine kritische Analyse und Reflexion durch Rekonstruktion und Kontextualisierung der medial präsentierten Botschaft. Darüber hinaus erfordert sie aufseiten des Kommunikators die Fähigkeit zu einer ansprechenden medialen Gestaltung seiner kommunizierten Botschaft. Diese erforderliche Medienkompetenz ist zugleich eine didaktische und ästhetische Kompetenz auf der Seite des Kommunikators und eine autodidaktische und ästhetische Kompetenz auf der Seite des Rezipienten. Sie können durch die Nutzung, Reflexion und Produktion der medialen Botschaften erworben und vertieft werden.

Veränderung der Kommunikation im Web 2.0

Seit einigen Jahren finden mit der Entwicklung und Verbreitung von Social Software im Web 2.0 grundlegende Veränderungen im Umgang mit dem Internet statt. Die einfache Aneignung und Nutzung von Social Software ohne spezielle technische Kompetenzen ermöglicht es, dass aus Konsumenten und Nutzern der Botschaften bzw. Informationen im Internet zugleich deren Produzenten und Anbieter werden können. Im Web 2.0 können sich alle an der Produktion von Inhalten beteiligen. Die Teilnehmenden können sich präsentieren, eingestellte Inhalte markieren, bewerten, kommentieren, erweitern, verknüpfen, eigene Inhalte einstellen sowie die für ihre Interessen relevanten Inhalte herausfiltern (Kap. 3.4; Kap. 5.4). So gehört z. B. zu den diskursiv entwickelten Inhalten im Internetlexikon Wikipedia eine Versionshistorie und ein Diskussionsbereich, und alle können an der Erstellung der Inhalte mitarbeiten. Diese allseitige und gleichgewichtige Partizipation aller im Web 2.0 ist nicht ohne Probleme. Denn Wahrheitsgehalt und Qualität der eingestellten Botschaften sowie die Wahrung von Lizenzen und Urheberrechten werden oft nicht zuvor geprüft. Auch können Inhalte absichtlich so manipuliert werden, dass sie „Sachverhalte vorspiegeln, die so nicht wahr und authentisch sind" (Barthelmess 2015, 92). Und mit Rating, Bookmarking und Tagging (Gaiser/Hampel/Panke 2008a, 2008b; Panke/Gaiser 2008) wird Einfluss auf die Anordnung und Auffindbarkeit von Inhalten genommen, ohne dass diese beim Aufsuchen von Informationen nachvollzogen werden können. Beim Tagging findet eine Verschlagwortung nach subjektiven Kriterien statt, wobei auch Rechtschreibfehler verbreitet sind. Subjektive Kriterien und Rechtschreibfehler erschweren das Aufsuchen von Inhalten oder machen es gar unmöglich. Auch ist die Suche nach bildungsrelevanten Inhalten außerhalb organisierter virtueller Lernräume noch ein ungelöstes Problem.

Medienkompetenz im Web 2.0

Durch die Nutzung von Social Software wird eine außerordentlich rasch und chaotisch wachsende Publikation von Informationen und Kommentaren im Internet ausgelöst, wie z. B. die oft vielen Hundert oder gar mehrere Tausend Antworten auf einen Suchbegriff in Google zeigen. Das Internet hat sich inzwischen zu einem komplexen System medialer Botschaften entwickelt, an dem alle Internetnutzer teilhaben können und auch immer mehr teilhaben. Diese wachsende Flut an Botschaften im Internet stellt zwei zentrale Herausforderungen an die Entwicklung der Medienkompetenzen, und zwar sowohl der Medienkonsumenten als auch der Medienproduzenten. Jeder Medienkonsument im Internet muss kompetent sein, flexible zielorientierte Strategien zur effizienten Suche und Nutzung der für die Beantwortung seiner Fragen bzw. die Bearbeitung seiner Problemstellungen brauchbaren Informationen zu entwickeln. Denn einerseits kann gegenüber der in früheren Jahren üblichen Suche in Bibliotheken viel Zeit gespart werden, aber andererseits kann auch sehr viel Zeit vergeudet werden, wenn die vielen erhaltenen Informationen nicht rasch zielorientiert bewertet und gefiltert werden, was ohne ein erstes orientierendes Vorwissen kaum funktioniert. Die Informationssuche im Internet erfordert für ein sorgfältiges Recherchieren eine neue reflexive Lesefähigkeit, nämlich die Kompetenz, aus der Informationsflut das Relevante und Hilfreiche vom Unnützen und Ablenkenden und die Anekdoten und Meinungen vom Tatsächlichen und Bedeutsamen zu trennen. Die Entwicklung des Semantic Web kann hier in Zukunft eine Erleichterung bringen (Pellegrini/Blumauer 2006). Zugleich können Lücken in der Informationssuche, die selbst nicht geschlossen werden konnten, durch Kommunikationen über die Netzwerke mit den Lehrenden, Fachexperten oder den anderen Lernenden geschlossen werden.

Da das Internet die freie grenzenlose Zusammenarbeit aller so leicht macht wie nie zuvor, muss, damit jeder Medienkonsument zugleich auch Medienproduzent sein kann, jeder Internetnutzer kompetent sein, flexible zielorientierte Strategien zur tatsachenbasierten logischen Argumentation sowie zur medialen Gestaltung und Verbreitung seiner Botschaften bzw. Informationsangebote zu entwickeln (Thillosen 2008). Jeder muss mithin kompetent sein, seinen Intentionen und Zielen entsprechend strategisch zu entscheiden, welche Botschaften mit welchen Inhalten wie, wo und mit welchen Verknüpfungen im Internet eingestellt werden sollen, damit sie die gewünschte Aufmerksamkeit bei den angepeilten Zielgruppen erreichen, aber auch unter eigener Kontrolle bleiben. Diese beiden Dimensionen der Medienkompetenz, des Lesens und Schreibens im Internet, bedürfen insbesondere bei der didaktischen Gestaltung des pädagogischen Verhältnisses von Lehren und Lernen mit Bildungsmedien besonderer Aufmerksamkeit und Entwicklung (Kap. 4).

6.4 Soziale Medien

Nutzung sozialer Medien

Mit den Anwendungen des Web 2.0, wie z. B. Wikis und Weblogs, die „es allen Nutzenden [ermöglichen], ohne spezielle technische Kenntnisse unkompliziert Inhalte ins Internet einzustellen“ (Gaiser 2008), wird das Internet vom Lese-Netz zum Lese-und-Schreib-Netz (Downes 2005). Mit diesen Software-Instrumenten sind viele große und kleinere, bekannte und weniger bekannte Plattformen für virtuelle soziale Netzwerke eingerichtet worden, wie z. B. Facebook, LinkedIn, XING, google+,

NING, mixxt, in denen Interessierte, Lehrende, Lernende, Wissenschaftler, Geschäftsleute usw. sowohl informell öffentlich als auch in geschlossenen Interessengruppen fachlich kommunizieren können (E-TEACHING.ORG 2017l). Diese informelle und fachliche Kommunikation, die auch fortlaufend über Twitter erfolgen kann, erleichtert die Kontaktaufnahme, das Stellen von Fragen, den Austausch von Informationen, die Reflexion und Diskussion von Stellungnahmen, wobei die allgemeinen Kommunikationsregeln zu beachten sind und kein Mobbing erfolgt. Die Plattformen ermöglichen virtuelle Treffen, um sich z. B. über die sozialen wie über die fachlichen Seiten, Probleme und Intentionen des Lernens, Studierens, theoretischen und praxisbezogenen wissenschaftlichen Arbeitens und Lehrens austauschen zu können, und zwar unabhängig von den virtuellen Lernmanagementsystemen der jeweiligen Bildungseinrichtung. Die Motive zur Nutzung sozialer Netzwerke sind vielfältig und reichen von der lockeren alltäglichen Unterhaltung über die Suche personenbezogener Informationen, der Selbstdarstellung des Profils der eigenen Person bis zur fachlichen Kommunikation über gemeinsam interessierende Fragen und Probleme (siehe u. a. ZINKE/FOGOLIN 2004). Die Nutzung dieser Instrumente in persönlichen Lernumgebungen (Kap. 3.5.2) verändert die pädagogischen Verhältnisse, Prozesse und Kulturen des Lehrens und Lernens grundlegend (Kap. 5.4). Die Lernenden werden zu selbst gesteuert und kooperativ aktiven Produzenten ihres Lernens.

Vorteile für das Lernen

Die Vorteile der virtuellen sozialen Netzwerke im Lernen und Studieren liegen im Auffinden von Kontakten mit Interessierten und Experten für Fachfragen, Berufsfindung und Karriere, ohne dafür einen großen Aufwand betreiben zu müssen. Die einfache Einrichtung einer persönlichen Profilseite kann dabei die eigene Homepage ersetzen. Über räumliche, zeitliche und institutionelle Grenzen hinweg können selbst organisierte Lern-, Studien- und Arbeitsgruppen zum wechselseitigen Austausch von Informationen, zur gemeinsamen Erarbeitung und Diskussion von Arbeitsergebnissen und zur beratenden Unterstützung eingerichtet werden. Durch die Teilnahme an fachlich orientierten wissenschaftlichen Netzwerken kann damit den eigenen Lernbedürfnissen entsprechend noch viel mehr und breiter gelernt werden, als von einer Bildungseinrichtung allein jemals zur Verfügung gestellt und angeboten werden kann.

Herausforderungen für das Lernen: Zeitmanagement

Aber die Nachteile der virtuellen sozialen Netzwerke sind auch nicht zu übersehen: Denn es entsteht schnell ein Gruppendruck, nicht nur alle Beiträge zu lesen, sondern sich auch selbst durch Schreiben im Netzwerk aktiv zu beteiligen. Dadurch entsteht rasch eine große Flut an Mitteilungen, die wiederum einen entsprechend großen Zeitaufwand von einigen Stunden pro Tag nur für das Lesen wie für das Schreiben erfordern. Dieser Druck und Drang, ständig und überall, z. B. mit dem Smartphone oder Tablet, virtuell präsent sein zu müssen und zu wollen, kann für die individuellen wie kooperativen Lernprozesse kontraproduktiv werden, wenn die

Beteiligung in den sozialen Netzwerken nicht nach Interesse, Ziel, Fragestellung, Bedeutung und Zeitaufwand selbst bzw. in gemeinsamer Vereinbarung gesteuert wird. Die Entwicklung autodidaktischer Fähigkeiten zum Selbstmanagement der eigenen und kooperativen Lern- und Handlungsprozesse sowie eines täglichen zielorientierten Zeitmanagements, das klar zu strukturieren und dann auch individuell einzuhalten ist, wird somit zu den zentralen Herausforderungen der Kompetenzentwicklung der Lernenden. Ganz praktisch kann dazu die ständige Online-Verbindung des E-Mail-Programms abgeschaltet und nur zu bestimmten Zeiten am Tag hergestellt werden. Überflüssige E-Mails sollten am besten sofort gelöscht werden, und bei unerwünschten Newslettern sollte die eigene Mail-Adresse aus dem Verteiler gelöscht werden, schnell beantwortbare Mails sollten sofort beantwortet werden, und für umfangreicher zu beantwortende Mails sollten entsprechende Zeitfenster geplant werden, für Mails in bestimmten Aufgabenbereichen sollten entsprechende Ordner angelegt werden. Oft kann es auch zeitlich weniger aufwendig sein, das Telefon zu benutzen, weil das unmittelbare Gespräch deutlich effizienter ist. Wichtig ist, täglich so viel wie möglich Zeit für die inhaltlichen selbst organisierten und auch kooperativen Lernprozesse zu gewinnen.

Herausforderungen für das Lernen: Datensicherung

Den Lernenden ist auch unbedingt bewusst zu machen, dass nicht einfach und unbefangen persönliche Informationen in die sozialen Netzwerke eingestellt werden sollten und zudem ein grenzenloser Zeitaufwand für die Kommunikation über das Internet die erforderliche Konzentration auf die Lerninhalte gefährden und damit die Erreichung der angestrebten Lernergebnisse gar verhindern kann. Da die in die sozialen Netzwerke eingestellten Daten von den Betreibern, wie z. B. Facebook, gesammelt, ausgewertet und kommerziell zu ihrer Finanzierung genutzt werden, muss darüber hinaus auch gelernt werden, nur die Daten in die sozialen Netzwerke einzustellen, die öffentlich verfügbar sein sollen und können und keine persönlichen oder öffentlichen Rechte verletzen. Außerdem muss vereinbart werden, wie die Qualität der eingestellten Informationen gesichert werden soll (siehe Kap. 3.7.4; Kap. 11.1). Über die Vereinbarung von Kommunikations- und Qualitätsregeln hinaus ist es daher sehr empfehlenswert, auch eine Moderation der virtuellen Netzwerkgruppen zu organisieren, um den möglichen Kontrollverlust, z. B. das Einstellen von kompromittierenden und Rechte verletzenden Inhalten und Bildern, zu verhindern. Zudem entsteht durch die Kommunikation in den sozialen Netzwerken eine virtuelle Abbildung der Lehrenden und Lernenden mit ihren Gewohnheiten, Vorstellungen, Verfehlungen und Interessen, ihrer pädagogischen Verhältnisse und persönlichen Beziehungen, die sich von den realen Personen und ihren Beziehungen zueinander deutlich unterscheiden können. Unsere kulturellen und gesellschaftlichen Ausdrucksmöglichkeiten und Beziehungen werden durch die sozialen Netzwerke grundlegend verändert. Die sich herausbildende Differenz zwischen der Präsentation und Wahrnehmung der Subjekte in der virtuellen und in der realen Welt sollte daher durch die organisierte Trennung lebbar gemacht oder durch die Verbindung beider Welten überwunden werden.

Integration sozialer Netzwerke in formelle Bildungskontexte

Die Einrichtung bzw. die Unterstützung der Einrichtung virtueller Netzwerkgruppen von Lernenden bzw. Studierenden ist zur Unterstützung der Lernmotivation und der Lernprozesse sehr sinnvoll (Gaiser 2008). Sie dienen der Unterstützung der Herausbildung von Kompetenzen zur kooperativen Selbstorganisation des Lernens. Die Bildung sozialer Netzwerke von Lernenden in der virtuellen und parallel auch in der realen Welt sollte durch die Lehrenden zwar angestoßen, aber diese nicht durch sie moderiert werden. Auch die Frage, ob die Lehrenden Zugang zu diesen Gruppen haben sollten, sollte von den Lernenden allein in geheimer Abstimmung entschieden werden. Umgekehrt ist dies zu entscheiden und zu organisieren bei den die formellen Lehrveranstaltungen begleitenden virtuellen Lerngruppen, in denen die präsentierten Lehrinhalte und vorgestellten Lernprodukte zwischen den Lernenden und Lehrenden weiter gehend und vertiefend diskutiert werden. Um dafür den Erfolg zu sichern, ist eine Integration der begleitenden virtuellen Kommunikation in eine entsprechende didaktische Konzeption erforderlich. Solche begleitenden Lerngruppen fördern die Subjektorientierung des Lernens und die Herausbildung autodidaktischer Lernkompetenzen. Sie erfordern aber auch die Entwicklung der Medienkompetenzen der Lernenden wie der Lehrenden und der Fähigkeiten beider zu einem inhaltlich orientierten Zeitmanagement des Mehraufwands der Netzwerkkommunikation (Merkt 2009). Zweifellos besteht die Gefahr, dass die Web-2.0-Netzwerke bei Implementierung in formale Bildungskontexte ihren großen Reiz verlieren, der sie im informellen virtuellen Raum so populär und erfolgreich gemacht hat. Dennoch sollten sie auch in formelle Bildungsprozesse didaktisch begründet implementiert werden, weil sie zu einer positiven Weiterentwicklung der Lehr- und Lernkultur zur Förderung der Entwicklung ganzheitlicher Handlungskompetenzen der Lernenden gut genutzt werden können.

6.5 Lehrende: Aufgaben und Kompetenzen

Lehren und Lernen, neue Aufgabenteilung

Indem das pädagogische Verhältnis in virtuellen Lehr- und Lernarrangements zwischen Lehrenden und Lernenden nicht mehr in Präsenzveranstaltungen, sondern über digitale Medien und in asynchron und synchron medienvermittelter Kommunikation hergestellt wird, wird eine neue Aufgabenteilung aufseiten der Lehrenden erforderlich, die das Lehren und Lernen grundlegend umwälzt. Zunächst einmal sind Administratoren für den virtuellen Lernraum notwendig, damit die programmierten digitalen Bildungsmedien darin genutzt, Lernprodukte eingestellt und Kommunikationsinstrumente verwendet werden können. Für die Erstellung der digitalen Bildungsmedien sind eine Reihe von Aufgaben zu erfüllen: Für die Programmierung müssen das Drehbuch und die medial aufbereiteten Inhalte vorliegen. Für das Schreiben des Drehbuches müssen die entsprechend den Lernzielen und Lernwegen strukturierten, ausgewählten oder geschriebenen Inhalte und zu bearbeitenden

Lernaufgaben vorliegen, wofür wiederum das Material zuvor von den Dozenten ausgewählt werden muss. Diese Aufgaben sind bei großen Projekten oft auf Programmierer, Mediendesigner, Medienautoren und die wie bisher für ein Bildungsangebot verantwortlichen Dozenten aufgeteilt. Die so in einem kooperativen Prozess geschaffenen digitalen Bildungsmedien sind dann die Grundlage für die Arbeit der Tutoren bei der Unterstützung und Moderation der kooperativ selbst organisierten Lernprozesse der Lernenden. Die diesen neuen Aufgabenteilungen aufseiten der Lehrenden entsprechende Entwicklung der dafür jeweils erforderlichen Kompetenzen ist somit auf in ihren Positionen, Funktionen und Tätigkeiten im Lehrprozess unterschiedliche Aufgabenbereiche und oft auch Personen verteilt. Moderne Autorensysteme erlauben es, einige Aufgabenbereiche zu integrieren, wie z. B. Medienautor, Mediendesign und Programmierung. Wie auch immer die Aufgabenbereiche auf Personen aufgeteilt werden, so ändert dies aber nichts an den insgesamt notwendigen Kompetenzen für die Erfüllung aller notwendigen Aufgaben im E-Teaching und E-Learning (Asselborn/Hoffschroer 2000; Horvath 2009).

Dozenten

Die Dozenten, in deren Verantwortung der Gesamtprozess des Lehrens und Lernens, der Ziele, Inhalte, Methoden und Ergebnisse bleibt, benötigen für eine begründete und effiziente Gestaltung und Durchführung virtueller Bildungsangebote neben ihren fachinhaltlichen und fachdidaktischen Kompetenzen auch übergreifende didaktische Orientierungskompetenzen. Diese setzen ein Grundverständnis medienvermittelten Lehrens und Lernens sowie aktivierender didaktischer Designs digitaler Bildungsmedien und deren pädagogischer Integration in E-Learning-Angebote, der Kommunikation und Kooperation im virtuellen Lernraum und im Internet sowie entsprechender sozialpsychologischer Grundkenntnisse als Wissensbasis für die Motivierung der Lernenden, die Etablierung und Einhaltung von Kommunikationsregeln sowie die Regelung und Vermeidung von Konflikten im Prozess des Lehrens und Lernens (Kerres 2007, 248 f.).

Administration

Die Administration von virtuellen Lernräumen erfordert im Kernbereich informationstechnische und organisatorische Kompetenzen zur Einrichtung, zum Betrieb, zur Aktualisierung der Hard- und Software sowie zur Behebung von Störungen, um einen fortlaufenden Betrieb zu sichern. Dazu gehört die Benutzerverwaltung, die Vergabe von Berechtigungen für Öffnen, Einstellen und Editieren von Dateien, die Verwaltung der Kursangebote und Foren, der Einschreibungen und Resultate, der Up- und Downloadbereiche, der synchronen und asynchronen Kommunikationsfunktionen, der technischen Hilfen und Unterstützungen sowie die Generierung von Statistiken und nicht zuletzt die laufende Aktualisierung der Daten- und Netzsicherheit. Damit diese technisch-organisatorische Arbeit von den Administratoren kompetent geleistet werden kann, ist auch ein grundlegendes Verständnis von Lehr- und Lernprozessen sowie der erforderlichen Medien- und Kommunikationskompetenzen der im administrierten virtuellen Lernraum agierenden Personengruppen erforderlich. In den modernen persönlich einrichtbaren Lernumgebungen werden einige administrative Aufgaben von den Lernenden selbst übernommen.

Schreiben und Erklären zur Unterstützung selbstständigen Lernens

Die Autoren von digitalen Bildungsmedien (Gücker 2007) benötigen neben ihren Kompetenzen in ihrem jeweiligen Fachgebiet allgemeine didaktische und mediendidaktische Kompetenzen zum Schreiben und Erklären. Die Herausbildung ihrer didaktischen Kompetenzen ist nur erfolgreich auf der Basis grundlegender lerntheoretischer Kenntnisse. Da sie ihre Lehrhandlungen nicht mehr oder nicht mehr immer in unmittelbarem Kontakt mit den Lernenden und deren unmittelbaren Rückmeldungen vollziehen, müssen sie fähig sein, den möglichen Erfolg ihrer medienvermittelten und in den Bildungsmedien zu objektivierenden didaktischen Handlungen abschätzen zu können. Entscheidend ist dabei zu wissen, dass auch die durch die mediale Vermittlung angeregten Handlungen der Lernenden grundlegend umgewälzt werden. Denn zum selbstständigen Lernen mit interaktiven Bildungsmedien müssen die Lernenden fähig sein bzw. befähigt werden, autodidaktisch zu lernen. Autodidaktisches Lernen ist durch die mediendidaktische Konzeptualisierung eines problembasierten produktiven Lernens zu fördern, in dem z. B. die Lernenden didaktisch angeleitet werden, aus einem dargestellten Praxis- oder Wissensfeld selbst organisiert individuell oder kooperativ mit anderen Lernenden ihre Lernaufgaben auszugliedern und mit den zur Verfügung gestellten oder zu beschaffenden Lernmaterialien produktiv zu bearbeiten und das erarbeitete Ergebnis den Lehrenden und der Lerngruppe zur Diskussion und Bewertung zu präsentieren. Die gemeinsame Diskussion und Bewertung der erarbeiteten Ergebnisse sichert die Qualität der Lernprozesse wie auch der Lehrprozesse und führt zu den nächsten selbstbestimmten autodidaktischen Lernschritten. Die durch die Bildungsmedien anzuregenden individuellen und kooperativ selbst organisierten Lernprozesse müssen also von den Medienautoren insgesamt didaktisch konzeptualisiert werden, z. B. durch die Integration von Lernprogrammen, Diskussionsforen, tutorieller Betreuung und von Präsenzphasen vor allem zu Beginn und am Ende, aber auch bei besonderen Problemlagen im Verlauf einer virtuellen Lehrveranstaltung. Präsenzphasen sind insbesondere bei heterogenen oder noch unklaren Problemsichten notwendig, weil die computervermittelte Abstimmung komplexer Fragen und die Diskussion von erarbeiteten Ergebnissen relativ lange Zeit in Anspruch nimmt. Das leitende didaktische Prinzip der Kombination von Präsenz-, Online- und Offline-Phasen ist dabei immer, dass jeder Wissensaufbau und Kompetenzerwerb für die Entwicklung von Mündigkeit und Selbstbestimmung im Denken und Handeln in einer demokratischen Gesellschaft eine offene Lehr- und Lernkultur erfordert, die selbst verantwortliche und autonome Lernaktivitäten ermöglicht, die heute gerade auch über virtuelle Lernräume und mit Social Software eröffnet und gefördert werden können.

Ermöglichung individueller Lernwege

Die mediendidaktische Konzeption eines Bildungsangebots kann erstens nur realisiert werden durch die prozessorientierte mediale Anordnung der zu vermittelnden und zu erwerbenden Lerninhalte sowie der von den Lernenden zu präsentierenden Lernprodukte, z. B. in Form von Texten, Grafiken, Tabellen, Bildern, Videos, Glossaren, Literaturhinweisen, Suchfunktionen. Bei der Zusammenstellung der Lerninhalte ist auch zu recherchieren, ob geeignete Ressourcen bereits online verfügbar und verwendbar sind. Da die inhaltlichen Elemente, die in die Bildungsmedien eingebaut werden sollen, oft auch aus anderen Quellen stammen, ist vorab das Zitations- und Nutzungsrecht zu klären. Die Anordnung der medial zu präsentierenden Inhalte erfordert zweitens eine flexible, vernetzte didaktische Strukturierung, die den Lernenden individuelle Lernwege, Lernaufgaben und Lernprodukte entsprechend ihren bereits erworbenen Kompetenzen ermöglicht. Dabei sind auch die kommunikativen Präsenzphasen, z. B. zur diskursiven Ausgliederung von Lernaufgaben, zur Abstimmung ihrer kooperativen Bearbeitung und zur gemeinsamen Diskussion ihrer selbst erstellten Lern- und Arbeitsergebnisse, sowie die Lernprozessbegleitung didaktisch einzuplanen. Dies setzt voraus, dass die Lernprozesse, Lernaufgaben und Lernprodukte didaktisch so gestaltet sind, dass sie die Kommunikation der Lernenden erfordern und fördern. Die inhaltliche und didaktische Konzeption von Bildungsmedien ist die zentrale Aufgabe von Medienautoren (Gücker 2007).

Mediendesign

Nach der Erarbeitung der inhaltlichen und didaktischen Konzeption ist das Drehbuch für das zu produzierende und zu programmierende multimediale und interaktive Bildungsangebot zu schreiben, zunächst in einer Grobkonzeption, um zu prüfen, ob die inhaltlichen und didaktischen Vorgaben erfüllt werden können. Das Drehbuch wird meist von einem Mediendesigner geschrieben; diese Aufgabe kann in einfacheren Fällen auch vom Medienautor übernommen werden. Nach der Prüfung der Grobkonzeption werden in einer Feinkonzeption des Drehbuchs alle Details der medialen und funktionalen Gestaltung der interaktiven Bildschirmseiten, der Arbeitsbereiche, Prozesse, Verknüpfungen, Kommunikationen, Suchfunktionen, Übungen, Schreibfunktionen usw. in einem nutzerfreundlichen und lernförderlichen Design festgelegt. Die vom Medienautor entworfenen Texte, Bilder, Grafiken, Aufgaben etc. werden dafür vom Mediendesigner für die im Drehbuch vorgesehenen Positionen und Funktionen medial aufbereitet. Um dies leisten zu können, muss der Mediendesigner eine Vorstellung davon haben, wie die jeweilige fachlich geprägte Lehr- und Lernkultur und deren beabsichtigte Entwicklung im jeweiligen Fachgebiet in entsprechend konzipierten Lernszenarien und Lernsequenzen am besten zu realisieren ist. Mediendesign setzt mithin die Kenntnis lerntheoretischer Grundlagen ebenso voraus wie die Kenntnis der jeweiligen Fachdidaktik und ihrer möglichen methodischen Realisierungen. Es erfordert eine Vision über das Medienprodukt und die Abschätzung ihrer medialen und finanziellen Realisierbarkeit. Und es erfordert die Fähigkeit zur Kommunikation und Kooperation mit den die Inhalte gebenden Lehrenden und den Programmierern auf der einen Seite und den Lernenden und ihren Tutoren auf der anderen Seite. Denn die Mediendesigner sind die Konstrukteure der medialen Vermittlung zwischen Lehrenden und Lernenden. Sie müssen über das Denken und Handeln auf beiden Seiten und deren kommunikativen Bezug aufeinander Bescheid wissen, um akzeptierte Bildungsmedien produzieren zu können.

Medienprogrammierung

Die Programmierer leisten die informations- und kommunikationstechnische Umsetzung der geschriebenen Drehbücher und der gelieferten medialen Präsentationselemente in die Programmierung der Bildungsmedien. Sie programmieren Animationen, Simulationen, Tests, Übungsaufgaben usw. und binden diese dem Drehbuch entsprechend in die Bildungsmedien ein. Mit der technischen Umsetzung gestalten sie die Funktionalität und Ästhetik der interaktiven Benutzeroberflächen der programmierten Bildungsmedien, stellen sie in einen virtuellen Lernraum, programmieren die vorgesehenen Verknüpfungen und prüfen abschließend deren Funktionsfähigkeit im Lernraum. Sollten die eingestellten Medien den funktionalen und ästhetischen Anforderungen der Mediendesigner, Tutoren und Lernenden nicht voll entsprechen, nehmen sie die Rückmeldungen entgegen, prüfen sie auf Notwendigkeit und Machbarkeit und setzen sie in Funktionsverbesserungen und ästhetische Korrekturen um. Mit den Instrumenten im Web 2.0 ist dies heute oft viel einfacher zu leisten, und manches kann auch von den Lehrenden und Lernenden selbst eingestellt werden.

6.6 Teletutoren: Aufgaben und Kompetenzen

Aufgaben von Teletutoren

Teletutoren sind die Mediatoren bzw. organisationalen Vermittler zwischen den Medienautoren bzw. Lehrenden, dem Bildungsträger, der virtuellen Lernumgebung und den Lernenden. Ihnen kommt „in virtuellen Lernprozessen [...] eine entscheidende Bedeutung für gelingendes Lernen zu" (Zinth/Schütz 2010). Dafür haben sie ein umfassendes Spektrum von Aufgaben zu meistern (Arnold 2003a, 2003b; Arnold/Kilian/Thillosen 2002a, 2002b, 2002c; Bett/Gaiser 2004; Katzlinger 2011; Kerres/Nübel/Grabe 2005; Klauser/Schlicht 2016; Linder 2004; Rautenstrauch 2001):

- Sie haben die Lernenden in die Benutzung des virtuellen Bildungsraums und der Lerneinheiten einzuweisen, die Einstellung der Medien, Informationen und Arbeitsergebnisse zu sichern und während der gesamten Zeit für die fachliche und kommunikative Betreuung der Lernenden zur Verfügung zu stehen.
- Sie haben Hilfestellungen bei der Klärung von Verständnisproblemen und inhaltlichen Fragen zu geben, die Reflexion der Lernaufgaben in Bezug auf ihre Bedeutung für Theorie und Praxis anzuregen, die Lernenden auf anzuwendende Arbeitstechniken und Lernmethoden, Lernaufgaben und weiterführende Literatur hinzuweisen und sie auch bei medien- und kommunikationstechnischen Problemen mit Hinweisen zu unterstützen.

- Sie haben die Entwicklung der Selbstlernkompetenzen durch Unterstützung der Selbstreflexion der Lernprozesse begleitend zu fördern und auf Lernstrategien hinzuweisen, z. B. (1) Lerninhalte durch Unterstreichen wichtiger Sätze oder selbst verfasster kurzer Zusammenfassungen zum besseren Behalten auf das Wesentliche zu kürzen oder (2) Lerninhalte durch Hinzufügen von Fragen oder Kommentaren aus eigenem Wissen zu vertiefen und einzuordnen oder (3) Lerninhalte in Grafiken oder Skizzen umzucodieren zum leichteren Behalten und (4) die wesentlichen Lernerfolge und aufgetretenen Lernprobleme sowie die im Dialog mit den Lehrenden geplanten nächsten Lernschritte in einem Online-Lerntagebuch (siehe z. B. http://www.oltb.de [14.11.2014], entwickelt von Joachim Ludwig, Universität Potsdam) festzuhalten, das auch den Mitlernenden und Lehrenden zugänglich ist, damit diese darauf in ihren folgenden Lehr- und Lernhandlungen entsprechend reagieren können.
- Sie haben die fachliche Kommunikation und Kooperation der Lernenden im virtuellen Bildungsraum mit Fragen, Problemen oder provozierenden Hypothesen anzuregen, Bezüge der Lerninhalte und Lernaufgaben in ihrer Bedeutung aufzuzeigen, mit Vorstellungsrunden deren gemeinsame Bearbeitung zu starten, gemeinsam Lernaufgaben auszugliedern und deren kooperative Bearbeitung ergebnisorientiert zu moderieren, dazu die geeigneten Kommunikationskanäle (Mail, Foren, Chat, Videokonferenz etc.) je nach Situation und Anforderung auszuwählen, zur aktiven Teilnahme und Übernahme von Verantwortung zu motivieren, Rückmeldungen zum Lernverhalten zu geben und ggf. entsprechende Beratungen anzubieten sowie Konflikte in der Gruppe der Lernenden zu lösen bzw. deren Entstehung frühzeitig zu erkennen und zu vermeiden helfen.
- Sie haben die Zwischenergebnisse der individuellen und kooperativen Lernprozesse zu kommentieren, Lösungen von Übungsaufgaben und Testergebnisse zu bewerten, weitere fachliche und methodische Hinweise zu geben, die abschließende Diskussion der Arbeits- und Lernergebnisse zu moderieren, die Prozesse und erreichten Ergebnisse insgesamt zu evaluieren, Ursachen möglicher Probleme zu ermitteln und Vorschläge für die Optimierung von Bildungsmedien und Prozessen zu machen.
- Sie haben zu entscheiden, welche inhaltlichen und methodischen Fragen, Probleme und Hinweise während der individuellen und kooperativen Bearbeitung der Lerneinheiten und Lernaufgaben an die Medienautoren bzw. Lehrenden oder an andere Fachexperten zur Klärung weitergegeben werden, bevor eine gemeinsame Diskussionsrunde, z. B. in einer Präsenzphase, mit den Lehrenden oder Experten stattfindet.
- Sie haben die Lernenden auch auf die jeweils zu beachtenden rechtlichen Regelungen, wie die Persönlichkeitsrechte, die Datenschutzrechte und vor allem die Urheber- und Nutzungsrechte, hinzuweisen. Den Tutoren wie den Lernenden und Lehrenden sind dafür auch die entsprechenden Informationen zum jederzeitigen Abruf und Nachlesen schriftlich zur Verfügung zu stellen.

Kompetenzen von Teletutoren

Die Teletutoren müssen also, damit sie ihre vielfältigen Aufgaben in kooperativer Zusammenarbeit mit allen anderen verantwortlichen Mitarbeitern und Zuständigen in der Verwaltung der medialen Bildungsangebote und mit den Lernenden kompetent erfüllen können, sowohl grundlegende fachliche, didaktische sowie lehr- und lernmethodische Kompetenzen im jeweiligen Fachgebiet haben als auch die medientechnischen, organisatorischen und kommunikativen Kompetenzen zur Planung, Durchführung und Nachbereitung ihrer tutoriellen Betreuung sowie die psychologischen, pädagogischen und sozialen Kompetenzen zur Motivierung und Aktivierung der selbst organisiert Lernenden und kooperativ arbeitenden Lerngruppen sowie zur gemeinsamen Evaluation und zukünftigen aufgabenorientierten Verbesserung der Prozesse der Beratung und Begleitung der subjektiv Lernenden im virtuellen Bildungsraum besitzen (siehe u. a. Markowski/Nunnenmacher 2003). Teletutoren müssen auch kompetent sein, kooperativ selbst organisiert arbeitende Lerngruppen als Communities of Practice im virtuellen Bildungsraum ziel- und aufgabenorientiert zu unterstützen (Arnold 2005a). Dies setzt notwendig auch die Kenntnis der Bildungsgänge und der aufeinander bezogenen Lerneinheiten bzw. Bildungsmedien voraus.

6.6.1 Gestaltung von Lernsituationen

Lernszenarien

Teletutoren müssen die digitalen Bildungsangebote und die Vor- und Nachteile der darin vorgesehenen asynchronen und synchronen Lernszenarien sowie den Arbeits- und Zeitaufwand zu ihrer Planung, Durchführung und Nachbereitung kennen. Werden Präsenzphasen einbezogen, so ist bei der Planung zu berücksichtigen, zu welcher Zeit im Lernprozess diese stattfinden und welche Funktion sie haben sollen. Dabei ist zu beachten, dass der damit verbundenen Einschränkung der zeitlichen und räumlichen Flexibilität ein Mehrwert gegenübersteht, also in den Präsenzphasen die Lerninhalte der Bildungsmedien nicht einfach wiederholt werden (Arnold 2003a, 31), sondern darauf aufbauend gebliebene Probleme und weiter gehende Fragen und Inhalte kritisch reflektierend diskutiert werden.

Bereitstellung von Lerninhalten

Ein wichtiges Gestaltungsmerkmal von Lernszenarien ist „die Strukturierung von Abläufen in wohldefinierte Phasen" (Allert 2001, 6). Dies geschieht oft durch die getaktete Bereitstellung von Kursen bzw. von Lernmaterialien innerhalb eines Kurses (Arnold 2003a, 29; Jechle 2001a, 9 ff., 2001b; Kerres/Jechle 2000, 268 ff.):

- *feste Taktung:* Freischaltung neuer Lernmaterialien in regelmäßigen Abständen,
- *Ping-Pong:* Zugriff auf neue Inhalte und Materialien nach dem Lösen einer Aufgabe (individuell oder gruppenbezogen),
- *Kontrakt-Lernen:* individuelle oder gruppenbezogene Vereinbarung auf Distribution/Freischaltung,

- *offener Zugriff:* freier Zugriff der Einzelnen auf die Lernmaterialien ohne Taktung, eigene Bestimmung der Lerngeschwindigkeit, Gruppenarbeiten schwierig.

Offene, ungetaktete Formen bieten den Vorteil der völligen Flexibilität für die Lernenden, können aber auch zu Problemen mit ihrem Zeitmanagement und ihrer Motivation führen. Für die Tutoren wird dadurch die Betreuung schwieriger, da die einzelnen Lernenden zur selben Zeit mit völlig unterschiedlichen Lerninhalten und Lernaufgaben im gleichen Kurs beschäftigt sein können. Gruppenarbeiten sind so kaum möglich. KERRES/JECHLE (2000, 269) halten der in der Fernstudienforschung häufig zu findenden kritischen Haltung gegenüber einer Taktung des Lernmaterials entgegen, dass die klare Struktur einer Taktung auch als eine Dienstleistung des Bildungsanbieters zur Unterstützung erfolgreicher Lernprozesse angesehen werden kann. Im Regelfall wünschen sich die Lernenden auch diese Unterstützung. Die Teletutoren können durch die Taktung besser einschätzen, in welcher Lernphase sich die Lernenden gerade befinden, und sie dementsprechend zielorientiert unterstützen. Für die Lernenden kann es hilfreich sein, wenn die Lehrenden in den jeweiligen Lernabschnitten auch in einen gemeinsamen Dialog mit ihnen eintreten.

Phasen eines Online-Kurses

Sechs aufeinander aufbauende Phasen eines Online-Kurses müssen von Teletutoren geplant, unterstützt und moderiert werden:

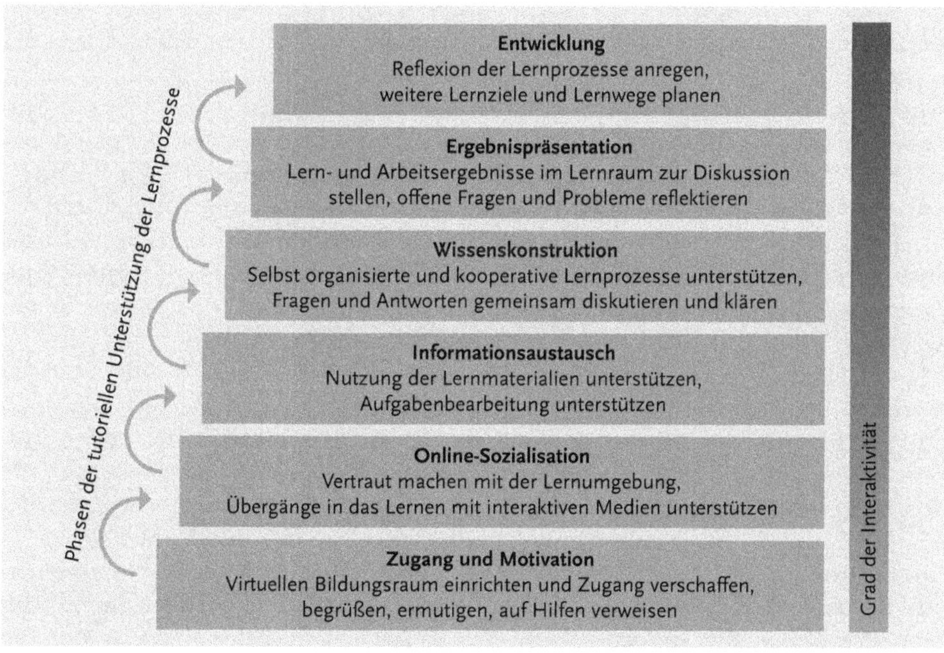

Abb. 6.2: 6-Phasen-Modell eines Online-Kurses (erweitert in Anlehnung an SALMON 2004, 26, zit. in: KATZLINGER 2011, 247)

Die ersten Phasen, „Zugang und Motivation“ sowie „Online-Sozialisation“, unterstützen die Lernenden, sich mit dem virtuellen Bildungsraum, den Kursmaterialien und den gestellten Anforderungen vertraut zu machen, die medialen Instrumente bedienen zu lernen, Vorgehensroutinen zu entwickeln und anderes mehr. Sind Lernende damit bereits vertraut, so können diese Phasen eventuell entfallen, entsprechend kurz gehalten oder individuell unterstützt werden. Die folgenden Phasen sind die eigentlichen Lernphasen. Hier können die Teletutoren durch entsprechende Aufgabenstellungen, Hilfestellungen bei der Aufgabenbearbeitung, den Einsatz geeigneter Kommunikationswerkzeuge, die Herausforderung zur Präsentation und Diskussion eigener Ergebnisse, die Anregung zur Selbstreflexion und die Entwicklung weiterer Lernziele und Lernwege die Aktivitäten der Lernenden unterstützen. Grundsätzlich sollten in diesen Phasen die Lernenden so viel wie nötig und so wenig wie möglich unterstützt werden, damit sie eigenständig und autodidaktisch lernen können. Auf jeden Fall sollte in der abschließenden Phase eine Reflexion der eigenen und gemeinsamen Lernprozesse und Lernergebnisse erfolgen, damit die Lernenden ihre erworbenen Kompetenzen einschätzen und ihre weiteren Lernprozesse verbessern können.

Einsatz von Lernaufgaben

In der Gestaltung virtueller Lernsituationen spielen Lernaufgaben eine wichtige Rolle. Für Teletutoren ist zu klären, welche Freiheiten den Lernenden bei der Bestimmung, Gestaltung, Bearbeitung und Bewertung von Lernaufgaben eingeräumt werden. Da Lernaufgaben idealerweise im Dialog zwischen den Lernenden und den Lehrenden aus den gemeinsam festgestellten und analysierten Handlungs- und Lerndiskrepanzen in Bezug auf die zu bearbeitenden wissenschaftlichen und praktischen Aufgaben zum Erwerb der dafür erforderlichen Handlungskompetenzen ausgegliedert werden, liegt in der Unterstützung der Bearbeitung der Lernaufgaben eine wichtige Funktion der Tutoren. Sollten die Lernaufgaben bereits im Bildungsmedium bzw. durch die verantwortlichen Lehrenden festgelegt sein, können Tutoren die Lernaufgaben den Interessen der Lernenden entsprechend spezifizieren oder auch zusätzliche Übungsaufgaben bereithalten. Dazu müssen die Tutoren sowohl Handlungs- und Lerndiskrepanzen erkennen können als auch weitere Funktionen, Unterscheidungsmerkmale und Gestaltungskriterien von Aufgaben kennen. Bei Lernaufgaben in virtuellen Kontexten ist darauf zu achten, dass der Mehrwert der virtuellen Umgebung genutzt wird, etwa die Möglichkeiten der schnellen Rückmeldung, das Bereitstellen von Musterlösungen, die kooperative Bearbeitung der Aufgaben in Lerngruppen und die Zurverfügungstellung neuer Aufgabenlösungen als Lernressource für weitere Lernende. Bei der vorgegebenen oder gemeinsamen Bestimmung der Aufgabenstellung muss bedacht werden, welche Informationen und welche prozess- oder ergebnisorientierten Hilfestellungen zu deren Bearbeitung notwendig sind, da anders als in Präsenzlernsituationen Rückfragen nicht schnell mündlich beantwortet werden können und dadurch viel leichter Missverständnisse entstehen, deren nachträgliche schriftliche Klärung zusätzliche Zeit kostet und oft umständlich ist. Auch die Transparenz der Bewertungsschemata – insbesondere bei

Gruppenaufgaben – und die Kongruenz zu den Prüfungsformen im Bildungsgang sind mitzubedenken.

Aktionsformen tutorieller Unterstützung

Für die Durchführung von virtuellen Bildungsangeboten sind für die Teletutoren jeweils geeignete Aktionsformen sowie Formen des Einsatzes der Kommunikationsinstrumente zur Unterstützung der Lernprozesse zu entwickeln. BUSCH/MAYER (2002, 73–104) präsentieren eine Vielfalt von Vorschlägen zur Unterstützung von einzelnen Lernenden (z. B. Standortprüfung, Praxisbegleitung, Einzelauftrag), Kleingruppen (Teamauftrag, Teamdiskussion, Fallstudie usw.) und größeren Lerngruppen (Wissensdepot, Meinungsforum usw.). Für die vorgestellten Methoden haben sie jeweils ein Profil in fünf Dimensionen entwickelt (ZIMTT-Modell; Abb. 6.3):

- den *Zeitbedarf* (bei Entwicklung, Durchführung und Nachbereitung),
- die *Interaktivität* (zwischen Teilnehmern und Teletutor, Teilnehmern untereinander usw.),
- den *methodischen* Anspruch (eine E-Mail-Umfrage ist methodisch einfacher als ein Brainstorming),
- die *Tutorenrolle* (zwischen direktivem „Instruktor“ und begleitendem „Coach“) und
- die *Technik* (einfach bis kompliziert).

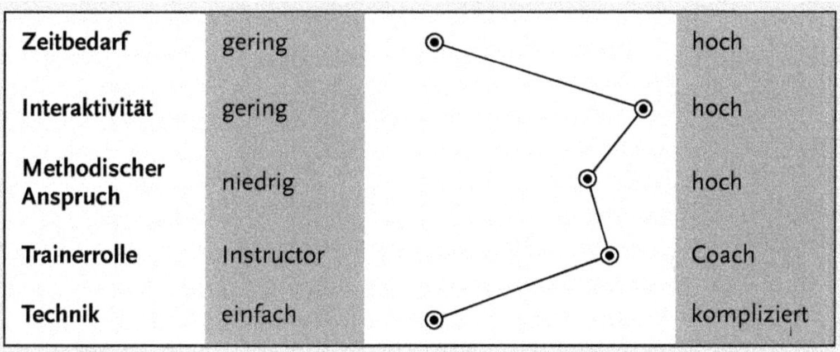

Abb. 6.3: ZIMTT-Modell am Beispiel einer Aufwandsplanung für ein Online-Brainstorming (in Anlehnung an BUSCH/MAYER 2002, 76)

Als grundsätzlich zu berücksichtigende Gestaltungsprinzipien nennen sie weiterhin: Fragen stellen (zur Anregung von Aktivität, Herstellen des Praxisbezugs und Vertiefung des Gelernten), Rückmeldung anregen und Verantwortung abgeben (Raum für Aktivitäten bieten, Strukturierungsversuche unterstützen usw.).

6.6.2 Unterstützung selbst gesteuerten Lernens

Notwendige Fähigkeiten zum selbst gesteuerten Lernen

Selbst gesteuertes Lernen ist ein komplexer Handlungsprozess, bei dem die Lernenden selbst entsprechend ihren Interessen ihre Lernprozesse steuern, überwachen und bewerten und der deshalb eine erhöhte Eigeninitiative und -aktivität erfordert (Heidenreich 2009, 136 ff., 230 ff.; Konrad/Traub 1999, 13; Rautenstrauch 2001, 23 f.). Dazu sind Selbstlernkompetenzen notwendig (Arnold/Gómez Tutor/Kammerer 2004; Gómez Tutor 2016), die nicht bei allen Lernenden gleichermaßen ausgebildet sind, beispielsweise eigene Lernziele setzen, Lerninhalte auswählen und Lernmethoden anwenden können, Lernprozesse planen, organisieren, kontrollieren und reflektieren, Lernergebnisse präsentieren und kritisch diskutieren, Hilfen in Anspruch nehmen und anbieten, alle Phasen der Lernprozesse einschätzen und die diesen entsprechenden kognitiven Strategien aktivieren. Die wesentlichen Aspekte selbst gesteuerten Lernens sind Motivation, Lernstrategien und Metakognition (Rautenstrauch 2001, 27). Lernen im virtuellen Bildungsraum ist oft sowohl selbst als auch fremdgesteuert (da Lernmaterialien, Aufgabenstellungen, zeitliche Rahmenbedingungen etc. vorgegeben sind); jedoch erhöhen sich mit der zunehmenden Nutzung der Instrumente des Web 2.0 die selbst gesteuerten Anteile deutlich. Schwierigkeiten im selbst gesteuerten Lernen, die sich auch in Präsenzstudiengängen abzeichnen (Griesbach u. a. 1998), jedoch in virtuellen Lernsituationen verstärken, sind z. B. Motivationsprobleme, Zeitmanagement, die Auswahl passender Lernwege und -strategien, der kritische Umgang mit und das kognitive Einordnen von Informationen und Lerninhalten.

Unterstützung selbst gesteuerten Lernens durch Teletutoren

Maßnahmen zur Unterstützung des selbst gesteuerten Lernens können indirekt durch die entsprechende Gestaltung der Lernumgebung, der Lernmaterialien, der Aufgaben usw., erfolgen oder direkt durch Teletutoren. Strategien und Techniken, um den genannten Schwierigkeiten zu begegnen, die Motivation von Lernenden zu erhalten und sie in kritischen Situationen zu ermutigen, können auf der kognitiven, metakognitiven oder motivationalen Ebene liegen (Rautenstrauch 2001, 30 ff.; Simpson 2000). Dazu gehört beispielsweise, Informationen zu Lernhilfen, zu Lernstrategien und zur Selbstmotivation zu geben und zur Reflexion der eigenen Lernhandlungen anzuregen. Hilfreich sind auch Anregungen zum informellen Austausch unter den Lernenden sowie kontinuierliche Rückmeldungen an die Lernenden.

Eine besondere Chance in virtuellen Lernsituationen liegt darin, mit den Lernenden individuelle Lernstrategien und Arbeitspläne zu erarbeiten und sie bezüglich möglicher Schritte zur optimalen Wissensaneignung individuell zu beraten. Damit werden Qualitäten erreicht, die bisher nur durch Coaching erreicht werden konnten. Dabei ist es wichtig, die Lernenden zur Auseinandersetzung mit den Lernzielen, Lerninhalten und Lernmethoden anzuregen, ihre Aufmerksamkeit auf wesentliche und weiterführende Fragen zu richten und eine ermutigende und freundschaftliche Lernatmosphäre zu schaffen (Holmberg/Schuemer 1997, 515). Diese Unterstützung durch Teletutoren erfordert die Bereitstellung von entsprechend qualifiziertem Personal und Zeit.

6.6.3 Moderation kooperativen Lernens

Gruppenaufgaben

Besonders wichtig für das kooperative Lernen im virtuellen Bildungsraum ist die gemeinsame Aufgabenstellung, nicht nur aus didaktischen Gründen, sondern auch weil Gruppen, die sich über eine gemeinsame Aufgabe definieren, in der Regel einen besseren Zusammenhalt aufweisen, sich einander stärker verpflichtet fühlen und damit besser zusammenarbeiten. Bedingungen für eine gemeinsame Aufgabenorientierung sind (Blakowski/Hinze 2001, 4 f.):

- die Aufgabeninterdependenz (Zusammenarbeit ist nicht nur möglich, sondern erforderlich),
- durch die Aufgabenstellung erforderte Interaktionsmöglichkeiten,
- Überschaubarkeit und
- die Erstellung eines prüffähigen Ergebnisses.

Dabei muss die Kooperation bei der Aufgabenbearbeitung einen inhaltlichen Mehrwert versprechen. Aufgaben, die Lernende mit demselben Ergebnis auch alleine lösen können, bieten keinen Anreiz zur Zusammenarbeit. Eine Aufteilung erforderlicher Informationen auf die Gruppenmitglieder wird als Zwang zur Gruppenarbeit empfunden und abgelehnt. Dagegen bieten Plan- und Rollenspiele (Kap. 5.1.3; Capaul 2002) die Möglichkeit, komplexe Zusammenhänge aus unterschiedlichen Perspektiven zu betrachten (Arnold/Thillosen 2002). Für die Findung, Formulierung, Bearbeitung und Einordnung kooperativ zu bearbeitender Gruppenaufgaben übernimmt der Teletutor die Rolle eines Moderators des Gruppenprozesses.

Moderation virtueller Gruppenarbeit

Zu Beginn einer zu moderierenden virtuellen Gruppenarbeit, die in die Bearbeitung der Bildungsmedien eingeplant sein kann, aber auch durch den Teletutor oder die Lernenden angeregt werden kann, sind zunächst die Ziele und zu erreichenden Ergebnisse zu klären. Der Teletutor sollte insgesamt die Lern- und Arbeitsprozesse der Lerngruppen positiv beeinflussen, aber dabei inhaltlich neutral bleiben, auf die Einhaltung der vereinbarten Regeln und der Zeitplanung achten, während die Lerngruppe für die Prozesse und Ergebnisse verantwortlich bleibt. Die Moderation erfolgt in mehreren Phasen (in Anlehnung an Balk 2009):

- In der ersten Phase ist die Aufmerksamkeit auf die wesentlichen Fragen, Probleme, Perspektiven zu richten, und dabei sind Orientierungen zu bieten, Zusammenhänge aufzuzeigen und die wesentlichen Kerne herauszuheben.
- In der nächsten Phase ist der Moderationsplan bzw. kooperative Arbeitsplan zu vereinbaren, in dem die Ziele, die zu bearbeitenden Themen, die Präsentationen und Diskussionen der erarbeiteten Ergebnisse und die gemeinsame Reflexion aller Arbeitsschritte und der Moderation festgehalten werden.
- Daran anschließend sind zunächst die medien- und kommunikationstechnischen Zugänge im virtuellen Bildungsraum zu prüfen bzw. herzustellen und die Übernahme der Moderation durch eine kurze Zusammenfassung des ver-

einbarten Arbeitsplanes sichtbar zu machen. Durch die Bereitstellung von Dokumenten kann der Kommunikationsaufwand begrenzt werden.

- Die Moderation der Durchführung der kooperativen Lern- und Arbeitsprozesse erfordert die Steuerung der Aufmerksamkeit, die Einbeziehung aller in die Kommunikation und Zusammenarbeit, das Aufzeigen von Zusammenhängen, die Konzentration auf das Wesentliche, das Zuspitzen und Zusammenfassen von Problemen und offenen Fragen.
- Sodann ist die Präsentation und Diskussion der gemeinsamen Lern- und Arbeitsergebnisse und deren Einordnung in den jeweiligen Bildungsgang und Beitrag zur Kompetenzentwicklung der Lernenden zu moderieren.
- In der abschließenden Phase ist der Moderationsprozess selbst mit allen Beteiligten, den Lernenden, dem Teletutor, dem Lehrenden und eventuell auch Fachexperten inhaltlich und methodisch zu reflektieren.

Probleme virtueller Gruppenarbeit

Die Möglichkeit der Gruppenarbeit gilt als besonderer Vorteil virtueller Bildungsräume im Vergleich zum klassischen papiergebundenen Fernlernen. Jedoch haben viele Lernende auch Vorbehalte gegen Gruppenarbeiten: Sie wollen zeigen, dass sie es alleine können. Hinzu kommt, dass Gruppenarbeiten oft zeitaufwendig sind, zumal sich in virtuellen Kontexten der Koordinationsaufwand noch erhöht und die medienvermittelten Arbeits- und Kommunikationsformen erst eingeübt werden müssen und dazu tutorieller Hilfestellungen bedürfen. Diese Probleme virtueller Gruppenarbeit werden vor allem von berufsbegleitend Lernenden kritisch betrachtet. Besondere Probleme der virtuellen Gruppenarbeit ergeben sich vor allem durch den Mangel an direkter sozialer Präsenz. Häufig genannt werden (Balk 2009, 488 f.; Blakowski/Hinze 2000, 2001; Hesse/Garsoffky/Hron 2002):

- geringe Gruppenkohäsion (Verantwortungsdiffusion, Anstrengungsreduktion, Teilnehmer einer virtuellen Lerngruppe fühlen sich weniger verbunden als Teilnehmer einer Präsenzlerngruppe; es bestehen weniger Hemmungen, von Gruppenergebnissen zu profitieren, ohne sich in der Gruppenarbeit zu engagieren),
- fehlende Gruppenkoordination (sowohl der Arbeitsaufteilung als auch zeitlicher Absprachen, Missachtung alternativer Wege und Lösung),
- fehlende Kommunikationszyklen und -regeln, die sich in Präsenzlerngruppen meist von selbst ergeben (Kritiklosigkeit durch Gruppendenken, Folgen und Risiken nicht reflektieren),
- fehlende Abstimmung über den gemeinsamen Wissenshintergrund (Zurückhaltung von Informationen, Vernachlässigung von Spezialwissen von Teilnehmern).

Gruppengröße und Dauer der Zusammenarbeit

Lerngruppen können unterschiedlich groß sein, vom Lerntandem über die Kleingruppe bis zum Plenum; die Dauer der Zusammenarbeit kann von einer kurzen Gruppenphase bis zur kursübergreifenden Zusammenarbeit reichen. Ob Lerntandems funktionieren, hängt oft von persönlichen Faktoren der beteiligten Personen ab. Sie können gerade bei längeren virtuellen Lernprozessen sehr unterstützend sein. Mit Kleingruppen zwischen zwei und sieben Lernenden werden meist gute Lernergebnisse erzielt (Blakowski/Hinze 2001, 9). Die Dauer kooperativen Lernens kann unterschiedlich lang sein, je nach Lernaufgaben ist es gut möglich, Lerngruppen für einen gesamten Kurs zu bilden. Große Gruppen wirken sich positiv auf Kreativitätsprozesse aus, beispielsweise bringen Mitglieder großer Gruppen mehr Ideen pro Person in Gruppenarbeiten ein als Mitglieder kleiner Gruppen. Andererseits steigen in großen Gruppen die Prozessverluste, da die Teilnehmer sich weniger verantwortlich fühlen (ebd.). In großen Gruppen ist es daher besser, kurze Formen der Zusammenarbeit zum Sammeln von Ideen zu wählen, etwa Brainstorming zu Beginn eines kooperativen Lernprozesses oder Meinungsforum im Lernprozess (Busch/Mayer 2002, 90 ff.).

6.6.4 Qualifizierung zum Teletutor

Handlungskompetenzen von Teletutoren

Teletutoren sind – wie oben dargestellt – nach ihrer Position und Funktion in den informations- und kommunikationstechnisch basierten medienvermittelten Lehr- und Lernprozessen die persönlichen Mediatoren bzw. Vermittler zwischen den Lehrenden, deren Lehrhandlungen in den interaktiven Bildungsmedien objektiviert sind, und den Lernenden, die durch ihre individuellen und kooperativen Lernhandlungen mit den interaktiven Bildungsmedien ihre Handlungskompetenzen erwerben. Die daraus erwachsenden und oben beschriebenen vielfältigen und umfangreichen Aufgaben in den sechs Phasen der tutoriellen Betreuung der Lernprozesse (siehe Abb. 6.2) erfordern eine entsprechende Qualifizierung der Teletutoren (Arnold/Kilian/Thillosen 2002c; Arnold/Thillosen 2003; Merkt 2009). Die Inhalte und Formen der gestellten Anforderungen an die zu entwickelnden Handlungskompetenzen der Teletutoren können zum einen den vorstehenden Aufgabenbeschreibungen entnommen werden. Diese sind entsprechend den jeweiligen Anforderungen der virtuellen Bildungsangebote und der Profile der Bildungsinstitutionen zu konkretisieren. Zum anderen müssen die konkreten Ausformungen ihrer Handlungskompetenzen eine Grundlage an Basiskompetenzen haben (Müller, R. 2006):

Basiskompetenzen von Teletutoren

- Zunächst müssen Teletutoren ebenso wie die Lehrenden und die Lernenden die heute erforderlichen Kommunikations- und Medienkompetenzen (Kap. 6.2; Kap. 6.3) unter Nutzung aller Instrumente in virtuellen Bildungsräumen erwerben. Dazu gehören auch die Einstellung und Verknüpfung von Lernmaterialien und Lernergebnissen, die Einrichtung von Mitteilungs- und Diskussionsforen sowie die Verwaltung von Ablagen und Archiven.
- Sodann müssen Teletutoren über die Grundlagen und Besonderheiten des interaktiven und netzgestützten Lehrens und Lernens mit digitalen Bildungsme-

dien in virtuellen Bildungsräumen Bescheid wissen und die Möglichkeiten und Grenzen des medienvermittelten individuellen, kooperativen und partizipativen Lernens, der Lernerfolgskontrollen und der Präsentation, Diskussion und Bewertung von Lernergebnissen kennen. Dazu gehören auch Kenntnisse über typische virtuelle Lehr- und Lernszenarien sowie über Lerntypen und Faktoren erfolgreicher Lernprozesse.

- Teletutoren müssen in der Lage sein, die Lernenden in den virtuellen Bildungsraum und die Bearbeitung der interaktiven Bildungsmedien einzuführen, einen Überblick über die Fachinhalte und deren Bearbeitung zu geben und die persönliche Vorstellung der Lernenden sowie der Lehrenden und der ansprechbaren Experten zu organisieren. Sie müssen in der Lage sein, das selbst organisierte Lernen und das kooperative Lernen in Gruppen jederzeit zu moderieren, Regeln, Zuständigkeiten und Pflichten für die Kommunikation und Kooperation der Lernenden untereinander und mit Lehrenden und Experten zu vereinbaren, die Planung, Bearbeitung, Präsentation, Diskussion und Bewertung von Lernprojekten zu moderieren sowie auf Reflexion basierende Rückmeldungen an die Lernenden zu geben sowie über ihre tutorielle Unterstützung von diesen auch einzufordern.
- Damit die Teletutoren die Seite der Lernenden kennenlernen, sollten sie selbst ihre Basiskompetenzen als Lernende in tutoriellen Lernarrangements im virtuellen Bildungsraum erwerben. Auch ein Erfahrungsaustausch mit anderen Teletutoren im Bildungsraum wie in Präsenzveranstaltungen sowie mit den Lehrenden und den in die Bildungsangebote einbezogenen Experten ist sowohl für den Erwerb der Basiskompetenzen wie für die weitere Vervollständigung und Anpassung ihrer tutoriellen Handlungskompetenzen sinnvoll.

6.7 Lernende: Aufgaben und Kompetenzen

Rezeption und Konstruktion

Anders als in traditionellen Präsenzlehrveranstaltungen, in denen das Lernen meist kleinschrittig durch die Lehre bestimmt wird, benötigen die Lernenden im E-Learning ein hohes Maß an Selbstlernkompetenz. Zum Lernen mit Bildungsmedien im virtuellen Bildungsraum sind von den Lernenden zwingend autodidaktische Lernkompetenzen zu erwerben, und dieser Erwerb muss im Bildungsraum und durch die Bildungsmedien strukturell unterstützt werden. Zu Beginn müssen die Lernenden zumindest eine erste grobe Vorstellung davon haben, oder eine solche muss durch das Medium angeregt werden, was sie warum und mit welchem Ziel wie erlernen wollen. Denn eine solche Vorstellung ist die Voraussetzung dafür, mit dem ersten Schritt in die Rezeption des Bildungsmediums den eigenen Lernprozess aktiv zu beginnen. Oft empfiehlt es sich, die Herausbildung einer ersten Vorstellung über die Ziele, Inhalte und Wege der eigenen Lernaktivitäten in Präsenzveranstaltungen mit Lehrenden diskursiv zu unterstützen und durch die Vermittlung von Diskrepanzerfahrungen zu motivieren. Die Lernenden können dann die in den Bildungsmedien präsentierten und von ihnen zu rezipierenden bzw. rezipierten Inhalte als für ihre Lernziele sowie Bildungs-, Arbeits- und Lebenszusammenhänge bedeutungsvoll einschätzen. Sie können weitere Informationen ihrem individuellen Lernbedarf entsprechend aufsuchen und rezipieren. Die Suche und Rezeption der für die eigenen Lerninteressen relevanten Bildungsinhalte in vielfältig vernetzten Strukturen, wie z. B. in Hypertexten, setzen bereits konkretisierte Lernziele und differenzierte Lerninteressen an einem Thema sowie die Fähigkeit zur Orientierung in den angebotenen Inhaltsstrukturen voraus. Und mit der Rezeption und ihrer kritischen Reflexion präzisieren oder erweitern oder verschieben die Lernenden ihre Lerninteressen, Lernziele, Lerninhalte und angestrebten Lernergebnisse. Dies befähigt sie zugleich, mit der im Internet wie in Bibliotheken vorhandenen Informationsflut zielorientiert auswählend und bewertend umgehen zu können, bei gleichzeitiger reflexiver Offenheit gegenüber weiteren sowie neuen Informationen und Anregungen. Auf der Grundlage dieser vielfältigen Rezeptionsprozesse konstruieren die Lernenden in einem ersten Schritt ihr individuelles Wissen und Denken und ihre individuellen Lern- und Handlungskompetenzen.

Kommunikation und Kooperation

Ohne diskursive Kommunikation mit den Lehrenden, Tutoren, Mitlernenden, Experten wie auch mit vielen anderen Menschen und der damit verbundenen Teilhabe an den Lebensprozessen in der Gesellschaft können die Lernenden ihr Wissen und Denken und ihre Kompetenzen nicht angemessen und vollständig für ein kompetentes Handeln in der Gesellschaft entwickeln. Die Kommunikation hat für Lernprozesse eine fundamentale Bedeutung. Während in traditionellen Präsenzlehrveranstaltungen schon die bloße persönliche Anwesenheit der Lehrenden und Lernenden zur direkten Kommunikation führt, ist dies beim Lernen mit Bildungsmedien aufgrund der örtlichen und zeitlichen Distanz nicht der Fall. Mit Bildungsmedien Lernende konzentrieren sich eher auf ihre individuellen Lernprozesse durch Rezeption und Reflexion der präsentierten Lerninhalte und Bearbeitung der gestellten Lernaufgaben. Dabei entstehende Fragen, Probleme und Einschätzungen können und werden sie zunächst durch die Nutzung weiterer Informationsquellen, meist im Internet, individuell zu lösen versuchen. Führt dies zu keiner zufriedenstellenden Beantwortung, kann dies zu einem Anlass zur Kommunikation mit anderen werden. Da es keine Anregung zur Kommunikation durch Präsenz gibt, muss zur Nutzung der Kommunikationsanwendungen, wie z. B. bei Diskussionsforen, ein ausgeprägter Wille zur regelmäßigen Rezeption der eingestellten Beiträge sowie zur Präsentation eigener Beiträge vorhanden sein. Da dies sehr arbeitsintensiv sein kann, urteilt jeder Teilnehmer nach dem subjektiven Kriterium, was das Lesen und Schreiben von Beiträgen ihm persönlich bringt.

Daher muss trotz der einfachen Verfügbarkeit verschiedener Kommunikationsanwendungen die computerbasierte Kommunikation in Lehr- und Lernprozessen besonders angeregt und organisiert werden. Dazu ist es am besten, durch Tutoren moderierte Lerngruppen einzurichten. Durch die zunächst individuell zu rezipierenden und zu bearbeitenden Bildungsmedien wird ein subjektives Interesse an einem Thema generiert, das im gemeinsamen Austausch von Erkenntnissen, Kommentaren, Erfahrungen und Fragen zur Klärung, Vertiefung, Erweiterung oder auch Verschiebung der subjektiven Lerninteressen, Lernziele, Lerninhalte, Lernprozesse und Lernergebnisse führen kann. Die didaktische Einbettung der Lerngruppen ist von entscheidender Bedeutung für ihr Fortbestehen. Auch ihre Organisation und Moderation durch Tutoren – oder auch durch die Lernenden selbst – und nicht durch die Lehrenden bzw. Medienautoren ist für eine offene Kommunikation der Lernenden entscheidend (Panke 2007, 12 f.).

Mit der Verfügbarkeit der verschiedenen Kommunikationsmöglichkeiten wird öfter und intensiver kommuniziert als in den engen örtlichen und zeitlichen Grenzen von Präsenzveranstaltungen. Die meist schriftliche Kommunikation im virtuellen Bildungsraum erfordert einen erheblichen Zeitaufwand. Es ist daher notwendig zu lernen, die Vielfältigkeit auf das Wesentliche zu reduzieren, kurz und präzise zu fragen und zu antworten und Mitteilungen zu schreiben. Zugleich ist zu lernen und jeweils zu entscheiden, was wie öffentlich mitgeteilt werden kann und soll und was nicht. Der schriftliche Kommunikationsstil sollte ein empathischer sein, der persönlich ansprechend und nicht verletzend ist. Denn die schriftliche Kommunikation kann, anders als in der Regel in der Präsenzkommunikation, jederzeit sofort ohne irgendeine weitere Reaktion abgebrochen werden.

Konstruktion und Präsentation

Die individuelle und kooperative Bearbeitung und Konstruktion von Ergebnissen aus den jeweiligen fachlichen Praxis- und Theoriefeldern ausgegliederten komplexeren Lernaufgaben – nicht von Tests und Übungsaufgaben zur Prüfung gelernter Fakten und Verfahren – mündet meist zunächst in eine Reihe von Notizen und Ergebnisskizzen. Sie sind schriftliche Ausdrücke bzw. Markierungen der erworbenen Kompetenzen in Bezug auf die zu bearbeitende Aufgabe und als solche die Grundlage für die Erarbeitung der medialen Präsentation der Ergebnisse der Aufgabenbearbeitung. Für die mediale Präsentation ihrer Ergebnisse müssen die Lernenden in virtuellen Bildungsräumen neue multisymbolische Schreibkompetenzen entwickeln. Sie müssen die Fähigkeiten entwickeln, ihre erarbeiteten Ergebnisse strukturiert sowie ziel- und inhaltsangemessen und motivierend zur Rezeption für die jeweilige Zielgruppe von Lesern darzustellen. Dies erfordert sowohl fachliches und leserbezogenes Kontextwissen und entsprechend strukturierte Schreibkompetenzen als auch die Fähigkeit, die präsentierten Inhalte bezogen auf die Lesekompetenzen der Zielgruppe in multisymbolischen Formen zu präsentieren (Kap. 5). Also die textlichen Aussagen in ihrer Gliederung, Gestaltung und Formulierung z. B. durch Grafiken, Tabellen, Bilder, Videosequenzen oder andere symbolische Ausdrucksformen von Informationen entsprechend zu verdeutlichen. Im Unterschied zu den traditionellen linearen schriftlichen Ergebnispräsentationen in Texten mit eingebauten Grafiken, Bildern usw. ermöglichen heute die digitalen Medien in virtuellen Bildungsräumen wie im Internet, die erarbeiteten Ergebnisse in vernetzten Strukturen zu schreiben und multisymbolisch zu präsentieren. Das Schreiben in Hypertextstrukturen ermöglicht dem jeweiligen Leser eine individuell selbst gesteuerte und seinen subjektiven Interessen und Bedarfen entsprechende Rezeption der präsentierten Informationen. Die Schreibenden bzw. die Lernenden müssen dafür nicht nur ihre Kompetenz zum Schreiben ihrer Texte in multisymbolischen Formen entwickeln, sondern auch ihre Kompetenz zum kohärenten Schreiben in vernetzten Textstrukturen, die mit den jeweils entsprechenden Navigationselementen, Verweisen, Indexen, Markierungen und Suchfunktionen auszustatten sind. Beim Schreiben in linearen wie in Hypertextstrukturen müssen die multisymbolischen Texte bezogen auf ihr Ziel sowie ihre Rezeption immer rational, präzise, ansprechend und motivierend für die Adressaten verfasst werden. Eine rationale und effektive mediale Kommunikation und Kooperation erfordert zudem die Kompetenz, sowohl den Schreibaufwand als auch den Rezeptionsaufwand zuvor abschätzen und optimieren zu können.

Diskussion und Konsequenzen
Die Diskussion präsentierter Lern- und Arbeitsergebnisse im virtuellen Bildungsraum ist in der Regel durch den Tutor oder auch einen Moderator aus der Gruppe der Lernenden einzuleiten und zu moderieren. Die Rezeption der präsentierten Ergebnisse und darüber hinaus die Beteiligung an der Diskussion ist wesentlich davon abhängig, ob die Ergebnisse den anderen Lernenden für ihre eigenen Lernprozesse bedeutungsvoll erscheinen und ihnen einen subjektiven Zugewinn an Kompetenzen in Aussicht stellen. Dabei kann sich auch ein gemeinsames Interesse herausbilden, den Präsentatoren der Ergebnisse ihre Kommentare, Wertungen, Kritiken und Anregungen mitzuteilen, um aus deren Antworten wiederum einen Gewinn für die Vertiefung, Erweiterung oder Korrektur des eigenen Wissens, Denkens und Handelns zu ziehen. Diese kritisch-reflexive Diskussion präsentierter Ergebnisse, wenn sie empathisch und positiv von allen Beteiligten geführt wird, hat in der Regel einen gemeinsamen Zugewinn an Kompetenzen zur Folge. Dieser Zugewinn kann auch in eine entsprechende Überarbeitung und Verbesserung der Ergebnispräsentation umgesetzt werden, entweder durch die Präsentatoren selbst oder direkt durch die Kritiker, wie dies im Web 2.0 möglich ist, in dem Inhalte gemeinsam erstellt werden. Es entwickelt sich dadurch ein Schreiben in Gruppen, das von allen Beteiligten besondere Kompetenzen für ein aufgeteiltes, aber inhaltlich abgestimmtes multisymbolisches Schreiben sowie positives Kritisieren, Ergänzen, Präzisieren und Kürzen einer gemeinsam geschriebenen Präsentation erfordert.

Zugleich können sich in der positiv kritisch-reflexiven Diskussion der präsentierten Ergebnisse weitere Diskrepanzen im Wissen, Denken und Handeln der Lernenden wie auch der Tutoren und Lehrenden zeigen. In einem Folgeschritt sind die offenbar gewordenen, angedeuteten oder scheinbaren Diskrepanzen gemeinsam aufzugreifen, zu analysieren und zu formulieren, um die nächsten individuellen und gemeinsamen Lehr- und Lernschritte bzw. aus den Praxis- und Theoriefeldern auszugliedernden Lernaufgaben in ihren Zielen, Inhalten und methodischen Vorgehensweisen bestimmen und beginnen zu können.

6.8 Lehren und Lernen im kooperativen Prozess

Veränderung der Lernprozesse

Die Allgegenwart medienvermittelter multisymbolischer Informationen und Kommunikationen über Computer und Internet revolutioniert nicht nur die Lehr- und Lernformen in Bildungsprozessen durch die Herausbildung der neuen Formen des E-Teaching und E-Learning. Sie revolutioniert ebenso die Didaktik und darin vor allem die Inhalte der Bildungsprozesse und damit die Anforderungen an die subjektiven Kompetenzen des Lehrens und Lernens in virtuellen Lernräumen. Selbst organisiertes Lernen in kooperativen und partizipativen Prozessen mit Lehrenden und anderen Experten in Communities of Practice ist eine sich zunehmend zeigende Tendenz und Perspektive des E-Teaching und E-Learning. Sie ergibt sich aus der gesellschaftlich verankerten und entwickelten Nutzung der neuen Möglichkeiten der digitalen Informations- und Kommunikationstechnologien. E-Learning ist damit nicht mehr, wie zunächst beim programmierten Lernen und dann beim Computer- und Web-Based-Training in den vergangenen Jahrzehnten, eine Fortführung kybernetischer Lehr- und Lernmaschinen zur Input-Output-Optimierung der Verteilung allgemein verfügbaren Wissens in individuellen Lernprozessen, das zulasten der Reflexion und Realisierung eigener Lerninteressen und Bedeutungsbezüge geht. Faktenlernen und Faktenwissen verliert in den informationstechnisch und systemisch rationalisierten Prozessen in Wirtschaft und Verwaltung wie in der privaten und gesellschaftlichen Lebenswelt an Bedeutung. Vielmehr kommt es in der Wissensgesellschaft auf Aneignung, Verstehen, Reflexion, Beurteilung und Kreativität an zum Aufbau subjektiver Bedeutungsstrukturen als kognitive Grundlage für die Entwicklung zielorientierter und aufgabenangemessener Handlungskompetenzen.

Kooperation und Partizipation im Lernen

Die mit dem Web 2.0 entwickelten vernetzten virtuellen Bildungs- und Arbeitsumgebungen am Computer schaffen neue Perspektiven für die Kooperation und Partizipation der Lernenden und Lehrenden (Breuer 2001; Erpenbeck/Sauter 2007; Hinze 2004a, 2004b; Schneider 2005; Seufert 2005a). Noch sind kooperative Lernformen im E-Learning nicht sehr verbreitet und müssen oft noch gegen die traditionellen individualisierenden Lehr- und Lernformen durchgesetzt werden. Partizipative Lehr- und Lernformen haben zwar in der handwerklichen und industriellen dualen beruflichen Ausbildung eine lange Tradition, in schulischen Bildungsprozessen sind sie jedoch bisher nur höchst selten anzutreffen. Auch in virtuellen Bildungsräumen ist die Partizipation von Lehrenden und Lernenden noch eine große Seltenheit. In der Regel geht es noch immer, selbst dann, wenn bevorzugt Methoden selbst organisierten und kooperativen Lernens angewendet werden, nach dem Motto

‚Was gelehrt wird, ist zu lernen'. Der Lehrende bestimmt das Lernen vom Start über den Prozess bis zum Ergebnis. Dabei wird übersehen und völlig unterschätzt, dass die Lernenden gerade auch durch die Nutzung von Computer und Internet zunehmend fähig sind, selbstbestimmt und selbstständig neue Lerninhalte auf neuen Wegen und mit neuen Resultaten zu erarbeiten und diese auch anderen Lernenden wie auch den Lehrenden mitzuteilen und zu präsentieren, sodass auch die Lehrenden davon lernen können.

Wachsende Selbstbestimmung im Lernen

Um die Partizipationsfähigkeit der Lehrenden und Lernenden zu entwickeln, ist den Lernenden im pädagogischen Verhältnis mit den Lehrenden und den didaktischen Handlungsmodellen eine wachsende Selbstbestimmung im Lernen zu ermöglichen (Arnold 2005a), z. B. über die Konfrontation mit anderen Sichtweisen, das Aufzeigen anderer Lernwege, Hilfen beim Selbstlernen, die diskursive Ausgliederung von Lernaufgaben, die Herstellung von Praxisbezügen, die Reflexion von Bedeutungsstrukturen, die Einbringung eigener Lerninteressen, die Metadiskussion der Aktivitäten und lehrenden Unterstützungen des selbstbestimmten Lernens. Die Lernenden können dabei durch die Rezeption und Rekonstruktion fremden Wissens in Auseinandersetzung mit ihrem bisher erarbeiteten Wissen aktiv eine neue Phase oder Stufe in ihrem Denken und Handeln nach zunehmend eigenen Zielen konstruieren. Im diskursiven Prozess mit den Lehrenden erarbeiten so die Lernenden ihren eigenen Lernprozess und führen ihn zu einem gewünschten Resultat. Die Lehrenden bereiten im Diskurs mit den Lernenden den Boden für die individuell oder kooperativ selbstbestimmte Ausgliederung authentischer Lernaufgaben aus relevanten Praxis- oder Theoriefeldern. Sie geben den Anlass für produktives Lernen, für die Beschaffung, Auswahl, Bearbeitung und Reflexion der Lerninhalte und für die von den Lernenden selbst konstruierte Präsentation ihrer erarbeiteten Ergebnisse der gelösten Lernaufgaben. Und sie erwarten abschließend von den Lernenden die reflexive Eingliederung ihrer erarbeiteten Ergebnisse in die entsprechenden Praxis- und Theoriefelder, aus denen sie ihre Lernaufgaben aufgrund ihrer erkannten Wissens- und Handlungsdiskrepanzen zuvor ausgegliedert hatten.

Gemeinsame Produktion neuer Lerninhalte

Die präsentierten Ergebnisse der individuell oder kooperativ gelösten Lernaufgaben können wiederum von den anderen Lernenden und Lehrenden im Kontext der entsprechenden Praxis- und Theoriefelder kommentiert, ergänzt und bearbeitet werden. Sie werden zum Anlass und Gegenstand gemeinsamer kritischer und selbstkritischer Reflexion und Diskussion der Lernenden und Lehrenden – und beide, Lernende und Lehrende, können daraus lernen. Nach entsprechender Überarbeitung werden die präsentierten Ergebnisse damit zu neuen Wissens- bzw. Informationseinheiten, die wiederum im virtuellen Bildungsraum für weitere Lehr- und Lernprozesse zur Verfügung stehen bzw. gestellt werden können (Haug 2009). Dies kann zunächst innerhalb des jeweiligen Fachgebietes einer Bildungseinrichtung geschehen. Es ist aber auch denkbar und inhaltlich sowie ökonomisch vorteilhaft, die präsentierten Ergebnisse auch den entsprechenden Fachgebieten in anderen Bildungseinrichtungen zur Rezeption und auch weiteren Bearbeitung zur Verfügung zu stellen. Allerdings ist dabei zu beachten, dass dafür möglicherweise bestehende Konkurrenzverhältnisse zunächst konstruktiv zu überwinden sind. Diese übergreifende Kooperation kann aber zu einem inhaltlichen und methodischen Mehrwert und Qualitätsgewinn führen, der dann für alle Beteiligten von Vorteil ist. Der organisatorische Gewinn kann die Entwicklung neuer Formen der Kooperation der Lehrenden sein, nämlich der Teilung gemeinsam entwickelter und aufeinander bezogener und sich wechselseitig ergänzender Lerninhalte, die dann im virtuellen Bildungsraum allen Lehrenden und Lernenden zur Verfügung gestellt werden können.

Schaffung einer gemeinsamen Wissensbasis

Durch die Kooperation und Partizipation der Lehrenden und Lernenden kann eine gemeinsame, kollektiv reflektierte Wissensbasis geschaffen werden, die mehr ist, als jeder einzelne Lehrende oder Lernende für sich schaffen kann, und die jedem Lehrenden und Lernenden zugleich mehr Möglichkeiten und Chancen im Lehren und Lernen eröffnet. Damit wird zugleich ein Perspektivwechsel in den pädagogischen Verhältnissen von vertikal zu horizontal strukturierten Bildungsprozessen eingeleitet. E-Teaching und E-Learning kann im virtuellen Bildungsraum zu einem Prozess gemeinsam entwickelter und aufeinander bezogener und sich wechselseitig ergänzender Bildungseinheiten werden, die allen Beteiligten gemeinsam zu einer ganzheitlichen aufgabenadäquaten Entwicklung ihrer Handlungskompetenzen zur Verfügung stehen. Damit werden ganz neue Perspektiven für das organisierte Lehren und Lernen in pädagogischen Verhältnissen eröffnet, die sich noch im Prozess ihrer Herausbildung und Konkretisierung befinden.

Gewinne durch Lernen in Projekten

In einem Projekt wird gemeinsam gelernt, was zur Bearbeitung und Lösung des Problems notwendig ist. In einem Projekt werden die Lernenden, sei es im Studium, in der Erwachsenen- und Weiterbildung, der Berufsausbildung oder der Schule, mit einer Aufgabenstellung, z. B. aus einem Betrieb, einer öffentlichen Einrichtung, der näheren Wohnumwelt, dem Schutz der Natur etc., konfrontiert. Die Bearbeitung der Aufgabe erfolgt im Rahmen der Organisation des Projekts kooperativ praxisorientiert und theoretisch fundiert. Die Lernenden erarbeiten sich das für die Aufgabenbearbeitung erforderliche Wissen und Können selbstständig unter der Führung der aus den eigenen Reihen gewählten Projektleitung. Sie können auch jederzeit auf eine Unterstützung und Beratung durch die Lehrenden oder durch andere Fachexperten zugreifen. Das Ergebnis eines an der Universität Karlsruhe durchgeführten Projektstudiums war: „Beide Seiten, Hochschule und Unternehmen, profitierten und erwarben Wissen. Die Studenten lernten, angemessen aufzutreten, sich und ihr Projekt überzeugend zu präsentieren, und sie lernten, ein Team zu leiten [...], gewannen Einblicke in das Arbeitsleben und die Randbedingungen eines Unternehmens. Und genau in dieser engen Verzahnung von Wissenserwerb und direkter Anwendung des erworbenen Wissens liegt der nicht zu unterschätzende Vorteil eines solchen projektorientierten Studiums“ (Barthelmess 2015, 123). Die „Breite an Inhalten und Kompetenzen [...] [hätten] nie in einer Lehrveranstaltung [...] vermittelt werden können. Das Projektstudium war für Lehrende und Lernende nicht leichter und nicht weniger zeitaufwendig, aber die erreichte Qualität und der Grad der erworbenen Kompetenzen lag weit über dem, was mit einem ‚normalen‘ Studium überhaupt erreicht werden kann“ (ebd., 124, Hervorh. im Original). Diese Gewinne eines Lehrens und Lernens in Projekten sind nicht nur in Hochschulen in Zusammenarbeit mit Unternehmen zu erzielen, sondern in vergleichbarer Weise auch in der Weiterbildung, der Berufsbildung und der Schule mit anderen Partnern und Projekten in anderen Zusammenhängen zu erreichen.

6.9 Herausforderungen

Das Lehren und Lernen im virtuellen Lernraum ist mit drei Herausforderungen konfrontiert:

(1) Überwindung von Kompetenzdiskrepanzen

Jedes Lernen, ob defensiv fremden Aufforderungen folgend oder expansiv selbstbestimmt Neues ergreifend, ist immer eine individuelle Anstrengung aktiver Überwindung von Diskrepanzen in den eigenen Handlungskompetenzen sowohl durch die Nutzung von Bildungsmedien und weiteren Informationsressourcen als auch durch persönliche Kommunikation, Kooperation und Partizipation. Auch im virtuellen Lernraum ist daher, wie die bisherigen Nutzungen und Akzeptanzprobleme bereitgestellter digitaler Bildungsmedien gezeigt haben, die Verfügbarkeit einer persönlichen Unterstützung, z. B. durch Tutoren, Lehrende und Experten, ein unverzichtbarer Erfolgsfaktor (Alami 2006).

(2) Erwerb von E-Teaching- und E-Learning-Kompetenzen

Mit der Entwicklung, Vernetzung und Nutzung der neuen digitalen Medien haben sich unsere Kommunikation, Kooperation und Partizipation in fast allen gesellschaftlichen Lebensbereichen wie zunehmend auch im Lehren und Lernen in ihren Formen, Prozessen, Reichweiten und Inhalten qualitativ verändert und erweitert. Um die im virtuellen Lernraum erforderlichen Kompetenzen im Lehren und Lernen und ihre Konsequenzen für das pädagogische Verhältnis näher bestimmen zu können, sind zunächst die wesentlichen Dimensionen einer mit digitalen Medien vermittelten Kommunikation zu klären. Die dafür erforderlichen Medienkompetenzen müssen den Lehrenden und Lernenden bereits zu Beginn in Einführungen vermittelt werden (Merkt 2009). Daran anschließend muss die vertiefende und vervollständigende Herausbildung der Medienkompetenzen von Medienexperten, z. B. in einem Kompetenzzentrum, durch begleitende Beratung und Schulung unterstützt werden.

(3) Teletutoren als Vermittler und Begleiter der Lernprozesse

Aus der Notwendigkeit der Vermittlung und Unterstützung der individuellen, kooperativen und partizipativen Lernprozesse sowie aus der Bearbeitung der digitalen Bildungsmedien, der Nutzung weiterer Informationsressourcen und der medienvermittelten Kommunikation, Kooperation und Partizipation der Lernenden mit vielen anderen Ansprechpartnern ergeben sich neue Funktionen und Aufgaben für die Tutoren der Lernenden im virtuellen Lernraum. Sie werden zu persönlichen, organisierenden und fachlichen Mediatoren bzw. Vermittlern zwischen den meist persönlich getrennt bleibenden Lehrenden und Lernenden sowie zu didaktischen Vermittlern und Moderatoren der individuellen und kooperativen Lernprozesse (Arnold 2003a, 17; Arnold/Kilian/Thillosen 2002c).

7 Lernerfolg und Kompetenzerwerb prüfen

Bedeutung der Prüfung von Lernerfolg

Ein zentrales Element beim Lernen und Lehren ist die Überprüfung des tatsächlich erreichten Lernerfolgs und der erworbenen Kompetenzen. Diese Überprüfung bezieht sich nicht ausschließlich auf eine abschließende Bewertung am Ende eines Lernprozesses durch Dritte, mit dem Ziel, Leistungen unterschiedlicher Lernender zu vergleichen (Selektion). Sie umfasst ebenfalls Rückmeldungen für Lernende zu ihren Lernprozessen, ihren Lernprodukten und ihrem erworbenen Kompetenzstand mit dem Ziel, ihr weiteres Lernen zu fördern (Förderung). „Lernprozesse und Lernerfolge im E-Learning kompetenzorientiert prüfen und unterstützen" (Zimmer 2017) ist für die Entwicklung von Qualifikation und Bildung der Subjekte von zentraler Bedeutung. In Abhängigkeit von Zeitpunkt und Zielsetzung der Prüfung des Kompetenzerwerbs wird am Ende eines Lernprozesses von „summativem Assessment", bei der Prüfung des aktuellen Lernstands während des Lernprozesses zur Förderung des weiteren Lernens von „formativem Assessment" und bei der Prüfung von Lernvoraussetzungen bzw. des Kenntnisstandes zu Beginn von „diagnostischem Assessment" gesprochen (Crisp 2009, 4; Franke/Handke 2012, 150–152). Schmees/Horn (2014, 27–86) erweitern diese Differenzierung für den Hochschulbereich um „beratende Assessments" und „qualitätssichernde Assessments". Zu den „beratenden Assessments" zählen sie „Online Self Assessments" in Form von webbasierten Kompetenz- und Eignungstests im Kontext der Studienorientierung und -beratung; unter „qualitätssichernden Assessments" verstehen sie Prüfungen im Nachgang zur Lehre zur Bewertung und Weiterentwicklung der Lehre, wie z. B. Fortschrittstests ganzer Jahrgänge, Plagiatstests oder Lehrevaluationen.

Häufig wird aber bei Planung und Durchführung von Lehrprozessen dem zu verschiedenen Zeitpunkten wichtigen Handlungsschritt der Rückmeldung und des Prüfens von Lernerfolgen zur Förderung der Lernprozesse nicht hinreichend Aufmerksamkeit gewidmet. Gerade in formalen Lernarrangements sollte im Sinne einer ganzheitlichen didaktischen Gestaltung der Lehr- und Lernprozesse der Prüfung der Lernerfolge im Sinne eines Kompetenzerwerbs besondere Bedeutung beigemessen werden, da Prüfungsformen entscheidend auf Lehr- und Lernarrangements zurückwirken. Die „große Gestaltungsmacht des Assessments“ (Reinmann 2007a, 19) sollte konstruktiv genutzt werden.

Kompetenzen statt Wissen prüfen

Die Kompetenzorientierung im Bildungsbereich erfordert zudem eine Anpassung traditioneller Prüfungsformen: Gefragt sind Prüfungen, die auf Kompetenzen ausgerichtet sind und sich nicht auf die Überprüfung von Wissen beschränken (Neuweg 2001). Dies bedeutet aber nicht, dass die Prüfung von Wissen für die Feststellung erworbener ganzheitlicher Kompetenzen bedeutungslos wird. Denn Wissen ist auch eine Grundlage für alle Kompetenzen. Im Sinne eines „constructive alignments“ (Biggs 1996), einer Harmonisierung von erwarteten Lernergebnissen, Lehrmethoden und Prüfungsformen, entsteht daher die Herausforderung, kompetenzorientierte Prüfungsformen zu entwickeln, da „neue Lehr-/Lernmethoden, mit denen Problemlösen, Metakognition oder soziale Fähigkeiten gefördert werden sollen, nicht mit Prüfungsverfahren harmonieren, die bloßes Faktenwissen abfragen“ (Reinmann/Sippel 2011, 194). Denn die Entwicklung ganzheitlicher Kompetenzen ist immer ein individueller Lernprozess, der zur Herausbildung eines subjektiv ausgeprägten Kompetenzprofils führt. Es kann insofern nicht erwartet werden, dass gestellte Fragen immer mit der von Prüfern vorgegebenen richtigen Antwort beantwortet werden. Im Folgenden sollen daher neue Möglichkeiten der kompetenzorientierten Prüfung der Lernprozesse und des Lernerfolgs mit digitalen Bildungsmedien vorgestellt und auf ihre Eignung für erfolgreiche Bildungsprozesse mit E-Learning überprüft werden.

Vielfalt computerunterstützten Prüfens

Mit dem Einsatz von digitalen Medien für Lehren und Lernen haben sich auch vielfältige Formen des computerunterstützten Testens und Prüfens entwickelt. Derartige elektronische Prüfungen vermeiden auf jeden Fall den Medienbruch zwischen E-Learning-Arrangements und schriftlichen Prüfungen, wie ihn z. B. Klausuren an Hochschulen in Online-Studiengängen darstellen (Brahm/Seufert 2007, 14). Zusätzlich werden mit elektronischen Prüfungen die unterschiedlichsten Erwartungen verbunden: zum einen eine Entlastung der Lehrenden, weil ggf. Massenprüfungen mit automatisierter Auswertung möglich werden, zum anderen aber auch die Hoffnung, dass durch Simulationen und Einbindung von multimedialem Fallmaterial eher ein handlungs- und kompetenzorientiertes Prüfen als mit traditionellen Prüfungsformen möglich wird (Bennett 1998; Vogt/Schneider 2009), also die *Qualität* der Prüfung steigt.

Zahlreiche alternative Prüfungsansätze

Aber auch ganz andere Ansätze, Lernerfolg zu überprüfen, scheinen mit digitalen Medien möglich zu werden: In E-Portfolios – individuellen digitalen Sammelmappen mit Lernprodukten und Reflexionen – wird eine Verbindung zwischen Lernen, Lehren und Prüfen bzw. Kompetenzfeststellung gesehen. Sie scheinen eine „Brückenfunktion“ (Häcker 2005) für diese drei wichtigen Bereiche einzunehmen und auch zu ermöglichen, informell erworbene Kompetenzen zu dokumentieren. Weiterhin kommen verschiedene Formen der Selbstbewertung und der wechselseitigen, kollegialen Bewertung innerhalb einer Lerngruppe, u. a. durch die neuen Instrumente im Web 2.0, verstärkt in den Blick. In Massive Open Online Courses (MOOCs) wiederum werden z. T. verfügbare Online Badges (Leistungsabzeichen) als selbst dokumentierte Leistungsnachweise eingeführt.

Aufbau des Kapitels

Zunächst ist es notwendig, die grundlegenden Anforderungen an kompetenzorientiertes Prüfen zu klären (Kap. 7.1) und einen Überblick über die vielfältigen Formen computerunterstützten Prüfens zu gewinnen (Kap. 7.2). In einem Exkurs werden anschließend die speziellen Prüfungsherausforderungen thematisiert, die von den Hochschulen nach der Bologna-Reform zu bewältigen sind und die die Weiterentwicklung des computerunterstützten Prüfens stark beflügelt haben (Kap. 7.3). Handlungsorientierte Prüfungen, die im Bereich der beruflichen Bildung schon lange Praxis sind, können durch den Einsatz digitaler Medien noch realitätsnäher die heutigen Anforderungen aus der beruflichen Praxis simulieren (Kap. 7.4). Die Möglichkeiten und Chancen, aber auch die Voraussetzungen und Risiken elektronischer Tests, Klausuren und Massenprüfungen sind heute ebenfalls ein zentrales Thema geworden (Kap. 7.5). Zu fragen ist aber auch, ob und in wie weit E-Portfolios eine mögliche alternative Form der Leistungsdarstellung und -bewertung sein können (Kap. 7.6). Auch die Instrumente des Web 2.0 können für innovative Formen des Prüfens von Lernerfolgen und insbesondere für lernförderliche Rückmeldungen genutzt werden (Kap. 7.7). Völlig neue Herausforderungen an die Prüfung von Lernerfolg und Kompetenzerwerb erwachsen aus der zunehmenden Nutzung von MOOCs (Kap. 7.8). Und aus der begleitenden digitalen Lernprozessanalyse (Learning Analytics) lassen sich unmittelbare Hinweise für die Lernenden zur Selbstkontrolle und Selbststeuerung ihrer Lernprozesse gewinnen, die zugleich den Lehrenden Hinweise zur Unterstützung der Lernprozesse und den Medienautoren zur Verbesserung der digitalen Medien geben können (Kap. 7.9). Abschließend werden die zentralen Ergebnisse und Empfehlungen in einem Fazit zusammengefasst (Kap. 7.10).

7.1 Grundbestimmungen kompetenzorientierten Prüfens

Prüfung mit realen Aufgaben

Dem traditionellen Prüfungsparadigma gemäß werden Niveau, Umfang und Differenziertheit des erworbenen deklarativen Wissens in einem Fachgebiet als Lernerfolg mit standardisierten Verfahren und Instrumenten gemessen. Das Wissen, das die Lernenden erworben haben sollen, ist durch die lehrend und medial vermittelten Lerninhalte vorgegeben. In handlungsorientierten Lernarrangements, in denen die Lernenden mit Unterstützung von Tutoren, Lehrenden und Experten selbst organisiert, kooperativ und produktiv lernen und ihre Ergebnisse präsentieren und zur

Diskussion stellen, ist diese traditionelle Wissensprüfung nicht geeignet, die von den Lernenden tatsächlich erworbenen Kompetenzen festzustellen. Denn entscheidend für einen Lernerfolg ist, die Kompetenzen zur Bewältigung komplexer Aufgaben und Situationen im individuellen, beruflichen und gesellschaftlichen Leben erworben zu haben und aus den Erfahrungen wiederum reflektiert lernen zu können. Dafür können die Erfolgskriterien zwar verallgemeinert beschrieben werden, aber sie sind auch vom handelnden Subjekt mitbestimmt. Objektivierte Maßstäbe, z. B. Testfragen mit Antworten zur Auswahl in Multiple-Choice-Prüfungen, zur Diagnose der individuell entwickelten Vielfalt subjektiver Kompetenzen und damit zur Prognose zukünftiger Bewährung im Praxisfeld sind daher zur Prüfung von Lernerfolg ungeeignet (Reinmann/Sippel 2011, 194). Denn die Lernenden lernen, wie z. B. im forschenden Lernen, mit den Bildungsmedien in sozialen Bezügen methodisch weitgehend selbstständig, arbeiten inhaltlich an relevanten Problemstellungen, sind durch ihr Lerninteresse zur Erreichung weiter gehender Lernziele motiviert, stellen eigene Lernergebnisse zur Diskussion und integrieren sich damit selbst aktiv in eine soziale Gemeinschaft (Huber 2007). Sie gelangen so zu einer zunehmend offeneren Gestaltung ihrer Lernarrangements und Modifikation bzw. Selbstdefinition ihrer Lernziele. Im kommunikativen, kooperativen und partizipativen Prozess ihres Lernens bilden sie ihr individuelles und soziales Potenzial an Kompetenzen heraus, das erst in der Bewältigung eines Ernstfalls bezogen auf die konkreten Anforderungen, Bedingungen und angestrebten Ergebnisse vom Subjekt rekonstruktiv produziert und im Prozess sowie am Ergebnis sichtbar wird. Zudem wächst mit jeder individuellen und gemeinsamen Aufgabenbearbeitung im Praxisfeld das Kompetenzpotenzial des Subjekts. Eine Prüfung des Lernerfolgs bzw. der erworbenen Kompetenzen muss diese entwickelten individuellen und sozialen Potenziale erfassen und kann daher nur in realen Situationen mit realen Aufgaben erfolgen (Zimmer/Dippl 2003, 5–9).

Prüfung der Subjektivität

Traditionelle Prüfungen haben zugleich, darauf macht Foucault (1979, 236 ff.) aufmerksam, eine Disziplinarfunktion: Durch Prüfungen werden die Subjekte nach festgelegten Maßstäben normiert für ihre Einordnung in die jeweiligen gesellschaftlichen Funktionsfelder. Die Disziplinarmacht kommt dabei in der funktional geregelten und normierten Selbstbewegung der Lernenden zum Ausdruck. Durch Prüfungen wird die Entfaltung der Subjektivität im Rahmen der pädagogischen Verhältnisse und Vorgaben kontrolliert und dokumentiert. Die Prüfung kombiniert eine bestimmte Form der Machtausübung mit einem bestimmten Typ der Wissensformierung“ (ebd., 241), damit Art, Umfang, Reichweite und Verwendungsweise der Kompetenzen in machtpolitisch funktioneller Weise von den Lernenden in formellen und informellen Bildungsprozessen erworben werden. Diese Wirkungsmacht traditioneller Prüfungen steht den heutigen Anforderungen an die individuelle Entwicklung flexibler, sozialer, innovativer und ganzheitlicher Kompetenzen entgegen.

Neue Prüfungsverfahren notwendig

Neue Prüfungsverfahren müssen sowohl den hohen Anforderungen an die Entwicklung verallgemeinerter Kompetenzen Rechnung tragen als auch die individuell herausgebildeten subjektiven Kompetenzen beurteilbar machen, z. B. durch handlungsorientierte Prüfungen (Ebbinghaus 2004; Schmidt 2000; Kap. 7.4). Neue Prüfungsverfahren müssen daher gerade im E-Learning ihre Disziplinarfunktion ablegen. Sie müssen die subjektive Offenheit sowie die gesellschaftlichen Kontexte in den Zielen, Inhalten und Wegen des Kompetenzerwerbs thematisieren, die der Lernende in Kooperation mit anderen Lernenden, den Tutoren, Lehrenden und anderen Experten in wachsendem Maße durch expansives Lernen (Holzkamp 1993, 190 ff.) ergreift und gestaltet. Gerade dadurch erzielt er seinen subjektiven Lernerfolg und baut ihn weiter aus. Für die Gestaltung neuer Prüfungsverfahren (Zimmer 2008) ist daher zunächst zu klären: Was ist Lernerfolg im Sinne von Kompetenzerwerb? Wer produziert Lernerfolg? Wer prüft Lernerfolg? Wie ist Lernerfolg messbar? Wie kann Lernerfolg verbessert werden?

Was ist Lernerfolg?

Ausgangspunkt für die Bestimmung von Lernerfolg ist der Lernprozess. Ein Lernprozess dient der Überwindung von Diskrepanzen im Denken und Handeln und mithin in den Kompetenzen von Subjekten bei der Bewältigung und Gestaltung ihrer individuellen und gesellschaftlichen Lebensgewinnung (Holzkamp 1993, 211 ff.). Diskrepanzen in ihren Kompetenzen können Subjekte zum einen in ihrem aktuellen Handeln erfahren, reflektieren und durch handlungsbegleitende Lernprozesse auszugleichen versuchen. Zum anderen können sie zwischen angestrebten und ihren gegenwärtigen Kompetenzen Diskrepanzen erkennen, die sie durch pädagogisch organisierte Lernprozesse überwinden können. Der erreichte Zuwachs subjektiver Kompetenzen stellt einen Lernerfolg dar. Ob sie erfolgreich erworben wurden, zeigt sich allerdings erst in konkreten Anwendungssituationen und ist noch nicht am Ende eines Lernprozesses vollständig erkennbar. Erfolgreich erworbenes deklaratives Wissen allein ist noch kein Garant für einen erfolgreichen Transfer des Gelernten in eine Anwendungssituation (Tergan 2000a, 144). Eine erfolgreiche Lösung repräsentativer Aufgaben aus einem Anwendungsfeld zum Abschluss eines formellen oder informellen Lernprozesses kann exemplarisch erkennbar werden lassen, ob die angestrebten Kompetenzen erworben wurden, aber bewiesen wird dies erst in der Anwendungspraxis selbst.

Wer produziert Lernerfolg?

Lernen ist mithin ein auf die Selbstbefähigung des lernenden Subjekts bezogener subjektiver Prozess von Lernhandlungen in pädagogischen Verhältnissen. Lernen vollzieht das Subjekt durch seine geistigen, materiellen und sozialen Handlungen mit ideellen oder materiellen Gegenständen in sozialen Kontexten und gesellschaftlichen Zusammenhängen mit dem Ziel eines Gewinns subjektiver Kompetenz. Jedes subjektive Lernen findet immer auch in Kommunikation und Kooperation sowie im Einvernehmen und in Auseinandersetzung mit anderen Subjekten statt. Auch unabhängiges individuelles Lernen bedarf immer der Rückbindung an die gesellschaftlichen Zusammenhänge und geht aus diesen Zusammenhängen durch Abgrenzung und Weiterentwicklung hervor. Da sich die Kontexte des Lernens nie vollständig kontrollieren lassen, gehen aus Lernprozessen immer auch nicht intendierte subjektive Lernerfolge hervor. Jedes Subjekt entscheidet prinzipiell selbst über sein Lernen. Auch wenn es sich Zwängen beugt, also defensiv lernt, hat es sich entschieden, denn es hätte sich – möglicherweise unter Inkaufnahme negativer Folgen – auch anders entscheiden können (Holzkamp 1983, 236; Zimmer/Psaralidis 2000, 270). Entscheidend für den Lernerfolg des Subjekts ist, dass es alle Chancen von Lernarrangements zu expansivem Lernen nutzt (Holzkamp 1993, 190 ff.; Faulstich/Ludwig 2004), was auch die Reflexion, Gestaltung und Ergänzung der Lernarrangements sowie die gemeinsame Diskussion eigener Lernergebnisse einschließt.

Wer prüft Lernerfolg?

Da in E-Learning-Arrangements nach den Prinzipien der Selbststeuerung und kooperativen Selbstorganisation gelernt wird, sind die Lehrenden nicht an jedem Lernschritt beteiligt, oft sehen sie nur Zwischenergebnisse. Sie können daher nicht über jeden Lernschritt eine Beurteilung abgeben. Die Mitlernenden und die Lernenden selbst und gegebenenfalls externe Gutachter müssen an der Prüfung beteiligt werden. Ein Beurteilungsdiskurs, z. B. auf der Basis eines mit Begründungen und Kommentaren versehenen E-Portfolios (Kap. 7.6), ist notwendig, um zu einer intersubjektiv übereinstimmenden Beurteilung zu kommen und damit abweichende Beurteilungen überprüfbar und nachvollziehbar werden. Entscheidend ist dabei, dass alle Beurteilungen qualitativ begründet werden, bevor sie in Zensuren oder Punkten quantifiziert werden. Eine den Anforderungen in realen Anwendungssituationen entsprechende Prüfung und Beurteilung von Lernerfolg kann daher immer nur Ergebnis eines kommunikativen Prozesses zwischen allen Beteiligten sein (Zimmer/Dippl 2003).

Wann kann Lernerfolg geprüft werden?

Primär können nur die in einer realen Anwendungssituation Beteiligten zusammen mit dem Absolventen eines Lernprozesses dessen Kompetenzen messen und bewerten. Denn die Beteiligten in E-Learning-Arrangements sind in der Regel andere als in den Praxisfeldern, es sei denn, Lernen und Anwenden sind, z. B. am Arbeitsplatz, integriert.

Sekundär können Lernerfolge auch im Anschluss an Lernprozesse gemessen und bewertet werden. Diese Prüfung gibt aber nur Auskunft über die Bewältigung der Prüfungsaufgaben, nicht über die Fähigkeiten zum Transfer der erworbenen Kompetenzen in Praxisfelder. Der Vorhersagewert dieser Prüfungsergebnisse hängt davon ab, ob die Prüfungsaufgaben einen hohen Grad an Übereinstimmung mit den Aufgabenanforderungen in der Praxis haben. Daher sollten hier nicht nur die Lehrenden und Lernenden die erreichten Lernergebnisse prüfen, sondern auch hinzugezogene Gutachter aus den Praxisfeldern.

Tertiär können auch lernprozessbegleitende Beurteilungen der Lernerfolge durch die Lehrenden und Lernenden, gegebenenfalls unter Hinzuziehung externer Gutachter aus den Praxisfeldern, durchgeführt werden. Begleitende Beurteilungen beziehen sich auf erreichte Zwischenergebnisse und die Handlungsprozesse der Lernenden in den E-Learning-Arrangements. Zentral für begleitende Prüfungen ist der gemeinsame Diskurs über die Ziele, Inhalte, Methoden und Bedingungen, um die Lernprozesse und Lernergebnisse zu verbessern.

Wie ist Lernerfolg messbar?

Bei der Messung von Lernerfolg kann zwischen einer pragmatischen Messung und einer wissenschaftlichen Messung unterschieden werden (Zimmer 2008).

Pragmatische Messung von Lernerfolg

Bei der *pragmatischen Messung des Lernerfolgs* werden die Dimensionen des Ergebnisses der subjektiven Handlungen in realen oder simulierten Anwendungssituationen in Bezug auf das angestrebte Handlungsziel im Praxisfeld anhand von qualitativen und quantitativen Kriterien gemessen. Welche Dimensionen zu messen sind, ergibt sich aus den im Anwendungsfeld zu erbringenden Leistungen. Eine quantitative Messung genügt nicht, es muss immer qualitativ nachgefragt werden, aus welchen Gründen die erbrachte Leistung von der geplanten Leistung abweicht. Eine Messung kann auf eine bessere Grundlage gestellt werden, wenn der Prozess des Kompetenzerwerbs in die Beurteilung des Lernerfolgs einbezogen wird. Dazu ist während des Lernprozesses eine begleitende Leistungsmessung vorzunehmen (Zimmer/Dippl 2003, 13 f.; Masson 2003). Damit wird nicht nur die Sicherheit der abschließenden Messung erhöht, sondern den Lernenden wird schon im Lernprozess eine Rückmeldung gegeben, und weitere Lernziele und Lernschritte zur Verbesserung des Lernerfolgs können vereinbart werden.

Wissenschaftliche Messung von Lernerfolg

Die *wissenschaftliche Messung des Lernerfolgs* hat die Untersuchung der Gründe für Erfolg oder Misserfolg eines Lernprozesses zum Ziel, um daraus Gestaltungshinweise für die Lehr- und Lernprozesse zu gewinnen. Da Lernen eine subjektive Leistung ist, können keine kausalen Beziehungen zwischen E-Learning-Arrangements und Lernerfolgen angenommen werden. Dennoch soll gemessen werden, ob ein subjektiver Gewinn an Kompetenzen ganz oder in wesentlichen Teilen durch welche Faktoren des Lernarrangements hervorgebracht wurde. Hierzu bietet sich die Methode der logischen Rekonstruktion der Lernhandlungen an (Arnold 2003b; Gaiser 2002; Grotlüschen 2003; Zimmer 2000d; Zimmer/Psaralidis 2000). Logische Rekonstruktion bedeutet, unter Anwendung der Methoden und Instrumente der qualitativen Sozialforschung den Zusammenhang der erworbenen Kompetenzen mit den Lehr- und Lernhandlungen in seiner Entwicklungslogik zu rekonstruieren. Also begründet zu klären, welche Anforderungen, Chancen, Bedingungen, Unterstützungen und Begrenzungen in welchen Gestaltungsformen, Situationen und Kontexten wie zum Erwerb der subjektiven Kompetenzen geführt haben. Dabei können fundamentale und relative Lernschritte unterschieden werden (Miller 1986, 7 ff.). Fundamentale Lernschritte bewirken Umstrukturierungen und grundlegende Anhebungen in den Kompetenzen, während relative Lernschritte erworbene Kompetenzen durch Anwendung, Übung und Reflexion festigen.

Wie kann Lernerfolg verbessert werden?
Eine Verbesserung von Lernerfolg erfordert, dass die gemessenen Differenzen zwischen den erworbenen Kompetenzen und den in realen Anwendungssituationen gezeigten Kompetenzen ins Verhältnis zu den vorausgegangenen Lernprozessen gesetzt werden. Aus dem Bezug der Kompetenzdifferenzen auf das E-Learning-Arrangement und die Handlungen der Lernenden und Lehrenden können Schlussfolgerungen für die Verbesserung von Lernerfolg gezogen werden. Entscheidend ist dabei, in welchen Kompetenzdimensionen welche Differenzen aufgetreten sind, weil davon abhängt, ob und wie die didaktische Gestaltung, die Lernkontexte und Anwendungsbezüge, die Vorbereitung der Lernenden, die Kooperation der Lernenden, die Unterstützung durch Tutoren, Lehrende und Experten verändert werden müssen.

Der daraus folgende Gestaltungsbedarf von E-Learning-Arrangements kann eine Veränderung des Mediendesigns sowie der Lehr- und der Lernmethoden erfordern, z. B. statt der reinen Bearbeitung linearer Lerneinheiten deren Kombination mit Simulationen. Er kann in der Erweiterung der im Lernraum zur Verfügung gestellten Informationen oder in der Verbesserung des Transfers des Gelernten in reale Anwendungssituationen bestehen, z. B. durch die Bearbeitung repräsentativer Aufgaben aus der Praxis in Simulationen. Gestaltungsbedarf kann auch in einer besseren Beratung und Unterstützung der Lernenden oder in der Einrichtung von Lerngemeinschaften im virtuellen Lernraum bestehen. Er kann auch eine Verbesserung der Lernumgebung erfordern, damit die Lernenden sowohl ihre persönliche Lernumgebung einrichten können als auch alle Funktionen für ihr kooperativ selbst organisiertes Lernen verfügbar haben und ihre Lernergebnisse präsentieren und mit anderen diskutieren können. Eine Verbesserung des Lernerfolgs kann weiterhin durch eine Evaluation und Korrektur der den Lernprozess begleitenden Prüfverfahren erreicht werden.

7.2 Computerunterstütztes Prüfen und Testen

Oberbegriff E-Assessment
Welchen Beitrag können digitale Medien in dieser Situation zur Frage des kompetenzorientierten Prüfens leisten? Mittlerweile existieren Prüf- und Testverfahren mit Computerunterstützung in mannigfachen Formen und Ausprägungen. Wie häufig in einem relativ jungen Fachgebiet hat sich auch in diesem Bereich noch keine einheitliche Begriffsverwendung herausgebildet. Häufig wird der aus dem Englischen stammende Begriff E-Assessment (to assess, einschätzen) als Oberbegriff für die zahlreichen verschiedenen Formen verwendet.

E-Assessment ist das „Spektrum der auf den neuen (elektronischen) Informations- und Kommunikationstechnologien basierenden Verfahren der lehrzielbezogenen Bestimmung, Beurteilung, Bewertung, Dokumentation und Rückmeldung der jeweiligen Lernvoraussetzungen, des aktuellen Lernstandes oder der erreichten Lernergebnisse/-leistungen vor, während [...] oder nach Abschluss [...] einer spezifischen Lehr-/Lernperiode" (Bloh 2006, 6, zit. n. Brahm/Seufert 2007, 5; JISC 2007). E-Assessment dient daher nicht nur zur Prüfung des Lernerfolgs, sondern ebenso dazu, den Lehrenden und Lernenden Auskunft über den Verlauf und Stand des individuellen Lernprozesses zu geben, um diesen zum Erfolg zu führen. Gelegentlich wird der Begriff E-Assessment auch enger, insbesondere im Zusammenhang mit automatisch auswertbaren Massenprüfungen, verwendet (Large Scale Assessment). Im Folgenden wird E-Assessment hingegen im weiten Verständnis als Synonym für computerunterstütztes Prüfen und Testen zur Überprüfung des Lernerfolgs und zur Feststellung erworbener Kompetenzen benutzt, das zu unterschiedlichen Zeitpunkten und unter verschiedenen Zielsetzungen erfolgen kann.

Überblick über Formen des E-Assessments

Nach Zeitpunkt und Zielsetzung können im E-Assessment grob fünf Formen unterschieden werden (Tab. 7.1).

Tab. 7.1: Formen des E-Assessment (erweitert und modifiziert nach Schmees/Horn 2014, 27–86)

Art	Zeitpunkt	Zielsetzung	Beispiele
Beratend	vor der Bildungsmaßnahme	Orientierung/Auswahl	Online Self Assessment Studieneignungstest Laufbahnberatungstest
Diagnostisch	zu Beginn der Bildungsmaßnahme	Einstufung/Zulassung	Studierfähigkeitstest Auswahltest Zulassungstest Einstufungstest E-Portfolio
Formativ	während der Bildungsmaßnahme	Rückmeldung/ Zwischen-Feedback	Audience Response Test E-Übung (z. B. Fallbearbeitung) Codeanalyse (Programmierung) Quiz, Zwischentest E-Portfolio
Summativ	am Abschluss der Bildungsmaßnahme	Beurteilung der Lehr-/ Lernergebnisse	Vorher-nachher-Messung elektronische Klausur Scan-Klausur (bei Massenprüfung) mündliche Prüfung per Videokonferenz E-Portfolio Online Badge
Qualitätssichernd	der Bildungsmaßnahme nachgelagert	Verbesserung der Bildungsmaßnahme	elektronischer Progresstest Plagiatsüberprüfung elektronische Lehrevaluation

Nachfolgend werden diagnostische, formative und summative E-Assessments genauer betrachtet. Für beratendes bzw. qualitätssicherndes E-Assessment vgl. im Detail Schmees/Horn 2014 (29–33 bzw. 75–86), für ein Beispiel zur Laufbahnberatung im Bereich der Lehrerbildung auch Nieskens/Müller (2009). Bei alternativen Prüfungsansätzen wie E-Portfolios (Kap. 7.6) begleitet das Assessment ggf. den gesamten Lernprozess über einen längeren Zeitraum, und es kann sowohl mit diagnostischen, formativen und summativen Zielsetzungen verbunden sein. Ebenso kann die begleitende digitale Lernprozessanalyse (Learning Analytics, Kap. 7.9) mit allen drei Zielsetzungen durchgeführt werden.

Entwicklungsphasen computerunterstützter Prüfungen

Häufig werden mit computerunterstützten Prüfungen Testfragen mit Antworten zur Auswahl (Multiple Choice Questions) assoziiert (Ruedel 2010, 19), die überwiegend der Überprüfung von Faktenwissen dienen. Das Spektrum des computerunterstützten Prüfens und Testens ist aber, wie oben bereits erkennbar, wesentlich umfassender. Bereits Bennett (1998) beschrieb in einem Szenario zukünftiger Entwicklung des E-Assessments visionär drei Entwicklungsphasen von computerunterstützten Prüfungen. Der dritten Entwicklungsphase sprach er dabei das Potenzial zu, die übliche Vorstellung von Prüfung und Prüfungsdidaktik grundlegend zu revolutionieren. Die von ihm beschriebene dritte Phase sollte 20 Jahre später angesichts der Kompetenzorientierung in fast allen Bildungssektoren als Messlatte für erfolgreiches E-Assessment dienen.

Phase 1: Traditionelle Prüfungen in Papierform werden ohne größere Veränderung für die Bearbeitung am Computer umgesetzt, mit dem Ziel der Effizienzsteigerung durch leichtere organisatorische Verwaltung. In dieser Phase wird die benötigte technologische Infrastruktur aufgebaut.

Phase 2: Für die einzelnen Prüfungsfragen werden neue Formate entwickelt, z. B. werden Fragen mit authentischem Material oder Video- und Audiodateien zur Kontextualisierung der Fragen verwendet und offene Antwortformate unterstützt. Ziel ist eine weitere Effizienzsteigerung durch halb automatisierte oder voll automatisierte Auswertungen. In dieser Phase findet bereits eine erste qualitative Verbesserung der Prüfungen durch die elektronische Umsetzung statt.

Phase 3: Es wird möglich, Kompetenzen zu testen, z. B. durch komplexe Simulationen mit authentischen Arbeitsbedingungen. Weiterhin werden elektronische Prüfungen auch formativ eingesetzt, zur Abbildung von Lernfortschritten und als Lern- und Fokussierungshilfe. In dieser Phase verändert sich das Prüfungswesen grundlegend.

Formen computerunterstützter Prüfungen

Es wird also jeweils genau zu betrachten sein, welcher Entwicklungsphase computerunterstützter Prüfungen eine konkrete elektronische Prüfung zuzuordnen ist. Ein Blick auf die Prüfungen bzw. Leistungsnachweise an Hochschulen, die mit Computerunterstützung durchgeführt werden können, zeigt beispielhaft die große Vielfalt, aber auch die Erweiterung um teilweise oder gänzlich neue Möglichkeiten der Prüfung (Tab. 7.2).

Tab. 7.2: Computerunterstützte Prüfungsformen an Hochschulen (nach RUEDEL 2010, 18 ff., modifiziert und erweitert)

Traditioneller Leistungsnachweis	E-Assessment-Form	Grad der Entsprechung
schriftliche Prüfung	elektronische Klausur	hoch
mündliche Prüfung	adaptives Testen[1] Videoprüfung	hoch hoch
Referat	Präsentation	hoch
Seminararbeit	elektronisch abgegebene Arbeit (electronic submission)	hoch
mündliche Beteiligung	Online-Diskussionsforum Online-Voting-System	mittel mittel
Lerntagebuch	Studienjournal per Weblog	hoch
Gruppenprüfung	gemeinsamer Wiki-Aufbau Webquests	niedrig niedrig
Portfolio	E-Portfolio	hoch
Poster-Präsentation	Digital Storytelling	mittel
wissenschaftspraktische Tätigkeit	Simulation	hoch
wechselseitige studentische Bewertung	Peer Assessment z. B. durch Kommentarfunktion	hoch

[1] Die Zuordnung „adaptives Testen" und „mündliche Prüfung" ist dadurch begründet, dass adaptive Testformen es ermöglichen, den Schwierigkeitsgrad der Fragen der Güte der erhaltenen Antworten anzupassen. Analog werden bei mündlichen Prüfungen die Prüfungsfragen an der gezeigten Leistung der zu Prüfenden ausgerichtet.

Während zahlreiche bewährte Prüfungsformate (z. B. schriftliche Prüfungen, mündliche Prüfungen, Seminararbeiten) durch Computerunterstützung in ihrer Charakteristik bei der Übertragung in ein elektronisches Format weitgehend erhalten bleiben, finden andere Prüfungsformen (Referate, Gruppenprüfungen, mündliche Mitarbeit) im E-Assessment nur eine ungefähre Entsprechung. Darüber hinaus entstehen im elektronischen Format auch weitere neue Varianten (z. B. Digital Storytelling, Wiki, Webquest).

Im formativen Assessment wird mittlerweile vielfach mit Audience Response Systems (ARS) gearbeitet. Dabei beantworten Lernende – typischerweise Studierende in einer Massenvorlesung – mit einem kleinen Abstimmungsendgerät (einem sogenannten Clicker) oder über Smartphone oder Tablet eine Verständnisfrage zum Lerngegenstand. In Abhängigkeit vom in Echtzeit ausgewerteten und allen Beteiligten visuell dargebotenem Ergebnis der Befragung passt die Lehrperson ihre weiteren Lehrhandlungen entsprechend an.

Bei den elektronischen Prüfungsformen, die den traditionellen Formen gleichen, wird durch die Computerunterstützung oft ein organisatorischer Mehrwert erzielt

(z. B. bessere Lesbarkeit durch Computerschrift, mündliche Prüfungen in Form von Videoprüfungen auch über die Ferne durchführbar, Laborübungen werden durch Simulationen unaufwendiger durchführbar). Gleichzeitig hat das elektronische Format aber oft andere, spezifische Nachteile und Risiken (z. B. technische Pannen, zu klärende rechtliche Fragen).

Eine Position zwischen traditionellen und elektronischen Prüfungsformen nimmt die Optische Kennzeichnungserkennung (Optical Mark Recognition, OMR) ein: Hier werden die gekennzeichneten Antwortbögen zu Fragen mit Antworten zur Auswahl (Multiple Choice Questions) eingescannt und automatisiert ausgewertet (oft auch verkürzt als Scan-Klausur bezeichnet, vgl. im Detail Schmees/Horn 2014, 66–70).

Eine ähnliche Vielfalt von computerunterstützten Prüfungsformen wird auch in anderen Bildungsbereichen, so z. B. im Bereich der beruflichen Bildung, eingesetzt. Eine überzeugende Systematik der Prüfungsformen wurde bislang noch nicht herausgebildet (Ruedel 2010, 17).

Typen computerunterstützter Prüfungen

Im Folgenden werden vier wichtige Typen von computerunterstützten Prüfungen mit ihren Vor- und Nachteilen vorgestellt und eingeschätzt, welchen Beitrag sie für eine kompetenzorientierte Prüfung von Lernerfolg leisten können:

- Prüfungen, die sich an konkreten beruflichen Aufgaben und Handlungen orientieren, wie z. B. die Bearbeitung von elektronischen Fallstudien, Webquests oder Simulationen (Kap. 7.4),
- elektronische Klausuren und Tests mit der Möglichkeit der automatischen Auswertung und damit auch der Erleichterung von Massenprüfungen (Kap. 7.5),
- E-Portfolios mit der Akzentverschiebung von der Leistungsfeststellung zur Leistungsdarstellung (Kap. 7.6),
- Selbstbewertungen und wechselseitige Bewertungen mit Web-2.0-Instrumenten, in denen die (Mit-)Lernenden und auch die Lehrenden zentrale Akteure für Rückmeldung und Bewertung sind (Kap. 7.7),
- selbst dokumentierte Leistungsnachweise in Massive Open Online Courses (MOOCs) mit online verfügbaren Online Badges (Leistungsabzeichen) (Kap. 7.8),
- digitale Analyse der Lernprozesse (Learning Analytics) (Kap. 7.9).

7.3 Exkurs: Herausforderungen des Prüfens an Hochschulen nach der Bologna-Reform

Hochschulen stehen nach der Bologna-Reform bei der Überprüfung des Lernerfolgs vor einer doppelten Herausforderung:

Kompetenzorientierung in Studiengängen

Zum einen ist mit dieser Studienreform ein grundlegender Wechsel von der Input- zur Outcome-Orientierung verbunden. Schwerpunkt curricularer Planung sind nicht mehr die zu vermittelnden Inhalte, sondern die Kompetenzen, die die Studierenden am Ende einer Lehrveranstaltung oder eines Studiengangs erworben haben sollen (BRAUN/HANNOVER 2008; KRUSE 2009, 45). Gleichzeitig überwiegen traditionelle universitäre Prüfungsformen wie Klausuren (die per Hand geschrieben werden), mündliche Prüfungen und Hausarbeiten. Bei diesen Prüfungsformen stellt sich die Frage, ob sie den Anforderungen an kompetenzorientiertes Prüfen (Kap. 7.1) gerecht werden können oder nicht eher der Reproduktion angeeigneten Wissens dienen und damit der Kompetenzorientierung widersprechen. REINMANN (2007a, 13) spricht in diesem Zusammenhang plakativ von einer „Kompetenzlüge": Hochschulen versprechen in Bologna-Studiengängen, sich an beruflich verwertbaren Kompetenzen als Outcome zu orientieren und diese auch zu prüfen, tatsächlich überwiegen aber reine Wissensprüfungen, die von den Studierenden nicht Problemlösefähigkeit verlangen, sondern die Reproduktion von Faktenwissen. Und einen weiteren Aspekt hat die „Kompetenzlüge": Es wird von Lernerorientierung und individueller Förderung gesprochen, tatsächlich dienen die Prüfungen an Hochschulen aber vielmehr der Selektion (z. B. für zulassungsbeschränkte Masterstudiengänge). Hinzu kommt, dass bei der grundlegenden Outcome-Orientierung der Weg zum Outcome nicht Gegenstand der Prüfung sein darf. Im Mittelpunkt der Prüfung sollen die zu erwerbenden Kompetenzen stehen, die die Studierenden durchaus auf unterschiedlichen Wegen, ggf. auch informell erworben haben können. Bei den klassischen Prüfungsformen an Hochschulen, dem „universitären Dreikampf: Klausuren, Referaten und Hausarbeiten" (ebd., 13), verschlechtern sich die Chancen auf ein gutes Prüfungsresultat häufig, wenn Studierende einen anderen, individuellen Weg des Kompetenzerwerbs einschlagen. Ein weiterer Widerspruch zwischen den Ansprüchen der Bologna-Reform und der Prüfungsrealität an Hochschulen besteht darin, dass die Zusammenarbeit in der Gruppe als Schlüsselkompetenz erworben werden soll, korrespondierende Prüfungsformen aber meist nicht eingesetzt werden, sondern weiterhin individuelle Prüfungen mit Einzelleistungen überwiegen, ohne Möglichkeiten für die Studierenden, ihre erworbenen Kompetenzen zur Zusammenarbeit auch dokumentieren zu können (ebd., 15).

Gestiegene Prüfungslast

Zum anderen hat die Prüfungslast an den Hochschulen durch die Bologna-Reform enorm zugenommen (REINMANN/SIPPEL 2011, 195; RUEDEL 2010, 11; für eine exemplarische Berechnung siehe WOLF 2007, 28). Mit der Einführung studienbegleitender Prüfungen bzw. der Abschaffung von Abschlussprüfungen ist der Grundsatz verbunden, dass jedes Modul mit einem Leistungsnachweis abgeschlossen werden muss. Die Zahl der durchzuführenden Prüfungen ist daher beträchtlich gestiegen. Gleichzeitig können die Prüfungen durch den vorverlagerten Zeitpunkt auch einen formativen Charakter innerhalb des Studiums einnehmen. Dies setzt aber zeitnahe und lernförderliche Rückmeldungen an die Studierenden voraus, die in der Regel die Lehrenden und die Prüfungsorganisation kapazitätsmäßig überfordern.

Erwartungen an computerunterstützte Prüfungsformen

In dieser Situation wird die Einführung von E-Learning-Arrangements häufig auch mit der Hoffnung auf innovative Prüfungsformen, insbesondere auf eine Automatisierung von Prüfungen, Prüfungsauswertungen und Prüfungsrückmeldungen durch computerunterstützte Prüfungsformen, verbunden. Hoffnung auf Entlastung durch computerunterstützte Prüfungsformen wird so häufig zu einer wichtigen Triebkraft für die Implementierung von E-Learning an Hochschulen (ARNOLD/MAYRBERGER/MERKT 2006, 35).

Aber auch hinsichtlich einer besseren Passung von Zielen und Prüfungsformen sind die Erwartungen hoch: Lassen sich z. B. durch handlungsorientierte Prüfungen in Simulationen und mit authentischem multimedialem Fallmaterial eher Kompetenzen überprüfen? Können E-Portfolios als Sammlungen von Arbeitsproben und Reflexionen der Studierenden eine Möglichkeit darstellen, dass Studierende ihre vielleicht auch informell erworbenen Kompetenzen dokumentieren? Können über eine studienbegleitende Anlage einer solchen Sammlung eher lernförderliche Rückmeldungen, auch durch Mitlernende, realisiert werden als durch traditionelle Prüfungen? Diese vielfach diskutierten Fragen belegen, dass mit dem Einsatz von computerunterstützten Prüfungsformen oft auch Hoffnungen auf Innovationen in der Prüfungsgestaltung verbunden werden – ähnlich wie die Einführung von E-Learning insgesamt eine Renaissance der Hochschuldidaktik bewirkt.

7.4 Handlungsorientierte Prüfungen mit digitalen Medien

7.4.1 Grundprinzipien handlungsorientierter Prüfungen

Handlungsorientierung in der beruflichen Bildung

In der beruflichen Bildung gilt Handlungsorientierung schon lange als tragendes didaktisches Prinzip (ELSTER/DIPPL/ZIMMER 2003). Handlungsorientierung ist eng verknüpft mit dem „Lernfeldansatz“ an Berufsschulen, der „die Erfahrungszusammenhänge beruflicher Verwendungssituationen zum vorrangigen didaktischen Bezugspunkt erhebt“ (MÜLLER, H.-J. 2006, 7). Die weitgehende Aufgabe einer Orientierung des Unterrichts an einzelnen Fächern im Lernfeldansatz entspricht dem Wandel in der modernen Arbeitswelt, in der nicht mehr Funktionen oder Berufsrollen, sondern Prozesse die zentralen Bezugspunkte der Arbeitsorganisation darstellen (ebd., 21). Komplexe handlungsorientierte Lehr-/Lernarrangements stellen die Ausbildung der beruflichen Handlungskompetenz der einzelnen Lernenden in den Mittelpunkt. Im Sinne einer Passung von Lehr-/Lernarrangements und Prüfungen ist die Entwicklung handlungsorientierter Prüfungsformen daher seit längerer Zeit ein wichtiges Thema in der beruflichen Bildung (BIBB 1997; Blum u. a. 1995; DIHK o. J.; Müller, H.-J. 2006; Rottmann/Stratmann/Kerres 2006; Schmidt 2000; Zimmer/Dippl 2003). In zahlreichen Modellversuchen wurden exemplarisch Prüfungsformen konzipiert und in der Praxis getestet, mit denen berufliche Handlungskompetenzen gemessen werden (z. B. ein Kundenberatungsgespräch durchführen als Prüfungsteil in der Ausbildung von Versicherungskaufleuten, BIBB 1997).

Herausforderungen

Die grundsätzlichen Herausforderungen, die mit der Entwicklung handlungsorientierter Prüfungsformen zur Kompetenzfeststellung verbunden sind, wurden bereits bei den Grundbestimmungen kompetenzorientierten Prüfens (Kap. 7.1) erörtert. Mit der zunehmenden Kompetenzorientierung in allen Bildungsbereichen, gewinnt die Bewältigung dieser Herausforderungen eine große Bedeutung. Nicht nur in der beruflichen Bildung, sondern in allen Bildungssektoren, in denen Bildungsprozesse mit dem Ziel der Kompetenzentwicklung mit digitalen Medien unterstützt werden, gilt es, innovative Prüfungsformen zu finden, die dem Prinzip der Handlungsorientierung bzw. einer aufgabenorientierten Didaktik (Kap. 4.4) auch beim Prüfen Rechnung tragen – und es gilt, das Potenzial von digitalen Medien auch hierfür zu nutzen.

Begrifflichkeit

Was sind handlungsorientierte Prüfungen? Wie lassen sie sich beschreiben? Welche Kriterien gibt es für ihre Entwicklung? Die Anforderungen an handlungsorientierte Prüfungen sind zunächst leicht formuliert: Handlungsorientierte Prüfungen sollen „valide Rückschlüsse auf berufliche Handlungskompetenz" zulassen (Müller, H.-J. 2006, 136) und damit ein mögliches hohes Maß an „Vorhersagen des späteren Berufserfolgs" ermöglichen (Schmidt 2000, 172). Bei der genaueren Beschreibung und Kriteriensammlung zur Entwicklung handlungsorientierter Prüfungen wird es ungleich komplexer. Häufig wird der Begriff handlungsorientierte Prüfung schon benutzt, wenn Aufgaben eine berufliche oder betriebliche Situationsbeschreibung enthalten oder typische Unterlagen aus einem Arbeitsprozess als zu bearbeitendes Material in den Prüfungsaufgaben vorkommen. Dies reicht jedoch für Handlungsorientierung nicht aus. Prüfungen mit Bezug zu einer beruflichen oder betrieblichen Praxis sind zunächst einmal nur praxis- oder realitätsnah (ebd., 174).

Kennzeichen handlungsorientierter Prüfungen

Handlungsorientierte Prüfungen lassen sich daran erkennen, dass sie mit Bezug zu realen Aufgaben der Berufspraxis entwickelt werden und von den Lernenden fordern,

- „fachübergreifende Kompetenzen anzuwenden,
- Zusammenhänge zu erkennen und zu verstehen und
- eine situationsgerechte und effiziente Lösung für eine typische Aufgabenstellung eigenständig zu erarbeiten und anzuwenden" (Müller, H.-J. 2006, 137).

Gestaltungsprinzipien

Als Gestaltungsprinzipien für handlungsorientierte Prüfungen ergeben sich daraus vier zentrale Orientierungen (ebd.):

1. Orientierung am geforderten beruflichen Können, nicht an speziellem Fachwissen,
2. Orientierung an der Anwendbarkeit in der Praxis, im Gegensatz zu theoretischen Konstrukten,
3. Orientierung an der Handlungssystematik im beruflichen Feld statt an einer fachwissenschaftlichen Struktur,
4. Orientierung an Interdisziplinarität statt an einzelnen Fächern.

Handlungsorientierung nicht mit äußerer Form verknüpft

Wichtig zu beachten ist, dass allein die äußere Form einer Prüfung noch nichts über den Grad der Handlungsorientierung aussagt: Auch schriftliche Prüfungen können – entgegen einem weitverbreiteten Vorurteil – handlungsorientiert gestaltet werden. Mündliche Prüfungen oder selbst praktische Prüfungen wie z. B. die Herstellung eines Werkstücks sind ebenso wenig unmittelbar handlungsorientiert, wenn sie nicht wie z. B. bei einem simulierten Kundenberatungsgespräch bzw. der Herstellung eines berufsrelevanten Werkstücks die oben genannten Orientierungen erfüllen (Schmidt 2000, 174).

Kriterien für handlungsorientierte Prüfungen

Eine umfassende Kriteriensammlung für die Gestaltung von handlungsorientierten Prüfungen im Bereich der beruflichen Bildung haben Zimmer/Dippl (2003, 17–19) entwickelt. Mit dieser Sammlung gehen die Autoren über einen reinen Anforderungskatalog in Bezug auf die Prüfungsaufgaben hinaus und beziehen auch Eigenschaften des gesamten Prüfungsprozesses mit ein (Tab. 7.3). Dieser Anforderungskatalog lässt sich unmittelbar auch auf andere Bildungsbereiche, in denen kompetenzorientiert geprüft werden soll, übertragen.

Tab. 7.3: Kriterien für handlungsorientierte Prüfungen (geringfügig modifiziert nach Zimmer/Dippl 2003)

Kriterium	Erläuterung
Praxisorientierung	Prüfungsaufgaben sind realen Aufgaben in der Berufswelt vergleichbar
Repräsentativität	Prüfungsaufgaben erfordern Handlungen, die für den beruflichen Alltag typisch sind
Vollständigkeit	Prüfungsaufgaben erfordern alle relevanten Phasen einer Handlung
Integration	Prüfungsaufgaben sind komplexe Aufgabenstellungen, die die Handlungen auf verschiedenen Ebenen und die Mobilisierung unterschiedlicher Wissensgebiete und -arten notwendig machen
Selbstständigkeit	Prüfungsaufgaben erlauben die selbstständige Bearbeitung, inklusive des Festlegens von Teilzielen und Erfolgskriterien
Kooperation	Prüfungsaufgaben erfordern eine Kooperation mit anderen, erlauben aber eine Kennzeichnung des Beitrags eines Einzelnen

(Fortsetzung Tab. 7.3)

Kriterium	Erläuterung
Beteiligung	Lernende sind an der Bewertung, insbesondere an der Entwicklung der Beurteilungskriterien, beteiligt
Reflexion	das Prüfungsergebnis wird nicht nur vom Endprodukt abhängig gemacht, sondern ebenso von der Selbstbewertung und der Reflexion des Erstellungsprozesses durch die Lernenden
Transparenz	im Prüfungsprozess sind Bewertungskriterien und die Art und Weise der Beteiligung der zu Prüfenden an deren Festlegung für alle einsehbar
Objektivität	Prüfungen erfüllen traditionelle Gütekriterien wie Gültigkeit, Vergleichbarkeit und Zuverlässigkeit
Umsetzbarkeit	benötigte zeitliche, personelle und finanzielle Ressourcen im Prüfungsprozess sind angemessen und vorhanden

Entwicklung handlungsorientierter Prüfungen

Wie werden nun Prüfungen entwickelt, die diese Kriterien erfüllen? Prinzipiell lassen sich zwei Ansatzpunkte wählen (SCHMIDT 2000):

(1) Modell einer vollständigen Handlung

Ein Vorgehen nimmt das Prinzip der Vollständigkeit zum Ausgangspunkt und orientiert sich am Modell einer vollständigen Handlung mit den „Phasen Informieren, Planen, Entscheiden, Ausführen, Kontrollieren und Auswerten" (ZIMMER/DIPPL 2003, 6). Die Prüfungsaufgabe muss so gestaltet werden – sei es durch eine komplexe Aufgabenstellung oder durch mehrere Teilaufgaben –, dass die zu Prüfenden zur Bewältigung der Aufgabe alle Phasen der jeweiligen beruflichen Handlung durchlaufen. In der Regel wird für die Prüfungsaufgabe eine spezifische Handlungssituation beschrieben, ggf. authentisches Fallmaterial zur Bearbeitung als weitere Kontextualisierung hinzugegeben, und mit Teilaufgaben die Ausführung der verschiedenen Phasen einer beruflichen Handlung geprüft. Eine typische Aufgabe wäre bspw. in der Ausbildung von Versicherungskaufleuten eine Aufgabe zur Antragsbearbeitung bei einer Sachversicherung (BIBB 1997). Eine Beratungssituation zu einem Versicherungsabschluss wird in der Aufgabenstellung beschrieben. Sowohl zum Kunden als auch zu den aktuellen Versicherungskonditionen werden Angaben gemacht und in Teilaufgaben die typischen Schritte eines Beratungsgesprächs gefordert (Erläuterung der Versicherung, Nennung der Vorteile, Berechnung des Beitrags, anzubietende Erweiterungen des Versicherungsschutzes, anzubietende andere Versicherungen mit jeweiligen Begründungen).

(2) Kompetenzanalytischer Ansatz

Eine zweite Herangehensweise ist der kompetenzanalytische Ansatz. Hier wird zur Entwicklung von Prüfungsaufgaben zunächst die berufliche Handlungskompetenz in Komponenten zerlegt wie Fachkompetenz (Wissen, Fertigkeiten) und personale Kompetenz (Sozialkompetenz, Selbstständigkeit). Im Anschluss werden Teilaufgaben konstruiert, die genau diese Kompetenzen zur Bearbeitung erfordern.

Entwicklung handlungsorientierter Aufgaben

Häufig werden beide Vorgehensweisen – Modell der vollständigen Handlung und kompetenzanalytischer Ansatz – auch kombiniert. Von handlungsorientierten Prüfungen sollte in jedem Fall nur gesprochen werden, wenn die Prüfungsaufgaben mindestens auf der Grundlage eines der genannten Ansätze entwickelt werden (Schmidt 2000, 174). Detaillierte Konzeptualisierungen zur Entwicklung handlungsorientierter Prüfungen im berufsbildenden Bereich einschließlich einiger Beispiele finden sich bei Elster/Dippl/Zimmer (2003) sowie Müller, H.-J. (2006). Konkrete Unterstützung für die Entwicklung handlungsorientierter Prüfungen bietet der „Werkzeugkasten zur Handlungsorientierung von Prüfungsaufgaben", der als umfangreiches Webangebot 2008 vom Bundesinstitut für Berufsbildung (BIBB) bereitgestellt wurde (http://www.bibb.de/werkzeugkasten/index.php [15.02.2011]; Brötz/Behling 2009). Dieser „Werkzeugkasten" bietet sowohl Unterstützung bei der Bewertung des Grades der Handlungsorientierung von schon vorhandenen Prüfungsaufgaben als auch bei der Neuentwicklung handlungsorientierter Prüfungsaufgaben.

Potenziale digitaler Medien

Das Potenzial digitaler Medien in diesem Zusammenhang wurde im berufsbildenden Bereich schon früh erkannt, wie man an der Dokumentation der Projekte und Aktivitäten zu innovativen Prüfungsverfahren aus den Jahren 2004 bis 2010 der Internetseite „Innovativ Prüfen" (http://www.pruefer.ihk.de [23.01.2015]) der DIHK-Gesellschaft für berufliche Bildung (Deutscher Industrie- und Handelskammertag) und der Zentralstelle für Weiterbildung im Handwerk sehen kann. Ausgangspunkt war damals, durch den Einsatz von digitalen Medien in Prüfungen den sonst häufig vorhandenen Medienbruch zu vermeiden, der entsteht, wenn nach einer E-Learning-Einheit der Lernerfolg mit traditionellen, ortsgebundenen schriftlichen oder mündlichen Prüfungen festgestellt werden soll.

Stärkere Praxisnähe

Worin liegt darüber hinaus das Potenzial digitaler Medien für handlungsorientierte Prüfungen? Die oben in Tab. 7.3 aufgeführte Kriterienliste von Zimmer/Dippl (2003) lässt den großen Vorteil in Bezug auf die Praxisorientierung erkennen: In fast allen Berufsbereichen werden heute Arbeitsprozesse computergestützt durchgeführt, der Prüfungsvorgang gewinnt daher durch PC-gestütztes Arbeiten in der Prüfung unmittelbar an Praxisnähe. Weiterhin können Prüfungsaufgaben durch multimediale Aufbereitung besser situiert werden: Eine komplexe Ausgangslage, in der der zu Prüfende Handlungsschritte ergreifen muss, kann durch Grafiken, Audio- oder Videoelemente wesentlich realitätsnäher dargestellt werden (z. B. in der hautmedizinischen Ausbildung kann umfangreiches Fotomaterial zur Diagnosestellung bereitgestellt werden, in der Ausbildung von Bürokaufleuten können vorausgehende Kundengespräche durch Audio- oder Videosequenzen dargestellt werden). Generell kann Fallmaterial zur Bearbeitung (z. B. Statistiken, Ergebnisse von Internetrecherchen) computerunterstützt authentischer dargestellt und wesentlich einfacher zur Verfügung gestellt werden. Der häufig zu prüfende Aspekt beruflicher Handlungskompetenz, die Fähigkeit, aus einem Informationsüberangebot die relevanten Daten herauszufiltern und sinnvoll zur Erarbeitung von eigenen Lösungen zu verwenden, kann so ebenfalls Bestandteil einer computerunterstützten Prüfung werden.

Weiterhin verstärkt wird die Praxisnähe, wenn die beruflichen Handlungen ihrerseits bereits die Anwendung von Softwarewerkzeugen verlangen, z. B. in der Finanzbuchhaltung oder bei statistischen Auswertungen. Prüfungsaufgabe kann dann z. B. die direkte Buchung von Geschäftsvorgängen unmittelbar mit einer Buchhaltungssoftware sein bzw. die Erstellung statistischer Berichte auf der Grundlage von Auswertungen direkt mit einem Statistikprogramm. Auch Prüfungsaufgaben, die mithilfe von Simulationen zu lösen sind, können die Praxisorientierung verstärken.

Prüfungen, bei denen die Lernenden unmittelbar mit Software arbeiten, erhöhen zudem die Selbstständigkeit. Die zu Prüfenden müssen bei der Bearbeitung sich eigenständige Teilziele setzen und selber beurteilen, wann sie einen Teil erfolgreich ausgeführt haben.

Erhöhte Objektivität

Eine computerunterstützte Prüfungsdurchführung kann darüber hinaus die Objektivität erhöhen: Es können zu einzelnen Prüfungsitems teststatistische Auswertungen vorgenommen werden, eine Verzerrung durch schlecht lesbares handschriftliches Material entfällt, Teilaufgaben können leichter im direkten Vergleich bewertet werden, und die Standardisierung von Abschlussprüfungen wird erleichtert (Kap. 7.5.2).

Transparenzsteigerung

Computergestützte Prüfungen können auch die Transparenz erhöhen, da sie in der Regel arbeitsteilig mit einem größeren planerischen Vorlauf erstellt werden, bei dem auch die Art und Weise der späteren Bewertung festgelegt wird. Weiterhin können Ergebnisse schneller bekannt gegeben werden, und sie sind leichter vergleichbar.

Effizienzgewinne?

In Bezug auf die Umsetzbarkeit ergibt sich ein uneinheitliches Bild: Einerseits können computergestützte Prüfungen den Durchführungs- und Organisationsaufwand reduzieren helfen. Beispielsweise sind Aktualisierungen schneller vorzunehmen und Wiederholungsprüfungen leichter konsistent zu erstellen. Andererseits kann insbesondere der Aufwand zur Situierung einer komplexen Prüfungsaufgabe mit multimedial aufbereitetem Material sehr hoch sein, ebenso wie die konkrete Durchführung computergestützter Prüfungen insbesondere mit großen Teilnehmerzahlen (z. B. geeignete PC-Räume; Kap. 7.5.4).

Handlungsorientierte Prüfungen in der Praxis

Die genannten Potenziale der Computerunterstützung für handlungsorientierte Prüfungen werden aber nicht ohne geschickte didaktische Einbindung und Gestaltung der Prüfungen im Einzelnen realisiert. Eine Befragung (Rottmann/Stratmann/

Kerres 2006), die im Kontext der Projekte zu innovativen Prüfungsformen im berufsbildenden Bereich in enger Kooperation mit den Kammern durchgeführt wurde, belegt die Potenziale, weist aber auch auf die großen Herausforderungen bei der Umsetzung hin: Befragt wurden Prüferinnen und Prüfer, Ausbildungs- und Personalverantwortliche in den Betrieben sowie die zu Prüfenden in der beruflichen Aus- und Weiterbildung selbst. Insbesondere aufseiten der Ausbildungs- und Personalverantwortlichen gab es neben hohen Erwartungen an digitale Medien in Prüfungen und großen Potenzialen, die ihnen zugeschrieben wurden, auch einige Skepsis. Speziell wurden auch Befürchtungen deutlich, die Praxisnähe könne reduziert werden (ebd., 21). Bei der Befragung wurde eine Ursache hierfür in den geringeren Erfahrungen der Gruppe mit computerunterstützten Prüfungen vermutet. Gleichzeitig wurde dieses Ergebnis als Hinweis auf die große Herausforderung interpretiert, die die Gestaltung handlungsorientierter Prüfungen immer noch darstellt – und auf die Gefahr, computerunterstützte Prüfungsaufgaben unbotmäßig zu vereinfachen bzw. auf die Abfrage von Faktenwissen zu beschränken, um sie effizienter auswerten zu können.

Komplexer Gestaltungsprozess

Häufig wird die Frage der Handlungsorientierung computergestützter Prüfungen auf die Debatte um Fragen mit Antworten zur Auswahl (Multiple Choice Questions) versus offene Fragen reduziert. Sowohl die empirischen Untersuchungen als auch die theoretischen Überlegungen zu Gütekriterien und zu Entwicklungsansätzen für handlungsorientierte Prüfungen zeigen deutlich, dass dies eine nicht gerechtfertigte Verkürzung darstellt. Denn handlungsorientierte Prüfungen zu konzipieren ist anspruchsvoll und komplex; digitale Medien können einen wichtigen Beitrag zur Bewältigung dieser Herausforderung leisten, die zugehörigen komplexen Prozesse aber nicht vereinfachen.

7.4.2 Umsetzungsbeispiele

Einen guten Ansatzpunkt für handlungsorientiertes Prüfen von Lernerfolg und Kompetenzerwerb mit digitalen Medien bieten E-Portfolios (Kap. 7.6), aber es existieren auch andere Ansätze, die im Folgenden anhand von typischen Beispielen beschrieben werden.

Simulation

Auch in der Medizinerausbildung ist die Bedeutung handlungsorientierter Prüfungen schon frühzeitig erkannt worden. Insbesondere klinisch-praktische Fertigkeiten erfordern ein entsprechendes Prüfungsformat. Häufig wurde dabei mit Simulationspatienten und Modellen gearbeitet (Scheffer/Fröhmel/Georg 2008). Simulationen mit digitalen Medien erlauben nun auch eine fallbasierte, handlungsorientierte Prüfung mit virtuellen Patienten. Zwei unterschiedliche Simulationen, die derzeit in der ärztlichen Aus- und Weiterbildung eingesetzt werden und ein handlungsorientiertes Prüfen erlauben, sind der Inmedea-Simulator (ehemals Prometheus, http://www.inmedea-simulator.net/ [23.01.2015]) und Campus-Pädiatrie (http://www.medicase.de/ [23.01.2015]).

Der Inmedea-Simulator ist eine interaktive virtuelle Klinikumgebung, in der fallbasiert Diagnosestellung und Behandlung geprüft (und gelernt) werden kann. Die Prüfung besteht in der Bearbeitung virtueller Patientenfälle, die auf authentischen Fällen beruhen – entsprechend den Handlungsschritten im klinischen Alltag (Vorstellung des Patienten in einer Ambulanz, Anamnese und Veranlassung von Folgeuntersuchungen). Der komplette Diagnose- und Behandlungsweg kann dann für die Prüfung ausgewertet werden – von der fachlichen Angemessenheit und der empfohlenen Reihenfolge der angeforderten Zusatzuntersuchungen bis hin zur Kosteneffizienz. Zur Prüfungsvorbereitung können Lernende ihre Diagnostik und Behandlungsschritte mit eingearbeiteten Musterlösungen vergleichen.

Campus-Pädiatrie ist ebenfalls ein E-Learning-Programm für die Ausbildung in der Kinderheilkunde, das seit 2006 regulär für Abschlussprüfungen eingesetzt wird. Auch hier werden die zu Prüfenden mit multimedial aufbereiteten authentischen Fällen aus der Kinderheilkunde konfrontiert: In der Prüfung müssen sie den kompletten Handlungszyklus von Anamnese, Anordnung und Durchführung von Untersuchungen, Diagnosestellung und Therapieentscheidungen in einer Kinderklinik ausführen. Der Einsatz von virtuellen Patientenfällen in der Prüfung erfolgt bewusst vor dem Hintergrund der Abstimmung von Lehrzielen, Lehrmethoden und Prüfungsformen im Sinne des constructive alignment (Huwendiek u. a. 2009; zu constructive alignment siehe Einführung in Kap. 7).

Eigene Softwareanwendung

Kernprozess in der statistischen Arbeit ist die Analyse und Interpretation von Daten und die Erstellung von Berichten zu problembezogenen Fragestellungen – häufig als Entscheidungshilfe. Die Nutzung von Statistiksoftware ist für diese Aufgaben unverzichtbar. Dies ist der Grundgedanke im Lern- und Prüfungsinstrument „Statistiklabor“ (http://www.statistiklabor.de/ [23.01.2015]). Mithilfe dieser Statistiksoftware können statistische Probleme unterschiedlicher Komplexität unmittelbar und selbstständig bearbeitet werden, also entsprechende Berechnungen durchgeführt und Ergebnisse visuell präsentiert sowie in einem Bericht zusammengefasst werden. Das „Statistiklabor“ wird in der Statistikausbildung sowohl für die Lehre als auch für Prüfungen an verschiedenen Universitäten eingesetzt (Arnold 2001, 104 ff.; Ghosh/Rendtel 2007; für weitere Beispiele vgl. Schmees/Horn 2014, 73 f.).

Kooperative Internetrecherchen – Webquests

Ähnlich wie die zuvor genannten Beispiele für handlungsorientierte Prüfungen mit digitalen Medien ist auch das dritte Beispiel nicht ausschließlich ein Prüfungsinstrument, sondern vielmehr ein Lehr-/Lerninstrument, das auch zu Prüfungszwecken eingesetzt werden kann. Webquests können als problemorientierte, angeleitete und kooperative Internetrecherchen bezeichnet werden. Die Methode wurde als leicht zu realisierende Form von E-Learning für handlungsorientierten Unterricht vor mehr als 15 Jahren entwickelt und ist besonders stark im schulischen Bereich verbreitet, wird aber auch in anderen Bereichen eingesetzt (http://webquest.org/index.php [23.01.2015]; Moser 2005; Rachbauer 2014a).

In der Regel wird eine komplexe, problembasierte Ausgangssituation geschildert, in der konkrete, offene Aufgabenstellungen mithilfe von authentischem Material im Internet bearbeitet werden sollen. Typisch ist die Bearbeitung in Arbeitsgruppen mit gleichen oder unterschiedlichen Arbeitsaufträgen. Die Webquest-Teilnehmer bzw. Arbeitsgruppen sollen dann die Ergebnisse der Internetrecherche bezogen auf die komplexe Problemstellung auswerten und ihre Ergebnisse anschaulich präsentieren. Es werden üblicherweise Prozesshilfen in Form von Hinweisen auf zu nutzende Ressourcen oder sinnvolle Vorgehensweisen gegeben. Ebenso werden Bewertungskriterien für die abschließende Präsentation vorab transparent festgelegt. Praxisnähe wird durch die Verwendung von authentischem Fallmaterial sowie durch die realitätsnahe, offene Fragestellung, unter der die Informationen recherchiert, be- und ausgewertet werden, hergestellt. Die Kooperations- und Koordinationsprozesse, die Webquests den Lernenden abverlangen, erhöhen ebenfalls die Handlungsorientierung dieser Methode bzw. Prüfungsform. Angemessene Bewertungsmaßstäbe zu entwickeln, insbesondere bei unterschiedlichen Aufgabenstellungen für einzelne Arbeitsgruppen, und die Bewertung durchzuführen kann im Einzelnen aber sehr aufwendig sein.

7.5 Elektronische Klausuren und Tests

7.5.1 Einsatzformen

Ziel ist Arbeitsersparnis

Elektronische Klausuren setzen in erster Linie auf Arbeitsersparnis durch automatische Auswertung und werden vor allem bei großen zu prüfenden Gruppen eingesetzt, erst in zweiter Linie werden mit ihnen handlungsorientierte Prüfungen oder prüfungsdidaktische Innovationen angestrebt. Für solche Prüfungen existiert eine Vielzahl von Begriffen: elektronische Prüfung, E-Klausur, computergestützte Prüfung, Online-Prüfung, E-Testing, E-Examination etc. (Ruedel 2010, 13; Ruedel/Mandel 2010). So vielfältig wie die Begriffe sind auch die konkreten Einsatzformen und Zielsetzungen. E-Klausuren für summatives Assessment sind zwar die verbreitetsten, dennoch können E-Klausuren auch zu diagnostischen oder formativen Zwecken eingesetzt werden. Beispielsweise der speziell für derartige elektronische (Massen-)Prüfungen eingerichtete E-Assessment-Dienst der Universität Bremen unterscheidet vier Formen, die überwiegend in einem eigens dafür eingerichteten PC-Raum (Testcenter) durchgeführt werden:

Einsatzformen elektronischer Prüfungen

1. Die *E-Klausur* ist das Kernstück des E-Assessment-Dienstes und das Pendant zur schriftlichen Klausur in Papierform. Mithilfe einer spezifischen Testsoftware werden unterschiedliche Fragetypen umgesetzt, ggf. Multimedia-Elemente integriert oder komplexe Anhänge zur Verfügung gestellt. Die Studierenden beantworten die Fragen unmittelbar am PC. Die Auswertung erfolgt vollautomatisch, teil automatisiert oder manuell über webbasierte Nachbewertungsprozesse. Wurden ausschließlich geschlossene Fragen verwendet, kann unmittelbar am Ende der E-Klausur bereits eine Rückmeldung an die Lernenden erfolgen.
2. Die *Probeklausur* erfolgt in der Regel in der Mitte des Semesters zur Vorbereitung auf eine E-Klausur und als Unterstützung der Selbsteinschätzung (formatives Assessment). Studierende werden mit den Gegebenheiten der E-Klausur und mit der Art der Prüfung vertraut gemacht. In der Regel geben Lehrende dafür eine Auswahl an Fragen aus einem Fragenkatalog für die Klausur zu Übungszwecken frei.
3. Eine *Übung* dient der Selbstbewertung innerhalb des Lernprozesses (formatives Assessment). Die Bearbeitung erfolgt in der Regel webbasiert über eine Schnittstelle zum jeweils eingesetzten Learning Management System. Es können Lösungshinweise und Literaturreferenzen mit den einzelnen Aufgaben verbunden werden, sodass die Übung den Lernprozess über die Selbsteinschätzung hinaus unterstützt.
4. *Softwareanwendungen* dienen der Überprüfung von Kompetenzen im Umgang mit spezifischer Fachsoftware. Die Lernenden arbeiten unter authentischen Bedingungen, und die Ergebnisse können Lehrenden zur Bewertung im softwareeigenen Format zur Verfügung gestellt werden. Auf diese Weise sind kompetenzorientierte Prüfungen im Bereich der Softwarevermittlung möglich, aber auch in Bereichen, wo das Arbeiten mit Software einen zentralen Stellenwert hat, wie z. B. in der Statistik (vgl. Beispiel weiter oben).

7.5.2 Potenziale und Vorteile von Online-Prüfungen

Potenziale und Vorteile von Online-Prüfungen werden je nach Akteursgruppe unterschiedlich gesehen (Brahm/Seufert 2007, 14 ff.; Franke/Handke 2012, 155–165; Schmees/Horn 2014, 141 ff.; Vogt/Schneider 2009, 3 ff.; Wolf 2007, 29 f.). In der Regel werden die folgenden Potenziale gesehen:

Vorteile für die Lernenden

Lernende erhalten in Online-Prüfungen in der Regel schnellere Rückmeldungen über ihre Ergebnisse als bei traditionellen Prüfungen sowie eine transparentere und fehlerfreiere Prüfungsbewertung durch eine automatisierte oder halb automatisierte Auswertung. Ebenso kann die Prüfungsvorbereitung durch Übungsprüfungen auf der Grundlage eines Fragenkataloges effizienter erfolgen. Weiterhin werden Lernende durch den Wegfall der handschriftlichen Verfassung längerer Texte entlastet. Ein weiterer potenzieller Vorteil für die Lernenden besteht darin, dass die Beantwortung der Fragen mehrfach spurenlos überarbeitet werden kann, ohne wie im handschriftlichen Text unübersichtliche und schwer lesbare Textpassagen zu erzeugen.

Vorteile für die Lehrenden

Lehrende erwarten in erster Linie Entlastung durch die automatisierte oder halb automatisierte Auswertung sowie durch den Wegfall der handgeschriebenen, oftmals schwer zu lesenden Texte als Prüfungsleistungen. Nicht automatisch auszuwertende Antworten auf Freitextfragen können zumindest ohne Aufwand direkt vergleichbar nacheinander korrigiert werden (bei Papierklausuren ist es aufwendiger, eine Frage bei allen Klausuren hintereinander zu korrigieren; es überwiegt häufig die Korrektur der kompletten Klausuren nacheinander). Weiterhin können Online-Prüfungen leichter modifiziert werden (z. B. Erzeugung verschiedener Versionen durch Randomisierung der Fragenauswahl oder der Reihenfolge der Fragen und Auswahlantworten, um ein Abschreiben zu verhindern), und Lehrende erhalten Unterstützung, die Konsistenz der Prüfungsanforderungen bei Wiederholungsprüfungen zu gewährleisten, sowie generell bei der Verwaltung von Prüfungsfragen und -versionen. Als Potenzial wird darüber hinaus die Möglichkeit gesehen, Aufgaben nicht nur in Textform stellen zu können, sondern auch Bilder in hoher Qualität oder andere Multimedia-Elemente mit einbeziehen zu können (z. B. Filmsequenzen, Interviewausschnitte). Die Einbindung authentischer Materialien sowie die Bereitstellung komplexer Anhänge zur Fallbearbeitung werden so ebenfalls erleichtert (z. B. in der Medizin durch die Präsentation von Röntgen- oder Ultraschallbildern zur Diagnose, in Fremdsprachen Audiodateien zur Prüfung des Hörverständnisses, in Geografie interaktive Karten zur Prüfung von Orientierung und Kenntnissen über die Region). Zusätzlich können leicht statistische Auswertungen zu den Prüfungen erstellt werden, z. B. um die Schwierigkeit der einzelnen Testitems zu berechnen.

Für alle Beteiligten – Lernende wie Lehrende – entfällt der Medienbruch zwischen innovativen Lehr- und Lernformen mit E-Learning und handschriftlichen Prüfungen auf Papier.

Vorteile für die Institution

Online-Prüfungen können die Organisation der Prüfungen vereinfachen: Der Korrekturaufwand sinkt erheblich, und durch die Digitalisierung kann ein effizienteres Management von der Prüfungsanmeldung über die Durchführung bis zur Korrektur, Notendokumentation und -einsichtnahme erreicht werden. Zusätzlich besteht häufig die Erwartung, damit auch langfristig die Kosten senken zu können. An Hochschulen wird diese Erwartung durch die gestiegene Prüfungslast in den Bachelor- und Masterstudiengängen noch verstärkt (Kap. 7.3). Vor diesem Hintergrund werden in den Bildungsinstitutionen häufig eigene Einrichtungen für das E-Assessment aufgebaut.

Vorteile von E-Assessment-Einheiten

Das Testcenter des Zentrums für Multimedia in der Lehre (ZMML) der Universität Bremen fasst beispielsweise die Vorteile seines angebotenen E-Assessment-Dienstes folgendermaßen zusammen (http://www.eassessment.uni-bremen.de/vorteile.php [23.01.2015]):

- „Verbesserung der Feedbackqualität für die Studierenden, etwa durch sofortige Ergebnisrückmeldung bei automatisierter Auswertung, Ergebnisstatistiken und Schwachstellenanalysen,
- Erhöhung der Durchführungs-, Auswertungs- und Interpretationsobjektivität,
- Technische Unterstützung bei der webbasierten Nachbewertung von (klar lesbaren) Freitextfragen im Team,
- Fortschreitende Qualitätssicherung und -verbesserung der Fragenkataloge und Prüfungen durch Auswertung von Studierendenfeedbacks, Ergebnisstatistik und Item-Analyse,
- Erweiterung der prüfungsdidaktischen Möglichkeiten durch IT, insbesondere durch die Einbindung von Multimedia-Elementen wie Video, Audio und Simulationen sowie Verwendung komplexer, digitaler Anlagen (z. B. Fallstudien, Tabellensammlungen, Skripte etc.),
- Berufsnahe und handlungsorientierte Ausbildung und Prüfung durch Integration fachspezifischer Software oder Durchführung von Datenbank- und Internetrecherchen in Prüfungen,
- Deutliche Zeitersparnis für Dozenten durch die automatische Korrektur geschlossener Fragen, effektivere Nachbewertung offener Fragen sowie Unterstützung bei der Organisation, Durchführung und Auswertung ihrer Prüfungen durch das ZMML.“

7.5.3 Nachteile und Herausforderungen

Den positiven Erwartungen hinsichtlich der Potenziale von elektronischen Prüfungen stehen aber auch eine Reihe von Nachteilen und Herausforderungen sowie ungelöster Fragen gegenüber (Brahm/Seufert 2007, 14 ff.; Vogt/Schneider 2009, 4 ff.; Wolf 2007, 29 ff.):

Befürchtungen zu elektronischen Prüfungen

Lernende, die weniger erfahren in der Computernutzung sind und auch kein Zehn-Finger-Schreibsystem beherrschen, könnten benachteiligt sein. Weiterhin sind ergonomische Nachteile hinsichtlich Lärms, Raumklima und hoher Augenbelastung durch die Arbeit am PC in Computerlaboren während der elektronischen Prüfung zu bedenken.

Aus Sicht der Lehrenden sind der hohe Erstaufwand bei der Erstellung von elektronischen Prüfungen, die komplexeren Arbeitsvorgänge und notwendigen Absprachen samt zeitlichem Vorlauf mögliche Nachteile. Weiterhin stellt sich die Frage, ob das Prüfungsdesign durch die vorhandenen technischen Möglichkeiten negativ beeinflusst wird. Zudem werden durch die Digitalisierung der Prüfung Manipulationsmöglichkeiten durch die Studierenden vor, während und nach der Prüfung befürchtet (z. B. Antwortsuche im Internet, Blick auf den Bildschirm des Nachbarn etc.).

Sowohl bei Lehrenden wie auch bei Lernenden gibt es je nach fachlicher Ausrichtung weitere Bedenken: In Fächern mit hohem Anteil an reinen Wissensprüfungen, zum Teil mit Multiple-Choice-Fragen auf Papier, ist die Akzeptanz von elektronischen Prüfungen in der Regel höher als in geisteswissenschaftlichen Fächern, in denen Prüfungsleistungen eher längere, sorgsam aufgebaute Texte sind. Die Möglichkeiten der teil automatisierten Auswertungen z. B. von Essays sind noch nicht ausgereift (Balfour 2013; Dikli 2006).

Aus Sicht der Organisation führen ebenfalls der hohe Einführungsaufwand sowie eine ggf. nicht ausreichende Stabilität und Zuverlässigkeit der eingesetzten technischen Systeme zu Bedenken. Zunächst erfordert die Einrichtung einer E-Assessment-Einheit einen erheblichen finanziellen Aufwand (im oft sechsstelligen Bereich), und für den laufenden Betrieb sind zusätzliche Mitarbeiterstellen notwendig. Nicht zu unterschätzen ist auch die barrierefreie Ausgestaltung derartiger elektronischer Prüfungen (Kap. 5.3).

Befürchtungen bestehen auch hinsichtlich der vielfach noch ungeklärten Rechtslage: Wie kann die vorgeschriebene Archivierung gewährleistet werden? Was ist die rechtliche Situation bei Computerpannen? Wie ist der Datenschutz einzuhalten? Es existieren zwar auch schon erste Lösungsansätze zu diesen Fragen, aber sie müssen in der Regel aufwendig für den eigenen Kontext übertragen und weiterentwickelt werden.

Effizienzgewinn durch elektronische Prüfungen?

Simulationsrechnungen zum Aufwand bei elektronischen Prüfungen (Wolf 2007) haben gezeigt, dass die erwartete Effizienzsteigerung nur bei großen Teilnehmerzahlen (mehr als 200 Teilnehmende), einer größeren Anzahl von Fragen sowie einer Auswertungsdauer von mindestens 30 Sekunden pro Aufgabe realisiert werden kann. Es wurde deutlich, dass der potenzielle Effizienzgewinn durch automatisierte Auswertungen oft durch zu kleine PC-Räume (z. B. 20 PCs) und der daraus resultierenden Notwendigkeit, die gleiche Prüfung mehrfach durchführen zu müssen, verhindert wird.

Eine weitere Modellrechnung zum Einsparpotenzial durch formatives und summatives E-Assessment am Beispiel von Linguistik-Lehrveranstaltungen mit 151 bzw. 102 Teilnehmenden findet sich bei Franke/Handke (2012, 179–183). Sie weist klare Einspareffekte durch elektronische Klausuren nach (in beiden Fällen mehr als 20 Arbeitstage), zeigt aber auch deutlich die Abhängigkeit von den ganz konkreten Kontextbedingungen, dem didaktischen Konzept und den Teilnehmendenzahlen auf.

Akzeptanz elektronischer Prüfungen

Evaluationsergebnisse für die Universität Bremen zeigten, dass die Akzeptanz bei den Studierenden hinsichtlich der Bedienbarkeit der Prüfungssoftware und der Benutzerführung am PC hoch war, bezogen auf Lärm und Luftbelastung in nicht speziell für elektronische Prüfungen ausgestatteten Räumen aber gering (Wolf 2007). Die Universität hat daraufhin einen speziellen E-Assessment-Dienst an der Hochschule eingerichtet, mit großen, speziell für elektronische Prüfungen ausgestatteten Prüfungsräumen mit 120 PC-Arbeitsplätzen, der die räumliche Situation erheblich verbessert hat.

7.5.4 Gestaltungshinweise

Veränderungsprozess gestalten

Elektronische Prüfungen sind mit einer wesentlich komplexeren Organisationsstruktur verbunden als herkömmliche Prüfungsformen, die einzelne Lehrende allein gestalten. Eine Vielzahl von Beteiligten muss in einem stark arbeitsteilig organisierten Prozess kooperieren (Wolf 2007, 32 ff.), der zumindest in Hochschulen ein strukturelles Umdenken erfordert. Während bei traditionellen Prüfungsformen die Lehrenden in der Regel auch die Prüfungen konzipieren und die Prüfungsergebnisse auch auswerten, sind bei elektronischen Prüfungen oft noch Editoren und Beauftragte tätig. Die Editoren sind für die technische Realisierung der von den Lehrenden konzipierten Prüfungen zuständig, und die Beauftragten koordinieren die Schnittstelle von Prüfungsverwaltung, betreuender IT-Abteilung, Aufsichtspersonal, Editoren und Lehrenden als Prüfungsautoren.

Ähnlich wie die Einführung von E-Learning ist auch die Umstellung auf bzw. Einführung von E-Assessment in einer Bildungsinstitution ein aufwendiger Veränderungsprozess, der bewusst zu gestalten ist (Schmees/Horn 2014, 141 ff.). Es gelten die üblichen Erfolgsfaktoren für Veränderungsprozesse: Notwendig ist ein Zusammenspiel von Top-down- und Bottom-up-Elementen, d. h. von klaren Vorgaben der Organisationsleitung einerseits, die den Handelnden einen sicheren Rahmen für die Einführung von E-Assessment bieten, andererseits die Einrichtung von Leuchtturmprojekten der erfolgreichen Verwendung elektronischer Prüfungsformate, um andere Lehrende zu motivieren. Ebenso sind dazu alle wichtigen Informationen zu verbreiten und Partizipationsmöglichkeiten für die Beteiligten zu schaffen.

Weiterhin haben sich kompetente Ansprechpartner/innen direkt vor Ort ebenso wie der Aufbau einer organisationsübergreifenden Expertenstruktur (zumindest bei kleineren Bildungseinrichtungen) als wichtige Erfolgsfaktoren erweisen (ebd.). Die für die Einführung von E-Assessment notwendige vielfältige Fachexpertise kann z. B. über ein Netzwerk oder einen Verbund bereitgestellt werden. Benötigt werden (a) Medien- bzw. Prüfungsdidaktikexpertise zur Auswahl der geeigneten Prüfungsformen und Fragen, (b) Medientechnikexpertise für die Produktion von Multimedia-Prüfungsmaterial, (c) Rechtsexpertise für die Durchführung rechtskonformer Prüfungen sowie (d) Technikexpertise für die Anbindung an bestehende Learning Management Systeme und Systeme der Prüfungsverwaltung sowie zum Ausschließen von Manipulationen (z. B. durch Zugriff auf das Internet, Kommunikation zwischen Prüflingen etc.).

Testzentrum oder mobile Durchführung

Für die Durchführung bietet sich – zumindest bei großen Prüfungszahlen – die Einrichtung eines Prüfungs- und Testzentrums mit geeigneten PC-Laboren an. Alternativ dazu kann die Infrastruktur für die Prüfungsdurchführung auch ausgelagert werden, indem z. B. ein externer Dienstleister Tablet-PCs in ausreichender Anzahl für die Prüfung bereitstellt.

Die Handlungsfelder und Arbeitsschritte bei der Durchführung von elektronischen Prüfungen, die das Testcenter der Universität Bremen beschreibt, können als repräsentativ auch für andere Bereiche angesehen werden (Tab. 7.4).

Tab. 7.4: Ablauf elektronischer Prüfungen (in Anlehnung an ‚Testcenter' der Universität Bremen http://www.eassessment.uni-bremen.de/ablauf.php [23.01.2015])

Phase	Handlungsschritte
Entscheidungsphase	• Informationssammlung • Beratungsgespräch
Vorbereitung	• Einführung in Software zur Prüfungserstellung • Erstellung des Katalogs an Prüfungsfragen • Qualitätssicherung • Funktionstests • Anmeldungen organisieren • Aufsichten organisieren • Raumplanung • Sicherheitskonzept entwickeln
Durchführung	Prüfung • in geplanten Räumen, • mit geplanten Aufsichten • und geplanter Technik durchführen
Nachbereitung	• ggf. (halb-)automatische Auswertung • ggf. manuelle Nachbewertung • Archivierung • Analyse der Prüfungsteile • Nachbereitung der Prüfung, ggf. Änderung für nächsten Durchlauf • Klausureinsicht durchführen

Arbeitspakete bei elektronischen Prüfungen

Aus den beschriebenen Arbeitsschritten sind Arbeitspakete zu bilden, die mithilfe von Projektmanagementstrukturen effizient koordiniert werden müssen. Für die Vorbereitung einer elektronischen Prüfung können bis zu 120 Tage Vorlauf erforderlich sein (Wolf 2007, 33).

Gestaltung von Prüfungsfragen

Die Gestaltung von Prüfungsfragen zur Überprüfung von erworbenen Kompetenzen bleibt auch im E-Assessment eine anspruchsvolle Aufgabe. Die elektronische Umsetzung kann nie automatisch die Passung zu den Kompetenzzielen und den Kontextbedingungen herstellen.

Insbesondere bei Multiple-Choice-Prüfungen sind Konstruktionsregeln aus der Testpsychologie zu beachten (vgl. z. B. als Leitfaden: http://www.eassessment.uni-bremen.de/mc_leitfaden.php [23.01.2015]). Grundsätzlich gilt, dass die vorgegebenen Antworten zu der jeweiligen Frage immer in annähernder Weise passen müssen, weil sonst auch von Nichtwissenden die nicht möglichen Antworten erkannt und ausgeschlossen werden können oder auf der Grundlage erworbenen allgemeinen Fachwissens die richtige Antwort erraten werden kann. Wichtig ist auch, dass die Antwortvorgaben inhaltlich dicht beieinanderliegen, vergleichbar formuliert werden, eine vergleichbare Länge haben und keine Wiederholung aus der Frage aufweisen.

7.5.5 Videoprüfungen

Ein weiterer Typ von elektronischen Prüfungen sind mündliche Prüfungen über Videokonferenzsysteme. Die Fern-Universität Hagen hat z. B. mündliche Videoprüfungen schon lange erfolgreich ein- und durchgeführt, um örtliche Flexibilität für Studierende wie Lehrende zu gewährleisten. Zeitliche Flexibilität ist aber aufgrund des synchronen Charakters dieser Prüfungsform eingeschränkt, sodass diese Prüfungen bei großen Zeitzonenunterschieden problematisch werden (Schmees/Horn 2014, 72 f.).

Teilweise wird auch mit Aufsicht aus der Ferne über Videokonferenzsysteme gearbeitet, wenn Lernende eine elektronische Prüfung am PC an ihrem Heimatort bearbeiten. Fernunterrichtsanbieter kooperieren hier häufig mit auf Fernaufsicht spezialisierte Dienstleister, die die Bearbeitung der elektronischen Klausur per Videokonferenzsystem und Fernzugriff auf den Bildschirm der zu prüfenden Person überwachen. Zum Teil werden hier alternativ auch 360-Grad-Kameras und Raummikrofone eingesetzt. Aufgrund des hohen technischen Aufwands sowie der Schwierigkeit, rechtssichere Prüfungen auf diese Weise abzulegen, ist die Fernüberwachung elektronischer Prüfungen per Videokonferenzsystem insgesamt noch wenig verbreitet.

7.5.6 Kompetenzorientiertes Prüfen durch elektronische Prüfungen?

Gesamteinschätzung

Noch scheinen bei elektronischen Prüfungen klassische Formen der Wissensüberprüfung mit Multiple Choice (Fragen mit Antworten zur Auswahl), Drag and Drop (Beantwortung von Fragen durch Ziehen und Ablegen) oder Lückentextaufgaben zu überwiegen. Fallbasierte Prüfungen anhand von komplexen Simulationen – wie z. B. diagnostische Schritte bei einer speziellen Symptomatik in der Medizinerausbildung – sind noch in der Minderzahl. Wird der gegenwärtige Stand der elektronischen Prüfungen in das oben (Kap. 7.2) dargestellte Modell der drei Entwicklungsphasen von E-Assessment nach Bennett (1998) eingeordnet, so wird deutlich, dass die überwiegende Zahl elektronischer Prüfungen erst die zweite Phase erreicht hat. Komplexe Simulationen, mit denen Kompetenzen unter lebensnahen Bedingungen geprüft werden können, sind in der Erstellung sehr aufwendig. Die angestrebte Entlastung der Lehrenden und Kostenvorteile werden nur realisiert, wenn es eine hohe Anzahl von Prüfungen, hinreichend große PC-Räume und voll automatisierte oder zumindest teil automatisierte Auswertungen gibt. Diese sind aber eher bei weniger komplexen Wissenstests gegeben.

Zusammenfassend kann festgehalten werden, dass die Gefahr eines Qualitätsverlusts von Prüfungen dann besteht, wenn elektronische Prüfungen ausschließlich auf die reine Wissensreproduktion fokussieren. Potenziale für kompetenzorientiertes Prüfen sind in den sich entwickelnden Formen des E-Assessments aber durchaus angelegt. Der dafür erforderliche Investitionsaufwand ist allerdings hoch, ebenso wie der Koordinationsaufwand zwischen den verschiedenen Beteiligten, der zudem eine Veränderung der Kooperationskultur, zumindest im Hochschulkontext, erfordert. Erschwerend kommt hinzu, dass zahlreiche rechtliche Fragen noch ungeklärt sind. Die langfristige Archivierung muss gewährleistet sein, und adäquate Regelungen in den Prüfungsordnungen sind zu treffen, um die Rechte bei Computerpannen und Datenverlust zu regeln.

7.6 E-Portfolios

Reformpädagogische Wurzeln und aktuelle Entwicklung

Portfolioarbeit wurzelt in reformpädagogischen Ansätzen und verspricht, die häufig entkoppelten Bereiche von Lehren und Lernen einerseits und Prüfen anderseits wieder zu verbinden, indem die traditionelle Leistungsfeststellung um die der Leistungsdarstellung erweitert wird. Bekannt ist das Konzept zunächst aus dem künstlerischen Bereich, in dem Kunstschaffende ihre Produkte, aber auch ihre künstlerische Entwicklung zur Kompetenzdarstellung in einer Sammelmappe dokumentieren.

Mit der Entwicklung der digitalen Medien findet die Nutzung von elektronischen Portfolios eine zunehmende Verbreitung in Hochschulen, berufsbegleitenden Studiengängen, der Berufsbildung und auch in ersten Erprobungen in Schulen. Ein wesentlicher Grund für die Nutzung von E-Portfolios ist das Leitbild des kompetenzorientierten Lehrens und selbstverantwortlichen Lernens entsprechend dem Europäischen und Deutschen Qualifikationsrahmen (Kap. 4.4.1). Durch die Dokumentation der Inhalte und Ergebnisse des eigenen formellen und informellen Lernens und die Reflexion der erreichten Ergebnisse und der eigenen Lernprozesse, die zu den Ergebnissen geführt haben, sowie deren Kommentierung durch die Mitlernenden, Tutoren und Lehrenden soll der individuelle Kompetenzerwerb besser unterstützt und beurteilbar werden.

Die Reflexion der persönlichen Leistung und Entwicklung ist der Kern der Arbeit mit Portfolios (Häcker 2011, 177). Die Lernenden sollen mit Portfolios die Kontrolle über ihre eigenen Lernprozesse gewinnen. Das fördert ihren individuellen und selbst organisierten Kompetenzerwerb. Die Erstellung und Kommentierung von Portfolios erfordert einen zusätzlichen Aufwand an Arbeit und Zeit. Zur Erreichung und Sicherung ihrer Nützlichkeit und Wirksamkeit ist die Unterstützung ihrer Erstellung und Kommentierung durch die Lehrenden auf der Grundlage vereinbarter Lernziele und Leistungskriterien notwendig.

7.6.1 Definition und Formenvielfalt

Portfolios sind ausgewählte Sammlungen von Lernergebnissen (in Form von Texten, Bildern und anderen Dokumenten) sowie reflexiven Notizen zu den Lernergebnissen und zum Verlauf, den Zielen und der Selbstbewertung des Lernprozesses, bezogen auf und angelegt durch den Lernenden („Schaufenster des Lernens“, BAUER/BAUMGARTNER 2012). Wird diese Sammlung computerunterstützt vorgehalten und verwaltet, wie es Lehr- und Lernarrangements mit E-Learning nahelegen, wird von elektronischen Portfolios oder kurz E-Portfolios gesprochen. Portfolios dienen sowohl der Kompetenzdarstellung als auch der reflexiven Lernprozessteuerung (HÄCKER 2005, 1).

Klärung des Begriffs Portfolio

Zwei viel verwendete Definitionen von (E-)Portfolios zeigen die weiteren Charakteristika eines (E-)Portfolios auf, deuten aber auch bereits die große Formenvielfalt an:

„Ein Portfolio ist eine zielgerichtete Sammlung von Arbeiten, welche die individuellen Bemühungen, Fortschritte und Leistungen der/des Lernenden auf einem oder mehreren Gebieten zeigt. Die Sammlung muss die Beteiligung der/des Lernenden an der Auswahl der Inhalte, der Kriterien für die Auswahl, der Festlegung der Beurteilungskriterien sowie Hinweise auf die Selbstreflexion der/des Lernenden einschließen“ (PAULSON, F. L./PAULSON, P. R./MEYER 1991, 60).

In dieser Definition wird neben den reflexiven Elementen das Prinzip der Partizipation der Lernenden stark hervorgehoben – bei der Auswahl der Lernergebnisse, aber ebenso auch bei der Festlegung der Auswahlkriterien und der Beurteilungskriterien.

Die Definition eines E-Portfolios von SCHAFFERT u. a. (2007, 77, Hervorh. im Original) hebt besonders die Produkt- und die Prozessorientierung hervor: „E-Portfolio ist eine digitale Sammlung von ‚mit Geschick gemachten Arbeiten‘ (Artefakte) einer Person, die dadurch das Produkt (Lernergebnisse) und den Prozess (Lernpfad/Wachstum) ihrer Kompetenzentwicklung in einer bestimmten Zeitspanne und für bestimmte Zwecke dokumentieren und veranschaulichen möchte. Die betreffende Person hat die Auswahl der Artefakte selbstständig getroffen und diese in Bezug auf das Lernziel selbst organisiert.“

Es geht in einem Portfolio also nie nur um die Lernergebnisse als Form der Leistungsdarstellung, sondern immer auch um den Weg zu den Lernergebnissen, den je individuellen, ggf. aber auch in kooperativen Kontexten eingebetteten Lernprozess.

Elemente eines Portfolios

Klassische Elemente in einem Portfolio sind (Barrett 2003; Levin 2002):

- Lernergebnisse (z. B. Seminararbeit, Rezension, Fallbeispiel, Diskussionsbeitrag),
- Beschreibung/Kommentierung eines Dokuments (z. B. Abstract, Stellenwert, Kontextinformation),
- Reflexion der eigenen Kompetenzentwicklung (z. B. Erkenntnisse, offene Fragen, Rückblick auf die gewählte Lernstrategie, Zuordnung des eigenen Lernzuwachses zu den gesetzten Lernzielen) und
- Rückmeldungen von Mitstudierenden oder Lehrenden.

Vorteile eines E-Portfolios

Ein E-Portfolio hat gegenüber dem klassischen papierbasierten Portfolio folgende Vorteile (Schaffert u. a. 2007, 78):

1. *Bessere Transportabilität und Zugänglichkeit*: Durch die digitalisierte Sammlung kann auf das E-Portfolio von beliebigen Orten aus zugegriffen werden, und mittels eines differenzierten Zugriffsberechtigungssystems können Inhalte selektiv für bestimmte Nutzergruppen zugänglich gemacht werden.
2. *Erleichterte Dokumentation und Administration*: Es entsteht automatisch eine Dokumentation im Zeitverlauf, alle Dateien können mit einer Kurzbeschreibung versehen und verschlagwortet werden. Aus dem gleichen Dokumentenbestand heraus können für unterschiedliche Zwecke verschiedene Sichten arrangiert werden.
3. *Integration von multimedialen Elementen*: Es können nicht nur Texte, Bilder oder Tabellen etc. gespeichert werden, sondern auch Filme oder Interviews in Form von Video- oder Audiodateien.
4. *Verknüpfung mit Lernprozessquellen*: Durch das Hypertextformat kann auf Quellen, die für den einzelnen Lernprozess relevant waren, leicht verwiesen werden (Lernergebnisse anderer Lernender, Lehrmaterialien etc.).
5. *Erleichterte Kommunikation und Rückmeldung*: Alle Beiträge können prinzipiell kommentiert werden. Auf diese Weise können Rückmeldungen von anderen Lernenden, aber auch von Lehrenden systematisch als weitere Lernressource erschlossen, gesammelt und dokumentiert werden.

Inhalte eines E-Portfolios

Mögliche Inhalte eines E-Portfolios sind daher Dateien beliebigen Formats, inkl. Multimediadateien, und Kommentierungen bzw. Rückmeldungen, Verknüpfungen auf besuchte Lehrveranstaltungen, erstellte Wikis, Podcasts etc. sowie Referenzen wie Zeugnisse, Auszeichnungen oder Bescheinigungen (Brahm/Seufert 2007, 7).

Formenvielfalt von Portfolios

Je nachdem zu welchem Zweck das E-Portfolio primär eingesetzt wird (Unterstützung der eigenen Kompetenzentwicklung oder zur Kompetenzbeurteilung) und ob der Schwerpunkt stärker auf den Lernprodukten oder auf den Lernprozessen liegt und welches der Einsatzkontext ist, entsteht eine große Bandbreite an unterschiedlichen Typen und Formen von E-Portfolios (BAUMGARTNER/HIMPSL/ZAUCHNER 2009). Wichtige Grundformen, die in den meisten Systematiken vorkommen, sind die folgenden vier (E-)Portfolio-Arten (BRAHM/SEUFERT 2007, 13 f.):

1. *Arbeitsportfolio*: abgeschlossene und gegenwärtig bearbeitete Aufgabenlösungen samt reflexiven Anteilen. Teile des Arbeitsportfolios können zur Bewertung ausgekoppelt werden, das Arbeitsportfolio kann aber auch als Grundlage der Beratung durch die Lehrenden dienen.
2. *Entwicklungsportfolio*: systematische Sammlung und Reflexion unterschiedlicher Stationen im Lern- und Entwicklungsprozess über einen längeren Zeitraum. Lernende wählen in der Regel Dokumente aus, die für die jeweiligen Entwicklungsstationen besonders typisch sind.
3. *Beurteilungsportfolio*: primär angelegt, um die eigenen Kompetenzen darzustellen und der Selbst- oder Fremdbewertung zugänglich zu machen.
4. *Bewerbungsportfolio*: Dokumente und Reflexionen, die die eigene Kompetenzentwicklung und das derzeitige Können darstellen, um insbesondere im beruflichen Bereich einen zukünftigen Arbeitgeber über das eigene Kompetenzprofil zu informieren. Darin können auch Zeugnisse und Referenzen Dritter integriert sein.

Weiterhin ist es mit Portfolios auch möglich, Ergebnisse nicht formaler Lernprozesse und informell erworbener Kompetenzen darzustellen. Portfolios werden daher auch im Kontext der Zertifizierung nicht formal erworbener Kompetenzen eingesetzt (ebd., 12).

Technische Infrastruktur

In Hinblick auf die technische Infrastruktur werden E-Portfolios häufig durch Zusätze zu Learning Management Systemen (LMS) oder Web-2.0-Instrumenten (z. B. Weblogs und Wikis) realisiert. Ein viel genutztes Beispiel für eine Portfolio-Komponente als Ergänzung zu einem LMS ist die Software Mahara (http://mahara.org/ [23.01.2015]); sie kann aber auch eigenständig mit anderen LMS kombiniert werden. Insgesamt werden die technologischen Unterstützungen von E-Portfolios wegen der starken Lernerzentrierung in der Regel den persönlichen Lernumgebungen (Kap. 3.5.2) zugeordnet. Für einen möglichst vielfältigen Einsatz ist es dabei wichtig, dass die technologische Infrastruktur eine differenzierte Zugriffs- und Rechteverwaltung ermöglicht (Evaluationen von verschiedenen E-Portfolio-Softwaresystemen siehe u. a. HIMPSL/BAUMGARTNER 2009).

7.6.2 Arbeitsschritte bei der Erstellung

Folgende Arbeitsschritte sind bei der Erstellung eines E-Portfolios zu vollziehen (Schaffert u. a. 2007, 79):

1. *Zielsetzung festlegen und Rahmenbedingungen klären*: Einsatzkontext und Hauptfunktion des Portfolios müssen geklärt werden; daraus resultieren auch Festlegungen zu Zeitdauer und Zugriffsrechten.
2. *Werkstücke (Artefakte) sammeln und kriterienorientiert auswählen*: Es müssen Artefakte erstellt und beschrieben werden, ggf. Auswahlkriterien festgelegt sowie eine systematische Auswahl getroffen werden, die idealerweise bezogen auf die zu erwerbenden Kompetenzen organisiert wird.
3. *Den eigenen Lernprozess steuern und reflektieren*: Gemäß den eigenen Lernzielen und dem Gesamtzweck des Portfolios müssen Lernergebnisse, aber auch Stationen des Lernprozesses reflektiert, (selbst) bewertet und für die weitere Entwicklung des Lernprozesses genutzt werden. Vorlagen als Reflexionshilfen können hier unterstützend sein. Rückmeldungen der Lehrenden sind besonders hilfreich.
4. *Ansichten zusammenstellen und verteilen*: Je nach Einsatzkontext und Zweck des Portfolios können Teile des Portfolios in Ansichten zusammengestellt und anderen Gruppen zugänglich gemacht werden (z. B. Lerngruppe, Lehrenden, Personalmanagement).
5. *Portfolio bewerten*: Je nach Einsatzkontext und Zweck des Portfolios können das gesamte Portfolio oder Teile davon einer Selbstbewertung unterzogen werden (im Sinne einer formativen Evaluation) oder auch einer Fremdbewertung durch Mitlernende, Lehrende oder Prüfer.

Handlungsschritte der Lernenden

Von den Lernenden sind die folgenden Schritte zur Erstellung eines E-Portfolios zu leisten (e-teaching.org 2015b):

1. *Auswählen*: Lernende wählen je nach Zweck und Einsatzszenario des Portfolios Proben ihrer Arbeit, sog. Artefakte, aus. Die eingestellten Artefakte lassen sich in einem E-Portfolio in der Regel flexibel organisieren, z. B. in verschiedenen Ansichten zusammenstellen und für unterschiedliche Gruppen zugänglich machen.
2. *Beschreiben und Analysieren*: Alle Artefakte sind mit einer kurzen Beschreibung, z. B. einer Zusammenfassung, zu versehen. Die Artefakte sind hinsichtlich ihres Stellenwerts im Lernprozess, der ausgewählten Medien, der Erfolgsfaktoren oder Barrieren bei der Erstellung zu analysieren.
3. *Reflektieren*: Die Lernenden reflektieren ihren eigenen Weg zu den Lernergebnissen, kommentieren und analysieren ihre Erfahrungen im Prozess der Kompetenzaneignung.
4. *Vergleichen und Rückmelden*: Die Lernenden vergleichen ihre Ergebnisse und ihre Lernprozesse mit denen der Mitlernenden oder auch mit von außen vorgegebenen Standards, entwickeln eigene Beurteilungskriterien und holen Rück-

meldungen aus der Lerngruppe oder von Lehrenden ein und überarbeiten ggf. daraufhin ihre Arbeiten.

7.6.3 Mögliche Einsatzszenarien

Ein E-Portfolio kann ein einzelnes Seminar abbilden, aber auch verschiedene Seminare miteinander verbinden oder einen kompletten Ausbildungsgang oder Studiengang begleiten – als freiwilliges Zusatzangebot der eigenen Kompetenzentwicklung und -dokumentation oder als verpflichtender, integraler Bestandteil eines Bildungsprogramms (für den Einsatz von E-Portfolios als integraler Bestandteil einer Studiengangskonzeption vgl. Bäcker/Cendon/Mörth 2011; für den Einsatz in der Aus- und Weiterbildung von Lehrerinnen und Lehrern vgl. Himpsl-Gutermann/Bauer 2011; in berufsbegleitenden Studiengängen und zur Wirkungsmessung von Studienangeboten vgl. Arnold/Kumar 2014a; 2014b). Zur Förderung lebenslangen Lernens ist auch ein institutionenunabhängiges E-Portfolio möglich, das der Einzelne über die verschiedenen Stationen seiner Bildungsbiografie führt und damit seine Kompetenzen systematisch reflexiv erweitert.

Verschiedene Einsatzszenarien

In der beruflichen Bildung wird gegenwärtig erfolgreich erprobt, die traditionelle Form des Berichtshefts zur Verbindung unterschiedlicher Lernorte durch E-Portfolios zu ersetzen (vgl. Albrecht/Börner/Köhler 2012; Elsholz/Knutzen 2010; Elsholz/Rohs 2015). Angestrebt wird damit eine stärkere Förderung der Reflexionsfähigkeit der Auszubildenden sowie eine größere Selbststeuerung im Ausbildungsprozess. Weiterhin wird auch die Nutzung des E-Portfolios zur Bewerbung sowie zur weiteren beruflichen Weiterbildung angedacht. Spezifische Rahmenbedingungen in der beruflichen Ausbildung begrenzen allerdings den Einsatz und die einfache Übertragung vorhandener Konzepte aus anderen Bildungskontexten.

Im Bereich der Hochschulen werden E-Portfolios bereits in vielfachen Formen eingesetzt. Bezogen auf den (österreichischen) Hochschulkontext unterscheidet eine Studie im Auftrag des österreichischen Bundesministeriums für Wissenschaft und Forschung (Baumgartner/Himpsl/Zauchner 2009, 14 ff.) folgende Einsatzszenarien (für eine Aufbereitung nach dem Ansatz der didaktischen Entwurfsmuster und mit detailliert analysierten Beispielen vgl. Bauer/Baumgartner 2012):

Einsatzszenario A: Entwicklungsportfolio

- Begleitinstrument für die Planung des Studiums und der eigenen beruflichen Entwicklung,
- ggf. als Bewerbungsportfolio einzusetzen,
- Zielsetzung: Reflexion der eigenen Studienwahl, der eigenen Kompetenzen und Interessen.

Einsatzszenario B: Arbeitsportfolio als Lehr- und Lerninstrument in einzelnen Lehrveranstaltungen, ggf. mit Anrechenbarkeit als Studienleistung über ECTS-Punkte (European Credit Transfer System):

- Begleitend zu einer Lehrveranstaltung über ein Semester zu führen,
- Lernergebnisse sammeln und Leistungen, Zwischenschritte und Stolpersteine auf dem Weg dorthin reflektieren.

Einsatzszenario C: Präsentations- und Beurteilungsportfolio (insbesondere als Bestandteil von Studiengängen, die eine Nähe zu Technologien aufweisen):

- E-Portfolio als „Schaltzentrale des gesamten Studiums" (ebd., 16),
- fest verankert im gesamten Studiengang,
- Instrument des Wissensmanagements für die Studierenden,
- Kommunikationsplattform für die studentische Lerngemeinschaft,
- Leistungsnachweis als Ergänzung oder Ersatz für Prüfungen.

Einsatzszenario D kombiniert den E-Portfolio-Einsatz aus den Modellen A bis C und verbindet ihn mit der Hochschulstrategie zur curricularen Integration von E-Portfolios in das Studium:

- E-Portfolios sind in systematische Gesamtstrategie für die gesamte Hochschule eingebunden,
- verbindet die einzelnen Elemente der Arbeits-, Entwicklungs- und Bewerbungsportfolios,
- kombiniert Bottom-up- und Top-down-Prozesse an der Hochschule.

Bei diesen Einsatzszenarien wird kritisch angemerkt, dass reine Beurteilungsportfolios noch keine Berücksichtigung fanden, da die Rahmenbedingungen an österreichischen Hochschulen aus Sicht der Autoren dafür noch nicht gegeben sind. Insbesondere scheint die Kompetenz- und Outcome-Orientierung noch nicht hinreichend umgesetzt (ebd., 18). Deutlich wird in jedem Fall, dass es eine große Bandbreite an E-Portfolios gibt und die kontextuellen Rahmenbedingungen für ihre Verwendung entscheidend sind.

7.6.4 Kompetenzorientiertes Prüfen mit E-Portfolios?

Die Beschreibung der Formenvielfalt und der Einsatzszenarien hat sichtbar gemacht, dass E-Portfolios prinzipiell eine Möglichkeit darstellen, die Prozesse des Lehrens und Lernens mit denen der Bewertung und Beurteilung zu verbinden und die Leistungsfeststellung damit handlungsorientierter zu gestalten. Aber diese Verbindung enthält auch mögliche Fallstricke, die zu vermeiden sind, um das Potenzial von E-Portfolios als alternativer Prüfungsform abschließend einschätzen zu können.

Brückenfunktion von E-Portfolios

Worin liegt das Alternative beim Einsatz von E-Portfolios als Prüfungsform? An traditionellen Prüfungsformen wird generell kritisiert, dass sie den Beurteilungsprozess von den Lehr- und Lernprozessen abkoppeln und z. B. in punktuell zu erstellenden handschriftlichen Klausuren keine realitätsnahe Abbildung von Kompetenzen möglich sei (u.a. weil die Arbeitsweise der Erstellung eines Textes ohne Überarbeitungsmöglichkeiten mit PC-Unterstützung allein schon nicht realitätsnah ist) und diese somit nicht überprüft würden. Wird das E-Portfolio mit seinen vielfältigen Artefakten als Ergebnisse des Lernprozesses samt ihrer reflexiven Analyse und Selbstbewertung sowie Verknüpfung mit Lehrmaterialien zur Prüfung eingesetzt, rücken Lehr-, Lern- und Prüfprozess näher zusammen. Die viel diskutierte Brückenfunktion zwischen Lehren, Lernen und Prüfen wird dadurch realisiert.

Realitätsnähe von E-Portfolios

Weiterhin wird an kompetenzorientierte Prüfungen im Sinne des „authentic assessment" die Anforderung gestellt, „anspruchsvoll, lebensnah, herausfordernd und ergebnisoffen" zu sein (Häcker 2005, 3; Kap. 7.1). E-Portfolios können diese Anforderungen prinzipiell erfüllen. Für die Erzeugung der Artefakte steht den Lernenden in der Regel eine realistische Arbeitsumgebung zur Verfügung – Textverarbeitungsprogramme mit Rechtschreibhilfe, die Möglichkeit, Texte mehrfach zu überarbeiten und nicht in einem Zug wie bei Klausuren zu erstellen. Das große Gewicht der Reflexion des eigenen Lernprozesses in E-Portfolios und der zunehmenden Selbststeuerung des Lernprozesses entspricht in hohem Maße zeitgemäßen Qualifikationszielen wie der Ausbildung von metakognitiven Strategien und flexiblen Lernkompetenzen.

Deformierungen der E-Portfolio-Idee

Allerdings realisieren E-Portfolios nicht automatisch diese positiven Eigenschaften. Die folgenden Risiken gefährden ihre Brückenfunktion:

Werden E-Portfolios nicht gut vorbereitet mit orientierenden Hinweisen eingeführt, kann es auch zu Deformierungen der E-Portfolio-Idee kommen (Reinmann/Sippel 2011, 195 ff.): Es werden z. B. wahllos und unreflektiert viel zu viele Artefakte gesammelt (over-acting), oder die Reflexionen werden aufgrund der Bewertungssituation über ein sinnvolles Maß hinaus intensiviert und ausschließlich auf die eigene Person bezogen (over-reflecting). Bei der Reflexion ist besonders wichtig, dass diese nicht nur den individuellen förderlichen oder hinderlichen Verlauf der Lern- und Arbeitsprozesse zum Gegenstand hat, sondern darüber hinaus auch die konkreten Bedingungen des Lehr- und Lernkontextes und der Institution mit in den Blick kommen, Reflexion also nicht individualistisch verkürzt wird.

Werden E-Portfolios auch zur Bewertung eingesetzt, besteht die Gefahr, dass Lernende eigene Kriterien in den Hintergrund stellen und ihre Auswahl von Artefakten ebenso wie die Reflexion den vermeintlichen externen Bewertungsstandards anpassen. Auch kann die Reflexion an der Oberfläche stehen bleiben und eher der Selbstdarstellung im Sinne der Selbstvermarktung dienen. In Hinblick auf ausgewählte Artefakte und Reflexionsbeiträge besteht eine weitere mögliche Deformierung darin, dass Fehler oder Umwege ausgeblendet werden und nicht als Quelle für weitere Lernimpulse dienen, z. B. aus Fehlern zu lernen.

Die möglichen Deformierungen der reflexiven Anteile analysiert HÄCKER (2005, 7) für den schulischen Kontext treffend: „Wird das Portfolio von SchülerInnen als ein Mittel der Steigerung der Kontrolle und der Ausweitung schulischer Bewertungstotalität (Foucault) wahrgenommen, entsteht eine eigene Art von Prosa, die man in Abwandlung eines Begriffs von Holzkamp als ‚defensives Reflektieren' [...] bezeichnen könnte." Die Reflexion dient dann nur noch der Abwehr potenzieller negativer Konsequenzen und verliert ihren lernförderlichen Charakter.

Didaktische Integration von E-Portfolios notwendig
Zusammenfassend kann festgehalten werden, dass E-Portfolios in ihrer Multifunktionalität prinzipiell geeignet sind, die Bereiche von Lehren, Lernen und Prüfen zur Bestimmung kompetenzorientierten Lernerfolgs zu verbinden, aber nicht automatisch als lernförderliches Prüfinstrument wirken. Unter ungünstigen Bedingungen können E-Portfolios den lernbehindernden Charakter von Prüfungen auch verstärken und sogar zur subtilen Ausweitung einer institutionellen Bewertungstotalität führen (zur „Ambivalenz von E-Portfolios in Bildungsprozessen" vgl. MEYER/MAYRBERGER/MÜNTE-GOUSSAR/SCHWALBE 2011 und zur Gefahr, mit E-Portfolios eine neoliberale „Selbst-Ökonomisierung" zu unterstützen, vgl. MÜNTE-GOUSSAR 2011).

Um die positiven Potenziale als kompetenzorientierte Prüfungsform zu realisieren, ist es wichtig, dass E-Portfolios konzeptuell in der didaktischen Planung verankert sind und die Reflexionen immer auch die gesamten Lernbedingungen und den institutionellen Kontext als Ganzes mit thematisieren. Unter diesen Bedingungen können E-Portfolios eine sinnvolle Weiterentwicklung der Prüfungskultur in Richtung Kompetenzorientierung sein und wichtige Koordinationsleistungen, z. B. beim forschenden Lernen an Hochschulen, einnehmen (REINMANN/SIPPEL 2011, 198).

E-Portfolios können aber bildungspolitische Widersprüche nicht auflösen. Die Spannungsfelder zwischen stärkerer Individualisierung im Bildungssystem und gleichzeitiger Standardisierung, zwischen umfassender Kontrolle durch die Institution einerseits und dem Wunsch nach Entlastung der Lehrenden und Stärkung selbst verantwortlichen Lernens andererseits, sowie dem Anspruch, einer immer diverser werdenden Gruppe von Lernenden gerecht zu werden, und der Selektionsfunktion von Prüfungen bleiben bestehen (HÄCKER 2005; REINMANN/SIPPEL 2011).

7.7 Innovative Prüfungsformen im Web 2.0

Neue Impulse durch Web 2.0?
Web-2.0-Instrumente werden in unterschiedlichen Szenarien im Bildungssektor eingesetzt, auch wenn sie noch nicht immer zu den Alltagswerkzeugen im E-Learning gehören (GAISER/THILLOSEN 2009; Kap. 5.4). Können sie auch der kompetenzorientierten Prüfung von Lernerfolg neue Impulse geben? Die Instrumente wie Wikis, Weblogs oder Podcasts besitzen kein Innovationspotenzial für Prüfungsformate,

aber die mit ihnen unmittelbar verbundenen neuen Nutzungsarten des Internets haben die Diskussion um Selbstbewertung (Self Assessment) und kollegialer Bewertung (Peer Assessment, Peer Grading) neu belebt. Da die Arbeitsergebnisse von anderen Lernenden gelesen und beurteilt werden, strengen sie sich deutlich stärker an, gute Leistungen zu präsentieren, weil sie in der Gruppe gut dastehen und sich nicht blamieren wollen (Dräger/Müller-Eiselt 2015, 92 f.). Beide Formen der Bewertung sind nicht neu und selbstverständlich auch nicht an digitale Medien gebunden, gewinnen aber durch die Web-2.0-Kultur verstärkt an Bedeutung und erhalten erneut Aufmerksamkeit. Im Kontext der Web-2.0-Instrumente haben sich Formen der Selbstbewertung (z. B. durch Selbstreflexionen in Weblogs) und vor allem der kollegialen Bewertung (z. B. die Bewertung: Fanden Sie diesen Beitrag hilfreich? durch andere Nutzer eines Informationsangebots) etabliert, allerdings eher im Bereich von virtuellen Gemeinschaften oder E-Business-Kontexten, weniger im formalisierten Bildungssektor.

Mehr Vielfalt in Prüfungsformaten

Wird von dem hier dargelegten erweiterten Verständnis von Prüfung des Lernerfolgs ausgegangen, das nicht nur bilanzierende Fremdbewertung meint, sondern auch formatives Feedback zur Unterstützung von Lernprozessen umfasst, kann den Web-2.0-Instrumenten ein großes Potenzial für die Entwicklung innovativer Assessmentformen und insbesondere für mehr Vielfalt bei Prüfungsformaten zugesprochen werden (Bogner 2010; Reinmann 2007a, 16 ff.). Auch wird es leichter möglich, Gruppenarbeit differenziert zu bewerten. Ist das Gruppenergebnis bspw. in einem Wiki dokumentiert, lassen sich die Beiträge der einzelnen Gruppenmitglieder leichter unterscheiden (Geschichtsfunktion bzw. Versionsverwaltung in Wikis). Ein didaktisch durchdachtes Bewertungskonzept wird durch diese neuen technologischen Möglichkeiten selbstverständlich nicht ersetzt.

Selbstbewertung und kollegiale Bewertung

Wie Reinmann (2007a, 16 ff.) im Detail ausführt, können Formen der Selbstbewertung und der kollegialen Bewertung, die mit Web-2.0-Instrumenten realisiert werden, ggf. wichtige Grundbedürfnisse von Lernenden erfüllen, wie die Bedürfnisse nach Autonomie, Kompetenz und sozialem Eingebundensein (Deci/Ryan 1993). Solche Prüfungselemente können also wichtige motivationale Vorteile bieten, und die große „Gestaltungsmacht des Assessments" (Reinmann 2007a, 19) könnte mit ihnen zur Unterstützung von Lernprozessen genutzt werden. Bislang wird mit diesen Formen aber nur vereinzelt experimentiert, größere systematische Forschungsarbeiten fehlen. Handlungsroutinen haben sich noch nicht im größeren Maßstab herausgebildet. Oft bleibt es bei der Darlegung des prinzipiellen Potenzials (Bogner 2010). Reinmann (2007a, 18) sieht als ein wichtiges Hindernis „vor allem die Angst [...] – Angst letztlich vor einer ungewohnten Situation, deren Kontrolle man aus den eigenen Händen gibt und in die der Studierenden legt. Eigentlich aber wäre doch genau das für die Studierenden ein Akt der Bildung schlechthin – nämlich selbst Verantwortung zu übernehmen, für das eigene Tun, teilweise auch für das der anderen, für eigene und gemeinsame Ziele."

Für die Einbeziehung von Selbstbewertungen und kollegialer Bewertung in Formate zur Überprüfung des Lernerfolgs sprechen noch einige weitere Argumente (im Folgenden zusammengefasst nach Bogner 2010, 39, und Race 2001, 8 ff.):

- Lernende schätzen ihre eigenen Leistungen und die ihrer Mitlernenden als Referenzwert ohnehin ein. Werden Selbstbewertung und kollegiale Bewertung in Leistungsnachweise integriert, können sie diese Einschätzung reflektiert und systematisch vornehmen.
- Selbstbewertung und der Vergleich der eigenen Aufgabenlösung mit anderen Lösungen kann den eigenen Lernprozess intensivieren und vertiefen.
- Selbst- und Fremdeinschätzung ist nahezu in allen Berufsfeldern eine wichtige Kompetenz.
- Lernende gewinnen Autonomie und Verantwortung für ihre Lernprozesse.
- Selbst- und kollegiale Bewertung erhöht die Menge des insgesamt gegebenen Feedbacks.
- Jede Bewertungsform benachteiligt bestimmte Lernende. Mit einer Diversifizierung der Prüfungsformate durch die Einbeziehung von Selbst- und Fremdbewertung wird eine systematische Benachteiligung bestimmter Lernpräferenzen reduziert.
- Lehrende können entlastet werden und sich gezielter der Auswertung des Gesamtprozesses und der Überwindung von Lernbarrieren widmen.

Moderation der Bewertungen

Sowohl Selbstbewertungen als auch kollegiale Bewertungen sind für die Mehrzahl der Lernenden in formalen Bildungsgängen zunächst sehr ungewohnt. Sollen diese Formen in das eigene Lehr-/Lernarrangement eingebaut werden, sollten diese Prüfungselemente gut eingeführt und die Gründe für den Einsatz dem Kontext entsprechend erläutert werden. Bei der Verwendung stellen sich grundsätzlich zwei weitere Fragen: Inwiefern ist es sinnvoll, diese Bewertungen als Lehrender zu moderieren? Inwieweit sollten die Lernenden selbst an der Entwicklung der Beurteilungskriterien beteiligt sein?

Zur Frage der Moderation wird generell empfohlen, die eigene Moderation oder Kommentierung zunächst auf ein Minimum zu reduzieren, um die ernsthafte Beteiligung der Lernenden nicht zu gefährden (Bogner 2010; Race 2001). Zur Beteiligung bei der Festlegung der Beurteilungskriterien ergibt sich aus den Qualitätskriterien für handlungsorientierte Prüfungen (Tab. 7.3) bereits, dass eine Partizipation der Lernenden hier äußerst sinnvoll ist. Der Prozess der Selbstbewertung bzw. der kollegialen Bewertung wird umso stärker zur eigenen Sache, wenn auch Einfluss auf die Kriteriensammlung genommen werden kann. Je nach Rahmenbedingungen und Lernendengruppe können unterschiedliche Beteiligungsformen gewählt werden. Eine vorgegebene Anzahl an Kriterien kann modifiziert oder erweitert oder vollkommen selbstständig entwickelt werden. Bei allen Prozessen sollte beachtet werden, dass diese Beteiligungsformen in formalen Lehr-/Lernarrangements in der Regel sehr ungewohnt sind und die Herausforderung an die Lehrenden darin besteht, das Vorgehen zu begründen und anschlussfähig für die Lernendengruppe zu gestalten.

7.7.1 Selbstbewertungen

Wege in die Selbstständigkeit

Die Fähigkeit, die eigene Arbeit selbstkritisch zu bewerten und daraus Konsequenzen für zukünftiges Handeln zu ziehen, ist eine Komponente beruflicher Handlungskompetenz. Zudem eignen sich manche erarbeiteten Ergebnisse aus einem Lernprozess im Grunde viel besser für Selbst- als für Fremdbewertung, wie z. B. Dokumentationen und Reflexionen des eigenen Lernprozesses in Lerntagebüchern, Darlegungen zum eigenen Lerngewinn (Race 2001). In Modellprojekten der Berufsbildung wurde vielfach mit Selbstbewertungen (häufig Selbstevaluation genannt) gearbeitet und konkrete Vorgehensweisen getestet. Sie wurden eingesetzt, um „Wege aus der Unselbstständigkeit zu erkennen und neue Wege in die Selbstständigkeit zu wagen" (Herold 2003, 96).

Didaktisch-methodische Einbindung

Als technische Plattform für die Umsetzung solcher Bewertungen bieten sich insbesondere Weblogs an (Kap. 5.4.2), da sie eine chronologische Kommentierung und Dokumentation einzelner Arbeitsphasen erlauben. Durch die Kommentierungsfunktionen lassen sie sich auch leicht mit kollegialen Bewertungsformen verbinden. Aber nicht die Auswahl des digitalen Werkzeugs ist entscheidend, sondern die didaktisch-methodische Einbindung in den gesamten Lehr-/Lernprozess. Schon allein die Aufforderung, den eigenen Lern- oder Arbeitsprozess zu reflektieren, kann auf ganz unterschiedliche Aspekte abzielen und entsprechend unterschiedlich von den Lernenden gestaltet werden.

Eine Reflexion als analytisches Nachdenken über das eigene Handeln kann sich als retrospektive Reflexion auf Erfahrungen, Handlungsschritte, Denk- und Vorgehensweisen beziehen, die in der Vergangenheit liegen. Als prospektive Reflexion kann sie sich aber auch auf die gleichen Elemente zukünftiger Handlungen beziehen. Zusätzlich lässt sich zwischen Selbstreflexion, bei der die eigene Person und ihr Handeln im Mittelpunkt stehen, und struktureller Reflexion unterscheiden, bei der verstärkt die Rahmenbedingungen, Regeln und Strukturen des eigenen Handelns im Mittelpunkt der analytischen Betrachtung stehen (Gillen 2007). Hilfreich scheint es in jedem Fall zu sein, wenn konkrete Hilfen zum Einstieg anhand von Fragen zur Selbstbewertung gegeben werden. Grundfragen, die für jeden Kontext anzupassen sind, sind z. B.: Was ist in dieser Aufgabenlösung besonders gut gelungen, was besonders wenig? Was wurde als besonders schwer bei der Aufgabenlösung empfunden, was war der größte Lerngewinn bei der Bearbeitung der Aufgabenstellung (Race 2001)?

7.7.2 Möglichkeiten kollegialer Bewertungen

Entwicklung im Anfangsstadium

Kollegiale Bewertung (Peer Assessment) durch Gleichrangige ist durch die Web-2.0-Instrumente in zahlreichen Bereichen außerhalb formaler Lehr-/Lernarrangements bereits weit verbreitet. Das Erfolgsmodell der Online-Enzyklopädie Wikipedia basiert vollständig auf dieser Assessmentform. Auch im Bereich wissenschaftlicher Publikationen sind Formen kollegialer Bewertung (Peer Review) etabliert. Wie lassen sich solche Formen auch in formalisierten Lernprozessen nutzen? Im angloamerikanischen Bereich werden Formen der kollegialen Bewertung schon verstärkt eingesetzt, im deutschsprachigen Bereich eher zögerlich.

Ein Beispiel zu kollegialer Bewertung im Bachelorstudium ist bei Bogner (2010) ausgeführt und gleichzeitig empirisch untersucht. Hier hat es sich als besonders hilfreich erwiesen, eine klare Struktur für die studentischen Rückmeldungen vorzugeben. Insgesamt zeigte die empirische Untersuchung allerdings noch eine geringe Robustheit und Zuverlässigkeit der studentischen Bewertungen (insbesondere eine Vermeidung negativer Urteile), aber auch eine Vertiefung der Lernprozesse durch diese Bewertungsform.

Vorteile und Probleme kollegialer Bewertung

Das Ziel kollegialer Bewertung ist, dass Lernende bzw. „Studierende wechselseitig die Leistungen ihrer Kommilitonen evaluieren. Dadurch bekommen sie die Möglichkeit, sich selbst mit akademischen Bewertungsszenarien auseinanderzusetzen, erhalten dabei aber auch ein individuelles Feedback zu den durch sie selbst erbrachten Leistungen, können diese dadurch reflektieren und sich im Leistungsspektrum ihrer Kommilitonen verorten“ (Brodhun u. a. 2014, 109). Oft fallen bisher gerade lernförderliche Rückmeldungen zur Unterstützung von Lernprozessen (formatives Assessment) aus Zeitmangel weg. Durch kollegiale Bewertungen kann der einzelne Lernende insgesamt mehr Rückmeldungen zu seiner Arbeit erhalten. Technologisch sind kollegiale Bewertungen unterschiedlich zu realisieren. Am leichtesten können sie als Forenbeiträge oder mithilfe von Kommentierungsfunktionen in Weblogs oder E-Portfolios umgesetzt werden (Bogner 2010; Reinmann 2007a). Befürchtet werden bei kollegialer Bewertung allerdings Verzerrungen aufgrund von Freundschaften oder Antipathien. Diese Gefahr kann dadurch reduziert werden, dass Bewertungspaare zufällig gebildet werden und insbesondere jeder Lernende von mindestens zwei Mitlernenden eine kollegiale Rückmeldung erhält. Klaffen hier Bewertungen sehr stark auseinander, kann dies ein Indiz für Verzerrungen oder eine Interventionsnotwendigkeit sein.

Eine andere Form der kollegialen Rückmeldung lässt sich gestalten, wenn Arbeitsergebnisse wie in einer Messe bzw. Online-Messe präsentiert werden und die Teilnehmenden sich aussuchen können, welche anderen Messestände sie besuchen, um hier eine differenzierte Rückmeldung abzugeben. Die Aufmerksamkeit, die die eigene Ausarbeitung erfährt, ist bei dieser Gestaltung bereits eine erste Rückmeldung.

In dieser Form des Peer-Assessments können Lernende also selbst Aufgaben bestimmen und bearbeiten und die Ergebnisse von anderen Lernenden in ihrer Qualität zur Lösung einer Problemstellung beurteilen lassen. Die Lernenden können dadurch selbst ihre erworbenen Kompetenzen sowohl auf sich bezogen als auch im Vergleich zu anderen Lernenden beurteilen (BRODHUN u. a. 2014, 110).

Gestaltung kollegialer Bewertungen

Deutlich sollte geworden sein, dass die neuen Web-2.0-Instrumente nicht an sich innovative Prüfungsformen ermöglichen, sondern nur andere Formen der Bewertung wie Selbstbewertung und kollegiale Bewertung organisatorisch-technisch gut unterstützen können. Hilfreich kann dabei sein, dass derartige Prozesse ggf. aus anderen Bereichen, in denen die Web-2.0-Kultur schon mehr verbreitet ist, bekannt sind.

7.8 Lernerfolg und Kompetenzerwerb in MOOCs prüfen

Aufgrund der großen Teilnehmerzahlen von Zehn- bis Hunderttausenden, der kompletten ortsverteilten virtuellen Durchführung und der in der Regel nicht vorhandenen akademischen Betreuung in Massive Open Online Courses (MOOCs) stellt die Überprüfung von Lernerfolg und Kompetenzerwerb in diesen Kursen die Veranstalter vor besonders große Herausforderungen. Abschließende Prüfungsformate wie auch formative Überprüfungen für Rückmeldungen an die Lernenden müssen skalierbar sein, da die Zahl der eingeschriebenen Teilnehmenden nie vorher feststeht. Weiterhin stellt die Feststellung der Identität der Lernenden eine zusätzliche Hürde bei der Vergabe von Zertifikaten dar.

Eingesetzte Prüfungsformen

Trotz der genannten Schwierigkeiten ist in den meisten nach den klassischen Kurskonzepten aufgebauten MOOCs, also der großen Mehrheit gegenwärtiger MOOCs, und auch in einigen auf gemeinsames Lernen orientierten MOOCs der Erwerb von Zertifikaten, manchmal in der neuartigen Form der Online Badges (Leistungsabzeichen, siehe unten), möglich. Eingesetzt werden die folgenden Prüfungsarten für summative wie für formative Lernerfolgskontrollen (BATES 2014, 51):

1. *Automatisierbare Prüfungsformen*: Elektronische Prüfungen, die automatisiert ausgewertet werden können, mit dem bereits beschriebenen Nachteil, dass solche Prüfungsformate sich eher für Faktenwissen und einfache Konzepte, aber weniger für komplexe Zusammenhänge oder handlungs- und kompetenzorientierte Prüfungen eignen. Experimentiert wird insbesondere in den Geisteswissenschaften auch mit automatischer Aufsatzbewertung, die aber ebenfalls noch sehr enge Grenzen der Einsetzbarkeit hat (BALFOUR 2013).
2. *Kollegiale Bewertungen*: Insbesondere für formatives Assessment wird auf kollegiale Bewertungen zurückgegriffen. Diese Form der Bewertung ist ebenfalls beliebig skalierbar. Allerdings ist sie bei der besonders heterogenen, oft international und interkulturell zusammengesetzten Teilnehmerschaft mit häufig extrem

unterschiedlichen Vorkenntnissen und Kursengagements – ohne akademische Betreuung – mit noch mehr Problemen behaftet als unter Bedingungen betreuter E-Learning-Kurse in kleineren, überschaubaren Lerngruppen. Gearbeitet wird an spezifischen Kalibrierungen und statistischen Korrekturen von derartigen Peer Reviews in MOOCs (Suen 2014), aber diese Methoden und Instrumente befinden sich noch im Experimentierstadium. Weiterhin scheint es eine negative Korrelation zwischen kollegialer Bewertung als Assessment-Form in MOOCs und den Absolventenquoten zu geben (Jordan 2013).

Neue Zertifizierung selbst gesteuerten Lernens: Online Badges

Mit der zunehmenden Möglichkeit, auch außerhalb formaler Bildungsinstitutionen Kursen zu folgen und Lernleistungen zu erbringen, wird ein neuer Ansatz der Zertifizierung dieses selbst gesteuerten Lernens diskutiert: Online Badges sind virtuelle Abzeichen oder Plaketten, die Lernende in MOOCs für ihre erbrachten Lernleistungen erhalten können. Mithilfe der Online Badges sollen die Lernleistungen nach außen sicht- und dokumentierbar werden, damit für das eigene selbst gesteuerte Lernen einen Anreiz darstellen und ggf. von Dritten als Kompetenz- oder Leistungsnachweis anerkannt werden. Online Badges liegen in der Regel als Datei bzw. Code vor, die auf einer Webseite eingebunden werden können, die zur Repräsentation der eigenen Leistungen und Kompetenzen genutzt wird, z. B. eine Profilseite in einem sozialen Netzwerk, eine persönliche Homepage, ein E-Portfolio oder andere Formate.

Details der Vergabe von Online Badges sind je nach Kontext unterschiedlich. Im Allgemeinen legt der Veranstalter die Anforderungen für den Erwerb von Online Badges, ggf. auch auf verschiedenen Niveaustufen, innerhalb des Kurses fest. Wie die Lernenden ihre Leistungen zum Erwerb des Abzeichens gegenüber dem Kursanbieter dokumentieren, ist je nach Einzelfall unterschiedlich, ebenso verschieden sind die Modalitäten, wie der Kursveranstalter die Leistungen überprüft und das Online Badge übergibt. Analog variiert auch die genutzte technische Infrastruktur zur Vergabe von Online Badges. Eine frei angebotene Möglichkeit besteht in der Mozilla Open Badge Infrastructure, die gleichzeitig eine Spezifikation (Open Badge Infrastructure, OBI) zur Standardisierung von Online Badges enthält: Gemäß dieser Spezifikation behält die Stelle, die die Online Badges ausgibt, selbst einen zugehörigen Datensatz zur Online Badge mit relevanten Metadaten wie Name des Ausgebenden, E-Mail-Adresse des Empfängers, Verweis auf die Vergabekriterien dieser Online Badge und eine kurze Beschreibung der Online Badge. Weiterhin können die Metadaten noch andere Details wie Verweise auf die für das Abzeichen erbrachte Leistung, Datum des Erwerbs und ggf. ein Ablaufdatum der Online Badge enthalten (Educause 2012). Die Lernenden können dann ihre Abzeichen auch auf einem persönlichen Konto eines speziellen Badge-Servers speichern (Badge Backpack) und von dort mit anderen Webseiten verlinken, auf denen sie ihre jeweiligen Abzeichen zeigen möchten.

Eine Herausforderung dieses Ansatzes, lebenslanges Lernen im Netz nach außen sichtbar zu machen, besteht darin, dass in der Natur der Sache liegend keine einheitlichen Qualitätsstandards existieren. Schon diejenigen, die die Abzeichen vergeben, sind ganz unterschiedlich: Von Einzelpersonen bis zu anerkannten Bildungsinstitutionen ist alles vertreten. Wie viel Anerkennung derartige Abzeichen mittelfristig von Hochschulen oder Unternehmen in welchen Fachdisziplinen und Branchen erhalten werden, bleibt offen. Derzeit stellen Online Badges eher ein Instrument der Selbstmotivation dar, sich freiwillig in einem selbst gewählten Lernzusammenhang zielorientiert zu engagieren.

Anerkennung und Anrechnung von in MOOCs erworbenen Kompetenzen
Genau das Problem der Anerkennung und Anrechenbarkeit von in MOOCs erbrachten Lernleistungen auf reguläre Studiengänge gehört zu den bislang ungelösten Fragen in Bezug auf MOOCs. Interessanterweise rechnen selbst Hochschulen, die selber Online Badges oder andere Zertifikate bei erfolgreicher Teilnahme an einem MOOC ausstellen, diese Leistungen nur in Ausnahmefällen auf die von ihnen angebotenen Studiengänge an (Bates 2014, 51). Ein zentrales Detailproblem ist dabei natürlich die Authentifizierung der Lernenden – wie kann ihre Identität im Netz rechtssicher festgestellt werden? Solange hierfür keine tragfähigen Lösungen gefunden werden, wird die Überprüfung von Lernerfolg und erworbenen Kompetenzen in MOOCs noch lange nicht zu Leistungspunkten in regulären Studiengängen führen.

7.9 Automatische Lernprozessanalyse

Die automatische Lernprozessanalyse begann vor einigen Jahren mit der Entwicklung der Learning Analytics und wird aktuell komplettiert mit der Entwicklung des Educational Data Mining. Die automatische Analyse der umfassenden Datenmengen, die aus den digitalen Aufzeichnungen der individuellen Lernhandlungen und persönlichen Verhaltensweisen im virtuellen Lernraum mit den angebotenen digitalen Medien, den Instrumenten des Web 2.0, den sozialen Medien in der Kommunikation mit Lernenden und Lehrenden und im Internet entstehen, hat vier Ziele: Zum einen sollen die automatisch analysierten Ergebnisse den Lernenden in der Reflexion und selbst gesteuerten Optimierung seines Lernprozesses, also im Lernen des Lernens (Metalernen), mit Hinweisen und Angeboten unterstützen. Zum anderen sollen die Analyseergebnisse vorhersagen, ob und wie erfolgreich der Lernprozess auf welchen Lernpfaden abgeschlossen werden kann und ob Lernschritte übersprungen werden können. Darüber hinaus soll die anonymisierte Rückmeldung der analysierten Ergebnisse an den Lehrenden und den Medienautor zur Identifizierung und Behebung möglicher Probleme sowie zur Verbesserung der digitalen Medien, ihrer didaktischen Struktur, ihrer Inhalte und multimedialen und interaktiven Präsentation entsprechend den Voraussetzungen und Bedürfnissen der Lernenden führen. So lässt sich z. B. erkennen, welche Bereiche in dem Bildungsangebot besonders häufig und welche Bereiche gar nicht oder nur selten genutzt werden. Und das übergeordnete politisch und ökonomisch begründete vierte Ziel ist es, sowohl die Quote der Absolventen zu erhöhen als auch die Lernprozesse mit den digitalen Medien effizienter zu gestalten (siehe Kap. 3.5.2, Abschnitt: Integration eines adaptiven Lernsystems).

Learning Analytics – Ziele für die Lernenden

Die automatisierte Lernprozessanalyse mit Learning Analytics ist eine in den Lernraum integrierte *digitale Lernberatung* durch den automatisch arbeitenden digitalen Tutor. Durch die lerntheoretisch und pädagogisch basierten Algorithmen für die Analyse und Auswertung aller anfallenden digitalen Daten im E-Learning-Prozess soll eine personalisierte digitale Unterstützung des individuell Lernenden erreicht werden. Dem *Lernenden* wird der digital aufgezeichnete, analysierte und ausgewertete Ablauf seiner Lernhandlungen präsentiert mit daraus abgeleiteten entsprechenden Beurteilungen und Empfehlungen für seine möglichen individuellen Lernpfade und weiteren Lernschritte. Der *Lernende* soll dadurch im Vollzug seines E-Learning-Prozesses seine eigenen Lernhandlungen erkennen und reflektieren lernen; er soll vor möglichen Gefährdungen, Abbrüchen und Umwegen in seinem Lernprozess voraussehend gewarnt werden, und ihm sollen zugleich Vorschläge zu deren Vermeidung und zur Verbesserung seines Lernpozesses automatisch generiert werden. Er kann seine Lernprozesse auch im Vergleich mit den anonymisierten Lernprozessen der anderen Lernenden reflektieren und beurteilen und daraus Schlüsse für die Verbesserung seines Lernens ziehen. Durch die automatische Lernprozessanalyse sollen die Lernenden in der effektiven Organisation und effizienten Durchführung ihrer Lernprozesse unterstützt werden, und ihre Lernerfolge sollen dadurch insgesamt verbessert und ohne Umwege erreicht werden.

Ziele für die Lehrenden

Zugleich erhalten die *Lehrenden* und *Tutoren* durch die algorithmische Lernprozessanalyse vielfältige Informationen über die Nutzung und die Effekte der digitalen Medien im E-Learning, die sie aus den Ergebnissen der Lernerfolgsprüfung nicht gewinnen können. Sie können, nach datenschutzrechtlicher Zustimmung der Lernenden, durch die laufende Lernprozessanalyse die individuellen Lernfortschritte beobachten, abbruchgefährdete Lernende erkennen und ihnen durch Beratung Unterstützung anbieten, die möglichen Lernerfolge vorhersagen und an kritischen Stellen die Handlungen der Lernenden unmittelbar über den Lernraum, z. B. mit Empfehlungen, begleiten. Sie können sehen, wie die Lernenden die angebotenen Medien nutzen, und können sie an die Voraussetzungen und Lernbedürfnisse der Lernenden anpassen und die Lernumgebung mit multimedialen Ergänzungen (Bildern, Grafiken etc.) oder auch mit weiteren problembezogenen schriftlichen Erklärungen und Hinweisen für die einzuschlagenden Lernwege optimieren und verbessern. Diese Anpassung kann auch durch eine entsprechende Programmierung der Bildungsmedien automatisch erfolgen. Die Menge der mit der automatischen Lernprozessanalyse gewonnenen und anonymisierten Daten bietet zugleich ein großes Potenzial für die weitere empirisch fundierte Erforschung der Lehr- und Lernprozesse mit digitalen Medien (siehe u.a. Bischof/Stuckrad 2013, 30 f.; Chatti u.a. 2012; e-teaching.org 2016c).

Datengewinnung und -auswertung

Das Problem der automatischen Lernprozessanalyse ist die Erhebung und Auswertung der pädagogisch relevanten Daten, um daraus die passenden Empfehlungen für die Lernenden zu gewinnen (Schön, M./Ebner 2013). Neben Testergebnissen, erreichten Punkten und Zensuren geht es dabei vor allem um die vielen Daten aus den unterschiedlichen Quellen, die im Vollzug der Lernhandlungen im E-Learning automatisch erzeugt werden, wie z.B. Klicks auf bestimmte Seiten, Verweilzeiten auf Internetseiten oder in sozialen Medien, Beantwortung oder Überspringen von Fragen, Vollzug oder Übergehen vorgegebener nächster Lernschritte, selbstbestimmte Wahl der Lernwege, Diskussionsbeiträge und Fragen in den virtuellen Lernraum einstellen, Angaben zu bereits in anderen Zusammenhängen erworbenen Kompetenzen, Wünsche zum Erreichen der eigenen Lernziele und viele weitere Daten. Diese aus den unterschiedlichen Quellen automatisch erhobenen Daten müssen durch die automatische Lernprozessanalyse unmittelbar oder auf Abfrage zu bedeutungsvollen und interpretierbaren Datensätzen verknüpft werden, die die individuellen Lernhandlungen nachvollziehbar und aussagekräftig erkennbar machen.

Um eine zutreffende Verknüpfung und Korrelation der relevanten erhobenen Daten herstellen zu können, sind aussagekräftige pädagogische E-Learning-Modelle von Lernprozessabschnitten zu entwickeln, die für einen effizient zu erreichenden Lernerfolg als wirksam eingeschätzt werden. Diese Modelle ermöglichen es, dass die im Vollzug des E-Learning-Prozesses erhobenen individuellen Daten sich automatisch einfügen und entsprechend analysiert und ausgewertet werden. Dadurch können den individuell Lernenden automatisch die individuell passenden Empfehlungen, ihren Lernfortschritten entsprechende Anpassungen der digitalen Medien oder auch weitere Lernmaterialien für ihre nächsten Lernhandlungen oder für ihre Kooperation mit anderen Lernenden oder für die Nachfrage bei Tutoren oder Lehrenden gegeben werden.

Ein schwer zu lösendes Problem ist dabei, dass Lernende – wie allgemein bekannt ist – auf unterschiedlichen Wegen und mit unterschiedlichem Aufwand das gleiche Lernergebnis erreichen können. Somit stellt sich die Frage, wie die pädagogischen Modelle für die Lernprozessabschnitte im E-Learning und die ihnen zugrunde liegenden Algorithmen zu konzipieren sind, damit eine empirisch fundierte Grundlage für die automatisch erzeugten individuellen Empfehlungen für den weiteren individuellen Lernprozess ermöglicht werden. Neben der Auswertung der Erfahrungen der Lehrenden kann ein möglicher Lösungsweg auch darin liegen, die Modelle für die verschiedenen Lernprozessabschnitte aus der Integration der Daten einer Gruppe von Lernenden zu gewinnen, die den gleichen Lernprozessabschnitt mit den gleichen Inhalten, Aufgaben und Zielen bereits effizient und erfolgreich bearbeitet haben.

Interaktivität

Die Software zur Lernprozessanalyse muss sichtbar und steuerbar in den virtuellen Lernraum integriert sein, damit die Lernenden und nach ihrer Zustimmung gegebenenfalls auch die Tutoren und Lehrenden unmittelbar auf die Erhebung und Auswertung der Daten sowie die automatisch erzeugten Empfehlungen für ihre weiteren Lernhandlungen reagieren können. Die Einstellung der Software sollte auch von den Lernenden individuell angepasst werden können, entsprechend ihren Zielen, Lernaufgaben, Lerninhalten und gewünschten Lernwegen, damit sie die darauf individuell bezogenen automatischen Rückmeldungen von der Software während ihres E-Learning-Prozesses erhalten, zur Unterstützung der Reflexion und Selbsteinschätzung ihres Lernfortschritts und ihrer Entscheidung für ihre nächsten Lernschritte.

Educational Data Mining

Im Educational Data Mining, das noch in der Entwicklung ist, werden über die mit Learning Analytics erfassten Daten hinaus weitere Daten über Sensoren erfasst, z. B. ob sich die Herzfrequenz, der Hautwiderstand, die Konzentrationsfähigkeit, die Aktivität und Stimmung des Lernenden während seines Lernens im virtuellen Lernraum mit den digitalen Medien verändert. Aufgezeichnet und ausgewertet wird, welche Fehler gemacht wurden, wie viel Zeit bei der Bearbeitung welcher Aufgaben aufgewendet wurde, ob Aufgaben übersprungen wurden, wo Vorwissen fehlte, welche Lernpfade eingeschlagen wurden, welche automatisierten Hilfen und Hinweise angeboten und vom Lernenden auch genutzt wurden. Das System soll aus der Auswertung aller erfassten Daten erkennen können, welche Lernpfade besonders erfolgversprechend sind und zum besten Ergebnis führen, welche Lernwege abgekürzt und welche Aufgaben aufgrund erkannter bereits vorhandener Kompetenzen des Lernenden übersprungen werden können. Das System soll vorhersagen können, ob das Lehrmaterial den Lernansprüchen des Lernenden gerecht wird bzw. angemessen ist, mit welchem Umfang und welchem Abschlussniveau des erwarteten Lernerfolgs zu rechnen ist oder ob und wann eventuell ein Lernabbruch des Lernenden zu erwarten ist; zudem sollen Lernschwache rechtzeitig erkannt werden, um ihnen andere erfolgreichere Lernwege zu empfehlen. Dazu werden unterschiedliche Datenquellen ausgewertet, z. B. an einer Hochschule Daten aus Kursen, Studieneingangstests oder soziodemografische Bewerberdaten. Die Universität Michigan (USA) hat bspw. das System E-Coach im Einsatz, das unterschiedliche Datenquellen auswertet mit dem Ziel, Studierenden individuelle Lernunterstützungen zu geben (McKay/Miller/Tritz 2012). Ergebnisse aus dem Educational Data Mining können auch genutzt werden, um auf nationaler Ebene bildungspolitische Entscheidungen zu unterstützen.

Neben diesen Vorteilen sind aber auch zahlreiche kritische Aspekte beim Einsatz von Educational Data Mining zu beachten: Aufgrund der intransparent gehaltenen Algorithmen besteht eine Gefahr in der Auswertung der vielfältigen prozessbegleitend von den Lernenden erhobenen Daten. Datenschutzbestimmungen und Persönlichkeitsrechte müssen beachtet werden, wenn die Datenauswertung einen Rückschluss auf die einzelne Person zulässt. Weiterhin stellt sich bei der automatisierten Erhebung und Auswertung großer Datenmengen immer auch die Frage möglicher Fehlauswertungen und Verzerrungen, weil die persönlichen Gründe für die individuellen Lernhandlungen nicht automatisch erhoben werden können. Vor allem muss berücksichtigt werden, welche Machtstrukturen mit der Anwendung verbunden sind. Entstehen aus einem differenzierten Zugang zu Educational Data Mining neue digitale Spaltungen (vgl. Schön/Ebner 2013; UNESCO IITE 2012, 8)?

Im Resultat umfasst Educational Data Mining die komplette digital automatisierte Bestimmung, Steuerung und Kontrolle des Lernenden vom Beginn bis zum Ende seines individuellen Lernprozesses. Die Frage ist, ob und inwieweit der Lernende und der Lehrende in den Prozess des Educational Data Mining selbstbestimmt eingreifen können.

Datenschutz

Zu vereinbaren ist, wer welchen Zugriff auf die Lerner- und Lernprozessdaten erhält. Auf jeden Fall sind alle Datenschutzrechte einzuhalten (Kap. 11.1). Denn die gesammelten Daten über die individuellen Lernprozesse ergeben ein persönliches Profil über die Lernfähigkeiten, Interessen, Bereitschaften, Konzentrationsfähigkeiten, Lernzeiten, Lernergebnisse, Irrtümer, Fehler usw., die z. B. für Anbieter von E-Learning-Software zur Kundengewinnung sowie für gegenwärtige oder spätere Arbeitgeber für die bestehenden oder möglichen Beschäftigungsverhältnisse von großem Interesse sind. Selbstverständlich müssen die Erhebung und Auswertung der Daten und die daraus automatisch generierten Empfehlungen dem Lernenden, von dem die Daten erhoben wurden, persönlich zugänglich sein. Darüber hinaus ist es aber für das Lernen des eigenen Lernens auch empfehlenswert, dass die eigenen Daten und erhaltenen Empfehlungen auch in Relation zu den anonymisierten Daten und Empfehlungen der jeweiligen Lerngruppe in Beziehung gesetzt werden können, um einen Vergleich zu erhalten und daraus reflektiert Anregungen für das eigene weitere Lernen zu gewinnen. Eine eindeutige Zuordnung der Daten und Empfehlungen zu bestimmten Personen darf jedoch ohne Zustimmung der bzw. des Lernenden – bei Kinder und Jugendlichen der Eltern – anderen Personen, z. B. den Lehrenden und Tutoren, auch innerhalb der Bildungseinrichtung nicht möglich sein.

Eine Ausnahme entsteht, wenn der Zugriff auf alle erhobenen und ausgewerteten individuellen Daten und gegebenen Empfehlungen innerhalb der Bildungseinrichtung zur Diskussion und kooperativen Zusammenarbeit bestimmten Lerngruppen sowie den jeweiligen Lehrenden und Tutoren von jedem und jeder Lernenden ausdrücklich gestattet wird, mit dem Recht, diese Erlaubnis auch jederzeit widerrufen und löschen zu können (siehe auch Kap. 3.7.4 und Kap. 11.1).

Konfliktpotenziale

„Für die Ableitung guter Vorhersagen und Empfehlungen ist es einerseits sinnvoll, möglichst viele Daten und Nutzungsgewohnheiten zu erheben und auszuwerten. Auf der anderen Seite können diese Daten dann aber auch zweckentfremdet werden, wie z. B. für die individuelle Beurteilung von Leistungen. [...] Zum Beispiel kann eine Lehrsituation Resultate von Lernprozessanalysen heranziehen, um Best-Practice-Beispiele technologieunterstützter Lehre als Referenzen für Lehrende und den Nachweis guter Lehrqualität zu identifizieren. Auf der anderen Seite könnten sich dadurch Lehrende kontrolliert und überwacht fühlen. Das Gleiche gilt auch aufseiten der Lernenden, die befürchten können, dass Analyseresultate nicht nur formativ zur Verbesserung der Lernprozesse genutzt werden, sondern auch in die Bewertung der Lernleistung einfließen. Dies kann dazu führen, dass sowohl Lehrende als auch Lernende nicht motiviert sind, Analysetechnologien zu nutzen“ (Chatti u. a. 2012, 24 f.). Um diesem möglichen Missbrauch der durch die automatische Lernprozessanalyse erhobenen und ausgewerteten Daten vorzubeugen, ist daher die Einhaltung des Datenschutzes (siehe oben) zwingend notwendig.

Von entscheidender Bedeutung für eine einverständige Begleitung, Kontrolle und Unterstützung der E-Learning-Prozesse mit Learning Analytics und mehr noch mit Educational Data Mining ist eine gründliche vorhergehende Information, Aufklärung und Zustimmung der Lernenden, damit sie die automatisch erfassten und ausgewerteten Ergebnisse und daraus automatisch abgeleiteten Hinweise und Hilfen der Systeme kritisch reflektiert und selbstbestimmt für ihre Lehr- und Lernhandlungen nutzen können (e-teaching.org 2016c; siehe auch e-teaching. org 2016d zur Diskussion um Pro und Contra Learning Analytics). Denn viele Lernende wollen ganzheitlich problem- und aufgabenorientiert lernen und im Interesse ihrer Kompetenzentwicklung und Bildung nicht einen durch lineare Instruktionen in kleinen Schritten vorgegebenen E-Learning-Prozess einfach und schnell im formalen Blick auf die zu erhaltenden Leistungspunkte abarbeiten. Daher ist die automatische Lernprozessanalyse im virtuellen Lernraum so einzurichten und bereitzustellen, dass ein autonomes selbst gesteuertes Lernen Auswertungen und Empfehlungen erhält, die der Lernende selbst reflektiert und über deren Annahme oder Ablehnung er eigenständig entscheiden kann.

7.10 Fazit

Die Überprüfung des Lernerfolgs zur Leistungsbewertung (summativ), aber auch zur Weiterentwicklung von Lernkompetenzen (formativ), z. B. durch die automatische Lernprozessanalyse, gewinnt im E-Learning neue Möglichkeiten, erfordert aber auch neue handlungsorientierte Prüfungsformen, mit denen Kompetenzen festgestellt werden können. Elektronische Klausuren, handlungsorientierte Prüfungen mit Simulationen, E-Portfolios und Web-2.0-gestützte Formen der Selbstbewertung und der kollegialen Bewertung können das Spektrum der Lernerfolgsprüfungen erweitern; die konkrete Gestaltung und Abstimmung von Prüfungen mit Lehr- bzw. Lernzielen sowie Lehr- und Lernmethoden bleibt aber eine Herausforderung. Ebenso bleibt das Spannungsfeld zwischen Lernerfolgsprüfung zur Selektion oder Lernerfolgsprüfung zur Förderung weiterhin bestehen.

Elektronische Prüfungen

Elektronische Prüfungen in handlungsorientierter komplexer Form wie bspw. in Simulationen oder bei Softwareanwendungen können dem Ziel, kompetenzorientiert zu prüfen, nahekommen. Andererseits können elektronische Klausuren ebenfalls zu einem Qualitätsverlust führen, wenn sie, z. B. aufgrund der gestiegenen Prüfungslast an Hochschulen, nur aus automatisch gut auswertbaren Antwort-Auswahl-Fragen bestehen. Effizienzsteigerungen sind zudem nur bei großen Zahlen von Prüfungen zu erreichen. Der Einführungsprozess von E-Assessment in Bildungsinstitutionen ist anspruchsvoll und kostenintensiv.

E-Portfolios

E-Portfolios haben das Potenzial, Lehren, Lernen und Prüfen in einer Einheit zu denken und konstruktiv umzusetzen. Abhängig vom konkreten Einsatzkonzept und den institutionellen Rahmenbedingungen kann mit E-Portfolios dieses Ziel aber auch verfehlt und defensives Lernen (Kap. 2.5.1) auch defensives Reflektieren erzeugen sowie Lernende eine neue Bewertungstotalität erleben lassen.

Ungeklärte Fragen

Zahlreiche rechtliche Fragen sind beim E-Assessment noch nicht hinreichend geklärt. Wenig systematisch erforscht ist auch die Perspektive der Studierenden zu E-Portfolios und elektronischen Prüfungen (Brahm/Seufert 2007, 16). Ebenso wenig liegen Evaluationen zur automatischen Lernprozessanalyse vor. Gestaltungsbedarf gibt es weiter bei der Frage, wie systematisch und lernförderlich mit Selbstbewertung und Bewertungen der Lernenden untereinander umgegangen werden kann. Speziell für E-Portfolios ist zu klären, wie im Sinne der Förderung lebenslangen Lernens eine Verfügbarkeit über die E-Portfolios auch nach Beendigung eines Bildungsabschnitts sichergestellt werden kann.

Generell muss berücksichtigt werden, dass auch mit verfeinerten Methoden des E-Assessments der grundsätzliche Widerspruch zwischen Prüfungen mit didaktischer, also lernförderlicher Funktion und Prüfungen als Selektionsmechanismus nicht aufgehoben werden kann. Bildungspolitische Probleme lassen sich eben nicht mit didaktischen Mitteln lösen (Reinmann/Sippel 2011, 197).

8 Qualitätsmanagement

Qualität entscheidet

In den vorhergehenden Kapiteln wurden die Handlungsfelder für die Gestaltung virtueller Bildungsangebote analysiert und Empfehlungen für die Umsetzung gegeben. Damit wurden bereits eine Reihe von Faktoren erläutert, die notwendig sind, um Qualität im E-Learning zu erzeugen – und Qualität wird letztlich darüber entscheiden, ob virtuelle Bildungsangebote langfristig erfolgreich sind (Kap. 2; Kap. 12; Ehlers 2002; Lehmann/Bloh 2010; Uhl 2003).

Aufbau des Kapitels

Im Folgenden wird dargelegt, warum ein systematischer Blick auf die Entwicklung und Sicherung der Qualität notwendig ist: Wozu dient ein Qualitätsmanagement beim E-Learning? Was ist mit Qualität im E-Learning gemeint? Welche Ansätze und Instrumente des Qualitätsmanagements gibt es und welche Besonderheiten sind bei ihrer Anwendung im E-Learning zu beachten?

Zur Beantwortung dieser Fragen werden zunächst die zentralen Begriffe im Zusammenhang mit Qualität (Kap. 8.1) und die Bedeutung des Qualitätsmanagements geklärt (Kap. 8.2). Es folgt die Beschreibung der Entwicklungsschritte eines Qualitätsmanagementsystems (Kap. 8.3). Anschließend wird ein Überblick über die bestehenden Normen für prozessorientierte Qualitätsmanagementsysteme gegeben, an denen sich E-Learning-Anbieter beim Aufbau eines eigenen Systems orientieren können. Dazu wird die erste internationale Norm zur Qualitätsentwicklung im E-Learning (ISO 19796; ISO, ursprünglich: International Standards Organization, gegründet 1946 in Genf, heute: International Organization for Standardization) sowie die erste internationale Norm für Lerndienstleistungen in der Aus- und Weiterbildung (ISO 29990) dargestellt (Kap. 8.4). Ausgewählte Sammlungen von Qualitätskriterien verdeutlichen anzulegende Maßstäbe, wobei die Qualitätssicherung auf Produktebene im Vordergrund steht (Kap. 8.5). Die Qualitätsplattform Lernen, ein modular aufgebautes Beschreibungs- und Zertifizierungssystem für die Aus- und Weiterbildung mit E-Learning, zeigt, wie verschiedene prozessorientierte Systeme und Kriteriensammlungen integriert werden können (Kap. 8.6). Ein Fazit mit Empfehlungen für die Anwendung der verschiedenen Ansätze in der eigenen Praxis schließt das Kapitel ab (Kap. 8.7).

8.1 Zentrale Begriffe des Qualitätsmanagements

8.1.1 Qualität virtueller Bildungsangebote

Qualität – ein vielschichtiges Konzept

Mit den Gestaltungsoptionen bei virtuellen Bildungsangeboten – Auswahl und Nutzung einer Lernplattform, Entwicklung von Studien- und Kursmodulen, Konzept der tutoriellen Betreuung etc. – wurden bereits implizit Hinweise gegeben, wie Qualität entwickelt werden kann, wenn Qualität zunächst alltagssprachlich als Güte/hochwertige Beschaffenheit verstanden wird. Bei einem genaueren Blick auf den Begriff Qualität wird die Situation wesentlich komplexer. Qualität ist ein vielschichtiges Konzept. Der Begriff wird mit ganz unterschiedlichen Bedeutungen belegt. So kann Qualität in der Bildung sowohl die Einhaltung bzw. das Übertreffen von Standards meinen, aber auch den Zustand der Fehlerlosigkeit beschreiben. Qualität als Zweckmäßigkeit bezieht sich auf den Grad der Nützlichkeit und Qualität als angemessener Gegenwert auf die Kosten-Nutzen-Relation (Bloh 2010, 10 ff.; Ehlers 2002; Mikuszeit/Szudra 2009b, 2009c).

Darüber hinaus haben die Akteure unterschiedliche Perspektiven auf Qualität: Teletutoren, die ein E-Learning-Angebot betreuen (Kap. 6.1; Kap. 6.6), werden die Qualität des Angebots an anderen Punkten festmachen als die Lernenden, die damit Kompetenzen erwerben wollen, oder der jeweilige Bildungsanbieter, der seinem Bildungsauftrag mit der Förderung eines Bildungsangebots nachkommen will (Bloh 2010, 10 ff.; Mikuszeit/Szudra 2009a).

Verschiedene Qualitätsebenen

Hinzu kommen unterschiedliche Qualitätsebenen beim E-Learning wie in Lehr- und Lernprozessen allgemein. Qualität kann sich auf Input-, Durchführungs- und Output-Aspekte beziehen (Arnold, R. 1997; Balli/Krekel/Sauter 2002b; Bloh 2010, 18 ff.; Hohenstein/Wilbers 2001; Meifort/Sauter 1991):

- *Input-Aspekte* betreffen die eingesetzten Ressourcen, die Organisation, die Rahmenbedingungen etc., als strukturelle Voraussetzungen eines Bildungsprozesses (häufig auch als Strukturqualität oder Potenzialqualität bezeichnet).
- *Durchführungsaspekte* beziehen sich auf die didaktischen Konzepte, die Lernberatung, die Studienabläufe, das Lernklima sowie auf die Steuerung des Erstellungsprozesses der Bildungsmaßnahmen (oft auch als Prozessqualität bezeichnet).
- *Output-Aspekte* thematisieren Ergebnisse der Bildungsprozesse wie den Kompetenzzuwachs bei den Lernenden, Abschlussquoten, Prüfungsverfahren und -erfolge, Vermittlung in Arbeit, Zufriedenheit und Persönlichkeitsentwicklung (auch Ergebnisqualität genannt).

Qualität muss kontextualisiert werden

Was Qualität im E-Learning ist, lässt sich nicht eindeutig und für alle Anwendungskontexte einheitlich bestimmen. Vielmehr muss das jeweilige Qualitätsverständnis in Bezug zu den aufgezeigten Dimensionen (Bedeutungen, Akteursperspektiven und Qualitätsebenen) von den Beteiligten jeweils festgelegt werden. Für die Weiterbildung formuliert Küchler (2000, 277, Hervorh. im Original): „Was als Qualität verstanden wird, ergibt sich immer erst im Verhältnis von Erwartungen verschiedener Akteure bzw. *Stakeholder* und den konkreten Leistungen der Weiterbildungseinrichtungen. Über Qualität der Weiterbildung lässt sich also nicht abstrakt, sondern nur in einem definierten Kontext verhandeln“ (siehe auch Sauter 2000). Dies gilt ohne Einschränkungen auch für Lehr- und Lernprozesse mit digitalen Medien (Bloh 2010, 13 ff.).

Qualitätsdefinition des Deutschen Instituts für Normung

Das Deutsche Institut für Normung (DIN) definiert in seinen Normen zum Qualitätsmanagement, die branchen- und produktneutral sind, Qualität als „Grad, in dem ein Satz inhärenter Merkmale Anforderungen erfüllt“ (DIN EN ISO 9000:2005, 18; EN, Europäische Norm). Mit dem Verweis auf zu erfüllende Anforderungen wird ebenso deutlich, dass Qualität keine absolute Größe ist, die durch eine Norm bestimmt werden kann, sondern dass das jeweilige Qualitätsverständnis (und damit die speziellen Anforderungen) in einem spezifischen Kontext nur von den Beteiligten erarbeitet werden kann (Ramlow/Reisse/Zimmer 1995; Kap. 8.3.2).

Koproduzentenverhältnis statt Anbieter-Kunde-Verhältnis

Im Unterschied zur industriellen Produktion gibt es im Bildungsbereich kein einfaches Anbieter-Kunde-Verhältnis. Vielmehr handelt es sich um ein Koproduzentenverhältnis (Ehlers 2002; Schlutz 2000): Qualität wird „erst im Prozess des Lernens von den Lernenden selbst hergestellt“ (Zimmer/Psaralidis 2000, 265). Bildung ist keine Ware und keine gewöhnliche Dienstleistung, sondern muss von den Lernenden durch aktive Auseinandersetzung erworben werden: „Eine Eigenart von Bildung insgesamt, die sie von anderen Dienstleistungen unterscheidet, ist, dass der Abnehmer der Leistung die Leistung selbst mitproduziert. Bildungsarbeit ist die Leistung derjenigen, die sich bilden, sie ist ein Prozess, der wesentlich subjektive Faktoren integriert, wie Interesse, Emotionalität und Engagement“ (Küchler 2000, 280).

In der aktuellen europaweiten bildungspolitischen Debatte um die Outcome-Orientierung der Bildung zur Entwicklung und Sicherung ihrer Qualität wird irrtümlich davon ausgegangen, „dass die zu erwartenden Lernergebnisse präzise zu definieren sind und [...] das jeweils erreichte Kompetenzniveau per Kompetenzmessung festgestellt wird“ (Windelband/Spöttl/Becker 2014, 314). „Diese Zielsetzung greift jedoch [...] eindeutig zu kurz, weil nicht nur objektivierbares und damit messbares Wissen eine Rolle spielt, sondern weil [...] die Beherrschung ständig wechselnder, nicht voraussehbarer Situationen [...] sachgerechtes und häufig intuitives Handeln erfordert. [...] Es reicht also auf keinen Fall aus, bei der Gestaltung von kompetenzbasiertem Lernen allein auf Lernergebnisse und deren Messung zu setzen, sondern es kommt auf die Gestaltung und das Unterstützen des gesamten Lernprozesses an“ (ebd.). Diese Tatsache begrenzt die einfache Übertragung von Qualitätsmanagementverfahren aus der industriellen Produktion in den Bildungsbereich.

8.1.2 Qualität managen, sichern und entwickeln

Grundidee

Ansatzpunkt jedes Qualitätsmanagements ist die systematische Reflexion des Qualitätserzeugungsprozesses. Für E-Learning heißt das zunächst, das jeweilige Qualitätsverständnis inhaltlich festzulegen und statt einer punktuellen Qualitätsüberprüfung am Ende des Erstellungsprozesses den gesamten Prozess von der Planung und Konzeption bis zur konkreten Durchführung und Weiterentwicklung des virtuellen Bildungsangebots mit dem Fokus: Wie entsteht in dieser Phase Qualität? zu begleiten.

Qualitätsmanagement

Allgemein werden unter Qualitätsmanagement alle Maßnahmen zur Entwicklung und Verbesserung der Qualität von Produkten und Herstellungsprozessen verstanden. Das jeweilige Qualitätsmanagementkonzept bzw. -system beschreibt die Gesamtheit dieser Verfahren und ihr Zusammenwirken. Die Bezeichnung Qualitätsmanagement wurde etabliert, um alle zugehörigen Tätigkeiten als umfassende Aufgabe des Managements zu kennzeichnen.

Qualitätsmanagement hat immer einen prozess- und einen produktorientierten Anteil. Es geht zum einen darum, die Arbeitsabläufe bei der Entwicklung eines Bildungsangebots kontinuierlich zu verbessern (Prozessorientierung). Zum anderen erfolgt dies in der Annahme, dass damit das Bildungsangebot die zuvor vereinbarten Qualitätseigenschaften erhält (Produktorientierung). „Es geht somit um das Verhältnis zwischen Tätigkeiten, Prozessen und Strukturen einerseits und etwas Geschaffenem, einem Ergebnis andererseits. Die Tätigkeiten usw., mit denen etwas geschaffen und bereitgestellt wird [...], sollen so gestaltet werden, dass sie dem entsprechen, was gewünscht oder als Anforderung formuliert ist [...] Die Qualität der Tätigkeiten, Prozesse und Strukturen zu sichern, weil dadurch die Qualität des Ergebnisses gesichert wird, das ist die überschaubare Grundidee, sozusagen der ‚Kern' von Qualitätsentwicklung und Qualitätsmanagement" (Knoll 2002, 74 f.).

Qualitätssicherung

Der Begriff Qualitätssicherung wird oft synonym mit Qualitätsmanagement gebraucht. Genauer betrachtet ist Qualitätssicherung aber ein Teil des Qualitätsmanagements. Das DIN definiert Qualitätssicherung als den „Teil des Qualitätsmanagements, der auf die Schaffung von Vertrauen gerichtet ist, dass Qualitätsanforderungen erfüllt sind" (DIN EN ISO 9000:2005). Als Qualitätssicherung im engeren Sinne werden also Maßnahmen bezeichnet, mit denen sichergestellt werden soll, dass die Produkte bzw. Dienstleistungen bestimmte Eigenschaften aufweisen, sowie das Bemühen, den Entstehungsprozess von Qualität für alle Beteiligten transparent zu machen.

Zum Teil wird mit Qualitätssicherung in der Gegenüberstellung zu Qualitätsmanagement auch die unterschiedliche Schwerpunktsetzung bei der Entwicklung von Qualität betont. Qualitätssicherung bezeichnet dann stärker produktbezogene Ansätze, die Mindeststandards für Bildungsangebote definieren und damit das Vertrauen der Teilnehmenden gewinnen helfen sollen. Mit Qualitätsmanagement werden dann stärker prozessbezogene Konzepte bezeichnet, die den Prozess der Leistungsherstellung optimieren.

Qualitätsentwicklung

In der Praxis wird Qualitätsmanagement meist als prozessorientierte Qualitätsentwicklung aufgefasst (Küchler 2000). Auch wenn dieser Begriff nicht so verbreitet ist wie die beiden anderen, bezeichnet er am deutlichsten den Tatbestand, dass Qualität im E-Learning, wie in Bildungsprozessen generell, von allen Beteiligten gemeinsam in einem kontinuierlichen Prozess der Aushandlung entwickelt wird. Der Begriff Qualitätsentwicklung verdeutlicht, dass Qualität weder technokratisch gemanagt noch in einem fiktiven Endzustand gesichert werden kann. Hochschulen und Bildungszentren können die Bedingungen und Voraussetzungen für Bildungsprozesse definieren und sicherstellen, nicht jedoch die Qualität der Bildungsprozesse selbst – diese stellen auf dieser Grundlage erst die Lernenden her. Für die Beschreibung von zentralen Handlungsschritten, um Qualität im E-Learning in diesem Sinne zu erreichen, wird daher im Folgenden der Begriff Qualitätsentwicklung verwendet (Kap. 8.3). Zur Beschreibung und Diskussion bestehender Verfahrensansätze wird dagegen weiterhin der Begriff Qualitätsmanagement verwendet.

8.2 Bedeutung von Qualitätsmanagement

Gründe für Qualitätsmanagement

Warum sollte beim E-Learning nicht nur auf die in den bisherigen Kapiteln beschriebenen Gestaltungsoptionen geachtet, sondern auch ein eigenes Qualitätsmanagementsystem entwickelt werden? Die Argumente, die dafür sprechen, sich systematisch mit dem eigenen Qualitätsbegriff auseinanderzusetzen und ein fundiertes System zur Entwicklung von Qualität zu erarbeiten, liegen auf zwei verschiedenen Ebenen: Zum einen ist Qualitätsmanagement in zahlreichen Bildungskontexten bereits eine Notwendigkeit, so z. B. im Bereich der beruflichen Weiterbildung, in dem seit 2005 entsprechend der Anerkennungs- und Zulassungsverordnung Weiterbildung der Nachweis eines Qualitätsmanagements erforderlich ist, um mit der Bundesagentur für Arbeit zusammenarbeiten zu können, oder im Bereich des Fernunterrichts und Fernstudiums (Dieckmann/Lehmann 2010) oder der reformierten akademischen Bildung, in dem Qualitätsentwicklung und Qualitätssicherung Standardthemen der Akkreditierung von Bachelor- und Masterstudiengängen sind (Henninger 2008; vgl. auch Friedrich 2002 sowie Reil/Winter 2002). Zum anderen wirkt ein systematischer Qualitätsentwicklungsprozess auf der Grundlage von Evaluationen (Kap. 9) auch immer nach innen und kann wertvolle Kommunikationsprozesse sowie eine Organisationsentwicklung und Professionalisierung in Gang bringen (vgl. speziell für die Bereiche von Bildung, Beratung und sozialer Dienstleistung ZECH/DEHN 2017).

8.2.1 Chancen des Qualitätsmanagements

Qualitätsmanagement – Vorteile

Worin liegen die Chancen des Qualitätsmanagements für eine Organisation? Im Bereich der Warenproduktion, aus dem die Konzepte zum Qualitätsmanagement ursprünglich stammen, wird Qualitätsmanagement als Lösung für unterschiedlichste Probleme propagiert: Es diene u. a. der innerbetrieblichen Optimierung, der Kundenbetreuung, dem Verbraucherschutz, biete Wettbewerbsvorteile und erzeuge Markttransparenz. Auch im Bildungssektor sind vielfältige Antriebsmomente zu erkennen: die Internationalisierung der Hochschulen, eine zunehmende Privatisierung im Bildungssektor, der Verteilungskampf um Marktanteile und Fördermittel bei wachsender Mittelknappheit sowie die gesellschaftliche Debatte um Selbstverständnis und Aufgaben von Bildung (KRECKEL 2002; MEISEL 2000; SCHLUTZ 2000). Unabhängig davon, welcher Standpunkt zu diesen Entwicklungen bezogen wird, bietet Qualitätsmanagement in jedem Fall Chancen für die Organisationsentwicklung.

Anstoß zur Organisationsentwicklung

Neben der wachsenden, eher von außen gegebenen Notwendigkeit, Qualitätsmanagement zu betreiben, führt eine Qualitätsdiskussion implizit zu einer Verständigung über Mindeststandards des professionellen Handelns, die der Weiterentwicklung der Organisation wertvolle Impulse geben kann: Sich mit der eigenen Qualitätspolitik auseinanderzusetzen, z. B. das jeweilige Verständnis von Kundenorientierung mit Mitarbeitern zu erörtern, dabei ggf. Partner und Zulieferer (Lehrbeauftragte, Teletutoren, Multimedia-Entwickler u. a.) in den Prozess einzubeziehen und die organisatorischen Rahmenbedingungen zu prüfen fördert einen systematischen Blick auf die Organisationsqualität als Ganzes und steigert die interne Transparenz sowie in der Summe die Lernfähigkeit einer Organisation (DOERR/ORRU 2000; ZINK/BEHRENS 2000). Der so angestoßene interne Dialog hilft Verbesserungspotenziale in der Organisation, in den Prozessen sowie in den Bildungsangeboten selbst zu identifizieren (BREHM 2000; WUNDER 2000a). Das eigentlich Neue „besteht darin, dass Qualitätsentwicklung, Qualitätssicherung und Qualitätsmanagement die vielfältigen Bestrebungen im Alltag, die Arbeit ‚gut' zu machen, aufeinander beziehen, sie wechselseitig verknüpfen, auf Dauer sichern und in ihrer Wirksamkeit regelmäßig überprüfen. Sie stellen somit eine *Gesamtperspektive* und einen umfassenden *Handlungsrahmen* für die Weiterentwicklung der Bildungsarbeit bereit" (KNOLL 2002, 73 f., Hervorh. im Original).

Tab. 8.1: Vorteile von Qualitätsmanagement (STRACKE 2009a, 5)

Wettbewerbsfähigkeit	Durch Qualitätsstandards ist eine Vergleichbarkeit der E-Learning-Angebote möglich.
Ökonomie	Qualitätsmanagement definiert klar Prozesse und minimiert damit Fehler während der Analyse, des Designs, der Produktion und des Einsatzes von E-Learning.
Motivation	Durch Transparenz und Einbeziehung aller Akteure, somit auch der Lerner, kann eine Motivationssteigerung bzgl. des Einsatzes und der Abnahme von E-Learning-Angeboten erfolgen.
Image	Durch den Einsatz international anerkannter Systeme kann das Image für E-Learning-Produkte und -Anbieter aufgewertet werden.
Planbare Zuverlässigkeit	Qualitätsmanagement ermöglicht ein Risiko-Management, denn die getestete und evaluierte Qualität des Lerndesigns und -prozesses ermöglicht ihre Wiederverwendung.
Kundenorientierung	E-Learning-Anbieter können durch Einbeziehung der Nutzer (vor allem der Lernenden) deren Bedarfe besser verstehen (lernen) und durch den Einsatz von Standards somit kundenorientiert handeln.
Kontinuierliche Verbesserung	Durch Evaluation und konsequente Optimierung auf Basis der gewonnenen Erfahrungen kann der Bildungsanbieter seine Bildungsangebote und die Bildungsprozesse kontinuierlich verbessern.

8.2.2 Grenzen des Qualitätsmanagements

Gefahr technokratischer Kontrolle

Werden bestehende Ansätze aus dem Bereich der Warenproduktion kleinschrittig übertragen, ohne die Besonderheit pädagogischen Handelns von Lernenden und Lehrenden hinreichend zu berücksichtigen, kehren sich die aufgeführten Vorteile allerdings in Nachteile um. Der „Mythos von der didaktischen Machbarkeit von Qualität" (ARNOLD, R. 1997, 57) wird gefördert. Statt Qualitätsentwicklung droht dann eine technokratische Kontrolle. Ein zu starker Fokus auf Organisation und Formalisierung von Prozessen steht weiterhin in der Gefahr, die Arbeit selbst, das Lehren und Lernen, zu verhindern. Inhaltsleere Bürokratisierung von Abläufen muss explizit vermieden werden, wenn Qualitätsmanagementsysteme eingeführt werden (HARNEY 2000).

Verengung des Blicks auf Einzelorganisationen

Ein weiterer potenzieller Nachteil des Aufbaus eines Qualitätsmanagementsystems besteht in der Beschränkung auf die einzelne Hochschule oder Bildungseinrichtung „unter Vernachlässigung der notwendigen Bezugnahme auf professionellen Diskurs und Vernetzung" (KÜCHLER 2000, 277). Die Konzentration auf die Qualitätsentwicklung in der eigenen Organisation kann den Blick auf das ganze System, beispielsweise die Versorgung einer Region mit Bildungsangeboten, verstellen (MEISEL 2000, 14).

Wird diesen Gefahren ein durchdachtes System entgegengesetzt und pädagogisches Handeln als niemals „wirkungssicheres, sondern [immer] riskantes Geschehen"

(OELKERS 1991, 14) betrachtet, kann die Einrichtung eines systematischen Qualitätsmanagements sehr ertragreich sein. Qualitätsmanagement zielt dann darauf, die Schaffung von notwendigen Bedingungen für erfolgreiches Lernen überprüfbar zu gestalten. Die Bedingungen selbst sind abhängig von Situation und Kontext (Lernziele, Lerninhalte, Motivation etc.), und es gilt, sie jeweils neu zu bestimmen und zu prüfen.

8.3 Handlungsfelder der Qualitätsentwicklung

Beim Aufbau eines Qualitätsmanagements stellen sich die Fragen, wie konkret vorgegangen werden sollte und wessen Aufgabe Qualitätsmanagement vorrangig ist. Zentrale Handlungsfelder bei einer systematischen lernerorientierten Qualitätsentwicklung sind:

- sich über den Qualitätsbegriff im eigenen Kontext zu verständigen, der die Lernenden in den Mittelpunkt stellt,
- ein Qualitätsmanagementsystem als Gesamtheit der Prozesse, Verfahren und Orientierungen zu entwickeln (Kap. 8.4),
- kontextspezifische Qualitätskriterien für das Bildungsangebot festzulegen (Kap. 8.5),
- die Qualitätsentwicklung innerhalb der Organisation als zyklischen und iterativen Prozess mit unterschiedlichen Phasen zu planen und durchzuführen,
- Maßnahmen zu konzipieren und durchzuführen, die die Lernkompetenzen der Lernenden stärken.

Diese Handlungsfelder, die keine Rangfolge darstellen, bezeichnen Tätigkeitsfelder, die eng miteinander verbunden und gleich wichtig sind, um virtuelle Bildungsangebote zu entwickeln, mit denen Teilnehmende einen Zuwachs an Handlungskompetenz herstellen können.

Wessen Aufgabe ist Qualitätsmanagement?

Die Frage, wessen Aufgabe das Qualitätsmanagement in einer Organisation bei der Entwicklung und Durchführung virtueller Bildungsangebote ist, ist theoretisch leicht zu beantworten, aber die Antwort in der Praxis oft schwer durchzusetzen. Aufgrund der grundlegenden Bedeutung und der prinzipiellen Unabgeschlossenheit der Qualitätsentwicklung ist diese vorrangig eine strategische Aufgabe des Managements. Da es aber gleichzeitig darum geht, zu einem einheitlichen Verständnis von Qualität und den notwendigen Schritten zur Erreichung bestimmter Qualitätsziele zu kommen, müssen alle an der Entwicklung und Durchführung eines E-Learning-Angebots Beteiligten auch in die Qualitätsdiskussion einbezogen werden. Die Entwickler der Bildungsmodule müssen daher ebenso beteiligt sein wie die Multimedia-Produzenten, die Teletutoren ebenso wie die didaktisch Beratenden und insbesondere auch die Lernenden selbst. Erst eine solche Integration der verschiedenen Perspektiven aller Beteiligten gewährleistet eine umfassende Qualitätsentwicklung.

Qualitätsbeauftragte

Aufgabe des Managements ist es wiederum, bei einem großen Mitarbeiterstab für die entsprechenden Verständigungs- und Diskussionsprozesse Prozess- und Strukturierungsvorschläge zu entwickeln, um die Vorgänge auch bei starker Arbeitsteilung und hohen Mitarbeiterzahlen effektiv zu gestalten. In der Praxis bewährt hat sich der Einsatz eines Qualitätsbeauftragten oder eines Qualitätsteams, dem die operative Umsetzung und Gesamtkoordination der Aktivitäten obliegen (Nötzold 2002, 71 ff.).

8.3.1 Verständigung über den Qualitätsbegriff

Lernende im Mittelpunkt

Ein Qualitätsbegriff im E-Learning muss sich an dem entscheidenden Unterschied zwischen der Qualitätsentwicklung im Bildungssektor und der Qualitätsentwicklung in anderen Wirtschaftszweigen orientieren: Bildung ist keine Ware, die in einer vom Anbieter erzeugten und bestimmten Qualität dem Kunden verkauft werden kann, sondern die Lernenden stellen die Qualität einer Bildungsmaßnahme endgültig erst im Lernprozess her. Qualität entsteht also erst bei den Lernenden. Die Definitionsmacht für Qualität im Bildungssektor liegt daher zu großen Teilen bei den Lernenden (Ehlers 2002; Zimmer/Psaralidis 2000). Die Festlegung des eigenen Verständnisses von Qualität im E-Learning muss diese Differenz berücksichtigen.

Vier Besonderheiten im E-Learning

Hohe Individualisierung und Differenzierung beim Lehren und Lernen mit virtuellen Bildungsmodulen verstärken diese Besonderheiten noch zusätzlich. Vier Faktoren sind hier nach Ehlers (2002, 6 f.) entscheidend:

1. Die *Zugänge zum Bildungsangebot*, die Lernorte und -zeiten sowie die Lernformen (Einzellernen, Gruppenarbeit, tutoriell unterstütztes Lernen, kommunikativer Austausch mit anderen Lernenden etc.) sind in hohem Maße individualisiert.
2. Die *Ausgangssituationen der Lernenden* sind potenziell sehr heterogen (Bildungsstand, Vorwissen, Berufserfahrung etc.).
3. Ebenso potenziell heterogen sind die *Lernziele*, die die Lernenden mit dem virtuellen Bildungsangebot verfolgen, und die entsprechende Motivation, die sie mit dem Lernen verbinden.
4. Durch die *Wahlfreiheit des Angebots* können Lernende innerhalb eines virtuellen Bildungsangebots in der Regel Lernwege, thematische Vertiefungen sowie die Reihenfolge der zu behandelnden Themen individuell bestimmen.

Vier Konsequenzen

Diese Besonderheiten im E-Learning machen ersichtlich, warum für die Qualitätsentwicklung ein Qualitätsbegriff notwendig ist, der die Lernenden selbst als zentrale

Grundkategorie beinhaltet. Ein solcher Qualitätsbegriff hat vier zentrale Konsequenzen (ebd., 9 f.):

1. Statt einer *Technologieorientierung* gilt das Prinzip einer konsequenten *Anwenderorientierung*; d. h., nicht das technologisch Mögliche entscheidet über konkrete Lernarrangements, sondern die optimale Unterstützung der Lernenden und ihrer möglichen Lernsituationen.
2. Statt einer *Angebotsorientierung* gilt eine *Lernerorientierung*; das heißt, Bildungsangebote sind nicht an dem auszurichten, was vonseiten des Lehrpersonals angeboten werden kann, sondern welche Handlungskompetenzen Lernende aktuell und zukünftig für eine vollständige Handlungsfähigkeit in ihren jeweiligen Disziplinen und Praxisfeldern brauchen.
3. Der *Mythos der Möglichkeit*, Qualität einseitig durch ein Bildungsangebot erzeugen und Qualität beim Lernen sichern zu können, wird konsequent aufgegeben. Stattdessen erfolgen alle Maßnahmen des Qualitätsmanagements unter der Prämisse, dass das virtuelle Bildungsangebot kontinuierlich im Sinne einer Qualitätsentwicklung optimal verbessert, also immer stärker an die Lernarten, -formen und Kompetenzengpässe bei den Lernenden unter Berücksichtigung des jeweiligen Kontextes und der Möglichkeiten der Lehrenden und Tutoren angepasst wird. In diesem Prozess ist es sinnvoll, Qualitätsstandards im Sinne von *Mindeststandards* festzulegen. Diese stellen aber nur die Qualität des jeweiligen Rahmens sicher, in dem Lernende lernen – sie können nicht die Qualität des Lernprozesses bzw. den Lernerfolg selbst bestimmen.
4. Verbunden mit einer derartigen Verankerung der *Lernenden als Grundkategorie* beim Qualitätsmanagement ist der Ansatz, *Forschung zur Qualität aus Sicht der Lernenden* zu betreiben. Eine Studie (Ehlers 2004), die aus dieser Perspektive angelegt wurde, verweist darauf, dass technologische Faktoren, wie z. B. der Einsatz neuester Technologien, in der Regel als subjektiv wenig bedeutsam eingeschätzt werden, hingegen eigene Lernkompetenzen ebenso wie Informationstransparenz zentrale Kriterien für die subjektive Beurteilung von Qualität aus Sicht der Lernenden sind.

8.3.2 Entwicklung eines Qualitätsmanagementsystems

Vorhandene Modelle nutzen oder Hauskonzept entwickeln

Mit dieser Grundorientierung gilt es nun, ein passendes Qualitätsmanagementsystem zu entwickeln, also die konkreten Verfahrensweisen, Handlungsschritte und Verantwortlichkeiten festzulegen. Für E-Learning-Angebote muss dabei nicht alles komplett neu entwickelt werden, sondern es existieren mittlerweile eine Reihe von Qualitätsmanagementmodellen, Spezifikationen und Leitfäden, die für die eigenen Bedarfe angepasst werden können. Diese Modelle und Instrumente werden anschließend im Kap. 8.4 im Einzelnen vorgestellt.

Vorhandene Modelle im Überblick

Im Bildungssektor allgemein werden bislang im Wesentlichen zwei Modelle zum Qualitätsmanagement adaptiert, die ursprünglich aus dem Bereich der Warenproduktion bzw. dem Dienstleistungsbereich stammen: das Modell der International Standards Organisation (ISO, gegründet 1946 mit Sitz in Genf; heute: International Organisation for Standardization)[5] und das Modell der European Foundation for Quality Management (EFQM). Für beide branchenneutralen Modelle liegen Interpretationen für den Bildungssektor vor (DGQ 2001). Einen Überblick über die tatsächliche Verbreitung der verschiedenen Qualitätsmanagementsysteme im Bereich der Weiterbildung gibt die STIFTUNG WARENTEST (2015).

Speziell für den Bildungssektor, für Beratungsorganisationen und soziale Dienstleistungen wurde das System „Lerner- und Kundenorientierte Qualitätstestierung (LKQT)“ entwickelt (http://www.artset-lqw.de [01.08.2017]), das zunächst als „Lernerorientiertes Qualitätsmodell für Weiterbildungsorganisationen (LQW)“ (EHSES/HEINEN-TENRICH/ZECH 2001) konzipiert wurde und inzwischen zusätzlich ausdifferenziert für fünf weitere Organisationsformen vorliegt: für Schulen (LQS), für Kindertagesstätten (LQK), für soziale Dienstleistungsorganisationen (KQS), für Beratungsorganisationen (KQB) sowie für Bildungsveranstaltungen (LQB). Dieses Qualitätsmodell findet starke Beachtung im öffentlichen, weniger kommerziell ausgerichteten Bildungssektor (z. B. in Volkshochschulen).

Mit dem „QM-Stufen-Modell nach PAS 1037“ (QM, Qualitätsmanagement; PAS, Publicly Available Specification) (zur Standardisierung im E-Learning siehe Kap. 10) entstand 2004 ein Qualitätsmanagementmodell für eher kommerziell ausgerichtete Bildungsanbieter: Es benennt im Titel die Zielgruppe der „wirtschaftsorientierte(n) Aus- und Weiterbildung“ und ist nah am Modell der Normenreihe DIN EN ISO 9000 ff. entwickelt worden. Dieses Modell ist 2010 in einer neuen, internationalen Norm für „Lerndienstleistungen für die Aus- und Weiterbildung“ (ISO 29990) aufgegangen.

Speziell für die Aus- und Weiterbildung mit E-Learning liegt seit 2005 die erste internationale Norm, die ISO 19796-1, vor, die ein spezifisches Referenzprozessmodell für E-Learning enthält. Weiterhin gibt es einzelne hilfreiche Instrumente und Leitfäden, die die eigenen Qualitätsmanagementbemühungen unterstützen können: Seit 2006 liegt mit der PAS 1068 eine Spezifikation zur Erhöhung der Transparenz im E-Learning vor, die darlegt, wie ein E-Learning-Angebot beschrieben werden sollte. Seit 2009 gibt es mit der PAS 1069 darüber hinausgehend eine Implementierungshilfe zur Umsetzung der Norm ISO 19796-1.

5 Im Englischen wird zwischen Standard und Norm nicht unterschieden. Für Normierung wird auch der Begriff Standardisierung (Standardization) verwendet, wie im Namen der internationalen Normierungsorganisation (International Organisation for Standardization, ISO) ersichtlich wird. Im Deutschen werden beide Begriffe häufig auch synonym gebraucht, das Deutsche Institut für Normung (DIN) grenzt seine Normierungsarbeit aber klar von anderen Standardisierungsbemühungen ab. Gemäß dem DIN kann in Deutschland nur als Norm bezeichnet werden, was vom DIN in einem klar reglementierten Konsensverfahren unter breiter Beteiligung erarbeitet wurde. Standards hingegen können auch von anderen Akteuren in anderen, nicht notwendig transparenten Verfahren erarbeitet werden.

Alternativ zur Nutzung oder Adaption dieser bestehenden Modelle, Instrumente und Leitfäden besteht natürlich auch immer die Möglichkeit, ein eigenes organisationsspezifisches Konzept (Hauskonzept) zu entwickeln (Kap. 8.4.9).

Qualitätsentwicklung durch Wettbewerbe und Preise

Einen anderen Zugang zur Qualitätsentwicklung stellt die Beteiligung an Wettbewerben dar. Beispiele hierfür sind die seit 1995 vergebenen und seit einigen Jahren europäisch ausgeschriebenen Comenius-EduMedia-Auszeichnungen der Gesellschaft für Pädagogik und Information (GPI) für digitale Bildungsmedien, der von 2000 bis 2010 trinational ausgeschriebene und vergebene mediendidaktische Preis „medidaprix" der Gesellschaft für Medien in der Wissenschaft (GMW), der vom Digitalverband Bitkom vergebene digitale Bildungspreis „delina" oder der European Award for Technology Supported Learning „eureleA", ein europäisch ausgeschriebener Preis für E-Learning. Neben solchen offenen Wettbewerben gibt es häufig auch innerhalb einer Institution im Rahmen von Förderprogrammen Qualitätspreise, so z. B. an Hochschulen. Über die Beteiligung an Wettbewerben wird gleichermaßen eine Wirkung nach innen wie nach außen erzielt: Innerhalb eines Unternehmens oder einer Bildungseinrichtung werden die Qualitätskriterien des jeweiligen Wettbewerbs mit der Qualität der eigenen Produkte bzw. Prozesse abgeglichen; nach außen wirkt ein Preis oder eine gute Teilnahme (z. B. als Finalist in einem Wettbewerb) als ein öffentlich sichtbares Gütekriterium. Der Aufbau eines Qualitätsmanagements und die Beteiligung an Wettbewerben können sich auch ergänzen. Im Qualitätsmodell der EFQM ist eine Wettbewerbsbeteiligung sogar eng mit dem vorgeschlagenen Qualitätsmanagementsystem verknüpft (Kap. 8.4.2).

8.3.3 Festlegung von Qualitätsstandards

Eigene Standards festlegen

Entgegen einer häufigen Fehlinterpretation (Wunder 2000b) enthalten die Modelle zum Qualitätsmanagement kaum Qualitätsstandards für die Bildungsangebote auf Produktebene, die bei der Einführung eines Qualitätsmanagements für E-Learning als Orientierung dienen könnten. Die Modelle fordern nur, dass ein Qualitätsverständnis und kontextspezifische Qualitätskriterien (verstanden als Mindeststandards) festgelegt werden. Dabei gilt es, neben den spezifischen Charakteristika des eigenen E-Learning-Angebots die Besonderheiten von E-Learning allgemein und die grundlegende Lernerorientierung (Kap. 8.3.1) maßgebend zu berücksichtigen.

Standards auf allen Qualitätsebenen festlegen

Die Lernerorientierung bedeutet zunächst einmal, dass Qualitätsstandards auf allen Qualitätsebenen aufgestellt werden, also bezogen auf die Input-, Prozess- und Outputfaktoren des Lernprozesses. Planungsprozesse und didaktische Konzepte gilt es daher ebenso einzubeziehen wie Elemente der Durchführung, z. B. die tutorielle Betreuung oder die Ergebnisse, wie Lernerfolgs- bzw. Abbrecherquoten. Etablierte Ansatzpunkte für Qualitätsstandards aus der Weiterbildung, wie z. B. die Teilnehmer-Dozenten-Relation, das Prinzip der Teilnehmerorientierung, die Vertragsgestaltung oder das System der Beratungs- und Informationsleistungen, können dabei auf die virtuelle Bildungssituation übertragen werden. Weiterhin weisen die unterschiedlichen Qualitätsmodelle darauf hin, auch zunächst nur am Rande wichtig erscheinende Aspekte zu berücksichtigen. Im Hochschulbereich wären dies bspw. wissensstützende Strukturen, wie z. B. die Verfügbarkeit und der Service von Bibliotheken, und Prozesse in der Verwaltung, wie z. B. die Verfahren der Prüfungsanmeldung (vgl. Johns 2001; Reil 2002). In Kap. 8.5 werden Qualitätsstandards anhand einzelner Sammlungen von Qualitätskriterien konkretisiert.

8.3.4 Qualitätsentwicklung als zyklischer Prozess

Unabhängig von der Auswahl eines bestimmten Modells des Qualitätsmanagements und der Festlegung von Qualitätsstandards auf Produktebene in Form von Qualitätskriterien ist der Prozess der Qualitätsentwicklung als zyklischer, iterativer Prozess mit zahlreichen Rückkopplungen zu gestalten.

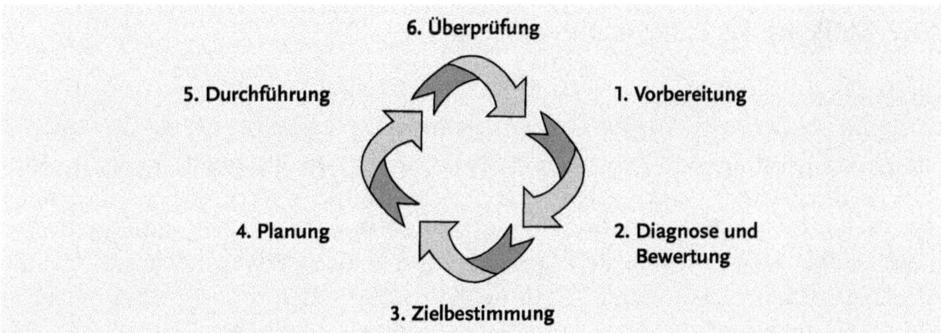

Abb. 8.1: Qualitätszyklus (in Anlehnung an Nötzold 2002, 140)

Einzelschritte

Die Einzelschritte innerhalb dieses zyklischen Prozesses beim Vorgehen nach dem EFQM-Modell sind dann beispielsweise (Nötzold 2002, 141):

1. „Entscheidung für das Modell, Informationen geben, Akzeptanz [...] herstellen, Ressourcen planen;
2. Qualifizierung für das gewählte Verfahren: das Instrumentarium aneignen, ggf. den/die Qualitätsbeauftragte/n schulen;
3. Erstellen eines Selbstreportes, in dem alle Aktivitäten und Abläufe (Prozesse) beschrieben und dokumentiert werden;
4. Selbstbewertung der Aktivitäten, Abläufe und Ergebnisse mit den Kriterien des Modells;
5. Konsensfindung über die daraus erkennbaren Stärken und Schwächen;

6. Priorisierung der daraus abgeleiteten Verbesserungsbereiche;
7. Planung von Verbesserungsprojekten, Durchführung und Evaluation;
8. Entscheidung über Einführung von Verbesserungen;
9. erneute Selbstbewertung."

Agile Qualitätsentwicklung

Bestand lange Zeit der Schwerpunkt der Qualitätsmanagementsysteme auf systematischen Planungsvorgängen und klaren Prozessdefinitionen und -dokumentationen, zieht in den letzten Jahren auch das aus der Softwareentwicklung übernommene Prinzip der Agilität in die Debatte um Qualitätsmanagement ein (siehe z. B. ZECH 2015; DGQ o. J. WhitePaper Agilität und Qualitätsmanagement). Bestehende Qualitätsmanagementsysteme werden vor diesem Hintergrund an das gestiegene Veränderungstempo in Unternehmen und Organisationen angepasst. Der Fokus liegt dann stärker auf erfolgreichen Kooperationen statt auf der Definition von Prozessen, auf raschem Reagieren auf Veränderungen statt Befolgen von Plänen, und „überzeugende Dienstleistungen sind wichtiger als umfassende Dokumentationen" (ZECH 2015, Vorbemerkung).

8.3.5 Stärkung der Lernkompetenzen

Lernkompetenzen fördern

Da Bildung, wie in Kap. 2 beschrieben, ein einzigartiges Produkt ist, das nur von den Lernenden selbst hergestellt werden kann, gehört zur Qualitätsentwicklung in virtuellen Bildungsgängen auch die Förderung der Lernkompetenzen der Lernenden (EHLERS 2002). Die Bildungseinrichtung stellt mit ihrem virtuellen Bildungsangebot nur die Mittel bereit, mithilfe derer Lernende ihre Bildung erlangen können. Um die dazu notwendigen Lernkompetenzen der Lernenden zu fördern, gibt es verschiedene Möglichkeiten: *Einführungsmodule* zum virtuellen Lernen erleichtern den Anfang, *Reflexionsforen* zur Lerntätigkeit regen Lernende kontinuierlich zum Nachdenken über ihre eigenen Lernweisen, -hilfen und -probleme an und ermöglichen darüber hinaus einen kollegialen Austausch unter den Lernenden. *Portfolio-Arbeit* (Kap. 7.6) kann darüber hinaus zum Aufbau metakognitiver Lernkompetenzen beitragen (BAUMGARTNER 2005).

Informationstransparenz herstellen

Gerade das selbst gesteuerte Lernen mit virtuellen Studienmodulen stellt hohe Anforderungen an die *autodidaktischen Kompetenzen* der Lernenden, u. a. in Hinblick auf Zeitmanagement, Lernzielverfolgung und Motivationsaufrechterhaltung (ZIMMER 2001, 134 ff.). Ein wichtiges Element, um Lernende in dieser Hinsicht zu unterstützen, besteht darin, größtmögliche Informationstransparenz herzustellen. Detaillierte und leicht auffindbare Informationen zur organisatorischen Struktur, den Abläufen einzelner Veranstaltungen, Musterzeitplänen sowie Evaluationsergebnissen, aber auch Informationen zum Qualifikationsprofil der Teletutoren helfen den Lernenden bei ihren Lerntätigkeiten (Ehlers 2002).

Medienkompetenz fördern

Virtuelle Kursangebote erfordern zusätzlich umfassende Medienkompetenz: „Die Fähigkeit, Wissen über Medien zu erlangen, dieses nutzen zu können, Gestaltungskompetenzen anwenden zu können und auch kritische Reflexion zu den medial vermittelten Kommunikationsprozessen und Informationen vornehmen zu können, sind zentrale Kompetenzen, um mediengestützt zu lernen" (ebd., 17). Qualitätsentwicklung bei virtuellen Bildungsangeboten heißt daher immer auch, das Angebot auf Unterstützungsformen zum Erwerb von Medienkompetenz zu überprüfen und weiterzuentwickeln (Kap. 6.3).

8.4 Qualitätsmanagementsysteme im Überblick

Im Folgenden werden verschiedene Möglichkeiten zum Aufbau eines eigenen Qualitätsmanagements skizziert. Die vorliegenden Qualitätsmanagementsysteme unterscheiden sich jeweils in vielen Dimensionen. Eine mögliche Sortierung ist die nach dem Grad der Spezifität: Während ein Hauskonzept speziell für die eigene Organisation entwickelt wird, sind die Systeme der ISO 9000 ff. wie die anderen organisations- und zum Teil auch branchenunabhängige Systeme. Die folgende Darstellung erhebt keinen Anspruch auf Vollständigkeit. Es werden die Systeme vorgestellt, die derzeit im Bildungsbereich am meisten diskutiert und angewendet werden. Sie können hier nur in ihren Grundzügen und nicht detailliert dargestellt werden (für eine Vertiefung vgl. allgemein Bruhn 2008, bezogen auf E-Learning Arnold 2006; Knispel 2008; Ossiannilsson et al. 2015 sowie für integrierte Qualitätsmanagementsysteme in der Aus- und Weiterbildung Dalluege/Franz 2015). Bevor ein Qualitätsmanagementsystem genutzt wird, ist zu prüfen, ob die damit zu bewertenden Dimensionen und Kriterien von Qualität den Zielen und Ansprüchen der eigenen Angebote genügen.

Daneben ist darauf hinzuweisen, dass es für die Produktqualität von Software eine eigene Norm gibt, die DIN ISO 9126. Diese Norm bestimmt die Softwarequalität nach Funktionalität, Zuverlässigkeit, Benutzbarkeit, Effizienz, Änderbarkeit und Übertragbarkeit.

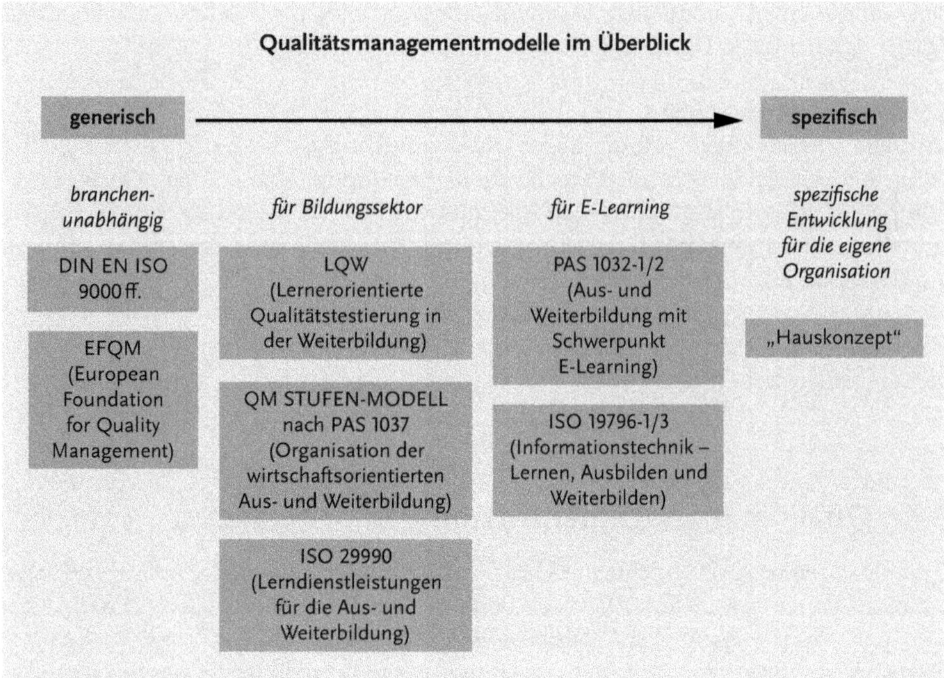

Abb. 8.2: Überblick über Qualitätsmanagementsysteme

8.4.1 Qualitätsmanagement nach ISO 9000 ff.

Die International Organisation for Standardization (ISO, früher: International Standardization Organization) hat in ihrer Normenreihe 9000 ff. ein allgemeines Modell für das Qualitätsmanagement entwickelt und Standards für die Prozesse der Qualitätsentwicklung festgelegt. Das Deutsche Institut für Normung (DIN) sowie das Europäische Komitee für Normung (Comité Européen de Normalisation, CEN) haben dieses Modell übernommen, sodass die Normenreihe daher in Deutschland vollständig als DIN EN ISO 9000 ff. (kurz: ISO 9000 ff.) bezeichnet wird und international (ISO), europäisch (EN) und in Deutschland (DIN) gilt.

Die Normenreihe ISO 9000 ff. wurde 1987 entwickelt und seitdem mehrfach überarbeitet. Sie enthält die für das Qualitätsmanagement von Bildungsprozessen relevanten Normen ISO 9000, 9001 und 9004. Sie beschreiben die Grundzüge eines Qualitätsmanagementsystems und katalogisieren Forderungen zum Aufbau eines eigenen Systems. Die einzelnen Normen haben dabei die folgenden Funktionen (die angefügte Jahreszahl gibt das Überarbeitungsjahr der Norm an):

Normenreihe

- DIN EN ISO 9000:2015 „Qualitätsmanagementsysteme – Grundlagen und Begriffe" beschreibt die elementaren Grundlagen für Qualitätsmanagementsysteme und definiert Begriffe. Sie dient zum Verständnis und stellt keine Forderungen an das Qualitätsmanagementsystem.

- DIN EN ISO 9001:2015 „Qualitätsmanagementsysteme – Anforderungen“ formuliert die Anforderungen an ein Qualitätsmanagementsystem und wird als Zertifizierungsgrundlage eingesetzt.
- DIN EN ISO 9004:2017 „Qualitätsmanagement – Qualität einer Organisation“ – Anleitung zum Erreichen nachhaltigen Erfolgs beinhaltet einen Leitfaden, der Hinweise für den Aufbau und die Stärkung der Effizienz eines Qualitätsmanagementsystems gibt.

Zertifizierung

Der – kostenpflichtige – Vorgang der Überprüfung und der Bescheinigung der Normerfüllung wird als Zertifizierung bezeichnet. Mit der Gesellschaft der Deutschen Wirtschaft zur Förderung und Zertifizierung von Qualitätssicherungssystemen in der Beruflichen Bildung (CERTQUA) der Spitzenverbände der Deutschen Wirtschaft und des Wuppertaler Kreises e. V. gibt es bereits seit 1994 eine Zertifizierungsgesellschaft, die auf den Bildungssektor spezialisiert ist. Organisationen, die sich einer solchen Überprüfung erfolgreich unterzogen haben, können sich dann als zertifiziert nach DIN EN ISO 9001:2015 ausweisen.

Die Standards werden dabei abstrakt für die Prozesse des Qualitätsmanagements definiert, nicht für die Güte der Bildungsmaßnahme selbst. Die Übertragbarkeit dieses Modells für den Bildungsbereich wurde für die ersten Fassungen der Norm sehr kontrovers diskutiert. Die neueren Fassungen der Norm betonen verstärkt den Prozesscharakter von Qualitätsmanagement, beinhalten z. B. zusätzlich die Forderung nach Ermittlung der Kundenzufriedenheit und von kontinuierlichen Veränderungsprozessen und in der jüngsten Fassung auch die Etablierung eines systematischen Wissensmanagements. Damit erscheinen sie wesentlich geeigneter für die Übertragung auf den Bildungsbereich und für den Einsatz im E-Learning. Allerdings muss Zertifizierung auch immer als gewichtiger Kostenfaktor in der Ressourcenplanung beim Aufbau eines Qualitätsmanagements berücksichtigt werden.

Das Prozessmodell der Normenreihe DIN EN ISO 9000 ff. geht seit 2000 von einem Prozess der kontinuierlichen Verbesserung des Qualitätsmanagementsystems aus. Die ersten Schritte liegen in der Verantwortung der Leitung. Im Folgenden müssen dann entsprechende Ressourcen bereitgestellt und die Prozesse zur Dienstleistungserbringung festgelegt und auf Optimierungspotenzial überprüft werden. Auf einem höheren Niveau setzt sich so der Kreislauf von Planung, Durchführung, Überprüfung und Verbesserung zur Erfüllung der Forderungen aller interessierten Parteien fort.

Schritte zur Umsetzung

Zur Umsetzung des Modells schlägt Hardenberg (2001, 7–10) folgende grundlegende Schritte vor (diese Abfolge ist auch für die aktuellen Fassungen der Norm sinnvoll und ggf. nur durch eine Re-Integration der zentralen Grundsätze der ISO

9001 unter der Perspektive eines agilen Qualitätsmanagements zu ergänzen; vgl. DGQ 2016):

Tab. 8.2: Schritte zur Einführung von Qualitätsmanagement

1. Schritt:	Verantwortlichkeiten festlegen: Verantwortliche(r) der obersten Leitung, Projektteam zur Einführung
2. Schritt:	Qualitätspolitik und -ziele der Organisation festlegen
3. Schritt:	Mitarbeiterinnen und Mitarbeiter informieren
4. Schritt:	ggf. externe Beratung hinzuziehen
5. Schritt:	wesentliche Prozesse in der Organisation festlegen und eine individuelle Dokumentationsstruktur erarbeiten
6. Schritt:	das System in einem Pilotbereich testen
7. Schritt:	in einem Handbuch zum Qualitätsmanagement alle relevanten Prozesse beschreiben, dabei Kundenorientierung und Prozessoptimierung in den Vordergrund stellen und alle betroffenen Mitarbeiterinnen und Mitarbeiter beteiligen
8. Schritt:	interne Audits durchführen
9. Schritt:	erste Bewertungen des Managementsystems durchführen
10. Schritt:	sich ggf. in einem externen Audit zertifizieren lassen

Mit den neueren Versionen aus den Jahren 2009 und insbesondere 2015 nähert sich die ISO dem EFQM-Modell an; es bleiben aber grundsätzlich verschiedene Ansätze und Herangehensweisen. Galt EFQM lange als das umfassendere System, wird heute häufig eine Kombination beider Systeme empfohlen (zum Verhältnis der beiden Modelle in ihren jüngsten Versionen vgl. auch EFQM 2016).

8.4.2 Qualitätsmodell der European Foundation for Quality Management

Das in Europa weitverbreitete EFQM-Modell for Excellence der europäischen Stiftung European Foundation for Quality Management basiert auf den drei Grundgedanken des umfassenden Qualitätsmanagements nach dem Total Quality Management (TQM):

- Alle Ebenen einer Organisation sollen kontinuierlich die Qualität von Prozessen und Ergebnissen erhöhen, Kosten senken und Kundenbedürfnisse befriedigen,
- Qualität kann durch zielgerichtetes Handeln gesteuert werden,
- jede Organisation braucht definierte Prozesse, um die Verbesserung der Qualität ihrer Leistungen zu steuern.

Grundzüge des EFQM-Modells

Qualität ist gemäß dem TQM-Ansatz nicht ein Unternehmensziel neben anderen, sondern eine allen Unternehmenszielen übergeordnete Zielbestimmung aller Aktivitäten. Im EFQM-Modell soll die enge Verknüpfung von Qualitätsmanagement und industrieller Produktion durch das Konzept des erfolgreichen Unternehmens (Business Excellence) aufgehoben werden. Es werden neun gewichtete Faktoren aufgeführt, die ein erfolgreiches Unternehmen ausmachen. Die Faktoren wiederum sind in die zwei Gruppen „Befähiger" (Führung, Mitarbeiter, Politik und Strategie, Partnerschaften und Ressourcen, Prozesse-Produkte-Services) und „Ergebnisse" (mitarbeiterbezogene Ergebnisse, kundenbezogene Ergebnisse, gesellschaftsbezogene Ergebnisse und die Ergebnisse der Schlüsselleistungen) aufgeteilt (Bruhn 2008, 406–412). Die Ergebnisse resultieren aus den Befähigern, diese werden kontinuierlich durch die Rückmeldung aus den Ergebnissen verbessert, im Modell als „Innovation und Lernen" bezeichnet (EFQM 2003). Ab der Version des EFQM-Modells aus dem Jahr 2010 wird dieser Rückkopplungsbogen der Ergebnisse zu den Befähigern jetzt als „Lernen, Kreativität und Innovation" bezeichnet, um den Stellenwert von Kreativität als wichtigem Erfolgsfaktor eines Unternehmens zu betonen (EFQM 2010). Mittlerweile liegt eine weitere Fassung aus dem Jahr 2013 vor, die das Kriterienmodell mit Befähigern und Ergebnissen um zwei weitere Komponenten ergänzt: (1) Acht zentrale Konzepte für Exzellenz (hier ist auch bereits das Prinzip der Agilität verankert) und (2) die sogenannte „RADAR"-Logik, die einen systematischen Kreislauf zur kontinuierlichen Verbesserung einer Organisation enthält (siehe ausführlich EFQM 2017).

Deutlich erkennbar ist, dass das Modell branchenneutral formuliert ist. Erfolgreich angewendet werden kann es erst, „wenn die Zusammenhänge zwischen den Kriterien vollkommen verstanden werden. Diese Zusammenhänge werden in den EFQM-Dokumenten so beschrieben: Kundenzufriedenheit, Mitarbeiterzufriedenheit und gesellschaftliche Verantwortung/Image werden durch eine Führung erzielt, welche die Politik und Strategie, eine geeignete Mitarbeiterorientierung sowie das Management der Ressourcen und Prozesse vorantreibt, was letztendlich zu exzellenten Geschäftsergebnissen führt" (Gonon 1999, 27 f.).

Erfolg hängt davon ab, ob die Erwartungen aller Beteiligten befriedigt werden. Die explizite Erweiterung auf alle Beteiligten, also die Tatsache, dass neben den eigentlichen Kunden auch die Mitarbeiter, die Lieferanten und die Gesellschaft einbezogen werden, kennzeichnen das Modell. Das EFQM-Modell gilt insgesamt als ein sehr umfassendes Modell. Der Aufbau eines Systems entsprechend der ISO 9000 ff. wird oft als erster Schritt auf dem Weg zu einem EFQM-Modell gesehen (Doerr/Orru 2000; siehe Stockmann 2006, 39 ff. für einen Vergleich beider Modelle). Insbesondere mit den neuesten Fassungen beider Modelle wird auch eine Kombination empfohlen (zum Verhältnis der Modelle in ihren neuesten Fassungen vgl. EFQM 2017).

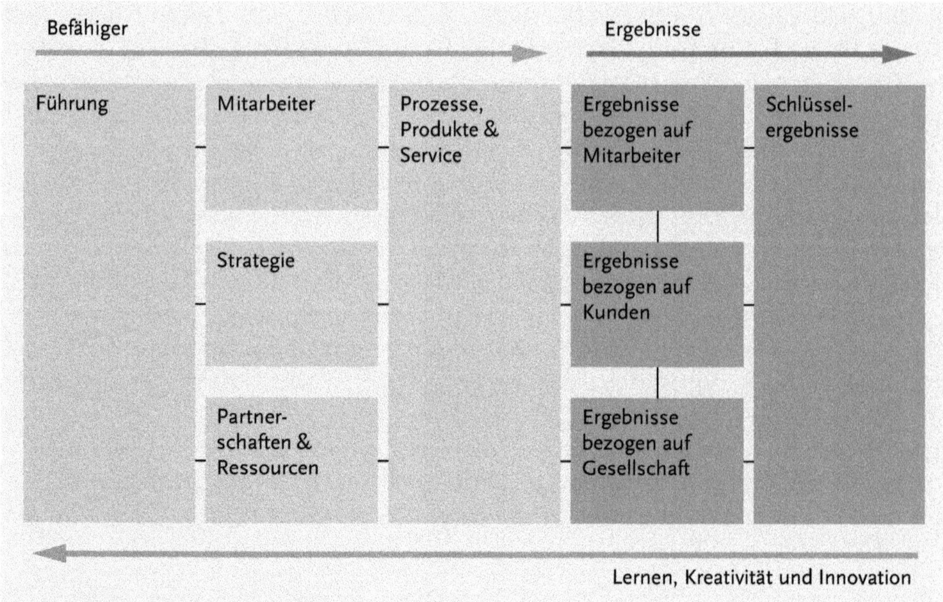

Abb. 8.3: EFQM-Modell (in Anlehnung an EFQM 2017, 4, eigene Übersetzung)

EFQM-Modell in der Praxis
Das EFQM-Modell bietet zwar eine gute Orientierung für die zu verwirklichenden Verbesserungen, aber wenig Hilfe für die Einführung eines Qualitätsmanagementsystems (Nötzold 2002, 114). Allerdings findet es aufgrund seiner expliziten Impulse für die Organisationsentwicklung und seiner Eignung für bzw. Ausrichtung auf die Selbstbewertung gerade bei virtuellen Organisationen Anwendung, z. B. in Hochschulverbünden, die virtuelle Studienmodule entwickeln (vgl. z. B. Kooperationsverbund der Hochschulen für Gesundheit in Johns 2001).

EFQM Excellence Award
Anstelle einer Zertifizierung vergibt die European Foundation for Quality Management seit 1990 den European Quality Award (EQA) – in 2006 in EFQM Excellence Award (EEA) und seit 2017 in EFQM Global Excellence Award umbenannt –, für den sich Organisationen bewerben können, die ein Qualitätsmanagementsystem entsprechend den Vorgaben des EFQM-Modells entwickelt und eingeführt haben. Die EFQM setzt damit Wettbewerbe als Impuls für die Qualitätsentwicklung ein.

8.4.3 Lerner- und Kundenorientierte Qualitätstestierung

Ein Modell, das speziell für Bildung, Beratung und soziale Dienstleistung entwickelt wurde und Lernenden bzw. Kunden in den Mittelpunkt der Qualitätsentwicklung stellt, ist die Lerner- und Kundenorientierte Qualitätstestierung (LKQT; http://www.qualitaets-portal.de/ [26.08.2017]). Speziall die für die Weiterbildung entwickelte Fassung (LQW) (EHSES/HEINEN-TENRICH/ZECH 2001) bietet sich für eine Adaption im E-Learning an. Es geht davon aus, dass im Mittelpunkt von Qualitätsentwicklung in der Bildung gelingendes, erfolgreiches Lernen stehen muss. Als Leitbild entwerfen EHSES/HEINEN-TENRICH/ZECH daher ein Qualitätskonzept, in dessen Zentrum die Qualität des Lernens steht und zu dem erst dann Lehre, Infrastruktur und andere Aspekte hinzukommen. Eine weitere Prämisse dieses Modells ist, dass der Schwerpunkt nicht bei einer statischen Qualitätssicherung liegen darf, sondern ein dynamischer, kontinuierlicher Verbesserungsprozess geschaffen werden muss, der die Entwicklungspotenziale der jeweiligen Bildungseinrichtung angemessen berücksichtigt und fördert.

Abb. 8.4: Erfolgreiches Lernen als Zentrum der Qualitätsentwicklung (in Anlehnung an EHSES/HEINEN-TENRICH/ZECH 2001, 14)

Das Modell definiert die folgenden elf Qualitätsbereiche und legt für diese Mindestanforderungen fest (siehe Modellbeschreibung unter http://www.qualitaets-portal.de/lernerorientierte-qualitaetstestierung-in-der-aus-fort-und-weiterbildung/ [26.08.2017]): (1) Leitbild, (2) Bedarfserschließung, (3) Schlüsselprozesse, (4) Lehr-Lern-Prozesse, (5) Evaluation der Bildungsprozesse, (6) Infrastruktur, (7) Führung, (8) Personal, (9) Controlling, (10) Kundenkommunikation und (11) strategische Entwicklungsziele. Darüber hinaus kann jede Organisation weitere optionale Qualitätsbereiche bestimmen, bei virtuellen Bildungsangeboten beispielsweise den Grad der örtlichen und zeitlichen Flexibilisierung.

Testat des Lernerorientierten Qualitätsmodells

Weiterbildungseinrichtungen können sich auch die Einführung eines lernerorientierten Qualitätsmanagementsystems bescheinigen lassen. Statt Zertifizierung wird hier von einem Testat gesprochen. Um das Testat zu erhalten, müssen die definierten Anforderungen in den verpflichtenden Qualitätsbereichen in einem Selbstreport nachgewiesen und durch einen Besuch externer Gutachter bestätigt werden. Der dritte und letzte Schritt der Testierung ist ein Abschlussworkshop, in dem die Gutachter ihre Einschätzungen rückkoppeln, strategische Ziele vereinbart werden und die Einrichtung ihre Erfahrungen in der Arbeit mit dem Qualitätsmodell einbringt, die für die Weiterentwicklung des Qualitätsmodells genutzt werden können.

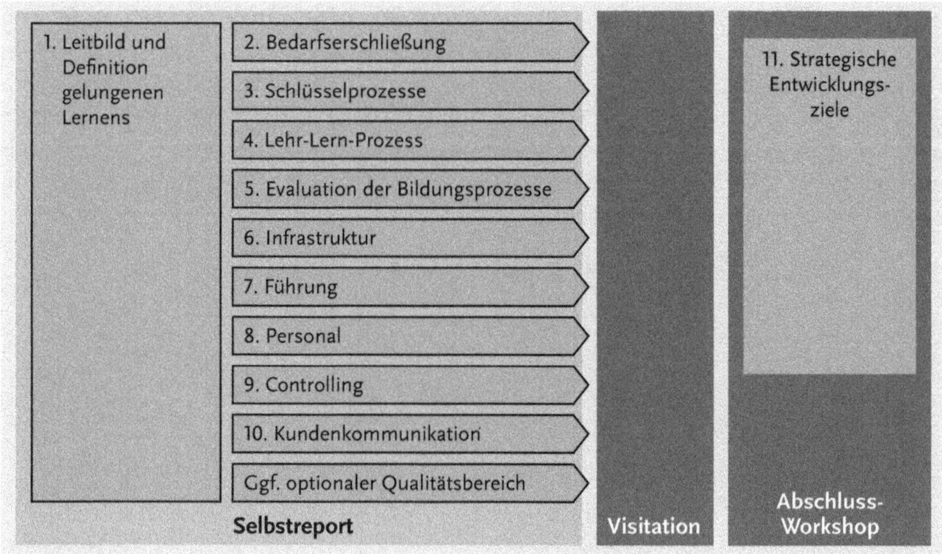

Abb. 8.5: Testierung nach dem Lernerorientierten Qualitätsmodell für Weiterbildungsorganisationen (LQW) (http://www.qualitaets-portal.de/lernerorientierte-qualitaetstestierung-in-der-aus-fort-und-weiterbildung/ [26.08.2017])

8.4.4 Qualitätsmanagement nach DIN PAS 1032-1/2

Ein erstes Qualitätsmanagementmodell speziell für E-Learning wurde im Jahr 2004 durch das Deutsche Institut für Normung (DIN) mit der PAS 1032-1/2 veröffentlicht. PAS (Publicly Available Specification) bezeichnet einen öffentlich verfügbaren Diskussionsentwurf einer Spezifikation, der im Rahmen der entwicklungsbegleitenden Normung des DIN entsteht und einen ersten Schritt in der Entwicklung einer neuen Norm darstellt. Die PAS 1032-1/2 enthält zwei Teile:

- PAS 1032-1 „Aus- und Weiterbildung unter besonderer Berücksichtigung von e-Learning – Referenzmodell für Qualitätsmanagement und Qualitätssicherung" und
- PAS 1032-2 „Aus- und Weiterbildung unter besonderer Berücksichtigung von e-Learning – Didaktisches Objektmodell – Modellierung und Beschreibung didaktischer Szenarien".

Die PAS 1032-1/2 stellt allerdings kein komplettes Qualitätsmanagementmodell dar wie die zuvor beschriebenen Modelle, sondern enthält ein speziell auf den Lebenszyklus eines E-Learning-Angebotes zugeschnittenes Referenzprozessmodell mit einem zugehörigen Beschreibungsschema.

PAS 1032-1

Das Prozessmodell identifiziert und beschreibt zentrale Prozesse von der Planung, Entwicklung, Durchführung bis zur Evaluation von Bildungsprozessen. Es unterscheidet sieben Hauptprozesse, die wiederum in Teilprozesse aufgegliedert sind:

Anforderungsermittlung	Rahmenbedingungen	Konzeption	Produktion	Einführung	Durchführung	Evaluation
Initiierung	Analyse des externen Kontexts	Lernziele	Inhaltliche Realisation	Test der Lernressourcen	Administration	Planung
Identifikation der Shareholder	Analyse der personellen Ressourcen	Lerninhalte	Designumsetzung	Anpassung der Lernressourcen	Aktivitäten	Durchführung
Zieldefinition	Analyse der Zielgruppe	Didaktik/Methodik	Medienrealisation	Freigabe der Lernressourcen	Überprüfung von Kompetenzniveaus	Auswertung
Bedarfsanalyse	Analyse des organisationalen und institutionellen Kontexts	Rollen und Aktivitäten	Technische Realisation	Organisation des Betriebs und der Nutzung		Optimierung
	Termin- und Budgetplanung	Organisation		Einrichtung der technischen Infrastruktur		
	Analyse der Ausstattung	Technik				
		Medien- und Interaktionsdesign				
		Medieneinsatz				
		Kommunikationsmöglichkeiten und -formen				
		Tests und Prüfungen				
		Wartung und Pflege				

Abb. 8.6: Prozessmodell der PAS 1032-1 (in Anlehnung an DIN 2004a)

Mit den Prozessen gibt das Modell Vorgaben für eine eigene Prozessmodellierung. Diese Prozesse sind zwar allgemein für die Aus- und Weiterbildung zu verwenden, aber deutlich an die Lehr- und Lernhandlungen mit digitalen Bildungsmedien angepasst. Für den Einsatz ist das Modell an den eigenen Kontext anzupassen. Das Referenzmodell erleichtert aber mit seinen Empfehlungen und Beschreibungsformaten diese Arbeit erheblich. In einem weiteren Teil stellt die PAS 1032-1 (DIN 2004a) zusätzlich Kriterien zur Prüfung der Qualität von E-Learning-Angeboten zur Verfügung (Kap. 8.5.2).

PAS 1032-2

Die PAS 1032-2 (DIN 2004b) enthält ein Beschreibungsmodell für didaktische Konzepte, Szenarien und Methoden unter besonderer Berücksichtigung des E-Learning. Mit diesem Modell werden die Standardisierungsbemühungen im E-Learning ebenfalls einen wichtigen Schritt weitergebracht (Arnold/Kilian/Thillosen 2003, 217 ff.; Kap. 10).

Als Diskussionsentwurf wurde die PAS 1032-1/2 durch vielfältige Rückmeldungen aus der Praxis unter breiter Beteiligung aller Akteure im E-Learning weiterentwickelt und ist im Jahr 2005 in der Norm ISO/IEC 19796-1 aufgegangen (Kap. 8.4.5).

8.4.5 Qualitätsmanagement nach ISO/IEC 19796-1/3

Erste internationale Norm

Der erste Teil der ersten internationalen Norm für Qualitätsmanagement im E-Learning wurde 2005 als ISO/IEC 19796-1:2005 „Informationstechnik – Lernen, Ausbilden und Weiterbilden – Qualitätsmanagement, -sicherung und -metriken – Teil 1: Allgemeiner Ansatz“ veröffentlicht (deutsche Fassung DIN EN ISO/IEC 19796-1:2009). Diese Norm (siehe auch Kap. 10.3) ist als eine aus insgesamt vier Teilen bestehende internationale Norm für Qualitätsmanagement im Bildungsbereich, unter besonderer Berücksichtigung von E-Learning, konzipiert, von der bisher erst der erste und dritte Teil veröffentlicht ist (August 2017). Das in dem ersten Teil enthaltene Prozessmodell ist mit dem der PAS 1032-1 aus dem Jahr 2004 identisch. Im dritten Teil, der ISO/IEC 19796-3:2009 „Informationstechnik – Lernen, Ausbildung und Weiterbildung – Qualitätsmanagement, -sicherung und -metriken, Teil 3: Referenz-Methoden und -Metriken“, werden die Methoden und Messverfahren für das Qualitätsmanagement bestimmt.

Als zweiter Teil ist ein vollständiges Qualitätsmanagementsystem für die Aus- und Weiterbildung einschließlich Zertifizierungsmöglichkeit geplant, als vierter Teil eine Sammlung von internationalen Beispielen guter Praxis.

Bedeutung der Norm ISO/IEC 19796-1/3

Die zentrale Bedeutung der Norm ISO/IEC 19796 liegt darin, dass damit erstmals ein internationaler Standard im Bereich des E-Learning angeboten wird, der ein ausgearbeitetes Prozessmodell sowohl aus der Perspektive von Bildungsanbietern als auch aus der Perspektive von Nutzern/Lernenden zur Verfügung stellt. Dabei werden Prozesse von der Konzeption über die Durchführung bis zur Evaluation abgedeckt. Die Norm wird häufig als die neue Norm für Aus- und Weiterbildung diskutiert, die die äußerst vielfältigen, heterogenen und oft länderspezifischen Konzepte, Spezifikationen, Begriffe und Definitionen in der Qualitätsentwicklung im Bildungssektor in einem Modell harmonisiert. Sie gilt als prinzipiell anwendbar für alle Arten von Bildungsangeboten in den unterschiedlichsten Bildungsbereichen: von der Schule über die Berufsausbildung, das Studium bis hin zum lebenslangen Lernen. Die Anwendung und Bedeutung über den E-Learning-Bereich hinaus wird allerdings auch kritisch gesehen. Gravierender Nachteil der ISO/IEC 19796 gegenüber z. B. der ISO 9000 ff. ist, dass die bildungsspezifische Norm außerhalb des E-Learning-Bereichs noch wenig bekannt und etabliert ist (Jumpertz 2007). Unter Marketingaspekten ist daher noch der wesentlich höhere Bekanntheits- und Verbreitungsgrad der Normenreihe ISO 9000 ff. ein entscheidender Vorteil.

8.4.6 Qualitätsmanagement-Stufenmodell der DIN PAS 1037

Qualitätsmanagement für wirtschaftsorientierte Bildungsunternehmen

Für wirtschaftsorientierte Bildungsunternehmen zugeschnittene Qualitätsmanagementmodelle, die auch als Zertifizierungsgrundlage dienen, stellt die DIN PAS 1037:2004 „Anforderungen an Qualitätsmanagementsysteme von Organisationen der wirtschaftsorientierten Aus- und Weiterbildung: QM STUFEN-MODELL“ dar. Sie ist ähnlich wie die PAS 1032-1/2 mit einem Fokus auf E-Learning entwickelt worden, aber im Gegensatz zu dieser stärker betriebswirtschaftlich ausgerichtet und thematisiert weniger die konkrete Ausgestaltung eines E-Learning-Angebots. Sie wurde speziell für Anbieter in der beruflichen Aus- und Weiterbildung erarbeitet. Sie ist vor dem Hintergrund der ab 2004 geltenden Anerkennungs- und Zulassungsverordnung Weiterbildung entstanden, nach der Anbieter beruflicher Weiterbildung ein Qualitätsmanagementsystem nachweisen müssen. Als Zertifizierungsgrundlage konkurriert sie damit mit der ISO 9001.

Kernprozesse und Niveaustufen

Das Qualitätsmanagement nach PAS 1037 ist ähnlich der ISO 9001 konsequent prozessorientiert aufgebaut – zentral sind die beiden Prinzipien „Kundenorientierung“ und „Kundenkommunikation“. Als Prozessarten für Bildungsunternehmen werden in dem Modell Führungs-, Leitungs- und Unterstützungsprozesse unterschieden. Die Qualitätsanforderungen werden auf vier Kernprozesse aufgeteilt:

1. „Bildungsorganisationen führen und entwickeln,
2. Mitarbeiter/innen, Lehrende, Lerninfrastruktur bereitstellen und entwickeln,
3. Bildungsangebote konzipieren, durchführen und evaluieren sowie
4. Bildungsprozesse messen, analysieren und verbessern“ (Brückner/Girke 2005, 7).

Die über 70 Qualitätsanforderungen können in drei Niveaustufen realisiert werden:

1. *Basis*: grundsätzliche Qualitätsfähigkeit und dokumentierte Prozessorganisation liegt vor,
2. *Standard*: ein kunden- und prozessorientiertes Managementsystem ist aufgebaut und umgesetzt,
3. *Exzellenz*: Exzellenz-Prinzipien nach europäischen Vergleichskriterien sind eingeführt und umgesetzt.

Vorteile und Nachteile

Der Vergleich des QM-Stufenmodells nach PAS 1037 mit dem Modell der Norm ISO 9001 macht deutlich, dass das QM-Stufenmodell eine Zertifizierung nach Norm (Stufe Standard) mit einer Bewertung nach EFQM-Modell (Stufe Excellence) kombiniert. Ab der Stufe Standard geht das QM-Stufenmodell aber deutlich über den Forderungskatalog der ISO 9001 hinaus. Die Zertifizierung erfolgt in beiden Fällen für drei Jahre. Von Vorteil beim QM-Stufenmodell ist, dass es in Form und Sprache auf Bildungsanbieter zugeschnitten ist. Nachteile gegenüber der ISO 9001 bestehen darin, dass das QM-Stufenmodell nur eine nationale Spezifikation des DIN und keine international anerkannte Norm ist, einen wesentlich geringeren Bekanntheitsgrad hat und durch die Beschränkung auf Weiterbildungsunternehmen auch kein Erfahrungsaustausch über die Branche hinaus möglich ist.

8.4.7 Qualitätsmanagement nach ISO 29990

Qualitätsmanagement für wirtschaftsorientierte Bildungsunternehmen

Das QM-Stufenmodell nach PAS 1037 wurde von deutschen Normierungsakteuren erfolgreich in die internationale Normierungsarbeit eingebracht. Im September 2010 wurde die ISO 29990:2010 „Learning services for non-formal education and training – Basic requirements for service providers" (zunächst nur auf Englisch und Französisch) als jüngste internationale Norm für Lerndienstleistungen in der Aus- und Weiterbildung veröffentlicht. Darin sind wesentliche Elemente des QM-Stufenmodells eingeflossen. Die deutsche, vom DIN verabschiedete und veröffentlichte Fassung ist inzwischen als DIN ISO 29990:2010 „Lerndienstleistungen für die Aus- und Weiterbildung: Grundlegende Anforderungen an Dienstleister" erschienen. Mit der Verbreitung dieser neuen Norm wird davon ausgegangen, dass das QM-Stufenmodell in den Hintergrund treten wird.

Bedeutung der ISO 29990

Was ist das Besondere dieser neuen Norm für das Qualitätsmanagement in der Aus- und Weiterbildung? Zum einen ist es eine internationale Norm, im Gegensatz zu den vielen verschiedenen auf nationaler Ebene entwickelten Systemen. Zum anderen stellt sie konsequent die „Lerndienstleistung", verstanden als „Prozess oder Folge von Aktivitäten, die Lernen ermöglicht", in den Mittelpunkt. Der Fokus ist damit eindeutig auf die Lernenden gerichtet. Ziel der Norm ist „die Schaffung eines generischen Qualitätsmodells für die berufliche Praxis und Leistungserstellung sowie einer gemeinsamen Referenz für Lerndienstleistende [...] und ihre Kunden zur Planung, Entwicklung und Durchführung von Aus- und Weiterbildung" (DIN ISO 29990:2010, V). Der Schwerpunkt liegt somit klar in den Bereichen der Aus- und Weiterbildung. Prinzipiell scheint es aber auch möglich, die Norm in andere Bildungsbereiche zu übernehmen. Weiterhin ist die ISO 29990 als „Schirmnorm" für bildungsbranchenspezifische Adaptionen, z. B. Sprachtrainingsanbieter, konzipiert.

Anwendungsbereich der ISO 29990

An der Bezeichnung „Lerndienstleistungen" und dem großen Einfluss, den das QM-Stufenmodell auf die ISO 29990 genommen hat, ist aber auch zu erkennen, dass der Anwendungsbereich eher im kommerziellen Bildungsbereich bzw. in Unternehmen liegt. Als Beispiele für den Anwendungsbereich werden u. a. die „Berufsausbildung, das lebenslange Lernen und innerbetriebliche Trainings, entweder außerhalb oder im Unternehmen", genannt (ebd., 1). Die ISO 29990 ist zur ISO 9001 kompatibel, und es sind auch explizite Bezüge zur ISO 9001 ausgewiesen (Anhang E „Cross-Referenz zwischen ISO 29990:2010 und ISO 9001:2008"). Große, international operierende Organisationen, die ggf. schon über eine Zertifizierung nach ISO 9001 verfügen, können daher mit vertretbarem Zusatzaufwand ihren Bildungsbereich auch mit einem auf Lerndienstleistungen im kommerziellen Bildungsbereich zugeschnittenen System zertifizieren lassen (zum Zusammenspiel von ISO 29990 und ISO 9001 sowie Verordnungen im Weiterbildungsmarkt siehe auch DIN 2016).

Tab. 8.3: Gliederung der ISO 29990:2010

1. Anwendungsbereich	Lerndienstleistungen und Lerndienstleistende in der Aus- und Weiterbildung Beispiele
2. Begriffe	Definition von 18 verschiedenen Begriffen im Kontext von Lerndienstleistungen z. B. Lernen, Kompetenz, Lerntransfer
3. Lerndienstleistung	Bestimmen des Lernbedarfs Gestaltung der Lernangebote Erbringen von Lerndienstleistungen Überwachen der Umsetzung von Lerndienstleistungen Evaluation durch Lerndienstleistende
4. Management des Lerndienstleisters	allgemeine Managementanforderungen Strategie und Unternehmensmanagement Managementbewertung vorbeugende Maßnahmen und Korrekturmaßnahmen Finanzmanagement und Risikomanagement Personalmanagement Kommunikationsmanagement (intern/extern) Ressourcenmanagement interne Audits Feedback von interessierten Parteien
5. Anhänge	u. a. Anhang E Cross-Referenz zwischen ISO 29990:2010 und ISO 9001:2008

8.4.8 Weitere Spezifikationen nach PAS 1068 und PAS 1069

Über die beschriebenen Qualitätsmanagementmodelle hinaus gibt es weitere Spezifikationen des DIN, die keine eigenen Modelle beinhalten, sondern in anderer Form Qualitätsentwicklung im E-Learning unterstützen und vereinheitlichen können. Dies sind zum einen die PAS 1068:2006 zur Erhöhung der Transparenz im E-Learning, zum anderen die PAS 1069:2009 als Leitfaden zur Umsetzung der PAS 1032-1, mit zahlreichen Praxisbeispielen einschließlich der Umsetzung in kompletten Studiengängen.

Transparenz im E-Learning

Die PAS 1068:2006 „Aus- und Weiterbildung unter besonderer Berücksichtigung von e-Learning – Leitfaden zur Beschreibung von Bildungsangeboten" ist im Wesentlichen ein Leitfaden zur systematischen Beschreibung von Bildungsangeboten. Danach sollen Bildungsangebote unter den Rubriken (1) Allgemeine Informationen, (2) Administration und Kosten, (3) Organisatorisches, (4) Funktionalität, (5) Barrierefreiheit, (6) Didaktik, (7) Technik und (8) Datenspeicherung beschrieben werden. Der Leitfaden basiert auf dem Referenzprozessmodell der ISO/IEC 19796-1 bzw. der PAS 1032-1. Mit einer solchen systematischen Beschreibung sollen Angebote vergleichbarer und für Nutzer bzw. Lernende im Sinne eines Beipackzettels transparenter werden.

Umsetzungsanleitung für die PAS 1032-1

Die PAS 1069:2009 „Aus- und Weiterbildung unter besonderer Berücksichtigung von e-Learning – Leitfaden zum Referenzprozessmodell für Qualitätsmanagement und Qualitätssicherung – Planung, Entwicklung, Durchführung und Evaluation von Bildungsprozessen und Bildungsangeboten“ ist eine umfassende Handreichung zur Umsetzung der PAS 1032-1 mit zahlreichen Praxisbeispielen.

8.4.9 Hauskonzept für Qualitätsmanagement

Bedeutung eines Hauskonzepts

Ohne Orientierung an einem bereits existierenden Modell zum Qualitätsmanagement lassen sich in einem Hauskonzept zum Qualitätsmanagement Prozesse und Verfahren festlegen, die die jeweiligen organisationsspezifischen Bedingungen, Voraussetzungen und Ziele in besonderem Maße berücksichtigen können (Balli/Krekel/Sauter 2002a; Küchler 2000; Nötzold 2002; Wunder 2000a; Zink/Behrens 2000). Hauskonzepte können prozessbezogene wie auch produktbezogene Komponenten enthalten. Ähnlich wie bei der Anwendung etablierter Modelle stehen Weiterbildungsorganisationen auch bei diesem Weg vor der Aufgabe, ein angemessenes Prozessmodell zu entwickeln und Qualitätskriterien für die eigenen E-Learning-Angebote festzulegen. Hauskonzepte finden sich häufig in kleineren Organisationen oder auch in Hochschulen, wo ihre Stärke – die Anpassung an die eigenen spezifischen Strukturen – gut zur Geltung kommt.

Die komplette eigene Entwicklung hat einerseits den Vorteil, dass das Konzept eine hohe Passung für die eigene Organisation aufweist und organisch mitwachsen kann. Unter Umständen sind auch die Chancen einer gelingenden partizipativen Entwicklung mit allen Beteiligten höher. Daraus resultiert eher ein Qualitätsmanagementsystem, das lebt. Hauskonzepte erfordern aber andererseits eine sehr hohe Gestaltungskompetenz in Hinblick auf Qualität (Ehlers u. a. 2005).

Beispiel Hauskonzepte an Hochschulen

Zum Beispiel das Hauskonzept der Johann Wolfgang Goethe-Universität in Frankfurt am Main (Bremer 2006) sieht Qualitätsmanagement auf unterschiedlichen Ebenen vor: Zum einen verknüpft es die Qualität von E-Learning mit der Qualität der Lehre der Universität allgemein. Zum anderen sichert es Qualität durch unterschiedliche Beratungs- und Qualifizierungsmaßnahmen des Kompetenzzentrums für Neue Medien in der Lehre. Das Konzept versucht, einen Top-down-Ansatz – E-Learning-Strategie seitens der Hochschulleitung – mit den Bottom-up-Initiativen – E-Learning-Ansätze und -Projekte an den einzelnen Fachbereichen – zu vernetzen. Zur Stärkung der Transparenz wurde ein eigenes Auszeichnungskonzept entwickelt – ein E-Learning-Label auf drei verschiedenen Stufen (E-Learning Enrichment, E-Learning Label Basic und E-Learning Label Intensive) (http://www.studiumdigitale.uni-frankfurt.de/ella/index.html [14.04.2015]). Gleichzeitig wurde ein internes Förderprogramm aufgebaut, das Qualitätsbemühungen durch eine Preisvergabe, den „E-Learning Award", unterstützen soll.

Auf Produktebene setzt auch das Hauskonzept der Technischen Universität Darmstadt mit dem E-Learning-Label an, das gemeinsam mit Preisen wie dem „E-Teaching Award" im Mittelpunkt der auf die Hochschule angepassten Qualitätsbemühungen steht (Sonnberger 2008).

8.5 Qualitätsstandards für E-Learning

Qualitätskriterien auf Produktebene

Qualitätsmanagementmodelle setzen bei der Qualitätsentwicklung im Wesentlichen an den Prozessen an. Qualitätsstandards auf Produktebene, d. h. Qualitätskriterien im Sinne von einzuhaltenden Mindeststandards für eine Qualitätssicherung, sind in den Modellen in der Regel nicht enthalten und müssen jeweils kontextspezifisch festgelegt werden. Mittlerweile existieren Sammlungen von Qualitätskriterien, die bei der kontextspezifischen Festlegung der eigenen Qualitätsstandards Orientierung bieten können: In Kap. 8.5.1 werden zwölf Kriterien im Sinne einer lernerorientierten Qualitätsentwicklung beschrieben, die zunächst im Kontext der beruflichen Bildung entwickelt wurden, in Kap. 8.5.2 wird die Kriteriensammlung aus der PAS 1032-1 vorgestellt, die eine der umfassendsten Kriteriensammlungen auf Produktebene ist.

Weitere Orientierung, insbesondere für nach Fernunterrichtsschutzgesetz zulassungspflichtige Bildungsangebote, kann auch der Leitfaden des Bundesinstituts für Berufsbildung (BIBB) und der Zentralstelle für Fernunterricht (ZFU) für die Begutachtung von Fernlehrgängen (BIBB/ZFU 2004) bieten, der auf produktorientierten Qualitätskriterien basiert. Eine weitere umfassende und gut aufbereitete Sammlung von Qualitätskriterien wurde im Auftrag des österreichischen Bundesministeriums für Bildung, Wissenschaft und Kultur erstellt (Kristöfl/Sandtner/Jandl 2006). Diese Kriteriensammlung unterscheidet Standards für die didaktische Vorgehensweise, für die multimediale Aufbereitung der Inhalte sowie – als eine der wenigen Sammlungen bisher – für Qualifizierungsmaßnahmen für E-Learning-Anbieter. Letztere werden wiederum unterteilt in Kriterien, die sich auf die Lernenden, die Betreuenden, die Multimedia-Produzierenden sowie auf die Administrierenden von Lernmanagementsystemen beziehen.

Unterscheidung von Anforderungen und Kriterien nach Produktkategorie
Öffentliche Angebote von digitalen Bildungsmedien müssen in der bestmöglichen Qualität angeboten werden. Dazu ist es notwendig, die Qualitätsanforderungen und Qualitätskriterien entsprechend der kategorialen Einordnung der digitalen Medien zu prüfen (ausführliche Darstellung in den angegebenen Quellen).

- Für *Multimediaprodukte* können folgende Bereiche zur Qualitätsprüfung unterschieden werden: pädagogisch-inhaltliche, didaktisch-methodische, medial-gestalterische und ergonomisch-technische (Mikuszeit 2017a, 331–342; vergleichbar Ivanišin 2017, 343–351).
- Für *Blended-Learning-Programme* können unterschieden werden: Anforderungen an die Kompetenzen der Lernenden, Anforderungen an die Präsenzphasen, Anforderungen an die E-Learning-Phasen, organisatorische und mediale Anforderungen (Mikuszeit 2017b, 353–365).
- Für *Lehr- und Lernmanagementsysteme* können unterschieden werden: Lehrer-Perspektive, Lerner-Perspektive, Kommunikation, Kreativität, Innovation, technische Perspektive, Administration (Ivanišin/Hauptman 2017, 367–377).
- Für *Computerspiele mit kompetenzförderlichen Potenzialen* können unterschieden werden: kognitive Kompetenzen, soziale und persönlichkeitsbezogene Kompetenzen, medienbezogene und gestalterische Anforderungen, sensomotorische und technische Anforderungen (Grün/Rosenberger 2017, 379–386).

8.5.1 Kriterien für eine lernerorientierte Qualitätsentwicklung

Damit die Qualität der Lernprozesse im E-Learning gesichert wird, sind die folgenden Qualitätskriterien für die jeweiligen Bildungsangebote zu konkretisieren und zu erfüllen (Zimmer 2009b, 8–14; 2009c, 14–20):

(1) Lernziel

Die Lernziele müssen auf den Erwerb qualifizierter Handlungskompetenzen ausgerichtet werden und den jeweiligen Bildungsgängen entsprechen. Dabei ist von den Lernvoraussetzungen auszugehen und auf die zukünftig zu erwartenden Anforderungen Bezug zu nehmen. Die Lernziele sind in lernlogisch aufeinander aufbauende und didaktisch zweckmäßige Teilziele aufzugliedern, die von den Lernenden gewählt werden können, entsprechend ihren Voraussetzungen und Interessen. Sie müssen individuelle, aber auch kooperative und partizipative Lernprozesse anregen.

(2) Lerninhalt

Die angebotenen Lerninhalte müssen die Erreichung der Lernziele ermöglichen, sie müssen fachlich und sachlogisch korrekt präsentiert werden, dem Curriculum, dem Stand der Wissenschaft und den Anforderungen der Praxis entsprechen. Sie müssen in Umfang, Niveau und Darstellung den Voraussetzungen und Potenzialen der Zielgruppe entsprechen und auf interdisziplinäre Kontexte verweisen. Sie sind aufgabenorientiert zu konzipieren und sollen Beispiele, Aufgaben, Hilfen, Glossare zur Unterstützung der Lernprozesse enthalten.

(3) Lernmethode

Die den Lernenden angebotenen Lernformen, Lernschritte und Lernaufgaben, Hilfen und Rückmeldungen, Schnittstellen zur Kommunikation, Kooperation und Partizipation, Probehandlungen mit Simulationen und Spielen, Aufgaben und Ergebnisdarstellungen sowie die mögliche Kombination mit Präsenzveranstaltungen müssen den Lernzielen und Lerninhalten entsprechen. Sie ermöglichen ein reflektiertes aufgabenorientiertes Lernen und den Erwerb ganzheitlicher Handlungskompetenzen. Begleitende Lernkontrollen müssen immer mit Begründungen und Empfehlungen für nächste Lernschritte erfolgen.

(4) Handlungssteuerung

Die interaktive Steuerung der Lernhandlungen mit den medialen Lerninhalten muss übersichtlich und selbsterklärend sein: Welche Wege gibt es? Wie komme ich dort hin? Wo war ich? Wie komme ich hier raus? Umfang und Schwierigkeitsgrad der Lerninhalte sowie Zeitbedarf und Hilfen müssen an die individuellen Lernbedarfe flexibel anpassbar sein. Zudem müssen didaktisch begründete Möglichkeiten für selbst gesteuerte Lernwege angeboten werden, die ein verständliches und abwechslungsreiches Lernen erlauben. Auf die Steuerungsschritte müssen nach bisherigem Lernverlauf Rückmeldungen mit Kritik und Empfehlungen für die möglichen nächsten Lernschritte gegeben werden.

(5) Lernumgebung

Die virtuelle Lernumgebung muss so gestaltet sein, dass die Lernhandlungen sowie die Kommunikation, Kooperation und Partizipation mit Lehrenden, Experten und anderen Lernenden einfach vollzogen werden können. Dafür müssen Funktionsbereiche zu Angebot und Auskunft, Planung und Verwaltung, Mediathek und Ergebnisse, Schnittstellen zu Anwendungssoftware, Kommunikation und Kooperation sowie Prüfung und Evaluation zur Verfügung stehen, damit die Lernenden alle Möglichkeiten zum individuellen, kooperativen und partizipativen Lernen haben. Sie müssen auch ihre Lern- und Arbeitsergebnisse wie auch ihre Lernerfahrungen im Lernraum allen Beteiligten zur Diskussion stellen können.

(6) Kommunikation

Die Bildungsmedien müssen in den Zielen, Inhalten und Methoden so strukturiert werden, dass sie auch die Kommunikation der Lernenden untereinander wie mit Lehrenden und Experten erfordern und damit die Entwicklung ihrer Kommunikationskompetenzen fördern. Die Kommunikation der Lernenden untereinander sollte durch einen Lernenden moderiert werden, mit beratender Unterstützung eines Lehrenden. Die Kommunikation ist sowohl in informellen als auch in formellen Formen einzuplanen.

(7) Kooperation

Die Bildungsmedien müssen so gestaltet sein, dass sie die Kooperation der Lernenden erfordern und unterstützen oder zumindest die individuell Lernenden auf spätere Kooperationen im Praxisfeld vorbereiten. Kooperativ selbst organisiertes Lernen kann optimal gefördert werden, wenn zur Erarbeitung komplexer Lerninhalte und Lernaufgaben die Bildung von Projektgruppen vorgesehen ist. Die Lernergebnisse sollen in den Gruppen vorgestellt, erklärt, überarbeitet und zu einem Gesamtergebnis zusammengefügt werden.

(8) Partizipation

Für den Erwerb vollständiger Handlungskompetenzen ist es von Vorteil, wenn die Bildungsmedien die Übernahme von Aufgaben aus den jeweiligen Gegenstandsbereichen durch die Lernenden, z. B. in Projektgruppen, vorsehen und unterstützen. Der Bezug des medial unterstützten Lernens wird dadurch konkret hergestellt, und den Lernenden wird eine erste Wahrnehmung der Anforderungen aus den Praxisbereichen ermöglicht, ein Zugang zu den Erfahrungen der Experten eröffnet und damit ein reflektiertes praxisbezogenes Erlernen der wissenschaftlichen Grundlagen der erforderlichen Handlungskompetenzen unterstützt.

(9) Lernergebnis

Die Bildungsmedien müssen begleitend und/oder abschließend auch Prüfungsaufgaben stellen, die das Profil und Niveau der erworbenen Handlungskompetenzen auf einer ersten Stufe vor dem Transfer in Arbeitsfelder erkennbar machen. Dafür müssen die Aufgaben so gestellt werden, dass sie ein selbstständiges, kritisches, multiperspektivisches, flexibles und kreatives Denken und Handeln erfordern und dies auch in seinen sozialen, ethischen und kulturellen Kontexten sowie in seiner Bedeutung sichtbar machen. Sie müssen die Reflexion der bisherigen Lernprozesse und der weiteren Lernbedarfe unterstützen. Umgekehrt müssen die Medien die Bewertung ihrer Gestaltung und Nutzung sowie der begleitenden Unterstützung durch die Lernenden ermöglichen. Aus beiden Beurteilungen können dann Konsequenzen für die Verbesserung der Qualität der Lernarrangements gezogen werden.

(10) Design

Die für die mediale Präsentation der Lerninhalte gewählten symbolischen Formen, wie Texte, Grafiken, Abbildungen, Sprache, Bilder, Videos, Simulationen, Planspiele etc., müssen zweckmäßig, inhaltsadäquat, adressatengerecht und motivierend gestaltet sein. Der Bildschirm muss übersichtlich strukturiert, die Präsentationen zutreffend und verständlich und durch einen inhaltlichen Zusammenhang abgeschlossen sein und ein zielgruppenadäquates Niveau haben. Die Barrierefreiheit muss realisiert sein.

(11) Begleitinformation

Den Bildungsmedien müssen Beschreibungen ihrer Voraussetzungen, Verwendungsziele und Verwendungsweisen beigefügt sein: über die technischen und organisatorischen Voraussetzungen der Mediennutzung, die Ziele, Inhalte, Strukturen, Methoden, Voraussetzungen und Anforderungen, die erreichbaren Ergebnisse in der Kompetenzentwicklung, den erforderlichen Zeitaufwand sowie die Verwendungsweisen durch Lehrende und Lernende und die möglichen oder notwendigen Zusatzmaterialien.

(12) Lernverlaufsprotokoll
Lernverlauf und Lernergebnisse müssen protokolliert und die Protokolle sowohl durch Kommentare der Lernenden als auch der begleitenden Lehrenden ergänzt werden können. Die kommentierten Protokolle bilden eine wichtige Grundlage sowohl für die individuelle Reflexion der eigenen Lernprozesse und Lernergebnisse durch die Lernenden als auch für das Gespräch mit anderen Lernenden und den Lehrenden über den Verlauf, die erreichten Ergebnisse und die weiteren Lernziele, Lerninhalte und Lernschritte sowie die Formen der Zusammenarbeit und zu erreichenden nächsten Lernergebnisse.

8.5.2 Qualitätskriterien in der PAS 1032-1

Bereiche der Kriteriensammlung
Auch die PAS 1032-1 stellt eine Sammlung von Kriterien zur Prüfung der Qualität von E-Learning-Angeboten auf Produktebene zur Verfügung. Dieser Kriterienkatalog umfasst ca. 700 Kriterien und ist damit eine der umfangreichsten Kriteriensammlungen zum E-Learning überhaupt. Je nach Beschaffenheit des eigenen E-Learning-Angebots kann daraus eine Teilmenge an Kriterien ausgewählt werden. Der Katalog setzt auf den Kriterien der Norm zur Software-Ergonomie ISO 9241 auf und umfasst sieben Bereiche. (1) Rahmenbedingungen, (2) Technische Aspekte, (3) Datenspeicherung und -verarbeitung, (4) Funktionalitäten, (5) (Lern-)Theoretische Aspekte, (6) Kodierung der Information, (7) Formate und Gestaltung. Er enthält weiterhin auch Kriterien, die sich aus Regelungen und Gesetzen ergeben, die auf E-Learning-Angebote zutreffen können: (1) die Datenschutzgesetze (9 Kriterien), (2) das Grundschutzhandbuch des Bundesamtes für Sicherheit in der Informationstechnik (24 Kriterien), (3) das Fernunterrichtsschutzgesetz (3 Kriterien), (4) die Barrierefreie-Informationstechnik-Verordnung (18 Kriterien), (5) der Learning Object Metadata Standard (24 Kriterien).

8.6 Integrativer Ansatz: Qualitätsplattform Lernen

Integration von Produkt- und Prozessqualität
Die bislang vorgestellten Qualitätsansätze stellen entweder das systematische Qualitätsmanagement der Prozesse in den Vordergrund oder setzen an der Produktebene mit Qualitätskriterien an. Ein Ansatz, der beide Vorgehensweisen integriert und

zahlreiche der vorgestellten Orientierungshilfen für die Qualitätsentwicklung explizit mit berücksichtigt, ist die „Qualitätsplattform Lernen“, die seit 2006 im Internet frei verfügbar ist (http://issuu.com/delan/docs/qpl_qualitaetsplattform_lernen_teil_a [01.08.2017]).

In der Qualitätsplattform Lernen sind u. a. die folgenden Normen und Kriteriensammlungen integriert:

- die internationale ISO-Qualitätsnorm für die Aus- und Weiterbildung ISO/IEC 19796-1,
- die deutschen Spezifikationen DIN PAS 1032-1/2 und die DIN PAS 1068 zur Angebotsbeschreibung,
- der Leitfaden für die Begutachtung von Fernlehrgängen von BIBB und ZFU,
- Qualitäts- und Gütesiegel wie das eher prozessorientierte Gütesiegel „Qualitätssiegel E-Learning“ (das sich an EFQM und LQW orientiert) sowie das eher produktorientierte Gütesiegel der Technischen Universität Darmstadt.

Die Tabelle 8.4 gibt einen Überblick über den Aufbau der Qualitätsplattform Lernen. Mit diesem umfassenden und integrativen Ansatz können prinzipiell alle E-Learning-Anbieter arbeiten – Weiterbildungsanbieter und staatliche Hochschulen ebenso wie wirtschaftsorientierte Fernlehreinrichtungen.

Tab. 8.4: Qualitätsplattform Lernen (in Anlehnung an http://issuu.com/delan/docs/qpl_qualitaetsplattform_lernen_teil_a [01.08.2017])

Teil A: Qualität von Bildungsangeboten	Teil B: Qualität von Organisationen – Basis	Teil C: Qualität von Organisationen – Exzellenz
Produktqualität	**Organisation (Bildungsanbieter)**	**Gesamtes Qualitätsmanagement**
• Informationen zum Bildungsangebot • Zielgruppen und Lernziele • Aufbau des Bildungsangebots • Inhalt • Didaktik • Medien (digitale und Printmedien) • Kommunikation/Zusammenarbeit • Rollen/Aktivitäten • Aufgaben/Lernerfolgskontrollen/Prüfungen • Technik • Evaluation	• Prozesse • Lernerorientierung • Ergebnisse	• Politik und Strategie • Management • Ressourcen • Mitarbeitermanagement • Innovation • Außenwirkung

8.7 Fazit

Lernerorientierung auf Prozess- und Produktebene verwirklichen
Orientierungshilfen für die prozess- und die produktorientierte Qualitätsentwicklung existieren mannigfaltig. Aber die Herausforderung, ein passendes Konzept für den eigenen Kontext zu entwickeln und zu operationalisieren, bleibt bestehen. Zentral ist, die Lernerorientierung in die Anforderungskataloge auf Prozess- und Produktebene für das eigene Bildungsangebot als leitendes Prinzip zu integrieren. Ein Qualitätsmanagement in einer Organisation aufzubauen bedeutet gleichzeitig, einen Diskurs über Qualität, Kooperation und Kommunikation aufzunehmen und somit eine interne Organisationsentwicklung anzustoßen (Henninger 2008; Zech/Dehn 2017).

Auswahl des geeigneten Systems und der passenden Kriterien
Bei der Vielfalt der vorhandenen, mehr oder weniger allgemein gehaltenen und anpassbaren Konzepte sowie Sammlungen von Qualitätskriterien fällt die Auswahl nicht leicht. Klare Zuordnungen, welches System und welches Instrument für welche Organisation in welchem Kontext am besten geeignet ist, gibt es nicht. Sie kann es auch kaum geben, da die Passung für die Zielgruppen, die eigene Organisation und die zur Verfügung stehenden Ressourcen am wichtigsten ist. Nur wenn das ausgewählte System zur Zielgruppe, Organisation und den Mitarbeitenden passt, kann ein lebendiges und entwicklungsfähiges System gestaltet werden. Von dieser Grundlage ausgehend können folgende Daumenregeln als erste Annäherung für die Auswahl gegeben werden:

- Ein Hauskonzept empfiehlt sich für kleine Organisationen mit geringen Ressourcen für ein systematisches Qualitätsmanagement oder für Organisationen mit sehr spezifischen Handlungsabläufen. Ein Hauskonzept passt auch für Organisationen, die keine wirtschaftlichen Beziehungen mit vielen (internationalen) Kooperationspartnern haben.
- Eine Zertifizierung gemäß ISO 9001 oder ISO 29990 ist zu empfehlen, wenn am Bildungsmarkt agiert wird und viele, u. U. auch internationale Kooperationspartner existieren. Ein Qualitätsmanagement für E-Learning mit diesen Normen aufzubauen bedeutet aber immer einen hohen Aufwand. Die ISO 29990 ist zwar bereits für Aus- und Weiterbildung formuliert, aber dennoch allgemein gehalten. Der Aufbau eines solchen Systems und die zugehörige Zertifizierung benötigen eine gute Ressourcenausstattung (Zeit, Finanzen).
- Qualitätsmanagementmodelle wie EFQM oder LKQT sind ebenfalls aufwendig zu etablieren, haben aber einen hohen Bekanntheitsgrad im öffentlichen Bereich. LQW ist dabei schon auf den Bildungsbereich bezogen und wurde im Bereich der Erwachsenenbildung entwickelt. Für viele einzelne Bildungssektoren liegen aber spezifische Interpretationen vor (Kindergärten, Schulen etc.).
- Auf Produktebene können auf der Grundlage der vorhandenen Sammlungen von Qualitätskriterien relativ unaufwendig eigene spezifische Kriterien zusammengestellt werden. Die Anfangsarbeit ist hier bereits geleistet. Viele Sammlun-

gen können unmittelbar als Vorlage für die eigenen Ausarbeitungen dienen. Das Gleiche gilt für die anderen Werkzeuge wie die Transparenzkriterien zur Beschreibung eines E-Learning-Angebots.

Nach der unter Berücksichtigung der Interessen, Fähigkeiten und Ressourcen aller Beteiligten (der Lernenden, Lehrenden, Entwickler, Administratoren u. a.) erfolgten Wahl und Entwicklung des passenden Qualitätsmodells ist es zur Erreichung seiner erfolgreichen Einführung sehr wichtig, das Modell in der eigenen Organisation zu verankern und insbesondere die Mitarbeitenden für das Qualitätsmanagement zu gewinnen. Die Einführung eines Qualitätsmanagementsystems ist zwar immer eine Führungsentscheidung, aber ohne eine breite Beteiligung und Mitbestimmung durch die Mitarbeitenden kann kein nachhaltig erfolgreiches Qualitätssystem aufgebaut werden. Die interne Kommunikation, hinreichende Ressourcen und ggf. auch Qualifizierungsmaßnahmen für Mitarbeitende sind in der Anfangsphase von ganz besonderer Bedeutung. Je nach bestehender Organisationskultur ist auch die Umsetzung agiler Prinzipien zu erwägen (vgl. DGQ 2016).

Bei der Einführung eines Qualitätssystems muss aber auch mit Widerständen gerechnet werden. Häufig treffen Qualitätsinitiativen auf einen ohnehin verdichteten Arbeitsalltag. Mitarbeitende befürchten Mehrarbeit, deren Ertrag zudem nicht schnell sichtbar wird. Oftmals ist es dann geschickter, zunächst einen weniger aufwendigen Ansatz zu verwenden, der zu einem späteren Zeitpunkt unter verbesserten Rahmenbedingungen und mehr Ressourcen weiter ausgebaut werden kann.

Qualitätsentwicklung als zyklischen Prozess gestalten

Unabhängig von der Auswahl eines bestimmten Modells des Qualitätsmanagements ist der Prozess der Qualitätsentwicklung insgesamt als zyklischer, iterativer Prozess mit zahlreichen Rückkopplungen zu gestalten. Die Modelle zum Qualitätsmanagement beinhalten alle bereits diesen zyklischen Charakter (mit Unterschieden in operativen Details). Bei Hauskonzepten ist daher besonders darauf zu achten, dass Qualitätsentwicklung als iterativer Prozess mit Rückkopplungsschleifen konzipiert wird. Häufig ist es sinnvoll, den Aufbau eines Systems in Stufen zu vollziehen. Viele Qualitätsmanagementsysteme und einige Zertifizierungssysteme legen eine solche Stufung bereits nahe.

Grenzen des Qualitätsmanagements beachten

Dabei muss darauf geachtet werden, dass auch die Grenzen des Qualitätsmanagements im Bildungsbereich thematisiert werden. Denn Qualität wird letztlich immer von den Lernenden mitproduziert und entzieht sich daher einer vollständig standardisierten Qualitätskontrolle. Lehren kann nur Voraussetzungen für Lernen schaffen, es aber nicht erzeugen oder garantieren. Qualitätsmanagement kann daher – unabhängig vom Grad der Formalisierung seiner Methoden und Prozesse – keine hinreichenden Bedingungen für erfolgreiches Lernen zur Verfügung stellen. Werden diese Grenzen nicht offen angesprochen, erhöht sich meist der Widerstand gegen die Einführung eines Qualitätsmanagements. Qualitätsmanagement kann aber dazu beitragen, dass gute (im Sinne von notwendige) Rahmenbedingungen für erfolgreiches Lehren und Lernen geschaffen, gesichert und entwickelt werden.

Leitlinien für ein Qualitätsmanagement

Vor dem Hintergrund der Kontextgebundenheit allen Lernens und Lehrens und der besonderen Bedeutung, die der Kontextualisierung beim E-Learning zukommt (Arnold/Smith 2003), können als Fazit und Empfehlung nur einige Leitlinien skizziert werden, die beim Aufbau eines eigenen Qualitätsmanagementsystems Orientierung geben können:

1. Qualitätsmanagement stellt unter Berücksichtigung der oben diskutierten Begrenzungen der Übertragung aus dem Bereich der Warenproduktion ein sinnvolles und notwendiges Verfahren zur Qualitätssicherung und -entwicklung für virtuelle Bildungsangebote dar und dient darüber hinaus der Organisationsentwicklung und Professionalisierung.
2. Ob beim Aufbau eines Qualitätsmanagementsystems vorhandene Modelle wie die ISO 9000 ff. oder das EFQM-Modell für den eigenen Kontext adaptiert oder von Grund auf ein eigenes System oder erste Elemente dafür entwickelt werden, ist weniger wichtig, als den Aufbau selbst als Gelegenheit zu begreifen, das eigene Selbstverständnis als Bildungsanbieter zu klären, sich über professionelle Mindeststandards zu verständigen und einen organisationsinternen Dialog zur kontinuierlichen Verbesserung der virtuellen Bildungsangebote und ihrer Erstellungsprozesse anzustoßen.
3. Der Aufbau eines Qualitätsmanagementsystems sollte im Bewusstsein der grundlegenden Andersartigkeit von Bildungsangeboten als Produkt erfolgen. Vorgehensweisen und Prozesse müssen auf ihre Berücksichtigung der prinzipiellen Koproduktion der Lernenden hin überprüft werden.
4. Das Prinzip der Kundenorientierung muss dieser Andersartigkeit angepasst werden und insbesondere als Kunden alle interessierten Parteien (Lernende, Teletutoren, Lehrende, Entwickler, Kooperationspartner, Arbeitgeber, Gesellschaft etc.) integrieren.
5. Inhaltsbezogene Qualitätssicherung und prozessbezogenes Qualitätsmanagement sollten innerhalb eines umfassenden Qualitätsmanagementkonzepts integriert sein. Das Verhältnis von prozessbezogenen Optimierungen und der Ausarbeitung inhaltlicher Qualitätsstandards muss kontinuierlich auf eine sinnvolle Balance hin überprüft werden. Der Aufwand für Prozessoptimierung muss in angemessenem Verhältnis zum Nutzen stehen. Eine sich verselbstständigende Bürokratisierung von Vorgängen ist zu vermeiden.
6. Wissensstützende Strukturen, z. B. Verfügbarkeit von Bibliotheken, und Prozesse in der Verwaltung, z. B. Prüfungsanmeldung, und in anderen Servicebereichen sollten innerhalb des Qualitätsmanagementkonzepts ausdrücklich thematisiert werden.
7. Systematische und regelmäßige Evaluierung sollte als zentrales Instrument im Qualitätsmanagementsystem verankert werden (Kap. 9).

9 Evaluation

9.1 Paradigmen einer Evaluation

Entwicklung hochwertiger Bildung

Die Evaluation eines Bildungsprozesses hat eine *Kontroll- und Legitimationsfunktion* sowie eine *Erkenntnis- und Entwicklungsfunktion* für alle Beteiligten. Durch die Evaluation kann wissenschaftlich erkannt werden, ob das virtuelle Bildungsangebot den gestellten Anforderungen entspricht, die Zielgruppe erreicht und von ihr akzeptiert wird, ihre Lernprozesse effizient unterstützt und die angestrebten Lernergebnisse auch erreicht wurden, wo eventuell Defizite bestanden und Verbesserungen oder weitere Entwicklungen notwendig sind. Damit kann ein situationsbezogener und auch vorausblickender Dialog zwischen allen Beteiligten, den Lernenden, Lehrenden und Medienautoren angeregt werden. Mit einer Evaluation wird aber auch kontrolliert, ob alle Beteiligten ihre Leistungen erbracht haben, ihre Zusammenarbeit funktioniert hat und die Lernerfolge effizient erreicht wurden, und sie kann dazu dienen, das Bildungsangebot und dessen Nutzungsweise zu legitimieren oder zu verändern.

Durch eine Evaluation können entgegen ihrer positiven Absicht immer auch negative Folgen ausgelöst werden, z. B. indem nur für den Test gelehrt und gelernt wird, Probleme ausgeblendet, Defizite umgangen und nur die positiven Teile herausgehoben und genutzt werden oder wenn die Evaluation fehlerhaft konzipiert ist, einen hohen Aufwand verursacht, aber keinen Vorteil bringt.

Entscheidend zur Erreichung einer die realen Gegebenheiten, Prozesse und Erfolge wahrheitsgemäß erfassenden und beurteilenden Evaluation sind nicht nur geeignete Formen und Konzepte sowie Methoden und Gütekriterien der Evaluation, „sondern auch klare *Zielvorstellungen* und *inhaltliche Konkretisierungen* für hochwertige Bildung. [...] Auch der alleinige Nachweis, dass gewisse Standards bei der Erbringung eines Bildungsangebots eingehalten werden, rechtfertigt noch nicht den Schluss auf die Qualität des Ergebnisses" (Ditton 2002, 787, Hervorh. im Original).

Quantifizierende Beurteilung ist ungeeignet

Das verbreitete Paradigma der quantifizierenden Wirkungsforschung geht davon aus, dass durch Befragungen, Testergebnisse oder Prüfungsleistungen die Qualität eines E-Learning-Angebots beurteilt werden kann. Umfragen mit vorgegebenen Auswahlantworten geben zwar Auskunft über die subjektiven Wahrnehmungen und

Testergebnisse oder Prüfungsleistungen und zeigen einen Ausschnitt erworbener Kenntnisse, sie sind aber keine Qualitätsmessung des Angebots. Denn die Gründe für gegenteilige Beurteilungen oder heterogene Lernergebnisse können zum Beispiel in unterschiedlichen individuellen Vorstellungen oder in differierenden subjektiven Engagements liegen. Die quantifizierende Wirkungsforschung ist daher für die Evaluation eines E-Learning-Angebots nur sehr begrenzt geeignet.

Qualitative Beurteilung ist notwendig

Die Qualität eines Lernprozesses wird erst durch die aufeinander bezogenen Handlungen der beteiligten Akteure hergestellt. Nur mit der Evaluation dieser ganzheitlichen Szenarien, die durch vielfältige Zusammenhänge, Abhängigkeiten und Einflussnahmen geformt sind, wird die Qualität und Verbesserung des E-Learning-Angebots beurteilbar. Daher ist der Evaluation mit qualitativen Methoden der Vorzug zu geben, da diese es erst ermöglichen, die Leistungen, Beurteilungen und Vorschläge aller Beteiligten, zu erfassen, zu beurteilen und auszuwerten. Die Qualität des Angebots kann daher nicht durch das Anlegen externer Maßstäbe beurteilt werden, weil diese immer erst durch die aktiven Handlungen aller Beteiligten, insbesondere durch die Lernenden selbst, hergestellt wird. Es kann daher keinen kausalen Zusammenhang zwischen objektiven Merkmalen und subjektiven Lernerfolgen geben. Somit ist die Evaluation mit einem mehr oder weniger breiten Spektrum an qualitativen Methoden zu leisten, mit denen es möglich ist, die jeweiligen Informationen, Sichtweisen, Beurteilungen und Vorschläge aller Beteiligten, einschließlich der Lernenden, zu erfassen, zu beurteilen und auszuwerten. Die Lernenden sind daher „nicht als Objekt [...], sondern als Mitforscher" (Held 2015c, 193) einzubeziehen, weil der erwartete Lernerfolg letztlich nur von ihnen selbst durch ihre vollzogenen Lernhandlungen produziert wird bzw. durch die von ihnen selbst ausgestalteten und vollzogenen Lernhandlungen produziert werden kann. „Alle an der Evaluation Beteiligten stehen damit in einer sogenannten *Intersubjektivitätsbeziehung*" (Held 2015d, 238, Hervorh. im Orig.). Das Ziel ist dabei, dass die Lernenden durch ihre Einbeziehung in die Evaluation der Lehr- und Lernprozesse erkennen können, wie sie die Verfügung über ihre Lernprozesse unter welchen Bedingungen, Voraussetzungen, Vorgehensweisen und Unterstützungen erweitern können.

Möglichkeit der Selbstevaluation

Die Evaluation kann auch von den Beteiligten als Selbstevaluation (DeGEval 2004) durchgeführt werden, z. B. durch Einbeziehung von Online-Lerntagebüchern oder E-Portfolios. Dies erfordert allerdings, dass die Beteiligten, die die Evaluation konkret durchführen, dazu auch die erforderlichen Kompetenzen durch Beratung, begleitende Unterstützung oder Weiterbildung erwerben oder bereits erworben haben. Ihre Aufgabe und Zuständigkeit muss gemeinsam geklärt werden. Die Erhebung und Weitergabe von Informationen sowie die Darstellung und Verbreitung der Ergebnisse müssen transparent und vertraulich mit allen Beteiligten vereinbart werden. Voraussetzung ist, dass die Ziele und erwarteten Nutzen der Selbstevaluation allen Beteiligten erklärt werden, damit sie dazu Stellung nehmen und diese akzeptieren oder weitere Vorschläge machen können. Meistens wird eine Selbstevaluation durchgeführt, wenn ein E-Learning-Angebot sich noch in der Entwicklung oder am Beginn der Implementierung befindet und rasche Ergebnisse für Entscheidungen gefragt sind oder wenn die finanziellen Mittel für eine externe Evaluation fehlen; zudem wird bei einer Selbstevaluation eine bessere Kenntnis des Gegenstandes und seines Umfeldes unterstellt (Hense/Mandl 2010, 198 f.).

Aufbau des Kapitels

Jede Evaluation setzt Ziele (Kap. 9.2) und die Bestimmung der Ebenen und Phasen voraus, die evaluiert werden sollen (Kap. 9.3), damit die passenden Formen der Evaluation gewählt (Kap. 9.4), die Methoden für die Erfassung und Bewertung der Prozesse und Ergebnisse bestimmt (Kap. 9.5) und die zu vollziehenden Schritte der Evaluation insgesamt konzeptualisiert werden können (Kap. 9.6). Um den Tatsachen entsprechende Ergebnisse der Evaluation zu erhalten, sind Gütekriterien einzuhalten (Kap. 9.7) und mögliche Fallstricke und Fehlerquellen zu vermeiden (Kap. 9.8). Mit Evaluationen können mögliche Diskrepanzen in den Prozessen und Ergebnissen reflektiert und Verbesserungen erkannt und vereinbart werden (Kap. 9.9). Evaluationen sind somit auch ein Instrument im Qualitätsmanagement von Bildungsangeboten (siehe Kap. 8), von ihrer Planung bis zur Prüfung ihrer Ergebnisse, und sie umfassen auch den institutionellen Gesamtprozess sowie die (Meta-)Evaluation der konzipierten und durchgeführten Evaluation selbst (Arnold 2005b; Bloh 2010; Stockmann 2007; Tergan 2000b; Winter 2002; Zimmer/Rogner/Thillosen 2001; Zimmer 2010b).

9.2 Klärung der Ziele der Evaluation

Ziele

Ausgehend von den Zielen und Inhalten einer hochwertigen, den gestellten Anforderungen gerecht werdenden Bildung mit digitalen Bildungsmedien und personeller Unterstützung durch Tutoren, Lehrende und Experten im virtuellen Bildungsraum sind die Ziele, Gegenstände, Formen, Methoden und Gütekriterien der Evaluation zu klären. Diese Klärung ist theoretisch und praktisch zu fundieren und sollte gemeinsam mit allen Beteiligten und Betroffenen erfolgen, weil die Akzeptanz der Evaluation eine grundlegende Voraussetzung für ihren Erfolg ist. Als Ziele der Evaluation können generell unterschieden werden: Verbesserung der institutionellen Organisation sowie der praktischen Durchführung von Maßnahmen, Bewertung eines erreichten Standes sowie Herstellung eines permanenten Qualitätsmanagements, Analyse von Anforderungen sowie von intendierten und nicht intendierten Wirkungen, wissenschaftliche Rekonstruktion und Bewertung der Prozesse zur Erkenntnisgewinnung und weiteren Entwicklung der Bildungsangebote (Köller 2007, 215).

Dimensionen

Die vielfältigen Dimensionen der Lehr- und Lernhandlungen im virtuellen Bildungsraum mit digitalen Bildungsmedien und persönlichen Unterstützungen sind die zentralen Gegenstände der Evaluation. Entscheidend dabei ist, dass diese Dimensionen keine fixierten Größen sind, sondern in den Bildungsprozessen konkretisiert und in diesen auch in Form, Niveau, Inhalt und Ziel weiterentwickelt werden. So können folgende Dimensionen der Lehr- und Lernprozesse, die hier nur beispielhaft und kurz aufgeführt werden können, als Gegenstände der Evaluation unterschieden werden (in Erweiterung der Liste von Glowalla u. a. 2011, 313 f.):

- *Akzeptanz:* des virtuellen Lernraums, der Bildungsangebote, der Zusammenarbeit etc.,
- *Lernziele:* führen zum Erwerb der angestrebten Handlungskompetenzen,
- *Lerninhalte:* entsprechen den fachlichen Anforderungen und den Lernvoraussetzungen,
- *Mediendidaktik:* die didaktische Gestaltung der Medien fördert effiziente Lernprozesse,
- *Lernprodukte:* können in den virtuellen Lernraum zur Diskussion eingestellt werden,
- *Kommentierung:* die eingestellten Lernprodukte werden kommentiert,
- *Gebrauchstauglichkeit:* Bildungsmedien und Lernraum sind bedienerfreundlich gestaltet,
- *Medienkompetenz:* die Bildungsmedien und der Lernraum werden kompetent genutzt,
- *Lernkompetenz:* selbst gesteuerte und kooperative Lernkompetenzen werden entwickelt,
- *Lernleistung:* Differenz zwischen Beginn und Resultat der Lernprozesse ist überwunden,
- *Lernzeit:* Zeitaufwand zwischen Beginn und Resultat ist der Lernleistung angemessen,
- *Lernhandlung:* Umgangsweisen der Lernenden mit Bildungsmedien und Lernraum,
- *Lernwirksamkeit:* Transfer der erlernten Kompetenzen in den Aufgabenbereich,
- *Betreuung:* persönliche Unterstützung der Lernenden in ihren Lernprozessen,
- *Kommunikation:* soziale Kontakte mit Lernenden, Tutoren, Lehrenden und Experten,
- *Kooperation:* gemeinsames Lernen zur Erarbeitung von Lernergebnissen,
- *Partizipation:* Lernen in Zusammenarbeit mit Lehrenden und Experten,
- *Internetnutzung:* Nutzung weiterer Informationsquellen für die Lernprozesse,
- *Geschlechtsunterschiede:* in Lernprozessen, Kommunikation, Kooperation, Partizipation,
- *Kosten-Nutzen-Verhältnis:* beispielsweise im Vergleich mit anderen Bildungsangeboten.

Diese beispielhafte Liste an Dimensionen bzw. Gegenständen der Evaluation kann fortgesetzt und modifiziert werden. Sie soll aufzeigen, dass vor jeder Konzeptualisierung der Evaluation von virtuellen Bildungsangeboten und der durch sie angeregten und gelenkten Lehr- und Lernprozesse die zu evaluierenden Dimensionen zu klären, zu bestimmen, zu differenzieren und zu konkretisieren sind. Die Konkretisierung der Ziele und Dimensionen bestimmt die Phasen, Formen, Ebenen, Methoden und Gütekriterien der Evaluation.

Orientierung

Das Ziel digitaler Bildungsangebote ist die Ermöglichung und effiziente Förderung von Bildungsprozessen der individuell oder gemeinsam Lernenden. Da Bildung nur aktiv von den Lernenden erworben werden kann, wird die Qualität der digitalen Bildungsangebote *„erst im Prozess des Lernens von den Lernenden selbst hergestellt [...], gegebenenfalls mit Unterstützung von Lehrenden, [daher] kann es keinen kausalen Zusammenhang zwischen objektiven Merkmalen und subjektiven Lernerfolgen geben“* (Zimmer/Psaralidis 2000, 265, Hervorh. im Original). Für die Evaluation folgen daraus zwei grundsätzliche konzeptionelle Anforderungen: Erstens ist die Evaluation nicht technologieorientiert, sondern anwender- bzw. lernerorientiert zu konzipieren, denn das lernende Subjekt steht im Zentrum des technologiegestützten Bildungsangebots (Arnold 2005b, 25). Und zweitens kann die Evaluation, gerade weil Lernen immer ein subjektiv bestimmter Prozess ist, nicht nach dem Modell der Wirkungsforschung, sondern muss nach dem Modell der Handlungsforschung konzipiert werden (Schneider 1980; Zimmer/Psaralidis 2000, 264). Lernerorientierung und Handlungsforschung sind die Leitlinien für die Konzipierung der Ebenen, Formen, Planung, Methoden, Kriterien und Auswertung der Evaluation des digitalen Bildungsangebots im Blick auf die Ermöglichung des angestrebten Lernerfolgs.

Fragen

Ausgehend von den geklärten Zielen und Dimensionen sind die zentralen Fragen oder die Hypothesen zu formulieren und theoretisch und praktisch zu begründen, die die Prozesse, Voraussetzungen, Bedingungen, Kontexte und Wirkungen zwischen Maßnahmen und Zielen spezifizieren. Beispielsweise: Welche Inhalte, Prozesse und Unterstützungen im virtuellen Lernraum führen unter welchen Voraussetzungen und Bedingungen und durch welche Handlungsweisen zu welchen Effekten? Wie müssen die digitalen Bildungsmedien didaktisch gestaltet sein? Gibt es Faktoren, die das individuelle und gemeinsame Lernen und seine Unterstützung durch Tutoren, Lehrende und Experten beeinträchtigen? Wirken andere verfügbare Angebote und Informationen im Lernprozess kumulativ, kompensatorisch oder unabhängig (Köller 2007, 215 f.)? Solche und viele andere Fragen oder Hypothesen sind in der Vorphase der geplanten Evaluation begründet zu klären, weil davon alle weiteren Schritte der Evaluation abhängen.

Ergebnisse

Mit der Konzeptualisierung der Evaluation ist auch zu klären, wer Zugang zu den Ergebnissen haben soll, wer zur Interpretation der Ergebnisse herangezogen werden soll, welche Konsequenzen und Empfehlungen daraus von wem gezogen werden sollen, wer an der Diskussion der Ergebnisse, Konsequenzen und Empfehlungen beteiligt werden soll und welche Maßnahmen der Veränderung von wem ergriffen und von wem und wie kontrolliert werden sollen (ebd., 216 f.).

9.3 Ebenen und Phasen der Evaluation

Lehren und Lernen sind Prozesse, die auf verschiedenen Ebenen und in mehreren Phasen ablaufen (Abb. 9.1). Die Ebenen und Phasen unterscheiden sich sowohl in ihren jeweiligen Zielen, Inhalten, Dimensionen, Funktionen und Positionen in technologiegestützten Bildungsprozessen als auch in den jeweils beteiligten und betroffenen Personen, z. B. den Lernenden, Lehrenden, Tutoren, Medienautoren, einbezogenen Fachexperten, deutlich.

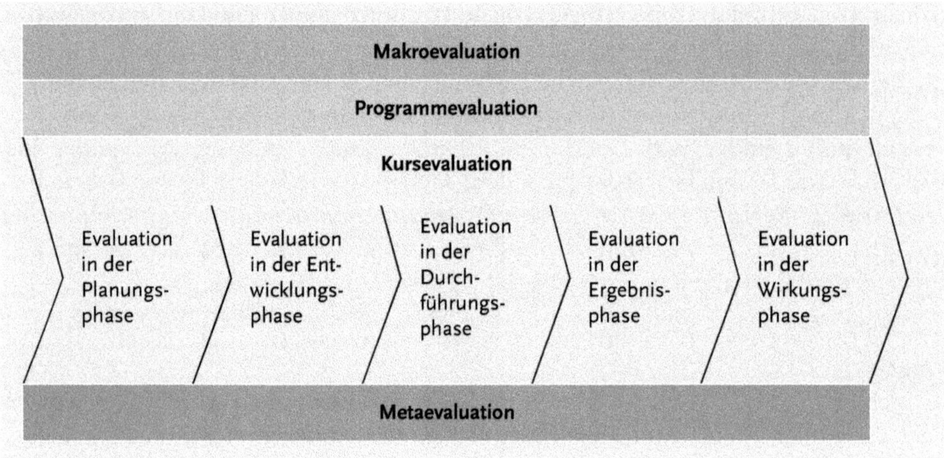

Abb. 9.1: Ebenen und Phasen der Evaluation (in Anlehnung an Bloh 2010, 81 ff., und Ehlers 2002, 14)

(1) Kursevaluation

Die Evaluation zur Bewertung bzw. zur Sicherung, Verbesserung und Entwicklung des jeweiligen Kurses bzw. digitalen Bildungsangebots und der in ihnen zu erbringenden Leistungen bzw. vollzogenen Prozesse und erreichten Ergebnisse muss sich daher auf die jeweiligen Phasen konzentrieren, die in jeweils unterschiedlichen Zeitabschnitten ablaufen. Wobei allerdings zu beachten ist, dass die zu evaluierenden Leistungen, Prozesse und Ergebnisse in den jeweils folgenden Phasen nicht unabhängig von den Leistungen, Prozessen und Ergebnissen in allen vorhergehenden Phasen sind, was auch eine Analyse der jeweiligen Kontextbedingungen einschließt. Dies ist bei der Beurteilung der Phasen und der Ableitung von Entscheidungshilfen, Verbesserungen und weiteren Entwicklungen des Kursangebots zu berücksichtigen.

(2) Programmevaluation

Auf der Grundlage der Evaluationsergebnisse in den einzelnen Phasen kann sodann auf der Programmebene die Evaluation eines Bildungsangebots insgesamt von der Planung bis zu den Ergebnissen und Wirkungen erfolgen. Die Programmevaluation umfasst alle zu einem Bildungsprogramm gehörenden Kurse, von der Planung über die kursbezogenen Lernprozesse und tutoriellen Unterstützungen, die verwendeten Ressourcen und Nutzungen des Lernraums sowie die Organisation der Zeit- und Zielplanung der einzelnen Lernschritte bis zu den insgesamt erreichten Lernerfolgen. Die Programmevaluation ist die zentrale Grundlage für das Qualitätsmanagement des Bildungsangebots einer Bildungsinstitution (Bloh 2010, 91 ff.).

(3) Makroevaluation

Der Gegenstand der Makroevaluation ist die Bildungsinstitution selbst bzw. eine bedeutende Organisationseinheit derselben. Dabei geht es nicht nur um eine zusammenfassende Auswertung vorhergehender Kurs- und Programmevaluationen hinsichtlich der Effektivität, Akzeptanz, Effizienz, Beständigkeit, Relevanz, Optimalität und Legitimität sowie interner Konsequenzen, sondern vor allem auch um die Evaluation des Bildungsangebots in Bezug auf die in den Fachgebieten geforderten Kompetenzen, die Zielgruppen der Lernenden und die konkurrierenden Bildungsanbieter sowie um die Evaluation der Infrastruktur und Organisation der Dienstleistungsprozesse und der Verfügbarkeit und Nutzung der technologischen Infrastruktur (ebd., 97 ff.).

(4) Metaevaluation

Kurs-, Programm- und Makroevaluation sind für das Qualitätsmanagement sowie für die Gewinnung von Erkenntnissen zur Verbesserung der Gestaltung und weiteren Entwicklung bestehender als auch neuer virtueller Bildungsangebote notwendig, können aber auch je nach Zielen, Intensität und Umfang ziemlich aufwendig sein. Ziel einer Metaevaluation ist es daher, die zukünftigen Evaluationen effizienter zu gestalten, z. B. durch den Aufbau eines schlanken, aber für die Sicherung und Weiterentwicklung der Qualität hinreichenden Evaluationssystems. Für die Metaevaluation, also für die Evaluation des bisher verwendeten und die Planung des zukünftigen Evaluationssystems, müssen ebenfalls Kriterien für die Beurteilung vereinbart werden: „Nützlichkeitsstandards, welche die Ausrichtung an den Evaluationszwecken und den Informationsbedarfen der Evaluationsnutzer sicherstellen sollen, Durchführbarkeitsstandards, welche eine realistische, überlegte und kostenbewusste Planung und Ausführung gewährleisten sollen, Korrektheitsstandards, welche einen respektvollen und fairen Umgang mit den betroffenen Personengruppen garantieren sollen, Genauigkeitsstandards, welche das Hervorbringen angemessener (gültiger und verlässlicher) Informationen und Ergebnisse zum jeweiligen Evaluationsgegenstand unterstützen sollen“ (ebd., 103). Die Metaevaluation dient aber nicht nur der Effizienzsteigerung der Kurs-, Programm- und Makroevaluationen, sondern auch der Weiterentwicklung ihrer Qualität und Transparenz für ein partizipatives Handeln aller beteiligten und betroffenen Personengruppen.

Evaluationsgegenstände

In der Tab. 9.1 sind eine Reihe relevanter Dimensionen in den Ebenen und Phasen des Lehrens und Lernens in Online-Bildungsprozessen als Evaluationsgegenstände beispielhaft aufgeführt:

Tab. 9.1: Ebenen, Phasen und Gegenstände der Evaluation (in Anlehnung an BLOH 2010, DITTON 2002, EHLERS 2002, STOCKMANN 2006, TERGAN 2000a und ZIMMER/PSARALIDIS 2000, modifiziert und mit eigenen Ergänzungen)

Ebene/Phase	**Evaluationsgegenstand (Beispiele)**
Kursevaluation / Planungsphase	• Bestimmung der Bildungsziele und Bildungsinhalte auf der Grundlage von Aufgaben, Anforderungen, Tätigkeiten, Interessen • Voraussetzungen, Bedarfe, Erwartungen und Interessen der Lernenden • soziales und kulturelles Umfeld der Lernenden • Gender-Aspekte • Medienkompetenz der Lernenden, Teletutoren, Lehrenden, Experten • Konzeption der Bildungsmedien, Bildungsressourcen und des Lernraumes • personelle, technische und finanzielle Ressourcen • Organisation und Management aller Prozesse
Entwicklungsphase	• didaktisches Design der digitalen Bildungsmedien • Ergonomie/Gebrauchstauglichkeit der Medien • Planung der virtuellen Lernszenarien • Planung der virtuellen Kommunikation und Kooperation • Planung der Präsenzveranstaltungen • Organisation und Management der Entwicklungsarbeit
Durchführungsphase	• Angemessenheit der Ziele, Inhalte, Szenarien und Prozesse • Ergonomie/Gebrauchstauglichkeit der Medien • tutorielle Betreuung (aus Sicht der Studierenden, Teletutoren, Lehrenden und Experten) • Akzeptanz des virtuellen Bildungsangebots • Verlauf der Lernfortschritte/Kompetenzentwicklung • Gender-Aspekte
Ergebnisphase	• Erreichung der Bildungsziele/erreichte Kompetenzentwicklung • Einschätzung von Ergebnis und Verlauf durch alle Beteiligten • Veränderung der Zusammenarbeit der Beteiligten • Kosten-Nutzen-Relation • bildungspolitische Effekte
Wirkungsphase	• Transfer erworbener Kompetenzen in relevante Aufgabenbereiche • Grundlage für Reflexion von Erfahrungen und weiteres Lernen • Grundlage für die Lösung unerwarteter atypischer Probleme • Stärkung der wirtschaftlichen sowie gesellschaftlichen Teilhabe • Veränderung der Aufgaben, Anforderungen, Tätigkeiten, Interessen
Programmevaluation	• Beschreibung und Begründung des Bildungsprogramms • Leistungspotenzial des Bildungsprogramms (Personal, Organisation, Technologie, Ressourcen etc.) • Verlauf des Bildungsprogramms (Bedingungen, Voraussetzungen, Kontexte, Schwierigkeiten, Defizite, Erfolge) • Ergebnisse des Bildungsprogramms (Akzeptanz, Lernerfolge, Effizienz, Konsequenzen)
Makroevaluation	• Auswertung der Kurs- und Programmevaluation in Bezug auf Erfolge, Verbesserungen und Entwicklungen der Leistungen der Bildungsinstitution • Stimmigkeit der Bildungsangebote in Bezug auf Anforderungen und Zielgruppen • Möglichkeiten, Notwendigkeiten und Grenzen der Kombination von Online- und Präsenzphasen • Verbesserung und Ausbau der Online-Dienstleistungen

(Fortsetzung Tab. 9.1)

Ebene/Phase	Evaluationsgegenstand (Beispiele)
Metaevaluation	• Verständlichkeit und Akzeptanz der Kurs-, Programm- und Makroevaluationen • Erfordernis, Vollständigkeit, Angemessenheit der Formen, Methoden und Auswertungen der Evaluationen • Art, Form und Umfang der Dokumentation der Informationen, Evaluationsergebnisse • Diskussion und Auswertung der Ergebnisse und Umsetzung der Konsequenzen durch Beteiligte und Betroffene

Es gibt kein universelles Evaluationskonzept

Die Entscheidung, in welcher Phase eine Evaluation erfolgen soll, ist die Voraussetzung für die Planung, Durchführung und Auswertung einer Evaluation. Denn die Ziele, Dimensionen, Kontexte, Methoden, Kriterien und Wertmaßstäbe einer jeden Evaluation differieren. Es kann daher kein allgemeingültiges Evaluationskonzept geben, sondern es muss in jedem konkreten Fall ein eigenes, maßgeschneidertes Konzept möglichst partizipativ mit allen Beteiligten und Betroffenen entworfen werden. „Jede Erwartung, es könne einen allgemeinen Rahmen, eine Art Rezeptbuch für gute Evaluationen geben, ist eine Illusion" (KROMREY 2000, 22, 2001).

9.4 Formen der Evaluation

Bei Evaluationen können verschiedene Formen unterschieden werden, die sich nach Funktionen, Zielen, Gegenständen, Methoden, Ergebnissen, Orten, Zeiten und durchführenden Personen unterscheiden (BLOH 2010, 76 f.; DITTON 2002, 781; STARK 2009, 426 f.):

- *prospektive Evaluation:* vorausschauende Analyse und Bewertung eines Bildungsangebots vor seiner Realisierung,
- *formative Evaluation:* prozessbegleitende Evaluation zur Unterstützung der Entscheidungsfindung während der Planung, Entwicklung und Durchführung,
- *summative Evaluation:* abschließende Beurteilung erreichter Ergebnisse nach Abschluss eines Online-Kurses oder eines kompletten Bildungsangebots,
- *Inputevaluation:* Analyse und Bewertung der Voraussetzungen, Bedingungen und Ressourcen für einen geplanten Prozess,
- *Prozessevaluation:* Analyse und Bewertung der Dimensionen der durchgeführten Prozesse,
- *Outputevaluation:* Analyse und Bewertung der Ergebnisse und Wirkungen der Prozesse,
- *Mikro- versus Makroevaluation:* Evaluation einzelner Dimensionen von Bildungsprozessen versus vergleichender Beurteilung von Prozesszusammenhängen,
- *qualitative versus quantitative Evaluation:* logische Rekonstruktion der empirischen Prozesse, ihrer Faktoren, Ergebnisse und Wirkungen zur Erkenntnis und weiteren Entwicklung versus Messung nach Kriterienkatalogen mit vorgegebenen Wertmaßstäben zur Kontrolle und Legitimation,

- *interne versus externe Evaluation:* Evaluation durch die beteiligten und betroffenen Personen selbst versus Evaluation durch fremde Experten, die nicht in irgendeiner Weise auch Beteiligte oder Betroffene sind.

Kombination der Formen
Diese verschiedenen Formen beschreiben unterschiedliche Evaluationsansätze, die nicht nur getrennt anzuwenden sind, sondern durchaus auch kombiniert werden können, entsprechend den jeweiligen Intentionen und Gegebenheiten auf den verschiedenen Ebenen und in den verschiedenen Phasen der Prozesse. Die zu kombinierenden Formen der Evaluation können sich auf die virtuellen Bildungsangebote bzw. Lehr- und Lernprozesse insgesamt beziehen oder auch in einzelnen Fallstudien angewendet werden, z. B. zur Klärung von aufgetretenen Problemfällen oder zur Verbesserung und weiteren Entwicklung von Online-Bildungsangeboten. Immer sind die Vor- und Nachteile der zu wählenden Evaluationsformen für die jeweiligen Evaluationsgegenstände abzuwägen. So hat beispielsweise die Form der Selbstevaluation (Hense/Mandl 2010) gegenüber einer Evaluation durch fremde, außen stehende Experten den Vorteil, dass sie wegen der Nähe zum Evaluationsgegenstand, der frühzeitigen Durchführung und schneller Ergebnisse einen Beitrag zur Professionalisierung der Praxis in Online-Bildungsangeboten leisten kann, aber auch den Nachteil mangelnder Distanz zur eigenen Praxis und meist fehlender methodischer Evaluationskompetenz. Entscheidend für die Wahl der Selbstevaluation ist also, ob es den Beteiligten gelingt bzw. gelingen kann, einen distanzierten kritisch reflektierenden Standpunkt zur eigenen Praxis einzunehmen.

9.5 Methoden der Evaluation

Breite Auswahl von Methoden verfügbar
Die Methoden sowie die Instrumente zur Datenerhebung und die Verfahren zur Auswertung und Erschließung von Konsequenzen und Empfehlungen können nicht für jede Evaluation einheitlich vorgegeben werden. Da es sich um die Evaluation von Verhältnissen und Prozessen handelt, die durch die Handlungen der Lernenden, Tutoren, Lehrenden, Medienautoren, Experten und Organisatoren immer aktuell hergestellt werden, müssen eine den jeweiligen aktuellen Zielen und Gegebenheiten entsprechende Auswahl, Anpassung und Entwicklung der Methoden, Instrumente und Verfahren der Evaluation getroffen werden. Dafür steht das gesamte quantitative und qualitative Methodenrepertoire der empirischen Sozialforschung mit den zugehörigen Datenerhebungs- und Auswertungsverfahren zur Verfügung (für Einführung und Überblick siehe u. a. Arnold 2005b; Bohnsack 2006; Bortz/Döring 2002; Friebertshäuser/Langer/Prengel 2009; Kromrey 2002; Lamnek 2005; Mayring 2002). Allerdings wird im Bereich des Qualitätsmanagements oft aufgrund von beschränkten zeitlichen, finanziellen und personellen Ressourcen nicht mit umfangreicher sozialwissenschaftlicher Methodik gearbeitet, sondern mit einem

reduzierten Methodeneinsatz. Für die Evaluation von E-Learning wurden in der Vergangenheit auch eine Reihe spezieller Methoden, angelehnt an die Methoden der Evaluation von Software, entwickelt (Schenkel/Tergan/Lottmann 2000). Aber auch hier gibt es keine universell passenden Methoden – vielmehr muss die Auswahl der Methoden jeweils kontextspezifisch getroffen werden, und sie müssen ggf. entsprechend angepasst und weiterentwickelt werden. Bei allen Methoden bleibt es dabei unverzichtbar, dass die Gütekriterien (Kap. 9.7) und Verfahrensweisen strikt eingehalten werden, um für die Gestaltung der Prozesse relevante und brauchbare (Teil-)Ergebnisse zu erhalten.

Grundsätzlich kann zwischen der Evaluation mit *Kriterienkatalogen* und *empirischen Verfahren* unterschieden werden (Arnold 2005b, 29 ff., 45 ff.).

Evaluation mit Kriterienkatalogen

Bei der Evaluation mit Kriterienkatalogen wird von Experten oft in Anlehnung an die Evaluation von Software auf vorab definierte Kriterien- und Checklisten zurückgegriffen. In den vergangenen Jahren sind einige Kriterienkataloge und Systeme für die Prüfung der Qualität von Bildungsangeboten entwickelt worden (Kap. 8). Anhand der Beurteilung von Einzelmerkmalen eines Online-Bildungsangebots durch Experten soll zu Qualitätsaussagen gekommen werden. Die Vorteile dieser Vorgehensweise liegen auf der Hand: Im Vergleich zu empirischen Evaluationsverfahren, die die tatsächlichen Nutzungsprozesse der Lernenden in den Mittelpunkt stellen, ist die Evaluation mit Kriterienkatalogen zeit- und kostensparend, ist leicht zu organisieren, erscheint leicht handhabbar und vermittelt „die Vorstellung eines vollständigen, objektiven und validen Bewertungsinstrumentariums“ (Tergan 2000c, 330). Im Einzelnen lassen sich mit Schenkel (2000) folgende Methoden der Produktevaluation durch Experten (Tab. 9.2) unterscheiden:

Tab. 9.2: Methoden der Produktevaluation durch Experten nach Schenkel (2000, 65)

Methode	Beschreibung
Screening	Eine Auswahl von Bildschirmseiten wird nach vorgegebenen Kriterien beurteilt.
Cognitive Walkthrough	Typische Aufgaben werden gelöst, um Probleme zu antizipieren.
Heuristische Evaluation	Einzelne Dialogelemente werden nach Brauchbarkeitskriterien getestet.
Cooperative Walkthrough	Ein Team (Entwickler, Designer etc.) testet die Software gemeinsam.
Eigenschaftsinspektion	Die relevanten und benötigten Eigenschaften einer Software werden beurteilt.

Grenzen von Kriterienkatalogen

Die Produktevaluation nach Kriterienkatalogen vernachlässigt jedoch die konkreten Anwendungskontexte sowie die wechselnden Lernsituationen mit ihren jeweiligen Besonderheiten und insbesondere die darin vollzogenen Lernprozesse der Lernenden selbst, wodurch Verzerrungen in den Beurteilungen entstehen können. Kriterienkataloge haben meist nur eine geringe praktische Signifikanz. Denn beim Lernen im virtuellen Bildungsraum, insbesondere mit den Instrumenten des Web 2.0, können die Lernumgebung und die Lernwege, selbst im gleichen Bildungsangebot, individuell sehr unterschiedlich gestaltet werden (Ehlers 2011). Die Lernenden haben eine große Autonomie in ihren selbst gesteuerten, kooperativen und partizipativen Lernprozessen mit den digitalen Bildungsmedien sowie in der Kommunikation und Kooperation mit anderen Lernenden, den Tutoren, Lehrenden und anderen Experten und erreichen damit auch sehr unterschiedliche individuelle und gemeinsame Lernergebnisse bei gleicher Medienqualität. Zudem mangelt es standardisierten Kriterienkatalogen oft an hinreichender Vollständigkeit und Detailliertheit für die zu bewertenden Gegenstände, Prozesse und Ergebnisse. Auch aufgrund fehlender oder strittiger Bewertungsverfahren differieren die Bewertungen nach Kriterienkatalogen oft erheblich, sodass die jeweiligen persönlichen Erfahrungen, Vorstellungen und Ansprüche der Experten die Bewertungen nach Kriterien mehr oder weniger stark beeinflussen (zu einer ausführlichen kritischen Einschätzung siehe Arnold 2005b, 34 ff.; Fricke 2000; Tergan 2000c). Produktevaluationen anhand von Kriterienkatalogen können daher nur einen begrenzten Teil einer für Lernprozesse und Lernergebnisse relevanten Evaluation abdecken, da sie allein der Komplexität und Dynamik des Lernens in virtuellen Bildungsgängen nicht gerecht werden können.

Evaluation mit empirischen Verfahren

Erfolgversprechender sind daher empirische Verfahren, insbesondere Methoden, die die Handlungen der Lernenden wie aller anderen Beteiligten im jeweiligen Kontext in den Mittelpunkt des Evaluationskonzepts stellen. In einem komplexen sozialen Handlungsfeld, das durch ständige Veränderungen aufgrund von technologischen und organisatorischen Entwicklungen charakterisiert ist, versprechen vor allem qualitative Untersuchungsmethoden weiterführende Erkenntnisse für eine rationale und partizipative Gestaltung der Strukturen und Prozesse. Offene Konzepte und rekonstruktive Methoden und Instrumente, die alltags-, kontext- und teilnehmerorientiert sind, sind hier überlegen (Arnold 2005b, 55 ff.; Glowalla u. a. 2011; Grotlüschen 2003; Kindt 1999; Kromrey 2000; Lamnek 2005; Mayring/Hurst 2004; Ortner/Rellecke/Wiethoff 2009a, 2009b; Schenkel/Tergan/Lottmann 2000; Wottawa 2001; Zimmer 2000d; Zimmer/Psaralidis 2000). Allerdings muss auch die Akzeptanz dieser offenen und rekonstruktiven Vorgehensweisen bei allen Beteiligten an der Evaluation erreicht werden, denn z. B. in Wissenschafts- und Praxisfeldern, in denen Verfahren des exakten Messens und Vergleichens bestimmend sind, können qualitativ orientierte Verfahren zunächst auf erhebliche Akzeptanzprobleme stoßen.

Methoden der empirischen Sozialforschung, die für die Evaluation von Bildungsangeboten in diesem Sinne eingesetzt und auch miteinander kombiniert werden können, sind:

(1) Hypothesen

Zunächst sind auf der Grundlage von Theorien und praktischen Erfahrungen in der tatsächlich existierenden sozialen Realität der Bildungsprozesse die Fragen und Hypothesen zu formulieren, die den Ausgangspunkt für die Konzeptualisierung und Auswertung der Evaluation bilden. Entscheidend ist dabei, dass die formulierten Fragen und Hypothesen nicht als über die gesamte Dauer der Evaluation feststehende Aussagen genommen werden, die durch die Auswertung der mit festgelegten Methoden und Instrumenten erzielten Ergebnisse verifiziert oder falsifiziert werden. Vielmehr müssen die (vorläufig) formulierten Fragen und Hypothesen als Artikulation eines offenen Vorverständnisses betrachtet werden, sodass eine fortwährende Präzisierung, Modifizierung und Revision der Fragen und Hypothesen entsprechend den Erkenntnisfortschritten möglich ist.

(2) Befragung

Bei Befragungen werden ausgewählte Beteiligte oder alle Beteiligten (Lehrende, Lernende, Tutoren etc.) entweder *mündlich* in Form von offenen, halb strukturierten oder strukturierten Interviews oder *schriftlich* in Form von Fragebögen mit offenen oder geschlossenen Fragen (bei Letzteren sind die Antwortmöglichkeiten vorab festgelegt) in den jeweiligen Phasen zu den jeweiligen Gegenständen der Evaluation befragt. Der Vorteil mündlicher Befragungen ist, dass jeweils nachgefragt werden kann. Bei schriftlichen Befragungen ist es sehr empfehlenswert, wenn die Befragten auch aufgefordert werden, ihre Antwort jeweils kurz zu begründen. Der Nachteil bei Online-Befragungen ist, wie sich gezeigt hat, dass die Rücklaufquote deutlich geringer ist.

(3) Beobachtung

Die Handlungen ausgewählter oder aller Beteiligten in den jeweiligen Evaluationsphasen werden beobachtet – entweder strukturiert mit vorab festgelegten Beobachtungskategorien oder unstrukturiert mit offen und weit gefassten Kategorien. Die Beobachtung kann in Selbstbeobachtung oder in Fremdbeobachtung durch externe Evaluatoren erfolgen, wobei jeweils begleitend die Beobachtungen strukturiert nach Kategorien oder unstrukturiert protokolliert werden.

(4) Protokolle

Die Protokollierung von Handlungen ist eine besondere Form der Beobachtung z. B. der Lernenden im Umgang mit dem virtuellen Lernraum oder bei der selbst gesteuerten oder kooperativen Bearbeitung der Bildungsmedien. Die automatisch anfallenden computererzeugten Nutzerdaten (Anmeldezeiten und Dauer der Nutzung, Verweildauer auf bestimmten Seiten, durchgeführte Interaktionen, verwendete Instrumente, benutzte Pfade, Kommunikationen, Nutzung von Tests, Einstellung von Lernprodukten etc.) werden aufgezeichnet und systematisch ausgewertet.

(5) Lautes Denken

Die Befragten werden gebeten, ihre jeweiligen Denkprozesse, z. B. über die angestrebten Ziele, die Handlungsschritte, die Lösung von Problemen etc., parallel zum

Handeln laut zu verbalisieren. Diese das jeweilige Handeln begleitenden mündlichen Äußerungen werden für die spätere Auswertung aufgezeichnet.

(6) Test

Tests und Testaufgaben sind Verfahren, um Leistungsmerkmale zu messen. Sie können informell, das heißt nicht standardisiert und nicht auf ihre Gütekriterien überprüft (z. B. Messung spontan ausgewählter Handlungsabschnitte), standardisiert (z. B. Messung der Lösung vorgegebener Aufgaben oder der Beantwortung vorgegebener Fragen) oder situativ sein (z. B. Messung der Aufgabenbearbeitung in einer Simulation).

(7) Experiment

Die Prozesse und Ergebnisse der Handlungen der Befragten werden in den jeweiligen Phasen und auf den verschiedenen Ebenen als experimentelle Untersuchung unter Laborbedingungen in quasi vorgegebenen oder nicht vorgegebenen Anordnungen ihren Handlungen analysiert (Wottawa/Thierau 1990).

(8) Partizipation

Damit die Evaluatoren die Methoden und Instrumente den jeweiligen Zielen, Aufgaben, Anforderungen, Tätigkeiten und Kompetenzen der handelnden Personen im Untersuchungsfeld angemessen konzipieren und die erhobenen Daten besser verstehen und auswerten können, sollten sie, dem methodischen Vorgehen der Handlungsforschung entsprechend, selbst in der jeweiligen Phase aktiv mitarbeiten oder die Handlungen im Feld aktiv begleiten (Schneider 1980). Zumindest sollten sie vor der Untersuchung im Feld selber die wesentlichen Teile eines virtuellen Bildungsangebots durchgearbeitet bzw. intensiv besichtigt haben. Der Vorteil aktiver Beteiligung und Nutzung ist, dass sie dadurch eigene Erfahrungen gewinnen, die es ihnen erleichtert, die erhobenen Daten besser beurteilen und zuordnen zu können. Dass die Beteiligung und Nutzung auf einer anderen Kompetenzbasis und in einer anderen Perspektive erfolgt, kann sich aber auch als ein möglicher Nachteil erweisen, wenn diese Differenzen und die notwendige reflexive Distanz nicht beachtet werden.

(9) Gruppen

Fokusgruppen sind in die Tiefe gehende moderierte Gruppendiskussionen, bei denen ausgewählte Schwerpunkte (z. B. Probleme, Ziele, Wirkungen) in einer Gruppe von Lernenden, Tutoren, Lehrenden, Experten getrennt oder auch gemeinsam thematisiert, reflektiert und ergebnisorientiert diskutiert werden (Hegner 2003; Honold 2000).

(10) Rekonstruktion

Die Handlungen der Lernenden, Tutoren, Lehrenden bzw. der Beteiligten und Betroffenen in den jeweiligen Phasen und auf den verschiedenen Ebenen der Evaluation werden aufgrund der mit verschiedenen Methoden erhobenen Daten (Befragung, Beobachtung, Tests etc.) in ihrer Logik rekonstruiert, um damit die Faktoren, Behinderungen und Bewegungsformen der Handlungsprozesse erschließen, den Beteiligten die Zusammenhänge verdeutlichen und durch entsprechende Maßnahmen eine positive Entwicklung fördern zu können (Arnold 2003b; Grotlüschen 2003; Zimmer 2000d; Zimmer/Psaralidis 2000).

(11) Auswertung

Die Auswertung der nach verschiedenen Methoden mit den jeweiligen Instrumenten erhobenen Daten ist immer eine besondere Herausforderung. Denn die ausgewerteten Daten sind nicht nur zu präsentieren, sondern in Beziehung zu den Realitäten in der Entwicklung, Organisation und Nutzung der Bildungsangebote zu setzen, um die Voraussetzungen, Bedingungen und Ursachen für die erhaltenen Ergebnisse aufdecken zu können. Erst auf dieser Grundlage können aus der Evaluation Konsequenzen und Empfehlungen für die Erhaltung und den Ausbau der Stärken, die Verbesserung defizitärer Teile, die Veränderung und Erweiterung der Bildungsangebote sowie für die zukünftige Entwicklung neuer Bildungsangebote abgeleitet werden.

Online-Datenerhebung

Einige der aufgeführten Methoden können ganz oder in Teilen auch in Online-Datenerhebungen in entsprechend angepasster Form angewendet werden (Arnold 2005b, 46 ff.; Batinic u. a. 1998; Hofmann 1998). Vorteile von Online-Datenerhebungen sind die größere zeitliche und örtliche Flexibilität und der oft geringere Aufwand für die Befragten sowie für die Auswertung der erhobenen Daten. Nachteile bestehen in der Schwierigkeit, die Authentizität, Datensicherheit und Datenanonymität der Antworten z. B. der befragten Lernenden zu gewährleisten. Denn nur der Online-Anschluss wird erreicht, und die Antwortenden beantworten möglicherweise Fragen unzureichend, lassen Fragen offen, und Nachfragen sind nicht möglich, es sei denn, die Anonymität der Befragten wird ausdrücklich aufgehoben, was aber wiederum die Qualität der Antworten beeinflusst. Um Datenanonymität zu gewährleisten, darf die Beantwortung keine zur antwortenden Person führenden Spuren hinterlassen, wie dies beispielsweise bei einem vorherigen Einloggen in einen Lernraum mit persönlicher Kennung der Fall ist. Andererseits werden Online-Befragungen auch oft als unpersönlich und weniger verbindlich empfunden, und die erfragten und gegebenen Antworten eignen sich aufgrund des meist knapper gehaltenen Kommunikationsstils weniger für eine qualitative Auswertung. Online-Befragungen bleiben daher auch unbeantwortet, und die Rücklaufquoten sind oft geringer (Mayring/Hurst 2004). Aber dies kann sich mit der Verbreitung und intensiveren Nutzung des Internets ändern. Auch die Anwendungen der sozialen Netzwerke im Web 2.0 können für Online-Datenerhebungen genutzt werden. Allerdings müssen dafür die Methoden der Datenerhebung noch entwickelt und erprobt werden.

9.6 Konzeptentwicklung der Evaluation

Zur Entwicklung eines Konzepts der Evaluation ist (in Anlehnung an Stangel-Meseke/Wottawa 1993, 213 f., mit Bezug auf Thierau 1991) in mehreren Schritten vorzugehen:

(1) Schwerpunktsetzung

Zunächst sind der Schwerpunkt, den die Evaluation aufgrund angestrebter Ziele oder zu lösender Probleme haben soll, sowie die Zielgruppe zu thematisieren und dies allen Beteiligten und Betroffenen zur Diskussion zu stellen. Dabei sind die Interessenorientierungen, die sich zwischen den Lernenden, Lehrenden, Tutoren, Medienautoren, Medienproduzenten, Administratoren und dem Management des Bildungsanbieters deutlich unterscheiden können, zu klären. Dieser generelle Klärungsprozess ist die Voraussetzung für die im vierten Schritt konkret zu formulierenden Fragen und zu bestimmenden Bewertungsmaßstäbe, die anschließende Wahl der Evaluationsmethoden, die Auswertung der erhobenen Daten und die Diskussion und Umsetzung der daraus abgeleiteten Empfehlungen – und damit auch für die Akzeptanz der Evaluation (Baumgartner 1999b, 82 ff.).

(2) Planung

Ist eine grundlegende Klärung und weitgehende Übereinstimmung bezüglich der beabsichtigten Evaluation erreicht, sind die nächsten Schritte von der Situationsanalyse bis zur Erarbeitung und Umsetzung der gezogenen Konsequenzen und Empfehlungen zu planen. Dazu sind alle erforderlichen Ressourcen, also der personelle, zeitliche und finanzielle Aufwand, sowie das Management des Evaluationsprozesses bereitzustellen und zu organisieren. Dabei kommt es darauf an, dass Aufwand und erwarteter Ertrag der Evaluation in einem akzeptierten Verhältnis bleiben, der originäre Lehr- und Lernbetrieb seinen Vorrang behält und der Aufwand der befragten Personen möglichst gering bleibt (Kromrey 2000).

(3) Situationsanalyse

Ausgehend von dem angestrebten Ziel des Bildungsangebots, den berichteten und zu lösenden Problemen ist zunächst eine Situationsanalyse des zu evaluierenden Bildungsangebots durchzuführen, um alle relevanten Diskrepanzen, Fragen, Dimensionen, Aspekte, Voraussetzungen, Rahmenbedingungen, Faktoren, Potenziale, Perspektiven für die Konkretisierung der Evaluation zu gewinnen.

(4) Zielbestimmung

Aus dem Ergebnis der Situationsanalyse, gemessen am Ziel und der möglichen Perspektive des Bildungsangebots, sind die Evaluationsziele in einer Zielhierarchie anzuordnen, die zu beantwortenden Fragen abzuleiten, die dafür zu wählenden Methoden der Datenerhebung zu bestimmen sowie die Gewichtung und Operationalisierung der Datenauswertung bzw. der Bewertungsmaßstäbe konsensfähig vorzuschlagen. Dies ist mit den Beteiligten und Betroffenen zu besprechen, um Akzeptanz und Anregungen für Korrekturen und Ergänzungen zu erhalten.

(5) Datenerhebung

Für die Durchführung sind die Fragen ggf. weiter zu differenzieren, die Methoden und Instrumente der Datenerhebung sowie die Bewertungsmaßstäbe konkret auszuarbeiten und die Datenerhebung im Feld durchzuführen. Dabei sind zu erwartende und unerwartete Reaktionen der Befragten zuvor abzuschätzen, damit darauf angemessen reagiert werden kann, die Akzeptanz nicht zerstört, sondern gefördert wird und die normalen Abläufe im Feld der Befragten nicht erheblich beeinträchtigt werden.

(6) Auswertung

Die Auswertung der erhobenen qualitativen und quantitativen Daten und ihre kontextuelle Interpretation ist von den Evaluatoren zu leisten, wobei es notwendig werden kann, bei Unklarheiten ausgewählte kompetente Beteiligte und Betroffene im Evaluationsfeld zur Klärung hinzuzuziehen. Die Auswertung ist sodann transparent, nachvollziehbar und leicht verständlich in einer Dokumentation darzustellen.

(7) Dokumentation

Alle Beteiligten und Betroffenen, insbesondere die Zielgruppe der Evaluation, sind über die wesentlichen positiven Aspekte und möglichen Probleme bei der Durchführung der Evaluation sowie über die zentralen Ergebnisse der Auswertung und Interpretation der erhobenen Daten und ihre Bezüge auf die realen Prozesse in dem evaluierten virtuellen Bildungsangebot mit der Dokumentation der Durchführung und der Ergebnisse der Evaluation angemessen zu informieren.

(8) Konsequenzen

Aus der Konzeption, der Durchführung und den Ergebnissen der Evaluation sind zunächst von den Evaluatoren – und ggf. weiteren Experten – Vorschläge und Entscheidungshilfen für die Verbesserung des Bildungsangebots abzuleiten. Diese Vorschläge sind von allen Beteiligten und Betroffenen zu diskutieren mit dem Ergebnis, die Maßnahmen und Schritte zur Verbesserung und weiteren Entwicklung des Bildungsangebots und seiner Nutzung zu vereinbaren. Auch die Evaluation selbst ist in ihrer Konzeption und Durchführung sowie ihren möglichen Defiziten zu diskutieren, und ggf. sind Verbesserungen zu vereinbaren.

9.7 Gütekriterien der Evaluation

Die Evaluation muss nach den Standards der Deutschen Gesellschaft für Evaluation (DeGEval 2002) *nützlich, durchführbar, fair* und *genau* sein. Die zu erhebenden Daten müssen *objektiv* und *verlässlich* (Helmke 2003, 87 f.) sowie *veränderbar* und *verfügbar* sein:

(1) Nützlichkeit

Nützlichkeit bedeutet dabei, dass die Evaluation sich an den möglichst übereinstimmend geklärten Evaluationszwecken sowie am Informationsbedarf der Lehrenden,

Medienentwickler und Tutoren sowie den Gruppen und Zielen der Lernenden ausrichtet. Sie impliziert, dass alle Beteiligten und Betroffenen zum Evaluationszweck Stellung nehmen und ihre Erwartungen äußern können. Dafür müssen die Planung der Evaluation, die Evaluationsmethoden und Instrumente zur Erhebung der Daten, die Auswertung und Interpretation der Daten sowie die einfließenden Werte und Kriterien allen transparent kommuniziert werden. Dies setzt voraus, dass die Evaluation rechtzeitig, glaubwürdig und kompetent durchgeführt wird, die Berichterstattung vollständig, leicht verständlich und nachvollziehbar erfolgt und alle Beteiligten und Betroffenen ermuntert werden, aus den Evaluationsergebnissen zu lernen, um Verbesserungsprozesse einzuleiten und ihre individuellen und aufeinander bezogenen Handlungen entsprechend zu verbessern.

(2) Durchführbarkeit
Durchführbarkeit beinhaltet, die Zumutbarkeit der eingesetzten Methoden für die Beteiligten und Betroffenen sowie generell das Verhältnis von Aufwand und Nutzen einzuschätzen und diplomatisch vorzugehen, um größtmögliche Akzeptanz für die Evaluation herzustellen. Die mit jeder Evaluation immer verbundenen persönlichen Belastungen müssen für alle nachvollziehbar in einem angemessenen Verhältnis zum erwarteten und akzeptierten Nutzen stehen.

(3) Fairness
Fairness meint, die individuellen Rechte der einbezogenen Personen zu achten und zu schützen (insbesondere die personenbezogenen Daten) sowie nicht nur Verbesserungsbedarfe zu identifizieren, sondern auch vorhandene Stärken. Schriftlich festgehalten werden sollten die vereinbarten Verpflichtungen aller an der Evaluation Beteiligten, damit ihre Erfüllung kontrolliert oder korrigiert oder auch neue Vereinbarungen ausgehandelt werden können. Außerdem beinhaltet Fairness eine unparteiische Durchführung und Berichterstattung und eine möglichst weitgehende Offenlegung aller Ergebnisse gegenüber den Beteiligten und Betroffenen, damit sie ihre Stärken ausbauen und ihre Schwachpunkte abbauen können.

(4) Genauigkeit
Genauigkeit erfordert klare, genaue und hinreichend differenzierte Beschreibungen der Gegenstände, Prozesse, Kontexte, Merkmale, Zwecke und Vorgehensweisen, Voraussetzungen und Bedingungen. Dies schließt die Angabe der Datenquellen, die zuverlässige und gültige Datenerhebung, die systematische Fehlerprüfung, die Analyse aller relevanten Daten sowie die begründete Auswertung und der daraus gezogenen Schlussfolgerungen mit ein. Genauigkeit der Beschreibungen impliziert auch begründete Formulierungen von Wertmaßstäben. Beide, Beschreibungen und Wertmaßstäbe, sind die Voraussetzung für die Wahl der geeigneten Evaluationsmethoden und Instrumente der Datenerhebung und für die Qualität der Ergebnisse.

(5) Objektivität
Objektivität wird erreicht, wenn die verschiedenen Befragten zu gleichen Antworten bzw. die Evaluatoren zu gleichen Ergebnissen gelangen. Dies ist bei quantitativen

Methoden bezogen auf die formulierten Hypothesen und gestellten Fragen seltener ein Problem, während es bei qualitativen Methoden, in denen die Subjektivität der Befragten sowie der Evaluatoren erheblich stärker zum Ausdruck kommt, daher notwendig wird, durch Konfrontation, Rekonstruktion und Kontextualisierung die Antworten ihrer Subjektivität zu entkleiden, sie zu objektivieren. Um dies zu erleichtern, ist es ggf. sinnvoll, qualitative und quantitative Evaluationsmethoden und Erhebungsinstrumente zu kombinieren.

(6) Verlässlichkeit
Verlässlichkeit gibt an, inwieweit die Daten richtig erhoben wurden, und bemisst sich daran, in welchem Grade eine Wiederholung der Datenerhebung das gleiche Ergebnis erbringt. Allerdings ändern sich in Lehr- und Lernprozessen die zu erhebenden Daten immer mehr oder weniger, weil die beteiligten Personen wechseln oder sich in den Entwicklungs-, Lehr- und Lernprozessen verändern und daher die Voraussetzungen, Bedingungen und Materialien sowie die Szenarien und Prozesse immer eine subjektiv geprägte Bedeutung haben. Es kommt daher entscheidend darauf an, das Allgemeine bzw. Verallgemeinerbare in den Prozessen und Ergebnissen herauszuheben.

(7) Veränderbarkeit
Veränderbarkeit impliziert, dass die aus den Evaluationsergebnissen gezogenen Schlussfolgerungen für die Veränderung der Prozesse bzw. für die Gestaltung der Verbesserungsprozesse leicht verständlich und klar begründet sind. Die Voraussetzung dafür ist, dass die Evaluation so konzipiert wird, dass sie nicht nur ein erreichtes Ergebnis abschließend feststellt, sondern die Funktionen, Bedeutungen und Wirkungen der Voraussetzungen, Bedingungen und Faktoren für die Erreichung des Ergebnisses aufzeigt und die Perspektiven für dessen Verbesserung erschließbar macht.

(8) Verfügbarkeit
Verfügbarkeit impliziert, dass der Evaluationsprozess insgesamt, von der Planung bis zu den Schlussfolgerungen, nachvollziehbar und transparent gestaltet sowie hinreichend genau dokumentiert wird, einschließlich aller genutzten Informationsquellen, damit seine Verlässlichkeit und Nützlichkeit auch nach Abschluss aller Arbeiten nachvollzogen und eingeschätzt werden kann. Dies ist für die Steuerung und Überprüfung der eingeleiteten Verbesserungsprozesse eine entscheidende Grundlage.

9.8 Fallstricke bei der Evaluation

Bildungsprozesse sind durch ein Koproduzentenverhältnis charakterisiert (Kap. 2), das sowohl bei der Evaluation wie auch im Qualitätsmanagement immer die aktive Mitwirkung der Beteiligten und Betroffenen erfordert. Daher können bei der Evaluation eines Bildungsangebots auch zahlreiche Fallstricke und Fehlerquellen auftauchen, die zu vermeiden sind, um wahrheitsgemäße Ergebnisse zu erhalten und daraus verlässliche Schlussfolgerungen ziehen zu können (Baumgartner 1999a; Kromrey 2000).

Kurzschluss von Lehren gleich Lernen

Viele Evaluationen von Online-Bildungsangeboten verfahren fälschlicherweise oft noch nach der Grundannahme, dass die Evaluation die Qualität des Bildungsangebots bzw. der eingesetzten digitalen Bildungsmedien ermitteln kann und diese gemessene Qualität auch unmittelbar den Lernerfolg der Lernenden, mit zugestandenen kleinen individuellen Begabungsunterschieden, bestimmt. Diese irrtümliche Annahme beruht auf der „Leugnung der Vermittlung von Lernaktivitäten durch subjektive Lerngründe" und der „Vorstellung, Lehren erzeuge bei optimaler Unterrichtung [...] notwendig die vorgesehenen Lernprozesse", die Holzkamp (1993, 391, 408) als „Lehrlernkurzschluss" charakterisiert. Lernen ist dagegen, wie oben ausgeführt, immer eine Koproduktion von Lernenden und Lehrenden.

Lernerfolg bestimmt die Qualität

Zimmer/Psaralidis (2000) setzen diesem noch immer verbreiteten Evaluationsansatz, z. B. in der Messung von Lernerfolgen nach extern definierten Bildungsstandards, provokativ den Grundsatz entgegen: „Der Lernerfolg bestimmt die Qualität einer Lernsoftware!" Sie kritisieren damit die Evaluationsverfahren, die mit Kriterienkatalogen die Qualität der Online-Bildungsangebote, der digitalen Bildungsmedien, der tutoriellen Unterstützung und der Lehrtätigkeit bestimmen wollen (Meier 2000), ohne die tatsächlichen Handlungsprozesse der Lernenden, ihre Kommunikationen, Kooperationen und Partizipationen in den Blick zu nehmen, durch die sie ihre Zugewinne an Handlungskompetenzen aktiv und immer subjektiv begründet erwerben. Insofern sind die Lernenden immer aktiv Beteiligte an der Herstellung der Qualität ihrer Bildungsprozesse und damit auch an der Herstellung der für sie bedeutsamen Qualität des Online-Bildungsangebots. Das bedeutet nicht, dass die Gestaltung des Bildungsangebots für die Lernprozesse völlig unbedeutend ist. Die didaktische Gestaltung des Online-Bildungsangebots muss bestimmte Mindestanforderungen erfüllen (Kap. 4).

Kompetenzgewinn als Wertmaßstab

Genau um diese Zugewinne an Handlungskompetenzen, die immer eine subjektive Leistung der Lernenden unter Nutzung digitaler Bildungsmedien mit Unterstützung von Lehrenden sind, geht es aber bei jedem Online-Bildungsangebot. Der zentrale Maßstab für die Qualität des Bildungsangebots ist also genau hier anzulegen (Ehlers 2002). Die Qualität des Online-Bildungsangebots anhand des so verstandenen Lernerfolgs zu evaluieren erfordert daher die logische Rekonstruktion aller Voraussetzungen, Bedingungen, Kontexte, Materialien, Unterstützungen und Prozesse in den subjektiven Lernhandlungen, die zu den Zugewinnen an Handlungskompetenzen geführt haben.

Fehlende oder falsche Wertmaßstäbe

Weitere Fallstricke und Fehlerquellen, von BAUMGARTNER (1999a) auch als „Todsünden der Evaluation interaktiver Lehr- und Lernmedien" bezeichnet, bestehen darin, mit der Evaluation zahlreiche Daten zu erheben, aber keine oder fehlerhafte Wertmaßstäbe zu formulieren, sie nicht auszuweisen und zu begründen, numerische Werte falsch zuzuweisen oder zu interpretieren – z. B. einen Kompetenzzuwachs mit einem Abfragetest messen zu wollen – oder auf jegliche bewertende Schlussfolgerung zu verzichten oder die Evaluation eines virtuellen Bildungsangebots auf eine reine Akzeptanz- oder Vergleichsstudie zu reduzieren oder das zu bewertende Untersuchungsfeld zu breit anzulegen, sodass die Kontexte und Dynamiken in dem Feld unbeachtet bleiben.

Umfassende Bewertung unverzichtbar

Auch wenn die Verfahren und Instrumente der Evaluation „methodisch einwandfrei konstruiert worden sind, messen sie immer nur das, was bereits als Ausgangspunkt ihrer Konstruktion unhinterfragt angenommen wurde (methodischer Zirkelschluss)" (BAUMGARTNER 1999a, 205). Es sind daher Verfahren und Instrumente der Evaluation zu entwickeln, die sowohl theoretisch und durch Erfahrung begründet, aber auch für unerwartete neue Erkenntnisse offen sind. So wichtig z. B. Zufriedenheitsaussagen von Lernenden, Tutoren und Lehrenden auch als erste Rückmeldungen sind, können sie dennoch nie das alleinige Fundament einer validen Evaluation bilden. Um valide Aussagen zu erhalten, ist es in jedem Fall notwendig, ein in mehreren Phasen und Dimensionen und mit differenzierten Methoden und Instrumenten vorgehendes Evaluationskonzept zu entwickeln, das die jeweiligen Voraussetzungen, Bedingungen, Prozesse und Ergebnisse in die Evaluation mit einbezieht und die Zusammenhänge rekonstruiert, aus denen dann die Schlussfolgerungen zu ziehen sind.

9.9 Fazit

Evaluation ist für die Entwicklung und das Management der Qualität eines Online-Bildungsangebots von großem Nutzen. Um die Evaluation erfolgreich durchführen zu können, ist es zunächst erforderlich, sich über die Problemlage, erfahrene Defizite und angestrebte Ergebnisse in der Online-Bildungspraxis und davon ausgehend über die Ziele, Dimensionen, theoretischen Grundlagen und offenen Fragen der geplanten Evaluation zu verständigen. Danach entscheidet sich, auf welchen Ebenen und in welchen Phasen des Bildungsangebots die Evaluation durchzuführen ist und welche Formen der Evaluation zu wählen sind. Sodann ist die Evaluation in den zu setzenden Schwerpunkten, den zu wählenden Methoden und zu entwickelnden Instrumenten zu konzipieren. Dabei ist von grundlegender Bedeutung für die Qualität der zu erwartenden Ergebnisse und der zu ziehenden Schlussfolgerungen, ob die Evaluation anhand von Kriterienkatalogen oder mit empirischen Verfahren durchgeführt werden soll. Welche Verfahren, Methoden und Instrumente auch immer gewählt, entwickelt und eingesetzt werden, die generellen Gütekriterien von Evaluationen müssen eingehalten werden. Bei der Konzeptualisierung der Evaluation sind die möglichen Fallstricke, z. B. verkürzte oder falsche theoretische Annahmen, und die möglichen Fehlerquellen, z. B. in der Bestimmung der Wertmaßstäbe, zu erkennen und auszuschließen.

10 Standardisierung

Notwendigkeit von Standards

Für den Informationsaustausch und die Kommunikation über das World Wide Web sind standardisierte Datenformate und -protokolle notwendig. Dies betrifft natürlich auch das E-Learning, denn es basiert technologisch auf der Produktion und Nutzung digitaler Medien. Aber nicht nur die medientechnologischen Entwicklungen bedingen Standards, auch aus Gründen des Qualitätsmanagements der Bildungsangebote werden Standards entwickelt und eingeführt. Nicht zuletzt wird durch die Nutzung von Standards eine ökonomischere Produktion und Nutzung von E-Learning-Angeboten erhofft. Das Deutsche Institut für Normung hat den volkswirtschaftlichen Nutzen durch Standards allein in Deutschland auf ca. 16 Mrd. Euro jährlich beziffert (DIN 2010). So wird „das Wirtschaftswachstum [...] durch Normen stärker beeinflusst als durch Patente oder Lizenzen“ (ebd.).

E-Learning und Standardisierung

Für Bildungsangebote, die über das Internet distribuiert werden, ist Standardisierung unabdingbar. Lernende tauschen untereinander Ergebnisse aus, greifen online auf Lernmaterialien zu, kommunizieren online miteinander oder nutzen unterschiedliche virtuelle Betreuungsangebote. Bildungsanbieter entwickeln digitale Lernmaterialien, die sie den Lernenden über das Internet anbieten, eventuell auch anderen Bildungseinrichtungen zur Verfügung stellen oder kaufen diese von anderen Anbietern ein. Um dies zu ermöglichen, sind Standards notwendig (Liber 2002), die von entsprechenden Initiativen entwickelt werden (Kap. 10.1). Standardisierungsinitiativen im E-Learning beschäftigen sich nicht nur mit der Frage, welchen technischen Standards E-Learning-Angebote für die gelungene Distribution oder Einbindung in virtuelle Bildungsräume (Kap. 3) genügen müssen. Vielmehr weiten sich die Standardisierungsbemühungen auf den Bereich der didaktischen Gestaltung von virtuellen Lernszenarien aus (Kap. 10.2). Dabei geht es sowohl um Standardisierungen in der didaktischen Aufbereitung der Lerninhalte als auch in der pädagogischen Gestaltung der Lernprozesse und der Interaktionen innerhalb der Lehr-Lern-Szenarien. Auch die Lernhandlungen, Lernvoraussetzungen, Lernpräferenzen, Lernziele und Lernergebnisse selbst sollen durch die Standards erfasst werden. Neben dem reibungslosen Ablauf bei der Implementierung und Durchführung von E-Learning-Szenarien aufseiten der Bildungsanbieter ist ein weiteres Ziel solcher Bestrebungen, diese Informationen über die Lernenden in standardisierter Form nach Möglichkeit unabhängig von Bildungsangeboten und -anbietern zu sammeln. Mit der Auswertung dieser Informationen kann den Lernenden einerseits eine passende Auswahl weiterführender bzw. aufbauender Lerninhalte angeboten werden, auch über die Angebote eines einzelnen Bildungsanbieters hinweg, und andererseits können die Lernleistungen vergleichbar einem Portfolio hinterlegt werden. Mit den entsprechenden Standards können nicht nur technisch und didaktisch passende E-Learning-Angebote entwickelt werden, sondern auch den Lernenden ein an ihren individuellen Lernbedürfnissen und -präferenzen ausgerichtetes, kontinuierliches, lebensbegleitetes Lernen ermöglicht werden.

Chaotisches Bild der Standardisierung
Der große Bereich der Wirkungs- und Einsatzmöglichkeiten sowie -notwendigkeiten und die hohe Bedeutung von Standards im E-Learning hat zu zahlreichen Bestrebungen geführt, geeignete Modelle zu entwickeln. Beim Blick in die „Standardisierungslandschaft, ergibt sich ein chaotisches Bild. Der Grund für dieses Durcheinander liegt in der Vielfalt der Standardisierungsthemen und der Vielzahl der aktiven Organisationen und ihrer Beziehungen untereinander. Es entsteht der Eindruck, die Standards wären einzelne Puzzleteile, die sich nicht unmittelbar zu einem einheitlichen Bild zusammenfügen lassen. Aus dieser Situation resultiert ein Dilemma für EntwicklerInnen und AnwenderInnen von E-Learning, die zwar die Notwendigkeit und den Nutzen von Standards mittlerweile erkannt haben, aber durch die unübersichtliche Situation verwirrt sind" (Baumgartner 2007, 5). Um die international und national unüberschaubare Anzahl an entwickelten Standards und Spezifikationen zur Beschreibung von E-Learning-Angeboten zu überwinden, wurde 2004 die Qualitätsinitiative E-Learning in Deutschland (http://www.qed-info.de [05.03.2015]; Stracke 2009b) mit dem Ziel gegründet, die Entwicklung eines internationalen Qualitätsstandards im E-Learning zu koordinieren, zu systematisieren und zu verbreiten (Kap. 10.3).

Abschließend werden die weiteren Perspektiven der Standardisierung für das E-Learning, die noch offenen kritischen Fragen und Probleme sowie die Vorteile der Standardisierung diskutiert (Kap. 10.4).

10.1 Standards im E-Learning

10.1.1 Gegenstandsbereiche der Standardisierung

Definitionen vom Kontext abhängig
Der Begriff *Standard* wird in vielfältigen Bereichen verwendet, von der konkreten Benennung festgelegter Eigenschaften eines Gegenstandes oder Prozesses über die Beschreibung einer Menge von Eigenschaften bis zu sozialen Normen und moralischen Werten (Jakobs 2000). Um den Gegenstandsbereich eines Standards fassen zu können, ist es notwendig, den Kontext in die Betrachtung einzubeziehen.

Definition von Standard

Jakobs (2000, 11 f.) versteht nach einer Analyse verschiedener Definitionsvorschläge unter einem Standard eine als allgemeingültig definierte Spezifikation von Prozessen, Regeln und Voraussetzungen, die von einer legitimierten oder anerkannten Autorität durch einen Prozess der Konsensbildung erstellt wurde, in welchem die Grundlagen eines gemeinsamen Verständnisses über die Beschaffenheit eines gegebenen Systems oder Dienstes ausgehandelt werden. Standards stellen das Resultat eines Standardisierungsprozesses dar. Zwar ist der von Jakobs vorgestellte Definitionsansatz weit gefasst, dennoch ist er für das folgende Kapitel gewinnbringend, da er auf zwei Besonderheiten eingeht, die bei Standards im E-Learning von Bedeutung sind: die Sammlung von Eigenschaften (Prozesse, Regeln, Voraussetzungen) zum einen und der Prozess der Standardisierung zum anderen. Dabei ist zu beachten, dass formale Standards nur in Konsensprozessen von offiziellen Standardisierungsorganisationen entwickelt werden können und öffentlich verfügbar sein müssen (Stracke 2007, 9).

Technische Standards

Standards werden häufig zunächst in Verbindung mit technischen Anwendungsfeldern gebracht. In diesem Bereich stellen sie ein beschreibendes Regelwerk über Anforderungen, Beschaffenheit von notwendigen Bedingungen, Klassifikation von Komponenten, Spezifikationen von Materialien, Durchführungen oder Leistungen, Darstellung von Erstellungsprozessen oder Maße für Quantitäten und Qualitäten von Materialien, Produkten oder Verwendungen dar (Jakobs 2000, 10). Standards beziehen sich also nicht nur auf Produkte, sondern auch Prozesse können standardisiert werden.

Prozessstandards für den Bildungsbereich

Die Unterscheidung von Produkt- und Prozessstandards spielt gerade im Kontext pädagogischen Handelns eine wichtige Rolle. Planung, Durchführung und Nachbereitung von Lehre dient der Unterstützung von Lern*prozessen*. Dabei werden u. a. die Rahmenbedingungen, die Intentionen oder die angestrebten und erreichten Lernziele bestimmt. Das aus dem intendierten Lernprozess angestrebte und zu entwickelnde Produkt Lernerfolg kann nicht von vornherein bestimmt werden, da der Lernerfolg maßgeblich von den lernenden Subjekten abhängig ist (Zimmer/Psaralidis 2000). Damit ist nicht gesagt, dass die Planung von Lehrveranstaltungen zwecklos ist. Im Gegenteil, die didaktisch sinnvolle Aufbereitung von Lerninhalten ist von wesentlicher Bedeutung für die Anregung und Unterstützung der Lernprozesse, nur stellt sie keine Garantie für erfolgreiches Lernen dar. Bildungsstandards hingegen können den Produktstandards zugeordnet werden, da mit ihnen „Kompetenzen [beschrieben werden], über die Schülerinnen und Schüler [...] verfügen sollen" (KMK 2010, 2). Damit definieren Bildungsstandards den anvisierten Learning Outcome.

Die Standardisierungsinitiativen im E-Learning fokussieren nicht nur die technischen Aspekte, die u. a. notwendig sind, damit Kommunikation und Interaktion zwischen Lernenden und die Auseinandersetzung mit dem Lerngegenstand möglich sind. Sie zielen auch auf die standardisierte Beschreibung didaktisch-methodischer Prozesse ab, ebenso wie auf die Beschreibung von Lernprodukten. Zu den technischen Standards zählt beispielsweise das Sharable Content Object Reference Model (SCORM; http://www.adlnet.gov/scorm/ [05.03.2015]), das den Austausch, Zugriff und die Wiederverwendung von E-Learning-Inhalten unterstützt. Als Ansatz für die Beschreibung didaktischer Szenarien und Lernaktivitäten sei an dieser Stelle auf das Instructional Management System Learning Design (IMS LD; http://www.imsglobal.org/learningdesign/ [05.03.2015]) verwiesen, und zur standardisierten Beschreibung von Tests und dem Austausch von Testergebnissen zwischen Autorenwerkzeugen, Lernsystemen etc. sei exemplarisch auf die Question & Test Interoperability Specification (IMS QTI; http://www.imsglobal.org/question/ [05.03.2015]) hingewiesen.

Abgrenzung von Standard und Norm

Der Begriff Standard wird im Deutschen häufig synonym mit dem Begriff Norm verwendet (Duden 1990, 739), jedoch grenzt das Deutsche Institut für Normung (DIN) ihre Normungsarbeit vom Standardisierungsprozess ab. Für die Normungsarbeit des DIN gelten entsprechend der DIN 820 die Grundsätze der Freiheit, Öffentlichkeit und Beteiligung aller interessierten Kreise. Eine Norm wird in einem Konsensverfahren der Beteiligten entwickelt (DIN 2001, 85 ff.). Sie darf nicht dem Vorteil eines Einzelnen dienen, sondern muss für die Allgemeinheit von Nutzen sein (ebd.). Erstellte Normen werden vom DIN mit der Möglichkeit des Einspruchs auf nationaler Ebene veröffentlicht. Die vom DIN erstellten Normen müssen widerspruchsfrei zu bereits bestehenden Normen sein sowie in regelmäßigen Abständen auf ihre Aktualität hin überprüft und ggf. angepasst werden. Zwar können diese Anforderungen auch durch den Standardisierungsprozess erfüllt werden, jedoch sind sie hier nicht zwangsläufig notwendig. Bei der Entwicklung eines Standards bedarf es, im Gegensatz zur Norm, keiner staatlich anerkannten Institution. Auch das Konsensverfahren bei der Beteiligung aller Interessengruppen und die Widerspruchsfreiheit zu anderen Standards sind nicht verpflichtend (Niedziella 2000). – Im englischsprachigen Raum findet die im Deutschen getroffene Unterscheidung von Standard und Norm keine Entsprechung. Das international tätige Normungsgremium nannte sich dementsprechend früher: International Standardization Organization (ISO), heute nennt es sich: International Organization for Standardization.

Entwicklung von Standards und Spezifikationen

Die Entwicklungsbemühungen um Standards im E-Learning, insbesondere in der didaktisch-methodischen Gestaltung, gelangen nach einer turbulenten Phase unterschiedlicher Ansätze zusehends in eine Phase der Konsolidierung. Bereits 1988 gab es erste Bemühungen durch das Aviation Industry CBT Committee (AICC), die meisten der Gremien nahmen aber erst Mitte der 1990er-Jahre ihre Tätigkeit auf. 2005 gelang es erstmals, einen international verbindlichen Standard, den DIN EN ISO/IEC 19769-1:2005 (Kap. 8.4.5; Kap. 10.3; EN, Europäische Norm; IEC, International Electrotechnical Commission) zu entwickeln. Bis dahin stellten die einzelnen Initiativen hauptsächlich Spezifikationen bereit. Eine Spezifikation beinhaltet allgemein eine Auflistung und Beschreibung von Elementen, die ggf. in Beziehung zueinander gesetzt werden. Eine definitorische Abgrenzung des Standards von der Spezifikation gibt es nicht, jedoch gehen sie üblicherweise einem Standard voraus und dienen als dessen Grundlage. Eine Spezifikation beschreibt wesentliche Elemente eines Produktes oder Prozesses, jedoch ist ihre Gültigkeit noch nicht allgemein anerkannt. Weiterhin werden Spezifikationen in der Regel von nicht offiziellen Standardisierungsorganisationen entwickelt.

Spezifikationen können unterschieden werden in (Stracke 2007, 9):

- *Community-Spezifikationen:* entwickelt von Expertengemeinschaften zu einem speziellen Thema, meist öffentlich zugänglich;
- *Industrie-Spezifikationen:* branchenspezifische Entwicklungen durch z. B. Konsortien aus der Wirtschaft, oft nur für die Mitglieder des Konsortiums zugänglich;
- *Organisations-Spezifikationen:* innerhalb einer Organisation entwickelt und nur für diese zugänglich.

Diese Unterteilung soll verdeutlichen, dass es neben dem Bezug auf allgemein verbindliche Standards möglich ist, eigene Spezifikationen zu entwickeln, die der Beschreibung von Inhalten, Lernzielen oder der Organisation eines E-Learning-Angebots, um nur einige Bereiche zu nennen, dienen. Zur Verdeutlichung: Solche Ansätze finden sich in durchaus üblichen Arbeitszusammenhängen, z. B. in organisationsinternen Regularien zur Benennung von Dateien auf gemeinsamen Serververzeichnissen (z. B. Version, Datum u. a. m.) zur besseren Auffindbarkeit für alle, die mit den Dateien arbeiten, oder auch für die Entwicklung von Formatvorlagen für verschiedene Dokumente und verschiedene Anlässe, die als verbindlich für die Nutzung bereitgestellt werden (z. B. verbindliches Corporate Design). Im Bereich E-Learning entspricht das erste Beispiel u. a. der Auszeichnung von E-Learning-Angeboten mit Metadaten (vgl. Kap. 10.2.2) und das zweite Beispiel der Bereitstellung eines Frameworks zur Gestaltung didaktischer Designs (z. B. zur Gestaltung der Onlineangebote, reguliert durch einen Styleguide oder Einigung auf übergreifend genutzte Instrumente im virtuellen Lernraum, z. B. Kalender, Chatfunktion, Diskussionsforum).

10.1.2 Bedeutung der Standardisierung

Neuorientierung bei der Gestaltung von virtuellen Lernangeboten

Die Entwicklung leistungsfähiger und preiswerter Informations- und Kommunikationstechnologien führte Ende der 1990er-Jahre zu einer hohen Verbreitung von E-Learning-Angeboten. Der erwünschte Erfolg blieb jedoch häufig aus. Es zeigte sich, dass die bloße Produktion und Bereitstellung von E-Learning-Materialien nicht schon dazu führt, dass damit gut gelernt wird bzw. die Angebote von den Lernenden angenommen werden. Um Erfolg zu erreichen, mussten sich viele E-Learning-Anbieter nach dem vorhergehenden Wildwuchs neu und umorientieren. Notwendig waren dabei unter anderem eine deutlichere Orientierung an den Bedürfnissen der Lernenden, die ökonomischere Entwicklung von E-Learning-Angeboten, eine breitere Streuung der erstellten Lerninhalte sowie die Ansprache neuer Interessenten.

Heterogene Entwicklungen

Bei den Bildungsanbietern konnten im vergangenen Jahrzehnt sehr heterogene Entwicklungen im Bereich des E-Learning beobachtet werden. Eine nahezu unüberschaubare Menge an Einzelinitiativen wurde gestartet, um Lernangebote virtuell aufzubereiten. So wurden in Deutschland in den Jahren 2000–2004 „die Forschungs- und Entwicklungsarbeiten in 100 hochschul- und länderübergreifenden Verbünden mit 540 Partnern gefördert" (DLR 2010). Abhängig von der finanziellen und personellen Ausstattung sowie der Motivation der Einrichtungen reichten die Ansätze von der Erstellung seminar- oder vorlesungsergänzender Unterlagen bis zu Versuchen, ganze Studien- und Lehrgänge virtuell abzubilden. Mit steigender Zahl von E-Learning-Angeboten, erstellt von professionellen Anbietern und, bedingt durch die Entwicklungen des Web 2.0, zunehmend auch von jedermann, wurde es immer schwieriger, einen Überblick über die vorhandenen E-Learning-Angebote zu behalten. In der Folge wurden u. a. Online-Informationssysteme, z. B. Kursdatenbanken mit entsprechenden Recherchemöglichkeiten, entwickelt, die jedoch schnell veraltet und/oder unvollständig waren, da es für die Betreiber kaum möglich war, alle Entwicklungen zu erfassen und aktuell zu halten. Darüber hinaus ist es für die Anbieter der Datenbanken schwierig, die jeweiligen E-Learning-Angebote so zu beschreiben, dass die Informationen für Nutzer hilfreich sind, da die verfügbaren Informationen variieren und z. T. anbieterspezifisch sind, was die Überschaubarkeit nochmals erschwert. So ist es durchaus möglich, Angebote thematisch zu verschlagworten, um sie leichter recherchierbar werden zu lassen. Ihre Eignung für den Einsatz in einem Lehr-Lern-Szenario erschließt sich durch ein solches Verfahren jedoch nur begrenzt. Fragen, wie anthropogene und soziokulturelle Voraussetzungen der Lernenden, benötigte zusätzliche Lernmaterialien, notwendige technische Infrastrukturen zur Realisierung der im Angebot geplanten Interaktions- und Kommunikationsstrukturen oder erreichbare, vergleichbare sowie anrechenbare Bildungsabschlüsse und viele weitere für die Planung eines Lehr-Lern-Szenarios wichtige Aspekte, fehlen häufig. Daher ist es in der Folge gar nicht oder kaum möglich, die bereits vorliegenden, fremd erstellten E-Learning-Angebote einzusetzen. Aufgrund der skizzierten Hürden liegt der Vorteil der standardisierten Auszeichnung zur Erfassung, Strukturierung und Recherchierbarkeit von E-Learning-Angeboten sowie deren technische, organisatorische und nicht zuletzt pädagogische Einbindung in ein Lernszenario auf der Hand: Die entwickelten virtuellen Lernmodule bzw. Lernmaterialien finden eine größere Verbreitung, Lehrende können auf ein breiteres Repertoire an Lehrinhalten zurückgreifen oder selbst erstellte Inhalte breiter streuen. Lernende hingegen finden eine gesammelte und strukturierte Übersicht virtueller Lerneinheiten oder Bildungsangebote, in der sie entsprechende Lerngegenstände suchen, auswählen und bearbeiten können.

Zugleich sind damit jedoch auch Probleme bzw. zu erfüllende Anforderungen verbunden: So bedarf es eines Kriterienrasters, um die jeweils relevanten Informationen über das Lehr-/Lernangebot zu erfassen. Dieses muss nicht nur bei der Beschreibung der erstellten E-Learning-Angebote für die unterschiedlichsten Bereiche (z. B. Technik, Didaktik, Organisation) – also auf Seite der Produzierenden – umfassend und nutzbar sein. Auf Seite der Konsumierenden muss dieses Raster ebenfalls zumindest in Grundzügen bekannt und verständlich sein, sodass diese auf Basis ihrer Interessen, Lernbedarfe und Präferenzen entsprechende Angebote auch recherchieren und verwenden können. Dass dies nicht ohne Weiteres auch bei der Nutzung von Standards gelingt, zeigt eine Untersuchung von Friesen (vgl. FRIESEN 2004) zur Anwendung des IEEE-LOM Standards (Institute of Electrical and Electronic Engineers Learning Object Metadata; siehe Kap. 10.2.2). Bei der Untersuchung von digitalen Lernobjekten in entsprechenden Datenbanken bzgl. der Implementierung des LOM-Standards wurde deutlich, dass die Autoren der Lernobjekte nur auf eine begrenzte Zahl der von LOM empfohlenen Attribute zurückgriffen, um die Lernmaterialien auszuzeichnen. Darüber hinaus wurden die wenigen genutzten Attribute inkonsistent verwendet. Dies hat zur Folge, dass das Lernmaterial nur schwer in Datenbanken recherchierbar sein dürfte, da es unzureichend bzw. irreführend attribuiert wurde. Um diesem Problem zu begegnen, ist es empfehlenswert, die digitalen Lernobjekte von Dritten in Abstimmung mit den Entwicklern auszeichnen zu lassen. Gemeinsam kann geklärt werden, welche Attribute für eine eindeutige und klare Beschreibung der Lernobjekte genutzt werden und welche Werte diese Attribute einnehmen können. Für die Anwender wiederum empfiehlt es sich, Recherchemöglichkeiten zu entwickeln und anzubieten, die bei der Suche nach Lernobjekten unterstützend wirken, indem bspw. entsprechende Suchmasken mit Hinweisen zur Verfügung gestellt werden (vgl. u. a. DI BLAS u. a. 2014).

Probleme 2.0 mit der Nutzung von Web 2.0

Die genannten Schwierigkeiten können sich zukünftig noch verschärfen, denn dem E-Learning kommt eine zunehmende Bedeutung zu. Getrieben durch schnellere Entwicklungszyklen verschärft sich die Anforderung an ein lebensbegleitendes Lernen in verschiedenen Lebensphasen und -kontexten. Die Etablierung von Konzepten wie dem Lernen am Arbeitsplatz oder die zunehmende Nutzung von Weiterbildungsangeboten belegen diese Entwicklungen. E-Learning kann diesen wachsenden Ansprüchen gerecht werden, da die Kosten für die Produktion sinken und immer mehr Lernende die entsprechende IT-Ausstattung besitzen, um solche Lernformate zu nutzen. Der Bedeutungszuwachs einerseits und die Möglichkeit, günstig und dezentral E-Learning-Angebote zu erstellen, können dazu führen, dass viele kleine Insellösungen entwickelt und eingesetzt werden, die jedoch das Potenzial nicht nutzen, nämlich den Einsatz von erstellten Lernangeboten in der Breite an verschiedenen Standorten ohne ständige Neuentwicklung gleicher Lernangebote.

Der Bestand an E-Learning-Angeboten wird jedoch durch die Entwicklungen im Web 2.0 noch unübersichtlicher. Denn nun können neben den Lehrenden auch die

Lernenden zu „Produzenten" von Lernmaterialien werden. Selbst erstellte Lehr-/ Lernvideos auf entsprechenden Medienservern, kooperativ erarbeitete Lernergebnisse in Wikis, Projektdarstellungen als Podcasts, Argumentationslinien in Blogs zur Textualisierung von Arbeitsschritten oder ein Diskurs zu einer Lernaufgabe in sozialen Netzwerken können als Lernressource für weitere Lernprozesse genutzt werden. Darüber hinaus könnten mit diesen Artefakten nicht nur formell, sondern auch informell erworbene Kompetenzen erhoben, anerkannt oder zertifiziert werden, wenn hierfür die entsprechenden Werkzeuge und Schnittstellen zur Verfügung stehen würden (vgl. u. a. Berger u. a. 2011).

Dass dies Realität ist, zeigt die Diskussion um die Entwicklung der Persönlichen Lernumgebungen (Personal Learning Environments, PLE; Kap. 3.5.2). Auf den PLE sollen Lernende die Möglichkeit haben, neben den formalen Bildungsangeboten der jeweiligen Anbieter (Hochschule, Unternehmen usw.) auch eigene Werkzeuge, Ressourcen und Ergebnisse abzulegen und zu verwalten. Wie kommen die außerhalb eines geschlossenen Lernraums erarbeiteten Ergebnisse in diesen wieder hinein? Wie können die (erfolgreichen) Lösungen z. B. in ein (E-)Portfolio der/des Lernenden aufgenommen werden? Zwar gibt es technische Möglichkeiten wie z. B. rss-feeds, (social) tags oder (social) bookmarks (Kap. 5.4.5; Kap. 5.4.6), die aufgrund technischer Standards interoperable Kommunikation und Informationsaustausch zwischen einzelnen Plattformen grundsätzlich ermöglichen. Jedoch können diese Informationen bislang noch nicht für Lern- und Lehrzwecke problemlos verarbeitet und verwaltet werden, da einerseits viele Lernplattformen immer noch sehr restriktiv mit der Einbindung externer Werkzeuge umgehen, andererseits aufgrund fehlender Standards für Lehr- und Lernprozesse zur Beschreibung solcher Artefakte.

Eine Lösung könnte durch das von SCORM ins Leben gerufene Projekt Tin Can zur Entwicklung der spezifizierten Schnittstelle Tin Can API (oder auch Experience API, kurz: xAPI, x steht für Experience) erreicht werden. Als API (Application Programming Interface) werden Programmschnittstellen bezeichnet, die den Zugriff anderer Programme auf Hardware (z. B. Festplatten) oder Software (z. B. Datenbanken) erlauben. Die xAPI soll es als einfache Anwendung ermöglichen, benutzerdefinierte und anwenderorientierte Datenverarbeitung und insbesondere auch Lerninhalte, Lernschritte und Lernergebnisse inner- und außerhalb einer Lernplattform über Learning Record Stores (LRS) auszutauschen. Die API soll sowohl informelles als auch personalisiertes Lernen und Arbeitsergebnisse abbilden, die darüber hinaus analysiert und visualisiert werden können (mehr unter: http://tincanapi.com/ [05.03.2015]). Inwieweit es Tin Can API ermöglicht, die dargestellten Anforderungen einzulösen, bleibt abzuwarten. Jedoch gibt es erste Anwendungsfelder, die hoffnungsvoll klingen (einige Beispiele finden sich unter: http://tincanapi.com/presen tationsvideos/ [05.03.2015]).

Interoperabilität, Kompatibilität und Wiederverwertbarkeit von E-Learning-Materialien

Aus ökonomischen Gründen scheint es für Bildungsanbieter und Entwickler multimedialer Lernmaterialien sinnvoll, entwickelte Kurse oder E-Learning-Materialien in der Breite anzubieten und auf fremd erstellte Inhalte zurückzugreifen. Somit amortisieren sich eigene Entwicklungskosten schneller bzw. können durch Nutzung fremd erstellter Inhalte gespart werden. Damit dies problemlos möglich ist, müssen die Materialien interoperabel, kompatibel und wiederverwertbar sein. *Interoperabilität* meint dabei „die Fähigkeit der Anwendungen zur verteilten Zusammenarbeit" (Holzinger 2001, 1), damit Materialien verschiedener Anbieter und Entwickler problemlos zusammengeführt und von Lernenden gemeinsam bearbeitet werden können. *Kompatibilität* dagegen zielt auf die Vereinbarkeit oder Verträglichkeit verschiedener (vorgegebener) Systeme ab. Unter *Wiederverwertbarkeit* wird der Einsatz erstellter Lernmaterialien in verschiedenen Lehr- und Lernkontexten über eine einmalige Benutzung hinaus verstanden.

Durch das allgemeine Sprachverständnis und den Gebrauch des Begriffs Standards kann aus pädagogischer Perspektive der Verdacht entstehen, dass diese reglementierend wirken, indem sie u. a. Methoden, Medien, Aufgaben, Interaktions- und Sozialformen etc. im Vorfeld festlegen. Dies ist aber nicht der Fall. Üblicherweise wurde und wird im Bereich der Standardisierung zur Bereitstellung von Beschreibungsformaten für pädagogische und didaktische Aspekte ein Rahmen entwickelt, der es ermöglicht, jegliches Lehr-Lern-Szenario abzubilden. Solche Formate sind vergleichbar mit Modellen der allgemeinen Didaktik, die ebenfalls die für die Gestaltung eines Lehr-Lern-Prozesses zentralen Bereiche definiert, die anschließend von den Lehrenden an die jeweilige Lehrpraxis angepasst werden. Standards im E-Learning bieten den Rahmen, der eine für die jeweiligen technischen, organisatorischen oder pädagogischen Bedürfnisse geeignete (und vollständige) Beschreibung einerseits und das automatisierte oder manuelle Auslesen dieser Beschreibungen andererseits zulässt. Insbesondere für die Beschreibung von Bildungsprozessen können die prozessorientierten Standards nur deskriptiv sein, „da die Qualität in Bildungsprozessen [...] nicht allgemeingültig normiert und vorgeschrieben werden kann, sondern durch eine bestmögliche Anpassung an die jeweils vorliegende Anwendungssituation angestrebt und entwickelt werden muss" (Stracke 2009b, 19 f.).

Bedeutung von Standards für E-Learning-Anbieter

Standards im E-Learning spielen also für eine Vielzahl von Beteiligten eine wichtige Rolle: Für Bildungsträger bzw. Projektleitungen bewirken Standards längerfristig eine finanzielle Entlastung, da Lernmaterialien recherchierbar und wiederverwendbar werden (Brugger 2001). Darüber hinaus können Angebote anderer Anbieter besser im eigenen Projekt genutzt bzw. selbst erstelltes Material über die Grenzen des eigenen Arbeitsfeldes hinaus angeboten und vermarktet werden. Jedoch heißt das auch, dass Multimediaproduzenten bei ihrer Arbeit die in einem Projekt genutzten Standards berücksichtigen und in das Lernmaterial implementieren müssen.

Tutoren und Lernende hingegen müssen zunächst über die eingesetzten und für sie relevanten Standards und deren Funktionen informiert werden, um die Vorteile der Standards auch im vollen Umfang nutzen zu können. Den Verwaltungen ermöglichen entsprechende Standards, Lernerinformationen und -leistungen, aber auch Lernmaterialien oder Zugangsvoraussetzungen leichter in Datenbanken einzupflegen.

Standards beschreiben Qualitätsmerkmale, die ein E-Learning-Angebot aufweisen sollte, sei es auf technischer, organisatorischer oder pädagogischer Seite. Zugleich können sie förderlich auf die Qualitätsentwicklung und das Qualitätsmanagement bei der Konzeption, Durchführung und Evaluation von E-Learning-Angeboten wirken, wenngleich sie kein Garant dafür sind (vgl. Ehlers 2009). Durch geeignete Beschreibungsmodelle lassen sich bei der Planung und dem Einsatz virtueller Bildungsangebote die wesentlichen Faktoren berücksichtigen. Darüber hinaus steigen das Vertrauen und die Akzeptanz solcher E-Learning-Angebote bei den Nutzenden. So hat sich z. B. gezeigt, dass die Einführung und Nutzung entsprechender Qualitätsstandards im E-Learning dazu führt, dass „mehr als ein Drittel der von Australien exportierten Dienstleistungen [...] Bildungsdienstleistungen" sind (Wetzel/Röbken/Arnold 2014, 3).

Insgesamt lassen sich nach Stracke (2006, 12) folgende Vorteile bei der Einführung und Nutzung von Qualitätsstandards für die Produzierenden und Anbietenden von E-Learning identifizieren:

1. *Wettbewerbsfähigkeit:* Durch Qualitätsstandards ist eine Vergleichbarkeit der E-Learning-Angebote möglich.
2. *Ökonomie:* Qualitätsstandards definieren klar Prozesse und minimieren damit Fehler während der Analyse, des Designs, der Produktion und des Einsatzes von E-Learning.
3. *Motivation:* Durch Transparenz und Einbeziehung aller Akteure, auch der Lerner, kann eine Motivationssteigerung bzgl. des Einsatzes und der Abnahme von E-Learning-Angeboten erfolgen.
4. *Image:* Durch den Einsatz international anerkannter Standards kann das Image für Produkte und Anbieter im E-Learning aufgewertet werden.
5. *Planbare Zuverlässigkeit:* Qualitätsstandards ermöglichen ein Risikomanagement, d. h., die getestete und evaluierte Qualität des Lerndesigns und -prozesses ermöglicht die Wiederverwendung.
6. *Kundenorientierung:* E-Learning-Anbieter können durch Einbeziehung der Nutzer (Lernenden) deren Bedarfe besser verstehen (lernen) und durch den Einsatz von Standards somit kundenorientiert handeln.
7. *Kontinuierliche Verbesserung:* Durch Evaluation und konsequente Optimierung auf Basis der gewonnenen Erfahrungen können die Bildungsangebote und Bildungsprozesse kontinuierlich verbessert werden.

Schwierigkeiten der Abbildung pädagogischer Handlungs- und Entscheidungsfelder in Standards

Die Beschreibung didaktisch-methodischer Handlungs- und Entscheidungsfelder im E-Learning durch einen Standard ist eine schwierige Aufgabe. Pädagogisches Handeln, welches immer durch die Subjektivität der Lernenden und Lehrenden bestimmt ist, sich im Handlungsprozess trotz Planung verändert und im Ergebnis nicht sicher bestimmt werden kann, scheint nur schwer bzw. unzureichend durch eine standardisierte Beschreibung abgebildet werden zu können. Unterschiedliche kulturelle Hintergründe und Lerntheorien erschweren die entsprechende Festlegung pädagogischer Handlungsfelder. Auch die Benennung und Fixierung von Elementen didaktisch-methodischen Handelns auf Basis allgemeiner und fachdidaktischer Konzepte in einem Standard kann schwierig sein.

Dies spiegelt sich auch in den Ansätzen der Standardisierungsbemühungen wider. Um diesem Problem zu begegnen, wurden offene, generische Beschreibungsmodelle entwickelt, die dem Ersteller der Lernangebote nach Möglichkeit alle notwendigen Freiheiten bei der Beschreibung der Inhalte, Prozesse, Rollen, Methoden usw. einräumt. Damit Ersteller von E-Learning-Angeboten die Standards ausfüllen können, benötigen sie entsprechendes Wissen und entsprechende Informationen. Dazu zählt einerseits Wissen über den Aufbau und die Funktion des einzusetzenden Standards, um diesen entsprechend verwenden zu können. Auf der anderen Seite Bedarf es auch der Informationen über pädagogische Handlungsfelder und didaktische Elemente, die für den Einsatz eines Lernobjekts von Bedeutung sind. Dass diese von den Entwicklern eines Angebots nicht immer klar, eindeutig und im vollen Umfang benannt werden können, liegt u. a. daran, dass die Konzeption eines Lernangebots und dessen digitale Realisierung von mehreren Personen aus unterschiedlichen Professionen (z. B. Pädagogen, Mediendesigner, Programmierer) getragen wird, die unterschiedliche Fachsprachen sprechen. Darüber hinaus ist es bei der standardisierten Beschreibung pädagogischer Handlungsfelder nicht stets klar, ob selbst unter einer der o. g. Gruppen ein gleiches Begriffsverständnis vorliegt. So könnte sich die Frage ergeben, ob z. B. eine im Lernangebot intendierte gemeinsame Arbeit von Lernenden in einem Wiki mit dem Begriff kollaborativ oder kooperativ ausgezeichnet werden sollte oder was das forschende Lernen vom entdeckenden Lernen abgrenzt, um ein eindeutiges und korrektes Attribut für das zu beschreibende Szenario zu finden.

Damit wird es notwendig, die eigene Fachsprache klar für andere zu definieren und anzuwenden. Die dazu genutzten Beschreibungen sollten dann wiederum für alle virtuellen Lernangebote konsistent eingesetzt werden, damit die Angebote entsprechend recherchiert und genutzt werden können. Dies lässt sich noch relativ leicht für Einzelproduktionen realisieren. In größeren Projektgruppen jedoch bedarf ein solcher Prozess einer umfassenden Abstimmungsarbeit bereits im Vorfeld der Einführung von Standards. Dies läuft den erwähnten Vorteilen nicht zuwider. Im Gegenteil, durch den Austausch der Projektgruppe über die Beschreibung eines E-Learning-Angebots kann ein umfassendes Verständnis der notwendigen Elemente geschaffen werden, was auch die Qualität der zu entwickelnden Angebote erhöht.

Anwendung von Standards

Auch beim Einsatz von standardisierten E-Learning-Angeboten können Schwierigkeiten auftreten. Da die Standards fest und für die Anwender nicht sichtbar in den Lernmaterialien verankert sind, ist es nicht problemfrei möglich, Hinweise und Änderungswünsche, die sich aus dem praktischen Einsatz des Materials ergeben, entsprechend zu vermerken. Durchführungskommentare für Lerneinheiten werden so häufig aufgrund fehlender Auszeichnungsmöglichkeiten im Beschreibungsmodell außerhalb desselben festgehalten. Auch zeigte sich in der Praxis, dass es teilweise schwierig ist, Varianten für unterschiedliche didaktische Vorgehensweisen in einem Modell abzubilden. Darüber hinaus ist es für die Entwickler eines E-Learning-Angebots schwer abzuschätzen, wie die Interpretation und Ausgabe einer Lerneinheit im jeweiligen Learning Management System (LMS) tatsächlich aussieht (Oberhuemer/Heyer 2007, 37 ff.).

Noch vorhandene Defizite

Standardisierung im E-Learning ist für viele Akteure befremdlich. Die Fachspezifik der Begrifflichkeiten, die abstrakt anmutenden Kategoriensysteme, die mit Standards oft in Verbindung gebrachten technischen Begrifflichkeiten (z. B. XML) können durchaus auf Nutzer abschreckend wirken. Ein grundsätzliches Hindernis für die Nutzung und Etablierung von Standards im E-Learning war und ist das Fehlen anwenderfreundlicher Editoren. Diese gibt es nur in überschaubarer Anzahl. Sie sind jedoch „noch nicht ausreichend ausgefeilt und nicht genügend einfach in der Handhabung, um in der Praxis damit arbeiten zu können" (ebd., 43). So sind Anwender gezwungen, vorab Kenntnisse über Aufbau, Funktion und Wirkung von Standards zu erwerben und sich weiterhin mit der Funktionsweise entsprechender Editoren auseinanderzusetzen, um die digitalen Bildungsmedien entsprechend den Standards aufzubereiten. Aufgrund der skizzierten Vorteile und Defizite beim Einsatz von Standards im E-Learning kann festgestellt werden: „Obwohl Standards einen wesentlichen Beitrag dazu leisten können, die Potenziale, die E-Learning zugeschrieben werden, tatsächlich zu realisieren, haben sich Standards im E-Learning noch nicht auf breiter Linie durchgesetzt" (Ehlers 2007, 22).

10.1.3 Funktionen von Standards

Rationalisierung und Ökonomisierung

Durch die Orientierung an einem Standard erhalten einerseits die Entwickler ein Gerüst, an dem sie sich bei der Gestaltung von Lernmaterialien orientieren können. Andererseits können die Nutzer – sowohl die Lehrenden und Tutoren als auch die Lernenden – dieses Lernmaterial besser auf seine Eignung prüfen und auswählen. Virtuelle Bildungsangebote werden vergleichbar und können einer größeren Anzahl von Interessenten zur Verfügung gestellt werden. Gleichzeitig können die einzelnen Lerneinheiten je nach Fragmentierung in Lernobjekte (Learning Objects), kleinste, didaktisch noch sinnvolle Lerneinheiten, zerlegt werden. Diese Lernobjekte lassen sich anschließend für andere E-Learning-Angebote entsprechend neu miteinander verknüpfen (Wiederverwendbarkeit), was eine Neuentwicklung des entsprechenden Lernmaterials erspart.

Die Abb. 10.1 verdeutlicht die Wiederverwendung von Lernmaterialien in verschiedenen E-Learning-Angeboten. Die Lernmodule selbst können einzelne, eigenständige Lernobjekte oder aus mehreren Lernobjekten zusammengesetzt worden sein. So wird im dargestellten Schema das Propädeutikum „Umgang mit dem virtuellen Lernraum" in allen drei Angeboten eingesetzt, da dies grundsätzlich für Neueinsteiger im E-Learning von Interesse ist. Dem schließen sich unterschiedliche Lernmodule an, die ebenfalls in verschiedenen, aber nicht allen Angeboten Anwendung finden. Zwei Angebote weisen darüber hinaus noch ein Prüfungsmodul auf, auf das im dritten verzichtet wird. Je nach Grad der Granularität der beschriebenen Lernobjekte können diese noch differenzierter eingesetzt werden. So ist es denkbar, dass im hier vorgestellten Schema gleiche Medienelemente (Film, Grafik, Aufgabenstellung usw.) sowohl für Lernmodul A als auch Lernmodul B genutzt werden (Abb. 10.2).

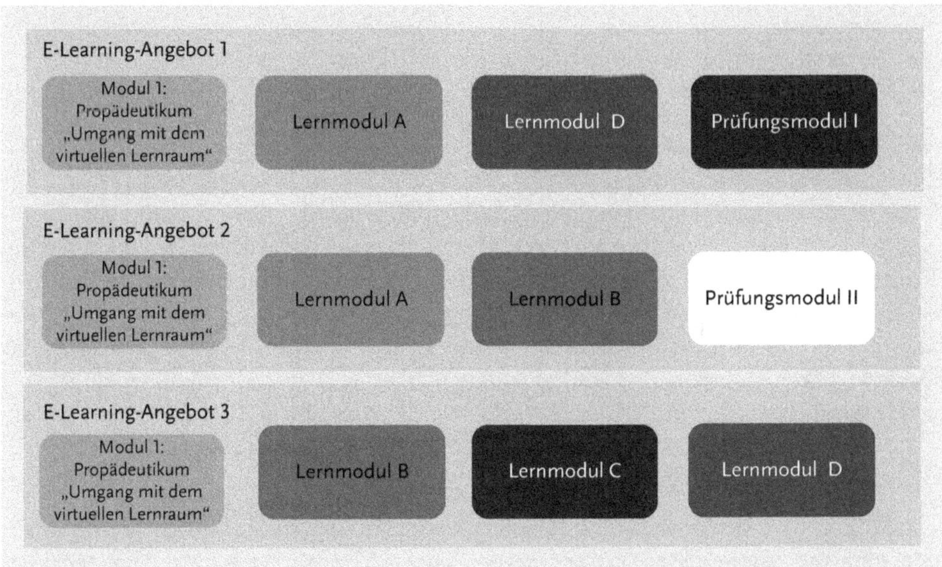

Abb. 10.1: Schematische Darstellung des Aufbaus von drei E-Learning-Angeboten unter Nutzung wiederverwendbarer Lernobjekte in Form von Lern- und Prüfungsmodulen

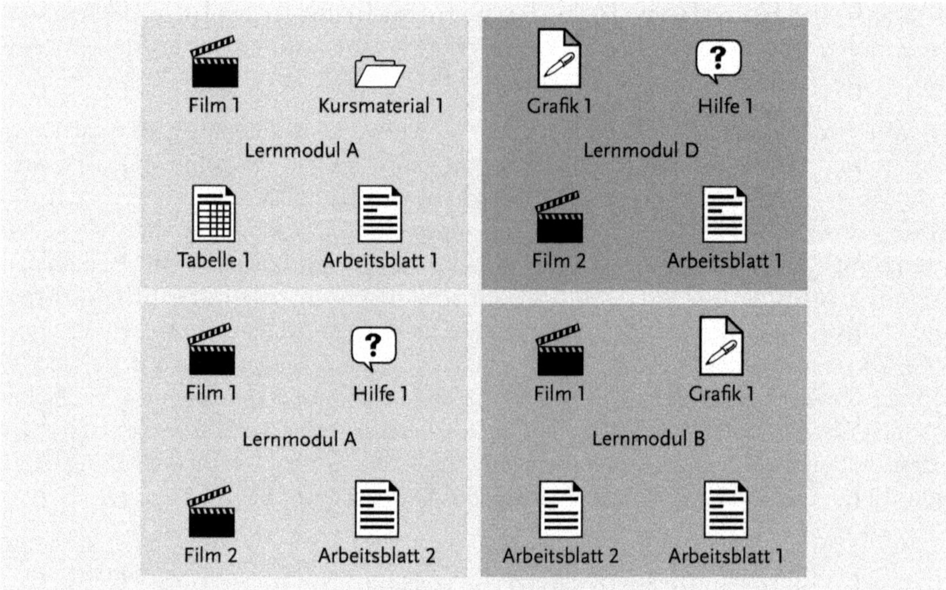

Abb. 10.2: Wiederverwendbare Lernobjekte innerhalb verschiedener Lernmodule

Erschließung neuer Märkte

Die Einführung und Nutzung von Standards ermöglicht es daher, neue Märkte für den Absatz digitaler Lernmaterialien zu erschließen. So werben einige Lernplattformanbieter damit, dass ihre Produkte verschiedene Standards und Spezifikationen für E-Learning unterstützen. Unterstützt die eigene technische Infrastruktur die verwendeten Standards, kann davon ausgegangen werden, dass die Integration und Verwendung der zugekauften Lernmaterialien im virtuellen Lernraum problemlos oder mit leicht lösbaren Problemen möglich ist. Für die Entwickler bedeutet dies, dass sie aufgrund der Standards die Lerninhalte integriert aufbereiten können, damit sie den Ansprüchen der technischen Infrastruktur ebenso genügen wie dem geplanten virtuellen Lehr- bzw. Lernprozess.

Jedoch sind Standards nicht nur für die Entwickler und Anbieter von Lerninhalten von Interesse. Wenn Lehr-/Lernmaterialien gut recherchierbar und nutzbar gehalten werden, können auch weitere Bildungsanbieter davon profitieren. Denn diese setzen E-Learning-Angebote u. a. dazu ein, um die Attraktivität des eigenen Bildungsangebots zu steigern. Eine Untersuchung von Kleimann/Schmidt (2007) hat ergeben, dass 63 % der befragten Hochschulen E-Learning zur Reputationssteigerung, 60 % zur Studienerfolgssteigerung und 56 % zum Erschließen neuer Zielgruppen einsetzen (ebd., 193).

Funktionen von Standards für die Nutzer

Auch für die Nutzer – die Dozenten, Tutoren und Lernenden – bringen Standards wesentliche Vorteile, da sie sich darauf verlassen können, dass die festgelegten Mindestanforderungen nicht nur auf technischer Ebene erfüllt werden, sondern z. B. auch in Bezug auf die methodische Aufbereitung, die Art der Bearbeitung, die Interaktionsformen oder die Nutzung multimedialer Inhalte, um nur einige Aspekte zu nennen. Zugleich steigt die Transparenz der Angebote und bei Einbindung der verschiedenen Akteure in den Prozess der Einführung von Qualitätsstandards auch deren Akzeptanz bei den Nutzern.

Verweigerung von Standards

Es gibt aber auch Gründe, Standards bewusst nicht einzusetzen. Dies geschieht vor allem dort, wo Interessen oder Märkte vor äußeren Zugriffen geschützt werden sollen. Möchte ein Bildungsanbieter nicht, dass seine Angebote verbreitet und wiederverwendet werden, kann er zwar eigene Spezifikationen festlegen, kann und muss sich jedoch nicht um die Berücksichtigung der üblichen Standards sorgen. Auch in Fällen, in denen die Umsetzung eines Standards einen zu großen personellen oder materiellen Aufwand mit sich bringt, kann sich ein Anbieter gegen diese entscheiden. Solche Strategien können bei der Open Content Bewegung (Kap. 5.5) beobachtet werden, die auf den freien Zugriff und die freie Verwendung von Bildungsmaterialien abzielt. Sie benötigt das Engagement und die Freiwilligkeit der Akteure, die offene Inhalte entwickeln und zur Verfügung stellen. Da es sich dabei um eine Vielzahl unterschiedlicher Akteure aus unterschiedlichen Bereichen handelt, wäre es wünschenswert, wenn sie sich an entsprechenden Standards orientieren. Jedoch behindern schwer einzusetzende Beschreibungsformate und ungenügend nutzbare Editoren zur standardisierten Beschreibung der Lehr-/Lernmaterialien die Etablierung von Standards und erschweren damit die Auswahl und Nutzung der zur Verfügung gestellten Inhalte. In solchen Fällen werden Standards entweder gar nicht genutzt oder nur unter Rückgriff auf organisationstypische Informationen eingesetzt. So beschränkten sich bspw. die Informationen zu den E-Learning-Angeboten des Massachusetts Institute of Technology (USA) in der Regel auf die Beschreibung der Inhalte der einzelnen Lernangebote; Vorkenntnisse, Zielgruppe, Betreuungsformen etc. werden nicht benannt.

Die Weiterentwicklung von Produkten oder Prozessen kann dazu führen, dass existierende Standards für die neu entwickelten Produkte oder Prozesse ungeeignet sind oder angepasst werden müssen. Im Bildungsbereich können hier bspw. die aktuellen Entwicklungen zu kompetenzorientierten Bildungsangeboten angeführt werden. Mit dieser Entwicklung geht z. B. eine Ausrichtung von Bildungsangeboten an Kompetenzmodellen mit Kompetenzniveaus entsprechend dem Deutschen Qualifikationsrahmen (DQR) einher (AK DQR 2011; Kap. 4.4.1), die sich von den bisherigen Formen der Lernzielbeschreibung unterscheiden können.

Felder der Standardisierungsinitiativen im E-Learning

In den vergangenen Dekaden wurden viele Initiativen ins Leben gerufen, die sich mit der Standardisierung im E-Learning beschäftigen. Ehlers/Pawlowski (2006, 4 ff.) zeigen die Felder auf, die die Standardisierungsinitiativen bearbeiten. Dazu zählen:

- Beschreibung der Lerninhalte (z. B. Learning Objekt Metadaten, LOM),
- Management von Lernobjekten (z. B. Sharable Content Object Reference Model, SCORM oder das Instructional Management System Content Packaging, IMS CP),
- Beschreibung didaktischer Szenarien (IMS Learning Design),
- Beschreibung von Lernern und Erfassung von Lernleistungen (z. B. Public Available Personal Information, PAPI),
- Kontextbeschreibung des Lernangebots (z. B. Didaktisches Objekt Modell, DIN DOM),
- Beschreibungsformate für mobile Nutzung von Lernangeboten (Nutzeraufenthalt, Tageszeit, Endgerät oder Nähe zu anderen Nutzern) (z. B. Mobile Learning Metadata, MLM).

Auf der anderen Seite wirken jedoch auch technologische Standards bspw. zur Beschreibung von Daten- oder Übertragungsformaten oder Rechtsstandards zur Beschreibung von Urheber- und Verwertungsrechten auf die Entwicklungen der Standardisierungsvorhaben und Spezifikationen ein. Damit wird das Feld für Entwickler, Anwender und Abnehmer von E-Learning-Angeboten ziemlich komplex, wenn es um deren Auswahl, Implementierung und Nutzung geht.

Entwicklung eigener Spezifikationen
Sind existierende Standards für Produkte oder Prozesse ungeeignet, ist es möglich, eigene Spezifikationen zu entwickeln. Hierfür sollte ein Team aus allen Beteiligten in der Entwicklung, Anwendung und Nutzung von E-Learning zusammengestellt werden, um so die relevanten Bereiche und Ansprüche in den Spezifikationen abzubilden. Existierende Standards, die für das eigene Anwendungsfeld nicht passend sind, können als Diskussionsgrundlage und zur Orientierung herangezogen werden, da diese meist in einem intensiven Auseinandersetzungsprozess verschiedenster Experten entstanden sind und oftmals für die relevanten Bereiche, die in der eigenen Spezifikation zu berücksichtigen sind, wichtige Hinweise bieten.

Entwicklungen in Deutschland
Standardisierungsansätze und Spezifikationen der letzten Jahrzehnte kamen fast ausschließlich aus den USA. Bei der Betrachtung der Entwicklungen in den letzten Jahren zeigte sich, dass auch lernkulturelle Besonderheiten in den Ansätzen verankert sind. So hat sich etwa die in den USA vorherrschende Curriculumtheorie, welche die *Lerninhalte* in den Mittelpunkt stellt, auch in den Standardisierungsansätzen niedergeschlagen. *Was* vermittelt wird, wurde dem *Wie* der Vermittlung vorangestellt (Allert/Qu/Neidl 2002). Solche Spezifikationen konnten bei deutschen Bildungsanbietern nur bedingt angewendet werden. Die unreflektierte Übernahme der Standards würde zu einer Verschiebung der Lernkultur führen, die nicht bewusst vollzogen und didaktisch begründet ist, sondern durch die Nutzung inkompatibler Beschreibungsformate ausgelöst wird. Um diesem Problem zu begegnen, wurden von Entwicklerseite die Spezifikationen relativ offen gehalten, was wiederum zu Problemen in der Ausgestaltung und (technischen) Lesbarkeit führte (Zech 2007). So

„wird deutlich, dass Standards nicht nur Einfluss auf technische Aspekte des E-Learning nehmen, wie bspw. die Interoperabilität zwischen Lerninhalten und Lernmanagementsystemen, sondern auch Handlungsmöglichkeiten der pädagogischen Praxis in Bildungsorganisationen beeinflussen“ (EHLERS 2007, 27).

Daher wurden im deutschsprachigen Raum seit 2001 eigene Entwicklungen vorangetrieben. Unter der Schirmherrschaft des Deutschen Instituts für Normung (DIN) haben Experten aus Wissenschaft, Wirtschaft und pädagogischer Praxis ein „Referenzmodell für Qualitätsmanagement und Qualitätssicherung – Planung, Entwicklung, Durchführung und Evaluation von Bildungsprozessen und Bildungsangeboten“ entwickelt, das in Form einer Publicly Available Specification (PAS) veröffentlicht wurde (REGLIN u. a. 2004). Ein „Didaktisches Objekt Modell“ für E-Learning (Abb. 10.3), bei dem – in Abgrenzung von bereits existierenden Standards und Spezifikationen – das methodische Vorgehen sowie die Lehr- und Lernhandlungen im Vordergrund stehen, wurde ebenfalls 2004 veröffentlicht (DIN 2004b). Beide Modelle sind für Interessierte kostenlos verfügbar. Die am DIN entwickelten Spezifikationen flossen in den 2005 veröffentlichten E-Learning-Standard DIN EN ISO/IEC 19796-1:2005 ein (Kap. 10.3; Kap. 8.4.5).

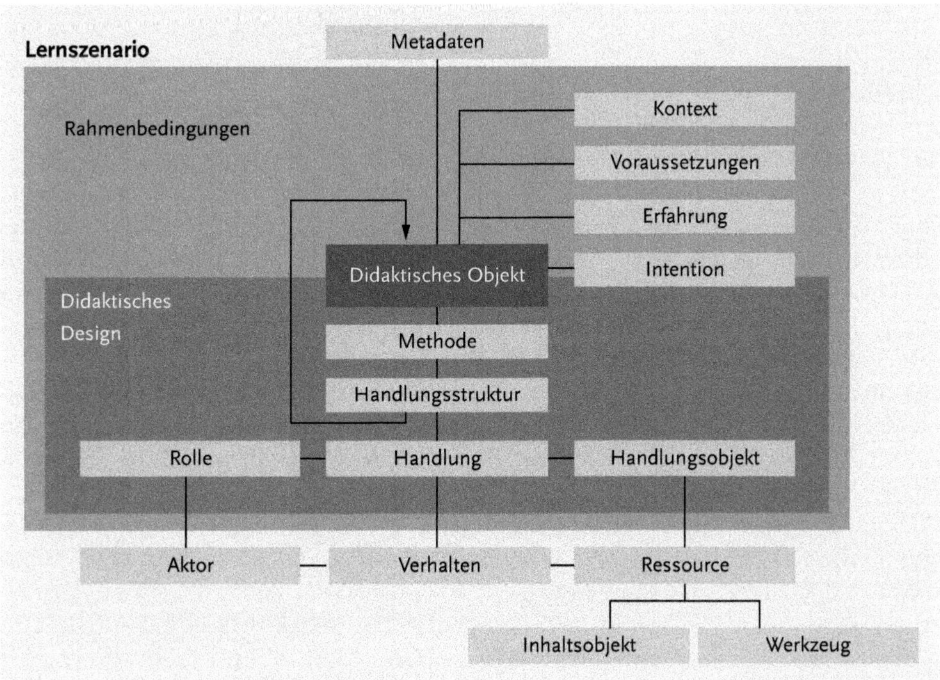

Abb. 10.3: Didaktisches Objekt Modell (DIN DOM) der entwicklungsbegleitenden Normung des DIN (2004b)

10.1.4 Probleme der Standardisierung

Eine standardisierte Didaktik?

Die Bemühungen der einzelnen Standardisierungsinitiativen im E-Learning sind weder darauf ausgerichtet, eine vereinheitlichte, standardisierte Didaktik für E-Learning-Angebote zu entwickeln und anzubieten noch die Anzahl der Tests, die Bearbeitungszeit, die Methodenwahl, die Art der Aufgabenbearbeitung oder die Handlungen der am Lehr-Lern-Prozess Beteiligten festzulegen. Eine solche Netz-Didaktik wird es nicht geben, auch wenn es im virtuellen Lehren und Lernen eine Vielzahl didaktischer Besonderheiten zu berücksichtigen gilt. Vielmehr müssen bereits bekannte didaktische Ansätze auf ihre Funktionalität für das Lernen mit digitalen Medien überprüft und ggf. auf diese abgestimmt bzw. um medienspezifische Elemente (wie Kommunikations- und Kollaborationsmöglichkeiten, Zugang zu Informationsquellen usw.) ergänzt oder neu konzipiert werden. Standardisierungsinitiativen haben aufseiten der pädagogischen Entscheidungsfelder das Ziel, einen Rahmen zu entwickeln, der es ermöglicht, alle notwendigen didaktischen Elemente und ihre Relationen zueinander zu beschreiben, die in einem Lernszenario eingesetzt werden. Sie sollen so ein universales Beschreibungsformat liefern, ohne ein didaktisches Modell zu favorisieren. Dieser Anspruch geht über den Bereich des E-Learning hinaus und soll auch klassische Lehr- oder Lernszenarien abdecken können. Allerdings scheint es trotz aller Bemühungen nicht möglich, ein allumfassendes Modell zur Beschreibung pädagogischer Handlungsfelder zu entwickeln.

Pädagogische Verantwortung bei den Gestaltern von E-Learning

Diesem Problem versuchen die Standardisierungsinitiativen zu entgehen, indem sie dem Anwender die Verantwortung übertragen, das E-Learning-Material entsprechend auszuzeichnen. Auch wenn zahlreiche didaktische Entscheidungen in diversen Spezifikationen und Standards abgebildet werden, so zeigt sich doch, dass ein komplettes didaktisches Design nicht abbildbar und reproduzierbar ist: „Es wird immer Aspekte der didaktischen Wirklichkeit geben, die ein einzelnes System oder Modell nicht erfassen kann" (Klebl 2003, 10). Bei kritischer Betrachtung eines der vielversprechenden Ansätze, dem Instructional Managment System Learning Design (IMS LD), stellt Glahn (2002, 10) fest, dass es „nicht ganz offensichtlich, aber wichtig ist [...], dass Didaktik kein integraler Bestandteil von IMS LD ist. Somit können Rollen, Aktivitäten und Handlungen entsprechend einer Didaktik beschrieben werden, obwohl IMS LD selbst kein didaktisches Modell vorsieht. Insbesondere unterstützt IMS LD nicht die Wahl einer geeigneten Didaktik. Damit obliegt die didaktische Reflexion auch weiterhin dem Pädagogen. Die ‚didaktische Blindheit' geht so weit, dass es möglich ist, auch schlechten Unterricht mit IMS LD zu entwerfen. Der Einsatz standardisierter Technik ist also kein Garant für qualitativ hochwertigen Unterricht." Damit wird deutlich, dass die Gestaltenden und Durchführenden im E-Learning in der Verantwortung stehen, pädagogisch sinnvolle und didaktisch geschickte Angebote bereitzustellen. Standards und Spezifikationen können jedoch als Orientierung „für die Beschreibung didaktischer Konzepte [genutzt werden]. Besonders organisatorische Fragen könnten anhand des Konzepts bereits vor der Einführung beantwortet werden" (ebd.).

So werden im oben aufgeführten Didaktischen Objekt Modell (DIN DOM) pädagogische Entscheidungsfelder wie Methode oder Intention des jeweiligen Lernszenarios geprüft. Auch die Voraussetzungen oder Erfahrungen sowie die Rollen, Handlungen und Handlungsobjekte zum erfolgreichen Lernen werden erfragt. Allerdings ist dieses Modell so offen, dass es alle Angaben zulässt, was nochmals die Kritik an den Modellen verdeutlicht. Dennoch sollten die Entwickler dieses Modell nutzen können, um jedes Lernszenario möglichst genau zu planen und zu entwickeln.

Gefahr fragmentierten Wissens durch Lernobjekte

Die Beschreibung von Lernobjekten soll es ermöglichen, diese für andere Lernangebote wiederverwendbar zu machen (Abb. 10.1; Abb. 10.2). Je fragmentierter diese Lernobjekte sind und je eindeutiger diese standardisiert beschrieben wurden, desto besser ist auch deren Wiederverwendbarkeit. Jedoch besteht die Gefahr, dass diese – aus einem Gesamtzusammenhang entnommen – auch als Lernhäppchen für E-Learning genutzt werden. Diese Lernhäppchen zeichnen sich dadurch aus, dass sie für jeweils eng umrissene Lernbedarfe die jeweiligen Informationen zur Verfügung stellen. Grundsätzlich muss dies nicht negativ bewertet werden. Sollen jedoch die Lernenden ein umfassendes, reflektiertes und zusammenhängendes Wissen erwerben können, sollte bedacht werden, dass diese Lernhäppchen aufgrund der Dekontextualisierung aus einem strukturierten inhaltlichen Zusammenhang an Informationen nicht oder kaum dazu beitragen können, das gewünschte Ziel zu erreichen.

Dem kann dadurch entgegengewirkt werden, dass die Lernobjekte von entsprechend komplexen Lernaufgaben begleitet oder in kooperativen oder kollaborativen Arbeitsformen bearbeitet werden, durch welche eine multiperspektivische Betrachtung von Problem- und Lösungsfeldern für Lernende ermöglicht wird. Solche Lernformen können helfen, lebendiges Lernen sowie anwendbares und in Beziehung gesetztes Wissen zu fördern.

10.2 Metadaten

10.2.1 Funktionen von Metadaten

Der Begriff Metadaten

Metadaten sind Daten über Daten, also Beschreibungen, die verschiedene Elemente vereinen und strukturieren und dadurch deren Nutzbarkeit erhöhen. Das ist nicht neu und wird in vielen alltäglichen Situationen genutzt. Metadaten können beschrieben werden als die „Information und Dokumentation, welche Datensets für die Nutzer verstehbar und gemeinsam nutzbar machen" (MOSSGRABER 1997), und dienen als Such- und Strukturierungshilfen im Alltag, indem sie das schnelle Finden von gewünschten Informationen erleichtern. Vergleichbar ist dies z. B. mit Hinweisschildern wie Backzutaten, Fertiggerichte und Obst/Gemüse in einem Supermarkt, welche die Orientierung und das Auffinden der gewünschten Produkte aus einer breiten Angebotspalette erleichtern sollen.

Nutzen von Metadaten

Um Standards in die Entwicklung von multimedialen Lerninhalten einfließen zu lassen und so den Nutzenden (Lernenden, Lehrenden, Tutorinnen und Tutoren, Entwicklern von E-Learning-Inhalten) und insbesondere auch Computersystemen das Auslesen der Informationen zu ermöglichen, ist es notwendig, die Lerninhalte auf eine geeignete Weise zu beschreiben. Dies geschieht über Metadaten. Metadaten dienen dazu, Lernobjekte zu beschreiben, damit sie wieder auffindbar, kompatibel, adaptierbar und interoperabel sind. Durch die Auszeichnung von Lernmodulen und Lernmaterialien mit entsprechenden Metadaten wird die „Datenfitness", die „langfristige Werterhaltung" (Marugg 2002) des Materials ermöglicht. Während Standards unter anderem *Voraussetzungen* festlegen, die ein Produkt oder Prozess haben muss, um einer Qualität zu entsprechen, dienen Metadaten dazu, einzelne Elemente *inhaltlich* zu füllen. Dazu werden zur Beschreibung von E-Learning-Materialien verschiedene Auszeichnungssprachen genutzt, z. B. XML (Extensible Markup Language), XSD (XML Scheme Definition), JSON (JavaScript Object Notation) oder auch HTML5.

Wie werden Metadaten zur Beschreibung von E-Learning-Elementen verwendet? Zur Veranschaulichung hierfür soll ein Metadatensatz Lebenszyklus aus dem Didaktischen Objekt Modell des DIN (DIN DOM) dienen, der die zeitliche Nutzung beschreibt. Die Metadaten gliedern sich in mehrere Kategorien und sind teilweise an LOM (Learning Object Metadata) angelehnt (Abb. 10.4).

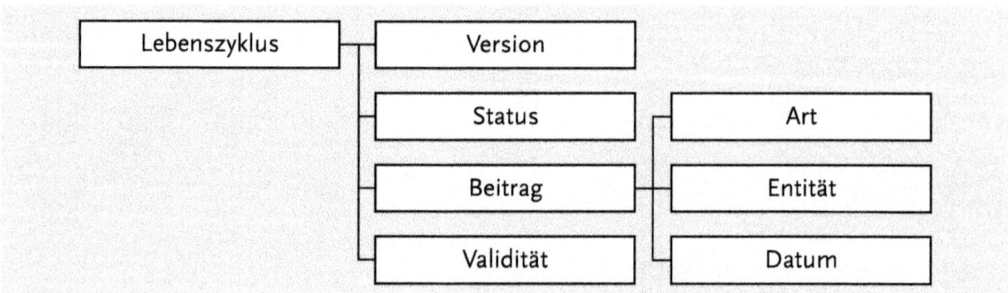

Abb. 10.4: Das Element Lebenszyklus im DIN DOM (Didaktischen Objekt Modell) (DIN 2004b)

10.2.2 Learning Objekt Metadata

Einer der bisher bedeutendsten Schritte im Zuge der Standardisierung von E-Learning war die Bestätigung der vom Learning Technology Standards Committee des Institute of Electrical and Electronic Engineers (LTSC of IEEE) entwickelten Learning Object Metadata (LOM) als Standard für die Beschreibung von Lernobjekten durch das American National Standards Institute (ANSI; siehe LTSC OF IEEE 1484.12.1-2002).

Hauptelemente in LOM

Der Standard LOM bietet neun Hauptelemente zur Beschreibung von Lernobjekten an (ebd.):

1. *General* (grundlegende Informationen über das Lernobjekt),
2. *Life Cycle* (Lebenszyklus wie beispielsweise die Geschichte und den aktuellen Zustand des Lernobjekts),
3. *Meta-Metadata* (Informationen über die Metadateninstanz),
4. *Technical* (Hinweise über die technischen Voraussetzungen),
5. *Educational* (pädagogische Merkmale des Lernobjekts),
6. *Rights* (Nutzungslizenzen etc.),
7. *Relation* (Beziehung des Lernobjekts zu anderen Lernobjekten),
8. *Annotation* (Hinweise über den Nutzen des Lernobjekts),
9. *Classification* (Einordnung des Lernobjekts in ein Klassifizierungssystem).

Unterelemente des Hauptelements Educational

Die Hauptelemente sind in weitere Unterelemente aufgeteilt. Für Pädagogen ist vor allem das Hauptelement *Educational* interessant, das in weitere elf Unterelemente aufgegliedert ist (ebd.):

1. *Interactivity Type* beschreibt den Interaktivitätstyp des Lernobjekts (Elemente: active, expositive, mixed),
2. *Learning Ressource* beschreibt u. a. Art und Ort der Ressource (Elemente: graph, index, slide, table, narrative text, exam, experiment, problem statement, self assessment, lecture, figure, diagram, questionnaire, simulation),
3. *Interactivity Level* beschreibt den Grad der Interaktivität (Elemente: very low, low, medium, high, very high),
4. *Semantic Density* beschreibt die subjektive Einschätzung der Größe des Lernobjekts im Vergleich zu seiner Bearbeitungsdauer (Elemente: very low, low, medium, high, very high),
5. *Intended End User Role* beschreibt die bei der Planung eines Lernobjektes intendierte Endnutzerrolle (Elemente: teacher, author, learner, manager),
6. *Context* beschreibt den geplanten Ort für den Einsatz des Lernobjekts (Elemente: school, higher education, training, other),
7. *Typical Age Range* beschreibt die Altersgruppe der Lernenden (keine festgelegten Elemente),
8. *Difficulty* beschreibt den (subjektiv geschätzten) Schwierigkeitsgrad (Elemente: very easy, easy, medium, difficult, very difficult),

9. *Typical Learning Time* legt die voraussichtliche Bearbeitungszeit fest (keine festgelegten Elemente),
10. *Description* für die Beschreibung der Nutzung des Lernobjekts (keine festgelegten Elemente),
11. *Language* ist ein Eintrag für die Muttersprache der Nutzer.

Problematik der Beschreibung und fehlende Objektivität

Bei genauerem Hinsehen stellt sich allerdings die Frage, ob und inwieweit pädagogische bzw. didaktisch-methodisch relevante Informationen mit den Unterelementen des Hauptelements *Educational* tatsächlich fassbar sind. Auch die Objektivität, die durch einen Standard gegeben sein sollte, scheint sich aufzulösen. Wie etwa lässt sich definieren, wann ein Lernobjekt einen sehr geringen, mittleren oder sehr hohen Interaktivitätsgrad aufweist? Dies entscheidet der Beschreibende (z. B. der Entwickler) eines Lernangebots. Die Beschreibung ist somit stark von seinem subjektiven Urteil abhängig und kann sich von der wahrgenommenen Interaktivität der Lernenden oder anderer Lehrender, die das Lernobjekt in ihre Veranstaltungen einbinden möchten, stark unterscheiden. Neben den von LOM vorgeschlagenen Elementen bzw. Kategorien lassen sich Entwicklungen finden, die eine gezieltere Beschreibung von Lernobjekten zulassen. So schlägt Schulmeister (2005b) vor, je nachdem, welche Handlungsoptionen die Nutzer haben, sechs verschiedene Interaktionsniveaus zu unterscheiden:

1. Objekte betrachten und rezipieren,
2. multiple Darstellungen betrachten und rezipieren,
3. die Repräsentationsformen variieren,
4. den Inhalt der Komponente modifizieren,
5. das Objekt bzw. den Inhalt der Präsentation konstruieren oder
6. den Gegenstand bzw. Inhalt der Repräsentation konstruieren und durch manipulierende Handlungen situationsabhängige Rückmeldung vom System erhalten.

Während für einzelne Elemente noch graduelle Unterkategorien und damit eine gewisse Orientierung bei der Beschreibung gegeben sind, fehlt dies bei anderen. So ist die Bearbeitungsdauer komplett vom Beschreibenden einzuschätzen. Dieser kann allerdings nur für eine imaginäre, homogene Zielgruppe, die es so in der Realität nicht gibt, eine Bearbeitungszeit bestimmen. Es wird also ständig Differenzen bei der Bearbeitungszeit geben, was durchaus problematisch sein kann. Wird beispielsweise die Bearbeitungszeit zu knapp eingeschätzt, so können die Lernenden überfordert bzw. frustriert werden. Unscharfe Faktoren, wie unterschiedliche Motivationen, differenziertes Vorwissen, verschiedene Arbeitsweisen usw., können nicht oder nur unzureichend abgebildet werden. Häufig dienen zur Beschreibung von einzelnen Elementen des Metadatensatzes Freitextfelder. Dadurch ist es zwar möglich, das Lernmaterial konkret auszuzeichnen, die Vergleichbarkeit nimmt aber ab, wenn Lehrende auf unterschiedlich ausgezeichnetes Lernmaterial zurückgreifen. Der Einsatz von Metadaten kann den Mythos einer Objektivität und Vergleichbarkeit der

Lernobjekte wecken, der aufgrund der subjektiven Entscheidungen der Gestalter von Lernangeboten jedoch keineswegs haltbar ist.

Größe der Lernobjekte aufgrund wirtschaftlichen Kalküls

Aus pädagogischer Perspektive ist die Auflösung eines Kurses, einer Lerneinheit oder eines Studienmoduls in einzelne Lernobjekte mit Skepsis zu betrachten. Durch den Einsatz von Standards entsteht die Chance, die didaktische Aufbereitung multimedialer Lerninhalte qualitativ zu sichern. KRAUSE/KORTMANN (2002, 3) sehen jedoch „durch die Bemühungen der Standardisierung und den damit verbundenen Aufschwung der Lernobjekte wieder die Gefahr des Rückfalls in die Zeit, in der neue Medien nur zur Vermittlung von demjenigen Wissen eingesetzt wurden, das durch Kriterien wie Verstehen, Behalten und wortgetreuer Wiedergabe überprüft werden kann“. Sie befürchten, die Größe der Lernobjekte werde sich nicht in der kleinsten noch sinnvollen Lerneinheit abbilden, sondern „auf einen Wert einpendeln, bei dem der wirtschaftliche Vorteil der Wiederverwendbarkeit noch nicht durch erhöhte Kosten durch Katalogisierung und Verwaltung aufgehoben wird“ (ebd., 2).

Im Gegenzug dazu wird mit dem Aufkommen des Web 2.0 die Arbeit mit kleinen Lerneinheiten unter dem Stichwort micro-learning neu diskutiert (HUG/LINDNER 2006). Inwieweit diese kleinen Lerneinheiten wirklich sinnvoll genutzt werden können, ist sicherlich von vielen Faktoren, wie Lernzeit und Lernziel, didaktische Einbettung in ein größeres Lehr-Lern-Szenario, verfügbare Ressourcen, Inhalte usw., abhängig.

10.2.3 Anforderungen an die Akteure

Anforderungen an Kurs- und Medienentwickler

Entwickler arbeiten insbesondere bei der Erstellung von E-Learning-Materialien mit Metadaten. Für sie ist es vor allem notwendig zu erfahren, welche Metadatensätze Anwendung finden und wie sie genutzt werden, um das Lernmaterial entsprechend auszuzeichnen. Entschließt sich ein Entwicklungsteam zur Einführung von Standards, können die Entwickler eventuell auf einen mit dem Standard mitgelieferten Metadatensatz zurückgreifen. In diesem Fall müssen sie den vorgegebenen Metadatensatz entschlüsseln, also seine inhaltliche Ausprägung und logische Struktur erfassen, um diese für die eigenen virtualisierten Lernangebote nutzen zu können. Um die Anwendung eines Metadatensatzes zu unterstützen, liegen teilweise Best-Practice-Beispiele vor, jedoch enthalten diese oft keine genauen Handlungsanweisungen.

Im nächsten Schritt werden die Elemente des Metadatensatzes dem eigenen Lernmaterial zugeordnet. Es kann passieren, dass der vorgegebene Metadatensatz nicht ausreicht, um die eigenen E-Learning-Angebote zufriedenstellend auszuzeichnen. In solchen Fällen können vorhandene Datensätze um eigene Elemente erweitert oder eigene Metadatensätze entwickelt werden (WETTERLING/STEVENSON 2003).

Ausgehend davon, dass sich Entwickler im E-Learning vorwiegend mit technischen Fragen befassen, kann es notwendig sein, dass pädagogische Unterstützung bei der

Erstellung und Anwendung der Metadatensätze hinzugezogen wird, um adäquate Auszeichnungen von Lernmaterialien mit Daten zu ermöglichen, die für die pädagogischen Felder von Bedeutung sind. Vor allem auf pädagogischer Seite besteht das Problem darin, dass aus der Vielzahl der Begriffe, deren Verwendung teilweise je nach der zugrunde liegenden Lerntheorie oder auf Basis des berufspraktischen Wissens differiert und für die es keine normierten Beschreibungen gibt, wodurch es den technischen Entwicklern nur schwer oder gar nicht möglich ist, das E-Learning-Material durch Auswahl der wesentlichen Elemente auszuzeichnen. Eine weitere Herausforderung besteht darin, die einzelnen Kategorien in eine Ordnung, ein Schema, zu bringen und ggf. Relationen zwischen ihnen zu erarbeiten und abzubilden.

Anforderungen an Lehrende und Tutoren

Auch die Lehrenden und Tutoren benötigen für ihre unterschiedlichen Aufgaben im E-Learning Kenntnisse über den verwendeten Metadatensatz, dessen Elemente und Funktionen, um auf Basis dieser Kenntnisse mit den Metadaten zu operieren. Darüber hinaus können sie weiterführende Lerninhalte konzipieren und mit den notwendigen und bereits vorhandenen Metadaten versehen, die dann von den Multimediaentwicklern bei der technischen Umsetzung integriert werden. Auch können sie mithilfe von Metadaten nach geeigneten Lernmaterialien zur Unterstützung von Lernenden bei der Erarbeitung von Inhalten suchen. Außerdem können Tutoren und Lehrende ihre Erfahrungen und Hinweise beim Einsatz der Lehr-Lern-Materialien in die entsprechenden Felder eines Metadatensatzes eintragen und so zukünftigen Nutzern Hinweise für einen erfolgreichen Umgang liefern (z. B. eine realistische Einschätzung der Bearbeitungszeit des Lernmaterials auf Basis gesammelter Erfahrungen in einem Kurs).

Durch ihre Erfahrungen bei der praktischen Nutzung eines Metadatensatzes können sie darüber hinaus Rückmeldungen über dessen Funktionalität geben und so dazu beitragen, den Datensatz an die spezifischen Bedürfnisse bei der Gestaltung virtueller Lernangebote anzupassen. So kann es denkbar sein, den Datensatz bspw. um weitere Interaktionsformen oder Methoden zu erweitern oder durch Verwendung geeigneter Metadaten die Nutzbarkeit des Datensatzes für andere Akteure zu erhöhen.

Anforderungen an Lernende

Lernende sind in den Gestaltungsprozess von Metadatensätzen meist nicht integriert. Dennoch nutzen auch sie die Metadatensätze. Insbesondere der Vergleich von Lernangeboten sowie die Auswahl weiterer Lernmaterialien vereinfachen sich für Lernende, wenn Materialien mit entsprechenden Metadaten, die über diese Bereiche Auskunft geben, ausgezeichnet wurden und über eine entsprechende Schnittstelle im Lernraum recherchierbar sind. Hierfür ist es notwendig, dass sie – ebenso wie Tutoren und Lehrende – über die Art der eingesetzten Metadaten und deren Verwendung informiert werden. Bei der Verwendung von Fachtermini in den Datensätzen, die zur Beschreibung von pädagogischen, technischen oder organisatorischen Feldern, in denen das Lernmaterial zur Anwendung kommt, notwendig sind, sollte den Lernenden eine Hilfe zur Verfügung gestellt werden, die die genutzten Begriffe erklärt. Dies betrifft insbesondere elementare Kategorien, wie bspw. der Aufbau inhaltlicher Beschreibungen des Lernmaterials in einem virtuellen Lernangebot oder die Zuordnung von Lernmaterial mittels Kennziffer zu einem Lehrgang oder Studienangebot, Fachgebiet etc., die den Lernenden erläutert werden und in einer Datenbank zum Abruf bereitstehen.

Anforderungen an Verwaltung und Administration

Für die Verwaltung und Administration spielen Metadaten auf vielfache Weise eine Rolle. So kann es bspw. hilfreich sein, den Lebenszyklus der angebotenen Inhalte auszuzeichnen, damit diese nach Ablauf ihrer Gültigkeit aus dem Kursangebot entfernt oder überarbeitet werden. Damit verbunden sind des Weiteren die Pflege von Datenbeständen und die Zuordnung von Lernmaterialien zu bestimmten Kursen, Lerngruppen etc. Da der Umgang mit Metadaten nicht zu den eigentlichen Aufgaben einer Verwaltung zählt, besteht hier eine besondere Informationspflicht. Die Verwaltung muss durch die Personen, die die Metadatensätze (weiter-)entwickeln, in die für sie relevanten Inhalte und deren Funktionen eingewiesen werden. Wichtig für die Verwaltung ist das Wissen über das Auslesen von Daten aus dem Material und ggf. aus den Lernerinformationen, um gezielt Informationen zu finden und diese in ein Verwaltungssystem übertragen zu können.

Für die technische Administration sind insbesondere Metadaten bedeutsam, die für die technische Auszeichnung der Lernmaterialien zuständig sind und beispielsweise das Datenformat, die Größe, technische Anforderungen, den Ort der Lagerung (in der Lerneinheit, als externe Ressource etc.), Installationshinweise oder auch Besonderheiten beim Einsatz in einem virtuellen Lernraum bezeichnen.

10.3 Der Standard DIN EN ISO/IEC 19796-1

Ein neuer Qualitätsstandard

Nach intensiver Arbeit vieler nationaler und internationaler Initiativen stand eine nur noch schwer überschaubare Anzahl an Spezifikationen zur Beschreibung von E-Learning-Angeboten zur Verfügung, die sich darüber hinaus bzgl. des Bearbeitungsstandes unterschieden. So konnten neben Standards und Spezifikationen auch Entwurfsvorschläge aus dem Internet heruntergeladen werden, die sich noch im Entwicklungsmodus befanden und in unregelmäßigen Abständen überarbeitet in einer neuen Version veröffentlicht wurden. Aus diesem Grund wurde 2004 die Qualitätsinitiative E-Learning in Deutschland (http://www.qed-info.de [05.03.2015]; Stracke 2009b) mit dem Ziel gegründet, die Entwicklung eines internationalen Qualitätsstandards im E-Learning zu koordinieren, zu systematisieren und zu verbreiten. Die Arbeitsgruppe „Quality Assurance and Descriptive Frameworks“ (JTC1 SC36, Joint Technology Committee 1 Subcommittee 36) des internationalen Standardisierungskomitees ISO/IEC entwickelte 2005 auf der Basis vorangegangener Entwicklungen einen Qualitätsstandard zur Beschreibung von E-Learning-Szenarien, die DIN EN ISO/IEC 19796-1:2005. Dieser Standard ersetzt die bisher entwickelten Spezifikationen und ist international anerkannt.

Aufbau der ISO/IEC 19796-1

Das Referenzprozessmodell der ISO/IEC 19796-1 beinhaltet ein generisches *Prozessmodell* sowie ein generisches *Beschreibungsmodell* und erhebt den Anspruch, *jedes* E-Learning- und Blended-Learning-Szenario beschreiben zu können. Das Modell enthält folgende Aspekte (vgl. Stracke/Hildebrandt 2007, 4161):

1. *Integration:* jeder Anbieter, Produzent, Abnehmer und Nutzer im E-Learning kann das Modell nutzen,
2. *Vollständigkeit:* alle Prozesse des Lernangebotes, der Lernprodukte und Lernorganisation werden durch das Modell abgedeckt,
3. *Offenheit:* das Modell ist grundsätzlich offen für alle Prozesse und Methoden,
4. *Anpassbarkeit:* (Sub-)Prozesse, Anforderungen und Ergebnisse des Referenzprozessmodells sind individuell anpassbar und erweiterbar und fügen sich damit an jeden Lern- und Organisationskontext an.

Das Referenzprozessmodell enthält keine Regularien über die Abfolgen sowie über die Übertragungen oder Abhängigkeiten der Prozesse. Es gibt keine Anweisungen einer typischen Implementierung in Form einer Regulation oder Vorschrift.

Das generische Prozessmodell

Das generische Prozessmodell enthält sieben Kategorien, die wiederum insgesamt in 38 Prozesse aufgeteilt sind. Dazu zählen:

1. *Anforderungsanalyse* (Initiierung, Identifikation der Stakeholder, Zieldefinition und Bedarfsanalyse),
2. *Rahmenbedingungen* (Analyse des externen Kontextes, der personellen Ressourcen, der Zielgruppe, des institutionellen und organisationalen Kontextes, der Termin- und Budgetplanung sowie der Ausstattung),
3. *Konzeption/Design* (Lernziele, inhaltliche Konzeption, didaktische Konzepte und Methoden, Rollen und Aktivitäten, organisatorische und technische Konzeption, Konzeption des Medien- und Interaktionsdesigns, des Medieneinsatzes, der Kommunikation, der Tests und Prüfungen sowie der Wartung und Pflege),
4. *Entwicklung/Produktion* (inhaltliche Umsetzung, Design, Medienrealisation, technische Realisation und Wartung und Pflege),
5. *Implementierung* (Test, Anpassung und Aktivierung der Lernressource, Organisation und Nutzung sowie die technische Infrastruktur),
6. *Lernprozess* (Administration, Aktivitäten und Überprüfung des Kompetenzniveaus),
7. *Evaluation/Optimierung* (Planung, Durchführung, Auswertung, Optimierung/Verbesserung).

Das generische Beschreibungsmodell

Damit das generische Prozessmodell zur standardisierten Beschreibung von Angeboten und Prozessen im E-Learning genutzt werden kann, liefert der Standard ein generisches Beschreibungsmodell mit, das auf der CEN/ISSS CWA 14644 (CEN/ISSS 2003) basiert (CEN, Comité Européen de Normalisation/Europäisches Komitee für Normung; ISSS, Information Society Standardization System). Hierfür wird in der ISO/IEC auf 13 Attribute für die Beschreibung der einzelnen Prozesse verwiesen (Tab. 10.1).

Tab. 10.1: Beschreibungsmodell für Qualitätsprozesse der ISO/IEC 19796-1 (DIN EN ISO/IEC 19796-1:2005, 10)

Element	Beschreibung	Beispiel
ID	eindeutiger Identifikator	ID 123
Kategorie	übergeordnete Prozesskategorie	Kursentwicklung
Prozessname	Kurzbezeichnung des Prozesses	Methodenauswahl
Beschreibung	Beschreibung des Prozesses	innerhalb des Prozesses werden didaktische Methoden ausgewählt und bewertet
Beziehung	Beziehung zu anderen Prozessen	vor Auswahl der Methoden ist Analyse des Lernziels notwendig
Teilprozesse/Teilaspekte	Teilprozesse/Teilaspekte/ Aufgaben	Methodenidentifikation und -priorisierung
Ziel	Zielsetzung des Prozesses	angemessene Auswahl einer/ mehrerer Methoden
Methode	Methodik für diesen Prozess/ Verweis auf eingesetzte Richtlinien und Verfahrensanweisungen	Methodenauswahl auf Basis des anvisierten Lernziels Zielgruppe berücksichtigen siehe auch interne Richtlinien zur Kursgestaltung
Ergebnis	erwartetes Ergebnis des Prozesses	Methodenbeschreibung und Dokumentation
Aktoren	verantwortliche, teilnehmende Aktoren	Dozent, Team für das didaktische Design des Angebots
Bewertung/Kriterien	Bewertung und Metriken für diesen Prozess	vgl. Kriterienkatalog 1.2.3 – 1.4.5
Standards	verwendete Standards	IEEE 1484.12.1:2003 LOM
Erläuterung/Beispiele	weitere Informationen, Anwendungsbeispiele	

Insgesamt erscheint das generische Qualitätsmodell als sehr umfassend, weil mit ihm nicht nur einzelne Lernobjekte, sondern auch komplette E-Learning-Kurse beschrieben werden können, die aus Lernobjekten zu einem Gesamtangebot zusammengesetzt sind, da der Standard keine Mindest- oder Maximalgröße für ein E-Learning-Angebot festlegt. Dies vereinfacht den Beschreibungsaufwand und erlaubt die Anpassung an das eigene Vorhaben. Es gibt keine Verpflichtung, alle Kategorien und Teilprozesse, die im Standard abgelegt sind, auszuzeichnen. Insgesamt bietet dieser Standard genügend Möglichkeiten, den Prozess der Entwicklung, Durchführung und Evaluation von E-Learning-Angeboten standardisiert zu beschreiben. Soll das E-Learning-Material in kleineren Einheiten ausgezeichnet werden, um z. B. einzelne Lernobjekte innerhalb eines größeren Kurses wiederverwertbar zu halten, kann dies zu Beginn zwar einen erhöhten Arbeitsaufwand mit sich bringen, bietet jedoch auch die Vorteile, die standardisierte Lernmaterialien auszeichnen. Mit der Entwicklung eines für die Beschreibung der Lernangebote geeigneten Vokabulars lässt sich der Zeitaufwand bei der Beschreibung weiterer Lernobjekte oder Kurse deutlich reduzieren.

Trotz der Offenheit und Anwenderfreundlichkeit können der hohe formale Abstraktionsprozess bei der Anwendung des Standards auf das selbst erstellte E-Learning-Material, eine teilweise technisch anmutende Sprachwahl, der nicht zu unterschätzende Aufwand bei der Einführung und Anwendung des Standards zu Beginn eines Projektes oder auch fehlende Editoren und nicht zuletzt die Ungewissheit, ob sich der Standard etablieren wird, Hemmnisse bei der Anwendung sein. Dass dieser Standard anwendbar ist und auch Anwendung findet, zeigen entsprechende Praxisbeispiele (Stracke 2006, 13).

10.4 Fazit

Zukunftsszenario: der automatisch generierte Kurs?

Hinter digitalisierten Bildungsangeboten müssen immer Pädagogen stehen, die das didaktische Vorgehen für effiziente Lehr- und Lernprozesse planen. Diese unausweichliche Notwendigkeit bestimmt auch die Reichweite und die Grenzen von Standardisierungsansätzen. Diese Notwendigkeit gewinnt auch bei der Überlegung besondere Relevanz, die ökonomischere Gestaltung von E-Learning-Angeboten nicht auf die Wiederverwendbarkeit, Kompatibilität und Interoperabilität von Lernmaterialien beschränken zu wollen, sondern das erheblich weiter gehende Ziel einer automatischen Generierung von Lerneinheiten entsprechend den Wünschen der Lernenden zu ermöglichen. Dazu wäre das Zusammenspiel verschiedener Komponenten notwendig, wie sie u. a. mit dem IMS (Instructional Management System) entwickelt werden. So könnten Standards, die Informationen über die Lernenden strukturiert erfassen, dem Bildungsanbieter Auskunft über Alter, Vorwissen, bereits belegte E-Learning-Kurse, Lernstile und Lerngewohnheiten u. v. m. geben. Diese Informationen könnten dann von Generatoren zu Hilfe genommen werden, um einen für den jeweiligen Lernenden optimal gestalteten Kurs bereitzustellen. Ein solcher Kurs könnte wiederum aus einer Vielzahl einzelner Lernobjekte – kleinsten didaktisch noch sinnvollen Lerneinheiten – zusammengestellt werden, die nicht unbedingt vom selben Anbieter kommen müssen. Dahinter steht die Vorstellung, dass das System sich anhand der Beschreibungen der einzelnen Lernobjekte die passenden heraussucht, sie zusammenfügt und den Lernenden präsentiert. Haben die Lernenden den Kurs erfolgreich bearbeitet, werden die entsprechenden Leistungen gespeichert.

Kritische Fragen

Diese stark verkürzte Darstellung macht deutlich, wie komplex – aber auch anfällig – ein solches System sein wird. Kann ein System situativ auf unterschiedliche Motivationen oder wechselnde Lernbedürfnisse eines Individuums reagieren? Können Lernobjekte so beschrieben werden, dass sie sich technisch, inhaltlich und vor allem didaktisch harmonisch zusammenführen lassen? Können auf diese Weise Kollaborations- und Kommunikationsstrukturen angeregt und begleitet werden, die offene Lernwege und Lernergebnisse ermöglichen? Wie kann Vorwissen erfasst werden, welches nicht durch E-Learning-Systeme initiiert worden ist, sondern beispielsweise durch informelles Lernen in Arbeitsprozessen oder im Alltag? Dies ist nur ein kleiner Ausschnitt von Fragen, die in Verbindung mit einer solchen Vision gestellt werden müssen. Mit dem Versuch, Lernangebote automatisch zu generieren, würde eine Vielzahl pädagogisch wertvoller, aber nicht standardisierbarer Formen der Gestaltung von Lernprozessen unbeachtet gelassen. Zu befürchten sind dabei u. a. die Dekontextualisierung von Lernobjekten sowie das Aneinanderreihen von Lernobjekten zu neuen Kursen ohne pädagogisch begründetes Konzept. Ein solches Szenario lässt die Vermutung zu, dass der intendierte Lernerfolg ausbleibt und Lernende demotiviert werden. In der Konsequenz wird dies wohl zum Ablehnen von E-Learning-Angeboten seitens der Lernenden und Lehrenden führen. Denn ein Lehr-Lern-Prozess, der sich auf den Erwerb von Kompetenzen für die Bearbeitung von sich immer wieder neu stellenden Aufgaben bezieht, ist nicht standardisierbar. Er muss neben der Bereitstellung von Lerninhalten den Lernenden mit seinen individuellen Besonderheiten (Lernpräferenzen, Lernbedarf, Vorwissen u. v. m.) ebenso berücksichtigen wie die Gestaltung komplexer Aufgaben, die auf eine nicht standardisierte Performance-Orientierung ausgerichtet sind (vgl. Reischmann 2004; Drieschner 2010; Kuhlmann/Sauter 2008).

Darüber hinaus ist die Frage zu stellen, welche Auswirkungen solche Entwicklungen auf die Bildung haben könnten. Es zeigt sich bereits heute, dass mit dem Argument knapper Kassen für Bildungsausgaben die Gefahr besteht, dass Konzepte wie „just enough learning“ (golem 2001), die zu kurzfristigen Lernerfolgen führen, propagiert werden. Trends, wie die Bereitstellung von Lernhäppchen, die auf jeweils ganz konkrete, sehr eng umrissene Bedürfnisse der Lernenden zugeschnitten sind, können zu einer Dekontextualisierung der Wissensinhalte führen. Hierfür wurde im E-Learning der Begriff des „micro-learning“ (Reinmann 2007b, 187) etabliert. Der fehlende Blick über den Tellerrand kann eine verkürzte Sicht und mangelnde Kenntnisse über Zusammenhänge, in denen Lerninhalte stehen, zur Folge haben. Lernhäppchen, die bezugslos arrangiert und angeeignet werden, führen zu einer Anhäufung trägen Wissens, das Gefahr läuft, nicht auf die Praxis transferierbar zu sein und der breit geforderten Kompetenzentwicklung für die hoch technisierten Arbeitsprozesse entgegensteht.

Vorteile

Mit den Standardisierungsbemühungen im E-Learning gehen aber auch erhebliche positive (Neben-)Effekte einher, wie die Sicherung von Qualität bei der Erstellung von Lernmaterialien oder die Transparenz und damit Vergleichbarkeit von Angeboten für die Nutzer sowie die Auffindbarkeit von Lernressourcen. Derartige Vorteile gewinnen bei aktuellen Diskussionen und Entwicklungen, wie bspw. der Bereitsstellung von OER, enorm an Bedeutung, da durch Standards die zuvor genannten Aspekte für Produzierende und vor allem für Nutzende deutlich werden und hierdurch eine Wieder- und Weiterverwendung erst ermöglicht wird.

Während sich die Standardisierungsaktivitäten lange Zeit vorwiegend auf technische Aspekte konzentrierten, weitete sich in den letzten Jahren das Verständnis für die Wirkungsbereiche von Standards auch auf pädagogische Fragestellungen und die didaktische und methodische Gestaltung von Lernmaterialien und Lernszenarien aus. Aufgrund des hohen Komplexitätsgrades, den eine Standardisierung im Allgemeinen, in pädagogischen Handlungsfeldern im Besonderen mit sich bringt, bleibt abzuwarten, ob sich diese in den dargestellten Formen durchsetzen werden. Derzeit ringen die Entwickler von Standards noch mit eher technischen Fragen, um die bereits entwickelten Modelle zu etablieren. So fehlen auch dem Standard ISO/IEC 19796-1 einfach zu bedienende Werkzeuge, um E-Learning-Angebote auszuzeichnen, damit diese von anderen Akteuren (z. B. Lehrenden, Lernenden) und technischen Systemen (z. B. Suchmaschinen, Learning Content Management Systemen) ausgelesen und interpretiert werden können. Von einem problemlosen Zusammenspiel der einzelnen Systeme kann auch weiterhin noch keine Rede sein. Für den Einsatz von Standards in virtuellen Bildungsszenarien bedeutet dies, dass die einzusetzenden Standards intensiv geprüft werden müssen, und zwar in Bezug auf ihre Entstehungsgeschichte und die Motivation der Entwickler, ihren Verbreitungsgrad und die Nutzbarkeit für das eigene Vorhaben (bei der Gestaltung von Lernszenarien ebenso wie beim Einsatz eines Lernraumsystems usw.) bis hin zu möglichen Weiterentwicklungen und der Kompatibilität zu anderen Ansätzen. Dabei gilt es, einen Überblick über die derzeitigen Entwicklungen zu behalten, da in Zukunft sicher weitere Standards etabliert und bestehende im Sinne einer weiteren Verbesserung fortgeschrieben werden.

11 Rechtsgrundlagen

Aufbau des Kapitels
Im E-Teaching und E-Learning sind einige grundlegende Rechte und Pflichten zu beachten. So müssen auch bei Bildungsangeboten über das Internet die Anbieterkennzeichnungspflicht nach dem Telemediengesetz (TMG) und die Datenschutzrechte nach dem Bundesdatenschutzgesetz (BDSG), dessen Reform auf der Grundlage der ebenfalls reformierten europäischen Datenschutz-Grundverordnung (DSGVO) Ende Mai 2018 in Kraft tritt, und den Datenschutzregelungen in den und den jeweiligen Bundesländern erfüllt werden (Kap. 11.1). Besonders wichtig für die Erstellung der digitalen Lehr- und Lernmaterialien und von Verweisen auf weitere Inhalte im Internet sowie für die pädagogischen Handlungen der Lehrenden und die Handlungen und Ergebnisse der Lernenden ist die Beachtung der Urheber- und Nutzungsrechte entsprechend dem Urheberrechtsgesetz (UrhG), das mit dem ab 1. März 2018 geltenden Urheberrechts-Wissensgesellschafts-Gesetz (UrhWissG) am 30. Juni 2017 auf Beschluss des Bundestags reformiert wurde (Kap. 11.2). Bei kostenpflichtigen und überwiegend über Fernlehre durchgeführten Bildungsangeboten, die nicht der Unterhaltung oder Freizeitgestaltung dienen, sind auch die Bestimmungen des Fernunterrichtsschutzgesetzes (FernUSG) zu beachten (Kap. 11.3). Mit den weiteren Innovationen im E-Learning sind auch die Rechte entsprechend weiterzuentwickeln (Kap. 11.4). Die Gesetzestexte sind z. B. auf der vom Bundesministerium der Justiz (BMJ) administrierten Internetseite (http://www.gesetze-im-internet.de) einzusehen.

Eine ganze Reihe weiterer Rechtsgrundlagen (Gesetze und Verordnungen) können für die Entwicklung, Gestaltung, Vertragsabschlüsse und Durchführung von E-Teaching und E-Learning in öffentlichen oder gewerblichen oder betrieblichen Bildungseinrichtungen relevant sein, auf die im Folgenden nicht eingegangen werden kann. Dies sind u. a. der Erwerb von Domains im Internet, Nutzungslizenzen, Patent- und Markenrechte, Persönlichkeitsrechte, IT-Sicherheit, Haftung für Betrieb und Nutzung von WLAN-Hotspots, Barrierefreie Informationstechnik-Verordnung, Rechte im Online-Marketing, Haftung von Online-Diensten, Kundenvertragsrechte, Rechte der Verwertungsgesellschaften (VG Wort, VG Bild-Kunst, VG Media, GEMA), Leistungsschutzrechte im Internet, das Jugendschutzgesetz und der am 12. März 2014 abgeschlossene Jugendmedienschutzstaatsvertrag der Bundesländer, internationale Aspekte des Internetrechts, strafrechtliche Sanktionen und zivilrechtliche Ansprüche bei Rechtsverletzungen. Zudem ist zu beachten, dass in den anderen europäischen Staaten und darüber hinaus andere Rechte gelten können und zu beachten sind. Es ist geplant, zukünftig ein einheitliches europäisches Urheber-, Verwertungs- und Nutzungsrecht zu schaffen, das auch die Vergütung der Urheber regeln soll.

Mit dem vom Bundestag beschlossenen und ab 1. Oktober 2017 geltenden Gesetz zur Verbesserung der Rechtsdurchsetzung in sozialen Netzwerken (Netzwerkdurchsetzungsgesetz – NetzDG) sind nach §1 Abs. 1 „Telemediendienstanbieter, die mit Gewinnerzielungsabsicht Plattformen im Internet betreiben, die es Nutzern ermöglichen, beliebige Inhalte mit anderen Nutzern auszutauschen, zu teilen oder der Öffentlichkeit zugänglich zu machen", verpflichtet, rechtswidrige Inhalte umgehend zu löschen, darüber Berichte zu liefern, einen Bevollmächtigten leicht erkennbar zu benennen, und können ggf. auch mit Bußgeldern belegt werden (Bundestag 2017a, 5–8). Plattformen, wie zum Beispiel E-Learning-Plattformen, die vom Anbieter der Bildungsdienstleistungen verantwortet, redaktionell gestaltet und kommunikativ betreut werden, fallen nach NetzDG §1 Abs. 1 nicht unter dieses neue Gesetz, weil sie „nicht als soziale Netzwerke im Sinne dieses Gesetzes" gelten.

Rechtsvorbehalt

Die folgenden Hinweise auf die *Anbieterkennzeichnungspflicht* und *Datenschutzrechte*, die zu beachtenden *Urheberrechte und Nutzungsrechte* sowie auf das *Fernunterrichtsschutzgesetz* beanspruchen keine Vollständigkeit und decken auch nicht alle denkbaren Fallgestaltungen, zu beachtenden gesetzlichen Grundlagen und Rechtsfragen ab. Sie können keinesfalls eine im jeweiligen Einzelfall einzuholende Rechtsberatung ersetzen. Auch für die Aktualität, Vollständigkeit und Richtigkeit der folgenden Hinweise kann keine Gewähr übernommen werden. Die Hinweise sind jeweils selbst zu prüfen. Ausführliche Darlegungen der Rechtsgrundlagen im Internet, auf die sich die folgenden Ausführungen u. a. stützen, sind u. a. zu finden in Heckmann (2009; 2010; 2011), Hoeren (2011a; 2011b; 2012; 2014), Hoeren/Giurgiu (2012), Kreutzer (213; 2015), Kreutzer/Hirche (2017), Manssen (2002) und Veddern (2004). Die jeweils zu beachtenden rechtlichen und in 2018 erfolgenden reformierten Regelungen sind in ihren einzelnen Bestimmungen den entsprechenden Gesetzestexten und Kommentaren zu entnehmen. Offene und strittige Rechtsfragen und konkrete Vertragsgestaltungen sind im Einzelfall mit juristischer Kompetenz zu klären. Gerichte beurteilen, ob eine Rechtsverletzung vorliegt oder nicht. Ausdrücklich wird darauf hingewiesen, dass Rechtsverletzungen zu entsprechend hohen Schadensersatzforderungen führen können.

11.1 Anbieterkennzeichnungspflicht und Datenschutzrechte

Pflicht zur Anbieterkennzeichnung

Für alle Diensteanbieter, die Telemedien, wie z. B. Websites, Blogs, Chatrooms, Informationsdienste, Suchmaschinen, Online-Shops, über das Internet „geschäftsmäßig“ zur Nutzung bereitstellen, besteht eine Anbieterkennzeichnungspflicht bzw. „Impressumspflicht“. Diensteanbieter sind alle Ersteller bzw. Autoren von Telemedien, die selbst weitgehend frei über die Inhalte und die Bereitstellung von Inhalten bestimmen können, selbst wenn diese in andere Internetportale eingegliedert sind. Diese Anbieterkennzeichnungspflicht ist im Telemediengesetz (TMG) vor allem in § 5 (Allgemeine Informationspflichten) und § 6 (Besondere Informationspflichten bei kommerziellen Kommunikationen) geregelt. Diensteanbieter sind nach TMG § 2 natürliche Personen oder juristische Personen, wie z. B. Vereine, Kapitalgesellschaften oder diesen gleichgestellte Personengesellschaften, die Rechte erwerben und Verbindlichkeiten eingehen können. Der Begriff „geschäftsmäßig“ ist viel weiter gefasst als der bekannte Begriff „gewerbsmäßig“ und rechtlich noch nicht endgültig definiert. Rechtlich wird auch die Auffassung vertreten, dass auch die Telemedien, die ein Diensteanbieter ohne Gewinnerzielungsabsicht und ohne Entgelt bereitstellt, als „geschäftsmäßige“ Angebote gelten, wenn diese von anderen in der Regel im Internet gegen Entgelt angeboten werden. Selbst Telemedienangebote, die nur privaten oder familiären Zwecken dienen und keine Marktrelevanz haben, können unter die Anbieterkennzeichnungspflicht fallen, wenn sie Werbebanner, z. B. zur Kostendeckung, einblenden. Blogs und Netzgemeinschaften sollten daher ggf. auch über ein Impressum verfügen.

Angaben über den Anbieter

Welche allgemeinen Grundangaben von jedem Diensteanbieter und welche zusätzlichen Pflichtangaben von bestimmten Gruppen von Diensteanbietern im „Impressum“ zu machen sind, ist dem TMG § 5 Abs. 1 Nr. 1 bis 7 und TMG § 6 Abs. 1 und Abs. 2 zu entnehmen. Danach müssen bei natürlichen Personen Vor- und Familienname, vollständige Postanschrift und Kommunikationsverbindungen (Telefon, Fax, E-Mail), bei juristischen Personen und Personengesellschaften Firmenname und zumindest die Hauptniederlassung, Vertretungsberechtigte und Kommunikationsverbindungen angegeben werden. Angaben zum Gesellschaftskapital sind freiwillig. Gegebenenfalls sind auch zusätzliche Pflichtangaben für bestimmte Gruppen von Diensteanbietern notwendig, wie die zuständige Aufsichtsbehörde, die Registereintragung und Registernummer, die Kammer und gesetzliche Berufsbezeichnung und eventuell der Staat, in dem die Berufsbezeichnung verliehen worden ist, die Bezeichnung und der Zugang zu den berufsrechtlichen Regelungen, die Umsatzsteueridentifikationsnummer oder die Wirtschaftsidentifikationsnummer und ggf. auch die Angabe, dass sich der Diensteanbieter in der Abwicklung oder Liquidation befindet. Auch der Umgang mit personenbezogenen Daten sollte angegeben werden, falls solche auf der Homepage einzugeben sind. Sind die Angaben unvollständig oder fehlerhaft, kann dies Bußgeld oder eine kostenpflichtige Abmahnung durch Mitbewerber zur Folge haben.

Platzierung der Anbieterkennzeichnung

Das „Impressum" bzw. die Anbieterkennzeichnung muss optisch leicht und deutlich erkennbar und lesbar sowie rasch von jeder Seite der Homepage aus erreichbar und ständig verfügbar sein, also ohne große Zwischenschritte und mit den Standardeinstellungen der gängigen Browser auf dem Bildschirm erscheinen. Die Anbieterkennzeichnung dient dem Verbraucherschutz, aber auch der Herstellung von Vertrauen in den Anbieter.

Datenschutzrechte

Die Achtung der Menschenwürde ist die oberste Wertsetzung unseres Grundgesetzes. Das Bundesverfassungsgericht hat 2008 davon ausgehend ein Grundrecht auf die Gewährleistung der Vertraulichkeit eigengenutzter Informationen und Informationssysteme begründet. Das gilt nicht nur für das Verhältnis von Privatpersonen zu staatlichen Institutionen, sondern auch zwischen Privatpersonen. Entsprechend dem Bundesdatenschutzgesetz (BDSG §§ 3a, 4, 4a, 6), dessen Zeck es ist, „den Einzelnen davor zu schützen, dass er durch den Umgang mit seinen personenbezogenen Daten in seinem Persönlichkeitsrecht beeinträchtigt wird" (BDSG § 1 Abs. 1), dürfen personenbezogene Daten nur verarbeitet werden, wenn die betroffene Person der Verarbeitung ihrer Daten zugestimmt hat oder eine Rechtsvorschrift die in Inhalt und Form vorgegebene Verarbeitung personenbezogener Daten erlaubt. Auch nach Zustimmung der betroffenen Person müssen die datenschutzrechtlichen Prinzipien der Zweckbindung, Datensparsamkeit und Transparenz eingehalten werden. Wenn Nutzer eines Bildungsangebots – Lernende oder auch anderer Beteiligte – ihr Zugangskonto aufgeben bzw. löschen, widerrufen sie damit zugleich ihre früher gegebene Einwilligung in die Verarbeitung ihrer personenbezogenen Daten. Die Daten sind dann nach BDSG § 35 vom Bildungsanbieter, sofern sie nicht noch für Bescheinigungen, Abrechnungen usw. benötigt werden, umgehend zu löschen. Eine weitere Speicherung ist unzulässig, es sei denn, die Nutzer haben der weiteren Verwendung ihrer Daten ausdrücklich zugestimmt. Hier ist darauf hinzuweisen, dass auch die entsprechenden Regelungen in den jeweiligen Gesetzen der Bundesländer, z. B. in den Gesetzen für die verschiedenen Bildungseinrichtungen, zu beachten sind, auf die hier nicht eingegangen werden kann. Alle diese Datenschutzregelungen gelten auch für Bildungsangebote mit digitalen Medien innerhalb Deutschlands.

Zudem ist zu beachten, dass nach der Europäischen Datenschutzrichtlinie von 1995 jetzt eine neue Europäische Datenschutz-Grundverordnung (DSGVO) verabschiedet wurde, die ab 25. Mai 2018 in allen Mitgliedstaaten der Europäischen Union geltendes Recht wird. Das diesem entsprechend reformierte Bundesdatenschutzgesetz (BDSG) tritt ebenfalls Ende Mai 2018 in Kraft, das z. B. mehr Auskunftsrechte über die gesammelten und ausgewerteten Daten enthält. Sie soll die derzeitigen Regelungen in Europa ersetzen und die Verfügungsrechte der Nutzer über ihre privaten Daten im Internet sowie über deren Sammlung, z. B. in sozialen Netzwerken, weiter stärken.

Durch ein Urteil des Europäischen Gerichtshofes (EuGH) im Mai 2014 ist bereits allen Nutzern das Recht eingeräumt worden, dass auf ihr Verlangen und unter bestimmten Bedingungen und Voraussetzungen, z. B. unter Abwägung der Presse- und Meinungsfreiheit und der überragenden Öffentlichkeit der Person, alle Verknüpfungen zu ihren personenbezogenen Daten und Inhalten in den Ergebnislisten der Internetsuchmaschinen zu entfernen sind. Das Recht auf Löschung besteht selbst dann, wenn alle personenbezogenen Daten und Informationen richtig sind. Bedeutende öffentliche Personen können allerdings eine Löschung ihrer Daten und Informationen nicht verlangen, wenn das öffentliche Interesse stärker zu berücksichtigen ist. Auch darf nach Telemediengesetz (TMG) die Anonymität der Nutzer aufgrund des verfassungsrechtlich geschützten Persönlichkeitsrechts nach einem Urteil des Bundesgerichtshofes (BGH) im Juni 2014 vom Internetbetreiber nur aufgehoben werden, wenn der Nutzer zugestimmt hat – oder wenn dies zur Gefahrenabwehr oder Strafverfolgung durch die zuständigen Behörden erforderlich ist, z. B. wenn eine Strafanzeige wegen Schmähung oder rechtsverletzenden Kommentars durch den Betroffenen gestellt wurde. Der Internetbetreiber ist aber nicht verpflichtet, alle Eintragungen von Nutzern auf mögliche Rechtsverletzungen zu kontrollieren; allerdings hat er eine Wiederholung einmal festgestellter Rechtsverletzungen gleichen Inhalts zukünftig auf seinen Internetseiten zu verhindern.

Zudem wird zurzeit das erste IT-Sicherheitsgesetz von der Bundesregierung vorbereitet, das dazu dienen soll, die informationstechnischen Systeme und digitalen Infrastrukturen in Deutschland zu den sichersten Systemen in der Welt zu machen.

11.2 Urheberrechte und Nutzungsrechte

Rechte sind zu beachten

Die im Folgenden beschriebenen Urheberrechte und Nutzungsrechte (BMJ 2008; Bundestag 2017b) gelten auch im Internet und sind von allen Beteiligten im E-Learning zu beachten, den Autoren, Entwicklern, Lehrenden und Lernenden sowie den Bildungseinrichtungen (vgl. auch Hartmann 2014). Insbesondere aufgrund der neuen Internetdienste des Web 2.0, der Integration von Foren, Blogs, Wikis, Software, Datenbanken, zum Herunterladen zur Verfügung gestellter Texte, Bilder, Fotos, Videos etc. und audiovisueller Aufnahmen und Mitschnitte auf Lernplattformen bzw. in virtuellen Lernräumen, müssen die Urheber- und Nutzungsrechte auch von den Studierenden und Lernenden strikt beachtet werden – ausgenommen, die digitalen Medien sind im Internet nur zur Ansicht freigegeben. Zumindest ein Mindestmaß an Rechtskenntnis ist dafür sowohl bei den Lehrenden wie auch bei den Lernenden erforderlich, vor allem wenn fremde Inhalte, Informationen oder Fotos bzw. Videos von Dritten eingestellt werden sollen (Stadler 2002). Denn gerade durch die neuen Möglichkeiten des Web 2.0, in dem die Lesenden auch Schreibende sein können, ist das Urheberrecht aufgrund der gegensätzlichen Interessen zwischen Nutzungsfreiheiten und Nutzungseinnahmen zu einem sehr umstrittenen Problem geworden. Es ist daher notwendig, vor der Erstellung von und der Arbeit mit E-Learning-Angeboten auch über alle relevanten Rechtsfragen alle Beteiligten aufzuklären und die entsprechenden Rechtsgrundlagen immer abrufbereit zu halten.

Urheberrechte

Das Urheberrechtsgesetz (UrhG; http://www.gesetze-im-internet.de/urhg/) und das am 30. Juni 2017 vom Bundestag beschlossene Gesetz zur Angleichung des Urheberrechts an die aktuellen Erfordernisse der Wissensgesellschaft (Urheberrechts-Wissensgesellschafts-Gesetz – UrhWissG; http://dipbt.bundestag.de/dip21/brd/2017/0535/17.pdf), das am 1. März 2018 in Kraft tritt, schützt persönliche geistige Schöpfungen bzw. Werke, auch Teile von diesen, wenn sie ein geschätztes Mindestmaß an Originalität besitzen (Schöpfungshöhe genannt), wie z. B. wissenschaftliche Werke, multimediale Werke, Filme, Fotos, Musik, Lieder, Zeichnungen, Grafiken, Presseartikel, Computerprogramme, Datenbanken, Werke der bildenden Kunst und viele andere Werke auf 70 Jahre nach dem Tod des Urhebers; bis dahin geht das Urheberrecht zunächst auf seine Erben über. Zu beachten sind auch Lichtbildrechte, Titelschutzrechte, Patent- und Markenrechte für den Schutz von Werktiteln, Firmennamen und Warenzeichen (Logos) sowie Leistungsschutzrechte (UrhG §§70 bis 94) für die Rechte und Vergütungsansprüche von ausübenden Künstlern, Veranstaltern, Tonträgerherstellern und Sendeunternehmen, beispielsweise für Fotos, Filme, Fernsehsendungen und Ausschnitte aus denselben. Das Recht auf Urheberschutz bezieht sich auf die konkreten persönlich geschaffenen originellen Werke und Ausgestaltungen von Lehr- und Lernmaterialien, nicht aber auf gemeinfreie allgemeine Ideen, Erkenntnisse, Didaktiken, Methoden, Strukturen, Formen, sofern diese nicht in ihrer konkreten Gestaltung übernommen werden. Das Urheberrecht sichert dem Schöpfer seines Werks die ausschließlichen Verwertungsrechte bzw. Nutzungsrechte sowie das Recht der Nennung seines Namens, der Erstveröffentlichung und den Schutz gegen jegliche Beeinträchtigungen seines Werks. Urheber von Werken können immer nur einzelne oder mehrere Personen sein, niemals Organisationen. Änderungen eines gemeinsam geschaffenen Werkes sind nur mit Zustimmung der Miturheber zulässig. Urheberrechte können auch nicht übertragen werden, sondern bleiben immer und ausnahmslos an die Urheber gebunden, auch wenn das Werk im Rahmen von Arbeitsverträgen oder mit fremder oder auch staatlicher finanzieller Unterstützung geschaffen wurde. Daher wird das Urheberrecht gemeinhin auch als „Urheberpersönlichkeitsrecht" bezeichnet. Die rechtliche Grundlage dafür ist die im Grundgesetz (GG) in Artikel 5 verankerte Freiheit der Meinung, Medien, Kunst und Wissenschaft, die ein schrankenloses Individualgrundrecht ist und nicht für fremde Zwecke ohne Zustimmung des jeweiligen Urhebers in Dienst genommen werden kann. Allein der Urheber entscheidet, welche seiner Erkenntnisse und Ergebnisse er für wen, wo, wie und in welchen medialen Formen präsentieren bzw. kommunizieren will. Umstritten ist, ob nicht auch dem kreativen Nutzer digitaler Produkte aufgrund seiner Informationsfreiheit entsprechende Rechte einzuräumen sind.

Verarbeitungsrechte

Bei der Erstellung digitaler Medien ist auch zu beachten, dass nach dem Bürgerlichen Gesetzbuch (BGB § 950 Abs. 1) jemand, der „durch Verarbeitung oder Umbildung eines oder mehrerer Stoffe eine neue bewegliche Sache herstellt, [...] das Eigentum an der neuen Sache [erwirbt], sofern nicht der Wert der Verarbeitung oder der Umbildung erheblich geringer ist als der Wert des Stoffes". Zur Verarbeitung oder Umbildung zählt auch „das Schreiben, Zeichnen, Malen, Drucken, Gravieren oder eine ähnliche Bearbeitung der Oberfläche", auch das Sprechen, also die Aufzeichnung eigener Inhalte und Formen auf digitalen Medien, sodass das so bearbeitete oder umgebildete Medium dem Verarbeiter, also z. B. der Person, die das Interview gegeben hat, gehört und erst nach Ablauf der Archivfrist nach 30 Jahren von anderen ausgewertet werden kann, es sei denn, das Eigentum an dem verarbeiteten oder umgebildeten Medium wird vom Verarbeiter anderen Nutzern übertragen und seine Rechte damit erlöschen (BGB § 950 Abs. 2).

Nutzungsrechte

Anders ist es bei den Nutzungsrechten. Die Nutzungsrechte bzw. Verwertungsrechte werden, da die Urheber meist die Verwertung ihrer Werke nicht selbst vornehmen, durch Verträge oder Lizenzen z. B. Verlagen, Universitäten, Bildungseinrichtungen, Firmen durch die Urheber eingeräumt. Grundsätzlich verfügt zunächst der Urheber eines Werks über die Verwertung bzw. Nutzung seines Werks. Dies gilt uneingeschränkt und immer auch für Professoren, Dozenten und Lehrbeauftragte an Hochschulen entsprechend der grundgesetzlich garantierten Freiheit von Meinung, Medien, Kunst, Wissenschaft, Forschung und Lehre, ebenso auch für die Studierenden bzw. Lernenden als Autoren ihrer wissenschaftlichen Ausarbeitungen wie auch ihrer wissenschaftlichen Abschlussarbeiten, ihrer Diplom-, Magister-, Bachelor- und Masterarbeiten, Staatsexamensschriften, Dissertationen und Habilitationsschriften. Für alle anderen Hochschulangehörigen, die Weisungen unterstellt sind, gilt dies nicht – es sei denn, sie schaffen ihr Werk außerhalb und unabhängig von ihrem Arbeitsplatz und Arbeitsverhältnis. Wird die Schöpfung eines Werkes jedoch z. B. als eigenes Projekt finanziert, gehen damit in der Regel durch entsprechende vertragliche Vereinbarungen die Rechte der Nutzung der geschaffenen Werke an den Vertragsgeber über. Werden originelle Werke im Rahmen der vertraglich vereinbarten Pflichten als Arbeit- oder Auftragnehmer geschaffen, so stehen die Nutzungsrechte in der Regel – wenn nichts eindeutig vereinbart wurde – dem Arbeit- bzw. Auftraggeber zu. Bei der Erstellung von Software ist dieser Rechtsübergang gesetzlich geregelt. Bei der Übertragung von Nutzungsrechten ist zwischen einfachem und ausschließlichem Nutzungsrecht zu unterscheiden. Die Übertragung des einfachen Nutzungsrechts eines Werkes erlaubt dem Urheber und den von ihm ermächtigten Dritten auch die parallele Verwertung seines Werkes. Überträgt der Urheber aber das ausschließliche Nutzungsrecht, dann darf er oder Dritte ohne Genehmigung des Nutzers sein Werk nicht parallel verwerten. Dies gilt auch für Online-Publikationen. Die Übertragung der verschiedenen Nutzungsrechte ist daher differenziert zu vereinbaren.

Nutzungsfreiheiten

Das Urheberrecht erlischt in der Regel 70 Jahre nach dem Tod des letzten Urhebers. Damit wird ein Werk, z. B. eine wissenschaftliche Ausarbeitung, „gemeinfrei" und steht damit allen zur Nutzung zur Verfügung. Das gilt jedoch nicht für alle Werke. Beispielsweise für Werke, deren Urheberrecht zwar schon abgelaufen ist, die aber bearbeitet oder übersetzt wurden, entstehen damit neue Urheberrechte. Es können auch mehrere Schutzrechte bei einem Werk bestehen, wie z. B. bei Musikaufnahmen auf Tonträgern. Hier bestehen Schutzrechte des Komponisten, der Musiker, des Dirigenten, des Tonträgerherstellers, die erst 50 Jahre nach der Erstveröffentlichung des Tonträgers erlöschen. Für diese miteinander „verwandten Schutzrechte" gibt es eine Vielzahl von Sonderregelungen, auf die hier nur hingewiesen werden kann. Auch z. B. Fotos oder Videos, die bereits urheberrechtsfreie Werke, z. B. Gemälde, aufgenommen haben, sind deshalb nicht ebenfalls urheberrechtsfrei, sondern sind als Werkaufnahmen durch das Urheberrecht geschützt. Bilder bzw. Fotos von Personen unterliegen dem Recht am eigenen Bild. Sie dürfen nicht ohne Zustimmung der erkennbar abgebildeten Personen genutzt werden, es sei denn, es sind Personen der Zeitgeschichte oder sie sind Teil großer Personengruppen oder bspw. von Stadt- oder Landschaftsaufnahmen. Haben allerdings Personen der Zeitgeschichte ein berechtigtes Interesse an der Nichtverwendung ihres Bildes, dann müssen sie um ihre Zustimmung für eine Verwendung gefragt werden. Nicht durch das Urheberrecht geschützt sind alle amtlichen Werke, wie z. B. alle Gesetze, Gerichtsurteile, Ordnungen, Richtlinien (UrhG §5 Abs. 2). Das gilt aber nicht für auch im öffentlichen Dienst hergestellte Lehr- und Lernmaterialien; diese unterliegen dem Urheberrecht. Sie sind im Interesse der Allgemeinheit von allen frei verwendbar. Dies gilt auch für die Verbreitung öffentlicher Reden, einzelner Zeitungsartikel sowie Fernseh- und Rundfunkkommentare, sofern sie aktuelle Tagesfragen betreffen. Auch Suchmaschinen im Internet dürfen verkleinerte Vorschaubilder von künstlerischen Werken zeigen, wobei über eine Verknüpfung die Seite mit dem Werk aufgerufen werden kann, vorausgesetzt allerdings, die Seite mit dem künstlerischen Werk wurde für Suchmaschinen freigegeben. (Zu den gesetzlichen Regelungen der Nutzungsfreiheiten bzw. der Schranken des Urheberrechts siehe UrhG und UrhWissG §§44a bis 63a. Die Schranken des Urheberrechts nach UrhWissG gelten zunächst nur für fünf Jahre bis 2023.)

Nutzungsschranken

Die Anonymität und Rechenschaftsfreiheit insbesondere in den sozialen Netzwerken im Internet können zur Herabsetzung von Hemmschwellen führen, indem beispielsweise Verfassern falsche Zitate untergeschoben werden, Lebensläufe verfälscht werden, falsche Tatsachen behauptet werden, Schmähkritiken, Verleumdungen und Beleidigungen eingestellt werden, was oft anonym erfolgt. Auch im Internet können solche eingestellten Inhalte strafbar sein, u. a. nach §§ 185 ff. des Strafgesetzbuches und dem ab 1. Oktober 2017 geltenden Netzwerkdurchsetzungsgesetz (NetzDG) (Bundestag 2017a). Entscheidend ist dabei, ob es sich um eine Tatsachenbehauptung oder die Kundgabe einer Meinung, eines Werturteils, handelt. Denn bei einer Tatsachenbehauptung „steht die objektive Beziehung zwischen der Äußerung und der Realität im Vordergrund, sodass sie einer Überprüfung auf ihren Wahrheitsgehalt zugänglich ist" (Heckmann 2010, 590). Unwahre Tatsachenbehauptungen sind immer unzulässig und können zu strafrechtlichen Konsequenzen führen. Bei einer geäußerten Meinung oder eines Werturteils, deren Freiheit nach GG Art. 5 Abs. 1 geschützt ist, steht hingegen „die subjektive Beziehung des Einzelnen zum Inhalt seiner Aussage" im Vordergrund. Meinungen und Werturteile sind daher „unabhängig davon geschützt, ob die Äußerung ‚wertvoll' oder ‚wertlos', ‚richtig' oder ‚falsch', ‚emotional' oder ‚rational' begründet ist" (ebd.). Meinungen und Werturteile sind immer zulässig, bis zur Grenze der Schmähung, Verleumdung oder Beleidigung. Ob eine Ehrverletzung vorliegt, ist „durch Auslegung des objektiven Sinngehalts der Äußerung zu ermitteln, wobei dies unter Berücksichtigung der gesamten Begleitumstände zu erfolgen hat" (ebd.). Die Betreiber von Lern- und Kommunikationsplattformen im Internet bzw. die Moderatoren und Tutoren von Lehr- und Lerngemeinschaften, von Diskussionsforen und Lernergebnispräsentationen in virtuellen Lernräumen müssen also darauf achten, dass kein Missbrauch geschieht. Im Falle von Missbrauch müssen sie entsprechend ihren Haftungspflichten rasch innerhalb einer gesetzten Frist der Löschung nachkommen.

Nutzungsfreiheiten für E-Learning

Allerdings gibt es auch gesetzlich bestimmte Nutzungsfreiheiten bzw. gesetzlich gegebene Nutzungslizenzen, die es erlauben, fremde Werke in begrenztem Umfang ohne Zustimmung des Urhebers für bestimmte Zwecke nutzen zu dürfen. Für Wissenschaft und Forschung, Lehre und Lernen und damit auch für die Entwicklung und Nutzung von E-Teaching- und E-Learning-Angeboten ist diese genehmigungsfreie Nutzung von außerordentlich großer Bedeutung. Dabei ist allerdings strikt auf die im UrhG und UrhWissG festgelegten Bestimmungen und gesetzten Grenzen dieser freien Nutzung zu achten (siehe unten). So ist es z. B. keineswegs erlaubt, eine selbst erstellte Seite im Internet mit einer gekauften digitalen Musikdatei zu untermahlen. Das Gleiche gilt für Bilder bzw. Fotos und Videos, auf denen auch andere Personen zu sehen sind. Ohne deren Zustimmung dürfen diese nicht verwendet werden, auch nicht in eigenen Blogs. Durch den Kauf eines Mediums, eines Bildes, einer Musikdatei etc. wird nicht zugleich das Recht zu dessen Nutzung im Internet erworben. Auch Texte, Videos etc. aus anderen sozialen Netzgemeinschaften dürfen nicht ungefragt kopiert und auf eigenen Seiten im Internet veröffentlicht werden. Auch wenn z. B. aus Werken falsch zitiert wird oder in anderer Weise die Grenzen der freien Nutzung überschritten werden, so wird damit eine Urheberrechtsverletzung begangen, die rechtliche Folgen haben kann.

Freie Nutzung von Zitaten

Aus urheberrechtlich geschützten Werken im eigenen Werk zu zitieren und dieses zu veröffentlichen ist, wie allgemein bekannt, ohne Zustimmung und Vergütung des Urhebers und Verwerters des zitierten Werks gesetzlich erlaubt (UrhG § 51). Dies umfasst nach Ergänzung von § 51 im UrhWissG ab März 2018 auch „die Nutzung einer Abbildung oder sonstigen Vervielfältigung des zitierten Werkes“ (BUNDESTAG 2017b, 4). Diese Regelungen gelten nicht nur für Zitate aus schriftlichen Werken in eigenen schriftlichen Werken, sondern auch für Zitate aus anderen Werkarten in eigenen anderen, nicht schriftlichen Werkarten, wie z. B. in Bildern, Grafiken oder Filmausschnitten in E-Learning-Einheiten. Diese freie Nutzung von Zitaten aus fremden Werken ist allerdings nur gestattet, wenn das Zitat im eigenen Werk einen erkennbaren Zweck in einem inhaltlichen Zusammenhang erfüllt, der Umfang des Zitats dem Zweck entspricht, das Zitat nicht verändert wird und in jedem Fall der Verweis auf die Quelle des Zitats immer richtig und vollständig angegeben wird, also die Entnahme nicht verdeckt wird. Auch als Motto beim Start einer E-Learning-Einheit darf z. B. ein Zitat verwendet werden, wenn es den vorgenannten Kriterien entspricht. Nicht erlaubt ist jedoch, einfach eine Sammlung von kürzeren oder längeren Zitaten aus fremden Werken mit oder ohne kurze Zwischentexte ohne Zustimmung der Inhaber der Urheber- oder Verwertungsrechte zu einem eigenen Werk zusammenzustellen. Auch viele und umfangreiche Zitate aus nur einem fremden Werk kann, wenn dadurch der Inhalt des Werks im Wesentlichen wiedergegeben wird, zu nutzungsrechtlichen Problemen führen.

Kleinzitat und Großzitat

Zu beachten ist die Unterscheidung zwischen Kleinzitat und Großzitat, die sich auf das Verhältnis zum zitierten Gesamtwerk bezieht. Kleinzitate sind dementsprechend kürzere oder auch längere Ausschnitte aus einem größeren Zusammenhang eines umfangreichen Werks, die in ein eigenes selbstständiges und schutzfähiges Werk eingebaut werden. Sie bedürfen keiner Genehmigung. Sie dürfen auch aus noch nicht veröffentlichten Texten entnommen werden, wie z. B. aus Vorträgen. In wissenschaftlichen Werken sind auch Großzitate in Textform ohne Genehmigung zulässig, sofern das Werk bereits erschienen und der Öffentlichkeit zugänglich ist und das entnommene Großzitat für eine wissenschaftliche Auseinandersetzung mit dem Werk unumgänglich notwendig ist. Dient das Großzitat, was auch eine Abbildung sein kann, lediglich der Gestaltung des eigenen Werkes, z. B. als Motto oder bildliche Anregung, dann ist in jedem Fall die Genehmigung des Urhebers bzw. des Inhabers der Verwertungsrechte einzuholen. Zu beachten ist dabei, dass auch Abbildungen, die unter das Zitatrecht fallen, weil sie für die wissenschaftliche Auseinandersetzung notwendig sind, dennoch möglicherweise nicht frei verwendbar sind, weil eventuell noch weitere Rechte tangiert sein können, wie z. B. die des Fotografen. Bei Bildzitaten ist es daher ratsam, vorher die Rechte zu klären. Auch bei wissenschaftlich begründeten Änderungen in Großzitaten, z. B. in Abbildungen, ist auf jeden Fall der ursprüngliche Urheber zu benennen und die vorgenommene eigene Änderung erkennbar zu machen.

Freie Nutzung in Lehre und Forschung

Nach UrhG §52a, der am 1. März 2018 aufgehoben und durch die erweiterten Bestimmungen im UrhWissG § 60a bis § 60d ersetzt wird (siehe folgenden Absatz), ist es zulässig, kleine Teile urheberrechtlich geschützter Werke, Werke geringen Umfangs sowie einzelne Beiträge aus Zeitschriften oder Zeitungen ohne Erwerb der Nutzungsrechte zur Unterstützung der Lehre den teilnehmenden Lernenden (UrhG §52a Abs. 1 Nr. 1) und zur Unterstützung der Forschung einem abgegrenzten Personenkreis für deren eigene Arbeiten (UrhG §52a Abs. 1 Nr. 2) in einem geschützten Bereich online zugänglich zu machen. Entscheidend ist dabei, dass diese den Zielen der Lehre und Forschung dienen. Seit 2003 gilt diese freie Nutzung für Lehre und Forschung nicht nur für analoge, sondern auch für digitale Kopien mit den auf den jeweiligen Personenkreis begrenzten Zugriffsrechten. Dies ist für E-Learning-Angebote von besonderer Bedeutung. Danach ist es allen *nicht gewerblichen* Bildungseinrichtungen, wie z. B. Universitäten, erlaubt, *kleine Teile* geschützter Werke bzw. von Werken in *geringem Umfang*, bspw. Gedicht, Artikel, Foto, Abbildung, den jeweiligen Teilnehmern einer Lehrveranstaltung in einem virtuellen Lernraum zugänglich zu machen, also z. B. Texte einzuscannen und einzustellen. Als *Werke geringen Umfangs* gelten bspw. Texte bis etwa 25 Druckseiten oder Filme und Musikstücke von nicht mehr als etwa 5 Minuten. *Kleine Teile eines Werkes* bedeutet, dass nicht mehr als etwa 10 % des Umfangs für die Teilnehmer kopiert und abrufbar gestellt werden dürfen. Aufgrund der vertraglichen Vereinbarung zwischen den Ländern und den Rechteverwertern können für den Schulunterricht auch maximal 15 % noch als kleiner Teil eines Werks gelten; dies gilt aber nicht für Schulbücher und Schulfilme (siehe weiter unten). Nicht erlaubt ist es aber, ein solches E-Learning-Angebot auch allen anderen Teilnehmern und Angehörigen der Bildungseinrichtung uneingeschränkt zugänglich zu machen. Es muss daher technisch dafür gesorgt werden, dass Dritte keinen Zugriff auf die in einem Online-Kurs eingestellten urheberrechtlich geschützten Materialien erlangen können. Diese begrenzte öffentliche Zugänglichmachung urheberrechtlich geschützter Werke gilt auch für Zwecke der Forschung. Es ist danach erlaubt, *Teile* geschützter Werke bzw. Werke *geringen Umfangs* in geschlossenen Gruppen oder Netzwerken von Wissenschaftlern auszutauschen; auch die Vermittlung an und durch Studenten bzw. Lernende im Rahmen der Lehre ist damit möglich. Erlaubt ist es auch, Kopien geschützter Werke, sofern diese nicht kopiergeschützt sind, nicht nur für den privaten, sondern auch für den eigenen wissenschaftlichen Gebrauch, z. B. in einer Forschungsgruppe oder einer Bildungseinrichtung, herzustellen und auch zu archivieren. Diese begrenzte öffentliche Zugänglichmachung geschützter Werke gilt allerdings nicht für Texte aus Schulbüchern oder Schulfilmen in Schulen (siehe UrhG §52a Abs. 2). Von maximal 12 % eines Schulbuchs oder Arbeitshefts, höchstens 20 Seiten, dürfen Kopien auf Papier verteilt werden; digitale Kopien erfordern eine Lizenz vom Verlag (siehe auch http://www.schulbuchkopie.de [11.12.2014]). Auch für kostenpflichtige E-Learning-Angebote sowie für gewerbliche Bildungseinrichtungen gilt dieses Privileg der öffentlichen Zugänglichmachung nicht. Auch ein Werk, das vom Urheber online gestellt wurde und gegen Gebühr abrufbar ist, kann nicht frei in Lehre und Forschung genutzt werden. Ohne Vergütung können aber auch die begrenzt öffentlich zugänglich gemachten geschützten Werke nicht genutzt werden, da nach UrhG § 52a Abs. 4 eine Verwertungsgesellschaft (VG) den Anspruch auf eine angemessene Vergütung geltend machen kann. Diese Vergütungen sind in einem Gesamtvertrag zwischen den Kultusministern und den Verwertungsgesellschaften durch Pauschalzahlungen geregelt. Dagegen entfällt nach UrhG § 52 Abs. 1 die Vergütungspflicht „für Schulveranstaltungen, sofern sie nach ihrer sozialen oder erzieherischen Zweckbestimmung nur einem bestimmt abgegrenzten Kreis von Personen zugänglich sind". Im November 2013 hat der Bundesgerichtshof (BGH) geurteilt, dass Lehrmaterialien im E-Learning zwar in begrenztem Umfang genutzt werden dürfen, aber dafür die Lizenzen von den Rechteinhabern, z. B. den Verlagen, zu erwerben sind bzw. es zumutbar ist, die Nutzung kleiner Teile der VG Wort einzeln zu melden. Zurzeit wird im Auftrag der Kultusministerkonferenz die Machbarkeit der Einzelmeldungen an die VG Wort geprüft. Lehrmaterialien dürfen nur dann ohne Lizenz genutzt werden, wenn von den Rechteinhabern unangemessene Bedingungen gestellt werden. Eine entsprechende Anpassung des § 52 des UrhG soll demnächst vom Gesetzgeber beschlossen werden (Hartmann 2013). Darüber hinaus wird eine allgemeine Regelung für Bildung und Wissenschaft gefordert, um die im UrhG verstreuten Regelungen zusammenzufassen und deren Anwendung zu erleichtern, wie dies mit dem neuen UrhWissG in den §§ 60 ff. beschlossen wurde.

Ab März 2018 dürfen nach UrhWissG § 60a Abs. 1 in Unterricht und Lehre „zu nicht kommerziellen Zwecken bis zu 15 Prozent eines veröffentlichten Werkes vervielfältigt, verbreitet, öffentlich zugänglich gemacht und in sonstiger Weise öffentlich wiedergegeben werden" (Bundestag 2017b, 5). Dies gilt nach Abs. 2 auch für „Abbildungen, einzelne Beiträge aus derselben Fachzeitschrift oder wissenschaftlichen Zeitschrift, sonstige Werke geringen Umfangs und vergriffene Werke", die „abweichend von Absatz 1 vollständig genutzt werden" dürfen (ebd.). Hochschulen dürfen die Ausschnitte auch dann in Semestersammlungen und Lernplattformen einstellen, wenn sie dafür keine Lizenzen haben. Gleichwohl können Hochschulen weiterhin Lizenzen für umfangreichere Angebote abschließen. Nicht erlaubt sind nach Abs. 3 Vervielfältigungen medialer Aufzeichnungen und öffentlicher Wiedergabe, während sie öffentlich vorgetragen werden. Auch Werke, die ausschließlich für den Schulunterricht bestimmt sind, dürfen nicht öffentlich verbreitet und wiedergegeben werden. Auch die „Vervielfältigung von grafischen Aufzeichnungen von Werken der Musik" ist nicht erlaubt, „soweit sie nicht für die öffentliche Zugänglichmachung nach den Absätzen 1 und 2 erforderlich ist" (ebd.). Für die „Hersteller von Unterrichts- und Lehrmedien" gilt nach § 60b Abs. 1, dass sie „für solche Sammlungen bis zu 10 Prozent eines veröffentlichten Werkes vervielfältigen, verbreiten und öffentlich zugänglich machen" dürfen (ebd., 6). Dabei sind nach § 62 Abs. 4 für die Nutzungen in „Unterricht und Lehre [...] und bei Unterrichts- und Lehrmedien [...] auch solche Änderungen von Sprachwerken zulässig, die [...] für die Veranschaulichung des Unterrichts und der Lehre erforderlich sind" (ebd., 8). Und es bedarf bei Änderungen

„keiner Einwilligung, wenn die Änderungen deutlich sichtbar kenntlich gemacht werden“ (ebd.). Für die „nicht kommerzielle wissenschaftliche Forschung dürfen nach § 60c Abs. 1 bis zu 15 Prozent eines Werkes vervielfältigt, verbreitet und öffentlich zugänglich gemacht werden“ für den abgegrenzten Kreis der forschenden und evaluierenden Beteiligten. Nach Abs. 2 dürfen für „die eigene wissenschaftliche Forschung [...] bis zu 75 Prozent eines Werkes vervielfältigt werden“. Darüber hinaus dürfen „Abbildungen, einzelne Beiträge aus derselben Fachzeitschrift oder wissenschaftlichen Zeitschrift, sonstige Werke geringen Umfangs und vergriffene Werke [...] vollständig genutzt werden“. Und es ist ebenfalls darüber hinaus nach Abs. 4 erlaubt, „während öffentlicher Vorträge, Aufführungen oder Vorführungen eines Werkes diese auf Bild- und Tonträger aufzunehmen und später öffentlich zugänglich zu machen“ (ebd.). Die digitale automatisierte Auswertung einer Vielzahl von Werken für die wissenschaftliche Forschung ist in § 60d „Text und Data Mining“ (ebd.) geregelt.

Digitale Wiedergabe und Nutzung von Materialsammlungen

Nach UrhG § 52b, der ebenfalls am 1. März 2018 aufgehoben und durch die erweiterten Bestimmungen im UrhWissG § 60e bis § 60h ersetzt wird (siehe anschließenden Absatz), ist es bislang zulässig, „veröffentlichte Werke aus dem Bestand öffentlich zugänglicher Bibliotheken, Museen oder Archive, die keinen unmittelbar oder mittelbar wirtschaftlichen oder Erwerbszweck verfolgen, ausschließlich in den Räumen der jeweiligen Einrichtung an eigens dafür eingerichteten elektronischen Leseplätzen zur Forschung und für private Studien zugänglich zu machen, soweit dem keine vertraglichen Regelungen entgegenstehen“. Allerdings darf ein Exemplar eines Werkes nicht gleichzeitig parallel an weiteren Leseplätzen zugänglich gemacht werden. Für das parallele Lesen eines Werkes an mehreren elektronischen Leseplätzen ist die entsprechende Anzahl an Werken zu beschaffen oder sind die entsprechenden Nutzungsrechte zu erwerben. Zudem kann eine Verwertungsgesellschaft für die öffentliche Zugänglichmachung eines Werkes eine angemessene Vergütung verlangen. Ein ganzes Werk, das in einer öffentlich zugänglichen Bibliothek in digitaler Form zur Verfügung steht, für das Lesen auf dem heimischen Computer zu kopieren, wie es im E-Learning sinnvoll wäre, ist danach zurzeit rechtlich nicht möglich. Dagegen können im Internet verfügbare Materialsammlungen nach UrhG § 46 für Lehrzwecke unbegrenzt genutzt werden.

Nach UrhWissG § 60e Abs. 1 dürfen nun ab März 2018 öffentliche Bibliotheken „ein Werk aus ihrem Bestand oder ihrer Ausstellung für Zwecke der Zugänglichmachung [...] vervielfältigen oder vervielfältigen lassen, auch mehrfach und mit technisch bedingten Änderungen“ (Bundestag 2017b, 7). Die Bibliotheken dürfen nach Abs. 4 an Terminals in ihren Räumen den Nutzern während einer Sitzung Vervielfältigungen von bis zu 10 Prozent eines Werkes ermöglichen und dürfen diese nach Abs. 5 auf Einzelbestellung auch an die Nutzer digital übermitteln. Dabei ist zu beachten, dass zwar nach § 60g Abs. 2 „Vereinbarungen, die ausschließlich die Zugänglichmachung an Terminals [...] oder den Versand von Vervielfältigungen auf Einzelbestellungen

[...] zum Gegenstand haben, [...] der gesetzlichen Erlaubnis vor[gehen]“, aber der Rechteinhaber kann sich nach Abs. 1 nicht auf Vereinbarungen berufen, „die erlaubte Nutzungen [...] zum Nachteil der Nutzungsberechtigten beschränken oder untersagen“ (ebd.). In § 60h sind die angemessenen Vergütungen der gesetzlich erlaubten Nutzungen geregelt (ebd., 8). Die Nutzung für Unterricht und Lehre ist vergütungsfrei, ausgenommen die öffentliche Zugänglichmachung. Nach Abs. 4 kann der „Anspruch auf angemessene Vergütung [...] nur durch eine Verwertungsgesellschaft geltend gemacht werden“. Wenn „der Nutzer im Rahmen einer Einrichtung tätig [ist], so ist nur sie die Vergütungsschuldnerin“ nach Abs. 5.

Setzen von Verknüpfungen

Generell erlaubt ist es, wie dies z. B. mit den Quellenangaben in Büchern und Aufsätzen schon immer geschieht, mit der schriftlichen Angabe einer URL – nicht mit einem gesetzten Hyperlink – auch auf die Homepage einer genutzten Quelle im Internet zu verweisen. Das Problem dabei ist, dass die Quellen im Internet oft nicht dauerhaft oder auf der immer gleichen Seite verfügbar sind. Rechtlich umstritten ist aus vor allem wettbewerbsrechtlichen Gründen, ob bereits das einfache Setzen einer Verknüpfung ohne Zustimmung des Inhabers der Rechte gestattet ist. Zum einen wird der Standpunkt vertreten, dass für die Inhalte der verlinkten Seite, wie z. B. bei Fußnoten in wissenschaftlichen Texten üblich, keine Verantwortung übernommen werden könne. Zum anderen wird der Standpunkt vertreten, dass bei Downloadlinks für die Inhalte der verlinkten Seite die volle Verantwortung zu übernehmen ist, weil man sich damit diese nur durch einen Klick in den eigenen Text einbindbaren Inhalte auch zu eigen gemacht habe, was bei rechtswidrigen Inhalten auch eine Haftung auslöst. Es ist also bei rechtlich zweifelhaften Inhalten notwendig, auf jeden Fall die eigene Position zu den verlinkten Inhalten klarzustellen. Die Inhalte einer Quelle im Internet, z. B. eine Internetseite, dürfen über die einfache schriftliche Angabe der URL der Homepage hinaus aufgrund des Kopierschutzes (UrhG § 95a) und des Veröffentlichungsrechts des Urhebers (UrhG § 19a) nicht direkt, z. B. durch einen Downloadlink, in die eigene Präsentation im Internet eingesetzt werden – was zum raschen und direkten Zugang zur Informationsfülle im Internet sicher oft erwünscht wäre. Eine frameintegrierte Verknüpfung, ein sogenanntes Inline-Linking zu einzelnen Inhalten bzw. Internetseiten, die nicht mehr sichtbar macht, dass der auf der eigenen Seite präsentierte Inhalt von einer anderen Internetseite stammt, erfordert in jedem Fall die Zustimmung des Inhabers der Urheber- bzw. Nutzungsrechte. Rechtlich umstritten ist auch das Setzen von Deep Links, d. h. von direkten Verknüpfungen zu anderen tiefen Internetseiten, ohne über die jeweilige Homepage zu gehen, weil dadurch z. B. finanzierte Werbung und andere Informationen, die über die Homepage den Abrufenden präsentiert werden sollen, bei Deep Links nicht mehr sichtbar werden. Zur Vermeidung möglichen Ärgers mit dem Inhaber der Homepage empfiehlt es sich daher, auch beim Setzen von Deep Links dessen Zustimmung einzuholen. Generell ist zu empfehlen, auch nach eingeholter Zustimmung zum Setzen von Hyperlinks ausdrücklich und an gut sichtbarer Stelle darauf hinzuweisen, dass für die Inhalte und Gestaltung der als solche gekennzeichneten externen Verknüpfungen keinerlei Verantwortung übernommen werden kann, man sich diese auch nicht zu eigen mache und für Hinweise auf bedenkliche Inhalte und Gestaltungen dankbar sei.

Begrenzte Nutzungslizenzen

Sollen geschützte Werke über die in den oben beschriebenen Grenzen mögliche freie Nutzung hinausgehend genutzt werden, sind in jedem Fall die erforderlichen Lizenzen zu erwerben und durch entsprechende Lizenzverträge zu sichern. Die Lizenzverträge sind mit den jeweiligen Inhabern der Urheber- bzw. Nutzungsrechte abzuschließen. Werden in den Verträgen keine expliziten Regelungen oder Vereinbarungen getroffen, ist in strittigen Fällen immer der Nutzer der Lizenz, also z. B. der Anbieter einer E-Learning-Einheit, für mögliche Rechtsverletzungen verantwortlich, der möglicherweise wiederum den Autor oder Entwickler der Einheit in Haftung nehmen kann. Es ist daher empfehlenswert, die Verantwortlichkeiten zwischen allen Beteiligten vertraglich klar zu regeln. Lizenzverträge bedürfen zwar nicht zwingend der Schriftform, sollten aber zur Vermeidung möglicher entstehender Unstimmigkeiten am besten schriftlich abgeschlossen werden mit Angabe aller erlaubten Nutzungen. Denn im Streitfalle ist immer der Nutzer verpflichtet zu beweisen, dass er im Besitz der jeweiligen Nutzungsrechte ist. Die Verwendungszwecke der durch Lizenz erworbenen Werke sollten daher immer vor Vertragsabschluss geklärt werden, um später eventuell erforderliche Nachlizenzierungen zu vermeiden. Im Lizenzvertrag sollte möglichst detailliert vereinbart werden, für welchen Zweck und für welche Dauer das Nutzungsrecht eingeräumt wird, ob es ein ausschließliches oder nur ein einfaches Nutzungsrecht ist, ob das Nutzungsrecht auch an andere Bildungseinrichtungen übertragen werden darf, ob es räumlich bzw. territorial und zeitlich begrenzt ist, ob alle Nutzungsarten oder nur bestimmte erlaubt sind und ein Bearbeitungsrecht, z. B. zur Aktualisierung von Daten, eingeräumt wird.

Freie Nutzungslizenzen und Grenzen der freien Nutzung

Im Zuge der Entwicklung und Verbreitung der Informationstechnik in allen Lebensbereichen sowie in Wissenschaft und Bildung wurden zugleich neue Arten von Nutzungslizenzen entwickelt, die unter den Begriffen Open Source Software, Public Domain Software, Open Content, Open Access, Creative Commons, Open Educational Resources bekannt geworden sind, über die in einigen Fällen noch Auseinandersetzungen über die rechtliche Ausgestaltung geführt werden. Allerdings – und dies wird bei diesen freien Lizenzen häufig völlig übersehen – sind die Werke zur freien Nutzung keineswegs frei von Urheberrechten und auch nicht frei von den vom Urheber für sein jeweiliges Werk freizugebenden Nutzungsrechten. Da das Urheberrecht in Deutschland als ein unabwendbar personenbezogenes Recht festgelegt ist, kann der Urheber weder auf seine Urheberrechte verzichten noch sie auf andere Personen übertragen. Der Urheber kann lediglich durch entsprechende Kennzeichnung ausdrücklich auf seine Nutzungsrechte verzichten, wodurch er die Nutzung seines Werks allen Interessierten uneingeschränkt gestattet. Auf jeden Fall muss aber der Urheber mit Namen genannt werden, es sei denn, er verzichtet ausdrücklich darauf. Die freien Nutzungsrechte werden ohne individuelle Vereinbarungen vom Nutzer erworben. Damit der potenzielle Nutzer erkennen kann, ob es sich um ein Werk zur freien Nutzung handelt, sollte der Urheber sein Werk insgesamt oder Teile seines Werks mit einem entsprechenden Lizenzvermerk kennzeichnen. Dafür stehen (siehe http://creativecommons.org [11.12.2014]) unterschiedliche freie Lizenzverträge zur Auswahl, in denen geregelt ist, wie frei das Werk tatsächlich genutzt werden darf. Der Klick auf das einzufügende entsprechende Lizenzzeichen führt dann auf die Internetseite, auf der in einfachen Worten die erlaubten Nutzungen und einzuhaltenden Regeln erklärt sind. Die Nutzungsfreiheiten gehen in den freien Lizenzverträgen in der Regel erheblich weiter als die im UrhG gewährten Freiheiten. Inhalte können nicht nur unbegrenzt genutzt und verbreitet werden, sondern – aber nicht bei allen freien Lizenzen – auch vom Nutzer eigenständig und frei bearbeitet werden, wie dies z. B. bei Open Source Software und der freien Online-Enzyklopädie Wikipedia nicht nur erlaubt, sondern ausdrücklich erwünscht ist. Allerdings darf die Urheberschaft und der Lizenzhinweis nicht verändert werden, und der Nutzer als Urheber von Bearbeitungen muss wiederum seine Urheberschaft mit seinem Namen kennzeichnen. Zu beachten ist auch, dass die in der jeweiligen freien Lizenz eingeräumten sehr weitgehenden Nutzungsrechte automatisch erlöschen, wenn gegen die damit zugleich übernommenen Pflichten verstoßen wird – also z. B. der Hinweis auf die Lizenz nicht übernommen oder der Name des Urhebers vergessen oder Inhalte mit Absicht oder aus Unachtsamkeit verändert werden. Dies gilt auch bei allen freien Lizenzen als Urheberrechtsverletzung mit möglichen rechtlichen Folgen. Denn gerade bei diesen freien bzw. offenen Nutzungslizenzen können erhebliche Probleme hinsichtlich der Textverantwortung auftreten (Rieble 2009), z. B. dass nicht mehr ersichtlich ist, ob und wer den Text verändert hat, ob die Zitate vom Autor selbst eingearbeitet wurden oder ob es sich um Plagiate handelt, die dem anderen Autor untergeschoben werden. Diese möglichen Probleme freier Nutzungslizenzen zu vermeiden und den damit leicht möglichen Missbrauch zu verhindern ist eine noch zu lösende gemeinsame ethische und juristische Aufgabe.

Open Access

Open Access zielt auf den öffentlichen kostenfreien Zugang zu allen wissenschaftlichen Publikationen über das Internet, die aus öffentlich finanzierten wissenschaftlichen Arbeiten und damit für den Fortschritt in Wissenschaft und Gesellschaft entstanden sind, um die Wissenschaft in Forschung, Lehre und Praxis schneller voranzubringen und den Zugang zu gespeichertem Wissen zu erleichtern und zu verbreitern. Dies wird gegenwärtig mit der 2016 von der Bundesregierung beschlossenen Open-Access-Strategie verstärkt eingefordert. Und die Europäische Union will für alle von ihr geförderten Projekte bis 2020 Open Access realisiert sehen. Die Begründung für diese Forderung in der Berliner Erklärung (2003) aller bedeutenden deutschen Forschungsgemeinschaften zur Einführung von Open Access ist, dass die wissenschaftlichen Arbeiten in den Hochschulen und Forschungszentren, die aus Steuergeldern bezahlt werden, dazu auch allen in offenen Datenbanken, z. B. auf Publikationsservern, allein oder neben oder nach der Publikation in Fachzeitschriften und Fachbüchern von Verlagen frei zugänglich zu machen sind. Nutzende sollen Volltexte uneingeschränkt lesen, kopieren, verteilen, ausdrucken und auf jede legale Weise frei nutzen können. Die Urheberrechte bleiben dabei vollständig erhalten, die Urheber müssen allerdings der freien Nutzung zustimmen, und die Nutzer müssen selbstverständlich die Urheber zitieren. Heftig umstritten war und ist, ob in das UrhG eine *Verpflichtung* der Urheber zum Open Access aufgenommen werden kann und soll. In Deutschland steht der Aufnahme einer solchen Verpflichtung der Urheber die grundgesetzlich garantierte Wissenschaftsfreiheit (GG Art. 5 Abs. 3) entgegen, die dem Urheber auch das alleinige Recht gibt zu entscheiden, ob, wie und wo er das von ihm erarbeitete wissenschaftliche Ergebnis veröffentlichen will. Einige Verlage erlauben inzwischen die öffentliche elektronische Publikation gegen Zahlung einer Publikationsgebühr, andere erst ein Jahr nach Erscheinen des Werks in gedruckter Form, wieder andere verkaufen eine ganze elektronische Publikation oder einzelne Abschnitte daraus an die Nutzer. Da Verlage in der Regel mit den Urhebern exklusive Verwertungsverträge abschließen und mit der Änderung des UrhG in 2008 (§§ 31a, 137) den Verlagen auch rückwirkend die Rechte an bei Vertragsabschluss unbekannten Nutzungsarten (z. B. digitale Veröffentlichung) zufallen, sollten bzw. müssen die Urheber je nach Art des Werks eine frei nutzbare elektronische Version mit ihren Verlagen eigens vertraglich vereinbaren. Kontrovers diskutiert wurde, ob – wie von Wissenschaftsorganisationen gefordert – ein „Zweitveröffentlichungsrecht“ in das UrhG aufgenommen werden soll, das es den Urhebern erlaubt, nach Ablauf einer bestimmten Frist ihre Werke erneut, z. B. im Internet im Open Access, zu veröffentlichen (Gefeller 2010). Dazu hat der Bundestag mit Wirkung vom 1. Januar 2014 eine Änderung des Urheberrechts dahin gehend beschlossen, dass für wissenschaftliche Beiträge, die aus einer mindestens zur Hälfte mit staatlichen Mitteln finanzierten wissenschaftlichen Arbeit entstanden und in einer Zeitschrift erschienen sind, der Urheber nach einem Jahr für seine Manuskriptversion ein nicht kommerzielles Zweitverwertungsrecht, z. B. für eine Open-Access-Publikation, hat. Viele Hochschulen haben inzwischen Datenbanken auf ihren Servern eingerichtet, auf denen ihre Publikationen zum freien Abruf eingestellt werden können. Open Access soll als Pflicht in den Hochschulgesetzen verankert werden (Kaube 2014), was u. a. in Baden-Württemberg erfolgt ist und dagegen jetzt gerichtlich geklagt wird (Reuss 2017). Abgesehen von den mit der Einführung von Open Access verbundenen veränderten Finanzierungsstrukturen von Publikationen, kann mit Open Access über das Internet sicher der Zugang zu und die Nutzung von wissenschaftlichen Publikationen deutlich erhöht werden. Für E-Teaching und E-Learning, für die Erstellung und Nutzung von Online-Bildungsangeboten ist der freie Zugang zu Inhalten über Open Access von besonderer Bedeutung, weil dadurch das weltweite Wissen den Lehrenden und Lernenden erheblich leichter zugänglich gemacht werden kann (weitere Informationen unter http://www.e-teaching.org [13.08.2017]).

Open Content

Open Content ist ein Lizenzmodell für die freie Gestaltung von Lizenzen durch die Urheber für die von ihnen geschaffenen Werke. Unter dem Begriff Open Content, der noch nicht verbindlich definiert ist, werden sehr unterschiedliche Lizenzgestaltungen zusammengefasst. Für mit einer Open-Content-Lizenz versehene Werke ist die allgemeine oder zweckbestimmte Vervielfältigung, Verbreitung und Zugänglichmachung eines Werkes in der Regel ohne Gebühren und Zustimmung der Urheber erlaubt. Darüber hinaus können mit einer Open-Content-Lizenz den Nutzern auch Rechte zur Bearbeitung und Veränderung der Inhalte, mit oder ohne Einschränkungen, und die Vervielfältigung und Weitergabe der veränderten Inhalte, nur über das Internet oder auch über andere Vertriebswege, eingeräumt werden. Es ist also notwendig, dass die jeweiligen Verfasser des Werkes sowie der Änderungen und Ergänzungen ihr Werk mit einer entsprechenden Open-Content-Lizenz oder Creative-Commons-Lizenz kennzeichnen. Denn auch die Urheber von Veränderungen des ursprünglichen Werkes müssen ihre Veränderungen freigeben. In einer Open-Content-Lizenz sollte auch geregelt sein, ob die Nutzung allgemein oder nur für bestimmte Nutzerkreise oder nur für die nicht kommerzielle Nutzung in Schulen und Hochschulen freigegeben ist. Die möglichen Lizenzen sind noch sehr heterogen, da es noch keine allgemein verbindlichen rechtlichen Regelungen gibt. Auf jeden Fall sollten Urheber von Open Content zur Vermeidung von Rechtsstreitigkeiten ihre Werke spezifiziert lizensieren (weiterführende Informationen: http://www.ifross.de, http://opencontent.org, http://creativecommons.org [11.12.2014]; Spindler 2006).

Open Educational Resources

Mit Open Educational Resources (OER), der Entwicklung, Produktion, Bereitstellung und Qualitätssicherung digitaler Lehr- und Lernmaterialien sowie ihrem Austausch und ihrer Wiederverwendung, können Doppelentwicklungen vermieden, Kosten und Zeiten eingespart und die Lehrenden und Lernenden effizient in ihren pädagogischen Handlungen unterstützt werden. Außerdem bietet der öffentliche Zugang zu OER einen Weg zur Öffentlichkeitsarbeit sowie zur Unterstützung – gegen Bezahlung oder unentgeltlich – des lebenslangen Lernens externer Interessenten. Als OER werden auf der Grundlage von Open Access und Open Content (z. B. mit dem Lizenzmodell Creative Commons) digitalisierte Lehr- und Lernmaterialien jeglicher Art im Internet zur freien Nutzung zur Verfügung gestellt. Dementsprechend werden keine Lizenzgebühren verlangt, aber das bedeutet nicht, dass sie für weitere Dienstleistungen im Zusammenhang mit den zur freien Nutzung verfügbar gemachten digitalen Medien auch kostenfrei sein müssen. Was alles als OER bezeichnet werden darf und darunter eingeordnet werden kann, ist noch nicht eindeutig geregelt. Bereits in anderen Kontexten und auf einer anderen technischen Basis bereitgestellte und genutzte Lehr- und Lernmaterialien können darunter eingeordnet werden. Auf jeden Fall sind aber, bevor etwas eingestellt wird, alle Lizenzrechte, die für die verschiedenen Materialien und ihre Verwendungsformen sehr unterschiedlich sein können, zu prüfen, zu beachten oder zu erwerben. Denn auch OER sind urheberrechtlich geschützte Werke, oft vertraglich vereinbart von mehreren Urhebern eigenständig oder gemeinsam geschaffen, die ohne eine entsprechende Lizenz für das Gesamtwerk nicht offen sind für eine freie Nutzung, Anpassung und Weiterentwickelung. Mit der Lizenz werden die Nutzungsrechte ohne weitere vertragliche Regelungen zwischen Erstellern und Nutzern eingeräumt. Als OER können ganz unterschiedliche Materialien (Texte, Bilder, Grafiken, Videos, Simulationen etc.), Formen (Vorlesungen, Kurse, Lernmodule, Lernobjekte etc.) und Werkzeuge (Lernräume, Lernmanagementsysteme etc.) Verwendung finden. Auch die Bearbeitung der Materialien durch die Lehrenden und Lernenden entsprechend ihren kooperativen oder partizipativen Lehr- und Lernprozessen ist darin möglich bzw. sollte darin mit einfachen technischen Formaten und Autorenwerkzeugen ermöglicht werden. Damit eine einfache Nutzung der vielfältigen Ressourcen möglich ist, sollten die Lehr- und Lernmaterialien mit Metadaten ausgestattet sein, was allerdings einigen Aufwand erfordert. Für die aktive Nutzung von OER durch Lehrende und Lernende sind auf jeden Fall nicht nur überdurchschnittliche Medienkompetenzen notwendig, sondern vor allem auch Kompetenzen zur zielorientierten Suche und kritischen Auswahl und Beurteilung der gefundenen Lehr- und Lerninhalte. Dabei ist auch kritisch abzuschätzen, ob die eingeschätzten Potenziale der gewählten Materialien, Formen und Werkzeuge im Kontext der individuellen Lernprozesse in Kommunikation mit den Lehrenden und anderen Lernenden auch entfaltet werden können. Die Bereitstellung und Nutzung von Kommentierungsfunktionen kann die Entfaltung der Potenziale unterstützen. Aufgrund des immer erforderlichen Zeitaufwandes für eine aktive und produktive Nutzung der OER beteiligen sich meist nur wenige auch aktiv (weiterführende Informationen siehe E-TEACHING.ORG 2017b; detaillierte Informationen siehe KREUTZER 2013; 2017).

11.3 Fernunterrichtsschutzgesetz

Geltungsbereich des FernUSG

In Deutschland wurde 1976 das Fernunterrichtsschutzgesetz (FernUSG) eingeführt, wonach – mit wenigen Ausnahmen – alle Fernlehrangebote wie auch alle wesentlichen Änderungen bereits zugelassener Fernlehrangebote der Zulassung bedürfen (FernUSG §1, siehe unten). Keiner Zulassung bedürfen nur Fernlehrangebote, die „ausschließlich der Freizeitgestaltung oder der Unterhaltung dienen", aber „der zuständigen Behörde anzuzeigen" (FernUSG §12 Abs. 1) sind, die kostenfrei sind oder die integraler Bestandteil von Präsenzlehrveranstaltungen sind, bei denen Lehrende und Lernende nicht überwiegend räumlich getrennt kommunizieren. Das Gesetz dient nicht nur dem Verbraucherschutz der Teilnehmenden am Fernunterricht, sondern hilft auch den Anbietern von Fernunterricht bei der Sicherung der Qualität ihrer Angebote und damit ihres Erfolgs. Das FernUSG gilt unabhängig von den medialen Formen, in denen die Lerninhalte multimedial aufbereitet oder die Kommunikationsmöglichkeiten zur Betreuung der Lernenden oder Studierenden durch Lehrende oder Mentoren über das Internet genutzt werden sollen. Alle Fernlehrangebote, also auch alle E-Learning-Angebote, die auf privater Vertragsbasis gegen Entgelt angeboten werden, ob von privaten Akademien, Fernlehrinstituten oder staatlichen Hochschulen, fallen unter das FernUSG und benötigen die Zulassung der Staatlichen Zentralstelle für Fernunterricht (ZFU) in Köln. Wenn es sich bei den Fernlehrangeboten um berufsbildende Lehrgänge handelt, die auf eine bundesrechtlich geregelte Prüfung vorbereiten, ist die Begutachtung des Angebots eine Aufgabe des Bundesinstituts für Berufsbildung (BIBB) in Bonn, das die ZFU bei der Zulassung berät. Alle Anbieter von E-Learning auf der Grundlage privater Verträge und persönlicher Betreuung gegen Entgelt müssen somit prüfen, ob ihr geplantes Angebot unter die Bestimmungen des FernUSG fällt. In §1 wird der Anwendungsbereich des FernUSG definiert:

„(1) Fernunterricht im Sinne dieses Gesetzes ist die auf vertraglicher Grundlage erfolgende, entgeltliche Vermittlung von Kenntnissen und Fähigkeiten, bei der

1. der Lehrende und der Lernende ausschließlich oder überwiegend räumlich getrennt sind und
2. der Lehrende oder sein Beauftragter den Lernerfolg überwachen.

(2) Dieses Gesetz findet auch auf unentgeltlichen Fernunterricht Anwendung, soweit dies ausdrücklich vorgesehen ist."

Das FernUSG gilt also unabhängig davon, auf welchem inhaltlichen Niveau und in welchem Umfang die E-Learning-Angebote konzipiert werden, welchen Status der Bildungsträger hat und für welche Zielgruppen die Angebote gemacht werden. Das heißt, nicht nur private Bildungszentren mit entgeltlichen Angeboten, sondern auch staatliche wissenschaftliche Hochschulen, wenn sie mit E-Learning-Angeboten gegen Gebühren privatrechtlich auf dem Weiterbildungsmarkt unter den im FernUSG §1 genannten Bedingungen auftreten, benötigen für ihre Angebote die Qualitätsprüfung und Zertifizierung der ZFU (http://www.zfu.de [05.03.2015]).

Für die Begutachtung und Zulassung von Fernlehrgängen haben BIBB und ZFU gemeinsam einen „Leitfaden für die Begutachtung von Fernlehrgängen" mit den maßgeblichen Qualitätskriterien erarbeitet, der nicht nur Grundlage der Begutachtung und Zulassung ist, sondern auch den Anbietern Transparenz verschaffen soll (BRANDENBURG 2005). Mit dem Leitfaden soll fachlich geprüft werden, ob der geplante Fernlehrgang in der vorgelegten inhaltlichen und methodischen Gestaltung für die Erreichung der Lernziele geeignet ist. Der Leitfaden ist dabei offen für unterschiedliche Zielsetzungen von Fernlehrgängen mit oder ohne Abschlussprüfung, für unterschiedliche didaktische Modelle und methodische Vorgehensweisen, z. B. der Handlungs- oder Aufgabenorientierung, und für unterschiedliche Lernarrangements, z. B. der Mischung von Präsenz- und Onlinephasen. Der Leitfaden umfasst zwei Teile: Mit dem ersten Teil wird die abgeschlossene Lehrgangsplanung und mit dem zweiten Teil deren konkrete Umsetzung im Lehrgang an einem Beispiel eines repräsentativen Lernabschnitts beschrieben. Die Anwendung dieses Leitfadens hat den Vorteil, dass nach FernUSG §12 Abs. 3 eine vorläufige Zulassung erteilt werden kann, wenn die Lehrgangsplanung und das repräsentative Lehrgangsbeispiel sowie der

Veranstalter aufgrund seiner bisherigen Tätigkeit ersichtlich keine Versagensgründe erwarten lassen.

11.4 Fazit

Rechte sind zu beachten und weiterzuentwickeln

Die kurze Beschreibung wichtiger rechtlicher Grundlagen für Online-Bildungsangebote zeigt, dass die Rechtslage für die Erstellung und Bearbeitung der Online-Bildungsmaterialien auf virtuellen Lernplattformen nicht einfach ist. Die Beschreibung lässt aber auch erkennen, dass die zu beachtenden Rechtsgrundlagen auch sehr deutlich zur Sicherung der Qualität der Online-Bildungsangebote beitragen. Zugleich zeigt sich aber auch, dass die Rechtsgrundlagen entsprechend den vielfältigen neuen Möglichkeiten im Internet, das in der Gesellschaft erarbeitete Wissen öffentlich allen Interessierten zugänglich zu machen, ergänzt, verändert und weiterentwickelt werden müssen. Open Content, Open Access, Open Educational Resources sind solche neuen Möglichkeiten öffentlicher Zugänglichkeit und Bearbeitung, die auch zum Vorteil der Erstellung und Bearbeitung von Online-Bildungsangeboten genutzt werden können.

12 Implementierung

Strategische Optionen

In den vorhergehenden Kapiteln wurden die Voraussetzungen, Bedingungen und Gestaltungsoptionen für den Bildungsraum, die Didaktik, Entwicklung, Durchführung, Qualitätssicherung und Bewertung bildungsrelevanter virtueller Lernangebote ausführlich dargestellt und Entwicklungsperspektiven aufgezeigt. Hier sollen nun die strategischen Optionen und die Faktoren und die notwendigen Ergänzungen und Änderungen der Organisation diskutiert werden, die zur Erreichung und Sicherstellung einer – wie EULER (2005b, 564) das treffend formuliert hat – „nachhaltigen Implementierung" virtueller Bildungsangebote und ihrer breiten Einführung und Nutzung notwendig sind. Der Weg zum Erfolg virtueller Bildungsangebote liegt, wie oben ausführlich erklärt, in einer grundlegenden didaktischen Neugestaltung des multimedial und interaktiv vermittelten Lehrens und Lernens, also einer grundlegenden Umwälzung der traditionellen Lehr- und Lernkultur, die das Gegenteil einer Kultur der programmierten Unterweisung bzw. Industrialisierung von Lehr-Lern-Prozessen ist. Denn erfolgreiche Bildungsprozesse sind immer subjektiv begründete Prozesse defensiven oder expansiven Lernens in pädagogischen Verhältnissen mit Lehrenden und im gesellschaftlichen Kontext mit anderen Menschen und auch nicht auf formell organisierte Prozesse begrenzt (HOLZKAMP 1993; ZIMMER 2004).

Aufbau des Kapitels

Unter dieser Orientierung werden im Folgenden die strategischen Ziele (Kap. 12.1) und Faktoren für eine erfolgreiche Implementierung virtueller Bildungsangebote (Kap. 12.2) sowie die erforderlichen Stufen einer Implementierung in Hochschulen und Bildungszentren (Kap. 12.3), die Möglichkeiten der Kooperation von Bildungseinrichtungen zum gemeinsamen Effizienzgewinn (Kap. 12.4) und der weiteren Teilnehmergewinnung im Bereich der Weiterbildung an Hochschulen (Kap. 12.5) sowie für eine erfolgreiche Einführung von E-Learning in Unternehmen (Kap. 12.6), Berufsausbildung (Kap. 12.7), Erwachsenenbildung (Kap. 12.8) und Schulbildung (Kap. 12.9) dargestellt. Die Ziele, Faktoren, Stufen, Kooperationen und Gewinnung weiterer Zielgruppen sind von den jeweiligen Promotoren und Trägern der Entwicklung und Implementierung virtueller Bildungsangebote den eigenen Zielen und Ressourcen ihrer Bildungseinrichtungen entsprechend zu konkretisieren. Oberste

Leitlinie muss dabei sein, den Lernenden einen eigenständigen Erwerb ihrer Kompetenzen in kooperativen und partizipativen Kontexten zu ermöglichen (Kap. 12.10).

12.1 Strategische Ziele für E-Learning

Kostenführerschaftsstrategie

Oft ist die mit der Einführung von E-Learning nach der erheblichen Erstinvestition erhoffte anschließende Kostenreduktion der entscheidende Grund für seine Einführung als vollständiger oder teilweiser Ersatz der Lehre in Präsenzveranstaltungen. Die Erwartung ist dabei, dass die mit hohen Kosten entwickelten multimedialen interaktiven Bildungsmedien von einer unbegrenzt wachsenden Zahl von Lernenden jederzeit orts- und zeitunabhängig in einem virtuellen Lernraum von den Lernenden selbst gesteuert und eigenverantwortlich genutzt werden können. Diese Kostenführerschaftsstrategie impliziert eine längerfristige revolutionäre Umwälzung des gesamten Bildungsbereichs. Abgesehen davon, ob die damit verbundene radikale Umgestaltung der bisherigen pädagogischen Fundamente den konstitutiven Faktoren erfolgreicher virtueller Bildungsprozesse entspricht (Kap. 2), ist zunächst zu prüfen, ob die erhofften Kostenvorteile gegenüber dem Lehren und Lernen in Präsenzveranstaltungen erreichbar erscheinen und durch welche Strategien eventuell Kostenvorteile erreicht werden können. Zu beachten sind dabei die kritischen Kostengrößen: Inhaltsentwicklung, didaktisch-methodische Konzeption, Mediendesign und Medienprogrammierung.

Effizienzvergleich zwischen Präsenz- und Fernstudium

Uhl (2003, 160 f.) hat vor über einem Jahrzehnt einen globalen Effizienzvergleich zwischen zwei eingeführten Universitätstypen angestellt, nämlich den Präsenzuniversitäten und der Fernuniversität in Nordrhein-Westfalen. Ergebnis ist (nach Aggregation der von Uhl 2003 berichteten Daten), dass die Kosten der Lehre pro Studierenden an den Präsenzuniversitäten um etwa 420 % über den Kosten der Fernlehre an der Fernuniversität in Hagen liegen. Dabei ist allerdings zu berücksichtigen, dass an den Präsenzuniversitäten die Integration von Lehre und Forschung als ein wesentlicher Qualitätsfaktor in den Kosten enthalten ist. Die Anzahl der Studienabschlüsse an den Präsenzuniversitäten liegt um etwa 860 % über denen an der Fernuniversität. Somit erzielt auf den ersten Blick die Fernuniversität nur etwa 50 % der Effizienz der Präsenzuniversitäten.

Bei diesem anscheinend mageren Ergebnis der Fernuniversität muss allerdings in Rechnung gestellt werden, dass die beiden Universitätstypen aufgrund der sehr unterschiedlichen Merkmale der jeweiligen Adressatengruppen im Grunde nicht miteinander verglichen werden können. Denn an der Fernuniversität sind viele Gasthörer und Zweithörer eingeschrieben, die später an Präsenzuniversitäten ihre Abschlüsse machen, und ein hoher Prozentsatz der Studierenden sind Berufstätige in wissenschaftlicher Weiterbildung. Zudem sind aufgrund der zeitlichen Belastungen der berufstätigen Studierenden lange Studienzeiten vorherrschend, und viele brechen ihr Studium auch vorzeitig ab. Dieser Vergleich legt die Vermutung nahe, dass die Präsenzhochschulen wohl für längere Zeit – wie auch die zunehmende Verbreitung der begleitenden Nutzung von E-Learning in Präsenzlehrveranstaltungen zeigt (Kap. 2.2; Kap. 2.3) – noch effizienter sein werden als virtuelle Hochschulen (SCHULMEISTER 2001, 357 ff.). Auch eine aufgrund der softwaretechnologischen Vereinfachung der Medienproduktion zunehmende Produktion von Medienelementen durch die Lehrenden und Lernenden selbst sowie eine verstärkte inhaltliche und methodische Standardisierung curricular geplanter Bildungsinhalte in Modulen wird daran wenig ändern.

Kostenstruktur virtueller Hochschulen

Während an Präsenzhochschulen die Kostenstrukturen wesentlich durch die Personalkosten bestimmt sind, sind die Kostenstrukturen an virtuellen Hochschulen vor allem durch die virtuellen Studienmodule sowie die Pflege und Wartung der Lernplattformen bestimmt. Zu den Kosten für die Inhaltsentwicklung eines multimedialen Webkurses kommen noch die Kosten für die Kursabwicklung, für die tutorielle Betreuung und die laufende Pflege des Kursmaterials hinzu. Dieser Aufwand rechnet sich, wenn der Webkurs über längere Zeit und für viele Nutzer angeboten wird. Der Kostenvorteil beginnt erst, wenn für ein digitales Studienmodul sehr viele Studierende eingeschrieben sind. Dabei ist allerdings noch keine Differenzierung der Studieninhalte berücksichtigt, die bei einer sehr großen Studierendenzahl notwendig wäre, um Anforderungen des Arbeitsmarktes und individuellen Studieninteressen Rechnung zu tragen. Eine entsprechende Differenzierung der Studienmodule würde wiederum zu höheren Kosten führen.

Integration der Lehre mit Forschung und Praxis gefährdet

Zudem muss überlegt werden, durch welche Maßnahmen die Integration von Lehre und Forschung an Hochschulen und von Lehre und Praxis in Bildungszentren beibehalten werden können. Denn diese Zusammenhänge sind ein zentrales Qualitätsmerkmal der Lehrveranstaltungen, weil sie vor allem im direkten Diskurs und inhaltlichen Kontext der Präsenzveranstaltungen immer wieder neu und aktuell realisiert werden können. In den digitalen Medien, z. B. in den CBTs (Computer Based Training), wird dagegen die Integration von Forschung und Praxis mit der Produktion der digitalen Bildungsmedien in denselben fixiert. Erst durch die Verbindung von CBT und Präsenzveranstaltung, im Blended Learning, werden die präsentierten Inhalte geöffnet. Auch die Einrichtung – beispielsweise – von ferngesteuerten Experimenten in virtuellen Laboren ist in jedem Fall besser – und z. B. bei Experimenten mit Laserstrahlen oder Radioaktivität auch sicherer – als die Vermittlung der Inhalte, Methoden und Handhabung der Instrumente über Computer Based Training. Aber das Lernen in virtuellen Laboren kann nicht immer und vollständig den Kompetenzerwerb in wirklichen Laboren unter realen Bedingungen ersetzen. Zudem tritt der Lehrende im E-Learning dem Lernenden (fast) nur noch in Gestalt des Bildungsmediums gegenüber. Ihre bisherige Kommunikation mit den Lernenden wird nun (fast) ausschließlich von den Tutoren und zudem konzentriert auf die unmittelbare Unterstützung der Lernenden in der Bearbeitung der Bildungsmedien wahrgenommen. Bei vielen Hunderten oder gar Tausenden von Lernenden, z. B. bei den Massive Open Online Courses (MOOCs) ist zudem eine Kommunikation mit dem Lehrenden auch so gut wie gar nicht möglich. Mit der heute zunehmenden Nutzung von Web-2.0-Anwendungen in den virtuellen Lernräumen kann diese Begrenzung durch die offene Kommunikation über das Internet zwar gemildert, aber nicht aufgehoben werden.

Markterweiterung durch Weiterbildungsangebote

Die hohen Fixkosten auch durch eine zusätzliche Erschließung des Weiterbildungsmarktes zu einem guten Teil wieder hereinzubekommen, ist schwierig. Denn dort trifft ein E-Learning-Angebot mit allen Merkmalen hochschulischer Aufbereitung von Lerninhalten auf eine meist sehr differenzierte Nachfrage. Eher würde ein Angebot im weiterführenden Studium infrage kommen, weil die Opportunitätskosten von berufstätigen Studierenden (Lohnausfall, Reisekosten, Mehrverpflegungsaufwand) wegfallen. Jedoch sind in diesem Sektor kaum sehr große Teilnahmezahlen zu erreichen. Und MOOCs sind gegenwärtig noch weltweit offen zugängliche E-Learning-Angebote, die überwiegend kostenlos auf allgemein zugänglichen Lernplattformen angeboten werden und nur selten zu anerkannten Hochschulzertifikaten oder gar zu kompletten Hochschulabschlüssen führen; die überwiegende Mehrheit bricht bereits vor dem Ende eines MOOCs ihre weitere Teilnahme ab.

Eine Differenzierungsstrategie ist erfolgversprechender

Eine *Kostenführerschaftsstrategie* dürfte also auf längere Zeit kaum Erfolg versprechend sein. Somit bleibt zu prüfen, ob stattdessen eine *Differenzierungsstrategie* mehr Aussicht auf Erfolg haben könnte. Denn im Unterschied zur Kostenführerschaftsstrategie geht es ihr nicht in erster Priorität um die Erzielung von Kostenvorteilen, sondern um neue Produkteigenschaften mit neuen Nutzungspotenzialen und neuen Chancen für den Erwerb ganzheitlicher Handlungskompetenzen zur selbstbestimmten Teilhabe an der Entwicklung und Gestaltung der individuellen und gesellschaftlichen Lebensgewinnung, die von den Lernenden nachgefragt werden. Bei der möglichen Vielgestaltigkeit virtueller Bildungsangebote sind in Anlehnung und Erweiterung der Vorschläge von Uhl (2003, 175–191) mehrere strategische Ziele für die Entwicklung, Gestaltung und Implementierung virtueller Bildungsangebote realisierbar (Tab. 12.1).

Tab. 12.1: Strategische Ziele virtueller Bildungsangebote (in Erweiterung von Uhl 2003, 175–191)

räumliche Reichweitenerhöhung	durch virtuelle Parallelangebote für Lernende, die nicht oder nur selten in die Hochschule oder die Bildungseinrichtung kommen können. Parallelangebote können zusätzlich auch zur individuellen Vor- und Nachbereitung und zur Begleitung von Präsenzveranstaltungen genutzt werden. Da für aufwendige Produktionen wahrscheinlich keine kostendeckenden Teilnahmezahlen erreicht werden, empfehlen sich einfache Produktions- und Pflegeverfahren, beispielsweise Vorlesungsmitschnitte.

(Fortsetzung Tab. 12.1)

soziale Reichweitenerhöhung	durch Lerninhalte mit hohem Allgemeinheitsgrad, wie z. B. Erlernen einer Fremdsprache, Funktionsweisen des politischen oder wirtschaftlichen Systems, die für unterschiedliche Zielgruppen geeignet sind
Kompensation von Knappheit	durch ein Angebot virtueller Lerneinheiten, z. B. wenn nicht genügend Praktikums- oder Laborplätze zur Verfügung stehen oder wenn es um eine handlungsorientierte Simulation von Prozessen oder Entscheidungen geht. Die Entwicklungs-, Produktions- und Pflegekosten sind je nach Inhalten sehr unterschiedlich zu veranschlagen. Allerdings können sie durch Kooperationen geteilt werden, weil keine übergreifende Vereinheitlichung der Lehrveranstaltungen erforderlich ist.
Differenzierung von Bildungsangeboten	für den Erwerb differenzierter Kompetenzprofile entsprechend den individuellen Bedürfnissen und Fähigkeiten der Lernenden. Eine Differenzierung kann aus mehrdimensionalen Vertiefungen von Themen oder aus Einheiten zur individuellen Übung von Fähigkeiten, Fertigkeiten und Kenntnissen bestehen oder die kooperative Bearbeitung von exemplarischen Fällen mit tutorieller Betreuung trainieren.
Einrichtung virtueller Gemeinschaften	für einen aufgabenorientierten Dialog zur Steigerung des Erfolgs von Bildungsprozessen. So können z. B. zur Durchführung von kooperativen oder partizipativen Lernprojekten virtuelle Gemeinschaften angeregt und gefördert werden, um den Praxisbezug und die Effizienz des Kompetenzerwerbs zu erhöhen.

Pädagogischer Mehrwert

Der mit E-Learning erreichbare *pädagogische Mehrwert* liegt in der möglichen Steigerung der Qualität der Lehre, der Differenzierung der Bildungsangebote, dem raschen Zugang zu weiteren Informationen, der tutoriellen Unterstützung, der Entwicklung autodidaktischer Lernkompetenzen, der Entwicklung kooperativ selbst organisierter Lernprozesse, der Stärkung der Kommunikation, Kooperation und Partizipation sowie der eigenständigen Produktion und Reflexion von Lern- und Arbeitsergebnissen. Und durch eine optimal entfaltete *Differenzierungsstrategie* kann zugleich die ökonomische Effizienz der vielfältigen virtuellen Bildungsangebote gesteigert werden.

12.2 Strategische Faktoren für eine erfolgreiche Implementierung

Um E-Learning als vollständiges Bildungsangebot oder integriert mit entsprechenden Präsenzlehrveranstaltungen in Hochschulen (Albrecht 2003; Arnold/Prey/Wortmann 2015; HRK 2003; Kerres 2002; Schönwald/Euler/Seufert 2004; Schreiterer 2003; Zentel u. a. 2002) oder Bildungszentren und in vergleichbarer Weise auch in Unternehmen in der Aus- und Weiterbildung nachhaltig erfolgreich zu implementieren und zu fördern (BMBF 2005; Hemsing-Graf 2003; Hensge/Schlottau 2001; Kröpelin 2003), sind einige grundlegende strategische Faktoren zu beachten und den jeweiligen institutionellen Zielen und Bedingungen entsprechend konkret zu konzipieren und aufzubauen. Diese strategischen Faktoren, die im Folgenden näher erläutert werden, sind

1. die Entwicklung strategischer Kompetenzen,
2. die Gestaltung einer aufgabenorientierten Didaktik des medienvermittelten Lehrens und Lernens, denn alle E-Learning-Angebote müssen sich daran messen lassen, inwieweit sie die Bildungsziele besser erreichen als in den traditionellen Bildungsarrangements,
3. die medienbasierte Reorganisation der institutionell etablierten Lehr-Lern-Strukturen,
4. die Organisation virtueller Gemeinschaften der Lernenden,
5. die Produktion virtueller Bildungsangebote in Kompetenzzentren oder durch Auftragsvergabe,
6. die Schaffung einer medialen pädagogischen Infrastruktur als zentrale technisch-organisatorische Grundlage, und damit all dies realisiert werden kann, ist auch
7. die Innovationsbereitschaft aller Beteiligten zu fördern sowie
8. das bisherige Betriebs- bzw. Geschäftsmodell zu überprüfen und entsprechend den strategischen Faktoren innovativ zu verändern bzw. weiterzuentwickeln.

12.2.1 Entwicklung strategischer Kompetenzen

Sechs Dimensionen

Für eine erfolgreiche Implementierung von E-Learning in Hochschulen, Bildungszentren und Unternehmen ist eine zentrale Voraussetzung, dass nicht nur die Führungskräfte, sondern auch alle an der Implementierung aktiv Beteiligten über die entsprechenden strategischen Kompetenzen verfügen. Fünf Dimensionen der strategischen Kompetenzen sind dabei für die E-Learning-Promotoren von entscheidender Bedeutung (Euler 2005a, 177–183) und durch eine sechste Dimension zu ergänzen:

(1) Organisationskompatible Implementation

Die notwendigen Kompetenzen für die Entwicklung einer organisationskompatiblen Implementationsstrategie umfassen die Kenntnisse der didaktischen Potenziale und organisatorischen Bedingungen des E-Learning, die Analyse der Anforderungen der Zielgruppe sowie die Überzeugung derselben, die geplanten virtuellen Bildungsangebote zur Verbesserung der eigenen und gemeinsamen Lern- und Arbeitsprozesse zu nutzen. Dies schließt die Beteiligung der Zielgruppe an der Implementation und der Qualitätssicherung in der laufenden Nutzung notwendig ein. Darüber hinaus müssen die Promotoren kompetent sein, die Finanzierung der Implementation und des laufenden Betriebs zu sichern, die Kooperation der Medienproduzenten und Tutoren zu organisieren sowie ein Qualitätsmanagement einzurichten.

(2) Entwicklung der E-Learning-Kultur

Die zur Entwicklung der Lehr- und Lernkultur im virtuellen Bildungsraum innerhalb der Organisation notwendigen Kompetenzen umfassen die Analyse von Widerständen, die Förderung von Akzeptanz, die Gestaltung innerorganisatorischer lehr- und lernkultureller Veränderungsprozesse, die Begleitung der Implementation sowie die Moderation der Kommunikation und der Auswertung der gemachten Erfahrungen und deren Umsetzung in Verbesserungen der virtuellen Bildungsangebote.

(3) Gestaltung der E-Learning-Umgebung

Über die Gestaltung virtueller Lernumgebungen in den jeweiligen Organisationen sind entsprechende Kenntnisse erforderlich, damit die Gestaltungsprozesse kompetent angeleitet werden können. Dazu gehören grundlegende Kenntnisse über didaktische Orientierungen und deren Potenziale, z. B. über das kooperativ selbst organisierte Lernen, die Entwicklung digitaler Bildungsmedien, die Formen und Dynamiken multimedialer netzbasierter Kommunikation, die Kombination verschiedener Lernorte sowie über die didaktische Gestaltung der Integration von E-Learning in die Studien-, Lern- und Arbeitsprozesse, z. B. durch aufgabenorientierte produktive Lernkonzepte.

(4) Schaffung der Infrastruktur

Die zur Schaffung der organisatorischen und technischen Infrastruktur notwendigen Kompetenzen umfassen zum einen die Schaffung bedarfsgerechter administrativer Unterstützungsstrukturen und die Bestimmung der entsprechenden arbeitsteilig zu leistenden Aufgaben, wie z. B. Lernbedarfserhebungen, Medienentwicklungen, tutorielle Unterstützungen. Zum anderen umfassen sie Kenntnisse über die Einrichtung und Gestaltung technischer Infrastrukturen, z. B. über Learning Management Systeme, Diskussionsforen, Einstellung von digitalen Bildungsmedien.

(5) Medien- und Bildungsmanagement

Die zum Management des E-Learning-Angebots erforderlichen Kompetenzen umfassen die Planung, Entwicklung und Kontrolle der Ressourcen, die Gesamtplanung des Implementierungsprozesses (der Prioritäten, Meilensteine, Verantwortlichkeiten, Zeitpläne) sowie die Einrichtung der Organisation des laufenden Betriebs und des Qualitätsmanagements der Lehr- und Lernprozesse sowie der Evaluation der Erfolge und Defizite, der daraus abzuleitenden Verbesserungen durch das Medien- und Bildungsmanagement und die betroffenen bzw. zuständigen Abteilungen bzw. Personen. Dafür ist es erforderlich, dass das Medien- und Bildungsmanagement zumindest über die in diesem Handbuch beschriebenen Kompetenzen verfügt.

(6) Information und Beratung

Eine vorhergehende transparente Information sollte generell angeboten werden. Sie ist eine Grundlage für Nachfragen der interessierten Lernenden und für eine unterstützende Beratung im Dialog, damit sie ihre geplanten Lernprozesse zum Erfolg führen können. In den persönlichen Gesprächen sollten z. B. folgende Fragen besprochen werden: Welche weiteren beruflichen Entwicklungen werden angestrebt? Welche Defizite in den eigenen Kompetenzen sollen ausgeglichen werden? Wie verlaufen die Lehr- und Lernprozesse und welchen Zeitaufwand erfordern sie? Sind diese Anforderungen mit der eigenen Berufstätigkeit und Lebensweise vereinbar oder wie sind diese zu verändern?

12.2.2 Gestaltung einer aufgabenorientierten Didaktik

Didaktik des Lehrens und Lernens im virtuellen Lernraum

Virtuelle Bildungsangebote bedürfen der Konzeptualisierung einer entsprechend veränderten bzw. neuen Didaktik, weil das pädagogische Verhältnis zwischen Lehrenden und Lernenden durch die vielfältigen Nutzungsformen von Computer und Internet technisch vermittelt hergestellt wird. Die traditionelle Präsenzdidaktik ist dafür nicht mehr angemessen. Der virtuelle Lernraum ermöglicht den Lehrenden, ihre Inhalte medial zu präsentieren, und den Lernenden, ihre Ergebnisse zunehmend selbst organisiert und kooperativ zu erarbeiten, wobei die Lehrenden und diese vertreten durch Tutoren den Lernprozess moderierend und beratend begleiten. Damit die auf der Basis der interaktiven multimedialen Vermittlung herausgebildeten neuen Arbeitsweisen, die örtlich getrennt und meist asynchron und mithin ohne direkten wechselseitigen Bezug selbstständig ablaufen, optimal entfaltet werden können, müssen komplexere Lernaufgaben formuliert oder vereinbart werden.

Aufgabenorientierte Didaktik fördert Lernen im virtuellen Lernraum

Diesen neuen didaktischen Anforderungen entspricht das Konzept der aufgabenorientierten Didaktik (Kap. 4.2.2; Kap. 4.4.2; Zimmer 2003). Dieses Konzept bietet zugleich die Chance, dass die Lehrenden mit aktiver Beteiligung der Lernenden aus den aktuellen Problemen und Aufgaben in exemplarischen Praxisfeldern die relevanten Lernaufgaben ausgliedern. Grundlegende Lerninhalte sind den ausgegliederten Lernaufgaben zweckbezogen zugeordnet. Diese Aufgabenorientierung bedeutet für das Lernen im virtuellen Lernraum einen Gewinn an Qualität, Effizienz und Praxisbezug und damit die Chance zu einer breiten, flexiblen und kreativen Kompetenzentwicklung. Sie fördert zudem das kooperativ selbst organisierte Lernen, indem sie den Lernenden zunehmend komplexere Aufgaben zur Bearbeitung stellt. Der selbst organisierten Bearbeitung von Lernaufgaben müssen die Präsentation und gemeinsame Reflexion der Arbeitsergebnisse der Lernenden folgen. Dadurch werden die Lernenden und die Lehrenden befähigt, die erbrachten Leistungen sowie die möglichen Defizite beurteilen und die nächsten Lehrangebote und Lernschritte planen zu können. Dies fördert nicht nur die Herausbildung autodidaktischer Kompetenzen der Lernenden als wichtigen Erfolgsfaktor jedes Lernens, sondern fördert auch die Entwicklung von Handlungsorientierungen, Interessen und Herangehensweisen für die kompetente Teilhabe in der Gesellschaft.

Kommunikation und Kooperation

Die unterstützte Selbstorganisation der Bearbeitung komplexer Lernaufgaben ist am besten in Kooperation und Kommunikation der Lernenden in kleinen Lerngruppen durchführbar. Darin ist von zentraler didaktischer Bedeutung für den individuellen und gemeinsamen Lernerfolg, dass die Lernenden nach jedem vereinbarten Arbeitsabschnitt ihre Ergebnisse den Lehrenden und den anderen Lernenden im virtuellen Lernraum für kritische Kommentare und weiterführende Hinweise präsentieren. Anders als in Präsenzveranstaltungen muss allerdings eine größere Verbindlichkeit der individuellen Beiträge eingehalten werden, weil zum einen die in Präsenzveranstaltungen direkte soziale Kontrolle aller Aktivitäten wegfällt und zum anderen die verringerten sozialen Schranken in der Internetkommunikation leicht dazu verführen, Unterstützungen von anderen einzufordern, für die bislang Bibliotheken aufgesucht wurden. Hinzu kommt, dass durch die Internetsuchmaschinen sehr rasch für die Lernaufgaben passende Informationen zu finden sind, die dann in der Lerngruppe für weiter gehende Aufgaben zur Diskussion gestellt werden können.

12.2.3 Reorganisation der pädagogischen Verhältnisse

Verhinderung der Anonymisierung von Lehrenden und Lernenden

Mit der aufgabenorientierten didaktischen Gestaltung der virtuellen Lernangebote soll auch eine infolge der multimedialen Objektivierung der Lehr- und Lernhandlungen (Zimmer 2001, 131 ff.) zunehmende Anonymisierung der pädagogischen Verhältnisse und Beziehungen verhindert werden. Denn eine Anonymisierung der Lehrenden und Lernenden würde die erwünschten Bildungsprozesse sehr behindern, weil sie den notwendigen Diskurs als Grundlage jeglicher Bildung erheblich erschwert oder gar unmöglich macht. Die Aufgabenorientierung, die eine größere Selbstorganisation des Lernens in kooperativ arbeitenden Lerngruppen fördert, ermöglicht gerade eine intensivere inhaltliche Zusammenarbeit, die der Anonymität entgegenwirkt. Zudem werden durch die Lerngruppen wie durch die tutorielle Betreuung und die Beiträge, Informationen, Kommentare und Hinweise der Lehrenden in der laufenden Bearbeitung der Lernaufgaben, z. B. bei präsentierten Zwischenergebnissen, auch die sozialen Kompetenzen der Lernenden sehr gut gefördert, meist besser als in großen Präsenzlehrveranstaltungen mit vielen Teilnehmern.

Aufbau aufgabenorientierter Lernangebote

Aufgabenorientierte Lernangebote sind die didaktischen Bausteine im virtuellen Lernraum. Weder im Studium noch in allgemeinen oder beruflichen Bildungsprozessen geht es um den Erwerb einer Enzyklopädie trägen Wissens in einer Fachdisziplin oder in einem Praxisfeld, sondern um den Erwerb reflektierter und wissenschaftlich fundierter Handlungskompetenzen. Dafür ist zweifellos breites, auch interdisziplinäres Grundwissen erforderlich, damit die wachsende Teilhabe in Wissenschaft und Praxis gelingen kann. Entscheidend ist jedoch das durch die Lehrenden angeleitete und unterstützte Hineinarbeiten der Lernenden in die aktuellen Problematiken in Wissenschaft und Praxis, um sich die erforderlichen Handlungskompetenzen zu ihrer Lösung selbst zu erarbeiten. Online-Aufgaben am Computer, die auch automatisch korrigiert werden, sind dabei nur geeignet, das für die Bearbeitung komplexer Aufgaben auch erforderliche Standardwissen zu erlernen. Die mit der Bearbeitung komplexer Aufgaben erzielten Lernerfolge sind allerdings keineswegs durch standardisierte Online-Aufgaben feststellbar und bewertbar, sondern nur durch die eigenständige erfolgreiche Bearbeitung von Prüfungsaufgaben, deren Ergebnisse qualitativ beurteilt werden.

Unterstützung selbst organisierten Lernens

Den Lehrenden fällt dabei die wichtige Aufgabe zu, nicht nur die Bildungsangebote inhaltlich und organisatorisch entsprechend dem Curriculum zu bestimmen und laufend zu aktualisieren, sondern mehr noch die Lernenden, ggf. vermittelt über Tutoren, in ihren kooperativ selbst organisierten Lernprozessen inhaltlich zu unterstützen. Den Tutoren kommt hierbei eine wichtige inhaltliche Vermittlerfunktion zu. Sie geben sowohl den Lernenden inhaltliche Hilfestellungen bei der Bearbeitung der Lernaufgaben als auch den Lehrenden Rückmeldungen über die Schwierigkeiten und Erfolge der Lernenden. Dafür ist vor allem die Vereinbarung einer neuen Arbeitsteilung und eines neuen Zeitmanagements für Lehre, Lernen, Beratung, Kommunikation und Kooperation notwendig. Ziel der Reorganisation der Lehr-Lern-Struktur muss es sein, die Lernenden beim Aufbau eines eigenen Kompetenzprofils, also ihrer wachsenden Selbstpotenzierung und Selbstpositionierung in der Gesellschaft, zu fördern. Der Erfolg der Reorganisation der Lehr- und Lernkultur wird somit entscheidend hervorgebracht durch die Entwicklung einer neuen, virtuellen Lehr- und Lernkultur (Kap. 2.5). Um den Erfolg auf Dauer den aktuellen Anforderungen entsprechend zu sichern, ist ein entsprechendes Qualitätsmanagement notwendig (Kap. 8).

12.2.4 Organisation virtueller Lerngemeinschaften

Spontanität informeller Lernprozesse

Lernen ist nicht nur ein formeller, didaktisch und methodisch gestalteter Prozess, sondern immer auch ein informeller Prozess, der vor, nach und neben den formellen Lernprozessen – oder auch unabhängig von diesen – zwischen den Lernenden stattfindet. Traditionell geschieht dies in Kopräsenz vor Beginn oder nach Beendigung von Lehrveranstaltungen oder auch zu anderen Zeiten an anderen Treffpunkten. Diese begleitenden informellen Prozesse haben für die subjektiven Bildungsprozesse eine große Bedeutung. Sie dienen der Kommunikation von Erfahrungen und Absichten, von Ratschlägen und Hinweisen, von Einschätzungen und Orientierungen, von Informationen und Hilfen der Lernenden untereinander. Die sich meist zufällig und spontan herausbildenden Organisationsformen informellen Lernens in Kopräsenz sind außerordentlich vielfältig, und zu ihrer Herausbildung können keine allgemeingültigen Handlungsanweisungen aufgestellt werden. Sie können als Formen von Communities of Practice (Lave/Wenger 1991) angesehen werden, in denen Lernen als situierte soziale Praxis stattfindet, ohne dass die Lernenden diese als eine von ihnen bewusst hergestellte kooperativ selbst organisierte Praxis begreifen müssen.

Diese informelle Kommunikation der Lernenden stellt neben den formellen Lernhandlungen in didaktisch-methodisch gestalteten Arrangements nicht nur eine wichtige weitere Lernressource dar, sondern hilft dem Einzelnen auch, die formellen Anforderungen besser und erfolgreicher meistern zu können. Sie hilft bei der Reflexion der Anforderungen und erwarteten Leistungen, um mehr Transparenz zu erlangen und eine bessere individuelle Orientierung für die eigenen Interessen und Schwerpunkte zu finden, um so allmählich persönliche Entwicklungspfade für die eigenen Kompetenzprofile entsprechend den angestrebten späteren Berufsperspektiven herauszubilden.

Neustrukturierung informeller Lernprozesse

Mit den virtuellen Bildungsangeboten und damit der Auflösung der Kopräsenz der Lernenden verschwinden auch die traditionellen Gelegenheiten zur spontanen Bildung von Lerngemeinschaften. Damit verschwindet zunächst auch ein wesentlicher Nachhaltigkeitsfaktor subjektiver Bildungsprozesse. Allerdings eröffnet das Internet zugleich auch neue Möglichkeiten für informelles Lernen und damit auch für die Herausbildung virtueller Lerngemeinschaften (Arnold 2003a; 2003b; 2008). Formen virtueller Lerngemeinschaften haben sich insbesondere verstärkt durch die Entwicklung der Social Software (Web 2.0) neu konstituiert. Damit gibt es neue Möglichkeitsräume für die Kompetenzentwicklung in informellen kooperativen Lernprozessen in den virtuellen Lernräumen und im Internet (Erpenbeck/Sauter 2007; Koch 2011).

Die Mitgliedschaftsregelungen bilden sich darin ebenso wie die Ziele, Inhalte, Arbeitsmethoden und Kommunikationsformen meist in kooperativer Selbstbestimmung spontan heraus. Die Orts- und Zeitunabhängigkeit der Kommunikation und Kooperation macht zumindest eine Anregung und folgende Moderation notwendig und mit wachsender Intensität des Austausches auch eine Aufteilung der wahrzunehmenden Aufgaben innerhalb einer virtuellen Lerngemeinschaft. Aufgaben können z. B. darin bestehen, Sammlungen von Lernmaterialien, von wichtigen Internetlinks, von Vorlesungsskripten, Referaten und Prüfungshinweisen aufzubauen, um damit Lernressourcen zur Verfügung zu stellen.

Lehrende sind Anreger, aber keine Mitglieder

Lehrende können die Bildung virtueller Lerngemeinschaften anregen, sollten sie aber nicht selbst anleiten. Denn die Lerngemeinschaften laufen in der Regel unter der Regie der Lernenden besser. Lehrende sollten daher nicht in den virtuellen Lerngemeinschaften mitwirken, weder aktiv noch passiv, weil dies den offenen Austausch der Lernenden untereinander beeinflussen und damit stören könnte. Aber selbstverständlich sollten sie auf Wunsch der Lernenden für Nachfragen und Diskussionen zur Verfügung stehen – und nur in einem so legitimierten Zusammenhang können sie an Lerngemeinschaften vorübergehend teilnehmen. Allerdings müssen sie dafür Sorge tragen, dass auf der Lernplattform in den jeweiligen Abteilungen Räume eingerichtet werden, die ausschließlich den Lernenden zugänglich sind.

12.2.5 Produktion virtueller Bildungsangebote

Didaktische Aufgaben der Lehrenden

Die Konzeption und Herstellung digitaler Medien für virtuelle Bildungsangebote (Kap. 5) kann nur als ein arbeitsteiliger Prozess organisiert werden, in dem aufgrund des Primats der Lerninhalte vor ihren medialen und interaktiven Präsentationsformen die Lehrenden entscheidend sind. Sie müssen die Ziele, Inhalte und Methoden der Bildungsangebote entwickeln, die sie mit den Lernenden reflektieren und präzisieren, um für die Lernenden abgegrenzte Lernaufgaben aus dem reflektierten Problemfeld zur Bearbeitung auszugliedern. Diese Vorschläge können sie bereits in einfachen medialen Formen, z. B. in Form von Texten, Folien, Bildern, Videos, präsentieren und zur Diskussion stellen, wobei die Diskussion über die Vorschläge und die Ausgliederung von Lernaufgaben über die Kommunikationsfunktionen im Lernraum online oder in einer Präsenzveranstaltung geführt werden kann.

Zur Bearbeitung der im gemeinsamen Diskurs ausgegliederten Lernaufgaben sollten die Lernenden zum einen auf ausgewählte und bereitgestellte Medien und eventuell auch über Suchmaschinen auf weitere erschließbare Informationen zugreifen können. Zum anderen werden die Lehrenden auch Medien anpassen oder ergänzen wollen oder auch eigens für die Bearbeitung der Lernaufgaben verfasste Inhalte in interaktiver multimedialer Präsentationsform zur Verfügung stellen wollen. Bei der Anpassung, Ergänzung vorhandener oder der Erstellung eigener Bildungsmedien geht es meist nicht nur darum, eine wirksamere und effizientere Bearbeitung der Lernaufgaben zu ermöglichen, sondern vielmehr die je spezifische Akzentsetzung der ausgegliederten Lernaufgaben für die Lernenden bearbeitbar zu machen.

Mediale Aufgaben der Lehrenden

Bei der Anpassung und Ergänzung von Bildungsmedien wäre es vorteilhaft, wenn dies die Lehrenden selbstständig tun könnten. Dies erfordert jedoch, dass die Medien so programmiert werden, dass dies möglich ist. Die komplette Erstellung eigener Medien werden die Lehrenden nicht in jedem Fall selbst machen können und wollen. Dies werden sie, vorausgesetzt sie haben die notwendigen Kompetenzen zur Medienproduktion, aufgrund des hohen Zeitaufwandes nur in bestimmten Fällen mithilfe von Autorensystemen tun. Für die Medienproduktion benötigen sie daher die Unterstützung von Medienautoren, Mediendesignern und Medienprogrammierern. Damit sie die Inhalte für die Medienproduktion angemessen aufbereiten können, müssen sie einiges Wissen über deren Arbeit und ihre Anforderungen an sie als Inhaltslieferanten besitzen (Glowalla/Grob/Thome 2000, 72).

Organisation arbeitsteiliger Strukturen der Medienproduktion

Die Kompetenzen zur Mediennutzung und die Kenntnisse über die Medienproduktion erwerben die Lehrenden am besten in der Form kooperativer Zusammenarbeit in Produktionsteams. Diese Produktionsteams sollten vorzugsweise in Kompetenzzentren angesiedelt sein, die auch die erforderliche medientechnische Infrastruktur für die Produktion bereitstellen und pflegen. Dabei sollten zumindest die Arbeitsplätze der Mediendesigner und Medienprogrammierer im Kompetenzzentrum lokalisiert sein, damit zwischen ihnen eine Abstimmung über einzuhaltende Standards und ein laufender Erfahrungsaustausch stattfinden können. Dies ist notwendig, um softwareergonomische Standards für eine in den Funktionsstrukturen weitgehend einheitliche benutzerfreundliche Oberfläche einhalten zu können sowie eine möglichst allen Produktionsanforderungen gerecht werdende Entwicklungsumgebung zur Verfügung zu haben. Das Design der Medien kann aber durchaus in einem gewissen Rahmen variiert werden, um Unterscheidbarkeit und Wiedererkennbarkeit zu erleichtern. Die Medienautoren müssen dazu sowohl mit den Lehrenden wie mit den Mediendesignern und Medienprogrammierern intensiv kooperieren. Sie müssen sowohl Kenntnisse in der jeweiligen Fachdisziplin als auch im Design und der Programmierung der Medien haben. Ihren Arbeitsplatz können sie wahlweise im Kompetenzzentrum oder im jeweiligen Fachbereich einrichten.

Vor- und Nachteile externer Medienproduktion

Soll die Medienproduktion insgesamt an Externe vergeben werden, ist möglicherweise mit einigen Erschwernissen zu rechnen. So ist die in den meisten Produktionen erforderliche laufende Kooperation mit den Lehrenden durch die räumliche Entfernung erschwert. Zudem birgt die externe Produktion die Gefahr differenter Entwicklungen im Mediendesign der verschiedenen virtuellen Lernangebote selbst innerhalb eines Fachgebietes, zumal durch die notwendige Auftragsausschreibung wahrscheinlich unterschiedliche Firmen zum Zuge kommen. Andererseits stehen bei Externen möglicherweise professionellere Entwicklungsumgebungen und dementsprechend aktueller und umfassender qualifizierte Medienexperten zur Verfügung. Daher wird jeweils im konkreten Fall zu entscheiden sein, ob eine Vergabe an Externe oder eine Produktion im eigenen Kompetenzzentrum erfolgen soll.

12.2.6 Schaffung einer pädagogischen Infrastruktur

Aufgaben des Rechenzentrums

Technische Voraussetzung für virtuelle Bildungsangebote ist eine stabile und leistungsfähige informations- und kommunikationstechnische Infrastruktur, deren Aufbau und Betrieb am besten durch ein Rechenzentrum gewährleistet werden kann. Hier muss für den Anschluss des hausinternen Computernetzes an das Internet sowie für den jederzeitigen Zugriff aller Lernenden und Lehrenden auch vom häuslichen Schreibtisch aus gesorgt werden. Insbesondere muss das Rechenzentrum die Sicherheit im Netz gewährleisten. Dabei geht es nicht nur um das Abweisen unerwünschter E-Mails, sondern vor allem auch um die Verhinderung unerlaubterer Zugriffe auf die Computer, z. B. um mittels eines Trojaners die Prüfungsfragen vor einer anstehenden Klausur zu erkunden. Auch die Auswahl und Pflege des virtuellen Lernraumes sollte in Zusammenarbeit mit den Lehrenden, Lernenden und Medienproduzenten erfolgen. Von zentraler Bedeutung sind dabei die Funktionalitäten des Lernraumes, die im zentralen Arbeitsbereich und in den Abteilungen Angebot & Auskunft, Planung & Verwaltung, Mediathek & Ergebnisse, Schnittstelle zu Anwendungssoftware, Kommunikation & Kooperation sowie Prüfung & Evaluation zur Verfügung stellen sollten (Kap. 3.3; ZIMMER 2000b; 2003, 12 ff.).

Aufgaben der Verwaltung, Fachbereiche und Lehrenden

Für das Einstellen und die Pflege der virtuellen Bildungsangebote müssen mindestens drei Bereiche zuständig sein: Erstens muss der Fachbereich für alle Informationen zu Angeboten und Lehrenden sowie zu den Curricula und Prüfungsordnungen sorgen, ebenso für die Lernberatung sowie für ein Forum für Fragen und Hinweise der Lernenden. Zweitens müssen jeder Lehrende seine bzw. jede Fächergruppe ihre Bildungsangebote in den Lernraum einstellen und pflegen, ihre Lernenden betreuen, Lernberatung leisten, Arbeitsergebnisse der Lernenden verteilen und kommentieren. Drittens ist die Verwaltung zuständig für die Organisation und Belegung der Bildungsangebote sowie für die Dokumentation und Speicherung der erreichten Prüfungsleistungen. Die Lehrenden müssen sich dabei auf ihre inhaltlichen Kernaufgaben als Dozenten und Autoren konzentrieren, während wissenschaftliche Tutoren sich um die laufende Betreuung der Lernenden zu kümmern haben. Daneben kann die Pflege und Aktualisierung des Lernraumes auch von Hilfskräften aus der Gruppe der Lernenden übernommen werden.

Lehrende brauchen Medienkompetenzen und die Integration in E-Teams

Auch wenn die Lehrenden medientechnisch wenig oder gar nicht in die digitalen Bildungsmedien eingreifen, so müssen sie doch Medienkompetenzen (Kap. 6.3) haben, damit sie die medialen Realisierungsmöglichkeiten beurteilen und planen können. Ebenso sind mindestens Mediennutzungskompetenzen aufseiten der Lernenden notwendig und diesen zu vermitteln. Es ist sehr empfehlenswert, für ein gutes Funktionieren der computer- und internetbasierten pädagogischen Infrastruktur auf Fachbereichs- oder Institutsebene ein oder mehrere Arbeitsgruppen für Technik, Produktion, Pflege, Beratung, Schulung, Qualitätssicherung, Rechtsfragen etc. einzurichten. Zwei entscheidende Fragen sind zu beantworten: Erstens: Wie ist die Infrastruktur zu gestalten, damit die angestrebten Bildungsprozesse in ihren zentralen Dimensionen besser gefördert werden können, als dies in Präsenzveranstaltungen in der Regel geschieht? Zweitens: Wie müssen die pädagogischen Handlungsstrukturen, also die Lehr- und Lernhandlungen, neu angeordnet werden – beispielsweise durch Schulung –, damit die Potenziale virtueller Lernangebote optimal genutzt werden können?

12.2.7 Förderung der Innovationsbereitschaft

Existenz gegensätzlicher Interessen

Innovationen führen oft zu mehr oder weniger heftigen Auseinandersetzungen zwischen jenen, die an der traditionellen Lehr- und Lernkultur in Präsenzveranstaltungen festhalten wollen, und jenen, die in der völligen Neugestaltung der Lehr- und Lernkultur mit den digitalen Medien wegweisende Perspektiven für die zukünftige Herausbildung der Subjektivitäten und sozialen Gemeinschaften der Menschen sehen.

So wird verdeckt durch Verweigerungen oder auch offen argumentierend, z. B. von Lehrenden, Widerstand gegen die Nutzung digitaler Medien in Lehr- und Lernprozessen geleistet, weil die Bedienung der Lernräume oder die Herstellung der E-Learning-Module für zu aufwendig und teuer oder die fehlende direkte Kommunikation in Präsenz als Mangel der pädagogischen Qualität der Lehre und Positionsverlust der Lehrenden gesehen wird und sie daher keine Risiken eingehen wollen. Auch Lernende können Widerstand gegen E-Learning zeigen, z. B. wenn sie sich nur das prüfungsrelevante Wissen durch Präsentationen und Nachfragen in Präsenzveranstaltungen rasch aneignen und keine Zeit für die Ausschöpfung der neuen Potenziale der digitalen Medien für die Entwicklung ihrer Kompetenzen aufwenden wollen.

Auf der anderen Seite gibt es diejenigen, die an der Nutzung der neuen Potenziale der digitalen Medien in den Lehr- und Lernprozessen sehr interessiert sind, darin neue Perspektiven für die Entwicklung der eigenen Tätigkeit und ihrer beruflichen Karriere wie auch der subjektiven Kompetenzen der von ihnen unterrichteten und betreuten Lernenden sehen. Und die Lernenden können in der Nutzung der digitalen Medien z. B. neue Möglichkeiten für ein selbst organisiertes, kommunikatives und kooperatives Lernen für eine durch ihre Interessen bestimmte Entwicklung ihrer subjektiven Kompetenzen und zukünftigen Funktionen und Positionen in Beruf und Gesellschaft sehen. Weiterhin gibt es die Lehrenden, die die implementierten digitalen Medien in ihrer Lehre defensiv nutzen, weil sie die institutionellen und curricularen Vorgaben erfüllen wollen. Und es gibt die Lernenden, die sich darauf einlassen müssen, um die ihnen vorgegebenen Lernziele zu erreichen.

Maßnahmen zur Förderung der Innovationsbereitschaft

Somit stellt sich die Frage, wie die immer wieder vorhandenen gegensätzlichen und defensiven Standpunkte, Interessen und Handlungsorientierungen durch die Förderung der Bereitschaft für Innovationen zur gemeinsamen Implementierung von digitalen Medien in die Lehr- und Lernkultur überwunden werden können. Folgende Maßnahmen sind dafür geeignet (angeregt von Euler 2005b, 574 f. und Seufert 2005b, 549 f.):

- ein Bewusstsein schaffen für die aktuellen Problemlagen in den Bildungsangeboten und den organisierten und durchgeführten Lehr- und Lernprozessen und erreichten Ergebnissen, auch im Vergleich zu anderen Bildungseinrichtungen;

- informieren über Entwicklungen, Konzeptionen, Erfolge, Defizite und Perspektiven und eventuell Förderungen der Implementierung digitaler Medien in Lehr- und Lernprozessen, bereits realisierte Beispiele zeigen und kritisch reflektieren;
- informieren über die Voraussetzungen, Bedingungen, Prozesse, möglichen Erfolge und Konsequenzen für die eigene Bildungsinstitution, ihre Lehrenden, Lernenden und anderen Beteiligten;
- informieren über die Entwicklungen der beruflichen und gesellschaftlichen Anforderungen an die von den Lernenden für ihre spätere Lebensgewinnung zu entwickelnden subjektiven Sach-, Sozial- und Selbstkompetenzen;
- Lösungsperspektiven gemeinsam diskutieren sowie Ziele und Vorgehensweisen einer nachhaltigen Implementierung digitaler Medien in die formalen, nonformalen und informellen Lehr- und Lernprozesse vereinbaren;
- Arbeitsgruppen bilden und deren Kommunikation und Zusammenarbeit aufbauen und laufend in Gang halten, durch klare Formulierungen und Begründungen die Akzeptanz fördern;
- im Implementationsprozess abschnittweise oder auch begleitend gemeinsame Evaluationen unter Einbeziehung der Lernenden und anderen Beteiligten vornehmen und für die weiteren Implementationsschritte gemeinsam auswerten;
- über die Fortschritte der Implementierung laufend alle Beteiligten informieren und den Erfahrungsaustausch und die kritische Reflexion des Erreichten fördern und die nächsten Ziele und Schritte der Implementierung gemeinsam vereinbaren;
- durch Offenheit in gemeinsamen Diskussionen Widerstände lösen und Neugier an den vereinbarten Implementierungen fördern, Vertrauen aufbauen und die Kompetenzentwicklung aller Beteiligten fördern.

Alle Beteiligten müssen sich als Promotoren begreifen

Um die Bereitschaft aller Beteiligten auf den verschiedenen Stufen und Ebenen der Organisation der Bildungseinrichtung zur engagierten, erfolgreichen und nachhaltigen Implementierung der digitalen Medien in den Lehr- und Lernprozessen zu fördern, sollten sich alle Beteiligten nicht nur als Produzenten, sondern auch als Promotoren begreifen und aktiv eingreifend in Kommunikation und Kooperation mit allen anderen Beteiligten handeln (SEUFERT 2005b, 550–553). „Der Erfolg einer Innovation ist immer an das Engagement individueller Akteure [...] gebunden, da sie die Innovation akzeptieren und ihr Handeln ändern müssen. Promotoren können dabei helfen, Wissens- und Willensbarrieren gegenüber E-Learning zu überwinden und damit die Erfolgsaussichten für E-Learning-Innovationen und damit einhergehenden Änderungen zu verbessern. Dabei hat sich gezeigt, dass die Tätigkeit mehrerer Promotoren mit unterschiedlichen Funktionen, die sich gemeinsam engagieren, die Erfolgsaussichten wesentlich fördert" (ebd., 550) (Tab. 12.2).

Tab. 12.2: Förderung von E-Learning (in Anlehnung an SEUFERT 2005b, 550–553)

Förderung von E-Learning auf der *Leitungsebene*	durch die aktive Wahrnehmung, Achtung und Unterstützung der Projektentwickler, der Medienersteller, der Administratoren, der Lehrenden, der Tutoren und der Lernenden
auf der *Fachebene*	durch den Erwerb der fachlichen und erforderlichen medialen Kompetenzen für die Aufbereitung und multimediale und interaktive Präsentation der Lernaufgaben und zu bearbeitenden Lerninhalte im Blick auf die zu erreichenden Lernergebnisse
auf der *Administrationsebene*	durch die aktive Vermittlung zwischen der technischen Administration des virtuellen Lernraums und ihren Inhalte einstellenden und abrufenden sowie kommunizierenden und kooperierenden Nutzern
auf der *Prozessebene*	durch die aktive Betreuung und Unterstützung der individuell oder kooperativ in Gruppen selbst organisiert Lernenden durch die jeweiligen Lehrenden, Tutoren, anderen Lernenden und anderen Fachexperten
auf der *Beziehungsebene*	durch die jeweils Zuständigen zu anderen Bildungseinrichtungen, zu Medienautoren und Medienproduzenten, zu Experten in Praxis, Entwicklung, Wissenschaft und Forschung sowie zu den zuständigen Behörden und Akkreditierungsstellen

12.2.8 Innovation des Betriebs- bzw. Geschäftsmodells

Notwendigkeit der Innovation

Nach der Reflexion und Vereinbarung der jeweils zu realisierenden strategischen Faktoren ist ein entsprechendes innovatives Betriebs- und Geschäftsmodell zu entwickeln, damit die neuen innovativen Formen und Inhalte der Lehr- und Lernprozesse mit digitalen Medien auf der operativen Ebene auch erfolgreich realisiert werden können. In der Vergangenheit bewährte Faktoren und Organisationsstrukturen sind auf der Grundlage der neuen strategischen Faktoren für die Etablierung von Lehr- und Lernprozessen mit digitalen Medien kritisch zu prüfen, ob sie auch für die neuen Anforderungen tragfähig sind. Die Realisierung der strategischen Faktoren erfordert und bewirkt daher, wie oben dargelegt, grundlegende Überprüfungen und in vielen Bereichen auch Veränderungen der bisherigen Organisationsstrukturen der Bildungseinrichtungen. Die jeweils notwendige und vereinbarte Innovation des Betriebs- und Geschäftsmodells des Lehrens und Lernens mit digitalen Medien wird damit selbst zu einem zentralen strategischen Faktor, obwohl die Organisationsstrukturen, in denen die operativen Handlungen der Medienentwicklung und des Lehrens und Lernens erfolgen, selbst keine Strategie sind.

Das Betriebs- bzw. Geschäftsmodell beschreibt die betriebswirtschaftliche Funktionsweise der Bildungseinrichtung, wie sie ihre Ziele mit ihren digitalen Bildungsangeboten erreichen will. Insbesondere werden in dem Modell ihre besonderen inhaltlichen und prozessualen Angebote beschrieben, durch die sie sich im gesamten digitalen und auch traditionellen Bildungsangebot, z. B. in der Region, der Wirtschaft, der Schulbildung, der beruflichen Aus- und Weiterbildung, der Erwachsenenbildung, der Hochschulbildung, platziert und gegebenenfalls auch von den anderen Anbietern deutlich unterscheidet. Die detaillierte Beschreibung der Komponenten des Betriebs- bzw. Geschäftsmodells hilft auch dabei, die auf der operativen Ebene für den Erfolg wichtigen oder auch für mögliche Misserfolge ursächlichen Voraussetzungen, Bedingungen und Handlungselemente in den Organisationsstrukturen zu analysieren und zu bestimmen.

Komponenten der Innovation

Acht Komponenten sollten für die Überprüfung des bisherigen und die Entwicklung des neuen Betriebs- bzw. Geschäftsmodells für Bildungsangebote mit digitalen Medien maßgebend sein. Die allgemein formulierten Komponenten für die Innovation des Betriebs- und Geschäftsmodells für Bildungsangebote mit digitalen Medien können nur von den unterschiedlichen Bildungseinrichtungen selbst, gegebenenfalls mit kompetenter beratender Unterstützung, jeweils entsprechend ihren betrieblichen bzw. geschäftlichen Zielen und Möglichkeiten konkret analysiert, geklärt und bestimmt werden (Tab. 12.3).

Tab. 12.3: Komponenten der Innovation

Ziele	Die zu erreichenden *Ziele* der Lehr- und Lernprozesse mit digitalen Medien in den jeweiligen Kontexten sind in Kommunikation mit den Beteiligten zu klären – auch wenn es um Angebote für den offenen Bildungsmarkt geht.
Bedarf	Der *Bedarf* der Lernenden, ihre Lernvoraussetzungen und Lernbedingungen sind in Bezug auf die zu erreichenden Ziele zu erheben und zu analysieren.
Nutzen	Der *Nutzen*, der von der Bildungseinrichtung medial und personell allein oder in Kooperation mit Partnern für die Lernenden erbracht werden kann, ist zu klären.
Leistungen	Die *Leistungen* der Bildungseinrichtung, die inhaltlich, didaktisch, methodisch, beratend und tutoriell betreuend für die Lernenden erbracht werden können.
Moderation	Die *Moderation* von Kommunikationsforen auf der E-Learning-Plattform der Bildungseinrichtung für die Lernenden, Lehrenden und Fachexperten ist zu klären.
Prozesse	Die *Prozesse* und Lieferanten sowie die organisatorischen Bedingungen für die Erbringung der Leistungen der Bildungseinrichtung sind zu bestimmen.
Bekanntheit	Die *Bekanntheit* der Bildungsangebote mit digitalen Medien und der Bereitschaft zur Anpassung der Angebote an die Nachfrage und konkreten Lernbedarfe ist zu verbreiten.
Bestand	Der materielle, personelle und finanzielle *Bestand* und die weitere Entwicklung der Bildungseinrichtung entsprechend den gegenwärtigen und zu erwartenden weiteren Anforderungen sind zu sichern.

12.3 Implementierung in Hochschulen und Bildungszentren

12.3.1 Grundlagen und Voraussetzungen

Gestaltung der Lehr-Lern-Kultur

„Ausgangspunkt und Gestaltungsfeld nachhaltiger E-Learning-Implementierungen“ in Hochschulen und Bildungszentren ist die „Lehr-Lern-Kultur“ (WIRTH 2005, 375 ff.). Lehr-Lern-Kulturen sind in gesellschaftlichen und kulturellen Kontexten und Machtverhältnissen herausgebildete Muster institutionalisierter Formen pädagogischer Handlungen (ZIMMER 1987, 378 ff.; 2001, 129). Sie werden geformt durch die gemeinsamen Interessen, Wertvorstellungen, Ziele und Handlungsanordnungen, die Lehrende und Lernende einer Hochschule oder eines Bildungszentrums zur Vermittlung und zum Erwerb von Kompetenzen, mithin zur Überwindung individueller oder auch kollektiver Kompetenzdiskrepanzen teilen. Ihre Lehr- und Lernhandlungen sind bestimmt durch vorgegebene, übernommene und modifizierte Positionen und Funktionen in den institutionalisierten pädagogischen Verhältnissen. Die Anordnung ihrer Handlungen formt ihr jeweiliges Rollenverständnis bezüglich Lehren und Lernen, führt sie zu Grundvorstellungen über gute Lehre und gutes Lernen und bringt ihre wechselseitigen Erwartungen an die täglichen Lehr- und Lernhandlungen hervor. An der Beziehung der Handlungen der Lehrenden und Lernenden zueinander kann die herausgebildete Lehr-Lern-Kultur erkannt werden. Und durch die Veränderung des pädagogischen Verhältnisses und der Beziehungen zueinander verändern sich wiederum die Lehr- und Lernhandlungen und damit auch die Lehr-Lern-Kultur graduell oder grundlegend. Diese Veränderungen sind wesentlich bestimmt und hervorgebracht durch die wirtschaftlichen, technischen, sozialen, kulturellen und subjektiven Entwicklungen und Umbrüche in der Gesellschaft.

Allerdings hat das mit der Bologna-Reform eingeführte bürokratische System der Akkreditierung aller Studiengänge „dazu beigetragen [...], traditionelle Lehrmethoden an Universitäten aufrechtzuerhalten und die Berücksichtigung neuer Tools und Ansätze zu verhindern“ (JOHNSON u. a. 2014, 36). Auch die große Zunahme von befristeten und Teilzeitstellen „trägt [...] dazu bei, dass Teilzeit-Lehrkräfte weniger Einfluss auf die Integration von Lehrinnovationen haben“ (ebd.). „Programmbegleitende Untersuchungen [in Europa] haben gezeigt, dass rigide staatliche Strukturen, unflexible Budgets und fehlende Anreize für innovative Pädagogen Faktoren sind, die die Weiterverbreitung neuer Lernmethoden unter den Mitgliedstaaten behindern“ (ebd., 37). Alle Beteiligten sind daher aufgefordert, gegen ausgelöste Erstarrungen die möglichen innovativen Entwicklungen der Lehr- und Lernkultur mit den digitalen Medien gemeinsam zu fördern, damit Fachhochschulen und Universitäten wieder zu offenen Orten kritischer Reflexion und der Entwicklung neuer Ideen werden.

Lehrende als Dienstleister

Mit der Einführung und Nutzung des E-Learning auf der Basis und im Kontext mit dem Internet wird eine grundlegende Umwälzung der Lehr-Lern-Kultur angestoßen.

Sie wird ausgelöst durch die neuen informations- und kommunikationstechnischen Möglichkeiten des selbst gesteuerten, partizipativen und gemeinschaftlichen Lernens über die institutionellen Grenzen hinweg, die Entwicklung produktiver und diskursiver Formen des Lernens, indem individuell oder kooperativ erarbeitete Lern- und Arbeitsergebnisse allen zur Diskussion gestellt werden, um durch Kritik und Anregungen zu weiterführenden Lernfortschritten zu kommen. Diese neuen Möglichkeiten des Lernens haben für das Lehren grundlegende Veränderungen zur Folge. Nicht mehr die eindirektionale Vermittlung von Wissen und Kompetenzen vom Lehrenden zum Lernenden steht im Zentrum der Lehrhandlungen, sondern diese Vermittlung ist eingebettet in die inhaltliche und methodische Moderation, Beratung, Unterstützung und Reflexion der Lernprozesse der Lernenden. Die Lehrenden sind somit vielmehr als kompetente Dienstleister in formalen und nonformalen Lernprozessen gefragt. Die Aufgabenorientierung im Studium, im Lernen und Lehren wird somit zum zentralen Leitbild der Lehr-Lern-Kultur in virtuellen Bildungsangeboten.

Interessen der Lehrenden und Lernenden

Die Einstellungen, Voraussetzungen, Bedingungen und Ziele der Handlungen der Lehrenden und Lernenden und ihre vereinbarten Handlungsbezüge sowie die jeweiligen Fachdisziplinen und entwickelten Fachkulturen bilden die Grundlage, den Rahmen und den Ausgangspunkt sowohl für den Erfolg der Implementierung wie auch für die jeweils implementierten Formen von E-Learning in Hochschulen und Bildungszentren (Euler 2005b, 570 ff.; Kleimann/Wannemacher 2004; Seufert 2006). Denn ob die Lehrenden sich als Innovatoren verstehen und aktiv werden mit einem ausgeprägten Interesse an der Verbesserung der Lehre und des Lernens mit E-Learning oder ob sie eher keine Risiken eingehen möchten, weil sie die Konsequenzen der Einführung von E-Learning nicht abschätzen können und ihre bisher erfolgreiche Lehrpraxis nicht gefährden möchten, oder ob sie die möglichen Vorteile der Nutzung von E-Learning für ihre Karriereziele nicht erkennen können oder ob sie aufgrund persönlicher Einschätzungen die mit der Einführung von E-Learning verbundenen Veränderungen der Lehr-Lern-Kultur prinzipiell ablehnen, sind entscheidende persönliche Voraussetzungen für eine Implementierung. Auf diese individuellen Einstellungen und Handlungsgründe der Lehrenden ist in allen Stufen der Implementierung sowohl argumentativ als auch durch positive Beispiele und das Angebot von Unterstützungen einzugehen. Auch bei den Lernenden, die mittlerweile fast alle das Internet nutzen, kann die Einführung bzw. Nutzung von E-Learning dennoch auf mehr oder weniger ausgeprägte Skepsis stoßen. Lernende können sich durch die neuen Formen des selbst organisierten und kooperativen Lernens herausgefordert sehen. Diese neuen Formen selbstständigen Lernens können aber auch Unsicherheit gerade in Bezug auf die zu erbringenden Prüfungsleistungen auslösen. Für ihre Motivation zum E-Learning ist aber nicht nur entscheidend, die Ziele, Inhalte, Methoden und erwarteten Prüfungsleistungen vorab darzulegen, um Vorbehalte abzubauen und Sicherheit für die E-Learning-Prozesse zu geben. Wichtig sind darüber hinaus ihre E-Learning-Erfahrungen und E-Learning-Kompetenzen, deren Erwerb durch individuell abrufbare Hilfen zu unterstützen ist, sodann ihre zeitlichen Belastungen, nämlich ob diese ihnen die Ausschöpfung der Potenziale des E-Learning hinreichend zulassen, sowie ihre Einschätzung der Bedeutung und Notwendigkeit der Kompetenzen zum selbst gesteuerten Lernen in Wirtschaft und Gesellschaft, die im und mit E-Learning ebenfalls zu vermitteln sind.

Promotoren der Implementierung

Prinzipiell sollte, so schlägt Euler (2005b, 574 ff.) vor, „die Steuerung der Implementierung von E-Learning-Innovationen [...] in einem Team aus Macht- und Fachpromotoren unter der Leitung von Fakultätsmitgliedern der höchsten Rangstufe erfolgen". Auf der ausführenden Ebene sind sodann Expertengemeinschaften unter Beteiligung der Lernenden einzurichten, die sich auf fachliche oder fachübergreifende Themen und Probleme konzentrieren und überzeugende und praktikable Vorbilder des E-Learning schaffen und kommunizieren. Die neuen Lehr- und Lernformen sind entsprechend den Anforderungen der jeweiligen Fachgebiete mit den in diesen Fachgebieten Lehrenden und Lernenden gemeinsam in offener und selbstbestimmter Kooperation zu entwickeln. Dabei ist eine angemessene Vorgehensweise und Aufgabenteilung zu vereinbaren, denn die mit der Entwicklung verbundenen Zusatzbelastungen müssen für alle Beteiligten erfüllbar sein. Das Lehrdeputat muss neu strukturiert werden, denn die erheblichen andersartigen zeitlichen Belastungen sind darin zu berücksichtigen, wie sie z. B. durch die mediengerechte Aufbereitung der Lerninhalte, die notwendige Kooperation bei der Medienproduktion und die asynchrone Kommunikation mit den Lernenden verursacht werden. Zudem muss neben den erforderlichen finanziellen Mitteln eine mediendidaktische und medientechnische Unterstützung zur Verfügung stehen, ohne die E-Learning weder Akzeptanz finden noch breit eingeführt werden kann.

In Pilotprojekten Erfahrungen sammeln

Empfehlenswert ist, zunächst mit vollständigen Pilotprojekten erste Erfahrungen zu sammeln. Dazu sollten die Pilotprojekte sich nicht nur auf mediale Ergänzungen von Präsenzveranstaltungen beschränken, weil dann keine substanziellen Erfahrungen gesammelt werden können. Vielmehr sollten ganze Abschnitte von Lehrveranstaltungen komplett in virtuelle Bildungsangebote transformiert werden, damit in allen substanziellen Aspekten Erfahrungen gesammelt und ausgewertet werden können. Auf der Grundlage einzelner, aber im ersten Durchgang bewährter virtueller Bildungsangebote können weitere Angebote bis hin zu kompletten Bildungsgängen abschnittweise entwickelt werden. Dabei sollte immer eine begleitende Evaluation (Kap. 9) durchgeführt werden, um die Hemmnisse, Erfolgsfaktoren und besseren Gestaltungsoptionen zu finden. Diese Evaluation sollte mit qualitativen Methoden in Kooperation mit den Lehrenden durchgeführt werden, weil dafür eine ständige Beobachtung und Datenerhebung notwendig ist.

12.3.2 Prozess der Implementierung

Der Prozess der Implementierung von E-Learning in Hochschulen und Bildungszentren sollte in sechs Projektstufen erfolgen:

Stufe 1: Aufbau eines Kompetenzzentrums
Voraussetzung für eine erfolgreiche breite Einführung von E-Learning in Hochschulen und Bildungszentren ist die Einrichtung eines E-Learning-Kompetenzzentrums z. B. durch Reorganisation, Erweiterung und Integration oft schon bestehender Service-Einrichtungen wie Zentrum für Hochschuldidaktik, Rechenzentrum und Medienzentrum, wobei die Produktion und Pflege von E-Learning-Modulen noch hinzukommen muss. Dazu gehört auch die Einführung, Pflege und Unterstützung der virtuellen Lernräume. Die Einbindung in ein strategisches Konzept der Bildungseinrichtung und die nachhaltige Entwicklung von E-Learning-Angeboten erfordern auch die Bereitstellung entsprechender Ressourcen. Ein solches integriertes E-Learning-Kompetenzzentrum hat die zentrale Aufgabe, die E-Learning-Projekte von der Planung über den laufenden Betrieb bis zur Qualitätsverbesserung fachlich beratend und ausführend zu unterstützen. Diese Unterstützung beginnt bei der Bedarfserhebung, Initialberatung und Machbarkeitsprüfung, umfasst sodann die Unterstützung der mediendidaktischen Konzeptualisierung der Lehr- und Lerninhalte sowie die Ablaufplanung und das Prozessmanagement, die Medienproduktion sowie den laufenden Betrieb der medialen Infrastruktur, die Bereitstellung von Informationen und die mentorielle Unterstützung der Kompetenzentwicklung der Lehrenden im Bereich E-Learning und Mediendidaktik sowie die Evaluation und Qualitätsverbesserung der virtuellen Bildungsangebote gemeinsam mit den Lehrenden und Lernenden. Dazu empfiehlt es sich, für die laufende Arbeit – und für die weitere Verbreitung von E-Learning in der Bildungseinrichtung – entsprechende Arbeitskreise einzurichten und für übergreifende konzeptionelle Themen auch kurze Arbeitstagungen zur diskursiven Klärung von Problematiken, Verbesserungen und weiteren Entwicklungen, eventuell auch mit eingeladenen externen Experten, zu veranstalten.

Stufe 2: Entwicklung der Kompetenzen
Die Kompetenzentwicklung der Lehrenden für die Konzeptualisierung und Durchführung virtueller Bildungsangebote in ihrem Fachgebiet in Kooperation mit den anderen Lehrenden und den Lernenden ist eine wesentliche Voraussetzung und Bedingung für eine nachhaltige Verankerung des E-Learning in Hochschulen und Bildungszentren. Bestehende Kompetenzdiskrepanzen lassen sich dafür nicht vorrangig durch Schulungsangebote ausgleichen, sondern besser durch die Bereitstellung von Informationen, Anleitungen und Hilfen im Prozess der Entwicklung, Realisierung und Bewertung von E-Learning-Angeboten in enger Kommunikation und Kooperation mit dem Kompetenzzentrum. Hilfreich ist hierfür die Einbindung der Entwicklung von E-Learning-Angeboten in die strategischen Ziele der Fakultät bzw. des Fachgebiets und der Hochschule bzw. des Bildungszentrums. Damit wird eine verantwortliche Übernahme der Innovation der Lehrtätigkeit mit E-Learning begründet. Das daraus hervorgehende Erfordernis der Kompetenzentwicklung erhält da-

durch ein größeres Gewicht und Interesse, Motivation und Handlungsbereitschaft werden erhöht. Von entscheidender inhaltlicher Bedeutung für die Kompetenzentwicklung ist die unterstützende mediendidaktische Beratung und das Wissensmanagement zwischen den Lehrenden über Konzepte, Erfahrungen und Ergebnisse sowie die Unterstützung der Lernenden in Recherche, Präsentation und Kommunikation von Arbeitsergebnissen. Diese vielseitige Unterstützung der Kompetenzentwicklung der Lehrenden und Lernenden ist eine der Hauptaufgaben des Kompetenzzentrums.

Stufe 3: Konzeptualisierung der Didaktik

Damit die Lernenden ihre kooperativ selbst organisierten Lernprozesse bzw. autodidaktischen Lernhandlungen engagiert und erfolgreich entwickeln und gestalten können, ist die didaktische Konzeption, die Produktion und Nutzung der medialen Bildungsressourcen sowie die Gestaltung der Lern- und Lehrprozesse in virtuellen Bildungsangeboten von entscheidender Bedeutung (Kap. 4; Kap. 5; Kap. 6). Die didaktische Gestaltung umfasst nicht allein die begründete Auswahl und Strukturierung der Lerninhalte und der jeweils entsprechenden Methoden und Sozialformen des Lehrens und Lernens, sondern vielmehr die gesamte mediale Strukturierung der Lehr- und Lernprozesse bis in alle Schritte und Details sowie die eingeplante Verfügbarkeit persönlicher Unterstützungen durch Moderation, Beratung und Information durch Lehrende und andere Experten bis hin zur medialen Präsentation und Diskussion von Arbeitsergebnissen in Lerngruppen mit Lehrenden sowie die Kombination mit Präsenzlehrveranstaltungen und die vorgesehenen Rückmeldungen der Lehrenden. Zweifellos ist diese dritte Projektstufe, die didaktische Entwicklung, die umfangreichste, die sowohl intensiver Beratung durch das Kompetenzzentrum als auch personeller und finanzieller Unterstützung in der Medienproduktion bedarf.

Stufe 4: Aufbau der Infrastruktur

Die Bereitstellung und der Betrieb der technischen Infrastruktur ist eine Aufgabe des Kompetenzzentrums, die in Abstimmung mit den Lehrenden und Lernenden erfolgen sollte. Zu entscheiden ist dabei, welche Lernplattform aus den hochschulorientierten Lernplattformen oder welches Content Management System sich für die eigenen didaktischen Konzepte und Ansprüche am besten eignet oder ob eine Eigenentwicklung erforderlich ist (siehe Kap. 3). Die Entscheidung kann zunächst mit der Prüfung von Testversionen vorbereitet werden. Ein zentrales Auswahlkriterium ist dabei, wie die Funktionalitäten der Lernplattform mit Abteilungen für Angebot und Auskunft, Planung und Verwaltung, Mediathek und Arbeitsergebnisse, Kommunikation und Kooperation, Prüfung und Evaluation sowie für Schnittstellen zur Anwendungssoftware für die eigenen Ansprüche ausgestaltet sind. Ein weiteres zentrales Auswahlkriterium ist die Produktform der Lernplattform. Eine Open-Source-Lernplattform hat den Vorteil, dass sie billiger und an die eigenen Bedürfnisse anpassbar ist, aber dafür auch eigenen Einsatz erfordert. Eine Closed-Source-Lernplattform als kommerzielles Produkt hat den Vorteil, dass sie ausgereift ist und stabil läuft und zudem ein Update-Service vorhanden ist, aber dafür auch teurer und nicht beliebig an eigene Bedürfnisse anpassbar ist. Die ausgewählte Lernplattform muss es ermöglichen, dass die auf einem lokalen Computer in einem allgemein verbreiteten Format erstellten Inhalte in die Lernplattform einfach eingestellt und auch auf anderen Computern zur weiteren Bearbeitung heruntergeladen werden können.

Stufe 5: Einrichtung des Projektmanagements

Für die Entwicklung, den laufenden Betrieb und die Überprüfung des Erfolgs virtueller Bildungsangebote und ihrer Integration in Präsenzlehrveranstaltungen ist in den jeweiligen Facheinheiten ein Projektmanagement einzurichten, ohne das die notwendigen und umfangreichen Arbeiten nicht zu meistern sind. Das Projektmanagement hat die Aufgabe, die Ziele und Gestaltungsoptionen, die Voraussetzungen und Bedingungen, die Planungen und Umsetzungen, die Ressourcen und Meilensteine sowie die Kommunikationen und Kooperationen vorzubereiten, zu organisieren und zu führen, und zwar immer in Abstimmung mit den anderen Lehrenden und auch den Lernenden. Damit verbunden ist auch die Aufgabe einer den jeweiligen Bedarfsentwicklungen Rechnung tragenden Infrastrukturentwicklung, nämlich die Innovationen zu begleiten, das Interesse für die Innovationen zu fördern, zur Lösung von Widerständen und Akzeptanzproblemen beizutragen und das Wissensmanagement unter allen Beteiligten zu organisieren. Damit diese vom Projektmanagement zu leistenden Arbeiten auch erfolgreich geleistet werden können, ist zu prüfen, ob eine dem Projektumfang entsprechende Lehrentlastung zu geben ist.

Stufe 6: Konzeptualisierung des Qualitätsmanagements

Die Einrichtung eines Qualitätsmanagements im E-Learning (Kap. 8) ist, wie überhaupt in pädagogischen Verhältnissen, keine einfache Aufgabe. Denn Lehren und Lernen stehen in keinem eindirektionalen Wirkungszusammenhang, aus guter Lehre folgt keineswegs unmittelbar, immer und bei allen Lernenden gleichermaßen gutes Lernen, das nur im Leistungsniveau nach Begabung differenzierte Ergebnisse bringt. Diese sehr verbreitete Annahme unterschätzt völlig die Subjektivität der Lernenden. Vielmehr stellen letztlich die Lernenden durch ihre subjektiven Lernhandlungen erst den Erfolg und die Qualität der Lehre her. Lehren und Lernen stehen in einem wechselseitigen Verhältnis zueinander, das erst durch die wechselseitig aufeinander bezogenen Handlungen der Lehrenden und Lernenden hergestellt wird. Für das Qualitätsmanagement hat dies zur Konsequenz, dass zu Beginn eines Lehr- und Lernprozesses die zu erreichenden Ziele, die Materialien und Prozesse sowie Inhalte und Formen der Ergebnisse zwischen Lehrenden und Lernenden auf der Grundlage der virtuellen Bildungsangebote – ihrer eventuellen Einschränkung, Modifikation oder Erweiterung – vereinbart werden müssen. Prozessbegleitend haben nicht nur die Lehrenden den Lernfortschritt zu beobachten oder zu prüfen, sondern ebenso die Lernenden bewertende Rückmeldungen an die Lehrenden über ihre Lehrtätigkeit wie über die zur Verfügung gestellten Informationen und Materialien zu geben. Damit können die jeweils nächsten Schritte der Lehrhandlungen wie der Lernhandlungen vereinbart werden, um zu einem optimalen Lernerfolg zu kommen. Der erreichte Lernerfolg sollte dann abschließend in einer Weise qualitativ geprüft werden, die den ganzheitlichen, komplexen, flexiblen und innovativen Anforderungen des jeweiligen Fachgebiets angemessen sind (Kap. 7). Das Qualitätsmanagement soll sich somit auf die Medien, die Prozesse und die Ergebnisse im E-Learning und dessen Integration in Präsenzlehrveranstaltungen beziehen. Bei allen eingeholten Beurteilungen von den Lernenden und Lehrenden ist unverzichtbar, dass jede Beurteilung auch begründet wird, weil sonst das abgegebene Urteil nicht von den jeweils anderen Beteiligten eingeschätzt werden kann. Es empfiehlt sich daher, auch gemeinsame Beurteilungsgespräche zur Verbesserung kritisch bewerteter E-Teaching- bzw. E-Learning-Bestandteile zu führen.

Realisierung der Projektstufen

Zur Realisierung virtueller Bildungsangebote sollten zum einen die hier vorgeschlagenen sechs Projektstufen zur Einführung von E-Learning in Hochschulen und Bildungszentren zunächst in Pilotprojekten konkretisiert und erprobt werden, damit aufgrund der gemachten Erfahrungen die Konzeptualisierung und Durchführung der Projektstufen den jeweiligen institutionellen Notwendigkeiten und Ansprüchen entsprechend optimiert werden können. Zum anderen sollten auch die entwickelten E-Learning-Angebote und ihre eventuell vorgesehene Integration in Präsenzlehrveranstaltungen erprobt werden, um aus den Erfahrungen in der Entwicklung, Durchführung und Zielerreichung für die nächsten E-Learning-Projekte zu lernen. Sowohl die Erprobung und Konkretisierung der sechs Projektstufen als auch die Pilotprojekte sollten nicht nur mit partieller Unterstützung des Kompetenzzentrums, sondern in enger Abstimmung mit diesem durchgeführt werden.

12.4 Kooperation von Bildungseinrichtungen

Kooperation prüfen

Eine Kooperation mit jeweils anderen Hochschulen bzw. Bildungszentren ist aufgrund der erforderlichen finanziellen Mittel und der notwendigen personellen Kapazitäten vor allem für die Entwicklung von digitalen Bildungsmedien sehr empfehlenswert, obgleich sie wegen der tradierten unterschiedlichen institutionellen Kulturen oft keineswegs einfach und unproblematisch ist. Sie muss mit Unterstützung der beteiligten Leitungen der Hochschulen bzw. Bildungszentren vor allem von den jeweils zu beteiligenden Lehrenden und Kompetenzzentren gewollt und getragen werden. Um eine institutionenübergreifende Kooperation zu erreichen, ist zunächst in jeder beteiligten Bildungseinrichtung eine Fachgebiets- und Gesamtstrategie zu konzipieren, um zunächst die eigenen Ziele, Ressourcen und Defizite zu klären. Auf dieser Grundlage können dann mögliche Kooperationspartner gesucht und gefunden und mit diesen Verhandlungen geführt und Vereinbarungen getroffen werden. Drei Kooperationsformen sind dabei denkbar:

(1) Kooperation in der Medienproduktion unter Konkurrenzbedingungen
Eine Kooperation wird nur dann erfolgreich sein, wenn unterschiedliche Verwendungsweisen, Anpassungen und Ergänzungen der gemeinsam produzierten digitalen Bildungsmedien entsprechend den spezifischen Bedürfnissen und Vorstellungen der jeweiligen Fachvertreter in den beteiligten Hochschulen bzw. Bildungszentren möglich sind. Die Kooperationspartner müssen ihre spezifischen Studien- und Bildungsprofile durch Modifikationen und Ergänzungen der gemeinsam produzierten Medien beibehalten und weiterentwickeln können. Dies ist oft eine zentrale Voraussetzung der Akzeptanz institutionenübergreifender Medienentwicklungen.

Die aufgabenorientierte Gestaltung der virtuellen Bildungsangebote, für deren Bearbeitung eine Reihe wählbarer Medienbausteine bereitgestellt und neu erstellt werden, ermöglicht gerade die gewünschten spezifischen Profilbildungen. Darüber hinaus können insbesondere Basismodule zum Erwerb von Grundwissen, die in aufgabenorientierte E-Learning-Module integriert werden – vergleichbar der Integration von Lehrbüchern in Präsenzveranstaltungen – zwecks Kostenreduktion und Qualitätssicherung sehr vorteilhaft durch Kooperationen entwickelt und hergestellt werden. Für ein effizientes Management der Zusammenarbeit zwischen den Kooperationspartnern sollten geeignete Formen der Arbeitsteilung und geeignete Instrumente der Planung und Koordination in den zu organisierenden Netzwerken entwickelt werden.

(2) Kooperation in der Anerkennung von Lernleistungen
Eine andere Kooperationsebene zur Etablierung virtueller Bildungsangebote ist die Schaffung der Möglichkeit einer beschränkten Einschreibung der Lernenden bei Kooperationspartnern mit wechselseitiger Anerkennung von Studien- bzw. Lernleistungen, wie z. B. bei den in der Virtuellen Hochschule Bayern kooperierenden Hochschulen. Diese Kooperationsebene hat den Vorteil, dass die Entwicklung und Betreuung einzelner E-Learning-Module und damit die Ressourcen und Kompetenzen an einer Partnerhochschule bzw. einem Bildungszentrum konzentriert und damit erheblich effizienter genutzt werden können.

(3) Gründung einer Studienagentur bzw. Bildungsagentur
Eine weitere Kooperationsebene ist die Gründung einer gemeinsamen Studienagentur der Hochschulen bzw. einer Bildungsagentur der Bildungszentren, die jeweils die Entwicklung, Akkreditierung und Nutzung virtueller Studien- bzw. Bildungsmodule koordiniert und ggf. auch personell unterstützt, wobei die Partnerhochschulen bzw. kooperierenden Bildungszentren die E-Learning-Module jeweils in ihre spezifischen Studien- bzw. Bildungsangebote einbauen. Durch eine bundesweite oder europaweite Mehrfachnutzung kann eher ein ausreichender Kostendeckungsbeitrag erzielt werden, als dies regionale Verbünde zu erreichen vermögen. Allerdings darf bei der je nach Fachgebiet mehr oder weniger verbreiteten Benutzung des Englischen als internationaler Wissenschafts- und Geschäftssprache nicht übersehen werden, dass dadurch zum effizienteren Lehren und Lernen die Benutzung der Muttersprache in den Lehr- und Lernprozessen nicht völlig verdrängt wird. Denn im Zentrum

jedes Lehr- und Lernprozesses steht die Auseinandersetzung mit umfangreichen Inhalten und komplexen Problemen, die nicht mit dem gleichzeitigen Erlernen bzw. der Benutzung einer fremden Sprache zusätzlich erschwert werden sollte. Gleichwohl können fremdsprachliche Abschnitte ergänzend in E-Learning-Module eingebaut werden, weil sie dann in einem muttersprachlichen Kontext stehen und dadurch leichter verstanden werden.

12.5 Online-Weiterbildungs-Agentur von Hochschulen

Hochschulen bieten traditionell Lehre für das Erststudium an, und dies seit einigen Jahren unter wachsenden Einsparungen. Aber nicht nur aus finanziellen Gründen, sondern auch zur Öffnung der Hochschulen für weitere Interessengruppen und Fachkräfte zur allgemeinen und fachlichen Weiterbildung, den sogenannten nicht traditionell Studierenden, ist der Aufbau eines Studienangebotes in der wissenschaftlichen Weiterbildung mit virtuellen Bildungsangeboten sinnvoll (Nisius/Laudahn 2000; siehe auch Apel/Kraft 2003). Über die sozialen Medien im Web 2.0 können die Angebote wissenschaftlicher Weiterbildung gut kommuniziert und beworben sowie Anregungen und Kritiken rasch aufgenommen und in Verbesserungen umgesetzt werden. Vier Strategien sind hierfür denkbar:

(1) Virtuelle Studienmodule aus dem Erststudium auch für die Weiterbildung

Jede Hochschule bietet die von ihr für das Erststudium entwickelten virtuellen Studienmodule auch in der Weiterbildung an. Da diese Studienmodule aufgrund der anderen Lernvoraussetzungen durch Berufs- und Lebenserfahrungen meistens nicht in allen Aspekten den Weiterbildungsinteressen entsprechen dürften, werden Anpassungen und Erweiterungen durch die Medienproduzenten der jeweiligen Hochschule erforderlich sein. Um für virtuelle Weiterbildungsangebote aus den Fakultäten den Weiterbildungsmarkt zu erschließen, wird es vorteilhaft sein, hierfür eine hochschuleigene Online-Weiterbildungs-Agentur einzurichten. Da auch die angepassten und erweiterten virtuellen Studienangebote in der wissenschaftlichen Weiterbildung nicht ohne mentorielle Betreuung und den Diskurs mit den Lehrenden angeboten werden sollten, müssen Anreizstrukturen für das Engagement der Lehrenden in der Weiterbildung geschaffen werden. Diese können in der Bereitstellung von Ressourcen für die Anpassungen und Erweiterungen sowie in der Einstellung von Tutoren, in der Anrechnung auf das Lehrdeputat oder einer zusätzlichen Honorierung bestehen.

Denkbar ist jedoch auch eine Teilnahme der Weiterbildungsteilnehmer an den virtuellen Studienangeboten in den Hochschulen, z. B. im Gasthörerstatus, mit Regelungen für die Zertifizierung ihres Teilnahmeerfolgs. Dies hätte den Vorteil, dass in die Studiengruppe aufgabenbezogen aktuelle Erfahrungen aus der Praxis eingebracht werden, die wichtige Anregungen für das weitere Studium und auch für die Lehre geben können. Diese generationenübergreifenden virtuellen Studiengruppen könnten somit für die Entwicklung praxisorientierter wissenschaftlicher Kompetenzprofile sehr vorteilhaft sein.

(2) Hochschulübergreifende Koordination virtueller Weiterbildungsangebote

Hochschulen können eine Kooperation eingehen, um ihre jeweils entwickelten und für die Weiterbildung angepassten und erweiterten virtuellen Studienangebote zu kompletten Weiterbildungsangeboten mit zertifiziertem Abschluss zusammenzustellen. Aufgrund der unterschiedlichen Strukturen und Kulturen und der Konkurrenz der Hochschulen ist es unbedingt ratsam, die einzubringenden Leistungen sowie die Verteilung der Kosten und Erträge vertraglich eindeutig zu regeln.

Sollte dies nicht einvernehmlich und verlässlich zu erreichen sein, ist es besser, die Kooperation auf die Abstimmung der jeweiligen Angebotsschwerpunkte der Kooperationspartner zu beschränken. Für die Weiterbildungsnachfrager hätte dies den Vorteil, ein virtuelles Weiterbildungsangebot für ein breiteres Themenspektrum zu haben. Für die kooperierenden Hochschulen hätte dies den Vorteil einer allgemein steigenden Nachfrage nach virtuellen Studienangeboten. Die Konkurrenz um die Teilnahmezahlen würde sich auch qualitätssteigernd auswirken. Zu klären ist, wie und durch wen übergreifend Weiterbildungsabschlüsse zertifiziert werden können oder ob es bei einem Zertifikat für jede erfolgreiche Kursteilnahme durch die jeweils anbietende Hochschule bleibt.

(3) Eigenständige Online-Weiterbildungs-Agentur

Mehrere Hochschulen können gemeinsam per Kooperationsvertrag eine institutionell getrennte und eigenständig arbeitende Online-Weiterbildungs-Agentur gründen. Das hätte zweifellos den Vorteil, dass die Agentur den Weiterbildungsmarkt erheblich engagierter und umfassender erschließen könnte, als dies die begrenzten Ressourcen einer Hochschule erlauben. Zudem hätten die Weiterbildungsteilnehmer nur einen Vertragspartner.

Des Weiteren können alle virtuellen Studienangebote auf einer einheitlichen Lernplattform angeboten werden, sodass die Teilnehmer nicht mit den unterschiedlichen von den Hochschulen jeweils bevorzugten Benutzeroberflächen konfrontiert sind. Dies zwingt allerdings die Kooperationspartner, gemeinsame Standards der Entwicklung, Anpassung, Erweiterung und Produktion der virtuellen Studienangebote strikt einzuhalten. Der Vorteil ist, neben dem Nutzen für die Weiterbildungsteilnehmer, dass die Agentur für die tutorielle Betreuung und den Fachdiskurs mit den Tutoren und Lehrenden Nebentätigkeitsverträge abschließen kann, sodass seitens der Hochschulen keine eigenen Anreizstrukturen für die Tätigkeiten in der wissenschaftlichen Weiterbildung geschaffen werden müssen.

(4) Weiterbildungsmarketing

Die Online-Weiterbildungsangebote von Hochschulen sowohl für postgradual und nicht traditionell Studierende als auch für Lernende ohne Erststudium und die Zahl der daran Teilnehmenden haben zwar in den vergangenen Jahren deutlich zugenommen. Der Anteil der Studienangebote an allen Studiengängen und der Anteil dieser Studierenden an allen Studierenden sind aber immer noch gering. Die Kernzielgruppe sind die 30- bis 55-jährigen berufstätigen Hochschulabsolventen, die flexible Lernbedingungen und eine gute Betreuung wünschen. Die Angebote werden meist über Gebühren finanziert. Erfolgsfaktoren für die Online-Weiterbildungsangebote sind ihr nachfrageorientierter Zuschnitt, ihre Verzahnung mit der Praxis, ihre personelle Unterstützung in der Hochschule und ihr Qualitätsmanagement (vgl. u.a. WANNEMACHER 2014). Das Marketing von Online-Weiterbildungsangeboten kann gut mit den digitalen Medien im Internet unterstützt werden. H. FISCHER (2014) beschreibt auf der Grundlage von BERNECKER (2007) fünf Schritte für ein erfolgreiches Weiterbildungsmarketing (Tab. 12.4).

Tab. 12.4: Weiterbildungsmarketing nach FISCHER, H. (2014) auf der Grundlage von BERNECKER (2007)

Nachfrage	Im ersten Schritt sind die *Nachfrage* und der Bedarf an Weiterbildung von potenziell infrage kommenden Interessierten, z. B. durch eine Befragung in Unternehmen, zu ermitteln. Sodann sind die eigene Situation und die für das Angebot notwendigen technischen, finanziellen und personellen Ressourcen sowie der mögliche Wettbewerb mit anderen Anbietern zu analysieren.
Ziele	Im zweiten Schritt sind die qualitativen und quantitativen *Ziele* des geplanten Online-Weiterbildungsangebots zu definieren, weil daraus die Strategien und zu ergreifenden Maßnahmen mit Blick auf die verfügbaren oder noch zu beschaffenden Ressourcen abzuleiten sind.
Strategie	Im dritten Schritt ist die einzuschlagende *Strategie* zu bestimmen. Sie beinhaltet die Optimierung des Online-Weiterbildungsangebots für die jeweilige Zielgruppe, die Individualisierung des Angebots für die meist heterogenen Voraussetzungen und Erwartungen und die Gestaltung des raum- und zeitunabhängigen Zugangs zu den digitalen Medien, der asynchronen und synchronen persönlichen Betreuung durch Lehrende und Tutoren sowie der möglichen Kooperation und Kommunikation mit anderen Lernenden und Fachexperten.
Maßnahmen	Im vierten Schritt sind die konkreten *Maßnahmen* zu gestalten. Dazu gehören die Gestaltung des Kernangebots der Weiterbildung und der Serviceleistungen, wie z. B. der tutoriellen Unterstützung, die Verbreitung der Informationen zur Gewinnung der Teilnehmenden über die verschiedenen medienvermittelten Kommunikationskanäle, die Finanzierungsmodelle, z. B. über Kurs- oder Modulgebühren oder Abonnements oder Spendengelder, die Erreichbarkeit des jeweils zuständigen Personals für inhaltliche und organisatorische Fragen, die Gestaltung des virtuellen Bildungsraums sowie der Vorleistungs-, Leistungs- und Nachleistungsphase.
Kontrolle	Im fünften Schritt ist die *Kontrolle* der Maßnahmen und der erfolgten Lehr- und Lernprozesse durch Datenerhebungen und Befragungen der Teilnehmenden und der Beteiligten durchzuführen: Wurden die Ziele erreicht? Wurde der Weiterbildungsbedarf gedeckt? Waren die Maßnahmen effizient? Sind die Prozesse angemessen verlaufen? Wo sind Verbesserungen sinnvoll oder notwendig?

12.6 Implementierung in Unternehmen

12.6.1 Grundlagen und Voraussetzungen

Neue Anforderungen: Wissensmanagement, Organisationslernen, Weiterbildung
Aufgrund der durch die Digitalisierung und damit Automatisierung der Prozesse ausgelösten kürzeren technologischen und organisatorischen Innovationszyklen, des Einsatzes von Robotern, des Abbaus der Routinearbeiten, des Einzugs der künstlichen Intelligenz und der damit wachsenden Systemkomplexität, die von den Arbeitenden zu beherrschen ist, gibt es in Unternehmen zwangsläufig einen zunehmenden Bedarf an einer schnelleren umfassenden Kompetenzentwicklung ihrer Beschäftigten. Denn sie müssen komplexere Aufgaben bewältigen und vielseitiger einsatzfähig sein. Eine aktuelle Untersuchung hat ergeben, dass „angesichts der sich abzeichnenden Veränderungen, die mit dem Schlagwort ‚Industrie 4.0‘ verbunden sind, [...] die Betriebe insgesamt noch über zu wenig Informationen darüber [verfügen], wie sie die mit der Nutzung digitaler Geräte und Medien verbundenen Veränderungsprozesse effektiv und ökonomisch, pragmatisch und betriebsspezifisch gestalten können. Dies umfasst die mit der Synchronisation von Technologieinfrastruktur, Organisationsentwicklung und Qualifizierung der Beschäftigten verbundenen betriebsspezifischen Anpassungsleistungen“ (Gensicke u. a. 2016, 73).

Es wird also dringend notwendig, mit der Nutzung der digitalen Medien für den Erwerb der erforderlichen ganzheitlichen Kompetenzen die betriebliche Weiterbildungsstrategie grundlegend weiterzuentwickeln. Diese Weiterentwicklung erfordert auch die Integration von fachpraktischen und fachwissenschaftlichen Inhalten. „Die *betriebliche Weiterbildung* hat bislang auf punktuelle Interventionen mit Lehrgängen und Seminaren gesetzt. Diese Vermittlungsform stößt an ihre Grenzen, wenn sich Lernbedarfe verstetigen, wenn sie in nicht prognostizierbarer Weise auftreten und wenn der Anwendungstransfer am Arbeitsplatz in den Mittelpunkt rückt. [...] Viele Unternehmen geben heute verschulte Qualifizierungsformen zugunsten einer *Qualifizierung in der Arbeitstätigkeit* auf. [...] Konzepte des selbstorganisierten Lernens eröffnen eine neue Perspektive auf das Lernen außerhalb pädagogisch formalisierter Arrangements“ (Severing 2001, 11 f., Hervorh. im Original). „Am Arbeitsplatz entstehen Lernbedarfe, die sich in der Regel eng auf die Erfüllung anstehender Arbeitsaufgaben beziehen. [...] eLearning muss problemorientiertes Lernen ermöglichen [...], nicht nur eine Stoffsystematik abbilden“ (Severing 2003, 74). Das Wissensmanagement bzw. die aktuelle und perspektivische Qualifizierung der Beschäftigten mit den neuen digitalen Bildungsmedien, mit Computer Based Training, Mikrolernen und Web 2.0, gewinnt daher eine strategische Bedeutung für die Zukunft der Unternehmen. Die Lernwelten in Unternehmen werden dadurch grundlegend verändert (Heidemann/Koch/Zumbeck 2012), gegenwärtig noch einmal mehr durch speziell auf Unternehmen zugeschnittene Massive Open Online Courses (MOOCs) (Strube 2014). Um diesen Prozess des Organisationslernens mit E-Learning (Zimmer 1998b) in Unternehmen in Gang zu setzen, ist zunächst die Informierung und

Qualifizierung der Fachvorgesetzten und der Personalverantwortlichen sowie der Betriebs- und Personalräte über die Möglichkeiten und Chancen der Integration und Nutzung von E-Learning zur Kompetenzentwicklung notwendig, damit sie die strategische Weiterbildungsplanung anpassen und konkrete Aktionspläne und Weiterbildungsangebote erstellen und durchführen können.

Notwendig ist mithin, dass ein betriebliches Bildungsmanagement im Unternehmen existiert oder eingerichtet wird, um „Lern- und Kompetenzentwicklungsprozesse in unterschiedlichen Bildungsgängen und Qualifizierungsbereichen zu planen, zu analysieren, durchzuführen, zu bewerten, ggf. zu zertifizieren und in jedem Fall zu optimieren. Betriebliches Bildungsmanagement legt die übergreifenden Bildungs- und Qualifizierungsziele fest, schafft Strukturen und Regeln zur Durchsetzung dieser Ziele, setzt sie in konkrete Maßnahmen um und prüft die Effizienz und den Erfolg. Es geht dabei von der aktuellen als auch zukünftigen Situation des Unternehmens und der Beschäftigten aus und bezieht prinzipiell die ökonomischen, technologischen, ökologischen, rechtlichen Rahmenbedingungen ein" (Dehnbostel 2016a, 552). Die Schwerpunkte des betrieblichen Bildungsmanagements und Weiterbildungsangebots für die Beschäftigten sollten die heutigen und zukünftigen Kompetenzanforderungen durch die Digitalisierung der Arbeits- und Geschäftsprozesse fördern: „Lern- und kompetenzförderliche Arbeitsgestaltung", „Arbeiten und Lernen verbindende Lernformen", „Begleitung und Beratung in der Arbeit" und „Beruflich-betriebliche Entwicklungs- und Aufstiegwege" (ebd., 556–560). Sinnvoll ist es dafür auch, im Bildungsmanagement ein eigenes Autorenteam zu bilden, das die unternehmensspezifischen Lerninhalte mit den digitalen Medien im betrieblichen Lernmanagementsystem für die Weiterbildung der jeweiligen Gruppen von Beschäftigten präsentiert.

Lernen im Prozess der Arbeit

In der unternehmensbezogenen Ausbildung, Weiterbildung und Fortbildung kann in vielen Fällen die Implementierung und Nutzung von virtuellen Bildungsangeboten von erheblichem Vorteil sein (Koch 2011; Kuhlmann/Sauter 2008; Lehmann 2007; Lehmann/Mandl 2009; Ludwigs/Timmler/Tilke 2006; Strube 2014; Zinke/Härtel 2004; http://www.qualifizierungdigital.de [12.12.2014]). Mit E-Learning können aufgabenbezogene und arbeitsprozessorientierte informelle Lernprozesse (Dohmen 2001; Müller 2012a; 2012b; 2012c) unmittelbar im Prozess der Arbeit angeregt und unterstützt werden. Die digitalisierten Lerninhalte und arbeitsplatzrelevantes Wissen können jederzeit am jeweiligen Arbeitsplatz, z. B. mit kleinen Lern-Apps (Lernapplikationen auf mobilen Endgeräten), schnell abgerufen und als Hilfen für die Lösung von konkreten bedarfs- oder situationsspezifischen Problemstellungen individuell oder gemeinsam genutzt werden. Dafür sind die Lerninhalte am besten kompakt und modular aufzubauen und in einem virtuellen Lernraum orts- und zeitunabhängig zur Verfügung zu stellen, und zwar sowohl zum individuellen Lernen als auch zur Kommentierung und Ergänzung durch die Lernenden aus eigenen Erfahrungen zum Nutzen der anderen Mitarbeitenden. Über den Lernraum wird den Arbeitenden zugleich ein Informations- und Erfahrungsaustausch zum gemeinsamen Lernen ermöglicht. Lernen wird in den Arbeitsprozess integriert und dadurch die Entwicklung einer neuen arbeits- und geschäftsprozessbezogenen und kompetenzorientierten Lernkultur in Gang gesetzt zur Steigerung der Effizienz und Innovation der Prozesse. Die Arbeitenden bzw. Lernenden übernehmen damit eine aktive Rolle und müssen gemeinsam Kompetenzen für ein selbst gesteuertes und kooperatives Lernen im Prozess der Arbeit entwickeln. Kompetenzentwicklung im Prozess der Arbeit findet heute in virtuellen Kooperationen statt (Zimmer 2002b).

Dafür ist es notwendig, den Arbeitenden Möglichkeiten zur Selbstreflexion der eigenen Kompetenzen und der von ihnen zukünftig geforderten Kompetenzen zu schaffen, z. B. durch Testaufgaben oder die probeweise Bearbeitung zukünftiger Aufgaben, zur persönlichen Feststellung des eigenen Lernbedarfs und erreichten Lernfortschritts als Voraussetzung und Anregung zum selbst organisierten Lernen, auch in Kommunikation und Abstimmung mit den anderen Arbeitenden und den Fachvorgesetzten. „Durch die Verknüpfung von formellen Lernprogrammen mit einer konsequenten Unterstützung und Förderung des Lernens am Arbeitsplatz kann ein wesentlich nachhaltigeres Lernen gestaltet werden" (Büning 2014, 29). Die Arbeitenden können gemeinsam Communities of Practice bilden, in denen sie ihre situierten Lernprozesse den aktuellen Anforderungen Rechnung tragend selbst organisieren (vgl. Dehnbostel 2016b). Die Struktur der digitalen Lernarchitektur muss einen Ermöglichungsrahmen für eine selbst organisierte kooperative Entwicklung der Kompetenzen bieten. Dafür müssen die didaktischen Konzepte der Lernangebote „weg von einer ‚Belehrungsdidaktik' hin zu einer Ermöglichungsdidaktik" entwickelt werden (Sauter 2017, 44). Hilfreich für das Lernen am Arbeitsplatz ist auch das Microlearning, das es den Arbeitenden ermöglicht, „während eines Arbeitsprozesses Lerninhalte beim Auftreten eines Problems beziehen und wiederholen zu können. Dadurch erarbeiten sie sich selbstständig konkrete Lösungen und verinnerlichen den Lernstoff" (Meiers 2014, 47) und vervollständigen ihre Kompetenzen durch ihr engagiertes und kritisch-reflektiertes Lernen in ihrem situativen Arbeitsprozess.

Auch wenn ihr Lernen in virtuellen Bildungsangeboten nicht mehr durch die lehrende Vermittlung trägen Wissens geprägt ist, benötigen sie dennoch je nach Voraussetzungen und Kompetenzen auch ein gewisses Maß an professioneller Unterstützung durch Moderatoren, Tutoren, Lehrende oder andere Experten für ihre Kompetenzentwicklungsprozesse. Daher ist es immer sinnvoll, wenn die Lernenden über den virtuellen Lernraum eine persönliche fachkompetente Moderation ansprechen können, die diese fachlichen Verbindungen nach Bedarf über den virtuellen Lernraum rasch vermitteln kann. Für die Besprechung umfassenderer Themen und Innovationen sind dagegen meistens noch immer Präsenzveranstaltungen sehr erfolgreich. Wenn Bildungsprozesse über einen längeren Zeitraum hin konzipiert sind, ist die Kombination von virtuellen Bildungsangeboten und Präsenzveranstaltungen (Blended Learning, siehe Kap. 4.3.2) zu bevorzugen.

Soziale Kontextfaktoren von E-Learning

Für eine erfolgreiche Einführung und Nutzung virtueller Bildungsangebote am Arbeitsplatz und in Unternehmen sind einige soziale Kontextfaktoren zu berücksichtigen. Diese ergeben sich nicht nur aus den Unternehmenszielen, den je konkreten Prozessabläufen und Organisationsstrukturen, benötigten Lerninhalten und medientechnischen Ausstattungen sowie personellen Unterstützungen, sondern auch aus der im Unternehmen verbreiteten Arbeitskultur. Denn wo die Arbeitenden individuell oder in Gruppen im Unternehmen in Konkurrenz zueinander stehen, werden sie kaum bereit sein, ihr Wissen und ihre Erfahrungen allen zur Verfügung zu stellen, sondern werden es als ihren Konkurrenzvorteil für sich behalten. Und wenn die Bedeutung und der praktische Nutzen der zur Verfügung gestellten Lerninhalte für die jeweiligen Aufgaben, Arbeitsprozesse und Probleme nicht unmittelbar erkennbar sind, werden sie nicht akzeptiert und genutzt. Den Führungskräften kommt hier eine wichtige Bedeutung zu, nicht nur die Mitarbeitenden in ihren Lernbemühungen zu unterstützen, sondern sie sowohl laufend zu informieren als auch in die Konzeptualisierung sowie in die inhaltliche, strukturelle und organisatorische Gestaltung der virtuellen Bildungsangebote im Unternehmen und deren Integration am Arbeitsplatz einzubeziehen, um eventuelle Vorurteile abzubauen, die Vorteile aufzuzeigen, ihre positiven Erwartungen zu stärken, ihre Interessen zu berücksichtigen und somit ihre Akzeptanz zu gewinnen. Denn den Arbeitenden das Lernen mit digitalen Bildungsmedien am Arbeitsplatz oder auch zu Hause aufzuzwingen, das bereits in der Startphase auf begründete Ablehnung stößt, wird erfolglos bleiben. Und da nicht alle Beschäftigten eine hohe Selbstlernkompetenz und Leistungszielorientierung haben, müssen in Vorgesprächen und an Beispielen die Vorteile und subjektiven Gewinne eines selbst gesteuerten und kommunikativen Lernens mit digitalen Medien im Prozess der Arbeit oder diesen begleitend erkennbar gemacht werden.

12.6.2 Prozess der Implementierung

Implementierung von E-Learning

Oft sind die Gründe für die Einführung von E-Learning für die betrieblichen Bildungsmaßnahmen die erhoffte Kostenersparnis und die schnelle, aufgabenorientierte und individualisierte Aktualisierung der Humanressourcen zur Erhöhung der Qualität der Produkte und Dienstleistungen sowie der flexiblen und innovativen Reaktion auf die Marktentwicklungen. Dabei werden häufig die damit verbundenen Probleme nicht erkannt oder unterschätzt, wie z. B. die fehlenden oder nicht passenden gekauften Lernmodule, die oft nicht sofort gegebene Akzeptanz und Motivation der Beschäftigten zur gemeinsamen Nutzung und die unter Berücksichtigung aller Anforderungen und Bedingungen nach Abschluss der Einführung tatsächlich entstehenden Gesamtkosten. Es empfiehlt sich daher, die Implementation virtueller Bildungsangebote im Unternehmen und am Arbeitsplatz als ein Projekt in sieben Stufen von der Zielbestimmung bis zur Evaluation und Verbesserung zu planen und umzusetzen (in Erweiterung des Fünf-Stufen-Modells von Lehmann 2007; siehe auch LEHMANN/MANDL 2009). Die Projektorganisation sollte aus der Projektleitung, den Fachvorgesetzten, der Kernarbeitsgruppe für die Hauptaufgaben und verschiedenen internen oder externen Auftragnehmern für Teilaufträge, z. B. für die didaktische Konzeption der medienvermittelten Lernprozesse, die Gestaltung des virtuellen Lernraums, die Entwicklung der interaktiven hypermedialen Lernmodule, bestehen. Die sieben Projektstufen wie die Projektstrukturen sind den jeweiligen unternehmensspezifischen Anforderungen und Bedingungen flexibel anzupassen.

Stufe 1: Bestimmung der Ziele

Bevor die eigenen Ziele und Nutzungsformen virtueller Bildungsangebote im Unternehmen und am Arbeitsplatz näher bestimmt werden können, sind zunächst die Angebote auf dem Markt zu sichten und nach bisherigem Kenntnisstand und vorläufigen Zielvorstellungen zu bewerten. Es sind dazu die Produkte, Informationen und Präsentationen von Herstellern, Vertriebswege, Leistungsangebote, Preise, Marktnachfragen und erhaltenen Qualitätszertifikate sowie Verbreitung und Nutzung in anderen Unternehmen zu erkunden und mit den Angeboten konkurrierender Anbieter sowie den allgemein zugänglichen Verbraucherinformationen zu vergleichen. Kosten und möglicher Nutzen können abgeschätzt werden, wobei zu beachten ist, dass die orts- und zeitunabhängige Verfügbarkeit der Lerninhalte in den virtuellen Lernräumen die Nutzung individueller und effizienter macht und dadurch auch einige Kosten reduziert. Insbesondere durch die Nutzung der Instrumente des Web 2.0, der ‚Social Software', kann auch ein Wissensmanagement im Unternehmen zwischen den Arbeitenden etabliert werden, das helfen kann, so manche Kosten zu sparen.

Auf dieser erarbeiteten ersten Informationsbasis können dann die Beschaffung und die möglichen und beabsichtigten Nutzungsformen im eigenen Unternehmen, wenn möglich auch durch die Nutzung von Erfahrungen vergleichbarer anderer Unternehmen, erkundet werden. Es kann konkret überlegt werden, ob und in welchen Formen sich E-Learning in die Arbeitsprozesse integrieren lässt und welche möglichen Vorteile und Gewinne sich damit erzielen lassen, aber auch welche Voraussetzungen und Bedingungen für die erfolgreiche Einführung und Nutzung erfüllt sein müssen und welche möglichen Gefahren und Misserfolge durch welche Maßnahmen erfolgreich zu vermeiden sind. Es ist zu überlegen, wie die Mitarbeitenden an die neuen informellen Lernstrategien herangeführt werden können, welche zeitlichen und örtlichen Schranken und welche Kompetenzdefizite und Kompetenzkonkurrenzen bestehen und ob und wie sie überwunden werden können, z. B. indem die Mitarbeitenden bereits in die Zielbestimmung aktiv einbezogen werden, um Widerstände zu erkennen und zu überwinden und innovative Vorschläge hervorrufen und aufgreifen zu können. Denn das übergeordnete Ziel der betrieblichen Implementation von E-Learning ist die Schaffung prozessbezogener und prozessintegrierter zielgruppenadäquater informeller betrieblicher Bildungsangebote, die akzeptiert und genutzt sowie durch die Einstellung erkannten weiteren betrieblichen Wissens gemeinsam aktualisiert und erweitert werden.

Stufe 2: Analyse des Bedarfs und seine Erfüllung

Nach der generellen und differenzierten Zielbestimmung sind der konkrete Lernbedarf sowie die Voraussetzungen und Bedingungen seiner Erfüllung der näheren Analyse zu unterziehen. Dafür sind die folgenden Fragen zu untersuchen und zu beantworten:

- Welchen gegenwärtigen und möglichen zukünftigen Lernbedarf gibt es in welchen Prozessen und an welchen Arbeitsplätzen?
- Für welche Zielgruppen müssen welche Lerninhalte für welche Lernziele bereitgestellt werden?
- Sind die Lerninhalte mit anderen Informationen, z. B. technischen Dokumentationen, zu verknüpfen?
- Wie kann ein unmittelbarer Transfer des Gelernten in die Praxis erreicht werden?
- Welche Lernorte können in welchen Zeiträumen von welchen Zielgruppen genutzt werden?
- Welche Lerngewohnheiten, Lernpotenziale und Lernwiderstände haben die Zielgruppen aus welchen Gründen und wie können die Widerstände überwunden und die Potenziale entfaltet werden?
- Wie sind die Lerninhalte den Anforderungen und Auswahlmöglichkeiten der Zielgruppen entsprechend inhaltlich modular und vernetzt aufzubereiten?
- In welchen didaktischen Formen sind die Lerninhalte zielgruppengerecht zur Bearbeitung aufzubereiten?
- Wie und mit welchen Instrumenten und in welchen asynchronen und synchronen Formen sind die Kommunikation und das Wissensmanagement zwischen den Arbeitenden bzw. Lernenden zu unterstützen?
- Welche persönliche Unterstützung durch Moderatoren, Tutoren, Lehrende und Experten ist in welchen Formen in den virtuellen Lernraum zu integrieren?
- Welche technischen und personellen Ressourcen sind für die Produktion der modularen Lerninhalte und für den laufenden Betrieb der E-Learning-Angebote erforderlich?
- Können durch Verbindungen zu anderen virtuellen Lernräumen und anderen Betrieben oder betriebsübergreifenden Bildungszentren, Verbänden und Kammern weitere Lerninhalte und fachliche Unterstützungen genutzt werden?

An der Analyse des betrieblichen Bedarfs an virtuellen Bildungsangeboten sind nicht nur die Führungskräfte und die Fachexperten zu beteiligen, sondern auch die Mitarbeiter selbst, die später die bereitgestellten E-Learning-Angebote nutzen sollen.

Stufe 3: Konzeptualisierung der E-Learning-Angebote

Auf der Grundlage der Zusammenstellung der Ergebnisse der Analyse und ihrer Auswertung ist die Konzeption der E-Learning-Angebote zu erarbeiten. Dies betrifft zunächst die Erarbeitung der curricularen und Hypertext-Strukturen der modularen Lerninhalte und Lernszenarien sowie deren Verknüpfung mit den Strukturen zur Kommunikation mit den Moderatoren, Tutoren, Lehrenden, Experten und anderen

Lernenden und Arbeitenden im virtuellen Lernraum (Kap. 4). In diese strukturelle Konzeptualisierung sind gegebenenfalls auch vor- und nachbereitende sowie begleitende Präsenzphasen für vertiefende Nachfragen und einen reflexiven Erfahrungsaustausch zur Sicherung und Verallgemeinerung des Gelernten für vergleichbare Anforderungen einzuplanen. Diese Integration von E-Learning-Phasen und Präsenzphasen in informellen und in die Arbeitsprozesse integrierten Lernprozessen dienen auch der Unterstützung eines Lernkulturwandelns, der den flexiblen und ganzheitlichen prozessbezogenen Arbeitsanforderungen Rechnung trägt. Diesen Strukturen entsprechend ist eine Aufgabenverteilung, wer was wann zu leisten hat, vorzunehmen, damit der laufende Betrieb aktiv gesichert ist. Die Auswahl der medientechnischen Systeme, die Gestaltung und Vernetzung des virtuellen Lernraumes, die Einbettung weiterer Materialien in den Lernraum und der jeweilige persönliche Zugang zum Lernraum ist dann entsprechend den konzipierten curricularen und kommunikativen Strukturen sowie den Aufgabenverteilungen und erforderlichen Zugängen zu treffen (Kap. 5). Konzeptionell einzubauen sind auch die laufende Information aller Beteiligten sowie die Möglichkeiten der Mitgestaltung der E-Learning-Angebote mit den Instrumenten und kommunikativen Methoden des Web 2.0. Dies macht die Konzeptualisierung eines neuen Kommunikationsmanagements, z. B. durch einen Moderator, notwendig. Darüber hinaus ist insgesamt die Planung der Produktion, der Umsetzung bzw. Einführung, der Evaluation und der Verbesserung der E-Learning-Angebote zu konzeptualisieren.

Stufe 4: Produktion der E-Learning-Angebote

Nach der Konzeptualisierung der geplanten E-Learning-Angebote stellt sich nun die Frage, ob die in modularen Lernszenarien zu vermittelnden Lerninhalte bereits medial aufbereitet im Internet als Open Educational Resources (OER) zu finden sind, von einem Medienproduzenten bzw. Verlag eingekauft werden können oder eigene Neuentwicklungen erforderlich sind. Sind Neuentwicklungen notwendig, stellt sich wiederum die Frage, ob auf bereits vorhandene interne Materialien und Inhalte zurückgegriffen werden kann oder diese erst zu beschaffen und für die jeweiligen Zielgruppen entsprechend medial aufzubereiten sind. Die daran anschließende Frage ist, ob die ausgewählten Lerninhalte intern didaktisch und medial aufbereitet und produziert werden können oder dies qualitativ besser und auch wirtschaftlicher durch externe Medienproduzenten geschehen sollte. Die Produktion betrifft aber nicht nur die Produktion der CBT-Module (Computer Based Training) oder WBT-Module (Web Based Training) und deren Einbindung in den virtuellen Lernraum in Verknüpfung mit den darin installierten Instrumenten der Kommunikation. Vielmehr gehört dazu auch die Produktion bzw. der Erwerb der medialen Kompetenzen aller Beteiligten für eine effiziente Kommunikation im virtuellen Lernraum durch die Bereitstellung entsprechender Inhalte, Hinweise und Regeln. Insbesondere die Lehrenden, Moderatoren und Tutoren müssen sich für die lernförderliche Unterstützung der informellen E-Learning-Prozesse im Prozess der Arbeit qualifizieren, was ebenfalls informell in den von ihnen zu unterstützenden informellen E-Learning-Prozessen durch entsprechende E-Learning-Materialien geschehen kann.

Stufe 5: Integration von E-Learning in die Prozesse

Die Integration der entwickelten E-Learning-Angebote in die Arbeits- und Geschäftsprozesse an den jeweiligen Arbeitsplätzen sollte zunächst an einigen Pilotarbeitsplätzen probeweise erfolgen, um Erfolge, Probleme und Schwachstellen lokalisieren zu können, die nicht antizipierbar und ohne praktische Erfahrungen in einem Piloteinsatz nicht erkennbar sind. Durch die Analyse der gemachten Erfahrungen können die Probleme und Schwachstellen erkannt und durch entsprechende Korrekturen und Ergänzungen ausgeräumt werden. Die möglichen Nachbesserungen aufgrund der Erfahrungen in Piloteinsätzen können sich auf alle vorhergehenden Stufen beziehen. Sie können eine fehlerhafte Zielbestimmung, eine unzureichende Bedarfsanalyse, eine defizitäre Konzeption und fehlerhafte Produktion ebenso betreffen wie eine ungenaue Ablaufplanung und missverständliche Projektkommunikation. Nach der Pilotphase und der möglicherweise danach erforderlichen Korrektur und Ergänzung der E-Learning-Angebote sind Anleitungen und Hilfen wie auch eine Ablaufplanung der Schritte zur möglichst reibungslosen Einführung an den Arbeitsplätzen notwendig. Ebenso sind Anleitungen und Hilfen zur Entwicklung der erforderlichen Kommunikationskompetenzen bereitzustellen. Empfehlenswert ist auch eine schrittweise Heranführung der Arbeitenden an die Nutzung der E-Learning-Angebote in ihrem jeweiligen Arbeitsumfeld oder im Prozess ihrer Arbeit. Am besten geschieht dies durch Tutoren mit Unterstützung der Führungskräfte. Denn beide können als die Multiplikatoren der Einführung gesehen werden.

Stufe 6: Evaluation zur Qualitätsentwicklung

Zur Sicherung und Entwicklung der Qualität der virtuellen Bildungsangebote ist auch eine Evaluation notwendig (Kap. 9). Sie dient nicht nur dem Erfolgsnachweis gegenüber dem Management und den Mitarbeitern und damit der Rechtfertigung ihrer Einführung an den Arbeitsplätzen im Unternehmen, sondern vor allem zur Feststellung von Schwachstellen, Defiziten, erforderlichen Erweiterungen und möglichen Perspektiven. Die Evaluation muss sich zum einen auf das mediale System beziehen, seine Struktur, Funktionalität, Organisation und benutzerfreundliche Gestaltung. Zum anderen muss sie sich auf die Nutzung der bereitgestellten Medien beziehen, auf die Nutzerakzeptanz, die Zufriedenheit der Beteiligten, die vermittelten Inhalte, die persönlichen Unterstützungen, die erzielten Lernerfolge, die Verbesserung der Arbeitsqualität sowie der Motivation und Leistung der Mitarbeiter, die Entwicklung der Unternehmenskultur und auf die ökonomischen Resultate für das Unternehmen. Neben der summativen Evaluation, z. B. mittels Fragebogen und Ortsbesichtigung, ermöglicht auch eine formative Evaluation durch die Integration entsprechender Instrumente, z. B. eines kurzen Rückmeldebogens im virtuellen Lernraum, eine laufende Verbesserung der E-Learning-Angebote. Dabei ist unbedingt darauf zu achten, dass bei allen Antworten auf gestellte Fragen immer in einer Zeile auch die Gründe für die gegebene Antwort anzugeben sind, damit aus den Antworten die richtigen Schlussfolgerungen im Interesse der Lernenden gezogen werden können.

Stufe 7: Verbesserung der E-Learning-Angebote
Für eine erfolgreiche Verbesserung der E-Learning-Angebote aufgrund defizitärer Evaluationsergebnisse ist die Partizipation aller Beteiligten nicht nur hilfreich, sondern notwendig. Denn die Partizipation hilft nicht nur, die Angebote und Lernprozesse zu verbessern, sondern auch die Lern- und Arbeitskultur, die Identität und das Engagement von Management und Mitarbeitern zu fördern. Verbesserungen können auf allen Stufen ansetzen: der Präzisierung der Ziele, der Erweiterung der Analyse, der Änderung der Konzeption, der Innovation der Produktion, der Einführung im Betrieb und am Arbeitsplatz, der Konzentration der Evaluation, der unmittelbaren Verbesserung. Die zu konzipierenden Verbesserungen sind dabei jeweils abzugleichen mit den übergeordneten Betriebszielen, den notwendigen Eingriffen in Prozesse, Strukturen und Bedingungen, den angestrebten und abschätzbaren qualitativen und quantitativen Gewinnen für Arbeit und Unternehmen sowie mit dem dafür erforderlichen Aufwand an Arbeitskraft, Zeit, Mitteln und Kosten.

12.7 Implementierung in die Berufsausbildung

Verbesserung der Ausbildungsqualität
Ziel jeder Berufsausbildung ist die subjektive Kompetenzentwicklung der Auszubildenden entsprechend der Entwicklung der Arbeitsprozesse und ihrer gesellschaftlichen und naturgemäßen Kontexte und der sich daraus ergebenden Kompetenzanforderungen (siehe bspw. Vogel 2000, 2011). Der fundierte Erwerb ganzheitlicher beruflicher Kompetenzen beginnt in der allgemeinen Schulbildung und der schulischen Vorbereitung der Berufsbildung und erfolgt anschließend in der Differenzierung und Anschlussfähigkeit der Berufsbildung, der Integration der Lernorte durch einen virtuellen Lernort, der Professionalisierung der Lehrenden, der Integration beruflicher und allgemeiner Bildung, einer aufgabenorientierten Didaktik und Kompetenzprüfung sowie durch eine Konsolidierung der entwickelten subjektiven Kompetenzen durch Praxiserfahrungen (Zimmer 2015). Mit der Nutzung der digitalen Medien, die vor allem in der schulischen Berufsausbildung noch auszubauen ist, kann die Qualität der Berufsausbildung verbessert werden, z. B. mit Planspielen und Serious Games (Blötz 2015), die das selbstständige Lernen in simulierten Handlungsprozessen fördern. Aus den Ergebnissen einer aktuellen empirischen Untersuchung der Digitalisierung der Prozesse in der Automobilindustrie wird bespielgebend ein neuer Ausbildungsansatz „empfohlen, der bereits an den Anfang der Ausbildung ein digitales Gesamtsystem stellt, das Modellcharakter für das berufliche Handeln hat. Systemzusammenhänge, Aufbau, Funktionsweisen, Störungen und Problemlösungen können hier exemplarisch gelehrt und gelernt sowie typische berufsbezogene Handlungsmuster zur Instandhaltung frühzeitig ausgeprägt werden“ (Zinke u. a. 2017, 12). Und dies gelingt am besten mit Unterstützung durch digitale berufliche Bildungsmedien. Zudem können schwächere Schulabgänger mit der Unterstützung durch digitale Medien besser auf die Berufsausbildung vorbereitet

(Howe/Knutzen 2005a) und zu einem erfolgreichen Ausbildungsabschluss geführt werden.

Eine aktuelle Erhebung in Ausbildungsbetrieben hat zudem ergeben, dass „formal geringer qualifizierte Auszubildende – mit Haupt- und Realschulabschluss – [...] digitalen Lernmedien generell aufgeschlossener und motivierter gegenüber[stehen] als Auszubildende mit allgemeiner Hochschulreife. [...] Auch bei Selbstlernprogrammen wie Simulationen, Lern-Apps oder Lernspielen zeigen sich Auszubildende mit Hauptschulabschluss signifikant stärker motiviert [...] Offenbar sind digitale Lernmedien und Angebote besonders gut geeignet, gering qualifizierte Jugendliche zu interessieren, zu motivieren und ihnen in der Folge bessere Teilhabe- und Erfolgschancen im beruflichen Ausbildungssystem zu eröffnen“ (Schmid/Goertz/Behrens 2016, 15). Mit den digitalen Medien kann mithin auch der Ausbildungserfolg von Auszubildenden erreicht werden, die als wenig motiviert und nicht hinreichend qualifiziert für eine Berufsausbildung angesehen werden.

Die digitalen Medien eröffnen dafür neue Möglichkeiten der unterstützenden Begleitung der beruflichen Aus- und Weiterbildung in Betrieben und Bildungseinrichtungen durch die Verknüpfung von Lehren, Lernen und Arbeiten, von Theorie und Praxis, von Aneignung, Produktion und Kommunikation von Wissen entsprechend den jeweiligen Anforderungen im Arbeitsprozess und in beruflichen Lernprozessen, wie bereits zahlreiche Modellversuche gezeigt haben (BMBF 2007; siehe auch Esser/Twardy/Wilbers 2001 und Zimmer 2005a). „Die tatsächliche mehrwertschaffende Nutzung digitaler Medien bleibt allerdings weit hinter den mit dem Einsatz dieser Medien verbundenen Erwartungen zurück“ (Deutscher Bundestag 2013, 32). Umfragen in großen, mittleren und kleinen Unternehmen haben ergeben, „dass E-Learning die Pilotphase verlassen hat und in der Mehrheit der deutschen Großunternehmen zur Selbstverständlichkeit geworden ist“; allerdings hat in kleinen und mittelständischen Unternehmen und vor allem in Handwerksbetrieben in Abhängigkeit von der Verfügbarkeit von Computern am Arbeits- oder Ausbildungsplatz die Nutzung von E-Learning noch deutlichen Nachholbedarf (Goertz 2013, 8–10). Vor allem für ihre Auszubildenden wollen die Unternehmen die E-Learning-Angebote verstärkt ausbauen (ebd., 12). Dies ist inzwischen auch weiter gehend erfolgt, wie eine aktuelle Untersuchung ergeben hat: „Mit 86 Prozent nutzt ein großer Anteil der Betriebe internetfähige Geräte in der Ausbildung. Internetfähige Geräte werden zur Unterstützung der betrieblichen Ausbildung von 14 Prozent der Betriebe noch nicht eingesetzt. Das vielfältige Potenzial digitaler Medien zur Unterstützung betrieblicher Ausbildung wird allerdings nur von wenigen Betrieben ausgeschöpft“ (Gensicke u. a. 2016, 43). Es sind also noch weitere Entwicklungen notwendig, damit den wachsenden neuen Anforderungen der Digitalisierung der Produktions- und Dienstleistungsprozesse an die Kompetenzen der Beschäftigten entsprochen werden kann.

Die digitalen Medien ermöglichen, z. B. durch mobiles Lernen, die direkte und sofortige Einbeziehung von Informationen und Hinweisen in die betrieblichen

Arbeitsprozesse sowie in die Bearbeitung der Arbeits- und Lernaufgaben im Ausbildungsprozess und in der Berufsschule und damit auch eine Flexibilisierung und Individualisierung der Lernprozesse. Sie ermöglichen die realitätsbezogene Visualisierung, Simulation und Reflexion technischer, organisatorischer und ökonomischer Abläufe. Auch neue Formen kollaborativen Lernens werden ermöglicht, indem Auszubildende gemeinsam und mit Unterstützung der Ausbilder, Lehrenden und Fachexperten eine Aufgabenstellung oder aufgetretene Problematik bearbeiten. Die Auszubildenden bzw. Lernenden können dabei auch selbst die Lerninhalte in handlungsorientierten Anordnungen produzieren, z. B. ein Tutorial mit Videoaufzeichnung über die Vorgehensweise bei komplizierten Reparaturen im Motorraum eines Autos. Für die Präsentation der von ihnen erarbeiteten Lerninhalte in multimedialen Lernbausteinen sind entsprechende Schemata vorzugeben oder zu vereinbaren, damit die zum mobilen Abruf bereitgestellten Lernbausteine den Voraussetzungen und Anforderungen der Auszubildenden entsprechen. Dies erfordert auch die Vermittlung der notwendigen Medienkompetenzen (Kap. 6.3) an alle Beteiligten im Kontext der Ausbildungsprozesse, z. B. Schreiben eines Drehbuchs, Schneiden von Videoaufzeichnungen (siehe u. a. SCHRÖDER 2014; KRÄMER/JORDANSKI/GOERTZ 2017). Mit den fachinhaltlichen und handlungsorientierten Lernbausteinen wird der Kompetenzerwerb intensiviert und erfolgt engagiert und selbstbestimmt. Die kollaborative Erarbeitung der Lerninhalte und Erstellung der Lernbausteine fördern zugleich einen aufgaben-, kontext- und arbeitsprozessbezogenen kritisch-reflexiven Kompetenzerwerb (siehe z. B. HOWE/KNUTZEN 2005b, 2007).

Voraussetzungen

Für eine erfolgreiche Nutzung der digitalen Medien in der beruflichen Ausbildung müssen vor allem drei Voraussetzungen gegeben sein (ZIMMER 2005b, 35):

- *„Erstens* müssen die Auszubildenden" und die Ausbilder „über Medienkompetenzen verfügen. Ist dies nicht der Fall, müssen die Medien so konzipiert sein, dass die Auszubildenden" und die Ausbilder „diese mit der Verwendung der Medien erwerben können. Medienkompetenzen umfassen nicht nur die Fertigkeiten in der instrumentellen Handhabung der Medien, sondern vor allem die Kompetenzen zum Erschließen, Erfahren und Interpretieren der in den Repräsentationsformen dargestellten Informationen.
- *Zweitens* müssen die Medien sich in die technischen und organisatorischen Bedingungen und die personalen Handlungszusammenhänge der Beteiligten an den Lernorten (z. B. Ausbildungsplatz, Lehrwerkstatt, Lernbüro, Klassenraum) einfügen lassen. Dies erfordert didaktische und mediale Professionalität und Sensibilität für die situationsspezifischen Erfordernisse der Unterstützung der medialen Lernprozesse der Auszubildenden.
- *Drittens* müssen die verwendeten Medien in einem relevanten Bezug zu den Zielen, Inhalten, Methoden, Prozessen und Kontrollen der Ausbildung stehen."

Förderung des Kompetenzerwerbs

Die Verfügbarkeit multimedialer Medien an den betrieblichen und schulischen Lernorten allein führt noch nicht zu größeren Lernerfolgen. Vielmehr müssen die digitalen Medien mit den aufbereiteten handlungsorientierten Fachinhalten zur Förderung des individuellen und kooperativen Kompetenzerwerbs in die konkreten Arbeits- und Lernprozesse integriert werden. Die Entwicklung der Selbstlernkompetenz der Auszubildenden ist dafür von zentraler Bedeutung. Eine Voraussetzung zu ihrer Förderung ist, dass die digitalen Lernmedien in ihren Strukturen und Inhalten selbsterklärend aufgebaut sind und Möglichkeiten zur selbstbestimmten Exploration bieten. Zudem erfordert die Förderung der Unterstützung der Selbstlernkompetenz der Auszubildenden eine jederzeit ansprechbare intensive Begleitung durch die Ausbilder und Lehrenden, die sowohl die Beratung bei fachlichen Fragen und Problemen umfasst als auch die Reflexion, Orientierung und Strukturierung der Selbstlernprozesse unterstützt (Kräenbring 2013, 279). Die Lernenden geben ihre „Rolle des passiven Lerners auf und übernehmen Verantwortung für den eigenen Lernprozess" (ebd., 278). Zugleich lernen auch die Ausbilder und Lehrenden mehr über den Verlauf der subjektiven Lernprozesse ihrer Auszubildenden. Neben den E-Learning-Angeboten bleiben Präsenzveranstaltungen dennoch unverzichtbar. Daher sind auch weiterhin gemeinsame Besprechungen vor Ort für die Motivation und die dialogische Reflexion von Aufgaben und Problemen sowie für die Phasen medienvermittelter Kommunikation von zentraler Bedeutung. Mit der Integration der Nutzung der sozialen Medien werden zugleich neue virtuelle Kommunikationsräume für alle Beteiligten eröffnet, die das Lehren und Lernen zu einem gemeinsamen Prozess machen und dafür ein innovatives Lehren mit digitalen und analogen Bildungsmedien erfordern, wie Szudra (2017, 221–242) am Beispiel der beruflichen Aus- und Weiterbildung der Pflegeberufe aufzeigt. Die digitalen Lernbausteine befördern eine Überwindung der Trennung von theoretischen und praktischen Ausbildungsabschnitten und bewirken u. a. durch eingefügte Visualisierungen und Simulationen auch hohe Lerneffekte.

Lernortkooperation

Dafür ist auch eine Öffnung der bisher getrennten Lernorte Betrieb und Schule für eine intensivere kooperative Zusammenarbeit zur gemeinsamen Unterstützung der Auszubildenden bzw. Lernenden notwendig. Das ist sicher in der dualen Ausbildung nicht einfach, da die Auszubildenden die Berufsschule meist nur an ein bis zwei Tagen pro Woche besuchen, aber dennoch machbar (siehe u. a. Geiger/Schaudinn 2014). Zu empfehlen ist daher für eine nachhaltige Verbindung der beiden Lernorte im Interesse eines ganzheitlichen Lernens der Auszubildenden die Einrichtung eines dritten, virtuellen Lernortes, der z. B. von einer überbetrieblichen Bildungseinrichtung oder einem Fachverband betrieben wird und damit eine jederzeitige Kooperation und einen jederzeitigen Zugriff auf Lerninhalte, Berichte und Informationen von jedem Ort aus ermöglicht, wie vorgeschlagen (siehe BMBF 2005, 7). Überbetriebliche Bildungseinrichtungen sind für die Auszubildenden in kleinen und mittleren Unternehmen (KMU) auch ein Lernort für die praxisbezogene Vermittlung von informationstechnischen Ausbildungsinhalten und den Erwerb der Kompetenzen in Präsenzveranstaltungen, die in den KMU selbst nicht dargestellt und vermittelt werden können (Schreier 2017). Diese Angebote sind entsprechend den Ausbildungs- und Lehrplänen auch mit den jeweiligen Ausbildungsbetrieben und Berufsschulen abzustimmen. In den Berufsschulen ist der Unterricht für die Einbeziehung der digitalen Medien didaktisch offener zu gestalten, z. B. durch selbstständig arbeitende Lerngruppen in Lernfeldern (Kap. 4.3). Und in den Ausbildungsbetrieben ist für die Erstellung und Verwendung der digitalen Medien die Entwicklung einer betrieblichen Ausbildungskultur notwendig, die den persönlichen Dialog zwischen Auszubildenden, Ausbildern, Fachkräften und Führungskräften für den Kompetenzerwerb fördert.

Entwicklung der betrieblichen Ausbildungskultur

Als ein sehr wichtiger Erfolgsfaktor hat sich die Entwicklung der betrieblichen Organisationskulturen gezeigt, wenn sie „die netzgestützten Lernaktivitäten sowohl bei den einzelnen Angehörigen oder Mitgliedern als auch in den jeweiligen Arbeitsgruppen zu einem geradezu selbstverständlichen Teil der personalen und gruppenspezifischen Identität werden lassen" (Treumann/Ganguin/Arens 2012, 290). Dafür sind auch Anreize wichtig, wie z. B. Belobigungen, Belohnungen, weiter gehende Aufgaben. Da die Auszubildenden in den Betrieben und Lernenden in den Berufsschulen meist keine homogene Gruppe sind, sondern durchaus unterschiedliche Voraussetzungen, Interessen und Aktivitätsmuster haben, sind auch die E-Learning-Szenarien didaktisch und kommunikativ differenziert zu gestalten, damit jedem Auszubildenden bzw. Lernenden eine effektive und effiziente Entwicklung seiner Kompetenzen ermöglicht wird. Dabei müssen sie auch in der Reflexion ihres Lernbedarfs, der Selbstbestimmung, Selbstorganisation und dem Zeitmanagement ihrer nächsten Lernschritte zum vereinbarten Lernergebnis unterstützt werden.

Potenziale der Nutzung digitaler Medien

Die integrierte Nutzung digitaler Medien in der betrieblichen und schulischen Berufsausbildung erfordert eine Verzahnung von Prozessorientierung und Fachsystematik, wie dies Howe/Knutzen (2013) am Beispiel der gewerblich-technischen Berufsausbildung aufzeigen. Durch die Nutzung der digitalen Medien erfolgt zur „nachhaltige[n] Förderung beruflicher Handlungs- und Gestaltungskompetenz" eine Integration der „Vermittlung von theoretischem Wissen, praktischen Fähigkeiten und ersten Berufserfahrungen" (ebd., 12) und von „Vermittlungs- und Selbsterarbeitungsphasen [...] sowohl prozessorientiert als auch themenorientiert-fachsystematisch" (ebd., 13). Sie zeigen die „Potenziale digitaler Medien für Lern- und Arbeitsaufgaben" anhand von sechs Kategorien (ausführlich siehe ebd., 18–35):

1. *Verfügbarmachen von Informationen und Inhalten* stärkt die Selbstlernfähigkeit der Auszubildenden;
2. *Visualisieren, Animieren und Simulieren* von Prozessen und Gegenständen für entdeckendes und experimentierendes Lernen;

3. *Kommunizieren und Kooperieren* zur individuellen oder gemeinsamen Bearbeitung von Arbeits- und Lernaufgaben;
4. *Strukturieren und Systematisieren* der Informationen, Lerninhalte, Handlungsschritte mit den Lehrenden und Ausbildern;
5. *Diagnostizieren und Testen* der Lernvoraussetzungen, Lernfortschritte und Lernerfolge auch mit Selbsteinschätzung zur Vereinbarung der nächsten Ziele und Schritte;
6. *Reflektieren* in Fremdeinschätzung und Selbstbewertung der erreichten Kompetenzen, um daraus gemeinsam Schlüsse für den weiteren Ausbildungsverlauf und die Kooperation der Lernorte zu ziehen.

Dazu können z. B. auch Online-Entwicklungsportfolios (Kap. 7.6) genutzt werden, die die Kompetenzentwicklung der Auszubildenden entsprechend dem Deutschen Qualifikationsrahmen (DQR) nach *Fachkompetenz:* Wissen, Fertigkeiten und *personaler Kompetenz:* Sozialkompetenz, Selbstständigkeit beschreiben und auch zur Stärkung der Lernortkooperation (Neumann/Ueberschaer 2014) beitragen (zum DQR siehe Abb. 4.1 in Kap. 4.4.1; Büchter/Dehnbostel/Hanf 2012; zur Qualität in der Ausbildung siehe Fischer, M. 2014).

12.8 Implementierung in die Erwachsenenbildung

Ziel: Förderung lebenslangen Lernens

In der Zeit der Bildungsreformen in der früheren Bundesrepublik wurde im Jahr 1970 vom damaligen Deutschen Bildungsrat die Erwachsenenbildung bzw. Weiterbildung zu einem eigenständigen Bereich im deutschen Bildungssystem erklärt. Allerdings wurde der neu bestimmte Bereich Erwachsenenbildung nicht systematisch strukturiert. Er umfasst alle allgemeinen, politischen, ökonomischen, beruflichen und kulturellen Weiterbildungsbereiche, alle formalen, nicht formalen und informellen Weiterbildungsformen sowie alle staatlichen, öffentlichen, unternehmerischen und vereinsrechtlichen Weiterbildungsinstitutionen. Im Jahr 2000 wurde in einem Memorandum der Europäischen Union das lebenslange Lernen zum obersten bildungspolitischen Ziel für den Ausbau und die Reform der Erwachsenenbildung in Europa ausgerufen, damit gemäß der beschlossenen Lissabon-Agenda die Gemeinschaft zum wettbewerbsfähigsten und dynamischsten wissensbasierten Wirtschaftsraum der Welt wird.

Ziel ist, die Bildung der Menschen in den europäischen Staaten über ihre gesamte Lebensspanne zu entwickeln, ihre Beschäftigungsfähigkeit (Employability) fortlaufend zu erhalten, ihren sozialen Zusammenhalt und ihre gesellschaftliche Teilhabe zu fördern. Die Gründe dafür sind die erheblich gewachsenen Herausforderungen an das Wissen und Handeln in Arbeit, Wirtschaft und Gesellschaft aufgrund der Informatisierung der Produktions- und Dienstleistungsprozesse und die Entwicklung der wirtschaftlichen Wettbewerbsfähigkeit in der Welt. Dafür ist eine Aktualisierung,

Erweiterung und Veränderung des Erwerbs ganzheitlicher Handlungskompetenzen notwendig, die auch in umfassendere thematische und organisatorische Kontexte einzubinden sind. Zugleich sind auf den Weiterbildungsbedarf der Humanressourcen die Kosten und der Nutzen effektiver und effizienter Weiterbildungen abzuwägen sowie die Qualität und Ergebnisse (Outcome) der Weiterbildungen zu sichern.

Lernfähigkeit Erwachsener

Die Lernfähigkeit Erwachsener ist dabei keine Schranke, denn ihre „Lernfähigkeit [ist] grundsätzlich bis ins hohe Alter vorhanden [...], es [kommt] lediglich zu Verschiebungen der Lernfähigkeit aufgrund biologischer Alterungsprozesse [...] Die Entwicklung der Lernfähigkeit findet also individuell statt und kann daher bei jeder Person anders geprägt sein" (Hansen/Gruber 2009, 46), weil sich eine „Vielzahl der möglichen Einflussfaktoren [...] auf den Lernprozess jedes Einzelnen auswirken können" (ebd., 45). Lernfähigkeit und Lernerfolge Erwachsener sind somit meistens von ihrer Subjektivität, ihren individuellen Lernerfahrungen, ihren Intentionen und ihren Arbeits- und Lebensverhältnissen geprägt und abhängig. Sie müssen nicht nur Zeit für weitere Lernprozesse haben, sondern auch ihren individuellen Lernbedarf selbstreflektiert oder durch eine Fach- bzw. Lernberatung oder die Kommunikation und Kooperation mit anderen Personen, z. B. im Arbeitsprozess und/oder ihrem Lebensumfeld, erkennen lernen. Entscheidend für eine erfolgreiche Weiterbildung ist dabei die Beteiligung der Lernenden an der Planung und Durchführung der Bildungsangebote sowie der Bewertung der Lernergebnisse und der zu ziehenden Schlussfolgerungen (Allespach 2015).

Flexible Lernangebote

Mit der Nutzung digitaler Bildungsmedien können Erwachsene ihren Wissens- und Kompetenzerwerb, ihre allgemeine, berufliche, politische und kulturelle Bildung auf den aktuellen Stand bringen, vertiefen und erweitern. Sie können weitgehend selbst organisiert ihre Lernzeiten, Lernorte, Lerninhalte und Lernmethoden bestimmen sowie ihre Kommunikation und Kooperation im Prozess ihres Lernens mit anderen Lernenden und Fachexperten vereinbaren. Mit der flexiblen Bereitstellung von Weiterbildungsangeboten und einer kompletten digitalen Lernumgebung (Kap. 3) kann auf den Lernbedarf jedes einzelnen Erwachsenen eingegangen werden. Dies ist insbesondere für berufstätige Erwachsene von großer Bedeutung, damit sie ihre Lernziele sowie die Planung ihrer Lernschritte und Lernzeiten, ihre Kommunikation und Kooperation sowie die Selbstreflexion ihrer erreichten Lernergebnisse und ihrer Nutzen bringenden Anwendung in ihren jeweiligen Tätigkeitsfeldern selbst bestimmen können (ebd., 48). Reisezeiten zu den Orten der Weiterbildungsinstitutionen können auf die in den jeweiligen Themen- und Fachbereichen wichtigen und notwendigen umfassenden Diskurse über Aufgaben, Probleme, Konflikte, Lösungen und Perspektiven in Präsenzveranstaltungen begrenzt werden, die vermittelt über die sozialen Medien im Internet kaum optimal bearbeitet werden können. Insgesamt können die Erwachsenen durch die Selbstbestimmung und Selbstorganisation ihrer

Lernprozesse mit digitalen Medien effizienter lernen, sie können ein höheres und intensiveres Engagement im Lernen entwickeln.

Lernberatung und Lernprozessbegleitung

Auch wenn die Erwachsenen durch die flexible Bereitstellung von Weiterbildungsangeboten mit digitalen Medien selbstbestimmt und selbst organisiert lernen können, ist die Bereitstellung einer jederzeit ansprechbaren Lernberatung und Lernprozessbegleitung durch Tutoren, Lehrende und eventuell auch Fachexperten sowie von Moderatoren für die meist asynchrone, aber auch für die synchrone Kommunikation und Kooperation, z. B. in Foren, über den digitalen Lernraum sinnvoll und notwendig. Dadurch können auch mögliche Stresssituationen einzeln Lernender oder in Lerngruppen eher vermieden werden. Dies setzt voraus, dass die Lernberater und Lernprozessbegleiter auch die erforderlichen Qualifikationen für Beratung und Begleitung durch eine entsprechende Weiterbildung erworben haben oder besitzen. Die Unterstützung der Lernenden in ihrem Lernprozess ist auch für die Suche und den Zugriff im Internet auf weiter gehende Informationen oder Lerninhalte wichtig, ebenso für die Erstellung eigener medial präsentierter Lernergebnisse oder Kommentare, z. B. in Blogs (Kap. 5.4.2; Kap. 5.4.3). Auch synchrone Lehrveranstaltungen, z. B. Seminare, oder die synchrone Arbeit von Lerngruppen können über den digitalen Lernraum durch die Verbindung der individuellen Lernorte zu einer vereinbarten Zeit durchgeführt werden. Dies sollte am besten unter der Leitung eines Seminarleiters oder eines Moderators aus der Gruppe der Lernenden geschehen. Dadurch kann der Reiseaufwand (Kosten und Zeit) für das Treffen an einem Ort in einer Präsenzveranstaltung auf die wirklich wichtigen und notwendigen Diskurse, für die auch ein persönliches Erleben der Beteiligten bedeutsam ist, begrenzt werden.

Didaktische Gestaltung

Für Erwachsene sollte für die didaktische Gestaltung der digitalen Lernangebote (Kap. 4) maßgebend sein, dass die Angebote

1. die Impulse zur Anregung ihrer Aufmerksamkeit für die angebotenen Lerninhalte geben, die in abgeschlossene, aber aufeinander bezogene Module gegliedert sein sollten;
2. die Selbstbestimmung und Selbstorganisation ihrer Lernzeiten, Lernorte, Lernschritte und Lernprozesse ermöglichen und fördern;
3. die Bestimmung ihrer eigenen Lernaufgaben und Lernziele zum Wissens- und Kompetenzerwerb unterstützen;
4. die Erarbeitung innovativer Aufgaben- und Problemlösungen in ihren Lernprozessen anregen;
5. die Präsentation ihrer erarbeiteten Ergebnisse zur gemeinsamen Diskussion und Kommentierung ermöglichen;
6. die Reflexion und Bewertung ihrer eigenen Lernprozesse und Lernergebnisse zur Entwicklung ihrer Selbstlernkompetenz unterstützen;
7. die Entwicklung ihrer Medienkompetenz und ihres Lernens mit digitalen Medien (Kap. 6) fördern;

8. die Entwicklung ihrer Kompetenzen zur Zusammenarbeit und Moderation ihrer Kommunikation und Kooperation in Lerngruppen und zur Zusammenarbeit mit Lehrenden und Fachexperten fördern.

Entwicklung der Medienkompetenz

Die digitalen Medien gewinnen in der formalen, nicht formalen und informellen Weiterbildung der Erwachsenen im betrieblich-beruflichen wie im privaten Bereich zunehmend an Bedeutung. Damit die digitalen Weiterbildungsangebote in den unterschiedlichen Formen erfolgreich genutzt werden können, ist die Entwicklung der Medienkompetenz (Kap. 6.3) eine zentrale Voraussetzung. Während die heranwachsende Generation bereits einen extensiven und zu anderen Handlungen und Kontexten parallelen und oft auch spielerischen Umgang mit den digitalen Medien, insbesondere den sozialen Medien im Internet, entwickelt hat, müssen viele ältere Erwachsene die medialen Präsentationsformen und Nutzungsmöglichkeiten erst kennenlernen und die Bedienung der Funktionen der digitalen Medien sich oft erst aneignen. So nutzen „Erwachsene [...] soziale Online-Netzwerke offenbar seltener als jüngere Personen" (Bettinger 2012, 60), wobei die in der letzten Zeit publik gewordene wachsende Internetkriminalität gerade bei Erwachsenen eine größere Unsicherheit in der Internetnutzung auslöst. Empirische Untersuchungen haben ergeben, dass „das Alter einen wesentlichen Einfluss auf das Mediennutzungsverhalten und damit auch auf die Bereitschaft zur Nutzung sozialer Online-Netzwerke [hat]. Besonders für Erwachsene kann die Nutzung ‚neuer Medien' eine Überwindung bestehender Vorbehalte und Hemmnisse bedeuten" (ebd.).

Es ist daher notwendig, die Entwicklung der Medienkompetenz Erwachsener zunächst durch eine Einführung in die Formen und Funktionen der digitalen Medien sowie die Erkennung und Vermeidung von Gefahren in ihrer Nutzung zu starten. Und im Verlauf ihrer medienvermittelten Lernprozesse ist die Entwicklung ihrer Medienkompetenz weiter zu unterstützen und zu fördern, insbesondere auch durch die Mitteilung und Aufklärung über aktuelle Gefahren und ihre Vermeidung und Abwehr. So können die bei Erwachsenen bestehenden Hemmnisse in der Mediennutzung abgebaut und der Weg zu neuen reflektierten medialen Erfahrungen geöffnet werden. Denn die entwickelte Kompetenz zur Nutzung der digitalen Medien zur Rezeption von Lerninhalten und die Präsentation von Lernergebnissen kann ein guter Auslöser für die selbstbestimmte und selbst organisierte eigene Weiterbildung sein.

Bildungserfolge mit digitalen Medien

Erwachsene sind in ihrer Subjektivität wesentlich durch ihre Kompetenzen, ihre Funktion, Mündigkeit und Verantwortung in ihren Tätigkeitsfeldern, ihre Werte und Interessen und ihre Reflexions- und Urteilsfähigkeit bestimmt, die sie zu ergänzenden oder gar neuen Zielen, Inhalten und Wegen weiterer Lernprozesse motivieren oder diese auch verhindern. Die Bedingungen, Faktoren, Prozesse und möglichen Perspektiven ihres individuellen und sozialen Lebens in der Welt und ihre subjektiven Kompetenzen und Dispositionen sind die Grundlage ihrer Handlungen. Diese beeinflussen wesentlich, ob und wie sie sich auf das Unbekannte ihres weiteren Lernens einlassen, durch das sie für sich und oft auch andere ein möglicherweise neues Selbst- und Weltverhältnis hervorbringen werden. Durch die „fortschreitende Verschränkung von medialer und physisch-materieller Welt [kommt es] zu einer zunehmenden Verlagerung von Interaktion und Kommunikation in die mediale Welt [...], welche diese Prozesse auch in bestimmter Weise prägt. Dies eröffnet einerseits Möglichkeiten der Welterschließung, erfordert andererseits aber auch die kritische Auseinandersetzung mit diesen Veränderungen" (BETTINGER 2012, 82). „Entscheidend für die Transformation von Selbst- und Weltverhältnissen ist vielmehr die Bereitschaft zum experimentellen Umgang mit den Netzwerken und die Reflexion der hierbei gemachten Erfahrungen" (ebd., 143). Durch die zunehmende Verlagerung der Kommunikation in die sozialen Netzwerke werden diese zu entscheidenden Anregern der subjektiven Entwicklungen. Zusammen mit der Nutzung der digitalen Bildungsmedien führt dies zu neuen Blicken auf die Bedingungen, Verhältnisse und Entwicklungen in Natur, Arbeit, Wirtschaft und Gesellschaft sowie auf die Menschen und das eigene Selbst. Veränderte und neue subjektive und gesellschaftliche Handlungsweisen in der Welt werden hervorgebracht. Damit gewinnt die Bildung mit den digitalen Medien zur kritischen Analyse von Problemfeldern, zur Entwicklung von Urteilsfähigkeit und von neuen Gestaltungsperspektiven eine zentrale Bedeutung für die subjektive Entwicklung zur sozialen, politischen, ökonomischen, beruflichen und kulturellen Partizipation in einer demokratischen Gesellschaft.

Damit wird deutlich, dass die thematische, strukturelle und methodische Gestaltung der digitalen Medien im lebenslangen Lernen Erwachsener offen sein muss für individuelle Wege der lernenden Rezeption und Bearbeitung sowie für Änderungen, Ergänzungen und Präsentationen durch die Lernenden selbst wie auch durch die Tutoren, Lehrenden und Fachexperten.

12.9 Implementierung in der Schulbildung

Historischer Rückblick

„Nach dem Alphabet und dem Buchdruck sind es heute die elektronischen Medien, allen voran der Computer und das Internet, die einen erneuten Leitmedienwechsel angestoßen haben", der zu grundlegend „neuen Herausforderungen für die Schule" führt (STÖCKLIN 2012, 58). Bereits in den mit den Bildungsreformen der 1960er- und 1970er-Jahre eingeleiteten curricularen Innovationen wurde verstärkt versucht, Lehrfilme, Schulhörfunk- und Schulfernsehsendungen in den Unterricht zu integrieren. Diese Medien sind in ihren Inhalten und didaktischen Strukturen jedoch im Unterschied zu den heutigen digitalen Bildungsmedien, z. B. mit der Nutzung von Tablets, abgeschlossene Unterrichtseinheiten, die von den Lernenden vom Beginn bis zum Ende zu rezipieren sind. Dies ist wahrscheinlich der Grund dafür, dass „sie sich im schulischen Alltag nach anfänglichen Erfolgen letztlich nicht durchsetzen [konnten]. Bei ihrer Anwendung zeigten sich zahlreiche Probleme, z. B. die externe Bestimmung des Unterrichts, die Schwierigkeit, für heterogene Zielgruppen ein gemeinsames Programm zu planen, die Vernachlässigung sozialer Bedürfnisse und der mangelnde Einbezug der letztlich für den Lehr-/Lernprozess verantwortlich bleibenden Lehrenden" (Tulodziecki/Grafe 2013, 13–14).

Perspektiven

Die digitalen Medien lassen sich dagegen, wie unsere Ausführungen in den obigen Kapiteln zeigen, erheblich flexibler und von den Lehrenden und Lernenden selbst gestaltet, ergänzt und auch produziert in die von ihnen bestimmten und organisierten Lehr- und Lernprozesse entsprechend ihren pädagogischen Zielen und Ansprüchen integrieren. Damit soll und kann keineswegs der Präsenzunterricht an den Rand gedrängt oder gar abgeschafft werden. Vielmehr soll der Erwerb der heute erforderlichen Medienkompetenzen in den jeweiligen fachlichen Kontexten fundiert und kritisch reflektiert gefördert werden im Sinne der *Bildung zur Mündigkeit* in einer demokratischen Gesellschaft. Auch wenn in Deutschland im internationalen Vergleich die Nutzung der digitalen Medien in den Schulen noch relativ gering ist (Eickelmann 2013, 189), z. B. Tablets zum Lesen, Schreiben, Kommunizieren und Kooperieren erst in wenigen Schulen im Unterricht umfassend genutzt werden, so gibt es doch in den letzten Jahren eine wachsende Integration in den Schulunterricht, vorangehend in den Wirtschaftsschulen und in den Naturwissenschaften und Fremdsprachen (Tulodziecki/Grafe 2013, 18; vgl. auch BITKOM 2011a).

Weiterbildung der Lehrenden

Eine zentrale Herausforderung besteht daher darin, dass sowohl im Lehramtsstudium als auch in der Weiterbildung der Lehrenden besser auf die vielfältigen Nutzungs-, Gestaltungs- und Produktionsmöglichkeiten der digitalen Medien und ihre didaktische Integration in den Unterricht ab der Grundschule vorbereitet werden muss (vgl. u. a. Karpa/Eickelmann/Grafe 2013). Dies ist auch notwendig, um die noch bestehende Diskrepanz zwischen den Lehrenden und den Lernenden in der Einschätzung des Nutzens digitaler Medien für erfolgreiche Lehr- und Lernprozesse zu überwinden (Bertelsmann Stiftung 2017, 6–7). Dabei ist, wie Untersuchungen zeigen, „der Kommunikation, Kooperation und Kollaboration" eine ganz besondere Bedeutung einzuäumen; „Teilnehmer und Mentoren sehen darin Chancen, sich schulartübergreifend auszutauschen, einen neuen Blick auf die Inhalte zu bekommen, und erkennen einen Lernzuwachs durch die gemeinsame Tätigkeit" (Kysela-Schiemer 2017, 90). Dazu ist es sinnvoll und notwendig, auch Kooperationsverbünde zwischen den Schulen über Plattformen im Internet einzurichten. Darüber wird es ermöglicht, die Lehr- und Lernmaterialien für alle Unterrichtsfächer – ggf. auch die verschiedenen Anwendungsprogramme – allen Schulen in der Cloud über einen gesicherten Zugang zum Herunterladen bereitzustellen und die Erfahrungen mit der Nutzung der Programme auszutauschen. Es ist darüber auch möglich, ggf. mit gemeinnützigen Vereinen zusammenzuarbeiten, die ein projektorientiertes Lernen der Schülerinnen und Schüler mit digitalen Medien außerhalb des Schulunterrichts im Kontext mit den Unterrichtsinhalten unterstützen wollen.

Medienbildung

Die Kultusministerkonferenz (KMK) hat am 8. März 2012 einen Beschluss zur „Medienbildung in der Schule" gefasst mit dem Ziel, die „Medienbildung als Pflichtaufgabe schulischer Bildung nachhaltig zu verankern sowie den Schulen und Lehrkräften Orientierung für die Medienbildung in Erziehung und Unterricht zu geben" (KMK 2012, 3). Denn der heute verbreitete alltägliche Umgang mit mobilen Endgeräten, z. B. mit Smartphone oder Tablet, und die verbreitete intensive Kommunikation der Heranwachsenden in den sozialen Netzwerken führen nicht von selbst zu umfassenden, kritischen, risiko- und verantwortungsbewussten Medienkompetenzen. Konkret gefordert wird daher der „Erwerb und die fortlaufende Erweiterung von Medienkompetenz; also jener Kenntnisse, Fähigkeiten und Fertigkeiten, die ein sachgerechtes, selbstbestimmtes, kreatives und sozial verantwortliches Handeln in der medial geprägten Lebenswelt ermöglichen" und „sich verantwortungsvoll in der virtuellen Welt zu bewegen, die Wechselwirkung zwischen virtueller und materieller Welt zu begreifen und neben den Chancen auch die Risiken und Gefahren von digitalen Prozessen zu erkennen" (ebd.).

Dazu gehört auch die Vermittlung von Grundkenntnissen über die Konstruktion von Algorithmen und ihre Programmierung mit dem Binärsystem in Software sowie über den Aufbau und die Funktion der informations- und kommunikationstechnischen Geräte, ihre Verbindung und ihre Nutzung sowie ihre historische Entwicklung (Telefon, Telefax, Computer) in einem Fach Informatik und/oder Medienkunde. Dies kann z. B. schon in der Grundschule praktisch unterstützt werden mit kleinen Spielrobotern, die sich von den Schülerinnen und Schülern mit einfachen Programmiersprachen steuern lassen. Sie fördern die Neugier und das logische Denken. Ein theorie- und praxisorientiertes Unterrichtsfach Informatik ist mit den Zielen, Inhalten und Methoden in den anderen Unterrichtsfächern zu verknüpfen, in denen die digitalen Medien umfassend genutzt werden, um ihre Anwendungsmöglichkeiten zu erkennen und zu nutzen (vgl. Henning 2017; Experteninterview 2017; Zylka 2017).

Am 8. Dezember 2016 hat die KMK ihre Strategie zur „Bildung in der digitalen Welt" vorgelegt (KMK 2016). Darin haben die Bundesländer vereinbart, Programme für die Aus- und Fortbildung aller Lehrkräfte zur angemessenen Nutzung der digitalen Medien im Unterricht auszuarbeiten. Die Nutzung der digitalen Medien wird als eine Querschnittsaufgabe gesehen, die in allen Fächern in entsprechender Weise zu behandeln ist. Erwartet wird damit auch eine deutliche Steigerung der Lernbereitschaft der Schülerinnen und Schüler und ihrer Motivation zum Erlernen eines kompetenten Umgangs mit den digitalen Medien zum Kommunizieren und Kooperieren, Analysieren und Reflektieren, Produzieren und Präsentieren (ausführlich siehe Kap. 6.3). Dies soll vor allem auch durch die Organisation und Unterstützung selbst gesteuerten und kooperativen Lernens der Schülerinnen und Schüler erreicht werden, z. B. in problembasierten, erkundenden, entscheidungs-, gestaltungs- und beurteilungsorientierten Unterrichtsstrukturen (Tulodziecki 2005, 371 f.), die mit der Nutzung der entsprechenden Formen der digitalen Medien gut unterstützt werden können. Damit soll „eine selbstbestimmte, aktive und demokratische Teilhabe an Politik, Kultur und Gesellschaft“ ebenso wie „Identitätsbildung und Persönlichkeitsentwicklung“ und eine „Ausprägung moralischer Haltungen, ethischer Werte und ästhetischer Urteile“ und der „Schutz von Kindern und Jugendlichen vor negativen Einflüssen und Wirkungen von Medien“ erreicht werden (KMK 2012, 4–6). Um diese Ziele zu erreichen, soll nicht nur mit den digitalen Medien gelernt werden, Lernprogramme zu lesen und schrittweise abzuarbeiten sowie Texte und Präsentationen auch selbst als Medienprodukte erstellen zu können, sondern sie sollen auch kritisch reflektiert werden, „um später als mündige Bürger in einer teilweise digitalen Welt vernünftig agieren, Entscheidungen treffen und Verantwortung für sich und andere übernehmen zu können“ (Spannagel 2015, 30). Insbesondere ist über den Nutzen der Informationen und die Gefahren im Internet gründlich zu informieren. Und da die „Medienkompetenz [...] neben Lesen, Rechnen und Schreiben eine weitere wichtige Kulturtechnik geworden“ ist (KMK 2012, 9), muss die Medienbildung als ein aktiver Bestandteil in alle Unterrichtsfächer, auch mit fachübergreifenden Bezügen, curricular integriert werden, sie darf nicht ausschließlich Inhalt eines gesonderten Informatik-Unterrichts sein. Gleichwohl ist es nach Beschluss der KMK für die Entwicklung der *Mündigkeit* der Schülerinnen und Schüler sinnvoll und notwendig, *Medienbildung* auch fachübergreifend, technisch, gesellschaftlich, kulturell und politisch zu thematisieren.

Für die *Medienbildung* lassen sich nach Tulodziecki (2005, 371–373, Hervorh. im Original) fünf Aufgabenbereiche benennen, die im Schulunterricht in den einzelnen Fächern und fachübergreifend didaktisch von den Lehrenden und Lernenden zu konzipieren und umzusetzen sind:

1. *„Auswählen und Nutzung von Medienangeboten unter Beachtung von Handlungsalternativen“*, z. B. für die selbst organisierte und kooperative Bearbeitung komplexer Aufgabenstellungen;
2. *„Eigenes Gestalten und Verbreiten von Medienbeiträgen“*, z. B. die Präsentation von Lern- und Arbeitsergebnissen oder von Kritiken und Verbesserungsvorschlägen im virtuellen Lernraum der Klasse bzw. Schule;
3. *„Verstehen und Bewerten von Mediengestaltungen“*, z. B. der zielorientierten und adressatenbezogenen Gestaltungsmöglichkeiten der Inhalte und Methoden digitaler Medien;
4. *„Erkennen und Bewerten von Medieneinflüssen“*, z. B. die kritische Reflexion der möglichen Wirkungen der verschiedenen digitalen Medien auf die Rezipienten und die Nutzungsformen durch die Produzenten;
5. *„Durchschauen und Beurteilen von Bedingungen der Medienproduktion und Medienverbreitung“*, z. B. „personaler, ökonomischer, rechtlicher und politischer Bedingungen von Medienproduktion und Medienverbreitung in unserer Gesellschaft“ und der „Einflussmöglichkeiten“.

Didaktische Integration digitaler Medien

Technische Voraussetzung ist, dass in der Schule ein virtueller Lernraum, z. B. ein Learning Management System, auf einem Schulserver oder in einer Cloud zur Verfügung steht und alle Lehrer und Schüler eigene mobile Endgeräte, z. B. Tablets, Laptops, Smartphones, iPads, mit Netzanschluss und jederzeitigem Zugriff auf den virtuellen Bildungsraum und das Internet haben. Sie können damit über die Installation der eigenen Software und Apps auf ihrem Endgerät selbst entscheiden, was auch dem Alltag der Lehrenden und Lernenden entspricht. Der Vorteil ist, dass „Schüler früh lernen, Verantwortung zu übernehmen, und den Einsatz ihrer eigenen Geräte im Unterricht als etwas wahrnehmen, was auch außerhalb der Schule wichtig ist und angewandt werden kann. Der Nachteil [...] liegt ebenfalls in der Offenheit, denn mit der freien Entscheidung der Schüler über Geräte und Software entsteht eine hohe Diversität im Unterricht“ (Pannier 2014, 18). Die Bedienung der eigenen Endgeräte kann nicht mehr durch Beobachten gelernt werden, „weil beim eigenen Gerät einfach alles anders ist“ (ebd.). Die Schülerinnen und Schüler müssen also gute Fachkenntnisse über die Nutzung ihrer Software haben bzw. erwerben und einschätzen können, „wie die Eingabe und deren Funktion auf dem eigenen Gerät erfolgen kann [...], ob das eine sinnvolle Strategie ist und ob es vielleicht nicht auch bessere Alternativen auf dem eigenen Gerät gibt“ (ebd.).

Mit der Nutzung eigener Endgeräte im Unterricht verändert sich auch das Klassenklima, insbesondere das Kommunikationsverhalten und der Sprachgebrauch vom Mündlichen zum Schriftlichen über die Endgeräte deutlich. Die Nutzung eines Endgeräts, z. B. des iPad, ist „das Hauptbeschäftigungsmittel der Schüler während des Unterrichts am Vormittag [...] 67 % der Schüler [nutzen] das iPad [...], um sich abzulenken, wenn ihnen der Unterricht ‚langweilig‘ erscheint. Sie suchen nach Abwechslung, interessieren sich, was ihre Freunde gerade machen etc., erkennen aber auch, dass das Nutzen der Möglichkeiten, die das iPad einem bietet, dazu führt, dass dem Unterrichtsverlauf nur bedingt gefolgt werden kann“ (Püttmann 2014, 21).

Um diesen möglichen negativen Entwicklungen, z. B. der Ablenkung und mangelnden Aufmerksamkeit, vorzubeugen, müssen die didaktisch zu konzipierenden Lehr- und Lernszenarien einen Rahmen und eine Herausforderung für ein aktives handlungs- und aufgabenorientiertes Lernen mit der Präsentation der erarbeiteten Lernergebnisse zur gemeinsamen Diskussion bilden, z. B. durch die selbstständige Recherche besonderer historischer Ereignisse. Wobei die verschiedenen Fachkulturen, wie z. B. Physik, Chemie, Geschichte, Geografie, Mathematik, meist unterschiedliche Formen digitaler Medien erfordern, z. B. Simulationen, Videos, Instruktionen, Präsentationssoftware. Generell muss ein expansives und exploratives Lernen in selbst organisierten, kommunikativen, kooperativen und partizipativen Arrangements unter Nutzung der verschiedenen Formen der digitalen Medien ermöglicht werden. Dies erhöht auch ganz entscheidend die Lernbereitschaft. Denn ein allein z. B. auf der behavioristischen Lerntheorie basierendes Lehren und Lernen nach vorgegebenen Instruktionen in digitalen Lernprogrammen ist nicht gefragt, vermindert eher die Lernbereitschaft und kann somit die Ablenkungsproblematik sicher nicht lösen.

Die Findung und Konkretisierung der Themen aus den fachlichen Lehrplänen, die Generierung der zu beantwortenden Fragen und zu bearbeitenden Aufgaben, die Methoden und Abläufe der Bearbeitung müssen von den Schülerinnen und Schülern zum selbstständigen Erwerb ihrer Kompetenzen in gemeinsamer Arbeit mit Unterstützung der Lehrenden diskutiert und vereinbart werden (siehe Kap. 4.3). Die „Lernprozesse [...] [lassen sich] durch bedeutsame Erkundungsaufgaben, Probleme, Entscheidungsfälle, Gestaltungs- und Beurteilungsaufgaben anregen" (TULODZIECKI 2005, 369). Die Auswahl und Nutzung der digitalen Medien muss dementsprechend „in Relation zu Themen, Ziel, Methode und den Voraussetzungen der Schüler" erfolgen (WERMKE 2005, 395). Die Bearbeitung der konkret vereinbarten Aufgaben erfolgt dann selbst organisiert und kooperativ durch die Schülerinnen und Schüler, wobei die Lehrerin oder der Lehrer auch jederzeit mit Informationen, Hinweisen, Fragen, Kritiken, Erklärungen, Präsentationen und Aufforderungen eingreifen kann und auch sollte, wenn dies erforderlich ist. Beim Lehren und Lernen mit digitalen Medien wird „besonders deutlich, dass die Lernenden die eigentlichen Träger des Unterrichts" sind und es daher für einen erfolgreichen Unterricht auf eine aktive Reflexion ihrer Lernprozesse zur Entwicklung ihrer didaktischen Kompetenz ankommt; die „bloße Reduktion auf die Vermittlung von Medienkompetenz [greift] zu kurz" (FRANK 2012, 187–188). Dafür müssen die „Lernenden [...] die Möglichkeit [haben]:

- den eigenen Lernprozess zu strukturieren und zu dokumentieren,
- die eigenen Lernerfolge im ePortfolio darzustellen,
- Lerntools (auch netzbasiert) kollaborativ einzusetzen,
- ein Termin- und Materialmanagement der Arbeitsgruppen vorzunehmen,
- jederzeit zu recherchieren und diese Informationen überall abrufen zu können,
- zu lernen, gezielt bestimmte computerbasierte Hilfstools einzusetzen" (BORNEMANN 2013, 218).

Die Ergebnisse und medialen Produkte der Schülerarbeiten, z. B. Weblogs, Videos, Podcasts, sind zunächst von den Schülern in ihrer Lerngruppe vorzustellen und zu diskutieren und anschließend nach einer möglichen Überarbeitung allen anderen Mitschülern und den Lehrern für ein abschließendes Fachgespräch zur gemeinsamen Reflexion und Beurteilung zu präsentieren. Ein Online-Lerntagebuch oder ein E-Portfolio (siehe Kap. 7.6) bietet dafür einen guten Rahmen, auch weil es die Themen, Bearbeitungen, Ergebnisse und Reflexionen visuell sichtbar und damit nachvollziehbar macht. Die didaktische Integration digitaler Medien in den Unterricht kann in fünf Schritten erfolgen (Tab. 12.5, in Anlehnung an BÖHM/KRAUSS/JAUCH 2013, 13).

Tab. 12.5: Integration digitaler Medien in den Unterricht (in Anlehnung an BÖHM/KRAUSS/JAUCH 2013, 13)

Bedienen und Anwenden	Die Schüler sind in die Bedienung der Hard- und Software, des virtuellen Bildungsraums und des Internets sowie in die Datensicherung und die Datenschutzrechte einzuführen.
Informieren und Recherchieren	Die Schüler sind über die Lernaufgaben und Arbeitsschritte und die Beschaffung der Lerninhalte zu informieren, und sie sind in der Reflexion, Strukturierung und Durchführung ihres Lernprozesses zu begleiten.
Produzieren und Präsentieren	Die Schüler sind darin einzuführen, wie sie ihre produzierten Lern- und Arbeitsergebnisse im virtuellen Lernraum multimedial präsentieren und mit Lernenden und Lehrenden kritisch und weiterführend diskutieren.
Kommunizieren und Kooperieren	Die Schüler sind zur Kommunikation und Kooperation in und zwischen den Lerngruppen über die Lernziele, Lernaufgaben, Lerninhalte, Lernprozesse und Lernergebnisse anzuregen.
Analysieren und Reflektieren	Von den Schülern und Lehrern sind gemeinsam alle Schritte und Ergebnisse und begleitenden Unterstützungen durch die Lehrenden zu diskutieren, um Defizite festzustellen und nachzubearbeiten sowie Verbesserungen für die nächsten Lehr- und Lernprozesse in den Blick zu nehmen.

Virtueller Lernraum und Nutzung sozialer Netzwerke

Für die Kommunikation und Kooperation im Rahmen der Schule und im Unterricht sollten die Lehrer und Schüler ausschließlich die Instrumente und Abteilungen im virtuellen Lernraum der Schule benutzen, der nicht allgemein öffentlich, sondern nur über Passwort für die eingeschriebenen Teilnehmer zugänglich ist. Das schließt nicht aus, dass die Schule auch einen öffentlich über das Internet zugänglichen Bereich einrichtet, in dem sie sich präsentiert. Für die Einrichtung und den Betrieb des internen virtuellen Lernraums und des öffentlich zugänglichen Bereichs braucht es eine technisch kompetente Unterstützung in jeder Schule und einen zentralen Server zur Sicherung und zum Schutz aller Daten. Da in Deutschland noch immer der Kinderdatenschutz nicht geregelt ist, sollten die sozialen Netzwerke, wie z. B. Facebook, Twitter, YouTube, Chat, unverschlüsselte E-Mails, in der Schule wegen der damit verbundenen Gefahren für den Schutz personenbezogener Daten nicht genutzt werden. Was nicht ausschließt, dass zur Entwicklung der Medienkompetenz und der Aufklärung über Nutzen und Gefahren auch die sozialen Netzwerke im Internet gezielt kritisch reflektiert als Lerninhalt genutzt werden. Für die Planung, Organisation, Terminvereinbarung, Durchführung, Gruppenarbeit, Ergebnispräsentation, Kommentierung, Diskussion und Beurteilung der internen kommunikativen, kooperativen und kollaborativen Lehr- und Lernprozesse sollte aus Datenschutzgründen aber nur das schulinterne Netz verwendet werden. Im virtuellen Lernraum der Schule sind dafür die Zugänge mit Passwort nach Stufen einzurichten: für die Schule, die Lehrenden, die Schülerjahrgänge, die Klassen, den Fachunterricht, die Lern- und Arbeitsgruppen. Hierzu sind auch die in den Bundesländern bereits geltenden und in Arbeit befindlichen Regelungen für die Schulen zu beachten.

Medien fördern engagiertes Lehren und Lernen

Durch die digitalen Medien werden die schulische und unterrichtliche Lernumgebung, die Lehr- und Lernerfahrungen und damit auch die individuellen Lernwege und Lernleistungen grundlegend verändert. Die digitalen Medien ermöglichen

„durch die Verbindung individualisierten und kollaborativen Lernens eine neue Lehr- und Lernkultur [...] – wenn sie nicht nur als ein optionales Lerninstrument für die eine oder andere Lernsituation verstanden werden, sondern wenn sie für jeden Lernenden als kontinuierliche Basis des Lernens implementiert werden. Medien werden dadurch nicht nur zum Übermittler des Wissens, sondern zum Beschleuniger (Katalysator) des Lernprozesses" (Bornemann 2013, 212). Die Integration der digitalen Medien in einen lehr- und lernkulturell neu gestalteten schulischen Unterricht macht den Unterricht anschaulicher und abwechslungsreicher und fördert die aktive Mitarbeit der Lernenden. Ihre aktive Mitarbeit und die Ermöglichung individueller Lernwege fördert sowohl die Entwicklung ihrer Selbstlernkompetenzen (Heidenreich 2009) als auch ihrer sozialen Kompetenzen durch die kooperative und kollaborative Zusammenarbeit der Schüler und Lehrer. Durch die Bearbeitung ganzheitlicher Aufgaben in projektorientierten und gegebenenfalls auch in fächerübergreifenden Unterrichtsstrukturen, zu der auch aktuelle Informationen aus dem Internet herangezogen werden können, erwerben sie ihre fachlichen und überfachlichen Kompetenzen. Die Schüler müssen dabei mit Einführung und Begleitung der Lehrer lernen, zielorientiert und reflektiert die Inhalte zu recherchieren, zu analysieren, aufzubereiten und zu präsentieren.

Die angestrebte multimediale Präsentation der individuell oder gemeinsam erarbeiteten Ergebnisse und Produkte mit den Instrumenten des Web 2.0 im virtuellen Lernraum der Schule erhöht die Lernmotivation, die Konzentration auf die Lernaufgabe, das Verständnis der Lerninhalte und die Lernleistung. Durch die im virtuellen Lernraum schulöffentliche Diskussion und Kommentierung der präsentierten Ergebnisse und erstellten medialen Produkte, mit positiven oder negativen Beurteilungen, und aus deren gemeinsamer Reflexion mit den Lehrenden im Präsenzunterricht, ob die erhaltenen Beurteilungen berechtigt sind oder nicht, werden auch mit Blick auf den Lehrplan neue Anregungen für weitere persönliche und gemeinsame Lernprozesse gewonnen. Dadurch werden die Selbstlernkompetenzen ebenso wie die sozialen und fachlichen Kompetenzen der Schüler gestärkt – und auch die Lehrenden lernen daraus für ihren nächsten Unterricht und ihre unterrichtliche Zusammenarbeit mit den Fachkolleginnen und -kollegen.

Da die Schüler z. B. mit einem Tablet einen permanenten Zugriff auf die Inhalte, Notizen und Diskussionen im Unterricht haben, können sie auch zu Hause ihre Lernprozesse fortsetzen, Inhalte vertiefen, Versäumtes nachholen, mit ihren Mitschülern kommunizieren und Fragen an ihre Lehrenden stellen. Die Kommunikation und Kooperation zwischen Lehrenden und Lernenden wird durch die digitalen Medien erheblich intensiver und kann zu einer Überlastung führen, die sich negativ auf das Engagement, die Leistungsfähigkeit und damit auch auf den Unterricht auswirken kann. Es ist daher in jedem Fall erforderlich, dafür in der Schule Regeln für die Nutzungszeiten aufzustellen, z. B. dass zwischen 15 Uhr und 8 Uhr am nächsten Tag keine Kontaktierung zwischen Lehrenden und Schülern erwünscht ist.

Integration digitaler Medien führt zu besseren Lernergebnissen

Das Beispiel einer projektorientierten Politikwerkstatt zur politischen Bildung im Fach Politik und Wirtschaft in der Sekundarstufe II, in der die Schüler die Inhalte selbst erarbeitet und mit digitalen Medien publiziert haben (Moegling 2013), zeigt sehr deutlich den durch das selbst organisierte kooperative Lernen mit digitalen Medien möglichen Gewinn für die Bildung der Mündigkeit der Heranwachsenden und die demokratische Entwicklung in Schulen, Politik und Wirtschaft: „Wenn Schüler ernst genommen werden und die Chance bekommen, weitgehend selbst gesteuert mit sorgfältig abgewogener Unterstützung und Beratung durch den Lehrer ihre eigenen Fragen zu entwickeln, ihre Sichtweise auf ein Problem über die Kenntnisnahme und Bearbeitung anderer – auch theoretisch anspruchsvoller – Sichtweisen zu überprüfen und zu erweitern, wenn sie die Chance bekommen, ihre Methoden zu entwickeln und selbstständig zu forschen, wenn Präsentationen und Diskussionen in der Lerngruppe möglich sind sowie die Wahrnehmung außerschulischer Lernorte und die Inszenierung politischer Öffentlichkeiten, in denen der politische Diskurs geübt werden kann, wenn metakommunikative Prozesse im Zusammenhang mit evaluativen Maßnahmen steuernd wirken können, dann scheinen überdurchschnittliche Lernergebnisse und Werkstattprodukte möglich und zu erwarten zu sein“ (ebd., 313). Dies kann in vergleichbarer Weise auch in allen anderen Schulfächern bei einer entsprechenden didaktischen Gestaltung erreicht werden.

Zur Unterstützung der Integration von E-Learning in den Schulunterricht hat die Europäische Kommission das Projekt TACCLE (Teachers Aids on Creating Content for Learning Environments) in zwei Stufen gefördert. Auf der ersten Stufe wurden die verschiedenen neuen digitalen Medien als mögliche Bildungsressourcen erklärt (Kap. 5). Auf der zweiten Stufe wurde eine E-Learning-Handbuchreihe für die Lehrenden in der Grundschule, in Mathematik, Informatik und Naturwissenschaften, in den Geisteswissenschaften und den künstlerischen Fächern sowie für die Vermittlung von Schlüsselqualifikationen entwickelt (abrufbar unter http://taccle2.eu [05.03.2015]). Damit sollen den Lehrenden „Werkzeuge an die Hand gegeben werden, mit deren Hilfe sie ihre Inhalte möglichst effizient und auch unterhaltsam vermitteln können. Wenn möglich wurden schülerzentrierte Ansätze gewählt“ (Bierweiler 2014, 29). „Dabei geht es nicht darum, den Schulunterricht zu digitalisieren! Vielmehr soll der Handlungsspielraum der Lehrkräfte erweitert werden, damit sie den Ansprüchen, die in einem modernen Bildungssystem an sie gestellt werden, leichter gerecht werden“ (ebd., 31).

Digitale Medien ersetzen nicht den Präsenzunterricht

Mit der Entwicklung und Nutzung des E-Learning in Bildungsprozessen in bald zwei Jahrzehnten ist erkannt worden, dass die digitalen Medien den Präsenzunterricht keineswegs vollständig ersetzen können. Vielmehr konfrontieren sie die Lehrenden, die eher zu Begleitern der Lernprozesse werden, mit neuen Herausforderungen an eine sorgfältige didaktische Planung der aufgaben- und prozessorientierten Unterrichtsarrangements. Der Präsenzunterricht ist dabei das integrierende Arrangement.

„Der Lehrervortrag ist auch weiterhin, aber inhaltlich und zeitlich deutlich reduziert, Bestandteil des Unterrichts; das aktiviert die stärkere Beteiligung der Lernenden am Unterrichtsprozess" (LOEWEN 2017, 217). In neuer offener und innovativer Gestaltung der Lehr- und Lernkultur und pädagogischen Verhältnisse zwischen Lehrenden und Lernenden ist der Präsenzunterricht eine unverzichtbare Voraussetzung für die Integration der digitalen Medien und deren gemeinsame Herstellung für die fortschreitenden individuellen, kooperativen und kollaborativen Lehr- und Lernprozesse in allen Schulen. „Als Mehrwert des Einsatzes digitaler Medien sehen Lehrer, dass sich bestimmte Inhalte besser bearbeiten lassen, Ergebnisse und Lösungsschritte im Arbeitsprozess der Schüler klarer dargestellt werden können, Informationen besser strukturiert und komplexe Aufgabenstellungen einfacher bewältigt werden können" (ebd.).

12.10 Fazit

Ermöglichung eigenständigen Kompetenzerwerbs

Die jeweiligen Konkretisierungen der dargestellten und erklärten strategischen Ziele, Faktoren, Stufen und Kooperationen in der Entwicklung und Implementierung virtueller Bildungsangebote in Hochschulen, Bildungszentren und Unternehmen sowie in der Erwachsenenbildung, Berufsausbildung und Schulbildung sind nicht nur eine Frage kompetenter Organisation und verfügbarer Ressourcen. Vielmehr müssen alle Konkretisierungen immer die Lernenden zu Beginn ihrer Lernprozesse im Blick haben, ihre Voraussetzungen, Kontexte, Fähigkeiten und Interessen, die sie immer auch in die Prozesse mit einbringen. Und alle Konkretisierungen müssen natürlich die Anforderungen, Ziele, Inhalte und Methoden der Entwicklung ihrer Selbstlernkompetenzen sowie ihrer allgemeinen und beruflichen Handlungskompetenzen für ihre individuelle und gesellschaftliche Lebensgewinnung im Blick haben. Denn mit den virtuellen Bildungsangeboten, also den in die kooperativen und partizipativen Lehr- und Lernprozesse integrierten digitalen Bildungsmedien, soll ihnen der eigenständige und reflektierte Erwerb ihrer Handlungskompetenzen effizient ermöglicht werden.

Abkürzungen und Begriffe

A

ABI	Aktionsbündnis für b@rrierefreie Informationstechnik
Accessibility Checker	Werkzeug zur Überprüfung des barrierefreien Zugangs zu digitalen Medien, z. B. zu Lernplattformen, PDF-Dateien u. a. (⇨ PDF Accessibility Checker)
ACRL	Association of College & Research Libraries (Assoziation von Hochschul- und Forschungsbibliotheken)
ACTA	Anti-Counterfeiting Trade Agreement (Anti-Produktpiraterie-Handelsabkommen)
ActiveX	Software-Funktion von Microsoft zum Herunterladen und Installieren von Komponenten im Internet-Explorer
Adaptability	(Adaptierbarkeit) Anpassbarkeit eines Systems durch die Nutzenden
Adaptives Lernsystem	ein Lernsystem, das sich durch die Analyse der erzeugten Daten den Präferenzen des Lernenden anpasst und diese effizient unterstützt
Adaptivity	(Adaptivität) durch ein System geleistete Anpassung an die Präferenzen eines Nutzers aufgrund von Interaktionsdaten
Advance Organizer	(vorangestellte Ordnung) knappe, vorbereitende Organisations- und Lernhilfe, die dem eigentlichen Lernmaterial vorangestellt wird
AICC	Aviation Industry CBT Committee (Flugindustrie CBT Komitee), ⇨ CBT
AJAX	Asynchronous Javascript and XML, ⇨ XML
AK DQR	Arbeitskreis Deutscher Qualifikationsrahmen für lebenslanges Lernen

Alt-Tag	Schlagwort (⇨ Tag), alternative Beschreibung eines angesteuerten Elements, z. B. der sprachlichen Beschreibung einer Grafik
AMP	Allgemeine Multimediaprodukte
ANSI	American National Standards Institute (Amerikanisches Institut für nationale Standards), normgebendes Institut zur Definition von ⇨ ISO-Standards in den USA
API	Application Programming Interface, ⇨ TCAPI
App	mobile Applikation (Anwendung auf mobilen Endgeräten, z. B. Smartphone)
App Smashing	durch die Nutzung unterschiedlicher ⇨ Apps verschmelzen medial verschiedene Inhaltstypen zu einem neuen multimedialen Inhalt
App-Store	Kurzform für Application Store (engl.), bezeichnet digitale Vertriebsplattformen für Anwendungssoftware, ⇨ App
Applet	kleines Computerprogramm, das im Zusammenhang mit einer anderen Software (z. B. einem Browser) läuft
Application Sharing	gemeinsame Nutzung eines Anwendungsprogrammes während einer synchronen Computerkonferenz
AR	Augmented Reality (erweiterte Realität), Ergänzung und Erweiterung der realen Welt mit digitalen Informationen, z. B. über mobile Endgeräte wie bspw. Smartphone, Tablet, Laptop
Assessment	Einschätzung und Bewertung von (Lern-)Leistungen
Attachment	Anhang einer Datei
Audiocast	eine im Internet jederzeit abrufbare und abonnierbare Audioaufzeichnung, ⇨ Podcast
Audiochat	Online-Sprachkommunikation zwischen Personen in Echtzeit, ⇨ Chat
Augmented Reality (AR)	erweiterte Realität, Ergänzung und Erweiterung der realen Welt mit digitalen Informationen, z. B. über mobile Endgeräte wie bspw. ⇨ Smartphone, ⇨ Tablet
Authoring on the Fly	sinngemäß „fliegende", also schnelle und einfache Aufzeichnung und Übertragung einer Präsenzveranstaltung in ein ⇨ Multimediadokument

Avatar	virtuelle Figur, die von einer realen Person zur Interaktion mit anderen Avataren in einer virtuellen Realität gesteuert werden kann

B

Badge	(Erkennungszeichen, Leistungsabzeichen) virtuelle Abzeichen, z. B. Logos, die als Nachweis für die Teilnahme an Online-Bildungsangeboten verliehen werden, wenn keine formellen Teilnahmenachweise vergeben werden, ⇨ Open Badge, ⇨ Online Badge
BDSG	Bundesdatenschutzgesetz
BGB	Bürgerliches Gesetzbuch
BGG	Behindertengleichstellungsgesetz
BGH	Bundesgerichtshof
BIBB	Bundesinstitut für Berufsbildung
BIK	Barrierefreie Information und Kommunikation
BITV	Barrierefreie Informationstechnik-Verordnung
Blended Learning	Kombination von Lernen in Präsenzveranstaltungen mit E-Learning
BLEP	Blended-Learning-Programme
BLK	Bund-Länder-Kommission für Bildungsplanung und Forschungsförderung
Blog	Webseite, die aus rückwärts chronologisch geordneten Beiträgen besteht, ähnlich einem Tagebuch oder Journal, die in der Regel öffentlich kommentiert werden können (auch ⇨ Weblog genannt)
Blogfarm	Sammlung von Blogs verschiedener Autoren bei einem Anbieter (z. B. einer Bildungseinrichtung), der die Infrastruktur (z. B. Server) mit installierter Blogsoftware anbietet
Blogosphäre	mit dem Begriff wird die Gesamtheit aller über ⇨ Blogroll verlinkten Blogs bezeichnet, aber auch die Gesamtheit aller Blogs, ⇨ Blogfarm
Blogroll	öffentlich einsehbare Liste an Verknüpfungen eines Blogs auf andere Blogs

Blu-Ray Disc	optisches Speichermedium mit höherer Speicherkapazität als ⇨ DVD
BMAS	Bundesministerium für Arbeit und Soziales
BMBF	Bundesministerium für Bildung und Forschung
BMFSFJ	Bundesministerium für Familie, Senioren, Frauen und Jugend
BMJ	Bundesministerium der Justiz
BMWi	Bundesministerium für Wirtschaft
Bookmark	digitales Lesezeichen, das auf einem PC oder im Internet abgelegt, verwaltet und bewertet werden kann (⇨ Social Bookmark)
BYOD	Bring Your Own Device, bring dein eigenes Endgerät mit, z. B. Notebook, Tablet, Smartphone
BYUE	Bring Your Own Environment, bring deine eigene (Lern-)Umgebung mit, z. B. mit mobilen Endgeräten in der entsprechenden Umgebung lernen
Brailleschrift	mit den Fingern zu ertastende, aus Punktmustern bestehende Blindenschrift, die im 19. Jahrhundert von dem Franzosen Louis Braille entwickelt wurde
Brainstorming	(ursprünglich: using the brain to storm a problem, das Gehirn zum Sturm auf ein Problem nutzen) Kreativitätstechnik bzw. Methode zur Sammlung und Generierung von Ideen, Assoziationen, Lösungsalternativen etc. in einer Gruppe
Browser	Computerprogramme zur Darstellung von Webseiten im ⇨ Internet, ⇨ World Wide Web
Browsing/Browsen	(stöbern) Navigieren in Hypermedia-Strukturen, z. B. im ⇨ Internet, ⇨ World Wide Web
BSCW	Basic Support for Cooperative Work (Unterstützung im ⇨ Internet, ⇨ World Wide Web für kooperative Arbeit)

C

CAD	Computer Aided Design (rechnerunterstütztes Konstruieren), ursprünglich Programme zur Anfertigung technischer 2D/3D-Zeichnungen, heute komplexe Expertensysteme für den Entwurf und die Konstruktion technischer Lösungen
CBT	Computer Based Training (computerunterstütztes Lernprogramm)
CD	Compact Disk, Abkürzung für ⇨ CD-ROM
CD-R	Compact Disc Recordable, Datenträger, der einmal beschrieben werden kann
CD-ROM	Compact Disc Read Only Memory, Datenträger zur kompakten Aufzeichnung digitaler Daten, mit geringerer Speicherkapazität als eine ⇨ DVD, die gespeicherten Daten sind nicht mehr veränderbar, sie können nur noch gelesen werden
CD-RW	Compact Disc Rewriteable, Datenträger, der mehrmals beschrieben werden kann
CEN	Comité Européen de Normalisation (Europäisches Komitee für Normung)
CERTQUA	Gesellschaft der Deutschen Wirtschaft zur Förderung und Zertifizierung von Qualitätssicherungssystemen in der Beruflichen Bildung
CETIS	Centre for Educational Technology Interoperability Standards (Zentrum für Standards der Zusammenarbeit bei Instruktionstechnologien)
Chat	(plaudern, sich unterhalten) elektronische Kommunikation in Echtzeit, ursprünglich schriftlich (Textchat), mittlerweile teilweise auch per Ton (⇨ Audiochat/Voicechat) oder per Video (⇨ Videochat)
CKP	Computerspiele mit kompetenzförderlichen Potenzialen
Clicker	interaktive Abstimmungssysteme für die Lehre, z. B. ⇨ App auf mobilen Endgeräten oder als spezielle Hardware
Client	Computer, der die Dienste eines anderen Computers oder eines ⇨ Servers in Anspruch nimmt

Cloud	(Wolke) bezeichnet den Ablageort von Dateien auf netzangebundenen Servern, die anschließend für den Nutzer weltweit abrufbar sind oder mit anderen geteilt werden können
cMOOC	community bzw. connectivism Massive Open Online Course, gemeinschaftsorientierter Kurs, ⇨ MOOC
CMS	Content Management System (System zur Verwaltung von Inhalten), Software zur erleichterten Einrichtung und Pflege von Internetseiten
Community of Practice	kooperativ selbst organisiert arbeitende Gruppe
Content	(Inhalt) bezeichnet im E-Learning üblicherweise aufbereitete Lerninhalte, aber auch weitere, zum Lernen genutzte Informationen aus dem Internet
Content Syndication	automatisierter Austausch bzw. Mehrfachverwendung der Inhalte von Webseiten bzw. medialer Inhalte
CP	Content Packaging (Inhaltskonfektionierung) des ⇨ IMS
Creative Commons	(schöpferische Gemeingüter) gemeinnützige Gesellschaft, die unterschiedliche freie Lizenzverträge für Urheber zur Auswahl veröffentlicht, in denen geregelt ist, wie frei das urheberrechtlich geschützte Werk von Dritten genutzt werden darf
CSCL	Computer Supported Cooperative Learning (computerunterstütztes kooperatives Lernen)
CSCW	Computer Supported Cooperative Work (computerunterstützte kooperative Arbeit)
CSS	Cascading Style Sheets, überlappende bzw. „sich weitervererbende" Formatvorlagen zur Darstellung strukturierter Dokumente, vor allem zusammen mit ⇨ HTML oder ⇨ XML
CWA	CEN Workshop Agreement (CEN Werkstatt Vereinbarung) ⇨ CEN

D

DeGEval	Deutsche Gesellschaft für Evaluation
DGI	Deutsche Gesellschaft für Informationswissenschaft und Informationspraxis

DGQ	Deutsche Gesellschaft für Qualität
Digital Storytelling	(digitales Erzählen) Lehr- und Prüfungsform, bei der Inhalte in Form einer Geschichte vorliegen und bearbeitet werden
DIHK	Deutscher Industrie- und Handelskammertag
DIN	Deutsches Institut für Normung e. V.
DIN DOM	Didaktisches Objekt Modell des ⇨ DIN
DLR	Deutsches Zentrum für Luft- und Raumfahrt
DMP	Didaktische Multimediaprodukte
Doccast	(zusammengesetzt aus „document" und „podcast") spezielle Form von ⇨ Podcast: im Internet abrufbare bzw. abonnierbare schriftliche Dokumente (häufig im Format ⇨ PDF), z. B. über ⇨ RSS abonnierbare Newsletter
Download	Herunterladen von Daten, die sich auf einem anderen Computer oder Server im Internet befinden
DQR	Deutscher Qualifikationsrahmen für lebenslanges Lernen
Drag & Drop	Technik zur Beantwortung von Testfragen am PC durch Ziehen und Ablegen angebotener und auszuwählender Antworten
DSGVO	Datenschutz-Grundverordnung, die ab 25.05.2018 geltendes Recht in allen europäischen Mitgliedstaaten wird
DSL	Digital Subscriber Line (digitale Teilnehmerleitung eines breitbandigen Internetanschlusses), die Übertragung von Daten und Sprache erfolgt in verschiedenen Kanälen für Telefonie und Computer, wodurch höhere Übertragungsraten für Computer erreicht werden, ⇨ ISDN, ⇨ LAN, ⇨ WAN
DVD	Digital Versatile Disk, auch Digital Video Disc genannt (vielseitige digitale Video-Disc), Datenträger zur Aufzeichnung digitaler Daten, z. B. von Videos, mit erheblich höherer Speicherkapazität als eine ⇨ CD-ROM, die gespeicherten Daten sind nicht mehr veränderbar, sie können nur noch gelesen werden; es gibt aber auch wie bei der ⇨ CD unterschiedlich Arten wie DVD-R (Recordable, kann nur einmal beschrieben werden) und DVD-RW (Rewriteable, kann mehrmals beschrieben werden)

E

E-Book	digital aufbereitete Bücher, die mit entsprechenden E-Readern oder auch mit spezieller Software am PC gelesen werden können
ECTS	European Credit Transfer System, System zur Anrechenbarkeit von Studienleistungen im europäischen Hochschulraum
ECVET	European Credit System for Vocational Education and Training, System zur Anrechenbarkeit beruflicher Qualifikationen innerhalb Europas
EDM	Educational Data Mining, automatisierte Sammlung und Auswertung großer Datenmengen in Bildungskontexten (z. B. in ⇨ LMS und ⇨ Social Media)
Educaching	zusammengesetzt aus „Edu" für Education (Bildung) und „cache" (Versteck) für Übertragung von ⇨ Geocaching in den Bereich der Bildung
Educational Data Mining	⇨ EDM
EFQM	European Foundation for Quality Management (Europäische Stiftung für Qualitätsmanagement)
E-Lecture	Videoaufzeichnung einer Lehrveranstaltung
EN	Europäische Norm
Enhanced Podcast	(erweiterter Podcast) Erweiterung eines ⇨ Podcasts um weiterführende, digital aufbereitete Materialien und/oder um interaktive Elemente wie Steuerfunktionen (Links, Sprungmarken in Audio- und Videosequenzen etc.)
E-Portfolio	digitale Sammlung und Reflexion von Lernprodukten
EQF	European Qualification Framework, ⇨ EQR
EQR	Europäischer Qualifikationsrahmen
E-Reader	elektronische Lesegeräte, die das Abspeichern, Lesen und z. T. auch Bearbeiten von E-Books erlauben
eTwinning	Plattform für digitales Lehren und Lernen in Europa
EuGH	Europäischer Gerichtshof

F

Face-to-Face	direkte Interaktion bzw. Kommunikation von Angesicht zu Angesicht
Fantasy	(Fantasie) im Mythologie- und Sagenbereich wurzelndes Genre in Literatur, Film usw. sowie zunehmend im Bereich von Live- und Online-Rollenspielen
FAQ	Frequently Asked Question, Zusammenstellung häufig gestellter Fragen und dazugehöriger Antworten
Feed	Dienst über das Internet, der Informationen zu Themen auflistet, verbreitet und in gewissen Zeitabschnitten aktualisiert
Feed-Reader	Anwendung, die regelmäßig neue Informationen in einem ⇨ Feed ausliest und meldet, ⇨ RSS-Reader
FernUSG	Fernunterrichtsschutzgesetz
File Sharing	gemeinsame Nutzung einer Datei auf einem Server durch Programme, Prozesse oder Anwender
Flash	Format zur Erstellung animierter grafischer Darstellungen im Internet
Flipped Classroom	auch ⇨ Inverted Classroom genannt, bezeichnet ein Lernszenario, in dem die üblichen Aktivitäten innerhalb und außerhalb des Hörsaals oder Klassenzimmers „umgedreht" werden vom Lehren zum Lernen (engl. „flipped" oder „inverted"); häufig verwendet wird auch die Abkürzung ICM (Inverted Classroom Model), der deutsche Begriff „umgedrehter Unterricht" ist eher selten
Folksonomie	(zusammengesetzt aus „Folk" und „Taxonomie") durch ⇨ Social Tagging entstehende Schlagwortsammlungen von Leuten (Folk), häufig dargestellt in ⇨ Tag Clouds
Follower	Personen, die die ⇨ Tweets eines ⇨ Twitterers abonniert haben und seinen Beiträgen auf diese Weise folgen (engl. „follow")
Frame	Rahmen für die Präsentation von einzelnen Inhalten oder Szenen auf dem Bildschirm
FTP	File Transfer Protocol, Protokoll für die Übermittlung von Dateien im Internet, das auf ⇨ TCP/IP aufbaut

G

Game Based Learning	auf Computerspielen basierendes Lernen
GBL	(Digital) Game Based Learning, Lernen auf der Grundlage von Computerspielen
GEMA	Gesellschaft für musikalische Aufführungs- und mechanische Vervielfältigungsrechte
Gender Mainstreaming	Prinzip der Gleichstellung von Frauen als gesellschaftliche Norm in allen gesellschaftlichen Bereichen
Geocaching	zusammengesetzt aus griech. „geo“ (Erde) und engl. „cache“ (Versteck), ein Suchspiel, bei dem die geografischen Koordinaten von Verstecken (Geocaches) im Internet veröffentlicht und von den Spielenden in der Regel mithilfe von ⇨ GPS gesucht werden
Gestenbasiertes Computing	Eingaben in den Computer durch Gesten, die von Bewegungssensoren erkannt werden können
GG	Grundgesetz der Bundesrepublik Deutschland
GMW	Gesellschaft für Medien in der Wissenschaft e. V.
GPI	Gesellschaft für Pädagogik und Information e. V.
GPS	Global Positioning System, globales Satellitennavigationssystem zur Positionsbestimmung und Zeitmessung des eigenen Standorts auf der Erde
Groupware	Software zur Unterstützung der Kommunikation und Kooperation von Gruppen
GUI	Graphical User Interface (grafisch orientierte Benutzeroberfläche), mit der Maus bedienbare Schnittstelle einer Software, bei der Aktionen durch Anklicken oder Verschieben von Symbolen ausgelöst werden

H

Hashtag	(zusammengesetzt aus „hash“, engl. für Raute #, und ⇨ „Tag“, engl. für Schlagwort) Zeichenkette mit vorangestellter #, zur Verschlagwortung bzw. zur besseren Auffindbarkeit von Begriffen und Themen in sozialen Netzwerken, z. B. ⇨ Twitter
Headset	Kombination aus Kopfhörer und Mikrofon

HIS	Hochschul-Informations-System GmbH, die Hochschulen und Hochschulpolitik durch Dienstleistungen unterstützt
HISinOne	ein integriertes, webbasiertes Hochschul-Informations-System (⇨ HIS) für das Management von Prozessen an Hochschulen
HRK	Hochschulrektorenkonferenz
HTML, HTML5	Hypertext Markup Language, textbasierte Sprache zur strukturierten Auszeichnung von Inhalten, aktuell in der Version HTML5
HTML-Editor	Computerprogramm zur Erstellung und Bearbeitung von Internetseiten mit ⇨ HTML-Code
HTTP	HyperText Transfer Protocol, vom World Wide Web Consortium (⇨ W3C) entwickeltes Protokoll für die Übertragung von Daten, das auf dem Protokoll ⇨ TCP/IP aufbaut
HTTPS	HyperText Transfer Protocol Secure, sicheres ⇨ HTTP, das eine Datenverschlüsselung anwendet
Hyperlink	Verknüpfung zwischen Elementen in einem ⇨ Hypertext auf einer Internetseite oder zwischen verschiedenen Internetseiten
Hypermedia	Verbindung der Begriffe ⇨ Hypertext und ⇨ Multimedia, durch die eine nicht lineare Verknüpfung und Präsentation unterschiedlicher Medien, wie z. B. Text, Grafik, Bilder, Video, begrifflich gefasst wird
Hypertext	nicht lineare Verknüpfung und Präsentation eines Textes, dessen Elemente durch ⇨ Hyperlinks miteinander verknüpft sind
Hypervideo	nicht lineare Verknüpfung und Präsentation von Videoelementen und weiteren Informationen

I

ICal	Programm zur Verwaltung von Terminen
ICM	Inverted Classroom Model, „umgedrehter Unterricht“ als Wechsel von der Lehre zum Lernen, ⇨ Flipped Classroom
Icon	Symbol auf dem Bildschirm
ICQ	„I seek You“ („Ich suche dich“), kostenloses ⇨ Instant Messaging System

ID	Instructional Design (Instruktionsdesign)
IEC	International Electrotechnical Commission (Internationale Kommission für Elektrotechnik)
IEEE	Institute of Electrical and Electronic Engineers (Institut der Elektrik- und Elektronikingenieure)
IEEE-LOM	IEEE Learning Object Metadata, ⇨ IEEE, ⇨ LOM
IKT	Informations- und Kommunikationstechnik
IMS	Instructional Management System ist der Name einer internationalen Vereinigung von Bildungseinrichtungen, Unternehmen und öffentlichen Einrichtungen mit dem Ziel, das Lehren und Lernen über das Internet zu fördern (IMS Global Learning Consortium)
IMS CP	IMS Content Packaging, Sammlung von Lerninhalten, ⇨ IMS, ⇨ CP
IMS LD	IMS Learning Design, Gestaltung von Lernangeboten entsprechend ⇨ IMS, ⇨ LD
IMS QTI	IMS Question & Test Interoperability Specification, standardisierte Beschreibung von Tests zum Austausch von Testergebnissen zwischen Autorenwerkzeugen, Lernsystemen etc., ⇨ IMS, ⇨ QTI
Instant Messaging	Sofortbenachrichtigung und Kommunikation über das Internet, ist eine Form von ⇨ Chat oder ⇨ ICQ
Instant Messenger	Programme bzw. Dienste, die ⇨ Instant Messaging ermöglichen
Internet	das größte digitale Netzwerk (⇨ World Wide Web), in dem die Computer über das Protokoll ⇨ TCP/IP verbunden sind, ⇨ IP
Inverted Classroom	⇨ ICM, ⇨ Flipped Classroom
IP	Internet Protocol, eine IP-Adresse ist die eindeutige Kennzeichnung eines PC, aktuell in der erweiterten Version 6 (IPv6), ⇨ TCP/IP
ISDN	Integrated Services Digital Network (universelle Dienste integrierendes digitales Fernmeldenetz), internationaler Standard für verschiedene Dienste der digitalen Telekommunikation, z. B. Telefon, Telefax, E-Mail, Internet

ISO	ursprünglich: International Standards Organization, gegründet 1946 in Genf, heute: International Organization for Standardization
ISSS	Information Society Standardization System (Standardisierungssystem für die Informationsgesellschaft)
ISW	Institut für Strukturpolitik und Wirtschaftsförderung Halle-Leipzig
IT	Informationstechnik
ITS	Intelligente Tutorielle Systeme
iTunes	Multimedia-Verwaltungsprogramm der Firma Apple, das auch eine umfangreiche Datenbank für Audio- und Video-Podcasts bietet
iTunesU	Teil von ⇨ iTunes, „U“ steht für „University“, erlaubt Hochschulen und anderen Bildungseinrichtungen die Publikation ihrer Multimedia-Anwendungen

J

Java-Applet	eine nicht allein lauffähige Anwendung, die es u. a. ermöglicht, ⇨ HTML-Seiten im Internet interaktiv zu gestalten
JISC	Joint Information Systems Committee (Gemeinsames Komitee für Informationssysteme), britische Forschungs- und Entwicklungsinstitution zu digitalen Medien im Hochschulbereich
JSON	JavaScript Object Notation
JTC1 SC36	Joint Technology Committee 1 Subcommittee 36, Gremium zur Informationstechnologie für Lernen, Bildung und Training der ISO/IEC, ⇨ ISO, ⇨ IEC

K

KMK	Kultusministerkonferenz, ständige Konferenz der Kultusminister der Länder in der Bundesrepublik Deutschland
Knoten	Querverweise im ⇨ Hypertext mit ⇨ Hyperlink

L

LA	⇨ Learning Analytics
LAN	Local Area Network, lokales Netzwerk zur Verbindung von Computern mit einer geringen räumlichen Ausdehnung, z. B. in einem Gebäude
LBG	⇨ Location Based Game
LCMS	Learning Content Management System, System zur Verwaltung von Lerninhalten, das die Vorteile von ⇨ LMS und ⇨ CMS verbindet
LD	Learning Design, Gestaltung des Lernens entsprechend ⇨ IMS
Learner Generated Content	von Lernenden (oft durch Nutzung von Web-2.0-Tools) entwickelte Lerninhalte, ⇨ User Generated Content, ⇨ Content
Learning Analytics	Erhebung und Auswertung der im Laufe des Lernprozesses mit digitalen Medien automatisch aufgezeichneten Daten zur Unterstützung des Lernenden und zur anonymisierten Rückmeldung an den Lehrenden und den Medienautor
Learning Object	Lernobjekt, kleinste, didaktisch noch sinnvolle Lerneinheit
Learning on Demand	gelernt wird erst, wenn es dafür Bedarf gibt
Link	elektronische Verknüpfung mit Dateien bzw. Internetseiten
LIP	Learner Information Package, Informationspaket für Lernende entsprechend Instructional Management System Project, ⇨ IMS
LMS	Learning Management System, System zur Unterstützung virtueller Lehr- und Lernprozesse
Location Based Game	positionsbezogenes (Computer-)Spiel, dessen Verlauf durch die Veränderung der geografischen Position des Spielers beeinflusst wird
LOM	Learning Object Metadata, ⇨ Metadaten zur Beschreibung von Lernobjekten als kleinste noch sinnvolle Lerneinheiten
LQW	Lernerorientiertes Qualitätsmodell für Weiterbildungsorganisationen

LRS	Learning Record Stores, Speicherung von Daten über ausgeführte Lernprozesse
LTSC	Learning Technology Standards Committee (leitender Ausschuss zur Vereinbarung von Standards für Lernsoftware)

M

Markup-Language	Auszeichnungssprache, die zur Beschreibung von Daten oder Verfahren dient, aufgrund der Trennung von Inhalt und Layout zur Darstellung notwendig, ⇨ HTML, ⇨ XML
Medienkompetenz	ist die Fähigkeit, die digitalen und analogen Medien inhaltlich und formal zu verstehen, kritisch zu bewerten und zur Kommunikation und Präsentation zu nutzen
Metadaten	Daten über Daten sind Beschreibungen, die verschiedene Daten strukturiert vereinen und dadurch die Nutzbarkeit von Objekten erhöhen
Microblogging	Veröffentlichung von kurzen Textnachrichten von meist weniger als 200 Zeichen in Echtzeit über verschiedene Kanäle (Internet, Handy usw.)
Microcontent	sehr kurzer Lerninhalt, z. B. in Form von Text, Bild, Audio- und/oder Videosequenz
Mindmaps	visuelle Darstellung eines Themengebietes (z. B. durch grafisch vernetzte Begriffe, Bilder, Grafiken)
MLM	Mobile Learning Metadata, Metadaten für mobiles Lernen, ⇨ Metadaten
MMOG	Massively Multiplayer Online Game, ein Massen-Mehrspieler-Online-Gemeinschaftsspiel, das von sehr vielen (häufig mehreren Tausenden) Spielern gespielt wird
Mobile Device	ein Endgerät, das ohne großen Aufwand mobil genutzt werden kann, z. B. Tablett, Mobiltelefon
MOO	Multi User Dungeons Object-Oriented, spezielle Form der Programmierung eines objektorientierten Spieles (z. B. einer Rolle in einem Labyrinth) für mehrere Benutzer, ⇨ MUD

MOOC	Massive Open Online Course, offener, rein webbasierter Bildungskurs (meist kostenfrei, ohne Zulassungsbedingung und Teilnehmerbegrenzung) mit sehr hohen Teilnehmerzahlen; unterschieden werden: cMOOC = c steht für community bzw. connectivism, gemeinschaftsorientierter Kurs xMOOC = x steht für extension, stark vorstrukturierter bzw. instruktionsorientierter Kurs
MP3-Player	Moving Picture Expert Group Audio Layer 3, Abspielgerät auf der Ebene 3 des Audiostandards für bewegte Bilder
MSN	Microsoft Network, ein von Microsoft mit verschiedenen Informationsdiensten ausgestattetes Webportal
MUD	Multi User Dungeons, serverbasierte Umgebung für ein Labyrinth- bzw. Rollenspiel für mehrere Benutzer im Internet
Multimedia	Integration mehrerer Medien (z. B. Text, Bild, Audio, Video, Grafik) zur Präsentation von Informationen
Multiple Choice Question	Frage mit mehreren Antworten zur Auswahl, von denen meist eine Antwort die richtige ist, aber auch mehrere Antworten richtig sein können
Multitasking	gleichzeitige Ausführung mehrere Programme bzw. Aufgaben

N

NetzDG	Netzwerkdurchsetzungsgesetz = Gesetz zur Verbesserung der Rechtsdurchsetzung in sozialen Netzwerken, gilt ab 01.10.2017
Newsgroup	asynchrones Kommunikationsmedium zum öffentlichen Austausch von Informationen zu bestimmten Themen

O

OBI	Open Badge Infrastructure, Infrastruktur zur Standardisierung von ⇨ Online Badges (Leistungsabzeichen), ⇨ Open Badge, ⇨ Badge
OECD	Organization for Economic Co-operation and Development (Organisation für wirtschaftliche Zusammenarbeit und Entwicklung)

OER	⇨ Open Educational Resources (frei zugängliche Bildungsressourcen im Internet)
OLJB	Oberste Landesjugendbehörde, sie erteilt nach erfolgter Begutachtung durch die ⇨ USK die Altersfreigabe von Computer- und Konsolenspielen
OMR	Optical Mark Recognition (Optische Markierungserkennung)
Online Badge	online verliehene Leistungsabzeichen, die als Nachweis für die Teilnahme an Online-Bildungsangeboten vergeben werden, z. B. in Massive Open Online Courses, ⇨ MOOC, ⇨ Badge
Online-Community	eine frei zugängliche oder geschlossene Gemeinschaft im Internet
Open Access	Initiative, die sich für den freien Zugang zu wissenschaftlichen Publikationen im Internet einsetzt
Open Badge	Synonym für ⇨ Online Badge, ⇨ Badge
Open Content	freier Inhalt, bei dem der Urheber den Zugang zu seinem geschaffenen Werk allen Internetnutzern erlaubt
Open Educational Resources (OER)	freie Bildungsressourcen, im Internet frei zugängliche Lernmaterialien und Instrumente zur Unterstützung von Lernprozessen
Open Source/ Open Source Software (OSS)	Software gilt im Sinne der ⇨ OSI als Open Source (offene Quelle), wenn den Nutzern der Quellcode frei zugänglich und dessen Weiterentwicklung und Weitergabe erlaubt ist
OSI	Open Software Initiative, 1998 gegründete Organisation zur Förderung von ⇨ Open Source Software

P

PAPI	Public Available Personal Information (öffentlich verfügbare persönliche Informationen)
PAQ	Projektgruppe Automation und Qualifikation von 1972 bis 1988 am Psychologischen Institut der Freien Universität Berlin tätig
Parser	(„to parse", analysieren) Computerprogramm, das Eingaben in für die Weiterverarbeitung brauchbare Formate umwandelt

PAS	Publicly Available Specification (öffentlich verfügbare Spezifikation), Diskussionsentwurf als Zwischenschritt bei der Entstehung einer Norm
Pattern	in Lernkontexten erfolgreich erprobte „Muster“ von Methoden, die auf die Gestaltung von neuen Lerninhalten übertragen werden können
Permalink	permanent verfügbare Verknüpfung (⇨ Hyperlink) mit anderen Dateien oder Internetseiten, vor allem in ⇨ Blogs genutzt
Personal Response System	⇨ PRS
PDF Accessibility Checker	Werkzeug zur Überprüfung der barrierefreien Zugänglichkeit eines PDF-Dokuments, ⇨ Accessibility Checker
PIAAC	Programme for the International Assessment of Adult Competencies (von der ⇨ OECD organisierte internationale Studien)
PIM	Personal Information Manager, eine Software zur Verwaltung persönlicher Informationen, z. B. von Kontakten, Terminen, Notizen
PIRLS	Progress in International Reading Literacy Study (von der ⇨ OECD organisierte internationale Studien)
PISA	Programme for International Student Assessment (von der ⇨ OECD organisierte internationale Studien)
PLE	Personal Learning Environment (Persönliche Lernumgebung)
Plug-in	(„to plug in“, anschließen) Computerprogramm, das zusätzlich installiert wird, um die Funktionalität eines anderen Softwareprogramms zu erweitern
POD	Playable on Demand (nach Bedarf spielbar)
Podcast	eine im Internet jederzeit abrufbare und abonnierbare Mediendatei in Form von Audio-, Doc-, Video-, Screen- oder Enhanced Podcast
Podcast-Episoden	Bestandteile eines ⇨ Podcasts: ein einzelner Podcast besteht aus einer Serie von Episoden
POP3	Post Office Protocol 3, Übertragungsprotokoll für den Abruf von E-Mails

PRS	Personal Response System, ein Abstimmungssystem, um die Teilnehmenden während der Veranstaltung einzubeziehen und zu aktivieren bzw. die Veranstaltung an die Teilnehmenden anzupassen
Public Domain Software	Software, die lizenzfrei benutzt werden kann und deren Quellcode auch frei verfügbar und veränderbar ist

Q

QM	Qualitätsmanagement
QR	Quick Response (schnelle Reaktion), zweidimensionaler Code (in einem quadratischen Feld), der binär verschlüsselte Informationen enthält, die mit entsprechender Hard- und Software ausgelesen werden können
QTI	Question and Test Interoperability (Austauschbarkeit von Fragen- und Testformaten), einheitliches Datenformat, um Test- und Quizinhalte zwischen verschiedenen Anwendungen austauschbar zu machen (⇨ IMS, Instructional Management System Project)

R

Rapid E-Learning	(Kombination aus ⇨ Rapid Prototyping und E-Learning) zeiteffiziente Erstellung von E-Learning-Inhalten, z. B. durch Veranstaltungsaufzeichnungen
Rapid Prototyping	Methode der Softwareentwicklung, die schnell zu ersten Ergebnissen führt und frühzeitige Rückmeldungen in Bezug auf die Eignung eines Lösungsansatzes ermöglicht
Really Simple Syndication	⇨ RSS
Responsive Webdesign	Paradigma zur Webseitenerstellung, die sich den Eigenschaften der jeweiligen Endgeräte automatisch anpasst, z. B. Anordnung von Navigationselementen, Textgröße oder Interaktionsmöglichkeiten (Maus, Touch)
RLO/LO	Reusable Learning Object/Learning Object, wiederverwendbares Lernobjekt/Lernobjekt, das in verschiedenen Lernkontexten eingesetzt werden kann
RSS	Really Simple Syndication (wirklich leichte Verbreitung), Mechanismus im Internet, über den Neuerungen auf einer Webseite rasch verbreitet werden können

RSS-Aggregator	Syonym für ⇨ RSS-Reader
RSS-Channel	RSS-Kanal, eine spezielle Service-Webseite, auf der RSS-Dienste angeboten werden; Nutzer erhalten kurze Informationsblöcke (Schlagzeile mit Textanriss und Link zur Originalseite)
RSS-Feed	Nutzer können sich automatisch über neue Beiträge benachrichtigen lassen, ⇨ Feed, ⇨ Feed-Reader
RSS-Parser	Softwareprogramm, das ⇨ RSS-Feeds in ein anderes Dateiformat überträgt
RSS-Reader	Anwendung, die regelmäßig neue Informationen in einem ⇨ Feed ausliest und meldet, ⇨ Feed-Reader

S

Science Fiction	fantasievolle Inhalte u. a. in Literatur, Film usw. sowie zunehmend in Online-Rollenspielen, die in einer utopischen oder dystopischen Zukunft und/oder im Weltraum angesiedelt sind
SCORM	Sharable Content Object Reference Model (Referenzmodell für den Austausch von Inhaltsobjekten), Sammlung von Standards, um Lerninhalte leicht austauschen und von einer Lernumgebung in eine andere transferieren zu können
Screencast	digitale Aufzeichnung der Abläufe am Bildschirm; Screencasts im engeren Sinne sind wie ⇨ Podcasts im Internet jederzeit abrufbar und abonnierbar
Screenreader	Software, die den Bildschirminhalt ausliest und über Sprache, ⇨ Brailleschrift oder Schriftvergrößerung ausgibt
Screenshot	Momentaufnahme des aktuellen Bildschirminhalts (Bildschirmfoto)
Second Life	(zweites Leben) Online-3D-Welt, in der Menschen durch ⇨ Avatare interagieren können
Second Talk	mündliches Sprachprogramm zur Kommunikation zwischen den ⇨ Avataren in ⇨ Second Life
Semantic Web	(semantisches Netz) Erweiterung des ⇨ WWW mit dem Ziel, die Bedeutung von Daten durch Maschinen interpretierbar und weiterverarbeitbar zu machen

Serendipity-Effekt	es werden zufällig Informationen gefunden, nach denen nicht gesucht wurde, die aber auf weitere relevante Zusammenhänge und Themen aufmerksam machen
Serious Games	Computerspiele, die zu ernsthaften Zwecken, z. B. in Lernzusammenhängen, eingesetzt werden, ⇨ Game Based Learning
Server	Computer, der Daten und Dienste für ⇨ Clients bereitstellt
Skype	kostenfreie ⇨ VoIP-Software zur Text-, Audio- und Videokommunikation sowie Datenübertragung über das Internet
SL	Abkürzung für ⇨ Second Life
Slidecast	Kombination aus Vortragsfolien und ⇨ Podcast, ein vertonter Folienvortrag, der im Internet abrufbar und abonnierbar zur Verfügung steht
Smartphone	Mobiltelefon mit Internetzugang
SMS	Short Message Service (Kurznachrichtendienst)
Social Bookmark	Lesezeichen, das im Internet gemeinsam abgelegt, verwaltet, bewertet und eingesehen werden kann, ⇨ Bookmark
Social Media	soziale Medien ist ein Sammelbegriff für eine Vielfalt von Software zur gemeinsamen Kommunikation, Kooperation und Gestaltung medialer Inhalte im Internet
Social Network	internetbasierte Gemeinschaft, die eigene Inhalte erstellt und kommuniziert
Social Software	soziale Software ist Software zur gemeinsamen Kommunikation und Kooperation im Internet, oft Synonym für ⇨ Web-2.0-Werkzeuge
Social Tagging	gemeinsame Verschlagwortung von Seiten und Inhalten im Internet durch die Nutzenden, ⇨ Tag, ⇨ Folksonomie
Spam	(Abfall) dem Empfänger unverlangt zugestellte, unerwünschte, in der Regel elektronisch übertragene Nachrichten (meist mit E-Mail)
Streaming	(Strömen) gleichzeitiges Senden und Empfangen von ⇨ Multimediadaten aus dem Internet, ermöglicht im Gegensatz zum ⇨ Download eine Wiedergabe ohne Zeitverzögerung

T

Tablet	(Schreibtafel) leichter, flacher Computer mit berührungssensitivem Bildschirm (touchscreen)
Tag	Schlagwort
Tag Clouds	(Schlagwortwolken) grafische Darstellungsform von Schlagworten, in der die Häufigkeit des Vorkommens durch die Schriftgröße erkennbar ist
TCAPI	(Tin Can API, ⇨ Tin Can) ist eine spezifizierte Schnittstelle zur Kommunikation zwischen verschiedenen Lernsystemen auf der Grundlage der Beschreibung von Lernaktivitäten und speichert diese in Learning Record Stores (⇨ LRS), welche die Beschreibungen mit anderen LRS teilen und sich innerhalb oder außerhalb eines ⇨ LMS (Learning Management Systems) befinden, ⇨ API (Application Programming Interface)
TCP/IP	Transmission Control Protocol/Internet Protocol, das aus den Netzwerkprotokollen kombinierte Protokoll der Datenübertragung im Internet, aktuell erweitert in der IP-Version 6 (IPv6), ⇨ IP-Adresse
Tin Can	ist eine Projektinitiative von ⇨ SCORM zur Entwicklung der Spezifikation Tin Can API, ⇨ TCAPI, zur Ermöglichung bidirektionaler Kommunikation zwischen verschiedenen Lernsystemen
TL	Timeline, Liste abonnierter Beiträge bei ⇨ Twitter
TMG	Telemediengesetz
Tool	(Software-)Werkzeug
Toolbar	(Werkzeugleiste) Symbolleiste mit kleinen, häufig bebilderten Schaltflächen als erweiternde Elemente der Menüführung
TQM	Total Quality Management (vollständiges Qualitätsmanagement), Ansatz eines umfassenden Qualitätsmanagements
Trackback-Funktion	Möglichkeit, über einen Verweis auf einen eigenen Weblog-Beitrag automatisch informiert zu werden
Tracking	Aufzeichnung des Weges, den ein Nutzer in Software oder im Internet beschritten hat

Tweet	(zwitschern) Textbeiträge von bis zu 120 Zeichen, über die die Nutzer von ⇨ Twitter miteinander kommunizieren
Twitter/Twitterer	(Gezwitscher) digitale Echtzeitanwendung zum ⇨ Microblogging; die Nutzer werden Twitterer genannt
Twitter-Wall	(Video-)Wand, auf die bei Veranstaltungen (Tagungen, Lehrveranstaltungen) alle ⇨ Tweets mit dem ⇨ Hashtag der Veranstaltungen projiziert werden

U

UNESCO	United Nations Educational, Scientific and Cultural Organization, eine Sonderorganisation der Vereinten Nationen zur Förderung der Zusammenarbeit ihrer Mitglieder auf den Gebieten der Erziehung, Wissenschaft und Kultur
Upload	Hochladen von Daten auf einen anderen Computer, z. B. Server im Internet
UrhG	Urheberrechtsgesetz
UrhWissG	Urheberrechts-Wissensgesellschafts-Gesetz = Gesetz zur Angleichung des Urheberrechts an die aktuellen Erfordernisse der Wissensgesellschaft, gilt ab 01.03.2018
URL	Uniform Resource Locator, einheitlicher (Internet-)Quellenanzeiger zur Lokalisierung von Rechner und Speicherort einer Datei im Internet
Usability	Benutzerfreundlichkeit und Gebrauchsfähigkeit eines Produkts bzw. von Software und/oder Hardware
User Generated Content	von Teilnehmenden im E-Learning entwickelte Lerninhalte, ⇨ Content, ⇨ Learner Generated Content
User Tracking	Protokollierung der Handlungen des Nutzers im Umgang mit der Software
USK	Unterhaltungssoftware Selbstkontrolle ist die Institution der Verbände der Hersteller von Computerspielen zur technischen und inhaltlichen Prüfung

V

VFH	Bundesleitprojekt „Virtuelle Fachhochschule für Technik, Informatik und Wirtschaft“, gefördert durch das ⇨ BMBF von 1998 bis 2003

Videocast	(kurz ⇨ Vodcast) ein im Internet jederzeit abrufbares und abonnierbares Video, ⇨ Podcast
Videochat	Online-Bildkommunikation zwischen Personen in Echtzeit (⇨ Chat)
Virtual Reality Objects	Objekte in der computerbasierten virtuellen Realität
VK	virtuelles Klassenzimmer
Vodcast	kurz für ⇨ Videocast
Voicechat	Synonym für ⇨ Audiochat (siehe auch ⇨ Chat)
VoIP	Voice over IP, Sprachübertragung im Internet (Internettelefonie), ⇨ TCP/IP
VR	Virtual Reality (virtuelle Realität)

W

W3C	World Wide Web Consortium
WAI	Web Accessibility Initiative, Initiative des ⇨ W3C, die das Internet allen Menschen, auch solchen mit Behinderungen, zugänglich machen will
WAN	Wide Area Network, Netzwerk zur Verbindung von Computern oder Local Area Networks (⇨ LAN) über große Entfernungen, z. B. Internet
WBT	Web Based Training (internetunterstützte Lernprogramme)
WCAG	Web Content Accessibility Guidelines, Leitfaden für die Gestaltung barrierefreier Webseiten
Wearable Computing	am Körper getragene Ein- und Ausgabegeräte zur Erfassung, Aufzeichnung und Auswertung von Daten
Web 2.0	Bezeichnung für alle im Internet verfügbaren Anwendungen, die es dem Nutzer erlauben, selbst Inhalte einzustellen und diese zu kommunizieren; ein Nutzungsprinzip im Internet, das die Partizipation in den Vordergrund stellt
WebDAV	Web-based Distributed Authoring and Versioning, ein Standard, der es erlaubt, Dateien auf ⇨ Cloud-Speichern zu verwalten und zur gemeinschaftlichen Bearbeitung für andere gezielt freizugeben
Webcam	Videokamera, mit der Bilder über das Internet übertragen werden können

Weblog	Webseite, die aus rückwärts chronologisch geordneten Beiträgen besteht, ähnlich einem Tagebuch oder Journal, die in der Regel öffentlich kommentiert werden können (auch ⇨ Blog genannt)
Webquest	Lehr- und Prüfungsform in der Regel in Kleingruppen, für die eine Recherche authentischen Materials im Internet grundlegend ist (herausfordernde kooperative Internetrecherche)
Whiteboard	freie Schreibfläche innerhalb eines Programms, auf der alle Nutzer gemeinsam Notizen verfassen können, z. B. in Online-Seminaren
Wii	ein Kunstwort, das Assoziationen zu engl. „we" und dt. „wir" wecken soll; fernsehgebundene Videospielkonsole der Firma Nintendo, die durch einen bewegungssensitiven Controller bewegungsgesteuerte Spiele ermöglicht
Wiki	(der Begriff ist vom hawaiianischen wikiwiki, schnell, abgeleitet) ist eine auf einem einfachen ⇨ CMS basierende Sammlung von ⇨ Hypertexten, die von den Nutzenden nicht nur gelesen, sondern auch online verändert werden können
Wiki-Community	eine Gruppe von Personen, die gemeinsam an einem ⇨ Wiki arbeitet
Wiki-Prinzip	bezeichnet verschiedene funktionale Charakteristika von ⇨ Wikis (die Hypertextstruktur, die unkomplizierte Bearbeitbarkeit, die History-Funktion usw.) und Faktoren wie die kollaborative Zusammenarbeit an einem gemeinsamen Produkt
Wikipedia	Name einer Online-Enzyklopädie im Internet, die auf einem Wiki-System basiert und von allen Nutzenden mitgestaltet werden kann
Wiki-Webquest	ein ⇨ Webquest, dessen technische Basis ein Wiki-System ist, ⇨ Wiki
WLAN	Wireless Local Area Network (lokales Funknetzwerk zur drahtlosen Verbindung von Computern)
WWW	World Wide Web („weltweites Gewebe"), Abkürzung für das entwickelte ⇨ Hypermedia-System als einen Dienst im Internet

WYSIWYG	What you see is what you get (Was du siehst, ist, was du erhältst), wie es auf dem Bildschirm erscheint, so wird es auch ausgedruckt – ein Software-Prinzip, welches das endgültige Erscheinungsbild bereits bei der Erstellung zeigt
WYSIWYG-Editor	bezeichnet Editoren, die bereits während der Eingabe zeigen, wie die ausgegebene Datei aussehen wird.

X

xAPI	Experience Application Programming Interface, ⇨ TCAPI
XML	Extensible Markup Language, erweiterbare Beschreibungssprache, mit der die Struktur von Dokumenten beschrieben wird, ermöglicht die einheitliche Speicherung von Daten (Metasprache)
xMOOC	x steht für extension Massive Open Online Course, stark vorstrukturierter bzw. instruktionsorientierter Kurs, ⇨ MOOC
XSD	XML Scheme Definition ⇨ XML

Z

ZFU	Staatliche Zentralstelle für Fernunterricht
ZMML	Zentrum für Multimedia in der Lehre der Universität Bremen
ZUM-Wiki	Wiki der Zentrale für Unterrichtsmedien im Internet, das eine Plattform für Lerninhalte und -prozesse bildet

Literatur

Adams-Becker, S./Cummins, M./Davis, A./Freeman, A./Hall-Giesinger, C./Ananthanarayanan, V. (2017): NMC Horizon Report: 2017 Higher Education Edition. Austin, Texas: Das New Media Consortium. Deutsche Ausgabe (Übersetzung: Helga Bechmann, Multimedia Kontor Hamburg). http://www.nmc.org/publication/nmc-horizon-report-2017-higher-education-edition-de/ [17.08.2017]

Adamus, Tanja/Engelhardt, Nicole/Getto, Barbara/Kerres, Michael (2009): Gender and E-Tutoring – A Concept for Gender Sensitive E-Tutor Training Programs. In: Proceedings of GICT 2009. http://elib.suub.uni-bremen.de/ip/docs/00010425.pdf [13.08.2017]

AK DQR (2011) = Arbeitskreis deutscher Qualifikationsrahmen: Deutscher Qualifikationsrahmen für lebenslanges Lernen. Verabschiedet am 22. März 2011. http://www.deutscherqualifikationsrahmen.de/de?t=/documentManager/sfdoc.file.supply&fileID=1323248009368 [30.10.2014]

Alami, Marita (2006): Mit persönlichem Lern-Tutoring zum Erfolg. Flexibles Lernen im Selbstlernzentrum bietet übertragbare Lösungen. In: Ludwigs, Stefan/Timmler, Ulrike/Tilke, Martin (Hg.): Praxisbuch E-Learning. Ein Reader des Kölner Expertennetzwerkes cel_C. Bielefeld: W. Bertelsmann, S. 35–42

Albrecht, Claudia/Börner, Claudia/Köhler, Thomas (2012): Ein E-Portfolio als Instrument für die berufliche Ausbildung. Konzeption, Umsetzung und Potenziale. In: BWP Berufsbildung in Wissenschaft und Praxis, 41. Jg., H. 3, S. 22–25

Albrecht, Rainer (2003): E-Learning in Hochschulen. Die Implementierung von E-Learning an Präsenzhochschulen aus hochschuldidaktischer Perspektive. http://www.raineralbrecht.de/resources/Dissertation_albrecht_030723.pdf [05.05.2015]

Alby, Tom (2007): Web 2.0. Konzepte, Anwendungen, Technologien. München: Carl Hanser (2., aktual. Aufl.)

Alexander, Christopher (1979): The Timeless Way of Building. New York (USA): Oxford University Press

Allert, Heidrun (2001): Betreuung, Kommunikation und Kooperation mit Groupware (BSCW). 6. Studienmodul des Online-Kurses „Tele-Tutor-Training" der Teleakademie Furtwangen (unveröffentlichtes Manuskript)

Allert, Heidrun/Qu, Changtao/Neidl, Wolfgang (2002): Theoretischer Ansatz zur Rolle der Didaktik in Metadaten Standards. http://www.l3s.de/web/upload/documents/Theoretischer%2520Ansatz%2520zur%2520Rolle%2520der%2520Didaktik%2520in%2520Metadaten%2520Standards.pdf [16.03.2011], http://publikationen.ub.uni-frankfurt.de/files/2068/original_reader_gesamt_1.pdf [05.05.2015]

Allespach, Martin (2015): Beteiligungsorientierte Forschung in der betrieblichen Weiterbildung – Nie ohne die Beschäftigten. In: Allespach, Martin/Held, Josef (Hg.): Handbuch Subjektwissenschaft. Ein emanzipatorischer Ansatz in Forschung und Praxis. Frankfurt/Main: Bund-Verlag, S. 225–235

Amt für Veröffentlichungen der Europäischen Union (18. Juli 2016): Mitteilung der Kommission an das Europäische Parlament gemäß Artikel 294 Absatz 6 des Vertrags über die Arbeitsweise der Europäischen Union betreffend den Standpunkt des Rates im Hinblick auf den Erlass einer Richtlinie des Europäischen Parlaments und des Rates über den barrierefreien Zugang zu den Websites und mobilen Anwendungen öffentlicher Stellen. COM (2016) 484 final. http://eur-lex.europa.eu/legal-content/DE/TXT/PDF/?uri=CONSIL:ST_11407_2016_INIT&from=DE#page=3 [13.08.2017]

Amt für Veröffentlichungen der Europäischen Union (26. Oktober 2016): Richtlinie (EU) 2016/2102 des Europäischen Parlaments und des Rates vom 26. Oktober 2016 über den barrierefreien Zugang zu den Websites und mobilen Anwendungen öffentlicher Stellen. http://eur-lex.europa.eu/legal-content/DE/TXT/?uri=CELEX:32016L2102#d1e1162-1-1 [13.08.2017]

Apel, Heino/Kraft, Susanne (2003) (Hg.): Online lehren. Planung und Gestaltung netzbasierter Weiterbildung. Bielefeld: W. Bertelsmann

Arnold, Patricia (2001) (unter Mitarbeit von Rogner, Larissa/Thillosen, Anne): Didaktik und Methodik telematischen Lehrens und Lernens. Lernräume – Lernszenarien – Lernmedien. State-of-the-Art und Handreichung mit Hinweisen für die Entwicklung der telematischen Lernkultur von Gerhard Zimmer. Münster: Waxmann (Medien in der Wissenschaft, Bd. 17)

Arnold, Patricia (2003a): Einführung in das Online-Lernen. Modul: Grundlagen I, Lerneinheit: Online Lernen. Rostock: Universität Rostock (Studienbrief, vollst. überarb. Fassung siehe 2008)

Arnold, Patricia (2003b): Kooperatives Lernen im Internet. Qualitative Analyse einer Community of Practice im Fernstudium. Münster: Waxmann (Medien in der Wissenschaft, Bd. 23)

Arnold, Patricia (2005a): Communities of Practice in der Fernlehre – Gratwanderung zwischen Arbeiten und Lernen. In: Schulz, Manuel/Glump, Heinz (Hg.): Fernausbildung ist mehr. Auf dem Weg vom technologischen Potenzial zur didaktischen Innovation. Augsburg: ZIEL, S. 63–74

Arnold, Patricia (2005b): Evaluation von E-Learning – Ansätze, Methoden, Praxisbeispiele. Rostock: Universität Rostock (Studienbrief)

Arnold, Patricia (2006): Qualitätsentwicklung im E-Learning – Ansätze, Herausforderungen und Perspektiven. In: Behrmann, Detlef/Schwarz, Bernd (Hg.): Integratives Qualitätsmanagement. Perspektiven und Praxis der Organisations- und Qualitätsentwicklung in der Weiterbildung. Bielefeld: W. Bertelsmann, S. 79–114

Arnold, Patricia (2008): Einführung E-Learning. Modul: Grundlagen I, Lerneinheit: Online Lernen. Rostock: Universität Rostock (2., vollst. überarb. Fassung des Studienbriefes 2003a)

Arnold, Patricia (2009): Entwicklungsgeschichte(n) E-Learning an Hochschulen: Persönliche Reflexion zentraler Herausforderungen aus vier Akteursperspektiven. In: Dittler, Ullrich/Krameritsch, Jakob/Nistor, Nicolae/Schwarz, Christine/Thillosen, Anne (Hg.): E-Learning: Eine Zwischenbilanz. Kritischer Rückblick als Basis eines Aufbruchs. Münster: Waxmann, S. 189–204

Arnold, Patricia (2010): Open educational resources or closed learning management systems? – The Challenge of Designing ICT Support for Learning Communities in Higher Education. Journal of Community Informatics, Vol. 6 (3)

Arnold, Patricia (2013a): „Open Educational Resources" – innovative Triebkraft für Entwicklung und Bildung? Zum Stand der Umsetzung einer realen Utopie im Bildungsbereich. In: Elsen, Susanne/Aluffi Pentini, Anna (Hg.): Gesellschaftlicher Aufbruch, reale Utopien und die Arbeit am Sozialen. Bozen: Bozen University Press, S. 227–250

Arnold, Patricia (2013b): Visible Students, Visible Teachers: Going Beyond the Accessibility in Distance Education. In: The Joy of Learning. Enhancing the Learning Experience – Improving Learning Quality. Proceedings of the European Distance and E-Learning Network 2013, Annual Conference, Oslo, 12.–15. June 2013, S. 899–908

Arnold, Patricia/Kilian, Lars/Klockmann, Ute/Thillosen, Anne (2003): Didaktik und Methodik telematischen Lehrens und Lernens – DIMETELL. Abschlussbericht des Arbeitspaketes 2-1 im Bundesleitprojekt „Virtuelle Fachhochschule für Technik, Informatik und Wirtschaft". Hamburg: Universität der Bundeswehr Hamburg, Projektleitung: Univ.-Prof. Dr. Gerhard Zimmer, Professur für Berufs- und Betriebspädagogik

Arnold, Patricia/Kilian, Lars/Thillosen, Anne (2002a): „So lonely!?" – Online-Betreuung als kritische Erfolgsbedingung beim telematischen Studieren. Ergebnisse einer Befragung von Studierenden und Mentoren in der Virtuellen Fachhochschule für Technik, Informatik und Wirtschaft (VFH). In: Bachmann, Gudrun/Haefeli, Odette/Kindt, Michael (Hg.): Campus 2002. Die virtuelle Hochschule in der Konsolidierungsphase. Münster: Waxmann (Medien in der Wissenschaft, Bd. 18), S. 334–344

Arnold, Patricia/Kilian, Lars/Thillosen, Anne (2002b): Tele-Tutoren in der virtuellen Fachhochschule für Wirtschaft, Informatik und Technik. In: Bernath, Ulrich (Hg.): Online-Tutorien. Beiträge zum Spezialkongress „distance learning" der AG-F im Rahmen der LEARNTEC. Bibliotheks- und Informationssystem der Carl von Ossietzky Universität Oldenburg, S. 63–75

Arnold, Patricia/Kilian, Lars/Thillosen, Anne (2002c): Training of Online-Facilitators as a Key Issue in Implementing Virtual Learning: Organizational Approach and Course Design within the Virtual University of Applied Science, Germany. In: Proceedings, World Congress Networked Learning in a Global Environment, Challenges and Solutions for Virtual Education. May 1–4, 2002, Berlin. ICSC-NAISO Academic Press

Arnold, Patricia/Kilian, Lars/Thillosen, Anne (2003): Pädagogische Metadaten im E-Learning. Allgemeine Problemfelder und exemplarische Fragestellungen am Beispiel der Virtuellen Fachhochschule. In: Kerres, Michael/Voß, Britta (Hg.): Digitaler Campus. Vom Medienprojekt zum nachhaltigen Medieneinsatz in der Hochschule. Münster: Waxmann (Medien in der Wissenschaft, Bd. 24), S. 379–390

Arnold, Patricia/Kumar, Swapna (2014a): Crossing Professional Thresholds with Networked Learning? An Analysis of Student E-Portfolios Using the Threshold Concept Perspective. Proceedings of the 9th International Conference on Networked Learning 2014, Hg.: Bayne, S./Jones, C./de Laat, M./Ryberg, T./Sinclair, C., 7–9 April 2014, Edinburgh, S. 9–16

Arnold, Patricia/Kumar, Swapna (2014b): E-Portfolios – Fostering Systematic Reflection in Social Work Education. In: Zaphiris, P./Ioannou, A. (Hg.): Lecture Notes in Computer Science. Learning and Collaboration Technologies. Technology-Rich Environments for Learning and Collaboration. Springer International Publishing, S. 351–362. http://link.springer.com/chapter/10.1007%2F978-3-319-07485-6_35# [30.10.2014]

Arnold, Patricia/Kumar, Swapna/Schön, Sandra/Ebner, Martin/Thillosen, Anne (2015): A MOOC on Open Educational Resources as an Open Educational Resource: COER13. In: Corbeil, J. R./Corbeil, M. E./Khan, B. H. (Hg.): The MOOC case book: case studies in MOOC design, development and implementation. S. 247–258. Ronkonkoma, NY: Linus Publications

Arnold, Patricia/Kumar, Swapna/Thillosen, Anne/Ebner, Martin (2014): Offering cMOOCs collaboratively: The COER13 experience from the convenors' perspective. eLearning Papers 2014 (37). http://www.openeducationeuropa.eu/en/download/file/fid/34573 [03.05.2015]

Arnold, Patricia/Mayrberger, Kerstin/Merkt, Marianne (2006): E-Learning als Prozessinnovation zwischen Strategie und Didaktik – am Beispiel des Change Management Projekts KoOP der Hamburger Hochschulen. In: Seiler-Schiedt, Eva/Kälin, Sieglinde/Sengstag, Christian (Hg.): E-Learning – alltagstaugliche Innovation? Münster: Waxmann, S. 27–36

Arnold, Patricia/Prey, Gisela/Wortmann, Dennis (2006): Digitalisierung von Hochschulbildung: E-Learning-Strategie(n) noch up to date? Zeitschrift für Hochschulentwicklung (ZFHE), 10. Jg., H. 2, S. 51–69

Arnold, Patricia/Prey, Gisela/Wortmann, Dennis (2015): Vernetzte Hochschulentwicklung oder hochschuldidaktische „Projektinseln"? Herausforderung für den „third space" am Beispiel des E-Learning Centers der Hochschule München. In: Hartz, Stefanie/Marx, Sabine (Hg.): Blickpunkt Hochschuldidaktik. Bd. 128: Leitkonzepte der Hochschuldidaktik. Theorie – Praxis – Empirie. Bielefeld: W. Bertelsmann, S. 167–176

Arnold, Patricia/Prey, Gisela/Wortmann, Dennis (2016): Qualität in der dritten Sphäre entwickeln – Lösungsansätze und Herausforderungen am Beispiel des E-Learning Centers der Hochschule München. In: Heiner, Matthias/Baumert, Britta/Dany, Sigrid/Haertel, Tobias/Quellmelz, Matthais/Terkowsky, Claudius (Hg.): Blickpunkt Hochschuldidaktik. Bd. 129: Was ist „Gute Lehre"? Perspektiven der Hochschuldidaktik. Bielefeld: W. Bertelsmann, S. 139–147

Arnold, Patricia/Putz, Peter (2000): Communities of Practice als Orientierungsrahmen für die Gestaltung virtueller Lernumgebungen. In: Scheuermann, Friedrich (Hg.): Campus 2000. Lernen in neuen Organisationsformen. Münster: Waxmann (Medien in der Wissenschaft, Bd. 10), S. 97–109

Arnold, Patricia/Smith, John (2003): Adding connectivity and losing context with ICT: contrasting learning situations from a community of practice perspective. In: Huysman, Marleen/Wenger, Etienne/Wulf, Volker (Hg.): Proceedings of the International Conference on Communities and Technologies (C&T 2003). Dordrecht (Niederlande): Kluwer, S. 465–484

Arnold, Patricia/Thillosen, Anne (2002): Aufgabenorientiertes Lernen in telematischen Studienmodulen: Aufgabenformen, Aufgabentypen und Aufgabengestaltung. In: Zimmer, Gerhard (Hg.): High-Tech or High-Teach. Lernen in Netzen zwischen Aktualität und Potenzialität. Dokumentation der Beiträge im Workshop 7 der Hochschultage Berufliche Bildung 2002 an der Universität zu Köln. Bielefeld: W. Bertelsmann, S. 35–45

Arnold, Patricia/Thillosen, Anne (2003): Gestaltung von Teletutoren-Schulungen am Beispiel der Virtuellen Fachhochschule. In: Hohenstein, Andreas/Wilbers, Karl (Hg.): Handbuch E-Learning. Expertenwissen aus Wissenschaft und Praxis. Köln: Deutscher Wirtschaftsdienst (Loseblattsammlung, Grundwerk 2001), Beitrag 6.1.3, S. 1–4

Arnold, Rolf (1997): Qualität durch Professionalität – zur Durchmischung von Utilität und Zweckfreiheit in der Qualität betrieblicher Weiterbildung. In: Arnold, Rolf (Hg.): Qualitätssicherung in der Erwachsenenbildung. Opladen: Leske + Budrich, S. 51–61

Arnold, Rolf (2004): Die Entgrenzung des Lernens. Vom Präsenz- über das Distance Learning zum E-Learning. In: Grundlagen der Weiterbildung, 15. Jg., H. 2, S. 60–66

Arnold, Rolf (2005): Die emotionale Konstruktion der Wirklichkeit. Grundlinien einer emotionspädagogischen Erwachsenenbildung. Baltmannsweiler: Schneider

Arnold, Rolf (2009): Seit wann haben Sie das? Grundlinien eines Emotionalen Konstruktivismus. Heidelberg: Carl Auer

Arnold, Rolf/Arnold-Haecky, Beatrice (2009): Der Eid des Sisyphos. Eine Einführung in die Systemische Pädagogik. Baltmannsweiler: Schneider

Arnold, Rolf/Gómez Tutor, Claudia (2007): Grundlinien einer Ermöglichungsdidaktik. Bildung ermöglichen – Vielfalt gestalten. Augsburg: ZIEL

Arnold, Rolf/Gómez Tutor, Claudia/Kammerer, Jutta (2004): Selbstlernkompetenzen. Arbeitspapier 1 des Forschungsprojekts „Selbstlernfähigkeit, pädagogische Professionalität und Lernkulturwandel – Teilprojekt Selbstlernkompetenz". Pädagogische Materialien der Universität Kaiserslautern, Vol. 12. Kaiserslautern: Universität Kaiserslautern (2. Aufl.)

Arnold, Rolf/Schüssler, Ingeborg (1998): Wandel der Lernkulturen: Ideen und Bausteine für ein lebendiges Lernen. Darmstadt: Wissenschaftliche Buchgesellschaft

Arrenberg, Jutta/Kowalski, Susann (2007): Lernen Frauen und Männer unterschiedlich? Eine Studie über das Lernverhalten von Studierenden. Fachhochschule Köln. http://www.gesundheitsfoerdernde-hochschulen.de/O5_Materialien_Links/Inhalte/05_Materialien_Links/Literatur/10775-2007.pdf [05.05.2015]

Asselborn, Annette/Hoffschroer, Michael (2000): Die Tätigkeitsmatrix. Ansatz zur Systematisierung der Handlungen von Teledozenten. In: Esser, Friedrich H./Twardy, Martin/Wilbers, Karl (Hg.): E-Learning in der Berufsbildung. Telekommunikationsunterstützte Aus- und Weiterbildung im Handwerk. Markt Schwaben: Eusl, S. 303–340

Attwell, Graham (2007): The Personal Learning Environments. The future of eLearning? http://www.elearningeuropa.info/files/media/media11561.pdf [05.05.2015]

Attwell, Graham/Bimrose, Jenny/Brown, Alan/Barnes, Sally Anne (2008): Maturing Learning: Mash up Personal Learning Environments. http://ftp.informatik.rwth-aachen.de/Publications/CEUR-WS/Vol-388/attwell.pdf [05.05.2015]

Auer, Thomas (2003): Nachhaltigkeit im Spannungsfeld von Wissensgesellschaft und Demografie. http://www.community-of-knowledge.de/fileadmin/user_upload/attachments/auer_nachhaltigkeit.pdf [05.05.2015]

Auernheimer, Georg (2008): Interkulturelle Kompetenz und pädagogische Professionalität. Wiesbaden: VS Verlag für Sozialwissenschaften

Baacke, Dieter (1973): Kommunikation und Kompetenz. Grundlegung einer Didaktik der Kommunikation und ihrer Medien. München: Juventa

Baacke, Dieter (1996): Medienkompetenz – Begrifflichkeit und sozialer Wandel. In: Rein, Antje von (Hg.): Medienkompetenz als Schlüsselbegriff. Bad Heilbrunn: Klinckhardt, S. 112–124

Baacke, Dieter (1998): Zum Konzept und zur Operationalisierung von Medienkompetenz. http://www.produktive-medienarbeit.de/ressourcen/bibliothek/fachartikel/baacke_operationalisierung.shtml [05.05.2015]

Bacher, Christian/Müller, Rainer/Ottmann, Thomas (1997): Ein Weg zur Integration von Live-Vorlesung, Teleteaching und Lehrsoftwareproduktion. In: Arbeitskreis Hochschule und Weiterbildung e. V. (Hg.): Elektronische Medien in der wissenschaftlichen Weiterbildung Braunschweig: Technische Universität Braunschweig, Zentralstelle für Weiterbildung, S. 261–272

Bachmann, Gudrun/Brandt, Sabina/Kaufmann, Helen/Röder, Heidi/Schwander, Ursula/Škerlak, Tina (2014): Moderne Lernumgebungen für den Campus von morgen. Das Projekt ITSI. In: Škerlak, Tina/Kaufmann, Helen/Bachmann, Gudrun (Hg.): Lernumgebungen an der Hochschule. Auf dem Weg zum Campus von morgen. Münster: Waxmann (Medien in der Wissenschaft, Bd. 66), S. 17–52

Bachmann, Gudrun/Dittler, Martina/Lehmann, Thomas/Glatz, Dieter/Rösel, Fritz (2002): Das Internetportal „LearnTechNet“ der Universität Basel: Ein Online-Supportsystem für Hochschuldozierende im Rahmen der Integration von E-Learning in die Präsenzuniversität. In: Bachmann, Gudrun/Haefeli, Odette/Kindt, Michael (Hg.): Campus 2002. Die Virtuelle Hochschule in der Konsolidierungsphase. Münster: Waxmann, S. 87–97

Bäcker, Eva-Maria/Cendon, Eva/Mörth, Anita (2011): Das E-Portfolio für Professionals. Zwischen Lerntagebuch und Kompetenzfeststellung. In: Zeitschrift für E-Learning, Lernkultur und Bildungstechnologie, 6. Jg., H. 3, S. 37–50

Baddeley, Alan D. (2002): Human Memory. Theory and Practice. Hove (UK): Psychology Press Ltd.

Bagheri, Mehri Mohammad (2015): Intelligent and Adaptive Tutoring Systems: How to Integrate Learners. In: International Journal of Education. Vol. 7, No. 2. doi: 10.5296/ije.v7i2.7079. http://dx.doi.org/10.5296/ije.v7i2.7079 [13.08.2017]

Baldauf-Bergmann, Kristine (2009): Lernen im Lebenszusammenhang. Der Beitrag der subjektwissenschaftlichen Arbeiten Klaus Holzkamps zu einer pädagogischen Theorie des lebensbegleitenden Lernens. Berlin: Lehmanns Media (International Cultural-historical Human Sciences, Bd. 31)

Baldauf-Bergmann, Kristine (2015): Lernen im Lebenszusammenhang. In: Allespach, Martin/Held, Josef (Hg.): Handbuch Subjektwissenschaft. Ein emanzipatorischer Ansatz in Forschung und Praxis. Frankfurt/Main: Bund, S. 403–425

Balfour, Stephen P. (2013): Assessing writing in MOOCs: Automated essay scoring and calibrated peer review. Research & Practice in Assessment, 8. Retrieved from: http://www.rpajournal.com/assessing-writing-in-moocs-automated-essay-scoring-and-calibrated-peer-review/ [26.01.2015]

Balk, Michael (2009): Moderation und Präsentation. In: Henninger, Michael/Mandl, Heinz (Hg.): Handbuch Medien- und Bildungsmanagement. Weinheim, Basel: Beltz, S. 474–493

Balli, Christel/Krekel, Elisabeth M./Sauter, Edgar (2002a) (Hg.): Qualitätsentwicklung in der Weiterbildung. Zum Stand der Anwendung von Qualitätssicherungs- und Qualitätsmanagementverfahren bei Weiterbildungsanbietern. Bonn: Bundesinstitut für Berufsbildung

Balli, Christel/Krekel, Elisabeth M./Sauter, Edgar (2002b): Qualitätsentwicklung in der Weiterbildung aus der Sicht von Bildungsanbietern – Diskussionsstand, Verfahren, Entwicklungstendenzen. In: Balli, Christel/Krekel, Elisabeth M./Sauter, Edgar (Hg.): Qualitätsentwicklung in der Weiterbildung. Zum Stand der Anwendung von Qualitätssicherungs- und Qualitätsmanagementverfahren bei Weiterbildungsanbietern. Bonn: Bundesinstitut für Berufsbildung, S. 5–24

Ballstaedt, Steffen-Peter (1997): Wissensvermittlung. Die Gestaltung von Lernmaterial. Weinheim, Basel: Beltz PVU

Bamford, Anne (2011): The 3D in Education White Paper. http://dlp.com/downloads/The_3D_in_Education_White_Paper_US.pdf [01.07.2012]

Barrett, Helen C. (2003): Electronic portfolios. In: Kovalchick, Ann/Dawson, Kara (Hg.): Educational technology – an encyclopedia. Santa Barbara (USA): ABC-CLIO

Barthelmeß, Hartmut (2015): E-Learning – bejubelt und verteufelt. Lernen mit digitalen Medien, eine Orientierungshilfe. Bielefeld: W. Bertelsmann

Bates, Tony (2014): Teaching in a Digital Age. Open Textbook. http://opentextbc.ca/teachinginadigitalage/ [19.11.2014]

Batinic, Bernad/Appel, Markus (2008) (Hg.): Medienpsychologie. Heidelberg: Springer Medizin

Batinic, Bernad/Werner, Andreas/Gräf, Lorenz/Bandilla, Wolfgang (1998) (Hg.): Online Research. Methoden, Anwendungen und Ergebnisse. Göttingen: Hogrefe

Bauer, Reinhard/Baumgartner, Peter (2012): Schaufenster des Lernens. Eine Sammlung von Mustern zur Arbeit mit E-Portfolios. Münster: Waxmann

Bauer, Thomas A. (2006): Kommunikationskulturen im Wandel. Wertemodelle und Wissensmodelle der Mediengesellschaft. In: Bauer, Thomas A./Ortner, Gerhard E. (Hg.): Werte für Europa. Medienkultur und ethische Bildung in und für Europa. Düsseldorf: B+B Medien, S. 46–62

Bauer, Thomas A. (2009): Wissen im Medienmodell der modernen Bildungsgesellschaft. In: Mikuszeit, Bernd/Szudra, Ute (Hg.): Multimedia und ethische Bildung. E-Learning – Ethik – Blended Learning. Frankfurt/Main: Peter Lang, S. 35–60

Bauer, Thomas A. (2017): Wissensverständigung in der Mediengesellschaft. Theoretische Skizzen zur Mediologie gesellschaftlichen Lernens. In: Bauer, Thomas A./Mikuszeit, Bernd H. (Hg.): Lehren und Lernen mit Bildungsmedien. Grundlagen – Projekte – Perspektiven – Praxis. Frankfurt am Main: Peter Lang, S. 15–48

Baumgartner, Peter (1999a): 10 Todsünden in der Evaluation interaktiver Lehr- und Lernmedien. In: Lehmann, Klaus (Hg.): Studieren 2000 – Alte Inhalte in neuen Medien? Münster: Waxmann (Medien in der Wissenschaft, Bd. 8), S. 199–220

Baumgartner, Peter (1999b): Evaluation mediengestützten Lernens. Theorie – Logik – Modelle. In: Kindt, Michael (Hg.): Projektevaluation in der Lehre. Multimedia an Hochschulen zeigt Profil(e). Münster: Waxmann (Medien in der Wissenschaft, Bd. 7), S. 63–99

Baumgartner, Peter (2005): Eine neue Lernkultur entwickeln: Kompetenzbasierte Ausbildung mit Blogs und E-Portfolios. http://peter.baumgartner.name/wp-content/uploads/2012/12/Baumgartner_2005_Eine-neue-Lernkultur-entwickeln.-Kompetenzbasierte-Ausbildung-mit-Blogs-und-E-Portfolios.pdf [05.05.2015]

Baumgartner, Peter (2006): Web 2.0: Social Software & E-Learning. In: Computer + Personal (CoPers), Schwerpunktheft: E-Learning und Social Software. 14. Jg., H. 8, S. 20–22, 34. http://peter.baumgartner.name/publikationen/liste-abstracts/abstracts-2006/social-software-und-e-learning/?aid=1617&sa=1 [05.05.2015]

Baumgartner, Peter (2007): Editoral. zeitschrift für e-learning, 2. Jg., H. 2, S. 4–7

Baumgartner, Peter/Bauer, Reinhard (2013): Auf dem Weg zu einer Mustersprache für E-Portfolios. In: Miller, Damian/Volk, Benno (Hg.): E-Portfolio an der Schnittstelle von Studium und Beruf. Münster: Waxmann (Medien in der Wissenschaft, Bd. 63), S. 91–104

Baumgartner, Peter/Häfele, Hartmut/Maier-Häfele, Kornelia (2002): E-Learning Praxishandbuch. Auswahl von Lernplattformen. Marktübersicht – Funktionen – Fachbegriffe. Innsbruck: Studienverlag

Baumgartner, Peter/Häfele, Hartmut/Maier-Häfele, Kornelia/Kalz, Marco (2004): Content Management Systeme in e-Education: Auswahl, Potenziale und Einsatzmöglichkeiten. Innsbruck: Studienverlag

Baumgartner, Peter/Himpsl, Klaus/Zauchner, Sabine (2009): Einsatz von E-Portfolios an (österreichischen) Hochschulen: Zusammenfassung – Teil I des BMWF-Abschlussberichts „E-Portfolio an Hochschulen". Department für Interaktive Medien und Bildungstechnologien, Donau Universität Krems (Österreich)

Bayne, Sian (2014): Teaching, Research and the More-than-Human in Digital Education. Oxford UK: EDEN Research Workshop (unveröffentlichter Keynote-Vortrag)

BDSG = Bundesdatenschutzgesetz: http://www.gesetze-im-internet.de/bdsg_1990/BDSG.pdf [22.08.2017]

Beege, Barbara (2014): Interaktive Methoden für Großgruppen. https://www.hs-augsburg.de/medium/download/studium_lehre/2014_Handout_Grossgruppen.pdf [03.05.2015]

Behrendt, Erich/Ulmer, Philipp/Müller-Tamke, Wolfgang (2004): Netzbasiertes Lernen in der beruflichen Praxis: Zur Bedeutung des Bildungspersonals. Ergebnisse einer qualitativen empirischen Erhebung. In: Wissenschaftliche Diskussionspapiere, H. 68, Bonn: Bundesinstitut für Berufsbildung

Behrendt, Jens/Zeppenfeld, Klaus (2008): Web 2.0. Berlin, Heidelberg: Springer

Behrens, Ulrike (2001): Teleteaching is easy!? Pädagogisch-psychologische Qualitätskriterien und Methoden der Qualitätskontrolle für Teleteaching-Projekte. Landau: Empirische Pädagogik

Beißwenger, Michael/Anskeit, Nadine/Storrer, Angelika (2012) (Hg.): Wikis in Schule und Hochschule. Boizenburg: Werner Hülsbusch

Bendel, Oliver (2003): Pädagogische Agenten im Corporate E-Learning. Bamberg: Difo-Druck (Dissertation an der Universität St. Gallen/Schweiz). https://www.alexandria.unisg.ch/export/DL/213488.pdf [05.05.2015]

Bendel, Oliver (2004): Merkmale, Ziele und Funktionen pädagogischer Agenten. In: Bekavac, Bernard/Herget, Josef/Rittberger, Marc (Hg.): Informationen zwischen Kultur und Marktwirtschaft. Proceedings des 9. Internationalen Symposiums für Informationswissenschaft (ISI 2004), Chur (Schweiz), 06.-08.10.2004. Konstanz: UVK Verlagsgesellschaft, S. 213–226. http://epub.uni-regensburg.de/11040/1/Information_zwischen_Kultur_und_Marktwirtschaft.pdf [05.05.2015]

Bennett, Randy E. (1998): Reinventing Assessment: Speculations on the Future of Large-Scale Educational Testing. Princeton (USA): Educational Testing Service Policy Information Center. http://www.ets.org/Media/Research/pdf/PICREINVENT.pdf [05.05.2015]

Berger, Andrea/Caspers, Tomas/Croll, Jutta/Hofmann, Jörg/Kubicek, Herbert/Peter, Ulrike/Janneck, Diana Ruht/Trump, Thilo (2010): Web 2.0/barrierefrei. Eine Studie zur Nutzung von Web 2.0 Anwendungen durch Menschen mit Behinderung. Aktion Mensch (Hg.). http://www.digitale-chancen.de/transfer/downloads/MD967.pdf [13.08.2017]

Berger, Maxi/Buhr, Regina/Freitag, Walburga/Hartmann, Ernst A./Loroff, Claudia/Lutz, Veronika et al. (2011): Verfahren und Methoden der individuellen Anrechnung. Hannover (ANKOM-Arbeitsmaterialien, 3). http://ankom.his.de/pdf_archiv/M3_Ankom.pdf [05.05.2015]

Bergestermann, Anna/Cendon, Eva/Flacke, Luise B. u.a. (2013): Handreichung Lernergebnisse. Teil 1. Theorie und Praxis einer outcomeorientierten Programmentwicklung. Handreichungen der wissenschaftlichen Begleitung des Bund-Länder-Wettbewerbs „Aufstieg durch Bildung: offene Hochschulen". BMBF. http://www.offene-hochschulen.uni-oldenburg.de/download/_Handreichung_Lernergebnisse_final_Feb 2013_extern.pdf [18.8.2017]

Berliner Erklärung (2003): http://www.mpg.de/pdf/openaccess/BerlinDeclaration_dt.pdf [10.12.2010]

Bernecker, Michael (2007): Bildungsmarketing. Köln: Johanna

Berners-Lee, Tim (2006): Transkript des developerWorks Interviews. http://www.ibm.com/developerworks/podcast/dwi/cm-int082206txt.html [05.05.2015]

Bertelsmann Stiftung (2017) (Hg.): Monitor Digitale Bildung. Die Schulen im digitalen Zeitalter. https://www.bertelsmann-stiftung.de/fileadmin/files/BSt/Publikationen/GrauePublikationen/BSt_MDB3_Schulen_web.pdf [19.09.2017]

Bertelsmann Stiftung/Heinz Nixdorf Stiftung (2000) (Hg.): Studium online. Hochschulentwicklung durch neue Medien. Gütersloh: Bertelsmann Stiftung

Betrancourt, Mireille (2005): The animation and interactivity principles in multimedia learning. In: Mayer, Richard E. (Hg.): Cambridge Handbook of Multimedia Learning. Cambridge, New York (USA): Cambridge University Press, S. 287–296

Bett, Katja/Gaiser, Birgit (2004): E-Moderation. https://www.e-teaching.org/lehrszenarien/vorlesung/diskussion/e-moderation.pdf [05.05.2015]

Bettinger, Patrick (2012): Medienbildungsprozesse Erwachsener im Umgang mit sozialen Online-Netzwerken. Boizenburg: Werner Hülsbusch

BGB = Bürgerliches Gesetzbuch: http://www.gesetze-im-internet.de/bgb/BGB.pdf [21.08.2017]

BGG (2002) = Behindertengleichstellungsgesetz: Gesetz zur Gleichstellung von Menschen mit Behinderungen. http://www.gesetze-im-internet.de/bgg/BGG.pdf [22.08.2017]

BIBB (1997) = Bundesinstitut für Berufsbildung (Hg.): Handlungsorientierte Abschlussprüfung der Versicherungskaufleute. Ein Praxishandbuch für Unternehmen, Berufsschulen und Prüfer von Industrie- und Handelskammern. Karlsruhe: Verlag für Versicherungswirtschaft

BIBB/ZFU (2004) = Bundesinstitut für Berufsbildung/Zentralstelle für Fernunterricht: Leitfaden für die Begutachtung von Fernlehrgängen. Bonn und Köln

Bierweiler, Jan (2014): TACCLE2. Eine E-Learning-Handbuchreihe für Lehrkräfte. In: L.A. multimedia. Magazin für Didaktik und digitale Medien, H. 4, S. 29–31

Biggs, John (1996): Enhancing teaching through constructive alignment. Higher Education, 32. Jg., H. 3, S. 347–364. http://link.springer.com/article/10.1007%2FBF00138871 [05.05.2015]

Bischof, Lukas/Stuckrad, Thimo von (2013): Die digitale (R)evolution? Chancen und Risiken der Digitalisierung akademischer Lehre. Gütersloh: CHE gemeinnütziges Centrum für Hochschulentwicklung, Arbeitspapier Nr. 174. http://www.che.de/downloads/CHE_AP_174_Digitalisierung_der_Lehre.pdf [03.05.2015]

BIK für alle (o. J.) = Barrierefrei Information und Kommunikation: Der WCAG-Test. http://bik-fuer-alle.de/wcag-test.html [13.08.2017]

BITKOM (2011a) = Bundesverband Informationswirtschaft Telekommunikation und neue Medien: Schule 2.0. Eine repräsentative Untersuchung zum Einsatz elektronischer Medien an Schulen aus Lehrersicht. Berlin. http://www.bitkom.org/files/documents/BITKOM_Publikation_Schule_2.0.pdf [05.05.2015]

BITKOM (2011b) = Bundesverband Informationswirtschaft Telekommunikation und neue Medien: Netzgesellschaft. Eine repräsentative Untersuchung zur Mediennutzung und dem Informationsverhalten der Gesellschaft in Deutschland. http://www.bitkom.org/files/documents/BITKOM_Publikation_Netzgesellschaft.pdf [17.08.2017]

BITKOM (2015) = Bundesverband Informationswirtschaft Telekommunikation und neue Medien: Gaming hat sich in allen Altersgruppen etabliert. http://www.bitkom.org/Presse/Presseinformation/Gaming-hat-sich-in-allen-Altersgruppen-etabliert.html [13.08.2017]

BITV 2.0 (2016) = Barrierefreie Informationstechnik-Verordnung vom 12. September 2011 (BGBl. I S. 1843), die zuletzt durch Artikel 4 der Verordnung vom 25. November 2016 (BGBl. I S. 2659) geändert worden ist. http://www.gesetze-im-internet.de/bitv_2_0/BJNR184300011.html [13.08.2017]

Blakowski, Gerold/Hinze, Udo (2000): Hinweise zur Konzeption virtueller Gruppenarbeit. Fachhochschule Stralsund (projektinternes Dokument)

Blakowski, Gerold/Hinze, Udo (2001): Hinweise zur Gestaltung virtueller Gruppenarbeit. Fachhochschule Stralsund (projektinternes Dokument)

Blessing, Axel M./Kortenkamp, Ulrich (2011): VideoClipQuests as an E-Learning Pattern. In: Kohls, Christian/Wedekind, Joachim (Hg.): Investigations of E-Learning-Patterns. Context Factors, Problems and Solutions. New York (USA): Hershey (Information Science Reference), S. 237–246

Bloh, Egon (2006): Methodische Formen des E-/Online-Assessment. Kaiserslautern (unveröffentlichtes Manuskript)

Bloh, Egon (2010): Qualität und Evaluation netzbasierten Lehrens und Lernens. In: Lehmann, Burkhard/Bloh, Egon (Hg.): Online-Pädagogik. Band 4: Qualität und Evaluation. Baltmannsweiler: Schneider, S. 7–143

Blötz, Ulrich (2015) (Hg.): Planspiele und Serious Games in der beruflichen Bildung. Auswahl, Konzepte, Lernarrangements, Erfahrungen: Aktueller Planspiel- und Seroius Games-Katalog 2015. Reihen-Hg.: Bundesinstitut für Berufsbildung. Bielefeld: W. Bertelsmann (5. aktual. Aufl.)

Blum, Franz/Hensgen, Anne/Kloft, Carmen/Maichle, Ulla M. (1995): Forschungsprojekt Erfassung von Handlungskompetenz in den Prüfungen der Industrie- und Handelskammern. Abschlussbericht. Bonn: Bundesinstitut für Berufsbildung

Blumstengel, Astrid (1998): Entwicklung hypermedialer Lernsysteme. http://dsor.upb.de/de/forschung/publikationen/blumstengel-diss/ [24.08.2003]

BMAS (2014) = Bundesministerium für Arbeit und Soziales: Leichte Sprache. Ein Ratgeber. http://www.bmas.de/SharedDocs/Downloads/DE/PDF-Pubilkationen/a752-ratgeber-leichte-sprache.pdf [16.02.2017]

BMBF (2005) = Bundesministerium für Bildung und Forschung (Arbeitskreis: Zimmer, Gerhard [Leitung]/Elz, Willi/Esser, Friedrich-Hubert/Gaiser, Birgit/Grotlüschen, Anke/Härtel, Michael/Littig, Peter/Michel, Lutz P./Payome, Thea/Petersheim, Albert K.): Förderprogramm Neue Medien in der Bildung. Auditempfehlungen zum Förderbereich „Neue Medien in der berulichen Bildung". Bonn, Berlin: BMBF

BMBF (2007) = Bundesministerium für Bildung und Forschung: Neue Medien in der beruflichen Bildung. Digitale Medien eröffnen der beruflichen Aus- und Weiterbildung neue Chancen. Bonn, Berlin: BMBF

BMBF (2016) – Bundesministerium für Bildung und Forschung: Bekanntmachung zur Förderung von offenen Bildungsmaterialien (OERinfo) – geförderte Projekte. http://open-educational-resources.de/wp-content/uploads/sites/4/2016/12/Kurzbeschreibungen_OER_Vorhaben_Stand_Dezember2016.pdf [13.08.2017]

BMBF & KMK (2015) = Bundesministerium für Bildung und Forschung & Kultusministerkonferenz: Bericht der Arbeitsgruppe aus Vertreterinnen und Vertretern der Länder und des Bundes zu Open Educational Ressources (OER). http://www.bildungsserver.de/pdf/Bericht_AG_OER_2015-01-27.pdf [13.08.2017]

BMFSFJ (o. J.) = Bundesministerium für Familie, Senioren, Frauen und Jugend: Das Verhältnis von Gender Mainstreaming zu Diversity Management. http://www.gender-mainstreaming.net/gm/Wissensnetz/ziele,did=16586.html [21.01.2011]

BMJ (2002a) = Bundesministerium der Justiz: Gesetz zur Gleichstellung von Menschen mit Behinderungen (Behindertengleichstellungsgesetz – BGG). http://www.gesetze-im-internet.de/bgg/BGG.pdf [22.08.2017]

BMJ (2002b) = Bundesministerium der Justiz: Verordnung zur Schaffung barrierefreier Informationstechnik nach dem Behindertengleichstellungsgesetz (Barrierefreie Informationstechnik-Verordnung). http://www.gesetze-im-internet.de/bitv_2_0/BJNR18430 0011.html [13.08.2017]

BMJ (2008) = Bundesministerium der Justiz: Gesetz über Urheberrecht und verwandte Schutzrechte (Urheberrechtsgesetz). http://www.gesetze-im-internet.de/urhg/UrhG.pdf [22.08.2017]

Bogner, Christian (2010): Studentisches Feedback im Bachelor. Eine empirische Untersuchung zur Effektivität und Qualität eines angepassten Peer-Assessment-Verfahrens. In: zeitschrift für e-learning, 5. Jg., H. 1, S. 36–49

Böhm, Thomas/Krauss, Judith/Jauch, Steffen (2013): Tablets an deutschen Schulen. Wie Tablets im Unterricht wirklich genutzt werden. In: L.A. multimedia, Magazin für Didaktik und digitale Medien, H. 4, S. 12–15

Bohnsack, Ralf (2006): Rekonstruktive Sozialforschung. Einführung in qualitative Methoden. Stuttgart: UTB

Bora, Utpal Jyoti/Ahmed, Majidul (2013): E-Learning using Cloud Computing. International Journal of Science and Modern Engineering (IJISME), H. 2, S. 9–13

Bornemann, Stefan (2013): Kooperation und Kollaboration im Bildungsbereich – Möglichkeiten individuellen Lernens durch den Einsatz schülergebundener Computer. In: Karpa, Dietrich/Eickelmann, Birgit/Grafe, Silke (Hg.): Digitale Medien und Schule. Zur Rolle digitaler Medien in Schulpädagogik und Lehrerbildung. Reihe: Theorie und Praxis der Schulpädagogik, Bd. 19. Immenhausen bei Kassel: Prolog, S. 207–221

Bornemann-Jeske, Brigitte (2006): Barrierefreiheit im Internet. Vortrag in der Ringvorlesung „Disability Studies" der Universität Hamburg. http://www.zedis-ev-hochschule-hh.de/files/barrierefreies_internet_bornemann-jeske.pdf [05.05.2015]

Bortz, Jürgen/Döring, Nicola (2002): Forschungsmethoden und Evaluation: für Human- und Sozialwissenschaftler. Berlin: Springer

Brahm, Taiga/Seufert, Sabine (2007): E-Assessment und E-Portfolio zur Kompetenzentwicklung: Neue Potenziale für Ne(x)t Generation Learning. In: Brahm, Taiga/Seufert, Sabine (Hg.): „Ne(x)t Generation Learning". E-Assessment und E-Portfolio – halten sie, was sie versprechen? St. Gallen (Schweiz): Universität St. Gallen, SCIL (Swiss Centre for Innovations in Learning) Arbeitsbericht 13, S. 2–25

Brandenburg, Petra (2005): Qualitätskriterien für die Begutachtung und Zulassung von Lehrgängen nach dem Fernunterrichtsschutzgesetz. In: BWP Berufsbildung in Wissenschaft und Praxis, 34. Jg., H. 2, S. 42–46

Bransford, John D./Sherwood, Robert D./Hasselbring, Ted S./Kinzer, Charles K./Williams, Susan M. (1990): Anchored Instruction: Why We Need It and How Technology Can Help. In: Nix, Don/Spiro, Rand J. (Hg.): Cognition, Education and Multimedia: Exploring Ideas in High Technology. Hillsdale (USA): Lawrence Erlbaum, S. 115–142

Braun, Edith/Hannover, Bettina (2008): Kompetenzmessung und Evaluation von Studienerfolg. In: Jude, Nina/Hartig, Johannes/Klieme, Eckhard (Hg.): Kompetenzerfassung in pädagogischen Handlungsfeldern. Berlin: BMBF (Bundesministerium für Bildung und Forschung), S. 153–160

Bredel, Ursula/Maaß, Christiane (2016): Leichte Sprache. Theoretische Grundlagen, Orientierung für die Praxis. Mannheim: Bibliographisches Institut

Brehm, Karl-Heinz (2000): Qualitätsmanagement und Qualitätsstandards in der beruflichen Bildung. In: Grundlagen der Weiterbildung, 11. Jg., H. 6, S. 270–273

Bremer, Claudia (2006): Qualitätssicherung und eLearning: Implementierungsansätze für die Hochschule. In: Sindler, Alexandra/Bremer, Claudia/Dittler, Ulrich/Hennecke, Petra/Sengstag, Christian/Wedekind, Joachim (Hg.): Qualitätssicherung im eLearning. Münster: Waxmann, S. 185–202

Bremer, Claudia/Thillosen, Anne (2013): Der deutschsprachige Open Online Course OPCO12. In: Bremer, Claudie/Krömker, Detlef (Hg.): E-Learning zwischen Vision und Alltag. Zum Stand der Dinge. Münster: Waxmann (Medien in der Wissenschaft, Bd. 64), S. 15–27. http://www.waxmann.com/?eID=texte&pdf=2953Volltext.pdf&typ=zusatztext [30.03.2015]

Breuer, Jens (2001): Kooperative Lernformen beim E-Learning einsetzen. In: Hohenstein, Andreas/Wilbers, Karl (Hg.): Handbuch E-Learning. Expertenwissen aus Wissenschaft und Praxis. Köln: Deutscher Wirtschaftsdienst (Loseblattsammlung, Grundwerk 2001), Beitrag 4.2, S. 1–20

Breuer, Johannes (2010): Spielend lernen? Eine Bestandsaufnahme zum (Digital) Game-Based Learning. Landesanstalt für Medien Nordrhein-Westfalen (Hg.), LfM-Dokumentation, Bd. 41. http://www.lfm-nrw.de/fileadmin/lfm-nrw/Publikationen-Download/Doku41-Spielend-Lernen.pdf [05.05.2015]

Britain, Sandy/Liber, Oleg (1999): A Framework for Pedagogical Evaluation of Virtual Learning Environments (JTAP Report). http://www.leeds.ac.uk/educol/documents/00001237.htm [05.05.2015]

Brodhun, Christoph/Seidel, Niels/Teich, Enrico/Claus, Thorsten (2014): Vom Eignungstest zum benutzergenerierten Assessment. E-Assessment im Lernmanagementsystem OPAL. In: Fischer, Helge/Köhler, Thomas (Hg.): Postgraduale Bildung mit digitalen Medien. Fallbeispiele aus den sächsischen Hochschulen. Münster: Waxmann, S. 105–112

Brombach, Guido (2010): Vom Geo- zum Educaching. Das Web 2.0 bietet neue didaktische Chancen. http://www.dotcomblog.de/vom-geo-zum-educaching/ [05.05.2015]

Brötz, Rainer/Behling, Michael (2009): Werkzeugkasten zur Erstellung von handlungsorientierten Prüfungsaufgaben. In: BWP Berufsbildung in Wissenschaft und Praxis, 38. Jg., H. 3, S. 44–47

Brown, John S./Duguid, Paul (1996): Universities in the digital Age. In: AAHE (American Association for Higher Education): Change: The Magazine of Higher Learning. Vol. 28, Nr. 4, S. 10–19

Brückner, Walter/Girke, Gabriele (2005): Das Kompendium – Leitfaden zur Anwendung und Hilfen zur Umsetzung der PAS 1037:2004. Köln: Pro Business

Brugger, Rolf (2001): Die Erstellung von wiederverwendbaren Inhalten für Web-basierte Kurse. In: Wagner, Erwin/Kindt, Michael (Hg.): Virtueller Campus. Szenarien – Strategien – Studium. Münster: Waxmann (Medien in der Wissenschaft, Bd. 14), S. 239–247

Bruhn, Manfred (2008): Qualitätsmanagement für Dienstleistungen: Grundlagen, Konzepte, Methoden. Berlin: Springer (7., überarb. u. erw. Aufl.)

Büchter, Karin/Dehnbostel, Peter/Hanf, Georg (2012) (Hg.): Der Deutsche Qualifikationsrahmen (DQR). Ein Konzept zur Erhöhung von Durchlässigkeit und Chancengleichheit im Bildungssystem? Bonn: Bundesinstitut für Berufsbildung, W. Bertelsmann, Bielefeld

Bundestag (2017a): Gesetz zur Verbesserung der Rechtsdurchsetzung in sozialen Netzwerken (Netzwerkdurchsetzungsgesetz – NetzDG). http://www.bmjv.de/SharedDocs/Gesetzgebungsverfahren/Dokumente/RegE_NetzDG.pdf [10.07.2017]

Bundestag (2017b): Gesetz zur Angleichung des Urheberrechts an die aktuellen Erfordernisse der Wissensgesellschaft (Urheberrechts-Wissensgesellschafts-Gesetz – UrhWissG). http://dipbt.bundestag.de/dip21/brd/2017/0535/17.pdf [10.07.2017]

Büning, Norbert (2014): Workplace Learning. Lernen und Arbeit zusammenbringen. Lernen im Unternehmen verändert sich – und das ist auch erforderlich. In: Siepmann, Frank (Hg.): Jahrbuch eLearning und Wissensmanagement 2015. Lerntrends 2015. Hagen im Bremischen: Siepmann Media, S. 28–32

Burger, Christoph/Stieger, Stefan (2010): Let's go formative: Continuous student ratings with Web 2.0 application Twitter. CyberPsychology & Behavior. Posterpräsentation auf der Mobile Research Conference 2009. http://www.mobileresearchconference.com/index.php/page/presentations-mrc-2009 [30.07.2010]

Burgos, Daniel/Tattersall, Colin/Koper, Rob (2007): How to represent adaption in e-Learning with IMS Learning Design. In: Interactive Learning Environments, 15. Jg., H. 2, S. 161–170

Busch, Frank/Mayer, Thomas B. (2002): Der Online-Coach. Wie Trainer virtuelles Lernen optimal fördern können. Weinheim, Basel: Beltz (Beltz-Weiterbildung)

Capaul, Roman (2002): Planspiele erfolgreich einsetzen. In: Hohenstein, Andreas/Wilbers, Karl (Hg.): Handbuch E-Learning. Expertenwissen aus Wissenschaft und Praxis. Köln: Deutscher Wirtschaftsdienst (Loseblattsammlung, Grundwerk 2001), Beitrag 4.11, S. 1–13

Carr, Nicholas (2010): Wer bin ich, wenn ich online bin ... und was macht mein Gehirn so lange? Wie das Internet unser Denken verändert. München: Karl Blessing

Carson, Stephen (2006): 2005 Program Evaluation Findings Report. MIT OpenCourseWare. http://ocw.mit.edu/ans7870/global/05_Prog_Eval_Report_Final.pdf [05.05.2015]

Carstensen, Doris (2009): Wandel und E-Learning in Hochschulen – überraschende Transformationsmuster. In: Dittler, Ullrich/Krameritsch, Jakob/Nistor, Nicolae/Schwarz, Christine/Thillosen, Anne (Hg.): E-Learning: Eine Zwischenbilanz. Kritischer Rückblick als Basis eines Aufbruchs. Münster: Waxmann, S. 249–261

CDU, CSU & SPD (2013): Deutschlands Zukunft gestalten. Koalitionsvertrag zwischen CDU, CSU & SPD. 18. Legislaturperiode. S. 22–23. http://www.cdu.de/sites/default/files/media/dokumente/koalitionsvertrag.pdf [30.03.2015]

CEN/ISSS (2003) = Comité Européen de Normalisation/Information Society Standardization System: CWA 14644:2003 Quality Assurance and Guidelines. Brüssel: CEN

Chandler, Paul/Sweller, John (1992): The split-attention effect as a factor in the design of instruction. In: British Journal of Educational Psychology, H. 62, S. 233–246

Chatti, Mohamed Amine/Dyckhoff, Anna Lea/Schroeder, Ulrik/Thüs, Hendrik (2012): Forschungsfeld Learning Analytics. Learning Analytics Research Challenges. In: I-com Zeitschrift für interaktive und kommunikative Medien, Band 11, H. 1, S. 22–25

Collins, Allan/Brown, John S./Newman, Susan E. (1989): Cognitive Apprenticeship: Teaching the Crafts of Reading, Writing and Mathematics. In: Resnick, Lauren B. (Hg.): Knowing, Learning, and Instruction. Essays in Honor of Robert Glaser. Hillsdale (USA): Lawrence Erlbaum. S. 453–494

Collins, Dona (2013): Inforgraphic: Social Gaming by the Numbers. In: Tripwire Magazin. Social Media Monitoring (26.06.2013). http://www.tripwiremagazine.com/2011/06/inforgraphic-social-gaming-by-the-numbers.html [31.05.2015]

Connectivism (2008): Support-Wiki des Open Online Course Connectivism and Connective Knowledge. http://ltc.umanitoba.ca/wiki/Connectivism_2008 [27.06.2012]

Connectivism & Connective Knowledge (2010) http://ltc.umanitoba.ca/connectivism/ [07.01.2010]

Cress, Ulrike/Held, Christoph/Kimmerle, Joachim (2013): The collective knowledge of social tags: Direct and indirect influences on navigation, learning, and information processing. Computers & Education, 60, S. 59–73

Cress, Ulrike/Kimmerle, Joachim (2008): A Systemic and Cognitive Perspective on Collaborative Knowledge Building with Wikis. In: International Journal of Computer-Supported Collaborative Learning, 3. Jg., H. 2, S. 105–122

Crisp, Geoffrey (2009): Interactive e-Assessment: Moving beyond multiple-choice questions. Centre for Learning and Professional Development. Adelaide (Australien): University of Adelaide. http://www.researchgate.net/profile/Geoffrey_Crisp/publication/228460929_Interactive_e-Assessment_moving_beyond_multiple-choice_questions/links/004635249f36897ffc000000.pdf [05.05.2015]

D21-Digital-Index 2016. Jährliches Lagebild zur Digitalen Gesellschaft. Eine Studie der Initiative D21, durchgeführt von Kantar TNS. http://initiatived21.de/publikationen/d21-digital-index-2016/ [13.08.2017]

Dalgarno, Barney/Gregory, Sue/Carlson, Lauren/Lee, Marc J. W./Tynan, Belinda (2013): A Systematic Review and Environmental Analysis of the Use of 3D Immersive Virtual Worlds in Australian and New Zealand Higher Education Institutions. Final Report 2013. Dehub Report Series 2013, Armidale NSW, Australia: University of New England, dehub. http://www.dehub.edu.au/downloads/VWSSP_Report_V2_TD_200613_dehub.pdf [30.03.2015]

Dalluege, C. Andreas/Franz, Hans-Werner (2015): IQM Integriertes Qualitätsmanagement in der Aus- und Weiterbildung. Selbstbewertung für EFQM, CAF, Q2E, DIN EN ISO 9001, DIN EN ISO 29990 und andere QM-Systeme. Bielefeld: W. Bertelsmann (5. erw. Aufl.)

D'Anastasio, Cecilia (2017): Hands-On With Sansar. The New Second Life. http://kotaku.com/hands-on-with-project-sansar-the-new-second-life-1796312409

Daniel, Sir John (2012): Making Sense of MOOCs: Musings in a Maze of Myth, Paradox and Possibility. Journal of Interactive Media in Education, 3. http://jime.open.ac.uk/article/view/2012-18/466 [05.05.2015]

Daniel, Sir John (2014): Foreword to the Special Section on Massive Open Online Courses. MOOCs – Evolution or Revolution, MERLOT Journal of Online Learning and Teaching, 10. Jg., H. 1, S. i–iv.

Deci, Edward L./Ryan, Richard R. (1993): Die Selbstbestimmungstheorie der Motivation und ihre Bedeutung für die Pädagogik. Zeitschrift für Pädagogik, 39. Jg., H. 2, S. 223–238

Decker, Eva/Meier, Barbara (2014): Eine Mathe-App im Hochschuleinsatz. https://www.e-teaching.org/praxis/erfahrungsberichte/mathe-app-hochschul-einsatz [30.03.2015]

DeGEval (2002) = Deutsche Gesellschaft für Evaluation: Standards für Evaluation. Köln: Deutsche Gesellschaft für Evaluation

DeGEval (2004) = Deutsche Gesellschaft für Evaluation: Empfehlungen zur Anwendung der Standards für Evaluation im Handlungsfeld der Selbstevaluation. Alfter

Dehnbostel, Peter (2016a): Betriebliches Bildungsmanagement in der Entwicklung. In: Schulz, Manuel/Griebenow, Beate/Neusius, Andrea/Vogeler, Claudia/Papenberg, Kerstin (Hg.): Fernausbildung schärft Perspektiven ... Technologiegestützte Bildung als Motor von Innovationsprozessen. Augsburg: Ziel-Verlag, S. 550–567

Dehnbostel, Peter (2016b): Communities of Practice. Eine zukunftsweisende Lernorganisationsform für die digitale Arbeitswelt. Chancen und Potenziale der Community of Practice für die Arbeitswelt von morgen. In: Siepmann, Frank (Hg.): Jahrbuch eLearning und Wissensmanagement 2016. Nachhaltiger Einsatz von eLearning-Szenarien. Hagen im Bremischen: Siepmann Media, S. 48–52

DeOliveira, Domingos (2013): Barrierefreiheit im Internet. epubli GmbH

DeStefano, Diana/LeFevre, Jo-Anne (2007): Cognitive load in hypertext reading: A review. Computers in Human Behavior, 23, S. 1616–1641 (doi:10.1016/j.chb.2005.08.012)

Deterding, Sebastian/Dixon, Dan/Khaled, Rilla/Nacke, Lennart (2011): From game design elements to gamefulness: defining „gamification". In: Proceedings of the 15th International Academic MindTrek Conference: Envisioning Future Media Environments (MindTrek '11). New York, USA: ACM, S. 9–15. http://dl.acm.org/citation.cfm?doid=2181037.2181040 [05.05.2015]

Deutsche UNESCO-Kommission (2013): Was sind Open Educational Resources? Und andere häufig gestellte Fragen zu OER. Bonn. http://www.unesco.de/fileadmin/medien/Dokumente/Bildung/Was_sind_OER__cc.pdf [31.03.2015]

Deutsche UNESCO-Kommission (2014): Inklusion: Leitlinien für die Bildungspolitik. Bonn (3. erw. Aufl.)

Deutscher Bildungsserver (2016): Machbarkeitsstudie zum Aufbau und Betrieb von OER-Infrastrukturen in der Bildung: Frankfurt am Main. http://www.pedocs.de/frontdoor.php?source_opus=11715 [13.08.2017]

Deutscher Bundestag (2011): Zweiter Zwischenbericht der Enquete-Kommission „Internet und digitale Gesellschaft", Medienkompetenz. Drucksache 17/7286, 21.10.2011

Deutscher Bundestag (2013): Sechster Zwischenbericht der Enquete-Kommission „Internet und digitale Gesellschaft", Bildung und Forschung. Drucksache 17/12029, 08.01.2013

de Witt, Claudia (2013): Vom E-Learning zum Mobile Learning – wie Smartphones und Tablet-PCs Lernen und Arbeiten verbinden. In: de Witt, Claudia/Sieber, Almut (Hg.): Mobile Learning. Potenziale, Einsatzszenarien und Perspektiven des Lernens mit mobilen Endgeräten. Wiesbaden: Springer VS, S. 14–26

de Witt, Claudia; Sieber, Almut (2013) (Hg.): Mobile Learning. Potenziale, Einsatzszenarien und Perspektiven des Lernens mit mobilen Endgeräten. Wiesbaden: Springer VS

DGI (2008): Denkschrift der Deutschen Gesellschaft für Informationswissenschaft und Informationspraxis (DGI e. V.) zur Förderung der Informationskompetenz im Bildungssektor. In: Information – Wissenschaft und Praxis, 59. Jg., S. 391–392

DGQ (2001) = Deutsche Gesellschaft für Qualität: Qualitätsmanagement in der Weiterbildung. Ein Leitfaden für Weiterbildungsanbieter und Weiterbildungsnachfrager. DGQ-Band 30-21. Berlin: Beuth, siehe auch http://www.dgq.de/schrift/doku/30-21_30-21r.pdf [12.02.2011]

DGQ (2016) = Deutsche Gesellschaft für Qualität: Manifest für Agiles Qualitätsmanagement. http://blog.dgq.de/manifest-fuer-agiles-qualitaetsmanagement/ [01.08.2017]

Di Blas, Nicoletta/Fiore, Alessandro/Mainetti, Luca/Vergallo, Roberto/Paolini, Paolo (2014): A portal of educational resources: providing evidence for matching pedagogy with technology. In: *Research in Learning and Technology* (22). http://www.researchinlearningtechnology.net/index.php/rlt/article/view/22906 [27.01.2015]

Didaktische Design Patterns (2010): http://www.didaktische-design-patterns.de/ [06.05.2015]

Didderen, Wim/Verjans, Steven (2012): Does the phenomenon of Open Educational Resources lead to new didactic model? „It depends". In: SIG OER (Hg.): Trend Report Open Educational Resources 2012. Utrecht: SURF Foundation – Special Interest Group Open Educational Resources, S. 9–15

Dieckmann, Heinrich/Lehmann, Burkhard (2010): Zur Qualität im Fernstudium und -unterricht. In: Lehmann, Burkhard/Bloh, Egon (Hg.): Online-Pädagogik. Band 4: Qualität und Evaluation. Baltmannsweiler: Schneider, S. 239–257

DIHK (o. J.) = Deutscher Industrie- und Handelskammertag (DIHK-Gesellschaft für berufliche Bildung): Website Innovativ prüfen. http://www.pruefer.ihk.de/ [05.05.2015]

Dikli, Semire (2006): An Overview of Automated Scoring of Essays. Journal of Technology, Learning, and Assessment, 5. Jg., H. 1, S. 1–36. http://escholarship.bc.edu/cgi/viewcontent.cgi?article=1044&context=jtla [04.03.2011]

Dillenbourg, Pierre (2014): MOOCs: Two Years Later. Oxford UK: EDEN Research Workshop (unveröffentlichter Keynote-Vortrag)

DIN (2001) = Deutsches Institut für Normung: DIN-Normenheft 10. Grundlagen der Normungsarbeit des DIN. Berlin: Beuth (7., überarb. Aufl.)

DIN (2004a) = Deutsches Institut für Normung: PAS 1032-1: Aus- und Weiterbildung unter besonderer Berücksichtigung von e-Learning – Teil 1: Referenzmodell für Qualitätsmanagement und Qualitätssicherung; Planung, Entwicklung, Durchführung und Evaluation von Bildungsprozessen und Bildungsangeboten. http://www.beuth.de/langanzeige/PAS-1032-1/de/71254176.html [05.05.2015]

DIN (2004b) = Deutsches Institut für Normung: PAS 1032-2:2004–05: Aus- und Weiterbildung unter besonderer Berücksichtigung von e-Learning – Teil 2: Didaktisches Objektmodell; Modellierung und Beschreibung didaktischer Szenarien. http://www.beuth.de/langanzeige/PAS+1032-2/de/73326272.html&limitationtype=&searchaccesskey=MAIN [05.05.2015]

DIN (2010) = Deutsches Institut für Normung: Erfolg durch Normung. http://www.din.de/cmd?level=tpl-bereich&menuid=47388&cmsareaid=47388&languageid=de [05.05.2015]

DIN (2016) = Deutsches Institut für Normung: Qualität für Bildungsdienstleistungen. Qualitätssicherung und -entwicklung nach DIN EN ISO 9001, DIN ISO 29990, DVWO und AZAV. 3., überarbeitete und erweiterte Auflage. Berlin: Beuth

DIN EN ISO/IEC 19796-1:2005: Informationstechnik – Lernen, Ausbilden und Weiterbilden – Qualitätsmanagement, -sicherung und -metriken – Teil 1: Allgemeiner Satz. Genf (Schweiz): International Organisation for Standardization (ISO)

DIN ISO 29990:2010: Lerndienstleistungen für die Aus- und Weiterbildung – grundlegende Anforderungen an Dienstleistende (Entwurf). Genf (Schweiz): ISO

Disterer, Georg/Kleiner, Carsten (2014): Mobile Endgeräte im Unternehmen. Technische Ansätze, Compliance-Anforderungen, Management. Wiesbaden: Vieweg+Teuber

Ditton, Hartmut (2002): Evaluation und Qualitätssicherung. In: Tippelt, Rudolf (Hg.): Handbuch Bildungsforschung. Opladen: Leske + Budrich, S. 775–790

DLR (2010) = Deutsches Zentrum für Luft- und Raumfahrt – Projektträger Neue Medien in der Bildung: http://www.dlr.de/pt/desktopdefault.aspx/tabid-5882/9540_read-18559/ [28.03.2010]

Döbeli Honegger, Beat (2005): Wikis in der Bildung: Chaos, Emanzipation oder Schweizer Messer? Vortrag im Rahmen des Wiki-Workshops im 2. Fernausbildungskongress 2005 an der Helmut Schmidt Universität Hamburg am 20.09.2005. http://beat.doebe.li/projects/fernausbildung05/index.html [05.05.2015]

Döbeli Honegger, Beat (2008): Von der Faszination des Web 2.0. Interviewtranskript. In: LOG IN, H. 152, S. 31–34

Doberkat, Ernst-Erich/Veltmann, Christof/Engels, Gregor/Hausmann, Jan Hendrik/Lohmann, Marc (2002): Anforderungen an eine eLearning-Plattform – Innovation und Integration. Studie im Auftrag des Ministeriums für Schule, Wissenschaft und Forschung des Landes Nordrhein-Westfalen. https://eldorado.tu-dortmund.de/bitstream/2003/2685/1/122.pdf [05.05.2015]

Doerr, Klaus/Orru, Andreas (2000): Zwischenbilanz zum Qualitätsmanagement. In: Grundlagen der Weiterbildung, 11. Jg., H. 2, S. 82–84

Dohmen, Günther (2001): Das informelle Lernen: Die internationale Erschließung einer bisher vernachlässigten Grundform menschlichen Lernens für das lebenslange Lernen aller. Bonn: Bundesministerium für Bildung und Forschung, Referat Öffentlichkeitsarbeit

Domagk, Steffi (2008): Pädagogische Agenten in multimedialen Lernumgebungen. Empirische Studien zum Einfluss der Sympathie auf Motivation und Lernerfolg. Berlin: Logos

Domagk, Steffi/Poepperling, Peer/Niegemann, Helmut M. (2006): Do people prefer the opposite sex? Characteristics of Pedagogical Agents. Paper presented at the EARLI SIG 6/7, Instructional Design & Learning and Instruction with Computers, June 21st–23rd, Leuven (Belgien)

Döring, Nicole (2003): Sozialpsychologie des Internet. Die Bedeutung des Internet für Kommunikationsprozesse, Identitäten, soziale Beziehungen und Gruppen. Göttingen: Hogrefe

Downes, Stephen (2005): E-Learning 2.0. http://elearnmag.acm.org/featured.cfm?aid=1104968 [05.05.2015]

Downes, Stephen (2012): Connectivism and Connective Knowledge. Essays on meaning and learning networks. E-book: National Research Council Canada. http://www.downes.ca/files/Connective_Knowledge-19May2012.pdf [30.03.2015]

Dräger, Jörg/Müller-Eiselt, Ralph (2015): Die digitale Bildungsrevolution. Der radikale Wandel des Lernens und wie wir ihn gestalten können. München: Deutsche Verlags-Anstalt

Draheim, Susanne/Beuschel, Werner (2005): Social not technological? Funktionalität und Szenarien für neue Lehr- und Lernformen am Beispiel Weblogs. In: Tavangarian, Djamshid/Nölting, Kristin (Hg.): Auf zu neuen Ufern! E-Learning heute und morgen. Münster: Waxmann (Medien in der Wissenschaft, Bd. 34), S. 27–36

Drieschner, Elmar (2010): Aufgaben als Schlüssel zur Kompetenzorientierung. In: Die Grundschulzeitschrift (237), S. 34–37

Drolshagen, Birgit/Klein, Ralph (2003): Barrierefreiheit – eine Herausforderung für die Medienpädagogik der Zukunft. In: Kerres, Michael/Voß, Britta (Hg.): Digitaler Campus. Vom Medienprojekt zum nachhaltigen Medieneinsatz in der Hochschule. Münster: Waxmann (Medien in der Wissenschaft, Bd. 24), S. 25–35

Duden (1990): Fremdwörterbuch. Mannheim: Dudenverlag (5., neu bearb. u. erw. Aufl.)

Ebbinghaus, Margit (2004): Prüfungsformen der Zukunft? – Prüfungsformen mit Zukunft? Bielefeld: W. Bertelsmann

Ebersbach, Anja/Glaser, Markus/Heigl, Richard (2005): WikiTools. Kooperation im Web. Mit einem Vorwort von Gunter Dueck. Berlin, Heidelberg: Springer

Ebner, Martin (2013): E-Learning – Alles nur Technologie? In: merz – Zeitschrift für Medienpädagogik, 57. Jg, H. 5, S. 39–44

Ebner, Martin/Köpf, Elly/Muuß-Merholz, Jöran/Schön, Martin/Schön, Sandra/Weichert, Nils (2015): Ist-Analyse zu freien Bildungsmaterialien (OER) – Die Situation von freien Bildungsmaterialien (OER) in Deutschland in den Bildungsbereichen Schule, Hochschule, berufliche Bildung und Weiterbildung im Juni 2015: Norderstedt. http://l3t.eu/oer/images/band10.pdf [13.08.2017]

Ebner, Martin/Neuhold, Benedikt/Schön, Martin (2013): Learning Analytics – wie Datenanalyse helfen kann, das Lernen gezielt zu verbessern. In: Wilbers, Karl/Hohenstein, Andreas (Hg.): Handbuch E-Learning. Expertenwissen aus Wissenschaft und Praxis – Strategien, Instrumente, Fallstudien. Köln: Deutscher Wirtschaftsdienst, 48. Erg.-Lfg., S. 1–20

Ebner, Martin/Reinhard, Wolfgang (2009): Social networking in scientific conferences – Twitter as tool for strengthen a scientific community. In: Proceedings of the 1st International Workshop on Science 2.0 for TEL at the 4th European Conference on Technology Enhanced Learning (EC-TEL'09). http://de.scribd.com/doc/20363438/Social-networking-in-scientific-conferences-Twitter-as-tool-for-strengthen-a-scientific-community [05.05.2015]

Educause (2012): 7 Things you should know about badges. http://net.educause.edu/ir/library/pdf/eli7085.pdf [23.01.2015]

EFQM (2003) = European Foundation for Quality Management: EFQM Excellence Model. http://www.efqm.org/en/PdfResources/teaser-model170609.pdf [01.10.2010]

EFQM (2010) = European Foundation for Quality Management: EFQM Transition Guide. How to upgrade to the EFQM Excellence Model 2010. http://www.efqm.org/en/PdfResources/Transition_Guide.pdf [01.10.2010]

EFQM (2016) = European Foundation for Quality Management: The new ISO Standards on Management Systems and the EFQM Excellence Model. https://www.surveymonkey.com/r/36PV72K

EFQM (2017) = European Foundation for Quality Management: An Overview of the EFQM Excellence Model. http://www.efqm.org/sites/default/files/overview_efqm_2013_v2_new_logo.pdf [01.08.2017]

Ehlers, Ulf-Daniel (2002): Qualität beim E-Learning: Der Lernende als Grundkategorie bei der Qualitätssicherung. In: MedienPädagogik. Online-Zeitschrift für Theorie und Praxis der Medienbildung. http://www.medienpaed.com/Documents/medienpaed/2002/ehlers0203.pdf [05.05.2015]

Ehlers, Ulf-Daniel (2004): Qualität im E-Learning aus Lernersicht. Grundlagen, Empirie und Modellkonzeption subjektiver Qualität. Wiesbaden: VS Verlag für Sozialwissenschaften

Ehlers, Ulf-Daniel (2007): E-Learning Standards nachhaltig anwenden – Potenziale ausschöpfen durch Qualitätskompetenz. zeitschrift für e-learning, 2. Jg., H. 2, S. 21–32

Ehlers, Ulf-Daniel (2009): Bildungs(relevante) Standards für das Lernen mit Neuen Medien. In: medienimpulse – Beiträge zur Medienpädagogik (1). http://www.medienimpulse.at/articles/view/91 [28.01.2015]

Ehlers, Ulf-Daniel (2011): Qualität für neue Lernkulturen des „Next-Generation" E-Learning. In: Klimsa, Paul/Issing, Ludwig, J. (Hg.): Online-Lernen. Handbuch für Wissenschaft und Praxis. München: Oldenbourg (2., verbesserte u. ergänzte Aufl.), S. 339–356

Ehlers, Ulf-Daniel/Goertz, Lutz/Hildebrandt, Barbara/Pawlowski, Jan M. (2005): Qualität im E-Learning. Nutzung und Verbreitung von Qualitätsansätzen im europäischen E-Learning. Eine Studie des European Quality Observatory. Luxemburg: Amt für amtliche Veröffentlichungen der Europäischen Gemeinschaft

Ehlers, Ulf-Daniel/Pawlowski, Jan Martin (2006): Quality in European e-Learning. An introduction. In: Ehlers, Ulf-Daniel/Pawlowski, Jan Martin (Hg.): Handbook on quality and standardization in e-learning. Berlin: Springer, S. 1–14

Ehses, Christiane/Heinen-Tenrich, Jürgen/Zech, Rainer (2001): Das lernerorientierte Qualitätsmodell für Weiterbildungsorganisationen. Hannover: Expressum

Eickelmann, Birgit (2013): Digitale Medien – Ein blinder Fleck in der Schulpädagogik? In: Karpa, Dietrich/Eickelmann, Birgit/Grafe, Silke (Hg.): Digitale Medien und Schule. Zur Rolle digitaler Medien in Schulpädagogik und Lehrerbildung. Reihe: Theorie und Praxis der Schulpädagogik, Bd. 19. Immenhausen bei Kassel: Prolog, S. 186–194

Eisenberg, Peter (2016): Leichte Sprache. In: Das Argument 320, H. 6, 2016, S. 792–796

E-Learning Design Patterns Repository (2010): http://www2.tisip.no/E-LEN/patterns_info.php [06.05.2015]

Elsholz, Uwe/Knutzen, Sönke (2010): Der Einsatz von E-Portfolios in der Berufsausbildung – Konzeption und Potenziale. In: Medienpädagogik 18. http://www.medienpaed.com/Documents/medienpaed/18/elsholz_knutzen1002.pdf [05.05.2015]

Elsholz, Uwe/Rohs, Matthias (2015) (Hg.): E-Portfolios für das lebenslange Lernen. Konzepte und Perspektiven. Reihe: Erwachsenenbildung und lebensbegleitendes Lernen – Forschung & Praxis, 22. Bielefeld: W. Bertelsmann

Elster, Frank/Dippl, Zorana/Zimmer, Gerhard (2003) (Hg.): Wer bestimmt den Lernerfolg? Leistungsbeurteilung in projektorientierten Lernarrangements. Bielefeld: W. Bertelsmann

EN 301 549 V1.1.2 (2015-04) = EUROPEAN STANDARD: Accessibility requirements suitable for public procurement of ICT products and services in Europe. http://www.etsi.org/deliver/etsi_en/301500_301599/301549/01.01.02_60/en_301549v010102p.pdf [13.08.2017]

Engle, Will (2014): UBC MOOC Pilot: Design and Delivery. Vancouver BC: University of British Columbia

Erpenbeck, John/Heyse, Volker (1999): Die Kompetenzbiografie. Strategien der Kompetenzentwicklung durch selbstorganisiertes Lernen und multimediale Kommunikation. Münster: Waxmann (edition QUEM, Studien zur beruflichen Weiterbildung im Transformationsprozess, Bd. 10)

Erpenbeck, John/Sauter, Werner (2007): Kompetenzentwicklung im Netz. New Blended Learning im Web 2.0. Köln: Personalwirtschaft

Erpenbeck, John/Sauter, Werner (2013): So werden wir lernen! Kompetenzentwicklung in einer Welt fühlender Computer, kluger Wolken und sinnsuchender Netze. Berlin: Springer Gabler

Esser, Friedrich H./Twardy, Martin/Wilbers, Karl (2001) (Hg.): eLearning in der Berufsbildung: Telekommunikationsgestützte Aus- und Weiterbildung. Paderborn: Eusl (2. Aufl.)

e-teaching.org (2015a): Audio-Podcasts. https://www.e-teaching.org/lehrszenarien/vorlesung/audiobaspodcasts/ [13.08.2017]

e-teaching.org (2015b): E-Portfolio. https://www.e-teaching.org/lehrszenarien/pruefung/pruefungsform/eportfolio/ [13.08.2017]

e-teaching.org (2015c): Gestalten mit Entwurfsmustern. https://www.e-teaching.org/didaktik/konzeption/entwurfsmuster/ [13.08.2017]

e-teaching.org (2015d): Open Course. https://www.e-teaching.org/lehrszenarien/opencourse/ [13.08.2017]

e-teaching.org (2015e): Planspiele & Rollenspiele. https://www.e-teaching.org/didaktik/konzeption/methoden/lernspiele/planspiele/index.html [13.08.2017]

e-teaching.org (2015f): Podcast (Didaktik). https://www.e-teaching.org/didaktik/gestaltung/ton/podcast/ [13.08.2017]

e-teaching.org (2015g): Podcasts (Technik). https://www.e-teaching.org/technik/aufbereitung/audio/podcasts/ [13.08.2017]

e-teaching.org (2015h): RSS als Informationsquelle. https://www.e-teaching.org/didaktik/recherche/quellen/rss/ [13.08.2017]

e-teaching.org (2015i): RSS-Feeds anbieten. https://www.e-teaching.org/technik/distribution/rss/ [13.08.2017]

e-teaching.org (2015j): Sammlungen von Entwurfsmustern. https://www.e-teaching.org/didaktik/konzeption/entwurfsmuster/sammlungen/ [13.08.2017]

e-teaching.org (2015k): Social Bookmarking. https://www.e-teaching.org/technik/kommunikation/socialbookmarking/ [13.08.2017]

e-teaching.org (2015l): Social Networking: Facebook, MySpace, StudiVZ und Co. https://www.e-teaching.org./didaktik/kommunikation/socialnetworking/ [13.08.2017]

e-teaching.org (2015m): Social Software. https://www.e-teaching.org/technik/kommunikation/socialsoftware/ [13.08.2017]

e-teaching.org (2015n): Themenspecial E-Lectures. https://www.e-teaching.org/specials/e-lectures/ [13.08.2017]

e-teaching.org (2015o): Vodcast. https://www.e-teaching.org/technik/aufbereitung/video/vodcast/ [13.08.2017]

e-teaching.org (2015p): Vorlesung. https://www.e-teaching.org/lehrszenarien/vorlesung/ [13.08.2017]

e-teaching.org (2015q): Vorlesungsaufzeichnung, Video-Podcasts. https://www.eteaching.org/lehrszenarien/vorlesung/videobaspodcasts/ [13.08.2017]

e-teaching.org (2016a): Testberichte. https://www.e-teaching.org/technik/produktc/ [13.08.2017]

e-teaching.org (2016b): Hypervideo. https://www.e-teaching.org/didaktik/gestaltung/visualisierung/hypervideo/index_html [13.08.2017]

e-teaching.org (2016c): Learning Analytics. https://www.e-teaching.org/didaktik/qualitaet/learning_analytics/index_html [13.08.2017]

e-teaching.org (2016d): Pro und Contra: Positionen zu Learning Analytics. https://www.e-teaching.org/community/meinung/pro_con_learning_analytics [13.08.2017]

e-teaching.org (2017a): Digitalvideo. https://www.e-teaching.org/didaktik/gestaltung/visualisierung/video/index_html [13.08.2017]

e-teaching.org (2017b): Open Educational Resources. https://www.e-teaching.org/didaktik/recherche/oer/ [13.08.2017]

e-teaching.org (2017c): Qualifizierungsangebote. https://www.e-teaching.org/news/weiterbildung/qualifizierungsangebote/ [13.08.2017]

Euler, Dieter (1992): Didaktik des computerunterstützten Lernens. Praktische Gestaltung und theoretische Grundlagen. Nürnberg: BW Bildung und Wissen

Euler, Dieter (1999): Multimediale und telekommunikative Lernumgebungen zwischen Potenzialität und Aktualität: Eine Analyse aus wirtschaftspädagogischer Sicht. In: Gogolin, Ingrid/Lenzen, Dieter (Hg.): Medien-Generation. Beiträge zum 16. Kongress der Deutschen Gesellschaft für Erziehungswissenschaft. Obladen: Leske + Budrich, S. 77–97

Euler, Dieter (2001): Selbstgesteuertes Lernen mit Multimedia und Telekommunikation gestalten. In: Hohenstein, Andreas/Wilbers, Karl (Hg.): Handbuch E-Learning. Expertenwissen aus Wissenschaft und Praxis. Köln: Deutscher Wirtschaftsdienst (Loseblattsammlung, Grundwerk 2001), Beitrag 4.1, S. 1–20

Euler, Dieter (2005a): Gestaltung der Kompetenzentwicklung von E-Learning-Promotoren. In: Euler, Dieter/Seufert, Sabine (Hg.): E-Learning in Hochschulen und Bildungszentren. München: Oldenbourg, S. 169–186

Euler, Dieter (2005b): Gestaltung der Implementierung von E-Learning-Innovationen: Förderung der Innovationsbereitschaft von Lehrenden und Lernenden als zentrale Akteure der Implementierung. In: Euler, Dieter/Seufert, Sabine (Hg.): E-Learning in Hochschulen und Bildungszentren. München: Oldenbourg, S. 561–584

Euler, Dieter/Wilbers, Karl (2002): Selbstlernen mit neuen Medien didaktisch gestalten. St. Gallen (Schweiz): Universität St. Gallen, IWP-HSG (Hochschuldidaktische Schriften, Bd. 1)

Europäische Kommission (2010): Mitteilung der Kommission an das Europäische Parlament, den Rat, den Europäischen Wirtschafts- und Sozialausschuss und den Ausschuss der Regionen. Europäische Strategie zugunsten von Menschen mit Behinderungen 2010–2020: Erneuertes Engagement für ein barrierefreies Europa. KOM/2010/0636 endg. http://eur-lex.europa.eu/legal-content/DE/ALL/?uri=CELEX:52010DC0636 [13.08.2017]

Europäische Vereinigung der ILSMH (1998) (Hg.): Sag es einfach! Europäische Richtlinien für die Erstellung von leicht lesbaren Informationen für Menschen mit geistiger Behinderung für Autoren, Herausgeber, Informationsdienste, Übersetzer und andere interessierte Personen. Brüssel. http://www.inclusion-europe.org/images/stories/documents/Publications/Publications_website/101.pdf [05.05.2015]

European Commission (2014): Report to the European Commission on New modes of learning and teaching in higher education. Luxemburg: European Commission. http://ec.europa.eu/education/library/reports/modernisation-universities_en.pdf [30.03.2015]

Experteninterview (2017): Programmieren in der Schule. In: L. A. multimedia, Magazin für Didaktik und digitale Medien, H. 1, S. 10–13

Fähnrich, Felix/Thein, Carsten (2017): Explain Everything. Konzeption und Erstellung von Erklärvideos. In: L. A. multimedia, Magazin für Didaktik und digitale Medien, H. 1, S. 26–29

Faulstich, Peter (2014) (Hg.): Lerndebatten. Phänomenologische, pragmatistische und kritische Lerntheorien in der Diskussion. Bielefeld: transcript

Faulstich, Peter/Ludwig, Joachim (2004) (Hg.): Expansives Lernen. Baltmannsweiler: Schneider

Fehling, Christian Dominic (2017): Neue Lehr- und Lernformen in der Ausbildung 4.0. Social Augmented Learning in der Druckindustrie. In: Berufsbildung in Wissenschaft und Praxis, H. 2, S. 30–33

Felkel, Stefan (2004): Weblogs als Kernstruktur in e-learning Environments. http://westner.levrang.de/cms/upload/pdf/Diplomarbeit-Weblogs_als_Kernstruktur_in_e-learning_Environments.zip [08.08.2007]

FernUSG = Fernunterrichtsschutzgesetz: Gesetz zum Schutz der Teilnehmer am Fernunterricht. http://www.gesetze-im-internet.de/fernusg/FernUSG.pdf [22.08.2017]

Ferris, S. Pixy/Wilder, Hilary (2006): Uses and Potentials of Wikis in the Classroom. In: Innovate, 2. Jg., H. 5. http://www.qub.ac.uk/directorates/AcademicStudentAffairs/CentreforEducationalDevelopment/e-Learning/E-LearningFileStore/Filetoupload,134940,en.pdf [05.05.2015]

Fiorella, Logan/Mayer, Richard E. (2013): The relative benefits of learning by teaching and teaching expectancy. In: Contemporary Educational Psychology, 38 (4), S. 281–288

Fiorella, Logan/Mayer, Richard E. (2014): Role of expectations and explanations in learning by teaching. In: Contemporary Educational Psychology, 39 (2), S. 75–85

Fischbach, Rainer (2005): Mythos Netz. Kommunikation jenseits von Raum und Zeit? Zürich: Rotpunktverlag

Fischer, Gerhard (2002): Beyond „Couch Potatoes": From Consumers to Designers and Active Contributors. First Monday, Vol. 7, Issue 12. http://www.firstmonday.dk/ojs/index.php/fm/article/view/1010/931 [05.05.2015]

Fischer, Helge (2014): Medieneinsatz im Weiterbildungsmarketing. In: Fischer, Helge/Köhler, Thomas (Hg.): Postgraduale Bildung mit digitalen Medien. Fallbeispiele aus den sächsischen Hochschulen. Münster: Waxmann, S. 57–80

Fischer, Martin (2014) (Hg.): Qualität in der Berufsausbildung. Anspruch und Wirklichkeit. Berichte zur beruflichen Bildung, Schriftenreihe des Bundesinstituts für Berufsbildung Bonn. Bielefeld: W. Bertelsmann

Flechsig, Karl-Heinz (1996): Kleines Handbuch didaktischer Modelle. Eichenzell: Neuland

Fleischer, Ivonne/Plozer, Christin/Sträfling, Nicole/Witschel, Thomas (2008): Der Einfluss des Erscheinungsbildes pädagogischer Agenten in computerbasierten Lernprogrammen auf die Motivation des Lerners und den Lernerfolg. Forschungsbericht vorgelegt im Fachgebiet Sozialpsychologie, Prof. Dr. Nicole Krämer, Universität Duisburg-Essen. http://www.uni-due.de/imperia/md/content/sozialpsychologie/paedagogische_agenten-fleischer_polzer_straefling_witschel.pdf [05.05.2015]

Foucault, Michel (1979): Überwachen und Strafen. Die Geburt des Gefängnisses. Frankfurt/Main: Suhrkamp Taschenbuch (3. Aufl., übersetzt von Walter Seitter)

Frank, Helmar (1962): Kybernetische Grundlagen der Pädagogik. München: Agis-Verlag

Frank, Stephen (2012): eLearning und Kompetenzentwicklung. Ein unterrichtsorientiertes didaktisches Modell. Bad Heilbrunn: Klinkhardt

Franke, Peter (2009): Designing Embodied Interactive Software Agents for E-Learning: Principles, Components, and Roles. Aktualisierte, gekürzte und korrigierte Fassung. Inaugural-Dissertation zur Erlangung des Grades eines Doktors der Philosophie (Dr. phil.) am Fachbereich Fremdsprachliche Philologien der Philipps-Universität Marburg. http://archiv.ub.uni-marburg.de/diss/z2009/0695/pdf/dpf.pdf [13.08.2017]

Franke, Peter/Handke, Jürgen (2012): E-Assessment. In: Handke, Jürgen/Schäfer, Anna Maria (Hg.): E-Learning, E-Teaching und E-Assessment in der Hochschullehre: Eine Anleitung. München: Oldenbourg, S. 147–207

Fricke, Reiner (2000): Qualitätsbeurteilung durch Kriterienkataloge. In: Schenkel, Peter/Tergan, Sigmar-Olaf/Lottmann, Alfred (Hg.): Qualitätsbeurteilung multimedialer Lern- und Informationssysteme. Evaluationsmethoden auf dem Prüfstand. Nürnberg: BW Bildung und Wissen, S. 75–88

Friebertshäuser, Barbara/Langer, Antje/Prengel, Annedore (2009): Handbuch Qualitative Forschungsmethoden in der Erziehungswissenschaft. Weinheim: Juventa

Friedrich, Hans (2002): Qualitätssicherung der Lehre im Europäisierungsprozess. In: Reil, Thomas/Winter, Martin (Hg.): Qualitätssicherung an Hochschulen. Theorie und Praxis. Bielefeld: W. Bertelsmann, S. 72–79

Friedrich, Helmut F. (2009): Lernen mit Texten. In: Plötzner, Rolf/Leuders, Timo/Wichert, Adalbert (Hg.): Lernchance Computer. Strategien für das Lernen mit digitalen Medienverbünden. Münster: Waxmann, S. 19–41

Friesen, Norm (2004): International LOM Survey: Report (Draft). Hg. von University of Arizona, USA, Campus Repository. http://hdl.handle.net/10150/106473 [28.01.2015]

Frohberg, Dirk (2008): „Mobile Learning" (Dissertation). http://www.merlin.uzh.ch/contributionDocument/download/2037 [05.05.2015]

Fromme, Johannes/Biermann, Ralf/Unger, Alexander (2010): „Serious Games" oder „taking games seriously"? In: Hugger, Kai-Uwe/Walber, Markus (Hg.): Digitale Lernwelten. Konzepte, Beispiele und Perspektiven. Wiesbaden: VS Verlag für Sozialwissenschaften, S. 40–57

Fromme, Johannes/Jörissen, Benjamin/Unger, Alexander (2008): Bildungspotenziale digitaler Spiele und Spielkulturen. In: Fromme, Johannes/Petko, Dominik (Hg.): Computerspiele und Videogames. Zürich: MedienPädagogik, S. 1–23. http://www.medienpaed.com/documents/medienpaed/15-16/fromme0812.pdf [15.03.2015]

Furnham, Adrian/Gunter, Barrie (1985): Sex, presentation mode and memory for violent and nonviolent news. Journal of Educational Television, Nr. 11, S. 99–105

Gaiser, Birgit (2002): Die Gestaltung kooperativer telematischer Lernarrangements. Aachen: Shaker

Gaiser, Birgit (2008): Lehre im Web 2.0 – Didaktisches Flickwerk oder Triumph der Individualität? https://www.e-teaching.org/didaktik/kommunikation/08-09-12_Gaiser_Web_2.0.pdf [05.05.2015]

Gaiser, Birgit/Hampel, Thorsten/Panke, Stefanie (2008a) (Hg.): Good Tags – Bad Tags. Social Tagging in Wissensorganisationen. Münster: Waxmann

Gaiser, Birgit/Hampel, Thorsten/Panke, Stefanie (2008b): Vorwort. In: Gaiser, Birgit/Hampel, Thorsten/Panke, Stefanie (Hg.): Good Tags – Bad Tags. Social Tagging in der Wissensorganisation. Münster: Waxmann, S. 11–13

Gaiser, Birgit/Thillosen, Anne (2009): Hochschullehre 2.0 zwischen Wunsch und Wirklichkeit. In: Apostulopoulos, Nicolas/Hoffmann, Harriet/Mansmann, Veronika/Schwill, Andreas (Hg.): E-Learning 2009. Lernen im digitalen Zeitalter. Münster: Waxmann, S. 185–196

Gamma, Erich/Helm, Richard/Johnson, Ralph/Vlissides, John M. (1995): Design-Patterns: Elements of Reusable Object-Oriented Software. Reading, Mass. (USA): Addison-Wesley

Garris, Rosemary/Ahlers, Robert/Driskell, James E. (2002): Games, Motivation and Learning. Research and Practice Model. In: Simulation & Gaming, 33. Jg., H. 4. Newbury Park (USA): Sage Publications, S. 441–467

Gee, James Paul (2005): Learning by Design. Good video games as learning machines. In: E-Learning and Digital Media, 2. Jg., H. 1. http://ldm.sagepub.com/content/2/1/5.full.pdf+html [05.05.2015]

Gee, James Paul (2007): What video games have to teach us about learning and literacy. Basingstoke: Palgrave Macmillan

Gefeller, Olaf (2010): Digitaler Tod oder digitale Freiheit? Wer vermisst Scriptoren? Die Stärkung der Autoren durch „Open Access" in der Wissenschaft. In: Frankfurter Allgemeine Zeitung, 01.12.2010, S. N5

Geiger, Anne/Schaudinn, Sven (2014): Fit für den Beruf mit Windows 8. In: L.A. multimedia, Magazin für Didaktik und digitale Medien, H. 2, S. 14–15

Gensicke, Miriam/Bechmann, Sebastian/Härtel, Michael/Schubert, Tanja/Garcia-Wülfing, Isabel/Güntürk-Kuhl, Betül (2016): Digitale Medien in Betrieben – heute und morgen. Eine repräsentative Bestandsanalyse. Bonn: Bundesinstitut für Berufsbildung, Wissenschaftliches Diskussionspapier 177

Geser, Guntram (2007): Open Educational Practices and Resources. The OLCOS Roadmap 2012. http://www.olcos.org/cms/upload/docs/olcos_roadmap.pdf [05.05.2015]

Geyken, Alexander/Mandl, Heinz/Reiter, Wilfried (1998): Selbstgesteuertes Lernen mit Tele-Tutoring. In: Schwarzer, Ralf (Hg.): Multimedia und Telelearning. Lernen im Cyberspace. Frankfurt/Main: Campus, S. 181–196

GG = Grundgesetz: Grundgesetz für die Bundesrepublik Deutschland. http://www.gesetze-im-internet.de/gg/GG.pdf [21.08.2017]

Ghosh, Amit/Rendtel, Ulrich (2007): Unterrichten und Prüfen mit dem Statistiklabor. Ein Erfahrungsbericht. Diskussionsbeiträge des Fachbereichs Wirtschaftswissenschaft der Freien Universität Berlin, Volkswirtschaftliche Reihe, H. 7. https://www.econstor.eu/dspace/bitstream/10419/28053/1/541756826.pdf [05.05.2015]

Giannoulis, Christos (2017): Multimedia und Berufsorientierung. Die besondere Rolle von Simulationen. In: Bauer, Thomas A./Mikuszeit, Bernd H. (Hg.): Lehren und Lernen mit Bildungsmedien. Grundlagen – Projekte – Perspektiven – Praxis. Frankfurt am Main: Peter Lang, S. 315–320

Giesecke, Michael/Stahl, Heiner/Früh, Hannah (2010): Der Einfluss sozialer Netzwerkseiten auf den Bewerbungs- und Rekrutierungsprozess. http://media.monster.com/dege/b2b_pdf/Studien/social_media_universitaet_erfurt.pdf [05.05.2015]

Giles, Jim (2005): Special Report, Internet encyclopaedias go head to head. In: Nature, H. 438, S. 900–901

Gillen, Julia (2007): Kompetenzfeststellung als Chance zur Selbstreflexion. Was können und sollen Kompetenzfeststellungen zur Förderung von Reflexivität leisten? Vortrag im Rahmen des Workshops „Theorie und Praxis der Kompetenzfeststellung im Betrieb" der Arbeitsgemeinschaft Berufsbildungsforschungsnetz (AG BFN), 05.-06.11.2007. http://www.kibb.de/cps/rde/xbcr/SID-3C5594CA-45BF7009/kibb/AGBFN_Workshop_Kompetenz_Praesentation_Gillen.pdf [04.03.2015]

Glahn, Christian (2002): Wie Bildungsprozesse standardisiert beschrieben werden können. Konzepte, Perspektiven und Grenzen von IMS Learning Design. http://webcache.googleusercontent.com/search?q=cache:http://lo-f.at/art-e-kel/glahn/lt/imsld_bm5_20021129.pdf [26.02.2011]

Glaser, Manuela/Weigand, Sonja/Schwan, Stefan (2009): Mediendidaktik. In: Henninger, Michael/Mandl, Heinz (Hg.): Handbuch Medien- und Bildungsmanagement. Weinheim, Basel: Beltz, S. 190–205

Glasersfeld, Ernst von (1987): Wissen, Sprache und Wirklichkeit. Arbeiten zum radikalen Konstruktivismus. Braunschweig: Vieweg 1992 (Wissenschaftstheorie, Wissenschaft und Philosophie, Bd. 24, autorisierte dt. Fassung Wolfram K. Köck)

Glowalla, Ulrich/Grob, Heinz Lothar/Thome, Rainer (2000): Qualitätssicherung interaktiver Studienangebote. In: Bertelsmann Stiftung/Heinz Nixdorf Stiftung (Hg.): Studium online. Hochschulentwicklung durch neue Medien. Gütersloh: Bertelsmann Stiftung, S. 51–73

Glowalla, Ulrich/Herder, Meike/Süße, Cord/Koch, Nina (2009): Methoden und Ergebnisse der Evaluation elektronischer Lernangebote. In: Klimsa, Paul/Issing, Ludwig, J. (Hg.): Online-Lernen. Handbuch für Wissenschaft und Praxis. München: Oldenbourg (2., verbesserte u. ergänzte Aufl.), S. 309–328

Göcks, Marc/Bechmann, Helga (2013): Geleitwort. In: Schulmeister, Rolf (Hg.): MOOCs – Massive Open Online Courses: Offene Bildung oder Geschäftsmodell? Münster: Waxmann, S. 7 f. http://www.waxmann.com/fileadmin/media/zusatztexte/2960Volltext.pdf [30.03.2015]

Goertz, Lutz (2013): Indikatorengestützte Zeitreihe über die Nutzung digitaler Medien in der beruflichen Aus- und Weiterbildung. Bonn: Bericht für das Bundesinstitut für Berufsbildung. http://datenreport.bibb.de/media2013/expertise_goertz.pdf [30.03.2015]

Goertz, Lutz/Johanning, Anja (2007): OER – Deutschlands Hochschulen im internationalen Vergleich weit abgeschlagen? Eine systematische Bestandsaufnahme von OER-Initiativen im Hochschulsektor weltweit. In: Merkt, Marianne/Mayrberger, Kerstin/Schulmeister, Rolf/Sommer, Angela/van den Berk, Ivo (Hg.): Studieren neu erfinden – Hochschule neu denken. Münster: Waxmann, S. 253–263

golem (2001): Prognose: Durchbruch für E-Learning erst in vielen Jahren. http://www.golem.de/0109/15969.html [02.05.2015]

Gómez Tutor, Claudia (2016): E-Learning ist selbstgesteuertes Lernen: Voraussetzungen und Kompetenzen von Lehrenden und Lernenden. In: Schulz, Manuel/Griebenow, Beate/Neusius, Andrea/Vogeler, Claudia/Papenberg, Kerstin (Hg.): Fernausbildung schärft Perspektiven ... Technologiegestützte Bildung als Motor von Innovationsprozessen. Augsburg: Ziel-Verlag, S. 131–145

Gonon, Philipp (1999): Qualitätssysteme auf dem Prüfstand. Die neue Qualitätsdiskussion in Schule und Bildung. Aarau (Schweiz): Bildung Sauerländer

Google Trends (2010) = Vergleich der Stichworte „social media“, „web 2.0“ und „social web“: http://www.google.de/trends/explore#q=social+media,web+2.0,social+web [05.05.2015]

Görlitz, Gudrun/Müller, Stefan (2003): Vom Seminar zur Lerneinheit – und zurück. In: Kerres, Michael/Voß, Britta (Hg.): Digitaler Campus. Vom Medienprojekt zum nachhaltigen Medieneinsatz in der Hochschule. Münster: Waxmann (Medien in der Wissenschaft, Bd. 24), S. 401–410

Görting, Leonie Pia/Pelka, Bastian/Schmitt, Julia (2008): Potenziale von Wikis in der Hochschullehre. Eine Theorie geleitete explorative Erprobung von Konzeptionsprinzipien für die Nutzung von Wikis in der Web 2.0-gestützten Lehre. https://www.e-teaching.org/etresources/pdf/erfahrungsbericht_2008_pelka-schmitt-goerting_wikis-in-der-hochschullehre.pdf [05.05.2015]

Göth, Christoph/Frohberg, Dirk/Schwabe, Gerhard (2007): Von passivem zu aktivem mobilen Lernen. In: zeitschrift für e-learning, 2. Jg., H. 4, S. 12–28. http://www.e-learning-zeitschrift.org/download/?dl=74 [05.05.2015]

Graf, Joachim (2003): Trainer entdecken das e-Learning. Train the e-Trainer. In: ManagerSeminare, H. 68, S. 8–15

Greßhöner, Kristine/Schmidt, Tim/Thelen, Tobias (2008): Praxisbericht: Uniblogs – die Blogfarm der Universität Osnabrück. https://www.e-teaching.org/etresources/pdf/erfahrungsbericht_2008_gresshoener-schmidt-thelen_uniblogs.pdf [05.05.2015]

Griesbach, Heinz/Lewin, Karl/Heublein, Ulrich/Schreiber, Jochen/Sommer, Dieter (1998): Studienabbruch – Typologie und Möglichkeiten der Abbruchsbestimmung. Hannover: HIS-Kurzinformation A 5/98

Griesehop, Hedwig Rosa/Bauer, Edith (2017) (Hg.): Lehren und Lernen online. Lehr- und Lernerfahrungen im Kontext akademischer Online-Lehre. Wiesbaden: Springer VS

Grotlüschen, Anke (2003): Widerständiges Lernen im Web – virtuell selbstbestimmt? Eine qualitative Studie über E-Learning in der beruflichen Erwachsenenbildung. Münster: Waxmann

Grün, Stefanie/Rosenberger, Dorothea (2017): Evaluierung von Computerspielen mit kompetenzförderlichen Potenzialen (CKP). Qualitätsanforderungen und Qualitätskriterien. In: Bauer, Thomas A./Mikuszeit, Bernd H. (Hg.): Lehren und Lernen mit Bildungsmedien. Grundlagen – Projekte – Perspektiven – Praxis. Frankfurt am Main: Peter Lang, S. 379–386

Grzega, Joachim (2003): LdL (Lernen durch Lehren, die Verf.) in universitären Kursen – Ein hochschuldidaktischer Weg zur Vorbereitung auf die Wissensgesellschaft. http://www.ldl.de/LDL_ALT/material/berichte/uni/ldl.pdf [05.05.2015]

Grzega, Joachim (2005): Lernen durch Lehren und Forschen – Bildungs-, lehr- und lernökonomische Hinweise und Materialien. http://www.ldl.de/LDL_ALT/material/berichte/uni/grzega2005.pdf [05.05.2015]

Gücker, Robert (2007): Wie E-Learning entsteht. Untersuchung zum Wissen und Können im Beruf Medienautor/in. München: kopaed

Gunter, Barrie/Furnham, Adrian (1986): Sex and personality differences in recall of violent and non-violent news from three presentation modalities. In: Personality and Individual Differences, 7. Jg., H. 6, S. 829–837

Gunter, Barrie/Furnham, Adrian/Leese, J. (1986): Memory for information from a party political broadcast as a function of the channel of communication. In: Social Behaviour, 1. Jg., H. 2, S. 135–142

Gupta, Prem Lata (2012): Das Nicht-Fassbare erfahrbar machen. Interview mit Sander Münster. http://checkpoint-elearning.de/article/10856.html [02.05.2015]

Gussenstätter, Astrid (2003): Internationales Monitoring. Lernkultur Kompetenzentwicklung: Lernen im Netz und mit Multimedia. Statusbericht 7. Schwerpunkt: Teletutoring. https://www.yumpu.com/de/document/view/23826979/7-statusbericht-bibb [05.05.2015]

Gutknecht-Gmeiner, Maria/Neugschwentner, Martina (2012): Mobile Lernbegleiter im Unterricht 2011–2012. Hg. v. IMPULSE – Evaluation und Organisationsberatung. Bundesministerium für Unterricht, Kunst und Kultur. Wien

Haas, Franz (2010): Neue Möglichkeiten der Mediendidaktik durch 3D-Druckverfahren. In: Malisa, Viktoria (Hg.): AALE 2010, 10./11. Feb. 2010, Wien. 7. Fachkolloquium für Angewandte Automatisierung in der Lehre und Forschung an Fachhochschulen, S. 93–98 http://www.zcorp.com/documents/1040_M%C3%B6glichkeiten%20der%20Mediendidaktik%20durch%203D-Drucker%20KISTERS%20AG.pdf [03.05.2015]

Haber, Peter (2007): Wikipedia: zitieren oder nicht zitieren? http://weblog.histnet.ch/archives/753 [05.05.2015]

Häcker, Thomas (2005): Das Portfolio als Instrument der Kompetenzdarstellung und reflexiven Lernprozesssteuerung. In: bwp@ Berufs- und Wirtschaftspädagogik – online, Ausgabe 8. http://www.bwpat.de/ausgabe8/txt/haecker_bwpat8-txt.htm [03.03.2011]

Häcker, Thomas (2011): Portfolio revisited – über Grenzen und Möglichkeiten eines viel versprechenden Konzepts. In: Meyer, Torsten/Mayrberger, Kerstin/Münte-Goussar, Stephan/Schwabe, Christina (Hg.): Kontrolle und Selbstkontrolle – Zur Ambivalenz von E-Portfolios in Bildungsprozessen. Wiesbaden: VS Verlag für Sozialwissenschaften, S. 161–183

Hagenhoff, Svenja/Schuhmann, Matthias/Schellhase, Jörg (2001): Lernplattformen auswählen. In: Hohenstein, Andreas/Wilbers, Karl (Hg.): Handbuch E-Learning. Expertenwissen aus Wissenschaft und Praxis. Köln: Deutscher Wirtschaftsdienst (Loseblattsammlung, Grundwerk 2001), Beitrag 5.1, S. 1–21

Hahne, Klaus (2003): Für ein anwendungsbezogenes Verständnis von E-Learning. E-Learning zwischen formellen Kursangeboten und Unterstützung des Erfahrungslernens in der Arbeit. In: BWP Berufsbildung in Wissenschaft und Praxis, 32. Jg., H. 4, S. 35–39

Hampel, Thorsten (2007): Social Tagging. Expertenchat mit Prof. Dr. Thorsten Hampel am 30.11.2007. https://www.e-teaching.org/community/communityevents/expertenchat/social_tagging_30112007 [05.05.2015]

Handke, Jürgen (2015): Handbuch Hochschullehre Digital. Leitfaden für eine moderne und mediengerechte Lehre. Marburg: Tectum

Handke, Jürgen/Sperl, Alexander (Hg.) (2012): Das Inverted Classroom Model. Begleitband zur ersten deutschen ICM Konferenz. Münster: Oldenbourg

Hänger, Christoph (2008): Good tags or bad tags? Tagging im Kontext der bibliothekarischen Wissenserschließung. In: Gaiser, Birgit/Hampel, Thorsten/Panke, Stefanie (Hg.): Good Tags – Bad Tags. Social Tagging in der Wissensorganisation. Münster: Waxmann, S. 63–71

Hansch, Anna/Hillers, Lisa/McConachie, Katherine/Newman, Christopher/Schildhauer, Thomas/Schmidt, J. Philipp (2015): Video and Online Learning: Critical Reflections and Findings from the Field. HIIG Discussion Paper Series No. 2015-02. https://papers.ssrn.com/sol3/papers.cfm?abstract_id=2577882## [13.08.2017]

Hansen, Kristin/Gruber, Hans (2009): Erwachsenenbildung – Konzepte, Methoden und Perspektiven. In: Henninger, Michael/Mandl, Heinz (Hg.): Handbuch Medien- und Bildungsmanagement. Weinheim, Basel: Beltz, S. 41–54

Häntschel-Erhart, Irene (2008): Podcasting. In: Back, Andrea/Gronau, Norbert/Tochtermann, Klaus (Hg.) (2008): Web 2.0 in der Unternehmenspraxis. Grundlagen, Fallstudien und Trends zum Einsatz von Social Software. München: Oldenbourg, S. 51–56

Hardenberg, Cornelia von (2001): Qualitätsmanagement in sozialen Organisationen. In: Kreuzhage, Stephanie (Hg.): Praxishandbuch Sozialmanagement. Soziales Engagement professionell managen. Bonn: VNR Verlag für die Deutsche Wirtschaft, Beitrag Q29

Hardt, Katharina/Marx, Christopher (2015): Online-Studienwahl-Assistenten als virtuelle Übergangsberatung. In: Arnold, Rolf/Wolf, Konrad/Wanken, Simone (Hg.): Offene und Kompetenzorientierte Hochschule. Baltmannsweiler: Schneider Verlag Hohengehren, S. 269–282

Harke, Dietrich (2001): Von der Lernproblemdiagnose zur Lernberatung. Ansätze zur Förderung des Lernens in der Weiterbildung. Bönen: Verlag für Schule und Weiterbildung

Harke, Dietrich (2003): Lernförderung durch Lernberatung: Materialien. Bönen: Verlag für Schule und Weiterbildung

Harney, Klaus (2000): Zwischen Arbeit und Organisation. In: Grundlagen der Weiterbildung, 11. Jg., H. 6, S. 285–288

Harrer, Andreas/Lohmann, Steffen (2008): Potenziale von Tagging als partizipative Methode für Lehrportale und E-Learning-Kurse. In: Gaiser, Birgit/Hampel, Thorsten/Panke, Stefanie (Hg.): Good Tags – Bad Tags. Social Tagging in der Wissensorganisation. Münster: Waxmann, S. 63–71

Härta, René (2002): Didaktisches Design multimedialer Lern- und Arbeitsumgebungen. Hamburg: Dr. Kovac

Hartmann, Thomas (2014): Urheberrecht in der Bildungspraxis. Leitfaden für Lehrende und Bildungseinrichtungen. Bielefeld: W. Bertelsmann

Hartwig, Ronald (2007): Ergonomie interaktiver Lernmedien: Kriterien und Entwicklungsprozesse für E-Learning-Systeme. Hg. von Herczeg, Michael. München: Oldenbourg

Hartwig, Ronald/Triebe, Johannes/Herczeg, Michael (2002a): Ergonomie-Handbuch zur Gestaltung virtueller Lerneinheiten – Version 1.0.4. Universität zu Lübeck – Institut für Multimediale und Interaktive Systeme. http://www.imis.uni-luebeck.de/publikationen/ergohandbuch104.pdf [05.05.2015]

Hartwig, Ronald/Triebe, Johannes/Herczeg, Michael (2002b): Software-ergonomische Evaluation im Kontext der Entwicklung multimedialer Lernmodule für die virtuelle Lehre. In: Herczeg, Michael/Prinz, Wolfgang/Oberquelle, Horst (Hg.): Mensch & Computer 2002. Vom interaktiven Werkzeug zu kooperativen Arbeits- und Lernwelten. Stuttgart: B. G. Teubner, S. 313–322

Hartwig, Ronald/Triebe, Johannes/Herczeg, Michael (2002c): Styleguide – Richtlinien zur Qualitätssicherung bei der Realisierung von Studienmodulen im Projekt VFH. Universität zu Lübeck – Institut für Multimediale und Interaktive Systeme. http://www.imis.uni-luebeck.de/publikationen/vfhsg1.1.1.public.pdf [05.05.2015]

Hasebrook, Joachim (1995): Multimedia-Psychologie. Eine neue Perspektive menschlicher Kommunikation. Heidelberg: Spektrum

Hattie, John (2013): Lernen sichtbar machen. Baltmannsweiler: Schneider

Haubner, Dominik/Brüstle, Peter/Schinzel, Britta/Remmele, Bernd/Schirmer, Dominique/Holthaus, Matthias/Reips, Ulf-Dietrich (2009): E-Learning und Geschlechterdifferenzen? Zwischen Selbsteinschätzung, Nutzungsnötigung und Diskurs. In: Apostulopoulos, Nicolas/Hoffmann, Harriet/Mansmann, Veronika/Schwill, Andreas (Hg.): E-Learning 2009. Lernen im digitalen Zeitalter. Münster: Waxmann, S. 41–50

Haug, Frigga (1981): Erfahrungen in die Krise führen – oder: Wozu brauchen die Lernenden die Lehrer? In: Die Wertfrage in der Erziehung. Argument Sonderband AS 58. Berlin: Argument, S. 67–77

Haug, Simone (2009): Studierende als Medienakteure. E-Learning-Aktivitäten zur Kompetenzentwicklung. https://www.e-teaching.org/projekt/personal/medienkompetenz/Haug_Medienakteure.pdf [05.05.2015]

Haug, Simone/Wedekind, Joachim (2009): „Adresse nicht gefunden" – Auf den digitalen Spuren der E-Teaching-Förderprojekte. In: Dittler, Ullrich/Krameritsch, Jakob/Nistor, Nicolae/Schwarz, Christine/Thillosen, Anne (Hg.): E-Learning: Eine Zwischenbilanz. Kritischer Rückblick als Basis eines Aufbruchs. Münster: Waxmann, S. 19–37

Haug, Simone/Wedekind, Joachim (2013): cMOOC – ein alternatives Lehr-/Lernszenarium? In: Schulmeister, Rolf (Hg.): MOOCs – Massive Open Online Courses: Offene Bildung oder Geschäftsmodell? Münster: Waxmann, S. 161–206. http://www.waxmann.com/fileadmin/media/zusatztexte/2960Volltext.pdf [31.03.2015]

Hausmann, Beate (1999): Das Aufgabenprofil von Online-ModeratorInnen. In: Bundesministerium für Bildung und Forschung (Hg.): Selbstgesteuertes Lernen. Dokumentation zum KAW-Kongreß in Königswinter vom 4.-6. November 1998. Bonn: Bundesministerium für Bildung und Forschung, S. 209–215

Heckmann, Dirk (2009): juris Praxiskommentar Internetrecht (2. Aufl.). http://www.juris.de [10.12.2012]

Heckmann, Dirk (2010): Schutzlos ausgeliefert? Rufschädigung im Web 2.0. In: Forschung & Lehre, 17. Jg., H. 8, S. 590–591

Heckmann, Dirk (2011): juris Praxiskommentar Internetrecht – Telemediengesetz, E-Commerce, E-Government (3. Aufl.). http://www.juris.de [01.06.2012]

Hegner, Markus (2003): Methoden zur Evaluation von Software. Arbeitsbericht Nr. 29 des Informationszentrums Sozialwissenschaften der Arbeitsgemeinschaft Sozialwissenschaftlicher Institute e. V. (ASI). Bonn: Informationszentrum Sozialwissenschaften

Heidemann, Winfried/Koch, Johannes/Zumbeck, Christine (2012): Weiterbildung im Betrieb mit E-Learning, Web 2.0, Mikrolernen und Wissensmanagement. Düsseldorf: Hans Böckler Stiftung

Heidenreich, Susanne (2009): Pädagogische Anforderungen an das Lernhandeln im E-Learning. Dimensionen von Selbstlernkompetenz. Hamburg: Dr. Kovac

Held, Christoph/Cress, Ulrike (2008): Social Tagging aus kognitionspsychologischer Sicht. In: Gaiser, Birgit/Hampel, Thorsten/Panke, Stefanie (Hg.): Good Tags – Bad Tags. Social Tagging in der Wissensorganisation. Münster: Waxmann, S. 37–49

Held, Christoph/Kimmerle, Joachim/Cress, Ulrike (2012): Learning by foraging: The impact of individual knowledge and social tags on web navigation processes. Computers in Human Behavior, 28, S. 34–40

Held, Josef (2015a): Orientierung. In: Allespach, Martin/Held, Josef (Hg.): Handbuch Subjektwissenschaft. Ein emanzipatorischer Ansatz in Forschung und Praxis. Frankfurt/Main: Bund, S. 99–117

Held, Josef (2015b): Der Lernbegriff von Klaus Holzkamp. In: Allespach, Martin/Held, Josef (Hg.): Handbuch Subjektwissenschaft. Ein emanzipatorischer Ansatz in Forschung und Praxis. Frankfurt/Main: Bund, S. 118–123

Held, Josef (2015c): Praxisforschung und Evaluation. In: Allespach, Martin/Held, Josef (Hg.): Handbuch Subjektwissenschaft. Ein emanzipatorischer Ansatz in Forschung und Praxis. Frankfurt/Main: Bund, S. 185–202

Held, Josef (2015d): Jugendforschung. In: Allespach, Martin/Held, Josef (Hg.): Handbuch Subjektwissenschaft. Ein emanzipatorischer Ansatz in Forschung und Praxis. Frankfurt/Main: Bund-Verlag, S. 236–257

Hellbusch, Jan/Probiesch, Kerstin (2011): Barrierefreiheit verstehen und umsetzen – Webstandards für ein zugängliches und nutzbares Internet. Heidelberg: DPunkt Verlag

Helmke, Andreas (2003): Unterrichtsqualität erfassen, bewerten, verbessern. Seelze: Kallmeyer

Hemsing-Graf, Sabine (2003): Technisches Know-how – Anforderungen an Anbieter und Nachfrager von Online-Seminaren. In: Apel, Heino/Kraft, Susanne (Hg.): Online lehren. Planung und Gestaltung netzbasierter Weiterbildung. Bielefeld: W. Bertelsmann, S. 205–218

Henning, Peter A. (2017): Informatik als Kulturtechnologie? Kompetenz im Cyperspace. In: L. A. multimedia, Magazin für Didaktik und digitale Medien, H. 1, S. 6–9

Henninger, Michael (2008): Qualitätsmanagement am Beispiel von Hochschulen. In: Henninger, Michael/Mandl, Heinz (Hg.): Handbuch Medien- und Bildungsmanagement. Weinheim, Basel: Beltz, S. 406–417

Hense, Jan U./Mandl, Heinz (2009): Bildung im Zeitalter digitaler Medien – Zur wechselseitigen Verflechtung von Bildung und Technologien. In: Henninger, Michael/Mandl, Heinz (Hg.): Handbuch Medien- und Bildungsmanagement. Weinheim, Basel: Beltz, S. 22–40

Hense, Jan U./Mandl, Heinz (2010): Selbstevaluation als Ansatz der Qualitätsverbesserung von E-Learning-Angeboten. In: Lehmann, Burkhard/Bloh, Egon (Hg.): Online-Pädagogik. Band 4: Qualität und Evaluation. Baltmannsweiler: Schneider, S. 196–215

Hensge, Kathrin/Schlottau, Walter (2001): Lehren und Lernen im Internet. Organisation und Gestaltung virtueller Zentren. Bielefeld: W. Bertelsmann

Herger, Mario (2014): Gamification in Human Resources (Enterprise Gamification, Volume 3). CreateSpace Independent Publishing Platform

Herold, Gabriele (2003): Wege aus der Unselbstständigkeit – Selbstevaluation als Instrument, die erlernte Unselbstständigkeit zu verlernen. In: Elster, Frank/Dippl, Zorana/Zimmer, Gerhard (Hg.): Wer bestimmt den Lernerfolg? Leistungsbeurteilung in projektorientierten Lernarrangements. Bielefeld: W. Bertelsmann, S. 95–112

Herczeg, Michael (2009): Software-Ergonomie. Theorien, Modelle und Kriterien für gebrauchstaugliche interaktive Computersysteme. München: Oldenbourg (3. Aufl.)

Hesse, Friedrich W./Garsoffky, Bärbel/Hron, Aemilian (2002): Netzbasiertes kooperatives Lernen. In: Issing, Ludwig J./Klimsa, Paul (Hg.): Information und Lernen mit Multimedia und Internet. Lehrbuch für Studium und Praxis. Weinheim: Beltz PVU (3., vollst. überarb. Aufl.), S. 283–298

Hettrich, Alexander/Koroleva, Natascha (2003): Marktstudie Learning Management Systeme (LMS) und Learning Content Management Systeme (LCMS). Fokus deutscher Markt. Stuttgart: Fraunhofer-Institut für Arbeitswissenschaft und Organisation (IAO)

Heyse, Volker (2010): Verfahren zur Kompetenzermittlung und Kompetenentwicklung. KODE im Praxistest. In: Heyse, Volker/Erpenbeck, John/Ortmann, Stefan (Hg.): Grundstrukturen menschlicher Kompetenzen. Praxiserprobte Konzepte und Instrumente. Münster: Waxmann (Kompetenzmanagement in der Praxis, Bd. 5), S. 55–174

Himpsl, Klaus/Baumgartner, Peter (2009): Evaluation von E-Portfolio-Software – Teil III des BMWF-Abschlussberichts „E-Portfolio an Hochschulen". Department für Interaktive Medien und Bildungstechnologien, Donau Universität Krems (Österreich)

Himpsl-Gutermann, Klaus/Bauer, Reinhard (2011): Kaleidoskope des Lernens: E-Portfolios in der Aus- und Weiterbildung von (österreichischen) LehrerInnen. In: zeitschrift für e-learning, 6. Jg., H. 3, S. 20–36

Hinze, Udo (2004a): Computergestütztes kooperatives Lernen. Einführung in Technik, Pädagogik und Organisation des CSCL. Münster: Waxmann

Hinze, Udo (2004b): Kooperatives E-Learning. https://www.e-teaching.org/lehrszenarien/seminar/Gruppenarbeit/koop_e-learning.pdf [05.05.2015]

Hinze, Udo/Blakowski, Gerold (2002): Anforderungen an die Betreuung im Onlinelernen: Ergebnisse einer qualitativen Inhaltsanalyse im Rahmen der VFH. In: Bachmann, Gudrun/Haefeli, Odette/Kindt, Michael (Hg.): Campus 2002: Die virtuelle Hochschule in der Konsolidierungsphase. Münster: Waxmann (Medien in der Wissenschaft, Bd. 18), S. 323–333

Hodel, Jan (2007): Programm eines Werkstattgesprächs zum Thema: Wikipedia in den Wissenschaften. Zur Praxis und Theorie eines aktuellen Phänomens. http://wiki.histnet.ch/Werkstattgespr%C3%A4ch [05.05.2015]

Hodel, Jan/Haber, Peter (2007): Das kollaborative Schreiben von Geschichte als Lernprozess. Eigenheiten und Potential von Wiki-Systemen und Wikipedia. In: Merkt, Marianne/Mayrberger, Kerstin/Schulmeister, Rolf/Sommer, Angela/van den Berk, Ivo (Hg.): Studieren neu erfinden – Hochschule neu denken. Münster: Waxmann, S. 43–53

Hoechstetter, Karsten (2014): Just-in-Time Teaching: Vorbereitete Studierende, maßgeschneiderte Lehre – geht das? In: Tagungsband zum 1. HD-MINT Symposium, 7./8. November 2013; Nürnberg, S. 80–88. http://www.qualitaetspakt-lehre.de/_media/2013-11-28_HDMINT_2013_Tagungsband_inkl.ISSN.pdf [30.08.2014]

Hoeren, Thomas (2011a): Kleine Werke? – Zur Reichweite von § 52a UrhG. In: ZUM 5/2011 http://www.uni-muenster.de/Jura.itm/hoeren/INHALTE/publikationen/hoeren_veroeffentlichungen/KleineWerke.pdf [05.05.2015]

Hoeren, Thomas (2011b): Innovationsverantwortung und Haftung im Internet, S. 123–145. http://www.uni-muenster.de/Jura.itm/hoeren/INHALTE/publikationen/hoeren_veroeffentlichungen/Innovationsverantwortung_und_Haftung_im_Internet.pdf [05.05.2012]

Hoeren, Thomas (2012): Was bleibt vom Urheberrecht im Zeitalter von Filesharing und Facebook? In: EuZ 2012, Nr. 1, S. 2–9. http://www.uni-muenster.de/Jura.itm/hoeren/veroeffentlichungen/hoeren_veroeffentlichungen/Urheberrecht_im_Zeitalter_von_Filesharing_und_Facebook.pdf [05.05.2015]

Hoeren, Thomas (2014): Internetrecht. Stand: April 2014. http://www.uni-muenster.de/Jura.itm/hoeren/itm/wp-content/uploads/Skript-Internetrecht-April-2014.pdf [02.09.2014]

Hoeren, Thomas/Giurgiu, Andra (2012): Der Datenschutz in Europa nach der neuen Datenschutz-Grundverordnung. In: NWB Steuer- und Wirtschaftsrecht 19/2012, S. 1599–1607. http://www.uni-muenster.de/Jura.itm/hoeren/veroeffentlichungen/hoeren_veroeffentlichungen/Der_Datenschutz_in_europa.pdf [05.05.2015]

Höffler, Tim N./Leutner, Detlev (2007): Instructional animation versus static pictures: A meta-analysis. In: Learning and Instruction, H. 17, S. 722–738

Höffner, Eckhard (2012): Wie erwirbt der Mensch Wissen, wie wendet er es an und wie behandelt das Recht diesen Vorgang? http://irights.info/artikel/wie-erwirbt-der-mensch-wissen-wie-wendet-er-es-an-und-wie-behandelt-das-recht-diesen-vorgang/7196 [05.05.2015]

Hofhues, Sandra/Bianco, Tamara (2009): Podcasts als Motor partizipativer Hochschulentwicklung: Der Augsburger KaffePod. In: Apostulopoulos, Nicos/Hoffmann, Harriet/Mansmann, Veronika/Schwill, Andreas (Hg.): E-Learning 2009. Lernen im digitalen Zeitalter. Münster: Waxmann, S. 235–245

Hofhues, Sandra/Reinmann, Gabi/Wagensommer, Viktoria (2008): w.e.b.Square – ein Modell zwischen Studium und freier Bildungsressource. In: Zauchner, Sabine/Baumgartner, Peter/Blaschitz, Edith/Weissenbäck, Andreas (Hg.): Offener Bildungsraum Hochschule. Freiheiten und Notwendigkeiten. Münster: Waxmann, S. 28–38

Hofmann, Jeanette (1998): „Let A Thousand Proposals Bloom" – Mailinglisten als Forschungsquelle. In: Batinic, Bernad/Werner, Andreas/Gräf, Lorenz/Bandilla, Wolfgang (Hg.): Online Research. Methoden, Anwendungen und Ergebnisse. Göttingen: Hogrefe, S. 179–199

Hohenstein, Andreas/Wilbers, Karl (Hg.) (2001): Handbuch E-Learning. Köln: Deutscher Wirtschaftsdienst (Loseblattsammlung)

Holmberg, Börje/Schuemer, Rudolf (1997): Lernen im Fernstudium. In: Weinert, Franz E./Mandl, Heinz (Hg.): Enzyklopädie der Psychologie. Göttingen: Hogrefe, S. 507–566

Holzinger, Andreas (2001): Interoperabilität und Metadaten. http://user.medunigraz.at/andreas.holzinger/holzinger%20de/papers%20de/G22%20bis%20G24%20Holzinger%20(2002)%20Metadaten%20CK.pdf [05.05.2015]

Holzkamp, Klaus (1983): Grundlegung der Psychologie. Frankfurt/Main: Campus

Holzkamp, Klaus (1993): Lernen. Subjektwissenschaftliche Grundlegung. Frankfurt/Main: Campus

Honold, Pia (2000): Interkulturelles Usability Engineering. Eine Untersuchung zu kulturellen Einflüssen auf die Gestaltung und Nutzung technischer Produkte. Düsseldorf: Verein Deutscher Ingenieure (VDI)

Hoogerheide, Vincent/Loyens, Sofie/van Gog, Tamara (2014): Effects of creating video-based modeling examples on learning and transfer. In: Learning and Instruction, Vol. 33, S. 108–119

Horizon (2015) = NMC Horizon Report: 2015 Higher Education Edition (Hochschulausgabe) http://www.mmkh.de/fileadmin/dokumente/publikationen/2015-nmc-horizon-report-he-De.pdf [22.05.2015]

Horizon (2017) = NMC Horizon Report: 2017 Higher Education Edition. http://www.nmc.org/publication/nmc-horizon-report-2017-higher-education-edition-de/ [15.09.2017]

Hornung-Prähauser, Veronika/Geser, Guntram/Hilzensauer, Wolf/Schaffert, Sandra (2007): Didaktische, organisatorische und technologische Grundlagen von E-Portfolios und Analyse internationaler Beispiele und Erfahrungen mit E-Portfolio-Implementierungen an Hochschulen. Salzburg Research Center (Österreich). http://www.fnm-austria.at/fileadmin/user_upload/documents/Abgeschlossene_Projekte/fnm-austria_ePortfolio_Studie_SRFG.pdf [05.05.2015]

Horvath, Eva (2009): Was macht E-Learning erfolgreich? Erfassung und Förderung von E-Lehrkompetenz für die Hochschullehre. https://www.e-teaching.org/etresources/pdf/erfahrungsbericht_2009_horvath_was-macht-e-learning-erfolgreich.pdf [05.05.2015]

Howe, Falk/Knutzen, Sönke (2005a): E-Learning in der Berufsvorbereitung. Arbeitsprozessorientierte softwaregestützte Lehr-Lern-Arrangements für benachteiligte Jugendliche am Beispiel des Elektroschrott- und Kfz-Recyclings. Göttingen: Cuvillier

Howe, Falk/Knutzen, Sönke (2005b): Die Kompetenzwerkst@tt. Ein berufswissenschaftliches E-Learning-Konzept. Göttingen: Cuvillier

Howe, Falk/Knutzen, Sönke (2007): Die Kompetenzwerkst@tt. Ein berufswissenschaftliches E-Learning-Konzept. Göttingen: Cuvillier

Howe, Falk/Knutzen, Sönke (2013): Digitale Medien in der gewerblich-technischen Berufsausbildung. Einsatzmöglichkeiten digitaler Medien in Lern- und Arbeitsaufgaben. Bonn: Bundesinstitut für Berufsbildung, foraus.de Forum für AusbilderInnen

HRK (2003) = Hochschulrektorenkonferenz: Zum Einsatz der Neuen Medien in der Hochschullehre. Entschließung des 199. Plenums vom 17./18.02.2003. http://www.hrk.de/uploads/tx_szconvention/Neue_Medien_04.pdf [05.05.2015]

HRK (2014) = Hochschulrektorenkonferenz: Potenziale und Probleme von MOOCs. Eine Einordnung im Kontext der digitalen Lehre. Beiträge zur Hochschulpolitik 2, 2014. http://www.hrk.de/uploads/media/2014-07-17_Endversion_MOOCs.pdf [30.03.2015]

Huber, Ludwig (2007): Forschendes Lernen. 10 Thesen zum Verhältnis von Forschung und Lehre aus der Perspektive des Studiums. Die Hochschule, H. 2, S. 29–49

Hug, Theo/Lindner, Martin (2006) (Hg.): Micromedia & e-Learning 2.0: Gaining the Big Picture. Proceedings of Microlearning Conference 2006. Innsbruck (Österreich): Innsbruck Univ. Press

Huizinga, Johan (2009; holl. Originalausgabe 1939): Homo ludens. Vom Ursprung der Kultur im Spiel. Reinbek: Rowohlt

Huwendieck, Sören/Hanebeck, Benjamin/Bosse, Hans-Martin/Haag, Martin/Hoffmann, Georg F./Tönshoff, Burkhard (2009): Lernen und Prüfen mit virtuellen Patienten am Zentrum für Kinder- und Jugendmedizin des Universitätsklinikums Heidelberg. Ergebnisse der Evaluation im Rahmen des E-Learning-Preises Baden-Württemberg 2007 (DOI: 10.3205/mibe000089). http://www.egms.de/static/en/journals/mibe/2009-5/mibe000089.shtml [02.02.2015]

Inclusion Europe (2009) (Hg.): Informationen für alle. Europäische Regeln, wie man Informationen leicht lesbar und leicht verständlich macht. Brüssel: Inclusion Europe. http://www.inclusion-europe.org/LLL/documents/DE-Information%20for%20all.pdf [05.05.2015]

Iost, Oliver/Iost, Karin (2014): Online-Self-Assessments. Verzeichnis von Selbsttests zur Studienorientierung. http://www.studis-online.de/StudInfo/selbsttests.php [26.11.2014]

Issing, Ludwig J. (2002): Instruktions-Design für Multimedia. In: Issing, Ludwig J./Klimsa, Paul (Hg.): Information und Lernen mit Multimedia und Internet. Lehrbuch für Studium und Praxis. Weinheim: Beltz PVU (3., vollst. überarb. Aufl.), S. 151–176

Issing, Ludwig J./Klimsa, Paul (2002) (Hg.): Information und Lernen mit Multimedia und Internet. Lehrbuch für Studium und Praxis. Weinheim: Beltz PVU (3., vollst. überarb. Aufl.)

ISW (o. J.) = Institut für Strukturpolitik und Wirtschaftsförderung Halle-Leipzig: Was oder wer ist ein Teletutor? http://www.isw-online.org/infosys/ [23.03.2004]

Ivanišin, Marko (2017): Evaluierung von Allgemeinen Multimediaprodukten (AMP). Qualitätsanforderungen und Qualitätskriterien. In: Bauer, Thomas A./Mikuszeit, Bernd H. (Hg.): Lehren und Lernen mit Bildungsmedien. Grundlagen – Projekte – Perspektiven – Praxis. Frankfurt am Main: Peter Lang, S. 343–351

Ivanišin, Marko/Hauptman, Simon (2017): Evaluierung von Lehr- und Lernmanagmentsystemen (LMS). Qualitätsanforderungen und Qualitätskriterien. In: Bauer, Thomas A./Mikuszeit, Bernd H. (Hg.): Lehren und Lernen mit Bildungsmedien. Grundlagen – Projekte – Perspektiven – Praxis. Frankfurt am Main: Peter Lang, S. 367–377

Jakobs, Kai (2000): Standardization Processes in IT. Impact, Problems and Benefits of User Participation. Braunschweig: Vieweg & Sohn

Jechle, Thomas (2001a): Merkmale und Elemente des Telelernens. 1. Studienbrief des Online-Kurses „Tele-Tutor-Training" der Teleakademie Furtwangen (unveröffentlichtes Manuskript)

Jechle, Thomas (2001b): Formen des Telelernens. 2. Studienbrief des Online-Kurses „Tele-Tutor-Training" der Teleakademie Furtwangen (unveröffentlichtes Manuskript)

Jelitto, Marc (2004): Digitale Medien in der Hochschullehre: Gender Mainstreaming & Evaluation. Forschungsbericht des Fachbereichs Elektrotechnik. FernUniversität in Hagen (2., überarb. u. erg. Aufl.). http://www.fernuni-hagen.de/imperia/md/content/fakultaetfuermathematikundinformatik/forschung/berichteetit/forschungsbericht_1_2003.pdf [30.05.2015]

JISC (2007) = Joint Information Systems Committee: Effective Practice with e-Assessment. An overview of technologies, policies and practice in further and higher education. http://www.webarchive.org.uk/wayback/archive/20140615085433/, http://www.jisc.ac.uk/media/documents/themes/elearning/effpraceassess.pdf [05.05.2015]

Johannes Gutenberg Universität Mainz (2011): Unterschiedliche Lesegeräte, unterschiedliches Lesen? Forschungsschwerpunkt Medienkonvergenz legt weltweit einmalige Lesestudie mit neurowissenschaftlichen Ergebnissen zum Lesen auf E-Readern vor. http://www.uni-mainz.de/presse/48646.php [05.05.2015]

Johannes Gutenberg Universität Mainz (2012): Ein Mann macht Lust auf lästige Lehre. http://www.magazin.uni-mainz.de/560_DEU_HTML.php [23.11.2014]

Johns, Henry (2001): Qualitätsmanagement im Kooperationsverbund „Hochschulen für Gesundheit". In: Wagner, Erwin/Kindt, Michael (Hg.): Virtueller Campus. Szenarien, Strategien, Studium. Münster: Waxmann (Medien in der Wissenschaft, Bd. 14), S. 285–292

Johnson, Laurence/Adams, Samantha/Cummins, Michele (2012): The NMC Horizon Report: 2012 Higher Education Edition. Austin, Texas: The New Media Consortium. Deutsche Übersetzung Helga Bechmann. http://www.mmkh.de/upload/dokumente/2012HorizonReport_German_final.pdf [05.05.2015]

Johnson, Laurence/Adams Becker, Samantha/Estrada, Victoria/Freeman, Alex (2014): Der NMC Horizon Report: 2014 Higher Education Edition. Austin, Texas: The New Media Consortium. Deutsche Übersetzung Helga Bechmann. http://www.mmkh.de/filead min/dokumente/Publikationen/2014-Horizon-Report-HE_German.pdf [05.05.2015]

Johnson, Laurence F./Smith, Rachel S. (2006): The 2006 Horizon Report. Austin, Texas: The New Media Consortium. http://www.nmc.org/pdf/2006_Horizon_Report.pdf [12.08.2014]

Johnson, Laurence F./Smith, Rachel S./Willis, Holly/Levine, Alan/Haywood, Keene (2011): The 2011 Horizon Report. Austin, Texas: The New Media Consortium. Deutsche Übersetzung Helga Bechmann. http://www.mmkh.de/fileadmin/dokumente/Publikationen/2011-Horizon-Report_German.pdf [05.05.2015]

Jordan, Katy (2013): MOOC completion rates: The data. http://www.katyjordan.com/MOOCproject [23.01.2015]

Jumpertz, Sylvia (2007): Global genormte Trainingsqualität. Die neue ISO/IEC 19796-1. In: ManagerSeminare, H. 2, S. 46–50

Junker, Elmar/Schäfle, Claudia/Stanzel, Silke (2016): JiTT und PI im stürmischen Physikalltag: Warum, wie, weshalb? Ein Erlebnisbericht aus Sicht der Dozierenden. In: DiNa Sonderausgabe 12/2016. http://www.fh-rosenheim.de/fileadmin/user_upload/Fakultaeten_und_Abteilungen/Fakultaet_ANG/Didaktik/Pro-Aktjv/___2016-12_HDMINT_DiNaSondernummer_1s_JITT-PI-im-Alltag_Junker-Schaefle-Stanzel_V3.3-final.pdf [13.08.2017]

Kaliva, Elisabeth (2009): Personal Learning Environments in der Hochschullehre. Boizenburg: Werner Hülsbusch

Karpa, Dietrich/Eickelmann, Birgit/Grafe, Silke (2013) (Hg.): Digitale Medien und Schule. Zur Rolle digitaler Medien in Schulpädagogik und Lehrerbildung. Reihe: Theorie und Praxis der Schulpädagogik, Bd. 19. Immenhausen bei Kassel: Prolog

Katzlinger, Elisabeth (2011): Online-Tutoring. In: Klimsa, Paul/Issing, Ludwig J. (Hg.): Online-Lernen. Handbuch für Wissenschaft und Praxis. München: Oldenbourg (2., verbesserte u. ergänzte Aufl.), S. 243–254

Kaube, Jürgen (2014): Droht Wissenschaftlern der Zwang zum Selbstverlag? Der Gesetzentwurf für Baden-Württembergs Hochschulen will die Wissenschaftler zu Open Access zwingen. Das wirft aber nicht nur neue grundrechtliche Fragen auf. In: Frankfurter Allgemeine Zeitung, 05.02.2014, S. N5

Kawalek, Jürgen (1997): Unterricht am Bildschirm. Der Einsatz von Videokonferenzen in EDV-Schulungen. Frankfurt/Main: Peter Lang

Kemsies, Ronald/Strasser, Thomas (2014): „Heavy Clouds, but no rain!" Cloud trifft Schulserver. L.A. multimedia, Magazin für Didaktik und digitale Medien, H.3, S. 6–9

Kennedy, James/Baxter, Paul/Senft, Emmanuel/Belpaeme Tony (2016): Social Robot Tutoring for Child Second Language Learning. In: Proceedings of the 11th Annual ACM/IEEE International Conference on Human-Robot Interaction (HRI'16). S. 231–238. http://www.tech.plym.ac.uk/SoCCE/CRNS/staff/JKennedy/publications/KennedyEtAl2016HRIFull.pdf [13.08.2017]

Kerres, Michael (1998): Multimediale und telemediale Lernumgebungen. Konzeption und Entwicklung. München: Oldenbourg

Kerres, Michael (2001a): Multimediale und telemediale Lernumgebungen. Konzeption und Entwicklung. München: Oldenbourg (2., vollst. überarb. Aufl.)

Kerres, Michael (2001b): Online- und Präsenzelemente in Lernarrangements kombinieren. In: Hohenstein, Andreas/Wilbers, Karl (Hg.): Handbuch E-Learning. Expertenwissen aus Wissenschaft und Praxis. Köln: Deutscher Wirtschaftsdienst (Loseblattsammlung, Grundwerk 2001), Beitrag 4.5, S. 1–19

Kerres, Michael (2001c): Von der Pionierleistung in den Alltag. Nachhaltige Implementierung mediengestützter Lehre. In: Wissenschaftsmanagement – Zeitschrift für Innovation, H. 5. Bonn: Lemmens, S. 17–20

Kerres, Michael (2002): Medien und Hochschule. Strategien zur Erneuerung der Hochschullehre. In: Issing, Ludwig J./Stärk, Gerhard (Hg.): Studieren mit Multimedia und Internet. Ende der traditionellen Hochschule oder Innovationsschub? Münster: Waxmann (Medien in der Wissenschaft, Bd. 16), S. 57–70

Kerres, Michael (2006): Potenziale von Web 2.0 nutzen. In: Hohenstein, Andreas/Wilbers, Karl (Hg.): Handbuch E-Learning. Köln: Deutscher Wirtschaftsdienst. Preprint 05.06.2006. http://mediendidaktik.uni-due.de/sites/default/files/web20-a_0.pdf [05.05.2015]

Kerres, Michael (2007): Strategische Kompetenzentwicklung und E-Learning an Hochschulen: Chancen für die Hochschulentwicklung. In: Baumgartner, Peter/Reinmann, Gabi (Hg.): Überwindung von Schranken durch E-Learning. Festschrift für Rolf Schulmeister. Innsbruck: Studienverlag

Kerres, Michael (2013): Mediendidaktik. Konzeption und Entwicklung mediengestützter Lernangebote. München: Oldenbourg (4. überarb. u. aktual. Aufl.)

Kerres, Michael/Bormann, Mark/Vervenne, Marcel (2009): Didaktische Konzeption von Serious Games: Zur Verknüpfung von Spiel und Lernangeboten. In: MedienPädagogik. Online-Zeitschrift für Theorie und Praxis der Medienbildung. http://www.medienpaed.com/Documents/medienpaed/2009/kerres0908.pdf [05.05.2015]

Kerres, Michael/de Witt, Claudia (2002): Quo vadis Mediendidaktik? Zur theoretischen Fundierung von Mediendidaktik. In: MedienPädagogik. Online-Zeitschrift für Theorie und Praxis der Medienbildung. http://www.medienpaed.com/Documents/medienpaed/6/kerres_dewitt1.pdf [05.05.2015]

Kerres, Michael/Jechle, Thomas (2000): Betreuung des mediengestützten Lernens in telemedialen Lernumgebungen. In: Unterrichtswissenschaft, 28. Jg., H. 3, S. 257–277, zitiert nach http://mediendidaktik.uni-due.de/sites/default/files/betreuung_1.pdf [05.05.2015]

Kerres, Michael/Jechle, Thomas (2002): Didaktische Konzeption des Tele-Lernens. In: Issing, Ludwig J./Klimsa, Paul (Hg.): Information und Lernen mit Multimedia und Internet. Lehrbuch für Studium und Praxis. Weinheim: Beltz PVU (3., vollst. überarb. Aufl.), S. 267–281

Kerres, Michael/Nübel, Ilke/Grabe, Wanda (2005): Gestaltung der Online-Betreuung für E-Learning. In: Euler, Dieter/Seufert, Sabine (Hg.): E-Learning in Hochschulen und Bildungszentren. München: Oldenbourg, S. 335–349

Kerres, Michael/Ojstersek, Nadine/Preussler, Annabell/Stratmann, Jörg (2009): E-Learning-Umgebungen in der Hochschule: Lehrplattformen und persönliche Lernumgebungen. In: Dittler, Ullrich/Krameritsch, Jakob/Nistor, Nicolae/Schwarz, Christine/Thillosen, Anne (Hg.): E-Learning: Eine Zwischenbilanz. Kritischer Rückblick als Basis eines Aufbruchs. Münster: Waxmann, S. 101–117

Ketterl, Markus/Jost, Beate/Leimbach, Thorsten/Budde, Reinhard (2016): „Open Roberta – a Web Based Approach Visually Program Real Educational Robots". In: Tidsskriftet Læring og Medier (LOM) der Staats- und Universitätsbibliothek – Aarhus, ISSN: 1903-248X. https://tidsskrift.dk/index.php/lom/article/view/22183/20134 [13.08.2017]

Kiedrowski, Joachim von (2001a): Lernplattformen für e-Learning Prozesse beruflicher Weiterbildungsträger. Bewertung und Auswahl mit Methoden des Total Quality Managements. Köln: Botermann und Botermann (Wirtschafts-, Berufs- und Sozialpädagogische Texte, Bd. 36)

Kiedrowski, Joachim von (2001b): Qualifizierungsmaßnahmen für Teletutoren – bedarfsorientierte Planung und Auswahl. In: Hohenstein, Andreas/Wilbers, Karl (Hg.): Handbuch E-Learning. Expertenwissen aus Wissenschaft und Praxis. Köln: Deutscher Wirtschaftsdienst (Loseblattsammlung, Grundwerk 2001), Beitrag 6.1, S. 1–18

Kiedrowski, Joachim von/Schaumann, Uwe (2000): Teledozenten-Schulung. Problematisierung, Konzeptualisierung, Operationalisierung. In: Esser, Friedrich H./Twardy, Martin/Wilbers, Karl (Hg.): E-Learning in der Berufsbildung. Telekommunikationsunterstützte Aus- und Weiterbildung im Handwerk, Markt Schwaben: Eusl, S. 343–369

Kilian, Lars (2010): „low tech – high experience". Podcasts als Lehr- und Lernmedium – Ein empirischer Erfahrungsbericht. http://lars-kilian.de/blog/wp-content/low-tech-%E2%80%93-high-experience.pdf [05.05.2015]

Kilian, Lars (2015): E-Portfolios als Instrument der Kompetenzorientierung und Qualitätsmanagement. In: Mörth, Anita/Pellert, Ada (Hg.): Handreichung Qualitätsmanagement in der wissenschaftlichen Weiterbildung. Qualitätsmanagementsysteme, Kompetenzorientierung und Evaluation. Handreichung der wissenschaftlichen Begleitung des Bund-Länder-Wettbewerbs „Aufstieg durch Bildung: offene Hochschulen". BMBF, S. 53–60. http://www.pedocs.de/volltexte/2017/12991/pdf/Handreichung_Qualitaetsmanagement_2015.pdf [18.8.2017]

Kilian, Lars (2017): Kriterien kompetenzorientierter didaktischer Ansätze – Eine erweiterte Fassung. In: Arnold, Rolf/Faber, Konrad/Lermen, Markus/Schmidt, Hans-Joachim (Hg.): Hochschulöffnung zwischen Kompetenzorientierung und Digitalisierung. Baltmannsweiler: Schneider Verlag Hohengehren (in Veröffentlichung)

Kilian, Lars/Neddermann, Walter (2014): Rahmenbedingungen für eine Kompetenzorientierung in der Hochschule nach Bologna. In: Arnold, Rolf/Wolf, Konrad (Hg.): Herausforderung: Kompetenzorientierte Hochschule. Grundlagen der Berufs- und Erwachsenenbildung, Bd. 78. Baltmannsweiler: Schneider, S. 233–260

Kimmerle, Joachim (2008): Partizipation an Wikis: motivationale und soziale Erklärungsansätze. In: Moskaliuk, Johannes (Hg.): Konstruktion und Kommunikation mit Wikis. Theorie und Praxis. Boizenburg: Werner Hülsbusch, S. 69–82

Kindt, Michael (1999) (Hg.): Projektevaluation in der Lehre. Multimedia an Hochschulen zeigt Profil(e). Münster: Waxmann

Kirst, Karl-Otto (2015): Mathematik ZUM Mitmachen. Interaktive Übungsseiten nutzen und selbst (mit)gestalten. In: L.A. multimedia, Magazin für Didaktik und digitale Medien, H. 1, S. 31–33

Klauer, Karl-Josef/Leutner, Detlev (2007): Lehren und Lernen. Einführung in die Instruktionspsychologie. Weinheim, Basel: Beltz

Klauser, Fritz/Schlicht, Juliana (2016): Vernetzung – Kernprozess und Resultat technologiegestützter Bildung, Gestaltungsaufgabe für Teletutoren – Best Practice. In: Schulz, Manuel/Griebenow, Beate/Neusius, Andrea/Vogeler, Claudia/Papenberg, Kerstin (Hg.): Fernausbildung schärft Perspektiven ... Technologiegestützte Bildung als Motor von Innovationsprozessen. Augsburg: Ziel-Verlag, S. 170–185

Klebl, Michael (2003): Markup mit Methode: Von der Educational Modeling Language EML zu IMS Learning Design. http://www1.ku-eichstaett.de/PPF/Arbeitswiss/lab004/modules.php?op=modload&name=Downloads&file=index&req=getit&lid=26 [12.04.2005]

Kleimann, Bernd (2009): Technologiedefizite technologiebasierter Lehre? Unzeitgemäße Betrachtungen zu E-Learning im Hochschulkontext. In: Dittler, Ullrich/Krameritsch, Jakob/Nistor, Nicolae/Schwarz, Christine/Thillosen, Anne (Hg.): E-Learning: Eine Zwischenbilanz. Kritischer Rückblick als Basis eines Aufbruchs. Münster: Waxmann, S. 71–89

Kleimann, Bernd/Özkilic, Murat/Göcks, Marc (2008): Studieren im Web 2.0. Studienbezogene Web- und E-Learning-Dienste. Hannover: HIS Hochschul-Informations-System (HISBUS-Kurzinformation Nr. 21)

Kleimann, Bernd/Schmid, Ulrich (2007): E-Readiness der deutschen Hochschulen – Ergebnisse einer Umfrage zum Stand von IT-Management und E-Learning. In: Keil, Reinhard/Kerres, Michael/Schulmeister, Rolf (Hg.): eUniversity – Update Bologna. Münster: Waxmann, S. 173–196

Kleimann, Bernd/Wannemacher, Klaus (2004): E-Learning an deutschen Hochschulen. Von der Projektentwicklung zur nachhaltigen Implementierung. Hannover: HIS-Hochschul-Informations-System (HIS Hochschulplanung, Bd. 165). http://www.his.de/pdf/pub_hp/hp165.pdf [05.05.2015]

Kleimann, Bernd/Wannemacher, Klaus (2005): E-Learning-Strategien deutscher Universitäten. Fallbeispiele aus der Hochschulpraxis. Hannover: HIS Hochschul-Informations-System (HIS-Kurzinformationen B 4), S. 1–98. http://www.his.de/pdf/pub_kib/kib200504.pdf [05.05.2015]

Kleimann, Bernd/Wannemacher, Klaus (2006): E-Learning an deutschen Fachhochschulen. Fallbeispiele aus der Hochschulpraxis. Hannover: HIS Hochschul-Informations-System (HIS Forum Hochschule Nr. 5). http://www.his.de/pdf/pub_fh/fh-200605.pdf [05.05.2015]

Klein, Ralph (1994): Barrierefreie Gestaltung von Benutzeroberflächen: Speziallösungen oder eine Benutzungsoberfläche für Alle? In: Display, 9. Jg., H. 2, S. 93–110

Klein, Ralph (2002): Gestaltungshinweise für barrierefreie Webseiten der Hochschulen und Studentenwerke. Vortrag auf der Tagung „Barrierefreie Hochschulen und Studentenwerke", Heidelberg 27./28.02.2002 (unveröffentlichtes Manuskript)

Klimsa, Paul/Issing, Ludwig, J. (2011) (Hg.): Online-Lernen. Handbuch für Wissenschaft und Praxis. München: Oldenbourg (2., verbesserte u. ergänzte Aufl.)

Kluge, Annette/Burkolder, Dina (2016): Simulatoren und Simulationen als Bestandteil der Fernausbildung. In: Schulz, Manuel/Griebenow, Beate/Neusius, Andrea/Vogeler, Claudia/Papenberg, Kerstin (Hg.): Fernausbildung schärft Perspektiven ... Technologiegestützte Bildung als Motor von Innovationsprozessen. Augsburg: Ziel-Verlag, S. 449–466

Kluge, Jürgen (2003): Schluss mit der Bildungsmisere. Ein Sanierungskonzept. Frankfurt/Main: Campus

KMK (2010) = Ständige Konferenz der Kultusminister der Länder in der Bundesrepublik Deutschland: Konzeption der Kultusministerkonferenz zur Nutzung der Bildungsstandards für die Unterrichtsentwicklung. http://www.kmk.org/fileadmin/veroeffentlichungen_beschluesse/2010/2010_00_00-Konzeption-Bildungsstandards.pdf [05.05.2015]

KMK (2012) = Ständige Konferenz der Kultusminister der Länder in der Bundesrepublik Deutschland: Medienbildung in der Schule (Beschluss der Kultusministerkonferenz vom 8. März 2012). http://www.kmk.org/fileadmin/veroeffentlichungen_beschluesse/2012/2012_03_08_Medienbildung.pdf [05.05.2015]

KMK (2016) = Ständige Konferenz der Kultusminister der Länder in der Bundesrepublik Deutschland: Bildung in der digitalen Welt. Strategie der Kultusministerkonferenz. https://www.kmk.org/fileadmin/Dateien/pdf/PresseUndAktuelles/2016/Bildung_digitale_Welt_Webversion.pdf [28.12.2016]

Knispel, Karl L. (2008): Qualitätsmanagement im Bildungswesen: Ansätze, Konzepte und Methoden für Anbieter von E-Learning- und Blended Learning-Qualifizierungen. Münster: Waxmann

Knoll, Jörg (2002): „Wie hältst du's mit der Qualität?" – Neuer Umgang mit einem vertrauten Thema. In: Bastian, Hannelore/Beer, Wolfgang/Knoll, Jörg (Hg.): Pädagogisch handeln – wirtschaftlich handeln. Zur Verknüpfung von Ökonomie und Profession in der Weiterbildung. Bielefeld: W. Bertelsmann, S. 72–90

Koch, Johannes (2011): Ausbildung in der Wissensgesellschaft – neue Chancen für das Lernen in Arbeitsprozessen. In: BWP Berufsbildung in Wissenschaft und Praxis, 40. Jg., H. 1, S. 25–28

Koch, Wolfgang/Frees, Beate (2016): Dynamische Entwicklung bei mobiler Internetnutzung sowie Audios und Videos. Media Perspektiven, 9/2016. S. 418–437

Kohls, Christian (2009): E-Learning-Patterns. Nutzen und Hürden des Entwurfsmuster-Ansatzes. In: Apostulopoulos, Nicolas/Hoffmann, Harriet/Mansmann, Veronika/Schwill, Andreas (Hg.): E-Learning 2009. Lernen im digitalen Zeitalter. Münster: Waxmann, S. 61–72

Kohls, Christian/Wedekind, Joachim (2008): Die Dokumentation erfolgreicher E-Learning-Patterns. In: Zauchner, Sabine/Baumgartner, Peter/Blaschitz, Edith/Weissenbäck, Andreas (Hg.): Offener Bildungsraum Hochschule. Freiheiten und Notwendigkeiten. Münster: Waxmann, S. 217–227

Köller, Olaf (2007): Evaluation. In: Tenorth, Heinz-Elmar/Tippelt, Rudolf (Hg.): Lexikon Pädagogik. Weinheim, Basel: Beltz, S. 214–217

Kollock, Peter (1999): The economies of online cooperation. Gifts and public goods in cyberspace. In: Smith, Marc/Kollock, Peter (Hg.): Communities in Cyberspace. London (UK): Routledge, S. 220–239

Kombartzky, Uwe/Plötzner, Rolf (2009): Lernen mit erläuterten Animationen. In: Plötzner, Rolf/Leuders, Timo/Wichert, Adalbert (Hg.): Lernchance Computer: Strategien für das Lernen mit digitalen Medienverbünden. Münster: Waxmann, S. 161–178

Konrad, Klaus/Traub, Silke (1999): Selbstgesteuertes Lernen in Theorie und Praxis. München: Oldenbourg

Kopp, Brigitta/Mandl, Heinz (2009): Gestaltung medialer Lernumgebungen. In: Henninger, Michael/Mandl, Heinz (Hg.): Handbuch Medien- und Bildungsmanagement. Weinheim, Basel: Beltz, S. 55–72

Kräenbring, René (2013): Lernprozessbegleitung in der beruflich-betrieblichen Bildung. Theoretische Ansätze und empirische Ergebnisse am Beispiel des Modellversuchs „Qualitätsentwicklung und -sicherung in der Maler- und Lackiererausbildung (MLQuES)". Hamburg: Dr. Kovač

Krämer, Heike/Jordanski, Gabriele/Goertz, Lutz (2017): Medien anwenden und produzieren – Entwicklung von Medienkompetenz in der Berufsausbildung. Bonn: Bundesinstitut für Berufsbildung, Wissenschaftliches Diskussionspapier 181

Krause, Stefan/Kortmann, Rolf-Dieter (2002): Standardisierung im E-Learning oder Vom schleichenden Untergang der Didaktik. In: MedienPädagogik. Online-Zeitschrift für Theorie und Praxis der Medienbildung, H. 2. http://www.medienpaed.com/Documents/medienpaed/6/krause_kortmann1.pdf [05.05.2015]

Kreckel, Reinhard (2002): Externe und interne Impulse zur Erneuerung der Qualitätssicherung in den Hochschulen. Einige einführende Überlegungen. In: Reil, Thomas/Winter, Martin (Hg.): Qualitätssicherung an Hochschulen. Theorie und Praxis. Bielefeld: W. Bertelsmann, S. 16–20

Kreisvolkshochschule Goslar (2008): Die vhs im Second Life hat den europäischen e-learning Award eureleA 2008 gewonnen! http://www.vhs-sl.de/ [05.05.2015]

Kremer, H.-Hugo/Sloane, Peter F. E. (2001): Virtuelle Seminare gestalten. In: Hohenstein, Andreas/Wilbers, Karl (Hg.): Handbuch E-Learning. Expertenwissen aus Wissenschaft und Praxis. Köln: Deutscher Wirtschaftsdienst (Loseblattsammlung, Grundwerk 2001), Beitrag 4.3, S. 1–18

Kreutzer, Till (2013): Open Educational Resources (OER), Open-Content und Urheberrecht. Frankfurt/Main: Deutsches Institut für Internationale Pädagogische Forschung (DIPF)

Kreutzer, Till (2015): Rechtsfragen bei E-Learning/Digitaler Lehre. Ein Praxis-Leitfaden von Rechtsanwalt Dr. Till Kreutzer. Überarb. Fassung: Stand März 2015. Multimedia Kontor Hamburg. http://www.mmkh.de/fileadmin/dokumente/publikationen/leitfaden_e-learning_rechtsfragen_kreutzer_mmkh_2015.pdf [23.06.2015]

Kreutzer, Till/Hirche, Tom (2017): Rechtsfragen zur Digitalisierung in der Lehre. Praxisleitfaden zum Recht bei E-Learning, OER und Open Content (Stand Oktober 2017). https://www.mmkh.de/fileadmin/dokumente/Publikationen/Leitfaden_Rechtsfragen_Digitalisierung_in_der_Lehre_2017.pdf [16.12.2017]

Kristöfl, Robert/Sandtner, Heimo/Jandl, Maria (2006) (Hg.): Qualitätskriterien für E-Learning. Ein Leitfaden für Lehrer/innen, Lehrende und Content-Ersteller/innen. Wien: Bundesministerium für Bildung, Wissenschaft und Kultur

Kromrey, Helmut (2000): Die Bewertung von Humandienstleistungen. Fallstricke bei der Implementations- und Wirkungsforschung sowie methodische Alternativen. In: Kromrey, Helmut (Hg.): Qualität von Humandienstleistungen. Opladen: Leske + Budrich, S. 19–57

Kromrey, Helmut (2001): Evaluation – ein vielschichtiges Konzept. Begriff und Methodik von Evaluierung und Evaluationsforschung. Empfehlungen für die Praxis. In: Sozialwissenschaften und Berufspraxis, 24. Jg., H. 2, S. 105–131

Kromrey, Helmut (2002): Empirische Sozialforschung. Modelle und Methoden der standardisierten Datenerhebung und Datenauswertung. Opladen: Leske + Budrich

Kröpelin, Philipp (2003): Mit Geschäftsmodellen für E-Learning den dauerhaften Projekterfolg sicherstellen. In: Hohenstein, Andreas/Wilbers, Karl (Hg.): Handbuch E-Learning. Expertenwissen aus Wissenschaft und Praxis. Köln: Deutscher Wirtschaftsdienst (Loseblattsammlung, Grundwerk 2001), Beitrag 3.5, S. 1–26

Krüger, Marc (2010): Selbstgesteuertes und kooperatives Lernen mit eLectures: Ein Widerspruch? https://www.e-teaching.org/etresources/media/pdf/langtext_2010_krueger-marc_selbstgesteuertes-und-kooperatives-lernen-mit-electures.pdf [05.05.2015]

Kruse, Elke (2009): Projektstudium und Praxisbezüge im Bologna-Prozess. Reform der Reform? In: Sozial Extra, H. 1/2, S. 42–47

Küchemann, Fridtjof (2017): Ist das nun mutig oder dumm? Buch oder Tablet: Wie wir einen Text verstehen, hängt auch vom Medium ab. Was bedeutet das für das künftige Lesen und Lernen. In: Frankfurter Allgemeine Zeitung 09.10.2017, S. 9

Küchler, Felicitas von (2000): Worin besteht die Qualität eines pädagogischen Produkts? In: Grundlagen der Weiterbildung, 11. Jg., H. 6, S. 277–280

Kuhlmann, Annette M./Sauter, Werner (2008): Innovative Lernsysteme. Kompetenzentwicklung mit Blended Learning und Social Software. Praxisleitfaden für Entscheider und Projektverantwortliche. Berlin: Springer

Kysela-Schiemer, Gerda (2017): Wirkung und Wirksamkeit von E-Learning zur Professionalisierung im Lehrerberuf. In: Bauer, Thomas A./Mikuszeit, Bernd H. (Hg.): Lehren und Lernen mit Bildungsmedien. Grundlagen – Projekte – Perspektiven – Praxis. Frankfurt am Main: Peter Lang, S. 81–94

Lamnek, Siegfried (2005): Qualitative Sozialforschung. Lehrbuch. Weinheim: Beltz PVU (4., vollst. überarb. Aufl.)

Langemeyer, Ines (2015): Kompetenztheorie. In: Allespach, Martin/Held, Josef (Hg.): Handbuch Subjektwissenschaft. Ein emanzipatorischer Ansatz in Forschung und Praxis. Frankfurt/Main: Bund, S. 150–163

Langer, Volkmar/Thillosen, Anne (2013): Freie Online-Angebote für Selbstlernende. Lebenslanges Lernen mit dem Internet. In: Schön, Sandra/Ebner, Martin (Hg.): Lehrbuch für Lernen und Lehren mit Technologien (L3T), S. 1–9. http://l3t.eu/homepage/das-buch/ebook-2013/kapitel/o/id/157/name/freie-online-angebote-fuer-selbstlernende [30.03.2015]

Lave, Jean/Wenger, Etienne (1991): Situated Learning: Legitimate Peripheral Participation. Cambridge (USA): Cambridge University Press

Le, Son/Weber, Peter (2011): Game-based Learning – Spielend Lernen? In: Ebner, Martin/ Schön, Sandra (Hg.): Lehrbuch für Lernen und Lehren mit Technologien (L3T). http:// l3t.tugraz.at/index.php/LehrbuchEbner10/article/view/79 [05.05.2015]

Le, Son/Weber, Peter/Ebner, Martin (2013): Game-Based Learning. Spielend Lernen? In: Schön, Sandra/Ebner, Martin (Hg.): Lehrbuch für Lernen und Lehren mit Technologien (L3T). http://l3t.eu/homepage/das-buch/ebook-2013/kapitel/o/id/120/name/game-based-learning [30.03.2015]

Lehmann, Burkhard/Bloh, Egon (2010) (Hg.): Online-Pädagogik. Band 4: Qualität und Evaluation. Baltmannsweiler: Schneider

Lehmann, Robert (2010): Lernstile als Grundlage adaptiver Lernsysteme in der Softwareschulung. Münster: Waxmann

Lehmann, Sven (2007): Strategien und Möglichkeiten zur Implementation von E-Learning im Unternehmen. Berlin: Logos

Lehmann, Sven/Mandl, Heinz (2009): Implementation von E-Learning in Unternehmen. In: Henninger, Michael/Mandl, Heinz (Hg.): Handbuch Medien- und Bildungsmanagement. Weinheim, Basel: Beltz, S. 436–457

Leitner, Helmut (2005): Die Geschichte des Wiki Web. http://www.wikiweb.at/wiki.cgi? DieGeschichteDesWikiWeb [05.05.2015]

Lerche, Thomas (2009): Lernen muss man immer noch selbst! In: Dittler, Ullrich/ Krameritsch, Jakob/Nistor, Nicolae/Schwarz, Christine/Thillosen, Anne (Hg.): E-Learning: Eine Zwischenbilanz. Kritischer Rückblick als Basis eines Aufbruchs. Münster: Waxmann, S. 165–178

Lernen durch Lehren (2010): http://www.ldl.de/ [05.05.2015]

Leslie, Scott (2003): Some Uses of Blogs in Education. http://www.edtechpost.ca/gems/ matrix2.gif [05.05.2015]

Leuf, Bo/Cunningham, Ward (2001): The Wiki Way. Quick Collaboration on the Web. Boston (USA): Addison Wesley

Leutner, Detlev (2002): Adaptivität und Adaptierbarkeit multimedialer Lehr- und Informationssysteme. In: Issing, Ludwig J./Klimsa, Paul (Hg.): Information und Lernen mit Multimedia und Internet. Lehrbuch für Studium und Praxis. Weinheim: Beltz PVU (3., vollst. überarb. Aufl.), S. 115–125

Leutner, Detlev (2011): Adaptivität und Adaptierbarkeit beim Online-Lernen. In: Klimsa, Paul/Issing, Ludwig, J. (Hg.): Online-Lernen. Handbuch für Wissenschaft und Praxis. München: Oldenbourg (2., verbesserte u. ergänzte Aufl.), S. 115–123

Levin, Barbara (2002): Reflection as the Foundation for E-Portfolios. In: Proceedings of SITE (Society for Information Technology and Teacher Education) International Conference, März 2002, Nashville (USA)

Liber, Oleg (2002): The Revolutionary Possibilities of E-Learning Standards. In: Bachmann, Gudrun/Haefeli, Odette/Kindt, Michael (Hg.): Campus 2002. Die Virtuelle Hochschule in der Konsolidierungsphase. Münster: Waxmann, S. 197–208

Linden Lab (2013): Second Life Celebrates 10-Year Anniversary (Pressemitteilung vom 20.06.2013). http://www.lindenlab.com/releases/second-life-celebrates-10-year-anniversary [30.03.2015]

Linder, Ute (2004): Qualitätssicherung für netzbasierte kooperative Übungen. In: Münzer, Stefan/Linder, Ute (Hg.): Gemeinsam online lernen. Vom Design bis zur Evaluation kooperativer Online-Übungen. Bielefeld: W. Bertelsmann, S. 37–48

LISUM = Landesinstitut für Schule und Medien Berlin-Brandenburg (2017): Cybermobbing ist nicht cool! Projektbericht und Handlungsempfehlungen für Maßnahmen der Prävention und Intervention bei Vorfällen von Cybermobbing. http://bildungsserver.berlin-brandenburg.de/tools/ [14.07.2017]

Loewen, Hanspeter (2017): Digitale Medien in der Bildungspraxis der Schule. In: Bauer, Thomas A./Mikuszeit, Bernd H. (Hg.): Lehren und Lernen mit Bildungsmedien. Grundlagen – Projekte – Perspektiven – Praxis. Frankfurt am Main: Peter Lang, S. 209–219

Looi, Chee-Kit/Seow, Peter/Zhang, BaoHui/So, Hyo-Jeong/Chen, Wenli/Wong, Lung-Hsiang (2009): Leveraging mobile technology for sustainable seamless learning: a research agenda. In: British Journal of Educational Technology, Jg. 41, H. 2, S. 154–169. http://edu.nju.edu.cn/zbh/upfiles/download/2012010350224421.pdf [25.11.2014]

Low, Renae/Sweller, John (2014): The Modality Principle in Multimedia Learning. In: Mayer, Richard E. (Hg.): The Cambridge Handbook of Multimedia Learning. New York: Cambridge University Press (2. Aufl.), S. 227–246

LTSC of IEEE 1484.12.1-2002 (2002): Draft Standard for Learning Object Metadata, Institute of Electrical and Electronics Engineers, Inc. (LTSC of IEEE = Learning Technology Standards Committee of Institute of Electrical and Electronic Engineers). http://129.115.100.158/txlor/docs/IEEE_LOM_1484_12_1_v1_Final_Draft.pdf [05.05.2015]

Ludwig, Joachim (2015): Beratung vom Subjektstandpunkt. In: Allespach, Martin/Held, Josef (Hg.): Handbuch Subjektwissenschaft. Ein emanzipatorischer Ansatz in Forschung und Praxis. Frankfurt/Main: Bund, S. 293–313

Ludwigs, Stefan/Timmler, Ulrike/Tilke, Martin (2006) (Hg.): Praxisbuch E-Learning. Ein Reader des Kölner Expertennetzwerkes cel_C. Bielefeld: W. Bertelsmann

Mandl, Heinz/Gruber, Hans/Renkl, Alexander (2002): Situiertes Lernen in multimedialen Lernumgebungen. In: Issing, Ludwig J./Klimsa, Paul (Hg.): Information und Lernen mit Multimedia und Internet. Lehrbuch für Studium und Praxis. Weinheim: Beltz PVU (3., vollst. überarb. Aufl.), S. 139–148

Manssen, Gerrit (2002) (Hg.): Telekommunikations- und Multimediarecht. Loseblattkommentar. Berlin: Erich Schmidt

Markard, Morus (2009): Einführung in die Kritische Psychologie. Hamburg: Argument

Markowski, Karen/Nunnenmacher, Ute (2003): Das Kompetenzprofil von Online-Tutoren. In: Apel, Heino/Kraft, Susanne (Hg.): Online lehren. Planung und Gestaltung netzbasierter Weiterbildung. Bielefeld: W. Bertelsmann, S. 158–169

Martin, Jean-Pol (2001): „Lernen durch Lehren“ – Vorbereitung auf die Wissensgesellschaft. http://www.ldl.de/LDL_ALT/material/aufsatz/tuebingen.pdf [05.05.2015]

Marugg, Thomas (2002): Metadaten für Content-Indizierung und Wissenssicherung (1). http://www.internetmanagement.ch/index.cfm/fuseaction/shownews/newsid/351 [16.03.2011]

Maßon, Jürgen (2003): Ausbildung im Dialog – AiD. In: Elster, Frank/Dippl, Zorana/ Zimmer, Gerhard (Hg.): Wer bestimmt den Lernerfolg? Leistungsbeurteilung in projektorientierten Lernarrangements. Bielefeld: W. Bertelsmann, S. 87–93

Masud, Anwar Hossain/Huang, Xiaodi (2012): An E-learning System Architecture based on Cloud Computing. World Academy of Science, Engineering and Technology, H. 2, S. 736–740

Mattern, Klaudia (2009): Impulse zu Gender und Diversity im e-Learning. Praxisleitfaden zur Berücksichtigung von gender- und diversitygerechten Aspekten in Online-Bildungsangeboten. https://www.fh-campuswien.ac.at/fileadmin/redakteure/FH_Campus_Wien/Gender_and_Diversity/Dokumente/e-Learning_Web.pdf [05.05.2015]

Mayer, Richard E. (2009): Multimedia Learning. New York (USA): Cambridge University Press (2. Aufl.)

Mayer, Richard E. (2014) (Hg.): The Cambridge Handbook of Multimedia Learning. New York (USA): Cambridge University Press (2. Aufl.)

Mayer-Schönberger, Viktor/Cukier, Kenneth (2013): Big Data. Die Revolution, die unser Leben verändern wird (Übersetzung aus dem Englischen von Dagmar Mallett). München: Redline

Mayrberger, Kerstin (2008): (Medien-)pädagogische Kompetenzen für die nachhaltige Integration von E-Learning in die akademische Lehre. In: zeitschrift für e-learning, 3. Jg., H. 2, S. 9–23

Mayerberger, Kerstin (2013): E-Portfolios in der Hochschule – zwischen Ideal und Realität. In: Miller, Damian/Volk, Benno (Hg.): E-Portfolio an der Schnittstelle von Studium und Beruf. Münster: Waxmann (Medien in der Wissenschaft, Bd. 63), S. 60–72

Mayring, Philipp (2002): Einführung in die qualitative Sozialforschung. Weinheim, Basel: Beltz

Mayring, Philipp/Hurst, Alfred (2004): Zur Evaluation der akademischen Medienkompetenz. In: Vogel, Rose (Hg.): Didaktische Konzepte der netzbasierten Hochschullehre. Ergebnisse des Verbundprojekts „Virtualisierung im Hochschulbereich“. Münster: Waxmann, S. 33–54

McDonald, Marcus/Gregory, Sue/Farley, Helen/Harlim, Jennifer/Sim, Jenny/Newman, Christine (2014): Coming of the third wave: a move toward best practice, user defined tools and mainstream integration for virtual worlds in education. Rhetorik and Reality, ascelite2014, Dunedin, NZ. http://ascilite2014.otago.ac.nz/files/fullpapers/139-McDonald.pdf [15.03.2015]

McKay, Tim/Miller, Kate/Tritz, Jard (2012): What to do with actionable intelligence: E2Coach as an intervention engine. Proceedings of the 2nd International Conference of Learning Analytics and Knowledge. Vancouver/Canada, S. 88–91. http://dl.acm.org/citation.cfm?id=2330627 [14.09.2017]

Meier, Anne (2000): MEDA und AKAB: Zwei Kriterienkataloge auf dem Prüfstand. In: Schenkel, Peter/Tergan, Sigmar-Olaf/Lottmann, Alfred (Hg.): Qualitätsbeurteilung multimedialer Lern- und Informationssysteme. Evaluationsmethoden auf dem Prüfstand. Nürnberg: BW Bildung und Wissen, S. 164–188

Meier, Christoph (2016): Digitalisierung von Lernen: adaptive tutorielle Systeme. https://www.scil-blog.ch/blog/2016/09/08/digitalisierung-von-lernen-adaptive-tutorielle-systeme/ [13.08.2017]

Meiers, Christina (2014): Performance Support. Electronik Performace Support. Microlearning als methodischer Ansatz zur mitarbeiterorientierten Softwarschulung. In: Siepmann, Frank (Hg.): Jahrbuch eLearning und Wissensmanagement 2015. Lerntrends 2015. Hagen im Bremischen: Siepmann Media, S. 46–49

Meifort, Barbara/Sauter, Edgar (1991): Qualität in der beruflichen Weiterbildung. Ergebnisse eines Workshops des Bundesinstituts für Berufsbildung. Berlin: Bundesinstitut für Berufsbildung

Meinel, Christoph (2017): Eine Vision für die Zukunft digitaler Bildung. In: Frankfurter Allgemeine Zeitung, 20.04.2017, S. 20–21

Meisel, Klaus (2000): Qualitätssicherung und Qualitätsentwicklung in der Weiterbildung – konkret. In: Küchler, Felicitas von/Meisel, Klaus (Hg.): Herausforderung Qualität. Dokumentation der Fachtagung Qualitätssicherung in der Weiterbildung 02.–03.11.1999. Frankfurt/Main: Deutsches Institut für Erwachsenenbildung, S. 9–15

Mendiburu, Bernard (2009): 3D Movie Making. Stereoscopic Digital Cinema from Script to Screen. Amsterdam u. a.: Elesevier. http://www.dvjimmy.com/temp/3mmsdcs.pdf [05.05.2015]

Merkenich, Stephanie (2007): Wikis in der Ausbildung am Beispiel Glaskompendium. http://www.lehrer-online.de/glaskompendium-wiki.php?sid=6677698932325678551950303030 8020 [05.05.2015]

Merkt, Marianne (2005): Die Gestaltung kooperativen Lernens in akademischen Online-Seminaren. Münster: Waxmann

Merkt, Marianne (2009): Medienkompetenz durch hochschuldidaktische Weiterbildung. Virtuelle Ringvorlesung bei www.e-teaching.org am 09.02.2009. http://connect.iwm-kmrc.de/p61406098/ [15.02.2009]

Merkt, Martin (2015): Didaktische Optimierung von Videos in der Hochschullehre. https://www.e-teaching.org/etresources/pdf/erfahrungsbericht_2015_merkt_didaktische_optimierung_video.pdf 13.08.2017]

Merkt, Martin/Schwan, Stephan (2014): Training the use of interactive videos: effects on mastering different tasks. Instructional Science, 42, S. 421–441

Merkt, Martin/Weigand, Sonja/Heier, Anke/Schwan, Stephan (2011a): Learning with videos vs. learning with print: The role of interactive features. Learning & Instruction, 21, S. 687–704 (doi:10.1016/j.learninstruc.2011.03.004)

Merkt, Martin/Weigand, Sonja/Heier, Anke/Schwan, Stephan (2011b): Wissenserwerb mit interaktiven Unterrichtsfilmen im Fach Geschichte. In: Hodel, Jan/Ziegler, Béatrice (Hg.): Forschungswerkstatt Geschichtsdidaktik 09: Beiträge zur Tagung „geschichtsdidaktik empirisch 09", S. 156–166. Bern (Schweiz): hep

Meyer, Torsten/Mayrberger, Kerstin/Münte-Goussar, Stephan/Schwalbe, Christina (2011) (Hg.): Kontrolle und Selbstkontrolle. Zur Ambivalenz von E-Portfolios in Bildungsprozessen. Wiesbaden: VS Verlag für Sozialwissenschaften

Mieg, Harald A./Lehmann, Judith (2017) (Hg.): Forschendes Lernen: Wie die Lehre in Universität und Fachhochschule erneuert werden kann. Frankfurt am Main: Campus Verlag

Mikuszeit, Bernd (2017a): Evaluierung von Didaktischen Multimediaprodukten (DMP). Qualitätsanforderungen und Qualitätskriterien. In: Bauer, Thomas A./Mikuszeit, Bernd H. (Hg.): Lehren und Lernen mit Bildungsmedien. Grundlagen – Projekte – Perspektiven – Praxis. Frankfurt am Main: Peter Lang, S. 331–342

Mikuszeit, Bernd (2017b): Evaluierung von Blended-Learning-Programmen (BLEP) für sozial-kulturelle Bildung. Qualitätsanforderungen und Qualitätskriterien. In: Bauer, Thomas A./Mikuszeit, Bernd H. (Hg.): Lehren und Lernen mit Bildungsmedien. Grundlagen – Projekte – Perspektiven – Praxis. Frankfurt am Main: Peter Lang, S. 353–365

Mikuszeit, Bernd/Szudra, Ute (2009a): Qualitätskonzept für E-Learning und Blended Learning und in der ethischen Bildung. In: Mikuszeit, Bernd/Szudra, Ute (Hg.): Multimedia und ethische Bildung. E-Learning – Ethik – Blended Learning. Frankfurt/Main: Peter Lang, S. 175–194

Mikuszeit, Bernd/Szudra, Ute (2009b): Qualitätsanforderungen für didaktische Multimediaprodukte. In: Mikuszeit, Bernd/Szudra, Ute (Hg.): Multimedia und ethische Bildung. E-Learning – Ethik – Blended Learning. Frankfurt/Main: Peter Lang, S. 195–222

Mikuszeit, Bernd/Szudra, Ute (2009c): Qualitätsanforderungen für Blended-Learning-Programme. In: Mikuszeit, Bernd/Szudra, Ute (Hg.): Multimedia und ethische Bildung. E-Learning – Ethik – Blended Learning. Frankfurt/Main: Peter Lang, S. 223–250

Miller, Max (1986): Kollektive Lernprozesse. Studien zur Grundlegung einer soziologischen Lerntheorie. Frankfurt/Main: Suhrkamp

MMB (2009) = Michel Medienforschung und Beratung, Institut für Medien- und Kompetenzforschung: Learning Delphi 2009. E-Learning 2.0 unterstützt Blended Learning. Weiterbildung und Digitales Lernen heute und in drei Jahren. MMB-Trendmonitor I/2009. http://www.mmb-institut.de/mmb-monitor/trendmonitor/MMB-Trendmonitor_2009_I.pdf [30.03.2015]

MMB (2011) = Michel Medienforschung und Beratung, Institut für Medien- und Kompetenzforschung: MMB-Branchenmonitor I/2011: E-Learning-Branche bleibt auf Wachstumskurs. Ergebnisse der Branchenerhebung MMB E-Learning-Wirtschaftsranking 2011. http://www.mmb-institut.de [30.03.2015]

MMB (2014) = Michel Medienforschung und Beratung, Institut für Medien- und Kompetenzforschung: Weiterbildung und Digitales Lernen heute und in drei Jahren. Individuelles Lernen: Plädoyer für den mündigen Nutzer. Ergebnisse der Trendstudie MMB Learning Delphi 2014. http://www.mmb-institut.de/mmb-monitor/trendmonitor/MMB-Trendmonitor_2014_II.pdf [31.03.2015]

MMB (2017) = Michel Medienforschung und Beratung. Institut für Medien- und Kompetenzforschung: Weiterbildung und Digitales Lernen heute und in drei Jahren. Corporate Learning wird zum Cyber-Learning. Ergebnisse der 11. Trendstudie „mmb Learning Delphi" 2016. http://www.mmb-institut.de/mmb-monitor/trendmonitor/mmb-Trend monitor_2017_I.pdf [13.08.2017]

MMB/PSEPHOS (2001) = Michel Medienforschung und Beratung/Institut für Wahlforschung und Sozialwissenschaft: eLearning zwischen Euphorie und Ernüchterung – Eine Bestandsaufnahme zum eLearning in deutschen Großunternehmen. Zusammenfassung der Studienergebnisse. http://www.mmb-michel.de/New_Learning_Zusam menfassung.pdf [01.04.2004]

Moegling, Klaus (2013): Politische Bildung und digitale und nicht-digitale Medien. Am Beispiel einer schulischen Politikwerkstatt in der Sekundarstufe II. In: Karpa, Dietrich/ Eickelmann, Birgit/Grafe, Silke (Hg.): Digitale Medien und Schule. Zur Rolle digitaler Medien in Schulpädagogik und Lehrerbildung. Reihe: Theorie und Praxis der Schulpädagogik, Bd. 19. Immenhausen bei Kassel: Prolog, S. 297–315

MOOC Infographics (2014): http://moocs.com/index.php/category/mooc-infographics/ [19.11.2014]

Mootz, Julia (2011): CeBIT 2011: CeLTech präsentiert 3D-Lernumgebungen in der Medizin. http://web.visu.uni-saarland.de/CeLTech/wordpress/?p=591 [01.07.2012]

Morisse, Karsten (2008): Medial gestützte Vorlesung. Audiointerview. https://www.e-teaching.org/materialien/podcasts/podcasts_2008/medial_gestuetzte_vorlesung [05.05.2015]

Moser, Heinz (2000): Einführung in die Medienpädagogik. Aufwachsen im Medienzeitalter. Opladen: Leske + Budrich (3. überarb. u. aktual. Aufl.)

Moser, Heinz (2005): WebQuests als didaktisches Modell für den Unterricht. In: Lehmann, Burkhard/Bloh, Egon (Hg.): Online-Pädagogik, Band 3: Referenzmodelle und Praxisbeispiele. Baltmannsweiler: Schneider, S. 146–156

Moskaliuk, Johannes (2008a): Das Wiki-Prinzip. In: Moskaliuk, Johannes (Hg): Konstruktion und Kommunikation von Wissen mit Wikis. Theorie und Praxis. Boizenburg: Werner Hülsbusch, S. 17–27

Moskaliuk, Johannes (2008b): Effektiver Einsatz von Wikis. In: Moskaliuk, Johannes (Hg.): Konstruktion und Kommunikation von Wissen mit Wikis. Boizenburg: Werner Hülsbusch, S. 83–112

Moskaliuk, Johannes/Kimmerle, Joachim (2008): Wikis in der Hochschule – Faktoren für den erfolgreichen Einsatz. https://www.e-teaching.org/didaktik/kommunikation/wikis/ 08-11-19_Moskaliuk-Kimmmerle_Wikis.pdf [05.05.2015]

Moßgraber, Jürgen (1997): Konzeption, Entwurf und Umsetzung eines Metadatenmodells zur Interpretation und Verwaltung von Informationen mit geographischem Bezug. http://aragon.iitb.fhg.de/Work/Publications/Diplomarbeit/Diplomarbeit.pdf [01.04.2004]

Müller, Antje/Leidl, Martin (2007): Second Life in der Lehre. https://www.e-teaching.org/didaktik/gestaltung/vr/SL_lehre_langtext_071207_end.pdf/@@download/file/SL_lehre_langtext_071207_end.pdf.pdf [05.05.2015]

Müller, Hans-Joachim (2006): Handlungsorientierte Prüfungen in der beruflichen Fortbildung. Eine subjekt- und arbeitsprozessorientierte Konzeption für die Konstruktion situationsbezogener Prüfungsmodule am Beispiel der Textilwirtschaft. Bielefeld: W. Bertelsmann

Müller, Peter (2012a): Quo Vadis Weiterbildung – Zahlen, Fakten, Daten. In: Siepmann, Frank (Hg.): eLearning Journal – Themenheft: Weiterbildung 2.0. Albstedt: Siepmann Media, S. 10–15

Müller, Peter (2012b): Personalentwicklung meets IKT – Chancen, Nutzen, Risiken. In: Siepmann, Frank (Hg.): eLearning Journal – Themenheft: Weiterbildung 2.0. Albstedt: Siepmann Media, S. 16–20

Müller, Peter (2012c): eLearning Leitfaden für Entscheider – Planung, Durchführung, Kosten. In: Siepmann, Frank (Hg.): eLearning Journal – Themenheft: Weiterbildung 2.0. Albstedt: Siepmann Media, S. 22–27

Müller, Ralph (2006): Fortbildung zur Teletutorin/zum Teletutor in der Weiterbildung. In: Ludwigs, Stefan/Timmler, Ulrike/Tilke, Martin (Hg.): Praxisbuch E-Learning. Ein Reader des Kölner Expertennetzwerkes cel_C. Bielefeld: W. Bertelsmann, S. 158–174

Mündemann, Friedhelm (2002): e-Moderation: Der Trainer als Lernermöglicher. In: Bernath, Ulrich (Hg.): Online Tutorien. Beiträge zum Spezialkongress „distance learning" der AG-F im Rahmen der LEARNTEC. Bibliotheks- und Informationssystem der Carl von Ossietzky Universität Oldenburg, S. 7–19

Mündemann, Friedhelm (2003): Methodik und Didaktik synchroner Online-Seminare. In: Apel, Heino/Kraft, Susanne (Hg.): Online lehren. Planung und Gestaltung netzbasierter Weiterbildung. Bielefeld: W. Bertelsmann, S. 51–75

Münk, Dieter/Schelten, Andreas (2010) (Hg.): Kompetenzermittlung für die Berufsbildung. Verfahren, Probleme und Perspektiven im nationalen, europäischen und internationalen Raum. Bielefeld: W. Bertelsmann

Münster, Sander (2012): Lernen mit 3D-Objekten. Computergenerierte 3D-Visualisierungen als Medium der Wissens- und Informationsvermittlung. Aufzeichnung eines Webinars vom 17.04.2012. https://bildungsportal.sachsen.de/zope/bps/content/e3677/e4155/e4760/e4968/index_ger.html?raw=Lernen%20mit%203D-Objekten&ZMS_HIGHLIGHT=raw [05.05.2015]

Münte-Goussar, Stephan (2011): Ambivalente Selbst-Techniken: Portfolio, Ökonomisierung, Selbstbestimmung. In: Meyer, Torsten/Mayrberger, Kerstin/Münte-Goussar, Stephan/Schwalbe, Christina (Hg.): Kontrolle und Selbstkontrolle. Zur Ambivalenz von E-Portfolios in Bildungsprozessen. Wiesbaden: VS Verlag für Sozialwissenschaften, S. 225–249

Murch, Richard/Johnson, Tony (2000): Agententechnologie. Die Einführung. Intelligente Softwareagenten auf Informationssuche im Internet. München: Addison-Wesley

Mußmann, Ulrike/Grote, Brigitte/Plank Sabha, Katrin/Apostolopoulos, Nicolas/Töpper, Stephan (2015): Social Media im Hochschulalltag: Strategie und Praxis an der Freien Universität Berlin. https://www.e-teaching.org/etresources/pdf/erfahrungsbericht_2015_fu-berlin_social-media-strategie.pdf [13.08.2017]

MWK (2017) = Ministerium für Wissenschaft und Kunst Baden-Württemberg: Digitalisierung eröffnet Hochschulen neue Chancen. https://mwk.baden-wuerttemberg.de/de/service/presse/pressemitteilung/pid/digitalisierung-eroeffnet-hochschulen-neue-chan cen/ [13.08.2017]

Nentwich, Michael/Herwig, Jana/Kittenberger, Axel/Schirm, Jan (2009): Microblogging und die Wissenschaft. Das Beispiel Twitter. Steckbrief 4 im Rahmen des Projekts Interaktive Science. http://epub.oeaw.ac.at/ita/ita-projektberichte/d2-2a52-4.pdf [05.05.2015]

Neumann, Jörg/Ueberschaer, Andreas (2014): Web 2.0 in der dualen Berufsausbildung. Der Online-Ausbildungsnachweis zur Stärkung der Lernortkooperation. In: Fischer, Helge/Köhler, Thomas (Hg.): Postgraduale Bildung mit digitalen Medien. Fallbeispiele aus den sächsischen Hochschulen. Münster: Waxmann, S. 219–225

Neuweg, Georg Hans (2001): Das Können prüfen. Plädoyer für eine andere Prüfungsdidaktik. In: GdWZ – Grundlagen der Weiterbildung Zeitschrift, 12. Jg., H. 5, S. 202–205

Nick, Sabine/Urhahne, Detlef (2004): Helfen 3D-Simulationen beim Lernen mit CHEMnet? In: CHEMKON, 11. Jg., S. 27–31

Nida-Rümelin, Julian (2013): Philosophie einer humanen Bildung. Hamburg: edition Körber-Stiftung

Niedziella, Wolfgang (2000): Wie funktioniert Normung? Eine Einführung in die nationale (DIN/DKE), europäische (CENELEC) und internationale (IEC) Elektrotechnische Normung. Berlin, Offenbach: Verein Deutscher Elektroingenieure (VDE)

Niegemann, Helmut M./Domagk, Steffi/Hessel, Silvia/Hein, Alexandra/Hupfer, Matthias/Zobel, Annett (2008): Kompendium multimediales Lernen. Berlin, Heidelberg: Springer

Nielsen, Jakob (2010): iPad and Kindle Reading Speeds. http://www.nngroup.com/articles/ipad-and-kindle-reading-speeds/ [05.05.2015]

Niemann, Philipp (2007): Podcasting: Eine Revolution? Marburg: Tectum

Nieskens, Birgit/Müller, Florian (2009): Web-basierte Selbsterkundung persönlicher Voraussetzungen und Interessen. In: Erziehung und Unterricht, 159. Jg, H. 1–2, S. 41–49

Nisius, Holger/Laudahn, Andrea (2000): Online-Weiterbildungsagentur. Abschlussbericht des Arbeitspaketes 1–2: Online-Weiterbildungsagentur im Bundesleitprojekt „Virtuelle Fachhochschule für Technik, Informatik und Wirtschaft". Hamburg: Universität der Bundeswehr Hamburg, Projektleitung: Univ.-Prof. Dr. Gerhard Zimmer, Professur für Berufs- und Betriebspädagogik

NM Incite = Nielsen/McKinsey Incite (2012): Anzahl der Blogs weltweit von 2006 bis 2011 (in Mio., jeweils Oktober). In: Statista – Das Statistik-Portal. http://de.statista.com/statistik/daten/studie/220178/umfrage/anzahl-der-blogs-weltweit/ [30.03.2015]

Nötzold, Wolfgang (2002): Werkbuch Qualitätsentwicklung. Bielefeld: W. Bertelsmann

Oberhuemer, Petra/Heyer, Susanne (2007): Probleme bei der Umsetzung didaktischer Modelle in IMS Learning Design: eine Anwenderperspektive. In: zeitschrift für e-learning, 2. Jg., H. 2, S. 33–44

Oberhuemer, Petra/Pfeffer, Thomas (2008): Open Educational Resources – ein Policy-Paper. In: Zauchner, Sabine/Baumgartner, Peter/Blaschitz, Edith/Weissenbäck, Andreas (Hg.): Offener Bildungsraum Hochschule. Freiheiten und Notwendigkeiten. Münster: Waxmann, S. 17–27

Oblinger, Diana (2006): Games and Learning. Digital games have the potential to bring play back to the learning experience. In: Educause Quarterly, 29 (3), S. 5–7. http://www.educause.edu/ir/library/pdf/eqm0630.pdf [05.05.2015]

OECD (2007) = Organisation for Economic Co-operation and Development: Giving Knowledge for Free. http://www.oecd.org/dataoecd/35/7/38654317.pdf [05.05.2015]

Oelkers, Jürgen (1991): Theorie der Erziehung. Ein vernachlässigtes Thema. In: Zeitschrift für Pädagogik, 37. Jg., H. 1, S. 13–18

Oestermeier, Uwe (2008): Lernen mit Text und Bild. https://www.e-teaching.org/didaktik/gestaltung/visualisierung/textbild/Lernen_mit_Text_und_Bild.pdf [05.05.2015]

Oestermeier, Uwe/Eitel, Alexander (2014): Lernen mit Text und Bild. https://www.e-teaching.org/etresources/media/pdf/langtext_2014_oestermeier-uwe_eitel-alexander_lernen-mit-text-und-bild.pdf [29.03.2015]

Ogurol, Yaldiray/Schwedes, Kai/Stüwe, Jan/Salm, Martina (2014): Servicekonzept „Universität als Lernort". Multimediale Lern- und Arbeitsräume für Studierende. In: Rummler, Klaus (Hg.): Lernräume gestalten – Bildungskontexte vielfältig denken. Münster: Waxmann (Medien in der Wissenschaft, Bd. 67), S. 459–468

Ommerborn, Rainer/Schuemer, Rudolf (2001): „Neue Medien" und Internet – Chance oder Risiko für behinderte Studierende? In: HSW (Hochschulwesen), H. 6, S. 184–192

OPAL (2011): Beyond OER. Shifting Focus to Open Educational Practices. OPAL Report 2011. http://portal.unesco.org/ci//en/ev.php-URL_ID=31243&URL_DO=DO_TOPIC&URL_SECTION=201.html [05.05.2015]

Open Education Europe (2014): European MOOCs Scoreboard. http://openeducationeuropa.eu/en/european_scoreboard_moocs [19.11.2014]

O'Reilly, Tim (2005): What is Web 2.0? Design Patterns and Business Models for the Next Generation of Software. http://oreilly.com/web2/archive/what-is-web-20.html [05.05.2015]

Ortner, Gerhard E. (2017): Differenzielle Didaktik und Educational Technology. Bildungswissenschaftliche und mediendidaktische Grundlagen des E-Teachings. In: Bauer, Thomas A./Mikuszeit, Bernd H. (Hg.): Lehren und Lernen mit Bildungsmedien. Grundlagen – Projekte – Perspektiven – Praxis. Frankfurt am Main: Peter Lang, S. 49–80

Ortner, Gerhard E./Rellecke, Dirk/Wiethoff, Beate (2009a): Ausgangspositionen zur empirischen Untersuchung und zum methodologischen Vorgehen. In: Mikuszeit, Bernd/Szudra, Ute (Hg.): Multimedia und ethische Bildung. E-Learning – Ethik – Blended Learning. Frankfurt/Main: Peter Lang, S. 535–540

Ortner, Gerhard E./Rellecke, Dirk/Wiethoff, Beate (2009b): Praxisanalytisches Vorgehen und Untersuchungsverlauf. In: Mikuszeit, Bernd/Szudra, Ute (Hg.): Multimedia und ethische Bildung. E-Learning – Ethik – Blended Learning. Frankfurt/Main: Peter Lang, S. 341–358

Ossiannilsson, Ebba/Williams, Keith/Camilleri, Anthony F./Brown, Mark (2015): Quality models in online and open education around the globe. State of the art and recommendations. Oslo: International Council for Open and Distance Education

Paivio, Allan (1986): Mental representations: A dual coding approach. New York and Oxford Oxfordshire: Oxford University Press

Panke, Stefanie (2007): Unterwegs im Web 2.0: Charakteristiken und Potenziale. https://www.e-teaching.org/didaktik/theorie/informelleslernen/Web2.pdf [05.05.2015]

Panke, Stefanie (2011): Personal Learning Environment und Open Online Course: Neue Formen offenen Lernens im Netz. https://www.e-teaching.org/materialien/artikel/langtext_offen_lernen_panke_2011.pdf [05.05.2015]

Panke, Stefanie/Gaiser, Birgit (2008): Nutzerperspektiven auf Social Tagging – eine Online-Befragung. https://www.e-teaching.org/didaktik/recherche/goodtagsbadtags2.pdf [05.05.2015]

Panke, Stefanie/Gaiser, Birgit/Draheim, Susanne (2007): Weblogs als Lerninfrastrukturen zwischen Selbstorganisation und Didaktik. In: Schwarz, Christine/Dittler, Ullrich (Hg): Online-Communities als soziale Systeme. Münster: Waxmann (Medien in der Wissenschaft, Bd. 40), S. 81–97

Panke, Stefanie/Gaiser, Birgit/Maaß, Stefanie (2012): Wenn Edusphäre und Blogosphäre sich treffen. Weblogs an Hochschulen zwischen Zitationskartell und Diskursrevolte. In: MedienPädagogik. Online-Zeitschrift für Theorie und Praxis der Medienbildung. http://www.medienpaed.com/documents/medienpaed/21/panke1203.pdf [05.05.2015]

Panke, Stefanie/Oestermeier, Uwe (2006): Weblogs in der Lehre – drei Fallbeispiele. https://www.e-teaching.org/didaktik/gestaltung/kommunikation/weblog/weblogs_25.07.06cr.pdf [05.05.2015]

Panke, Stefanie/Thillosen, Anne (2008): Unterwegs auf dem Wiki-Way. Wikis in Lehr- und Lernsettings. https://www.e-teaching.org/didaktik/kommunikation/wikis/08-09-12_Wiki_Panke-Thillosen.pdf [05.05.2015]

Pannarale, Simon/Kammerl, Rudolf (2007): Umfrage zu Erfahrungen, Kompetenzen und Einstellungen von Passauer Studierenden im Umgang mit IT und eLearning. http://www.mdkk.uni-passau.de/fileadmin/01_intelec_daten/05_online_publikationen/Pannarale_Kammerl_Onlinebefragung_SoSe2006.pdf [19.04.2010]

Pannier, Nico (2014): Wie BYOD das Lernen verändert. Pädagogische Hebel offener IT-Konzepte. In: L.A. multimedia, Magazin für Didaktik und digitale Medien, H. 3, S. 14–18 (BYOD = Bring your own device)

Papenmeier, Frank/Schwan, Stephan (2016): If you watch it move, you'll recognize it in 3D: Transfer of depth cues between encoding and retrieval. Acta Psychologica, 164, S. 90–95. https://dx.doi.org/10.1016/j.actpsy.2015.12.010 [13.08.2017]

PAQ (1980) = Projektgruppe Automation und Qualifikation (Haug, Frigga/May, Hannelore/Nemitz, Rolf/Ohm, Christof/Räthzel, Nora/van Treeck, Werner/Waldhubel, Thomas/Wenk, Silke/Zimmer, Gerhard): Automationsarbeit: Empirische Untersuchungen, Teil 1. Berlin: Argument

Pasuchin, Iwan (2009): Medienkompetenz im E-Learning. Eine medienpädagogische Perspektive auf mediendidaktische Diskurse. In: Dittler, Ullrich/Krameritsch, Jakob/Nistor, Nicolae/Schwarz, Christine/Thillosen, Anne (Hg.): E-Learning: Eine Zwischenbilanz. Kritischer Rückblick als Basis eines Aufbruchs. Münster: Waxmann, S. 149–164

Pätzold, Henning (2007): E-Learning 3-D. Welches Potenzial haben virtuelle 3-D-Umgebungen für das Lernen mit neuen Medien? In: MedienPädagogik. Online-Zeitschrift für Theorie und Praxis der Medienbildung. http://www.medienpaed.com/Documents/medienpaed/2007/paetzold0709.pdf [05.05.2015]

Paulson, F. Leon/Paulson, Pearl R./Meyer, Carol (1991): What makes a Portfolio a Portfolio? Educational Leadership. http://www.stanford.edu/dept/SUSE/projects/ireport/articles/e-portfolio/what%20makes%20a%20portfolio%20a%20portfolio.pdf [05.05.2015]

Pawlow, Iwan P. (1941; erste Publikation 1928): Lectures on conditioned reflexes: Twenty-five years of objective study of the higher nervous activity (behavior) of animals. New York: International Publishers

Pawlow, Iwan P. (1960; unabriged and unaltered republication of the translation 1927): Conditioned reflexes: An investigation of the physiological activity of the cerebral cortex. New York: Dover Publications

Pellegrini, Tassilo/Blumauer, Andreas (2006) (Hg.): Semantic Web. Wege zur vernetzten Wissensgesellschaft. Berlin, Heidelberg: Springer

Persike, Malte/Friedrich, Julius-David (2016): Lernen mit digitalen Medien aus Studierendenperspektive. Arbeitspapier Nr. 17. Berlin: Hochschulforum Digitalisierung. https://hochschulforumdigitalisierung.de/sites/default/files/dateien/HFD_AP_Nr_17_Lernen_mit_digitalen_Medien_aus_Studierendenperspektive.pdf [13.08.2017]

Peters, Otto (1999): Neue Lernräume. In: Grundlagen der Weiterbildung – Praxishilfen 34 (Loseblattwerk), Nr. 5.150. Neuwied: Luchterhand, S. 1–30

Petschow, Ulrich/Ferdinand, Jan-Peter/Dickel, Sascha/Flämig, Heike/Steinfeldt, Michael/Worobei, Anton (2014): Dezentrale Produktion, 3D-Druck und Nachhaltigkeit. Trajektorien und Potenziale innovativer Wertschöpfungsmuster zwischen Maker-Bewegung und Industrie 4.0. Berlin: Institut für ökologische Wirtschaftsförderung (IÖW 206/14). http://www.ioew.de/uploads/tx_ukioewdb/IOEW_SR_206_Dezentrale_Produktion_3D-Druck_und_Nachhaltigkeit.pdf [30.03.2015]

Piaget, Jean (1974): Der Aufbau der Wirklichkeit beim Kind. Stuttgart: Klett

PLENK (2010): Homepage des Open Online Course „Personal Learning Environments, Networks and Knowledge“. http://connect.downes.ca/ [05.05.2015]

Plötzner, Rolf/Leuders, Timo/Wichert, Adalbert (2009): Einleitung. In: Plötzner, Rolf/Leuders, Timo/Wichert, Adalbert (Hg.): Lernchance Computer. Strategien für das Lernen mit digitalen Medienverbünden. Münster: Waxmann, S. 7–18

Pscheida, Daniela/Lißner, Andrea/Lorenz, Anja/Kahnwald, Nina (2014): Vom Raum in die Cloud: Lehren und Lernen in cMOOCs. In: Rummler, Klaus (Hg.): Lernräume gestalten – Bildungskontexte vielfältig denken. Medien in der Wissenschaft, Bd. 67. Münster: Waxmann, S. 291–301

Püttmann, Carsten (2014): iPads und iBooks im Pädagogikunterricht. In: L.A. multimedia, Magazin für Didaktik und digitale Medien, H. 3, S. 19–23

Race, Phil (2001): A briefing on self, peer & group assessment. LTSN Generic Centre Series No. 9. York (UK): Learning and Teaching Support Network (LTSN). http://phil-race.co.uk/wp-content/uploads/Self,_peer_and_group_assessment.pdf [05.05.2015]

Rachbauer, Tamara (2014a): MINT-Bildung mit WebQuests – eine „coole“ Sache! Jugendliche mit der WebQuest-Methode für Technik und Naturwissenschaften begeistern. In: L.A. multimedia, Magazin für Didaktik und digitale Medien, H. 2, S. 22–25

Rachbauer, Tamara (2014b): Moodle in der Wolke! Alle Daten von überall erreichbar. In: L.A. multimedia, Magazin für Didaktik und digitale Medien, H. 3, S. 26–28

Rachbauer, Tamara (2015): Geschichtsunterricht außerhalb des Klassenzimmers. Mit dem Smartphone, Google Maps und QR-Codes Spuren der Vergangenheit suchen, finden und präsentieren. In: L.A. multimedia, Magazin für Didaktik und digitale Medien, H. 2, S. 17–20

Ramlow, Elke/Reisse, Wilfried/Zimmer, Gerhard (1995): Normen zum Qualitätsmanagement – DIN EN ISO 9000. Informationsvorlage für den Hauptausschuß des Bundesinstituts für Berufsbildung 1995. In: Bundesinstitut für Berufsbildung (Hg.): Qualitätssicherung in der beruflichen Weiterbildung. Ergebnisse, Veröffentlichungen und Materialien aus dem BIBB. Berlin und Bonn 1998, S. 7–23

Rauner, Felix/Trotier, Jürgen (1971): Computergesteuerter Unterricht. Das ALCU-Projekt – ein Schulversuch in Berlin-Wedding. Stuttgart: Berliner Union und W. Kohlhammer

Rautenstrauch, Christina (2001): Tele-Tutoren. Qualifizierungsmerkmale einer neu entstehenden Profession. Bielefeld: W. Bertelsmann (Wissen und Bildung im Internet, Bd. 1)

Reglin, Thomas (2001): Was bedeutet Usability netzgestützter Lehr-/Lernsysteme? In: Nuissl, Ekkehard/Schiersmann, Christiane/Siebert, Horst (Hg.): Literatur- und Forschungsreport Weiterbildung, Nr. 48. Bielefeld: W. Bertelsmann, S. 51–67

Reglin, Thomas/von der Hand, Gerhard/Oppitz, Susanne/Pleger, Georg/Heil, Stefan/Stracke, Christian/Krämer, Robert/Russel, Thomas/Müller Phillips Sohn, Herbert/Meier, Christoph/Hambach, Sybille/Berger, Thomas/Dudzik, Thomas/Heddergott, Kai/Neuhaus, Gerd/Bühler, Claus/Vennemann, Michael/Rockmann, Ulrike/Kause, Leopold/Pawlowski, Jan M./Daun, Annika/Ehlers, Ulf/Strahwald, Brigitte/Unverricht, Kristina/Reisky, Antares/Wölke, Heike/Kramer, Beate (2004): Referenzmodell für Qualitätsmanagement und Qualitätssicherung – Planung, Entwicklung, Durchführung und Evaluation von Bildungsprozessen und Bildungsangeboten (PAS 1032-1). Berlin: Beuth. http://www.beuth.de/sc/pas1032-1 [14.03.2004]

Reich, Kersten (1998a): Die Ordnung der Blicke. Band 1: Beobachtung und die Unschärfen der Erkenntnis. Neuwied: Luchterhand/Beltz

Reich, Kersten (1998b): Die Ordnung der Blicke. Band 2: Beziehungen und Lebenswelt. Neuwied: Luchterhand/Beltz

Reich, Kersten (2006): Systemisch-konstruktivistische Pädagogik. Weinheim, Basel: Beltz (5. Aufl.)

Reich, Klaus/Miesenberger, Klaus (2013): Barrierefreiheit – Grundlage gerechter webbasierter Lernchancen. In: Schön, Sandra/Ebner, Martin (Hg.): Lehrbuch für Lernen und Lehren mit Technologien (L3T). http://l3t.eu/homepage/das-buch/ebook-2013/kapitel/o/id/145/name/barrierefreiheit [30.03.2015]

Reil, Thomas (2002): Weiterentwicklung des Akkreditierungswesens. In: Reil, Thomas/ Winter, Martin (Hg.): Qualitätssicherung an Hochschulen. Theorie und Praxis. Bielefeld: W. Bertelsmann, S. 64–71

Reil, Thomas/Winter, Martin (2002) (Hg.): Qualitätssicherung an Hochschulen. Theorie und Praxis. Bielefeld: W. Bertelsmann

Reinhard, Wolfgang/Ebner, Martin/Beham, Günter/Costa, Cristina (2009): How People are using Twitter during Conferences. In: Hornung-Prähauser, Veronika/Luckmann, Michaela (Hg.): Creativity and Innovation Competencies on the Web. Proceedings of the 5th EduMedia 2009, Salzburg, S. 145–156. http://lamp.tu-graz.ac.at/~i203/ebner/publication/09_edumedia.pdf [05.05.2015]

Reinmann, Gabi (2007a): Bologna in Zeiten des Web 2.0. Assessment als Gestaltungsfaktor. Augsburg: Universität Augsburg, Medienpädagogik, Arbeitsbericht Nr. 16. http://opus.bibliothek.uni-augsburg.de/volltexte/2008/764/pdf/Arbeitsbericht16.pdf [05.05.2015]

Reinmann, Gabi (2007b): Wissen – Lernen – Medien: E-Learning und Wissensmanagement als medienpädagogische Aufgabe. In: Sesink, Werner/Kerres, Michael/Moser, Heinz (Hg.): Jahrbuch Medienpädagogik. Wiesbaden: Verlag für Sozialwissenschaften, S. 179–199

Reinmann, Gabi (2008a): Lehren als Wissensarbeit? Persönliches Wissensmanagement mit Weblogs. In: IWP – Information Wissenschaft & Praxis, 59. Jg., H. 1, S. 49–57

Reinmann, Gabi (2008b): Selbstorganisation im Netz – Anstoß zum Hinterfragen impliziter Annahmen und Prämissen. Arbeitsbericht, Universität Augsburg Medienpädagogik. https://opus.bibliothek.uni-augsburg.de/opus4/files/1272/imb_Arbeitsbericht_18.pdf [05.05.2015]

Reinmann, Gabi (2009): Arbeitspapier „Pfadabhängiges Didaktik-Modell". E-Learning-Szenarien für Präsenzhochschulen: Vom Beschreiben zum Entwickeln oder: Die Anfänge eines pfadabhängigen Didaktik-Modells. http://gabi-reinmann.de/wp-content/uploads/2009/05/elearning-szenarien.pdf [05.05.2015]

Reinmann, Gabi/Bianco, Tamara (2008): Knowledge Blogs zwischen Kompetenz, Autonomie und sozialer Eingebundenheit. Augsburg: Universität Augsburg, Medienpädagogik. Arbeitsbericht Nr. 17 (Konzeptpapier). https://opus.bibliothek.uni-augsburg.de/opus4/files/644/Arbeitsbericht_17.pdf [05.05.2015]

Reinmann, Gabi/Ebner, Martin/Schön, Sandra (Hg.) (2013): Hochschuldidaktik im Zeichen von Heterogenität und Vielfalt. Doppelfestschrift für Peter Baumgartner und Rolf Schulmeister. http://www.bimsev.de/n/userfiles/downloads/festschrift.pdf [30.03.2015]

Reinmann, Gabi/Sippel, Sylvia (2011): Königsweg oder Sackgasse? E-Portfolios für das forschende Lernen. In: Meyer, Torsten/Mayrberger, Kerstin/Münte-Goussar, Stefan/ Schwalbe, Christina (Hg.): Kontrolle und Selbstkontrolle. Zur Ambivalenz von E-Portfolios in Bildungsprozessen. Wiesbaden: VS Verlag für Sozialwissenschaften, S. 185–202

Reinmann-Rothmeier, Gabi (2003) (unter Mitarbeit von Vohle, Frank/Adler, Frederic/ Faust, Heidi): Didaktische Innovation durch Blended Learning. Leitlinien anhand eines Beispiels aus der Hochschule. Bern (Schweiz): Hans Huber

Reinmann-Rothmeier, Gabi/Mandl, Heinz/Prenzel, Manfred (1994): Computerunterstützte Lernumgebungen: Planung, Gestaltung und Bewertung. Erlangen: Publicis-MCD

Reischmann, Jost (2004): Kompetenz lehren? Kompetenz- und Performanz-Orientierung in der Andragogik zwischen Didaktik und Organisationsentwicklung. Universität Bamberg. http://www.uni-bamberg.de/fileadmin/andragogik/08/andragogik/aktuelles/Reischmann-Kompetenz.pdf [05.05.2015]

Renkl, Alexander (1997): Lernen durch Lehren – Zentrale Wirkmechanismen beim kooperativen Lernen. Wiesbaden: Dt. Universitätsverlag

Reuß, Roland: Ende des Blindflugs. Siebzehn Konstanzer Professoren zeigen der Entrechtung durch Open Access die Grenze auf. Karlsruhe muss jetzt entscheiden, ob der Staat Wissenschaftler zur Publikation zwingen darf. Frankfurter Allgemeine Zeitung, 29.11.2017, S. N4

Rey, Günter Daniel (2009): E-Learning. Theorien, Gestaltungsempfehlungen und Forschung. Bern (Schweiz): Hans Huber

Rieble, Volker (2009): Freier Zugang zu unfreien Autoren. Open Access aus juristischer Sicht. In: Forschung und Lehre, 16. Jg., H. 9, S. 648–651

Ritter, Christopher/Bittner, Patrick/Kao, Odej (2014): Der Weg von BYOE zum GYSE. Hg.: DFN-Forum Kommunikationstechnologien. https://www.dfn.de/fileadmin/3Beratung/DFN-Forum7/konferenzband/07-BYOE_zu_GYSE.pdf [23.11.2014]

Rödel, Bodo (2013): Open Educational Resources. In: BWP – Berufsbildung in Wissenschaft und Praxis, 42. Jg., H. 6, S. 54–55

Röder, Bettina (2017): Möglichkeiten von Online-Studienwahl-Assistenten für berufsbegleitende Online-Studiengänge. In: Griesehop, Hedwig Rosa/Bauer, Edith (Hg.): Lehren und Lernen online. Lehr- und Lernerfahrungen im Kontext akademischer Online-Lehre. Wiesbaden: Springer VS, S. 3–30

Rohs, Matthias (2004): Lernprozessbegleitung als konstitutives Element der IT-Weiterbildung. In: Rohs, Matthias/Käpplinger, Bernd (Hg.): Lernberatung in der beruflich-betrieblichen Weiterbildung: Konzepte und Praxisbeispiele für die Umsetzung. Münster: Waxmann, S. 133–158

Rohs, Matthias (2013): Informelles Mobiles Lernen. In: de Witt, Claudia/Sieber, Almut (Hg.): Mobile Learning. Potenziale, Einsatzszenarien und Perspektiven des Lernens mit mobilen Endgeräten. Wiesbaden: Springer VS, S. 75–97

Röll, Martin (2006): Knowledge Blogs. Persönliche Weblogs im Intranet als Werkzeug im Wissensmanagement. In: Picot, Arnold/Fischer, Tim (Hg.): Weblogs professionell. Grundlagen, Konzepte und Praxis im unternehmerischen Umfeld. Heidelberg: dpunkt.verlag, S. 95–110

Rosen Yigal/Blink, Mary Jean (2017): Designing Adaptive Learning and Assessment in HarvardX: Collaborative Project by Harvard University and TutorGen. https://vpal.harvard.edu/blog/designing-adaptive-learning-and-assessment-harvardx-collaborative-project-harvard [13.08.2017]

Roth, Heinrich (1971): Pädagogische Anthropologie. Bildsamkeit und Bestimmung. Hannover: Hermann Schroedel (3. Aufl.)

Rottmann, Joachim/Stratmann, Jörg/Kerres, Michael (2006): Handlungsorientiertes Prüfen in der beruflichen Aus- und Weiterbildung. Eine Herausforderung für computergestützte Testverfahren. In: MedienPädagogik. Online-Zeitschrift für Theorie und Praxis der Medienbildung 22.09.2006. http://www.medienpaed.com/Documents/medienpaed/2006/rottmann0609.pdf [05.05.2015]

Ruedel, Cornelia (2010): Was ist E-Assessment? In: Ruedel, Cornelia/Mandel, Schewa (Hg.): E-Assessment. Einsatzszenarien und Erfahrungen an Hochschulen. Münster: Waxmann, S. 11–22

Ruedel, Cornelia/Mandel, Schewa (2010) (Hg.): E-Assessment. Einsatzszenarien und Erfahrungen an Hochschulen. Münster: Waxmann

Ruppel, Andrea (2017): Künstliche Intelligenz mit Herz. Bundesbildungsministerium fördert Marburger Projekt HEART für innovative digitale Hochschulbildung. https://www.uni-marburg.de/aktuelles/news/2017b/bmbffoerderunghandke [13.08.2017]

Sack, Harald/Waitelonis, Jörg (2008): Zeitbezogene kollaborative Annotation zur Verbesserung der inhaltsbasierten Videosuche. In: Gaiser, Birgit/Hampel, Thorsten/Panke, Stefanie (Hg.): Good Tags – Bad Tags. Social Tagging in der Wissensorganisation. Münster: Waxmann, S. 107–118

Salden, Peter (2013): Der Third Space als Handlungsfeld in Hochschulen: Konzept und Perspektive. In: Barnat, Miriam/Hofhues, Sandra/Kenneweg, Anne Cornelia/Merkt, Marianne/Salden, Peter/Urban, Diana (Hg.): Junge Hochschul- und Mediendidaktik. Forschung und Praxis im Dialog. Hamburg, S. 27–36. http://www.zhw.uni-hamburg.de/almanach/wp-content/files/JF_2_Salden_almanach1.pdf [30.08.2014]

Salmon, Gilly (2004): E-Moderating. The Key to Teaching and Learning Online. New York (USA): Routledge

Sams, Aaron (2012): Der „Flipped" Classroom. In: Handke, Jürgen/Sperl, Alexander (Hg.): Das Inverted Classroom Model. Begleitband zur ersten deutschen ICM Konferenz. Münster: Oldenbourg, S. 13–23

Sauter, Annette M./Sauter, Werner (2002): Blended Learning. Effiziente Integration von E-Learning und Präsenztraining. Neuwied: Luchterhand

Sauter, Edgar (2000): Qualitätssicherung und Qualitätsmanagement in der beruflichen Aus- und Weiterbildung. In: Bundesinstitut für Berufsbildung (Hg.): Qualitätsentwicklung in der beruflichen Aus- und Weiterbildung. Bonn: BIBB, S. 7–14

Sauter, Werner (2017): Kompetenzentwicklung im Netz. Bausteine einer neuen Bildungswelt. In: Siepmann, Frank (Hg.): Jahrbuch eLearning und Wissensmanagement 2017. Weiterbildung & eLearning im Zeitalter der Digitalisierung. Hagen im Bremischen: Siepmann Media, S. 44–49

Schäfer, Christoph (2014): Potenziale von 3D-Konstruktion und 3D-Druck für die Experimentelle Archäologie (Video). http://www.podcampus.de/nodes/RvDMr [25.03.2015]

Schaffert, Sandra/Hilzensauer, Wolf (2008): Auf dem Weg zu Persönlichen Lernumgebungen – sieben entscheidende Aspekte. eLearning Papers. http://openeducationeuropa.eu/de/article/Auf-dem-Weg-zu-Pers%C3%B6nlichen-Lernumgebungen%3A-sieben-entscheidende-Aspekte [05.05.2015]

Schaffert, Sandra/Hornung-Prähauser, Veronika/Hilzensauer, Wolf/Wieden-Bischof, Diana (2007): E-Portfolio-Einsatz an Hochschulen: Möglichkeiten und Herausforderungen. In: Brahm, Taiga/Seufert, Sabine (Hg.): E-Assessment und E-Portfolio: Halten sie, was sie versprechen? St. Gallen (Schweiz): Universität St. Gallen, SCIL (Swiss Centre for Innovations in Learning), Arbeitsbericht 13, S. 75–90

Schaffert, Sandra/Kaltz, Marco (2009): Persönliche Lernumgebungen. Grundlagen, Möglichkeiten und Herausforderungen eines neuen Konzepts. In: Hohenstein, Andreas/Wilbers, Karl (Hg.): Handbuch E-Learning. Expertenwissen aus Wissenschaft und Praxis. Köln: Deutscher Wirtschaftsdienst, Beitrag 5.16, S. 1–24

Scheffer, Simone/Fröhmel, Annette/Georg, Waltraud (2008): Prüfung praktischer Fertigkeiten. Performance-based Testing in der Medizin. In: Dany, Sigrid/Szczyrba, Birgit/Wildt, Johannes (Hg.): Prüfungen auf die Agenda! Hochschuldidaktische Perspektiven auf Reformen im Prüfungswesen. Bielefeld: W. Bertelsmann (Blickpunkt Hochschuldidaktik 118), S. 103–113

Scheiter, Katharina/Gerjets, Peter (2007): Learner control in hypermedia environments. Educational Psychology Review, 19, S. 285–307. http://link.springer.com/article/10.1007/s10648-007-9046-3 [05.05.2015]

Schenkel, Peter (2000): Ebenen und Prozesse der Evaluation. In: Schenkel, Peter/Tergan, Sigmar-Olaf/Lottmann, Alfred (Hg.): Qualitätsbeurteilung multimedialer Lern- und Informationssysteme. Evaluationsmethoden auf dem Prüfstand. Nürnberg: BW Bildung und Wissen, S. 52–74

Schenkel, Peter/Tergan, Sigmar-Olaf/Lottmann, Alfred (2000) (Hg.): Qualitätsbeurteilung multimedialer Lern- und Informationssysteme. Evaluationsmethoden auf dem Prüfstand. Nürnberg: BW Bildung und Wissen

Schiefner, Mandy (2008): Social Tagging in der universitären Lehre. In: Gaiser, Birgit/Hampel, Thorsten/Panke, Stefanie (Hg.): Good Tags – Bad Tags. Social Tagging in der Wissensorganisation. Münster: Waxmann, S. 73–83

Schiefner-Rohs, Mandy (2012): Kritische Informations- und Medienkompetenz. Theoretisch-konzeptionelle Herleitung und empirische Betrachtungen am Beispiel der Lehrerausbildung. Münster: Waxmann (Internationale Hochschulschriften, Bd. 566)

Schiefner-Rohs, Mandy/Heinen, Richard/Kerres, Michael (2013): Private Computer in der Schule. Zwischen schulischer Infrastruktur und Schulentwicklung. In: Medienpädagogik – Zeitschrift für Theorie und Praxis der Medienbildung. http://www.medienpaed.com/Documents/medienpaed/2013/schiefner-rohs1304.pdf [23.11.2014]

Schinzel, Britta (2001): e-learning für alle: Gendersensitive Mediendidaktik. http://mod.iig.uni-freiburg.de/cms/fileadmin/publikationen/users/schinzel/publikationen/E-Learning_fuer_alle.pdf [05.05.2015]

Schinzel, Britta/Ruiz Ben, Ester (2002): Gendersensitive Gestaltung von Lernmedien und Mediendidaktik: von den Ursachen für ihre Notwendigkeit zu konkreten Checklisten. http://mod.iig.uni-freiburg.de/cms/fileadmin/publikationen/users/schinzel/publikationen/Info%2bGesell/PS/BMBFGenderNM.pdf [05.05.2015]

Schlag, Sabine/Plötzner, Rolf (2009): Lernen mit informierenden Bildern und Texten. In: Plötzner, Rolf/Leuders, Timo/Wichert, Adalbert (Hg.): Lernchance Computer. Strategien für das Lernen mit digitalen Medienverbünden. Münster: Waxmann, S. 121–137

Schlutz, Erhard (2000): Qualitätssicherung in der Weiterbildung – Rückblick und Ausblick. In: Grundlagen der Weiterbildung Zeitschrift, 11. Jg., H. 1, S. 20–23

Schmees, Markus/Horn, Janine (2014): E-Assessments an Hochschulen: ein Überblick: Szenarien, Praxis, E-Klausurrecht. Digitale Medien in der Hochschullehre: Vol. 1. Münster: Waxmann

Schmid, Ulrich/Goertz, Lutz/Behrens, Julia (2016): Monitor Digitale Bildung. Berufliche Ausbildung im digitalen Zeitalter. Gütersloh: Bertelsmann Stiftung

Schmidt, Jan/Mayer, Florian (2007): Wer nutzt Weblogs für kollaborative Lern- und Wissensprozesse? Ergebnisse der Befragung „Wie ich blogge?!" 2005. In: Schwarz, Christine/Dittler, Ullrich (Hg): Online-Communities als soziale Systeme. Münster: Waxmann, S. 61–80

Schmidt, Jan/Wilbers, Martin (2006): Wie ich blogge?! Erste Ergebnisse der Weblogbefragung 2005. Berichte der Forschungsstelle „Neue Kommunikationsmedien", Nr. 06-01, Bamberg. http://nbn-resolving.de/urn:nbn:de:0168-ssoar-9874 [05.05.2015]

Schmidt, Jens Uwe (2000): Handlungsorientierte Prüfungen. In: Cramer, Günter/Kiepe, Klaus (Hg.): Jahrbuch Ausbildungspraxis 2000. Köln: Fachverlag Deutscher Wirtschaftsdienst, S. 172–184

Schmidt, Sebastian (2016): Flipped Classroom mit Videoclips. Wenn der Unterricht Kopf steht. In: L. A. multimedia, H. 4, S. 14–16

Schmidt, Siegfried J. (1994): Kognitive Autonomie und soziale Orientierung. Konstruktivistische Bemerkungen zum Zusammenhang von Kognition, Kommunikation, Medien und Kultur. Frankfurt/Main: Suhrkamp

Schmidt, Tim/Ketterl, Markus/Morisse, Karsten (2007): Podcasts: Neue Chancen für die universitäre Bildung. https://www.e-teaching.org/didaktik/gestaltung/ton/podcast/langtext_podcast_04_09_07.pdf [30.07.2010]

Schmitz, Hans/Siegel, Günter/Baudach, Henning (2011): Chancen und Risiken von Online-Studiengängen für Präsenz-Hochschulen. Zeitschrift für E-Learning, Lernkultur und Bildungstechnologie. E-Learning und Fernstudium an Hochschulen, 6. Jg., H. 1, S. 48–60

Schneider, Daniel K. (2005): Gestaltung kollektiver und kooperativer Lernumgebungen. In: Euler, Dieter/Seufert, Sabine (Hg.): E-Learning in Hochschulen und Bildungszentren. München: Oldenbourg, S. 299–314

Schneider, Ulrike (1980): Sozialwissenschaftliche Methodenkrise und Handlungsforschung. Frankfurt/Main: Campus

Schnotz, Wolfgang (1997): Zeichensysteme und Wissenserwerb mit neuen Informationstechnologien. In: Gruber, Hans/Renkl, Alexander (Hg.): Wege zum Können. Determinanten des Kompetenzerwerbs. Bern (Schweiz): Hans Huber, S. 218–235

Schnotz, Wolfgang (2002): Wissenserwerb mit Texten, Bildern und Diagrammen. In: Issing, Ludwig J./Klimsa, Paul (Hg.): Information und Lernen mit Multimedia und Internet. Lehrbuch für Studium und Praxis. Weinheim: Beltz PVU (3., vollst. überarb. Aufl.), S. 65–81

Schnotz, Wolfgang (2014): Integrated Model of Text and Picture Comprehension. In: Mayer, Richard E. (Hg.): The Cambridge Handbook of Multimedia Learning. New York: Cambridge University Press (2. Aufl.), S. 72–103

Schnotz, Wolfgang/Lowe, Richard (2008): A unified view of learning from animated and static grafics. In: Schnotz, Wolfgang/Lowe, Richard (Hg.): Learning with animation. Research Implications for Design. New York (USA): Cambridge University Press, S. 304–356

Schön, Martin/Ebner, Martin (2013): Das Gesammelte interpretieren. Educational Data Mining und Learning Analytics. In: Schön, Sandra/Ebner, Martin (2013) (Hg.): Lehrbuch für Lernen und Lehren mit Technologien (L3T). Berlin: epubli, S. 1–9 (2. Aufl.) http://l3t.eu/homepage/das-buch/ebook-2013/kapitel/o/id/119/name/das-gesammelte-interpretieren [24.11.2014], http://l3t.tugraz.at/index.php/LehrbuchEbner10/article/download/119/117 [14.09.2017]

Schön, Sandra/Ebner, Martin (2013) (Hg.): Lehrbuch für Lernen und Lehren mit Technologien (L3T). Berlin: epubli, S. 1–9 (2. Aufl.). http://l3t.eu/homepage/das-buch/ebook-2013/ [31.03.2015]

Schönwald, Ingrid/Euler, Dieter/Seufert, Sabine (2004): Supportstrukturen zur Förderung einer innovativen eLearning-Organisation an Hochschulen. St. Gallen (Schweiz): Universität St. Gallen, SCIL (Swiss Centre for Innovations in Learning), Arbeitsbericht 3

Schorb, Bernd (2005): Medienkompetenz. In: Hüther, Jürgen/Schorb, Bernd (Hg.): Grundbegriffe Medienpädagogik. München: kopaed (4., vollst. neu konzip. Aufl.), S. 257–262

Schreier, Claudia (2017): Digitalisierung in der Ausbildung: Überbetriebliche Ausbildungsstätten als Vorreiter. In: Berufsbildung in Wissenschaft und Praxis, H. 2, S. 38–39

Schreiterer, Ulrich (2003): Was bedeutet E-Learning für die Hochschulen: Perspektiven nach dem Hype. Vortrag beim 2. E-Learning Camp Hamburg, 3. Juli 2003. http://www2.leuphana.de/cnet/future/dokus/work/vortrag01_grusswort.pdf [05.05.2015]

Schröder, Norbert (2014): Medien machen schafft Praxis-Wissen. In: L.A. multimedia, Magazin für Didaktik und digitale Medien, H. 2, S. 10–13

Schulmeister, Rolf (1999): Virtuelles Lernen aus didaktischer Sicht. In: Zeitschrift für Hochschuldidaktik (ZSfHD), H. 3, S. 1–27

Schulmeister, Rolf (2000): Gutachten für das BM:BWK. Selektions- und Entscheidungskriterien für die Auswahl von Lernplattformen und Autorenwerkzeugen. http://www.zhw.uni-hamburg.de/pdfs/Plattformen.pdf [05.05.2015]

Schulmeister, Rolf (2001): Virtuelle Universität – Virtuelles Lernen. München: Oldenbourg

Schulmeister, Rolf (2004): Diversität von Studierenden und die Konsequenzen für eLearning. In: Carstensen, Doris/Barrios, Beate (Hg): Campus 2004. Kommen die digitalen Medien in die Jahre? Münster: Waxmann, S. 133–144. http://www.izhd.uni-hamburg.de/pdfs/Diversitaet.pdf [05.05.2015]

Schulmeister, Rolf (2005a): Lernplattformen für das virtuelle Lernen: Evaluation und Didaktik. München: Oldenbourg (2. Aufl.)

Schulmeister, Rolf (2005b): Interaktivität in Multimedia-Anwendungen. https://www.e-teaching.org/didaktik/gestaltung/interaktiv/InteraktivitaetSchulmeister.pdf [05.05.2015]

Schulmeister, Rolf (2007): Grundlagen hypermedialer Lernsysteme. Theorie – Didaktik – Design. München: Oldenbourg (4., überarb. u. aktual. Aufl.)

Schulmeister, Rolf (2009): Der Computer enthält in sich ein Versprechen auf die Zukunft. In: Dittler, Ullrich/Krameritsch, Jakob/Nistor, Nicolae/Schwarz, Christine/Thillosen, Anne (Hg.): E-Learning: Eine Zwischenbilanz. Kritischer Rückblick als Basis eines Aufbruchs. Münster: Waxmann, S. 317–323

Schulmeister, Rolf (2013a) (Hg.): MOOCs – Massive Open Online Courses: Offene Bildung oder Geschäftsmodell? Münster: Waxmann

Schulmeister, Rolf (2013b): Der Beginn und das Ende von OPEN. Chronologie der MOOC-Entwicklung. In: Ders. (Hg.): MOOCs – Massive Open Online Courses: Offene Bildung oder Geschäftsmodell? Münster: Waxmann, S. 17–62. http://www.waxmann.com/fileadmin/media/zusatztexte/2960Volltext.pdf [29.03.2015]

Schulmeister, Rolf/Leikauf, Roland/Bliemeister, Mathias (2010): Ansichten zur Kommentarkultur in Weblogs. In: Bauer, Petra/Hoffmann, Hannah/Mayrberger, Kerstin (Hg.): Fokus Medienpädagogik – Aktuelle Forschungs- und Handlungsfelder. Festschrift für Stefan Aufenanger. München: kopaed, S. 317–347. http://www.zhw.uni-hamburg.de/uploads/ansichten-zur-kommentarkultur.pdf [05.05.2015]

Schulmeister, Rolf/Mayrberger, Kerstin/Breiter, Andreas/Fischer, Arne/Hofmann, Jörg/Vogel, Martin (2008): Didaktik und IT-Service-Management für Hochschulen. Bremen/Hamburg. https://www.mmkh.de/fileadmin/dokumente/Publikationen/Referenzrahmen_Qualitaetssicherung_elearning_April09.pdf [05.05.2015]

Schwägele, Sebastian/Zürn, Birgit/Trautwein, Friedrich (2012) (Hg.): Planspiele – Lernen im Methoden-Mix. Integrative Lernkonzepte in der Diskussion. Norderstedt: Books on Demand (ZMS-Schriftenreihe, 4)

Schwan, Stephan (2006): Game Based Learning – Computerspiele in der Hochschullehre. https://www.e-teaching.org/didaktik/konzeption/methoden/lernspiele/game_based_learning/gamebasedlearning.pdf [05.05.2015]

Schwan, Stephan/Riempp, Roland (2004): The cognitive benefits of interactive videos: Learning to tie nautical knots. In: Learning and Instruction, H. 14, S. 293–305

Schweibenz, Werner/Thissen, Frank (2003): Qualität im Web. Benutzerfreundliche Webseiten durch Usability Evaluation. Berlin, Heidelberg: Springer

Seufert, Sabine (2005a): Gestaltung virtueller Lerngemeinschaften. In: Euler, Dieter/Seufert, Sabine (Hg.): E-Learning in Hochschulen und Bildungszentren. München: Oldenbourg, S. 315–333

Seufert, Sabine (2005b): Gestaltung von Veränderungen: Förderung der Innovationsbereitschaft durch „Change-Management-Akteure". In: Euler, Dieter/Seufert, Sabine (Hg.): E-Learning in Hochschulen und Bildungszentren. München: Oldenbourg, S. 541–559

Seufert, Sabine (2006): Innovationsorientiertes Bildungsmanagement. Hochschulentwicklung durch Sicherung von Nachhaltigkeit von eLearning. Wiesbaden: VS Verlag für Sozialwissenschaften

Seufert, Sabine/Euler, Dieter (2003): Nachhaltigkeit von eLearning-Innovationen. St. Gallen (Schweiz): Universität St. Gallen, SCIL (Swiss Centre for Innovations in Learning), Arbeitsbericht 1

Seufert, Sabine/Meier, Christoph (2003): Planspiele und digitale Lernspiele: Neue Edutainment-Welle oder nicht erkannte Potenziale neuer Lernformen? http://elearning reviews.org/seufert/docs/lernspiele-planspiele-edutainement.pdf [01.02.2011]

Severing, Eckart (2001): Betriebliche Bildung in der Wissensgesellschaft. In: Loebe, Herbert/Severing, Eckart (Hg.): Zukunft der betrieblichen Bildung. Ökonomisierung – selbstorganisiertes Lernen – Wissensmanagement – neue Lernmedien. Wirtschaft und Weiterbildung, Band 27, Hg. von Berufliche Fortbildungszentren der Bayerischen Wirtschaft gGmbH, W. Bertelsmann, Bielefeld, S. 9–15

Severing, Eckart (2003): Anforderungen an eine Didaktik des eLearning in der betrieblichen Bildung. In: Loebe, Herbert/Severing, Eckart (Hg.): eLearning für die betriebliche Praxis. Wirtschaft und Weiterbildung, Band 30, Hg. von Forschungsinstitut Betriebliche Bildung (f-bb) gGmbH, W. Bertelsmann, Bielefeld, S. 67–80

Shannon, Claude Elwood/Weaver, Warren (1949): The Mathematical Theory of Communication. Urbana (USA): The University of Illinois Press

Shapiro, Amy/Niederhauser, Dale (2004): Learning from hypertext: Research issues and findings. In: Jonassen, David H. (Hg.): Handbook of research on educational communications and technology. Mahwah, New Jersey (USA): Lawrence Erlbaum (2. Aufl.), S. 605–620

Siemens, George (2004): A learning theory for the digital age. elearnspace – everything elearning. http://www.elearnspace.org/Articles/connectivism.htm [05.05.2015]

Siemens, George (2006): Connectivism: Learning Theory or Pastime of the Self-Amused? elearnspace – everything elearning. http://www.elearnspace.org/Articles/connecti vism_self-amused.htm [05.05.2015]

Simpson, Ormond (2000): Supporting Students in Open and Distance Learning. London (UK): Kogan Page

Škerlak, Tina/Kaufmann, Helen/Bachmann, Gudrun (2014) (Hg.): Lernumgebungen an der Hochschule. Auf dem Weg zum Campus von morgen. Münster: Waxmann (Medien in der Wissenschaft, Bd. 66)

Skinner, Burrhus F. (1958): Teaching Machines. Reprinted from Science Vol. 128, October 24, 1958, No. 3330, S. 969–977. http://www.bfskinner.org/wp-content/uploads/2014/02/teaching-machines-1958.pdf [05.05.2015]

Sloane, Peter F. E. (2012): Der Deutsche Qualifikationsrahmen – Interessen, Reformansprüche und Umsetzungsmöglichkeiten. Eine kritische Bestandsaufnahme. In: Büchter, Karin/Dehnbostel, Peter/Hanf, Georg (Hg.): Der Deutsche Qualifikationsrahmen (DQR). Ein Konzept zur Erhöhung von Durchlässigkeit und Chancengleichheit im Bildungssystem? Bonn: Bundesinstitut für Berufsbildung, W. Bertelsmann, Bielefeld, S. 163–185

Smith, Gene (2004): Folksonomy: Classification. http://atomiq.org/archives/2004/08/folksonomy_social_classification.html [01.02.2011]

Sonnberger, Julia (2008): Das E-Learning-Label an der TU Darmstadt. Entwicklung, Einführung und Auswertung eines Modells zur Qualitätssicherung und Qualitätsentwicklung von E-Learning-Veranstaltungen. Berlin: Logos

Spannagel, Christian (2010): How an open scientist can use twitter. Twitter Tip Sheet. http://2x96m6105qtr2c7q0n34ku5j.wpengine.netdna-cdn.com/wp-content/uploads/pdf/Tip_sheet_twitter_Spannagel.pdf [05.05.2015]

Spannagel, Christian (2012): Selbstverantwortliches Lernen in umgedrehten Mathematikvorlesungen. In: Handke, Jürgen/Sperl, Alexander (Hg.) (2012): Das Inverted Classroom Model. Begleitband zur ersten deutschen ICM Konferenz. Münster: Oldenbourg, S. 73–81

Spannagel, Christian (2013): Was mache ich eigentlich in der Präsenzphase. Slideshare-Präsentation. http://de.slideshare.net/cspannagel/was-mache-ich-eigentlich-in-der-praesenzphase [03.05.2015]

Spannagel, Christian (2015): Das große X. Informatik, informationstechnische Grundbildung, digitale Medienkompetenz. In: L.A. multimedia, Magazin für Didaktik und digitale Medien, H. 2, S. 30–33

Spannagel, Christian/Spannagel Janna (2014): PB039: Gamification in der Schule – oder auch Brokkoli und Schokolade. #pb21-Podcast. http://pb21.de/2014/05/pb039-gamification-der-schule-oder-auch-brokkoli-und-schokolade/ [03.05.2015]

Specht, Marcus/Ebner, Martin/Löcker, Clemens (2013): Mobiles und ubiquitäres Lernen. Technologien und didaktische Konzepte. In: Ebner, Martin (Hg.): Lehrbuch für Lernen und Lehren mit Technologien (L3T). Berlin: epubli (2. Aufl.). http://l3t.tugraz.at/index.php/LehrbuchEbner10/article/download/113/97 [05.05.2015]

Specht, Marcus/Kalz, Marco/Börner, Dirk (2013): Innovationen und Trends für Mobiles Lernen. In: de Witt, Claudia/Sieber, Almut (Hg.): Mobile Learning. Potenziale, Einsatzszenarien und Perspektiven des Lernens mit mobilen Endgeräten. Wiesbaden: Springer VS, S. 55–74

Spindler, Gerald (2006) (Hg.): Rechtliche Rahmenbedingungen von Open-Access-Publikationen. Göttingen: Universitätsverlag

Spiro, Rand J./Coulson, Richard L./Feltovich, Paul J./Anderson, Daniel K. (1988): Cognitive flexibility theory. Advanced knowledge acquisition in ill-structured domains. In: Patel, Vimla L. (Hg.): Tenth Annual Conference of the cognitive Science Society. Hillsdale (USA): Lawrence Erlbaum, S. 375–383

Spiro, Rand J./Feltovich, Paul J./Jacobson, Michael J./Coulson, Richard L. (1992): Cognitive Flexibility, Constructivism, and Hypertext. Random Access Instruction for Advanced Knowledge Acquisition in Ill-Structured Domains. In: Duffy, Thomas M./Jonassen, David H. (Hg.): Constructivism and the Technology of Instruction. A Conversation. Hillsdale (USA): Lawrence Erlbaum, S. 57–76

Spiro, Rand J./Jehng, Jihn-Chang (1990): Cognitive flexibility, random access instruction and hypertext: Theory and technology for the nonlinear and multidimensional traversal of complex subject matter. In: Nix, Don/Spiro, Rand J. (Hg.): Cognition, education and multimedia: Exploring ideas in high technology. Hillsdale (USA): Lawrence Erlbaum. S. 163–206

Spitzer, Manfred (2010): Im Netz. In: Frankfurter Allgemeine Zeitung, 22.09.2010, S. 8

Spitzer, Manfred (2012): Digitale Demenz. Wie wir uns und unsere Kinder um den Verstand bringen. München: Droemer

Sporer Thomas/Jenert, Tobias (2008): Open Education: Partizipative Lernkultur als Herausforderung und Chance für offene Bildungsinitiativen an Hochschulen. In: Zauchner, Sabine/Baumgartner, Peter/Blaschitz, Edith/Weissenbäck, Andreas (Hg.): Offener Bildungsraum Hochschule. Freiheiten und Notwendigkeiten. Münster: Waxmann, S. 39–49

Spoun, Sascha/Keller, Holm/Grünberg-Bochard, Jutta (2013): Global Learning in Teams: „Think Tank Ideal City". Zur Entwicklung eines Studienkonzeptes für digitales Lernen. In: Schulmeister, Rolf (Hg.): MOOCs – Massive Open Online Courses. Offene Bildung oder Geschäftsmodell? Münster: Waxmann, S. 127–145. http://www.waxmann.com/fileadmin/media/zusatztexte/2960Volltext.pdf [29.03.2015]

Stadler, Thomas (2002): Haftung für Informationen im Internet. Berlin: Erich Schmidt

Stahl, Elmar (2001): Hyper – Text – Schreiben. Die Auswirkungen verschiedener Instruktionen auf Lernprozesse beim Schreiben von Hypertext. Münster: Waxmann

Stahl, Elmar (2009): Lernen durch Gestalten von digitalen Medien. In: Plötzner, Rolf/Leuders, Timo/Wichert, Adalbert (Hg.): Lernchance Computer. Strategien für das Lernen mit digitalen Medienverbünden. Münster: Waxmann, S. 239–259

Stahl, Elmar/Bromme, Rainer (2005): Is a hypertext a book or a space? The impact of different introductory metaphors on hypertext construction. In: Computers & Education, 44. Jg., H. 2, S. 115–133

Stangel-Meseke, Martina/Wottawa, Heinrich (1993): Evaluation. In: Schorr, Angela (Hg.): Handwörterbuch der Angewandten Psychologie: Die Angewandte Psychologie in Schlüsselbegriffen. Bonn: Deutscher Psychologen Verlag, S. 212–217

Stapelkamp, Torsten (2007): Screen- und Interfacedesign. Gestaltung und Usability für Hard- und Software. Springer eBook Collection Computer Science & Engineering [Dig. Serial]. Berlin, Heidelberg: Springer

Stark, Robin (2009): Einführung in quantitative Methoden der empirischen Bildungsforschung. In: Henninger, Michael/Mandl, Heinz (Hg.): Handbuch Medien- und Bildungsmanagement. Weinheim, Basel: Beltz, S. 418–434

Statista (2017): Anzahl der Personen in Deutschland, die (zumindest gelegentlich) Bücher auf elektronischen Geräten (E-Reader, Tablet-PC, Smartphone) lesen, von 2012 bis 2016 (in Millionen). https://de.statista.com/statistik/daten/studie/265230/umfrage/e-reader-tablet-smartphone--lesen-von-buechern-auf-elektronischen-geraeten/ [13.07.2017]

Statistisches Bundesamt (2010): Behinderte, Kriegsopfer. http://www.destatis.de/jetspeed/portal/cms/Sites/destatis/Internet/DE/Navigation/Statistiken/Sozialleistungen/BehinderteKriegsopfer/BehinderteKriegsopfer.psml [30.07.2010]

Stiftung Warentest (2015): Qualitätsmanagement in der Weiterbildung: Stehen Siegel für Qualität? https://www.test.de/Qualitaetsmanagement-in-der-Weiterbildung-Stehen-Siegel-fuer-Qualitaet-4911239-4918478/ [01.08.2017]

Stiller, Klaus D. (2011): Das Modalitätsprinzip im multimedialen Instruktionsdesign. Empirische Basis, theoretische Erklärungen und vernachlässigte Faktoren. http://epub.uni-regensburg.de/22508/ [25.03.2015]

Stöber, Anette/Göcks, Marc (2009): Die unberechtigte Angst vor der Konserve: Machen Vorlesungsaufzeichnungen und Podcasts die Präsenzlehre überflüssig? In: Dittler, Ullrich/Krameritsch, Jakob/Nistor, Nicolae/Schwarz, Christine/Thillosen, Anne (Hg.): E-Learning: Eine Zwischenbilanz. Kritischer Rückblick als Basis eines Aufbruchs. Münster: Waxmann, S. 117–132

Stocker, Christa (2007): Zwischen Wunsch und Wirklichkeit. Weblogs im Hochschulunterricht. In: Schwarz, Christine/Dittler, Ullrich (Hg): Online-Communities als soziale Systeme. Münster: Waxmann (Medien in der Wissenschaft, Bd. 40), S. 97–114

Stöcklin, Nando (2012): Von analog zu digital: die neuen Herausforderungen für die Schule. In: Blaschitz, Edith/Brandhofer, Gerhard/Nosko, Christian/Schwed, Gerhard (Hg.): Zukunft des Lernens. Wie digitale Medien Schule, Aus- und Weiterbildung verändern. Glückstadt: Werner Hülsbusch, S. 57–74

Stockmann, Reinhard (2006): Evaluation und Qualitätsentwicklung: Eine Grundlage für wirkungsorientiertes Qualitätsmanagement. Münster: Waxmann

Stockmann, Reinhard (2007) (Hg.): Handbuch zur Evaluation. Eine praktische Handlungsanleitung. Münster: Waxmann

Stracke, Christian M. (2006): Der neue E-Learning-Qualitätsstandard von ISO und IEC – Ein neuer Weg in der Standardisierung. Symposium zur Standardisierung beim Bundesministerium für Wirtschaft, Berlin am 25./26.10.2006. http://www.bmwi.de/BMWi/Redaktion/PDF/I/ikt-symposium-ws-4-christian-stracke,property=pdf,bereich=bmwi,sprache=de,rwb=true.pdf [05.05.2015]

Stracke, Christian M. (2007): Kategoriales Referenzmodell für E-Learning – Standards und E-Learning-Standardisierung im Überblick. zeitschrift für e-learning, 2. Jg., H. 2, S. 8–20

Stracke, Christian M. (2009a): Quality Development and Standards in E-Learning. Benefits and Guidelines for Implementations. Proceedings of the ASEM Lifelong Learning Conference: E-Learning and Workplace Learning. Bankok (Thailand), S. 1–16 http://duepublico.uni-duisburg-essen.de/servlets/DerivateServlet/Derivate-33369/Quality_Development_Standards_Stracke_Bangkok_2009.pdf [05.05.2015]

Stracke, Christian M. (2009b): Qualität und Standards im E-Learning. In: Stracke, Christian M. (Hg.): Qualität und Standards im E-Learning. Duisburg, Essen: Q.E.D. (Qualitätsinitiative E-Learning in Deutschland), S. 9–52

Stracke, Christian M./Hildebrandt, Barbara (2007): Quality Development and Quality Standards in e-Learning: Adoption, Implementation and Adaptation. In: Montgomerie, Craig (Hg.): Proceedings of World Conference on Educational Multimedia, Hypermedia and Telecommunications 2007. Chesapeake (USA): AACE, S. 4158–4165

Strassmann, Burkhard (2014): Ausdruck in der dritten Dimension. In: Die Zeit 48/2014. http://www.zeit.de/2014/48/3-d-drucker-nutzung-industrie/komplettansicht [25.03.2015]

Stratmann, Jörg/Kerres, Michael (2008) (Hg.): E-Strategy. Strategisches Informationsmanagement für Forschung und Lehre. Münster: Waxmann

Streule, Roland/Läge, Damian (2010): Testen in adaptiven Settings. In: Ruedel, Cornelia/ Mandel, Schewa (Hg.): E-Assessment. Einsatzszenarien und Erfahrungen an Hochschulen. Münster: Waxmann, S. 155–173

Strittmatter, Peter/Niegemann, Helmut M. (2000): Lehren und Lernen mit Medien. Eine Einführung. Darmstadt: Wissenschaftliche Buchgesellschaft

Strube, Eva (2014): Corporate MOOCs: Unterstützung der lernenden Organisation. Wirtschaftspsychologie aktuell, H. 3, S. 38–43

Suen, Hol (2104): Peer assessment for massive open online courses (MOOCs). In: International Review of Research into Open and Distance Learning, Vol. 15, No. 3

Sweller, John (2005): Implications of cognitive load theory for multimedia learning. In: Mayer, Richard E. (Hg.): Cambridge Handbook of Multimedia Learning. New York (USA): Cambridge University Press, S. 19–30

Swertz, Christian (2002): Konzepte und Methoden zur Qualitätssicherung bei der Produktion von hypertextuellen Online-Lernumgebungen. In: MedienPädagogik. Online-Zeitschrift für Theorie und Praxis der Medienbildung. http://www.medienpaed.com/Documents/medienpaed/2002/swertz0204.pdf [05.05.2015]

Szudra, Ute (2017): Innovatives Lehren mit digitalen und analogen Bildungsmedien in der beruflichen Aus- und Weiterbildung der Pflegeberufe. In: Bauer, Thomas A./ Mikuszeit, Bernd H. (Hg.): Lehren und Lernen mit Bildungsmedien. Grundlagen – Projekte – Perspektiven – Praxis. Frankfurt am Main: Peter Lang, S. 221–242

Technorati (2011): State of the Blogosphere 2011. http://technorati.com/state-of-the-blogosphere-2011/ [30.03.2015]

Tergan, Sigmar-Olaf (2000a): Bildungssoftware im Urteil von Experten. 10 + 1 Leitfragen zur Evaluation. In: Schenkel, Peter/Tergan, Sigmar-Olaf/Lottmann, Alfred (Hg.): Qualitätsbeurteilung multimedialer Lern- und Informationssysteme. Evaluationsmethoden auf dem Prüfstand. Nürnberg: BW Bildung und Wissen, S. 137–163

Tergan, Sigmar-Olaf (2000b): Grundlagen der Evaluation. Ein Überblick. In: Schenkel, Peter/Tergan, Sigmar-Olaf/Lottmann, Alfred (Hg.): Qualitätsbeurteilung multimedialer Lern- und Informationssysteme. Evaluationsmethoden auf dem Prüfstand. Nürnberg: BW Bildung und Wissen, S. 22–51

Tergan, Sigmar-Olaf (2000c): Vergleichende Bewertung von Methoden zur Beurteilung der Qualität von Lern- und Informationssystemen. Fazit eines Methodenvergleichs. In: Schenkel, Peter/Tergan, Sigmar-Olaf/Lottmann, Alfred (Hg.): Qualitätsbeurteilung multimedialer Lern- und Informationssysteme. Evaluationsmethoden auf dem Prüfstand. Nürnberg: BW Bildung und Wissen, S. 329–347

Tergan, Sigmar-Olaf (2002): Hypertext und Hypermedia: Konzeption, Lernmöglichkeiten, Lernprobleme und Perspektiven. In: Issing, Ludwig J./Klimsa, Paul (Hg.): Information und Lernen mit Multimedia und Internet. Lehrbuch für Studium und Praxis. Weinheim: Beltz PVU (3., vollst. überarb. Aufl.), S. 99–112

Tergan, Sigmar-Olaf/Zentel, Peter (2003): Lernplattformen und die Zukunft des e-Learning. In: Bett, Katja/Wedekind, Joachim (Hg.): Lernplattformen in der Praxis. Münster: Waxmann (Medien in der Wissenschaft, Bd. 20), S. 223–240

Terhart, Ewald (1999): Konstruktivismus und Unterricht. In: Zeitschrift für Pädagogik, 45. Jg., H. 5, S. 629–647

The Pedagogical Patterns Project (2010): http://www.pedagogicalpatterns.org/ [06.05.2010]

The Drax Files (2013): World Makers [Episode 7: Rod Humble]. https://www.youtube.com/watch?v=kwNCU3RGruE&feature=youtu.be [20.03.2015]

Thelen, Tobias/Gruber, Clemens (2003): Kollaboratives Lernen mit WikiWikiWebs. In: Kerres, Michael/Voß, Britta (Hg.): Digitaler Campus. Vom Medienprojekt zum nachhaltigen Medieneinsatz in der Hochschule. Münster: Waxmann (Medien in der Wissenschaft, Bd. 24), S. 356–365. http://tobiasthelen.de/uploads/Wissenschaft/thelen_gruber_2003_kollaboratives_lernen_mit_wikiwikiwebs.pdf [05.05.2015]

Thelen, Tobias/Gruber, Clemens (2005): Textproduktions- und Kommunikationsprozesse in WikiWikiWebs. In: Huneke, Hans-Werner (Hg.): Geschriebene Sprache: Strukturen, Erwerb, Modellbildung. Weinheim: Deutscher Studienverlag, S. 183–202. http://tobiasthelen.de/uploads/Wissenschaft/thelen_gruber_2005_textproduktions_und_kommunikationsprozesse_in_wikiwikiwebs.pdf [05.05.2015]

Thierau, Heike (1991): Analyse und empirische Überprüfung wissenschaftlicher Evaluationskonzepte in der betrieblichen Weiterbildung. Dargestellt am Beispiel der Schulung von Führungskräften in der Personalbeurteilung. Unveröffentlichte Dissertation an der Ruhr-Universität Bochum

Thillosen, Anne (2008): Schreiben im Netz. Neue literale Praktiken im Kontext Hochschule. Münster: Waxmann. http://opus.unibw-hamburg.de/opus/volltexte/2008/1409/ [05.05.2015]

Thillosen, Anne (2014): E-Learning – Bestandsaufnahme, Rahmenbedingungen und Perspektiven. Weiterbildung – Zeitschrift für Grundlagen, Praxis und Trends, H. 2, S. 14–17

Thillosen, Anne/Arnold, Patricia (2001): Entwicklung virtueller Studienmodule im Rahmen des Bundesleitprojekts „Virtuelle Fachhochschule für Technik, Informatik und Wirtschaft“ – Evaluationsergebnisse. In: Wagner, Erwin/Kindt, Michael (Hg.): Virtueller Campus – Szenarien – Strategien – Studium. Münster: Waxmann (Medien in der Wissenschaft, Bd. 14), S. 402–410

Thillosen, Anne/Hansen, Holger (2009): Technik und Didaktik im E-Learning: Wer muss was können? Ein Plädoyer für verteilte Medienkompetenz in Hochschulen. In: Dittler, Ullrich/Krameritsch, Jakob/Nistor, Nicolae/Schwarz, Christine/Thillosen, Anne (Hg.): E-Learning: Eine Zwischenbilanz. Kritischer Rückblick als Basis eines Aufbruchs. Münster: Waxmann, S. 133–148

Thoma, Joachim (2017): Computerspiele und Kompetenzförderung. In: Bauer, Thomas A./Mikuszeit, Bernd H. (Hg.): Lehren und Lernen mit Bildungsmedien. Grundlagen – Projekte – Perspektiven – Praxis. Frankfurt am Main: Peter Lang, S. 285–295

TMG = Telemediengesetz: Artikel 1 im Gesetz zur Vereinheitlichung von Vorschriften über bestimmte elektronische Informations- und Kommunikationsdienste (Elektronischer-Geschäftsverkehr-Vereinheitlichungsgesetz – EIGVG) vom 26. Februar 2007. In: Bundesgesetzblatt Jahrgang 2007, Teil I Nr. 6, ausgegeben zu Bonn am 28. Februar 2007

Toffler, Alvin (1983; amerik. Original 1980): Die dritte Welle. Zukunftschance. Perspektiven für die Gesellschaft des 21. Jahrhunderts. München: Goldmann

Treisman, Uri (1992): Studying Students Studying Calculus. A Look at the Lives of Minority Mathematics Students in College. In: The College Mathematics Journal, 5. Jg., H. 23, S. 362–372. http://www.utdanacenter.org/downloads/articles/studying_students.pdf [05.05.2015]

Treumann, Klaus Peter/Ganguin, Sonja/Arens, Markus (2012): E-Learning in der beruflichen Bildung. Qualitätskriterien aus der Perspektive lernender Subjekte. Wiesbaden: VS Springer

Tschernack, Tom/Zender, Raphael/Lucke, Ulrike (2012): Click2Vote – Ein servicebasiertes Clicker-Framework zur Teilnehmeraktivierung in Lehrveranstaltungen. In: Akbari, Mostafa/Böhnstedt, Doreen/Bremer, Claudia/Chatti, Mohamed A./Rensing, Christoph (Hg.): DeLFI 2012: Mobile Learning. Einsatz mobiler Endgeräte im Lernen, Wissenserwerb sowie der Lehr-/Lernorganisation. Fernuniversität Hagen, Department of Mathematics and Computer Science (Research Report), S. 39–46

Tulodziecki, Gerhard (2005): Schule und Medien. In: Hüther, Jürgen/Schorb, Bernd (Hg.): Grundbegriffe Medienpädagogik. München: kopaed (4., vollst. neu konzip. Aufl.), S. 367–374

Tulodziecki, Gerhard/Grafe, Silke (2013): Digitale Medien und Schule aus medienpädagogischer Sicht – konzeptionelle Entwicklungen und empirische Forschung. In: Karpa, Dietrich/Eickelmann, Birgit/Grafe, Silke (Hg.): Digitale Medien und Schule. Zur Rolle digitaler Medien in Schulpädagogik und Lehrerbildung. Reihe: Theorie und Praxis der Schulpädagogik, Bd. 19. Immenhausen bei Kassel: Prolog, S. 11–34

Tumblr (2017): Gesamtzahl der Blogs auf Tumblr in ausgewählten Monaten von Mai 2011 bis Juni 2017 (in Millionen). In: Statista – Das Statistik-Portal. https://de.statista.com/statistik/daten/studie/273850/umfrage/anzahl-der-blogs-auf-tumblr-weltweit/ [13.08.2017]

Twitter (2017). Selected Company Metrics and Financials. https://investor.twitterinc.com/results.cfm [13.08.2017]

Uhl, Volker (2003): Virtuelle Hochschulen auf dem Bildungsmarkt. Strategische Positionierung unter Berücksichtigung der Situation in Deutschland, Österreich und England. Wiesbaden: Deutscher Universitäts-Verlag

Ulmer, Philipp/Bahl, Anke (2004): Die Bedeutung von Tele-Tutorinnen und Tele-Tutoren für das netzgestützte Lernen – Ein Tätigkeits- und Anforderungsprofil. In: Hensge, Kathrin/Ulmer, Philipp (Hg.): Kommunizieren und Lernen in virtuellen Gemeinschaften. Neue Wege der Qualifizierung des Bildungspersonals. Bonn: Bundesinstitut für Berufsbildung, S. 77–91

Ulrich, Nina/Richter, Juliane/Scheiter, Katharina/Schanze, Sascha (2014): eChemBook: ein interaktives, digitales Schulbuch für den Chemieunterricht. In: Schuhen, Michael/Froitzheim, Manuel (Hg.): Das Elektronische Schulbuch. Fachdidaktische Anforderungen und Ideen treffen auf Lösungsvorschläge der Informatik, Münster: LIT, S. 31–42

UNESCO (2002): Forum on the impact of Open Courseware for higher education in developing countries (Final report). Paris: UNESCO http://unesdoc.unesco.org/images/0012/001285/128515e.pdf [19.11.2014]

UNESCO (2012): 2012 PARIS OER DECLARATION. 2012 World Open Educational Resources (OER) Congress. UNESCO, Paris, June 20–22, 2012. http://www.unesco.org/new/fileadmin/MULTIMEDIA/HQ/CI/CI/pdf/Events/Paris%20OER%20Declaration_01.pdf [19.11.2014]

UNESCO ITTE (2012) = UNESCO Institute for Information Technologies in Education: Learning Analytics Policy Brief November 2012 (by Simon Buckingham Shum). http://iite.unesco.org/pics/publications/en/files/3214711.pdf [14.09.2017]

Unger, Alexander (2014): Lernumgebungen upside down. Eine Auseinandersetzung mit der persönlichen Lernumgebung im Kontext des medienbasierten Lernens. In: Rummler, Klaus (Hg.): Lernräume gestalten – Bildungskontexte vielfältig denken. Münster: Waxmann (Medien in der Wissenschaft, Bd. 67), S. 79–90

Unz, Dagmar (2000): Lernen mit Hypertext. Informationssuche und Navigation. Münster: Waxmann

UrhG = Urheberrechtsgesetz: Gesetz über Urheberrecht und verwandte Schutzrechte. http://www.gesetze-im-internet.de/urhg/UrhG.pdf [22.08.2017]

van Eimeren, Birgit; Frees, Beate (2014): 79 Prozent der Deutschen online. Zuwachs bei mobiler Internetnutzung und Bewegtbild. Ergebnisse der ARD/ZDF-Onlinestudie 2014. In: Media Perspektiven (7–8), S. 378–396. http://www.ard-zdf-onlinestudie.de/fileadmin/Onlinestudie_2014/PDF/0708-2014_Eimeren_Frees.pdf [24.11.2014]

van Merriënboer, Jeroen J. G./Clark, Richard E./de Croock, Marcel B. M. (2002): Blueprints for complex learning: The 4C/ID-model. Educational Technology Research and Development, 50, S. 39–64

van Merriënboer, Jeroen J. G./Kirschner, Paul A. (2007): Ten steps to complex learning. Mahwah, New Jersey (USA): Lawrence Erlbaum

van Merriënboer, Jeroen J. G./Sweller, John (2005): Cognitive load theory and complex learning: Recent developments and future directions. Educational Psychology Review, 17, S. 147–177

van Treeck, Timo/Himpsl-Gutermann, Klaus/Robes, Jochen (2013): Offene und partizipative Lernkonzepte – E-Portfolios, Moocs und Flipped Classrooms. In: Ebner, Martin/Schön, Sandra (Hg.): Lehrbuch für Lehren und Lernen mit Technologien (L3T) http://l3t.eu/homepage/das-buch/ebook-2013/kapitel/o/id/149/name/offene-und-partizipative-lernkonzepte [20.03.2015]

Veddern, Michael (2004) (unter Mitwirkung von Marie-Luise Hoffmann): Multimediarecht für die Hochschulpraxis. Ratgeber zum Urheberrecht, Patentrecht und Onlinerecht mit Verträgen, Verwertungsmodellen und Rechtemanagement (2., überarb. u. erw. Aufl.). http://eldorado.tu-dortmund.de/bitstream/2003/21358/1/veddern.pdf [05.05.2015]

Veltmann, Christof (2003): Hochschulinformationssysteme und eLearning Plattformen. Anforderungen, Realitäten und Möglichkeiten der Integration. https://eldorado.tu-dortmund.de/bitstream/2003/2098/1/8.pdf [13.01.2011]

Verhagen, Pløn (2006): Connectivism: a new learning theory? http://www.surfspace.nl/nl/Redactieomgeving/Publicaties/Documents/Connectivism%20a%20new%20theory.pdf [07.01.2010]

Vogel, Thomas (2000): Naturerkenntnis und Naturbearbeitung in der gewerblich-technischen Berufsbildung. Weinheim: Deutscher Studien Verlag

Vogel, Thomas (2011): Naturgemäße Berufsbildung. Gesellschaftliche Naturkrise und berufliche Bildung im Kontext Kritischer Theorie. Norderstedt: Books on Demand

Vogel, Rose/Wippermann, Sven (2004): Dokumentation didaktischen Wissens in der Hochschule. Didaktische Design Patterns als eine Form des Best-Practice-Sharing im Bereich von IKT in der Hochschullehre. In: Fuchs-Kittowski, Klaus/Umstätter, Walther/Wagner-Döbler, Roland (Hg.): Wissenschaftsforschung Jahrbuch 2004. Berlin: Gesellschaft für Wissenschaftsforschung, S. 17–42

Vogt, Michael/Schneider, Stefan (2009): E-Klausuren an Hochschulen. Koordinationsstelle Multimedia der Justus-Liebig-Universität Gießen. http://geb.uni-giessen.de/geb/volltexte/2009/6890/pdf/VogtMichael-2009-02-20.pdf [05.05.2015]

Voigt, Martin (2014): Ein Lehrer muss mit allem rechnen. In: Frankfurter Allgemeine Zeitung, 28.08.2014, S. 6

Vollmer, Carsten (2014): Mediengestütztes Lernen. Status und Potentiale in der betrieblichen Bildungsarbeit. Google eBook

von Au, Jakob/Gade, Uta (2016) (Hg.): „Raus aus dem Klassenzimmer". Outdoor Education als Unterrichtskonzept. Weinheim u. Basel: Beltz Juventa

Wagner, Jürgen (2015): Kreative Nutzung ist gefragt. Optimierung des iPad-Kreativ-Potenzials durch „App-Smashing". Teil 1 in: L.A. multimedia, Magazin für Didaktik und digitale Medien, H. 1, S. 12–17, Teil 2 in H. 2, S. 24–25

Walma van der Molen, Juliette H./van der Voort, Tom H. A. (2000): Children's and adults' recall of television and print news in children's and adult news formats. In: Communication Research, 27. Jg., H. 2, S. 132–160

Wampfler, Philippe (2017): Der Kahoot-Sog und die Gefahr der Quizifizierung der digitalen Bildung. In: FNMA Magazin 02/2017, S. 15–18. http://www.fnm-austria.at/fileadmin/user_upload/documents/Magazin/2017-02.pdf [13.08.2017]

Wang, Hao-Chuan/Chang, Chun-Yen Chang/Li, Tsai-Yen (2007): The comparative efficacy of 2D- versus 3D-based media design for influencing spatial visualization skills. In: Computers in Human Behavior, 23. Jg., H. 4, S. 1943–1957. http://www3.nccu.edu.tw/~li/Publication/pdf/chb2007.pdf [05.05.2015]

Wannemacher, Klaus (2014): Digitale Weiterbildungsangebote an deutschsprachigen Hochschulen. In: Fischer, Helge/Köhler, Thomas (Hg.): Postgraduale Bildung mit digitalen Medien. Fallbeispiele aus den sächsischen Hochschulen. Münster: Waxmann, S. 13–25

Wannemacher, Klaus (2016): Organisation Digitaler Lehre in den Deutschen Hochschulen. Arbeitspapier Nr. 21. Berlin: Hochschulforum Digitalisierung. https://hochschulforumdigitalisierung.de/sites/default/files/dateien/HFD_AP_Nr21_Organisation_digitaler_Lehre_web.pdf [13.08.2017]

Wannemacher, Klaus/Jungermann, Imke/Scholz, Julia/Tercanli, Hacer/Villiez, Anna (2016): Digitale Lernszenarien im Hochschulbereich. Arbeitspapier Nr. 15. Berlin: Hochschulforum Digitalisierung. https://hochschulforumdigitalisierung.de/sites/default/files/dateien/HFD%20AP%20Nr%2015_Digitale%20Lernszenarien.pdf [13.08.2017]

Weber, Gerhard/Voegler, Jens (2014): Inklusives E-Teaching. https://www.e-teaching.org/etresources/media/pdf/langtext_2014_weber_voegler_inklusives-eteaching.pdf [10.03.2015]

Wegener, René/Blitzer, Philipp/Oeste, Sarah/Leimeister, Jan M. (2011b): Motivation und Herausforderungen für Dozenten bei der Einführung von Mobile Learning. In: Proceedings der 41. Jahrestagung der Gesellschaft für Informatik, Berlin

Wegener, René/Prinz, Andreas/Blitzer, Philipp/Leimeister, Jan M. (2011a): Steigerung von Interaktivität, Individualität und Lernerzufriedenheit in einer universitären Massenveranstaltung durch mobile Endgeräte. In: DeLFI 2011, Dresden

Weidenmann, Bernd (1993): Instruktionsmedien. Arbeiten zur Empirischen Pädagogik und Pädagogischen Psychologie. München: Universität der Bundeswehr, Institut für Erziehungswissenschaften und Empirische Psychologie

Weidenmann, Bernd (2002a): Abbilder in Multimediaanwendungen. In: Issing, Ludwig J./Klimsa, Paul (Hg.): Information und Lernen mit Multimedia und Internet. Lehrbuch für Studium und Praxis. Weinheim: Beltz PVU (3., vollst. überarb. Aufl.), S. 83–96

Weidenmann, Bernd (2002b): Multicodierung und Multimodalität im Lernprozess. In: Issing, Ludwig J./Klimsa, Paul (Hg.): Information und Lernen mit Multimedia und Internet. Lehrbuch für Studium und Praxis. Weinheim: Beltz PVU (3., vollst. überarb. Aufl.), S. 45–62

Weinert, Franz Emanuel (2001): Vergleichende Leistungsmessung in Schulen – eine umstrittene Selbstverständlichkeit. In: Weinert, F. E. (Hg.): Leistungsmessungen in Schulen. Weinheim, Basel: Beltz

Welbers, Ulrich/Gaus, Olaf (unter Mitarbeit von Wagner, Bianca) (2005): The Shift from Teaching to Learning. Konstruktionsbedingungen eines Ideals. Festschrift zum 60. Geburtstag von Johannes Wildt. Bielefeld: Bertelsmann

Wendt, Matthias (2003): Praxisbuch CBT und WBT: konzipieren, entwickeln, gestalten [mit CD-ROM]. München: Hanser

Werdes, Alexandra (2012): Die Edupunks kommen! In: Die Zeit 25/2012. http://www.zeit.de/2012/25/C-Interview-Edupunks/komplettansicht [10.03.2015]

Werle, Martin (2008): Eingeschaltet oder abgemeldet? Interessen des Publikums im deutschen Radio- und Fernsehmarkt. Wiesbaden: VS Verlag für Sozialwissenschaften

Wermke, Jutta (2005): Unterricht und Medien. In: Hüther, Jürgen/Schorb, Bernd (Hg.): Grundbegriffe Medienpädagogik. München: kopaed (4., vollst. neu konzip. Aufl.), S. 395–401

Westphal, Alexander (2011): Drehbuchschreiben für Online-Lernangebote. In: Klimsa, Paul/Issing, Ludwig, J. (Hg.): Online-Lernen. Handbuch für Wissenschaft und Praxis. München: Oldenbourg (2., verbesserte u. ergänzte Aufl.), S. 197–206

Wetterling, Joachim M./Stevenson, Ian (2003): Guidelines/Performance Support (final version). Internal project deliverable. CANDLE Project (IST-1999-11276). Enschede (Niederlande): University of Twente. http://www.kcl.ac.uk/content/1/c6/01/33/90/deliverable.pdf [16.03.2011]

Wetzel, Kathrin/Röbken, Heinke/Arnold, Marlen (2014): Qualitätsstandards für die virtuelle Hochschulbildung am Beispiel des E-Learnings. Carl von Ossietzky Universität Oldenburg, Oldenburg. Center für lebenslanges Lernen (C3L) und Arbeitsbereich Weiterbildung und Bildungsmanagement. http://openjournal.uni-oldenburg.de/index.php/bildungsmanagement/article/view/12 [24.01.2015]

Whitchurch, Celia (2008): Shifting identities and blurring boundaries: The emergence of Third Space professionals in UK Higher Education. In: Higher Education Quarterly, 62. Jg., H. 4, S. 377–396

Wiemeyer, Josef (2016): Spielerisches und entdeckendes Lernen – neue Potenziale für die Bildung? In: Schulz, Manuel/Griebenow, Beate/Neusius, Andrea/Vogeler, Claudia/Papenberg, Kerstin (Hg.): Fernausbildung schärft Perspektiven ... Technologiegestützte Bildung als Motor von Innovationsprozessen. Augsburg: Ziel-Verlag, S. 409–424

Wiesner, Heike (2008): Das Wiesner-Wiki. https://www.e-teaching.org/praxis/erfahrungsberichte/wiesner-wiki [30.07.2010]

Wiesner, Heike/Kamphans, Marion/Schelhowe, Heidi/Metz-Göckel, Sigrid/Zorn, Isabel/Drag, Anna/Peter, Ulrike/Schottmüller, Helmut (2004) (Hg.) (unter Mitwirkung von Kedenburg, Claudia/Tigges, Anja/Schröder, Ellen/Wienold, Kirsten/Jelitto, Marc/Cho-Heinze, Hannah/von Prümmer, Christine/Bockermann, Iris/Rose, Michaela/Maaß, Susanne/Petri, Jürgen/Verstegen, Ute und vielen anderen Beteiligten aus dem „Gender-Arbeitskreis"): Gender Mainstreaming-Leitfaden. http://dimeb.informatik.uni-bremen.de/documents/projekt.gender.GMLeitfaden.pdf [05.05.2015]

Wildt, Johannes (2011): Kompetenzorientiertes Prüfen – eine hochschuldidaktische Sicht. Hg.: Technische Universität Dortmund. Hochschuldidaktisches Zentrum. http://www.hrk-nexus.de/uploads/media/Tagung-nexus-Kompetenzorientiertes_Pruefen-Wildt_04.pdf [20.08.2014]

Wikimedia Deutschland (2016): Praxisrahmen für Open Educational Ressources (OER) in Deutschland. http://mapping-oer.de/praxisrahmen/ [13.08.2017]

Wikipedia dt. (2014): Wikipedia: Seminararbeit – Versionsunterschied. https://de.wikipedia.org/w/index.php?title=Wikipedia:Seminararbeit&diff=167662634&oldid=134644236 [13.08.2017]

Wikipedia dt. (2016a): Konnektivismus. https://de.wikipedia.org/wiki/Konnektivismus [13.08.2017]

Wikipedia dt. (2016b): Social Bookmarks. https://de.wikipedia.org/wiki/Social_Bookmarks [13.08.2017]

Wikipedia dt. (2016c): Wikipedia:Seminararbeit. https://de.wikipedia.org/wiki/Wikipedia:Seminararbeit [13.08.2017]

Wikipedia dt. (2017a): Social Tagging. https://de.wikipedia.org/wiki/Social_Tagging [13.08.2017]

Wikipedia dt. (2017b): Wikipedia:Hochschulprogramm. https://de.wikipedia.org/wiki/Wikipedia:Hochschulprogramm [13.08.2017]

Wikipedia dt. (2017c): Deutscher Qualifikationsrahmen. https://de.wikipedia.org/wiki/Deutscher_Qualifikationsrahmen [13.08.2017]

Wikipedia dt. (2017d): Podcasting. https://de.wikipedia.org/wiki/Podcasting [13.08.2017]

Wikipedia dt. (2017e): RSS. https://de.wikipedia.org/wiki/Rss [13.08.2017]

Wikipedia dt. (2017f): Wikipedia:Statistik. https://de.wikipedia.org/wiki/Wikipedia:Statistik [13.08.2017]

Wilbers, Karl (2003): Blended Learning. In: Berufsbildung, 57. Jg., H. 80. http://www.karl-wilbers.de/download/wilbers2003i.pdf [04.05.2004]

Wild, Elke/Esdar, Wiebke (2014): Eine heterogenitätsorientierte Lehr-/Lernkultur für eine Hochschule der Zukunft. Fachgutachten im Auftrag des Projekts nexus der Hochschulrektorenkonferenz. http://www.hrk-nexus.de/fileadmin/redaktion/hrk-nexus/07-Downloads/07-02-Publikationen/Fachgutachten_Heterogenitaet.pdf [29.03.2015]

Wiley, David A./Edwards, Erin K. (2002): Online self-organizing social systems. The decentralized future of online learning. Quarterly Review of Distance Education. http://www.opencontent.org/docs/ososs.pdf [05.05.2015]

Windelband, Lars/Spöttl, Georg/Becker, Matthias (2014): Qualität in der Berufsbildung – Chancen und Gefahren einer Output/Outcome-Orientierung. In: Fischer, Martin (Hg.): Qualität in der Berufsausbildung. Anspruch und Wirklichkeit. Berichte zur beruflichen Bildung, Schriftenreihe des Bundesinstituts für Berufsbildung Bonn. Bielefeld: W. Bertelsmann, S. 297–317

Windisch, Petra (2007): Podcasting in der Bildung. Potentiale und Einsatzmöglichkeiten im Hochschulbereich. https://www.yumpu.com/de/document/view/20676994/podcasting-in-der-bildung-fh-burgenland [05.05.2015]

Winter, Martin (2002): Studienqualität durch Evaluation und Akkreditierung – vier Entwicklungsszenarien. In: Reil, Thomas/Winter, Martin (Hg.): Qualitätssicherung an Hochschulen: Theorie und Praxis. Bielefeld: W. Bertelsmann, S. 110–124

Wirth, Markus (2005): Die Lehr-Lern-Kultur als Ausgangspunkt und Gestaltungsfeld nachhaltiger E-Learning-Implementierungen. In: Euler, Dieter/Seufert, Sabine (Hg.): E-Learning in Hochschulen und Bildungszentren. München: Oldenbourg, S. 375–403

Witt, Heiko/Nilsson, Kerstin/Gajdus, Christian/Gräve, Jan-Frederik/Wagner, Edwin/Willuweit, Philip (2010): Durchkreuzen wir mit eLectures unsere didaktischen Ziele? https://www.e-teaching.org/etresources/media/pdf/langtext_2010_witt-heiko-u.a._durchkreuzen-e-lectures-didaktische-ziele.pdf [05.05.2015]

Wolf, Karsten D. (2007): E-Assessment an Hochschulen. Organisatorische und rechtliche Rahmenbedingungen. In: Brahm, Taiga/Seufert, Sabine (Hg.): E-Assessment und E-Portfolio: Halten sie, was sie versprechen? St. Gallen (Schweiz): Universität St. Gallen, SCIL (Swiss Centre for Innovations in Learning), Arbeitsbericht 13, S. 27–40

Wottawa, Heinrich (2001): Evaluation. In: Krapp, Andreas/Weidenmann, Bernd (Hg.): Pädagogische Psychologie. Ein Lehrbuch. Weinheim, Basel: Beltz, S. 649–674

Wottawa, Heinrich/Thierau, Heike (1990): Lehrbuch Evaluation. Bern (Schweiz): Hans Huber

Wunder, Helmut (2000a): ISO 9000-Familie. In: Grundlagen der Weiterbildung Zeitschrift, 11. Jg., H. 6, S. 268–270

Wunder, Helmut (2000b): Qualitätsmanagement in der Praxis. Eine Einschätzung zu Nutzen und Entwicklungen. In: Grundlagen der Weiterbildung Zeitschrift, 11. Jg., H. 6, S. 302–305

Wunschel, Alexander (2007): „Die deutschen Podcast-Hörer". Erweiterter Ergebnisband zur zweiten Podcastumfrage im Rahmen der Studienerstellung über soziodemographische Merkmale und Nutzungsdaten von Podcast-Hörern, www.podcastumfrage.de. München 2007. http://www.pimpyourbrain.de/downloads/Zweite_Podcastumfrage_Ergebnisband.pdf [05.05.2015]

Xie, Ying/Sharma, Priya (2005): Students' lived experience of using weblogs in a class: An exploratory study. Penn State University, Pennsylvania (USA). http://eric.ed.gov/PDFS/ED485009.pdf [05.05.2015]

Xu, Li (2007): Project the wiki way: using wiki for computer science course project management. In: Journal of Computing Sciences in Colleges, 22. Jg., H. 6, S. 109–116

YouGov (03.08.2015): Computerspiele bei Jung und Alt beliebt – aber machen sie aggressiv? https://yougov.de/news/2015/08/03/computerspiele-bei-jung-und-alt-beliebt/ [13.08.2017]

Zauchner, Sabine/Baumgartner, Peter (2007): Herausforderung OER – Open Educational Resources. In: Merkt, Marianne/Mayrberger, Kerstin/Schulmeister, Rolf/Sommer, Angela/van den Berk, Ivo (Hg.): Studieren neu erfinden – Hochschule neu denken. Münster: Waxmann, S. 244–252

Zech, Bernhard (2007): Ist IMS Learning Design „pädagogisch neutral"? zeitschrift für e-learning, 2. Jg., H. 2, S. 45–55

Zech, Rainer (2015): Lernerorientierte Qualitätstestierung in der Weiterbildung. Leitfaden für die Praxis, Modellversion 3. 5. korr. Aufl. http://www.qualitaets-portal.de/wp-content/uploads/LQW-3-Leitfaden-201501.pdf [01.08.2017]

Zech, Rainer/Dehn Claudia (2017): Qualität als Gelingen. Grundlegung einer Qualitätsentwicklung in Bildung, Beratung und Sozialer Dienstleistung. Göttingen: Vandenhoeck & Ruprecht

Zentel, Peter (2006): Barrierefreiheit im Internet. https://www.e-teaching.org/didaktik/konzeption/barrierefreiheit/Barrierefreiheit.pdf [05.05.2015]

Zentel, Peter/Bett, Katja/Meister, Dorothee M./Rinn, Ulrike/Wedekind, Joachim (2002): Trends und Perspektiven der virtuellen Hochschule in Deutschland. In: it + ti – Informationstechnik und Technische Informatik, 44. Jg., H. 4, S. 223–229

Ziemons, Michael (2012): Technologiegestützte Beratung in der Hochschullehre. In: Blaschitz, Edith/Brandhofer, Gerhard/Nosko, Christian/Schwed, Gerhard (Hg.): Zukunft des Lernens. Wie digitale Medien Schule, Aus- und Weiterbildung verändern. Glückstadt: Werner Hülsbusch, S. 245–259

Zimmer, Gerhard (1987): Selbstorganisation des Lernens. Kritik der modernen Arbeitserziehung. Frankfurt/Main: Peter Lang

Zimmer, Gerhard (1997): Konzeptualisierung der Organisation telematischer Lernformen. In: Aff, Josef/Backes-Gellner, Uschi/Jongebloed, Hans-Carl/Twardy, Martin/Zimmer, Gerhard: Zwischen Autonomie und Ordnung. Perspektiven beruflicher Bildung. Köln: Botermann & Botermann (Wirtschafts-, Berufs- und Sozialpädagogische Texte, Sonderband 7), S. 105–121

Zimmer, Gerhard (1998a): Aufgabenorientierte Didaktik. Entwurf einer Didaktik für die Entwicklung vollständiger Handlungskompetenzen in der Berufsbildung. In: Markert, Werner (Hg.): Berufs- und Erwachsenenbildung zwischen Markt- und Subjektbildung. Baltmannsweiler: Schneider, S. 125–166

Zimmer, Gerhard (1998b): Entwicklung des organisationalen Gedächtnisses mit Multimedia. In: Geißler, Harald/Lehnhoff, Andre/Petersen, Jendrik (Hg.): Organisationslernen im interdisziplinären Dialog. Weinheim: Deutscher Studien Verlag, S. 323–344

Zimmer, Gerhard (2000a): Der Einsatz von Lernmedien. In: Cramer, Günter/Kiepe, Klaus (Hg.): Jahrbuch Ausbildungspraxis 2000 – Erfolgreiches Ausbildungsmanagement. Köln: Fachverlag Deutscher Wirtschaftsdienst, S. 94–99

Zimmer, Gerhard (2000b): Gestaltung einer Pädagogischen Infrastruktur für telematische Lehr- und Lernformen. In: Straka, Gerald A./Bader, Reinhard/Sloane, Peter F. E. (Hg.): Perspektiven der Berufs- und Wirtschaftspädagogik. Forschungsberichte der Frühjahrstagung 1999 (DGfE, Sektion Berufs- und Betriebspädagogik). Opladen: Leske + Budrich, S. 171–182

Zimmer, Gerhard (2000c): Konzeptualisierung der Pädagogischen Infrastruktur für die telematischen Lehr- und Lernformen an der „Virtuellen Fachhochschule“. In: de Cuvry, Andrea/Haeberlin, Friedrich/Michl, Werner/Breß, Hartmut (Hg.): Erlebnis Erwachsenenbildung. Zur Aktualität handlungsorientierter Pädagogik. Neuwied: Luchterhand, S. 98–109

Zimmer, Gerhard (2000d): Evaluation der Lehre durch logische Rekonstruktion der Lernhandlungen. In: Clemens, Wolfgang/Strübing, Jörg (Hg.): Empirische Sozialforschung und gesellschaftliche Praxis. Bedingungen und Formen angewandter Forschung in den Sozialwissenschaften. Opladen: Leske + Budrich, S. 113–133

Zimmer, Gerhard (2001): Ausblick: Perspektiven der Entwicklung der telematischen Lernkultur. In: Arnold, Patricia: Didaktik und Methodik telematischen Lehrens und Lernens. Lernräume, Lernszenarien, Lernmedien. State-of-the-Art und Handreichung. Münster: Waxmann (Medien in der Wissenschaft, Bd. 17), S. 126–146

Zimmer, Gerhard (2002a): E-Learning führt zu einer anderen Kultur des Lehrens und Lernens. Folgen für die didaktische Gestaltung. In: Zimmer, Gerhard (Hg.): High-Tech or High-Teach. Lernen in Netzen zwischen Aktualität und Potenzialität. Bielefeld: W. Bertelsmann, S. 7–21

Zimmer, Gerhard (2002b): Kompetenzentwicklung in virtuellen Kooperationen. In: Dehnbostel, Peter/Elsholz, Uwe/Meister, Jörg/Meyer-Menk, Julia (Hg.): Vernetzte Kompetenzentwicklung. Alternative Positionen zur Weiterbildung. Berlin: edition sigma, S. 81–94

Zimmer, Gerhard (2003): Aufgabenorientierte Didaktik des E-Learning. In: Hohenstein, Andreas/Wilbers, Karl (Hg.): Handbuch E-Learning. Expertenwissen aus Wissenschaft und Praxis. Köln: Deutscher Wirtschaftsdienst (Loseblattsammlung, Grundwerk 2001), Beitrag 4.15, S. 1–14

Zimmer, Gerhard (2004): Aufgabenorientierung: Grundkategorie zur Gestaltung expansiven Lernens. In: Faulstich, Peter/Ludwig, Joachim (Hg.): Expansives Lernen. Baltmannsweiler: Schneider, S. 54–67

Zimmer, Gerhard (2005a): Förderprogramm Neue Medien in der Bildung. Auditempfehlungen zum Förderbereich „Neue Medien in der beruflichen Bildung". Hg. vom Bundesministerium für Bildung und Forschung, Bonn u. Berlin 2005, 14 S. (unter Mitarbeit von Elz, W./Esser, F.-H./Gaiser, B./Grotlüschen, A./Härtel, M./Littig, P./Michel, L. P./Payome, T./Petersheim, A. K.), gedruckt und abrufbar: http://www.dlr.de/pt/Portaldata/45/Resources/a_dokumente/BMBF-neue_medien_in_der_beruflichen_bildung.pdf [05.05.2015]

Zimmer, Gerhard (2005b): Berufliche Bildung und Medien. In: Hüther, Jürgen/Schorb, Bernd (Hg.): Grundbegriffe Medienpädagogik. München: kopaed (4., vollst. neu konzip. Aufl.), S. 30–37

Zimmer, Gerhard (2006): Was bestimmt den Lernerfolg? Aufgabenorientierte Didaktik als Grundkonzept für den Erwerb ganzheitlicher Handlungskompetenzen. In: Dieckmann, Heinrich/Dittrich, Karl-Heinz/Lehmann, Burkhard (Hg.): Kompetenztransfer durch selbstgesteuertes Lernen. Bad Heilbrunn: Klinkhardt, S. 31–52

Zimmer, Gerhard (2008): Evaluation von Lernerfolg in E-Learning-Szenarien. In: bwp@ Berufs- und Wirtschaftspädagogik – online, Ausgabe 15. http://www.bwpat.de/ausgabe15/zimmer_bwpat15.pdf [05.05.2015]

Zimmer, Gerhard (2009a): Aufgabenorientierte Didaktik der Berufsbildung. In: Cramer, Günter/Dietl, Stefan F./Schmidt, Hermann/Wittwer, Wolfgang (Hg.): Ausbilder-Handbuch. Köln: Deutscher Wirtschaftsdienst (113. und 114. Erg.-Lfg.), Beitrag 6.1.14, S. 1–25

Zimmer, Gerhard (2009b): Qualitätskriterien für Medien in der Weiterbildung. In: Grundlagen der Weiterbildung – Praxishilfen. Köln: Luchterhand (Erg.-Lfg. 78), Beitrag 7.50.20, S. 1–14

Zimmer, Gerhard (2009c): Qualitätskriterien für Medien in der Berufsbildung. In: Cramer, Günter/Dietl, Stefan F./Schmidt, Hermann/Wittwer, Wolfgang (Hg.): Ausbilder-Handbuch. Köln: Deutscher Wirtschaftsdienst (109. Erg.-Lfg.), Beitrag 6.3.6, S. 1–21

Zimmer, Gerhard (2009d): Bildung mit E-Learning. In: Mikuszeit, Bernd/Szudra, Ute (Hg.): Multimedia und ethische Bildung. E-Learning – Ethik – Blended Learning. Frankfurt/Main: Peter Lang, S. 61–92

Zimmer, Gerhard (2010a): Subjektivität, Arbeit und Berufsbildung. In: Büchter, Karin (Hg.): Enzyklopädie Erziehungswissenschaft Online – Fachgebiet Berufs- und Wirtschaftspädagogik. Weinheim: Juventa 2010, S. 1–26. http://www.erzwissonline.de (DOI 10.3262/EEO12100137) [05.05.2015]

Zimmer, Gerhard (2010b): Evaluation von Lernerfolg im E-Learning. In: Lehmann, Burkhard/Bloh, Egon (Hg.): Online-Pädagogik. Band 4: Qualität und Evaluation. Baltmannsweiler: Schneider, S. 181–195

Zimmer, Gerhard (2011a): Unterstützung selbstständigen Lernens – Lehren und Lernen mit digitalen Medien. In: L.A. multimedia, Magazin für Didaktik und digitale Medien, H. 4, 2011, S. 24–26

Zimmer, Gerhard (2011b): Der dritte Lernort. In: www.didacta-magazin.de, H. 4, 2011, S. 3–5

Zimmer, Gerhard (2011c): Virtuelles Lernen in der Berufsbildung. In: Klimsa, Paul/Issing, Ludwig J. (Hg.): Online-Lernen. Handbuch für Wissenschaft und Praxis. München: Oldenbourg Verlag, S. 411–417

Zimmer, Gerhard (2012a): Aufgabenorientierte E-Didaktik. Leitlinien für expansives Lernen. In: L.A. multimedia, Magazin für Didaktik und digitale Medien, H. 2, 2012, S. 11–13

Zimmer, Gerhard (2012b): Technik trifft Didaktik. Löst eine Umwälzung der pädagogischen Verhältnisse aus? In: L.A. multimedia, Magazin für Didaktik und digitale Medien, H. 4, 2012, S. 22–24

Zimmer, Gerhard (2013): Lernen und Lehren im netzbasierten Bildungssystem: Umwälzung der pädagogischen Verhältnisse? In: Das Argument 302, 55. Jg., H. 3, S. 393–402

Zimmer, Gerhard (2015): Berufsbildung als subjektive Kompetenzentwicklung. In: Allespach, Martin/Held, Josef (Hg.): Handbuch Subjektwissenschaft. Ein emanzipatorischer Ansatz in Forschung und Praxis. Frankfurt/Main: Bund, S. 369–382

Zimmer, Gerhard (2017): Lernprozesse und Lernerfolge im eLearning kompetenzorientiert prüfen und unterstützen. In: Siepmann, Frank (Hg.): Jahrbuch eLearning und Wissensmanagement 2017. Weiterbildung & eLearning im Zeitalter der Digitalisierung. Hagen im Bremischen: Siepmann Media, S. 22–28. http://www.elearning-journal.de/index.php?id=2152 [31.08.2017]

Zimmer, Gerhard/Dippl, Zorana (2003): Beurteilung der Kompetenzentwicklung – Probleme, Fragen und Kriterien handlungsorientierter Prüfungen. In: Elster, Frank/Dippl, Zorana/Zimmer, Gerhard (Hg.): Wer bestimmt den Lernerfolg? Leistungsbeurteilung in projektorientierten Lernarrangements. Bielefeld: W. Bertelsmann, S. 5–23

Zimmer, Gerhard/Psaralidis, Elena (2000): „Der Lernerfolg bestimmt die Qualität einer Lernsoftware!" Evaluation von Lernerfolg als logische Rekonstruktion von Handlungen. In: Schenkel, Peter/Tergan, Sigmar-Olaf/Lottmann, Alfred (Hg.): Qualitätsbeurteilung multimedialer Lern- und Informationssysteme. Evaluationsmethoden auf dem Prüfstand. Nürnberg: BW Bildung und Wissen, S. 262–303

Zimmer, Gerhard/Rogner, Larissa/Thillosen, Anne (2001): Virtuelle Fachhochschule für Technik, Informatik und Wirtschaft (VFH). Evaluation der Pilotmodule im Bundesleitprojekt. In: AUE – Informationsdienst Hochschule und Weiterbildung, H. 1, S. 51–58

Zink, Klaus/Behrens, Stefan (2000): Ansätze für Bewertung und Qualitätsmanagement. In: Grundlagen der Weiterbildung, 11. Jg., H. 6, S. 274–276

Zinke, Gert/Fogolin, Angela (2004): Nutzung von Online-Communities für arbeitsplatznahes, informelles Lernen. Endbericht der Online-Befragung. Bonn: Bundesinstitut für Berufsbildung und SALSS – Sozialwissenschaftliche Forschungsgruppe

Zinke, Gert/Härtel, Michael (2004) (Hg.): E-Learning: Qualität und Nutzerakzeptanz sichern. Beiträge zur Planung, Umsetzung und Evaluation multimedialer und netzgestützter Anwendungen. Bielefeld: W. Bertelsmann

Zinke, Gert/Renger, Peggy/Feirer, Simona/Padur, Torben (2017): Berufsausbildung und Digitalisierung – ein Beispiel aus der Automobilindustrie. Bonn: Bundesinstitut für Berufsbildung, Wissenschaftliche Diskussionspapiere, H. 186. https://www.bibb.de/veroeffentlichungen/de/publication/schow/8329 [04.10.2017]

Zinth, Claas-Philip/Schütz, Julia (2010): E-Learning in der Hochschulpraxis: Wie Lehren und Lernen nicht auf der (virtuellen) Strecke bleiben. In: Holten, Roland/Nittel, Dieter (Hg.): E-Learning in Hochschule und Weiterbildung. Einsatzchancen und Erfahrungen. Bielefeld: W. Bertelsmann, S. 95–106

Zorn, Isabel/Wiesner, Heike/Schelhowe, Heidi/Baier, Barbara/Ebkes, Ida (2004): Good Practice für die gendergerechte Gestaltung digitaler Lernmodule. In: Carstensen, Doris/Barrios, Beate (Hg): Campus 2004. Kommen die digitalen Medien in die Jahre? Münster: Waxmann, S. 112–122. http://dimeb.informatik.uni-bremen.de/documents/artikel.2004.Zorn-etal.gendergerechteGestaltung.pdf [05.05.2015]

ZUM-Wiki (2014) = Zentrale für Unterrichtsmedien: Flipped Classroom. http://wikis.zum.de/zum/Flipped_Classroom [31.03.2015]

Zumbach, Joerg/Mohraz, Maryam (2008): Cognitive load in hypermedia reading comprehension: Influence of text type and lineary. In: Computers in Human Behavior 24, S. 875–887. https://www.sbg.ac.at/mediaresearch/zumbach/download/2007_2008/journals/Zumbach_Mohraz_2008.pdf [31.03.2015]

Zylka, Johannes (2017): Wie funktioniert ein Computer? Vermittlung informationstechnischer Grundlagen im Club. In: L. A. multimedia, Magazin für Didaktik und digitale Medien, H. 1, S. 14–19

Sachregister

Im E-Book können Sie nach weiteren Sachworten und den inhaltlichen Kontexten suchen.

Autorenhinweise

Patricia Arnold
Prof. Dr. phil., 1. und 2. Staatsexamen für das Lehramt an Gymnasien (Mathematik und Sport), geb. 1958.

Seit 2006 Professorin für Sozialinformatik an der Fakultät für angewandte Sozialwissenschaften der Hochschule München. Studiengangsleiterin des Online-Studiengangs BA Soziale Arbeit sowie des weiterführenden MA Sozialmanagement. Wissenschaftliche Leitung des E-Learning Centers der Hochschule (2011 bis 2016).

Zuvor langjährig in der didaktischen Beratung und Begleitforschung zu E-Learning sowie in der Erwachsenenbildung, im IT-Training und im Projektmanagement transnationaler Bildungsprojekte tätig. Promotion in Pädagogik, Studium der Erziehungswissenschaft, Mathematik und Sportwissenschaft an den Universitäten Hamburg und London.

Arbeitsschwerpunkte u. a. Mediendidaktik, „Communities of Practice", Qualitätsmanagement und Evaluation.

Zahlreiche Veröffentlichungen und Vorträge zu mediendidaktischen Themen; Lehraufträge in der postgradualen wissenschaftlichen Weiterbildung; Leitung von Drittmittelprojekten; weitere Informationen unter http://patriciaarnold.wikispaces.com/home.

Lars Kilian
Dr. phil., Dipl.-Päd., 1. Staatsexamen für das Lehramt an Grundschulen, geb. 1972.

Seit 2017 Geschäftsführer der zentralen wissenschaftlichen Einrichtung CampusKultur der Technischen Universität Kaiserslautern. Von 2004 bis 2017 wissenschaftlicher Mitarbeiter an der Technischen Universität Kaiserslautern in Projekten zu E-Learning im Kontext von Erwachsenenbildung, Wissens- und Qualitätsmanagement. Trainer und Berater für die Konzeption und den Einsatz von E-Learning in der Erwachsenenbildung, Mitarbeit an verschiedenen Qualitäts- und Standardisierungsinitiativen im E-Learning und der Erwachsenenbildung. 2009 Auszeichnung mit dem Landeslehrpreis Rheinland-Pfalz. 2001 bis 2004 wissenschaftlicher Mitarbeiter an der Helmut-Schmidt-Universität, Universität der Bundeswehr Hamburg im Bundesleitprojekt „Virtuelle Fachhochschule". Studium der Erziehungswissenschaften, Erwachsenenbildung und Bildungsplanung an der Universität Erfurt sowie Studium des Lehramts für Grundschulen (Hauptfächer Mathematik und Kunsterziehung) an der Pädagogischen Hochschule Erfurt.

Arbeitsschwerpunkte: Entwicklungen digitaler Lernmedien und deren Einsatz zur Gestaltung von Lehr- und Lernszenarien, Schulentwicklung, Bildungsforschung, Medienbildung und Kompetenzentwicklung.

Veröffentlichungen, Vorträge und weitere Informationen unter http://lars-kilian.de/about/.

Anne Thillosen

Dr. phil., Dipl.-Theol., 1. Staatsexamen (Theologie und Germanistik), geb. 1964.

Seit 2008 wissenschaftliche Mitarbeiterin am Leibniz-Institut für Wissensmedien in Tübingen, Leiterin des E-Learning-Informationsportals e-teaching.org. Im Bereich E-Learning tätig seit 1997: zunächst bis 2005 als wissenschaftliche Mitarbeiterin an der Helmut-Schmidt-Universität, Universität der Bundeswehr Hamburg im Bundesleitprojekt „Virtuelle Fachhochschule", danach bis 2008 als stellvertretende Leiterin der Stabsstelle eLearning der Ruhr-Universität Bochum. Promotion in Pädagogik, Studium der Katholischen Theologie und Germanistik an der Universität Bonn und an der Dormition Abbey in Jerusalem.

Arbeitsschwerpunkte u. a. didaktisches Design technologieunterstützten Lehrens, E-Learning-Konzepte an Hochschulen, Veränderungsprozesse durch digitale Medien, Qualitätssicherung und Evaluation, Literalität und digitale Medien.

Veröffentlichungen und Vorträge zu mediendidaktischen Themen, seit 2006 Mitglied des Editorial Board der GMW-Buchreihe „Medien in der Wissenschaft", seit 2017 Mitglied des GMW-Vorstands, seit 2014 Mitglied des Expertengremiums Hochschulforum Digitalisierung (Stifterverband/CHE/HRK/BMBF).

Veröffentlichungen, Vorträge und weitere Informationen unter http://bit.ly/iwm-tuebingen_thillosen.

Gerhard Zimmer

Univ.-Prof. Dr. phil. habil., Dipl.-Psych., Ing. (grad.), geb. 1943.

Von 1996 bis 2008 Inhaber der Professur für Berufs- und Betriebspädagogik in der Fakultät für Geistes- und Sozialwissenschaften der Helmut-Schmidt-Universität, Universität der Bundeswehr Hamburg. Seit 2008 freiberuflich tätig. Bis 1996 Leiter der Abteilung „Fernunterricht und offenes Lernen" im Bundesinstitut für Berufsbildung in Berlin und Privatdozent am Psychologischen Institut der Freien Universität Berlin.

Arbeitsschwerpunkte u. a. Gestaltung und Evaluation von E-Learning in der beruflichen Bildung, im Hochschulstudium und in der Weiterbildung, Reform des Systems der Berufsbildung, aufgabenorientierte Didaktik und Methoden beruflicher Bildung zur Entwicklung ganzheitlicher Handlungskompetenzen; Kompetenzentwicklung und allgemeine Bildung.

Zahlreiche Veröffentlichungen und Vorträge; Lehrtätigkeiten an Universitäten in Hamburg, Berlin, Bielefeld, Kassel und Wien; Leitung und Bearbeitung einer Reihe großer Drittmittelprojekte; Vorträge und Forschungsaufenthalte in China, Finnland, Frankreich, Spanien, Portugal, Schweiz, Österreich, Luxemburg, Belgien und den Niederlanden.